Suma
teológica
V
Tomás de Aquino

Tomás de Aquino

Suma
teológica

Volume V
II Seção da II Parte – Questões 1-56

A FÉ
A ESPERANÇA
A CARIDADE
A PRUDÊNCIA

Edições Loyola

© Introdução e notas:
Thomas d'Aquin – Somme théologique,
Les Éditions du Cerf, Paris, 1984
ISBN 2-204-02-229-2

Texto latino de *Editio Leonina*, reproduzido na Edição Marietti
(ed. Cl. Suermondt, OP), Marietti, Turim, Roma, 1948ss.

Dados Internacionais de Catalogação na Publicação (CIP)
(Câmara Brasileira do Livro, SP, Brasil)

Tomás de Aquino, Santo, 1225-1274.
    Suma teológica : a fé, a esperança, a caridade, a prudência : volume 5 / Santo Tomás de Aquino. -- 6. ed. -- São Paulo : Edições Loyola, 2021.

    ISBN 978-85-15-02977-8

    1. Igreja Católica - Doutrinas - Obras anteriores a 1800 2. Tomás de Aquino, Santo, 1225-1274. Suma de teologia I. Título.

12-12915   CDD-230.2

Índices para catálogo sistemático:
  1. Igreja Católica : Doutrina   230.2

Edições Loyola Jesuítas
Rua 1822, 341 – Ipiranga
04216-000 São Paulo, SP
T 55 11 3385 8500/8501 • 2063 4275
editorial@loyola.com.br
vendas@loyola.com.br
www.loyola.com.br

Todos os direitos reservados. Nenhuma parte desta obra pode ser reproduzida ou transmitida por qualquer forma e/ou quaisquer meios (eletrônico ou mecânico, incluindo fotocópia e gravação) ou arquivada em qualquer sistema ou banco de dados sem permissão escrita da Editora.

ISBN 978-85-15-02977-8

6ª edição: 2021

© EDIÇÕES LOYOLA, São Paulo, Brasil, 2004

PLANO GERAL DA OBRA

Volume I	**I Parte – Questões 1-43** Teologia como ciência O Deus único Os três que são o Deus único
Volume II	**I Parte – Questões 44-119** O Deus criador O anjo A obra dos seis dias O homem A origem do homem O governo divino
Volume III	**I Seção da II Parte – Questões 1-48** A bem-aventurança Os atos humanos As paixões da alma
Volume IV	**I Seção da II Parte – Questões 49-114** Os hábitos e as virtudes Os dons do Espírito Santo Os vícios e os pecados A pedagogia divina pela lei A lei antiga e a lei nova A graça
Volume V	**II Seção da II Parte – Questões 1-56** A fé – A esperança – A caridade A prudência
Volume VI	**II Seção da II Parte – Questões 57-122** A justiça A religião As virtudes sociais
Volume VII	**II Seção da II Parte – Questões 123-189** A força A temperança Os carismas a serviço da Revelação A vida humana
Volume VIII	**III Parte – Questões 1-59** O mistério da encarnação
Volume IX	**III Parte – Questões 60-90** Os sacramentos da fé O batismo A confirmação A eucaristia A penitência

COLABORADORES DA EDIÇÃO BRASILEIRA

Direção:
Pe. Gabriel C. Galache, SJ
Pe. Danilo Mondoni, SJ

Coordenação geral:
Carlos-Josaphat Pinto de Oliveira, OP

Colaboraram nas traduções:

Aldo Vannucchi
Bernardino Schreiber
Bruno Palma
Carlos-Josaphat Pinto de Oliveira
Carlos Palacio
Celso Pedro da Silva
Domingos Zamagna
Eduardo Quirino
Francisco Taborda
Gilberto Gorgulho
Henrique C. de Lima Vaz
Irineu Guimarães
João B. Libanio

José de Ávila
José de Souza Mendes
Luiz Paulo Rouanet
Marcio Couto
Marcos Marcionilo
Maurílio J. Camello
Maurilo Donato Sampaio
Odilon Moura
Orlando Soares Moreira
Oscar Lustosa
Romeu Dale
Yvone Maria de Campos Teixeira da Silva
Waldemar Valle Martins

Diagramação:
So Wai Tam

Editor:
Joaquim Pereira

SIGLAS E ABREVIATURAS

Chamadas de notas, no rodapé

Formuladas em letras, referem-se às notas da tradução e das introduções.
Formuladas em algarismos, referem-se ao texto latino.

Referências bíblicas

Aparecem no texto com as siglas da Tradução Ecumênica da Bíblia — TEB.
As referências dadas por Sto. Tomás ou por seus editores foram adaptadas às bíblias traduzidas do hebraico e do grego que todos temos em mãos, hoje. A numeração dos salmos é, portanto, a do hebraico.
Após uma referência bíblica, a sigla Vg (Vulgata) não concerne à referência, mas assinala que Sto. Tomás funda-se em uma tradução cujo sentido não se encontra exatamente em nossas bíblias traduzidas do hebraico ou do grego.

Referência à *Suma teológica*

Seu título não é chamado. Suas partes são designadas por algarismos romanos.
— I, q. 1, a. 2, obj. 1 lê-se: *Suma teológica*, primeira parte, questão 1, artigo 2, objeção 1.
— I-II, q. 3, a. 1, s.c. lê-se: *Suma teológica*, primeira seção da segunda parte, questão 3, artigo 1, argumento em sentido contrário.
— II-II, q. 5, a. 2, rep, lê-se: *Suma teológica*, segunda seção da segunda parte, questão 5, artigo 2, resposta (ou "corpo do artigo").
— III, q. 10, a. 4, sol. 3 lê-se: *Suma teológica*, terceira parte, questão 10, artigo 4, solução (da objeção) 3.

Principais obras de Sto. Tomás

Com. = comentários sobre...
— IV Sent. d. 2, q. 3 lê-se: *Livro das sentenças*, de Pedro Lombardo, quarto livro, distinção 2, questão 3.
— III CG, 12 lê-se: *Suma contra os gentios*, terceiro livro, capítulo 12.

Referências aos Padres da Igreja

— PL 12, 480 significa: MIGNE, *Patrologia latina*, tomo 12, coluna 480.
— PG 80, 311 significa: MIGNE, *Patrologia grega*, tomo 80, coluna 311.
Com frequência, deu-se a referência a edições que contêm uma tradução francesa dos textos citados por Sto. Tomás:
— SC 90, 13 significa: Coleção *Sources Chrétiennes*, n. 90, p. 13.
— BA 10, 201 significa: *Bibliothèque Augustinienne*, tomo 10, p. 201.
— BL 7, 55 significa: *Correspondance de S. Jérôme*, por J. Labourt, aux éditions des Belles-Lettres, tomo 7, p. 55.

Referências ao magistério da Igreja

— DS 2044 significa: DENZINGER-SCHÖNMETZER, *Enchiridion Symbolorum*... n. 2044 (em latim).
— DUMEIGE 267 significa: GERVAIS DUMEIGE, *La Foi Catholique*... n. 267 (em francês).

# AUTORES E OBRAS CITADOS NA SUMA TEOLÓGICA

II Seção da II Parte – Questões 1-56

ABELARDO (1079-1142) – Teólogo e filósofo francês, natural de Pallet, perto de Nantes, célebre por sua paixão por Heloísa. Ensinou teologia escolástica e lógica. Condenado no Concílio de Soissons e no de Sens, por proposição de S. Bernardo. Na controvérsia sobre os universais, defendeu o conceitualismo. Suas obras principais são, além de tratados teológicos, *Dialética* e *Glosas sobre Porfírio*, e uma obra autobiográfica *Historia calamitatum*.

ADRIANO I – Papa de 772 a 795. Durante seu pontificado, em 787, houve o II Concílio de Niceia (VII ecumênico) que reconhece o direito de venerar as imagens sacras e, com isso, restabeleceu a paz entre Oriente e Ocidente. Sto. Tomás cita um dos decretos disciplinares de Adriano.

AGOSTINHO (354-431) – Agostinho é universalmente conhecido. Africano de nascimento e inicialmente seduzido pelo maniqueísmo, contou, em suas *Confissões*, sua longa caminhada interior até a conversão e seu batismo, por Sto. Ambrósio, em 387.

Descobriu, atuando em sua vida, o amor gratuito de Deus e essa experiência da graça iluminou toda a sua obra. Ordenado sacerdote, quase sem o querer, em 391, e bispo de Hipona, em 395, permaneceu sempre atraído pela experiência interior da união a Deus.

Sua obra é imensa. Excetuando Orígenes, nenhum autor cristão procurou a verdade em tantos campos: teologia, exegese, música etc. Combateu todas as heresias de seu tempo: maniqueísmo, donatismo, pelagianismo, procurando definir a doutrina cristã com força e precisão. Sua luta contra o pelagianismo levou-o demasiadamente longe no caminho da restrição à liberdade humana. Sua concepção do homem, marcada por um pessimismo latente, é transfigurada por seu amor a Cristo, o Verbo encarnado e salvador, e por sua ardente procura de Deus, fonte da vida bem-aventurada.

Agostinho não elaborou um sistema. Mas encontrou em Platão o que convinha a seu pensamento: "Nenhuma doutrina está mais próxima da nossa" (*Cidade de Deus* VIII, 5). Todavia, repensa essa doutrina como cristão. É em Deus que as Ideias subsistem, não existem em si.

Nada faz parar seu desejo de conhecer, e pesquisa longamente o mistério da Trindade (tratado sobre a Trindade). Os acontecimentos trágicos de seu tempo ditam-lhe uma grandiosa visão da história, síntese da história universal e divina, em que as duas Cidades se enfrentam (*A Cidade de Deus*).

Agostinho exerce essa atividade espantosa concomitantemente ao exercício de um cargo pastoral extenuante. Dá-se inteiramente a seu povo de Hipona. Quer comunicar-lhe a chama que devora seu coração.

De todas as partes, é consultado. É a autoridade de numerosos concílios regionais, até a morte, momento em que os vândalos sitiam sua cidade de Hipona.

Agostinho lançou inúmeras ideias fecundas e novas. A Igreja do Ocidente o escolheu por guia, julgando-o infalível. Admirou nele o doutor do amor, da unidade da Igreja na caridade de Cristo, o doutor da graça. Essa riqueza de pensamento possibilitou a quase todas as heresias do Ocidente referir-se a uma ou outra de sua obras.

Depois de Aristóteles — e quase tanto como ele —, Agostinho é, de longe, o autor mais citado por Sto. Tomás que, também, atribui a ele muitas obras de outros autores.

ALBERTO MAGNO (c. 1193-1280) – Frade dominicano, teólogo e filósofo, natural de Lauingen na Suábia. Profundamente influenciado pelo pensamento de Aristóteles, foi mestre de Sto. Tomás de Aquino. Além da filosofia e da teologia, dedicou-se ao estudo positivo da natureza. Foi declarado santo e doutor da Igreja em 1931.

ALCUINO (735-804) – Nascido perto de York, recebeu na escola episcopal dessa cidade uma sólida escolarização, fruto dos trabalhos dos monges ingleses e, sobretudo, de Beda, o Venerável. Carlos Magno chamou-o a seu serviço e o colocou na direção da escola do palácio. Alcuíno foi o mestre e o guia da reforma do ensino empreendida por Carlos Magno.

Espírito enciclopédico, escreveu numerosas obras: comentários da Escritura, tratados teológicos, vidas de santos, livros litúrgicos. Sua influência foi imensa. Morreu abade de Saint-Martin de Tours.

ALEXANDRE DE HALES († 1245) – Teólogo franciscano, inglês de nascimento e professor na universidade de Paris. Sua obra mais conhecida é uma *Summa theologica* ou *Summa universae theologiae*. Serve-se da filosofia aristotélica no estudo da teologia.

AMBRÓSIO – Nascido provavelmente em 339, morreu em 397. Filho de um prefeito do pretório das Gálias, Ambrósio seguiu a carreira dos filhos das grandes famílias. Era prefeito consular de Ligúria e de Emília, em 374, quando morreu Auxêncio, o bispo ariano de Milão. Eleito bispo da cidade, então capital do Império no Ocidente, em oito dias foi batizado e ordenado sacerdote.

Consciente de sua falta de preparo, Ambrósio iniciou-se na leitura das Escrituras, leu cuidadosamente os autores do Oriente cristão e, principalmente, Orígenes.

Conselheiro dos imperadores, administrador e homem de ação, soube utilizar as circunstâncias, às vezes difíceis, para assegurar a vitória da Igreja sobre o arianismo e os velhos cultos pagãos. Mas era, antes de tudo, um pastor, vigoroso defensor dos fracos e dos pobres. Seus sermões atraíam as massas: "A suavidade de seu discurso encantava", afirmou Sto. Agostinho, seduzido.

Ambrósio pregou muito o Antigo Testamento, comentou longamente o evangelho de são Lucas. Tinha o senso da Escritura: não era um exegeta, mas abordava a palavra de Deus com a inteligência de seu coração, como espiritual, tomado de amor por Cristo. Escreveu numerosos tratados ascéticos e sua correspondência foi abundante.

AMBROSIASTER – Nome dado, desde o Renascimento, a um autor anônimo do século IV. Escreveu um comentário das Epístolas de S. Paulo que chegou a nós, erradamente, entre os escritos de Sto. Ambrósio.

ANDRÔNICO DE RODES (morto por volta de 59 a.C.) – Filósofo grego que vivia em Roma no tempo de Cícero. Sob ordem de Sila, publicou as obras de Aristóteles e de Teofrastes, levadas por Sila à Itália depois da tomada de Atenas. Foi ele quem deu nome aos doze livros de Aristóteles, conhecidos pelo título de *Metafísica*, isto é, "depois dos tratados de *Física*".

ANSELMO (1033-1109) – Monge em Bec, aos 27 anos é aluno de Lanfranco. Torna-se abade de Bec em 1078 e, em 1093, sucede a Lanfranco como bispo de Canterbury. Não tarda a entrar em conflito com o rei da Inglaterra a respeito dos direitos e das prerrogativas da Igreja. Precisa deixar a Inglaterra e vai morar em Roma; esse exílio dura praticamente até 1106.

Sua obra é considerável e seu pensamento possante domina a segunda metade do século XI. Sua grande originalidade é o método: "A fé que procura a inteligência". Aplica a razão, com todos os seus recursos, ao estudo da revelação. Já está em germe o método escolástico e a influência da obra de Anselmo sobre Sto. Tomás é importante. Anselmo quer dar ao dogma seu estatuto racional, não por preocupação apologética, mas com objetivo contemplativo. Crer para compreender e compreender para amar (*Proslogion*, cap. 1).

Suas principais obras teológicas são o *Monologion*, o *Proslogion* e o *Por que Deus fez-se homem*. Nesta última obra, particularmente, elaborou uma interpretação do mistério da redenção que influenciou toda a teologia ocidental (até as novas abordagens contemporâneas, mais fundamentadas na Escritura).

APULEIO (125-180) – Escritor latino, da província da África. Espírito curioso, é discípulo de Platão, apaixonado por filosofia, ciência e mesmo magia. Sto. Tomás conheceu dele o opúsculo *De Deo Socratis*.

ÁRIO (± 256-336) – Sacerdote de Alexandria, orador brilhante, começou, por volta de 318, a levantar numerosas discussões por seus sermões em que desenvolvia uma teologia pessoal que pretendia ser a fé da Igreja.

Com objetivo apostólico, quis adaptar a fé da Igreja ao helenismo ambiente. Partia da convicção neoplatônica de que a divindade é "incriada" e "não gerada". Há, portanto, na Trindade, três substâncias absolutamente heterogêneas e distintas: o Pai, Deus, sem começo; o Logos, que teve começo. É o primogênito das criaturas. Deus o criou antes do tempo a fim de servir-lhe de instrumento para a criação. Difere essencialmente do Pai e ocupa um lugar intermediário entre Deus e o mundo. Quanto ao Espírito Santo, é a primeira das criaturas do Logos, é ainda menos divino que o Logos. No momento da Encarnação, o Logos fez-se carne, cumprindo em Cristo a função de princípio vital. Ário foi condenado pelo Sínodo de Alexandria em 321, e pelo Concílio de Niceia, em 325.

ARISTÓTELES (384-322 a.C.) – Nascido em Estagira, chega em 367 a Atenas, onde se torna aluno de Isócrates e, depois, de Platão, durante cerca de vinte anos, até a morte deste em 347.

Preceptor de Alexandre durante dois anos, volta a Atenas em 335 e funda a escola do Liceu. Durante treze anos, forma numerosos discípulos. Graças ao apoio de Alexandre, reúne uma biblioteca e uma documentação consideráveis. É nessa época que compõe a maior parte de suas obras. Sua inteligência vastíssima possibilita-lhe trabalhar em todas as áreas: filosofia, anatomia, história, política.

Suas obras — cerca de mil, diz a tradição, das quais 162 chegaram até nós —, repartem-se em três grupos que constituem, segundo Aristóteles, o sistema das ciências:

Ciências poiéticas, que estudam as obras da inteligência enquanto a inteligência "faz" algo com materiais preexistentes: poética, retórica e lógica.

Ciências práticas, que estudam as diversas formas da atividade humana, segundo três principais direções: ética, política, econômica.

Ciências teóricas, as mais altas: ciências matemáticas, ciências físicas, ciência primeira (a metafísica), incidindo sobre o ser eterno e imutável, concreto e individual, substância e causa verdadeira, Deus.

Aquele que Sto. Tomás chama de "o Filósofo" estabeleceu as regras da arte da demonstração e do silogismo.

Separa-se completamente do sistema platônico; seu senso do concreto, do real, obriga-o a afirmar que as Ideias não existem fora dos indivíduos.

Segundo ele, tudo na natureza é composto de matéria e de forma. Toda matéria exige uma forma, e uma matéria não pode existir sem ser determinada por uma forma. A matéria e a forma estão entre si na relação da potência e do ato.

A mais alta atividade é o pensamento. Portanto, Deus é essencialmente inteligência e pensamento. É "pensamento de pensamento", ato puro, totalidade de ser e de existir.

ATANÁSIO (± 295-373) – Era diácono em 325 quando acompanhou seu bispo, Alexandre, ao Concílio de Niceia. Sucedeu-lhe na sé episcopal de Alexandria, em 328, e tornou-se o campeão da luta contra o arianismo. Por serem os imperadores desse tempo quase todos arianos, Atanásio foi exilado cinco vezes. Mas permaneceu inabalavelmente fiel à fé de Niceia, o que lhe deu o título de "coluna da Igreja" (S. Gregório de Nazianzo).

Apesar de sua vida errante, escreveu numerosas obras, quase todas dirigidas contra os arianos, e numerosas cartas aos bispos. Amigo dos monges, é o autor da *Vida de Sto. Antão*, que teve enorme sucesso. Compôs, também, tratados sobre a virgindade.

Atribuiu-se a ele, erradamente, o Símbolo *Quicumque* (assim chamado de acordo com a primeira palavra dessa forma de Credo) que é, provavelmente, de origem galicana e data do século V.

AVERRÓIS (Ibn Roschd) (1126-1198) – Nascido em Córdoba e morto em Marraquesh. Grande admirador de Aristóteles, decidiu consagrar a vida ao comentário de suas obras. Tanto o fez que foi chamado, na Idade Média, de "O Comentador".

Reprova a Avicena ter deformado o pensamento de Aristóteles. Mas ele próprio mistura suas concepções com as do mestre. Segundo ele, as inteligências não emanam umas das outras, como acreditava Avicena: foram criadas de toda a eternidade por Deus, Ato puro, Motor primeiro.

Desde toda a eternidade, a matéria existe ao lado de Deus. É uma potência universal que contém em germe as formas substanciais que o Primeiro Motor dela extrai. Os medievais compreenderam, frequentemente, sua psicologia (provavelmente sem razão), da seguinte maneira: o intelecto material (ou intelecto possível), assim como o intelecto agente, é numericamente único e idêntico para todos os homens dentro da humanidade. Sua união com cada indivíduo é acidental, embora tudo morra com a morte do homem, exceto a Inteligência, comum à humanidade inteira.

As teorias de Averróis mereceram-lhe a condenação por parte das autoridades muçulmanas. Mas foi reabilitado antes de morrer. O averroísmo foi condenado pelo bispo de Paris, em 1270 e em 1277.

AVICENA (980-1037) – Filósofo e médico árabe da escola de Bagdá, muito envolvido na política de seu tempo. Foi para os escolásticos um dos grandes iniciadores ao pensamento de Aristóteles; mas introduziu no aristotelismo temas neoplatônicos, o que suscitou, mais tarde, viva reação de Averróis.

Definiu a metafísica como ciência do ser, reconheceu os limites da inteligência humana, incapaz de conhecer a essência das coisas em si

mesmas e capaz, apenas, de concluí-la a partir das qualidades que lhe são inseparáveis.

Seu *Cânon da Medicina* permaneceu a base dos estudos de medicina no Oriente como no Ocidente, até o século XVIII.

BASÍLIO (319-379) – Nascido em Cesareia da Capadócia, Basílio fez sólidos estudos em Constantinopla e em Atenas, onde estabeleceu amizade com Gregório de Nazianzo. Concluídos os estudos, retirou-se, em 357, a uma propriedade às margens do Íris, a fim de levar uma vida monástica. Essa vida tranquila não durou. Em 362, Eusébio, bispo de Cesareia de Capadócia, ordenou-o sacerdote e Basílio lhe sucedeu no bispado.

Trava combates incessantes. O imperador Valente esforça-se por impor o arianismo no Oriente e exila os bispos ortodoxos. Vai mesmo a Cesareia com a certeza de fazer Basílio ceder. Mas este resiste respeitosa e resolutamente. Sua coragem faz o imperador desistir sem tomar medida alguma contra ele. Basílio passa a ser o líder da resistência antiariana.

Ao lado desse combate para a "fé católica", Basílio desenvolve uma obra social eficaz. É homem de governo, constrói hospital e hospícios. É severo com os ricos, atencioso com os fracos e os pobres. A paz da Igreja volta, enfim, em 378, com a morte de Valente, mas Basílio aproveita pouco: morre de esgotamento em 1º de janeiro de 379. Logo depois de sua morte, todas as suas ideias triunfam. Recebe logo o título de "Magno".

Sua obra importante é comandada por sua atividade prática. Suas *Regras*, compostas antes de sua ordenação sacerdotal, ainda estão na base do monaquismo no Oriente. Suas homilias fazem conhecer sua obra de pastor: sobre o *Hexameron*, sobre os Salmos etc. Enfim, sua luta contra os arianos lhe deu a ocasião de fazer duas obras importantes: o *Tratado contra Eunômio* e o *Tratado do Espírito Santo*.

BEDA, O VENERÁVEL (673-735) – Entregue muito jovem ao bispo Bento Biscop, abade do mosteiro de Wearmouth, na Inglaterra, Beda acompanha os monges que vão fundar o novo mosteiro de Jarrow, em 682. Fica aí até a morte. É o tipo de monge estudioso, erudito. Seu prazer, diz ele, é "aprender, ensinar e escrever". Durante toda a sua vida, pesquisa manuscritos para transmitir o saber das gerações passadas.

Conhece os autores da antiguidade quase tão bem como os da cristandade. Interessa-se por astronomia, matemática, retórica, gramática, música.

Sua obra é vasta e lhe valeu a admiração de seus contemporâneos e da Idade Média. Apoia-se na tradição dos Padres para comentar quase toda a Escritura, transmite todo o saber científico e literário da antiguidade, procurando fazer-lhe a síntese.

BENTO (± 480-547) – Pai e legislador dos monges do Ocidente, Bento compôs para seus monges uma *Regra* que são Gregório, seu biógrafo, afirma ser notável pela discreção e clareza da linguagem. Bento reúne toda a tradição dos antigos sobre a obediência, a humildade, no quadro de uma vida de oração, de trabalho e de caridade mútua. A obrigação da estabilidade faz da comunidade beneditina uma comunidade familiar. Devido a sua sabedoria, a *Regra de S. Bento* suplantou, pouco a pouco, todas as outras regras monásticas no Ocidente.

BERNARDO DE CLARAVAL (1091-1153) – Ingressa em Cister com 21 anos, em 1112, acompanhado de trinta jovens nobres, seus amigos. Quer fugir do mundo, encontrar Deus na solidão. Mas três anos depois, em 1115, seu abade o encarrega de ir fundar um novo mosteiro em Claraval. Bernardo fica dividido entre seu desejo de contemplação e seu zelo em fazer seus irmãos avançarem no caminho de Deus. Seus dons excepcionais não demoram em torná-lo conhecido.

Esse místico, que falou tão bem de Deus, dá um novo impulso a sua Ordem; foi pregador da Segunda Cruzada, conselheiro do papa Eugênio III, campeão da ortodoxia em todas as querelas de seu tempo. Sua forte personalidade domina toda a primeira metade do século XII. Representa, diante da escolástica nascente, o último clarão da teologia monástica. Sua contribuição resoluta na condenação de Abelardo mostra sua desconfiança diante de um uso muito amplo da razão para explicar o que é do domínio da fé.

Sua vasta correspondência revela suas preocupações, seu desejo de viver sozinho com Deus. Seus sermões dirigidos a seus monges não envelheceram, particularmente seus Sermões sobre o *Cântico dos Cânticos*. Escreveu, também, muitos "tratados", sendo o mais importante o *Tratado*

da Consideração (isto, é da Busca da Verdade) dirigido ao papa Eugênio III.

BOAVENTURA (1221-1274) – Teólogo franciscano, natural de Bagnoregio, na Toscana. Tornou-se superior geral dos franciscanos, cardial-bispo de Albano e legado pontifício no concílio de Lyon. Escreveu numerosas obras de teologia e filosofia, inspiradas na doutrina de Agostinho. Uniu a razão com a mística. É conhecido como Doutor Seráfico.

BOÉCIO (480-524) – Herdeiro da cultura antiga, filósofo, Boécio veio a ser mestre do palácio do rei godo Teodorico, em 520. Mas, acusado de cumplicidade com Bizâncio e de alta traição, o que era falso, foi condenado, sem mesmo poder defender-se, à prisão e à morte.

Boécio está na junção de duas civilizações. Num mundo em que a cultura se perdia, pôde fazer sólidos estudos no Oriente, sobretudo em Atenas, e transmitir aos romanos a sabedoria antiga, mostra o acordo fundamental entre Platão e Aristóteles. Além disso, Boécio é um cristão familiarizado com o pensamento de Sto. Agostinho e com o dos filósofos gregos. Tenta uma síntese que a Idade Média estudou com admiração.

Sua obra é importante. Tratados de Teologia como *Sobre a Trindade*; tradução e comentário de diversos tratados de Aristóteles, tratado sobre a música, a matemática etc; a mais célebre de suas obras, a *Consolação Filosófica*, escrita na prisão, foi lida e recopiada ao longo da Idade Média.

BUCARDO DE WORMS, bispo († 1025) – Autor de um *Collectarium* dos cânones eclesiásticos. Denunciou o culto dos espíritos promovido pelas bruxas.

CALIXTO I – Papa em 217, morto mártir em 222. Provavelmente, publicou um decreto tornando menos rigorosa a disciplina relativa à penitência. Mas as duas "decretais" que lhe são atribuídas são inautênticas. Sto. Tomás cita a segunda dessas decretais: a carta aos bispos das Gálias, que atribui, aliás, a Gelásio.

CASSIANO, JOÃO (± 360-435) – Entra muito jovem num mosteiro cenobítico em Belém. Após dois anos, obtém a permissão de ir consultar os grandes monges do Egito. Durante quase vinte anos, vive no deserto, pondo-se na escola dos grandes abades e impregnando-se da doutrina de Evágrio. Obrigado a fugir do Egito quando Teófilo, bispo de Alexandria, persegue origenistas e evagrianos, Cassiano refugia-se junto a S. João Crisóstomo, em Constantinopla; e, depois do segundo exílio deste último, parte para Roma, junto ao papa Inocêncio I. Durante dez anos permanece a serviço da Igreja de Roma.

Em 415, chega na Provença, funda em Marselha dois mosteiros, um de monges e outro de monjas. Põe, então, por escrito, os ensinamentos recolhidos durante sua vida no deserto, para formar seus monges e os da região. Publica, primeiro, as *Instituições Cenobíticas*, e as *Conferências* em que se esforça por transmitir ao Ocidente toda a tradição espiritual do Egito. Essas obras exerceram influência considerável na vida religiosa do Ocidente.

Chocado pelo rigor das posições de Agostinho a respeito da graça, Cassiano procura manter certo poder ao livre-arbítrio, ao menos no "início da fé"; todavia, tem cuidado em manter distância em relação a Pelágio. É um dos mais notórios representantes do que se chamou, muito mais tarde, o semipelagianismo.

CASSIODORO (± 485-580) – Discípulo e amigo de Boécio, é, como ele, ministro e conselheiro dos reis godos ao mesmo tempo que amigo das letras. Por volta de 540, retira-se à sua propriedade de Vivarium, onde funda um mosteiro. Aí, esforça-se por conservar a herança antiga, tanto grega como latina, dispersa e destruída, parcialmente, pelas invasões bárbaras. Quer utilizar essa herança para a fé. É ajudado nessa tarefa por seus monges, ardentes copistas. Graças ao trabalho deles, muitas obras antigas foram conhecidas durante a Idade Média.

Cassiodoro escreveu obras históricas, comentários da Escritura e tratados sobre as ciências profanas.

CAUSIS (De) – Tratado árabe (não necessariamente muçulmano) que adapta ao monoteísmo, resumindo-os, os *Elementos de Teologia* do filósofo neoplatônico Proclo (412-485). Foi traduzido para o latim em meados do século XII, com o título de *Livro da Bondade Pura*, mas foi conhecido, principalmente, como *Livro das Causas* e atribuído quer a Aristóteles, quer a autores árabes ou judeus. A tradução, em 1268, dos próprios *Elementos*, por Guilherme

de Moerbecke, possibilitou aos latinos conhecer a verdadeira origem do *Livro das Causas*.

CÍCERO, TÚLIO (106-43 a.C.) – O maior dos oradores romanos. Faz estudos para advocacia no ano 80. Eleito questor na Sicília, defende os sicilianos contra o antigo governador Verres e, pelo fato, torna-se célebre. Cônsul em 63, frustra a conjuração de Catilina. Tem a ambição de desempenhar grande papel político, mas é exilado e reabilitado. Nesse período de perturbações e guerra civil, morre assassinado por ordem de Antônio.

Para Cícero, a atividade intelectual está a serviço da política. Mas foi seu talento oratório que lhe valeu renome durável. Elaborou uma teoria da eloquência: "Provar, agradar, comover", que formou gerações de retóricos.

Formado no contato com os filósofos gregos, Cícero procurou, em seus tratados filosóficos, conciliar as diversas escolas (estoicos, epicuristas, acadêmicos) para chegar a uma moral prática (*Dos Deveres, Tusculanas*). Foi criador de uma prosa filosófica.

CIPRIANO (± 200-258) – Africano, nasce numa família pagã, torna-se advogado de renome e converte-se ao cristianismo. Em 248 é bispo de Cartago. Homem de governo e pastor, sua vida identifica-se com a de sua comunidade. Durante a perseguição de Décio, Cipriano afasta-se da cidade e essa "fuga" é mal-interpretada. Encontra-se, depois, enfrentando o problema dos *lapsi*, os cristãos "caídos", durante a perseguição. Seus últimos anos ficam encobertos por seu conflito com o papa Estêvão a respeito da validez do batismo conferido pelos heréticos. Em 257, Valeriano promulga nova perseguição. Cipriano, que viu a provação chegar, sustenta seu povo. É preso e condenado. Os Atos de seu martírio foram conservados e testemunham de sua dignidade serena diante da morte.

Cipriano é um pastor. Isso se percebe através de toda a sua obra, desde sua abundante correspondência até seus numerosos tratados dos quais os mais célebres são a *Unidade da Igreja* e a *Oração dominical*.

CIRILO DE ALEXANDRIA (± 380-444) – Sobrinho e colaborador de Teófilo, patriarca de Alexandria, Cirilo o acompanha a Constantinopla e toma parte, em 404, do Sínodo do Carvalho, que destituiu João Crisóstomo. Em 412, sucede a Teófilo de quem herda preconceitos e rancores.

Aprende, em 428, que Nestório, o novo patriarca de Constantinopla, sustenta em seus sermões que há duas pessoas em Cristo, uma pessoa divina, o *Logos*, e uma pessoa humana: o homem-Jesus; daí a impossibilidade de chamar a Virgem Maria: *Theotokos*, Mãe de Deus. A partir de 429, Cirilo intervém junto a Roma, como campeão da ortodoxia contra essa Igreja de Constantinopla, rival de Alexandria. Então, o imperador convoca um Concílio em Éfeso (431). O concílio depõe Nestório e proclama Maria *theotokos*. Mas a terminologia usada, muito diferente da dos orientais, leva-os a protestar. Após muitas concessões, chega-se, em 433, ao Ato de União. Todas essas querelas colocaram as diversas Igrejas umas contra as outras e abriram caminho para novos conflitos sempre mais sutis.

Se a personalidade de Cirilo é fortemente contestada, a pureza de sua fé está fora de dúvida. Deixou uma obra importante: obras exegéticas sobre o Antigo Testamento, comentário dos evangelhos de Lucas e de João, obras dogmáticas e apologéticas.

CLEMENTE DE ROMA – Quarto bispo de Roma de acordo com a lista de Sto. Ireneu. Papa de 97 a 101, aproximadamente, escreveu uma Carta à Igreja de Corinto onde alguns membros se tinham sublevado contra os presbíteros. Essa Carta era tão venerada na antiguidade cristã que fazia parte, às vezes, do Cânon das Escrituras. Não é esta carta que Sto. Tomás cita, mas apócrifas.

CÓDIGO JUSTINIANO – O imperador Justiniano I (527-565), homem de vastas ambições, empreende uma grande obra legislativa. Encarrega Triboniano e outros jurisconsultos de reunir e harmonizar as leis imperiais feitas desde Adriano. De toda essa legislação acumulada, quer fazer um todo coeso. O Código é concluído em 529. Uma nova edição aparece em 534 com o título de *Código Justiniano*: incorpora as leis promulgadas pelo imperador de 527 a 532.

De 530 a 533, Triboniano e seus ajudantes reunem no Digesto ou Pandectas extratos dos 39 jurisconsultos mais célebres, enquanto os Institutos formam uma espécie de manual resumindo os princípios do direito para os estudantes.

Todas essas obras são redigidas em latim, por fidelidade à Roma antiga.

A essa gigantesca coletânea juntam-se as Novelas, ordenanças publicadas pelo próprio Justiniano durante seu reinado, em aplicação dos princípios do Código. As Novelas são redigidas em grego.

O Código começa pelas palavras: "Em nome de Nosso Senhor Jesus Cristo", segue-se uma profissão de fé.

→ TRIBONIANO, jurisconsulto bizantino, falecido em 546. Foi o principal conselheiro do Imperador Justiniano.

COMENTADOR – Na maioria das vezes, designa AVERRÓIS. Para a Ética, trata-se de Eustrates e outros comentadores gregos.

CRISIPO (± 281-208 a.C.) – Filho de Apolônio, de Soli (Cilícia), foi discípulo de Zenão de Cítio e sucessor de Cleantes. São poucos os fragmentos que se conservam de sua imensa produção (705 obras segundo Diógenes Laércio). Dialético, por formação e temperamento, deve-se a ele a fundamentação das teorias debatidas no antigo estoicismo.

DECRETAIS – Ordenanças dos papas, de alcance geral para a Igreja inteira, ou destinadas quer a uma província eclesiástica, quer a muitas. A primeira utilização desse termo remonta ao papa Sirício (384-399).

Não se demorou em reunir essas decretais em compêndios. As primeiras coleções são cronológicas. Depois, são sistematizadas por matéria. As diversas coleções são do século IX e foram substituídas pelo famoso *Decreto* de Graciano.

Em 1234, Gregório IX promulga um novo compêndio de Decretais. É uma compilação de todos os compêndios anteriores, preparados, por ordem do papa, por Raimundo de Peñafort.

Por volta de 850, surge, na região do Mans, uma coleção de "falsas" decretais, publicadas sob o nome de Sto. Isidoro de Sevilha. O patrocínio desse suposto autor valeu-lhes ser inseridas no Decreto de Graciano.

DECRETO DE GRACIANO – Na Idade Média, a palavra "Decreto" designa uma coletânea de textos canônicos. A mais célebre é a de Graciano, morto, provavelmente, por volta de 1178. Graciano deu à obra o título de *Concordância dos Cânones Discordantes*, título modificado, depois, por *Decreto*. Teve o imenso mérito de não se contentar em juntar, como fizeram seus antecessores, textos, às vezes, contraditórios sobre um mesmo assunto. Esforçou-se por fazê-los concordar, por encontrar soluções.

Durante muito tempo, o *Decreto* serviu de base ao ensino nas escolas, sem ter, contudo, valor oficial. É uma das "autoridades" de Sto. Tomás.

DIONÍSIO AREOPAGITA – Pseudônimo de um autor do Oriente do final do século V e início de século VI. Suas obras *A Hierarquia celeste*, a *Hierarquia eclesiástica*, os *Nomes divinos* (comentados por Sto. Tomás), a *Teologia mística* exerceram uma influência considerável no Oriente como no Ocidente, sem contar que, até o século XVI, acredita-se que esse autor seja realmente o Areopagita, discípulo de S. Paulo, o que deu a seus escritos imensa autoridade.

O Pseudo-Dionísio é um místico. Afirma que para conhecer Deus temos duas vias: a positiva, pela causalidade, que atribui a Deus, ao máximo, todas as perfeições; e a negativa, que é não conhecimento, ignorância diante desse excesso de plenitude, pois Deus, o Transcendente, está além do cognoscível.

Além das processões internas que constituem as Pessoas da Trindade, há as processões externas: a criação. Deus, em sua condescendência, penetra os seres de sua bondade e os atrai para uni-los a si.

A síntese dionisiana, centrada na transcendência divina e na participação dos seres a Deus, fascinou verdadeiramente o pensamento medieval.

DIONÍSIO CATÃO (± 3º ou 4º séc.) – Nada se conhece realmente do autor ou data da *Disticha de Moribus ad Filium*. Atribui-se a Dionísio Catão. Catão, pelo caráter sapiencial das máximas, e Dionísio, por constar num manuscrito de grande antiguidade. Trata-se de uma pequena coleção de máximas morais, redigidas cada uma em dois hexâmetros e divididas em quatro livros. Revelam uma mentalidade monoteísta mas não necessariamente cristã. Na Idade Média foram traduzidas em muitas línguas.

EADMERO (1064-1124) – Chantre de Canterbury e historiador inglês. Confrade de Sto. Anselmo, arcebispo de Canterbury, depois da morte deste, reúne e publica ampla documentação sobre o arcebispo em *Historia Novorum* e na *Vita Sti Anselmi*. Sua obra *De Conceptione Sanctae Mariae* teve influência no desenvolvimento da doutrina sobre a Imaculada Concepção.

ENÓDIO, MAGNO FELIX (474-521) – Escritor em prosa e verso, reitor em Milão e bispo de Pavia (Ticinum). Suas obras são fontes valiosas para os historiadores desse período. Entre elas destacam-se uma biografia de Epifânio, seu predecessor, em Milão, e o peregrino do rei Teodorico, escrito a pedido do Papa. *Dictiones* são uma coleção de discursos retóricos que ilustram a grande influência exercida pela tradição antiga e pagã sobre os ambientes cristãos. Participou de duas embaixadas a Constantinopla para tentar, sem êxito, a reconciliação entre a Igreja de Roma e a Igreja grega (cisma de Acacio).

EUSÉBIO DE CESAREIA (± 263-337) – Aprisionado durante a perseguição, torna-se bispo de Cesareia da Palestina, em 313. Participa das querelas cristológicas de seu tempo, procura desempenhar um papel conciliador que lhe vale ser acusado de arianismo. Com efeito, receia o termo "consubstancial", vendo nele um risco de confusão das pessoas divinas, de sabelianismo. No Concílio de Niceia (325), faz parte do partido do meio, a igual distância de Ário e de Alexandre de Alexandria. Acaba subscrevendo as decisões do Concílio e do Sínodo.

Eusébio é, antes de tudo, um erudito. Escreveu numerosas obras e, sobretudo, uma *História eclesiástica* que conserva preciosos documentos dos primeiros séculos da Igreja.

FELIPE, CHANCELER (1160-1236) – Teólogo francês. Mestre em teologia e chanceler da Universidade de Paris. Escreveu a *Summa de Bono* sobre o bem inspirando-se no neoplatonismo de Agostinho, e um Tratado sobre a sindérese.

FRONTINO (± 30-103) – General romano, procônsul de Bretanha, escreveu uma obra sobre a arte militar: *Stratagemata*.

FULGÊNCIO DE RUSPE (467-532) – Monge e abade, veio a ser bispo de Ruspe (África). Foi exilado duas vezes na Sardenha pelos vândalos arianos. Suas obras são numerosas; algumas são dirigidas contra os arianos: o tratado *Sobre a Trindade* e o célebre tratado *A Pedro, sobre a fé*, resumo da teologia cristã. Suas outras obras são dirigidas contra os semipelagianos, sobretudo Fausto de Riez. A doutrina que ele desenvolve sobre a predestinação é um eco da doutrina de Sto. Agostinho.

GLOSA – Compilação do século XII cujo plano foi concebido por Anselmo de Laon (1050-1117). A obra foi realizada, em parte, por Anselmo, em parte por pessoas que o cercavam. Os versículos da Bíblia são acompanhados, na margem, de excertos de comentários patrísticos.
→ GLOSA LOMBARDI, ver Pedro Lombardo*.

GREGÓRIO I MAGNO – Nascido por volta de 540, papa (de 590 a 604). Oriundo de uma grande família romana foi, por volta de 570, prefeito de Roma, o mais alto cargo da cidade. Em breve, renuncia ao mundo para tornar-se monge. É enviado a Constantinopla como apocrisiário (núncio) de 579 a 585. Em 590, após sete meses de resistência, torna-se bispo de Roma num momento particularmente infeliz: invasão lombarda, peste. Grande administrador, reorganiza o patrimônio da Igreja e a assistência aos pobres, procura defender a Itália, luta contra a simonia e a imoralidade do clero, envia missionários à Inglaterra, afirma os direitos da primazia romana.

Esse homem de ação é, também, um pastor. Escreve e prega. Sua correspondência é abundante. As *Morais sobre Jó* e as *Homilias sobre Ezequiel*, conferências para um círculo monástico, são uma exposição da teologia moral penetrada por um grande desejo de Deus; suas *Homilias sobre o Evangelho*, seus Diálogos dirigem-se, principalmente, ao povo de Deus, e sua Pastoral destina-se a quem tem responsabilidade na Igreja. São Gregório foi lido, copiado, meditado durante toda a Idade Média, que encontrou nele seu mestre espiritual.

GREGÓRIO VII – Papa de 1073 a 1085. Serve eficazmente a cinco papas antes de tornar-se também papa. É um reformador. Quis libertar o papado da tutela imperial, livrar a Igreja de todo controle leigo. Centraliza fortemente a Igreja e, no Concílio de Roma, em 1074, ataca a simonia e a incontinência dos padres.

GREGÓRIO DE NISSA (± 335-394) – Irmão de S. Basílio que o consagra, em 371, bispo de Nissa, na Capadócia. Gregório é um filósofo, um teólogo, um místico. Desempenhou um grande papel no Concílio de Constantinopla (381), ao lado de Gregório Nazianzeno.

Sua obra é vasta. Escreveu tratados dogmáticos para refutar as numerosas heresias de seu tempo, uma longa Catequese, exposição sistemática da fé cristã e comentários da Escritura.

Consagra seus últimos anos a obras para os meios monásticos organizados por S. Basílio e empenha-se em dar uma "mística" a esse fervoroso movimento: *Vida de Moisés, Comentário do Cântico dos Cânticos*.

Sto. Tomás atribui-lhe o tratado *Sobre a natureza do homem*, muito apreciado durante a Idade Média, composto, na realidade, por NEMÉSIO, bispo de Emesa, nos últimos anos do século IV.

GUILHERME DE ALVÉRNIA, ou de Paris (1180-1249) – Bispo. Filósofo e teólogo. Entre suas muitas obras, salienta-se *Magisterium Divinale ac Sapientiale* uma verdadeira enciclopédia filosófico-teológica. Conheceu Aristóteles pelos comentários de Avicena. Defendendo os métodos racionais no estudo da fé, foi um dos precursores dos futuros "escolásticos".

GUILHERME DE AUXERRE († 1231) – Teólogo. Ensinou em Paris. Fez parte de uma comissão, que examinou os escritos de Aristóteles sobre as ciências naturais, proibidos desde 1210. Sua obra principal *Summa Aurea*, no uso dos argumentos aristotélicos, é devedora de Pedro Lombardo e de Sto. Anselmo.

GUILHERME DE SÃO TEODORICO (De S. Thierry) (± 1080-1149) – Monge benedictino, depois cisterciense. Amigo e biógrafo de S. Bernardo de Claraval, participou da controvérsia que levou à condenação de Abelardo. Escreveu dois tratados sobre a fé e entre as suas obras espirituais destacou-se *De contemplando Deo* e *De natura et dignitate amoris*.

HAIMO VON HALBERSTADT († 853) – Bispo. Discípulo de Alcuino de Nortúmbria. Reconhecido como exegeta bíblico e historiador eclesiástico.

HENRIQUE DE SEGÚSIO (Mostiense) (1200-1287) – Canonista. Formou-se em leis em Bologna e ensinou direito canônico em Paris. Foi nomeado bispo de Sisteron e mais tarde cardeal bispo de Óstia por Urbano IV. Sua obra sistemática foi a Suma, que gozou de enorme popularidade. E a mais importante, talvez, o *Commentum super decretalibus* ou *Lectura*. É considerado o mais importante e brilhante canonista do século XIII.

HORÁCIO (Quintus Horatius Flaccus) (65-8 a.C.) – Poeta latino. Em suas *Sátiras* e *Epístolas* reflete sobre os costumes de seu tempo e os problemas da vida moral. É o poeta do amor, de vida rústica simples e também poeta nacional. Com Virgílio é o maior nome da poesia latina.

HUGO DE SAINT-CHER (nascido no final do século XII e morto em 1263) – Dominicano, mestre em Paris a partir de 1230, cardeal em 1244. Exerceu grande influência doutrinal. Escreveu um *Comentário sobre as Sentenças* e diversos tratados teológicos, assim como comentários à Escritura. Dirigiu os trabalhos para a primeira Concordância verbal da Bíblia latina.

HUGO DE SÃO VITOR († 1141) – Nada se sabe de suas origens. Por volta de 1127, está na abadia de São Vítor, em Paris e torna-se, em 1133, mestre da escola pública da abadia. Dá-lhe grande impulso. É um dos espíritos mais cultivados da Idade Média, um homem cheio de curiosidade intelectual e do zelo de tudo aprender.

Sua obra é imensa, desde a gramática (pois todas as artes são servas da divina Sabedoria) até a teologia. Suas obras mais conhecidas são: *A Escritura e os escritores sacros*, os *Sacramentos da fé cristã*, sem contar numerosos comentários da Escritura.

A *Suma das Sentenças* a que se refere Sto. Tomás não é, propriamente falando, de Hugo de São Vitor, mas recebeu sua influência.

INOCÊNCIO I – Papa de 402 a 417. Seu pontificado coincide com o sítio de Roma por Alarico e a tomada da cidade. Tenta impor os usos romanos às Igrejas do Ocidente e fazer reconhecer a primazia da Igreja de Roma. Confirma as condenações dos Concílios da África contra Pelágio.

IRENEU (± 140-202) – Provavelmente originário de Esmirna. Conheceu Policarpo, o qual, por sua vez, conhecera em sua juventude o apóstolo S. João, muito idoso. Não se sabe como chegou a Lyon. Sucedeu ao bispo Potino, mártir em 177.

Pode ser considerado o primeiro teólogo da Igreja, mas seu pensamento, muito rico, foi ignorado durante a Idade Média.

ISIDORO (± 570-636) – Sucessor de seu irmão Leandro como bispo de Sevilha, de 599 a 636, Isidoro é o mais célebre escritor do século VII. É um dos elos que unem a Antiguidade à Idade Média.

Menos profundamente perturbada pelas invasões que a Gália e a Itália, a Espanha conservou parte da herança da cultura antiga. Isidoro escreveu tratados exegéticos, teológicos e litúrgicos. Sua obra mais célebre é o *Livro das origens ou das etimologias*, verdadeira suma do saber humano de seu tempo, em todas as áreas. Seus conhecimentos enciclopédicos valeram-lhe uma admiração toda particular na Idade Média.

ISIDORO (Pseudo-) – Ver DECRETAIS.

IVO DE CHARTRES, bispo (1040-1117) – Canonista conciliador participou nas controvérsias sobre as relações entre a Igreja e o Estado, a questão das investiduras, a legislação sobre o casamento, a competência da jurisdição espiritual e outras.

JACOBO DE VORAGINE (1228-1298) – Dominicano, arcebispo de Gênova, autor da *Legenda Sanctorum* conhecida como Legenda áurea. Teve uma difusão extraordinária.

JERÔNIMO (± 347-420) – Temperamento impetuoso, Jerônimo passou a juventude viajando para instruir-se junto aos melhores mestres, antes de fazer um estágio no deserto onde procura dominar seu rude temperamento. "Trilíngue (sabe o grego e o hebraico), volta a Roma onde, devido a sua ciência, o papa Dâmaso* o escolhe por secretário. Depois da morte de Dâmaso, Jerônimo deve deixar a cidade em que conta com muitos amigos e, também, com numerosos inimigos. Acaba instalando-se em Belém com um grupo de "fiéis". Funda dois mosteiros e leva uma vida de trabalho assíduo e de oração. Empreende a grande obra de sua vida: a tradução da Bíblia, do hebraico para o latim. Sempre muito ativo e atento, impressionável e excessivo, imiscui-se em todas as controvérsias e sua pena ágil escreve alternadamente comentários sobre as Escrituras, cartas e panfletos.

JOÃO CRISÓSTOMO (± 347-407) – João, a quem a posteridade deu o título de "Crisóstomo" ou "Boca de Ouro", nasceu em Antioquia onde fez excelentes estudos profanos e exegéticos. A seguir, retirou-se às montanhas vizinhas e viveu entre os monges, depois, solitário. Doente, devido a excesso de austeridades, volta a Antioquia e põe-se a serviço da Igreja. Durante doze anos, atrai a cidade pelos sermões cheios de eloquência, comenta as Escrituras, defende os direitos dos pobres, lembra a grande tradição da Igreja de que está impregnado.

Sua fama é tão grande que, com a morte de Nectário, patriarca de Constantinopla, é praticamente "sequestrado" (397) para suceder-lhe. Na capital, João enfrenta o luxo desenfreado, intrigas e rivalidades. Empreende reformas, denuncia severamente os abusos e as injustiças sociais, em nome de Cristo. Mas ele incomoda. Sua liberdade de palavra e sua intransigência unem em oposição a ele bispos ciumentos e a imperadora Eudóxia. É o exílio, de curta duração, uma primeira vez, e definitiva, uma segunda vez. Em consequência de nova ordem de exílio mandando-o sempre mais longe, João morre de esgotamento.

De sua obra considerável (tratados sobre diversos temas, mas sobretudo homilias sobre a Escritura: Antigo Testamento, Evangelho e, particularmente, Epístolas de seu querido S. Paulo), os latinos tiveram pequena parte (alguns tratados e homilias, *Comentários sobre Mateus, João e Hebreus*).

JOÃO DAMASCENO (± 675-749) – Nascido em Damasco, daí o sobrenome, João faz-se monge de S. Sabas, perto de Jerusalém. É, antes de tudo, um teólogo. Seu nome está ligado à reação contra os iconoclastas. Ocupou-se, também, de exegese, de ascese, de moral.

Sua mais importante obra é a *Fonte do Conhecimento*, suma do pensamento oriental, em que quer "unificar as vozes múltiplas" dos séculos anteriores. A obra divide-se em três partes: 1) os capítulos filosóficos, espécie de introdução filosófica à exposição do dogma, 2) um catálogo das heresias, 3) a exposição da fé ortodoxa.

Esta última parte, a mais conhecida, foi dividida por João em cem capítulos. Mas seu tradutor latino, em 1150, apresentou-a em quatro partes. Essa tradução foi uma das fontes de Pedro Lombardo. João estabelece sua síntese teológica a partir dos Padres gregos; ignora os Padres latinos. Essa Exposição da fé ortodoxa influenciou, com certeza, os teólogos do período escolástico.

Quanto ao livro citado igualmente por Sto. Tomás: *Sobre os que adormeceram na fé*, ele provavelmente não é de João Damasceno.

JOÃO DE ANTIOQUIA († 442) – Bispo, na questão cristológica liderou o grupo que se opunha a

Cirilo de Alexandria. O papa Sixto III conseguiu que retomasse o diálogo e chegasse a um acordo. Assumiu o Símbolo de Éfeso e fez com que fosse aceito por um grande número de cristãos.

JOÃO DE SALISBURY (1115-1180) – Secretário de Teobaldo e S. Thomas Becket, arcebispo de Canterbury, foi nomeado bispo de Chartres em 1176. Fez estudos nas escolas catedrais da França, sendo discípulo de Pedro Abelardo. Escreveu uma *Historia Pontificalis* em que faz uma boa descrição de sua época. *Policraticus e Metalogicon* apresentou uma crítica às administrações reais e pontifícia e às universidades. Em 29 de dezembro de 1170 estava na Catedral de Canterbury quando Becket foi assassinado.

JOSEFO FLÁVIO (± 37-100) – Historiador judeu, deixou duas obras: *A História da Guerra dos Judeus* e as *Antiguidades Judaicas*.

JULIANO POMÉRIO († 498) – Presbítero galileu oriundo da Mauritânia. Exercendo a atividade de presbítero no sul da França foi mestre de Cesário de Arles. Escreveu *De animae natura* em oito livros e *De vita contemplativa* ou *De contemptu mundi* em três livros, muito influenciados por Agostinho. O primeiro, sobre o valor da vida contemplativa; o segundo, sobre a vida ativa; o terceiro, sobre as virtudes e os vícios.

JURISPERITUS = Jurisconsulto – Título dado por Sto. Tomás à coleção de extratos dos jurisconsultos romanos compilada por ordens de Justiniano.

JUSTINIANO – Imperador do Oriente de 527 a 565. Ele tem ideia muito alta de suas obrigações de imperador cristão e permite-se intervir, não sem cometer imensos erros, nas controversas teológicas. Sua obra mais durável é seu empreendimento de legislação eclesiástica e civil: *Código Justiniano, Digesto, Institutas e Novelas*.

LEÃO IV (800-855) – Papa. Restaurou a cidade de Roma depois de ter sido saqueada pelos sarracenos e construiu os muros que cercam a basílica de S. Pedro e parte da colina do Vaticano. Foi um disciplinador severo em questões eclesiásticas e agiu com independência da corte imperial. Em 850, ungiu em Roma o filho do Imperador Lotário, Luís II.

LEÃO MAGNO – Papa de 440 a 461. Antes de tornar-se papa, Leão ajudou os papas, seus predecessores, na chancelaria pontifícia. Numa época muito perturbada (invasão dos hunos, dos vândalos), mantém, no meio das angústias de seus contemporâneos, atitude serena. Em seus sermões, esse homem de fé inquebrantável, não se cansa de admirar o mistério de Deus e de tentar comunicar seu maravilhamento aos fiéis, mostrando-lhes, contudo, os perigos das heresias numerosas em seu tempo.

Muito particularmente, S. Leão teve de examinar, e refutar, o monofisismo de Êutiques, sustentado pela corte imperial de Constantinopla. Nessa ocasião, redigiu o *Tomus ad Flavianum* em que precisa a doutrina da encarnação do Verbo. Uma pessoa, o Verbo de Deus, em duas naturezas, a natureza divina e a natureza humana. Essa doutrina foi reconhecida e definida no Concílio de Calcedônia de 451.

LOMBARDO – Ver PEDRO.

MACRÓBIO – Escritor e gramático latino morto no começo do século V. Escreveu um comentário do sonho de Cipião, de Cícero. Inspira-se em Platão e nos neoplatônicos.

MAIMÔNIDES (Rabino Moisés) (1135-1204) – Nascido em Córdoba, célebre rabino judeu, filósofo e médico, viveu no Marrocos, na Palestina e no Egito. Numa das suas numerosas obras e, principalmente, no seu *Guia dos Indecisos*, que teve difusão considerável, tenta um primeiro acordo entre a filosofia de Aristóteles e a revelação mosaica. Como o filósofo muçulmano Avicena e muitos filósofos judeus da Espanha, prova a existência de Deus pelo primeiro Motor eterno do mundo (quer seja este mundo eterno, quer seja criado no tempo), pela existência de seres contingentes, supondo um Ser necessário pela causalidade que exige uma Causa primeira.

Nega que, fora da revelação, se possa afirmar algo da essência divina. A razão só pode conhecer o que Deus não é. Sto. Tomás corrigiu o que essa posição tem de excessivo por sua doutrina dos *Nomes Divinos*, tirada dos escritos do Pseudo-Dionísio.

MANIQUEUS – Seguidores do maniqueísmo, religião fundada por *Mani*, sacerdote de Ecbátana na Pérsia, em 250 d.C. É uma síntese de doutrinas iranianas e babilônicas com elementos budistas e cristãos. Afirma a oposição entre o Bem, a luz, a alma e o Mal, as trevas, o cor-

po. Assim como o universo, o homem é uma mistura do bem e do mal, a saber, da alma e do corpo. Por isso é necessário libertar as almas da prisão do corpo. Sto. Agostinho o condenou frequentemente em seus escritos.

MARTINHO DE BRAGA (520-580) – Fez-se monge na Palestina onde conheceu muitos peregrinos espanhóis. Induzido por eles viaja para a Galileia com a intenção de converter os suevos, em parte pagãos ou arianos. Fundou vários mosteiros e em 561 foi nomeado bispo de Dumio e mais tarde arcebispo de Braga. Sua obra mais conhecida é a *Formula honestae vitae*, em que expõe a vida cristã a partir das quatro virtudes capitais. Outras obras abrangem temas de liturgia, de ascese e de moral e de direito.

MÁXIMO DE TURIM – Bispo de Turim no século V. Suas homilias revelam um pastor ardoroso no estudo da Escritura e em prevenir os fiéis contra o paganismo e a heresia.

NEMÉSIO DE EMESA (séc. V) – Bispo, sucedeu a Eusébio de Cesareia. Entre suas muitas obras, cerca de 400, uma *Sobre a natureza do homem*, de tendência neoplatônica, teve grande divulgação na Idade Média.

NESTÓRIO (± 380-451) – Nestório é de origem síria. Ingressa num mosteiro perto de Antioquia. Logo adquire fama de orador. Em 428, a corte o chama para ser patriarca de Constantinopla. Não demora a insurgir-se, em seus sermões, contra o termo *theotokos* e a expressão "Deus sofreu". Vê nisso vestígios de apolinarismo. Orador demais, teólogo de menos, pensa poder resolver um problema difícil com discursos eloquentes. No momento em que a teologia das duas naturezas está se definindo, acaba por comprometê-la, deixando de insistir na união íntima das duas naturezas na Pessoa do Verbo. Os monges de Constantinopla inquietam-se. Cirilo de Alexandria avisa Roma e se demonstra incomodado. Em 431, o Concílio de Éfeso, concílio tempestuoso, condena Nestório, depõe-no e envia-o para seu mosteiro de Antioquia. De exílio em exílio, acaba no Grande Oásis do deserto líbio, de onde as incursões bárbaras o expulsam, mais uma vez.

NICOLAU I – Papa de 858 a 867. Enérgico e, às vezes, intransigente, recusa-se a reconhecer a eleição de Fócio para a sé de Constantinopla, após a deposição de Inácio. Essa decisão provoca a primeira ruptura com a Igreja do Oriente. Procura subtrair a Igreja búlgara à influência de Constantinopla a fim de ligá-la a Roma. Exige que os bispos lhe submetam as "causas maiores".

ORÍGENES (± 185-253) – É iniciado nas Escrituras pelo pai (que acabou morrendo mártir). Clemente de Alexandria forma-o, a seguir, nos conhecimentos humanos e cristãos. Demonstra inteligência tão brilhante que o bispo de Alexandria confia-lhe a direção da escola catequética quando está com apenas 18 anos. Dá imenso brilho à escola, tanto pelo valor de seus ensinamentos como pelo exemplo de sua vida austera. Completa sua formação filosófica pelas lições de Amônio Saccas, a leitura de Platão e de Aristóteles; estuda o hebraico para ler o texto do Antigo Testamento no original. Crente ardoroso e apaixonado, "tinha recebido o dom de pesquisar e de descobrir" (Gregório Taumaturgo, seu aluno). Procura a verdade em todas as fontes mas, antes de tudo, na Escritura. Em consequência de atrito com seu bispo, parte, em 231, para Cesareia de Palestina, onde funda uma escola, que passou a ser tão próspera quanto a primeira. De todos os lugares, consultam-no sobre questões difíceis, pois não há, ainda, nem concílios nem definição de fé. É a partir da Escritura que os problemas se colocam e que se procura resolvê-los. Durante a perseguição de Décio, Orígenes é longamente torturado e morre pouco depois, em consequência das torturas.

Orígenes deixou obra imensa: 2.000 títulos. Seu pensamento ousado e novo exerceu profunda influência sobre os séculos seguintes. Foi o primeiro a fazer exegese científica sobre todos os livros da Escritura; comentários profundos, escólios sobre as passagens difíceis, homilias calorosas para os fiéis. Compôs escritos ascéticos, apologéticos (*Contra Celso*) e, sobretudo, o tratado *Dos Princípios*, a primeira *Suma Teológica* da antiguidade cristã. Numa grande síntese, Orígenes parte da natureza íntima de Deus para terminar na consumação do universo.

Quase todas as obras de Orígenes desapareceram nas querelas levantadas por seu pensamento audacioso, muitas vezes deformado por seus discípulos. Esse homem que tanto amou a Igreja e que testemunhou fidelidade à sua fé, foi condenado por seus erros sobre a pré-

existência das almas, a existência de vários mundos sucessivos, a salvação final universal (incluindo os demônios). Mas seus erros não podem fazer esquecer todas as descobertas e os aprofundamentos que enriqueceram o pensamento cristão.
→ AMÔNIO SACCAS, mestre grego em Alexandria. Cristão de nascimento, passou ao paganismo.

PAULO DIÁCONO (séc. XII) – Monge de Montecassino. Fazia parte do grupo de sábios na corte de Carlos Magno. Sua obra mais conhecida e apreciada foi *Homiliarium*.

PEDRO CANTOR (séc. XII) – Professor de teologia da escola episcopal de Paris. Escreveu *Summa de sacramentis et animae consiliis* e *Verbum abbreviatum*.

PEDRO COMESTOR († 1178) – Teólogo. Professor em Paris, aí escreveu sua obra maior *Historia Scholastica*, em 20 volumes. Começa com a criação do mundo e termina com os Atos dos Apóstolos. Todos os livros da Bíblia são apresentados e parafraseados. A obra teve grande sucesso entre os estudantes. O apelido "Comestor" foi-lhe dado em vida pela grande estima em que seu ensino era tido. Várias vezes o comenta em seus sermões. Significa, aplicado a ele, o *que se alimenta* de livros.

PEDRO LOMBARDO (± 1100-1160) – De origem lombarda, chega a Paris em 1136 para completar seus estudos. A partir de 1142, é mestre afamado na escola de Notre-Dame. Acompanha de perto todas as correntes de ideias de seu tempo, faz parte do corpo de jurados que, no concílio de Reims, condena Gilberto de la Porrée. Em 1159, é escolhido para bispo de Paris. Morre no ano seguinte.

Todas as suas obras são fruto de seu ensino: *Glosa-Comentário das Salmos*, espécie de compilação patrística que deve servir de complemento à brevidade da obra de Anselmo de Laon, *Glosa sobre as Epístolas de S. Paulo*, ainda mais famosa que a anterior. Mas uma obra, em especial, valeu a Pedro o título de "Mestre das Sentenças", os quatro *Livros das Sentenças*: 1) Deus trino e uno; 2) Deus criador, graça e pecado; 3) Verbo encarnado e Cristo redentor, virtudes e decálogo; 4) Sacramentos e fins derradeiros. Esse plano marca um progresso real sobre os compêndios teológicos desse tempo.

Na efervescência do século XII em que os mestres enveredam, às vezes, em teorias arriscadas, Pedro Lombardo é um moderado. Não quer contentar-se com uma atitude meramente defensiva, e multiplicadora das condenações; sente a necessidade de pesquisar seus contemporâneos e quer mantê-los na ortodoxia. Fiel à tradição dos Padres e com uma clara preocupação pedagógica, une uns aos outros, formando como que um mosaico de sábios. Também empresta ideias de seus contemporâneos, mas não quer elaborar teorias pessoais. Não é um filósofo e não tem, provavelmente, a envergadura de seus grandes predecessores. Sua obra, contudo, apesar de algumas oposições tenazes, é logo apreciada. No Concílio de Latrão, em 1215, os *Livros das Sentenças*, atacados por Joaquim de Fiore, recebem um solene elogio pela sua ortodoxia. A partir desse momento, passam a ser o manual para o ensino da teologia. São comentados, adaptados. É só a partir do século XVII que a Suma de Sto. Tomás os substitui.

PELÁGIO (± 370-432) – Originário da Grã-Bretanha, é um monge austero. Fixa-se em Roma no tempo do papa Anastásio (399-402) e dá conselhos de ascetismo muito apreciados. Defensor da vontade humana, pensa que ela é capaz, sem a graça redentora, de querer e executar o bem; o livre-arbítrio do homem é todo-poderoso, a graça é simplesmente uma ajuda que torna a virtude mais fácil. Não existe pecado original e pode haver homens que vivem sem pecado. Pelágio esforça-se por difundir sua doutrina por todas as regiões do Império.

Sto. Agostinho, que tinha tão profundamente o senso da impotência da natureza humana entregue a suas próprias forças, luta energicamente contra as ideias de Pelágio e de seus partidários. Fá-los condenar nos Concílios de Cartago (415), de Milevi (416) e pelo papa Inocêncio I (417). O Concílio de Éfeso (431) anatematiza solenemente o pelagianismo.

PELÁGIO I – Papa de 556 a 561. Nasceu numa grande família romana. Sabe grego. Ainda diácono, traduz as Sentenças dos Padres do deserto para o público latino. A partir de 536, está na chancelaria pontifícia e encarregado de missões diplomáticas no Oriente. Sucede ao papa Vigilio.

Sto. Tomás cita duas de suas cartas.

PLATÃO (± 428-347 a.C.) – Ateniense, por volta dos vinte anos, liga-se a Sócrates*; priva de sua intimidade por oito anos. Depois da morte de seu mestre, viaja para se instruir, e volta a Atenas onde funda uma escola de filosofia nos jardins de Academos. Aí, durante quarenta anos, ajuda seus discípulos a descobrir a verdade que trazem em si mesmos, e da qual devem tomar consciência.

Podemos conhecer o pensamento de Platão graças a seus escritos. Inicialmente fiel ao método socrático, reelabora, pouco a pouco, a doutrina das Ideias e a dialética. A Dialética é o meio que possibilita à alma elevar-se, por degraus, das aparências múltiplas e mutantes até as Ideias (essências), modelos imutáveis, das quais o mundo sensível é imagem. Assim, a alma passa do devir ao ser, da opinião à ciência, pois é "irmã das Ideias", tem parentesco com elas. Conheceu-as numa existência anterior; mas essas Ideias permanecem latentes, adormecidas no seio do pensamento, até o choque ocasional transmitido ao espírito pelo corpo (a sensação) que desperta sua potência. Portanto, todo conhecimento é reminiscência, conversão graças à qual a alma reorienta seu olhar para as realidades verdadeiras. O conhecimento discursivo é importante, mas a forma superior do saber é uma visão, uma intuição intelectual das Essências. As Ideias relacionam-se entre si. Seu princípio é a Ideia do Bem, Deus, "medida de todas as coisas", princípio de toda existência, causa universal e causa de cada ser. Deus é Providência e dará, numa outra vida, recompensa ou castigo à alma que é imortal.

Platão quer pôr a alma em busca da verdade. Para isso não basta raciocinar corretamente, é preciso a pureza de uma vida reta. Não se alcança a verdade seguindo ilusões vãs.

Embora durante a Idade Média os latinos só conhecessem o Timeu, Platão exerceu uma verdadeira atração sobre o pensamento cristão tanto no Oriente como no Ocidente. Os cristãos dos primeiros séculos viram nele "o maior teólogo de todos os gregos", aquele que convida a ver com o olho da alma a luz imutável e eterna, a procurar a verdade além do mundo dos corpos, a descobrir as perfeições invisíveis de Deus através das coisas criadas que são Ideias de Deus projetadas no ser, a reconhecer que Deus é o Bem supremo.

→ ESPEUSIPO, cunhado de Platão.

PLAUTO (Titus Maccius Plautus) (254-184 a.C.) – Dramaturgo cônico romano.

PLOTINO – Filósofo neoplatônico, discípulo da escola de Alexandria e interessado nas filosofias persas e indianas. Ensinou em Roma uma doutrina que procurava conciliar a racionalidade da filosofia grega com a mística de inspiração cristã. Porfírio, seu discípulo, publicou suas obras com o título de *Enéadas*.

PLUTARCO (± 45-120) – Autor grego. Escreveu *Vidas Paralelas* e *Moralia*. Afirmava a unidade das religiões embora fossem diversas as suas formas.

POSSÍDIO (séc. V) – Viveu durante uns quarenta anos na intimidade de Sto. Agostinho, como monge, como sacerdote de Hipona e, enfim, como bispo da sede episcopal mais importante da Numídia, Calama (397). Mantém-se ao lado do amigo em todas as lutas e concílios. Genserico o expulsou de seu bispado em 437.

Possídio escreveu uma *Vida de Agostinho* e deu o catálogo de todas as suas obras.

PREPOSITINO DE CREMONA (séc. XII-XIII) – Chanceler da Universidade de Paris entre 1206 e 1210. Autor de uma *Summa Theologiae*.

PRÓSPERO DE AQUITÂNIA (± 390-455/463) – Nascido na Aquitânia, mora em Marselha em 426. Apavorado pelas doutrinas semipelagianas dos monges da região, escreve a Agostinho para assinalar-lhe o perigo. Pouco antes de morrer, Agostinho responde por *A Predestinação dos Santos* e *O Dom da Perseverança*. Sempre mais isolado em Marselha, Próspero vai a Roma, esperando obter uma condenação. O papa prega a paz aos dois partidos. Mas nenhum o leva em conta e Próspero escreve suas *Respostas* às objeções caluniosas dos Gauleses e outros tratados. Pouco a pouco, volta a sentimentos mais pacíficos e vê que é preciso abandonar certas posições intransigentes de Agostinho. Desempenha funções importantes na chancelaria pontifícia, junto a S. Leão. Escreveu um *Comentário dos Salmos*, um tratado sobre *A Vocação de todos os Povos*, um *Livro das Sentenças* tiradas das obras de Sto. Agostinho, assim como uma vasta Crônica que vai até 455.

O tratado sobre *A vida contemplativa*, que Sto. Tomás lhe atribui, é obra de Juliano Pomère, sacerdote de Arles, morto em 498.

RABANO MAURO (Hrabanus Maurus) (± 780-856) – Monge de Fulda (Alemanha), Rabano Mauro vai seguir em Tours os curso de Alcuíno. De volta, nomeado diretor de escola e abade de Fulda, torna-se, enfim, bispo da Mogúncia. Recebeu o título de "preceptor da Germânia". Espírito enciclopédico, como seu mestre ALCUINO, comentou quase todo o Antigo e o Novo Testamento. Escreveu, também, um livro sobre *A Instituição dos Clérigos* e um *De universo*, espécie de Suma onde reúne todo o saber de seu tempo.

RAIMUNDO DE PEÑAFORT – Jurista, professor e mestre geral dos dominicanos, publicou em 1234, em cinco livros, as *Decretais de Gregório IX*.

RICARDO DE SÃO VÍTOR († 1173) – Aluno e sucessor de Hugo na escola de São Vítor, escreveu muito: tratados teológicos, exegéticos, ascéticos e místicos. Preocupou-se, principalmente, em "encontrar razões necessárias" às verdades da fé. Seu tratado *Sobre a Trindade* é característico a esse respeito: procura elevar a razão até seus limites extremos, embora sabendo-se diante do mistério.

Suas obras místicas tiveram grande repercussão entre seus contemporâneos. Descreveu a preparação da alma para a contemplação e a própria contemplação.

RUFINO (345-410) – Monge, amigo de são Jerônimo, com quem se desentendeu por ocasião da controvérsia origenista. Traduziu para o latim *A História eclesiástica* de Eusébio, assim como obras de Orígenes e uma *História dos monges do Egito*.

RUPERTO (± 1075-1129/30) – Monge beneditino de Saint-Laurent de Liège e abade do mosteiro de Deutz, perto de Colônia. Não quer ser teólogo, mas sim, monge. É um comentador incansável dos livros santos.

SALÚSTIO (86-35 a.C.) – Historiador latino. Começa pela carreira política: senador no tempo de César, governador da Numídia, onde enriquece sem escrúpulo. Depois da morte de César, retira-se da política e dedica-se à história. Escreveu *A Conjuração de Catilina*, *A Guerra de Jugurta* e *Histórias* de que só temos fragmentos.

SÊNECA (4 a.C.-65 d.C.) – Nascido em Córdoba, chega a Roma e inicia-se na filosofia estoica. Advogado e questor, é exilado durante oito anos. Agripina o chama de volta para confiar-lhe, e a Burro, a educação de Nero. Quando Nero se torna imperador, Sêneca procura contê-lo em suas paixões. Nero o implica na conjuração de Pisão e lhe envia a ordem de matar-se.

A obra de Sêneca é variada: tragédias, tratados de filosofia dos quais alguns são muito conhecidos: *A Clemência, Os Benefícios, A Constância do sábio, A tranquilidade da alma, Cartas a Lucílio*. Sua filosofia é exclusivamente moral. Propõe o domínio de si. Os Padres da Igreja acharam que o pensamento dele estava de acordo com a moral cristã.

SIBILA (A) – Desde o século II antes de Cristo, os judeus helenísticos têm utilizado o nome místico da Sibila, profetiza inspirada, para propagar a religião judaica nos meios pagãos. É possível que tenham incorporado a seus escritos oráculos pagãos como os da Sibila de Eritreia. Os cristãos do século II, por sua vez, compuseram oráculos sibilinos. A obra, na sua forma atual, é uma mescla de materiais pagãos, judeus e cristãos: maldições, profecias apocalípticas etc.

O conjunto não teria interesse algum não fossem os escritos dos séculos III e IV encontrados nesses livros. Argumentos, segundo eles, irrefutáveis, sobre a verdade do cristianismo, pois a própria Sibila teria "escrito sobre Cristo profecias evidentes" (Sto. Agostinho, *Cidade de Deus* 18, 23, 1).

SÍMACO – Papa de 498 a 514. Luta contra o antipapa Lourenço, até a expulsão deste por Teodorico, em 506. Sto. Tomás o cita por intermédio do Decreto.

SIRÍCIO (384-399) – Papa da Igreja Católica. Santo. Nascido em Roma, sucedeu a S. Dâmaso. Combateu o priscilianismo com várias cartas aos bispos de Espanha e com as primeiras Decretais pontifícias.

TEÓFANES (750-817) – Monge e cronista bizantino. Sua obra principal *Chronographea*. Participou da luta contra os iconoclastas.

TERTULIANO (160-230) – Advogado cartaginês, depois de se converter dedicou-se como catequista à Igreja de Cartago. Posteriormente deixou a Igreja tornando-se montanista.

TÚLIO – Sobrenome de Cícero* pelo qual é geralmente designado na Idade Média.

VALÉRIO MÁXIMO – Historiador latino do primeiro século a.C. e d.C., autor de nove livros de *Fatos e Ditos Memoráveis*, compêndio de relatos extraídos de diversos autores. Essa compilação conheceu vivo sucesso na Antiguidade e na Idade Média.

VEGÉCIO – Escritor latino do final do século IV, autor de um *Tratado da Arte Militar*.

VITAE PATRUM = As Vidas dos Padres – Uma vasta literatura desenvolveu-se nos desertos do Egito. Recolheram-se as "Palavras" dos Padres ou apofitegmas. Escreveram-se relatos de suas vidas. O primeiro foi a *Vida de Antão* por Atanásio.

Sto. Tomás conheceu uma vasta compilação feita no século VI, contendo, principalmente, *A história dos monges do Egito*, traduzida por Rufino de Aquileia, *A história lausíaca* de Paládio, traduzida, esta também, para o latim, assim como as *Sentenças dos Padres, traduzidas pelos diáconos (futuros papas), Pelágio e João*.

Adriano I
—— *Capitula*: Mansi 12, 903-914 (*Capitula*).

Sto. Agostinho
—— *Obras completas de S. Agustin*, 41 vols. (Madrid, BAC).
—— *Ad Episcopos Eutropium et Paulum Epistola, sive Liber de Perfectione iustitiae hominis*: ML 44,291-318 (*De Perfect. Iust.*).
—— *Ad Marcellinum De Civitate Dei contra paganos Libri viginti duo*: ML 41,13-804 (*De Civit. Dei*).
—— *Confessionum Libri tredecim*: ML 32,659-868 (*Confess.*).
—— *Contra Adimantum Manichaei discipulum Liber unus*: ML 42,129-172 (*Contra Adimant.*).
—— *Contra Cresconium Grammaticum Partis Donati Libri quatuor*: ML 43,445-594 (*Contra Crescon.*).
—— *Contra Epistolam Parmeniani Libri tres*: ML 43,33-108 (*Contra Epist. Parmen.*).
—— *Contra Faustum Manichaeum Libri triginta tres*: ML 42,207-518 (*Contra Faust.*).
—— *Contra Iulianum haeresis pelagianae defensorem Libri sex*: ML 44,641-874 (*Contra Iulian.*).
—— *Contra Maximinum haereticum arianorum episcopum Libri duo*: ML 42,743-814 (*Contra Maximin. Haeret.*).
—— *Contra Mendacium ad Consentium Liber unus*: ML 40,517-548 (*Contra Mendac.*).
—— *De Baptismo contra Donatistas Libri septem*: ML 43,107-244 (*De bapt. contra Donatistas*).
—— *De Bono Coniugali Liber unus*: ML 40,473-396 (*De Bono Coniug.*).
—— *De Catechizandis Rudibus Liber unus*: ML 40,309-348 (*De Catechiz. Rud.*).
—— *De Coniugiis adulterinis ad Pollentium Libri duo*: ML 40,451-486 (*De Adulterinis Coniug.*).
—— *De Consensu Evangelistarum Libri quatuor*: ML 34,1041-1230 (*De Consensu Evangelist.*).
—— *De Continentia Liber unus*: ML 40,349-372 (*De Continentia*).
—— *De Correptione et Gratia ad Valentinum et cum illo Monachos Adrumetinos Liber unus*: ML 44,915-946 (*De Corrept. et Grat.*).
—— *De Cura pro Mortuis Gerenda ad Paulinum Liber unus*: ML 40,591-610 (*De Cura pro Mort.*).
—— *De Diversis Quaestionibus ad Simplicianum Liber duo*: ML 40,101-148 (*De Divers. Quaest. ad Simplic.*).
—— *De Diversis Quaestionibus LXXXIII Liber unus*: ML 40,11-100 (*Octog. Trium Quaest.*).
—— *De Divinatione Daemonum Liber unus*: ML 40,581-592 (*De Divinat. Daemon.*).
—— *De Doctrina Christiana Libri quatuor*: ML 34,15-122 (*De Doctr. Christ.*).
—— *De Dono Perseverantiae Liber ad Prosperum et Hilarium secundus*: ML 45,993-1034 (*De Dono Persev.*).
—— *De Duabus Animabus contra Manichaeos Liber unus*: ML 42,93-112 (*De Duobus An.*).
—— *De Fide et Operibus Liber unus*: ML 40,197-230 (*De Fide et Oper.*).
—— *De Genesi ad Litteram Libri duodecim*: ML 34,245-286 (*De Genesi contra Manich.*).
—— *De Gratia et Libero Arbitrio ad Valentinum et cum illo Monachos Liber unus*: ML 44,881-912 (*De Grat. et Lib. Arb.*).
—— *De Haeresibus ad Quodvultdeus Liber unus*: ML 42,21-50 (*De Haeres.*).
—— *De Libero Arbitrio Libri tres*: ML 32,1221-1310 (*De Lib. Arb.*).
—— *De Mendacio Liber unus*: ML 40,487-518 (*De Mendac.*).
—— *De Moribus Ecclesiae Catholicae et de Moribus Manichaeorum Libri duo*: ML 32,1309-1378 (*De Mor. Eccl. Cathol.*).
—— *De Musica Libri sex*: ML 32,1081-1194 (*De Musica*).
—— *De Natura Boni contra Manichaeos Liber unus*: ML 42,551-572 (*De Nat. Boni*).
—— *De Natura et Gratia ad Timasium et Iacobum contra Pelagium Liber unus*: ML 44,247-290 (*De Nat. et Grat.*).
—— *De Nuptiis et Concupiscentiis ad Valerium Comitem Libri duo*: ML 44,413-474 (*De Nupt. et Concupisc.*).
—— *De Opere Monachorum Liber unus*: ML 40,547-582 (*De Oper. Monach.*).
—— *De Ordine Libri duo*: ML 32,977-1020 (*De Ord.*).
—— *De Patientia Liber unus*: ML 40,611-626 (*De Patientia*).
—— *De Peccatorum Meritis et Remissione et de Baptismo Parvulorum, ad Marcellinum Libri tres*: ML 44,109-200 (*De Pecc. Remiss. et Bapt. Parv.*).
—— *De Praedestinatione Sanctorum Liber ad Prosperum et Hilarium primus*: ML 44,959-992 (*De Praedest. Sanct.*).

—— *De Sancta Virginitate Liber unus*: ML 40,395-428 (*De Virginit.*).
—— *De Sermone Domini in Monte secundum Matthaeum Libri duo*: ML 34,1229-1308 (*De Serm. Dom.*).
—— *De Trinitate Libri quindecim*: ML 42,819-1098 (*De Trin.*).
—— *De Utilitate Credendi ad Honoratum Liber unus*: ML 42,65-92 (*De Util. Cred.*).
—— *De Vera Religione Liber unus*: ML 34,121-172 (*De Vera Relig.*).
—— *Enarrationes in Psalmos*, ps. I-LXXIX: ML 36,67-1028; ps. LXXX-CL: ML 37,1033-1968 (*Enarr. in Psalm.*).
—— *Enchiridion ad Laurentium, sive de Fide, Spe et Caritate Liber unus*: ML 40,231-290 (*Enchir.*).
—— Epistola XXI *Ad Valerium Episcopum*: ML 33,88-90 (Epist. XXI *Ad Valerium*).
—— Epistola XXII *Ad Aurelium Carthaginensem Episcopum*: ML 33,90-94 (Epist. XXII *Ad Aurelium Episc.*).
—— Epistola XXVIII *Ad Hieronymum*: ML 33,111-114 (Epist. XXVIII *Ad Hieron.*).
—— Epistola XXXI *Ad Paulinum et Therasiam*: ML 33,121-125 (Epist. XXXI *Ad Paulinum et Therasiam*).
—— Epistola XXXVI *Ad Casulanum*: ML 33,136-151 (Epist. XXXVI *Ad Casulanum*).
—— Epistola XL *Ad Hieronymum*: ML 33,154-158 (Epist. XL *Ad Hieron.*).
—— Epistola XLIII *Ad Glorium, Eleusium, Felices, Grammaticos et caeteros*: ML 33,159-173 (Epist. XLIII *Ad Glorium, Eleusium*, etc.).
—— Epistola XLVII *Ad Publicolam*: ML 33,184-187 (Epist. XLVII *Ad Publicolam*).
—— Epistola XLVIII *Ad Eudoxium Abbatem*: ML 33,187-189 (Epist. XLVIII *Ad Eudoxium*).
—— Epistola LIV-LV *Ad Inquisitiones Ianuarii*: ML 33,199-223 (Epist. LIV *Ad Inquis. Ianuarii*).
—— Epistola LX *Ad Aurelium*: ML 33,227-228 (Epist. LX *Ad Aurelium*).
—— Epistola LXXVIII *Ad Universam Plebem Ecclesiae Hipponensis*: ML 33,267-272 (Epist. LXXVIII *Ad Pleb. Hippon.*).
—— Epistola LXXXII *Ad Hieronymum*: ML 33,275-297 (Epist. LXXXII *Ad Hieron.*).
—— Epistola XCIII *Ad Vincentium*: ML 33,321-347 (Epist. XCIII *Ad Vincent.*).
—— Epistola CXVIII *Ad Dioscorum*: ML 33,431-449 (Epist. CXVIII *Ad Diosc.*).
—— Epistola CXXVII *Ad Armentarium et huius uxorem Paulinam*: ML 33,483-487 (Epist. CXXVII *Ad Arment. et Paulinam*).
—— Epistola CXXX *Ad Probam Viduam*: ML 33,494-507 (Epist. CXXX *Ad Probam*).
—— Epistola CXXXVIII *Ad Marcellinum*: ML 33,525-535 (Epist. CXXXVIII *Ad Marcellinum*).
—— Epistola CXL *Ad Honoratum* seu *De gratia Novi Testamenti Liber*: ML 33,538-577 (Epist. CXL *De Gratia Novi Test.*).
—— Epistola CXLVII *De Videndo Deo, Ad Paulinam*: ML 33,596-622 (Epist. CXLVII *Ad Paulinam*).
—— Epistola CXLIX *Ad Paulinum Episcopum*: ML 33,630-645 (Epist. CXLIX *Ad Paulinum*).
—— Epistola CLIII *Ad Macedonium*: ML 33,653-665 (Epist. CLIII *Ad Macedonium*).
—— Epistola CLXVII *Ad Hieronymum* seu *De Sententia Iacobi*: ML 33,733-741 (Epist. CLXVII *De Sent. Iac.*).
—— Epistola CLXXXV *Ad Bonifacium Comitem* seu *De Correctione Donatistarum Liber*: ML 33,792-815 (Epist. CLXXXV *Ad Bonifacium Comitem*).
—— Epistola CLXXXVI *Ad Paulinum Episcopum*: ML 33,815-832 (Epist. CLXXXVI *Ad Paulinum*).
—— Epistola CLXXXIX *Ad Bonifacium*: ML 33,854-857 (Epist. CLXXXIX *Ad Bonifacium*).
—— Epistola CXC *Ad Optatum Episcopum*: ML 33,857-867 (Epist. CXC *Ad Optatum*).
—— Epistola CXCIV *Ad Syxtum Romanum Presbyterum*: ML 33,874-891 (Epist. CXCIV *Ad Syxtum*).
—— Epistola CCXI *Ad Monachas*: ML 33,958-965 (Epist. CCXI *De Monachas*).
—— Epistola CCXXVIII *Ad Honoratum Episcopum*: ML 33,1013-1019 (Epist. CCXXVIII *Ad Honorat.*).
—— Epistola CCXLIII *Ad Laetum*: ML 33,1055-1059 (Epist. CCXLIII *Ad Laetum*).
—— Epistola CCXLV *Ad Possidium*: ML 33,1060-1061 (Epist. CCXLV *Ad Possidium*).
—— *In Epistolam Ioannis ad Parthos Tractatus decem*: ML 35,1977-2062 (*In I Ioann.*).
—— *In Ioannis Evangelium Tractatus centum viginti et quatuor*: ML 35,1379-1976 (*In Ioann.*).
—— *Quaestionum Evangeliorum Libri duo*: ML 35,1321-1364 (*Quaest. Evang.*).
—— *Quaestionum in Heptateuchum Libri septem*: ML 34,547-824 (*Quaest. in Heptat.*).
—— *Quaestionum septemdecim in Evangelium secundum Matthaeum Liber unus*: ML 35,1365-1376 (*Quaest. septemdecim in Matth.*).
—— *Retractationum Libri duo*: ML 32,583-656 (*Retract.*).
—— *Sermo de Disciplina Christiana*: ML 40,669-678 (*De Disciplina Christ.*).
—— *Sermones ad Populum*, sermo I-CCCXL: ML 38,23-1484; sermo CCCXLI-CCCXLVI: ML 39,1493-1718 (*Serm. ad Popul.*).
—— *Soliloquiorum Libri duo*: ML 32,869-904 (*Solil.*).

STO. ALBERTO MAGNO
—— *Opera Omnia*, edidit A. BORGNET, 38 vols. (Parisiis, Vivès, 1890-1899) (BO).
—— *S. Alberti Magni... Opera Omnia* (Institutum Alberti Magni Coloniense) (Aschendorff 1951ss) (CO).
—— *Commentarii in Setentiarum Libros quatuor* (BO XXV-XXX) (*In Sent.*).
—— *Summa Theologiae* (BO XXXI-XXXIII) (*Summa Theol.*).

ALCUINO
—— *Epistola XLI Ad Paulinum Patriarcham*: ML 100,202-203 (Epist. XLI *Ad Paulinum*).
—— *Interrogationes et Responsiones in Genesin*: ML 100,516-566 (*Interrog. et Resp. in Genesin*).

ALEXANDRE DE HALES
—— *Summa Theologica*, edita studio et cura PP. Collegii S. Bonaventurae (Quaracchi 1924-1930), 3 vols. (*Summa Theol.*).

AMBROSIASTER (PSEUDO-AGOSTINHO)
—— *Quaestiones Veteris et Novi Testamenti*: ML 35,2215-2422 (*Quaest. Vet. et Nov. Test.*).

AMBROSIASTER (PSEUDO-AMBRÓSIO)
—— *Commentaria in XII Epistolas Beati Pauli*: ML 17,47-536 (*In Rom.*).

STO. AMBRÓSIO
—— *De Abraham Libri duo*: ML 14,441-524 (*De Abraham*).
—— *De Elia et Ieiunio Liber unus*: ML 14,731-764 (*De Elia et Ieiunio*).
—— *De Officiis Ministrorum Libri tres*: ML 16,25-194 (*De Off. Ministr.*).
—— *De Paradiso Liber unus*: ML 14,291-332 (*De Parad.*).
—— *De Spiritu Sancto Libri tres. Ad Gratianum Augustum*: ML 16,731-850 (*De Spir. Sancto*).
—— *De Virginibus ad Marcellinam Sororem suam Libri tres*: ML 16,197-244 (*De Virg.*).
—— *Expositio Evangelii secundum Lucam Libris X comprehensa*: ML 15,1607-1944; SC 45,52 (*In Luc.*).
—— *In Psalmum David CXVII Expositio*: ML 15,1261-1604 (*In Psalm. CXVIII*).
—— *Sermones Sancto Ambrosio bactenus adscripti*: ML 17,625-758 (*Serm. de Temp.*).

ANDRÓNICO DE RODES
—— *Fragmenta Philosophorum Graecorum*, 3 vols., edid. G. A. MULLACHIUS (Parisiis, Firmin-Didot, 1867-1879) (DD).
—— *Ethicorum Nicomacheorum Paraphrasis* III p. 303-569 (*In Eth.*).
—— *De Affectibus Liber* III p. 570-577 (*De Affect.*).

STO. ANSELMO
—— *Obras completas de S. Anselmo*. Edición bilingue, 2 vols. (Madrid, BAC).
—— *Dialogus De Veritate*: ML 158,467-486 (*De Ver.*).

APULEYO
—— *Pétrone, Apulée, Aulu-Gelle* (Paris, Dubochet, postea Firmin-Didot, 1842) (DD).
—— *De Deo Socratis Liber*: DD 135-147 (*Lib. De Deo Socratis*).
—— *De Dogmate Platonis*: DD 149-158 (*De Dogm. Platonis*).

ARISTÓTELES
—— *Analyticorum Posteriorum* (BK 71a1-100b17) (*Post.*).
—— *Aristoteles Graece*, 2 vols. ex recensione I. BEKKERI (Academia Regia Borussica, Berolini 1831). (se cita: BK añadiendo página, columna y línea).
—— *Aristotelis Opera Omnia Graece et Latine cum Indice*, 5 vols., edid. A. FIRMIN-DIDOT (Parisiis 1848-1878). (cuando se cita esta edición, se da sólo el libro, capitulo y número si los hubiere).
—— *Ars Rhetorica* (BK 1354a1-1420b4) (*Rhet.*).
—— *Categoriae sive Praedicamenta* (BK 1a1-15b33) (*Cat.*).
—— *De Anima* (BK 402a1-435b25) (*De An.*).
—— *De Caelo* (BK 268a1-313b23) (*De Caelo*).
—— *De Divinatione per Somnum* (BK 462b12-464b18) (*De Divinat.*).
—— *De Generatione Animalium* (BK 715a1-789b20) (*De Gen. Anim.*).

—— *De Generatione et Corruptione* (Bκ 314a1-338b19) (*De Gener.*).
—— *De Interpretatione sive Perihermeneias* (Bκ 16a1-24b9) (*Perih.*).
—— *De Memoria et Reminiscentia* (Bκ 449b1-453b7) (*De Mem. et Rem.*).
—— *De Partibus Animalium* (Bκ 639a1-697b30) (*De Part. Anim.*).
—— *De Poetica* (Bκ 1447a8-1462b18) (*Poet.*).
—— *De Re Publica sive Politica* (Bκ 1252a1-1342b34) (*Pol.*).
—— *De Somno et Vigilia* (Bκ 453b8-458a33) (*De Somno*).
—— *De Sophisticis Elenchis* (Bκ 164a20-184b9) (*De Soph.*).
—— *Ethica Nicomachea* (Bκ 1094a1-1181b23) (*Eth.*).
—— *Historiae Animalium* (Bκ 486a5-638b37) (*Hist. Anim.*).
—— *Metaphysica* (Bκ 980a21-1093b29) (*Metaph.*).
—— *Physica Auscultatio* (Bκ 184a10-267b26) (*Phys.*).
—— *Topicorum* (Bκ 100a18-164b19) (*Top.*).

STO. ATANÁSIO
—— Epistola IV *Ad Serapionem De Spiritu Sancto*: MG 26,637-676 (*Epist. IV Ad Serapionem*).
—— *Ex Commentariis in Lucam*: MG 27,1391-1404 (*Fragm. in Luc.*).
—— *Fragmenta in Matthaeum*: MG 27,1363-1390 (*Frag. in Matth.*).

AVERRÓIS
—— *Commentaria in opera Aristotelis*, 12 vols. (Venetiis 1562-1576) (*In De An.*).

AVICENA
—— *Opera in lucem redacta ac nuper quantum ars niti potuit per canonicos emendata*, translata a DOMINICO GUNDISSALINO (Venetiis 1508) (*Metaph.*) (*Suffic.*).

S. BASÍLIO MAGNO
—— *Constitutiones Asceticae ad eos qui simul aut solitarie vivunt*: MG 31,1321-1428 (*Const. Monast.*).
—— *Homilia in illud dictum Evangelii secundum Lucam "Destruam horrea mea et maiora aedificabo" itemque De Avaritia*: MG 31,261-278 (Hom. VI *In Luc.*).
—— *Homiliae S. Basilii quas transtulit Rufinus de graeco in latinum*: MG 31,1723-1794 (Hom. III *In Luc.* XII, interprete Rufino).

S. BEDA
—— *Hexaëmeron, sive Libri quatuor in Principium Genesis, usque ad Nativitatem Isaac et Electionem Ismaëlis*: ML 91,9-190 (*Hexaëm.*).
—— *Homiliae genuinae*: ML 94,9-268 (*Homiliae*).
—— *In Lucae Evangelium Expositio*: ML 92,301-634 (*In Luc.*).
—— *In Marci Evangelium Expositio*: ML 92,131-302 (*In Marc.*).
—— *In Primam Epistolam S. Ioannis*: ML 93,85-120 (*In I Ioann.*).
—— *Super Acta Apostolorum Expositio. Ad Accam Episcopum Bedae Epistola*: ML 92,937-1032 (*In Act.*).

S. BENTO
—— *Regula, cum Commentariis*: ML 66,215-932 (*Reg. ad Mon.*).
—— *San Benito. Su vida. Su regla* (Madrid, BAC).

S. BERNARDO
—— *De Consideratione Libri quinque ad Eugenium tertium*: ML 182,727-808 (*De Consider.*).
—— *De Diligendo Deo Liber seu Tractatus ad Haimericum S. R. E. Cardinalem et Cancellarium*: ML 182,973-1000 (*De Dilig. Deo*).
—— *De Gradibus Humilitatis et Superbiae Tractatus*: ML 182,941-972 (*De Gradibus Humilitatis et Superbiae*).
—— *De Praecepto et Dispensatione Liber*: ML 182-859-894 (*De Dispensat. et Praecept.*).
—— *Obras completas de S. Bernardo*. Ed. bilingue, 9 vols. (Madrid, BAC).
—— *Sermones de Sanctis*: ML 183-359-536 (*Serm. de Sanct.*).
—— *Sermones in Cantica Canticorum*: ML 183,785-1198 (*In Cant.*).

S. BOAVENTURA
—— *Obras de S. Buenaventura*, 6 vols. (Madrid, BAC).

—— *Opera Omnia*, 10 vols. (Quaracchi, 1882-1902) (QR).
—— *Commentarii in quatuor Libros Sententiarum Petri Lombardi* I-IV (*In Sent.*).
—— *Collationes in Hexaëmeron* p. 327-454 (*In Hexaëm.*).

BOÉCIO
—— *De Consolatione Philosophiae Libri quinque*: ML 63,579-862 (*De Consol.*).
—— *De Musica Libri quinque*: ML 63,1167-1300 (*De Musica*).
—— *In Categorias Aristotelis Libri quatuor*: ML 64,159-294 (*In Cat. Arist.*).

BUCARDO DE WORMS
—— *Decretorum Libri viginti*: ML 140,537-1058.

CALIXTO I
—— Epistola II *Ad Omnes Galliarum Episcopos*: MANSI, 1,740-746 (Epist. Papae Callixti *Ad Omnes Galliae Episcopos*).

CASSIANO
—— *Collationum XXIV Collectio in tres partes divisa*: ML 49,477-1328 (*Collationes*).
—— *De Coenobiorum Institutis Libri duodecim*: ML 49,53-476 (*De Institut. Coenob.*).

CASSIODORO
—— *In Psalterium Expositio*: ML 70,25-1056 (*Expos. in Psalt.*)

CÍCERO
—— *Ciceronis Opera*, ed. C. F. W. MUELLER (Leipzig 1880-1886) (EL).
—— *Cicéron* (Collection des Universités de France, ed. BUDÉ, "Les Belles Lettres") (BU).
—— *De Divinatione* (DD 4,185-252) (*De Divinat.*).
—— *De Natura Deorum* (DD 4,79-169) (*De Nat. Deor.*).
—— *De Officiis* (DD 4,425-516) (*De Off.*).
—— *De Re Publica* (DD 4,279-348) (*De Republica*).
—— *De Tusculanis Quaestionibus* (DD 3,621-670; 4,1-74) (*Tuscul.*).
—— *Laelius, sive De Amicitia Dialogus* (DD 4,547-570) (*De Amicitia*).
—— *Oeuvres Complètes de Cicéron*, 5 vols. (Paris, Firmin-Didot, 1881). (Collection des Auteurs Latins avec la traduction en français, publiée sous la direction de M. Nisard) (DD).
—— *Rhetorica ad Herennium* (DD 1,3-84) (*Rhetor. ad Herenn.*).
—— *Rhetorica* seu *De Inventione Oratoria* (DD 1,88-169) (*Rhetor.*).
—— *Topica* (DD 1,489-507) (*Top.*).

S. CIPRIANO
—— Epistola VIII *Ad Martyres et Confessores*: ML 4,251-256 (Epist. VIII *Ad Martyres et Confessores*).
—— Epistola LXII *Ad Pomponium. De Virginibus*: ML 4,375-383 (Epist. LXII *Ad Pomponium*).
—— *Obras de S. Cipriano. Tratados. Cartas.* Edición bilingue (Madrid, BAC).
—— *Liber De Habitu Virginum*: ML 4,451-478 (*De Habitu Virg.*).

S. CIRILO DE ALEXANDRIA
—— *Explanatio in Lucae Evangelium*: MG 72,475-950 (*In Luc.*).

PSEUDO-CLEMENTE ROMANO
—— Epistola I *Ad Iacobum Fratrem Domini*: MANSI, 1,91-108 (Epist. Decretal. I *Ad Iac.*).

CORPUS IURIS CANONICI
—— *Decretum Magistri Gratiani* (GRACIANO, *Decretum*).

CORPUS IURIS CIVILIS
—— *Iustiniani Digesta*, recognovit T. MOMMSEN, retractavit P. KRUEGER, p. 29-926 (*Dig.*).

CRISIPO
—— *Fragmenta Philosophorum Graecorum*, 3 vols., edidit G. A. MULLACHIUS (Parisiis, Firmin-Didot, 1867-1879) (DD).
—— *Secundum Chrysippum* III p. 577-578 (*Definitiones*).

S. Dâmaso I
—— *Decreta Damasi Papae* I: Mansi, 3,446-448 (*Decreta Damasi Papae I*).

Pseudo-Dionísio Areopagita
—— *De caelesti Hierarchia*: MG 3,119-370 (*De Cael. Hier.*).
—— *De Divinis Nominibus*: MG 3,585-996 (*De Div. Nom.*).
—— *De Ecclesiastica Hierarchia*: MG 3,369-584 (*De Ecclesiast. Hier.*).
—— Epistola I *Ad Caium Monachum*: MG 3,1065-1066 (Epist. I *Ad Caium Mon.*).
—— Epistola VII *Ad Polycarpum Antistitum*: MG 3,1077-1082 (Epist. VII *Ad Polyc.*).
—— Epistola VIII *Ad Demophilum Monachum*: MG 3,1083-1100 (Epist. VIII *Ad Demophil.*).

Dionísio Cato
—— *Disticha De Moribus ad Filium*, recensuit et adnotationibus instruxit O. Arntzenius (Amstelaedami 1754) (*Breves Sent.*).

Eadmero
—— *Liber de Sancti Anselmi Similitudinibus*: ML 159,605-708 (*De Similit.*).

Enodio Ticinense (Magno Felix)
—— *Dictiones*: ML 63,263-308 (*Dictiones*).

Eusébio de Cesareia
—— *Historia Ecclesiastica*: MG 20,45-906 (*Hist. Ecclesiast.*).

Fabrício
—— *Codex Apocryphus Novi Testamenti Selectus, castigatus testimoniisque, censuris et animadversionibus illustratus*, a T. A. Fabricio (Hamburgi, B. Schiller, 1703) (*Hist. Certaminis Apostolici*).

Felipe o Chanceler
—— *Summa Quaestionum Theologicarum (Summa De Bono)*, MS. Tolosae 192, 171 ff. Incipit: *Vadam in agrum et colligam spicas... Explicit liber cancellarii parisiensis: Summa Cancellari parisiensis (Summa de bono)*.

Frontinus
—— *Ammien Marcellin, Jornandès Frontin, Végèce, Modestus* (Paris, Firmin-Didot, 1878) (Collection des Auteurs Latins, avec la traduction en français, publiée sous la direction de M. Nisard) (DD).
—— *Strategemation Libri quatuor* p. 503-581 (*Strategem.*).

S. Fulgêncio de Ruspe
—— *De Fide, seu de Regula Verae Fidei, ad Petrum, Liber unus*: ML 65,671-708 (*De Fide*).

Glosa
—— *Glossa Ordinaria, cum Expositione Lyre Litterali et Morali, necnon Additionibus et Relicis*, 6 vols. (Basileae, Iohanni Petri de Langedorff et Iohanni Frobenio de Hammelburg, 1506-1508) (*Glossa ordin.*) (*Glossa interl.*).

S. Gregório Magno
—— *Dialogorum Libri IV. De Vita et Miraculis Patrum Italicorum et de Aeternitate Animarum*: ML 77,149-430; SC 251, 260, 265 (*Dial.*).
—— *Homiliarum in Ezechielem Prophetam Libri duo*: ML 76,786-1072 (*In Ezech.*).
—— *Moralium Libri sive Expositio in Librum B. Iob* I-XVI: ML 75,509-1162; XVII-XXXV: ML 76,9-782; CC 143, 143a, 143b (*Moral.*).
—— *Obras de S. Gregorio Magno* (Madrid, BAC).
—— *XL Homiliarum in Evangelia Libri duo*: ML 76,1075-1312 (*In Evang.*).
—— *Registri Epistolarum Libri quatuordecim*: ML 77,441-1352 (*Registrum*).
—— *Regulae Pastoralis Liber, ad Ioannem Episcopum Civitatis Ravennae*: ML 77,13-128 (*Reg. Pastor.*).

S. Gregório Niceno
—— *De Hominis Opificio*: MG 44,123-256 (*De Hom. Opif.*).
—— *Oratio Funebris de Placilla Imperatrice*: MG 46,877-892 (*Orat. Funebris de Placilla Imperatrice*).

GUILHERME ALTISIODORENSE (DE AUXERRE)
—— *Summa Aurea in quattuor Libros Sententiarum* (Parisiis, P. Pigouchet, 1500) (*Suma Aurea*).

GUILHERME DE ALVÉRNIA, O PARISIENSE
—— *Opera Omnia*, 2 vols., edidit I. D. TRAIANUM NEAPOLITANUM (Venetiis, D. Zenari, 1592).
—— *De Virtutibus Liber unus* I p. 99-184 (*De Virt.*).

GUILHERME DE SANTO TEODORICO
—— *Tractatus De Natura et Dignitate Amoris*: ML 184,379-408 (*De Nat. et Dign. Amoris*).

HAIMON VON HALBERSTAD
—— *In Divini Pauli Epistolas Expositio*: ML 117,359-938 (*In I Tim.*).
—— *In omnes Psalmos Pia, Brevis ac Dilucida Explanatio*: ML 116,191-696 (*In Psalm.*).

HENRIQUE DE SEGUSIO (EL HOSTIENSE)
—— *Summa Hostiensis super Titulis Decretalium Compilata* (Venetiis 1480) (*Summa*).

HERVEO
—— *Commentaria in Epistolas Divi Pauli*: ML 181,591-1692 (*In I Tim.*).

HORÁCIO
—— *Epîtres*, texte établi et traduit par F. VILLENEUVE (Paris 1934) (Collection des Universités de France, éditions BUDÉ, "Les Belles Lettres") (BU) (*Epist.*).

HUGO DE SAINT-CHER (SÃO-CARO)
—— *Opera omnia in Universum Vetus et Novum Testamentum*, 8 vols. (Venetiis, N. Pezzana, 1754) (*In Univ. Test.*).

HUGO DE SÃO VÍTOR
—— *Allegoriae in Novum Testamentum Libros novem (octo) complectentes*: ML 175,749-922 (*Allegor. in Nov. Test.*).
—— *De Modo Orandi*: ML 176,977-988 (*De Modo Orandi*).
—— *De Sacramentis Christianae Fidei*: ML 176,173-618 (*De Sacram.*).
—— *Expositio in Regulam Beati Augustini*: ML 176,881-924 (*Expos. in Reg. S. Augustini*).

INOCÊNCIO I
—— Epistola II *Ad Victricium Episcopum Rothomagensem*: MANSI 20,469-481 (Epist. II *Ad Victricium Episc.*).

ISAAC LINGONENSE
—— *Canones, sive Selecta Capitula ex tribus postremis Capitularium Libri*: MANSI, 17b,1233-1284 (*Canones*).

STO. ISIDORO
—— *Differentiarum, sive De Proprietate Sermonum Libri duo*: ML 83,9-98 (*De Diff.*).
—— *Etymologiarum Libri XX*: ML 82,73-728; *Etimologías*. Ed. bilingue, 2 vols. (Madrid, BAC) (*Etymol.*).
—— *Mysticorum Expositiones Sacramentorum seu Quaestiones in Vetus Testamentum*: ML 83,207-424 (*Quaest. in Vet. Test.*).
—— *Sententiarum Libri tres*: ML 83,537-738 (*Sent.*).
—— *Synonyma De Lamentatione Animae Peccatricis*: ML 83,825-868 (*Synon.*).

ISIDORO MERCATOR
—— *Collectio Decretalium*: ML 130,1-1178 (Decretal. *Collectio*).

IVO DE CHARTRES
—— *Decretum Partibus seu Libris septem ad decem Digestum*: ML 161,47-1022 (*Decretum*).

JACOBO DE VORÁGINE
—— *Legenda Aurea*, recensuit T. GRAESSE, 2ª ed. (Lipsiae, Impensis Librariae Arnoldianae, 1850) (*Legenda Aurea*).

S. JERÔNIMO
—— *Adversus Iovinianum Libri duo*: ML 23,221-352 (*Adv. Iovin.*).

—— *Cartas de S. Jerónimo*. Edición bilingue, 2 vols. (Madrid, BAC).
—— *Commentariorum in Amos Prophetam Libri tres*: ML 25,1037-1150 (*In Amos*).
—— *Commentariorum in Danielem Prophetam ad Pammachium et Marcellam Liber unus*: ML 25,491-584 (*In Dan.*).
—— *Commentariorum in Epistolam ad Ephesios Libri tres*: ML 26,467-590 (*In Ephes.*).
—— *Commentariorum in Epistolam ad Galatas Libri tres*: ML 26,331-468 (*In Gal.*).
—— *Commentariorum in Epistolam ad Titum Libri unus*: ML 26,589-636 (*In Tit.*).
—— *Commentariorum in Evangelium Matthaei ad Eusebium Libri quatuor*: ML 26,15-228 (*In Matth.*).
—— *Commentariorum in Ezechielem Prophetam Libri quatuordecim*: ML 25,15-490 (*In Ezech.*).
—— *Commentariorum in Ieremiam Prophetam Libri sex*: ML 24,705-936 (*In Ierem.*).
—— *Commentariorum in Isaiam Prophetam Libri duodeviginti*: ML 24,17-704 (*In Isaiam*).
—— *Commentariorum in Michaeam Prophetam Libri duo*: ML 25,1151-1230 (*In Mich.*).
—— *Commentariorum in Osee Prophetam Libri tres ad Pammachium*: ML 25,815-946 (*In Osee*).
—— *Contra Vigilantium Liber unus*: ML 23,353-368 (*Contra Vigilant.*).
—— Epistola III *Ad Ruffinum Monachum*: ML 22,332-335 (Epist. III *Ad Rufinum*).
—— Epistola IX *Ad Paulam et Eustochium De Assumptione Beatae Mariae Virginis*: ML 30,122-143 (Epist. IX *Ad Paulam et Eustoch.*).
—— Epistola XII *Ad Antonium Monachum*: ML 22,345-346 (Epist. XII *Ad Anton. Mon.*).
—— Epistola XIV *Ad Heliodorum Monachum*: ML 22,347-355 (Epist. XIV *Ad Heliod. Mon.*).
—— Epistola XXI *Ad Damasum Papam*: ML 22,379-394 (Epist. XXI *Ad Damasum*).
—— Epistola XXII *Ad Eustochium Paulae Filium. De Custodia Virginitatis*: ML 22,394-425 (Epist. XXII *Ad Eustoch.*).
—— Epistola XXXIII *Ad Paulam Pars Quaedam*: ML 22,446-447 (Epist. XXXIII *Ad Paulam*).
—— Epistola LII *Ad Nepotianum. De Vita Clericorum et Monachorum*: ML 22,527-540 (Epist. LII *Ad Nepotianum*).
—— Epistola LIII *Ad Paulinum. De Studio Scripturarum*: ML 22,540-549 (Epist. LIII *Ad Paulinum*).
—— Epistola LV *Ad Amandum Presbyterum*: ML 22,560-565 (Epist. LV *Ad Amandum*).
—— Epistola LVIII *Ad Paulinum*: ML 22,579-586 (Epist. LVIII *Ad Paulinum*).
—— Epistola LX *Ad Heliodorum. Epitaphium Nepotiani*: ML 22,589-602 (Epist. LX *Ad Heliodorum*).
—— Epistola LXXI *Ad Lucinium*: ML 22,668-672 (Epist. LXXI *Ad Lucinium*).
—— Epistola LXXVII *Ad Oceanum. De Morte Fabiolae*: ML 22,690-698 (Epist. LXXVII *Ad Oceanum*).
—— Epistola CVII *Ad Laetam. De Institutione Filiae*: ML 22,867-878 (Epist. CVII *Ad Laetam*).
—— Epistola CXII *Ad Augustinum*: ML 22,916-931 (Epist. CXII *Ad August.*).
—— Epistola CXXIII *Ad Ageruchiam De Monogamia*: ML 22,1046-1059 (Epist. CXXIII *Ad Ageruch.*).
—— Epistola CXXV *Ad Rusticum Monachum*: ML 22,1072-1085 (Epist. CXXV *Ad Rusticum Mon.*).
—— Epistola CXLVI *Ad Evangelum*: ML 22,1192-1195 (Epist. CXLVI *Ad Evangelum*).
—— Epistola CXLVIII *Ad Celantiam Matronam. De Ratione Pie Vivendi*: ML 22,1204-1220 (Epist. CXLVIII *Ad Celantiam Matronam*).
—— *Liber Psalmorum iuxta Hebraicam Veritatem*: ML 28,1183-1306 (*Psalt. Hebr.*).
—— *Praefatio in Danielem Prophetam*: ML 28,1183-1306 (*Praefatio in Dan.*).
—— *Praefatio in Libros Samuel et Malachim*: ML 28,593-604 (*Praefatio in Lib. Sam. et Malach.*).

S. João Crisóstomo
—— *Ad Demetrium Monachum De Compunctione Liber duo*: MG 47,393-422 (*De Compunct.*).
—— *Commentarius in Epistolam ad Romanos*: MG 60,391-682 (*In Rom.*).
—— *Commentarius in Sanctum Matthaeum Evangelistam*, hom. I-XLIV: MG 57,13-472; hom. XLV-XC: MG 58,471-794 (*In Matth.*).
—— *De Incomprehensibili, Contra Anomaeos, Absente Episcopo*: MG 48,701-812 (*De Incompreh.*).
—— *De Sacerdotio Libri sex*: MG 48,623-692 (*De Sacerdotio*).
—— *Eclogae ex Diversis Homiliis*: MG 63,567-902 (*Eclogae*).
—— *Enarratio in Epistolam ad Hebraeos*: MG 63,9-236 (*In Hebr.*).
—— *Homiliae De Lazaro*: PG 48,963-1064 (*De Lazaro*).
—— *Homiliae duae in illud "Salutate Priscillam et Aquilam"* (Rom. 16,3): MG 51,187-208 (*Hom. II in Rom. 16*).
—— *Homiliae in Sanctum Ioannem Apostolum et Evangelistam*: MG 59,23-482 (*In Ioann.*).
—— *Obras de S. Juan Crisóstomo*. Ed. bilingue, 3 vols. (Madrid, BAC).

S. João Damasceno
—— *Expositio accurata Fidei Orthodoxae*: MG 94,789-1228 (*De fide orth.*).

João de Salisbury
—— *Polycraticus sive De Nugis Curialium et Vestigiis Philosophorum*: ML 199,385-822 (*Polycraticus*).
—— *Vita Sancti Thomae Cantuariensis Archiepiscopi et Martyris*: ML 190,195-208 (*Vita S. Thomae*).

Josefo
—— *Iosephys*. Opera translata ab H. Thackeray et R. Marcus, 9 vols. (Harvard University Press 1926) (The Loeb Classical Library) (TK).
—— *The Jewish War* II-III (*De Bello Iudaico*).

Juliano Pomerio
—— *De Vita Contemplativa Libri tres*: ML 59,415-520 (*De Vita Contempl.*).

Leão IV
—— *Leonis Papae IV. Epistolae*: Mansi, 14,881-890 (Epist. *Ad Ludovicum Augustum*).

S. Leão Magno
—— *Homilías sobre el año litúrgico* (Madrid, BAC).
—— Epistola CXX *Ad Theodoritum Episcopum Cyri. De Fidei Perseverantia*: ML 54,1046-1055 (Epist. CXX *Ad Theodoritum*).
—— Epistola CXXIX *Ad Proterium Episcopum Alexandrinum*: ML 54,1075-1078 (Epist. CXXIX *Ad Proterium*).
—— *Sermones in Praecipuis Totius Anni Festivitatibus ad Romanam Plebem Habiti*: ML 54,137-468 (*Sermones*).

Liber "de Causis"
—— *S. Thomae in Librum De Causis expositio*, cura et studio C. Pera (Taurini 1955) (*De Causis*).

Macróbio
—— *Macrobe, Varron, Pomponius Méla* (Paris, Firmin-Didot, 1875) (Collection des Auteurs Latins, avec la traduction en français, publiée sous la direction de M. Nissard) (DD).
—— *Commentarius ex Cicerone in Somnum Scipionis* (*In Somn. Scipion.*).

Maimônides o Rabi Moisés
—— *Guía de Perplejos*. Ed. preparada por David Gonzalo Maeso (Madrid, Editora Nacional, 1984) (*Doct. Perplex.*).

S. Martinho de Braga
—— *Formula Honestae Vitae. Ad Mironem Regem Galliciae*: ML 72,21-28 (*Formula Honestae Vitae*).

S. Máximo de Turim
—— *Sermones*: ML 57,529-760 (*Sermones*).

Mombritius, B.
—— *Sanctuarium seu Vitae Sanctorum*, 2 vols. nova editio (Parisiis, Fontemoing et Sociis, 1910) (*Sanctuarium*).

Nemésio Emeseno (Pseudo-Gregório Niceno)
—— *De Natura Hominis*: MG 40,503-818 (*De Nat. Hom.*).

Nicolau I
—— Fragmentum Epistolae *Ad Huntfridum Moriensem Episcopum*: Mansi, 15,399-400 (*Ad Huntfridum Episc.*).

Orígenes
—— *Commentaria in Evangelium secundum Matthaeum*: MG 13,829-1600 (*In Matth.*).
—— *Commentarii in Epistolam B. Pauli ad Romanos*: MG 14,837-1292 (*In Rom.*).
—— *Commentarii in Psalmos*: MG 12,1053-1686 (*In Psalm.*).
—— *Fragmenta e Parvo Tomo in Canticum, quem invenis scripserat Origenes*: MG 13,35-216; SC 37 (*In Cant.*).
—— *Homiliae in Exodum*: MG 12,297-396; SC 321 (*In Exod.*).
—— *Homiliae in Leviticum*: MG 12,405-574; SC 286-287 (*In Lev.*).
—— *Homiliae in Librum Iesu Nave*: MG 12,825-948 (*In Lib. Iesu Nave*).
—— *Homiliae in Numeros*: MG 12,583-806; SC 29 (*In Num.*).
—— *In Librum Iudicum Homiliae*: MG 12,951-990 (*In Iudic.*).

—— *In Lucam Homiliae*, interprete S. Hieronymo: MG 13,1801-1902; SC 87 (*In Luc.*, interprete Hieronymo).
—— *Peri Archon Libri quatuor Interprete Rufino Aquileiensi Presbytero*: MG 11,115-414; SC 252, 253, 268, 269, 312 (*Peri Archon*).
—— *Series Veteris Interpretationis Commentariorum Origenis in Matthaeum*: MG 13,1599-1800 (*In Matth.*).

PAULO DIÁCONO
—— *Homiliarius*: ML 95,1159-1566 (*Homiliarius*).

PEDRO CANTOR
—— *Verbum Abbreviatum. Opus Morale*: ML 205,21-370 (*Verbum Abbreviatum*).

PEDRO COMESTOR
—— *Historia Scholastica*: ML 198,1053-1722 (*Hist. Scholast.*).

PEDRO LOMBARDO
—— *Collectanea in omnes D. Pauli Apostoli Epistolas*: ML 191,1297-1696 y ML 192,9-520 (*Glossa de* PEDRO LOMBARDO).

PEDRO PICTAVIENSE
—— *Sententiarum Libri quinque*: ML 211,783-1280 (*Sent.*).

PELÁGIO
—— Epistola I *Ad Demetriadem*: ML 30,16-45 (Epist. I *Ad Demetr.*).
—— *Libellus Fidei Pelagii ad Innocentium ab ipso missus, Zozimo redditus*: ML 45,1716-1718; ML 48,488-491 (*Libellus Fidei ad Innocentium*).

PELÁGIO I
—— Epistola *Victori et Pancratio illustribus*: MANSI, 9,731-732 (Fragm. epist. *Ad Victorem et Pancratium*).

PLATÃO
—— *Platonis Opera*, ex recensione R. B. Hirchigii graece et latine, 2 vols. (Parisiis, A. Firmin-Didot, 1856) (DD) (*Leges*) (*Phaedo*) (*Phaedr.*) (*Res Publica*) (*Timaeus*).

PLAUTO
—— *Théâtre complet des Latins, comprenant Plante, Térence et Sénèque le Tragique* (Paris, Firmin-Didot, 1879) (Collection des Auteurs Latins, avec la traduction en français, publiée sous la direction de M. Nisard) (DD).
—— *Cistellaria*, p. 154-165 (*Cistellaria*).

PLOTINO
—— *Ennéades*, texte établi et traduit par E. BRÉHIER, 6 t. (Paris 1924-1938) (Collection des Universités de France, édition BUDÉ, "Les Belles Lettres") (*Ennead.*)

PLUTARCO
—— *Plutarchi Chaeronensis Scripta Moralia, graece et latine*, 2 vols. (Parisiis, Firmin-Didot, 1868-1877) (DD).
—— *De Fato* I p. 686-694 (*De Fato*).

POSSÍDIO
—— *Vita S. Aurelii Augustini Hipponensis Episcopi*: ML 32,33-66 (*Vita S. Augustini*).

PREPOSITINO
—— *Summa*, MS Turone 142, ff. 53-127. Incipit: *Qui producit ventos... Dominus ille magnus qui imperat ventis*. Explicit: *infirmantes sepe solo timore recipiunt* (*Summa*).

PRÓSPERO DE AQUITÂNIA
—— *Sententiarum ex operibus S. Augustini Delibetarum Liber unus*: ML 51,427-496 (*Sent.*).

RABANO MAURO
—— *De Ecclesiastica Disciplina Libri tres Ad Reginbaldum Episcopum*: ML 112,1191-1262 (*De Ecclesiast. Discipl.*).
—— *De Universo Libri viginti duo*: ML 111,9-614 (*De Univ.*).

—— *Enarrationum in Epistolas Beati Pauli Libri triginta* (viginti novem): ML 111,1273-1616; ML 112,9-834 (*Enarr. in epist. S. Pauli*).
—— *Enarrationum in Librum Numerorum Libri quatuor*: ML 108,587-838 (*Enarr. in Num.*).
—— *Expositio in Proverbia Salomonis*: ML 111,679-792 (*In Prov.*).

S. Raimundo de Peñafort
—— *Summa Sancti Raymundi de Pennafort Textu Sacrorum Canonum, Quos laudat, Aucta et Locupletata*, iuxta editionem 1720 quam Parisiis et Lugduni procuravit H. V. Laget (Veronae, a. Carattonium, 1744) (*Summa*).

Ricardo de São Vítor
—— *De Gratia Contemplationis Libri quinque Occasione Accepta ab Arca Moysis et ob eam Rem hactenus Dictum Beniamin Maior*: ML 196,63-202 (*De Grat. Contemplationis*).
—— *Tractatus de Spiritu Blasphemiae*: ML 196,1185-1192 (*De Spir. Blasphemiae*).

Roberto
—— *Hymni et Responsoria*: ML 141,939-946 (*Hymni et Responsoria*).

Rufino
—— *Commentarius in Symbolum Apostolorum Auctore tyranno Rufino Aquileiensi Presbytero*: ML 21,335-386 (*In Symb. Apost.*).

Ruperto
—— *De Trinitate et Operibus Eius Libri XLII*: ML 167,199-1828 (*De Trin.*).

Salústio
—— *Conjuration de Catilina, Guerre de Jugurtha*, texte établi et traduit par J. Roman (Paris 1924) (Collection des Universités de France, éditions Budé, "Les Belles Lettres") (BU).
—— *Conjuration de Catilina* p. 1-69 (*In Coniurat.*).
—— *Guerre de Jugurtha* p. 75-220 (*Iugurth.*).

Sêneca
—— *Oeuvres Complètes de Sénèque* (Paris, Firmin-Didot, 1877) (Collection des Auteurs Latins, avec la traduction en français, publiée sous la direction de M. Nisard) (DD).
—— *De la Colère* p. 1-64 (*De ira*).
—— *Des Bienfaits* p. 137-263 (*De Benef.*).
—— *De la Clémence* p. 329-352 (*De Clem.*).
—— *De Vita Beata* p. 353-374 (*De Vita Beata*).

Sexto Pitagórico
—— *Fragmenta Philosophorum Graecorum*, 3 vols., edidit G. A. Mullachius (Parisiis, Firmin-Didot, 1867-1879) (DD).
—— *Enchiridion Latine Versum a Rufino* I p. 522-531 (*Enchir.*).

Símaco
—— Epistola V *Ad Caesarium Episcopum Arelatensem*: Mansi, 8,211-213 (Epist. V *Ad Caesarium Episc.*).

Simeão Logoteta
—— *Sermones viginti quatuor De Moribus per Symeonem Magistrum et Logothetam selecti ex omnibus operibus S. Patris nostri Basilii Archiepiscopi Caesareae Capadociae*: MG 32,1115-1382 (Sermo VI *De Avaritia*).

Sirício
—— Epistola VII *Ad Diversos Episcopos Missa Adversus Iovinianum Haereticum eiusque Socios ab Ecclesiae Unitate Removendo*: ML 13,1168-1172 (Epist. VII *Ad Divers. Episc. adv. Iovin. eiusque Socios*).

Teodulfo
—— *Capitulare Theodulfi Episcopi Aurelianensis ad Parochiae Suae Sacerdote*: Mansi, 13,993-1006 (*Capitulare*).

TEÓFANES
—— *Chronographia Annorum DXXVIII, ab anno Diocletiani Primo ad Michaëlis et Theophylacti eius F. Annum Secundum*: MG 108,55-1164 (*Chronographia*).

TERÊNCIO
—— *Théâtre complet des Latins, comprenant Plaute, Térence et Sénèque le Tragique* (Paris, Firmin-Didot, 1879) (Collection des Auteurs Latin avec la traduction en français, publiée sous la direction de M. Nisard) (DD).
—— *Eunuchus* p. 30-58 (*Eunuch.*).

TERTULIANO
—— *Liber de Ieiuniis*: ML 2,1003-1030 (*De Ieiuniis*).

THIEL, A.
—— *Epistolae Romanorum Pontificum Genuinae et Quae ad Eos Scriptae sunt a S. Hilario usque ad Pelagium II*, ex schedis Clar. P. CONSTANTII aliique editis, adhibitis praestantissimis codicibus Italiae et Germaniae, recensuit et edidit A. THIEL. (Brunsbergae, E. Peter) (TL).
—— *A S. Hilario usque ad S. Hormisdam* I (*Epist. Fragmenta*).

TITO LÍVIO
—— *Oeuvres de Tite-Live (Histoire Romaine)*, 2 vols. (Paris, Firmin-Didot, 1877) (Collection des Auteurs Latins, avec la traduction en français, publiée sous la direction de M. NISARD) (DD) (*Hist. Rom.*).

VALÉRIO MÁXIMO
—— *Cornélius Népos, Quinte-Curce, Justin, Valère Maximo, Julius Obsequens*. Oeuvres complètes (Paris, Dudochet, postea Firmin-Didot, 1841) (Collection des Auteurs Latins, avec la traduction en français, publiée sous la direction de M. Nisard) (DD).
—— *Factorum et Dictorum Memorabilium Libri novem, ad Tiberium Caesarem Augustun* p. 562-807 (*Factor. Dictor. Memorab.*).

VEGÉCIO RENATO
—— *Ammien Marcellin, Jornandès, Frontin, Végèce, Modestus* (Paris, Firmin-Didot, 1878) (Collection des Auteurs Latins, avec la traduction en français, publiée sous la direction de M. Nisard) (DD).
—— *Ad Valentinianum Augustum Institutorum Rei Militaris ex Commentariis Catonis, Celsi, Traiani, Hadriani et Frontini* p. 639-734 (*Instit. Rei Militar.*).

VITAE PATRUM
—— *Vitae Patrum sive Historiae Eremiticae Libri decem*: ML 73,89-1234; ML 74,9-240 (*Vitae Patrum*).

A FÉ

Introdução e notas por Antonin-Marcel Henry

INTRODUÇÃO

A moral é uma ciência *prática*, isto é, uma ciência do ato humano tal como existe onde quer que seja exercido. Não basta ter estudado, como acabamos de fazer, os princípios gerais da moral: o fim do homem, a felicidade eterna, depois os atos e as paixões que podem conduzir à felicidade. Para maior utilidade daquele que age, é preciso agora tudo retomar "em particular". É o projeto desta segunda seção da segunda pare da Suma (II-II).

Mas, o que significa: considerar a conduta humana no particular? Não podemos conceber todo "pensamento, palavra ou ato" que, estando relacionados a um mesmo objeto, sejam da mesma espécie. Não podemos tampouco pensar em determinar a norma, ou a medida, de toda ação concreta. Esta depende tanto de circunstâncias, tempo, lugares, humor ou simplesmente de fraqueza ou de força, de ignorância ou de ciência, que nenhuma ciência poderia dar conta dela. Seríamos mesmo tentados a apelar para uma espécie de arte: a arte de bem se conduzir. Na verdade, veremos que é o objeto de uma virtude que não pode ser reduzida nem a uma ciência nem a uma arte: a prudência (II-II, q. 47-56).

Sem chegar ao ponto de querer regrar cada ação particular, estudaremos os atos em um plano de bastante universalidade para uma consideração científica. Abstraindo das circunstâncias e das diversidades acidentais, que podem ser infinitas, só reteremos sete virtudes, nas quais se pode recapitular praticamente todo o arsenal de virtudes em operação no sujeito que age. São as três teologais, e as quatro morais, chamadas de cardinais (*cardo*, dobradiças), porque em torno delas giram todas as outras virtudes que podemos desmembrar.

Mesmo assim, o leitor perceberá que permanecemos muitas vezes num estudo de ordem analítica e especulativa, mas onde a prática é a meta constante.

Talvez teria sido possível ir mais longe. Sto. Tomás o faz de tempos em tempos. Assim, quando ele se interroga sobre o aumento da caridade, sobre suas etapas, idades ou graus de desenvolvimento. Considerações análogas poderiam ser feitas a respeito das outras virtudes, por exemplo estudando as etapas históricas da fé, ou seus limites psicológicos, desde a fé infantil até a fé responsável. A experiência e a doutrina dos místicos, como uma Teresa de Ávila, fornecem-nos uma espécie de modelo do que poderia ser estudado aqui.

Sto. Tomás não elabora nem uma teologia mística, nem uma teologia espiritual, nem uma teologia pastoral. As considerações de ordem psicológica, genética, pedagógica devem ser encontradas a partir dos princípios elucidados, e ele deixa à prudência o cuidado de conhecer e educar cada sujeito, em seu devir, de discernir as etapas de crescimento, ou os sinais de regressão, de comparar os estados interiores onde isso for possível. Do início ao fim da Suma, não deixamos de estudar Deus: que cria, governa, salva e chama para reconduzir a si os que ele criou livres e responsáveis. Quaisquer que sejam as etapas da história humana, ou de cada vida, a apreensão tranquila desse essencial, ao qual tudo se reduz, comanda todo o resto.

Iremos considerar a seguir, sucessivamente: a matéria moral (as sete virtudes), depois o agente moral, o sujeito que age nas diferentes condições em que ele é chamado a intervir. Isso produz duas seções de extensão desigual: q. 1 a 170 e 171 a 189.

A virtude é a disposição estável do espírito e do coração a agir bem. Constitui o guia interior do homem. Ainda que, sendo este chamado a "participar da natureza divina" (2P 1,4), sua ação não seja jamais realizada sem a inspiração e a ação do Espírito Santo. Do mesmo modo, o esquema de cada estudo de virtude girará em torno de quatro eixos: a virtude, o vício oposto, o dom correspondente ao Espírito Santo, o preceito da lei que lhe concerne. A esses quatro elementos, Sto. Tomás acrescenta regularmente a "bem-aventurança" (I-II, Q. 69), que convém à virtude e ao dom. A "bem-aventurança" não é um hábito, mas um ato: o mais belo fruto do qual a virtude e o dom são capazes, e para o qual são ordenados.

Tudo começa pelas três virtudes teologais: fé, esperança, caridade. Essa trilogia tradicional se inspira de um trinômio que encontramos constantemente no Novo Testamento (Cl 1,3-5; Rm 5,1-2; 1Co 13,2; 2Co 8,7; Gl 5,5-6; Ef 1,15; 6,23; 1Ts 3,6; 2Tm 1,13; Tt 1,1-2; 2,2). No entanto, a trilogia teologal não recobre mais exatamente, desde bem antes do século XIII, a tripla realidade evocada pela Escritura. A caridade neotestamentária, por exemplo, designa habitualmente o amor fraternal,

o qual supõe e traz consigo o amor de Deus. Tal não é mais o caso exatamente em nosso tratado, que se situa ao termo de uma longa maturação da reflexão. Ao mesmo tempo em que corresponde bem à teologia de São Paulo, ele o faz com instrumentos afinados, isto é, com palavras que possuem agora uma definição rigorosa e estrita. Assim, não será possível dizer que Tomás de Aquino é um especulativo que se situa no plano da análise conceitual, enquanto Paulo é um pastor preocupado com a vida de seu rebanho. Paulo é também um teólogo, e a preocupação pastoral de Tomás de Aquino aparece com frequência. Mas, ao longo dos séculos, produziu-se uma evolução normal: uma fermentação do pensamento que teve de distinguir aos poucos os instrumentos conceituais. No século XIII, está-se na época das definições doravante adquiridas (cf. Ambroise Gardeil, *Le donné révélé et la théologie*, Paris, Cerf, 1932).

Outra diferença deve ser assinalada. Os apóstolos inventavam as fórmulas de seu credo. Seus sucessores estarão diante de textos constituídos. Sem forçar muito, podemos dizer que a fé dos apóstolos parte de uma experiência, enquanto a fé pós-apostólica parte dos textos que transmitem essa experiência. Proposição que, todavia, deve ser corrigida, pois o testemunho do Espírito Santo é independente da época, e porque é sempre "a graça que faz a fé" (*gratia facit fidem*, II-II, q. 4, a. 4, r. 3). Em seu comentário sobre o Evangelho de João, Sto. Tomás mostra-se um grande espiritual, escrevendo: "Não é em virtude de nenhum intermediário que cremos, nem em virtude da razão natural, nem em virtude dos testemunhos da lei antiga, nem em virtude da pregação dos outros, mas em virtude unicamente da verdade" (Com. *in* Jo 4, lição 5).

A questão permanece: da experiência progressiva dos primeiros discípulos ao "depósito da fé" que se terá constituído, teremos guardado tudo dos diversos elementos, tanto de experiência como de conhecimento e de afetividade, que compunham a "fé" primitiva? Não há o risco de que, ao passar da experiência às fórmulas, passemos da fé-amor-confiança-vida-paixão-conhecimento... à crença racional?

Cada teologia da fé será julgada em função dos elementos que ela parece privilegiar e dos que ela parece não manter.

Tratando-se de Sto. Tomás, deve-se tomar cuidado em não fazer dele uma leitura seletiva, destacando certas proposições e deixando de levar em conta muitas outras. Afirmar, por exemplo, que, para ele, a fé é um ato de inteligência, sem ajuntar mais nada, é ser-lhe infiel. Afirmar, pelo contrário, que, para ele, a fé é um ato de vontade, e nada mais, não é tampouco ser-lhe fiel. Deve-se ler tudo, e reter tudo, incluindo aliás os outros "tratados" ou conjuntos de questões, onde o pensamento do Mestre se revela sob uma nova luz. Para citar apenas algumas: as questões sobre o conhecimento dos anjos (I, q. 54-60), o primeiro ato humano de deliberação (I-II, q. 89, a. 6), a justificação (I-II, q. 113), a profecia (II-II, q. 171-174), o batismo (III, q. 66-71), etc.

Podemos afirmar, para sermos breves, que as teologias da fé oscilam entre pólos que elas julgam conservar da tradição: o aspecto subjetivo, de adesão, de conversão, de confiança no aguardar, de certeza e de alegria; o aspecto objetivo, formulável, de racionalidade, de sociabilidade, de transmissibilidade; o aspecto de confronto existencial no encontro entre o fiel e Deus. Por resumidos que sejam, esses elementos estão longe, como veremos, de tudo englobar. Nós nos perguntaremos então se a análise de Sto. Tomás não é a melhor para fazer jus ao caráter objetivo, racional e social da fé, ao mesmo tempo em que faz jus a seu aspecto de conversão e de paixão amorosa, e a relação existencial que ela estabelece de uma pessoa a outra.

Com certeza, a escrita de Sto. Tomás não é mais a dos Padres da Igreja. Ele é professor: *doutor*, como se dizia, e *Mestre*. "A Escola" da qual ele é membro ensina por meio de exposições, disputas e questões. É ali que ele elabora sua obra. A teologia parece ter atingido com ele o ápice da racionalidade. Mais tarde ela irá mais longe, e tenderá a desembaraçar-se da contribuição considerável da tradição bíblica e dos escritos dos Padres que afloram constantemente no texto, dos testemunhos da prática cristã, da liturgia e dos costumes, que permanecem em Sto. Tomás.

Ocorre que o gênero literário da exposição "científica" não é o dos relatos de experiência interior. Em sua análise, o teólogo se esforça por hierarquizar os elementos, e a pôr em relevo o que é essencial. Para Sto. Tomás, o essencial é a *verdade*. A fé é a busca da verdade, adesão à verdade. É por isso que ela é fundamentalmente ato de *inteligência*, mesmo que acrescentemos em seguida que esse ato só existe sob a moção da *vontade*. Tudo começa, como veremos, pela acolhida da verdade.

SECUNDA SECUNDAE
SUMMAE THEOLOGIAE
ANGELICI DOCTORIS
SANCTI THOMAE AQUINATIS
ORDINIS PRAEDICATORUM

PROLOGUS

Post communem considerationem de virtutibus et vitiis et aliis ad materiam moralem pertinentibus, necesse est considerare singula in speciali[1]: sermones enim morales universales sunt minus utiles, eo quod actiones in particularibus sunt.

Potest autem aliquid in speciali considerari circa moralia dupliciter: uno modo, ex parte ipsius materiae moralis, puta cum consideratur de hac virtute vel hoc vitio; alio modo, quantum ad speciales status hominum, puta cum consideratur de subditis et praelatis, de activis et contemplativis, vel quibuscumque aliis differentiis hominum. Primo ergo considerabimus specialiter de his quae pertinent ad omnes hominum status; secundo vero, specialiter de his quae pertinent ad determinatos status[2].

Est autem considerandum circa primum quod, si seorsum determinaremus de virtutibus, donis, vitiis et praeceptis, oporteret idem multoties dicere: qui enim sufficienter vult tractare de hoc praecepto, *Non moechaberis,* necesse habet inquirere de adulterio, quod est quoddam peccatum, cuius etiam cognitio dependet ex cognitione oppositae virtutis. Erit igitur compendiosior et expeditior considerationis via si simul sub eodem tractatu consideratio procedit de virtute et dono sibi correspondente, et vitiis oppositis, et praeceptis affirmativis vel negativis. Erit autem hic considerationis modus conveniens ipsis vitiis secundum propriam speciem: ostensum est enim supra[3] quod vitia et peccata diversificantur specie secundum materiam vel obiectum, non autem secundum alias differentias peccatorum, puta cordis, oris et

PRÓLOGO

Depois do tratado geral das virtudes e dos vícios e de outros dados referentes à moral, é necessário considerar cada ponto em particular. Porque, na moral, as generalidades são pouco úteis, já que as ações se realizam em situações particulares.

Na moral, pode estudar-se algo em especial de duas maneiras: a primeira, a partir da própria matéria moral, quando, por exemplo, se estuda tal virtude ou tal vício; doutro modo, quanto aos estados especiais dos homens; assim, quando se estudam os súditos e os superiores; os de vida ativa ou contemplativa e todas as outras categorias. Portanto, em primeiro lugar, abordaremos o que convém a todas as categorias de homens; em segundo lugar, especialmente o que diz respeito a determinados estados.

É preciso ter presente que se nós quisermos analisar separadamente as virtudes, os dons, os vícios e os preceitos, seremos obrigados a muitas repetições. Com efeito, quem quiser tratar plenamente deste preceito: *Não cometerás adultério,* é obrigado a estudar o adultério que é um tipo de pecado, cujo conhecimento depende do conhecimento da virtude oposta. Será, pois, um método mais rápido e mais cômodo se, no mesmo tratado, passarmos da virtude ao dom correspondente, aos vícios opostos, aos preceitos afirmativos e negativos. Este modo de considerar será aplicado aos próprios vícios, segundo sua espécie própria. Como foi mostrado anteriormente, os vícios e os pecados se diversificam segundo sua matéria ou objeto, não segundo outras diferenças de pecados, como os de sentimento, de palavra e de obra; ou

---

1. Cfr. I-II, q. 6, prol.
2. Q. 171.
3. I-II, q. 72.

operis, vel secundum infirmitatem, ignorantiam et malitiam, et alias huiusmodi differentias; est autem eadem materia circa quam et virtus recte operatur et vitia opposita a rectitudine recedunt.

Sic igitur tota materia morali ad considerationem virtutum reducta, omnes virtutes sunt ulterius reducendae ad septem: quarum tres sunt theologicae, de quibus primo est agendum; aliae vero quatuor sunt cardinales, de quibus posterius[4] agetur. Virtutum autem intellectualium una quidem est prudentia, quae inter cardinales virtutes continetur et numeratur; ars vero non pertinet ad moralem, quae circa agibilia versatur, cum ars sit recta ratio factibilium, ut supra[5] dictum est; aliae vero tres intellectuales virtutes, scilicet sapientia, intellectus et scientia, communicant etiam in nomine cum donis quibusdam Spiritus Sancti, unde simul etiam de eis considerabitur in consideratione donorum virtutibus correspondentium. Aliae vero virtutes morales omnes aliqualiter reducuntur ad virtutes cardinales, ut ex supradictis[6] patet: unde in consideratione alicuius virtutis cardinalis considerabuntur etiam omnes virtutes ad eam qualitercumque pertinentes et vitia opposita. Et sic nihil moralium erit praetermissum.

os pela fragilidade, a ignorância ou a malícia e outras diferenças desse tipo. É sobre a mesma matéria que a virtude age retamente, enquanto os vícios opostos agem sem retidão.

Sintetizando, portanto, toda a matéria moral no estudo das virtudes, podemos reduzir todas as virtudes a sete: três teologais, que abordaremos em primeiro lugar (q. 1-46), e quatro cardeais, que trataremos em seguida. Entre as virtudes intelectuais, uma delas é a prudência, que se arrola e enumera entre as virtudes cardeais (q. 47-56). A arte, contudo, não pertence à ciência moral, que trata do 'agir', enquanto a arte é o modo certo do 'fazer', como acima foi dito. As outras três virtudes intelectuais, isto é, sabedoria, inteligência e ciência, têm os mesmos nomes de alguns dons do Espírito Santo. Assim também as estudaremos, ao considerarmos os dons que a elas correspondem. Quanto às outras virtudes morais, todas se reduzem, de algum modo, às virtudes cardeais como está claro pelo que acima foi dito. Portanto, na consideração de cada virtude cardeal, também serão estudadas todas as virtudes que a ela se relacionam sob qualquer título, assim como os vícios opostos. Dessa maneira, nada será omitido em nosso tratado de moral.

---

4. Q. 47.
5. I-II, q. 57, a. 3, 4.
6. I-II, q. 61, a. 3.

QUAESTIO I
DE OBIECTO FIDEI
in decem articulos divisa

Circa virtutes igitur theologicas primo erit considerandum de fide; secundo, de spe; tertio, de caritate. Circa fidem vero quadruplex consideratio occurrit: prima quidem de ipsa fide; secunda de donis intellectus et scientiae sibi correspondentibus; tertia de vitiis oppositis; quarta de praeceptis ad hanc virtutem pertinentibus. Circa fidem vero primo erit considerandum de eius obiecto; secundo, de eius actu; tertio, de ipso habitu fidei.

Circa primum quaeruntur decem.

Primo: utrum obiectum fidei sit veritas prima.
Secundo: utrum obiectum fidei sit aliquid complexum vel incomplexum, idest res aut enuntiabile.
Tertio: utrum fidei possit subesse falsum.
Quarto: utrum obiectum fidei possit esse aliquid visum.
Quinto: utrum possit esse aliquid scitum.
Sexto: utrum credibilia debeant distingui per certos articulos.
Septimo: utrum iidem articuli subsint fidei secundum omne tempus.
Octavo: de numero articulorum.
Nono: de modo tradendi articulos in symbolo.
Decimo: cuius sit fidei symbolum constituere.

Articulus 1
Utrum obiectum fidei sit veritas prima

AD PRIMUM SIC PROCEDITUR. Videtur quod obiectum fidei non sit veritas prima.
1. Illud enim videtur esse obiectum fidei quod nobis proponitur ad credendum. Sed non solum proponuntur nobis ad credendum ea quae pertinent ad Divinitatem, quae est veritas prima; sed etiam

QUESTÃO 1
O OBJETO DA FÉ[a]
em dez artigos

Sobre as virtudes teologais, deve-se considerar em primeiro lugar a fé; em segundo lugar, a esperança e, em terceiro, a caridade. A respeito da fé, ocorrem quatro considerações: a primeira, sobre a mesma fé; a segunda, sobre os dons da inteligência e da ciência que lhe correspondem; terceira, sobre os vícios opostos à fé, a quarta, sobre os preceitos concernentes a esta virtude. Sobre a fé, deve-se considerar, primeiramente, o seu objeto; em seguida, o seu ato e depois o hábito da fé.

Acerca do primeiro, o objeto da fé, são dez as perguntas:

1. O objeto da fé é a verdade primeira?
2. O objeto da fé é algo complexo ou incomplexo, isto é, uma coisa ou um enunciado?
3. A fé pode comportar falsidade?
4. O objeto da fé pode ser visto?
5. O objeto da fé pode ser sabido?
6. As verdades de fé devem ser distinguidas em artigos precisos?
7. Os artigos permanecem os mesmos através dos tempos?
8. O número desses artigos.
9. A disposição dos artigos no símbolo.
10. A quem cabe estabelecer o símbolo da fé?

Artigo 1
O objeto da fé é a verdade primeira?

QUANTO AO PRIMEIRO ARTIGO, ASSIM SE PROCEDE: parece que o objeto da fé **não** é a verdade primeira.
1. Com efeito, o objeto da fé nos é proposto para crer. Ora, não só nos é proposto a crer o que diz respeito à divindade, que é a verdade primeira, mas também o que diz respeito à humanidade de

---

1 PARALL.: III *Sent.*, dist. 24, a. 1, q.la 1; *De Verit.*, q. 14, a. 8; *De Virtut.*, q. 4, a. 1.

a. Nas obras que precedem a *Suma*, nas quais ele já expôs a teologia da fé (III *Sent.* D. 23-25; *De Ver.* 14), Sto. Tomás parte do que é interior àquele que crê; seu *ato* de fé. Termina pelo *objeto* da fé. Aqui, pelo contrário, ele começa pelo objeto. Inversão significativa. Eis, Deus mesmo se revelando, situado à frente de toda essa moral: a verdade, que está acima de todos os que creem, é normativa da fé de todos. Ela os supera. Não depende deles. São eles que dependem dela. A fé não cria seu objeto, como tenderiam a fazer pensar certos subjetivismos tardios. É pelo contrário o objeto que aguarda e chama a fé.
Fato revelador. Se pudéssemos falar de uma espiritualidade do tomismo, ela estaria toda, e ingenuamente, expressa aqui: é a verdade que comanda. É ela que Deus quer transmitir-nos. É ela que se deve buscar. E, uma vez que Deus no-la comunica na cruz do Cristo, acrescentará Sto. Tomás em seu comentário sobre São João, é aderindo a essa cruz que podemos encontrá-la.
Nessa primeira questão, a fé ainda não designa o ato ou a virtude, mas o que se deve crer. E o primeiro artigo diz o essencial: só se deve crer em Deus. Os nove outros: como Deus se deu a crer.

ea quae pertinent ad humanitatem Christi et Ecclesiae sacramenta et creaturarum conditionem. Ergo non solum veritas prima est fidei obiectum.

2. PRAETEREA, fides et infidelitas sunt circa idem: cum sint opposita. Sed circa omnia quae in sacra Scriptura continentur potest esse infidelitas: quidquid enim horum homo negaverit, infidelis reputatur. Ergo etiam fides est circa omnia quae in sacra Scriptura continentur. Sed ibi multa continentur de hominibus et de aliis rebus creatis. Ergo obiectum fidei non solum est veritas prima, sed etiam veritas creata.

3. PRAETEREA, fides caritati condividitur, ut supra[1] dictum est. Sed caritate non solum diligimus Deum, qui est summa bonitas, sed etiam diligimus proximum. Ergo fidei obiectum non est solum veritas prima.

SED CONTRA est quod Dionysius dicit, 7 cap. *de Div. Nom.*[2] quod *fides est circa simplicem et semper existentem veritatem*. Haec autem est veritas prima. Ergo obiectum fidei est veritas prima.

RESPONDEO dicendum quod cuiuslibet cognoscitivi habitus obiectum duo habet: scilicet id quod materialiter cognoscitur, quod est sicut materiale obiectum; et id per quod cognoscitur, quod est formalis ratio obiecti. Sicut in scientia geometriae materialiter scita sunt conclusiones; formalis vero ratio sciendi sunt media demonstrationis, per quae conclusiones cognoscuntur. Sic igitur in fide, si consideremus formalem rationem obiecti, nihil est aliud quam veritas prima: non enim fides de qua loquimur assentit alicui nisi quia est a Deo revelatum; unde ipsi veritati divinae innititur tanquam medio. Si vero consideremus materialiter ea quibus fides assentit, non solum est ipse Deus, sed etiam multa alia. Quae tamen sub assensu fidei non cadunt nisi secundum quod habent aliquem ordinem ad Deum: prout scilicet per aliquos Divinitatis effectus homo adiuvatur ad tendendum in divinam fruitionem. Et ideo etiam ex hac parte obiectum fidei est quodammodo veritas prima, inquantum nihil cadit sub fide nisi in ordine ad Deum: sicut etiam obiectum medicinae est sanitas, quia nihil medicina considerat nisi in ordine ad sanitatem.

Cristo, aos sacramentos da Igreja e à condição das criaturas. Logo, não só a verdade primeira é objeto de fé.

2. ALÉM DISSO, fé e infidelidade têm o mesmo objeto, pois são opostos. Ora, sobre todas as coisas contidas na Sagrada Escritura pode haver infidelidade, porque o homem que negar qualquer uma delas é considerado infiel. Logo, a fé tem por objeto tudo aquilo que está contido na Sagrada Escritura. Mas, há aí muitas coisas referentes ao homem e a outras realidades criadas. Portanto, o objeto da fé não é somente a verdade primeira, mas também a verdade criada.

3. ADEMAIS, como foi dito acima, fé se enumera com caridade. Ora, pela caridade não somente amamos a Deus, que é a suprema bondade, mas amamos também o próximo. Logo, o objeto da fé não é apenas a verdade primeira.

EM SENTIDO CONTRÁRIO, Dionísio afirma que *a fé visa a verdade simples e sempre existente*. Esta, porém, é a verdade primeira. Logo, o objeto da fé é a verdade primeira.

RESPONDO. O objeto de qualquer hábito cognoscitivo contém duas coisas: o que é materialmente conhecido, que é como o objeto material; e aquilo pelo qual o objeto é conhecido, que é a sua razão formal[b]. Assim como na ciência da geometria, as conclusões são materialmente conhecidas, mas, a razão formal desse saber são os meios de demonstração pelos quais as conclusões são conhecidas. Assim também na fé, se consideramos a razão formal do objeto, outra não é do que a verdade primeira: pois a fé da qual falamos não dá o seu assentimento a alguma coisa a não ser que seja revelada por Deus; daí se conclui que ela se apoia na verdade divina como meio. Se, porém, considerarmos materialmente os objetos aos quais a fé adere, eles incluem não só o próprio Deus, mas também muitas outras coisas. Estas, entretanto, não caem sob a adesão da fé, a não ser enquanto têm alguma relação com Deus; isto é, enquanto elas são efeitos da divindade que ajudam o homem a tender à fruição divina. Portanto, também por este lado, o objeto da fé é, de certo modo, a verdade primeira, enquanto

---

1. I-II, q. 62, a. 3.
2. MG 3, 872 C.

b. Distinção capital: *o objeto formal*: aquilo por que, em nome de que, sabemos, ou conhecemos; *o objeto material*: o que nós conhecemos (o que é conhecido). Tratando-se da fé, o *objeto formal* é Deus, na medida em que ele atesta a nosso espírito que o que ele diz é verdade; o *objeto material* é o que ele nos dá a ouvir e a crer: ele mesmo na medida em que é nossa salvação.

AD PRIMUM ergo dicendum quod ea quae pertinent ad humanitatem Christi et ad sacramenta Ecclesiae vel ad quascumque creaturas cadunt sub fide inquantum per haec ordinamur ad Deum. Et eis etiam assentimus propter divinam veritatem.

Et similiter dicendum est AD SECUNDUM, de omnibus illis quae in sacra Scriptura traduntur.

AD TERTIUM dicendum quod etiam caritas diligit proximum propter Deum; et sic obiectum eius proprie est ipse Deus, ut infra[3] dicetur.

ARTICULUS 2
Utrum obiectum fidei sit aliquid complexum per modum enuntiabilis

AD SECUNDUM SIC PROCEDITUR. Videtur quod obiectum fidei non sit aliquid complexum per modum enuntiabilis.
1. Obiectum enim fidei est veritas prima, sicut dictum est[1]. Sed prima veritas est aliquid incomplexum. Ergo obiectum fidei non est aliquid complexum.
2. PRAETEREA, expositio fidei in symbolo continetur. Sed in symbolo non ponuntur enuntiabilia, sed res: non enim dicitur ibi quod Deus sit omnipotens, sed, *Credo in Deum omnipotentem*. Ergo obiectum fidei non est enuntiabile, sed res.
3. PRAETEREA, fidei succedit visio: secundum illud 1Cor 13,12: *Videmus nunc per speculum in aenigmate, tunc autem facie ad faciem*. Sed visio patriae est de incomplexo: cum sit ipsius divinae essentiae. Ergo etiam fides viae.

nada está sob a fé, senão enquanto ordenado para Deus; como a saúde é objeto da medicina, porque de nada se ocupa a medicina, a não ser que tenha relação com a saúde.

QUANTO AO 1º, portanto, deve-se dizer que o que diz respeito à humanidade de Cristo e aos sacramentos da Igreja ou a quaisquer criaturas, estão sob o domínio da fé, na medida em que por tudo isso nos ordenamos para Deus. E também assentimos a essas coisas, por causa da verdade divina.

QUANTO AO 2º, deve-se dizer o mesmo de tudo o que é transmitido pela Sagrada Escritura.

QUANTO AO 3º, deve-se dizer que também a caridade ama o próximo por causa de Deus; e assim o seu objeto é o próprio Deus, como se dirá mais adiante.

ARTIGO 2
O objeto da fé é algo complexo, à maneira de um enunciado?[c]

QUANTO AO SEGUNDO, ASSIM SE PROCEDE: parece que o objeto da fé **não** é algo complexo, à maneira de um enunciado.
1. Com efeito, porque, como foi dito, o objeto da fé é a verdade primeira. Ora, a verdade primeira é algo não complexo. Logo, o objeto da fé não é algo complexo.
2. ALÉM DISSO, a exposição da fé está contida no símbolo. Ora, no símbolo não se propõem enunciados, mas coisas: de fato, aí não se diz que Deus é onipotente, mas, *Creio em Deus onipotente*. Logo, o objeto da fé não é um enunciado, mas a coisa.
3. ADEMAIS, à fé segue-se a visão, segundo a primeira Carta aos Coríntios: "Agora vemos por espelho de maneira confusa; mas então será face à face". Ora, a visão da pátria, tem por objeto algo não complexo[d], a saber a essência divina. Logo, também a fé, nesta vida.

---

3. Q. 25, a. 1.

2 PARALL.: I *Sent*., dist. 41, expos. litt.; III, dist. 24, a. 1, q.la 2; *De Verit*., q. 14, a. 8, ad 5, 12; a. 12.

1. Art. praec.

---

c. Para entrar em nosso espírito, Deus, ou os que nos falam em seu nome, são obrigados a exprimir-se em linguagem humana. Daí os riscos: adaptando-se desse modo ao interlocutor humano, a fé não vai correr o risco de errar (a. 3)? A verdade primeira não podendo ser nem vista nem demonstrada, em que obscuridade ela permanecerá (a. 4 e 5)? Por que distinguir os objetos da fé (a. 6)?
Deve-se recusar o dilema: a fé atinge a realidade invisível ou a fé atinge os seus próprios enunciados. Não, a fé atinge a realidade pelos enunciados. O ato daquele que crê vai além das fórmulas: até a realidade invisível. Assim ocorre, aliás, com todo conhecimento humano: este não se detém nas palavras, mas na coisa enunciada. Na fé, a universalidade está no objeto misterioso, não só nos enunciados.

d. Na visão face a face não há mais enunciados (= "complexos"), nem símbolos. Deus é visto diretamente. A necessidade das fórmulas corresponde a nossa condição terrestre. Só podemos falar de realidades invisíveis compondo frases.

SED CONTRA, fides est media inter scientiam et opinionem. Medium autem et extrema sunt eiusdem generis. Cum igitur scientia et opinio sint circa enuntiabilia, videtur quod similiter fides sit circa enuntiabilia. Et ita obiectum fidei, cum fides sit circa enuntiabilia, est aliquid complexum.

RESPONDEO dicendum quod cognita sunt in cognoscente secundum modum cognoscentis. Est autem modus proprius humani intellectus ut componendo et dividendo veritatem cognoscat, sicut in Primo[2] dictum est. Et ideo ea quae sunt secundum se simplicia intellectus humanus cognoscit secundum quandam complexionem: sicut e converso intellectus divinus incomplexe cognoscit ea quae sunt secundum se complexa. Sic igitur obiectum fidei dupliciter considerari potest. Uno modo, ex parte ipsius rei creditae: et sic obiectum fidei est aliquid incomplexum, scilicet res ipsa de qua fides habetur. Alio modo, ex parte credentis: et secundum hoc obiectum fidei est aliquid complexum per modum enuntiabilis. Et ideo utrumque vere opinatum fuit apud antiquos, et secundum aliquid utrumque est verum.

AD PRIMUM ergo dicendum quod ratio illa procedit de obiecto fidei ex parte ipsius rei creditae.

AD SECUNDUM dicendum quod in symbolo tanguntur ea de quibus est fides inquantum ad ea terminatur actus credentis: ut ex ipso modo loquendi apparet. Actus autem credentis non terminatur ad enuntiabile, sed ad rem: non enim formamus enuntiabilia nisi ut per ea de rebus cognitionem habeamus, sicut in scientia, ita et in fide.

AD TERTIUM dicendum quod visio patriae erit veritatis primae secundum quod in se est: secundum illud 1Io 3,2: *Cum apparuerit, similes ei erimus et videbimus eum sicuti est.* Et ideo visio illa erit non per modum enuntiabilis, sed per modum simplicis intelligentiae. Sed per fidem non apprehendimus veritatem primam sicut in se est. Unde non est similis ratio.

EM SENTIDO CONTRÁRIO, a fé é intermediária entre ciência e opinião. Ora, o intermediário e os extremos são do mesmo gênero. Como a ciência e a opinião versam sobre enunciados, semelhantemente, a fé versa sobre eles. E, assim, o objeto da fé, dado que a fé seja sobre enunciados, é algo complexo.

RESPONDO. Os objetos conhecidos estão no sujeito cognoscente segundo o modo do sujeito. Ora, o modo próprio de conhecer do intelecto humano é compondo e dividindo, como vimos na I Parte. Eis por que, o intelecto humano conhece segundo certa complexidade aquelas coisas que são simples; como, ao contrário, o intelecto divino conhece, incomplexamente, as coisas que são por si mesmas complexas. Portanto, o objeto da fé pode ser considerado sob dois aspectos: do lado da coisa que se crê, e assim o objeto da fé é algo incomplexo, a coisa a respeito da qual se tem a fé. Do lado daquele que crê, e então o objeto da fé é algo complexo à maneira de um enunciado. Eis o motivo por que as duas opiniões foram sustentadas pelos antigos e, sob certo aspecto, ambas as posições são verdadeiras.

QUANTO AO 1º, portanto, deve-se dizer que o argumento procede, enquanto o objeto da fé é considerado relativamente à coisa mesma a qual se crê.

QUANTO AO 2º, deve-se dizer que no símbolo, como aparece no modo mesmo de falar, exprime-se o que é de fé, enquanto é objeto do ato do que crê. Ora, o ato do que crê não se orienta para o enunciado, mas para a coisa: não formamos enunciados a não ser para que tenhamos conhecimento das coisas, como acontece na ciência, e também na fé.

QUANTO AO 3º, deve-se dizer que a visão na pátria celeste será a da primeira verdade, como ela é em si mesma, conforme primeira Carta de João: "Quando Ele se manifestar, nós seremos semelhantes a Ele, e o veremos como Ele é". Eis por que, esta visão se dará, não por modo de enunciado, mas por modo de simples inteligência. Mas, pela fé, não apreendemos a verdade primeira como ela é em si. Portanto, o argumento não é o mesmo.

ARTICULUS 3
Utrum fidei possit subesse falsum

AD TERTIUM SIC PROCEDITUR. Videtur quod fidei possit subesse falsum.

ARTIGO 3
A fé é susceptível de falsidade?

QUANTO AO TERCEIRO, ASSIM SE PROCEDE: parece que a fé é susceptível de falsidade.

---

2. Q. 85, a. 5.

3 PARALL.: III *Sent.*, dist. 24, a. 1, q.la 3.

1. Fides enim condividitur spei et caritati. Sed spei potest aliquid subesse falsum: multi enim sperant se habituros vitam aeternam qui non habebunt. Similiter etiam et caritati: multi enim diliguntur tanquam boni qui tamen boni non sunt. Ergo etiam fidei potest aliquid subesse falsum.

2. Praeterea, Abraham credidit Christum nasciturum: secundum illud Io 8,56: *Abraham, pater vester, exultavit ut videret diem meum.* Sed post tempus Abrahae Deus poterat non incarnari, sola enim sua voluntate carnem accepit: et ita esset falsum quod Abraham de Christo credidit. Ergo fidei potest subesse falsum.

3. Praeterea, fides antiquorum fuit quod Christus esset nasciturus, et haec fides duravit in multis usque ad praedicationem Evangelii. Sed Christo iam nato, antequam praedicare inciperet, falsum erat Christum nasciturum. Ergo fidei potest subesse falsum.

4. Praeterea, unum de pertinentibus ad fidem est ut aliquis credat sub Sacramento Altaris verum corpus Christi contineri. Potest autem contingere, quando non recte consecratur, quod non est ibi verum corpus Christi, sed solum panis. Ergo fidei potest subesse falsum.

Sed contra, nulla virtus perficiens intellectum se habet ad falsum secundum quod est malum intellectus: ut patet per Philosophum, in VI *Ethic.*[1]. Sed fides est quaedam virtus perficiens intellectum, ut infra[2] patebit. Ergo ei non potest subesse falsum.

Respondeo dicendum quod nihil subest, alicui potentiae vel habitui, aut etiam actui, nisi mediante ratione formali obiecti: sicut color videri non potest nisi per lucem, et conclusio sciri non potest nisi per medium demonstrationis. Dictum est autem quod ratio formalis obiecti fidei est veritas prima. Unde nihil potest cadere sub fide nisi inquantum stat sub veritate prima. Sub qua nullum falsum stare potest: sicut nec non-ens sub ente, nec malum sub bonitate. Unde relinquitur quod fidei non potest subesse aliquod falsum.

Ad primum ergo dicendum quod, quia verum est bonum intellectus, non autem est bonum appetitivae virtutis, ideo omnes virtutes quae perficiunt

1. Com efeito, a fé se enumera com a esperança e a caridade. Ora, a esperança é susceptível de falsidade: muitos esperam conseguir a vida eterna e não a alcançarão; o mesmo se dá com a caridade: muitos são amados como bons e, porém, não o são. Logo, a fé também pode ser susceptível de falsidade.

2. Além disso, Abraão creu no Cristo que haveria de nascer, segundo o Evangelho de João: "Vosso pai Abraão desejou ansiosamente ver o meu dia". Ora, após o tempo de Abraão, Deus poderia não se encarnar, pois só por sua vontade assumiu a carne e teria sido falso o que Abraão acreditou de Cristo. Logo, a fé é susceptível de falsidade.

3. Ademais, era fé dos antigos que Cristo haveria de nascer, e muitos conservaram essa fé até a pregação do Evangelho. Ora, uma vez nascido, e antes de começar a pregar, era falso que Cristo haveria de nascer. Logo, a fé é susceptível de falsidade.

4. Ademais, um dos artigos de fé é acreditar que, no sacramento do altar, está o verdadeiro corpo de Cristo. Ora, pode acontecer quando a consagração não foi feita corretamente, que aí não esteja o verdadeiro corpo de Cristo, mas somente o pão. Logo, a fé é susceptível de falsidade.

Em sentido contrário, nenhuma virtude que aperfeiçoa o intelecto tem por objeto a falsidade, pois ela é o mal do intelecto, como mostra o Filósofo. Ora, a fé é uma virtude que aperfeiçoa o intelecto, como a seguir se demonstrará. Logo, a fé não é susceptível de falsidade.

Respondo. Nada pode estar presente numa potência ou num hábito ou mesmo num ato, a não ser mediante a razão formal do objeto: como a cor que não pode ser vista senão pela luz, e a conclusão que não pode ser conhecida a não ser mediante a demonstração. Ora, como foi dito, a razão formal do objeto da fé é a verdade primeira. Portanto, nada pode estar sob a fé, senão enquanto estiver sob a verdade primeira, sob a qual não pode haver falsidade; assim como o não ente não pode estar compreendido sob o ser, nem o mal sob a bondade. Deve-se concluir, pois, que a fé não é susceptível de falsidade.

Quanto ao 1º, portanto, deve-se dizer que, como a verdade é o bem do intelecto e não o bem da potência apetitiva, todas as virtudes que aper-

---

1. C. 2: 1139, a, 27-31; b, 13-14.
2. Q. 4, a. 2, 5.

intellectum excludunt totaliter falsum: quia de ratione virtutis est quod se habeat solum ad bonum. Virtutes autem perficientes partem appetitivam non excludunt totaliter falsum: potest enim aliquis secundum iustitiam aut temperantiam agere aliquam falsam opinionem habens de eo circa quod agit. Et ita, cum fides perficiat intellectum, spes autem et caritas appetitivam partem, non est similis ratio de eis.

Et tamen neque etiam spei subest falsum. Non enim aliquis sperat se habiturum vitam aeternam secundum propriam potestatem (hoc enim esset praesumptionis), sed secundum auxilium gratiae: in qua si perseveraverit, omnino infallibiliter vitam aeternam consequetur. — Similiter etiam ad caritatem pertinet diligere Deum in quocumque fuerit. Unde non refert ad caritatem utrum in isto sit Deus qui propter Deum diligitur.

AD SECUNDUM dicendum quod Deum non incarnari, secundum se consideratum, fuit possibile etiam post tempus Abrahae. Sed secundum quod cadit sub praescientia divina, habet quandam necessitatem infallibilitatis, ut in Primo[3] dictum est. Et hoc modo cadit sub fide. Unde prout cadit sub fide, non potest esse falsum.

AD TERTIUM dicendum quod hoc ad fidem credentis pertinebat post Christi nativitatem quod crederet eum quandoque nasci. Sed illa determinatio temporis, in qua decipiebatur, non erat ex fide, sed ex coniectura humana. Possibile est enim hominem fidelem ex coniectura humana falsum aliquid aestimare. Sed quod ex fide falsum aestimet, hoc est impossibile.

AD QUARTUM dicendum quod fides credentis non refertur ad has species panis vel illas: sed ad hoc quod verum corpus Christi sit sub speciebus panis sensibilis quando recte fuerit consecratum. Unde si non sit recte consecratum, fidei non suberit propter hoc falsum.

feiçoam o intelecto excluem totalmente o falso; porque é da essência da virtude referir-se somente ao bem. Ao contrário, as virtudes que aperfeiçoam a parte apetitiva não excluem totalmente o falso: alguém pode agir segundo a justiça e a temperança, tendo opinião falsa sobre a matéria de sua ação. Como a fé aperfeiçoa o intelecto, e a esperança e a caridade são perfeições da faculdade apetitiva, não é o mesmo caso entre elas.

Contudo, nem a esperança é susceptível de falsidade. Pois ninguém espera conseguir a vida eterna por suas próprias forças (isso seria presunção), mas com o auxílio da graça, na qual, se perseverar, alcançará infalivelmente a vida eterna. — O mesmo vale para a caridade, à qual cabe amar a Deus, onde quer que Ele esteja. Por isso, não importa à caridade que Deus esteja ou não naquilo que é amado por causa dele.

QUANTO AO 2º, deve-se dizer que a não encarnação de Deus, considerada em si, foi possível mesmo depois dos tempos de Abraão. Mas, enquanto ela é objeto da presciência divina, ela tem certo caráter de necessária infalibilidade, como foi dito na I Parte. E deste modo, ela é objeto da fé. Ora, enquanto é objeto da fé não é susceptível de falsidade.

QUANTO AO 3º, deve-se dizer que o que pertencia à fé do que crê, após o nascimento de Cristo, era acreditar que um dia ele nasceria. Mas, a determinação do tempo, em que se enganava, não procedia da fé, mas da conjetura humana[e]. Com efeito, é possível que um fiel pense, por conjetura humana, algo falso. Mas que, em virtude da fé, ele faça um julgamento falso, isso é impossível.

QUANTO AO 4º, deve-se dizer que a fé do que crê não se refere a estas ou aquelas espécies de pão: mas a que o verdadeiro corpo de Cristo está sob as espécies de pão, quando ele foi corretamente consagrado. Portanto, se não foi corretamente consagrado, a fé não conterá qualquer falsidade.

---

3. Q. 14, a. 13.

e. Por si, como dissemos, na medida em que se apoia no testemunho de Deus se revelando, a fé não pode se enganar. Mas "conjeturas humanas" se podem nela introduzir, e muitas vezes desculpar o erro. Até que se manifeste plenamente na ressurreição, a humanidade podia ignorar que o Messias havia nascido. Ora, esse conhecimento da Páscoa não alcança de imediato os ouvidos de todo o universo no dia da Páscoa. Por "conjetura humana", nota-se aqui que podemos, de boa fé, não ter ouvido, não ter compreendido, ou não ter podido ainda seguir.

Articulus 4
Utrum obiectum fidei possit esse aliquid visum

AD QUARTUM SIC PROCEDITUR. Videtur quod obiectum fidei sit aliquid visum.

1. Dicit enim Dominus Thomae, Io 20,29: *Quia vidisti me, credidisti*. Ergo et de eodem est visio et fides.
2. PRAETEREA, Apostolus, 1Cor 13,12, dicit: *Videmus nunc per speculum in aenigmate*. Et loquitur de cognitione fidei. Ergo id quod creditur videtur.
3. PRAETEREA, fides est quoddam spirituale lumen. Sed quolibet lumine aliquid videtur. Ergo fides est de rebus visis.
4. PRAETEREA, quilibet sensus visus nominatur: ut Augustinus dicit, in libro *de Verb. Dom.*[1]. Sed fides est de auditis: secundum illud *ad* Rm 10,17: *Fides ex auditu*. Ergo fides est de rebus visis.

SED CONTRA est quod Apostolus dicit, ad Hb 11,1, quod *fides est argumentum non apparentium*.

RESPONDEO dicendum quod fides importat assensum intellectus ad id quod creditur. Assentit autem alicui intellectus dupliciter. Uno modo, quia ad hoc movetur ab ipso obiecto, quod est vel per seipsum cognitum, sicut patet in principiis primis, quorum est intellectus; vel est per aliud cognitum, sicut patet de conclusionibus, quarum est scientia. Alio modo intellectus assentit alicui non quia sufficienter moveatur ab obiecto proprio, sed per quandam electionem voluntarie declinans in unam partem magis quam in aliam. Et si quidem hoc fit cum dubitatione et formidine alterius partis, erit opinio: si autem fit cum certitudine absque tali formidine, erit fides. Illa autem videri dicuntur quae per seipsa movent intellectum nostrum vel sensum ad sui cognitionem. Unde manifestum est quod nec fides nec opinio potest

Artigo 4
O objeto da fé pode ser alguma coisa vista?

QUANTO AO QUARTO, ASSIM SE PROCEDE: parece que o objeto da fé **pode** ser alguma coisa vista.

1. Com efeito, o Senhor disse a Tomé no Evangelho de João: "Porque me viste, acreditaste". Logo, visão e fé têm o mesmo objeto.
2. ALÉM DISSO, o Apóstolo diz, na primeira Carta aos Coríntios: "Agora, nós vemos por um espelho, de maneira confusa". Ele fala do conhecimento pela fé. Logo, aquilo que se crê, vê-se.
3. ADEMAIS, a fé é uma luz espiritual. Ora, a qualquer luz, alguma coisa se vê. Logo, a fé tem por objeto as coisas visíveis.
4. ADEMAIS, qualquer sensação chama-se uma visão[f], como diz Agostinho. Ora, a fé tem por objeto coisas ouvidas, segundo a Carta aos Romanos: "A fé vem da audição". Logo, a fé refere-se a coisas vistas.

EM SENTIDO CONTRÁRIO, o Apóstolo diz na Carta aos Hebreus: "A fé é a prova das coisas que não se veem".

RESPONDO. A fé implica o assentimento do intelecto àquilo em que se crê. Mas, o intelecto pode assentir de dois modos. De um modo, quando é movido pelo próprio objeto, ou conhecido em si mesmo, como acontece nos primeiros princípios que são matéria do intelecto, ou conhecido por outra coisa, como é claro nas conclusões, que são matéria da ciência. De outro modo, o intelecto adere a um objeto, não porque esteja suficientemente movido por ele, mas porque por escolha voluntária se inclina mais para um lado do que para outro. E se isso se dá com dúvida e temor do contrário, haverá opinião; se, porém, se der com certeza, sem qualquer temor, haverá a fé. Diz-se que há visão quando algo move por si mesmo o nosso intelecto ou os sentidos ao conhecimento dele. Daí ser claro, que nem a fé nem a opinião

---

4 PARALL.: III *Sent.*, dist. 24, a. 2, q.la 1; *De Verit.*, q. 14, a. 9; *ad Heb.*, c. 11, lect. 1.

1. Serm. 112, al. 33, c. 6, n. 7: ML 38, 646.

f. Considera-se que a visão é o sentido que revela seu objeto com certeza. O tato é o sentido que apreende sempre um só aspecto. Todos os sentidos podem ser considerados como uma *visão*, na medida em que eles revelam o objeto em sua essência, ou então tatos, quando ainda não o revelam. Como um cego que, tendo multiplicado seu tatear sobre uma coisa, declara: "Vejo o que é." Sto. Agostinho quer dizer que todo sentido, na medida em que fornece um conhecimento, pode ser chamado de uma "visão". Argumento sutil.

esse de visis aut secundum sensum aut secundum intellectum.

AD PRIMUM ergo dicendum quod Thomas *aliud vidit et aliud credidit. Hominem vidit et Deum credens confessus est, cum dixit: Dominus meus et Deus meus.*

AD SECUNDUM dicendum quod ea quae subsunt fidei dupliciter considerari possunt. Uno modo, in speciali: et sic non possunt esse simul visa et credita, sicut dictum est². Alio modo, in generali, scilicet sub communi ratione credibilis. Et sic sunt visa ab eo qui credi: non enim crederet nisi videret ea esse credenda, vel propter evidentiam signorum vel propter aliquid huiusmodi.

AD TERTIUM dicendum quod lumen fidei facit videre ea quae creduntur. Sicut enim per alios habitus virtutum homo videt illud quod est sibi conveniens secundum habitum illum, ita etiam per habitum fidei inclinatur mens hominis ad assentiendum his quae conveniunt rectae fidei et non aliis.

AD QUARTUM dicendum quod auditus est verborum significantium ea quae sunt fidei: non autem est ipsarum rerum de quibus est fides. Et sic non oportet ut huiusmodi res sint visae.

podem ter por objeto o visível, seja pelos sentidos, seja pelo intelecto[g].

QUANTO AO 1º, portanto, deve-se dizer que o Apóstolo Tomé viu uma coisa e acreditou noutra. Ele viu um homem e pela fé confessou a Deus, quando disse: "Meu Senhor e meu Deus"[h].

QUANTO AO 2º, deve-se dizer que as coisas sujeitas à fé podem ser consideradas de duas maneiras. Primeiro, no seu específico: e assim não podem ser vistas e cridas, ao mesmo tempo, como foi dito. Depois, no geral, isto é, sob o aspecto comum da credibilidade[i]; e assim são vistas por aquele que crê; ele não acreditaria, se não visse que estas coisas devem ser cridas, ou por causa da evidência dos sinais ou por qualquer razão análoga.

QUANTO AO 3º, deve-se dizer que a luz da fé faz ver aquilo que se crê[j]. Assim, como pelos outros hábitos virtuosos, o homem vê aquilo que lhe convém conforme tal hábito, assim também pelo hábito da fé, o espírito do homem se inclina a aderir àquilo que é conforme à verdadeira fé e, não a outras coisas.

QUANTO AO 4º, deve-se dizer que a audição tem por objeto as palavras que significam o que é de fé, mas não as coisas mesmas que são matéria de fé. E assim não se deve concluir que essas coisas sejam vistas.

ARTICULUS 5
Utrum ea quae sunt fidei possint esse scita

AD QUINTUM SIC PROCEDITUR. Videtur quod ea quae sunt fidei possint esse scita.

1. Ea enim quae non sciuntur videntur esse ignorata: quia ignorantia scientiae opponitur. Sed ea quae sunt fidei non sunt ignorata: horum enim

ARTIGO 5
O objeto da fé pode ser o que se sabe?[k]

QUANTO AO QUINTO, ASSIM SE PROCEDE: parece que o objeto da fé **pode** ser o que se sabe.

1. Com efeito, o que não se sabe, ignora-se, porque a ignorância opõe-se ao saber. Ora, as verdades da fé não são ignoradas, porque a igno-

---

2. In corp.

5   PARALL.: I-II, q. 67, a. 3; III *Sent.*, dist. 24, a. 2, q.la 2; *De Verit.*, q. 14, a. 9; *ad Heb.*, c. 11, lect. 1.

   g. Sto. Tomás distingue cinco maneiras de ter conhecimento de algo: inteligência ou visão; ciência; dúvida; opinião; fé. A fé não sobrevém ao término de um raciocínio, como sustentará mais tarde o molinismo; e não está tampouco separada da razão, como pensam os fideístas.
   h. Não era porque ele havia visto que ele era forçado a crer. Sua fé era de outra ordem.
   i. A credibilidade: noção capital. Podemos defini-la como a propriedade extrínseca que afeta uma proposição como devendo ser acreditada, em virtude de um testemunho. O testemunho pode ser bastante forte, até mesmo constituir uma evidência. Uma coisa porém é *ver* que uma coisa é tão solidamente atestada, outra é crê-lo. Não confundir a credibilidade, necessária à fé, com a credulidade, que pode muitas vezes se contrapor, por precipitação, à fé.
   j. De certa maneira, a fé traz consigo sua própria credibilidade. Desse modo, distinguimos a credibilidade da fé e a da razão. Existe acordo entre a fé e seu Objeto, que se faz por vezes sentir como uma espécie de instinto: o instinto do Espírito Santo.
   k. Diz-se que uma coisa é "sabida" (*scita*), na língua de Sto. Tomás, quando é objeto de ciência, ou de conhecimento racional, demonstrável. Nesse sentido, a ciência é incompatível com a fé. Mas uma ciência pode existir no interior da fé quando raciocinamos não a partir de princípios evidentes, ou sabidos, de certa maneira, mas de princípios aceitos pela fé.

ignorantia ad infidelitatem pertinet, secundum illud 1Ti 1,13: *Ignorans feci in incredulitate mea*. Ergo ea quae sunt fidei possunt esse scita.

2. Praeterea, scientia per rationes acquiritur. Sed ad ea quae sunt fidei a sacris auctoribus rationes inducuntur. Ergo ea quae sunt fidei possunt esse scita.

3. Praeterea, ea quae demonstrative probantur sunt scita: quia demonstratio est *syllogismus faciens scire*. Sed quaedam quae in fide continentur sunt demonstrative probata a philosophis: sicut Deum esse, et Deum esse unum, et alia huiusmodi. Ergo ea quae sunt fidei possunt esse scita.

4. Praeterea, opinio plus distat a scientia quam fides: cum fides dicatur esse media inter opinionem et scientiam. Sed *opinio et scientia possunt esse aliquo modo de eodem,* ut dicitur in I *Poster.*[1]. Ergo etiam fides et scientia.

Sed contra est quod Gregorius dicit[2], quod *apparentia non habent fidem, sed agnitionem*. Ea ergo de quibus est fides agnitionem non habent. Sed ea quae sunt scita habent agnitionem. Ergo de his quae sunt scita non potest esse fides.

Respondeo dicendum quod omnis scientia habetur per aliqua principia per se nota, et per consequens visa. Et ideo oportet quaecumque sunt scita aliquo modo esse visa. Non autem est possibile quod idem ab eodem sit creditum et visum, sicut supra[3] dictum est. Unde etiam impossibile est quod ab eodem idem sit scitum et creditum.

Potest tamen contingere ut id quod est visum vel scitum ab uno, sit creditum ab alio. Ea enim quae de Trinitate credimus nos visuros speramus, secundum illud 1Cor 13,12: *Videmus nunc per speculum in aenigmate, tunc autem facie ad faciem:* quam quidem visionem iam angeli habent: unde quod nos credimus illi vident. Et similiter potest contingere ut id quod est visum vel scitum ab uno homine, etiam in statu viae, sit ab alio creditum, qui hoc demonstrative non novit. Id tamen quod communiter omnibus hominibus proponitur ut credendum est communiter non scitum. Et ista sunt quae simpliciter fidei subsunt. Et ideo fides et scientia non sunt de eodem.

rância em matéria de fé é próprio da infidelidade, conforme a primeira Carta a Timóteo: "Fiz por ignorância, na minha incredulidade". Logo, o objeto da fé pode ser o que se sabe.

2. Além disso, a ciência adquire-se por meio de argumentos. Ora, os autores sagrados apresentam argumentos em apoio às verdades da fé. Logo, o objeto da fé pode ser o que se sabe.

3. Ademais, o que se prova por demonstração é ciência, porque a demonstração é *um silogismo que gera a ciência*. Ora, de algumas verdades da fé, como a existência e a unidade de Deus e outras semelhantes, os filósofos têm provas demonstrativas. Logo, o objeto da fé pode ser o que se sabe.

4. Ademais, a opinião está mais distante da ciência do que a fé, sendo a fé o termo médio entre a opinião e a ciência. Ora, "opinião e ciência podem ter de algum modo o mesmo objeto", como se diz no primeiro livro dos Analíticos. Logo, o mesmo se dá com a fé e a ciência.

Em sentido contrário, Gregório afirma que "as coisas visíveis não são objeto da fé, mas de ciência". Logo, os objetos de fé não têm evidência, mas sim o objeto de ciência. Logo, o que se sabe não pode ser objeto da fé.

Respondo. Toda ciência é adquirida, graças a princípios evidentes por si mesmos e, por consequência, visíveis. Por isso, tudo o que é conhecido é necessariamente visível de alguma maneira. Ora, não é possível, como se viu acima, que uma coisa seja crida e vista pelo mesmo indivíduo. É, pois, impossível que, do mesmo objeto, o mesmo indivíduo tenha ciência e fé.

Pode, porém, acontecer que o que é visto ou sabido por um, seja crido por outro. Assim o que nós cremos a respeito da Trindade nós esperamos que um dia veremos, conforme a primeira Carta aos Coríntios: "Agora, vemos por espelho, de maneira confusa, então veremos face a face". Esta visão, os anjos já a têm; portanto, aquilo que cremos, eles veem. Assim, pode acontecer que aquilo que é visto ou conhecido por um homem, mesmo no estado de vida presente, seja crido por outro, que não conhece demonstrativamente tal coisa. Aquilo, porém, que é proposto a todos os homens em comum para crer é não sabido por todos. E estas verdades são em absoluto as da fé. Eis por que, fé e ciência não têm o mesmo domínio.

---

1. C. 33: 89, a, 25.
2. Hom. 26 *in Evang.*, n. 8: ML 76, 1202 A.
3. Art. praec.

AD PRIMUM ergo dicendum quod infideles eorum quae sunt fidei ignorantiam habent: quia nec vident aut sciunt ea in seipsis, nec cognoscunt ea esse credibilia. Sed per hunc modum fideles habent eorum notitiam, non quasi demonstrative, sed inquantum per lumen fidei videntur esse credenda, ut dictum est[4].

AD SECUNDUM dicendum quod rationes quae inducuntur a Sanctis ad probandum ea quae sunt fidei non sunt demonstrativae, sed persuasiones quaedam manifestantes non esse impossibile quod in fide proponitur. Vel procedunt ex principiis fidei, scilicet ex auctoritatibus sacrae Scripturae: sicut Dionysius dicit, 2 cap. *de Div. Nom.*[5]. — Ex his autem principiis ita probatur aliquid apud fideles sicut etiam ex principiis naturaliter notis probatur aliquid apud omnes. Unde etiam theologia scientia est, ut in principio Operis[6] dictum est.

AD TERTIUM dicendum quod ea quae demonstrative probari possunt inter credenda numerantur, non quia de ipsis sit simpliciter fides apud omnes: sed quia praeexiguntur ad ea quae sunt fidei, et oportet ea saltem per fidem praesupponi ab his qui horum demonstrationem non habent.

AD QUARTUM dicendum quod, sicut Philosophus ibidem dicit, a diversis hominibus de eodem omnino potest haberi scientia et opinio, sicut et nunc dictum est de scientia et fide. Sed ab uno et eodem potest quidem haberi fides et scientia de eodem secundum quid, scilicet subiecto, sed non secundum idem: potest enim esse quod de una et eadem re aliquis aliquid sciat et aliquid aliud opinetur; et similiter de Deo potest aliquis demonstrative scire quod sit unus, et credere quod sit trinus. Sed de eodem secundum idem non potest esse simul in uno homine scientia nec cum opinione nec cum fide, alia tamen et alia ratione. Scientia enim cum opinione simul esse non potest simpliciter de eodem, quia de ratione scientiae est quod id quod scitur existimetur esse impossibile aliter se habere; de ratione autem opinionis est quod id quod quis existimat, existimet possibile aliter se habere. Sed id quod fide tenetur, propter fidei certitudinem, existimatur etiam impossibile aliter se habere: sed ea ratione non potest simul idem et secundum idem esse scitum et creditum, quia scitum est visum et creditum est non visum, ut dictum est.

QUANTO AO 1º, portanto, deve-se dizer que os infiéis estão na ignorância das verdades da fé, porque não as veem ou conhecem em si mesmas nem apreendem a sua credibilidade. Mas, os fiéis têm conhecimento delas por este modo: não demonstrativamente, mas enquanto pela luz da fé veem que devem ser cridas, como já foi dito.

QUANTO AO 2º, deve-se dizer que as razões aduzidas pelos Santos para provar as coisas da fé não são demonstrativas; mas são persuasivas, mostrando não ser impossível o que a fé propõe. Ou procedem dos princípios da fé, isto é, da autoridade da Sagrada Escritura: como diz Dionísio. — Tais princípios de fé têm valor de prova aos olhos dos fiéis, assim como os princípios naturalmente evidentes têm valor de prova aos olhos de todos. Por isso, a teologia é também uma ciência como foi dito no princípio desta obra.

QUANTO AO 3º, deve-se dizer que há coisas que se devem crer, embora possam ser provadas demonstrativamente, não porque sejam objeto de fé para todos, mas porque constituem um preâmbulo exigido à fé, é necessário que ao menos por meio da fé sejam aceitos pelos que não têm a sua demonstração.

QUANTO AO 4º, deve-se dizer que como o Filósofo diz no lugar já citado, diversos homens podem ter ciência e opinião de um objeto, absolutamente o mesmo, como agora afirmamos sobre ciência e fé. Mas um e mesmo indivíduo pode ter fé e ciência do mesmo objeto, em certo sentido, isto é, na sua materialidade, mas não sob o mesmo aspecto. Porque é possível que a respeito duma só e mesma coisa alguém tenha ciência sobre um ponto e opinião sobre outro. E, semelhantemente, alguém pode saber demonstrativamente que Deus é uno e crer que é trino. Mas do mesmo objeto, segundo o mesmo aspecto, não pode o mesmo homem ter simultaneamente ciência e opinião nem ciência e fé, por diferentes razões. De fato, a ciência não pode, absolutamente falando, em relação ao mesmo objeto ser simultânea com a opinião, pois a ciência consiste essencialmente em admitir a impossibilidade de ser de outro modo, aquilo que sabe ser verdadeiro; ao contrário, a opinião consiste em que uma coisa possa ser diversa daquilo que se pensa. Contudo, aquilo que se afirma pela fé, por causa da certeza que ela implica, mostra a

---

4. Art. praec., ad 3.
5. MG 3, 640 A.
6. I, q. 1, a. 2, 8.

Articulus 6
Utrum credibilia sint per certos articulos distinguenda

AD SEXTUM SIC PROCEDITUR. Videtur quod credibilia non sint per certos articulos distinguenda.

1. Eorum enim omnium quae in sacra Scriptura continentur est fides habenda. Sed illa non possunt reduci ad aliquem certum numerum, propter sui multitudinem. Ergo superfluum videtur articulos fidei distinguere.

2. PRAETEREA, materialis distinctio, cum in infinitum fieri possit, est ab arte praetermittenda. Sed formalis ratio obiecti credibilis est una et indivisibilis, ut supra[1] dictum est, scilicet veritas prima: et sic secundum rationem formalem credibilia distingui non possunt. Ergo praetermittenda est credibilium materialis distinctio per articulos.

3. PRAETEREA, sicut a quibusdam dicitur, articulus est *indivisibilis veritas de Deo arctans nos ad credendum*. Sed credere est voluntarium: quia, sicut Augustinus dicit[2], *nullus credit nisi volens*. Ergo videtur quod inconvenienter distinguantur credibilia per articulos.

SED CONTRA est quod Isidorus[3] dicit: *Articulus est perceptio divinae veritatis tendens in ipsam*. Sed perceptio divinae veritatis competit nobis secundum distinctionem quandam: quae enim in Deo unum sunt in nostro intellectu multiplicantur. Ergo credibilia debent per articulos distingui.

RESPONDEO dicendum quod nomen *articuli* ex graeco videtur esse derivatum. *Arthron* enim in graeco, quod in latino *articulus* dicitur, significat quandam coaptationem aliquarum partium distinctarum. Et ideo particulae corporis sibi invicem coaptatae dicuntur membrorum articuli. Et similiter in grammatica apud graecos dicun-

Artigo 6
As verdades da fé devem ser apresentadas em artigos precisos?

QUANTO AO SEXTO, ASSIM SE PROCEDE: parece que as verdades da fé **não** devem ser apresentadas em artigos precisos.

1. Com efeito, devemos crer em todas as verdades contidas nas Sagradas Escrituras. Ora, elas não podem ser reduzidas a um número determinado de artigos, por causa de seu grande número. Logo, parece supérfluo distinguir os artigos da fé.

2. ALÉM DISSO, uma distinção material que pode ser levada ao infinito, em boa lógica, deve ser descartada. Ora, a razão formal do objeto da credibilidade é una e indivisível e, como foi dito acima, é a verdade primeira; assim, sob esse aspecto, não há nenhuma distinção possível entre as coisas a crer. Logo, deve ser descartada essa distinção material dos artigos da fé.

3. ADEMAIS, como dizem alguns, o artigo é "uma verdade indivisível a respeito de Deus que somos obrigados a crer". Ora, crer é um ato voluntário, como diz Agostinho, "ninguém crê a não ser que queira". Logo, parece inconveniente distinguir as verdades de fé em artigos.

EM SENTIDO CONTRÁRIO, diz Isidoro: "O artigo é a percepção da verdade divina para a qual tende essa mesma verdade". Ora, a verdade divina é por nós percebida segundo certa distinção: aquilo que é uno em Deus, multiplica-se em nosso intelecto. Logo, as verdades de fé devem distinguir-se em artigos.

RESPONDO. A palavra artigo parece derivar do grego, pois, *arthron* em grego, corresponde ao latim *articulus* e significa certo ajustamento de partes distintas. E, por isso, as partes do corpo, ligadas umas às outras, são chamadas de articulações dos membros. Semelhantemente, a gramática grega chama de *artigos* a certas partes da oração

---

6 PARALL.: III *Sent.*, dist. 25, q. 1, a. 1, q.la 1; a. 2, ad 6; I *Cor.*, c. 15, lect. 1.
 1. Art. 1.
 2. Tract. 26 *in Ioan.*, n. 2, super 6, 44: ML 35, 1607.
 3. "ISIDORUM nominant etiam ALBERTUS M., *In Sent.*, L. III, dist. 24, a. 4 (ed. Borgnet, t. XXVIII, p. 449), et BONAVENTURA, *In Sent.*, L. III, dist. 24, a. 3, q. 2 (Ad Claras Aquas, t. III, p. 527).

tur articuli quaedam partes orationis coaptatae aliis dictionibus ad exprimendum earum genus, numerum vel casum. Et similiter in rhetorica articuli dicuntur quaedam partium coaptationes: dicit enim Tullius, in IV *Rhet.*[4], quod *articulus dicitur cum singula verba intervallis distinguuntur caesa oratione, hoc modo: Acrimonia, voce, vultu adversarios perterruisti*. Unde et credibilia fidei Christianae dicuntur per articulos distingui inquantum in quasdam partes dividuntur habentes aliquam coaptationem ad invicem.

Est autem obiectum fidei aliquid non visum circa divina, ut supra[5] dictum est. Et ideo ubi occurrit aliquid speciali ratione non visum, ibi est specialis articulus: ubi autem multa secundum eandem rationem sunt incognita, ibi non sunt articuli distinguendi. Sicut aliam difficultatem habet ad videndum quod Deus sit passus, et aliam quod mortuus resurrexerit: et ideo distinguitur articulus resurrectionis ab articulo passionis. Sed quod sit passus, mortuus et sepultus, unam et eandem difficultatem habent, ita quod, uno suscepto, non est difficile alia suscipere: et propter hoc omnia haec pertinent ad unum articulum.

AD PRIMUM ergo dicendum quod aliqua sunt credibilia de quibus est fides secundum se; aliqua vero sunt credibilia de quibus non est fides secundum se, sed solum in ordine ad alia: sicut etiam in aliis scientiis quaedam proponuntur ut per se intenta, et quaedam ad manifestationem aliorum. Quia vero fides principaliter est de his quae videnda speramus in patria, secundum illud Hb 11,1: *Fides est substantia sperandarum rerum*; ideo per se ad fidem pertinent illa quae directe nos ordinant ad vitam aeternam: sicut sunt tres Personae, omnipotentia Dei, mysterium incarnationis Christi, et alia huiusmodi. Et secundum ista distinguuntur articuli fidei. Quaedam vero proponuntur in sacra Scriptura ut credenda non quasi principaliter intenta, sed ad praedictorum manifestationem: sicut quod Abraham habuit duos filios, quod ad tactum ossium Elisaei suscitatus est mortuus, et alia huiusmodi, quae narrantur in sacra Scriptura in ordine ad manifestationem divinae maiestatis vel incarnationis

ajustadas a outras palavras para exprimir-lhes o gênero, o número e o caso. Do mesmo modo, na retórica, os artigos são certos ajustamentos das partes. Assim, diz Túlio: "Um texto é articulado, quando cada uma das palavras é distinta das outras por intervalos que cortam a oração deste modo: encheste de espanto os adversários por tua energia, por tua palavra, pelo teu olhar". Por isso, se diz que as verdades da fé cristã se distinguem em artigos, porque se dividem em partes que têm alguma articulação entre si.

Entretanto, o objeto da fé, como dissemos, são as realidades divinas que não vemos. Portanto, onde ocorre, por razão especial, alguma coisa que não é visível, aí há um artigo especial; onde, porém, muitas realidades são desconhecidas, mas fundadas na mesma razão, aí não há artigos para distinguir. Assim como é uma dificuldade entender que Deus sofreu e outra que, tendo morrido, ressuscitou. Por isso, distingue-se o artigo da ressurreição do artigo da paixão. Mas entender que ele sofreu, morreu e foi sepultado tem uma mesma dificuldade, de tal modo que admitindo-se um deles não é difícil admitir os outros e, por isso, tudo se agrupa num só artigo[1].

QUANTO AO 1º, portanto, deve-se dizer que certas verdades de fé são por si mesmas objeto de credibilidade e outras o são com referência às primeiras; o mesmo acontece nas demais ciências, onde algumas coisas são propostas como buscadas em si mesmas, enquanto outras para a manifestação de terceiras. Ora, como a fé tem como principal matéria aquelas coisas que esperamos ver na pátria celeste, conforme a Carta aos Hebreus: "A fé é a prova das coisas que se devem esperar"; portanto, pertence à fé tudo o que nos ordena diretamente à vida eterna; como são a trindade das Pessoas, a onipotência de Deus, o mistério da encarnação de Cristo etc. E por elas se distinguem os artigos de fé. Outras coisas, porém, são propostas nas Sagradas Escrituras para crer, não como visadas diretamente, mas para a manifestação das anteriores. Por exemplo, que Abraão teve dois filhos, que um morto tenha ressuscitado ao contato dos ossos de Eliseu e fatos semelhantes, são narrados nas Sagradas Escrituras,

---

4. *Ad Heren.*, c. 19: ed. G. Friedrich, Lipsiae 1893, p. 82, ll. 28-30.
5. Art. 4.

1. Se tudo é obscuro na fé, a obscuridade não é a mesma. E, dado que só há um objeto formal, é preciso mostrar como o sol da Palavra de Deus se revelando ilumina cada proposição: assim, tudo pode ordenar-se na unidade. A fé não tem jamais por objetivo humilhar a inteligência. Ela deve, pelo contrário, inaugurar a "visão" de Deus.

Christi. Et secundum talia non oportet articulos distinguere.

AD SECUNDUM dicendum quod ratio formalis obiecti fidei potest accipi dupliciter. Uno modo, ex parte ipsius rei creditae. Et sic ratio formalis omnium credibilium est una, scilicet veritas prima. Et ex hac parte articuli non distinguuntur. Alio modo potest accipi formalis ratio credibilium ex parte nostra. Et sic ratio formalis credibilis est ut sit non visum. Et ex hac parte articuli fidei distinguuntur, ut visum est.

AD TERTIUM dicendum quod illa definitio datur de articulo magis secundum quandam etymologiam nominis prout habet derivationem latinam, quam secundum eius veram significationem prout a graeco derivatur. Unde non est magni ponderis. — Potest tamen dici quod, licet ad credendum necessitate coactionis nullus arctetur, cum credere sit voluntarium; arctatur tamen necessitate finis, quia *accedentem ad Deum oportet credere,* et *sine fide impossibile est placere Deo,* ut Apostolus dicit, Hb 11,6.

a fim de manifestarem a majestade de Deus ou a encarnação de Cristo. Para esses fatos não há necessidade de distinção de artigos.

QUANTO AO 2º, deve-se dizer que a razão formal do objeto da fé pode ser tomada de um duplo ponto de vista. De um lado, da parte da coisa mesma em que se acredita. E, então, a razão formal de todas as verdades da fé é uma: a verdade primeira. Deste ponto de vista, não se distinguem artigos. De outro lado, a razão formal das verdades de fé pode ser considerada em relação a nós. Sob esse aspecto, a razão formal do que se deve crer reside em que seja não vista. É assim que se distinguem os artigos de fé, como já vimos.

QUANTO AO 3º, deve-se dizer que aquela definição de artigo dá-se mais conforme certa etimologia da palavra, enquanto derivada do latim, do que segundo sua verdadeira significação, enquanto derivada do grego, não tem portanto grande peso. — Pode-se, entretanto dizer: ainda que a pessoa não seja obrigada a crer por coação, porque a fé é voluntária, há, entretanto, uma obrigação pela necessidade do fim, conforme o Apóstolo, na Carta aos Hebreus: "Aquele que se aproxima de Deus deve crer" e "sem fé é impossível agradar a Deus"[m].

ARTICULUS 7
Utrum articuli fidei secundum successionem temporum creverint

AD SEPTIMUM SIC PROCEDITUR. Videtur quod articuli fidei non creverint secundum temporum successionem.

1. Quia, ut Apostolus dicit, ad Hb 11,1: *fides est substantia sperandarum rerum.* Sed omni tempore sunt eadem speranda. Ergo omni tempore sunt eadem credenda.

2. PRAETEREA, in scientiis humanitus ordinatis per successionem temporum augmentum factum est propter defectum cognitionis in primis qui scientias invenerunt: ut patet per Philosophum, in II *Metaphys.*[1] Sed doctrina fidei non est inventa humanitus, sed tradita a Deo: *Dei enim donum*

ARTIGO 7
Os artigos de fé aumentaram ao correr do tempo?[n]

QUANTO AO SÉTIMO, ASSIM SE PROCEDE: parece que os artigos de fé **não** aumentaram ao correr do tempo.

1. Com efeito, porque conforme o Apóstolo na Carta aos Hebreus: "A fé é a prova das coisas que esperamos". Ora, em todo o tempo são as mesmas coisas que esperamos. Logo, em todo o tempo, são as mesmas coisas que se devem crer.

2. ALÉM DISSO, nas ciências organizadas à maneira humana, deu-se um aumento no correr do tempo por causa da falta de conhecimento daqueles que descobriram as ciências, conforme diz o Filósofo, no livro II da *Metafísica.* Ora, a doutrina da fé não é descoberta do homem, mas

---

7 PARALL.: Infra, q. 2, a. 7; q. 174, a. 6; III *Sent.,* dist. 25, q. 2, a. 2, q.la 1.
  1. C. I: 993, a, 30-31; b, 11-19.

  m. A fé é livre. No entanto, se temos por fim "aproximar-nos de Deus", ou "agradar-lhe", é necessário que creiamos nele.
  n. Os artigos 7, 8, 9, 10 visa as adaptações históricas da fé aos que creem: as etapas e os progressos da Revelação (a. 7); a elaboração oficial dos artigos (a. 8. 9); a quem cabe "definir" (a. 10)? O problema da evolução do dogma, depois de Cristo, não é posto.

est, ut dicitur Eph 2,3. Cum igitur in Deum nullus defectus scientiae cadat, videtur quod a principio cognitio credibilium fuerit perfecta, et quod non creverit secundum successionem temporum.

3. PRAETEREA, operatio gratiae non minus ordinate procedit quam operatio naturae. Sed natura semper initium sumit a perfectis: ut Boetius dicit, in libro *de Consol*.[2]. Ergo etiam videtur quod operatio gratiae a perfectis initium sumpserit, ita quod illi qui primo tradiderunt fidem perfectissime eam cognoverunt.

4. PRAETEREA, sicut per Apostolos ad nos fides Christi pervenit, ita etiam in veteri Testamento per priores Patres ad posteriores devenit cognitio fidei: secundum illud Dt 32,7: *Interroga patrem tuum et annuntiabit tibi*. Sed Apostoli plenissime fuerunt instructi de mysteriis: acceperunt enim, *sicut tempore prius, ita et ceteris abundantius*, ut dicit Glossa[3], super illud Rm 8,23, *nos ipsi primitias Spiritus habentes*. Ergo videtur quod cognitio credibilium non creverit per temporum successionem.

SED CONTRA est quod Gregorius dicit[4], quod *secundum incrementa temporum crevit scientia sanctorum Patrum: et quanto viciniores adventui Salvatoris fuerunt, tanto sacramenta salutis plenius perceperunt*.

RESPONDEO dicendum quod ita se habent in doctrina fidei articuli fidei sicut principia per se nota in doctrina quae per rationem naturalem habetur. In quibus principiis ordo quidam invenitur, ut quaedam in aliis implicite contineantur: sicut omnia principia reducuntur ad hoc sicut ad primum, *Impossibile est simul affirmare et negare*, ut patet per Philosophum, in IV *Metaphys*.[5]. Et similiter omnes articuli implicite continentur in aliquibus primis credibilibus, scilicet ut credatur Deus esse et providentiam habere circa hominum salutem: secundum illud Hb 11,6: *Accedentem ad Deum oportet credere quia est, et quod inquirentibus se remunerator sit*. In esse enim divino includuntur omnia quae credimus in Deo aeternaliter existere, in quibus nostra beatitudo consistit: in fide autem providentiae includuntur omnia quae temporaliter

dada por Deus, "é um dom de Deus", como diz a Carta dos Efésios. Logo, como nenhuma falta de conhecimento pode ser atribuída a Deus, parece que, desde o princípio, o conhecimento das coisas a crer foi perfeito e que ele não aumentou no correr dos tempos.

3. ADEMAIS, a ação da graça não é menos ordenada do que a da natureza. Ora, a natureza começa sempre pelo perfeito, como diz Boécio. Logo, também a ação da graça deve ter início no que é perfeito, assim como aqueles que por primeiro transmitiram a fé tiveram dela o conhecimento mais perfeito.

4. ADEMAIS, como a fé de Cristo veio até nós através dos Apóstolos, assim no Antigo Testamento o conhecimento dela chegou dos primeiros Patriarcas aos posteriores, conforme o livro do Deuteronômio: "Interroga o teu pai e ele te instruirá". Ora, os Apóstolos foram plenissimamente instruídos sobre os mistérios, pois receberam-nos com prioridade temporal e mais abundantemente do que os outros. Assim diz a Glosa, interpretando um texto da Carta aos Romanos: "Somos nós que temos as primícias do Espírito". Logo, parece que o conhecimento das verdades da fé não aumentou no correr do tempo.

EM SENTIDO CONTRÁRIO, diz Gregório que, "com o correr dos tempos, cresceu a ciência dos santos Padres e que eles receberam os sacramentos da salvação tão mais plenamente quanto mais vizinhos foram do advento do Salvador".

RESPONDO. Os artigos da fé têm na doutrina da fé o mesmo papel que os princípios evidentes na doutrina que se constrói a partir da razão natural. Nesses princípios, observa-se certa ordem pela qual uns estão implicitamente contidos nos outros, enquanto todos se reduzem a este como ao primeiro: "É impossível negar e afirmar, simultaneamente", como está claro no Filósofo, no livro IV da *Metafísica*. Semelhantemente, todos os artigos estão implicitamente contidos em algumas das primeiras verdades de fé, a saber: Deus existe e a sua providência vela pela salvação dos homens, conforme a Carta aos Hebreus: "Quem se aproxima de Deus deve crer que ele existe e que recompensa os que o procuram". Com efeito, no ser divino estão incluídas todas as coisas que acreditamos existir eternamente em Deus e nas

---

2. L. III, prosa 10: ML 63, 764 A.
3. Interl.; LOMBARDI: ML 191, 1444 D.
4. *In Ezech*., l. II, hom. 16, n. 12: ML 76, 980 B.
5. C. 3: 1005, b, 20-23.

a Deo dispensantur ad hominum salutem, quae sunt via in beatitudinem. Et per hunc etiam modum aliorum subsequentium articulorum quidam in aliis continentur: sicut in fide redemptionis humanae implicite continetur et incarnatio Christi et eius passio et omnia huiusmodi.

Sic igitur dicendum est quod, quantum ad substantiam articulorum fidei, non est factum eorum augmentum per temporum successionem: quia quaecumque posteriores crediderunt continebantur in fide praecedentium Patrum, licet implicite. Sed quantum ad explicationem, crevit numerus articulorum: quia quaedam explicite cognita sunt a posterioribus quae a prioribus non cognoscebantur explicite. Unde Dominus Moysi dicit, Ex 6,2-3: *Ego sum Deus Abraham, Deus Isaac, Deus Iacob: et nomen meum Adonai non indicavi eis*. Et David dicit: *Super senes intellexi*. Et Apostolus dicit, *ad Eph 3,5: Aliis generationibus non est agnitum mysterium Christi sicut nunc revelatum est sanctis Apostolis eius et prophetis*.

AD PRIMUM ergo dicendum quod semper fuerunt eadem speranda apud omnes. Quia tamen ad haec speranda homines non pervenerunt nisi per Christum, quanto a Christo fuerunt remotiores secundum tempus, tanto a consecutione sperandorum longinquiores: unde Apostolus dicit, *ad Hb 11,13: Iuxta fidem defuncti sunt omnes isti, non acceptis repromissionibus, sed a longe eas respicientes*. Quanto autem aliquid a longinquioribus videtur, tanto minus distincte videtur. Et ideo bona speranda distinctius cognoverunt qui fuerunt adventui Christi vicini.

AD SECUNDUM dicendum quod profectus cognitionis dupliciter contingit. Uno modo, ex parte docentis, qui in cognitione proficit, sive unus sive plures, per temporum successionem. Et ista est ratio augmenti in scientiis per rationem humanam inventis. Alio modo, ex parte addiscentis: sicut magister qui novit totam artem non statim a principio tradit eam discipulo, quia capere non posset, sed paulatim, condescendens eius capacitati. Et hac ratione profecerunt homines in cognitione fidei per temporum successionem. Unde Apos-

quais consiste nossa bem-aventurança. Na fé na providência incluem-se todos os bens que Deus dispensa para a salvação dos homens e que são o caminho da bem-aventurança. E, por esta maneira, alguns dos demais artigos subsequentes, se incluem em outros; como na fé na redenção humana inclui-se implicitamente a encarnação de Cristo e a sua paixão etc.

Assim, deve-se concluir que, quanto à substância dos artigos de fé, não houve acréscimo no correr dos tempos, porque tudo o que os Patriarcas posteriores acreditaram estava contido na fé dos que os tinham precedido, ainda que implicitamente. Mas, quanto à explicação, cresceu o número de artigos; certas verdades foram explicitamente conhecidas pelos últimos Patriarcas e não o eram pelos anteriores°. Por isso, o Senhor diz a Moisés no livro do Êxodo: "Eu sou o Deus de Abraão, Deus de Isaac, Deus de Jacó; mas meu nome Adonai, eu não lhes revelei". E David diz: "Eu entendi mais que os anciãos."ᵖ É o que diz o Apóstolo: "O mistério de Cristo não foi comunicado a outras gerações como, agora, é revelado aos santos Apóstolos e profetas".

QUANTO AO 1º, portanto, deve-se dizer que todos têm sempre esperado os mesmos bens. Entretanto, como viram realizadas tais esperanças só por Cristo, quanto mais dele estiveram distantes no tempo, tanto mais longe se achavam da obtenção dessas esperanças. Donde, a palavra do Apóstolo: "Todas essas pessoas morreram com fé, sem terem recebido os bens prometidos, mas os viram de longe". Uma coisa é vista menos distintamente, quando ela é vista de mais longe. Por isso, os que estiveram mais próximos à vinda de Cristo conheceram mais distintamente os bens esperados.

QUANTO AO 2º, deve-se dizer que o progresso do conhecimento realiza-se de dois modos. Primeiro, por parte do docente, que sozinho ou com outros avança efetivamente no conhecimento, no correr dos tempos; é deste modo que progridem as ciências descobertas pela razão humana. De outro modo, por parte do discente. Por exemplo, o mestre que conhece todo o seu ofício não o transmite todo, desde o princípio, ao discípulo, que não poderia compreendê-lo, mas o transmite pouco a pouco, adaptando-se à sua capacidade. Deste

---

o. A fé não muda, portanto. Mas o que estava ainda rebuçado e mais obscuro nos patriarcas e nos antigos, se revelou mais explicitamente em seguida. O que significa, como veremos, que tudo está contido nos dois primeiros *credibilia*: Deus existe, e recompensa os que o procuram (Hb 11,6).

p. Não é o sentido do versículo. É assim que era entendido no século XIII.

tolus, Gl 3,24sqq.; c. 4, comparat statum veteris Testamenti pueritiae.

AD TERTIUM dicendum quod ad generationem naturalem duae causae praeexiguntur, scilicet agens et materia. Secundum igitur ordinem causae agentis, naturaliter prius est quod est perfectius, et sic natura a perfectis sumit exordium: quia imperfecta non ducuntur ad perfectionem nisi per aliqua perfecta praeexistentia. Secundum vero ordinem causae materialis, prius est quod est imperfectius: et secundum hoc natura procedit ab imperfecto ad perfectum. In manifestatione autem fidei Deus est sicut agens, qui habet perfectam scientiam ab aeterno: homo autem est sicut materia recipiens influxum Dei agentis. Et ideo oportuit quod ab imperfectis ad perfectum procederet cognitio fidei in hominibus. Et licet in hominibus quidam se habuerint per modum causae agentis, quia fuerunt fidei doctores; tamen *manifestatio Spiritus datur talibus ad utilitatem communem,* ut dicitur 1Cor 12,7. Et ideo tantum dabatur Patribus qui erant instructores fidei de cognitione fidei, quantum oportebat pro tempore illo populo tradi vel nude vel in figura.

AD QUARTUM dicendum quod ultima consummatio gratiae facta est per Christum: unde et tempus eius dicitur *tempus plenitudinis, ad* Gl 4,4. Et ideo illi qui fuerunt propinquiores Christo vel ante, sicut Ioannes Baptista, vel post, sicut Apostoli, plenius mysteria fidei cognoverunt. Quia et circa statum hominis hoc videmus, quod perfectio est in iuventute, et tanto habet homo perfectiorem statum vel ante vel post, quanto est iuventuti propinquior.

modo, os homens progrediram no conhecimento da fé, na sucessão dos tempos. Daí o Apóstolo comparar à infância o estado dos que viveram no Antigo Testamento[q] na Carta aos Gálatas.

QUANTO AO 3º, deve-se dizer que na geração natural, duas causas são pré-exigidas, isto é, o agente e a matéria. Na ordem da causa agente, é primeiro, por natureza, o que é mais perfeito; assim a natureza começa pelo perfeito, porque os imperfeitos não são levados à perfeição a não ser pelos perfeitos preexistentes. Na ordem, porém, da causa material, vem primeiro o imperfeito; e, assim, a natureza procede do imperfeito para o perfeito. Ora, na manifestação da fé, Deus é como um agente, que tem perfeita ciência desde toda a eternidade e o homem é como matéria receptiva do influxo do agente divino. É por isso que o conhecimento da fé nos homens progride do imperfeito para o perfeito. É verdade que alguns, dentre eles, desempenharam o papel de causa agente, porque foram doutores da fé. Entretanto, "a revelação do Espírito foi dada a tais homens, diz a primeira Carta aos Coríntios, para a utilidade de todos". Por isso, aos Patriarcas, que foram instrutores da fé, foi dado um conhecimento da fé quanto era necessário, no tempo, para a transmitir ao povo, clara ou figuradamente.

QUANTO AO 4º, deve-se dizer que a última consumação da graça foi feita por Cristo e, por isso, o seu tempo é chamado 'tempo da plenitude' na Carta aos Gálatas. E, por isso, os que estiveram mais próximos de Cristo, quer antes como João Batista, quer depois como os Apóstolos, conheceram mais plenamente os mistérios da fé[r]. É o que ocorre nos estados da vida humana: a perfeição é própria da juventude e tanto é mais perfeito o estado do homem, quanto está mais próximo da juventude, ou antes ou depois.

---

q. A Revelação respeita as etapas do crescimento humano e religioso da humanidade. Essa concepção do desenvolvimento da Revelação é tipicamente cristã. Segundo o Corão, não existe evolução alguma, progresso algum. É a mesma mensagem que Deus dirige a Adão, Abrahão, Moisés, Jesus, Maomé. Se é necessário voltar a dizê-lo, é porque os homens o esquecem.

r. Não se deve exagerar o que aqui diz Sto. Tomás, que só visa, nestes artigos, o desenvolvimento da Revelação até Cristo. Ele não estuda a evolução do dogma. Podemos: 1º, pensar, com efeito, que os apóstolos foram dotados de uma luz insigne de fé, tanto para si mesmos quanto para a missão que foi a sua. Mas, 2º, podemos nos perguntar quem está mais próximo de Cristo. Devemos restringir essa proximidade à presença física, no espaço ou no tempo? Mesmo que esta possa servir como sacramento da proximidade espiritual? Jesus está conosco até o fim dos tempos, e ele permanece presente pela eucaristia, entre outras formas. Santos ou místicos puderam ter um conhecimento de fé tão luminoso quanto o dos apóstolos. Por outro lado, a Igreja, como corpo social, não tomou consciência de imediato de tudo o que implicava a fé dos apóstolos. A semente produziu seus frutos... Mas Sto. Tomás não aborda esse novo problema.

Articulus 8
Utrum articuli fidei convenienter enumerentur

AD OCTAVUM SIC PROCEDITUR. Videtur quod inconvenienter articuli fidei enumerentur.

1. Ea enim quae possunt ratione demonstrativa sciri non pertinent ad fidem ut apud omnes sint credibilia, sicut supra[1] dictum est. Sed Deum esse unum potest esse scitum per demonstrationem: unde et Philosophus hoc in XII *Metaphys.*[2] probat, et multi alii philosophi ad hoc demonstrationes induxerunt. Ergo Deum esse unum non debet poni unus articulus fidei.

2. PRAETEREA, sicut de necessitate fidei est quod credamus Deum omnipotentem, ita etiam quod credamus eum omnia scientem et omnibus providentem; et circa utrumque eorum aliqui erraverunt. Debuit ergo inter articulos fidei fieri mentio de sapientia et providentia divina, sicut et de omnipotentia.

3. PRAETEREA, eadem est notitia Patris et Filii: secundum illud Io 14,9: *Qui videt me videt et Patrem.* Ergo unus tantum articulus debet esse de Patre et Filio; et, eadem ratione, de Spiritu Sancto.

4. PRAETEREA, persona Patris non est minor quam Filii et Spiritus Sancti. Sed plures articuli ponuntur circa personam Spiritus Sancti, et similiter circa personam Filii. Ergo plures articuli debent poni circa personam Patris.

5. PRAETEREA, sicuti personae Patris et personae Spiritus Sancti aliquid appropriatur, ita et personae Filii secundum divinitatem. Sed in articulis ponitur aliquod opus appropriatum Patri, scilicet opus creationis; et similiter aliquod opus appropriatum Spiritui Sancto, scilicet quod *locutus est per prophetas*. Ergo etiam inter articulos fidei debet aliquod opus appropriari Filio secundum divinitatem.

6. PRAETEREA, sacramentum Eucharistiae specialem habet difficultatem prae multis articulis. Ergo de ea debuit poni specialis articulus. Non videtur ergo quod articuli sufficienter enumerentur.

SED IN CONTRARIUM est auctoritas Ecclesiae sic enumerantis.

Artigo 8
A enumeração dos artigos de fé é exata?

QUANTO AO OITAVO, ASSIM SE PROCEDE: parece que **não** é exata a enumeração dos artigos de fé.

1. Com efeito, o que pode ser conhecido por argumentos demonstrativos não pertence à fé a ponto de ser para todos um objeto de crença, como foi dito acima. Ora, que Deus é uno é coisa que pode ser conhecida por demonstração, como o Filósofo o prova no livro XII da *Metafísica*. Muitos outros filósofos aduziram demonstrações para isso. Logo, não se deve contar como artigo de fé, que Deus é um.

2. ALÉM DISSO, a fé nos obriga a crer que Deus é onipotente e também a crer na sua onisciência e na sua universal providência. Ademais, sobre esses dois pontos muitos erraram. Logo, entre os artigos de fé deveria haver menção da sabedoria e da providência, como da onipotência.

3. ADEMAIS, conhecer o Pai é conhecer o Filho, conforme o Evangelho de João: "Quem me vê, vê o Pai". Logo, deve haver um só artigo sobre o Pai e o Filho e, pela mesma razão, sobre o Espírito Santo.

4. ADEMAIS, a pessoa do Pai não é menor que a do Filho e do Espírito Santo. Ora, há muitos artigos sobre a pessoa do Espírito Santo e semelhantemente sobre a pessoa do Filho. Logo, devem-se afirmar muitos artigos sobre a pessoa do Pai.

5. ADEMAIS, assim, como há algo de próprio[s] à pessoa do Pai e à do Espírito Santo, assim há também à pessoa do Filho, quanto à divindade. Ora, encontra-se nos artigos uma obra atribuída ao Pai, isto é, a obra da criação; semelhantemente, atribui-se uma obra ao Espírito Santo, que "falou pelos profetas". Logo, entre os artigos de fé deveria haver uma obra atribuída ao Filho, quanto à divindade.

6. ADEMAIS, o sacramento da Eucaristia tem especial dificuldade, mais do que muitos artigos. Dever-se-ia fazer a esse respeito um artigo especial. Não parece, pois, que os artigos da fé estejam suficientemente enumerados.

EM SENTIDO CONTRÁRIO, há a autoridade da Igreja que os enumera assim.

---

8 PARALL.: III *Sent.*, dist. 25, q. 1, a. 2; *Compend. Theol.*, c. 246; *de Art. Fid. et Sacr. Eccl.; Expos. I.ae Decr.*, c. 2.

1. A. 5, ad 3.
2. C. 10: 1076, a, 4.

---

s. A apropriação: termo técnico, de importância capital, definido em I, q. 39, a. 7.

RESPONDEO dicendum quod, sicut dictum est[3], illa per se pertinent ad fidem quorum visione in vita aeterna perfruemur, et per quae ducemur in vitam aeternam. Duo autem nobis ibi videnda proponuntur: scilicet occultum divinitatis, cuius visio nos beatos facit; et mysterium humanitatis Christi, per quem *in gloriam filiorum Dei accessum habemus,* ut dicitur *ad* Rm 5,2. Unde dicitur Io 17,3: *Haec est vita aeterna, ut cognoscant te, Deum verum, et quem misisti Iesum Christum.* Et ideo prima distinctio credibilium est quod quaedam pertinent ad maiestatem divinitatis; quaedam vero pertinent ad mysterium humanitatis Christi, quod est *pietatis sacramentum,* ut dicitur 1Ti 3,16.

Circa maiestatem autem divinitatis tria nobis credenda proponuntur. Primo quidem, unitas divinitatis: et ad hoc pertinet primus articulus. Secundo, trinitas Personarum: et de hoc sunt tres articuli secundum tres Personas. Tertio vero proponuntur nobis opera divinitatis propria. Quorum primum pertinet ad esse naturae: et sic proponitur nobis articulus creationis. Secundum vero pertinet ad esse gratiae: et sic proponuntur nobis sub uno articulo omnia pertinentia ad sanctificationem humanam. Tertium vero pertinet ad esse gloriae: et sic ponitur alius articulus de resurrectione carnis et de vita aeterna. Et ita sunt septem articuli ad divinitatem pertinentes.

Similiter etiam circa humanitatem Christi ponuntur septem articuli. Quorum primus est de incarnatione sive de conceptione Christi; secundus de nativitate eius ex Virgine; tertius de passione eius et morte et sepultura; quartus est de descensu ad inferos; quintus est da resurrectione; sextus de ascensione; septimus de adventu ad iudicium Et sic in universo sunt quatuordecim.

Quidam tamen distinguunt duodecim articulos fidei, sex pertinentes ad divinitatem et sex pertinentes ad humanitatem. Tres enim articulos trium Personarum comprehendunt sub uno: quia eadem est cognitio trium Personarum. Articulum vero de opere glorificationis distinguunt in duos, scilicet in resurrectionem carnis et gloriam animae. Similiter articulum conceptionis et nativitatis coniungunt in unum.

RESPONDO[t]. Como já foi dito, o que pertence essencialmente à fé são aquelas coisas de que gozaremos: a visão na vida eterna e o que a ela nos conduz. Ora, duas realidades nos são propostas a ver: a divindade, que nos estava velada e cuja visão nos torna felizes e o mistério da humanidade de Cristo, pelo qual temos "acesso à glória dos filhos de Deus", conforme a Carta aos Romanos. Por isso, se declara no Evangelho de João: "A vida eterna consiste em que te conheçam a ti, verdadeiro e único Deus, e a Jesus Cristo, teu enviado". Daí, entre as verdades a crer, é preciso distinguir as que dizem respeito à majestade divina, e as que pertencem ao mistério da humanidade de Cristo, que é o "sacramento da piedade", diz a primeira Carta a Timóteo.

Sobre a majestade da divindade, três coisas nos são propostas a crer: 1) a unidade da divindade (primeiro artigo); 2) a trindade das Pessoas (três artigos para as três Pessoas); 3) as obras próprias da divindade. A primeira concerne à existência da natureza; assim nos é proposto o artigo da criação. A segunda concerne à existência da graça; e assim nos é proposto em um único artigo tudo o que pertence à santificação humana. A terceira concerne à existência da glória; e assim é proposto um artigo sobre a ressurreição da carne e a vida eterna. Há, pois, 7 artigos que se referem à divindade.

Semelhantemente 7 artigos são afirmados sobre a humanidade de Cristo. O primeiro é sobre a encarnação ou concepção de Cristo; o segundo, sobre o seu nascimento da Virgem; o terceiro, sobre a paixão, morte e sepultura de Cristo; o quarto, sobre a descida aos infernos; o quinto, sobre a ressurreição; o sexto, sobre a ascensão; o sétimo, sobre o seu retorno para o julgamento. E assim são ao todo 14 artigos.

Alguns, porém, distinguem 12 artigos da fé, seis sobre a divindade e seis sobre a humanidade. Resumem, num só, os três artigos referentes às três Pessoas, porque é o mesmo o conhecimento que temos delas três. Eles, porém, distinguem o artigo sobre a nossa glorificação em dois: a ressurreição da carne e a glória da alma. Semelhantemente, reduzem a um os artigos sobre a concepção e sobre a natividade.

---

3. A. 6, ad 1.

t. Sto. Tomás não se colocou a questão da origem histórica do Símbolo dos Apóstolos. Acreditava-se que ele havia sido simplesmente composto pelos Apóstolos.

Ad primum ergo dicendum quod multa per fidem tenemus de Deo quae naturali ratione investigare philosophi non potuerunt: puta circa providentiam eius et omnipotentiam, et quod ipse solus sit colendus. Quae omnia continentur sub articulo unitatis Dei.

Ad secundum dicendum quod ipsum nomen divinitatis importat provisionem quandam, ut in Primo Libro[4] dictum est. Potentia autem in habentibus intellectum non operatur nisi secundum voluntatem et cognitionem. Et ideo omnipotentia Dei includit quodammodo omnium scientiam et providentiam: non enim posset omnia quae vellet in istis inferioribus agere nisi ea cognosceret et eorum providentiam haberet.

Ad tertium dicendum quod Patris et Filii et Spiritus Sancti est una cognitio quantum ad unitatem essentiae, quae pertinet ad primum articulum. Quantum vero ad distinctionem Personarum, quae est per relationes originis, quodammodo in cognitione Patris includitur cognitio Filii, non enim esset Pater si Filium non haberet: quorum nexus est Spiritus Sanctus. Et quantum ad hoc bene moti sunt qui posuerunt unum articulum trium Personarum. Sed quia circa singulas Personas sunt aliqua attendenda circa quae contingit esse errorem, quantum ad hoc de tribus Personis possunt poni tres articuli. Arius enim credidit Patrem omnipotentem et aeternum, sed non credidit Filium coaequalem et consubstantialem Patri: et ideo necessarium fuit apponere articulum de persona Filii ad hoc determinandum. Et eadem ratione contra Macedonium necesse fuit ponere articulum tertium de persona Spiritus Sancti.

Et similiter etiam conceptio Christi et nativitas, et etiam resurrectio et vita aeterna, secundum unam rationem possunt comprehendi sub uno articulo, inquantum ad unum ordinantur: et secundum aliam rationem possunt distingui, inquantum seorsum habent speciales difficultates.

Ad quartum dicendum quod Filio et Spiritui Sancto convenit mitti ad sanctificandam creaturam, circa quod plura credenda occurrunt. Et ideo circa personam Filii et Spiritus Sancti plures

Quanto ao 1º, portanto, deve-se dizer que pela fé, nós conhecemos muitas verdades a respeito de Deus, que os filósofos não puderam descobrir pela razão natural. Por exemplo, o que concerne à providência de Deus, à sua onipotência e que só ele deve ser adorado. Tudo isso está contido no artigo sobre a unidade de Deus[u].

Quanto ao 2º, deve-se dizer que o próprio nome da divindade, como observamos na I Parte, implica certa ideia de providência. A potência, naqueles que possuem intelecto, não age a não ser segundo a vontade e o conhecimento. Daí a onipotência de Deus incluir, de certo modo, a ciência de todas as coisas e a providência, porque ele não poderia fazer nos inferiores tudo o que quisesse, se não os conhecesse e exercesse sobre eles a sua providência.

Quanto ao 3º, deve-se dizer que o conhecimento do Pai, do Filho e do Espírito Santo é uno quanto à unidade essencial e é objeto do primeiro artigo. Quanto à distinção das pessoas, que se dá por relações de origem, o conhecimento, de certo modo, inclui-se no conhecimento do Pai, pois não seria Pai, se não tivesse Filho, sendo o Espírito Santo o nexo entre ambos. A esse respeito tiveram razão os que estabeleceram um só artigo para as três Pessoas. Mas, porque sobre cada uma das Pessoas devemos atender a algumas coisas sobre as quais é possível o erro, podem-se estabelecer três artigos, relativos às três Pessoas. Ario, por exemplo, acreditava que o Pai é onipotente e eterno, mas não que o Filho fosse igual e consubstancial ao Pai; por isso, foi necessário afirmar um artigo sobre a pessoa do Filho, a fim de que esse ponto fosse bem definido. Pela mesma razão foi preciso, contra Macedônio, colocar-se um terceiro artigo sobre a pessoa do Espírito Santo.

E semelhantemente, a concepção e o nascimento de Cristo, como também a ressurreição e a vida eterna, podem ser compreendidos, sob um mesmo aspecto, num mesmo artigo, enquanto são ordenados a uma mesma coisa; e segundo outro aspecto podem ser distintos, enquanto cada um tem especiais dificuldades.

Quanto ao 4º, deve-se dizer que ao Filho e ao Espírito Santo coube serem enviados para santificar as criaturas e sobre isso ocorrem muitas coisas que se devem crer. Por isso, a respeito da pessoa

---

4. Q. 13, a. 8.

u. Poder demonstrar a unidade de Deus não é suficiente. A *fé* na unidade diz bem mais do que a razão pode demonstrar sobre essa unidade.

articuli multiplicantur quam circa personam Patris, qui nunquam mittitur, ut in Primo[5] dictum est.

AD QUINTUM dicendum quod sanctificatio creaturae per gratiam et consummatio per gloriam fit etiam per donum caritatis, quod appropriatur Spiritui Sancto, et per donum sapientiae, quod appropriatur Filio. Et ideo utrumque opus pertinet et ad Filium et ad Spiritum Sanctum per appropriationem secundum rationes diversa.

AD SEXTUM dicendum quod in sacramento Eucharistiae duo possunt considerari. Unum scilicet quod sacramentum est: et hoc habet eandem rationem cum aliis effectibus gratiae sanctificantis. Aliud est quod miraculose ibi corpus Christi continetur: et sic concluditur sub omnipotentia, sicut et omnia alia miracula, quae omnipotentiae attribuuntur.

ARTICULUS 9
Utrum convenienter articuli fidei in symbolo ponantur

AD NONUM SIC PROCEDITUR. Videtur quod inconvenienter articuli fidei in symbolo ponantur.

1. Sacra enim Scriptura est regula fidei, cui nec addere nec subtrahere licet: dicitur enim Dt 4,2: *Non addetis ad verbum quod vobis loquor, neque auferetis ab eo*. Ergo illicitum fuit aliquod symbolum constituere quasi regulam fidei, post sacram Scripturam editam.

2. PRAETEREA, sicut Apostolus dicit, *ad* Eph 4,5 *una est fides*. Sed symbolum est professio fidei. Ergo inconvenienter traditur multiplex symbolum.

3. PRAETEREA, confessio fidei quae in symbolo continetur pertinet ad omnes fideles. Sed non omnibus fidelibus convenit credere *in Deum*, sed solum illis qui habent fidem formatam. Ergo inconvenienter symbolum fidei traditur sub hac forma verborum: *Credo in unum Deum*.

do Filho e do Espírito Santo multiplicaram-se os artigos em grande número mais do que a respeito da pessoa do Pai que, como se disse na I Parte, jamais é enviado em missão.

QUANTO AO 5º, deve-se dizer que a santificação da criatura pela graça e a consumação pela glória também se operam pelo dom da caridade, que é próprio do Espírito Santo, e pelo dom da sabedoria, que é próprio do Filho. Eis por quê, uma e outra obra, a graça e a glória, pertencem por apropriação tanto ao Filho quanto ao Espírito Santo, sob aspectos diversos.

QUANTO AO 6º, deve-se dizer que na Eucaristia podem considerar-se duas coisas. A primeira que é sacramento e nisto coincide com outros efeitos da graça santificante. Depois, que contém, miraculosamente, o corpo de Cristo e isto está compreendido na onipotência divina, como aliás, todos os outros milagres atribuídos à onipotência.

ARTIGO 9
A afirmação dos artigos da fé no símbolo seria conveniente?

QUANTO AO NONO, ASSIM SE PROCEDE: parece que a afirmação dos artigos de fé no símbolo **não** seria conveniente.

1. Com efeito, a Sagrada Escritura é a regra de fé, à qual não é permitido nada acrescentar nem subtrair, como diz o livro do Deuteronômio: "Não acrescentareis nem tirareis nada às palavras que vos dirijo". Logo, não é permitido constituir um símbolo como regra de fé, depois que a Sagrada Escritura foi publicada.

2. ALÉM DISSO, como diz o Apóstolo: "A fé é uma". Ora, o símbolo é uma profissão de fé. Logo, é inconveniente terem-se constituído vários símbolos.

3. ADEMAIS, a profissão de fé contida no símbolo diz respeito a todos os fiéis. Ora, não convém a todos os fiéis crer *em Deus*, mas somente àqueles que têm a fé formada. Logo, é inconveniente que o símbolo da fé seja transmitido com esta fórmula: *Creio em um só Deus*[v].

---

5. Q. 43, a. 4.

9 PARALL.: III *Sent.*, dist. 25, q. 1, a. 1, q.la 3.

---

v. Uma coisa, nós o dissemos, *crer Deus*, outra é *crer em Deus*, isto é, depositar toda sua confiança em Deus, o que supõe a graça. Convém incluir esse elemento subjetivo de graça em um símbolo de fé?

4. Praeterea, descensus ad inferos est unus de articulis fidei, sicut supra[1] dictum est. Sed in symbolo Patrum non fit mentio de descensu ad inferos. Ergo videtur insufficienter collectum.

5. Praeterea, sicut Augustinus dicit[2], exponens illud Io 14,1, "Creditis in Deum, et in me credite", *Petro* aut *Paulo* credimus, sed non dicimur credere nisi *in Deum*. Cum igitur Ecclesia Catholica sit pure aliquid creatum, videtur quod inconvenienter dicatur: *in unam sanctam, catholicam et apostolicam Ecclesiam*.

6. Praeterea, symbolum ad hoc traditur ut sit regula fidei. Sed regula fidei debet omnibus proponi et publice. Quodlibet igitur symbolum deberet in missa cantari, sicut symbolum Patrum. Non videtur ergo esse conveniens editio articulorum fidei in symbolo.

Sed contra est quod Ecclesia universalis non potest errare, quia Spiritu Sancto gubernatur, qui est Spiritus veritatis: hoc enim promisit Dominus discipulis, Io 16,13 dicens: *Cum venerit ille Spiritus veritatis, docebit vos omnem veritatem*. Sed symbolum est auctoritate universalis Ecclesiae editum. Nihil ergo inconveniens in eo continetur.

Respondeo dicendum quod, sicut Apostolus dicit, *ad* Hb 11,6, *accedentem ad Deum oportet credere*. Credere autem non potest aliquis nisi ei veritas quam credat proponatur. Et ideo necessarium fuit veritatem fidei in unum colligi, ut facilius posset omnibus proponi, ne aliquis per ignorantiam a fidei veritate deficeret. Et ab huiusmodi collectione sententiarum fidei nomen *symboli* est acceptum.

Ad primum ergo dicendum quod veritas fidei in sacra Scriptura diffuse continetur et variis modis, et in quibusdam obscure; ita quod ad eliciendum fidei veritatem ex sacra Scriptura requiritur longum studium et exercitium, ad quod non possunt pervenire omnes illi quibus necessarium est cognoscere fidei veritatem, quorum plerique, aliis negotiis occupati, studio vacare non possunt. Et ideo fuit necessarium ut ex sententiis sacrae Scripturae aliquid manifestum summarie colligeretur quod proponeretur omnibus ad credendum.

4. Ademais, a descida aos infernos é um dos artigos da fé, como foi citado acima. Ora, dele não se faz menção no símbolo de Niceia. Parece, pois, que este não foi convenientemente coligido.

5. Ademais, Agostinho, explicando o texto do Evangelho de João: "Credes em Deus, crede também em mim", diz: "Nós cremos em Pedro ou em Paulo; mas não é dito de nós que cremos só em Deus. Ora, como a Igreja Católica é algo puramente criado, é inconveniente dizer: *creio na Santa Igreja, una, católica e apostólica*.

6. Ademais, o símbolo é proposto como regra da fé. Ora, a regra da fé deve ser proposta a todos e publicamente. Logo, todos os símbolos deveriam ser cantados na missa, como o símbolo de Niceia. Não parece, pois, conveniente a disposição dos artigos da fé no símbolo.

Em sentido contrário, a Igreja Católica não pode errar, governada que é pelo Espírito Santo, que é o Espírito de verdade. Isso o Senhor prometeu aos discípulos, dizendo-lhes no Evangelho de João: "Quando ele, o Espírito da verdade, vier, vos ensinará toda a verdade". Mas, quando um símbolo é publicado, o é pela autoridade da Igreja universal. Logo, nada contém de inconveniente.

Respondo. Como diz bem o Apóstolo: "Aquele que se aproxima de Deus deve crer". Ora, ninguém pode crer, se não lhe for proposta uma verdade a crer. Por isso, foi necessário reunir em um todo a verdade da fé para que ela possa ser proposta mais facilmente, a fim de que ninguém fique privado da verdade da fé, por ignorância. Esta coleção de verdades da fé recebeu o nome de *símbolo*.

Quanto ao 1º, portanto, deve-se dizer que a verdade da fé está contida nas Sagradas Escrituras, de maneira difusa, sob modos diversos e, em alguns lugares, obscuramente. De modo que, para extrair da Sagrada Escritura a verdade da fé, exige-se muito estudo e esforço[w], ao que nem todos os que têm necessidade de conhecer a verdade da fé podem se entregar; pois, tomados por outras ocupações, não têm tempo para se dedicar a esse trabalho. Eis por quê, foi necessário extrair das sentenças da Sagrada Escritura uma coleção

---

1. Art. praec.
2. Tract. 29 *in Ioan.*, n. 6, super 7, 17: ML 35, 1631.

w. Tudo o que é fixado em palavras, ou em enunciados, incluindo a Escritura, testemunha da revelação, sem ser essa revelação em sentido estrito. É necessário que a Igreja tome consciência do que ela recebeu, e se dê a si mesma, uma apresentação, a mais nítida possível, de sua fé.

Quod quidem non est additum sacrae Scripturae, sed potius ex sacra Scriptura assumptum.

AD SECUNDUM dicendum quod in omnibus symbolis eadem fidei veritas docetur. Sed ibi oportet populum diligentius instrui de fidei veritate ubi errores insurgunt, ne fides simplicium per haereticos corrumpatur. Et haec fuit causa quare necesse fuit edere plura symbola. Quae in nullo alio differunt nisi quod in uno plenius explicantur quae in alio continentur implicite, secundum quod exigebat haereticorum instantia.

AD TERTIUM dicendum quod confessio fidei traditur in symbolo quasi ex persona totius Ecclesiae, quae per fidem unitur. Fides autem Ecclesiae est fides formata: talis enim fides invenitur in omnibus illis qui sunt numero et merito de Ecclesia. Et ideo confessio fidei in symbolo traditur secundum quod convenit fidei formatae: ut etiam si qui fideles fidem formatam non habent, ad hanc formam pertingere studeant.

AD QUARTUM dicendum quod de descensu ad inferos nullus error erat exortus apud haereticos, et ideo non fuit necessarium aliquam explicationem circa hoc fieri. Et propter hoc non reiteratur in symbolo Patrum, sed supponitur tanquam praedeterminatum in symbolo Apostolorum. Non enim symbolum sequens abolet praecedens, sed potius illud exponit, ut dictum est[3].

AD QUINTUM dicendum quod, si dicatur *in sanctam Ecclesiam catholicam,* est hoc intelligendum secundum quod fides nostra refertur ad Spiritum Sanctum, qui sanctificat Ecclesiam, ut sit sensus: *Credo in Spiritum Sanctum sanctificantem Ecclesiam.* Sed melius est, et secundum communiorem usum, ut non ponatur ibi *in*, sed simpliciter dicatur *sanctam Ecclesiam catholicam:* sicut etiam Leo Papa[4] dicit.

AD SEXTUM dicendum quod, quia symbolum Patrum est declarativum symboli Apostolorum, et etiam fuit conditum fide iam manifestata et Ecclesia pacem habente, propter hoc publice in missa cantatur. Symbolum autem Apostolorum, quod tempore persecutionis editum fuit, fide nondum publicata, occulte dicitur in Prima et in Completorio, quasi contra tenebras errorum praeteritorum et futurorum.

concisa e clara para ser proposta à fé de todos. Isso não foi um acréscimo às Sagradas Escrituras, mas, um extrato da mesma.

QUANTO AO 2º, deve-se dizer que todos os símbolos ensinam as mesmas verdades da fé. Mas, é preciso instruir o povo mais diligentemente sobre essas verdades, quando surgem erros, para que a fé dos simples não seja corrompida pelos heréticos. Esta é a razão por que foi necessário promulgar vários símbolos. Eles não diferem em nada, se não que um explica mais plenamente o que o outro continha implicitamente, conforme o exigia o ataque dos heréticos.

QUANTO AO 3º, deve-se dizer que a profissão da fé é transmitida no símbolo, em nome de toda a Igreja, unida pela fé. Ora, a fé da Igreja é uma fé formada, como também o é a fé de todos que são membros da Igreja pelo número e pelo mérito. Por isso, o símbolo transmite a confissão de fé, conforme convém à fé formada, para que, havendo fiéis que não a possuam, esforcem-se por alcançá-la.

QUANTO AO 4º, deve-se dizer que como não houve nenhum erro de heréticos sobre a descida aos infernos, não foi necessária explicação sobre esse ponto. Por isso, o artigo não é repetido no símbolo de Niceia, mas é suposto como definido no símbolo dos Apóstolos. O símbolo seguinte não abole o precedente, antes, o torna mais claro, como já foi dito.

QUANTO AO 5º, deve-se dizer que quando se diz *creio na santa Igreja Católica*, deve-se entender que a nossa fé refere-se ao Espírito Santo, que santifica a Igreja; este é o sentido: *Creio no Espírito Santo que santifica a Igreja.* Mas é melhor, segundo o uso mais comum, não usar a partícula *na*, mas dizer simplesmente *a santa Igreja católica*, como o Papa Leão diz.

QUANTO AO 6º, deve-se dizer que o símbolo de Niceia é explicativo do símbolo dos Apóstolos e foi composto quando a fé já se tornara pública e a Igreja estava em paz e, por isso, é cantado publicamente na missa. O símbolo dos Apóstolos foi composto na época de perseguições, quando a fé ainda não estava admitida publicamente, por isso, é dito, privadamente, nas horas de Prima e Completório, como que contra as trevas dos erros passados e futuros.

---

3. In resp. ad 2.
4. Cfr. RUFINUM, *In Symb. Apost.*, n. 36: ML 21, 373 AB.

Artigo 10
Cabe ao Sumo Pontífice estabelecer o símbolo da fé?

Quanto ao décimo, assim se procede: parece que **não** cabe ao Sumo Pontífice estabelecer o símbolo da fé.

1. Com efeito, uma nova apresentação do Símbolo é necessária para explicação dos artigos de fé, como já se disse. Ora, no Antigo Testamento, os artigos de fé foram cada vez mais explicados, no correr dos tempos, e a verdade da fé mais se manifestava quanto maior a proximidade de Cristo, como já foi dito. Tal motivo não mais existe na nova Lei: os artigos de fé não devem, pois, receber novas explicações. Logo, parece não competir à autoridade do Sumo Pontífice uma nova apresentação do Símbolo.

2. Além disso, o que foi interdito, sob pena de anátema, não depende do poder de homem algum. Ora, a autoridade da Igreja Católica interditou, sob pena de anátema, a publicação de novo Símbolo. Dizem as atas do primeiro concílio de Éfeso que este Concílio, "Uma vez lido o Símbolo de Niceia, decretou que não seria permitido a ninguém professar, subscrever ou compor outra fé, além da definida pelos Santos Padres, reunidos em Niceia com o Espírito Santo". Segue-se a pena de anátema. A mesma coisa é repetida nas atas do Concílio de Calcedônia. Logo, parece que uma nova apresentação do Símbolo não cabe à autoridade do Sumo Pontífice.

3. Ademais, Atanásio[x] não foi Sumo Pontífice, mas patriarca de Alexandria e, contudo, constituiu um Símbolo que é cantado na Igreja. Logo, a publicação de um Símbolo não parece pertencer ao Sumo Pontífice mais do que a outros.

Em sentido contrário, a publicação do símbolo foi feita em concílio geral. Mas, um concílio só pode reunir-se sob a autoridade do Sumo Pontífice como está estabelecido nos Decretos. Logo, a publicação do Símbolo cabe à autoridade do Sumo Pontífice.

---

10 Parall.: Infra, q. 11, a. 2, ad 3; De Pot., q. 10, a. 4, ad 13.

1. A. praec., ad 2.
2. A. 7.
3. P. II, Act. 6, in Decr. de Fide: Mansi IV, 1362; Denz. 125.
4. P. II, Act. 5: Mansi VII, 109.
5. *Decretum Magistri Gratiani*, P. I, dist. 17, can. 4: *Nec licuit: Corpus Iuris Can.*, ed. Richter-Friedberg, Lipsiae 1922, t. I, p. 51.

---

x. Pouco importa que o chamado Símbolo de Sto. Atanásio não seja deste último, como se pensava no século XIII, mas, provavelmente, de S. Cesário de Arles.

RESPONDEO dicendum quod, sicut supra[6] dictum est, nova editio symboli necessaria est ad vitandum insurgentes errores. Ad illius ergo auctoritatem pertinet editio symboli ad cuius auctoritatem pertinet sententialiter determinare ea quae sunt fidei, ut ab omnibus inconcussa fide teneantur. Hoc autem pertinet ad auctoritatem Summi Pontificis, *ad quem maiores et difficiliores Ecclesiae quaestiones referuntur*, ut dicitur in *decretis*, dist. 17[7]. Unde et Dominus, Lc 22,32, Petro dixit, quem Summum Pontificem constituit: *Ego pro te rogavi, Petre, ut non deficiat fides tua: et tu aliquando conversus confirma fratres tuos*. Et huius ratio est quia una fides debet esse totius Ecclesiae: secundum illud 1Cor 1,10: *Idipsum dicatis omnes, et non sint in vobis schismata*. Quod servari non posset nisi quaestio fidei de fide exorta determinaretur per eum qui toti Ecclesiae praeest, ut sic eius sententia a tota Ecclesia firmiter teneatur. Et ideo ad solam auctoritatem Summi Pontificis pertinet nova editio symboli: sicut et omnia alia quae pertinent ad totam Ecclesiam, ut congregare synodum generalem et alia huiusmodi.

AD PRIMUM ergo dicendum quod in doctrina Christi et Apostolorum veritas fidei est sufficienter explicata. Sed quia perversi homines apostolicam doctrinam et ceteras Scripturas *pervertunt ad sui ipsorum perditionem*, sicut dicitur 2Pe 3,16; ideo necessaria est, temporibus procedentibus, explanatio fidei contra insurgentes errores.

AD SECUNDUM dicendum quod prohibitio et sententia synodi se extendit ad privatas personas, quarum non est determinare de fide. Non enim per huiusmodi sententiam synodi generalis ablata est potestas sequenti synodo novam editionem symboli facere, non quidem aliam fidem continentem, sed eandem magis expositam. Sic enim quaelibet synodus observavit, ut sequens synodus aliquid exponeret supra id quod praecedens synodus exposuerat, propter necessitatem alicuius haeresis insurgentis. Unde pertinet ad Summum Pontificem, cuius auctoritate synodus congregatur et eius sententia confirmatur.

AD TERTIUM dicendum quod Athanasius[8] non composuit manifestationem fidei per modum

RESPONDO. Como já explicamos, uma publicação nova do Símbolo é necessária para evitar erros que surgem. Tem autoridade para fazê-lo quem pode determinar em última instância o que é de fé, para que todos possam a ela aderir de maneira inabalável. Isto, porém, é da alçada do Sumo Pontífice *a quem são deferidas as maiores e mais difíceis questões da Igreja*, como se diz nos Decretos de Graciano. Por isso, o Senhor, no Evangelho de Lucas, disse a Pedro a quem constituiu Sumo Pontífice: "Eu rezei por ti, para que tua fé não desfaleça; e tu, depois de convertido, confirma os teus irmãos". E a razão disso é que toda a Igreja deve ter a mesma fé, seguindo a recomendação da primeira Carta aos Coríntios: "Dizei todos as mesmas coisas e não haja divisões entre vós". Ora, isto não poderia ser observado, se uma questão sobre a fé não fosse resolvida por quem governa toda a Igreja, de tal modo que sua sentença seja aceita firmemente por toda a Igreja. Eis porque somente o Sumo Pontífice tem autoridade para uma nova publicação do Símbolo, como sobre todas as coisas que dizem respeito a toda Igreja, como reunir um concílio geral etc.

QUANTO AO 1º, portanto, deve-se dizer que na doutrina de Cristo e dos Apóstolos, a verdade da fé está suficientemente explicada. Mas, como há homens perversos que, segundo o Apóstolo Pedro, "deformam a doutrina apostólica e outras partes da Escritura para sua própria ruína", é necessário que haja, no correr dos tempos, esclarecimentos da fé contra erros ocorrentes.

QUANTO AO 2º, deve-se dizer que a proibição e a sentença do Concílio de Éfeso se estendem às pessoas particulares que não podem decidir em matéria de fé. É claro que esta proposição de um concílio geral não tira o poder ao concílio seguinte de fazer uma nova apresentação do Símbolo, que contenha não uma outra fé, mas a mesma, porém, mais explicada. É isto que todos os concílios têm observado: que o sínodo seguinte possa expor algo além do que o sínodo precedente expusera, por causa da necessidade de se opor a alguma heresia sobrevinda. E isso cabe ao Sumo Pontífice que usa sua autoridade para reunir o concílio e para confirmar as suas decisões.

QUANTO AO 3º, deve-se dizer que Atanásio não compôs uma manifestação de fé, à maneira de

---

6. A. praec., ad 2.
7. *Decr. Mag. Gratiani*, P. I, dist. 17, can. 5: *Multis denuo: Corp. I. Can.*, ed. Richter-Friedberg, Lipsiae 1922, t. I, p. 52.
8. De authenticitate symboli "Athanasiani", vide DENZINGER-UMBERG, *Enchir. symb.*, ed. cit., p. 17, nota 1.

symboli, sed magis per modum cuiusdam doctrinae: ut ex ipso modo loquendi apparet. Sed quia integram fidei veritatem eius doctrina breviter continebat, auctoritate Summi Pontificis est recepta, ut quasi regula fidei habeatur.

Símbolo, mas a modo de ensino doutrinal, como aparece na sua forma de exprimir-se. Mas, como sua exposição doutrinal continha brevemente a íntegra verdade da fé foi recebida, pela autoridade do Sumo Pontífice, como regra da fé.

QUAESTIO II
DE ACTU INTERIORI FIDEI
in decem articulos divisa

Deinde considerandum est de actu fidei. Et primo, de actu interiori; secundo, de actu exteriori. Circa primum quaeruntur decem.

Primo: quid sit credere, quod est actus interior fidei.
Secundo: quot modis dicatur.
Tertio: utrum credere aliquid supra rationem naturalem sit necessarium ad salutem.
Quarto: utrum credere ea ad quae ratio naturalis pervenire potest sit necessarium.
Quinto: utrum sit necessarium ad salutem credere aliqua explicite.
Sexto: utrum ad credendum explicite omnes aequaliter teneantur.
Septimo: utrum habere explicitam fidem de Christo semper sit necessarium ad salutem.
Octavo: utrum credere Trinitatem explicite sit de necessitate salutis.
Nono: utrum actus fidei sit meritorius.
Decimo: utrum ratio humana diminuat meritum fidei.

QUESTÃO 2
O ATO INTERIOR DA FÉ
em dez artigos

Em seguida, deve-se considerar o ato[a] de fé. Primeiro, o ato interior; em seguida, o ato exterior. A respeito do primeiro, são dez as perguntas:
1. Crer é ato interior da fé?
2. De quantas maneiras usamos a palavra crer?
3. É necessário, para a salvação, crer em alguma coisa que supere a razão natural?
4. É necessário crer o que a razão natural pode alcançar?
5. É necessário, para a salvação, crer explicitamente em algumas verdades?
6. Todos são obrigados a crer explicitamente?
7. É sempre necessário à salvação crer explicitamente em Cristo?
8. É necessário à salvação crer explicitamente na Trindade?
9. O ato de fé é meritório?
10. A razão humana diminui o mérito da fé?[b]

ARTICULUS 1
Utrum credere sit *cum assensione cogitare*

AD PRIMUM SIC PROCEDITUR. Videtur quod credere non sit *cum assensione cogitare*.
1. Cogitatio enim importat quandam inquisitionem: dicitur enim cogitare quasi *simul agitare*. Sed

ARTIGO 1
Crer é cogitar com assentimento?

QUANTO AO PRIMEIRO ARTIGO, ASSIM SE PROCEDE: parece que crer **não** é cogitar com assentimento[c].
1. Com efeito, cogitar implica certa busca, pois cogitar é como coagitar ou "agitar pensamentos

---

1 PARALL.: III *Sent.*, dist. 23, q. 2, a. 2, q.la 1; *De Verit.*, q. 14, a. 1; *ad Heb.*, c. 11, lect. 1.

a. Após o exame do *Deus-Verdade* que se revela ao homem e se propõe a sua inteligência, a questão do *homem* que crê: seu ato interior (q. 2) e seu ato exterior (q. 3).
b. Duas partes nesta questão: o estatuto epistemológico da fé, a. 1 e 2; seu estatuto moral (necessidade de crer; mérito), a. 3 a 10.
c. Em latim: *cum assensione cogitare. Cogitare*, ou *co-agitare*, é "agitar junto", ou melhor, "confrontar em si" (vários pensamentos). A definição de Sto. Agostinho tornara-se tradicional: era preciso explicá-la. Diante de uma proposição, ou o assentimento se impõe, ou não se impõe; ocorre então a *dúvida*, a *suspeição*, a *opinião*, ou... a *fé*, na qual a vontade, sem ser forçada por nada, impõe sua certeza. Somente o amor da verdade e as razões de crer o que é autentificado por testemunhos prevalecem sobre a insatisfação nesse gênero de conhecimento.

Damascenus dicit, in IV lib.¹, quod *fides est non inquisitus consensus*. Ergo cogitare non pertinet ad actum fidei.

2. PRAETEREA, fides in ratione ponitur, ut infra² dicetur. Sed cogitare est actus cogitativae potentiae, quae pertinet ad partem sensitivam, ut in primo³ dictum est. Ergo cogitatio ad fidem non pertinet.

3. PRAETEREA, credere est actus intellectus: quia eius obiectum est verum. Sed assentire non videtur esse actus intellectus, sed voluntatis, sicut et consentire, ut supra⁴ dictum est. Ergo credere non est cum assensione cogitare.

IN CONTRARIUM est quod Augustinus sic definit credere in libro *de Praed. Sanct.*⁵.

RESPONDEO dicendum quod cogitare tripliciter sumi potest. Uno modo, communiter pro qualibet actuali consideratione intellectus: sicut Augustinus dicit, in XIV *de Trin.*⁶: *Hanc nunc dico intelligentiam qua intelligimus cogitantes*. Alio modo dicitur cogitare magis proprie consideratio intellectus quae est cum quadam inquisitione, antequam perveniatur ad perfectionem intellectus per certitudinem visionis. Et secundum hoc Augustinus, XV *de Trin.*⁷, dicit quod *Dei Filius non cogitatio dicitur, sed Verbum Dei dicitur. Cogitatio quippe nostra proveniens ad id quod scimus atque inde formata verbum nostrum verum est. Et ideo Verbum Dei sine cogitatione debet intelligi, non aliquid habens formabile, quod possit esse informe*. Et secundum hoc cogitatio proprie dicitur motus animi deliberantis nondum perfecti per plenam visionem veritatis. Sed quia talis motus potest esse vel animi deliberantis circa intentiones universales, quod pertinet ad intellectivam partem; vel circa intentiones particulares, quod pertinet ad partem sensitivam: ideo cogitare secundo modo sumitur pro actu intellectus deliberantis; tertio modo, pro actu virtutis cogitativae.

Si igitur cogitare sumatur communiter, secundum primum modum, sic hoc quod dicitur cum assensione cogitare non dicit totam rationem eius quod est credere: nam per hunc modum etiam qui considerat ea quae scit vel intelligit cum assen-

simultaneamente". Ora, Damasceno diz que a fé "é um consentimento sem discussão". Logo, cogitar não pertence ao ato de fé.

2. ALÉM DISSO, a fé um ato da razão, como se dirá a seguir. Ora, cogitar é ato da potência cogitativa, que pertence à parte sensitiva, como se disse na I Parte. Logo, a cogitação não pertence à fé.

3. ADEMAIS, crer é um ato do intelecto, pois tem por objeto o verdadeiro. Ora, assentir não parece ser ato do intelecto, mas da vontade, como o ato de consentir, conforme já se disse acima. Logo, crer não é cogitar com assentimento.

EM SENTIDO CONTRÁRIO, Agostinho define assim o crer.

RESPONDO. Cogitar pode ter três sentidos. Primeiro, de maneira geral, no sentido de qualquer consideração atual do intelecto, como disse Agostinho: "Denomino inteligência aquilo pelo qual, cogitando, entendemos." De outro modo, chama-se mais propriamente cogitar, a aplicação do intelecto acompanhada de certa investigação, antes de chegar à perfeição do intelecto pela certeza da visão. E é assim que Agostinho ensina: "O Filho de Deus não se diz cogitação, mas, se diz, o Verbo de Deus. Ora, nosso verbo é verdadeiro, quando a nossa cogitação alcança o objeto da ciência e é por ela formada. Portanto, o Verbo de Deus deve ser entendido sem cogitação, nada havendo nele que seja ainda em formação, que possa ser sem forma". E, assim sendo, a cogitação é propriamente o movimento da alma, que delibera sem ter chegado à perfeição pela plena visão da verdade. Mas, tal movimento pode ser da alma que delibera sobre intenções universais, o que pertence à parte intelectiva, ou sobre intenções particulares, o que pertence à parte sensitiva. Por isso, cogitar na segunda acepção é entendido como ato do intelecto deliberante e, na terceira acepção, como ato da potência cogitativa.

Se, pois, se toma cogitar comumente, conforme à primeira acepção, a expressão "cogitar com assentimento" não diz toda a razão daquilo que é o crer, pois, nesse sentido, também quem considera as coisas que sabe ou entende, cogita

---

1. *De fide orth.*, c. 11: MG 94, 1128 D.
2. Q. 4, a. 2.
3. Q. 78, a. 4.
4. Cfr. q. praec., a. 4; I-II, q. 15, a. 1.
5. C. 2, n. 5: ML 44, 963.
6. C. 7, n. 10: ML 42, 1044.
7. C. 16, n. 25: ML 42, 1079.

com assentimento. Tomando, porém, cogitar na segunda acepção, compreende-se toda a razão deste ato que é crer. Entre os atos do intelecto, alguns implicam firme assentimento sem tal cogitação como, por exemplo, quando alguém considera aquelas coisas que sabe ou entende, essa consideração já está formada.

Mas, certos atos do intelecto comportam cogitação incompleta e sem adesão firme, ou porque não se inclinam para nenhum dos lados, como acontece com aquele que duvida; ou porque se inclina mais para um lado, mas depende de um leve indício, como acontece com aquele que suspeita; ou adere a uma parte, mas com medo que a outra seja verdadeira, como sucede com quem opina. Ora, o ato de crer tem firme adesão a uma das partes, no que o que crê coincide com quem tem a ciência e com quem tem o intelecto. Entretanto, o seu conhecimento não chega à perfeição da visão evidente, no que coincide com o que duvida ou suspeita ou opina. Portanto, é próprio de quem crê cogitar com assentimento. Por isso, o ato de crer distingue-se de todos os atos do intelecto relativos à verdade e à falsidade.

Quanto ao 1º, portanto, deve-se dizer que no interior do ato de fé não há uma investigação da razão natural para demonstrar o que se crê. Há, porém, uma investigação sobre aquilo que induz o homem a crer, por exemplo, porque foi dito por Deus e confirmado por milagres.

Quanto ao 2º, deve-se dizer que cogitar não é assumido aqui como ato da potência cogitativa, mas enquanto se refere ao intelecto, como foi dito acima.

Quanto ao 3º, deve-se dizer que o intelecto de quem crê determina-se a um só objeto, não por ato da razão, mas da vontade. É, por isso, que o assentimento é tomado aqui como ato do intelecto, enquanto ele é determinado a um só objeto pela vontade.

Artigo 2
É adequado distinguir o ato de fé pelas expressões crer por Deus, crer Deus e crer em Deus?

Quanto ao segundo, assim se procede: parece que **não** é adequado distinguir o ato fé pelas expressões crer por Deus, crer Deus e crer em Deus.

---

8. In corp.

2 Parall.: III *Sent.*, dist. 23, q. 2, a. 2, q.la 2; *De Verit.*, q. 14, a. 7, ad 7; *in Ioan.*, c. 6, lect. 3; *ad Rom.*, c. 4, lect. 1.

1. Unius enim habitus unus est actus. Sed fides est unus habitus: cum sit una virtus. Ergo inconvenienter ponuntur plures actus eius.

2. PRAETEREA, illud quod est commune omni actui fidei non debet poni ut particularis actus fidei. Sed credere Deo invenitur communiter in quolibet actu fidei: quia fides innititur primae veritati. Ergo videtur quod inconvenienter distinguatur a quibusdam aliis actibus fidei.

3. PRAETEREA, illud quod convenit etiam non fidelibus non potest poni fidei actus. Sed credere Deum esse convenit etiam infidelibus. Ergo non debet poni inter actus fidei.

4. PRAETEREA, moveri in finem pertinet ad voluntatem, cuius obiectum est bonum et finis. Sed credere non est actus voluntatis, sed intellectus. Ergo non debet poni differentia una eius quod est credere *in Deum*, quod importat motum in finem.

SED CONTRA est quod Augustinus hanc distinctionem ponit, in libris *de Verb. Dom.*[1] et *super Io*[2].

RESPONDEO dicendum quod actus cuiuslibet potentiae vel habitus accipitur secundum ordinem potentiae vel habitus ad suum obiectum. Obiectum autem fidei potest tripliciter considerari. Cum enim credere ad intellectum pertineat prout est a voluntate motus ad assentiendum, ut dictum est[3], potest obiectum fidei accipi vel ex parte ipsius intellectus, vel ex parte voluntatis intellectum moventis. Si quidem ex parte intellectus, sic in obiecto fidei duo possunt considerari, sicut supra[4] dictum est. Quorum unum est materiale obiectum fidei. Et sic ponitur actus fidei *credere Deum*: quia, sicut supra[5] dictum est, nihil proponitur nobis ad credendum nisi secundum quod ad Deum pertinet. — Aliud autem est formalis ratio obiecti, quod est sicut medium propter quod tali credibili assentitur. Et sic ponitur actus fidei *credere Deo*: quia, sicut supra[6] dictum est, formale obiectum fidei est veritas prima, cui inhaeret homo ut propter eam creditis assentiat. — Si vero consideretur tertio modo obiectum fidei, secundum quod intellectus est motus a voluntate, sic ponitur actus fidei *credere in Deum*: veritas enim prima ad voluntatem refertur secundum quod habet rationem finis.

1. Com efeito, pois a cada hábito corresponde um só ato. Ora, a fé é um hábito, pois é uma virtude. Logo, é inconveniente atribuir-lhe vários atos.

2. ALÉM DISSO, o que é comum a todo ato de fé não deve ser considerado como um ato de fé particular. Ora, crer por Deus está compreendido em geral em todo ato de fé, porque esta se funda na verdade primeira. Logo, parece inconveniente distingui-la de outros atos de fé.

3. ADEMAIS, o que convém também aos infiéis não pode ser considerado ato de fé. Ora, crer que Deus existe, também, os infiéis o creem. Logo, não deve ser considerado entre os atos de fé.

4. ADEMAIS, mover-se para um fim cabe à vontade, cujo objeto é o bem e o fim. Ora, crer não é ato da vontade, mas do intelecto. Logo, não se deve estabelecer como distinta a expressão crer em Deus, que implica movimento para o fim.

EM SENTIDO CONTRÁRIO, é Agostinho que afirma essa distinção.

RESPONDO. O ato de qualquer potência ou hábito é considerado sempre na relação entre a potência ou o hábito e seu objeto. Ora, o objeto da fé pode ser considerado sob três aspectos. Como crer é um ato do intelecto movido pela vontade para assentir, como já se disse, o objeto da fé pode ser considerado ou da parte do próprio intelecto ou da parte da vontade que move o intelecto. Se o considerarmos da parte do intelecto, podemos distinguir no ato de fé dois elementos, como acima foi dito. Um, é o seu objeto material. Assim se diz que o ato de fé é *crer Deus*, porque, como dissemos acima, nada nos é proposto a crer, senão enquanto diz respeito a Deus. — Outro, porém, é a razão formal do objeto, que é como o meio pelo qual se adere efetivamente a ele. Sob esse aspecto, o ato de fé consiste em *crer por Deus*, pois, conforme já foi dito, o objeto formal da fé é a verdade primeira à qual o homem adere para, por causa dela, assentir no que crê. — Se, porém, considerarmos o objeto da fé de uma terceira maneira, enquanto o intelecto é movido pela vontade, então o ato de fé é *crer em Deus*, pois a verdade primeira se refere à vontade, enquanto exerce a função de fim.

---

1. Serm. 51, al. 144, c. 2, n. 2: ML 38, 788.
2. Tract. 29, n. 6, super 7, 17: ML 35, 1631.
3. A. praec., ad 3.
4. Q. 1, a. 1.
5. Ibid.
6. Ibid.

AD PRIMUM ergo dicendum quod per ista tria non designantur diversi actus fidei: sed unus et idem actus habens diversam relationem ad fidei obiectum.

Et per hoc etiam patet responsio AD SECUNDUM.

AD TERTIUM dicendum quod credere Deum non convenit infidelibus sub ea ratione qua ponitur actus fidei. Non enim credunt Deum esse sub his conditionibus quas fides determinat. Et ideo nec vere Deum credunt: quia, ut Philosophus dicit, IX *Metaphys.*[7], in simplicibus defectus cognitionis est solum in non attingendo totaliter.

AD QUARTUM dicendum quod, sicut supra[8] dictum est, voluntas movet intellectum et alias vires animae in finem. Et secundum hoc ponitur actus fidei credere in Deum.

ARTICULUS 3
Utrum credere aliquid supra rationem naturalem sit necessarium ad salutem

AD TERTIUM SIC PROCEDITUR. Videtur quod credere non sit necessarium ad salutem.

1. Ad salutem enim et perfectionem cuiuslibet rei ea sufficere videntur quae conveniunt ei secundum suam naturam. Sed ea quae sunt fidei excedunt naturalem hominis rationem: cum sint non apparentia, ut supra[1] dictum est. Ergo credere non videtur esse necessarium ad salutem.
2. PRAETEREA, periculose homo assentit illis in quibus non potest iudicare utrum illud quod ei proponitur sit verum vel falsum: secundum illud Iob 12,11: *Nonne auris verba diiudicat?* Sed tale iudicium homo habere non potest in his quae sunt fidei: quia non potest homo ea resolvere in principia prima, per quae de omnibus iudicamus. Ergo periculosum est talibus fidem adhibere. Credere ergo non est necessarium ad salutem.

QUANTO AO 1º, portanto, deve-se dizer que as três distinções feitas não designam diversos atos de fé, mas um só e mesmo ato que tem diversas relações com o objeto da fé.

QUANTO AO 2º, deve-se dizer que isso também responde à segunda objeção.

QUANTO AO 3º, deve-se dizer que crer Deus não se aplica aos infiéis sob o aspecto em que se diz ato de fé. Eles não creem que Deus existe, nas condições que a fé determina. Assim, pois, não creem Deus verdadeiramente: porque, como diz o Filósofo, a deficiência do conhecimento dos simples apenas consiste em não atingi-lo totalmente.

QUANTO AO 4º, deve-se dizer que como já se disse, a vontade move o intelecto e outras potências da alma para o fim. Neste sentido, crer em Deus é um ato de fé.

ARTIGO 3
É necessário para a salvação crer em algo que supera a razão natural? [d]

QUANTO AO TERCEIRO, ASSIM SE PROCEDE: parece que **não** é necessário para a salvação crer em algo que supera a razão natural.

1. Com efeito, para a conservação e para a perfeição de uma coisa basta o que convém à sua natureza. Ora, as verdades da fé superam a razão natural do homem, por não lhe serem evidentes, como já se disse. Logo, crer não parece ser necessário para a salvação.
2. ALÉM DISSO, é perigoso para o homem assentir, quando ele não pode julgar da verdade ou falsidade do que lhe é proposto, conforme o livro de Jó: "Não é pelo ouvido que o homem distingue as palavras". Ora, tal julgamento o homem não pode ter a respeito das verdades da fé, por não poder reduzi-las aos primeiros princípios pelos quais tudo julga. Logo, é perigoso aderir pela fé a tais verdades. Portanto, crer não é necessário para salvação.

---

7. C. 10: 1051, b, 25-28.
8. I, q. 82, a. 4; I-II, q. 9, a. 1.

3 PARALL.: III *Sent.*, dist. 24, a. 3, q.la 1; *Cont. Gent.* 1, 5; III, 118, 152; *De Verit.*, q. 14, a. 10; *Expos. Symb.*; in Boet. *de Trin.*, q. 3, a. 1.

1. Q. 1, a. 4.

d. Abordamos a moral do ato de fé: a necessidade deste para a salvação (a. 3 a 8); seu mérito (a. 9 e 10). O artigo 3 trata da necessidade de crer verdades que ultrapassem a razão; o artigo 4, da necessidade para a humanidade de receber verdades que, todavia, a razão poderia alcançar. Nos artigos 5 a 8, pergunta-se a que se deve estender explicitamente a fé: a boa disposição não bastaria (a. 5)? Todos, em cada época, são obrigados a saber o que a fé ensina a propósito de tudo (a. 6)? As situações históricas da fé antes de Cristo (a. 7) e após (a. 8).

3. PRAETEREA, salus hominis in Deo consistit: secundum illud Ps 36,39: *Salus autem iustorum a Domino*. Sed *invisibilia Dei per ea quae facta sunt intellecta conspiciuntur; sempiterna quoque virtus eius et divinitas*, ut dicitur Rm 1,20. Quae autem conspiciuntur intellectu non creduntur. Ergo non est necessarium ad salutem ut homo aliqua credat.

SED CONTRA est quod dicitur Hb 11,6: *Sine fide impossibile est placere Deo*.

RESPONDEO dicendum quod in omnibus naturis ordinatis invenitur quod ad perfectionem naturae inferioris duo concurrunt: unum quidem quod est secundum proprium motum, aliud autem quod est secundum motum superioris naturae. Sicut aqua secundum motum proprium movetur ad centrum, secundum autem motum lunae movetur circa centrum secundum fluxum et refluxum: similiter etiam orbes planetarum moventur propriis motibus ab occidente in orientem, motu autem primi orbis ab oriente in occidentem. Sola autem natura rationalis creata habet immediatum ordinem ad Deum. Quia ceterae creaturae non attingunt ad aliquid universale, sed solum ad aliquid particulare, participantes divinam bonitatem vel in essendo tantum, sicut inanimata, vel etiam in vivendo et cognoscendo singularia, sicut plantae et animalia: natura autem rationalis, inquantum cognoscit universalem boni et entis rationem, habet immediatum ordinem ad universale essendi principium. Perfectio ergo rationalis creaturae non solum consistit in eo quod ei competit secundum suam naturam, sed etiam in eo quod ei attribuitur ex quadam supernaturali participatione divinae bonitatis. Unde et supra[2] dictum est quod ultima beatitudo hominis consistit in quadam supernaturali Dei visione. Ad quam quidem visionem homo pertingere non potest nisi per modum addiscentis a Deo doctore: secundum illud Io 6,45: *Omnis qui audit a Patre et didicit, venit ad me*. Huius autem disciplinae fit homo particeps non statim, sed successive, secundum modum suae naturae. Omnis autem talis addiscens oportet quod credat, ad hoc quod ad perfectam scientiam perveniat: sicut etiam Philosophus dicit[3] quod *oportet addiscentem credere*. Unde ad hoc quod homo perveniat ad perfectam visionem be-

3. ADEMAIS, a salvação do homem está em Deus, conforme o Salmo 36: "A salvação dos justos vem do Senhor". Mas, "o que há de invisível em Deus se descobre pelas obras que foram feitas; também a sua virtude sempiterna e a sua divindade", no dizer da Carta aos Romanos. Ora, o que se descobre pelo pensamento não é objeto de fé. Logo, não é necessário para a salvação crer em alguma coisa.

EM SENTIDO CONTRÁRIO, a Epístola aos Hebreus diz formalmente: "Sem a fé é impossível agradar a Deus".

RESPONDO. Em toda natureza disposta em ordem, encontramos duas coisas que concorrem à perfeição do elemento inferior: uma, conforme ao seu próprio movimento; outro, conforme o movimento do elemento superior. Assim, a água, por seu próprio movimento, gravita para o centro da Terra; mas, pelo movimento da Lua, ela se move para este centro com fluxo e refluxo. Semelhantemente, os planetas movem-se com os seus próprios movimentos, do ocidente para o oriente; mas do oriente para o ocidente, em virtude do movimento do primeiro céu[e]. Somente a natureza racional criada ordena-se imediatamente para Deus. As outras criaturas não atingem a percepção do universal, mas somente do particular. Participam da perfeição de Deus, seja pelo fato de existirem, como os inanimados, ou também vivendo e conhecendo as coisas singulares, como as plantas e os animais. A natureza racional, ao contrário, conhecendo a razão universal do bem e do ente, ordena-se imediatamente ao princípio universal do existir. Logo, a perfeição da natureza racional não consiste apenas no que lhe convém segundo sua natureza, mas também pelo que lhe é atribuído por certa participação sobrenatural na bondade divina. Por isso, como foi dito acima, a bem-aventurança última do homem consiste numa visão sobrenatural de Deus. A esta visão o homem não pode chegar a não ser aprendendo do Mestre que é Deus, segundo diz o Evangelho de João: "Todo aquele que ouve o Pai e recebe seus ensinamentos vem a mim". O homem, porém, não entra de uma vez nesse ensinamento, mas progressivamente, ao modo de sua natureza. Todo aquele que aprende assim, é necessário que creia, para alcançar a ciência perfeita, como diz o

---

2. I, q. 12, a. 1; I-II, q. 3, a. 8.
3. *De sophist. elench.* I, 2: 161, b, 3.

e. Pouco importa a ciência astronômica da época: é apenas um exemplo.

atitudinis praeexigitur quod credat Deo tanquam discipulus magistro docenti.

AD PRIMUM ergo dicendum quod, quia natura hominis dependet a superiori natura, ad eius perfectionem non sufficit cognitio naturalis, sed requiritur quaedam supernaturalis, ut supra[4] dictum est.

AD SECUNDUM dicendum quod, sicut homo per naturale lumen intellectus assentit principiis, ita homo virtuosus per habitum virtutis habet rectum iudicium de his quae conveniunt virtuti illi. Et hoc modo etiam per lumen fidei divinitus infusum homini homo assentit his quae sunt fidei, non autem contrariis. Et ideo *nihil* periculi vel *damnationis inest his qui sunt in Christo Iesu*, ab ipso illuminati per fidem.

AD TERTIUM dicendum quod invisibilia Dei altiori modo, quantum ad plura, percipit fides quam ratio naturalis ex creaturis in Deum procedens. Unde dicitur Eccli 3,25: *Plurima super sensum hominis ostensa sunt tibi*.

Filósofo: "para aprender é necessário crer". Daí se segue que, para chegar ao estado de visão perfeita da bem-aventurança, é preciso que o homem, antes, creia em Deus, como o discípulo que crê no mestre que ensina[f].

QUANTO AO 1º, portanto, deve-se dizer que, como a natureza humana depende de uma natureza superior, o conhecimento natural não lhe basta à sua perfeição, mas é necessário outro, sobrenatural, como já foi dito acima.

QUANTO AO 2º, deve-se dizer que, como o homem, pela luz natural do intelecto, adere aos princípios, assim também o homem virtuoso, pelo hábito da virtude, adquire o juízo reto sobre o que convém à virtude. E desse modo, pela luz da fé, divinamente infundida nele, o homem adere àquilo que é de fé e não ao que lhe é contrário. Portanto, já não há nenhum perigo nem condenação aos que estão em Cristo Jesus, por ele iluminados pela fé.

QUANTO AO 3º, deve-se dizer que a fé capta as coisas invisíveis de Deus de modo mais alto do que a razão natural, que parte das criaturas para chegar a Deus. Donde, a palavra do livro do Eclesiástico: "A ti foram reveladas muitas verdades que estão acima do espírito humano".

ARTICULUS 4
Utrum credere ea quae ratione naturali probari possunt sit necessarium

AD QUARTUM SIC PROCEDITUR. Videtur quod ea quae ratione naturali probari possunt non sit necessarium credere.
1. In operibus enim Dei nihil superfluum invenitur, multo minus quam in operibus naturae. Sed ad id quod per unum potest fieri superflue apponitur aliud. Ergo ea quae per naturalem rationem cognosci possunt superfluum esset per fidem accipere.
2. PRAETEREA, ea necesse est credere de quibus est fides. Sed non est de eodem scientia et fides, ut supra[1] habitum est. Cum igitur scientia sit de omnibus illis quae naturali ratione cognosci possunt, videtur quod non oporteat credere ea quae per naturalem rationem probantur.

ARTIGO 4
É necessário crer no que a razão natural pode provar?

QUANTO AO QUARTO, ASSIM SE PROCEDE: parece que **não** é necessário crer no que a razão natural pode provar.
1. Com efeito, nas obras de Deus, com muito mais razão do que nas obras da natureza, nada há de supérfluo. Ora, quando uma coisa pode ser feita por um só meio, é supérfluo acrescentar outro. Logo, seria supérfluo receber pela fé o que se pode conhecer pela razão natural.
2. ALÉM DISSO, é necessário crer naquilo que é domínio da fé. Ora, ciência e fé não têm o mesmo objeto, como acima se estabeleceu. Como a ciência se ocupa de tudo o que pode ser conhecido pela razão natural, parece que não há necessidade de crer o que a razão natural pode provar.

---

4. In corp.

PARALL.: III *Sent.*, dist. 24, a. 3, q.la 1; *Cont. Gent.* I, 4; *De Verit.*, q. 14, a. 10; in Boet. *de Trin.*, q. 3, a. 1.
1. Q. 1, a. 5.

f. A obrigação moral de crer não provém de um preceito, sempre exterior, mas de uma exigência interior de nossa natureza: estando esta ordenada a Deus, somos intimamente chamados a pôr-nos em sua escola.

3. PRAETEREA, omnia scibilia videntur esse unius rationis. Si igitur quaedam eorum proponuntur homini ut credenda, pari ratione omnia huiusmodi necesse esset credere. Hoc autem est falsum. Non ergo ea quae per naturalem rationem cognosci possunt necesse est credere.

SED CONTRA est quia necesse est Deum credere esse unum et incorporeum, quae naturali ratione a philosophis probantur.

RESPONDEO dicendum quod necessarium est homini accipere per modum fidei non solum ea quae sunt supra rationem, sed etiam ea quae per rationem cognosci possunt. Et hoc propter tria. Primo quidem, ut citius homo ad veritatis divinae cognitionem perveniat. Scientia enim ad quam pertinet probare Deum esse et alia huiusmodi de Deo, ultimo hominibus addiscenda proponitur, praesuppositis multis aliis scientiis. Et sic non nisi post multum tempus vitae suae homo ad Dei cognitionem perveniret. — Secundo, ut cognitio Dei sit communior. Multi enim in studio scientiae proficere non possunt: vel propter hebetudinem ingenii; vel propter alias occupationes et necessitates temporalis vitae; vel etiam propter torporem addiscendi. Qui omnino a Dei cognitione fraudarentur nisi proponerentur eis divina per modum fidei. — Tertio modo, propter certitudinem. Ratio enim humana in rebus divinis est multum deficiens: cuius signum est quia philosophi, de rebus humanis naturali investigatione perscrutantes, in multis erraverunt et sibi ipsis contraria senserunt. Ut ergo esset indubitata et certa cognitio apud homines de Deo, oportuit quod divina eis per modum fidei traderentur, quasi a Deo dicta, qui mentiri non potest.

AD PRIMUM ergo dicendum quod investigatio naturalis rationis non sufficit humano generi ad cognitionem divinorum etiam quae ratione ostendi possunt. Et ideo non est superfluum ut talia credantur.

AD SECUNDUM dicendum quod de eodem non potest esse scientia et fides apud eundem. Sed id quod est ab uno scitum potest esse ab alio creditum, ut supra[2] dictum est.

3. ADEMAIS, todos os objetos cognoscíveis o são pela mesma razão. Se, pois, algumas destas verdades são propostas ao homem como verdades a crer, por igual razão dever-se-ia necessariamente crer tudo aquilo que a ciência descobre. Ora, isso é falso. Logo, não é necessário crer no que pode ser conhecido pela razão natural.

EM SENTIDO CONTRÁRIO, é necessário crer que Deus é único e incorpóreo, o que os filósofos provam pela razão natural.

RESPONDO. É necessário que o homem receba, pela fé, não só aquilo que supera a razão, mas também o que pode ser conhecido pela razão. E isso por três motivos: 1. A fim de que o homem chegue mais rapidamente ao conhecimento da verdade divina. Com efeito, à ciência cabe provar que Deus existe e outras coisas a Ele referentes, mas ela é o último objeto a cujo conhecimento chega o homem por pressupor muitos outros conhecimentos anteriores. Assim, só depois de muitos anos de vida, o homem chegaria ao conhecimento de Deus. — 2. Para que o conhecimento de Deus seja mais generalizado. De fato, muitos não podem avançar no estudo das ciências ou por incapacidade mental ou porque estão envolvidos por outras ocupações e pelas necessidades da vida temporal ou ainda porque não têm o desejo de se instruir. Ora, essas pessoas ficariam privadas do conhecimento de Deus, se as verdades divinas não lhes fossem propostas pela fé. — 3. Por causa da certeza. A razão humana é muito deficiente no conhecimento das realidades divinas. É o que se depreende da experiência dos filósofos, que perscrutaram as coisas humanas, e erraram sobre muitos pontos mantendo opiniões opostas. Portanto, para que haja entre os homens um conhecimento de Deus que seja indubitável e certo, foi necessário que as verdades divinas fossem transmitidas pela fé, como sendo ditadas por Deus, que não pode mentir.

QUANTO AO 1º, portanto, deve-se dizer que a investigação da razão natural não é suficiente ao gênero humano para o conhecimento das coisas divinas, mesmo as que podem ser demonstradas pela razão. Portanto, não é supérfluo crer em tais coisas.

QUANTO AO 2º, deve-se dizer que um mesmo sujeito não pode ter ciência e fé de um mesmo objeto. Mas o que é sabido por um, pode ser crido por outro, como foi dito acima.

---

2. L. c. in arg.

AD TERTIUM dicendum quod, si omnia scibilia conveniant in ratione scientiae, non tamen conveniunt in hoc quod aequaliter ordinent ad beatitudinem. Et ideo non aequaliter omnia proponuntur ut credenda.

ARTICULUS 5
Utrum homo teneatur ad credendum aliquid explicite

AD QUINTUM SIC PROCEDITUR. Videtur quod non teneatur homo ad credendum aliquid explicite.

1. Nullus enim tenetur ad id quod non est in eius potestate. Sed credere aliquid explicite non est in hominis potestate: dicitur enim Rm 10,14-15: *Quomodo credent ei quem non audierunt? Quomodo audient sine praedicante? Quomodo autem praedicabunt nisi mittantur?* Ergo credere aliquid explicite homo non tenetur.
2. PRAETEREA, sicut per fidem ordinamur in Deum, ita et per caritatem. Sed ad servandum praecepta caritatis homo non tenetur, sed sufficit sola praeparatio animi: sicut patet in illo praecepto Domini quod ponitur Mt 5,39: *Si quis percusserit te in una maxilla, praebe ei et aliam*, et in aliis consimilibus, ut Augustinus exponit, in libro *de Serm. Dom. in Monte*[1]. Ergo etiam non tenetur homo explicite aliquid credere, sed sufficit quod habeat animum paratum ad credendum ea quae a Deo proponuntur.
3. PRAETEREA, bonum fidei in quadam obedientia consistit: secundum illud Rm 1,5: *ad obediendum fidei in omnibus gentibus*. Sed ad virtutem obedientiae non requiritur quod homo aliqua determinata praecepta observet, sed sufficit quod habeat promptum animum ad obediendum: secundum illud Ps 118,60: *Paratus sum, et non sum turbatus, ut custodiam mandata tua*. Ergo videtur quod etiam ad fidem sufficiat quod homo habeat promptum animum ad credendum ea quae ei divinitus proponi possent, absque hoc quod explicite aliquid credat.

SED CONTRA est quod dicitur *ad* Hb 11,6: *Accedentem ad Deum oportet credere quia est, et quod inquirentibus se remunerator est*.

RESPONDEO dicendum quod praecepta legis quae homo tenetur implere dantur de actibus virtutum

QUANTO AO 3º, deve-se dizer que tudo o que pode ser objeto de ciência coincide na razão de ciência, mas não coincide na igual orientação para a bem-aventurança. E, portanto, elas não são propostas, por igual título, como verdades a crer.

ARTIGO 5
É necessário crer explicitamente algumas verdades?

QUANTO AO QUINTO, ASSIM SE PROCEDE: parece que **não** é necessário crer explicitamente algumas verdades.

1. Com efeito, ninguém está obrigado a fazer o que não está em seu poder. Ora, crer em alguma coisa explicitamente não está no poder do homem, como diz o Apóstolo: "Como crer naquele que não escutaram? Como escutar sem pregador? E como pregar sem ser enviado?" Logo, o homem não é obrigado a crer em nada explicitamente.
2. ALÉM DISSO, nós nos ordenamos a Deus tanto pela fé, quanto pela caridade. Ora, não somos obrigados a observar os preceitos da caridade, bastando a disposição do espírito, como é claro no preceito do Senhor, que se lê no Evangelho de Mateus: "Se alguém te ferir na face, mostra-lhe a outra" e, em preceitos semelhantes, como expõe Agostinho. Logo, o homem não está obrigado a crer algo explicitamente, mas basta-lhe estar com o espírito preparado para crer o que é proposto por Deus.
3. ADEMAIS, o bem da fé consiste em certa obediência, conforme o Apóstolo: "para submeter todos os povos pagãos à obediência da fé". Ora, a virtude da obediência não exige observar preceitos determinados, bastando-lhe que tenha o ânimo pronto para obedecer, conforme o Salmo: "Estou pronto, sem dificuldades, a guardar teus mandamentos". Logo, parece que também para a fé é suficiente que o homem tenha o ânimo pronto para crer tudo o que for proposto por Deus, sem que tenha de crer explicitamente em alguma coisa.

EM SENTIDO CONTRÁRIO, diz a Escritura: "Quem se aproxima de Deus deve crer que ele existe e que recompensa os que o procuram".

RESPONDO. Os preceitos da lei que o homem é obrigado a cumprir tratam dos atos de virtude

---

5 PARALL.: I *Sent.*, dist. 33, a. 5; III, dist. 25, q. 2, a. 1, q.la 1, 2; *De Verit.*, q. 14, a. 11.
1. L. I, c. 19: ML 34, 1260.

qui sunt via perveniendi ad salutem. Actus autem virtutis, sicut supra[2] dictum est, sumitur secundum habitudinem habitus ad obiectum. Sed in obiecto cuiuslibet virtutis duo possunt considerari: scilicet id quod est proprie et per se virtutis obiectum, quod necessarium est in omni actu virtutis; et iterum id quod per accidens sive consequenter se habet ad propriam rationem obiecti. Sicut ad obiectum fortitudinis proprie et per se pertinet sustinere pericula mortis et aggredi hostes cum periculo propter bonum commune: sed quod homo armetur vel ense percutiat in bello iusto, aut aliquid huiusmodi faciat, reducitur quidem ad obiectum fortitudinis, sed per accidens. Determinatio igitur virtuosi actus ad proprium et per se obiectum virtutis est sub necessitate praecepti, sicut et ipse virtutis actus. Sed determinatio actus virtuosi ad ea quae accidentaliter vel secundario se habent ad proprium et per se virtutis obiectum non cadit sub necessitate praecepti nisi pro loco et tempore.

Dicendum est ergo quod fidei obiectum per se est id per quod homo beatus efficitur, ut supra[3] dictum est. Per accidens autem vel secundario se habent ad obiectum fidei omnia quae in Scriptura divinitus tradita continentur: sicut quod Abraham habuit duos filios, quod David fuit filius Isai, et alia huiusmodi. Quantum ergo ad prima credibilia, quae sunt articuli fidei, tenetur homo explicite credere, sicut et tenetur habere fidem. Quantum autem ad alia credibilia, non tenetur homo explicite credere, sed solum implicite vel in praeparatione animi, inquantum paratus est credere quidquid in divina Scriptura continetur. Sed tunc solum huiusmodi tenetur explicite credere quando hoc ei constiterit in doctrina fidei contineri.

AD PRIMUM ergo dicendum quod, si in potestate hominis esse dicatur aliquid excluso auxilio gratiae, sic ad multa tenetur homo ad quae non potest sine gratia reparante: sicut ad diligendum Deum et proximum; et similiter ad credendum articulos fidei. Sed tamen hoc potest homo cum auxilio gratiae. Quod quidem auxilium quibuscumque divinitus datur, misericorditer datur; quibus autem non datur, ex iustitia non datur, in poenam praecedentis peccati, saltem

que são a via para se chegar à salvação. O ato de virtude, como acima foi dito, mede-se pela relação do hábito com o objeto. Mas, no objeto de qualquer virtude, dois elementos podem ser considerados: o que é propriamente e por si o objeto da virtude e necessariamente existe em todo ato virtuoso; e, além disso, o que acidentalmente ou por consequência se relaciona com a razão própria do objeto. Assim, a fortaleza tem por objeto propriamente e em si mesmo, enfrentar os perigos de morte e os inimigos, correndo perigo por causa do bem comum. Mas armar-se ou bater-se pela espada, numa guerra justa, ou fazer algo de semelhante, reduz-se ao objeto da fortaleza, mas acidentalmente. Portanto, a aplicação do ato virtuoso ao objeto próprio e essencial da virtude, depende necessariamente de um preceito, assim como o próprio ato da virtude. Mas a aplicação de um ato virtuoso às coisas, que acidental ou secundariamente se relacionam com o objeto próprio e essencial da virtude, não depende necessariamente de um preceito, salvo em certas circunstâncias de lugar e tempo.

Deve-se dizer, portanto, que o objeto da fé por si é o que torna o homem bem-aventurado, como acima foi dito. Acidental ou secundariamente se relaciona com o objeto da fé tudo o que está contido nas Escrituras, transmitidas por Deus, como: Abraão teve dois filhos, Davi foi filho de Jessé etc. Quanto, pois, às primeiras coisas que devemos crer, que são os artigos de fé, somos explicitamente obrigados a crê-las, da mesma forma como estamos obrigados a ter fé. Quanto às outras verdades, o homem não é obrigado a crê-las explicitamente mas só implicitamente ou como predisposição de espírito para crer tudo o que está contido na Sagrada Escritura. Somente somos obrigados a crê-las explicitamente, quando nos constar que são matéria de fé.

QUANTO AO 1º, portanto, deve-se dizer que se se diz que alguma coisa está no poder do homem, sem o auxílio da graça, então ele estará obrigado a muitas coisas que não pode conseguir sem a graça reparadora, como amar a Deus e ao próximo e, igualmente, crer nos artigos de fé. Isso, entretanto, ele pode com o auxílio da graça. E tal auxílio, àqueles que o recebem, é dado por misericórdia divina; àqueles que não o recebem, é negado por justiça, como pena de um pecado

---

2. Q. 2, a. 2.
3. Q. 1, a. 6, ad 1.

originalis peccati; ut Augustinus dicit, in libro *de Cor. et Gratia*[4].

AD SECUNDUM dicendum quod homo tenetur ad determinate diligendum illa diligibilia quae sunt proprie et per se caritatis obiecta, scilicet Deus et proximus. Sed obiectio procedit de illis praeceptis caritatis quae quasi consequenter pertinent ad obiectum caritatis.

AD TERTIUM dicendum quod virtus obedientiae proprie in voluntate consistit. Et ideo ad actum obedientiae sufficit promptitudo voluntatis subiecta praecipienti, quae est proprium et per se obiectum obedientiae. Sed hoc praeceptum vel illud per accidens vel consequenter se habet ad proprium et per se obiectum obedientiae.

precedente ou, pelo menos, do pecado original, como diz Agostinho[g].

QUANTO AO 2º, deve-se dizer que o homem está obrigado a amar, determinadamente, os seres amáveis, que são propriamente e, por si, objetos da caridade, a saber, Deus e o próximo. Mas, a objeção é válida no caso dos preceitos da caridade que, como que por consequência, se incluem no objeto da caridade.

QUANTO AO 3º, deve-se dizer que a virtude da obediência reside propriamente na vontade. Assim para o ato da obediência, basta a prontidão da vontade, sujeita a quem ordena, que é propriamente e por si o objeto da obediência. Mas este ou aquele preceito determinado tem relação acidental ou por consequência com o objeto próprio e essencial da obediência.

ARTICULUS 6
Utrum omnes aequaliter teneantur ad habendum fidem explicitam

AD SEXTUM SIC PROCEDITUR. Videtur quod aequaliter omnes teneantur ad habendum fidem explicitam.

1. Ad ea enim quae sunt de necessitate salutis omnes tenentur: sicut patet de praeceptis caritatis. Sed explicatio credendorum est de necessitate salutis, ut dictum est[1]. Ergo omnes aequaliter tenentur ad explicite credendum.

2. PRAETEREA, nullus debet examinari de eo quod explicite credere non tenetur. Sed quandoque etiam simplices examinantur de minimis articulis fidei. Ergo omnes tenentur explicite omnia credere.

3. PRAETEREA, si minores non tenentur habere fidem explicitam, sed solum implicitam, oportet quod habeant fidem implicitam in fide maiorum. Sed hoc videtur esse periculosum: quia posset contingere quod illi maiores errarent. Ergo videtur quod minores etiam debeant habere fidem explicitam. Sic ergo omnes aequaliter tenentur ad explicite credendum.

ARTIGO 6
Todos são igualmente obrigados a ter fé explícita?

QUANTO AO SEXTO, ASSIM SE PROCEDE: parece que todos **são** igualmente obrigados a ter fé explícita.

1. Com efeito, todos são obrigados ao que é necessário para a salvação, como é claro relativamente aos preceitos da caridade. Ora, a explicitação das coisas que devemos crer é necessária para a salvação, como já se disse. Logo, todos estão igualmente obrigados a crer explicitamente.

2. ALÉM DISSO, ninguém deve ser examinado sobre aquilo que explicitamente não é obrigado a crer. Ora, às vezes, até os simples são examinados sobre os mínimos artigos de fé. Logo, todos são obrigados a crer todas as verdades explicitamente.

3. ADEMAIS, se os simples não estão obrigados a ter uma fé explícita, mas somente implícita, é preciso que tenham fé implícita na fé dos esclarecidos. Ora, isso parece ser perigoso, porque pode acontecer que os maiores errem. Logo, parece que os menores também devem ter fé explícita. Portanto, todos devem ter igualmente fé explícita.

---

4. Epist. 190, al. 157, c. 3: ML 33, 860.

PARALL.: III *Sent.*, dist. 25, q. 2, a. 1, q.la 3; IV, dist. 24, q. 1, a. 3, q.la 2; *De Verit.*, q. 14, a. 11; *ad Heb.*, c. 11, lect. 2.

1. A. praec.

g. Constitui uma graça, para um filho de família cristã, crer. Mas constitui outra graça para o que vive longe dos lugares onde foi pregado o Evangelho poder um dia dar-lhe ouvidos; essa segunda situação será considerada nos artigos seguintes.

SED CONTRA est quod dicitur Iob 1,14 quod *boves arabant et asinae pascebantur iuxta eos*: quia videlicet minores, qui significantur per asinos, debent in credendis adhaerere maioribus, qui per boves significantur; ut Gregorius exponit, in II *Moral*.²

RESPONDEO dicendum quod explicatio credendorum fit per revelationem divinam: credibilia enim naturalem rationem excedunt. Revelatio autem divina ordine quodam ad inferiores pervenit per superiores: sicut ad homines per angelos, et ad inferiores angelos per superiores, ut patet per Dionysium, in *Cael. Hier.*³. Et ideo, pari ratione, explicatio fidei oportet quod perveniat ad inferiores homines per maiores. Et ideo sicut superiores angeli, qui inferiores illuminant, habent pleniorem notitiam de rebus divinis quam inferiores, ut dicit Dionysius, 12 *cap. Cael. Hier.*⁴; ita etiam superiores homines, ad quos pertinet alios erudire, tenentur habere pleniorem notitiam de credendis et magis explicite credere.

AD PRIMUM ergo dicendum quod explicatio credendorum non aequaliter quantum ad omnes est de necessitate salutis: quia plura tenentur explicite credere maiores, qui habent officium alios instruendi, quam alii.

AD SECUNDUM dicendum quod simplices non sunt examinandi de subtilitatibus fidei nisi quando habetur suspicio quod sint ab haereticis depravati, qui in his quae ad subtilitatem fidei pertinent solent fidem simplicium depravare. Si tamen inveniuntur non pertinaciter perversae doctrinae adhaerere, si in talibus ex simplicitate deficiant, non eis imputatur.

AD TERTIUM dicendum quod minores non habent fidem implicitam in fide maiorum nisi quatenus maiores adhaerent doctrinae divinae: unde et Apostolus dicit, 1Cor 4,16: *Imitatores mei estote, sicut et ego Christi*. Unde humana cognitio non fit regula fidei, sed veritas divina. A qua si aliqui maiorum deficiant, non praeiudicat fidei simplicium, qui eos rectam fidem habere credunt, nisi pertinaciter eorum erroribus in particulari adhaereant contra universalis Ecclesiae fidem, quae non

EM SENTIDO CONTRÁRIO, lê-se no livro de Jó: "Os bois lavravam e as jumentas pastavam perto deles." Isso significa, conforme Gregório expõe, que: "os menores, simbolizados pelos jumentos, devem, em matéria de fé, aderir aos maiores, simbolizados pelos bois".

RESPONDO. A explicação das verdades da fé faz-se pela revelação divina, porque essas verdades superam a razão natural. A revelação divina transmite-se, em certa ordem, dos mais superiores aos inferiores, dos anjos aos homens e aos anjos inferiores pelos superiores, como está claro em Dionísio. Por igual razão, é preciso que a explicitação da fé chegue aos inferiores pelos maiores. Portanto, como os anjos superiores, que iluminam os inferiores, têm conhecimento mais pleno das realidades divinas do que estes, conforme diz Dionísio, assim também os homens superiores, aos quais cabe ensinar os outros, devem ter um conhecimento mais completo do que devemos crer e também crer[h] mais explicitamente.

QUANTO AO 1º, portanto, deve-se dizer que ter fé explícita nas verdades da fé não é igualmente necessário a todos para a salvação; os maiores, que têm o encargo de instruir os outros, são obrigados a crer explicitamente mais coisas do que os outros.

QUANTO AO 2º, deve-se dizer que os simples não devem ser examinados sobre subtilezas da fé, salvo quando há suspeitas de que são pervertidos pelos heréticos, que costumam corromper a fé, no que respeita a subtilezas da fé. Se, porém, se perceber que não aderem pertinazmente a doutrinas perversas, mas que é pela simplicidade de espírito que erram em tais matérias, nada se lhes pode imputar.

QUANTO AO 3º, deve-se dizer que os menores não têm fé implícita na fé dos maiores, senão quando estes aderem à doutrina divina, como diz o Apóstolo: "Sede meus imitadores, como eu sou de Cristo". Portanto, não é o conhecimento humano a regra da fé, mas a verdade divina. Se há maiores que se afastam da verdade divina, não prejudicam a fé dos simples, enquanto estes acreditam na fé correta daqueles. Haverá prejuízo, se os simples aderirem de maneira pertinaz aos

---

2. C. 30, al. 18, in vet. 25, n. 49: ML 75, 578 D.
3. C. 4, 7, 8: MG 3, 180 CD, 209 A, 240 C.
4. MG 3, 292 D-293 A.

h. Nem todo mundo pode tudo estudar e tudo conhecer. Bispos e padres são normalmente testemunhas e garantidores da fé apostólica para todos.

potest deficere, Domino dicente, Lc 22,32: *Ego pro te rogavi, Petre, ut non deficiat fides tua.*

erros dos grandes sobre um ponto particular contra a fé da Igreja Universal, que não pode errar, pois o Senhor disse: "Eu rezei por ti, Pedro, para que a tua fé não falte".

Articulus 7
Utrum explicite credere mysterium Christi sit de necessitate salutis apud omnes

Ad septimum sic proceditur. Videtur quod credere explicite mysterium Christi non sit de necessitate salutis apud omnes.

1. Non enim tenetur homo explicite credere ea quae angeli ignorant: quia explicatio fidei fit per revelationem divinam, quae pervenit ad homines mediantibus angelis, ut dictum est[1]. Sed etiam angeli mysterium Incarnationis ignoraverunt: unde quaerebant in Ps 23,8-10: *Quis est iste Rex Gloriae?* et Is 63,1: *Quis est iste qui venit de Edom?* ut Dionysius exponit, cap. 7 *Cael. Hier.*[2]. Ergo ad credendum explicite mysterium Incarnationis homines non tenebantur.

2. Praeterea, constat beatum Ioannem Baptistam de maioribus fuisse, et propinquissimum Christo, de quo Dominus dicit, Mt 11,11, quod *inter natos mulierum nullus maior eo surrexit.* Sed Ioannes Baptista non videtur Christi mysterium explicite cognovisse: cum a Christo quaesierit: *Tu es qui venturus es, an alium expectamus?* ut habetur Mt 11,3. Ergo non tenebantur etiam maiores ad habendum explicitam fidem de Christo.

3. Praeterea multi gentilium salutem adepti sunt per ministerium angelorum: ut Dionysius dicit, 9 cap. *Cael. Hier*[3]. Sed gentiles non habuerunt fidem de Christo nec explicitam nec implicitam, ut videtur: quia nulla eis revelatio facta est. Ergo videtur quod credere explicite Christi mysterium non fuerit omnibus necessarium ad salutem.

Sed contra est quod Augustinus dicit, in libro *de Cor. et Gratia*[4]: *Illa fides sana est qua credimus nullum hominem, sive maioris sive parvae aetatis,*

Artigo 7
É sempre necessário para a salvação de todos crer explicitamente o mistério de Cristo?

Quanto ao sétimo, assim se procede: parece que **não** é necessário para a salvação de todos crer explicitamente o mistério de Cristo.

1. Com efeito, o homem não é obrigado a crer de maneira explícita as coisas que os anjos ignoram; porque a fé é exposta pela revelação divina que chegou aos homens através dos anjos, como já se disse. Ora, também os anjos ignoravam o mistério da Encarnação e, por isso, perguntavam: "Quem é este rei da glória?" e, noutro lugar: "Quem é este que vem do Édom?", conforme exposição de Dionísio. Logo, os homens não são obrigados a crer explicitamente no mistério da Encarnação[i].

2. além disso, consta que João Batista era homem esclarecido e muitíssimo próximo de Cristo. Dele o Senhor diz: "Entre os nascidos de mulheres não se levantou outro maior do que João Batista". Ora, parece que João Batista não conheceu explicitamente o mistério de Cristo, pois lhe perguntou: "Tu és o que há de vir ou é outro o que esperamos". Logo, mesmo os esclarecidos não estavam obrigados a ter fé explícita em Cristo.

3. Ademais, muitos gentios obtiveram a salvação pelo ministério dos anjos, como diz Dionísio. Ora, os gentios, segundo parece, não tiveram fé em Cristo nem explícita nem implicitamente, porque nenhuma revelação lhes foi feita. Logo, parece que crer explicitamente o mistério de Cristo não era necessário para todos para a salvação.

Em sentido contrário, Agostinho diz: "A verdadeira fé é aquela pela qual nós cremos que nenhum homem, de grande ou de menor idade,

---

7 Parall.: III *Sent.*, dist. 25, q. 2, a. 2, q.la 2, 3; Expos. Litt.; IV, dist. 6, q. 2, a. 2, q.la 1; *De Verit.*, q. 14, a. 11; *ad Heb.*, c. 11, lect. 2.

1. A. praec.; I, q. 111, a. 1.
2. MG 3, 209 B.
3. MG 3, 261.
4. Epist. 190, al. 157, c. 2, n. 5: ML 33, 858.

i. Isto corresponde a uma leitura obsoleta da Escritura, da qual temos outros exemplos adiante. Pensava-se igualmente que Adão inocente tivera revelação do mistério do Cristo e da Igreja (em referência a Ef 5,32). Acreditava-se também que o Evangelho havia sido anunciado em todas as partes do mundo.

liberari a contagio mortis et obligatione peccati nisi per unum mediatorem Dei et hominum Iesum Christum.

RESPONDEO dicendum quod, sicut supra[5] dictum est, illud proprie et per se pertinet ad obiectum fidei per quod homo beatitudinem consequitur. Via autem hominibus veniendi ad beatitudinem est mysterium incarnationis et passionis Christi: dicitur enim Act 4,12: *Non est aliud nomen datum hominibus in quo oporteat nos salvos fieri.* Et ideo mysterium incarnationis Christi aliqualiter oportuit omni tempore esse creditum apud omnes: diversimode tamen secundum diversitatem temporum et personarum.

Nam ante statum peccati homo habuit explicitam fidem de Christi incarnatione secundum quod ordinabatur ad consummationem gloriae: non autem secundum quod ordinabatur ad liberationem a peccato per passionem et resurrectionem, quia homo non fuit praescius peccati futuri. Videtur autem incarnationis Christi praescius fuisse per hoc quod dixit: *Propter hoc relinquet homo patrem et matrem et adhaerebit uxori suae*, ut habetur Gn 2,24; et hoc Apostolus, *ad Eph* 5,32, dicit *sacramentum magnum esse in Christo et Ecclesia*; quod quidem sacramentum non est credibile primum hominem ignorasse.

Post peccatum autem fuit explicite creditum mysterium Christi non solum quantum ad incarnationem, sed etiam quantum ad passionem et resurrectionem, quibus humanum genus a peccato et morte liberatur. Aliter enim non praefigurassent Christi passionem quibusdam sacrificiis et ante legem et sub lege. Quorum quidem sacrificiorum significatum explicite maiores cognoscebant: minores autem sub velamine illorum sacrificiorum, credentes ea divinitus esse disposita de Christo venturo, quodammodo habebant velatam cognitionem. Et sicut supra[6] dictum est, ea quae ad mysteria Christi pertinent tanto distinctius cognoverunt quanto Christo propinquiores fuerunt.

Post tempus autem gratiae revelatae tam maiores quam minores tenentur habere fidem explicitam de mysteriis Christi; praecipue quantum ad ea quae communiter in Ecclesia sollemnizantur et publice proponuntur, sicut sunt articuli Incarna-

pode libertar-se do contágio da morte e dos laços do pecado, se não for por Jesus Cristo, único mediador entre Deus e os homens".

RESPONDO. Pertence própria e essencialmente ao objeto da fé, como foi dito, aquilo pelo qual o homem alcança a bem-aventurança. Ora, para os homens, o caminho para chegar à bem-aventurança é o mistério da Encarnação e Paixão de Cristo, como dizem os Atos dos Apóstolos: "Não foi dado aos homens outro nome pelo qual possamos ser salvos". Portanto, em todos os tempos, todos deviam, de algum modo, crer no mistério da Encarnação de Cristo, embora diversamente, conforme a diversidade dos tempos e das pessoas.

Com efeito, antes do estado de pecado, o homem teve fé explícita na Encarnação de Cristo, enquanto ordenada à consumação da glória, mas não enquanto era ordenada à libertação do pecado, pela paixão e pela ressurreição, porque o homem não tinha presciência do pecado futuro. Parece, porém, que tinha presciência da encarnação de Cristo, como refere o livro do Gênesis: "Por isso, o homem deixará seu pai e sua mãe e se unirá à sua mulher". No dizer do Apóstolo este é: o mistério sublime, porque se refere a Cristo e à Igreja". Portanto, não é crível que o primeiro homem ignorasse este mistério.

Depois do pecado, porém, o mistério de Cristo foi crido explicitamente não somente quanto à Encarnação, mas também quanto à Paixão e Ressurreição, pelas quais o gênero humano foi libertado do pecado e da morte. Do contrário, não teria sido figurada a Paixão de Cristo por certos sacrifícios, antes da Lei e sob o regime dela. Estes sacrifícios tinham um significado que os maiores explicitamente conheciam, os menores, porém, tinham de certo modo um conhecimento velado, acreditando que, sob o véu desses sacrifícios, havia um plano divino referente a Cristo que deveria vir. E, como dissemos acima, os mistérios de Cristo foram conhecidos tanto mais distintamente quanto mais próximos a ele os homens estavam.

Mas a partir de quando a graça foi revelada, tanto os maiores quanto os menores estão obrigados a ter fé explícita nos mistérios de Cristo, especialmente naqueles que comumente a Igreja soleniza e propõe publicamente, como são os ar-

---

5. A. 5; q. 1, a. 6, ad 1.
6. Q. 1, a. 7.

tionis, de quibus supra⁷ dictum est. Alias autem subtiles considerationes circa Incarnationis articulos tenentur aliqui magis vel minus explicite credere secundum quod convenit statui et officio uniuscuiusque.

AD PRIMUM ergo dicendum quod *angelos non omnino latuit mysterium regni Dei*, sicut Augustinus dicit, V *super Gen. ad litt.*⁸. Quasdam tamen rationes huius mysterii perfectius cognoverunt Christo revelante.

AD SECUNDUM dicendum quod Ioannes Baptista non quaesivit de adventu Christi in carnem quasi hoc ignoraret: cum ipse hoc expresse confessus fuerit, dicens: *Ego vidi, et testimonium perhibui quia hic est Filius Dei*, ut habetur Io 1,34. Unde non dixit: *Tu es qui venisti?* sed: *Tu es qui venturus es?* quaerens de futuro, non de praeterito. — Similiter non est credendum quod ignoraverit eum ad passionem venturum: ipse enim dixerat: *Ecce Agnus Dei, qui tollit peccata mundi*, praenuntians eius immolationem futuram; et cum hoc prophetae alii ante praedixerint, sicut praecipue patet in Is 53. — Potest igitur dici, sicut Gregorius dicit⁹, quod inquisivit ignorans an ad infernum esset in propria persona descensurus. Sciebat autem quod virtus passionis eius extendenda erat usque ad eos qui in limbo detinebantur: secundum illud Zach 9,11: *Tu quoque in sanguine testamenti tui emisisti vinctos de lacu in quo non est aqua*. Nec hoc tenebatur explicite credere, antequam esset impletum, quod per seipsum deberet descendere.

Vel potest dici, sicut Ambrosius dicit, *super Luc.*¹⁰, quod non quaesivit ex dubitatione seu ignorantia, sed magis ex pietate. — Vel potest dici, sicut Chrysostomus dicit¹¹, quod non quaesivit quasi ipse ignoraret: sed ut per Christum satisfieret eius discipulis. Unde et Christus ad discipulorum instructionem respondit, signa operum ostendens.

AD TERTIUM dicendum quod multis gentilium facta fuit revelatio de Christo: ut patet per ea quae praedixerunt. Nam Iob 19,25 dicitur: *Scio quod*

tigos sobre a Encarnação de que se falou acima. Quanto à outras considerações mais refinadas sobre os artigos da Encarnação, o homem é obrigado a crer mais explicitamente, ou menos, segundo o que convém ao próprio estado e ofício.

QUANTO AO 1º, portanto, deve-se dizer que "O mistério do Reino de Deus não ficou completamente oculto aos anjos", como diz Agostinho. Contudo, com a revelação de Cristo, conheceram mais perfeitamente certos aspectos desse mistério.

QUANTO AO 2º, deve-se dizer que João Batista não perguntou sobre a vinda de Cristo encarnado, como se o ignorasse, pois ele mesmo expressamente o confessara ao dizer: "Ora, eu vi, e dou testemunho de que ele é o Filho de Deus". Por isso, ele não perguntou "És tu aquele que veio?", mas "És tu o que há de vir?". A pergunta era sobre o futuro, não sobre o passado. — Semelhantemente não se deve crer que João Batista ignorasse que Cristo viria para a Paixão, pois, ele mesmo dissera: "Eis o Cordeiro de Deus que tira os pecados do mundo", prenunciando sua imolação futura. Entretanto, outros profetas já o tinham predito, como está claro, principalmente no livro de Isaías. — Logo, pode-se dizer, como o fez Gregório que, ignorando, ele perguntou se Cristo iria pessoalmente descer aos infernos. João Batista sabia, porém, que o poder da paixão de Cristo se estenderia até aqueles que estavam retidos no limbo, conforme o o livro do profeta Zacarias: "Quanto a ti, pelo sangue de tua Aliança, libertaste os teus cativos da cisterna sem água". João Batista não precisava crer explicitamente, antes da realização, que Cristo por si mesmo deveria descer aos infernos.

Ou, ainda, pode-se dizer com Ambrósio, que (João Batista) não perguntou por dúvida ou ignorância, mas por piedade. — Ou se pode dizer, como Crisóstomo, que (João Batista) não perguntou como se ignorasse, mas para, por meio de Cristo, satisfazer aos seus discípulos. Por isso, Cristo respondeu, para instrução deles, mostrando que suas obras eram sinais.

QUANTO AO 3º, deve-se dizer que a muitos dos gentios foi feita a revelação de Cristo, como fica claro por aquilo que predisseram. Jó diz: "Sei

---

7. Q. 1, a. 8.
8. C. 19, n. 38: ML 34, 334.
9. Hom. *in Evang.*, l. I, hom. 6, n. 1: ML 76, 1095 D.
10. L. V, super 7, 19, n. 93: ML 15, 1661 B.
11. Hom. 36, al. 37, *in Matth.*, n. 2: MG 57, 414.

Redemptor meus vivit. Sibylla etiam praenuntiavit quaedam de Christo, ut Augustinus dicit[12]. Invenitur etiam in historiis Romanorum[13] quod tempore Constantini Augusti et Irenae matris eius inventum fuit quoddam sepulcrum in quo iacebat homo auream laminam habens in pectore in qua scriptum erat: *Christus nascetur ex Virgine et credo in eum. O Sol, sub Irenae et Constantini temporibus iterum me videbis.*
Si qui tamen salvati fuerunt quibus revelatio non fuit facta, non fuerunt salvati absque fide Mediatoris. Quia etsi non habuerunt fidem explicitam, habuerunt tamen fidem implicitam in divina providentia, credentes Deum esse liberatorem hominum secundum modos sibi placitos et secundum quod aliquibus veritatem cognoscentibus ipse revelasset: secundum illud Iob 35,11: *Qui docet nos super iumenta terrae.*

que o meu Redentor vive". Também a Sibila prenunciou algumas coisas sobre Cristo, como diz Agostinho. Encontra-se também na história dos Romanos que, ao tempo do imperador Constantino Augusto e de sua mãe Helena, descobriu-se um sepulcro em que jazia um homem que tinha no peito uma lâmina de ouro na qual estava escrito: "Cristo nascerá da Virgem e eu creio nele. Ó Sol, de novo me verás, no tempo de Helena e de Constantino".
Entretanto, se alguns foram salvos sem receber a revelação, não o foram sem a fé no Mediador. Porque ainda que não tivessem fé explícita, tiveram, porém, fé implícita[j] na providência divina, crendo que Deus é o libertador dos homens da maneira que lhe apraz e segundo o que Ele mesmo revelou a alguns que conheceram a verdade, conforme as palavras de Jó: "Ele nos instruiu mais que aos animais da terra".

Articulus 8
Utrum explicite credere Trinitatem sit de necessitate salutis

AD OCTAVUM SIC PROCEDITUR. Videtur quod credere Trinitatem explicite non fuerit de necessitate salutis.
1. Dicit enim Apostolus, *ad Hb 11,6: Credere oportet accedentem ad Deum quia est, et quia inquirentibus se remunerator est.* Sed hoc potest credi absque fide Trinitatis. Ergo non oportebat explicite fidem de Trinitate habere.
2. PRAETEREA, Dominus dicit, Io 17,6: Pater, *manifestavi nomen tuum hominibus:* quod exponens Augustinus[1] dicit: *Non illud nomen tuum quo vocaris Deus, sed illud quo vocaris Pater meus.* Et postea subdit etiam: *In hoc quod Deus fecit hunc mundum, notus in omnibus gentibus; in hoc quod non est cum diis falsis colendus, notus in Iudaea Deus; in hoc vero quod Pater est huius Christi per quem tollit peccatum mundi, hoc nomen eius,*

Artigo 8
Para a salvação é necessário crer explicitamente na Trindade?

QUANTO AO OITAVO, ASSIM SE PROCEDE: parece que **não** é necessário para a salvação crer explicitamente na Trindade.
1. Com efeito, o Apóstolo diz na Carta aos Hebreus: "Quem se aproxima de Deus deve crer que ele existe e que recompensa os que o procuram". Ora, pode-se crer nisso sem fé na Trindade. Logo, não é necessário ter fé explícita na Trindade.
2. ALÉM DISSO, o Senhor diz: "Tenho manifestado teu Nome aos homens". Agostinho comenta essas palavras: "Não é o nome pelo qual és chamado Deus, mas, o nome pelo qual és chamado meu Pai". E acrescenta: "Por ter feito este mundo, Deus foi conhecido entre todos os povos; por não dever ser adorado com os falsos deuses, Deus foi conhecido na Judeia; mas enquanto é o Pai de Cristo por quem tira o pecado do mundo,

---

12. *Contra Faust.*, l. XIII, c. 15: ML 42, 290.
13. Cfr. THEOPHANEM, *Chronographia*, A. Ch. 773: MG 108, 918 B.

8 PARALL.: III *Sent.*, dist. 25, q. 2, a. 2, q.la 4; Expos. litt.; IV, dist. 6, q. 2, a. 2, q.la 1; *De Verit.*, q. 14, a. 11.
1. Tract. 106 *in Ioan.*, n. 4, super 17, 6: ML 35, 1909-1910.

j. Está sempre implícito na fé algo mais que ela não diz ainda. Trata-se de saber onde pode começar o implícito. A esse respeito, Sto. Tomás considera que a fé é mais do que a obediência e a boa disposição de querer (a "boa fé"): a fé é um ato da inteligência atingindo um objeto. É preciso, portanto, *pelo menos* crer que Deus é a salvação "pelos meios que lhe agradam". Em relação a esse implícito subjacente, os homens se encontram em situações diferentes: 1º *em cada época*; distingue-se os *majores*, responsáveis, e os *minores*; 2º nas etapas *sucessivas* da humanidade, de Adão a Cristo. O que diz Sto. Tomás para a época de Cristo e depois dele é válido em regime de Revelação suficientemente proposta e capaz de ser ouvida (q. 1, nota 5).

prius occultum, nunc manifestavit eis. Ergo ante Christi adventum non erat cognitum quod in deitate esset paternitas et filiatio. Non ergo Trinitas explicite credebatur.

3. Praeterea, illud tenemur explicite credere in Deo quod est beatitudinis obiectum. Sed obiectum beatitudinis est bonitas summa, quae potest intelligi in Deo etiam sine Personarum distinctione. Ergo non fuit necessarium credere explicite Trinitatem.

Sed contra est quod in veteri Testamento multipliciter expressa est trinitas Personarum: sicut statim in principio Gn 1,26 dicitur, ad expressionem Trinitatis: *Faciamus hominem ad imaginem et similitudinem nostram*. Ergo a principio de necessitate salutis fuit credere Trinitatem.

Respondeo dicendum quod mysterium Christi explicite credi non potest sine fide Trinitatis: quia in mysterio Christi hoc continetur quod Filius Dei carnem assumpserit, quod per gratiam Spiritus Sancti mundum renovaverit, et iterum quod de Spiritu Sancto conceptus fuerit. Et ideo eo modo quo mysterium Christi ante Christum fuit quidem explicite creditum a maioribus, implicite autem et quasi obumbrate a minoribus, ita etiam et mysterium Trinitatis. Et ideo etiam post tempus gratiae divulgatae tenentur omnes ad explicite credendum mysterium Trinitatis. Et omnes qui renascuntur in Christo hoc adipiscuntur per invocationem Trinitatis: secundum illud Mt ult.,19: *Euntes, docete omnes gentes, baptizantes eos in nomine Patris et Filii et Spiritus Sancti*.

Ad primum ergo dicendum quod illa duo explicite credere de Deo omni tempore et quoad omnes necessarium fuit. Non tamen est sufficiens omni tempore et quoad omnes.

Ad secundum dicendum quod ante Christi adventum fides Trinitatis erat occulta in fide maiorum. Sed per Christum manifestata est mundo per Apostolos.

Ad tertium dicendum quod summa bonitas Dei secundum modum quo nunc intelligitur per effectus, potest intelligi absque trinitate Personarum. Sed secundum quod intelligitur in seipso, prout videtur a beatis, non potest intelligi sine trinitate Personarum. Et iterum ipsa missio Personarum divinarum perducit nos in beatitudinem.

manifestou aos homens este seu nome, que antes lhes era oculto". Logo, antes da vinda de Cristo, não se sabia que na divindade havia paternidade e filiação. Portanto, não se cria explicitamente no mistério da Trindade.

3. Ademais, devemos crer explicitamente em Deus que é o objeto da bem-aventurança. Ora, o objeto da bem-aventurança é a suma bondade, que pode entender-se em Deus também sem a distinção das Pessoas. Logo, não foi necessário crer explicitamente na Trindade.

Em sentido contrário, no Antigo Testamento, a Trindade das pessoas é expressa de várias formas. Assim, no princípio do livro do Gênesis, diz-se, para exprimir a Trindade: "Façamos o homem à nossa imagem e semelhança". Logo, desde o princípio era necessário para a salvação crer na Trindade.

Respondo. Não se pode crer explicitamente no mistério de Cristo, sem a fé na Trindade, pois esse mistério implica a Encarnação do Filho de Deus, que renovou o mundo pela graça do Espírito Santo e que foi concebido pelo mesmo Espírito Santo. Portanto, da mesma forma como, antes de Cristo, o mistério de Cristo foi crido de maneira explícita pelos maiores e implicitamente, quase como na sombra, pelos menores, assim também o mistério da Trindade. Por isso, igualmente, depois que a graça foi difundida, todos estão obrigados a crer explicitamente no mistério da Trindade. E todos os que renascem em Cristo o alcançam pela invocação da Trindade, conforme esta palavra: "Ide, ensinai a todos os povos, batizando-os em nome do Pai e do Filho e do Espírito Santo".

Quanto ao 1º, portanto, deve-se dizer que crer explicitamente nessas duas verdades sobre Deus foi necessário em todos os tempos e para todos. Mas, isso não é suficientemente conhecido por todos e em todos os tempos.

Quanto ao 2º, deve-se dizer que antes do advento de Cristo, a fé na Trindade estava oculta na fé dos maiores. Mas Cristo a manifestou ao mundo pelos Apóstolos.

Quanto ao 3º, deve-se dizer que a suma bondade de Deus, da maneira que a compreendemos agora pelos seus efeitos, pode ser entendida sem a Trindade das pessoas. Mas considerada em si mesma, como é vista pelos bem-aventurados, não o pode sem a Trindade das Pessoas. Ademais, é a missão mesma das Pessoas divinas que nos conduz à bem-aventurança.

Articulus 9
Utrum credere sit meritorium

Ad nonum sic proceditur. Videtur quod credere non sit meritorium.
1. Principium enim merendi est caritas, ut supra¹ dictum est. Sed fides est praeambula ad caritatem, sicut et natura. Ergo, sicut actus naturae non est meritorius (quia naturalibus non meremur), ita etiam nec actus fidei.

2. Praeterea, credere medium est inter opinari et scire vel considerare scita. Sed consideratio scientiae non est meritoria; similiter autem nec opinio. Ergo etiam neque credere est meritorium.

3. Praeterea, ille qui assentit alicui rei credendo aut habet causam sufficienter inducentem ipsum ad credendum, aut non. Si habet sufficiens inductivum ad credendum, non videtur hoc ei esse meritorium: quia non est ei iam liberum credere et non credere. Si autem non habet sufficiens inductivum ad credendum, levitatis est credere, secundum illud Eccli 19,4: *Qui cito credit levis est corde*: et sic non videtur esse meritorium. Ergo credere nullo modo est meritorium.

Sed contra est quod dicitur *ad* Hb 11,33, quod sancti *per fidem adepti sunt repromissiones*. Quod non esset nisi credendo mererentur. Ergo ipsum credere est meritorium.

Respondeo dicendum quod, sicut supra² dictum est, actus nostri sunt meritorii inquantum procedunt ex libero arbitrio moto a Deo per gratiam. Unde omnis actus humanus qui subiicitur libero arbitrio, si sit relatus in Deum, potest meritorius esse. Ipsum autem credere est actus intellectus assentientis veritati divinae ex imperio voluntatis a Deo motae per gratiam, et sic subiacet libero arbitrio in ordine ad Deum. Unde actus fidei potest esse meritorius.

Ad primum ergo dicendum quod natura comparatur ad caritatem, quae est merendi principium, sicut materia ad formam. Fides autem comparatur ad caritatem sicut dispositio praecedens ultimam

Artigo 9
O ato de fé é meritório?

Quanto ao nono, assim se procede: parece que o ato de fé **não** é meritório.
1. Com efeito, o princípio do mérito é a caridade, como foi dito. Ora, a fé, como a natureza, é preâmbulo da caridade. Logo, assim como um ato natural não é meritório, porque não merecemos por nossas capacidades naturais, assim também não o é o ato de fé.

2. Além disso, o ato de fé é o meio entre o ato de opinar e o de saber ou de considerar aquilo que se sabe. Ora, a consideração da ciência não é meritória, como não o é a opinião. Logo, o ato de crer não é meritório.

3. Ademais, quem adere a uma verdade de fé ou tem causa suficiente que o leva a crer ou não tem. Se tem, não parece que o ato de fé lhe seja meritório, pois não é mais livre para crer ou não crer. Se não tem, a sua crença é uma leviandade, segundo o Eclesiástico: "Quem crê facilmente tem o coração leviano" e assim não parece ser meritório. Logo, crer, de modo algum, é meritório.

Em sentido contrário, está escrito na Carta aos Hebreus que os santos "pela fé, alcançaram as coisas prometidas". Logo, o ato mesmo de crer é meritório.

Respondo. Como foi dito acima, nossos atos são meritórios, enquanto procedem do livre-arbítrio, movido por Deus, pela graça[k]. Daí que, todo ato humano dependente do livre-arbítrio, se é referido a Deus, pode ser meritório. Ora, o próprio crer é um ato do intelecto que adere à verdade divina sob a moção da vontade, que Deus move pela graça; desse modo depende do livre-arbítrio e ordena-se para Deus. Logo, o ato de fé pode ser meritório.

Quanto ao 1º, portanto, deve-se dizer que a natureza está para a caridade, princípio do mérito, como a matéria para a forma. A fé, porém, está para a caridade como disposição que precede a

---

9 Parall.: Part. III, q. 7, a. 3, ad 2; III *Sent.*, dist. 24, a. 3, q.la 2; *De Verit.*, q. 14, a. 3; *De Pot.*, q. 6, a. 9; *ad Heb.*, c. 11, lect. 1.

1. I-II, q. 114, a. 4.
2. I-II, q. 114, a. 3, 4.

---

k. Dois efeitos são atribuídos à graça (I-II, q. 113-114): a justificação do ímpio, efeito da graça operante; o mérito, efeito da graça cooperante. Desde que o ato seja conduzido por Deus para Deus, ele merece. O que significa que só existe mérito na fé se ela é um ato divino, isto é, se é movida pela caridade (r. 1).

formam. Manifestum est autem quod subiectum vel materia non potest agere in virtute formae, neque etiam dispositio praecedens, antequam forma adveniat. Sed postquam forma advenerit, tam subiectum quam dispositio praecedens agit in virtute formae, quae est principale agendi principium: sicut calor ignis agit in virtute formae substantialis. Sic ergo neque natura neque fides sine caritate possunt producere actum meritorium: sed caritate superveniente, actus fidei fit meritorius per caritatem, sicut et actus naturae et naturalis liberi arbitrii.

AD SECUNDUM dicendum quod in scientia duo possunt considerari: scilicet ipse assensus scientis ad rem scitam, et consideratio rei scitae. Assensus autem scientiae non subiicitur libero arbitrio: quia sciens cogitur ad assentiendum per efficaciam demonstrationis. Et ideo assensus scientiae non est meritorius. Sed consideratio actualis rei scitae subiacet libero arbitrio: est enim in potestate hominis considerare vel non considerare. Et ideo consideratio scientiae potest esse meritoria, si referatur ad finem caritatis, idest ad honorem Dei vel utilitatem proximi. Sed in fide utrumque subiacet libero arbitrio. Et ideo quantum ad utrumque actus fidei potest esse meritorius. Sed opinio non habet firmum assensum: est enim quoddam debile et infirmum, secundum Philosophum, in I *Poster.*³. Unde non videtur procedere ex perfecta voluntate. Et sic ex parte assensus non multum videtur habere rationem meriti. Sed ex parte considerationis actualis potest meritoria esse.

AD TERTIUM dicendum quod ille qui credit habet sufficiens inductivum ad credendum: inducitur enim auctoritate divinae doctrinae miraculis confirmatae, et, quod plus est, interiori instinctu Dei invitantis. Unde non leviter credit. Tamen non habet sufficiens inductivum ad sciendum. Et ideo non tollitur ratio meriti.

ARTICULUS 10
Utrum ratio inducta ad ea quae sunt fidei diminuat meritum fidei

AD DECIMUM SIC PROCEDITUR. Videtur quod ratio inducta ad ea quae sunt fidei diminuat meritum fidei.

última forma. Ora, é claro, que o que é sujeito ou matéria ou que é disposição preparatória não podem agir em virtude de uma forma, antes de recebê-la. Mas, depois de tê-la recebido, tanto o sujeito como a disposição preparatória agem em virtude da forma, que é o primeiro princípio do agir, como o calor do fogo age em virtude da forma substancial do fogo. Assim, pois, nem a natureza nem a fé podem, sem a caridade, produzir um ato meritório. Mas, a caridade sobreveniente torna o ato de fé meritório, bem como o da natureza e o do livre-arbítrio natural.

QUANTO AO 2º, deve-se dizer que na ciência, podem-se considerar dois aspectos: o assentimento de quem sabe àquilo que sabe e a reflexão sobre a coisa sabida. O assentimento à ciência não depende do livre-arbítrio; o cientista está obrigado a assentir por força da demonstração. Logo, o assentimento à ciência não é meritório. Contudo, a reflexão atual sobre a coisa sabida depende do livre-arbítrio, pois, está no poder do homem considerar ou não considerar; eis porque a reflexão sobre a ciência pode ser meritória, quando referida ao fim da caridade, isto é, à honra de Deus e à utilidade do próximo. Mas na fé estes dois elementos, adesão e aplicação, dependem do livre-arbítrio. Donde, o ato de fé pode ser meritório sob estes dois aspectos. Enquanto a opinião não comporta a adesão firme, porque seu assentimento é débil e fraco, como diz o Filósofo, pois ela não procede de uma vontade perfeita. Portanto, não parece ter, da parte da adesão, razão de mérito. Mas, da parte da reflexão atual do espírito, a opinião pode ser meritória.

QUANTO AO 3º, deve-se dizer que quem crê tem motivo suficiente que o leva a crer; é, com efeito, induzido pela autoridade da divina doutrina, confirmada por milagres; e, ainda mais, pela moção interior de Deus que o convida a crer. Portanto, não crê por leviandade. Entretanto, não tem razão suficiente que leve a saber; portanto, não desaparece a razão do mérito.

Artigo 10
A razão induzida a favor das verdades da fé diminui o mérito da fé?

QUANTO AO DÉCIMO, ASSIM SE PROCEDE: parece que a razão induzida a favor das verdades da fé **diminui** o mérito da fé.

---

3. C. 33: 89, a, 5-6.

10 PARALL.: Part. III, q. 55, a. 5, ad 3; III *Sent.*, dist. 24, a. 3, q.la 3; *Cont. Gent.* I, 8.

1. Dicit enim Gregorius, in quadam homilia[1], quod *fides non habet meritum cui humana ratio praebet experimentum*. Si ergo ratio humana sufficienter experimentum praebens totaliter excludit meritum fidei, videtur quod qualiscumque ratio humana inducta ad ea quae sunt fidei diminuat meritum fidei.

2. PRAETEREA, quidquid diminuit rationem virtutis diminuit rationem meriti: quia *felicitas virtutis est praemium* ut etiam Philosophus dicit, in I *Ethic.*[2]. Sed ratio humana videtur diminuere rationem virtutis ipsius fidei: quia de ratione fidei est quod sit non apparentium, ut supra[3] dictum est; quanto autem plures rationes inducuntur ad aliquid, tanto minus est non apparens. Ergo ratio humana inducta ad ea quae sunt fidei meritum fidei diminuit.

3. PRAETEREA, contrariorum contrariae sunt causae. Sed id quod inducitur in contrarium fidei auget meritum fidei: sive sit persecutio cogentis ad recedendum a fide, sive etiam sit ratio aliqua hoc persuadens. Ergo ratio coadiuvans fidem diminuit meritum fidei.

SED CONTRA est quod 1Pe 3,15 dicitur: *Parati semper ad satisfactionem omni poscenti vos rationem de ea quae in vobis est fide et spe*. Non autem ad hoc induceret Apostolus si per hoc meritum fidei diminueretur. Non ergo ratio diminuit meritum fidei.

RESPONDEO dicendum quod, sicut dictum est[4], actus fidei potest esse meritorius inquantum subiacet voluntati non solum quantum ad usum, sed etiam quantum ad assensum. Ratio autem humana inducta ad ea quae sunt fidei dupliciter potest se habere ad voluntatem credentis. Uno quidem modo, sicut praecedens: puta cum quis aut non haberet voluntatem, aut non haberet promptam voluntatem ad credendum, nisi ratio humana induceretur. Et sic ratio humana inducta diminuit meritum fidei: sicut etiam supra[5] dictum est quod passio praecedens electionem in virtutibus moralibus diminuit laudem virtuosi actus. Sicut enim homo actus virtutum moralium debet exercere propter iudicium rationis, non propter passionem; ita credere debet homo ea quae sunt fidei non propter rationem humanam, sed propter auctoritatem divinam

1. Com efeito, Gregório diz, em uma homilia, "A fé não tem mérito, se a razão humana lhe oferece provas". Se, pois, a razão humana, fornecendo suficientemente a prova, exclui o mérito da fé, parece que qualquer razão humana, induzida a favor das verdades da fé, diminui o mérito da fé.

2. ALÉM DISSO, tudo o que diminui a razão da virtude diminui a razão do mérito, pois "a felicidade é prêmio da virtude", conforme diz o Filósofo. Ora, a razão humana parece diminuir a razão da virtude da fé, pois, é da razão da fé aderir ao que não se vê, como se disse acima. Ora, quanto mais razões se aduzem para provar alguma verdade, menos ela deixa de fazer parte daquilo que não se vê. Logo, a razão humana, induzida a favor das verdades da fé, diminui o mérito da fé.

3. ADEMAIS, efeitos contrários têm causas contrárias. Ora, o que se induz contra a fé aumenta-lhe o mérito, seja uma perseguição que força a abandonar a fé, ou um argumento que persuada no mesmo sentido. Logo, a razão que favorece a fé diminui-lhe o mérito.

EM SENTIDO CONTRÁRIO, diz a primeira Carta de Pedro: "Estai sempre prontos a responder a quantos exigirem justificativas da fé e da esperança que há em vós". Ora, o Apóstolo não induziria a isso, se tal diminuísse o mérito da fé. Portanto, a razão não diminui o mérito da fé.

RESPONDO. Como já foi dito, o ato de fé pode ser meritório, enquanto depende da vontade, não só quanto à prática, mas também quanto à adesão. Contudo, a razão humana, induzida a favor das verdades da fé, pode ter duas relações com a vontade do que crê. Uma, precedendo a vontade: quando, por exemplo, alguém não tem vontade ou não tem vontade pronta para crer, a não ser induzido por uma razão humana. Nesse caso, a razão humana induzida diminui o mérito da fé do mesmo modo como já foi dito acima, que a paixão, que precede a eleição nas virtudes morais, diminui o mérito do ato virtuoso. Assim, pois, como o homem deve exercer os atos das virtudes morais, seguindo o juízo da razão e, não, guiando-se pela paixão, do mesmo modo, o que é de fé, deve-se crer, não por causa da razão humana, mas por causa da autoridade divina.

---

1. Hom. 26 *in Evang.*, n. 1: ML 76, 1197 C.
2. C. 9: 1099, b, 16-18.
3. Q. 1, a. 4, 5.
4. A. praec., ad 2.
5. I-II, q. 24, a. 3, ad 1; q. 77, a. 6, ad 2.

Alio modo ratio humana potest se habere ad voluntatem credentis consequenter. Cum enim homo habet promptam voluntatem ad credendum, diligit veritatem creditam, et super ea excogitat et amplectitur si quas rationes ad hoc invenire potest. Et quantum ad hoc ratio humana non excludit meritum fidei, sed est signum maioris meriti: sicut etiam passio consequens in virtutibus moralibus est signum promptioris voluntatis, ut supra[6] dictum est. — Et hoc significatur Io 4,42, ubi Samaritani ad mulierem, per quam ratio humana figuratur, dixerunt: *Iam non propter tuam loquelam credimus*.

AD PRIMUM ergo dicendum quod Gregorius loquitur in casu illo quando homo non habet voluntatem credendi nisi propter rationem inductam. Quando autem homo habet voluntatem credendi ea quae sunt fidei ex sola auctoritate divina, etiam si habeat rationem demonstrativam ad aliquid eorum, puta ad hoc quod est Deum esse, non propter hoc tollitur vel minuitur meritum fidei.

AD SECUNDUM dicendum quod rationes quae inducuntur ad auctoritatem fidei non sunt demonstrationes quae in visionem intelligibilem intellectum humanum reducere possunt. Et ideo non desinunt esse non apparentia. Sed removent impedimenta fidei, ostendendo non esse impossibile quod in fide proponitur. Unde per tales rationes non diminuitur meritum fidei nec ratio fidei. Sed rationes demonstrativae inductae ad ea quae sunt fidei, praeambula tamen ad articulos, etsi diminuant rationem fidei, quia faciunt esse apparens id quod proponitur; non tamen diminuunt rationem caritatis, per quam voluntas est prompta ad ea credendum etiam si non apparerent. Et ideo non diminuitur ratio meriti.

AD TERTIUM dicendum quod ea quae repugnant fidei, sive in consideratione hominis sive in exteriori persecutione, intantum augent meritum fidei inquantum ostenditur voluntas magis prompta et firma in fide. Et ideo martyres maius fidei meritum habuerunt non recedentes a fide propter persecutiones; et etiam sapientes maius meritum fidei habent non recedentes a fide propter rationes philosophorum vel haereticorum contra fidem inductas. Sed ea quae conveniunt fidei non

De outro modo, a razão humana pode relacionar-se à vontade do crente, como consequente. Com efeito, quando o homem tem a vontade disposta a crer, ama a verdade na qual crê, medita sobre ela e a abraça, se encontrar razões que o levem a isso. Sob esse aspecto, a razão humana não exclui o mérito da fé, mas, ao contrário, ela é sinal de maior mérito, como nas virtudes morais, a paixão consequente é sinal de uma vontade mais decidida, como foi dito acima. — É isto o que significa o texto do Evangelho de João, referente ao que disseram os Samaritanos à mulher, figura da razão humana: "Já não cremos pelo que disseste"[1].

QUANTO AO 1º, portanto, deve-se dizer que Gregório refere-se ao caso de o homem não ter vontade de crer, senão pelo motivo da razão induzida. Mas, quando o homem tem vontade de crer as verdades da fé somente pela autoridade divina, mesmo que ele tenha argumento demonstrativo de alguma delas, por exemplo, da existência de Deus, isso não elimina nem diminui o mérito da fé.

QUANTO AO 2º, deve-se dizer que as razões que são induzidas a favor da autoridade da fé não são demonstrações que possam levar o intelecto humano à visão inteligível. E por isso, não deixam de ter por objeto o que não se vê, mas removem os obstáculos à fé, demonstrando que não é impossível o que a fé propõe. Portanto, tais razões não diminuem o mérito da fé, nem a natureza da fé. Mas, as razões demonstrativas induzidas a favor das verdades da fé, e que são preâmbulos aos artigos da fé, ainda que diminuam a razão da fé, porque tornam evidente o que é proposto, não diminuem a natureza da caridade pela qual a vontade está pronta a crer, mesmo aquilo que não é evidente. Por isso, o mérito não é diminuído.

QUANTO AO 3º, deve-se dizer que o que se opõe à fé quer seja na argumentação humana quer numa perseguição exterior, aumenta o mérito da fé, na medida em que a vontade se mostra mais pronta e firme na fé. Por isso, como os mártires tiveram maior mérito na fé, não a abandonando por causa das perseguições; também os sábios têm maior mérito na fé não a abandonando, por causa das razões contra a fé induzidas quer por filósofos quer por heréticos. Mas, razões de acordo com a

---

6. I-II, q. 24, a. 3, ad 1.

1. Sendo o princípio que o mérito da fé se deve à livre vontade do ato quando este é movido pela caridade, os motivos que precedem a fé e que buscamos antes de aceitar crer, diminuem o mérito, enquanto os argumentos que seguem a fé e manifestam a vontade de crer aumentam o mérito.

semper diminuunt promptitudinem voluntatis ad credendum. Et ideo non semper diminuunt meritum fidei.

QUAESTIO III
DE EXTERIORI ACTU FIDEI
in duos articulos divisa

Deinde considerandum est de exteriori fidei actu, qui est confessio.
Et circa hoc quaeruntur duo.
Primo: utrum confessio sit actus fidei.
Secundo: utrum confessio sit necessaria ad salutem.

ARTICULUS 1
Utrum confessio sit actus fidei

AD PRIMUM SIC PROCEDITUR. Videtur quod confessio non sit actus fidei.
1. Non enim idem actus pertinet ad diversas virtutes. Sed confessio pertinet ad poenitentiam, cuius ponitur pars. Ergo non est actus fidei.

2. PRAETEREA, ab hoc quod homo confiteatur fidem retrahitur interdum per timorem, vel etiam propter aliquam confusionem: unde et Apostolus, *ad* Eph ult.,19, petit orari pro se ut detur sibi *cum fiducia notum facere mysterium Evangelii.* Sed non recedere a bono propter confusionem vel timorem pertinet ad fortitudinem, quae moderatur audacias et timores. Ergo videtur quod confessio non sit actus fidei, sed magis fortitudinis vel constantiae.
3. PRAETEREA, sicut per fidei fervorem inducitur aliquis ad confitendum fidem exterius, ita etiam inducitur ad alia exteriora bona opera facienda: dicitur enim Gl 5,6 quod *fides per dilectionem operatur.* Sed alia exteriora opera non ponuntur actus fidei. Ergo etiam neque confessio.

SED CONTRA est quod, 2Thess 1,11, super illud, *et opus fidei in virtute,* dicit Glossa[1]: *idest confessionem, quae proprie est opus fidei.*

RESPONDEO dicendum quod actus exteriores illius virtutis proprie sunt actus ad cuius fines

fé nem sempre diminuem a prontidão da vontade para crer; por isso, nem sempre diminuem o mérito da fé.

QUESTÃO 3
O ATO EXTERIOR DA FÉ
em dois artigos

Deve-se tratar agora do ato exterior da fé, que é a confissão da fé.
A respeito disso, são duas as perguntas:
1. A confissão é um ato de fé?
2. A confissão da fé é necessária para a salvação?

ARTIGO 1
A confissão[a] é um ato de fé?

QUANTO AO PRIMEIRO ARTIGO, ASSIM SE PROCEDE: parece que a confissão **não** é um ato de fé.
1. Com efeito, um mesmo ato não pode pertencer a diversas virtudes. Ora, a confissão pertence à penitência da qual é parte. Logo, não é ato de fé.
2. ALÉM DISSO, às vezes, o homem se retrai de confessar a fé por temor ou por vergonha. Por isso, o Apóstolo pede para que orem por ele, para que lhe seja dado "pregar, com franqueza, o mistério do Evangelho". Ora, não afastar-se do bem, por vergonha ou temor, pertence à fortaleza, que modera audácia e temores. Logo, parece que a confissão não é um ato de fé, mas antes, de fortaleza ou constância.
3. ADEMAIS, assim como o fervor da fé induz alguém a confessá-la exteriormente, assim também a praticar outras obras externas, como se diz na Carta aos Gálatas: "A fé é animada pela caridade". Ora, estas outras obras externas não são consideradas atos de fé. Logo, nem a confissão.

EM SENTIDO CONTRÁRIO, a respeito do que se diz na segunda Carta aos Tessalonicenses: "que Deus realize a obra de vossa fé pelo seu poder", diz a Glosa: "Isto é, a confissão que é propriamente obra da fé".

RESPONDO. Os atos exteriores de uma virtude propriamente são os atos que de maneira específica se

---

1 PARALL.: IV *Sent.*, dist. 17, q. 3, a. 2, q.la 3; *ad Rom.*, c. 10, lect. 2.
  1. Ordin.: ML 114, 621 C; LOMBARDI: ML 192, 315 B.

a. Confessar a fé significa proclamá-la publicamente diante dos outros, ou dar provas dela.

secundum suas species referuntur: sicut ieiunare secundum suam speciem refertur ad finem abstinentiae, quae est compescere carnem, et ideo est actus abstinentiae. Confessio autem eorum quae sunt fidei secundum suam speciem ordinatur sicut ad finem ad id quod est fidei: secundum illud 2Cor 4,13, *Habentes eundem spiritum fidei credimus: propter quod et loquimur*: exterior enim locutio ordinatur ad significandum id quod in corde concipitur. Unde sicut conceptus interior eorum quae sunt fidei est proprie fidei actus, ita etiam et exterior confessio.

AD PRIMUM ergo dicendum quod triplex est confessio quae in Scripturis laudatur. Una est confessio eorum quae sunt fidei. Et ista est proprius actus fidei, utpote relata ad fidei finem, sicut dictum est[2]. — Alia est confessio gratiarum actionis sive laudis. Et ista est actus latriae: ordinatur enim ad honorem Deo exterius exhibendum, quod est finis latriae. — Tertia est confessio peccatorum. Et haec ordinatur ad deletionem peccati, quae est finis poenitentiae. Unde pertinet ad poenitentiam.

AD SECUNDUM dicendum quod removens prohibens non est causa per se, sed per accidens: ut patet per Philosophum, in VIII *Phys.*[3]. Unde fortitudo, quae removet impedimentum confessionis fidei, scilicet timorem vel erubescentiam, non est proprie et per se causa confessionis, sed quasi per accidens.

AD TERTIUM dicendum quod fides interior, mediante dilectione, causat omnes exteriores actus virtutum mediantibus aliis virtutibus, imperando, non eliciendo. Sed confessionem producit tanquam proprium actum, nulla alia virtute mediante.

referem ao fim dela. Assim jejuar, especificamente, refere-se ao fim da abstinência, que é reprimir o apetite carnal e, por isso, é um ato de abstinência. Ora, a confissão das verdades da fé ordena-se, especificamente, a seu fim que é a fé, segundo a segunda Carta aos Coríntios: "E como possuímos o mesmo espírito de fé, nós também cremos e por isso falamos". Com efeito, a palavra exterior tem por finalidade significar o que se concebe no coração. Consequentemente, assim como o conceito interior das coisas de fé é propriamente um ato de fé, assim também o é a confissão exterior.

QUANTO AO 1º, portanto, deve-se dizer que as Escrituras louvam três tipos de confissão. Uma é a confissão das coisas que são da fé. E esta é propriamente o ato de fé, referindo-se, como já se disse, ao fim mesmo da fé. — Outra é a confissão de ação de graças ou de louvor e constitui o ato de latria, pois se ordena à honra de Deus que deve ser mostrada exteriormente, o que constitui o fim da latria. — A terceira é a confissão dos pecados e que se ordena a apagar o pecado, que é o fim da penitência, à qual, portanto, pertence.

QUANTO AO 2º, deve-se dizer que o que remove o obstáculo não é causa essencial, mas acidental, como mostra o Filósofo. Assim, a fortaleza, que remove o impedimento da confissão da fé, isto é, o temor ou a vergonha não é, propriamente e por si, causa da confissão, mas acidentalmente.

QUANTO AO 3º, deve-se dizer que a fé interior, mediante a caridade, causa todos os atos exteriores das virtudes por intermédio dessas outras virtudes, imperadas por ela, mas não dela emanadas; mas a fé produz a confissão como ato próprio, sem a mediação de nenhuma outra virtude.

ARTICULUS 2
Utrum confessio fidei sit necessaria ad salutem

AD SECUNDUM SIC PROCEDITUR. Videtur quod confessio fidei non sit necessaria ad salutem.
1. Illud enim videtur ad salutem sufficere per quod homo attingit finem virtutis. Sed finis proprius fidei est coniunctio humanae mentis ad veritatem divinam, quod potest etiam esse sine exteriori confessione. Ergo confessio fidei non est necessaria ad salutem.

ARTIGO 2
A confissão da fé é necessária para a salvação?

QUANTO AO SEGUNDO, ASSIM SE PROCEDE: parece que a confissão da fé **não** é necessária para a salvação.
1. Com efeito, para a salvação parece suficiente aquilo pelo que o homem atinge o fim da virtude. Ora, o fim próprio da fé é a união da mente humana com a verdade divina, o que se pode dar mesmo sem a confissão exterior. Logo, a confissão da fé não é necessária para a salvação.

2. In corp.
3. C. 4: 255, b, 24-31.

2 PARALL.: III *Sent.*, dist. 29, a. 8, q.la 2, ad 3; *Quodlib.* IX, q. 7, a. 1; *ad Rom.*, c. 10, lect. 2; c. 14, lect. 3.

2. PRAETEREA, per exteriorem confessionem fidei homo fidem suam alii homini patefacit. Sed hoc non est necessarium nisi illis qui habent alios in fide instruere. Ergo videtur quod minores non teneantur ad fidei confessionem.

3. PRAETEREA, illud quod potest vergere in scandalum et turbationem aliorum non est necessarium ad salutem: dicit enim Apostolus, 1Cor 10,32: *Sine offensione estote Iudaeis et gentibus et Ecclesiae Dei*. Sed per confessionem fidei quandoque ad perturbationem infideles provocantur. Ergo confessio fidei non est necessaria ad salutem.

SED CONTRA est quod Apostolus dicit, *ad* Rm 10,10: *Corde creditur ad iustitiam, ore autem confessio fit ad salutem*.

RESPONDEO dicendum quod ea quae sunt necessaria ad salutem cadunt sub praeceptis divinae legis. Confessio autem fidei, cum sit quoddam affirmativum, non potest cadere nisi sub praecepto affirmativo. Unde eo modo est de necessariis ad salutem quo modo potest cadere sub praecepto affirmativo divinae legis. Praecepta autem affirmativa, ut supra[1] dictum est, non obligant ad semper, etsi semper obligent: obligant autem pro loco et tempore et secundum alias circumstantias debitas secundum quas oportet actum humanum limitari ad hoc quod sit actus virtutis. Sic igitur confiteri fidem non semper neque in quolibet loco est de necessitate salutis: sed aliquo loco et tempore, quando scilicet per omissionem huius confessionis subtraheretur honor debitus Deo, vel etiam utilitas proximis impendenda; puta si aliquis interrogatus de fide taceret, et ex hoc crederetur vel quod non haberet fidem vel quod fides non esset vera, vel alii per eius taciturnitatem averterentur a fide. In huiusmodi enim casibus confessio fidei est de necessitate salutis.

AD PRIMUM ergo dicendum quod finis fidei, sicut et aliarum virtutum, referri debet ad finem caritatis, qui est amor Dei et proximi. Et ideo quando honor Dei vel utilitas proximi hoc exposcit, non debet esse contentus homo ut per fidem suam ipse veritati divinae coniungatur; sed debet fidem exterius confiteri.

AD SECUNDUM dicendum quod in casu necessitatis, ubi fides periclitatur, quilibet tenetur fidem suam aliis propalare, vel ad instructionem aliorum fidelium sive confirmationem, vel ad reprimendum

2. ALÉM DISSO, pela confissão exterior da fé, o homem manifesta a sua crença aos outros. Ora, isto não é necessário a não ser àqueles que devem instruir os outros na fé. Logo, parece que os menores não são obrigados à confissão da fé.

3. ADEMAIS, o que pode contribuir para o escândalo e perturbação dos outros não é necessário para a salvação, como diz o Apóstolo: "Procedei de modo a não dar escândalo nem aos judeus nem aos gentios nem à Igreja de Deus". Ora, a confissão da fé provoca, às vezes, perturbação nos infiéis. Logo, a confissão da fé não é necessária para a salvação.

EM SENTIDO CONTRÁRIO, diz o Apóstolo: "É crendo de coração que se alcança a justiça e é confessando com a boca que se consegue a salvação".

RESPONDO. O que é necessário para a salvação é objeto dos preceitos da lei divina. Ora, a confissão da fé, sendo algo de afirmativo, não pode ser objeto de um preceito afirmativo. Portanto, é necessária para a salvação na medida em que é objeto do preceito afirmativo da lei divina. Ora, os preceitos afirmativos, como já foi dito, não obrigam a cada momento, embora sempre obriguem; pois obrigam conforme o lugar, o tempo e outras circunstâncias devidas, segundo as quais o ato humano deve ser limitado para ser ato virtuoso. Assim, confessar a fé não é em todo instante e lugar de necessidade de salvação. Mas há lugares e momentos onde é necessário, quando, por exemplo, fosse negada a honra que é devida a Deus ou a utilidade que poderia proporcionar ao próximo. Por exemplo, se alguém, interrogado sobre a fé, se calasse e daí se pudesse concluir que ele não tem fé ou que a fé não é verdadeira ou que outros pelo seu silêncio se desviariam da fé. Portanto, em tais casos, a confissão da fé é necessária para a salvação.

QUANTO AO 1º, portanto, deve-se dizer que o fim da fé, como o das outras virtudes, deve referir-se ao fim da caridade, que é o amor de Deus e do próximo. Portanto, quando a honra de Deus ou a utilidade do próximo o pedir, não devemos nos contentar em unir-nos à verdade divina pela fé, mas devemos confessá-la exteriormente.

QUANTO AO 2º, deve-se dizer que em caso de necessidade, quando a fé está em perigo, todos estão obrigados a propalar aos outros a sua fé, seja para instruir ou confirmar a fé de outros fiéis,

---

1. I-II, q. 71, a. 5, ad 3; q. 100, a. 10.

infidelium insultationem. Sed aliis temporibus instruere homines de fide non pertinet ad omnes fideles.

AD TERTIUM dicendum quod, si turbatio infidelium oriatur de confessione fidei manifesta absque aliqua utilitate fidei vel fidelium, non est laudabile in tali casu fidem publice confiteri: unde Dominus dicit, Mt 7,6: *Nolite sanctum dare canibus, neque margaritas vestras spargere ante porcos, ne conversi dirumpant vos.* Sed si utilitas aliqua fidei speretur aut necessitas adsit, contempta turbatione infidelium, debet homo fidem publice confiteri. Unde Mt 15,14 dicitur quod, cum discipuli dixissent Domino quod Pharisaei, audito eius verbo, scandalizati sunt, Dominus respondit: *Sinite illos,* scilicet turbari: *caeci sunt et duces caecorum.*

seja para reprimir o insulto dos infiéis. Mas, em outras situações, instruir os homens na fé não cabe a todos os fiéis.

QUANTO AO 3º, deve-se dizer que se a perturbação dos fiéis nasce da confissão manifesta de fé sem nenhuma utilidade para a fé ou para os fiéis, não é louvável confessá-la publicamente, pois o Senhor diz no Evangelho de Mateus: "Não deis o que é santo aos cães nem atireis vossas pérolas aos porcos: a fim de que não se voltem contra vós e vos façam em pedaços". Mas, se se espera para a fé alguma utilidade ou se for necessário, deve-se confessar a fé, publicamente, desprezando a perturbação dos infiéis[b]. Daí, a resposta do Senhor, quando os discípulos lhe disseram que os fariseus ficaram escandalizados depois de ouvirem suas palavras: "Deixai-os", isto é, perturbarem-se, pois "são cegos e condutores de cegos".

---

b. Uma coisa é semear a confusão ou proclamar a fé sem utilidade, outra é deixar os não cristãos em paz. O médico cuida do doente mesmo que este não se sinta em perigo. Pregar é uma questão de vida: não existe vida onde não existe possibilidade alguma de desenvolvimento. O que não impede que, por vezes, a paciência seja previamente necessária.

QUAESTIO IV
DE IPSA FIDEI VIRTUTE
in octo articulos divisa

Deinde considerandum est de ipsa fidei virtute. Et primo quidem, de ipsa fide; secundo, de habentibus fidem; tertio, de causa fidei; quarto, de effectibus eius.

Circa primum quaeruntur octo.
Primo: quid sit fides.
Secundo: in qua vi animae sit sicut in subiecto.
Tertio: utrum forma eius sit caritas.
Quarto: utrum eadem numero sit fides formata et informis.
Quinto: utrum fides sit virtus.
Sexto: utrum sit una virtus.
Septimo: de ordine eius ad alias virtutes.
Octavo: de comparatione certitudinis eius ad certitudinem virtutum intellectualium.

QUESTÃO 4
A VIRTUDE DA FÉ[a]
em oito artigos

Em seguida, deve-se considerar a virtude mesma da fé. E primeiro, da fé em si mesma; segundo, dos que têm fé; terceiro, da causa da fé, quarto, dos seus efeitos.

A respeito do primeiro, são oito as perguntas:
1. Que é a fé?
2. Em que faculdade da alma tem a sua sede?
3. Sua forma é a caridade?
4. A fé informada e a fé informe são numericamente idênticas?
5. A fé é uma virtude?
6. A fé é uma só virtude?
7. A relação da fé com as outras virtudes.
8. Comparação de sua certeza com a das outras virtudes intelectuais.

---

a. Após o *ato* de fé, estudamos a *virtude* de fé. Só dispomos, porém, de uma palavra para designar o ato e a virtude. Não é sempre o caso: a prece é um ato que corresponde à virtude de religião, não uma virtude; a esmola é um ato que corresponde à virtude da caridade, não uma virtude... Retenhamos portanto que se trata agora do hábito virtuoso que torna capaz de produzir o ato de fé, e que está sempre disposto a fazê-lo. Pode-se julgar melhor, no entanto, partindo de uma definição da fé. Veremos em seguida sua estrutura no plano dos hábitos (a. 2 a 4): a inteligência é o sujeito da fé (a. 2)? A caridade é sua forma (a. 3)? A fé informe pode tornar-se fé formada, e reciprocamente (a. 4)? É então que se perguntará se a fé é uma virtude (a. 5)? Uma só virtude (a. 6)? Qual sua relação com as outras virtudes (a. 7)? Qual a natureza da certeza que ela fornece (a. 8)?

Articulus 1
Utrum haec sit competens fidei definitio: *Fides est substantia sperandarum rerum, argumentum non apparentium*

AD PRIMUM SIC PROCEDITUR. Videtur quod sit incompetens fidei definitio quam Apostolus ponit, *ad* Hb 11,1, dicens: *Est autem fides substantia sperandarum rerum, argumentum non apparentium.*

1. Nulla enim qualitas est substantia. Sed fides est qualitas: cum sit virtus theologica, ut supra[1] dictum est. Ergo non est substantia.
2. PRAETEREA, diversarum virtutum diversa sunt obiecta. Sed res speranda est obiectum spei. Non ergo debet poni in definitione fidei tanquam eius obiectum.
3. PRAETEREA, fides magis perficitur per caritatem quam per spem: quia caritas est forma fidei, ut infra[2] dicetur. Magis ergo poni debuit in definitione fidei res diligenda quam res speranda.
4. PRAETEREA, idem non debet poni in diversis generibus. Sed substantia et argumentum sunt diversa genera non subalternatim posita. Ergo inconvenienter fides dicitur esse substantia et argumentum.
5. PRAETEREA, per argumentum veritas manifestatur eius ad quod inducitur argumentum. Sed illud dicitur esse apparens cuius veritas est manifestata. Ergo videtur implicari oppositio in hoc quod dicitur *argumentum non apparentium.* Inconvenienter ergo describitur fides.

IN CONTRARIUM sufficit auctoritas Apostoli.

RESPONDEO dicendum quod, licet quidam dicant praedicta Apostoli verba non esse fidei definitionem, tamen, si quis recte consideret, omnia ex quibus fides potest definiri in praedicta descriptione tanguntur, licet verba non ordinentur sub forma definitionis: sicut etiam apud philosophos praetermissa syllogistica forma syllogismorum principia tanguntur.

Artigo 1
É adequada a seguinte definição da fé: "substância das coisas que se devem esperar e prova do que não se vê"?[b]

QUANTO AO PRIMEIRO ARTIGO, ASSIM SE PROCEDE: parece que **não** é adequada a definição da fé que o Apóstolo apresenta na Carta aos Hebreus, dizendo: A fé é a substância das coisas que se devem esperar e a prova do que não se vê.

1. Com efeito, nenhuma qualidade é substância. Ora, a fé é uma qualidade, pois é uma virtude teologal, como foi dito acima. Logo, não é substância.
2. ALÉM DISSO, virtudes diversas têm objetos diversos. Ora, o que esperamos é objeto da esperança. Logo, a esperança não deve entrar na definição da fé, como seu objeto.
3. ADEMAIS, a fé aperfeiçoa-se mais pela caridade do que pela esperança, porque a caridade é a forma da fé, como se dirá a seguir. Logo, devia-se colocar na definição da fé o que se deve amar, preferentemente ao que se deve esperar.
4. ALÉM DISSO, uma mesma coisa não deve ser afirmada em gêneros diversos. Ora, substância e prova são gêneros diversos sem que sejam subordinados um ao outro. Logo, é inconveniente dizer que a fé é uma substância e uma prova.
5. ADEMAIS, pela prova manifesta-se a verdade daquilo a que ela se aplica. Ora, chama-se aparente aquilo cuja verdade foi manifestada. Parece, pois, que há oposição nas palavras; *prova daquilo que não aparece.* Portanto, é inadequada essa definição da fé.

EM SENTIDO CONTRÁRIO, basta a autoridade do Apóstolo.

RESPONDO. Ainda que alguns afirmem que as referidas palavras do Apóstolo não sejam uma definição, contudo, se alguém considerar devidamente: são expressos todos os elementos com que se pode definir a fé, ainda que as palavras não se ordenem em forma de definição. Como se vê entre os filósofos que, mesmo sem usar a forma silogística, apresentam os princípios dos silogismos.

---

1 PARALL.: *De Ver.*, q. 14, a. 2.

1. I-II, q. 62, a. 3.
2. A. 3.

---

b. Trata-se neste artigo de situar um em relação ao outro os dois elementos que compõem a fé: a inteligência e a afetividade. A fé reside essencialmente na inteligência, mas ela começa na afeição que inclina o espírito a assentir e o fixa; e termina na afeição, pois só a caridade faz dela de fato uma virtude. Mas, o que inclina a vontade para a fé, a não ser a vontade de crer que se enraíza no desejo do bem prometido (o *credere in Deum*: crer em Deus), e o crédito que damos ao testemunho sobrenatural que fala em nome de Deus, e que no qual reconhecemos a voz de Deus (*credere Deo*: crer por Deus, ou confiar em sua Palavra)?

Ad cuius evidentiam considerandum est quod, cum habitus cognoscantur per actus et actus per obiecta, fides, cum sit habitus quidam, debet definiri per proprium actum in comparatione ad proprium obiectum. Actus autem fidei est credere, qui, sicut supra[3] dictum est, actus est intellectus determinati ad unum ex imperio voluntatis. Sic ergo actus fidei habet ordinem et ad obiectum voluntatis, quod est bonum et finis; et ad obiectum intellectus, quod est verum. Et quia fides, cum sit virtus theologica, sicut supra[4] dictum est, habet idem pro obiecto et fine, necesse est quod obiectum fidei et finis proportionaliter sibi correspondeant. Dictum est autem supra[5] quod veritas prima est obiectum fidei secundum quod ipsa est non visa et ea quibus propter ipsam inhaeretur. Et secundum hoc oportet quod ipsa veritas prima se habeat ad actum fidei per modum finis secundum rationem rei non visae. Quod pertinet ad rationem rei speratae, secundum illud Apostoli, *ad* Rm 8,25: *Quod non videmus speramus:* veritatem enim videre est ipsam habere; non autem sperat aliquis id quod iam habet, sed spes est de hoc quod non habetur, ut supra[6] dictum est.

Sic igitur habitudo actus fidei ad finem, qui est obiectum voluntatis, significatur in hoc quod dicitur: *Fides est substantia rerum sperandarum.* Substantia enim solet dici prima inchoatio cuiuscumque rei, et maxime quando tota res sequens continetur virtute in primo principio: puta si dicamus quod prima principia indemonstrabilia sunt substantia scientiae, quia scilicet primum quod in nobis est de scientia sunt huiusmodi principia, et in eis virtute continetur tota scientia. Per hunc ergo modum dicitur fides esse substantia rerum sperandarum: quia scilicet prima inchoatio rerum sperandarum in nobis est per assensum fidei, quae virtute continet omnes res sperandas. In hoc enim speramus beatificari quod videbimus aperta visione veritatem cui per fidem adhaeremus: ut patet per ea quae supra[7] de felicitate dicta sunt.

Habitudo autem actus fidei ad obiectum intellectus, secundum quod est obiectum fidei, designatur in hoc quod dicitur: *argumentum non apparentium.* Et sumitur argumentum pro argu-

Para comprová-lo, deve-se considerar que, como os hábitos são conhecidos pelos atos e os atos, por seus objetos, a fé, sendo um hábito, deve ser definida pelo seu ato próprio, em relação com o seu objeto próprio. O ato de fé é crer; como foi dito acima é um ato do intelecto que se define por um objeto, por ordem da vontade. Assim, o ato de fé, de um lado, ordena-se ao objeto da vontade, que é o bem e o fim, e, de outro, ao do intelecto, que é a verdade. E como a fé, sendo uma virtude teologal, como foi dito acima, tem a mesma realidade como objeto e como fim, é necessário que o objeto da fé e o seu fim se correspondam proporcionalmente. O objeto da fé é a verdade primeira, enquanto não é vista, e as verdades às quais aderimos por causa dela. Assim é preciso que a verdade primeira se apresente ao ato de fé como um fim, segundo a razão da coisa não vista. Isso se refere à razão de uma coisa esperada, conforme a palavra do Apóstolo: "O que não vemos, esperamos". Ora, ver uma verdade é possuí-la; e não se espera aquilo que já se possui, mas a esperança tem por objeto aquilo que não temos, como já foi dito.

Portanto, a relação entre o ato de fé e o fim, que é objeto da vontade, está expressa nas palavras: *A fé é a substância das coisas, que se devem esperar.* Ora, é costume chamar-se substância o primeiro começo de uma coisa, especialmente quando tudo o que vai se seguir está contido virtualmente no primeiro princípio. Por exemplo, se dizemos que os primeiros princípios indemonstráveis são a substância da ciência, quer dizer que em nós eles são o primeiro elemento da ciência e neles se contém virtualmente toda ciência. Deste modo é que se diz que a fé é a substância das coisas esperadas, porque o primeiro começo das coisas esperadas existe em nós pela adesão da fé, que virtualmente contém todas as coisas esperadas. Com efeito, nós esperamos ser bem-aventurados, porque veremos, numa visão plena, a verdade à qual aderimos pela fé, como está claro por aquilo que já se disse acima sobre a felicidade.

Entretanto, a relação do ato de fé com o objeto do intelecto, enquanto objeto da fé, é designada pela expressão "prova das coisas que não se veem". Toma-se aqui *prova* pelo seu efeito, pois,

---

3. Q. 2, a. 1, ad 3; a. 2, 9.
4. I-II, q. 62, a. 3.
5. Q. 1, a. 1, 4.
6. I-II, q. 67, a. 4.
7. I-II, q. 3, a. 8; q. 4, a. 3.

menti effectu: per argumentum enim intellectus inducitur ad adhaerendum alicui vero; unde ipsa firma adhaesio intellectus ad veritatem fidei non apparentem vocatur hic argumentum. Unde alia littera habet *convictio*: quia scilicet per auctoritatem divinam intellectus credentis convincitur ad assentiendum his quae non videt.

Si quis ergo in formam definitionis huiusmodi verba reducere velit, potest dicere quod *fides est habitus mentis, qua inchoatur vita aeterna in nobis, faciens intellectum assentire non apparentibus*. Per hoc autem fides ab omnibus aliis distinguitur quae ad intellectum pertinent. Per hoc enim quod dicitur *argumentum*, distinguitur fides ab opinione, suspicione et dubitatione, per quae non est prima adhaesio intellectus firma ad aliquid. Per hoc autem quod dicitur *non apparentium*, distinguitur fides a scientia et intellectu, per quae aliquid fit apparens. Per hoc autem quod dicitur *substantia sperandarum rerum*, distinguitur virtus fidei a fide communiter sumpta, quae non ordinatur ad beatitudinem speratam.

Omnes autem aliae definitiones quaecumque de fide dantur, explicationes sunt huius quam Apostolus ponit. Quod enim dicit Augustinus[8]: *Fides est virtus qua creduntur quae non videntur*; et quod dicit Damascenus[9], quod fides est *non inquisitus consensus*; et quod alii dicunt, quod fides est *certitudo quaedam animi de absentibus supra opinionem et infra scientiam*; idem est ei quod Apostolus dicit, *argumentum non apparentium*. Quod vero Dionysius dicit, 7 cap. *de Div. Nom.*[10], quod fides est *manens credentium fundamentum, collocans eos in veritate et in ipsis veritatem*, idem est ei quod dicitur, *substantia sperandarum rerum*.

AD PRIMUM ergo dicendum quod substantia non sumitur hic secundum quod est genus generalissimum contra alia genera divisum: sed secundum quod in quolibet genere invenitur quaedam similitudo substantiae, prout scilicet primum in quolibet genere, continens in se alia virtute, dicitur esse substantia illorum.

pela prova, o intelecto é induzido a aderir a alguma verdade. A esta firme adesão do intelecto a uma verdade da fé, que não se vê, chamamos aqui de prova[c]. Por isso, uma outra versão usa a palavra *convicção*, o que significa que, pela autoridade divina, o intelecto do crente é convencido a aderir àquilo que não vê.

Se alguém quiser expressar aquelas palavras em forma de definição, poderá dizer: "a fé é o habitus da mente pela qual a vida eterna começa em nós, fazendo o intelecto aderir àquilo que não vê". Por isso, a fé distingue-se de tudo o mais que pertence ao intelecto. Ao dizer *prova*, distingue-se a fé da opinião, da suspeita e da dúvida, pelas quais a primeira adesão do intelecto a alguma coisa não é firme. Quando se diz: das *coisas que não se veem*, distingue-se a fé da ciência e do intelecto, pelos quais alguma coisa se torna evidente. Dizendo, *substância das coisas que se devem esperar*, distingue-se a virtude da fé, da fé tomada no sentido comum, a qual não se ordena à bem-aventurança esperada.

Todas as outras definições da fé são explicações daquela apresentada pelo Apóstolo. A de Agostinho: "A fé é uma virtude pela qual cremos o que não vemos"; a de Damasceno é a fé "um consentimento sem discussão"; a de outros, que dizem ser a fé "uma certeza do espírito sobre objetos ausentes, superior à opinião e inferior à ciência"; corresponde ao que diz o Apóstolo: "uma prova das coisas que não se veem". O que Dionísio diz, a fé é "o fundamento permanente dos que creem, que os coloca na verdade e a verdade neles" é o mesmo que dizer que ela é "a substância das coisas que se devem esperar".

QUANTO AO 1º, portanto, deve-se dizer que a palavra substância não é tomada no sentido de um gênero supremo em confronto com outros gêneros, mas no sentido de que em todo gênero se encontra uma semelhança com a substância de tal forma que se diz que o primeiro gênero que contém virtualmente os outros é a substância deles[d].

---

8. *In Ioan.*, tract. 40, n. 9, super 8, 32: ML 35, 1690; tract. 79, n. 1, super 14, 29; ML 35, 1837; *Quaest. Evang.*, l. II, q. 39, super Luc. 17, 5: ML 35, 1352.
9. *De fide orth.* IV, 11: MG 94, 1128 D.
10. MG 3, 872 C.

c. A palavra *prova* é de difícil compreensão, assim como a palavra *substância*, acima. Alguns traduzem: "A fé é o título de posse das coisas que esperamos, o meio de conhecer as realidades que não vemos". É também um dos sentidos.

d. A *substância* é o primeiro dos grandes gêneros metafísicos do ser. Mas, Sto. Tomás sustenta que a palavra pode aplicar-se a todos os gêneros, quando consideramos cada um destes em si mesmo, e não mais em relação à substância.

Ad secundum dicendum quod, cum fides pertineat ad intellectum secundum quod imperatur a voluntate, oportet quod ordinetur, sicut ad finem, ad obiecta illarum virtutum quibus perficitur voluntas. Inter quas est spes, ut infra[11] patebit. Et ideo in definitione fidei ponitur obiectum spei.

Ad tertium dicendum quod dilectio potest esse et visorum et non visorum, et praesentium et absentium. Et ideo res diligenda non ita proprie adaptatur fidei sicut res speranda: cum spes sit semper absentium et non visorum.

Ad quartum dicendum quod substantia et argumentum, secundum quod in definitione fidei ponuntur, non important diversa genera fidei neque diversos actus: sed diversas habitudines unius actus ad diversa obiecta, ut ex dictis[12] patet.

Ad quintum dicendum quod argumentum quod sumitur ex propriis principiis rei facit rem esse apparentem. Sed argumentum quod sumitur ex auctoritate divina non facit rem in se esse apparentem. Et tale argumentum ponitur in definitione fidei.

Articulus 2
Utrum fides sit in intellectu sicut in subiecto

Ad secundum sic proceditur. Videtur quod fides non sit in intellectu sicut in subiecto.
1. Dicit enim Augustinus, in libro *de Praed. Sanct.*[1], quod *fides in credentium voluntate consistit*. Sed voluntas est alia potentia ab intellectu. Ergo fides non est in intellectu sicut in subiecto.
2. Praeterea, assensus fidei ad aliquid credendum provenit ex voluntate Deo obediente. Tota ergo laus fidei ex obedientia esse videtur. Sed obedientia est in voluntate. Ergo et fides. Non ergo est in intellectu.
3. Praeterea, intellectus est vel speculativus vel practicus. Sed fides non est in intellectu speculativo, qui, cum *nihil dicat de imitabili et fugiendo*, ut dicitur in III *de Anima*[2], non est

Quanto ao 2º, deve-se dizer que, como a fé pertence ao intelecto, enquanto comandada pela vontade, é preciso que seja ordenado, como a um fim, para os objetos das virtudes nas quais a vontade se aperfeiçoa. Entre elas está a esperança, como se dirá a seguir. É por isso que, na definição da fé, se afirma o objeto da esperança.

Quanto ao 3º, deve-se dizer que o amor pode ter por objeto o que se vê e o que não se vê, o que está presente e o que está ausente. Por isso, o bem que se deve amar não se adapta tão propriamente à fé como o bem que se deve esperar, pois a esperança tem sempre por objeto coisas ausentes e que não se veem.

Quanto ao 4º, deve-se dizer que a substância e a prova, como foram afirmados na definição da fé, não implicam gêneros diversos nem atos diversos da fé, mas relações diversas de um ato único para diversos objetos, como fica claro do que foi exposto.

Quanto ao 5º, deve-se dizer que a prova, enquanto fundada nos princípios próprios de uma coisa, torna-a visível. Mas, a prova fundada na autoridade divina não faz com que a coisa se torne visível. Ora, é essa espécie de prova que se afirma na definição da fé.

Artigo 2
A fé está no intelecto como em seu sujeito?

Quanto ao segundo, assim se procede: parece que a fé **não** está no intelecto como em seu sujeito.
1. Com efeito, diz Agostinho: "A fé está na vontade dos que creem". Ora, a vontade é uma potência diferente do intelecto. Logo, a fé não está no intelecto como em seu sujeito.
2. Além disso, o assentimento da fé a uma verdade que se deve crer provém da vontade obediente a Deus. Daí que, todo o louvor da fé parece fundar-se na obediência. Ora, esta reside na vontade. Logo, a fé também. Portanto, a fé não reside no intelecto.
3. Ademais, o intelecto ou é especulativo ou prático. Ora, a fé não reside no intelecto especulativo, que, como diz o Filósofo: "nada diz do que se deve fazer ou evitar"; e não sendo, portanto,

---

11. Q. 18, a. 1.
12. In corp.

Parall.: III *Sent.*, dist. 23, q. 2, a. 3, q.la 1; *De Verit.*, q. 14, a. 4.

1. C. 5: ML 44, 968.
2. C. 9: 432, b, 28.

principium operationis: fides autem est quae *per dilectionem operatur*, ut dicitur *ad* Gl 5,6. Similiter etiam nec in intellectu practico, cuius obiectum est verum contingens factibile vel agibile: obiectum enim fidei est verum aeternum, ut ex supradictis[3] patet. Non ergo fides est in intellectu sicut in subiecto.

SED CONTRA est quod fidei succedit visio patriae: secundum illud 1Cor 13,12: *Videmus nunc per speculum in aenigmate, tunc autem facie ad faciem*. Sed visio est in intellectu. Ergo et fides.

RESPONDEO dicendum quod, cum fides sit quaedam virtus, oportet quod actus eius sit perfectus. Ad perfectionem autem actus qui ex duobus activis principiis procedit requiritur quod utrumque activorum principiorum sit perfectum: non enim potest bene secari nisi et secans habeat artem et serra sit bene disposita ad secandum. Dispositio autem ad bene agendum in illis potentiis animae quae se habent ad opposita est habitus, ut supra[4] dictum est. Et ideo oportet quod actus procedens ex duabus talibus potentiis sit perfectus habitu aliquo praeexistente in utraque potentiarum. Dictum est autem supra[5] quod credere est actus intellectus secundum quod movetur a voluntate ad assentiendum: procedit enim huiusmodi actus et a voluntate et ab intellectu. Quorum uterque natus est per habitum perfici, secundum praedicta. Et ideo oportet quod tam in voluntate sit aliquis habitus quam in intellectu, si debeat actus fidei esse perfectus: sicut etiam ad hoc quod actus concupiscibilis sit perfectus, oportet quod sit habitus prudentiae in ratione et habitus temperantiae in concupiscibili. Credere autem est immediate actus intellectus: quia obiectum huius actus est verum, quod proprie pertinet ad intellectum. Et ideo necesse est quod fides, quae est proprium principium huius actus, sit in intellectu sicut in subiecto.

AD PRIMUM ergo dicendum quod Augustinus fidem accipit pro actu fidei: qui dicitur consistere in credentium voluntate inquantum ex imperio voluntatis intellectus credibilibus assentit.

AD SECUNDUM dicendum quod non solum oportet voluntatem esse promptam ad obediendum, sed etiam intellectum esse bene dispositum ad

princípio de operação, enquanto que a fé é este princípio que, segundo a palavra do Apóstolo na Carta aos Gálatas: "opera pela caridade". Semelhantemente, também não reside no intelecto prático, cujo objeto é a verdade contingente, a fazer ou a agir; enquanto que o objeto da fé é a verdade eterna, como fica claro pelo que já foi dito. Logo, a fé não está no intelecto como no sujeito.

EM SENTIDO CONTRÁRIO, à fé sucede a visão da pátria, conforme a palavra da primeira Carta aos Coríntios: "Nós agora vemos como por um espelho, em enigmas; mas então, será face a face". Ora, a visão pertence ao intelecto. Logo, também a fé.

RESPONDO. Sendo a fé uma virtude, é necessário que o seu ato seja perfeito. Ora, a perfeição de um ato, que procede de dois princípios ativos, requer que cada um dos princípios ativos seja perfeito; assim, não se pode serrar bem, a não ser que o serrador conheça a sua arte e que a serra tenha boas condições de serrar. Ora, a disposição para agir bem, nas potências da alma capazes de tender para termos opostos, é o hábito, como já foi dito. Por isso, é preciso que o ato, procedente de duas potências seja perfeito e receba a perfeição de um hábito que preexista em cada uma das duas potências. Ora, como foi dito acima, crer é um ato do intelecto, enquanto movido pela vontade para assentir, é um ato que procede do intelecto e da vontade, aos quais é natural aperfeiçoar-se pelo hábito, conforme já se disse. Eis por que é necessário que tanto na vontade quanto no intelecto haja algum hábito para que seja perfeito o ato de fé; assim, como para ser perfeito o ato do concupiscível, é necessário que haja o hábito da prudência na razão e o da temperança, no concupiscível. Mas, crer é imediatamente um ato do intelecto, porque o objeto desse ato é a verdade, que se refere propriamente ao intelecto. Portanto, é necessário que a fé, princípio próprio desse ato, resida no intelecto, como em seu sujeito.

QUANTO AO 1º, portanto, deve-se dizer que Agostinho considera a fé, como um ato de fé; nesse caso é verdade dizer que ela consiste na vontade dos que creem, enquanto que, pelo império da vontade, o intelecto adere às verdades da fé.

QUANTO AO 2º, deve-se dizer que não só é necessário que a vontade esteja pronta para obedecer, mas é preciso também que o intelecto esteja bem dispos-

---

3. Q. 1, a. 1, *sed c*.
4. I-II, q. 49, a. 4, ad 1, 2, 3.
5. A. praec.; q. 2, a. 1, ad 3; a. 2, 9.

sequendum imperium voluntatis: sicut oportet concupiscibilem esse bene dispositam ad sequendum imperium rationis. Et ideo non solum oportet esse habitum virtutis in voluntate imperante, sed etiam in intellectu assentiente.

AD TERTIUM dicendum quod fides est in intellectu speculativo sicut in subiecto: ut manifeste patet ex fidei obiecto. Sed quia veritas prima, quae est fidei obiectum, est finis omnium desideriorum et actionum nostrarum, ut patet per Augustinum, in I *de Trin.*[6]; inde est quod per dilectionem operatur. Sicut etiam intellectus speculativus extensione fit practicus, ut dicitur in III *de Anima*[7].

ARTICULUS 3
Utrum caritas sit forma fidei

AD TERTIUM SIC PROCEDITUR. Videtur quod caritas non sit forma fidei.

1. Unumquodque enim sortitur speciem per suam formam. Eorum ergo quae ex opposito dividuntur sicut diversae species unius generis, unum non potest esse forma alterius. Sed fides et caritas dividuntur ex opposito, 1Cor 13,13, sicut diversae species virtutis. Ergo caritas non potest esse forma fidei.

2. PRAETEREA, forma et id cuius est forma sunt in eodem: quia ex eis fit unum simpliciter. Sed fides est in intellectu, caritas autem in voluntate. Ergo caritas non est forma fidei.

3. PRAETEREA, forma est principium rei. Sed principium credendi ex parte voluntatis magis videtur esse obedientia quam caritas: secundum illud *ad* Rm 1,5: *ad obediendum fidei in omnibus gentibus.* Ergo obedientia magis est forma fidei quam caritas.

SED CONTRA est quod unumquodque operatur per suam formam. Fides autem *per dilectionem operatur.* Ergo dilectio caritatis est forma fidei.

RESPONDEO dicendum quod, sicut ex superioribus[1] patet, actus voluntarii speciem recipiunt a fine, qui est voluntatis obiectum. Id autem a quo

to a seguir o império da vontade; como é necessário que o apetite concupiscível esteja bem disposto para obedecer ao império da razão. Portanto, não só é necessário o hábito da virtude na vontade que impera, mas também no intelecto que adere.

QUANTO AO 3º, deve-se dizer que a fé tem sede no intelecto especulativo[e], como fica claro a partir do objeto mesmo da fé. Mas, sendo a verdade primeira, objeto da fé, o fim de todos os nossos desejos e de todas nossas ações, como está claro em Agostinho, a fé age por amor. Assim também o intelecto especulativo, por extensão, torna-se prático, como se diz no livro III da *Alma*.

ARTIGO 3
A caridade é a forma da fé?

QUANTO AO TERCEIRO, ASSIM SE PROCEDE: parece que a caridade **não** é a forma da fé.

1. Com efeito, a espécie de cada coisa é determinada por sua forma. Em coisas que se dividem por oposição, como diversas espécies de um mesmo gênero, uma não pode ser a forma de outra. Ora, a fé e a caridade se distinguem por oposição, como espécies diversas da virtude, como diz a primeira Carta aos Coríntios. Logo, a caridade não pode ser a forma da fé.

2. ALÉM DISSO, a forma e aquilo do qual ela é forma estão em um mesmo sujeito, porque formam uma unidade. Ora, a fé está no intelecto e a caridade na vontade. Logo, a caridade não é a forma da fé.

3. ADEMAIS, a forma é o princípio da coisa. Ora, o princípio do ato de crer, do lado da vontade, parece mais ser a obediência do que a caridade, conforme esta palavra da Carta aos Romanos: "Para que se obedeça à fé, em todas as nações". Logo, a obediência é, mais do que a caridade, a forma da fé.

EM SENTIDO CONTRÁRIO, cada coisa opera por sua forma. Ora, a fé *opera pelo amor*. Logo, o amor da caridade é a forma da fé.

RESPONDO. Anteriormente já se disse claramente que a espécie de um ato da vontade é determinada pelo fim, que é o objeto da vontade. Ora, o que

---

6. C. 8, n. 17; c. 10, n. 20: ML 42, 831, 834.
7. C. 10: 433, a, 15-26.

3 PARALL.: Infra, q. 23, a. 8; III *Sent.*, dist. 23, q. 3, a. 1, q.la 1; *De Verit.*, q. 14, a. 5; *De Virtut*, q. 2, a. 3.
  1. I-II, q. 1, a. 3; q. 18, a. 6.

e. Por ser a virtude da verdade, Sto. Tomás afirma que a fé tem sua sede na inteligência. Chega a fornecer a precisão: na inteligência *especulativa* a qual se torna igualmente *prática* agindo por intermédio da caridade.

aliquid speciem sortitur se habet ad modum formae in rebus naturalibus. Et ideo cuiuslibet actus voluntarii forma quodammodo est finis ad quem ordinatur: tum quia ex ipso recipit speciem; tum etiam quia modus actionis oportet quod respondeat proportionaliter fini. Manifestum est autem ex praedictis[2] quod actus fidei ordinatur ad obiectum voluntatis, quod est bonum, sicut ad finem. Hoc autem bonum quod est finis fidei, scilicet bonum divinum, est proprium obiectum caritatis. Et ideo caritas dicitur forma fidei, inquantum per caritatem actus fidei perficitur et formatur.

AD PRIMUM ergo dicendum quod caritas dicitur esse forma fidei inquantum informat actum ipsius. Nihil autem prohibet unum actum a diversis habitibus informari, et secundum hoc ad diversas species reduci ordine quodam: ut supra[3] dictum est, cum de actibus humanis in communi ageretur.

AD SECUNDUM dicendum quod obiectio illa procedit de forma intrinseca. Sic autem caritas non est forma fidei: sed prout informat actum eius, ut supra[4] dictum est.

AD TERTIUM dicendum quod etiam ipsa obedientia, et similiter spes et quaecumque alia virtus posset praecedere actum fidei, formatur a caritate, sicut infra[5] patebit. Et ideo ipsa caritas ponitur forma fidei.

ARTICULUS 4
Utrum fides informis possit fieri formata, vel e converso

AD QUARTUM SIC PROCEDITUR. Videtur quod fides informis non fiat formata, nec e converso.

1. Quia ut dicitur 1Cor 13,10, *cum venerit quod perfectum est, evacuabitur quod ex parte est*. Sed fides informis est imperfecta respectu formatae. Ergo, adveniente fide formata, fides informis excluditur, ut non sit unus habitus numero.

2. PRAETEREA, illud quod est mortuum non fit vivum. Sed fides informis est mortua: secundum

confere a cada coisa sua espécie, corresponde, nas coisas naturais, à forma. Portanto, a forma de qualquer ato voluntário é, de certo modo, o fim ao qual ele se ordena; ou porque sua espécie é determinada por ele ou também porque o modo de ação deve proporcionalmente corresponder ao fim. É claro, pelo que foi dito acima, que o ato de fé ordena-se ao objeto da vontade, que é o bem, como a um fim. Este bem que é o fim da fé, isto é, o bem divino, é o objeto próprio da caridade. Logo, a caridade é considerada forma da fé, enquanto por ela o ato de fé se torna perfeito e formado.

QUANTO AO 1º, portanto, deve-se dizer que a caridade é a forma da fé, enquanto ela dá forma ao ato da virtude mesma da fé. Nada impede que um ato seja formado por diversos hábitos e possa assim pertencer a diversas espécies, mas segundo certa ordem, como acima foi dito, ao se tratar em geral dos atos humanos.

QUANTO AO 2º, deve-se dizer que a objeção é válida, em se tratando de forma intrínseca. Ora, não é assim que a caridade é forma da fé, mas enquanto ela dá forma ao ato de fé, no sentido que foi dito acima.

QUANTO AO 3º, deve-se dizer que a obediência mesma e semelhantemente a esperança e qualquer outra virtude que possa preceder ao ato de fé, é formada pela caridade, como ficará claro a seguir. Daí que a própria caridade é afirmada como forma da fé.

ARTIGO 4
Se a fé informe pode vir a ser fé formada e inversamente

QUANTO AO QUARTO, ASSIM SE PROCEDE: parece que a fé informe **não** pode vir a ser fé formada e inversamente.

1. Com efeito, diz a primeira Carta aos Coríntios: "Quando vier o que é perfeito, o que é parcial desaparecerá". Ora, a fé informe é imperfeita em face da fé formada. Logo, sobrevindo esta, fica excluída a fé informe, para que não formem um hábito numericamente uno.

2. ALÉM DISSO, o morto não pode vir a ser vivo. Ora, a fé informe é uma fé morta, segundo a Carta

---
2. A. 1.
3. I-II, q. 18, a. 7, ad 1.
4. In corp.
5. Q. 23, a. 8.

4 PARALL.: III *Sent.*, dist. 23, q. 3, a. 4, q.la 1, 3; *De Verit.*, q. 14, a. 7; *ad Rom.*, c. 1, lect. 6.

illud Iac 2,17,20,26: *Fides sine operibus mortua est*. Ergo fides informis non potest fieri formata.

3. PRAETEREA, gratia Dei adveniens non habet minorem effectum in homine fideli quam in infideli. Sed adveniens homini infideli causat in eo habitum fidei. Ergo etiam adveniens fideli qui habebat prius habitum fidei informis causat in eo alium habitum fidei.

4. PRAETEREA, sicut Boetius dicit[1], accidentia alterari non possunt. Sed fides est quoddam accidens. Ergo non potest eadem fides quandoque esse formata et quandoque informis.

SED CONTRA est quod Iac 2, super illud, *Fides sine operibus mortua est*, dicit Glossa[2]: *quibus reviviscit*. Ergo fides quae erat prius mortua et informis fit formata et vivens.

RESPONDEO dicendum quod circa hoc fuerunt diversae opiniones. Quidam enim dixerunt quod alius est habitus fidei formatae et informis, sed, adveniente fide formata, tollitur fides informis. Et similiter, homine post fidem formatam peccante mortaliter, succedit alius habitus fidei informis a Deo infusus. — Sed hoc non videtur esse conveniens quod gratia adveniens homini aliquod Dei donum excludat: neque etiam quod aliquod Dei donum infundatur homini propter peccatum mortale.

Et ideo alii dixerunt quod sunt quidem diversi habitus fidei formatae et informis, sed tamen, adveniente fide formata, non tollitur habitus fidei informis, sed simul manet in eodem cum habitu fidei formatae. — Sed hoc etiam videtur inconveniens quod habitus fidei informis in habente fidem formatam remaneat otiosus.

Et ideo aliter dicendum quod idem est habitus fidei formatae et informis. Cuius ratio est quia habitus diversificatur secundum illud quod per se ad habitum pertinet. Cum autem fides sit perfectio intellectus, illud per se ad fidem pertinet quod pertinet ad intellectum: quod autem pertinet ad voluntatem non per se pertinet ad fidem, ita quod per hoc diversificari possit habitus fidei. Distinctio autem fidei formatae et informis est secundum id quod pertinet ad voluntatem, idest secundum caritatem: non autem secundum illud quod pertinet ad intellectum. Unde fides formata et informis non sunt diversi habitus.

AD PRIMUM ergo dicendum quod verbum Apostoli est intelligendum quando imperfectio est de

de Tiago: "A fé sem obras é uma fé morta". Logo, a fé informe não pode vir a ser formada.

3. ADEMAIS, a graça de Deus que sobrevém não tem menos efeito no fiel, que no infiel. Ora, sobrevindo ao infiel, causa nele o hábito da fé. Logo, quando sobrevém ao fiel, que antes tinha o hábito da fé informe, causa nele um outro hábito de fé.

4. ADEMAIS, como diz Boécio, os acidentes não podem alterar-se. Ora, a fé é um acidente. Logo, a mesma fé não pode ser, ora formada, ora informe.

EM SENTIDO CONTRÁRIO, sobre a passagem citada Carta de Tiago, "A fé sem obras é morta", a Glosa diz: "por elas revivesce". Logo, a fé, antes morta e informe, torna-se formada e viva.

RESPONDO. Sobre esse assunto houve opiniões diversas. Alguns disseram que é diferente o hábito da fé formada da informe, mas sobrevindo a fé formada, desaparece a informe. E, semelhantemente, no caso de um homem com fé formada, que peca mortalmente, à fé formada, sucede em outro hábito, infundido por Deus, o da fé informe. — Mas, não parece admissível que uma graça sobreveniente exclua qualquer dom de Deus; nem também que algum dom de Deus seja infundido no homem por causa de um pecado mortal.

Outros disseram que são diversos os hábitos da fé formada e a da informe, e que sobrevindo a fé formada não fica eliminado o hábito da fé informe, que subsiste no mesmo homem, ao mesmo tempo, com o hábito da fé formada. — Parece igualmente inadmissível que o hábito da fé informe permaneça ocioso naquele que tem a fé formada.

Portanto, deve-se dizer, de outra maneira, que a fé formada e a informe têm o mesmo hábito. E a razão é que o hábito se diversifica, segundo aquilo que lhe pertence essencialmente. Como a fé é perfeição do intelecto, pertence à fé, essencialmente, o que pertence o intelecto; o que, porém, pertence à vontade não pertence essencialmente à fé, de modo que por isso se possa diversificar o hábito da fé. A distinção entre fé formada e informe depende do que pertence à vontade, isto é, depende da caridade e, não, do que pertence ao intelecto. Logo, a fé formada e a informe não são hábitos diversos.

QUANTO AO 1º, portanto, deve-se dizer que a palavra do Apóstolo deve ser entendida quando a

---

1. *In Cat. Aristot.*, l. I, De subst., § Maxime vero subst.: ML 64, 198 BD.
2. Interl.

ratione imperfecti. Tunc enim oportet quod, adveniente perfecto, imperfectum excludatur: sicut, adveniente aperte visione, excluditur fides, de cuius ratione est ut sit non apparentium. Sed quando imperfectio non est de ratione rei imperfectae, tunc illud numero idem quod erat imperfectum fit perfectum: sicut pueritia non est de ratione hominis, et ideo idem numero qui erat puer fit vir. Informitas autem fidei non est de ratione fidei, sed per accidens se habet ad ipsam, ut dictum est[3]. Unde ipsamet fides informis fit formata.

AD SECUNDUM dicendum quod illud quod facit vitam animalis est de ratione ipsius, quia est forma essentialis eius, scilicet anima. Et ideo mortuum vivum fieri non potest, sed aliud specie est quod est mortuum et quod est vivum. Sed id quod facit fidem esse formatam vel vivam non est de essentia fidei. Et ideo non est simile.

AD TERTIUM dicendum quod gratia facit fidem non solum quando fides de novo incipit esse in homine, sed etiam quandiu fides durat: dictum est enim supra[4] quod Deus semper operatur iustificationem hominis, sicut sol semper operatur illuminationem aeris. Unde gratia non minus facit adveniens fideli quam adveniens infideli: quia in utroque operatur fidem, in uno quidem confirmando eam et perficiendo, in alio de novo creando.

Vel potest dici quod hoc est per accidens, scilicet propter dispositionem subiecti, quod gratia non causat fidem in eo qui habet. Sicut e contrario secundum peccatum mortale non tollit gratiam ab eo qui eam amisit per peccatum mortale praecedens.

AD QUARTUM dicendum quod per hoc quod fides formata fit informis non mutatur ipsa fides, sed mutatur subiectum fidei, quod est anima: quod quandoque quidem habet fidem sine caritate, quandoque autem cum caritate.

imperfeição é da razão do imperfeito; nesse caso, necessariamente, o advento do perfeito exclui o imperfeito; assim, quando tivermos a visão clara, a fé será excluída, pois é de sua razão ter por objeto aquilo que não se vê. Quando, porém, a imperfeição não é da razão do imperfeito, então o ser numericamente o mesmo, que era imperfeito, torna-se perfeito: como a infância não é da razão do homem; então, o ser numericamente o mesmo, que era criança, torna-se homem. Portanto, a falta da forma não é da razão da fé, mas lhe ocorre, como foi dito, acidentalmente. É a própria fé informe que se torna fé formada.

QUANTO AO 2º, deve-se dizer que o que faz a vida do animal pertence à sua razão, porque é sua forma essencial, isto é, a alma. Por isso, um morto não pode tornar-se um vivo, pois diferem entre si especificamente. Mas o que faz a fé formada ou viva não é da essência da fé. Logo, não há semelhança.

QUANTO AO 3º, deve-se dizer que a graça produz a fé, não só quando esta começa a existir no homem, mas também enquanto durar. Foi dito acima, que Deus sempre opera a justificação do homem, como o sol sempre opera a iluminação do ar. A graça não faz menos quando sobrevém ao fiel[f] do que ao infiel, porque em ambos produz a fé; num, confirmando-a e aperfeiçoando-a; noutro, causando-a inicialmente.

Ou, pode-se dizer que é por acidente, isto é, por causa da disposição do sujeito que a graça não causa a fé no crente. Como, no caso contrário, um segundo pecado mortal não priva da graça aquele que a tinha perdido por um pecado mortal precedente[g].

QUANTO AO 4º, deve-se dizer que a fé, em si mesma, não muda pelo fato de, sendo formada, tornar-se informe; o que muda é a alma, sujeito da fé; esta, às vezes, tem fé sem caridade e outras vezes, com caridade.

---

3. In corp.
4. I, q. 104, a. 1; I-II, q. 109, a. 9.

f. Essa palavra deve ser sempre compreendida em sentido etimológico: crente. A graça é tão poderosa quando ela mantém e aperfeiçoa a fé no crente quanto ela transforma o incrédulo em crente.

g. O crente que não está mais em estado de graça não recebe o hábito de fé ao encontrar a graça, uma vez que ele já a possuía. Mas o estado do pecador, espiritualmente morto e crente, é paradoxal.

Artigo 5
A fé é uma virtude?

Quanto ao quinto, assim se procede: parece que a fé **não** é uma virtude.

1. Com efeito, a virtude se ordena para o bem, como diz o Filósofo: "Virtude é o que torna bom aquele que a possui". Ora, a fé se ordena para a verdade. Logo, a fé não é virtude.

2. Além disso, é mais perfeita a virtude infusa do que a adquirida. Ora, a fé, por causa de sua imperfeição, não é afirmada entre as virtudes intelectuais adquiridas, segundo diz claramente o Filósofo. Logo, com maior razão, a fé não pode ser considerada virtude infusa.

3. Ademais, a fé formada e a informe são da mesma espécie, como já foi dito. Ora, a fé informe não é virtude, pois não tem conexão com outras virtudes. Logo, nem a fé formada é virtude.

4. Ademais, as graças grátis dadas e os frutos são distintos das virtudes. Ora, a fé é enumerada entre as graças grátis dadas na Carta aos Coríntios; e também entre os frutos, na Carta aos Gálatas. Logo, a fé não é virtude.

Em sentido contrário, o homem justifica-se pelas virtudes, pois "a justiça[h] é a virtude total", conforme se diz no livro V da *Ética*. Mas, pela fé o homem é justificado, segundo a Carta aos Romanos: "Justificados pela fé, temos a paz". Logo, a fé é uma virtude.

Respondo. Do que foi dito acima, fica claro que a virtude humana é aquela pela qual o ato humano torna-se bom. Portanto, todo hábito que é princípio de atos bons pode considerar-se como virtude humana. Ora, a fé formada é um hábito desse tipo. Sendo crer um ato do intelecto, que dá seu assentimento à verdade sob o império da vontade, duas coisas são requeridas para que este ato seja perfeito. Uma, que o intelecto tenda infalivelmente para o seu bem, que é a verdade; outra, que ele seja ordenado infalivelmente ao fim último, em razão do qual a vontade dá as-

---

5   Parall.: I-II, q. 65, a. 4; III *Sent.*, dist. 23, q. 2, a. 4, q.la 1; q. 3, a. 1, q.la 2; *De Verit.*, q. 14, a. 3, 6; *De Virtut.*, q. 1, a. 7; *ad Rom.*, c. 1, lect. 6.

1. C. 5: 1106, a, 15-23.
2. C. 3: 1139, b, 15-18.
3. A. praec.
4. C. 1: 1130, a, 9.
5. I-II, q. 56, a. 3.

h. A justiça é biblicamente o estado, ou a qualidade, daquele que é salvo.

formatae. Nam ex ratione ipsius fidei est quod intellectus semper feratur in verum, quia fidei non potest subesse falsum, ut supra[6] habitum est: ex caritate autem, quae format fidem, habet anima quod infallibiliter voluntas ordinetur in bonum finem. Et ideo fides formata est virtus.

Fides autem informis non est virtus: quia etsi habeat perfectionem debitam actus fidei informis ex parte intellectus, non tamen habet perfectionem debitam ex parte voluntatis. Sicut etiam si temperantia esset in concupiscibili et prudentia non esset in rationali, temperantia non esset virtus, ut supra[7] dictum est: quia ad actum temperantiae requiritur et actus rationis et actus concupiscibilis, sicut ad actum fidei requiritur actus voluntatis et actus intellectus.

AD PRIMUM ergo dicendum quod ipsum verum est bonum intellectus: cum sit eius perfectio. Et ideo inquantum per fidem intellectus determinatur ad verum, fides habet ordinem in bonum quoddam. Sed ulterius, inquantum fides formatur per caritatem, habet etiam ordinem ad bonum secundum quod est voluntatis obiectum.

AD SECUNDUM dicendum quod fides de qua Philosophus loquitur innititur rationi humanae non ex necessitate concludenti, cui potest subesse falsum. Et ideo talis fides non est virtus. Sed fides de qua loquimur innititur veritati divinae quae est infallibilis: et ita non potest ei subesse falsum. Et ideo talis fides potest esse virtus.

AD TERTIUM dicendum quod fides formata et informis non differunt specie sicut in diversis speciebus existentes: differunt autem sicut perfectum et imperfectum in eadem specie. Unde fides informis, cum sit imperfecta, non pertingit ad perfectam rationem virtutis: nam *virtus est perfectio quaedam*, ut dicitur in VII *Physic*.[8]

AD QUARTUM dicendum quod quidam ponunt quod fides quae connumeratur inter gratias gratis datas est fides informis. — Sed hoc non convenienter dicitur. Quia gratiae gratis datae, quae ibi enumerantur, non sunt communes omnibus membris Ecclesiae. unde Apostolus ibi [v. 4] dicit:

sentimento à verdade. Ora, essas duas condições encontram-se no ato de fé formada. Pois é da essência mesma da fé que o intelecto seja sempre levado para a verdade, porque, como dissemos acima, a fé não pode comportar o falso. Pela caridade, que é a forma da fé, a alma é ordenada infalivelmente para um fim bom. Por isso, a fé formada é uma virtude.

A fé informe, porém, não é virtude: porque, embora o ato de fé informe tenha a perfeição devida da parte do intelecto, não a tem, contudo, da parte da vontade. Assim, se a temperança existisse no apetite concupiscível, mas a prudência não existisse no apetite racional, a temperança não seria virtude, como acima foi dito; porque o ato da temperança requer um ato da razão e outro do apetite concupiscível, como o ato de fé exige o ato da vontade e do intelecto.

QUANTO AO 1º, portanto, deve-se dizer que a verdade em si mesma é o bem do intelecto, pois é a perfeição dela. Portanto, enquanto pela fé o intelecto é determinado para a verdade, a fé ordena-se para certo bem. Além disso, enquanto a fé é formada pela caridade, também se ordena para o bem, enquanto objeto da vontade.

QUANTO AO 2º, deve-se dizer que a fé, da qual fala o Filósofo, apoia-se na razão humana, que não é necessariamente concludente e é susceptível de falsidade. Assim, essa fé não é virtude. Mas, a fé de que falamos apoia-se na verdade divina que é infalível e, portanto, não é susceptível de falsidade. Por isso, tal fé pode ser virtude.

QUANTO AO 3º, deve-se dizer que a fé formada e a fé informe não diferem especificamente, como se elas existissem em espécies diferentes; diferem, porém, como o perfeito e o imperfeito na mesma espécie. Daí que, a fé informe, sendo imperfeita, não chega a realizar a plena razão de virtude, pois a "virtude é certa perfeição", como diz o livro VII da *Física*.

QUANTO AO 4º, deve-se dizer que alguns afirmam que a fé enumerada entre as graças grátis dadas é a fé informe[i]. — Mas, isso não se diz com fundamento, pois, as graças grátis dadas, no caso enumeradas, não são comuns a todos os membros da Igreja; por isso, o Apóstolo diz: "Há

---

6. Q. 1, a. 3.
7. Q. 65, a. 1.
8. C. 3: 246, a, 13; b, 27-28; 247, a, 2.

i. As "graças *gratis* dadas" (I-II, q. 111, a. 1), que hoje chamamos de carismas, são as que são dadas a cada um não só para sua própria santificação, mas sobretudo para a utilidade de todos.

Divisiones gratiarum sunt; et iterum [8 sqq.]: *Alii datur hoc, alii datur illud*. Fides autem informis est communis omnibus membris Ecclesiae: quia informitas non est de substantia eius, secundum quod est donum gratuitum.

Unde dicendum est quod fides ibi sumitur pro aliqua fidei excellentia: sicut pro *constantia fidei*, ut dicit Glossa, vel pro *sermone fidei*[9]. — Fides autem ponitur fructus secundum quod habet aliquam delectationem in suo actu, ratione certitudinis. Unde Gl 5, ubi enumerantur fructus, exponitur fides *de invisibilibus certitudo*.

Articulus 6
Utrum fides sit una

Ad sextum sic proceditur. Videtur quod non sit una fides.

1. Sicut enim fides *est donum Dei*, ut dicitur *ad* Eph 2,8, ita etiam sapientia et scientia inter dona Dei computantur: ut patet Is 11,2. Sed sapientia et scientia differunt per hoc quod sapientia est de aeternis, scientia vero de temporalibus: ut patet per Augustinum, XII *de Trin*.[1]. Cum igitur fides sit et de aeternis et de quibusdam temporalibus, videtur quod non sit una fides sed distinguatur in partes.

2. Praeterea, confessio est actus fidei, ut supra[2] dictum est. Sed non est una et eadem confessio fidei apud omnes: nam quod nos confitemur factum antiqui Patres confitebantur futurum, ut patet Is 7,14: *Ecce virgo concipiet*. Ergo non est una fides.

3. Praeterea, fides est communis omnibus fidelibus Christi. Sed unum accidens non potest esse in diversis subiectis. Ergo non potest esse una fides omnium.

Sed contra est quod Apostolus dicit, *ad* Eph 4,5: *Unus Dominus, una fides*.

diversidade de graças" e, em seguida: "A um é dado isto, a outro, aquilo". A fé informe, porém, é comum a todos os membros da Igreja, porque ser informe não pertence à substância da fé, enquanto a fé é um dom gratuito.

Deve-se dizer, portanto, que a fé, na passagem em questão, é tomada por alguma excelência da fé, por exemplo, por "constância na fé", como diz a Glosa, ou por "linguagem da fé". — A fé é afirmada como fruto, em razão de haver algum deleite em seus atos, por causa da certeza. Por isso, quando a Carta aos Gálatas enumera os frutos, explica a fé, "como certeza das realidades invisíveis".

Artigo 6
A fé é uma só?[j]

Quanto ao sexto, assim se procede: parece que a fé **não** é uma só.

1. Com efeito, a Carta aos Efésios diz que ela "é um dom de Deus". Também, no livro de Isaías está claro que a sabedoria e a ciência são enumeradas como dons de Deus. Ora, elas se distinguem, porque a sabedoria versa sobre o eterno, e a ciência sobre o temporal, como está claro no livro de Agostinho sobre a Trindade. Logo, como a fé tem por objeto realidades eternas e algumas realidades temporais, parece que a fé não é uma só, mas dividida em partes.

2. Além disso, a confissão é um ato de fé, como já foi dito acima. Ora, nem todos confessam uma e mesma fé; assim o que nós confessamos como realizado, os antigos Padres confessavam como futuro, como está claro no livro de Isaías: "Eis que uma virgem conceberá". Logo, não é só uma a fé.

3. Ademais, a fé é comum a todos os fiéis de Cristo. Ora, um único acidente não pode existir em diversos sujeitos. Logo, não pode haver uma única fé para todos.

Em sentido contrário, o Apóstolo diz, na Carta aos Efésios: "Um Senhor, uma fé".

---

9. Glossa Interl., super I *Cor*. 12, 9; Lombardi, *ibid*.: ML 191, 1653 A.

6 Parall.: III *Sent*., dist. 23, q. 2, a. 4, q.la 2; *De Verit*., q. 14, a. 12; *ad Ephes*., c. 4, lect. 2.

1. C. 14, n. 22 et c. 15, n. 25: ML 42, 1009, 1012.
2. Q. 3, a. 1.

j. O sentido da questão é saber se é a mesma fé que tem por objeto a existência eterna de Deus e as realidades históricas (os atos de Cristo); se é a mesma fé que animava os judeus antes de Cristo, e os cristão depois; se é a mesma ainda que encontramos em todos os crentes, infinitamente diversos.

RESPONDEO dicendum quod fides, si sumatur pro habitu, dupliciter potest considerari. Uno modo, ex parte obiecti. Et sic est una fides: obiectum enim formale fidei est veritas prima, cui inhaerendo credimus quaecumque sub fide continentur. Alio modo, ex parte subiecti. Et sic fides diversificatur secundum quod est diversorum. Manifestum est autem quod fides, sicut et quilibet alius habitus, ex formali ratione obiecti habet speciem, sed ex subiecto individuatur. Et ideo, si fides sumatur pro habitu quo credimus, sic fides est una specie, et differens numero in diversis. — Si vero sumatur pro eo quod creditur, sic etiam est una fides. Quia idem est quod ab omnibus creditur: et si sint diversa credibilia quae communiter omnes credunt, tamen omnia reducuntur ad unum.

AD PRIMUM ergo dicendum quod temporalia quae in fide proponuntur non pertinent ad obiectum fidei nisi in ordine ad aliquod aeternum, quod est veritas prima, sicut supra[3] dictum est. Et ideo fides una est de temporalibus et aeternis. Secus autem est de sapientia et scientia, quae considerant temporalia et aeterna secundum proprias rationes utrorumque.

AD SECUNDUM dicendum quod illa differentia praeteriti et futuri non contingit ex aliqua diversitate rei creditae: sed ex diversa habitudine credentium ad unam rem creditam, ut etiam supra[4] habitum est.

AD TERTIUM dicendum quod illa ratio procedit ex diversitate fidei secundum numerum.

RESPONDO. Considerada como hábito, a fé pode ser entendida de dois modos. Primeiro, em relação com o objeto. Assim, há uma só fé, pois o objeto formal da fé é a verdade primeira e aderindo a ela nós cremos tudo o que a fé contém. Segundo, em relação com o sujeito. Então a fé se diversifica com a diversidade dos sujeitos. Ora, é evidente que a fé, como qualquer outro hábito, é especificada pela razão formal de seu objeto, mas é individualizada pelo sujeito. Portanto, considerada como hábito, pelo qual cremos, a fé é especificamente uma e diferenciada em número nos diversos sujeitos. — Considerada, porém, como aquilo em que cremos, assim também há uma só fé, porque é a mesma coisa acreditada por todos. Se há diversidade nas verdades acreditadas comumente por todos, contudo, todas se reduzem a uma só.

QUANTO AO 1º, portanto, deve-se dizer que as verdades temporais que nos são propostas pela fé não pertencem ao objeto da fé, a não ser enquanto relacionadas a algo de eterno, que é a verdade primeira, como acima foi dito. Por isso, a mesma fé refere-se ao temporal e ao eterno. Diversamente se dá com a sabedoria e a ciência, que consideram as coisas temporais e as eternas, segundo suas razões próprias.

QUANTO AO 2º, deve-se dizer que a diferença entre o passado e o futuro não se dá pela diversidade no que se crê, mas pelas relações diversas dos que creem para com a mesma verdade crida, como também já foi estabelecido precedentemente.

QUANTO AO 3º, deve-se dizer que a objeção procede da diversidade numérica da fé.

ARTICULUS 7
Utrum fides sit prima inter virtutes

AD SEPTIMUM SIC PROCEDITUR. Videtur quod fides non sit prima inter virtutes.
1. Dicitur enim Lc 12,4, in Glossa[1] super illud, *Dico vobis amicis meis,* quod *fortitudo est fidei fundamentum.* Sed fundamentum est prius eo cuius est fundamentum. Ergo fides non est prima virtus.

ARTIGO 7
A fé é a primeira das virtudes?

QUANTO AO SÉTIMO, ASSIM SE PROCEDE: parece que a fé **não** é a primeira das virtudes.
1. Com efeito, sobre o texto do Evangelho de Lucas, "Eu vos digo, meus amigos", a Glosa diz que "a fortaleza é o fundamento da fé". Ora, o fundamento é anterior àquilo que funda. Logo, a fé não é a primeira das virtudes.

---

3. Q. 1, a. 1.
4. I-II, q. 103, a. 4; cfr. ibid. q. 107, a. 1, ad I.

7 PARALL.: I-II, q. 62, a. 4; III *Sent.,* dist. 23, q. 2, a. 5; *De Verit.,* q. 14, a. 2, ad 3.
1. Ordin.: ML 114, 294 D.

2. Praeterea, quaedam glossa[2] dicit, super illum Psalmum, *Noli aemulari*, quod *spes introducit ad fidem*. Spes autem est virtus quaedam, ut infra[3] dicetur. Ergo fides non est prima virtutum.

3. Praeterea, supra[4] dictum est quod intellectus credentis inclinatur ad assentiendum his quae sunt fidei ex obedientia ad Deum. Sed obedientia etiam est quaedam virtus. Non ergo fides est prima virtus.

4. Praeterea, fides informis non est fundamentum, sed fides formata: sicut in Glossa[5] dicitur, 1Cor 3,11. Formatur autem fides per caritatem, ut supra[6] dictum est. Ergo fides a caritate habet quod sit fundamentum. Caritas ergo est magis fundamentum quam fides: nam fundamentum est prima pars aedificii. Et ita videtur quod sit prior fide.

5. Praeterea, secundum ordinem actuum intelligitur ordo habituum. Sed in actu fidei actus voluntatis, quem perficit caritas, praecedit actum intellectus, quem perficit fides, sicut causa, quae praecedit effectum. Ergo caritas praecedit fidem. Non ergo fides est prima virtutum.

Sed contra est quod Apostolus dicit, *ad Hb* 11,1, quod *fides est substantia sperandarum rerum*. Sed substantia habet rationem primi. Ergo fides est prima inter virtutes.

Respondeo dicendum quod aliquid potest esse prius altero dupliciter: uno modo, per se; alio modo, per accidens. Per se quidem inter omnes virtutes prima est fides. Cum enim in agibilibus finis sit principium, ut supra[7] dictum est, necesse est virtutes theologicas, quarum obiectum est ultimus finis, esse priores ceteris virtutibus. Ipse autem ultimus finis oportet quod prius sit in intellectu quam in voluntate: quia voluntas non fertur in aliquid nisi prout sit in intellectu apprehensum. Unde cum ultimus finis sit quidem in voluntate per spem et caritatem, in intellectu autem per fidem, necesse est quod fides sit prima inter omnes virtutes: quia naturalis cognitio non potest attingere ad Deum secundum quod est obiectum beatitudinis, prout tendit in ipsum spes et caritas.

Sed per accidens potest aliqua virtus esse prior fide. Causa enim per accidens est per accidens

2. Além disso, sobre aquilo do Salmo "Não queirais competir", diz a Glosa que "a esperança introduz a fé". Ora, a esperança é uma virtude, como se verá a seguir. Logo, a fé não é a primeira das virtudes.

3. Ademais, como já foi dito, o intelecto de quem crê se inclina a assentir às coisas da fé por obediência a Deus. Ora, também a obediência é uma virtude. Logo, a fé não é a primeira das virtudes.

4. Ademais, a fé informe não é fundamento, mas a fé formada, como diz a Glosa a propósito de um texto da primeira Carta aos Coríntios. Ora, como acima foi dito, a forma da fé é a caridade. Logo, pela caridade é que a fé pode ser fundamento. A caridade é, pois, mais fundamento do que a fé, pois o fundamento é a primeira base do edifício. Por conseguinte, parece que ela é anterior à fé.

5. Ademais, pela ordem dos atos se compreende a dos hábitos. Ora, no ato de fé, o ato da vontade, aperfeiçoado pela caridade, precede ao ato da inteligência, que a fé aperfeiçoa, como a causa precede ao efeito. Logo, a caridade precede à fé e, portanto, a fé não é a primeira das virtudes.

Em sentido contrário, diz o Apóstolo, que *a fé é a substância das coisas que se devem esperar*. Mas, a substância implica a razão de primeiro. Logo, a fé é a primeira das virtudes.

Respondo. De dois modos uma coisa pode ter prioridade sobre a outra: por si ou por acidente. Por si, uma vez que entre todas as virtudes, a fé é a primeira. Como já foi dito, o fim é o princípio das ações, é preciso que as virtudes teologais, cujo objeto é o fim último, tenham prioridade sobre as outras virtudes. Mas, este fim último deve estar primeiro no intelecto antes de estar na vontade, porque esta não deseja nada que não tenha sido apreendido pelo intelecto. Donde, como o fim último está na vontade pela esperança e pela caridade, e no intelecto, pela fé, é necessário que a fé seja a primeira entre todas as virtudes; porque o conhecimento natural não pode atingir a Deus, enquanto objeto da bem-aventurança, para o qual tendem a esperança e a caridade.

Mas, acidentalmente, alguma virtude pode ter prioridade sobre a fé. Uma causa acidental tem

---

2. Interl., Lombardi: ML 191, 368 B.
3. Q. 17, a. 1.
4. A. 2, ad 2; q. 2, a. 9.
5. Ordin.: ML 114, 523 B; Lombardi: ML 191, 1556 C.
6. A. 3.
7. I-II, q. 13, a. 3; q. 34, a. 4, ad 1; q. 57, a. 4.

prior. Removere autem prohibens pertinet ad causam per accidens: ut patet per Philosophum, in VIII *Physic*.[8]. Et secundum hoc aliquae virtutes possunt dici per accidens priores fide, inquantum removent impedimenta credendi: sicut fortitudo removet inordinatum timorem impedientem fidem; humilitas autem superbiam, per quam intellectus recusat se submittere veritati fidei. Et idem potest dici de aliquibus aliis virtutibus: quamvis non sint verae virtutes nisi praesupposita fide, ut patet per Augustinum, in libro *contra Iulianum*[9].

Unde patet responsio AD PRIMUM.

AD SECUNDUM dicendum quod spes non potest universaliter introducere ad fidem. Non enim potest spes haberi de aeterna beatitudine nisi credatur possibile: quia impossibile non cadit sub spe, ut ex supradictis[10] patet. Sed ex spe aliquis introduci potest ad hoc quod perseveret in fide, vel quod fidei firmiter adhaereat. Et secundum hoc dicitur spes introducere ad fidem.

AD TERTIUM dicendum quod obedientia dupliciter dicitur. Quandoque enim importat inclinationem voluntatis ad implendum divina mandata. Et sic non est specialis virtus, sed generaliter includitur in omni virtute: quia omnes actus virtutum cadunt sub praeceptis legis divinae, ut supra[11] dictum est. Et hoc modo ad fidem requiritur obedientia. — Alio modo potest accipi obedientia secundum quod importat inclinationem quandam ad implendam mandata secundum quod habent rationem debiti. Et sic obedientia est specialis virtus, et est pars iustitiae: reddit enim superiori debitum obediendo sibi. Et hoc modo obedientia sequitur fidem, per quam manifestatur homini quod Deus sit superior, cui debeat obedire.

AD QUARTUM dicendum quod ad rationem fundamenti non solum requiritur quod sit primum, sed etiam quod sit aliis partibus aedificii connexum: non enim esset fundamentum nisi ei aliae partes aedificii cohaererent. Connexio autem spiritualis aedificii est per caritatem: secundum illud Cl 3,14: *Super omnia caritatem habete, quae est vinculum perfectionis*. Et ideo fides sine caritate

prioridade acidental. Remover um obstáculo cabe à causa acidental, como explica o Filósofo. Por isso algumas virtudes podem, acidentalmente, ser consideradas anteriores à fé, enquanto removem o que impede de crer; assim a fortaleza afasta o temor desordenado que impede a fé; a humildade remove a soberba pela qual o intelecto se recusa a submeter-se à verdade da fé. O mesmo se pode dizer de algumas outras virtudes, ainda que não sejam verdadeiramente tais a não ser pressupondo-se a fé, como está claro em Agostinho.

QUANTO AO 1º, a resposta está evidente pelo que foi exposto.

QUANTO AO 2º, deve-se dizer que a esperança não pode ser uma introdução a todos os componentes da fé. Com efeito, não pode haver esperança da eterna bem-aventurança, a menos que a fé nos revele a sua possibilidade, porque o impossível, como já foi dito, não é objeto da esperança. Mas, pela esperança alguém pode ser levado a perseverar na fé ou a ela firmemente aderir. E, nesse sentido, diz-se que a esperança introduz à fé.

QUANTO AO 3º, deve-se dizer que se pode falar da obediência em dois sentidos. Às vezes, indica a inclinação da vontade para cumprir os mandamentos divinos. E, assim, não é virtude especial, mas se acha incluída geralmente em todas as virtudes, porque todos os atos virtuosos, como já se disse, caem sob os preceitos da lei divina. E sob esse aspecto, a obediência é necessária para a fé. — De outra maneira, a obediência pode ser entendida enquanto importa uma inclinação a cumprir os mandamentos, enquanto têm a razão de algo devido. E assim a obediência é virtude especial e faz parte da justiça, pois obedecendo ao superior lhe dá o que é devido. E desse modo a obediência segue a fé, pela qual se manifesta ao homem que Deus é um superior a quem se deve obedecer.

QUANTO AO 4º, deve-se dizer que à natureza do fundamento não só se requer que seja a base primeira, mas também que esteja ligado às outras partes do edifício. Pois, não seria fundamento, se com ele não estivessem conectadas as outras partes. Mas, a conexão do edifício espiritual se realiza pela caridade, segundo a Carta aos Colossenses: "Sobre tudo isto, revesti-vos da caridade, que é o

---

8. C. 4: 255, b, 24-31.
9. L. IV, c. 3: ML 44, 750.
10. I-II, q. 40, a. 1.
11. I-II, q. 100, a. 2.

fundamentum esse non potest: nec tamen oportet quod caritas sit prior fide.

AD QUINTUM dicendum quod actus voluntatis praeexigitur ad fidem, non tamen actus voluntatis caritate informatus: sed talis actus presupponit fidem, quia non potest voluntas perfecto amore in Deum tendere nisi intellectus rectam fidem habeat circa ipsum.

ARTICULUS 8
Utrum fides sit certior scientia et aliis virtutibus intellectualibus

AD OCTAVUM SIC PROCEDITUR. Videtur quod fides non sit certior scientia et aliis virtutibus intellectualibus.

1. Dubitatio enim opponitur certitudini: unde videtur illud esse certius quod minus potest habere de dubitatione; sicut est albius quod est nigro impermixtius. Sed intellectus et scientia, et etiam sapientia, non habent dubitationem circa ea quorum sunt: credens autem interdum potest pati motum dubitationis et dubitare de his quae sunt fidei. Ergo fides non est certior virtutibus intellectualibus.

2. PRAETEREA, visio est certior auditu. Sed *fides est ex auditu*, ut dicitur Rm 10,17: in intellectu autem et scientia et sapientia includitur quaedam intellectualis visio. Ergo certior est scientia vel intellectus quam fides.

3. PRAETEREA, quanto aliquid est perfectius in his quae ad intellectum pertinent, tanto est certius. Sed intellectus est perfectior fide: quia per fidem ad intellectum pervenitur, secundum illud Is 7,9: *Nisi credideritis, non intelligetis*, secundum aliam litteram. Et Augustinus dicit etiam de scientia, XIV *de Trin*.[1], quod *per scientiam roboratur fides*. Ergo videtur quod certior sit scientia vel intellectus quam fides.

SED CONTRA est quod Apostolus dicit, 1Thess 2,13: *Cum accepissetis a nobis verbum auditus*, scilicet per fidem, *accepistis illud non ut verbum*

vínculo da perfeição". Logo, a fé sem a caridade não pode ser fundamento, mas isso não significa que a caridade seja anterior à fé.

QUANTO AO 5º, deve-se dizer que o ato da vontade é exigido antes da fé, não, porém, o ato da vontade informado pela caridade[k], pois tal ato pressupõe a fé; porque a vontade não pode tender a Deus com perfeito amor, se o intelecto não tiver uma fé reta a respeito de Deus.

ARTIGO 8
Há mais certeza na fé do que na ciência e nas outras virtudes intelectuais?[l]

QUANTO AO OITAVO, ASSIM SE PROCEDE: parece que **não** há mais certeza na fé do que na ciência e nas outras virtudes intelectuais.

1. Com efeito, a dúvida opõe-se à certeza; por isso, parece ser mais certo o que contém menos dúvida, como é mais branco o que contém menos mistura de negro. Ora, o intelecto, a ciência e também a sabedoria não têm dúvida acerca de seus objetos; o que crê, porém, pode, às vezes, padecer um movimento de hesitação e duvidar das verdades da fé. Logo, a fé não é mais certa do que as virtudes intelectuais.

2. ALÉM DISSO, a vista é mais certa do que o ouvido. Ora, como se diz na Carta aos Romanos, "a fé vem daquilo que se ouve", enquanto o intelecto, a ciência e a sabedoria incluem certa visão intelectual. Logo, é mais certa a ciência ou o intelecto do que a fé.

3. ADEMAIS, quanto mais perfeição houver naquilo que pertence ao intelecto, tanto maior certeza existe. Ora, há mais perfeição no intelecto do que na fé, pois pela fé é que se chega ao intelecto, segundo o livro do profeta Isaías: "Se não credes, não entendereis". E Agostinho também diz a respeito da ciência: "pela ciência se fortifica a fé". Logo, parece que a ciência e o intelecto são mais certas do que a fé.

EM SENTIDO CONTRÁRIO, o Apóstolo diz: "tendo ouvido a palavra de Deus que vos pregávamos", isto é, pela fé, "a acolhestes não como palavra

---

8 PARALL.: III *Sent.*, dist. 23, q. 2, a. 2, q.la 3; *De Verit.*, q. 10, a. 12, ad 16; q. 14, a. 1, ad 7; in Boet. *de Trin.*, q. 3, a. 1, ad 4; *in Ioan.*, c. 4, lect. 5.

1. C. 1: ML 42, 1037.

k. Tudo isto já foi desenvolvido em I-II, q. 113, principalmente nos a. 3 e 4.
l. As virtudes intelectuais "humanas" foram apresentadas em I-II, q. 57: três especulativas (a inteligência, a ciência e a sabedoria), duas práticas (a arte e a prudência). Trata-se neste artigo de comparar a certeza que elas trazem com as que dão a fé e os dons do Espírito Santo.

hominum, sed, sicut vere est, verbum Dei. Sed nihil certius verbo Dei. Ergo scientia non est certior fide, nec aliquid aliud.

RESPONDEO dicendum quod, sicut supra[2] dictum est, virtutum intellectualium duae sunt circa contingentia, scilicet prudentia et ars. Quibus praefertur fides in certitudine, ratione suae materiae: quia est de aeternis, quae non contingit aliter se habere. — Tres autem reliquae intellectuales virtutes, scilicet sapientia, scientia et intellectus, sunt de necessariis, ut supra[3] dictum est. Sed sciendum est quod sapientia, scientia et intellectus dupliciter dicuntur: uno modo, secundum quod ponuntur virtutes intellectuales a Philosopho, in VI *Ethic.*[4]; alio modo, secundum quod ponuntur dona Spiritus Sancti.

Primo igitur modo, dicendum est quod certitudo potest considerari dupliciter. Uno modo, ex causa certitudinis: et sic dicitur esse certius illud quod habet certiorem causam. Et hoc modo fides est certior tribus praedictis: quia fides innititur veritati divinae, tria autem praedicta innituntur rationi humanae. — Alio modo potest considerari certitudo ex parte subiecti: et sic dicitur esse certius quod plenius consequitur intellectus hominis. Et per hunc modum, quia ea quae sunt fidei sunt supra intellectum hominis, non autem ea quae subsunt tribus praedictis, ideo ex hac parte fides est minus certa. Sed quia unumquodque iudicatur simpliciter quidem secundum causam suam; secundum autem dispositionem quae est ex parte subiecti iudicatur secundum quid: inde est quod fides est simpliciter certior, sed alia sunt certiora secundum quid, scilicet quoad nos. — Similiter etiam, si accipiantur tria praedicta secundum quod sunt dona praesentis vitae, comparantur ad fidem sicut ad principium quod praesupponunt. Unde etiam secundum hoc fides est eis certior.

AD PRIMUM ergo dicendum quod illa dubitatio non est ex parte causae fidei, sed quoad nos, inquantum non plene assequimur per intellectum ea quae sunt fidei.

humana, mas como palavra de Deus que de fato é". Ora, nada é mais certo do que a palavra de Deus. Logo, a ciência nem qualquer outro conhecimento, são mais certos do que a fé.

RESPONDO. Como foi dito acima, há duas virtudes intelectuais que versam sobre o contingente: a prudência e a arte. Ora, a fé tem prioridade sobre elas quanto à certeza, por causa de seu objeto, que são as verdades eternas, não susceptíveis de mudanças. — As três outras virtudes intelectuais, isto é, a sabedoria, a ciência e o intelecto versam sobre o necessário, como acima foi dito. Entretanto, deve-se saber que a sabedoria, a ciência e o intelecto têm dupla acepção: enquanto consideradas como virtudes intelectuais pelo Filósofo; ou enquanto são consideradas como dons do Espírito Santo.

Na primeira acepção, deve-se dizer que a certeza pode ser considerada de duas maneiras: primeiro, na sua causa e assim dizemos que é mais certo o que tem causa mais certa. E, sob esse aspecto, é mais certa a fé que se apoia na verdade divina do que as três virtudes referidas, que se apoiam na razão humana. — Doutro modo, pode-se considerar a certeza da parte do sujeito: e assim se diz ser mais certo o que o intelecto apreende mais plenamente. Ora, nesse sentido, como as verdades da fé são superiores ao intelecto humano, ao contrário das que são do alcance das três referidas virtudes, sob este aspecto a fé é menos certa. Mas, porque uma coisa é julgada absolutamente segundo sua causa e acidentalmente conforme a disposição do sujeito, deve-se concluir que a fé é absolutamente mais certa, enquanto as outras virtudes intelectuais o são relativamente, isto é, com relação a nós. — Semelhantemente, se se tomam as três disposições referidas como dons da vida presente, elas estão para a fé como para o princípio que elas pressupõem. Assim, mesmo sob esse ponto de vista, a fé é mais certa do que elas.

QUANTO AO 1º, portanto, deve-se dizer que essa dúvida não deve ser atribuída à causa da fé. Ela diz respeito a nós[m], enquanto pelo intelecto não alcançamos plenamente as verdades da fé.

---

2. I-II, q. 57, a. 4, ad 2; a. 5, ad 3.
3. I-II, q. 57, a. 5, ad 3.
4. C. 3: 1139, b, 15-18.

m. Tal é o princípio de discernimento: a fé em si mesma, a fé em nós. Em si mesma, a causa da fé sendo o testemunho divino, o assentimento do crente é *objetivamente* o mais certo. Mas, não sendo evidente para o crente, seu espírito balança. *Subjetivamente*, a fé é menos certa.

AD SECUNDUM dicendum quod, ceteris paribus, visio est certior auditu. Sed si ille a quo auditur multum excedit visum videntis, sic certior est auditus quam visus. Sicut aliquis parvae scientiae magis certificatur de eo quod audit ab aliquo scientissimo quam de eo quod sibi secundum suam rationem videtur. Et multo magis homo certior est de eo quod audit a Deo, qui falli non potest, quam de eo quod videt propria ratione, quae falli potest.

AD TERTIUM dicendum quod perfectio intellectus et scientiae excedit cognitionem fidei quantum ad maiorem manifestationem: non tamen quantum ad certiorem inhaesionem. Quia tota certitudo intellectus vel scientiae secundum quod sunt dona, procedit a certitudine fidei: sicut certitudo cognitionis conclusionum procedit ex certitudine principiorum. Secundum autem quod scientia et sapientia et intellectus sunt virtutes intellectuales, innituntur naturali lumini rationis, quod deficit a certitudine verbi Dei, cui innititur fides.

QUANTO AO 2º, deve-se dizer que sob as mesmas condições, o que se vê é mais certo do que o que se ouve. Mas, se aquele a quem se ouve ultrapassa de muito a visão de quem vê, então, há mais certeza no ouvir do que no ver. Como aquele que tem pouca ciência ficará mais seguro daquilo que ouve de um sábio do que daquilo que pode adquirir com a própria razão. Ora, o homem estará muito mais certo daquilo que ouve de Deus, que não pode enganar-se, do que daquilo que vê pela razão que pode errar[n].

QUANTO AO 3º, deve-se dizer que a perfeição do intelecto e da ciência[o] excede o conhecimento da fé enquanto tem maior clareza, não, porém, enquanto é uma adesão mais certa. Porque a certeza do intelecto e da ciência, enquanto são dons, procede da certeza da fé, assim como a do conhecimento das conclusões procede da certeza dos princípios. Mas, enquanto ciências, sabedoria e intelecto são virtudes intelectuais e apoiam-se na luz natural da razão, inferior à certeza que deriva da palavra de Deus, na qual a fé se apoia.

n. A certeza da fé repousa sobre o *credere Deo*, crer por Deus, confiar inteiramente nele. Como se vê, o motivo formal da fé só é apreendido pela fé. O incrédulo e o crente não apreendem da mesma maneira a mensagem evangélica. Para o crente, a revelação não é apreendida diretamente como milagre, mas acreditada como mistério divino.

o. Sto. Tomás distingue aqui inteligência e ciência, na medida em que são dons do Espírito Santo, e depois na medida em que são meras virtudes humanas.

QUAESTIO V
DE HABENTIBUS FIDEM
in quatuor articulos divisa

Deinde considerandum est de habentibus fidem.
Et circa hoc quaeruntur quatuor.
Primo: utrum angelus aut homo in prima sui conditione habuerit fidem.
Secundo: utrum daemones habeant fidem.
Tertio: utrum haeretici errantes in uno articulo fidei habeant fidem de aliis articulis.
Quarto: utrum fidem habentium unus alio habeat maiorem fidem.

QUESTÃO 5
OS QUE TÊM FÉ[a]
em quatro artigos

Em seguida, devem-se considerar os que têm fé.
Sobre isso, são quatro as perguntas:
1. Na sua condição primeira, o anjo e o homem tinham fé?
2. Os demônios têm fé?
3. Os heréticos, que erram em relação a um artigo de fé, têm fé nos demais artigos?
4. Entre os que têm fé, um a pode ter maior do que outro?

a. Esta questão deve permitir especificar melhor o que é a virtude de fé, considerando-a em todos os que a podem ter: o anjo, Adão no estado de inocência; os demônios; os heréticos (a. 1 a 3). Depois, comparando-a entre os crentes: existem graus na fé (a. 4).

Articulus 1
Utrum angelus aut homo in sua prima conditione habuerit fidem

AD PRIMUM SIC PROCEDITUR. Videtur quod angelus aut homo in sua prima conditione fidem non habuerit.
1. Dicit enim Hugo de Sancto Victore[1]: *Quia homo oculum contemplationis non habet, Deum et quae in Deo sunt videre non valet*. Sed angelus in statu primae conditionis, ante confirmationem vel lapsum, habuit oculum contemplationis: videbat enim res in Verbo, ut Augustinus dicit, in II *super Gen. ad litt.*[2]. Et similiter primus homo in statu innocentiae videtur habuisse oculum contemplationis apertum: dicit enim Hugo de Sancto Victore, in suis *Sententiis*[3], quod *novit homo*, in primo statu, *Creatorem suum non ea cognitione quae foris auditu solo percipitur, sed ea quae intus per inspirationem ministratur: non ea qua Deus modo a credentibus absens fide quaeritur, sed ea qua per praesentiam contemplationis manifestius cernebatur*. Ergo homo vel angelus in statu primae conditionis fidem non habuit.

2. PRAETEREA, cognitio fidei est aenigmatica et obscura: secundum illud 1Cor 13,12: *Videmus nunc per speculum in aenigmate*. Sed in statu primae conditionis non fuit aliqua obscuritas neque in homine neque in angelo: quia tenebrositas est poena peccati. Ergo fides in statu primae conditionis esse non potuit neque in homine neque in angelo.

3. PRAETEREA, Apostolus dicit, Rm 10,17, quod *fides est ex auditu*. Sed hoc locum non habuit in primo statu angelicae conditionis aut humanae: non enim erat ibi auditus ab alio. Ergo fides in statu illo non erat neque in homine neque in angelo.

SED CONTRA est quod Apostolus dicit, Hb 11,6: *Accedentem ad Deum oportet credere*. Sed angelus et homo in sui prima conditione erant in statu accedendi ad Deum. Ergo fide indigebant.

Artigo 1
Na sua condição primeira, o anjo ou o homem tinham fé?

QUANTO AO PRIMEIRO ARTIGO, ASSIM SE PROCEDE: parece que na sua condição primeira, o anjo ou o homem **não** tinham fé.
1. Com efeito, diz Hugo de São Vítor: "Como o homem não tem olhos contemplativos, não pode ver a Deus, nem o que em Deus existe". Ora, o anjo, em sua primeira condição, antes da confirmação ou da queda, tinha a vista contemplativa, enquanto via as coisas no Verbo, como diz Agostinho. Semelhantemente, o primeiro homem, no estado de inocência, parece que tinha os olhos abertos à contemplação, conforme diz Hugo de São Vítor: no seu primeiro estado, "o homem conhecia o seu Criador, não por aquele conhecimento que vem de fora, percebido apenas pela audição, mas pelo que é ministrado pela inspiração interior; não pelo modo como nesta vida os crentes buscam pela fé o Deus ausente, mas pelo conhecimento que o fazia perceber mais manifestamente pela presença da contemplação". Logo, na sua primeira condição nem o homem nem o anjo tinham fé.

2. ALÉM DISSO, o conhecimento da fé é enigmático e obscuro, conforme a primeira Carta aos Coríntios: "Agora, vemos por espelho em enigmas". Ora, na primeira condição não havia obscuridade nem no homem nem no anjo, porque as trevas são pena do pecado. Logo, a fé não pôde existir no estado de primeira condição nem no homem nem no anjo.

3. ADEMAIS, o Apóstolo diz que "a fé vem pelo ouvido". Ora, isso não tinha lugar no primeiro estado da condição angélica ou humana, pois não havia condição de se ouvir de outrem. Logo, nesse estado, não havia fé nem no homem nem no anjo.

EM SENTIDO CONTRÁRIO, diz o Apóstolo: "Aquele que se aproxima de Deus deve crer". Ora, o anjo e o homem, na sua primeira condição, estavam no estado de se aproximar de Deus. Logo, eles tinham necessidade da fé.

---

1 PARALL.: Part. I, q. 95, a. 3; II *Sent.*, dist. 29, a. 3; *De Verit.*, q. 18, a. 3.

1. *De Sacram.*, l. I, p. X, c. 2: ML 176, 330 A.
2. C. 8: ML 34, 270.
3. Al. *De Sacram.*, l. I, p. VI, c. 14: ML 176, 271 C.

RESPONDEO dicendum quod quidam dicunt quod in angelis ante confirmationem et lapsum, et in homine ante peccatum, non fuit fides, propter manifestam contemplationem quae tunc erat de rebus divinis. Sed cum fides sit *argumentum non apparentium*, secundum Apostolum; et *per fidem credantur ea quae non videntur*, ut Augustinus dicit[4]: illa sola manifestatio excludit fidei rationem per quam redditur apparens vel visum id de quo principaliter est fides. Principale autem obiectum fidei est veritas prima, cuius visio beatos facit et fidei succedit. Cum igitur angelus ante confirmationem, et homo ante peccatum, non habuit illam beatitudinem qua Deus per essentiam videtur; manifestum est quod non habuit sic manifestam cognitionem quod excluderetur ratio fidei. Unde quod non habuit fidem, hoc esse non potuit nisi quod penitus ei erat ignotum illud de quo est fides.

Et si homo et angelus fuerunt creati in puris naturalibus, ut quidam dicunt, forte posset teneri quod fides non fuit in angelo ante confirmationem nec in homine ante peccatum: cognitio enim fidei est supra naturalem cognitionem de Deo non solum hominis, sed etiam angeli. Sed quia in Primo[5] iam diximus quod homo et angelus creati sunt cum dono gratiae, ideo necesse est dicere quod per gratiam acceptam et nondum consummatam fuerit in eis inchoatio quaedam speratae beatitudinis: quae quidem inchoatur in voluntate per spem et caritatem, sed in intellectu per fidem, ut supra[6] dictum est. Et ideo necesse est dicere quod angelus ante confirmationem habuerat fidem, et similiter homo ante peccatum.

Sed tamen considerandum est quod in obiecto fidei est aliquid quasi formale, scilicet veritas prima super omnem naturalem cognitionem creaturae existens; et aliquid materiale, sicut id cui assentimus inhaerendo primae veritati. Quantum ergo AD PRIMUM horum, communiter fides est in omnibus habentibus cognitionem de Deo, futura beatitudine nondum adepta, inhaerendo primae veritati. Sed quantum ad ea quae materialiter cre-

RESPONDO. Alguns afirmam que nos anjos, antes da confirmação[b] ou da queda, e no homem, antes do pecado, não havia fé por causa da clara contemplação que havia então das coisas divinas. Mas, como a fé é "o argumento das coisas que não se veem", segundo o Apóstolo e como "cremos pela fé aquilo que não vemos", conforme Agostinho, entende-se que exclui a razão da fé só aquela manifestação pela qual se torna evidente ou visto o objeto principal da fé. O objeto principal da fé é a verdade primeira, cuja visão torna bem-aventurados, e sucede à fé. Ora, como o anjo, antes da confirmação, e o homem, antes do pecado, não tinham aquela bem-aventurança na qual se vê a Deus, em sua essência, é evidente que eles não tinham um conhecimento tão claro, que excluísse a razão da fé. Donde, o não ter fé não pôde dar-se senão, porque lhes era completamente desconhecido o objeto da mesma.

Mas, se o homem e o anjo foram criados no estado de natureza pura, como dizem alguns, talvez se pudesse admitir que a fé não existia no anjo antes da confirmação nem no homem antes do pecado; pois o conhecimento da fé é superior ao conhecimento natural de Deus, que o homem e o anjo têm dele. Mas, como na I Parte já dissemos que o homem e o anjo foram criados com o dom da graça, é necessário afirmar que, pela graça recebida, mas não consumada, houve neles certo começo da bem-aventurança esperada; a qual começa na vontade pela esperança e pela caridade e, no intelecto pela fé, como acima já se disse. E, portanto, deve-se dizer que o anjo antes da confirmação na graça, como o homem, antes do pecado, tiveram fé.

Entretanto, deve-se considerar que, no objeto da fé, há um elemento quase formal, que é a verdade primeira, superior a todo conhecimento natural da criatura; e outro, material, isto é, aquilo a que assentimos, aderindo à verdade primeira. Quanto, pois, ao primeiro elemento, comumente a fé existe em todos os que têm o conhecimento de Deus, sem gozar ainda da bem-aventurança futura aderindo à primeira verdade. Mas quanto

---

4. *In Ioan.*, tract. 40, n. 9, super 8, 32 et tract. 79, n. 1, super 14, 29: ML 35, 1690, 1837; *Quaest. Evang.*, l. II, q. 39, super Luc. 17, 5: ML 35, 1352.

5. Q. 62, a. 3; q. 95, a. 1.

6. Q. 4, a. 7.

b. Trata-se da confirmação na graça, isto é, da bem-aventurança (I, q. 62, a. 2 a 5). Os anjos são criados na graça e imediatamente confirmados nessa condição, ou então dela saem (queda) em seu primeiro ato de livre-arbítrio. Para o homem, é menos simples, mas Sto. Tomás sustenta, com toda a tradição patrística, que ele foi criado na graça.

denda proponuntur, quaedam sunt credita ab uno quae sunt manifeste scita ab alio, etiam in statu praesenti, ut supra[7] dictum est. Et secundum hoc etiam potest dici quod angelus ante confirmationem et homo ante peccatum quaedam de divinis mysteriis manifesta cognitione cognoverunt quae nunc non possumus cognoscere nisi credendo.

AD PRIMUM ergo dicendum quod, quamvis dicta Hugonis de Sancto Victore magistralia sint et robur auctoritatis non habeant, tamen potest dici quod contemplatio quae tollit necessitatem fidei est contemplatio patriae, qua supernaturalis veritas per essentiam videtur. Hanc autem contemplationem non habuit angelus ante confirmationem nec homo ante peccatum. Sed eorum contemplatio erat altior quam nostra, per quam, magis de propinquo accedentes ad Deum, plura manifeste cognoscere poterant de divinis effectibus et mysteriis quam nos possumus. Unde non inerat eis fides qua ita quaereretur Deus absens sicut a nobis quaeritur. Erat enim eis magis praesens per lumen sapientiae quam sit nobis: licet nec eis esset ita praesens sicut est beatis per lumen gloriae.

AD SECUNDUM dicendum quod in statu primae conditionis hominis vel angeli non erat obscuritas culpae vel poenae. Inerat tamen intellectui hominis et angeli quaedam obscuritas naturalis, secundum quod omnis creatura tenebra est comparata immensitati divini luminis. Et talis obscuritas sufficit ad fidei rationem.

AD TERTIUM dicendum quod in statu primae conditionis non erat auditus ab homine exterius loquente, sed a Deo interius inspirante: sicut et prophetae audiebant, secundum illud Ps 84,9: Audiam quid loquatur in me Dominus Deus.

àquilo que materialmente é proposto para se crer, alguns creem aquilo que outros sabem claramente, mesmo no estado de vida presente, como já foi dito. E, sendo assim, podemos dizer que o anjo, antes da confirmação e o homem, antes do pecado, conheceram por conhecimento claro, aspectos dos mistérios divinos que agora não podemos conhecer, a não ser crendo.

QUANTO AO 1º, portanto, deve-se dizer que ainda que as palavras de Hugo de São Vítor sejam de um mestre e não tenham o peso de uma autoridade[c], entretanto, pode-se dizer que a contemplação que exclui a necessidade da fé é a da pátria, na qual a verdade sobrenatural é vista em sua essência. Ora, esta visão não a teve o anjo, antes da confirmação nem o homem, antes do pecado. Mas a contemplação deles era mais alta do que a nossa; por ela, aproximando-se mais de Deus, puderam conhecer claramente mais verdades sobre ações e mistérios divinos do que nós. Portanto, neles não existia a fé pela qual buscassem a Deus ausente, como nós o procuramos. Deus estava neles presente pela luz da sabedoria mais do que em nós; ainda que neles não fosse presente como nos bem-aventurados pela luz da glória[d].

QUANTO AO 2º, deve-se dizer que no estado da primeira condição do homem ou do anjo não havia a obscuridade da culpa ou da pena. Havia, porém, no intelecto do homem e do anjo, alguma obscuridade natural, segundo a qual toda a criatura humana é treva, comparada à imensidade da luz divina. Ora, tal obscuridade é suficiente para caracterizar a razão da fé.

Quanto ao 3º, deve-se dizer que no estado da primeira condição, não se escutava um homem falando exteriormente, senão Deus, inspirando interiormente; como os profetas o ouviam, segundo o Salmo: "Ouvirei o que em mim o Senhor Deus falará".

---

7. Q. 1, a. 5.

c. Distinguia-se, na época de Sto. Tomás, por um lado o *dictum authenticum* (o dizer autêntico), ou a *auctoritas*, ou o *dictum canonicum*; por outro, o *dictum magistrale* (o dizer do mestre). Os "Padres" são uma "autoridade;" os mestres, não. Mesmo que seus dizeres não devam ser rejeitados sem razões graves.

d. É uma ideia cara a Sto. Tomás que, o primeiro homem antes do pecado teve, de Deus, uma espécie de experiência e intuição que lhe davam, embora na fé, uma notável compreensão de Deus, intermediária entre a nossa e a visão beatífica (I, q. 94, a. 1).

Articulus 2
Utrum in daemonibus sit fides

AD SECUNDUM SIC PROCEDITUR. Videtur quod in daemonibus non sit fides.

1. Dicit enim Augustinus, in libro *de Praed. Sanct.*[1], quod *fides consistit in credentium voluntate*. Haec autem voluntas bona est qua quis vult credere Deo. Cum igitur in daemonibus non sit aliqua voluntas deliberata bona, ut in Primo[2] dictum est, videtur quod in daemonibus non sit fides.

2. PRAETEREA, fides est quoddam donum divinae gratiae: secundum illud Eph 2,8: *Gratia estis salvati per fidem: donum enim Dei est*. Sed daemones dona gratuita amiserunt per peccatum: ut dicitur in Glossa[3], super illud Os 3,1: *Ipsi respiciunt ad deos alienos, et diligunt vinacia uvarum*. Ergo fides in daemonibus post peccatum non remansit.

3. PRAETEREA, infidelitas videtur esse gravius inter peccata: ut patet per Augustinum[4], super illud Io 15,22: *Si non venissem, et locutus eis non fuissem, peccatum non haberent: nunc autem excusationem non habent de peccato suo*. Sed in quibusdam hominibus est peccatum infidelitatis. Si igitur fides esset in daemonibus, aliquorum hominum peccatum esset gravius peccato daemonum. Quod videtur esse inconveniens. Non ergo fides est in daemonibus.

SED CONTRA est quod dicitur Iac 2,19: *Daemones credunt et contremiscunt*.

RESPONDEO dicendum quod, sicut supra[5] dictum est, intellectus credentis assentit rei creditae non quia ipsam videat vel secundum se vel per resolutionem ad prima principia per se visa, sed propter imperium voluntatis. Quod autem voluntas moveat intellectum ad assentiendum potest contingere ex duobus. Uno modo, ex ordine voluntatis ad bonum: et sic credere est actus laudabilis. Alio modo, quia intellectus convincitur ad hoc quod iudicet esse credendum his quae dicuntur, licet non convincatur per evidentiam rei. Sicut si aliquis

Artigo 2
Os demônios têm fé?[e]

QUANTO AO SEGUNDO, ASSIM SE PROCEDE: parece que os demônios **não** têm fé.

1. Com efeito, diz Agostinho: "A fé está na vontade dos que creem". Ora, é por uma vontade boa que alguém quer crer em Deus. Logo, como nos demônios não existe uma vontade deliberada que seja boa, como foi dito na I Parte, parece que neles não há fé.

2. ALÉM DISSO, a fé é um dom da graça divina, segundo a Carta aos Efésios: "Pela graça é que estais salvos por meio da fé; ela é um dom de Deus". Ora, os demônios, pelo pecado, perderam os dons gratuitos, como diz a Glosa sobre as palavras do profeta Oseias: "Eles olham os deuses estrangeiros e gostam do bagaço das uvas"[f]. Logo, a fé, após o pecado, não permaneceu nos demônios.

3. ADEMAIS, a infidelidade parece ser o mais grave dos pecados, como está claro em Agostinho, comentando o Evangelho de João: "Se eu não tivesse vindo e não lhes tivesse falado, não teriam pecado; agora, porém, não há desculpa para seu pecado". Ora, em alguns homens há o pecado de infidelidade. Se, pois, existisse fé nos demônios, o pecado de alguns homens seria mais grave do que o pecado dos demônios. O que não parece admissível. Logo, nos demônios não há fé.

EM SENTIDO CONTRÁRIO, diz a Carta de Tiago: "Os demônios creem e estremecem".

RESPONDO. Como foi dito acima, o intelecto do que crê adere à coisa na qual ele crê, não porque a veja ou em si mesma, ou por dedução dos primeiros princípios intuitivos, mas pelo império da vontade. Ora, de dois modos a vontade pode mover o intelecto a assentir. Primeiro, pela ordenação da vontade para o bem e, então, crer é um ato louvável. De outro modo, porque o intelecto pode convencer-se de modo a julgar que deve crer nas coisas ditas, ainda que não esteja convencido pela evidência da coisa. Como se

---

2 PARALL.: Infra, q. 18, a. 3, ad 2; III *Sent.*, dist. 23, q. 3, a. 3, q.la 1; dist. 26, q. 2, a. 5, q.la 4, ad 2; *De Verit.*, q. 14, a. 9, ad 4.

1. C. 5, n. 10: ML 44, 968.
2. Q. 64, a. 2, ad 5.
3. HIERON., *In Osee*, super 3, 1: ML 25, 842 B.
4. Tract. 79 *in Ioan.*, nn. 1-2, super 15, 22: ML 35, 1856.
5. Q. 1, a. 4; q. 2, a. 1, ad 3; a. 9; q. 4, a. 1, 2.

e. O artigo quer contrapor-se ao texto de S. Tiago (*Em sentido contrário*).
f. Exegese simbolista.

propheta praenuntiaret in sermone Domini aliquid futurum, et adhiberet signum mortuum suscitando, ex hoc signo convinceretur intellectus videntis ut cognosceret manifeste hoc dici a Deo, qui non mentitur; licet illud futurum quod praedicitur in se evidens non esset, unde ratio fidei non tolleretur. Dicendum est ergo quod in fidelibus Christi laudatur fides secundum primum modum. Et secundum hoc non est in daemonibus, sed solum secundo modo. Vident enim multa manifesta indicia ex quibus percipiunt doctrinam Ecclesiae esse a Deo; quamvis ipsi res ipsas quas Ecclesia docet non videant, puta Deum esse trinum et unum, vel aliquid huiusmodi.

AD PRIMUM ergo dicendum quod daemonum fides est quodammodo coacta ex signorum evidentia. Et ideo non pertinet ad laudem voluntatis ipsorum quod credunt.

AD SECUNDUM dicendum quod fides quae est donum gratiae inclinat hominem ad credendum secundum aliquem affectum boni, etiam si sit informis. Unde fides quae est in daemonibus non est donum gratiae; sed magis coguntur ad credendum ex perspicacitate naturalis intellectus.

AD TERTIUM dicendum quod hoc ipsum daemonibus displicet quod signa fidei sunt tam evidentia ut per ea credere compellantur. Et ideo in nullo malitia eorum minuitur per hoc quod credunt.

algum profeta preanunciasse, em nome de Deus, um acontecimento futuro e mostrasse um sinal, ressuscitando um morto; por este sinal, o intelecto daquele que vê seria convencido a reconhecer que a predição foi dita por Deus, que não mente. Embora tal acontecimento futuro não fosse evidente em si mesmo, isso não eliminaria a razão da fé. Deve-se concluir, pois, que nos fiéis de Cristo louva-se a fé, segundo o primeiro modo. Dessa maneira, ela não existe nos demônios, mas somente conforme o segundo modo. Eles veem muitos e manifestos indícios pelos quais percebem que a doutrina da Igreja vem de Deus, embora não vejam as verdades mesmas que a Igreja ensina, como por exemplo, que Deus é uno e trino ou qualquer coisa do gênero.

QUANTO AO 1º, portanto, deve-se dizer que a fé dos demônios é, de certo modo, forçada pela evidência dos sinais. Portanto, não redunda em mérito para a vontade deles o que eles creem.

QUANTO AO 2º, deve-se dizer que a fé, que é dom da graça, inclina o homem a crer por certo afeto ao bem, ainda que ela seja informe. A fé que existe nos demônios não é dom da graça, mas eles são forçados a crer pela perspicácia de seu intelecto natural[g].

QUANTO AO 3º, deve-se dizer que o que desagrada aos demônios é que os sinais da fé sejam tão evidentes que eles sejam compelidos a crer. Portanto, a malícia dos demônios não diminui pelo fato de crerem.

ARTICULUS 3
Utrum haereticus qui discredit unum articulum fidei possit habere fidem informem de aliis articulis

AD TERTIUM SIC PROCEDITUR. Videtur quod haereticus qui discredit unum articulum fidei possit habere fidem informem de aliis articulis.

1. Non enim intellectus naturalis haeretici est potentior quam intellectus catholici. Sed intellectus catholici indiget adiuvari, ad credendum

ARTIGO 3
O herege, que não crê em um artigo da fé, pode ter fé informe nos outros artigos?

QUANTO AO TERCEIRO, ASSIM SE PROCEDE: parece que o herege, que não crê em um artigo da fé, **pode** ter fé informe nos outros artigos.

1. Com efeito, o intelecto natural do herege não é mais potente que o do católico. Ora, o intelecto do católico para crer qualquer artigo da fé deve

---

3 PARALL.: III *Sent.*, dist. 23, q. 3, a. 3, q.la 2; *De Verit.*, q. 14, a. 10, ad 10; *De Virtut.*, q. 2, a. 13, ad 6; *Quodlib.* VI, q. 4.

g. Ou a vontade se engaja porque a verdade proposta é um bem que atrai: é a fé dos que creem, que é dom de graça e semente de felicidade; ou há evidência de credibilidade, isto é, que a vontade se conduz, como a despeito de si mesma, quase forçada, por *evidência*, não da realidade, mas dos sinais: tal é a fé dos demônios, devido à perspicácia de sua inteligência. É um voluntário mesclado: eles não desejariam isso, mas não podem deixar de querê-lo. Um pouco como um prisioneiro que fosse lançado numa cela onde voltaria a encontrar seu pior inimigo, desejoso de matá-lo, e com o qual tem de conviver. A "credibilidade", isto é, a aptidão de uma asserção de ser acreditada devido aos testemunhos autorizados, é manifesta à inteligência demoníaca.

quemcumque articulum fidei, dono fidei. Ergo videtur quod nec haeretici aliquos articulos credere possint sine dono fidei informis.

2. Praeterea, sicut sub fide continentur multi articuli fidei, ita sub una scientia, puta geometria, continentur multae conclusiones. Sed homo aliquis potest habere scientiam geometriae circa quasdam geometricas conclusiones, aliis ignoratis. Ergo homo aliquis potest habere fidem de aliquibus articulis fidei, alios non credendo.

3. Praeterea, sicut homo obedit Deo ad credendum articulos fidei, ita etiam ad servanda mandata legis. Sed homo potest esse obediens circa quaedam mandata et non circa alia. Ergo potest habere fidem circa quosdam articulos et non circa alios.

Sed contra, sicut peccatum mortale contrariatur caritati, ita discredere unum articulum contrariatur fidei. Sed caritas non remanet in homine post unum peccatum mortale. Ergo neque fides postquam discredit unum articulum fidei.

Respondeo dicendum quod haereticus qui discredit unum articulum fidei non habet habitum fidei neque formatae neque informis. Cuius ratio est quia species cuiuslibet habitus dependet ex formali ratione obiecti, qua sublata, species habitus remanere non potest. Formale autem obiectum fidei est veritas prima secundum quod manifestatur in Scripturis sacris et doctrinae Ecclesiae. Unde quicumque non inhaeret, sicut infallibili et divinae regulae, doctrinae Ecclesiae, quae procedit ex veritate prima in Scripturis sacris manifestata, ille non habet habitum fidei, sed ea quae sunt fidei alio modo tenet quam per fidem. Sicut si aliquis teneat mente aliquam conclusionem non cognoscens medium illius demonstrationis, manifestum est quod non habet eius scientiam, sed opinionem solum.

Manifestum est autem quod ille qui inhaeret doctrinae Ecclesiae tanquam infallibili regulae omnibus assentit quae Ecclesia docet. Alioquin, si de his quae Ecclesia docet quae vult tenet et quae vult non tenet, non iam inhaeret Ecclesiae doctrinae sicut infallibili regulae, sed propriae voluntati. Et sic manifestum est quod haereticus qui pertinaciter discredit unum articulum non est paratus sequi in omnibus doctrinam Ecclesiae (si enim non pertinaciter, iam non est haereticus, sed solum errans). Unde manifestum est quod talis haereticus circa unum articulum fidem non habet de aliis articulis, sed opinionem quandam secundum propriam voluntatem.

ser ajudado pelo dom da fé. Logo, parece que nem os herege podem crer alguns artigos da fé sem o dom da fé informe.

2. Além disso, como a fé contém muitos artigos, assim também, uma mesma ciência, por exemplo, a geometria, contém muitas conclusões. Ora, um homem pode ter ciência de certas conclusões geométricas, ignorando outras. Logo, o homem pode ter fé em alguns artigos de fé, não crendo, porém, em outros.

3. Ademais, assim como o homem obedece a Deus para crer artigos de fé, assim também, para observar os mandamentos da lei. Ora, o homem pode ser obediente acerca de alguns mandamentos, mas não acerca de outros. Logo, também pode ter fé em alguns artigos e não em outros.

Em sentido contrário, como o pecado mortal contraria a caridade, assim também descrer um artigo contraria a fé. Mas, a caridade não permanece no homem depois do pecado mortal. Logo, nem a fé, em quem não crê num artigo.

Respondo. O herege que descrê de um artigo de fé não tem o hábito da fé, nem da fé formada nem da fé informe. E a razão disso é que a espécie de qualquer hábito depende da razão formal do objeto. Se esta desaparece, desaparece também a espécie do hábito. O objeto formal da fé é a verdade primeira manifestada nas Sagradas Escrituras e na doutrina da Igreja. Por isso, aquele que não adere como a uma regra infalível e divina à doutrina da Igreja, que procede da verdade primeira revelada nas Sagradas Escrituras, não tem o hábito da fé, mas aceita as verdades da fé de modo diferente que pela fé. Como alguém que tivesse em sua mente alguma conclusão sem conhecer o meio que serve para demonstrá-la; é evidente que não tem dela ciência, mas somente uma opinião.

Ora, é claro que quem adere à doutrina da Igreja como à regra infalível, dá seu assentimento a tudo o que a Igreja ensina. Ao contrário, se do que ela ensina, aceitasse como lhe apraz, umas coisas e não outras, já não aderiria à doutrina da Igreja como regra infalível, mas à própria vontade. E assim é claro que o herético que descrê pertinazmente um artigo, não está disposto a seguir em tudo a doutrina da Igreja (se, porém, não houver pertinácia, não é herético, mas apenas errado). Daí ser manifesto que o herético sobre um artigo da fé não tem fé a respeito de outros artigos, mas certa opinião dependendo de sua vontade própria.

AD PRIMUM ergo dicendum quod alios articulos fidei, de quibus haereticus non errat, non tenet eo modo sicut tenet eos fidelis, scilicet simpliciter inhaerendo primae veritati, ad quod indiget homo adiuvari per habitum fidei: sed tenet ea quae sunt fidei propria voluntate et iudicio.

AD SECUNDUM dicendum quod in diversis conclusionibus unius scientiae sunt diversa media per quae probantur, quorum unum potest cognosci sine alio. Et ideo homo potest scire quasdam conclusiones unius scientiae, ignoratis aliis. Sed omnibus articulis fidei inhaeret fides propter unum medium, scilicet propter veritatem primam propositam nobis in Scripturis secundum doctrinam Ecclesiae intellectis sane. Et ideo qui ab hoc medio decidit totaliter fide caret.

AD TERTIUM dicendum quod diversa praecepta legis possunt referri vel ad diversa motiva proxima: et sic unum sine alio servari potest. Vel ad unum motivum primum, quod est perfecte obedire Deo: a quo decidit quicumque unum praeceptum transgreditur, secundum illud Iac 2,10: *Qui offendit in uno factus est omnium reus.*

QUANTO AO 1º, portanto, deve-se dizer que o herege não admite como o fiel os artigos da fé sobre os quais não erra. Este adere absolutamente à verdade primeira, para o que precisa ser ajudado pelo hábito da fé[h]. Mas os admite por sua própria vontade e por seu próprio julgamento.

QUANTO AO 2º, deve-se dizer que nas diversas conclusões de uma ciência há diversos meios pelos quais elas são provadas, podendo conhecer-se alguns sem que outros o sejam. Por isso, o homem pode saber algumas conclusões de uma ciência, desconhecendo outras. Mas, em todos os artigos da fé, ele adere por causa de um meio, isto é, por causa da verdade primeira que nos é proposta nas Escrituras, retamente entendida, segundo a doutrina da Igreja. Portanto, quem se afasta desse meio está totalmente privado de fé.

QUANTO AO 3º, deve-se dizer que os vários preceitos da lei podem referir-se a diversos motivos próximos; e assim um pode ser observado sem o outro. Ou então, a um motivo primeiro, que é obedecer perfeitamente a Deus; do qual se afasta qualquer um que transgrida um preceito, segundo o dizer da Carta de Tiago: "Quem vier a faltar num só de seus preceitos torna-se réu de todos".

ARTICULUS 4
Utrum fides possit esse maior in uno quam in alio

AD QUARTUM SIC PROCEDITUR. Videtur quod fides non possit esse maior in uno quam in alio.

1. Quantitas enim habitus attenditur secundum obiecta. Sed quicumque habet fidem credit omnia quae sunt fidei: quia qui deficit ab uno totaliter amittit fidem, ut supra[1] dictum est. Ergo videtur quod fides non possit esse maior in uno quam in alio.

2. PRAETEREA, ea quae sunt in summo non recipiunt magis neque minus. Sed ratio fidei est in summo: requiritur enim ad fidem quod homo inhaereat primae veritati super omnia. Ergo fides non recipit magis et minus.

3. PRAETEREA, ita se habet fides in cognitione gratuita sicut intellectus principiorum in cogni-

ARTIGO 4
A fé pode ser maior em um do que em outro?

QUANTO AO QUARTO, ASSIM SE PROCEDE: parece que a fé **não** pode ser maior em um do que em outro.

1. Com efeito, a grandeza do hábito depende dos objetos. Ora, quem tem fé crê em tudo que é de fé, porque quem falha em um perde a fé totalmente, como foi dito acima. Logo, parece que a fé não pode ser maior em um do que em outro.

2. ALÉM DISSO, o que está no grau máximo não recebe mais ou menos. Ora, a natureza da fé está no grau máximo, pois requer-se para a fé que o homem adira à primeira verdade, acima de todas as coisas. Logo, a fé não recebe mais ou menos.

3. ADEMAIS, a fé, no conhecimento gratuito, comporta-se como o intelecto dos princípios no

---

4 PARALL.: III *Sent.*, dist. 25, q. 2, a. 2, q.la 1.

1. A. praec.

h. É sempre em nome da verdade primeira (Deus) que acreditamos. Logo, se acreditamos um artigo e não um outro, mostramos que não é a luz divina que seguimos, mas uma mera inclinação subjetiva, arbitrária. Não é mais a fé.

tione naturali: eo quod articuli fidei sunt prima principia gratuitae cognitionis, ut ex dictis[2] patet. Sed intellectus principiorum aequaliter invenitur in omnibus hominibus. Ergo et fides aequaliter invenitur in omnibus fidelibus.

SED CONTRA, ubicumque invenitur parvum et magnum, ibi invenitur maius et minus. Sed in fide invenitur magnum et parvum: dicit enim Dominus Petro, Mt 14,31: *Modicae fidei, quare dubitasti?* et mulieri dixit, Mt 15,28: *Mulier, magna est fides tua.* Ergo fides potest esse maior in uno quam in alio.

RESPONDEO dicendum quod, sicut supra[3] dictum est, quantitas habitus ex duobus attendi potest: uno modo, ex obiecto; alio modo, secundum participationem subiecti. Obiectum autem fidei potest dupliciter considerari: uno modo, secundum formalem rationem; alio modo, secundum ea quae materialiter credenda proponuntur. Formale autem obiectum fidei est unum et simplex, scilicet veritas prima, ut supra[4] dictum est. Unde ex hac parte fides non diversificatur in credentibus, sed est una specie in omnibus, ut supra[5] dictum est. Sed ea quae materialiter credenda proponuntur sunt plura: et possunt accipi vel magis vel minus explicite. Et secundum hoc potest unus homo plura explicita credere quam alius. Et sic in uno potest esse maior fides secundum maiorem fidei explicationem.

Si vero consideretur fides secundum participationem subiecti, hoc contingit dupliciter. Nam actus fidei procedit et ex intellectu et ex voluntate, ut supra[6] dictum est. Potest ergo fides in aliquo dici maior uno modo ex parte intellectus, propter maiorem certitudinem et firmitatem: alio modo ex parte voluntatis, propter maiorem promptitudinem seu devotionem vel confidentiam.

AD PRIMUM ergo dicendum quod ille qui pertinaciter discredit aliquid eorum quae sub fide continentur non habet habitum fidei, quem tamen habet ille qui non explicite omnia credit, sed paratus est omnia credere. Et secundum hoc ex parte obiecti

conhecimento natural, pois os artigos da fé são os primeiros princípios do conhecimento gratuito, como fica claro pelo que foi dito. Ora, o intelecto dos princípios encontra-se igualmente em todos os homens. Logo, a fé encontra-se de maneira igual em todos os fiéis.

EM SENTIDO CONTRÁRIO, onde se encontram o pequeno e o grande, aí também se encontram o maior e o menor. Mas, na fé, encontram-se o grande e o pequeno, pois como disse o Senhor a Pedro: "Homens de fé apoucada, por que duvidastes? E disse à mulher: "Ó mulher, é grande a tua fé". Logo, a fé pode ser maior em um do que em outro.

RESPONDO. Como foi dito acima, a grandeza de um hábito pode ser medida de dois modos: a partir do objeto ou, segundo a participação do sujeito. Ora, o objeto da fé pode ser considerado sob duplo aspecto: em sua razão formal ou nas verdades propostas como matéria a crer. O objeto formal da fé é uno e simples; é a verdade primeira, como acima foi dito. Assim, por esse lado, a fé não se diversifica nos que creem, mas é especificamente a mesma em todos, como já foi dito. Mas, as coisas propostas como matéria a crer são múltiplas e podem ser aceitas mais ou menos explicitamente. Nesse sentido, um homem pode crer explicitamente mais coisas do que outro e assim em um homem pode a fé ser maior no sentido de maior explicitação.

Entretanto, se se considerar a fé segundo a participação do sujeito, isto pode dar-se de dois modos. Com efeito, o ato de fé procede do intelecto e da vontade, como foi dito anteriormente. Então, um pode ter fé maior do que outro da parte do intelecto, em razão de uma certeza e de uma firmeza maiores; da parte da vontade, em razão da disponibilidade, devoção ou confiança maiores[i].

QUANTO AO 1º, portanto, deve-se dizer que quem descrê pertinazmente de alguma das verdades da fé não tem o hábito da fé, enquanto o tem aquele que não crê explicitamente tudo, mas está disposto a crer. E desse modo, da parte do objeto um tem

---

2. Q. 1, a. 7.
3. I-II, q. 52, a. 1, 2; q. 112, a. 4.
4. Q. 1, a. 1.
5. Q. 4, a. 6.
6. A. 2; q. 1, a. 4; q. 2, a. 1, ad 3; a. 9; q. 4, a. 1, 2.

i. Referir-se ao que é dito do crescimento dos hábitos (II-II, q. 24, a. 4 a 9), onde Sto. Tomás menciona também as "idades da caridade" o que poderia aplicar-se igualmente às "idades da fé".

unus habet maiorem fidem quam alius, inquantum plura explicite credit, ut dictum est[7].

AD SECUNDUM dicendum quod de ratione fidei est ut veritas prima omnibus praeferatur. Sed tamen eorum qui eam omnibus praeferunt quidam certius et devotius se ei subiiciunt quam alii. Et secundum hoc fides est maior in uno quam in alio.

AD TERTIUM dicendum quod intellectus principiorum consequitur ipsam naturam humanam, quae aequaliter in omnibus invenitur. Sed fides consequitur donum gratiae, quod non est aequaliter in omnibus, ut supra[8] dictum est. Unde non est eadem ratio. — Et tamen secundum maiorem capacitatem intellectus, unus magis cognoscit virtutem principiorum quam alius.

maior fé do que outro, enquanto crê explicitamente em mais artigos, como foi dito.

QUANTO AO 2º, deve-se dizer que é da razão da fé que a verdade primeira seja anteposta a todas as outras. Mas, entre os que a antepõem a todas as mais, alguns se submetem a ela com mais certeza e devoção que outros. E, neste sentido, a fé é maior em um do que em outro.

QUANTO AO 3º, deve-se dizer que o intelecto dos princípios acompanha a mesma natureza humana, que existe igualmente em todos. Mas, a fé é um dom da graça que não existe igualmente em todos, como já foi dito. Por isso, a razão não é a mesma nos dois casos. — Entretanto, segundo a maior capacidade do intelecto, um conhece mais do que outro a força dos princípios.

7. In corp.
8. I-II, q. 112, a. 4.

QUAESTIO VI
DE CAUSA FIDEI
in duos articulos divisa
Deinde considerandum est de causa fidei.
Et circa hoc quaeruntur duo.
Primo: utrum fides sit homini infusa a Deo.
Secundo: utrum fides informis sit donum.

QUESTÃO 6
A CAUSA DA FÉ
em dois artigos
Deve-se considerar, em seguida, a causa da fé. Sobre isso, são duas perguntas:
1. A fé é infundida no homem por Deus?
2. A fé informe é dom de Deus?

ARTICULUS 1
Utrum fides sit homini a Deo infusa

AD PRIMUM SIC PROCEDITUR. Videtur quod fides non sit homini infusa a Deo.

1. Dicit enim Augustinus, XIV *de Trin.*[1], quod *per scientiam gignitur in nobis fides, nutritur, defenditur et roboratur.* Sed ea quae per scientiam in nobis gignuntur magis videntur acquisita esse quam infusa. Ergo fides non videtur in nobis esse ex infusione divina.

2. PRAETEREA, illud ad quod homo pertingit audiendo et videndo videtur esse ab homine acquisitum. Sed homo pertingit ad credendum et videndo miracula et audiendo fidei doctrinam: dicitur enim Io 4,53: *Cognovit pater quia illa*

ARTIGO 1
A fé é infundida no homem por Deus?

QUANTO AO PRIMEIRO ARTIGO, ASSIM SE PROCEDE: parece que a fé **não** é infundida no homem por Deus.

1. Com efeito, como diz Agostinho: "pela ciência, a fé é engendrada, alimentada, defendida e fortalecida em nós". Ora, o que em nós é gerado pela ciência parece antes adquirido do que infuso. Logo, ao que parece, a fé não está em nós por infusão divina.

2. ALÉM DISSO, o que o homem atinge, ouvindo e vendo, parece ter sido por ele adquirido. Ora, o homem chega à fé, vendo os milagres e ouvindo a doutrina, conforme se diz no Evangelho de João: "O pai reconheceu ser aquela hora a mesma em

1 PARALL.: Part. I, q. 111, a. 1, ad 1; *Cont. Gent.* III, 154; *De Verit.*, q. 18, a. 3; *Contra Error. Graec.*, c. 30; *ad Ephes.*, c. 2, lect. 3.

1. C. 1, n. 3: ML 42, 1037.

hora erat in qua dixit ei Iesus, Filius tuus vivit: et credidit ipse et domus eius tota; et Rm 10,17 dicitur quod *fides* est *ex auditu*. Ergo fides habetur ab homine tanquam acquisita.

3. Praeterea, illud quod consistit in hominis voluntate ab homine potest acquiri. Sed *fides consistit in credentium voluntate:* ut Augustinus dicit, in libro *de Praed. Sanct.*[2]. Ergo fides potest esse ab homine acquisita.

Sed contra est quod dicitur *ad* Eph 2,8-9: *Gratia estis salvati per fidem, et non ex vobis, ne quis glorietur: Dei enim donum est.*

Respondeo dicendum quod ad fidem duo requiruntur. Quorum unum est ut homini credibilia proponantur: quod requiritur ad hoc quod homo aliquid explicite credat. Aliud autem quod ad fidem requiritur est assensus credentis ad ea quae proponuntur. Quantum igitur ad primum horum, necesse est quod fides sit a Deo. Ea enim quae sunt fidei excedunt rationem humanam: unde non cadunt in contemplatione hominis nisi Deo revelante. Sed quibusdam quidem revelantur immediate a Deo, sicut sunt revelata Apostolis et prophetis: quibusdam autem proponuntur a Deo mittente fidei praedicatores, secundum illud Rm 10,15: *Quomodo praedicabunt nisi mittantur?*

Quantum vero ad secundum, scilicet ad assensum hominis in ea quae sunt fidei, potest considerari duplex causa. Una quidem exterius inducens: sicut miraculum visum, vel persuasio hominis inducentis ad fidem. Quorum neutrum est sufficiens causa: videntium enim unum et idem miraculum, et audientium eandem praedicationem, quidam credunt et quidam non credunt. Et ideo oportet ponere aliam causam interiorem, quae movet hominem interius ad assentiendum his quae sunt fidei. Hanc autem causam Pelagiani[3] ponebant solum liberum arbitrium hominis: et propter hoc dicebant quod initium fidei est ex nobis, inquantum scilicet ex nobis est quod parati sumus ad assentiendum his quae sunt fidei; sed consummatio fidei est a Deo, per quem nobis proponuntur ea quae credere debemus. Sed hoc est falsum. Quia cum homo, assentiendo his quae sunt fidei, eleveretur supra naturam suam, oportet quod hoc insit ei ex supernaturali principio interius movente, quod est Deus. Et ideo fides quantum ad assensum, qui est principalis actus fidei, est a Deo interius movente per gratiam.

que Jesus lhe dissera: Teu filho vive; e acreditou ele e toda a sua família"; e na Carta aos Romanos: "A fé vem da audição". Logo, o homem possui a fé por aquisição.

3. Ademais, o que está ao alcance da vontade do homem pode ser adquirido por ele. Ora, como diz Agostinho: "a fé está na vontade de quem crê". Logo, a fé pode ser adquirida pelo homem.

Em sentido contrário, o Apóstolo diz: "É pela graça que estais salvos, mediante a fé; não por mérito vosso, mas por dom de Deus".

Respondo. Duas condições são requeridas para a fé. Uma, que as coisas a crer sejam propostas ao homem, e isto é requerido para que o homem explicitamente creia. Outra, é o assentimento de quem crê ao que é proposto. Quanto à primeira condição é necessário que a fé venha de Deus. Com efeito, as verdades da fé superam a razão humana, e, assim, elas não são susceptíveis de contemplação humana, se Deus não as revelar. Mas, enquanto a alguns Deus revela imediatamente como aos Apóstolos e profetas, a outros, porém, ele as propõe, enviando pregadores da fé, conforme se diz na Carta aos Romanos: "Como eles pregarão, se não forem enviados?"

Quanto à segunda condição, isto é, o assentimento do homem às verdades da fé, pode-se considerar uma dupla causa: uma que, de fora, induz a crer, como a visão de um milagre; outra, a persuasão por um homem que exorte à fé. Nem uma, nem outra dessas duas causas é suficiente, porque entre os que veem um e mesmo milagre e entre os ouvintes da mesma pregação, alguns creem e outros não. Portanto, é preciso admitir outra causa interior, que mova o homem, de dentro, a assentir às verdades da fé. Mas essa causa, os pelagianos a colocavam unicamente no livre-arbítrio do homem; por isso, diziam que o início da fé estaria em nós, enquanto por nós mesmos nos preparamos para assentir às coisas que são da fé; mas, a consumação da fé viria de Deus, porque é ele que nos propõe aquilo que devemos crer. Mas isso é falso. De fato, como o homem, aderindo às verdades da fé, eleva-se acima de sua natureza, é preciso que isso venha a ele por um princípio sobrenatural que o mova interiormente, e esse princípio é Deus. Portanto, a fé quanto ao assentimento, que é o principal ato

---

2. C. 5: ML 44, 968.
3. Vel semipelagiani, Vide Denz. 178.

AD PRIMUM ergo dicendum quod per scientiam gignitur fides et nutritur per modum exterioris persuasionis, quae fit ab aliqua scientia. Sed principalis et propria causa fidei est id quod interius movet ad assentiendum.

AD SECUNDUM dicendum quod etiam ratio illa procedit de causa proponente exterius ea quae sunt fidei, vel persuadente ad credendum vel verbo vel facto.

AD TERTIUM dicendum quod credere quidem in voluntate credentium consistit: sed oportet quod voluntas hominis praeparetur a Deo per gratiam ad hoc quod elevetur in ea quae sunt supra naturam, ut supra[4] dictum est.

QUANTO AO 1º, portanto, deve-se dizer que a fé é gerada e nutrida pela ciência à maneira de uma persuasão exterior. Mas, a causa principal e própria da fé é a que move interiormente a assentir.

QUANTO AO 2º, deve-se dizer que o argumento também procede de uma causa que propõe exteriormente as verdades da fé, ou que exorta a crer por palavras ou por fatos.

QUANTO AO 3º, deve-se dizer que crer, na verdade, depende da vontade do que crê; mas é preciso que a vontade do homem seja preparada por Deus mediante a graça, para que seja elevada às coisas que superam a natureza, como foi dito acima[b].

ARTICULUS 2
Utrum fides informis sit donum Dei

AD SECUNDUM SIC PROCEDITUR. Videtur quod fides informis non sit donum Dei.

1. Dicitur enim Dt 32,4, quod *Dei perfecta sunt opera*. Fides autem informis est quiddam imperfectum. Ergo fides informis non est opus Dei.

2. PRAETEREA, sicut actus dicitur deformis propter hoc quod caret debita forma, ita etiam fides dicitur informis propter hoc quod caret debita forma. Sed actus deformis peccati non est a Deo, ut supra[1] dictum est. Ergo neque etiam fides informis est a Deo.

3. PRAETEREA, quaecumque Deus sanat totaliter sanat: dicitur enim Io 7,23: *Si circumcisionem accipit homo in sabbato ut non solvatur lex Moysi, mihi indignamini quia totum hominem salvum feci in sabbato*. Sed per fidem homo sanatur ab infidelitate. Quicumque ergo donum fidei a Deo accipit simul sanatur ab omnibus peccatis. Sed hoc non fit nisi per fidem formatam. Ergo sola fides formata est donum Dei. Non ergo fides informis.

ARTIGO 2
A fé informe é dom de Deus?

QUANTO AO SEGUNDO, ASSIM SE PROCEDE: parece que a fé informe **não** é dom de Deus.

1. Com efeito, está escrito no livro do Deuteronômio: "As obras de Deus são perfeitas". Ora, a fé informe é imperfeita. Logo, não é obra de Deus.

2. ALÉM DISSO, assim como se chama disforme um ato que carece da forma devida, assim também a fé é informe porque é privada da forma requerida. Ora, o ato disforme do pecado não provém de Deus, como já foi dito. Logo, nem a fé informe procede de Deus.

3. ADEMAIS, Deus cura totalmente a quem cura, conforme é dito no Evangelho de João: "Então, se um homem recebe a circuncisão em dia de sábado sem transgredir a lei de Moisés, por que estais zangados comigo por ter curado um homem inteiro em dia de sábado?" Ora, pela fé o homem se cura da infidelidade. Portanto, quem recebe de Deus o dom da fé, simultaneamente é curado de todos os pecados. Mas, isso não se dá a não ser pela fé formada. Logo, só a fé formada é dom de Deus e, não, a fé informe.

---

4. In corp.
PARALL.: III *Sent.*, dist. 23, q. 3, a. 2.
1. I-II, q. 79, a. 2.

a. As razões para crer não bastam mais; tampouco a vontade livre (contra os pelagianos). É preciso um dom de graça.
b. Não é porque um ato é voluntário e livre que ele não é inspirado, ou animado, pela graça. O ato voluntário realizado na graça de Deus tem outro fim, outro princípio, outra qualidade que o ato realizado sem a graça. O homem não pode querer sempre unicamente com seus próprios recursos tudo o que ele gostaria de querer.

SED CONTRA est quod quaedam Glossa[2] dicit, 1Cor 13,2, quod *fides quae est sine caritate est donum Dei*. Sed fides quae est sine caritate est fides informis. Ergo fides informis est donum Dei.

RESPONDEO dicendum quod informitas privatio quaedam est. Est autem considerandum quod privatio quandoque quidem pertinet ad rationem speciei: quandoque autem non, sed supervenit rei iam habenti propriam speciem. Sicut privatio debitae commensurationis humorum est de ratione speciei ipsius aegritudinis: tenebrositas autem non est de ratione speciei ipsius diaphani, sed supervenit. Quia igitur cum assignatur causa alicuius rei, intelligitur assignari causa eius secundum quod in propria specie existit, ideo quod non est causa privationis non potest dici esse causa illius rei ad quam pertinet privatio sicut existens de ratione speciei ipsius: non enim potest dici causa aegritudinis quod non est causa distemperantiae humorum. Potest tamen aliquid dici esse causa diaphani quamvis non sit causa obscuritatis, quae non est de ratione speciei diaphani. Informitas autem fidei non pertinet ad rationem speciei ipsius fidei: cum fides dicatur informis propter defectum cuiusdam exterioris formae, sicut dictum est[3]. Et ideo illud est causa fidei informis quod est causa fidei simpliciter dictae. Hoc autem est Deus, ut dictum est[4]. Unde relinquitur quod fides informis sit donum Dei.

AD PRIMUM ergo dicendum quod fides informis, etsi non sit perfecta simpliciter perfectione virtutis, est tamen perfecta quadam perfectione quae sufficit ad fidei rationem.

AD SECUNDUM dicendum quod deformitas actus est de ratione speciei ipsius actus secundum quod est actus moralis, ut supra[5] dictum est: dicitur enim actus deformis per privationem formae intrinsecae, quae est debita commensuratio circumstantiarum actus. Et ideo non potest dici causa actus deformis Deus, qui non est causa deformitatis: licet sit causa actus inquantum est actus.

Vel dicendum quod deformitas non solum importat privationem debitae formae, sed etiam contrariam dispositionem. Unde deformitas se ha-

EM SENTIDO CONTRÁRIO, certa Glosa diz sobre texto da primeira Carta aos Coríntios que "a fé que é sem caridade é dom de Deus". Mas, a fé sem caridade é a fé informe. Logo, a fé informe é um dom de Deus.

RESPONDO. A informidade é uma privação. Deve-se considerar que a privação, às vezes, pertence à razão específica; às vezes, porém, não, mas sobrevém a uma coisa que já possui a própria espécie. Assim, a privação do equilíbrio normal dos humores é a razão específica da mesma doença; a obscuridade, porém, não é da razão específica do que é diáfano, mas lhe sobrevém. Portanto, quando se indica a causa de uma coisa, entende-se apontar a causa que faz com que a realidade exista na sua espécie própria. Portanto, o que não é causa da privação não pode ser considerado causa daquela coisa à qual pertence a privação, como se a privação fosse a razão específica dessa coisa. Com efeito, não pode ser considerada causa da doença o que não é causa do desequilíbrio dos humores. Contudo, algo pode ser considerado causa da diafaneidade, ainda que não seja causa da obscuridade, que não é a razão específica do corpo diáfano. Mas a informidade da fé não pertence à razão específica da própria fé, pois esta se diz informe pela falta de uma forma exterior a ela, como já se disse. E, portanto, é causa da fé informe o que é causa da fé considerada em si mesma. E essa causa é Deus, como já foi dito. Conclui-se, pois, que a fé informe é um dom de Deus.

QUANTO AO 1º, portanto, deve-se dizer que ainda que a fé informe não seja perfeita absolutamente com a perfeição da virtude, ela tem, porém, certa perfeição, que é suficiente para a razão da fé.

QUANTO AO 2º, deve-se dizer que a disformidade de um ato diz respeito à razão específica do próprio ato, na medida em que é um ato moral, como já foi dito. Uma ação é disforme pela privação da forma que lhe é intrínseca, que é a proporção devida em todas as circunstâncias do ato. Portanto, Deus não pode ser causa de ato disforme, porque não é causa da disformidade, embora seja do ato, enquanto ato.

Ou deve-se dizer que a disformidade não só implica a privação da forma devida, mas ainda uma disposição contrária. Sob esse ponto de vista,

---

2. Cfr. MAGISTRUM, III *Sent.*, dist. 23.
3. Q. 4, a. 4.
4. A. praec.
5. I, q. 48, a. 1, ad 2; I-II, q. 18, a. 5.

bet ad actum sicut falsitas ad fidem. Et ideo sicut actus deformis non est a Deo, ita nec aliqua fides falsa. Et sicut fides informis est a Deo, ita etiam actus qui sunt boni ex genere, quamvis non sint caritate formati, sicut plerumque in peccatoribus contingit.

AD TERTIUM dicendum quod ille qui accipit a Deo fidem absque caritate non simpliciter sanatur ab infidelitate, quia non removetur culpa praecedentis infidelitatis: sed sanatur secundum quid, ut scilicet cesset a tali peccato. Hoc autem frequenter contingit, quod aliquis desistit ab uno actu peccati, etiam Deo hoc faciente, qui tamen ab actu alterius peccati non desistit, propria iniquitate suggerente. Et per hunc modum datur aliquando a Deo homini quod credat, non tamen datur ei caritatis donum: sicut etiam aliquibus absque caritate datur donum prophetiae vel aliquid simile.

a disformidade está para o ato, como a falsidade para a fé. Portanto, como o ato disforme não procede de Deus[c], também dele não vem nenhuma fé falsa. E como de Deus procede a fé informe, assim também os atos que são bons em seu gênero, ainda que não informados pela caridade, como acontece frequentemente com os pecadores.

QUANTO AO 3º, deve-se dizer que quem recebe de Deus a fé sem a caridade, não fica absolutamente curado da infidelidade[d], por não ficar removida a culpa da precedente infidelidade; ele é curado, porém, até certo ponto, de tal maneira que esse pecado deixa de existir. Acontece frequentemente que, por ação divina, alguém deixa de cometer algum pecado, sem que, por sugestão da própria iniquidade, desista da prática de outro pecado. É desta maneira que Deus dá, às vezes, ao homem a fé, sem dar-lhe o dom da caridade; como também a alguns, sem a caridade, concede o dom da profecia ou algo semelhante.

---

c. A fé informe, que é a fé sem amor, não é a fé disforme. Ela é por hipótese uma fé verdadeira, ortodoxa, não falseada. É nesse sentido que é um dom de Deus, como toda coisa verdadeira e boa. Não deixa porém de constituir uma espécie de contradição vital, na medida em que recebemos de Deus um dom destinado à felicidade, esta sendo recusada de outro modo.
d. É necessário compreender o paradoxo: o que começa a *crer*, sem ter a caridade, não está em absoluto curado de seu pecado de *incredulidade*, pois não adquiriu a forma da fé, que lhe confere seu estatuto de *virtude*. Permanece, portanto, em seu pecado. O orgulhoso poderia assim não ceder em nada de sua própria suficiência ao se empenhar em crer.

QUAESTIO VII
DE EFFECTIBUS FIDEI
in duos articulos divisa
Deinde considerandum est de effectibus fidei. Et circa hoc quaeruntur duo.
Primo: utrum timor sit effectus fidei.
Secundo: utrum purificatio cordis sit effectus fidei.

ARTICULUS 1
Utrum timor sit effectus fidei

AD PRIMUM SIC PROCEDITUR. Videtur quod timor non sit effectus fidei.
1. Effectus enim non praecedit causam. Sed timor praecedit fidem: dicitur enim Eccli 2,8:

QUESTÃO 7
OS EFEITOS DA FÉ[a]
em dois artigos
Devem-se considerar, em seguida, os efeitos da fé.
Sobre isso, são duas as perguntas:
1. O temor é efeito da fé?
2. A purificação do coração é efeito da fé?

ARTIGO 1
O temor é efeito da fé?

QUANTO AO PRIMEIRO ARTIGO, ASSIM SE PROCEDE: parece que o temor **não** é efeito da fé.
1. O efeito não precede a causa. Ora, o temor precede a fé, segundo o livro do Eclesiástico: "Vós

---

a. Sto. Tomás não trata nem da mentalidade que engendra a fé, nem da psicologia do crente, mas simplesmente dos efeitos que a Escritura atribui à fé. Menos ainda estuda aqui o principal: a justificação (ou a salvação) da qual já se tratou, I-II, q. 113, a. 4, e da qual se voltará a falar a propósito do batismo, III, q. 68, especialmente a. 2.

Qui timetis Deum, credite illi. Ergo timor non est effectus fidei.

2. Praeterea, idem non est causa contrariorum. Sed timor et spes sunt contraria, ut supra[1] dictum est: *fides autem generat spem,* ut dicitur in Glossa[2], Mt 1,2. Ergo non est causa timoris.

3. Praeterea, contrarium non est causa contrarii. Sed obiectum fidei est quoddam bonum, quod est veritas prima: obiectum autem timoris est malum, ut supra[3] dictum est. Actus autem habent speciem ex obiectis, secundum supradicta[4]. Ergo fides non est causa timoris.

Sed contra est quod dicitur Iac 2,19: *Daemones credunt et contremiscunt.*

Respondeo dicendum quod timor est quidam motus appetitivae virtutis, ut supra[5] dictum est. Omnium autem appetitivorum motuum principium est bonum vel malum apprehensum. Unde oportet quod timoris et omnium appetitivorum motuum sit principium aliqua apprehensio. Per fidem autem fit in nobis quaedam apprehensio de quibusdam malis poenalibus quae secundum divinum iudicium inferuntur: et per hunc modum fides est causa timoris quo quis timet a Deo puniri, qui est timor servilis. Est etiam causa timoris filialis, quo quis timet separari a Deo, vel quo quis refugit se Deo comparare reverendo ipsum; inquantum per fidem hanc existimationem habemus de Deo, quod sit quoddam immensum et altissimum bonum, a quo separari est pessimum et cui velle aequari est malum. Sed primi timoris, scilicet servilis, est causa fides informis. Sed secundi timoris, scilicet filialis, est causa fides formata, quae per caritatem facit hominem Deo inhaerere et ei subiici.

Ad primum ergo dicendum quod timor Dei non potest universaliter praecedere fidem: quia si omnino eius ignorantiam haberemus quantum ad praemia vel poenas de quibus per fidem instruimur, nullo modo eum timeremus. Sed supposita fide de aliquibus articulis fidei, puta de excellentia divina, sequitur timor reverentiae, ex quo sequitur ulterius ut homo intellectum suum Deo subiiciat

que temeis a Deus, crede nele". Logo, o temor não é efeito da fé.

2. Além disso, uma mesma coisa não é causa de efeitos contrários. Ora, temor e esperança são contrários como acima foi dito: "pois a fé gera a esperança", conforme a Glosa sobre texto do Evangelho de Mateus. Logo, a fé não é causa do temor.

3. Ademais, um contrário não pode ser causa de outro contrário. Ora, o objeto da fé é um bem, que é a verdade primeira, enquanto o do temor é um mal, como já foi dito. Mas, os atos contrários especificam-se por seus objetos, conforme já foi dito. Logo, a fé não é causa do temor.

Em sentido contrário, há a palavra da Carta de Tiago: "Os demônios creem e estremecem".

Respondo. O temor, como já foi dito, é um movimento da potência apetitiva. Mas o princípio de todos os movimentos apetitivos é o bem ou o mal apreendido. Por isso, é preciso que alguma apreensão seja o princípio do temor e de todos os movimentos apetitivos. Pela fé, porém, dá-se em nós certa apreensão de alguns males, que são as penas aplicadas pelo juízo divino. Desse modo, a fé é causa do temor, que nos faz temer a punição de Deus e este é o temor servil. A fé é também a causa do temor filial pelo qual se teme a separação de Deus ou pela qual se evita, por reverência, comparar-se a Ele. A fé nos faz estimar Deus como um bem imenso e altíssimo, do qual é péssimo separar-se, e é mau querer igualar-se a ele. Mas, o primeiro temor, que é o servil, tem por causa a fé informe; o segundo, que é o temor filial tem por causa a fé formada que, pela caridade, leva o homem a unir-se a Deus e a Ele submeter-se[b].

Quanto ao 1º, portanto, deve-se dizer que o temor de Deus não pode, universalmente, preceder a fé, porque se nós tivéssemos completa ignorância quanto aos prêmios e às penas, que conhecemos pela fé, de modo algum o temeríamos. Mas, suposto que a fé exista a respeito de alguns dos artigos, por exemplo, a respeito da excelência divina, segue-se o temor reverencial e

---

1. I-II, q. 23, a. 2; q. 40, a. 4, ad 1.
2. Interl.
3. I-II, q. 42, a. 1.
4. I-II, q. 18, a. 2.
5. I-II, q. 41, a. 1; q. 42, a. 1.

b. Existe todo tipo de temores, bons e ruins (II-II, q. 19). O temor que nasce da fé "formada" pela caridade é o temor filial: não é mais o medo do castigo, nem um temor que aflige e entristece subjetivamente, mas o imenso respeito daquele que é tão fortemente ligado a seu pai que teme acima de tudo ser dele separado. Só o amor provoca esse temor.

ad credendum omnia quae sunt promissa a Deo. Unde ibi sequitur: *et non evacuabitur merces vestra*.

AD SECUNDUM dicendum quod idem secundum contraria potest esse contrariorum causa, non autem idem secundum idem. Fides autem generat spem secundum quod facit nobis existimationem de praemiis quae Deus retribuit iustis. Est autem causa timoris secundum quod facit nobis aestimationem de poenis quas peccatoribus infliget.

AD TERTIUM dicendum quod obiectum fidei primum et formale est bonum quod est veritas prima. Sed materialiter fidei proponuntur credenda etiam quaedam mala: puta quod malum sit Deo non subiici vel ab eo separari, et quod peccatores poenalia mala sustinebunt a Deo. Et secundum hoc fides potest esse causa timoris.

ARTICULUS 2
Utrum purificatio cordis sit effectus fidei

AD SECUNDUM SIC PROCEDITUR. Videtur quod purificatio cordis non sit effectus fidei.
1. Puritas enim cordis praecipue in affectu consistit. Sed fides in intellectu est. Ergo fides non causat cordis purificationem.
2. PRAETEREA, illud quod causat cordis purificationem non potest simul esse cum impuritate. Sed fides simul potest esse cum impuritate peccati: sicut patet in illis qui habent fidem informem. Ergo fides non purificat cor.
3. PRAETEREA, si fides aliquo modo purificaret cor humanum, maxime purificaret hominis intellectum. Sed intellectum non purificat ab obscuritate: cum sit cognitio aenigmatica. Ergo fides nullo modo purificat cor.

SED CONTRA est quod dicit Petrus, Act 15,9: *Fide purificans corda eorum*.

RESPONDEO dicendum quod impuritas uniuscuiusque rei consistit in hoc quod rebus vilioribus immiscetur: non enim dicitur argentum esse impurum ex permixtione auri, per quam melius redditur, sed ex permixtione plumbi vel stanni. Manifestum est autem quod rationalis creatura dignior est omnibus temporalibus et corporalibus creaturis. Et ideo impura redditur ex hoc quod temporalibus se subiicit per amorem. A qua qui-

daí, ulteriormente, que o homem deve submeter seu intelecto a Deus para crer tudo o que Ele prometeu. Por isso, o texto citado continua: "E vossa recompensa não faltará".

QUANTO AO $2^{\underline{o}}$, deve-se dizer que uma mesma coisa pode, sob aspectos contrários, causar efeitos contrários, mas não a mesma coisa, sob o mesmo aspecto. Assim, a fé gera a esperança, fazendo-nos apreciar os prêmios que Deus concede aos justos. É, contudo, por outro lado, a causa do temor, enquanto suscita em nós o pensamento das penas que Deus infligirá aos pecadores.

QUANTO AO $3^{\underline{o}}$, deve-se dizer que o objeto primário e formal da fé é o bem que é a verdade primeira. Mas, como matéria de fé, também são propostas à fé certos males, por exemplo, que é mau não se submeter a Deus ou d'Ele separar-se e que os pecadores terão de suportar penas infligidas por Deus. Sob esse aspecto, a fé pode ser causa do temor.

ARTIGO 2
A purificação do coração é efeito da fé?

QUANTO AO SEGUNDO, ASSIM SE PROCEDE: parece que a purificação do coração **não** é efeito da fé.
1. Com efeito, a pureza do coração reside sobretudo nos afetos. Ora, a fé reside no intelecto. Logo, ela não causa a purificação do coração.
2. ALÉM DISSO, o que causa a purificação do coração não pode existir simultaneamente com a impureza. Ora, a fé pode coexistir com a impureza do pecado como fica claro naqueles que têm a fé informe. Logo, a fé não purifica o coração.
3. ADEMAIS, se a fé, de algum modo, purificasse o coração do homem, purificaria sobretudo o intelecto. Ora, ela não purifica o intelecto da obscuridade, pois é um conhecimento enigmático. Logo, a fé, de maneira alguma, purifica o coração.

EM SENTIDO CONTRÁRIO, diz a Carta de Pedro: "Purificando com a fé os seus corações".

RESPONDO. A impureza de uma coisa consiste no misturar-se com coisas piores. Não se diz, com efeito, que a prata é impura por misturar-se com o ouro que a torna melhor, mas pela mistura com o chumbo ou o estanho. Ora, é claro que a criatura racional é mais digna do que todas as criaturas temporais e corporais. Por isso, ela se torna impura, quando a elas se submete por amor. Desta impureza ela se purifica pelo movimento contrá-

2 PARALL.: IV *Sent.*, dist. 14, q. 2, a. 4, ad 3; *De Verit.*, q. 28, a. 1, 6.

dem impuritate purificatur per contrarium motum: dum scilicet tendit in id quod est supra se, scilicet in Deum. In quo quidem motu primum principium est fides: *accedentem enim ad Deum oportet credere,* ut dicitur Hb 11,6. Et ideo primum principium purificationis cordis est fides: quae si perficiatur per caritatem formatam, perfectam purificationem causat.

AD PRIMUM ergo dicendum quod ea quae sunt in intellectu sunt principia eorum quae sunt in affectu: inquantum scilicet bonum intellectum movet affectum.

AD SECUNDUM dicendum quod fides etiam informis excludit quandam impuritatem sibi oppositam, scilicet impuritatem erroris, quae contingit ex hoc quod intellectus humanus inordinate inhaeret rebus se inferioribus, dum scilicet vult secundum rationes rerum sensibilium metiri divina. Sed quando per caritatem formatur, tunc nullam impuritatem secum compatitur: quia *universa delicta operit caritas,* ut dicitur Pr 10,12.

AD TERTIUM dicendum quod obscuritas fidei non pertinet ad impuritatem culpae: sed magis ad naturalem defectum intellectus humani, secundum statum praesentis vitae.

rio, enquanto tende para aquele que lhe é superior, isto é, Deus. Ora, neste movimento, o primeiro princípio é a fé, pois "aquele que se aproxima de Deus deve crer", como diz a Carta aos Hebreus. Portanto, o primeiro princípio da purificação do coração é a fé. E se essa fé se torna perfeita pela caridade formada, causa a purificação perfeita[c].

QUANTO AO 1º, portanto, deve-se dizer que o que está no intelecto é princípio das coisas que estão no afeto, enquanto o bem percebido pelo intelecto move o afeto.

QUANTO AO 2º, deve-se dizer que mesmo informe, a fé exclui a impureza do erro, que lhe é oposta. Esta impureza advém do fato de o intelecto humano aderir, desordenadamente ao que lhe é inferior, enquanto quer medir o divino por razões aplicáveis às coisas sensíveis. Mas quando formada pela caridade, ela não é compatível com nenhuma impureza, pois, como se diz no livro dos Provérbios: "A caridade cobre todos os delitos".

QUANTO AO 3º, deve-se dizer que a obscuridade da fé não depende da impureza da culpa, antes, da deficiência natural ao intelecto humano no estado da vida presente.

---

c. A pureza e a purificação que atribuímos à fé devem ser distinguidos da pureza que atribuímos habitualmente à castidade. É puro o espírito que tende com todas as suas forças a entrar na luz de Deus, ou mesmo em tudo o que o enobrece.

QUAESTIO VIII
DE DONO INTELLECTUS
in octo articulos divisa

Deinde considerandum est de dono intellectus et scientiae, quae respondent virtuti fidei.

Et circa donum intellectus quaeruntur octo.

Primo: utrum intellectus sit donum Spiritus Sancti.
Secundo: utrum possit simul esse in eodem cum fide.
Tertio: utrum intellectus qui est donum sit speculativus tantum, vel etiam practicus.

QUESTÃO 8
O DOM DA INTELIGÊNCIA
em oito artigos

Em seguida, deve-se tratar do dom da inteligência e da ciência, que correspondem à virtude da fé[a].

Sobre o dom da inteligência, são oito as perguntas:

1. A inteligência é um dom do Espírito Santo?
2. Pode existir com a fé num mesmo sujeito.
3. A inteligência como dom é só especulativa ou também é prática.

---

a. Abordamos a segunda parte, anunciada na q. 1, do tratado da fé: os dons do Espírito Santo, que estão a serviço da virtude de fé. São os dons de inteligência, ciência e sabedoria. No entanto, é remetido para o fim do tratado da caridade o estudo do dom de sabedoria: esta, com efeito, ainda que esteja "na inteligência" como em seu terreno" (II-II, q. 45, a. 2), tem sua causa na caridade, e está a serviço de toda a vida teologal. À esperança corresponderá o dom do temor. Os sete dons constituem um dado tradicional que não se discute (ver I-II, q. 68), mesmo que a maneira de descobri-los no texto de Isaías (11,2) tenha algo de artificial. Verdade profunda, no entanto, é que a vida de graça tem necessidade de ser ajudada, além do que podemos compreender e fazer, pelo que Deus nos faz compreender. O Espírito está presente, para nos conduzir além do que podemos atingir naturalmente. Retenha-se que os dons, a serviço das virtudes teologais, são inferiores a estas, enquanto são superiores às virtudes morais.

Quarto: utrum omnes qui sunt in gratia habeant donum intellectus.
Quinto: utrum hoc donum inveniatur in aliquibus absque gratia.
Sexto: quomodo se habeat donum intellectus ad alia dona.
Septimo: de eo quod respondet huic dono in beatitudinibus.
Octavo: de eo quod respondet ei in fructibus.

4. Todos os que estão em estado de graça têm o dom da inteligência?
5. Esse dom se encontra em alguns sem a graça?
6. Qual a relação que há entre o dom da inteligência e os outros dons?
7. A qual das bem-aventuranças corresponde esse dom?
8. O que corresponde a ele nos frutos do Espírito Santo[b]?

Articulus 1
Utrum intellectus sit donum Spiritus Sancti

AD PRIMUM SIC PROCEDITUR. Videtur quod intellectus non sit donum Spiritus Sancti.

1. Dona enim gratuita distinguuntur a donis naturalibus: superadduntur enim eis. Sed intellectus est quidam habitus naturalis in anima, quo cognoscuntur principia naturaliter nota: ut patet in VI *Ethic.*[1]. Ergo non debet poni donum Spiritus Sancti.

2. PRAETEREA, dona divina participantur a creaturis secundum earum proportionem et modum: ut patet per Dionysium, in libro *de Div. Nom.*[2]. Sed modus humanae naturae est ut non simpliciter veritatem cognoscat, quod pertinet ad rationem intellectus, sed discursive, quod est proprium rationis: ut patet per Dionysium, in 7 cap. *de Div. Nom.*[3]. Ergo cognitio divina quae hominibus datur magis debet dici donum rationis quam intellectus.

3. PRAETEREA, in potentiis animae intellectus contra voluntatem dividitur: ut patet in III *de Anima*[4]. Sed nullum donum Spiritus Sancti dicitur voluntas. Ergo etiam nullum donum Spiritus Sancti debet dici intellectus.

SED CONTRA est quod dicitur Is 11,2: *Requiescet super eum Spiritus Domini, Spiritus sapientiae et intellectus.*

Artigo 1
A inteligência é um dom do Espírito Santo?

QUANTO AO PRIMEIRO ARTIGO, ASSIM SE PROCEDE: parece que a inteligência **não** é um dom do Espírito Santo.

1. Com efeito, os dons gratuitos distinguem-se dos dons naturais aos quais se acrescentam. Ora, a inteligência está na alma como certo hábito natural, pelo qual são conhecidos os princípios naturalmente evidentes, como se mostra no livro VI da *Ética*. Logo, não deve ser considerado dom do Espírito Santo.

2. ALÉM DISSO, os dons divinos são participados pelas criaturas, segundo a proporção e o modo delas, como está claro em Dionísio. Ora, o modo da natureza humana é de conhecer a verdade, não de uma maneira simples, o que é próprio à inteligência, mas de maneira discursiva, que é próprio da razão, como o mostra Dionísio. Logo, o conhecimento divino concedido aos homens deve ser chamado, antes, dom da razão do que da inteligência.

3. ADEMAIS, nas potências da alma, a inteligência é distinta da vontade, como diz claramente o livro III da *Alma*. Ora, nenhum dom do Espírito Santo se chama vontade. Logo, também nenhum dom deve chamar-se inteligência.

EM SENTIDO CONTRÁRIO, diz o livro de Isaías: "Sobre ele descansará o Espírito do Senhor: Espírito de sabedoria e de inteligência".

---

1 PARALL.: III *Sent.*, dist. 35, q. 2, a. 2, q.la 1.

1. C. 6: 1140, b, 31-35.
2. C. 4: MG 3, 717 D-720 A.
3. MG 3, 868 AB.
4. C. 9: 432, b, 5-7; c. 10: 433, a, 21-26.

b. Quatro partes: I. É necessário um dom para aperfeiçoar a virtude de fé (a. 1)? II. Esse dom é compatível com a fé, e se estende a todos os domínios da inteligência (a. 2 e 3)? III. Os sujeitos desse dom: os agraciados (a. 4)?, os não agraciados (a. 5)? IV. As relações desse dom com os outros (a. 6), com as bem-aventuranças (a. 7), com os frutos do Espírito Santo (a. 8). Sobre as bem-abenturanças e os frutos: I-II, q. 69, 70.

RESPONDEO dicendum quod nomen intellectus quandam intimam cognitionem importat: dicitur enim intelligere quasi *intus legere*. Et hoc manifeste patet considerantibus differentiam intellectus et sensus: nam cognitio sensitiva occupatur circa qualitates sensibiles exteriores; cognitio autem intellectiva penetrat usque ad essentiam rei, obiectum enim intellectus est *quod quid est*, ut dicitur in III *de Anima*[5]. Sunt autem multa genera eorum quae interius latent, ad quae oportet cognitionem hominis quasi intrinsecus penetrare. Nam sub accidentibus latet natura rerum substantialis, sub verbis latent significata verborum, sub similitudinibus et figuris latet veritas figurata: res etiam intelligibiles sunt quodammodo interiores respectu rerum sensibilium quae exterius sentiuntur, et in causis latent effectus et e converso. Unde respectu horum omnium potest dici intellectus. Sed cum cognitio hominis a sensu incipiat, quasi ab exteriori, manifestum est quod quanto lumen intellectus est fortius, tanto potest magis ad intima penetrare. Lumen autem naturale nostri intellectus est finitae virtutis: unde usque ad determinatum aliquid pertingere potest. Indiget igitur homo supernaturali lumine ut ulterius penetret ad cognoscendum quaedam quae per lumen naturale cognoscere non valet. Et illud lumen supernaturale homini datum vocatur donum intellectus.

AD PRIMUM ergo dicendum quod per lumen naturale nobis inditum statim cognoscuntur quaedam principia communia quae sunt naturaliter nota. Sed quia homo ordinatur ad beatitudinem supernaturalem, ut supra[6] dictum est, necesse est quod homo ulterius pertingat ad quaedam altiora. Et ad hoc requiritur donum intellectus.

AD SECUNDUM dicendum quod discursus rationis semper incipit ab intellectu et terminatur ad intellectum: ratiocinamur enim procedendo ex quibusdam intellectis, et tunc rationis discursus perficitur quando ad hoc pervenimus ut intelligamus illud quod prius erat ignotum. Quod ergo ratiocinamur ex aliquo praecedenti intellectu procedit. Donum autem gratiae non procedit ex lumine naturae,

RESPONDO. A palavra inteligência implica um conhecimento último; inteligir é algo como *ler dentro*[c]. E isso é claramente manifesto a quem considerar a diferença entre inteligência e sentidos. Com efeito, o conhecimento sensitivo ocupa-se das qualidades sensíveis exteriores; o conhecimento intelectivo, porém, penetra até a essência da coisa. O objeto da inteligência, como diz Aristóteles, é "o que cada coisa é". Ora, são muitas as espécies de coisas que estão ocultas interiormente, que o conhecimento humano deve intrinsecamente atingir. Assim, sob os acidentes, oculta-se a natureza substancial das coisas; sob as palavras, ocultam-se os seus significados; nas semelhanças e nas figuras oculta-se a verdade figurada; assim as coisas inteligíveis são, de certo modo, interiores com relação às sensíveis que são apreendidas exteriormente, como nas causas estão ocultos os efeitos e inversamente. Portanto, em relação a tudo isso pode-se falar de inteligência. Mas, como o conhecimento do homem começa pelos sentidos, a partir do exterior, é claro que quanto mais forte for a luz da inteligência, tanto mais profundamente ela pode penetrar no interior das coisas. Ora, a luz natural da nossa inteligência tem potência limitada e, portanto, pode atingir alguma coisa até certos limites determinados. Por isso, o homem precisa de uma luz sobrenatural para chegar a certos conhecimentos que não pode obter pela luz natural. E essa luz sobrenatural dada ao homem chama-se dom da inteligência.

QUANTO AO 1º, portanto, deve-se dizer que pela luz natural infundida em nós, conhecemos imediatamente alguns princípios gerais que são conhecidos naturalmente. Mas, como o homem se destina à bem-aventurança sobrenatural, como acima foi dito, é preciso que atinja realidades mais altas. E, para isso, é necessário o dom da inteligência.

QUANTO AO 2º, deve-se dizer que o discurso da razão sempre começa pela inteligência e na inteligência termina, pois raciocinamos partindo de certos objetos dos quais temos a intelecção e o discurso da razão se completa quando chegamos a inteligência daquilo que antes era ignorado. Portanto, o que nós elaboramos, na razão, decorre de alguma intelecção precedente. O dom da graça não

---

5. C. 6: 430, b, 27-31.
6. Q. 2, a. 3; I, q. 12, a. 1; I-II, q. 3, a. 8.

c. Do latim: *intelligere*: *intus legere*, ler dentro. O dom de inteligência nos fornece uma visão penetrante em grau superior da amabilidade de Deus e das realidades divinas.

sed superadditur ei, quasi perficiens ipsum. Et ideo ista superadditio non dicitur ratio, sed magis intellectus: quia ita se habet lumen superadditum ad ea quae nobis supernaturaliter innotescunt sicut se habet lumen naturale ad ea quae primordialiter cognoscimus.

AD TERTIUM dicendum quod voluntas nominat simpliciter appetitivum motum, absque determinatione alicuius excellentiae. Sed intellectus nominat quandam excellentiam cognitionis penetrandi ad intima. Et ideo supernaturale donum magis nominatur nomine intellectus quam nomine voluntatis.

ARTICULUS 2
Utrum donum intellectus possit simul esse cum fide

AD SECUNDUM SIC PROCEDITUR. Videtur quod donum intellectus non simul habeatur cum fide.

1. Dicit enim Augustinus, in libro *Octoginta trium Quaest.*[1]: *Id quod intelligitur intelligentis comprehensione finitur*. Sed id quod creditur non comprehenditur: secundum illud Apostoli, *ad Philp 3,12*: *Non quod iam comprehenderim aut perfectus sim*. Ergo videtur quod fides et intellectus non possint esse in eodem.

2. PRAETEREA, omne quod intelligitur intellectu videtur. Sed fides est de non apparentibus, ut supra[2] dictum est. Ergo fides non potest simul esse in eodem cum intellectu.

3. PRAETEREA, intellectus est certior quam scientia. Sed scientia et fides non possunt esse de eodem, ut supra[3] habitum est. Multo ergo minus intellectus et fides.

SED CONTRA est quod Gregorius dicit, in libro *Moral.*[4] quod *intellectus de auditis mentem illustrat*. Sed aliquis habens fidem potest esse illustratus mente circa audita: unde dicitur Lc ult., 45 quod Dominus *aperuit discipulis suis sensum ut intelligerent Scripturas*. Ergo intellectus potest simul esse cum fide.

RESPONDEO dicendum quod hic duplici distinctione est opus: una quidem ex parte fidei;

procede da luz da natureza, mas se acrescenta a ela como para a aperfeiçoar. Por isso, tal acréscimo não se chama razão, mas inteligência, porque a luz acrescentada está para as coisas que se revelam sobrenaturalmente como a luz natural está para as coisas que primordialmente conhecemos.

QUANTO AO 3º, deve-se dizer que a vontade designa de modo absoluto, o apetite movido sem a determinação de alguma excelência. Mas, a inteligência designa alguma excelência do conhecimento de penetrar até o íntimo das coisas. Por isso, o dom sobrenatural recebe, antes, a denominação de inteligência do que de vontade.

ARTIGO 2
O dom da inteligência pode existir simultaneamente com a fé?

QUANTO AO SEGUNDO, ASSIM SE PROCEDE: parece que o dom da inteligência **não** pode existir simultaneamente com a fé.

1. Com efeito, diz Agostinho: "O que é entendido é limitado pela compreensão de quem entende". Ora, aquilo que cremos não compreendemos, segundo aquilo do Apóstolo: "Não que eu já tenha alcançado isso tudo ou já me tenha tornado perfeito". Logo, parece que fé e inteligência não podem existir no mesmo sujeito.

2. ALÉM DISSO, tudo o que é entendido pela inteligência é visto. Ora, a fé, como já foi dito acima, é relativa às coisas que não se veem. Logo, a fé não pode existir simultaneamente com a inteligência no mesmo sujeito.

3. ADEMAIS, há mais certeza na inteligência do que na ciência. Ora, ciência e fé não podem ter o mesmo objeto, como já foi dito. Logo, com maior razão, inteligência e fé.

EM SENTIDO CONTRÁRIO, Gregório diz: "a inteligência ilustra a mente sobre as coisas ouvidas." Ora, quem tem fé pode ter a mente iluminada, relativamente a essas coisas ouvidas, como se lê no Evangelho de Lucas: "O Senhor abriu o espírito a seus discípulos, para que entendessem as Escrituras". Logo, a inteligência pode coexistir com a fé.

RESPONDO. Aqui cabe dupla distinção: uma, relativa à fé e outra, à inteligência. Quanto à fé,

---
1. Q. 15: ML 40, 14.
2. Q. 1, a. 4; q. 4, a. 1.
3. Q. 1, a. 5.
4. L. I, c. 32, al. 15, n. 44: ML 75, 547 A.

alia autem ex parte intellectus. Ex parte quidem fidei, distinguendum est quod quaedam per se et directe cadunt sub fide, quae naturalem rationem excedunt: sicut Deum esse trinum et unum, Filium Dei esse incarnatum. Quaedam vero cadunt sub fide quasi ordinata ad ista secundum aliquem modum: sicut omnia quae in Scriptura divina continentur.

Ex parte vero intellectus, distinguendum est quod dupliciter dici possumus aliqua intelligere. Uno modo, perfecte: quando scilicet pertingimus ad cognoscendum essentiam rei intellectae, et ipsam veritatem enuntiabilis intellecti, secundum quod in se est. Et hoc modo ea quae directe cadunt sub fide intelligere non possumus, durante statu fidei. Sed quaedam alia ad fidem ordinata etiam hoc modo intelligi possunt. — Alio modo contingit aliquid intelligi imperfecte: quando scilicet ipsa essentia rei, vel veritas propositionis, non cognoscitur quid sit aut quomodo sit, sed tamen cognoscitur quod ea quae exterius apparent veritati non contrariantur; inquantum scilicet homo intelligit quod propter ea quae exterius apparent non est recedendum ab his quae sunt fidei. Et secundum hoc nihil prohibet, durante statu fidei, intelligere etiam ea quae per se sub fide cadunt.

Et per hoc patet responsio AD OBIECTA. Nam primae tres rationes procedunt secundum quod aliquid perfecte intelligitur. Ultima autem ratio procedit de intellectu eorum quae ordinantur ad fidem.

devemos distinguir as coisas que lhe pertencem por si e diretamente e superam a razão natural, como por exemplo, que Deus é uno e trino, que o Filho de Deus se encarnou; e outras verdades que lhe pertencem por estarem de alguma maneira a ela ordenadas, como todas as coisas contidas nas Sagradas Escrituras.

Da parte da inteligência, devemos distinguir duas maneiras, segundo as quais podemos entender as coisas. De um modo, perfeitamente, quando atingimos a essência da coisa e a verdade da proposição inteligida, como em si mesma é. Desse modo, nós não podemos conhecer as verdades que caem diretamente no campo da fé, enquanto dura o estado de fé. Mas as outras verdades, ordenadas à fé, podem ser compreendidas desse modo perfeito. — De outra maneira, acontece que algo seja conhecido imperfeitamente: quando não se conhece a própria essência da coisa ou a verdade da proposição, isto é, o que é ou como ela é; mas se conhece que as coisas que exteriormente aparecem não se opõem à verdade; isto é, quando o homem compreende que por causa das coisas que aparecem exteriormente não deve afastar-se das coisas que são de fé. E, desse modo, nada impede que, enquanto dura o estado de fé, se conheçam também aquelas coisas que essencialmente lhe pertencem[d].

Isto responde claramente às OBJEÇÕES. As três primeiras procedem, no sentido da intelecção perfeita. A última, porém, procede, quanto à inteligência das coisas ordenadas à fé.

ARTICULUS 3
Utrum intellectus qui est donum sit speculativus tantum, an etiam practicus

AD TERTIUM SIC PROCEDITUR. Videtur quod intellectus qui ponitur donum Spiritus Sancti non sit practicus, sed speculativus tantum.

1. Intellectus enim, ut Gregorius dicit, in I Moral.[1], *altiora quaedam penetrat*. Sed ea quae

ARTIGO 3
A inteligência que é dom é somente especulativa ou é também prática?[e]

QUANTO AO TERCEIRO, ASSIM SE PROCEDE: parece que a inteligência que é considerada dom do Espírito Santo **não** é prática, mas somente especulativa.

1. Com efeito, a inteligência, como diz Gregório: "penetra as realidades mais altas." Ora, o obje-

---

3 PARALL.: Infra, a. 6, ad 3.

1. C. 32, al. 15, nn. 44, 45: ML 75, 547 A, C.

---

d. A fé permite apreender o objeto a título de crença; o dom o faz apreender como se o víssemos; não a descoberto, mas através ou além de outra coisa na qual a caridade leva a penetrar profundamente.

e. Que o dom de inteligência interesse o intelecto especulativo é evidente. O artigo quer mostrar que também interessa ao intelecto prático.

pertinent ad intellectum practicum non sunt alta, sed quaedam infima, scilicet singularia, circa quae sunt actus. Ergo intellectus qui ponitur donum non est intellectus practicus.

2. PRAETEREA, intellectus qui est donum est dignius aliquid quam intellectus qui est virtus intellectualis. Sed intellectus qui est virtus intellectualis est solum circa necessaria: ut patet per Philosophum, in VI *Ethic*.[2]. Ergo multo magis intellectus qui est donum est solum circa necessaria. Sed intellectus practicus non est circa necessaria, sed circa contingentia aliter se habere, quae opere humano fieri possunt. Ergo intellectus qui est donum non est intellectus practicus.

3. PRAETEREA, donum intellectus illustrat mentem ad ea quae naturalem rationem excedunt. Sed operabilia humana, quorum est practicus intellectus, non excedunt naturalem rationem, quae dirigit in rebus agendis, ut ex supradictis[3] patet. Ergo intellectus qui est donum non est intellectus practicus.

SED CONTRA est quod dicitur in Ps 110,10: *Intellectus bonus omnibus facientibus eum*.

RESPONDEO dicendum quod, sicut dictum est[4], donum intellectus non solum se habet ad ea quae primo et principaliter cadunt sub fide, sed etiam ad omnia quae ad fidem ordinantur. Operationes autem bonae quendam ordinem ad fidem habent: nam *fides per dilectionem operatur*, ut Apostolus dicit, Gl 5,6. Et ideo donum intellectus etiam ad quaedam operabilia se extendit: non quidem ut circa ea principaliter versetur; sed inquantum in agendis regulamur *rationibus aeternis, quibus conspiciendis et consulendis*, secundum Augustinum, XII *de Trin*.[5], *inhaeret superior ratio*, quae dono intellectus perficitur.

AD PRIMUM ergo dicendum quod operabilia humana, secundum quod in se considerantur, non habent aliquam excellentiae altitudinem. Sed secundum quod referuntur ad regulam legis aeternae et ad finem beatitudinis divinae, sic altitudinem habent, ut circa ea possit esse intellectus.

AD SECUNDUM dicendum quod hoc ipsum pertinet ad dignitatem doni quod est intellectus, quod intelligibilia aeterna vel necessaria considerat non solum secundum quod in se sunt, sed etiam

to do intelecto prático não são as coisas altas, mas as ínfimas, isto é, as singulares que são a matéria de nossos atos. Logo, a inteligência, considerada como um dom, não é o intelecto prático.

2. ALÉM DISSO, a inteligência, como dom, é algo mais nobre do que a inteligência como virtude intelectual. Ora, a inteligência, enquanto virtude intelectual, só versa sobre o necessário, como diz o Filósofo. Logo, com maior razão, a inteligência, como dom, versará somente sobre o necessário. Mas, o intelecto prático não versa sobre o necessário, mas sobre as coisas contingentes que podem dar-se de outra maneira, e que podem ser objeto da ação humana. Logo, a inteligência, dom, não é o intelecto prático.

3. ADEMAIS, o dom da inteligência ilumina a mente nas coisas que superam a razão natural. Ora, as obras humanas, sobre as quais versa o intelecto prático, não superam a razão natural, que dirige as ações, como resulta do que foi dito. Logo, a inteligência, que é dom, não é o intelecto prático.

EM SENTIDO CONTRÁRIO, diz o Salmo: "Tem boa inteligência os que o praticam".

RESPONDO. Como já foi dito, o dom da inteligência aplica-se não somente ao que pertence à fé a título primário e principal, mas também a tudo aquilo que a ela se ordena. Ora, as boas ações, de certo modo, se ordenam para a fé, pois *a fé obra pela caridade*, como diz o Apóstolo. Logo, o dom da inteligência se estende também a certas obras, não por versar principalmente sobre elas, mas enquanto no agir nos pautamos "por razões eternas, às quais adere a razão superior" que é aperfeiçoada pelo dom da inteligência, "considerando-as e consultando-as", segundo Agostinho.

QUANTO AO 1º, portanto, deve-se dizer que as obras humanas, em si mesmas consideradas, não têm alta excelência. Mas, enquanto se referem à regra da lei eterna e ao fim da bem-aventurança divina, elas têm tal altitude que a inteligência pode versar sobre elas.

QUANTO AO 2º, deve-se dizer que cabe à dignidade do dom, que é a inteligência, considerar as realidades inteligíveis que são eternas ou necessárias, não somente como elas são em si mesmas,

---

2. C. 6: 1140, b, 31-35.
3. I-II, q. 58, a. 2; q. 71, a. 6.
4. A. praec.
5. C. 7, n. 12: ML 42, 1005. Cfr. c. 2, n. 2: ML 42, 999.

secundum quod sunt regulae quaedam humanorum actuum: quia quanto virtus cognoscitiva ad plura se extendit, tanto nobilior est.

Ad tertium dicendum quod regula humanorum actuum est et ratio humana et lex aeterna, ut supra[6] dictum est. Lex autem aeterna excedit naturalem rationem. Et ideo cognitio humanorum actuum secundum quod regulantur a lege aeterna, excedit rationem naturalem, et indiget supernaturali lumine doni Spiritus Sancti.

Articulus 4
Utrum donum intellectus insit omnibus habentibus gratiam

Ad quartum sic proceditur. Videtur quod donum intellectus non insit omnibus hominibus habentibus gratiam.

1. Dicit enim Gregorius, II *Moral*.[1], quod donum intellectus datur contra *hebetudinem mentis*. Sed multi habentes gratiam adhuc patiuntur mentis hebetudinem. Ergo donum intellectus non est in omnibus habentibus gratiam.

2. Praeterea, inter ea quae ad cognitionem pertinent sola fides videtur esse necessaria ad salutem: quia *per fidem Christus habitat in cordibus nostris*, ut dicitur Eph 3,17. Sed non omnes habentes fidem habent donum intellectus: immo *qui credunt, debent orare ut intelligant*, sicut Augustinus dicit, in libro *de Trin*.[2]. Ergo donum intellectus non est necessarium ad salutem. Non ergo est in omnibus habentibus gratiam.

3. Praeterea, ea quae sunt communia omnibus habentibus gratiam nunquam ab habentibus gratiam subtrahuntur. Sed gratia intellectus et aliorum donorum *aliquando se utiliter subtrahit: quandoque* enim, *dum sublimia intelligendo in elationem se animus erigit, in rebus imis et vilibus gravi hebetudine pigrescit*, ut Gregorius dicit, in II *Moral*.[3]. Ergo donum intellectus non est in omnibus habentibus gratiam.

Sed contra est quod dicitur in Ps 81,5: *Nescierunt neque intellexerunt, in tenebris ambulant*. Sed nullus habens gratiam ambulat in tenebris: secundum illud Io 8,12: *Qui sequitur me non*

Artigo 4
Os que estão em estado de graça têm o dom da inteligência?

Quanto ao quarto, assim se procede: parece que os que estão em estado de graça **não** têm o dom da inteligência.

1. Com efeito, diz Gregório: o dom da inteligência é dado contra o "embotamento da mente". Ora, muitos que têm a graça ainda padecem desse embotamento. Logo, o dom da inteligência não está em todos aqueles que têm a graça.

2. Além disso, entre as coisas que dizem respeito ao conhecimento só a fé parece ser necessária para a salvação, porque, como diz a Carta aos Efésios: "Pela fé, Cristo habita em nossos corações". Ora, nem todos que têm fé têm o dom da inteligência; e, mais, como diz Agostinho: "os que creem devem orar para ter a inteligência". Logo, o dom da inteligência não é necessário para a salvação e não está em todos os que estão em graça.

3. Ademais, as coisas comuns a todos que estão em graça, nunca lhes podem faltar. Ora, a graça da inteligência e de outros dons, "algumas vezes pode faltar utilmente, pois, a alma, ao compreender coisas sublimes, eleva-se pela soberba e então fica embotada em coisas ínfimas e vis", como diz Gregório. Logo, o dom da inteligência não existe em todos os que têm a graça.

Em sentido contrário, diz o Salmo: "Não souberam nem entenderam; andam nas trevas". Ora, ninguém que tenha a graça anda nas trevas, segundo aquilo do Evangelho de João: "Quem

---

6. I-II, q. 71, a. 6.

1. C. 49, al. 27, in vet. 36, n. 77: ML 75, 592 D.
2. L. XV, c. 27, n. 49: ML 42, 1096.
3. Loc. cit., n. 78: ML 75, 593 B.

ambulat in tenebris. Ergo nullus habens gratiam caret dono intellectus.

RESPONDEO dicendum quod in omnibus habentibus gratiam necesse est esse rectitudinem voluntatis: quia *per gratiam praeparatur voluntas hominis ad bonum*, ut Augustinus dicit[4]. Voluntas autem non potest recte ordinari in bonum nisi praeexistente aliqua cognitione veritatis: quia obiectum voluntatis est bonum intellectum, ut dicitur in III *de Anima*[5]. Sicut autem per donum caritatis Spiritus Sanctus ordinat voluntatem hominis ut directe moveatur in bonum quoddam supernaturale, ita etiam per donum intellectus illustrat mentem hominis ut cognoscat veritatem quandam supernaturalem, in quam oportet tendere voluntatem rectam. Et ideo, sicut donum caritatis est in omnibus habentibus gratiam gratum facientem, ita etiam donum intellectus.

AD PRIMUM ergo dicendum quod aliqui habentes gratiam gratum facientem possunt pati hebetudinem circa aliqua quae sunt praeter necessitatem salutis. Sed circa ea quae sunt de necessitate salutis sufficienter instruuntur a Spiritu Sancto: secundum illud I Io 2,27: *Unctio docet vos de omnibus*.

AD SECUNDUM dicendum quod etsi non omnes habentes fidem plene intelligant ea quae proponuntur credenda, intelligunt tamen ea esse credenda, et quod ab eis pro nullo est deviandum.

AD TERTIUM dicendum quod donum intellectus nunquam se subtrahit sanctis circa ea quae sunt necessaria ad salutem. Sed circa alia interdum se subtrahit, ut non omnia ad liquidum per intellectum penetrare possint, ad hoc quod superbiae materia subtrahatur.

me segue não caminhará nas trevas". Logo, ninguém que tenha a graça carece do dom da inteligência.

RESPONDO. Todos os que têm a graça hão de ter necessariamente a retidão da vontade; porque, como diz Agostinho, "pela graça prepara-se a vontade do homem para o bem". Ora, a vontade não pode ordenar-se para o bem, a não ser que nela preexista algum conhecimento da verdade, pois o objeto da vontade é o bem conhecido, como diz o livro III da *Alma*. Assim, como pelo dom da caridade o Espírito Santo ordena a vontade do homem para que se mova diretamente para certo bem sobrenatural, assim também, pelo dom da inteligência, ilumina a mente do homem para conhecer certa verdade sobrenatural a que deve tender a vontade reta. Por isso, assim como o dom da caridade existe em todos os que têm a graça santificante, assim também o dom da inteligência.

QUANTO AO 1º, portanto, deve-se dizer que alguns dos que têm a graça santificante podem sofrer algum embotamento sobre coisas que não são necessárias para a salvação. Mas, sobre o que é necessário para a salvação, são suficientemente instruídos pelo Espírito Santo, segundo aquilo da primeira Carta de João: "A unção vos ensina a respeito de tudo".

QUANTO AO 2º, deve-se dizer que, embora nem todos os que têm fé entendam plenamente o que se lhes propõe para crer, entendem, porém, que tais verdades devem ser cridas e que delas não se devem desviar.

QUANTO AO 3º, deve-se dizer que o dom da inteligência nunca falta aos santos, no que diz respeito às coisas necessárias à salvação. Mas, às vezes, falta em relação a outras coisas, de modo que não podem penetrar perfeitamente tudo pela inteligência, para que se livrem da contaminação da soberba[f].

---

4. *Contra Iulian.*, l. IV, c. 3, n. 15: ML 44, 744.
5. C. 7: 431, b, 10-12; c. 10: 433, a, 21-26.

f. Todos os que têm a fé viva dispõem de todos os dons, incluindo o dom de inteligência. Mas nem todos o têm no mesmo grau. Nesse sentido, dir-se-á que o possuem aqueles que o têm num grau superior. É nesse sentido também que somos chamados a orar para obtê-lo.

Articulus 5
Utrum donum intellectus inveniatur etiam in non habentibus gratiam gratum facientem

AD QUINTUM SIC PROCEDITUR. Videtur quod intellectus donum inveniatur etiam in non habentibus gratiam gratum facientem.

1. Augustinus enim[1], exponens illud Psalm., *Concupivit anima mea desiderare iustificationes tuas*, dicit quod *praevolat intellectus, sequitur tardus aut nullus affectus*. Sed in omnibus habentibus gratiam gratum facientem est promptus affectus, propter caritatem. Ergo donum intellectus potest esse in his qui non habent gratiam gratum facientem.

2. PRAETEREA, Dn 10,1 dicitur quod *intelligentia opus est in visione* prophetica: et ita videtur quod prophetia non sit sine dono intellectus. Sed prophetia potest esse sine gratia gratum faciente: ut patet Mt 7,22-23, ubi dicentibus, *In nomine tuo prophetavimus*, respondetur: *Nunquam novi vos*. Ergo donum intellectus potest esse sine gratia gratum faciente.

3. PRAETEREA, donum intellectus respondet virtuti fidei: secundum illud Is 7,9, secundum aliam litteram: *Nisi credideritis, non intelligetis*. Sed fides potest esse sine gratia gratum faciente. Ergo etiam donum intellectus.

SED CONTRA est quod Dominus dicit, Io 6,45: *Omnis qui audivit a Patre et didicit, venit ad me*. Sed per intellectum audita addiscimus vel penetramus: ut patet per Gregorium, in I *Moral*.[2]. Ergo quicumque habet intellectus donum venit ad Christum. Quod non est sine gratia gratum faciente. Ergo donum intellectus non est sine gratia gratum faciente.

RESPONDEO dicendum quod, sicut supra[3] dictum est, dona Spiritus Sancti perficiunt animam secundum quod est bene mobilis a Spiritu Sancto. Sic ergo intellectuale lumen gratiae ponitur donum intellectus, inquantum intellectus hominis est bene mobilis a Spiritu Sancto. Huius autem motus consideratio in hoc est quod homo apprehendat veritatem circa finem. Unde nisi usque ad hoc moveatur a Spiritu Sancto intellectus humanus

Artigo 5
O dom da inteligência existe também nos que não têm a graça santificante?

QUANTO AO QUINTO, ASSIM SE PROCEDE: parece que o dom da inteligência **existe** também nos que não têm a graça santificante.

1. Com efeito, Agostinho, explicando o texto do Salmo: "a minh'alma desejou avidamente as tuas justificações", diz: "O intelecto voa, seguindo-o lento o afeto ou mesmo não o seguindo." Ora, todos os que têm a graça santificante têm o afeto pronto, por causa da caridade. Logo, o dom da inteligência pode existir naqueles que não têm a graça santificante.

2. ALÉM DISSO, a Escritura diz que "a inteligência é necessária na visão" profética. Assim parece que a profecia não existe sem o dom da inteligência. Ora, a profecia pode existir sem a graça santificante, com está claro no Evangelho de Mateus, onde aos que dizem "Profetizamos em teu nome", se responde: "Eu nunca vos conheci". Logo, o dom da inteligência pode existir sem a graça santificante.

3. ADEMAIS, o dom da inteligência corresponde à virtude da fé, segundo aquilo do livro de Isaías, de acordo com outra versão: "Se não crerdes, não tereis a inteligência". Ora, a fé pode existir sem a graça santificante. Logo, também o dom da inteligência.

EM SENTIDO CONTRÁRIO, diz o Senhor: "Todo aquele que ouviu o Pai e dele aprendeu vem a mim". Ora, pela inteligência aprendemos e penetramos o que ouvimos, como está claro em Gregório. Logo, todo o que tem o dom da inteligência vem a Cristo, o que exige a graça santificante. Logo, o dom da inteligência não existe sem a graça santificante.

RESPONDO. Como já foi dito, os dons do Espírito Santo aperfeiçoam a alma, no sentido de que ela se deixa mover facilmente pelo Espírito Santo. Assim, a luz intelectual da graça é considerada dom da inteligência, na medida em que o intelecto do homem se deixa mover pela ação do Espírito Santo. A característica deste movimento é que o homem apreende a verdade relativa ao seu fim. Por isso, a menos que o intelecto humano seja

---
1. *Enarr. in Ps.* 118, serm. 8, n. 4, super v. 20: ML 37, 1522.
2. C. 32, al. 15, n. 44: ML 75, 547 A.
3. I-II, q. 68, a. 1, 2, 3.

ut rectam aestimationem de fine habeat, nondum assecutus est donum intellectus; quantumcumque ex illustratione Spiritus alia quaedam praeambula cognoscat. Rectam autem aestimationem de ultimo fine non habet nisi ille qui circa finem non errat, sed ei firmiter inhaeret tanquam optimo. Quod est solum habentis gratiam gratum facientem: sicut etiam in moralibus rectam aestimationem habet homo de fine per habitum virtutis. Unde donum intellectus nullus habet sine gratia gratum faciente.

AD PRIMUM ergo dicendum quod Augustinus intellectum nominat quamcumque illustrationem intellectualem. Quae tamen non pertingit ad perfectam doni rationem nisi usque ad hoc mens hominis deducatur ut rectam aestimationem habeat homo circa finem.

AD SECUNDUM dicendum quod intelligentia quae necessaria est ad prophetiam est quaedam illustratio mentis circa ea quae prophetis revelantur. Non est autem illustratio mentis circa aestimationem rectam de ultimo fine, quae pertinet ad donum intellectus.

AD TERTIUM dicendum quod fides importat solum assensum ad ea quae proponuntur. Sed intellectus importat quandam perceptionem veritatis, quae non potest esse circa finem nisi in eo qui habet gratiam gratum facientem, ut dictum est[4]. Et ideo non est similis ratio de intellectu et fide.

movido pelo Espírito Santo para que tenha reta apreciação do fim, ele ainda não tem o dom da inteligência, embora conheça pela iluminação do Espírito outros preâmbulos desse dom. Mas, a reta apreciação do último fim, só a possui aquele que não erra acerca do fim, mas a ele adere como àquilo que há de melhor. Isso só o consegue quem tem a graça santificante, como também nas coisas morais, o homem tem reta apreciação do fim pelo hábito da virtude. Consequentemente, ninguém tem o dom da inteligência sem a graça santificante[g].

QUANTO AO 1º, portanto, deve-se dizer que Agostinho chama de inteligência a qualquer iluminação intelectual. Mas isso não atinge a perfeita realização do dom a não ser que a mente humana chegue à reta apreciação do fim.

QUANTO AO 2º, deve-se dizer que a inteligência que é necessária à profecia é uma iluminação da mente relativa ao que é revelado aos profetas. Mas não é uma iluminação do espírito relativa à reta apreciação do fim último, que cabe ao dom da inteligência[h].

QUANTO AO 3º, deve-se dizer que a fé implica adesão unicamente ao que lhe é proposto. Mas, a inteligência implica certa percepção da verdade, que não pode ser acerca do fim, senão por quem possui a graça santificante, como já foi dito. Logo, não se pode raciocinar da mesma maneira, no tocante à inteligência e à fé.

ARTICULUS 6
Utrum donum intellectus distinguatur ab aliis donis

AD SEXTUM SIC PROCEDITUR. Videtur quod donum intellectus non distinguatur ab aliis donis.

1. Quorum enim opposita sunt eadem, ipsa quoque sunt eadem. Sed sapientiae opponitur stultitia, hebetudini intellectus, praecipitationi consilium, ignorantiae scientia: ut patet per Gregorium, II

ARTIGO 6
Se o dom da inteligência se distingue dos outros dons

QUANTO AO SEXTO, ASSIM SE PROCEDE: parece que o dom da inteligênica **não** se distingue dos outros dons.

1. Com efeito, realidades que têm contrários iguais são iguais. Mas, a sabedoria se opõe à estultícia; a inteligência, ao embotamento; o conselho, à precipitação; a ciência à ignorância, como está

---

4. In corp.

6 PARALL.: I-II, q. 68, a. 4; III *Sent.*, dist. 35, q. 2, a. 2, q.la 3.

g. O dom de inteligência não acompanha a fé informe. Esta adere à verdade que se revela, mas como de fora, uma vez que ela não lhe parece amável o suficiente para ser seguida até o fim. É seu objeto, não é seu fim. Falta-lhe portanto alguma coisa na percepção da verdade: que ela a "toque" por amor e a ela conforme seu espírito. A percepção mais viva que brota do dom provém da caridade.

h. Uma é a inteligência que é dom do Espírito Santo fornecido a todos, outra a inteligência concedida aos profetas (II-II, q. 171-174): esta é uma "graça dada gratuitamente," um carisma, para a utilidade de todos.

Moral.[1]. Non videntur autem differre stultitia, hebetudo, ignorantia et praecipitatio. Ergo nec intellectus distinguitur ab aliis donis.

2. PRAETEREA, intellectus qui ponitur virtus intellectualis differt ab aliis intellectualibus virtutibus per hoc sibi proprium, quod est circa principia per se nota. Sed donum intellectus non est circa aliqua principia per se nota: quia ad ea quae naturaliter per se cognoscuntur sufficit naturalis habitus primorum principiorum; ad ea vero quae sunt supernaturalia sufficit fides, quia articuli fidei sunt sicut prima principia in supernaturali cognitione, sicut dictum est[2]. Ergo donum intellectus non distinguitur ab aliis donis intellectualibus.

3. PRAETEREA, omnis cognitio intellectiva vel est speculativa vel practica. Sed donum intellectus se habet ad utrumque, ut dictum est[3]. Ergo non distinguitur ab aliis donis intellectualibus, sed omnia in se complectitur.

SED CONTRA est quod quaecumque connumerantur ad invicem oportet esse aliquo modo ab invicem distincta: quia distinctio est principium numeri. Sed donum intellectus connumeratur aliis donis, ut patet Is 11,2-3. Ergo donum intellectus est distinctum ab aliis donis.

RESPONDEO dicendum quod distinctio doni intellectus ab aliis tribus donis, scilicet pietate, fortitudine et timore, manifesta est: quia donum intellectus pertinet ad vim cognoscitivam, illa vero tria pertinent ad vim appetitivam. Sed differentia huius doni intellectus ad alia tria, scilicet sapientiam, scientiam et consilium, quae etiam ad vim cognoscitivam pertinent, non est adeo manifesta. Videtur autem quibusdam quod donum intellectus distinguatur a dono scientiae et consilii per hoc quod illa duo pertineant ad practicam cognitionem, donum vero intellectus ad speculativam. A dono vero sapientiae, quod etiam ad speculativam cognitionem pertinet, distinguitur in hoc quod ad sapientiam pertinet iudicium, ad intellectum vero capacitas intellectus eorum quae proponuntur, sive penetratio ad intima eorum. Et secundum hoc supra[4] numerum donorum assignavimus. — Sed diligenter intuenti, donum intellectus non solum se

claro em Gregório. Ora, não se vê diferença entre estultícia, embotamento, ignorância e precipitação. Logo, a inteligência não se distingue dos outros dons.

2. ALÉM DISSO, o intelecto, enquanto potência intelectual, difere das outras potências intelectuais por aquilo que lhe é próprio, que é versar sobre os princípios evidentes. Mas, o dom da inteligência não tem por objeto tais princípios, porque para as coisas que naturalmente são cognoscíveis é suficiente o hábito natural dos primeiros princípios; quanto às realidades sobrenaturais basta a fé, pois os artigos da fé são como primeiros princípios no conhecimento sobrenatural, como já foi dito. Logo, o dom da inteligência não se distingue de outros dons sobrenaturais.

3. ADEMAIS, todo conhecimento intelectual ou é especulativo ou prático. Ora, o dom da inteligência diz respeito a um e outro, como já se disse. Logo, não se distingue dos outros dons intelectuais, mas os engloba a todos.

EM SENTIDO CONTRÁRIO, todos os membros de uma enumeração devem, de certo modo, ser distintos uns dos outros, pois, a distinção é o princípio da enumeração. Mas, o dom da inteligência, como se vê no livro de Isaías, é enumerado com os outros dons. Logo, o dom da inteligência é distinto dos outros dons.

RESPONDO. A distinção entre o dom da inteligência e os outros três dons, piedade, fortaleza e temor, é manifesta, pois o dom da inteligência pertence à potência cognitiva, enquanto os outros três pertencem à potência apetitiva. Mas a diferença entre o dom da inteligência e os outros três dons, isto é, a sabedoria, a ciência e o conselho, que também pertencem à potência cognitiva, não é tão evidente. Segundo alguns, parece que o dom da inteligência se distingue do dom da ciência e do conselho por pertencerem estes dois ao conhecimento prático, enquanto o dom da inteligência, ao especulativo. Distingue-se também do dom da sabedoria, que pertence igualmente ao conhecimento especulativo, pois, à sabedoria cabe o juízo, ao passo que à inteligência cabe a capacidade de perceber interiormente os objetos que lhe são propostos ou penetrar no íntimo deles. E, de acordo com este princípio, determinamos acima o

---

1. C. 49, al. 27, in vet. 36, n. 77: ML 75, 592 D-593 A.
2. Q. 1, a. 7.
3. Art. 3.
4. I-II, q. 68, a. 4.

habet circa speculanda, sed etiam circa operanda, ut dictum est[5]: et similiter etiam donum scientiae circa utrumque se habet, ut infra[6] dicetur. Et ideo oportet aliter eorum distinctionem accipere.

Omnia enim haec quatuor dicta ordinantur ad supernaturalem cognitionem, quae in nobis per fidem fundatur. Fides autem est *ex auditu*, ut dicitur Rm 10,17. Unde oportet aliqua proponi homini ad credendum non sicut visa, sed sicut audita, quibus per fidem assentiat. Fides autem primo quidem et principaliter se habet ad veritatem primam; secundario, ad quaedam circa creaturas consideranda; et ulterius se extendit etiam ad directionem humanorum operum, secundum quod *per dilectionem operatur*, ut ex dictis[7] patet. Sic igitur circa ea quae fidei proponuntur credenda duo requiruntur ex parte nostra. Primo quidem, ut intellectu penetrentur vel capiantur: et hoc pertinet ad donum intellectus. Secundo autem oportet ut de eis homo habeat iudicium rectum, ut aestimet his esse inhaerendum et ab eorum oppositis recedendum. Hoc igitur iudicium, quantum ad res divinas, pertinet ad donum sapientiae; quantum vero ad res creatas, pertinet ad donum scientiae; quantum vero ad applicationem ad singularia opera, pertinet ad donum consilii.

AD PRIMUM ergo dicendum quod praedicta differentia quatuor donorum manifeste competit distinctioni eorum quae Gregorius ponit eis esse opposita. Hebetudo enim acuitati opponitur. Dicitur autem per similitudinem intellectus acutus quando potest penetrare ad intima eorum quae proponuntur. Unde hebetudo mentis est per quam mens ad intima penetrare non sufficit. — Stultus autem dicitur ex hoc quod perverse iudicat circa communem finem vitae. Et ideo proprie opponitur sapientiae, quae facit rectum iudicium circa universalem causam. — Ignorantia vero importat defectum mentis etiam circa quaecumque particularia. Et ideo opponitur scientiae, per quam homo habet rectum iudicium circa particulares causas, scilicet circa creaturas. — Praecipitatio vero manifeste opponitur consilio, per quod homo

número esses dons. — Entretanto, ao olhar atento, o dom da inteligência não se limita à teoria, mas também à ação, como já foi dito; semelhantemente, o dom da ciência, como se verá adiante, versa sobre uma e outra. Portanto, é preciso entender, diversamente, a distinção dos dons.

Os quatro dons referidos ordenam-se ao conhecimento sobrenatural, infundido em nós pela fé. Ora, como se diz na Carta aos Romanos: "a fé é pelo ouvido". Por isso, é preciso que certas verdades sejam propostas a serem cridas pelos homens não enquanto vistas, mas enquanto ouvidas, às quais o homem adere pela fé. Ora, a fé versa primária e principalmente sobre a verdade primeira e, secundariamente, sobre verdades relativas às criaturas; por fim, ela se estende na direção da atividade humana, enquanto é *uma fé que age pela caridade*, como fica claro pelo que foi dito. Portanto, em relação às proposições da fé, que nós devemos crer, impõe-se dupla exigência. Primeiro, que elas sejam penetradas ou apreendidas pela inteligência e isto cabe ao dom da inteligência. Mas, em segundo lugar, é preciso que o homem as julgue retamente, considerando que deve aderir a elas e afastar-se do que lhe é oposto. Portanto, esse juízo quanto às realidades divinas, cabe ao dom da sabedoria; no que diz respeito às coisas criadas, cabe ao dom da ciência e quanto à aplicação às ações particulares pertence ao dom do conselho[i].

QUANTO AO 1º, portanto, deve-se dizer que a diferença entre os quatro dons está plenamente de acordo com a distinção dos contrários que o próprio Gregório propõe. O embotamento opõe-se à acuidade. Por semelhança, diz-se que a inteligência é aguda quando pode penetrar o íntimo dos objetos que lhe são propostos; o embotamento se dá quando a mente não pode penetrar esse íntimo. — O estulto é o que julga erradamente sobre o que concerne ao fim geral da vida. Opõe-se, pois, propriamente, à sabedoria que faz reto juízo sobre a causa universal. — Doutra parte, a ignorância implica a deficiência da mente no que tange às realidades particulares e, portanto, opõe-se à ciência pela qual o homem tem juízo reto sobre as causas particulares, isto é, sobre as criaturas. — A precipitação opõe-se ao conselho,

---

5. Art. 3.
6. Q. sq., a. 3.
7. A. 3; q. 4, a. 2, ad 3.

i. Sete dons: três afetivos (temor, força, piedade), quatro intelectuais (inteligência, ciência, sabedoria, conselho). Entre estes, a inteligência *penetra* seu objeto com acuidade e o apreende imediatamente, os outros *julgam*.

ad actionem non procedit ante deliberationem rationis.

AD SECUNDUM dicendum quod donum intellectus est circa prima principia cognitionis gratuitae, aliter tamen quam fides. Nam ad fidem pertinet eis assentire: ad donum vero intellectus pertinet penetrare mente ea quae dicuntur.

AD TERTIUM dicendum quod donum intellectus pertinet ad utramque cognitionem, scilicet speculativam et practicam, non quantum ad iudicium, sed quantum ad apprehensionem, ut capiantur ea quae dicuntur.

pelo qual o homem não passa à ação, antes da deliberação racional[j].

QUANTO AO 2º, deve-se dizer que o dom da inteligência concerne aos primeiros princípios do conhecimento na ordem da graça, mas de maneira diversa da fé. Porque cabe à fé aderir a esses princípios, enquanto ao dom da inteligência cabe penetrar com a mente o que é proposto.

QUANTO AO 3º, deve-se dizer que o dom da inteligência versa sobre o conhecimento teórico e prático, não quanto ao juízo, mas quanto à apreensão para que seja compreendido o que é dito.

ARTICULUS 7
Utrum dono intellectus respondeat sexta beatitudo, scilicet: *Beati mundo corde, quoniam ipsi Deum videbunt*

AD SEPTIMUM SIC PROCEDITUR. Videtur quod dono intellectus non respondeat beatitudo sexta, scilicet: *Beati mundo corde, quoniam ipsi Deum videbunt*.

1. Munditia enim cordis maxime videtur pertinere ad affectum. Sed donum intellectus non pertinet ad affectum, sed magis ad vim intellectivam. Ergo praedicta beatitudo non respondet dono intellectus.

2. PRAETEREA, Act 15,9 dicitur: *fide purificans corda eorum*. Sed per purificationem cordis acquiritur munditia cordis. Ergo praedicta beatitudo magis pertinet ad virtutem fidei quam ad donum intellectus.

3. PRAETEREA, dona Spiritus Sancti perficiunt hominem in praesenti vita. Sed visio Dei non pertinet ad vitam praesentem: ipsa enim beatos facit, ut supra[1] habitum est. Ergo sexta beatitudo, continens Dei visionem, non pertinet ad donum intellectus.

SED CONTRA est quod Augustinus dicit, in libro *de Serm. Dom. in Monte*[2]: *Sexta operatio Spiritus Sancti, quae est intellectus, convenit mundis*

ARTIGO 7
O dom da inteligência corresponde à sexta bem-aventurança, a saber: Bem-aventurados os limpos de coração, porque verão a Deus?[k]

QUANTO AO SÉTIMO, ASSIM SE PROCEDE: parece que o dom da inteligência **não** corresponde à sexta bem-aventurança, a saber: bem-aventurados os limpos de coração porque verão a Deus.

1. Com efeito, a pureza de coração parece dizer respeito, sobretudo, ao afeto. Ora, o dom da inteligência não diz respeito ao afeto, mas à potência intelectiva. Logo, a bem-aventurança referida não corresponde ao dom da inteligência.

2. ALÉM DISSO, no livro Atos dos Apóstolos se diz: "Purificando os seus corações pela fé" Ora, é a purificação do coração que garante a sua pureza. Logo, a bem-aventurança em questão pertence mais à virtude da fé do que ao dom da inteligência.

3. ADEMAIS, os dons do Espírito Santo aperfeiçoam o homem na vida presente. Ora, a visão de Deus não pertence à vida presente, porque é ela que nos faz bem-aventurados, como já foi dito. Logo, a sexta bem-aventurança que implica a visão de Deus não pertence ao dom da inteligência.

EM SENTIDO CONTRÁRIO, diz Agostinho: "A sexta ação do Espírito Santo, que é a inteligência, convém aos limpos de coração, que, com os

---

7 PARALL.: III *Sent.*, dist. 34, q. 1, a. 4.

1. I, q. 12, a. 1; I-II, q. 3, a. 8.
2. L. I, c. 4, n. 11: ML 34, 1235.

j. Estulticie, insensibilidade, ignorância, precipitação não devem ser confundidas: são vícios que se contrapõem seja aos dons de inteligência ou sabedoria, seja à prudência (q. 15, 46, 53).

k. Ainda que haja muito artifício em comparar os sete "dons," tais como a tradução de Is (11,2) nos Setenta os faz descobrir, e as nove bem-aventuranças enumeradas por Mt (5,3-11), é um exercício tradicional na Idade Média. Contudo, não se pode negar que tenha produzido belos frutos de psicologia espiritual. Lembremos que cada bem-aventurança designa aqui uma *atitude merecedora* e a *recompensa* que lhe corresponde, esboço da felicidade futura.

corde, qui purgato oculo possunt videre quod oculus non vidit.

RESPONDEO dicendum quod in sexta beatitudine, sicut et in aliis, duo continentur: unum per modum meriti, scilicet munditia cordis; aliud per modum praemii, scilicet visio Dei, ut supra[3] dictum est. Et utrumque pertinet aliquo modo ad donum intellectus. Est enim duplex munditia. Una quidem praeambula et dispositiva ad Dei visionem, quae est depuratio affectus ab inordinatis affectionibus: et haec quidem munditia cordis fit per virtutes et dona quae pertinent ad vim appetitivam. Alia vero munditia cordis est quae est quasi completiva respectu visionis divinae: et haec quidem est munditia mentis depuratae a phantasmatibus et erroribus, ut scilicet ea quae de Deo proponuntur non accipiantur per modum corporalium phantasmatum, nec secundum haereticas perversitates. Et hanc munditiam facit donum intellectus.

Similiter etiam duplex est Dei visio. Una quidem perfecta, per quam videtur Dei essentia. Alia vero imperfecta, per quam, etsi non videamus de Deo quid est, videmus tamen quid non est: et tanto in hac vita Deum perfectius cognoscimus quanto magis intelligimus eum excedere quidquid intellectu comprehenditur. Et utraque Dei visio pertinet ad donum intellectus: prima quidem ad donum intellectus consummatum, secundum quod erit in patria; secunda vero ad donum intellectus inchoatum, secundum quod habetur in via.

Et per hoc patet responsio AD OBIECTA. Nam primae duae rationes procedunt de prima munditia. Tertia vero de perfecta Dei visione: dona autem et hic nos perficiunt secundum quandam inchoationem, et in futuro implebuntur, ut supra dictum est.

olhos purificados, poderão ver o que os olhos não veem."

RESPONDO. Na sexta bem-aventurança, como nas outras, há dois elementos; um, a modo de mérito, que é a pureza de coração; outro, a modo de prêmio, que é a visão de Deus, como já foi dito. E ambos pertencem, de certa maneira, ao dom da inteligência. Com efeito, há dupla espécie de pureza. Uma serve de preâmbulo e de disposição à visão de Deus, que é a purificação dos sentimentos das afeições desordenadas; essa pureza de coração obtém-se pelas virtudes e dons que pertencem à faculdade apetitiva. A outra pureza de coração é como um acabamento com respeito à visão divina; e essa é a pureza da mente depurada de fantasias e erros, de modo que as verdades propostas por Deus não sejam recebidas como imagens corporais nem segundo deformações heréticas; esta pureza é o dom da inteligência que a produz[1].

Semelhantemente, há dupla visão de Deus. Uma, perfeita, pela qual se vê a essência de Deus. Outra, imperfeita, pela qual ainda que não vejamos o que Deus é, vemos, porém, o que não é; e, nesta vida, tanto mais conhecemos a Deus, quanto mais entendemos que Ele supera tudo aquilo que podemos apreender pelo intelecto. Ambas as visões pertencem ao dom da inteligência; a primeira pertence ao dom consumado da inteligência, tal como será na pátria; a segunda, ao dom da inteligência iniciada, tal como o temos no estado de via.

E, por isso, ficam claras as *respostas* às objeções. Com efeito, as duas primeiras procedem da primeira espécie de pureza. A terceira procede da visão de Deus perfeita; os dons, porém, que aqui nos aperfeiçoam incoativamente, terão sua plenitude no futuro, como antes já foi dito.

ARTICULUS 8
Utrum in fructibus fides respondeat dono intellectus

AD OCTAVUM SIC PROCEDITUR. Videtur quod in fructibus fides non respondeat dono intellectus.

ARTIGO 8
Dentre os frutos, a fé corresponde ao dom da inteligência?[m]

QUANTO AO OITAVO, ASSIM SE PROCEDE: parece que dentre os frutos, a fé **não** corresponde ao dom da inteligência.

---

3. I-II, q. 69, a. 2.

8 PARALL.: III *Sent.*, dist. 34, q. 1, a. 5.

---

l. Uma coisa é a pureza das afeições, outra a das ideias e da percepção.
m. Outro exercício tradicional: comparar aos "dons" os "frutos" do Espírito Santo enumerados em Gl (5,22-23). Essa lista de São Paulo não tem no entanto o rigor que lhe atribuem. Para ele, aliás, há somente um fruto, o *Amor*. O que se acrescenta a ele são os sinais que fazem ver o amor. Não é inútil, porém, para melhor compreender o "dom", multiplicar as comparações. Elas trazem novas luzes e tantas outras precisões proveitosas.

1. Intellectus enim est fructus fidei: dicitur enim Is 7,9: *Nisi credideritis, non intelligetis*, secundum aliam litteram, ubi nos habemus: *Si non credideritis, non permanebitis*. Non ergo fides est fructus intellectus.

2. P‍RAETEREA, prius non est fructus posterioris. Sed fides videtur esse prior intellectu: quia fides est fundamentum totius spiritualis aedificii, ut supra[1] dictum est. Ergo fides non est fructus intellectus.

3. P‍RAETEREA, plura sunt dona pertinentia ad intellectum quam pertinentia ad appetitum. Sed inter fructus ponitur tantum unum pertinens ad intellectum, scilicet fides: omnia vero alia pertinent ad appetitum. Ergo fides non magis videtur respondere intellectui quam sapientiae vel scientiae seu consilio.

S‍ED CONTRA est quod finis uniuscuiusque rei est fructus eius. Sed donum intellectus videtur principaliter ordinari ad certitudinem fidei, quae ponitur fructus: dicit enim Glossa[2], ad Gl 5,22, quod fides quae est fructus est *de invisibilibus certitudo*. Ergo in fructibus fides respondet dono intellectus.

R‍ESPONDEO dicendum quod, sicut supra[3] dictum est, cum de fructibus ageretur, fructus Spiritus dicuntur quaedam ultima et delectabilia quae in nobis proveniunt ex virtute Spiritus Sancti. Ultimum autem delectabile habet rationem finis, qui est proprium obiectum voluntatis. Et ideo oportet quod id quod est ultimum et delectabile in voluntate sit quodammodo fructus omnium aliorum quae pertinent ad alias potentias. Secundum hoc ergo doni vel virtutis perficientis aliquam potentiam potest accipi duplex fructus: unus quidem pertinens ad suam potentiam; alius autem quasi ultimus, pertinens ad voluntatem. Et secundum hoc dicendum est quod dono intellectus respondet pro proprio fructu fides, idest fidei certitudo: sed pro ultimo fructu respondet ei gaudium, quod pertinet ad voluntatem.

A‍D PRIMUM ergo dicendum quod intellectus est fructus fidei quae est virtus. Sic autem non accipitur fides cum dicitur fructus: sed pro qua-

1. Com efeito, a inteligência é fruto da fé, como se diz no livro de Isaías: "Não entendereis, a não ser que acrediteis" e segundo outra versão: "Se não crerdes, não permanecereis". Logo, a fé não é fruto da inteligência.

2. A‍LÉM DISSO, o que é primeiro não é fruto do que vem depois. Ora, a fé parece ser anterior à inteligência, pois a fé é o fundamento de todo edifício espiritual, como acima foi dito. Logo, a fé não é fruto da inteligência.

3. A‍DEMAIS, são mais numerosos os dons que pertencem à inteligência do que ao apetite. Ora, entre os frutos, só um é considerado como pertencente à inteligência, isto é, a fé; todos os outros pertencem ao apetite. Logo, a fé não corresponde mais à inteligência do que à sabedoria, à ciência ou ao conselho.

E‍M SENTIDO CONTRÁRIO, o fim de cada coisa é fruto dela. Mas o dom da inteligência parece ordenar-se principalmente à certeza da fé, considerada como um fruto, como diz a Glosa, sobre texto da Carta aos Gálatas: a fé, que é fruto, é "a certeza das coisas invisíveis". Logo, dentre os frutos, a fé corresponde ao dom da inteligência.

R‍ESPONDO. Como foi dito acima, quando tratamos dos frutos, chamam-se frutos do Espírito Santo certas atividades últimas e deleitáveis que vêm a nós pela força do Espírito Santo. Mas o último e deleitável tem a razão de fim e o fim é o objeto próprio da vontade. Portanto, é preciso que aquilo que é o último e deleitável, na ordem da vontade, seja, de certo modo, fruto de todas as outras atividades que pertencem às outras potências.

Assim, pois, o dom ou a virtude que aperfeiçoa uma potência pode oferecer duplo fruto: um, próprio da potência; outro, quase último, próprio da vontade. E devemos dizer, então, segundo essa distinção, que ao dom de inteligência corresponde, como fruto próprio, a fé, isto é, a certeza da fé; mas, como último fruto, à inteligência corresponde a alegria, que pertence à vontade[n].

Q‍UANTO AO 1º, portanto, deve-se dizer que a inteligência é fruto da fé, que é uma virtude. Ora, não é nesse sentido que se considera a fé, quando se diz que é fruto, mas, sim, enquanto determinada

---

1. Q. 4, a. 7, 4 a; I-II, q. 67, a. 2, ad 2; q. 89, a. 2, ad 2.
2. Interl.; L‍OMBARDI: ML 192, 160 B.
3. I-II, q. 70, a. 1.

n. Dois frutos têm afinidade com o dom de inteligência, na árvore da fé: a "fé", ou antes a certeza das realidades dadas a crer e, em última instância, a alegria de estar na verdade, de pensar "como Deus"...

dam certitudine fidei, ad quam homo pervenit per donum intellectus.

Ad secundum dicendum quod fides non potest universaliter praecedere intellectum: non enim posset homo assentire credendo aliquibus propositis nisi ea aliqualiter intelligeret. Sed perfectio intellectus consequitur fidem quae est virtus: ad quam quidem intellectus perfectionem sequitur quaedam fidei certitudo.

Ad tertium dicendum quod cognitionis practicae fructus non potest esse in ipsa: quia talis cognitio non scitur propter se, sed propter aliud. Sed cognitio speculativa habet fructum in seipsa, scilicet certitudinem eorum quorum est. Et ideo dono consilii, quod pertinet solum ad practicam cognitionem, non respondet aliquis fructus proprius. Donis autem sapientiae, intellectus et scientiae, quae possunt etiam ad speculativam cognitionem pertinere, respondet solum unus fructus, qui est certitudo significata nomine fidei. Plures autem fructus ponuntur pertinentes ad partem appetitivam, quia, sicut iam dictum est, ratio finis, quae importatur in nomine fructus, magis pertinet ad vim appetitivam quam intellectivam.

certeza da fé, à qual o homem chega pelo dom da inteligência.

Quanto ao 2º, deve-se dizer que a fé não pode preceder, em tudo, à inteligência, pois o homem não pode assentir, crendo em coisas que lhe são propostas sem, de certo modo, entendê-las. Mas a perfeição da inteligência procede da fé, que é uma virtude; o que se segue à perfeição da inteligência é uma determinada certeza de fé[o].

Quanto ao 3º, deve-se dizer que o fruto do conhecimento prático não pode estar neste mesmo conhecimento, porque tal conhecimento não vale para si, mas em vista de outra coisa. Mas o conhecimento teórico tem o fruto em si mesmo, isto é, a certeza daquilo a que se refere. Eis por que, ao dom do conselho, que diz respeito unicamente ao conhecimento prático, não corresponde algum fruto próprio. Contudo, aos dons da sabedoria, da inteligência e da ciência, que também podem pertencer ao conhecimento teórico, corresponde somente um fruto que é a certeza, expressa pelo nome de fé.

Vários frutos, porém, são atribuídos à parte apetitiva, porque, como já foi dito, a razão de fim implicada na palavra fruto diz respeito mais à virtude apetitiva do que à intelectiva.

---

o. Há, a partir da fé, um engendramento contínuo das virtudes: a luz trazida pela graça dá certa inteligência, a da fé. A fé acarreta o dom da inteligência, e tanto mais quanto mais viva a fé; e essa inteligência produz a alegria, ou antes uma alegre certeza do que é visto.

QUAESTIO IX
DE DONO SCIENTIAE
in quatuor articulos divisa
Deinde considerandum est de dono scientiae.

Et circa hoc quaeruntur quatuor.
Primo: utrum scientia sit donum.
Secundo: utrum sit circa divina.
Tertio: utrum sit speculativa vel practica.
Quarto: quae beatitudo ei respondeat.

Articulus 1
Utrum scientia sit donum

Ad primum sic proceditur. Videtur quod scientia non sit donum.

QUESTÃO 9
O DOM DA CIÊNCIA
em quatro artigos
Em seguida, deve-se considerar o dom da ciência.

Sobre isso, são quatro as perguntas:
1. A ciência é um dom?
2. Versa sobre coisas divinas?
3. É teórica ou prática?
4. Que bem-aventurança lhe corresponde[a]?

Artigo 1
A ciência é um dom?

Quanto ao primeiro artigo, assim se procede: parece que a ciência **não** é um dom.

---

1 Parall.: Supra, q. 8, a. 6.

a. Duas partes: I. O dom da ciência que está a serviço da fé: sua existência (a. 1); seu objeto (a. 2); seu caráter (a. 3). II. A bem-aventurança das lágrimas, que lhe corresponde.

1. Dona enim Spiritus Sancti naturalem facultatem excedunt. Sed scientia importat effectum quendam naturalis rationis: dicit enim Philosophus, in I *Poster*.¹, quod demonstratio est *syllogismus faciens scire*. Ergo scientia non est donum Spiritus Sancti.

2. Praeterea, dona Spiritus Sancti sunt communia omnibus sanctis, ut supra² dictum est. Sed Augustinus, XIV *de Trin*.³, dicit quod *scientia non pollent fideles plurimi, quamvis polleant ipsa fide*. Ergo scientia non est donum.

3. Praeterea, donum est perfectius virtute, ut supra⁴ dictum est. Ergo unum donum sufficit ad perfectionem unius virtutis. Sed virtuti fidei respondet donum intellectus, ut supra⁵ dictum est. Ergo non respondet ei donum scientiae. Nec apparet cui alii virtuti respondeat. Ergo, cum dona sint perfectiones virtutum, ut supra⁶ dictum est, videtur quod scientia non sit donum.

Sed contra est quod Is 11,2-3 computatur inter septem dona.

Respondeo dicendum quod gratia est perfectior quam natura: unde non deficit in his in quibus homo per naturam perfici potest. Cum autem homo per naturalem rationem assentit secundum intellectum alicui veritati, dupliciter perficitur circa veritatem illam: primo quidem, quia capit eam; secundo, quia de ea certum iudicium habet. Et ideo ad hoc quod intellectus humanus perfecte assentiat veritati fidei duo requiruntur. Quorum unum est quo sane capiat ea quae proponuntur: quod pertinet ad donum intellectus, ut supra⁷ dictum est. Aliud autem est ut habeat certum et rectum iudicium de eis, discernendo scilicet credenda a non credendis. Et ad hoc necessarium est donum scientiae.

Ad primum ergo dicendum quod certitudo cognitionis in diversis naturis invenitur diversimode, secundum diversam conditionem uniuscuiusque naturae. Nam homo consequitur certum iudicium de veritate per discursum rationis: et ideo scientia humana ex ratione demonstrativa acquiritur. Sed in

1. Com efeito, os dons do Espírito Santo excedem a potência natural. Ora, a ciência implica certo efeito da razão natural, conforme diz o Filósofo, que a demonstração é um "silogismo que produz a ciência". Logo, a ciência não é um dom do Espírito Santo.

2. Além disso, os dons do Espírito Santo são comuns a todos os santos, como já foi dito. Ora, Agostinho diz que "muitos fiéis não são excelentes pela ciência, mas o são pela fé". Logo, a ciência não é um dom.

3. Ademais, o dom é mais perfeito do que a virtude, como já se disse antes. Logo, um único dom é suficiente para a perfeição de uma virtude. Ora, à virtude da fé, como já foi dito, corresponde o dom da inteligência. Logo, não lhe corresponde o dom da ciência. Nem aparece a qual outra virtude corresponda. Logo, como os dons são perfeições das virtudes, como já foi dito antes, parece que a ciência não é dom.

Em sentido contrário, o livro de Isaías a enumera entre os sete dons.

Respondo. A graça é mais perfeita do que a natureza. Portanto, ela não pode ser deficiente naquelas coisas em que o homem pode aperfeiçoar-se pela natureza. Ora, quando o homem adere pela razão natural e segundo a inteligência a alguma verdade, ele se aperfeiçoa de dupla maneira, em face dessa verdade; primeiro, porque a apreende; segundo, porque tem sobre ela um juízo certo. Por isso, para que a inteligência humana adira perfeitamente à verdade da fé, duas condições se exigem. Uma, compreender bem o objeto proposto; o que compete ao dom da inteligência, como acima foi dito. Outra, ter juízo certo e reto do objeto proposto, discernindo o que deve ou não deve crer. E para isso o dom da ciência é necessário[b].

Quanto ao 1º, portanto, deve-se dizer que a certeza do conhecimento encontra-se diversamente nas diversas naturezas, segundo a diversa condição de cada uma. Assim, o homem consegue um juízo certo a respeito de uma verdade pelo discurso da razão; e, por isso, a ciência humana se adquire

---

1. C. 2: 71, b, 17.
2. I-II, q. 68, a. 5.
3. C. 1, n. 2: ML 42, 1037.
4. I-II, q. 68, a. 8.
5. Q. 8, a. 5, 3 a et ad 3.
6. I-II, q. 68, a. 1, 2.
7. Q. 8, a. 6.

---

b. O dom de inteligência permite *penetrar* no objeto de fé; apreendê-lo profundamente; o dom de ciência faz apreciar toda verdade em seu lugar dentro do todo.

Deo est certum iudicium veritatis absque omni discursu per simplicem intuitum, ut in Primo[8] dictum est: et ideo divina scientia non est discursiva vel ratiocinativa, sed absoluta et simplex. Cui similis est scientia quae ponitur donum Spiritus Sancti: cum sit quaedam participativa similitudo ipsius.

AD SECUNDUM dicendum quod circa credenda duplex scientia potest haberi. Una quidem per quam homo scit quid credere debeat, discernens credenda a non credendis: et secundum hoc scientia est donum, et convenit omnibus sanctis. Alia vero est scientia circa credenda per quam homo non solum scit quid credi debeat, sed etiam scit fidem manifestare et alios ad credendum inducere et contradictores revincere. Et ista scientia ponitur inter gratias gratis datas: quae non datur omnibus, sed quibusdam. Unde Augustinus, post verba inducta, subiungit: *Aliud est scire tantummodo quid homo credere debeat: aliud scire quemadmodum hoc ipsum et piis opituletur et contra impios defendatur.*

AD TERTIUM dicendum quod dona sunt perfectiora virtutibus moralibus et intellectualibus. Non sunt autem perfectiora virtutibus theologicis: sed magis omnia dona ad perfectionem theologicarum virtutum ordinantur sicut ad finem. Et ideo non est inconveniens si diversa dona ad unam virtutem theologicam ordinantur.

pela razão demonstrativa. Mas, em Deus há um juízo certo de verdade sem qualquer discurso, mas por simples intuição, como dissemos na I Parte. Portanto, a ciência divina não é discursiva ou raciocinativa, mas absoluta e simples. A ela é semelhante a ciência considerada dom do Espírito Santo, por ser uma semelhança participativa da mesma ciência divina[c].

QUANTO AO 2º, deve-se dizer que a respeito do que se deve crer, pode haver dupla espécie de ciência. Uma, pela qual o homem sabe o que é preciso crer, distinguindo bem aquilo que se deve ou não se deve crer. E, nesse sentido, a ciência é um dom e convém a todos os santos. Outra, é a ciência sobre o objeto da fé, pela qual o homem não só sabe o que se deve crer, mas também como manifestar a fé, levar os outros a crer e refutar os contraditores. E essa ciência é colocada entre as graças grátis dadas, não sendo dada a todos, mas só a alguns. Por isso, Agostinho acrescenta às palavras citadas: "Uma coisa é saber somente o que o homem deve crer; outra coisa como isso pode vir em auxílio dos que têm fé e em defesa contra os ímpios"[d].

QUANTO AO 3º, deve-se dizer que os dons são mais perfeitos do que as virtudes morais e intelectuais. Contudo, não são mais do que as virtudes teologais; mas todos os dons se ordenam, como a um fim, à perfeição das virtudes teologais. Logo, não é inconveniente se diversos dons se ordenam a uma mesma virtude teologal.

ARTICULUS 2
Utrum scientiae donum sit circa res divinas

AD SECUNDUM SIC PROCEDITUR. Videtur quod scientiae donum sit circa res divinas.

1. Dicit enim Augustinus, XIV *de Trin.*[1], quod per scientiam *gignitur fides, nutritur et roboratur.* Sed fides est de rebus divinis: quia obiectum fidei est veritas prima, ut supra[2] habitum est. Ergo et donum scientiae est de rebus divinis.

ARTIGO 2
O dom da ciência versa sobre as coisas divinas?

QUANTO AO SEGUNDO, ASSIM SE PROCEDE: parece que o dom da ciência **versa** sobre as coisas divinas.

1. Com efeito, diz Agostinho: "É pela ciência que a fé é gerada, nutrida e fortificada". Ora, a fé diz respeito às coisas divinas, porque o objeto da fé é a verdade primeira, como foi dito acima. Logo, também o dom da ciência versa sobre as coisas divinas.

---

8. Q. 14, a. 7.

2 PARALL.: III *Sent.*, dist. 35, q. 2, a. 3, q.la 1.

1. C. 1, n. 3: ML 42, 1037.
2. Q. 1, a. 1.

c. A ciência humana julga ao termo de longos raciocínios; a ciência divina não é argumentativa, a ciência contada como dom do Espírito Santo tampouco. Ela apreende *as* verdades em conjunto.

d. Distinguir ainda aqui a ciência como dom do Espírito Santo da ciência como dom profético: graça grátis dada tendo em vista os outros (ver II-II, q. 177).

2. Praeterea, donum scientiae est dignius quam scientia acquisita. Sed aliqua scientia acquisita est circa res divinas, sicut scientia metaphysicae. Ergo multo magis donum scientiae est circa res divinas.

3. Praeterea, sicut dicitur Rm 1,20, *invisibilia Dei per ea quae facta sunt intellecta conspiciuntur*. Si igitur est scientia circa res creatas, videtur quod etiam sit circa res divinas.

Sed contra est quod Augustinus, XIV *de Trin.*[3], dicit: *Rerum divinarum scientia proprie sapientia nuncupetur: humanarum autem proprie scientiae nomen obtineat.*

Respondeo dicendum quod certum iudicium de re aliqua maxime datur ex sua causa. Et ideo secundum ordinem causarum oportet esse ordinem iudiciorum: sicut enim causa prima est causa secundae, ita per causam primam iudicatur de causa secunda. De causa autem prima non potest iudicari per aliam causam. Et ideo iudicium quod fit per causam primam est primum et perfectissimum. In his autem in quibus aliquid est perfectissimum, nomen commune generis appropriatur his quae deficiunt a perfectissimo, ipsi autem perfectissimo adaptatur aliud speciale nomen: ut patet in logicis. Nam in genere convertibilium illud quod significat *quod quid est*, speciali nomine *definitio* vocatur: quae autem ab hoc deficiunt convertibilia existentia nomen commune sibi retinent, scilicet quod *propria* dicuntur.

Quia igitur nomen scientiae importat quandam certitudinem iudicii, ut dictum est[4]; si quidem certitudo iudicii fit per altissimam causam, habet speciale nomen, quod est *sapientia*: dicitur enim sapiens in unoquoque genere qui novit altissimam causam illius generis, per quam potest de omnibus iudicare. Simpliciter autem sapiens dicitur qui novit altissimam causam simpliciter, scilicet Deum. Et ideo cognitio divinarum rerum vocatur sapientia. Cognitio vero rerum humanarum vocatur scientia, quasi communi nomine importante certitudinem iudicii appropriato ad iudicium quod fit per causas secundas. Et ideo, sic accipiendo scientiae nomen, ponitur donum distinctum a dono sapientiae. Unde donum scientiae est solum circa res humanas, vel circa res creatas.

2. Além disso, o dom da ciência tem maior dignidade do que a ciência adquirida. Mas, há uma ciência adquirida que versa sobre as coisas divinas, como, por exemplo, a metafísica. Logo, com maior razão, o dom da ciência versa sobre as coisas divinas.

3. Ademais, como se diz na Carta aos Romanos: "o intelecto pode perceber as perfeições invisíveis de Deus mediante suas obras". Se, pois, há ciência das coisas criadas, parece que também das coisas divinas.

Em sentido contrário, diz Agostinho: "A ciência das coisas divinas chama-se propriamente sabedoria; mas, a das coisas humanas, denomina-se propriamente ciência".

Respondo. O juízo certo sobre uma coisa dá-se, principalmente, por sua causa. Por isso, a ordem dos juízos deve ser segundo a ordem das causas. Assim como a causa primeira é causa da segunda, é pela causa primeira que se julga a segunda; mas não se pode julgar a causa primeira por outra causa. Por isso, o juízo feito por meio da causa primeira é o primeiro e perfeitíssimo. Com efeito, naquelas coisas em que algo é perfeitíssimo, o nome comum de gênero se aplica àqueles que são inferiores ao mais perfeito, enquanto um outro nome especial é aplicado ao mais perfeito, como se vê na Lógica. Assim, no gênero das proposições convertíveis, a que significa *o que é* tem o nome especial de *definição*; mas as coisas que carecem dessa perfeição e são convertíveis, guardam o nome que lhes é comum, isto é, chamam-se *próprias*.

Como o nome de ciência implica uma certeza no julgamento, como já foi dito, se essa certeza é produzida por meio de causa altíssima, tem um nome especial, que é *sabedoria*. Assim, sábio se chama, em cada gênero, quem conhece a causa altíssima desse gênero, pela qual pode julgar tudo o mais. Sábio, absolutamente falando, é aquele que conhece a causa altíssima absoluta, isto é, Deus. Por isso, o conhecimento das coisas divinas chama-se sabedoria. O conhecimento, porém, das coisas humanas chama-se ciência; é por assim dizer, o nome comum que implica a certeza do julgamento apropriado ao juízo realizado pelas causas segundas. Por isso, tomado nessa acepção, o nome de ciência é considerado um dom distinto do dom da sabedoria. Por isso, o dom da ciência

---

3. C. 1, n. 3: ML 42, 1037.
4. A. praec., ad 1.

AD PRIMUM ergo dicendum quod, licet ea de quibus est fides sint res divinae et aeternae, tamen ipsa fides est quoddam temporale in animo credentis. Et ideo scire quid credendum sit pertinet ad donum scientiae. Scire autem ipsas res creditas secundum seipsas per quandam unionem ad ipsas pertinet ad donum sapientiae. Unde donum sapientiae magis respondet caritati, quae unit mentem hominis Deo.

AD SECUNDUM dicendum quod ratio illa procedit secundum quod nomen scientiae communiter sumitur. Sic autem scientia non ponitur speciale donum, sed secundum quod restringitur ad iudicium quod fit per res creatas.

AD TERTIUM dicendum quod, sicut supra[5] dictum est, quilibet cognoscitivus habitus formaliter quidem respicit medium per quod aliquid cognoscitur, materialiter autem id quod per medium cognoscitur. Et quia id quod est formale potius est, ideo illae scientiae quae ex principiis mathematicis concludunt circa materiam naturalem, magis cum mathematicis connumerantur, utpote eis similiores: licet quantum ad materiam magis conveniant cum naturali, et propter hoc dicitur in II *Physic.*[6] quod sunt *magis naturales*. Et ideo, cum homo per res creatas Deum cognoscit, magis videtur hoc pertinere ad scientiam, ad quam pertinet formaliter, quam ad sapientiam, ad quam pertinet materialiter. Et e converso, cum secundum res divinas iudicamus de rebus creatis, magis hoc ad sapientiam quam ad scientiam pertinet.

diz respeito somente às coisas humanas ou às coisas criadas[e].

QUANTO AO 1º, portanto, deve-se dizer que ainda que as verdades da fé sejam coisas divinas e eternas, a fé, em si mesma, é algo temporal na alma do crente. Por isso, saber o que se deve crer pertence ao dom da ciência. Conhecer, porém, as verdades que cremos em si mesmas, por certa união com elas, cabe ao dom da sabedoria. Portanto, o dom da sabedoria corresponde mais à caridade que une a mente do homem a Deus.

QUANTO AO 2º, deve-se dizer que o argumento procede quando o nome de ciência é tomado no seu sentido geral. Assim, a ciência não é considerada um dom especial, restringindo-se ao juízo formado por meio das coisas criadas[f].

QUANTO AO 3º, deve-se dizer que como já foi dito acima, todo hábito cognoscitivo diz respeito formalmente ao meio de conhecer alguma coisa e materialmente àquilo que é conhecido por esse meio. E como o elemento formal é mais importante, por isso, as ciências que, a partir de princípios matemáticos, concluem sobre a matéria natural, consideram-se antes como matemáticas por ter com elas mais semelhança, ainda que quanto à matéria elas se aproximem mais das ciências naturais. Por isso, o livro II da *Física* diz que são "sobretudo naturais". Portanto, quando o homem conhece Deus por meio das coisas criadas, esse conhecimento corresponde melhor à ciência, à qual diz respeito formalmente, do que à sabedoria, à qual diz respeito materialmente. Ao contrário, quando nós julgamos as coisas criadas segundo as realidades divinas, isso corresponde melhor à sabedoria, do que à ciência.

ARTICULUS 3
Utrum scientiae donum sit scientia practica

AD TERTIUM SIC PROCEDITUR. Videtur quod scientia quae ponitur donum sit scientia practica.

ARTIGO 3
O dom de ciência é ciência prática?

QUANTO AO TERCEIRO, ASSIM SE PROCEDE: parece que o dom de ciência é ciência prática.

---

5. Q. 1, a. 1.
6. C. 2: 194, a. 7-8.

3 PARALL.: III *Sent.*, dist. 35, q. 2, a. 3, q.la 2.

---

e. A sabedoria, para os antigos, como para a Bíblia, é a mais alta das ciências. Ela julga de tudo a partir da Causa suprema, que é Deus. Já a ciência, julga a partir das realidades criadas.

f. Há uma ciência que não é um dom do Espírito Santo e que tem por objeto as realidades divinas: a "metafísica". O dom de ciência julga a partir das realidades criadas, embora não seja uma ciência humana adquirida, mas divinamente infundida. A solução 3 especifica que os hábitos devem ser distinguidos por seu objeto formal. Assim, conhecer as realidades eternas a partir das causas segundas cabe à ciência. Julgar das coisas criadas a partir das realidades eternas, cabe à sabedoria.

1. Dicit enim Augustinus XII *de Trin*.¹, quod *actio qua exterioribus rebus utimur scientiae deputatur*. Sed scientia cui deputatur actio est practica. Ergo scientia quae est donum est scientia practica.

2. PRAETEREA, Gregorius dicit, in I *Moral*.²: *Nulla est scientia si utilitatem pietatis non habet: et valde inutilis est pietas si scientiae discretione caret*. Ex quo habetur quod scientia dirigit pietatem. Sed hoc non potest competere scientiae speculativae. Ergo scientia quae est donum non est speculativa, sed practica.

3. PRAETEREA, dona Spiritus Sancti non habentur nisi a iustis, ut supra³ habitum est. Sed scientia speculativa potest haberi etiam ab iniustis: secundum illud Iac 4,17: *Scienti bonum et non facienti, peccatum est illi*. Ergo scientia quae est donum non est speculativa, sed practica:

SED CONTRA est quod Gregorius dicit, in I *Moral*⁴: *Scientia in die suo convivium parat, quia in ventre mentis ignorantiae ieiunium superat*. Sed ignorantia non tollitur totaliter nisi per utramque scientiam, scilicet et speculativam et practicam. Ergo scientia quae est donum est et speculativa et practica.

RESPONDEO dicendum quod, sicut supra⁵ dictum est, donum scientiae ordinatur, sicut et donum intellectus, ad certitudinem fidei. Fides autem primo et principaliter in speculatione consistit, inquantum scilicet inhaeret primae veritati. Sed quia prima veritas est etiam ultimus finis, propter quem operamur, inde etiam est quod fides ad operationem se extendit; secundum illud Gl 5,6: *Fides per dilectionem operatur*. Unde etiam oportet quod donum scientiae primo quidem et principaliter respiciat speculationem, inquantum scilicet homo scit quid fide tenere debeat. Secundario autem se extendit etiam ad operationem, secundum quod per scientiam credibilium, et eorum quae ad credibilia consequuntur, dirigimur in agendis.

1. Com efeito, Agostinho afirma: "A ação pela qual nos servimos das coisas externas, atribuimos à ciência". Ora, uma ciência à qual se atribui uma ação é uma ciência prática. Logo, a ciência que é um dom é ciência prática.

2. ALÉM DISSO, Gregório diz: "A ciência de nada serve, se não é útil à piedade; e a piedade que carece do discernimento da ciência é perfeitamente inútil". Daí se conclui que a ciência dirige a piedade. Ora, isso não pode caber à ciência teórica. Logo, a ciência, enquanto dom, não é especulativa, mas prática.

3. ADEMAIS, os dons do Espírito Santo, só os justos os possuem, como foi esclarecido acima. Ora, os injustos também podem conseguir a ciência teórica, conforme o texto da Carta de Tiago: "Aquele que sabe fazer o bem, e não o faz, peca". Logo, a ciência, como dom, não é especulativa, mas prática.

EM SENTIDO CONTRÁRIO, diz Gregório: "A ciência prepara um banquete para o seu dia próprio, porque supera o jejum da ignorância, no interior da mente". Ora, a ignorância não fica totalmente eliminada a não ser pela dupla ciência, a teórica e a prática. Logo, a ciência como dom é especulativa e prática.

RESPONDO. Como foi dito acima, o dom da ciência, como o da inteligência, ordena-se à certeza da fé. Ora, a fé consiste primeiramente e principalmente em um conhecimento especulativoᵍ, enquanto adere à verdade primeira. Mas, como a verdade primeira é também o último fim, por causa do qual agimos, segue-se que a fé também se estende à ação, segundo a Carta aos Gálatas: "A fé age pela caridade". Por isso, é preciso que o dom da ciência primeira e principalmente vise ao conhecimento especulativo, enquanto o homem sabe o que deve admitir pela fé. Secundariamente, porém, se estende à ação, enquanto pela ciência das verdades da fé e daquelas coisas que dela resultam, nos dirigimos em nossas açõesʰ.

---

1. C. 14, n. 22: ML 42, 1009.
2. C. 32, al. 15, n. 45: ML 75, 547 C.
3. I-II, q. 88, a. 5.
4. C. 32, al. 15, n. 44: ML 75, 547 B.
5. A. 1. Cfr. q. 8, a. 8.

g. A inteligência especulativa olha para olhar, ou antes, comprazendo-se no que olha, simplesmente. A inteligência prática, vê tendo em vista o agir.

h. Sto. Tomás pensara inicialmente que os dons de ciência e de inteligência se distinguiam pelo fato de que um era puramente prático, o outro especulativo (I-II, q. 68, a. 4). Reflexão feita, não é mais o que ele afirma aqui: um e outro são principalmente especulativos, mesmo se estendendo à ação. Eles se distinguem pelo tipo de juízo que lhes corresponde (ver r. 3).

AD PRIMUM ergo dicendum quod Augustinus loquitur de dono scientiae secundum quod se extendit ad operationem: attribuitur enim ei actio, sed non sola nec primo. Et hoc etiam modo dirigit pietatem.
Unde patet solutio AD SECUNDUM.

AD TERTIUM dicendum quod, sicut dictum est[6] de dono intellectus quod non quicumque intelligit habet donum intellectus, sed qui intelligit quasi ex habitu gratiae; ita etiam de dono scientiae est intelligendum quod illi soli donum scientiae habeant qui ex infusione gratiae certum iudicium habent circa credenda et agenda, quod in nullo deviat a rectitudine iustitiae. Et haec est *scientia sanctorum*, de qua dicitur Sap 10,10: *Iustum deduxit Dominus per vias rectas et dedit illi scientiam sanctorum*.

QUANTO AO 1º, portanto, deve-se dizer que Agostinho fala do dom da ciência enquanto se estende à ação; atribui-lhe, com efeito, a ação mas, não só a ela, nem primariamente. E, desse modo, o dom da ciência dirige a piedade.

QUANTO AO 2º, deve-se dizer que a resposta à primeira objeção vale para a segunda.

QUANTO AO 3º, deve-se dizer que, conforme o que já foi dito sobre o dom da inteligência, nem todo aquele que entende tem esse dom, mas somente quem compreende pelo hábito da graça. Assim também, a propósito do dom da ciência, devemos entender que só possuem esse dom os que por infusão da graça, fazem juízo certo do que devem crer e agir, sem se desviarem em nada da retidão da justiça. E esta é "a ciência dos santos" de que fala o livro da Sabedoria: "O Senhor conduziu os justos por caminhos retos e deu-lhe a ciência dos santos".

ARTICULUS 4

Utrum dono scientiae respondeat tertia beatitudo, scilicet: *Beati qui lugent, quoniam ipsi consolabuntur*

AD QUARTUM SIC PROCEDITUR. Videtur quod scientiae non respondeat tertia beatitudo, scilicet: *Beati qui lugent, quoniam ipsi consolabuntur*.

1. Sicut enim malum est causa tristitiae et luctus, ita etiam bonum est causa laetitiae. Sed per scientiam principalius manifestantur bona quam mala, quae per bona cognoscuntur: *rectum* enim *est iudex sui ipsius et obliqui*, ut dicitur in I *de Anima*[1]. Ergo praedicta beatitudo non convenienter respondet scientiae.

2. PRAETEREA, consideratio veritatis est actus scientiae. Sed in consideratione veritatis non est tristitia, sed magis gaudium: dicitur enim Sap 8,16: *Non habet amaritudinem conversatio illius, nec taedium convictus illius, sed laetitiam et gaudium*. Ergo praedicta beatitudo non convenienter respondet dono scientiae.

3. PRAETEREA, donum scientiae prius consistit in speculatione quam in operatione. Sed secundum quod consistit in speculatione, non respondet sibi

ARTIGO 4

Ao dom da ciência corresponde a terceira bem-aventurança: "Bem-aventurados os que choram, porque serão consolados"?

QUANTO AO QUARTO, ASSIM SE PROCEDE: parece que ao dom da ciência **não** corresponde a terceira bem-aventurança: Bem-aventurados os que choram porque serão consolados.

1. Com efeito, se o mal é causa da tristeza e das lágrimas, o bem é causa de alegria. Ora, pela ciência manifestam-se principalmente os bens de maneira mais fundamental que os males, os quais se conhecem pelos bens, como diz o livro I da *Alma*: "O que é reto é juiz de si mesmo e do incorreto". Logo, a bem-aventurança referida não corresponde convenientemente ao dom da ciência.

2. ALÉM DISSO, a consideração da verdade é um ato de ciência. Ora, na consideração da verdade não há tristeza, mas, antes, alegria. Diz, com efeito, o livro da Sabedoria: "A sua companhia não causa dissabores nem desgosto a sua convivência, mas contentamento e alegria". Logo, a referida bem-aventurança não corresponde convenientemente ao dom da ciência.

3. ADEMAIS, o dom da ciência consiste mais na especulação do que na ação. Ora, enquanto consiste na especulação não lhe correspondem as

---

6. Q. 8, a. 5.
PARALL.: I-II, q. 69, a. 3, ad 2, 3; III *Sent.*, dist. 34, q. 1, a. 4.
1. C. 5: 411, a, 5-7.

luctus: quia intellectus speculativus *nihil dicit de imitabili et fugiendo*, ut dicitur in III *de Anima*[2]; neque dicit aliquid laetum et triste. Ergo praedicta beatitudo non convenienter ponitur respondere dono scientiae.

SED CONTRA est quod Augustinus dicit, in libro *de Serm. Dom. in Monte*[3]: *Scientia convenit lugentibus, qui didicerunt quibus malis vincti sunt, quae quasi bona petierunt*.

RESPONDEO dicendum quod ad scientiam proprie pertinet rectum iudicium creaturarum. Creaturae autem sunt ex quibus homo occasionaliter a Deo avertitur: secundum illud. Sap 14,11: *Creaturae factae sunt in odium, et in muscipulam pedibus insipientium*, qui scilicet rectum iudicium de his non habent, dum aestimant in eis esse perfectum bonum; unde in eis finem constituendo, peccant et verum bonum perdunt. Et hoc damnum homini innotescit per rectum iudicium de creaturis, quod habetur per donum scientiae. Et ideo beatitudo luctus ponitur respondere dono scientiae.

AD PRIMUM ergo dicendum quod bona creata non excitant spirituale gaudium nisi quatenus referuntur ad bonum divinum, ex quo proprie consurgit gaudium spirituale. Et ideo directe quidem spiritualis pax, et gaudium consequens, respondet dono sapientiae. Dono autem scientiae respondet quidem primo luctus de praeteritis erratis; et consequenter consolatio, dum homo per rectum iudicium scientiae creaturas ordinat in bonum divinum. Et ideo in hac beatitudine ponitur luctus pro merito, et consolatio consequens pro praemio. Quae quidem inchoatur in hac vita, perficitur autem in futura.

AD SECUNDUM dicendum quod de ipsa consideratione veritatis homo gaudet: sed de re circa quam considerat veritatem potest tristari quandoque. Et secundum hoc luctus scientiae attribuitur.

AD TERTIUM dicendum quod scientiae secundum quod in speculatione consistit, non respondet beatitudo aliqua: quia beatitudo hominis non consistit in consideratione creaturarum, sed in contemplatione Dei. Sed aliqualiter beatitudo hominis consistit in debito usu creaturarum et

lágrimas, porque o intelecto especulativo "nada diz daquilo que devemos imitar ou evitar", conforme diz o livro III da *Alma*; nem fala do alegre e do triste. Logo, a referida bem-aventurança não corresponde ao dom da ciência.

EM SENTIDO CONTRÁRIO, Agostinho diz: "A ciência convém aos que choram, pois se deram conta que estão presos aos males, que eles pediram como se fossem um bem".

RESPONDO[i]. À ciência pertence propriamente o reto juízo sobre as criaturas. Há, porém, criaturas que são para o homem uma ocasião de se desviar de Deus, conforme aquilo do livro da Sabedoria: "As criaturas se tornaram abominação, uma armadilha aos pés dos insensatos", que não as julgam retamente, porque estimam que nelas existe o bem perfeito; e, por isso, colocando nelas o seu fim, pecam e perdem o verdadeiro bem. Este dano revela-se ao homem, quando ele julga retamente as criaturas, o que faz pelo dom da ciência. Por isso, a bem-aventurança das lágrimas é considerada como correspondente ao dom da ciência.

QUANTO AO 1º, portanto, deve-se dizer que os bens criados não provocam a alegria espiritual a não ser enquanto se referem ao bem divino, do qual propriamente resulta a alegria espiritual. Por isso, a paz espiritual e a alegria que dela deriva correspondem ao dom da sabedoria. Mas, ao dom da ciência, correspondem primeiro as lágrimas provocadas pelos erros passados; e, em consequência, a consolação, quando o homem, pelo reto juízo da ciência, ordena as criaturas ao bem divino. Por isso, nessa bem-aventurança, as lágrimas são consideradas como mérito e a consolação que dela deriva, como prêmio. Consolação, que começa nesta vida, mas que se consuma na vida futura.

QUANTO AO 2º, deve-se dizer que a consideração da verdade alegra o homem; mas, às vezes, ele pode contristar-se pela coisa cuja verdade considera. E, nesse sentido, as lágrimas atribuem-se à ciência.

QUANTO AO 3º, deve-se dizer que à ciência, enquanto permanece no conhecimento especulativo, não corresponde nenhuma bem-aventurança, porque a felicidade do homem não consiste na consideração das criaturas, mas na contemplação de Deus. Mas, de algum modo, a felicidade do

---

2. C. 9: 432, b, 27-28.
3. L. I, c. 4: ML 34, 1234.

i. Trata-se de mostrar que a bem-aventurança das lágrimas (Mt 5,5), tradicionalmente atribuída ao dom de ciência, lhe corresponde. Concordaremos com isso mostrando que a "ciência" aprecia as criaturas a partir da distância que as separa de Deus: daí a aflição, as lágrimas; e tanto mais que elas podem constituir um obstáculo à marcha do homem para Deus. Mas o dom de ciência reconduzindo-as a Deus, por seu bom juízo, as "lágrimas" merecem a recompensa da "consolação".

ordinata affectione circa ipsas: et hoc dico quantum ad beatitudinem viae. Et ideo scientiae non attribuitur aliqua beatitudo pertinens ad contemplationem; sed intellectui et sapientiae, quae sunt circa divina.

homem consiste no uso devido das criaturas e na afeição ordenada para com elas; e digo isto, quanto à felicidade nesta vida. Portanto, à ciência não é atribuída nenhuma bem-aventurança pertinente à contemplação; mas, sim, à inteligência e à sabedoria que têm por objeto as coisas divinas.

QUAESTIO X
DE INFIDELITATE IN COMMUNI
in duodecim articulos divisa

Consequenter considerandum est de vitiis oppositis. Et primo, de infidelitate, quae opponitur fidei; secundo, de blasphemia, quae opponitur confessioni; tertio, de ignorantia et hebetudine, quae opponuntur scientiae et intellectui. Circa primum, considerandum est de infidelitate in communi; secundo, de haeresi; tertio, de apostasia a fide.

Circa primum quaeruntur duodecim.

Primo: utrum infidelitas sit peccatum.
Secundo: in quo sit sicut in subiecto.
Tertio: utrum sit maximum peccatorum.
Quarto: utrum omnis actio infidelium sit peccatum.
Quinto: de speciebus infidelitatis.
Sexto: de comparatione earum ad invicem.
Septimo: utrum cum infidelibus sit disputandum de fide.
Octavo: utrum sint cogendi ad fidem.
Nono: utrum sit eis communicandum.
Decimo: utrum possint Christianis fidelibus praeesse.
Undecimo: utrum ritus infidelium sint tolerandi.
Duodecimo: utrum pueri infidelium sint invitis parentibus baptizandi.

QUESTÃO 10
DA INFIDELIDADE[a] EM GERAL
em doze artigos

Em seguida, deve-se tratar dos vícios opostos. Primeiro, da infidelidade, que se opõe à fé; segundo, da blasfêmia, que se opõe à confissão da fé; terceiro, da ignorância e do embotamento, que se opõem à ciência e ao intelecto[b]. Sobre o primeiro ponto, devemos tratar da infidelidade em geral; da heresia e da apostasia.

Sobre a infidelidade em geral, são doze as perguntas:

1. A infidelidade é pecado?
2. Qual é o seu sujeito?
3. É o maior dos pecados?
4. Toda ação dos infiéis é pecaminosa?
5. As espécies de infidelidade.
6. A comparação delas entre si.
7. Deve-se disputar sobre a fé com os infiéis?
8. Devem ser compelidos a aceitar a fé?
9. Deve-se comunicar com eles.
10. Podem governar fiéis cristãos?
11. Devem-se tolerar os ritos dos infiéis?
12. Os filhos dos infiéis devem ser batizados contra a vontade dos pais[c]?

---

a. Após o estudo da fé e dos dons, eis a terceira parte anunciada na q. 1, a dos pecados ou dos vícios. De início, os que se opõem a fé como princípio de assentimento interior (q. 10 a 12); depois, os que se opõem ao ato exterior (confissão de fé), q. 13-14; enfim, os que se opõem à fé iluminada pelos dons (q. 15). O estudo dos vícios permite trazer novas considerações sobre a virtude.

b. O termo do latim *infidelitas* não pode ser plenamente traduzido por "infidelidade"; não se trata só do pecado que consiste em trair seus compromissos, mas também de recusar a fé (*fides*), isto é, a adesão à verdade que é Deus. A *infidelitas*, assim como a heresia e a apostasia (q. 11 e 12), que são espécies de *infidelitas*, não é jamais, em Sto. Tomás, o próprio de pessoas de boa fé, pertencendo simplesmente por sua família ou por seu meio social a um grupo separado da Igreja de Deus revelado. É nisto que a "infidelidade" é designada como *pecado*. Segue-se que, se podemos ver, à nossa volta, pessoas pertencentes a confissões diferentes, só Deus pode atribuir má fé, recusa, endurecimento do coração, amor desordenado e ciumento de sua liberdade... a este ou aquele, a esta ou aquela. Os homens podem ter a fé sem que nós o saibamos, ou sem que eles mesmos saibam. Outros, situados entre os católicos, podem contrapor à verdade, interiormente, mais recusa do que parece. Só Deus sonda os rins e os corações.

c. Duas partes nesta questão: I. O pecado de infidelidade: em que consiste (a. 1 a 4)? Quais são suas espécies (a. 5 e 6)? II. As relações com os infiéis no que concerne à proteção da fé e sua propagação (a. 7 e 8); a ordem política (a. 9 e 10); a disciplina religiosa (a. 11 e 12).

Articulus 1
Utrum infidelitas sit peccatum

Ad primum sic proceditur. Videtur quod infidelitas non sit peccatum.

1. Omne enim peccatum est contra naturam: ut patet per Damascenum, in II libro[1]. Sed infidelitas non videtur esse contra naturam: dicit enim Augustinus, in libro *de Praed. Sanct.*[2], quod *posse habere fidem, sicut posse habere caritatem, naturae est hominum: habere autem fidem, quemadmodum habere caritatem, gratiae est fidelium*. Ergo non habere fidem, quod est infidelem esse, non est peccatum.

2. Praeterea, nullus peccat in eo quod vitare non potest: quia omne peccatum est voluntarium. Sed non est in potestate hominis quod infidelitatem vitet, quam vitare non potest nisi fidem habendo: dicit enim Apostolus, Rm 10,14: *Quomodo credent ei quem non audierunt? Quomodo autem audient sine praedicante?* Ergo infidelitas non videtur esse peccatum.

3. Praeterea, sicut supra[3] dictum est, sunt septem vitia capitalia, ad quae omnia peccata reducuntur. Sub nullo autem horum videtur contineri infidelitas. Ergo infidelitas non est peccatum.

Sed contra, virtuti contrariatur vitium. Sed fides est virtus: cui contrariatur infidelitas. Ergo infidelitas est peccatum.

Respondeo dicendum quod infidelitas dupliciter accipi potest. Uno modo, secundum puram negationem: ut dicatur infidelis ex hoc solo quod non habet fidem. Alio modo potest intelligi infidelitas secundum contrarietatem ad fidem: quia scilicet aliquis repugnat auditui fidei, vel etiam contemnit ipsam, secundum illud Is 53,1: *Quis credidit auditui nostro?* Et in hoc proprie perficitur ratio infidelitatis. Et secundum hoc infidelitas est peccatum.

Si autem accipiatur infidelitas secundum negationem puram, sicut in illis qui nihil audierunt de fide, non habet rationem peccati, sed magis poenae, quia talis ignorantia divinorum ex peccato primi parentis est consecuta. Qui autem sic sunt infideles damnantur quidem propter alia peccata, quae sine fide remitti non possunt: non autem damnantur propter infidelitatis peccatum. Unde Dominus dicit, Io 15,22: *Si non venissem, et locu-*

Artigo 1
A infidelidade é pecado?

Quanto ao primeiro artigo, assim se procede: parece que a infidelidade **não** é pecado.

1. Com efeito, todo pecado é contra a natureza, como claramente diz Damasceno. Ora, a infidelidade não parece ser contra a natureza. Diz Agostinho: "poder ter a fé, como poder ter a caridade é da natureza de todos os homens; mas ter a fé, como ter a caridade, é próprio da graça dos fiéis". Logo, não ter fé, o que é ser infiel, não é pecado."

2. Além disso, ninguém peca pelo que não pode evitar, pois todo pecado é voluntário. Ora, não está no poder do homem evitar a infidelidade, pois só tendo fé pode evitá-la, conforme diz o Apóstolo: "Como crer nele sem antes escutar? Como escutar sem pregador?". Logo, a infidelidade parece não ser pecado.

3. Ademais, já foi dito acima: há sete vícios capitais a que todo os pecados se reduzem. Ora, a infidelidade não está contida em nenhum deles. Logo, não é pecado.

Em sentido contrário, a virtude é contrária ao vício. Mas, a fé é uma virtude à qual a infidelidade se opõe. Logo, a infidelidade é pecado.

Respondo. A infidelidade pode ser entendida de dois modos. Primeiramente, no sentido de pura negação, e assim se diz que infiel é aquele que não tem fé. De outro modo, a infidelidade pode ser entendida, no sentido de oposição à fé, porque se recusa a prestar ouvidos à fé ou mesmo a despreza, segundo o texto do livro de Isaías: "Quem acreditou naquilo que anunciamos?" E nisso está propriamente a noção de infidelidade. E nesse sentido a infidelidade é pecado.

Se, porém, se entende infidelidade no sentido de negação pura, como no caso daqueles que jamais ouviram falar das verdades da fé, não tem razão de pecado, mas de pena, porque tal ignorância das coisas divinas é consequência do pecado do primeiro pai. Os que assim são infiéis condenam-se, certamente, por causa de outros pecados, que não podem ser perdoados sem a fé; não, porém, pelo pecado de infidelidade. Daí

---

1   Parall.: II *Sent.*, dist. 39, q. 1, a. 2, ad 4.

1. Cc. 4, 30: MG 94, 876 A, 976 A; cfr. l. IV, c. 20: MG 94, 1196 B.
2. C. 5, n. 10: ML 44, 968.
3. I-II, q. 84, a. 4.

tus eis non fuissem, peccatum non haberent: quod exponens Augustinus dicit[4] quod loquitur *de illo peccato quo non crediderunt in Christum*.

AD PRIMUM ergo dicendum quod habere fidem non est in natura humana: sed in natura humana est ut mens hominis non repugnet interiori instinctui et exteriori veritatis praedicationi. Unde infidelitas secundum hoc est contra naturam.

AD SECUNDUM dicendum quod ratio illa procedit de infidelitate secundum quod importat simplicem negationem.

AD TERTIUM dicendum quod infidelitas secundum quod est peccatum, oritur ex superbia, ex qua contingit quod homo intellectum suum non vult subiicere regulis fidei et sano intellectui Patrum. Unde Gregorius dicit, XXXI *Moral*.[5], quod *ex inani gloria oriuntur novitatum praesumptiones*.

Quamvis posset dici quod, sicut virtutes theologicae non reducuntur ad virtutes cardinales, sed sunt priores eis; ita etiam vitia opposita virtutibus theologicis non reducuntur ad vitia capitalia.

dizer o Senhor no Evangelho de João: "Se eu não tivesse vindo e não lhes tivesse falado, não teriam pecado". Agostinho explica que se trata "daquele pecado pelo qual não acreditaram em Cristo"[d].

QUANTO AO 1º, portanto, deve-se dizer que não é próprio da natureza humana ter a fé, mas sim que a mente humana não se oponha à inspiração interior nem à pregação exterior da verdade. Nesse sentido, a infidelidade é contra a natureza[e].

QUANTO AO 2º, deve-se dizer que a objeção procede, quando a infidelidade é entendida no sentido de simples negação.

QUANTO AO 3º, deve-se dizer que a infidelidade, enquanto pecado, nasce da soberba, que induz o homem a não submeter seu intelecto às regras da fé e à sadia compreensão dos Padres. Por isso, Gregório diz: "da vanglória nascem as presunções de novidades".

Ainda que se possa dizer que, como as virtudes teologais não se reduzem às virtudes cardeais, mas lhe são anteriores, assim também os vícios opostos às virtudes teologais não se reduzem aos vícios capitais.

ARTICULUS 2
Utrum infidelitas sit in intellectu sicut in subiecto

AD SECUNDUM SIC PROCEDITUR. Videtur quod infidelitas non sit in intellectu sicut in subiecto.

1. Omne enim peccatum in voluntate est: ut Augustinus dicit, in libro *de Duabus Anim*.[1]. Sed infidelitas est quoddam peccatum, ut dictum est[2]. Ergo infidelitas est in voluntate, non in intellectu.

2. PRAETEREA, infidelitas habet rationem peccati ex eo quod praedicatio fidei contemnitur. Sed contemptus ad voluntatem pertinet. Ergo infidelitas est in voluntate.

3. PRAETEREA, 2Cor 11, super illud 14, *Ipse Satanas transfigurat se in angelum lucis*, dicit

ARTIGO 2
A infidelidade está no intelecto como em seu sujeito?

QUANTO AO SEGUNDO, ASSIM SE PROCEDE: parece que a infidelidade **não** está no intelecto como em seu sujeito.

1. Com efeito, todo pecado tem por sujeito a vontade, como diz Agostinho. Ora, a infidelidade é um pecado, como já foi dito. Logo, a infidelidade está na vontade e não no intelecto.

2. ALÉM DISSO, a infidelidade é essencialmente pecado por desprezar a pregação da fé. Ora, o desprezo depende da vontade. Logo, a infidelidade está na vontade.

3. ADEMAIS, sobre o texto da segunda Carta aos Coríntios: "Satanás mesmo se transfigura em anjo

---

4. *In Ioan*., tract. 89, n. 2, super 15, 22: ML 35, 1857.
5. C. 45, al. 17; in vet. 31, n. 88: ML 76, 621 A.

2 PARALL.: II *Sent*., dist. 39, q. 1, a. 2, ad 4; III, dist. 23, q. 2, a. 3, q.la 1, ad 4.

1. C. 10, n. 12; c. 11, n. 15: ML 42, 103, 105.
2. A. praec.

d. Há dois tipos de infidelidade. A que é contrária à fé: a recusa voluntária da verdade revelada; é um pecado. A que consiste numa simples ausência de fé; é uma infelicidade, uma pena. Tem sua fonte em outros pecados, ou em nosso pecado de natureza; mas, deixando o homem à sua mais extrema fragilidade, ela deixa com facilidade outros pecados entrarem com ela.

e. A fé, sem dúvida, é uma graça. Mas, sendo o homem chamado a participar da natureza divina, é legítimo que ele se submeta a Deus pela fé. O dever está inscrito *nele*, uma vez que é assim constituído.

Glossa[3] quod, *si angelus malus se bonum fingat, etiam si credatur bonus, non est error periculosus aut morbidus, si facit vel dicit quae bonis angelis congruunt*. Cuius ratio esse videtur propter rectitudinem voluntatis eius qui ei inhaeret intendens bono angelo adhaerere. Ergo totum peccatum infidelitatis esse videtur in perversa voluntate. Non ergo est in intellectu sicut in subiecto.

SED CONTRA, contraria sunt in eodem subiecto. Sed fides, cui contrariatur infidelitas, est in intellectu sicut in subiecto. Ergo et infidelitas in intellectu est.

RESPONDEO dicendum quod, sicut supra[4] dictum est, peccatum dicitur esse in illa potentia quae est principium actus peccati. Actus autem peccati potest habere duplex principium. Unum quidem primum et universale, quod imperat omnes actus peccatorum: et hoc principium est voluntas, quia omne peccatum est voluntarium. Aliud autem principium actus peccati est proprium et proximum, quod elicit peccati actum: sicut concupiscibilis est principium gulae et luxuriae, et secundum hoc gula et luxuria dicuntur esse in concupiscibili. Dissentire autem, qui est proprius actus infidelitatis, est actus intellectus, sed moti a voluntate, sicut et assentire. Et ideo infidelitas, sicut et fides, est quidem in intellectu sicut in proximo subiecto, in voluntate autem sicut in primo motivo. Et hoc modo dicitur omne peccatum esse in voluntate.

Unde patet responsio AD PRIMUM.

AD SECUNDUM dicendum quod contemptus voluntatis causat dissensum intellectus, in quo perficitur ratio infidelitatis. Unde causa infidelitatis est in voluntate, sed ipsa infidelitas est in intellectu.

AD TERTIUM dicendum quod ille qui credit malum angelum esse bonum non dissentit ab eo quod est fidei: quia *sensus corporis fallitur, mens vero non removetur a vera rectaque sententia*, ut ibidem dicit Glossa. Sed si aliquis Satanae adhaereret *cum incipit ad sua ducere*, idest ad mala et falsa, tunc non careret peccato, ut ibidem dicitur.

de luz", diz a Glosa: "Se um anjo mau, fingindo-se bom, se deixar passar por tal, crer que ele seja bom não é erro perigoso e nocivo, se ele faz ou diz o que é próprio dos anjos bons". E a razão parece ser a retidão da vontade de quem adere ao anjo mau, pretendendo aderir ao anjo bom. Logo, todo pecado de infidelidade parece estar numa vontade perversa. Portanto, ele não está no intelecto como no sujeito.

EM SENTIDO CONTRÁRIO, os termos contrários estão no mesmo sujeito. Mas, a fé, à qual se opõe a infidelidade, tem como sujeito o intelecto. Logo, a infidelidade está no intelecto.

RESPONDO. Como já foi dito, o pecado está na potência que é o princípio do ato do pecado. Entretanto, o ato do pecado pode ter duplo princípio. Um, primeiro e universal e do qual dependem todos os atos pecaminosos; e este princípio é a vontade, pois todo pecado é voluntário. Outro é o princípio próximo e próprio, que produz o ato pecaminoso, como o concupiscível é o princípio da gula e da luxúria e, por isso, dizemos que a gula e a luxúria estão no concupiscível. Ora, recusar seu assentimento, que é o ato próprio da infidelidade, é um ato do intelecto, mas do intelecto movido pela vontade, como o ato de dar assentimento. Por isso, a infidelidade, como a fé, é um ato do intelecto como seu sujeito próximo, mas da vontade como seu primeiro motivo e nesse sentido se diz que todo pecado está na vontade.

QUANTO AO 1º, portanto, deve-se dizer que pelo exposto, está clara a resposta à primeira objeção[f].

QUANTO AO 2º, deve-se dizer que o desprezo da vontade causa o dissentimento do intelecto, pelo qual se torna real a infidelidade. Por isso, a causa da infidelidade está na vontade, mas a própria infidelidade está no intelecto.

QUANTO AO 3º, deve-se dizer que aquele que acredita que um anjo mau é bom não recusa seu assentimento ao que é de fé, porque "ainda que falhe o sentido do corpo, o espírito não se afasta da doutrina verdadeira e reta", como diz a *Glosa*, no mesmo lugar. Mas quem aderisse a Satanás, "quando ele começa a conduzir para as suas coisas", isto é, ao mal e ao erro, então haveria pecado, como na mesma passagem se diz.

---

3. Ordin.; LOMBARDI: ML 192, 74 C.
4. I-II, q. 74, a. 1, 2.

f. O *discordar* é um ato de inteligência, assim como o *assentir*. Mas o princípio primeiro que permite esse ato é a vontade. E como existem graus no assentir, o mesmo se dá com o *discordar*. E este suscita uma maneira de pensar que falseia muitos julgamentos.

ARTICULUS 3
Utrum infidelitas sit maximum peccatorum

AD TERTIUM sic proceditur. Videtur quod infidelitas non sit maximum peccatorum.

1. Dicit enim Augustinus[1], et habetur VI, qu.[2]: *Utrum catholicum pessimis moribus alicui haeretico in cuius vita, praeter id quod haereticus est, non inveniunt homines quod reprehendant, praeponere debeamus, non audeo praecipitare sententiam.* Sed haereticus est infidelis. Ergo non est simpliciter dicendum quod infidelitas sit maximum peccatorum.

2. PRAETEREA, illud quod diminuit vel excusat peccatum non videtur esse maximum peccatum. Sed infidelitas excusat vel diminuit peccatum: dicit enim Apostolus, 1Ti 1,13: *Prius fui blasphemus et persecutor et contumeliosus: sed misericordiam consecutus sum, quia ignorans feci in incredulitate.* Ergo infidelitas non est maximum peccatum.

3. PRAETEREA, maiori peccato debetur maior poena: secundum illud Dt 25,2: *Pro mensura peccati erit et plagarum modus.* Sed maior poena debetur fidelibus peccantibus quam infidelibus: secundum illud ad Hb 10,29: *Quanto magis putatis deteriora mereri supplicia qui Filium Dei conculcaverit, et sanguinem testamenti pollutum duxerit, in quo sanctificatus est?* Ergo infidelitas non est maximum peccatum.

SED CONTRA est quod Augustinus dicit[3], exponens illud Io 15,22, "Si non venissem, et locutus eis non fuissem, peccatum non haberent": *Magnum*, inquit, *quoddam peccatum sub generali nomine vult intelligi. Hoc enim est peccatum*, scilicet infidelitatis, *quo tenentur cuncta peccata.* Infidelitas ergo est maximum omnium peccatorum.

RESPONDEO dicendum quod omne peccatum formaliter consistit in aversione a Deo, ut supra[4] dictum est. Unde tanto aliquod peccatum est gravius quanto per ipsum homo magis a Deo separatur. Per infidelitatem autem maxime homo a Deo elongatur: quia nec veram Dei cognitionem habet; per falsam autem cognitionem ipsius non appro-

ARTIGO 3
A infidelidade é o maior dos pecados?

QUANTO AO TERCEIRO, ASSIM SE PROCEDE: parece que a infidelidade **não** é o maior dos pecados.

1. Com efeito, como diz Agostinho: "Se devemos preferir um católico de péssimos costumes a um herético em cuja vida, além de ser herético, nada se encontra de repreensível, não ouso julgar precipitadamente." Ora, o herético é infiel. Logo, não se deve afirmar de maneira absoluta que a infidelidade é o maior dos pecados.

2. ALÉM DISSO, o que diminui ou escusa o pecado não pode ser o maior dos pecados. Ora, a infidelidade escusa ou diminui o pecado, como diz o Apóstolo: "Anteriormente fui blasfemo, perseguidor e ofensor insolente. Mas, alcancei misericórdia, porque fazia tudo isso sem saber, estando na infidelidade". Logo, a infidelidade não é o maior dos pecados.

3. ADEMAIS, ao maior pecado é devida a maior pena, segundo o livro do Deuteronômio: "O modo dos golpes será proporcional ao pecado". Ora, quando os fiéis pecam, eles merecem uma pena maior que a dos infiéis, segundo a Carta aos Hebreus: "Então, podeis imaginar como será muito mais severo o castigo de quem tiver desprezado o Filho de Deus e julgado sem valor o sangue da aliança no qual foi purificado?" Logo, a infidelidade não é o maior dos pecados.

EM SENTIDO CONTRÁRIO, Agostinho, ao explicar o texto do Evangelho de João: "Se eu não tivesse vindo e não lhes tivesse falado, não teriam pecado" diz: "Sob esse nome geral, ele dá a entender um grande pecado, este pecado é o da infidelidade, do qual dependem todos os outros". Logo, a infidelidade é o maior dos pecados.

RESPONDO. Todo pecado consiste formalmente na aversão a Deus, como já foi dito. Por isso, o pecado é tanto mais grave quanto por ele o homem mais se afasta de Deus. Ora, pela infidelidade, o homem mais se afasta de Deus, porque não tem o verdadeiro conhecimento de Deus e pelo falso conhecimento que tem não se aproxima d'Ele,

---

3 PARALL.: Infra, q. 20, a. 3; q. 34, a. 2, ad 2; q. 39, a. 2, ad 3; Part. III, q. 80, a. 5; IV *Sent.*, dist. 13, q. 2, a. 2; *De Malo*, q. 2, a. 10; I *Tim.*, c. 5, lect. 1.

1. *De Bapt. contra Donat.*, l. IV, c. 20, n. 27: ML 43, 171.
2. GRATIANUS, *Decretum*, P. II, causa 6, q. 1, can. 21: *Quaero ergo*: ed. Richter-Friedberg, Lipsiae 1922, t. I, p. 559.
3. *In Ioan.*, tract. 89, n. 1, super 15, 22: ML 35, 1856.
4. I-II, q. 71, a. 6; q. 73, a. 3, ad 2.

pinquat ei, sed magis ab eo elongatur. Nec potest esse quod quantum ad quid Deum cognoscat qui falsam opinionem de ipso habet: quia id quod ipse opinatur non est Deus. Unde manifestum est quod peccatum infidelitatis est maius omnibus peccatis quae contingunt in perversitate morum. Secus autem est de peccatis quae opponuntur aliis virtutibus theologicis, ut infra[5] dicetur.

Ad primum ergo dicendum quod nihil prohibet peccatum quod est gravius secundum suum genus esse minus grave secundum aliquas circumstantias. Et propter hoc Augustinus noluit praecipitare sententiam de malo catholico et haeretico alias non peccante: quia peccatum haeretici, etsi sit gravius ex genere, potest tamen ex aliqua circumstantia alleviari; et e converso peccatum catholici ex aliqua circumstantia aggravari.

Ad secundum dicendum quod infidelitas habet et ignorantiam adiunctam, et habet renisum ad ea quae sunt fidei: et ex hac parte habet rationem peccati gravissimi. Ex parte autem ignorantiae habet aliquam rationem excusationis: et maxime quando aliquis ex malitia non peccat, sicut fuit in Apostolo.

Ad tertium dicendum quod infidelis pro peccato infidelitatis gravius punitur quam alius peccator pro quocumque alio peccato, considerato peccati genere. Sed pro alio peccato, puta pro adulterio, si committatur a fideli et ab infideli, ceteris paribus, gravius peccat fidelis quam infidelis: tum propter notitiam veritatis ex fide; tum etiam propter sacramenta fidei quibus est imbutus, quibus peccando contumeliam facit.

mas d'Ele se afasta. Nem é possível que quem tem ideia falsa de Deus conheça algum aspecto de Deus, pois o que pensa ser Deus, não o é. Portanto, é claro que o pecado de infidelidade é o maior de todos os que acontecem por perversão de costumes. Mas, é diferente o que se dá com os pecados que se opõem às outras virtudes teologais, como se dirá adiante[g].

Quanto ao 1º, portanto, deve-se dizer que nada impede que um pecado mais grave no seu gênero, seja menos grave, por causa de certas circunstâncias. Por isso, Agostinho não quis pronunciar-se precipitadamente sobre um mau católico e um herético, que, no mais, não peca; porque o pecado do herético, ainda que no gênero seja mais grave, pode ser atenuado por alguma circunstância; e, inversamente, o pecado do católico pode agravar-se por alguma circunstância.

Quanto ao 2º, deve-se dizer que a infidelidade implica uma ignorância adjunta e também uma resistência às verdades da fé. Por este lado, ela tem a razão de pecado extremamente grave. Em caso de ignorância, a infidelidade tem alguma razão de escusa e, sobretudo, quando não se peca por malícia, como foi o caso do Apóstolo.

Quanto ao 3º, deve-se dizer que o infiel é mais gravemente punido pelo pecado de infidelidade do que outro pecador, por qualquer outro pecado, considerado o gênero de pecado. Mas, considerado outro pecado, por exemplo o adultério, em igualdade de circunstâncias, o fiel peca mais gravemente do que o infiel, tanto por causa do conhecimento da verdade da fé, como em razão dos sacramentos que recebeu, e aos quais ofende, pecando.

Articulus 4
Utrum omnis actio infidelis sit peccatum

Ad quartum sic proceditur. Videtur quod quaelibet actio infidelis sit peccatum.

1. Quia super illud Rm 14,23: *Omne quod non est ex fide peccatum est,* dicit Glossa[1]: *Omnis infidelium vita est peccatum.* Sed ad vitam infide-

Artigo 4
Qualquer ação do infiel é pecado?

Quanto ao quarto, assim se procede: parece que qualquer ação do infiel é pecado.

1. Com efeito, sobre o texto da Carta aos Romanos: "Tudo o que não é segundo a fé é pecado", diz a Glosa: "Toda a vida dos infiéis é pecado".

---

5. Q. 34, a. 2, ad 2; q. 39, a. 2, ad 3.

Parall.: Infra, q. 23, a. 7, ad 1; II *Sent*., dist. 41, q. 1, a. 2; IV, dist. 39, a. 2, ad 5; *De Malo* q. 2, a. 5, ad 7; ad *Rom*., c. 14, lect. 3; *ad Tit*., c. 1, lect. 4.

1. Ordin.: ML 114, 516 C; Lombardi 191, 1520 A.

g. A infidelidade é mais grave que os pecados que se opõem às virtudes morais. Mas, entre os que se opõem à vida teologal, o ódio de onde provém a infidelidade (q. 34, a. 2, r. 2) é mais grave.

lium pertinet omne quod agunt. Ergo omnis actio infidelis est peccatum.

2. Praeterea, fides intentionem dirigit. Sed nullum bonum potest esse quod non est ex intentione recta. Ergo in infidelibus nulla actio potest esse bona.

3. Praeterea, corrupto priori, corrumpuntur posteriora. Sed actus fidei praecedit actus omnium virtutum. Ergo, cum in infidelibus non sit actus fidei, nullum bonum opus facere possunt, sed in omni actu suo peccant.

Sed contra est quod Cornelio adhuc infideli existenti dictum est quod acceptae erant Deo eleemosynae eius. Ergo non omnis actio infidelis est peccatum, sed aliqua actio eius est bona.

Respondeo dicendum quod, sicut supra[2] dictum est, peccatum mortale tollit gratiam gratum facientem, non autem totaliter corrumpit bonum naturae. Unde, cum infidelitas sit quoddam mortale peccatum, infideles quidem gratia carent, remanet tamen in eis aliquod bonum naturae. Unde manifestum est quod infideles non possunt operari opera bona quae sunt ex gratia, scilicet opera meritoria: tamen opera bona ad quae sufficit bonum naturae aliqualiter operari possunt. Unde non oportet quod in omni suo opere peccent: sed quandocumque aliquod opus operantur ex infidelitate, tunc peccant. Sicut enim habens fidem potest aliquod peccatum committere in actu quem non refert ad fidei finem, vel venialiter vel etiam mortaliter peccando; ita etiam infidelis potest aliquem actum bonum facere in eo quod non refert ad finem infidelitatis.

Ad primum ergo dicendum quod verbum illud est intelligendum vel quia vita infidelium non potest esse sine peccato: cum peccata sine fide non tollantur. Vel quia quidquid agunt ex infidelitate peccatum est. Unde ibi subditur[3]: *quia omnis infideliter vivens vel agens vehementer peccat.*

Ad secundum dicendum quod fides dirigit intentionem respectu finis ultimi supernaturalis. Sed lumen etiam naturalis rationis potest dirigere intentionem respectu alicuius boni connaturalis.

Ora, a vida dos infiéis é tudo aquilo que eles fazem. Logo, toda ação do infiel é pecado.

2. Além disso, a fé dirige a intenção. Ora, nenhum bem pode provir, a não ser de uma intenção reta. Logo, os infiéis não podem praticar nenhuma boa ação.

3. Ademais, se o que precede é corrompido, o que vem a seguir o é também. Ora, o ato de fé precede os atos de todas as virtudes. Logo, não podendo os infiéis fazer o ato de fé, nenhuma boa obra podem fazer, mas pecam em tudo o que fazem.

Em sentido contrário, dizem as Escrituras que as esmolas de Cornélio, ainda infiel, foram aceitas por Deus. Logo, nem toda ação do infiel é pecado, mas alguma pode ser boa.

Respondo. Como já foi dito, o pecado mortal priva da graça santificante, mas não corrompe totalmente o bem da natureza. Por isso, como a infidelidade é pecado mortal, os infiéis, na verdade, carecem da graça, mas neles permanece certo bem da natureza. Logo, é claro que os infiéis não podem fazer boas obras que decorram da graça, isto é, obras meritórias; entretanto, podem, de algum modo, praticar boas obras para as quais basta o bem da natureza. Portanto, não pecam, necessariamente, em tudo o que fazem; mas sempre que fazem alguma obra procedente da infidelidade, então pecam. Com efeito, como o fiel pode cometer pecado venial ou mortal em ato que não se coaduna com o fim da fé, assim também o infiel pode praticar um ato bom, que não se coaduna com o fim da infidelidade[h].

Quanto ao 1º, portanto, deve-se dizer que por essa palavra deve-se entender ou que a vida dos infiéis não pode ser sem pecado, dado que sem fé os pecados não podem ser eliminados, ou que tudo o que fazem por infidelidade é pecado. Por isso, no mesmo lugar, se acrescenta: "Porque todo o homem, que vive ou age na infidelidade, peca veementemente".

Quanto ao 2º, deve-se dizer que a fé dirige a intenção em vista do fim último sobrenatural. Mas, também a luz da razão natural pode dirigir a intenção em vista de um bem que lhe seja conatural.

---

2. I-II, q. 85, a. 2, 4.
3. Glossa Lombardi: ML 191, 1520 A; Ordin.: ML 114, 516 C.

h. A privação da graça não significa a corrupção total da natureza. Mesmo que recuse perniciosamente a verdade, o infiel ainda pode ser bom cidadão, bom companheiro... O fato de ser infiel não implica que todos seus atos sejam maus, não mais do que se ele os fizesse enquanto crente. A menos que esses atos sejam desejados por seu fim segundo enquanto este exclui positivamente o verdadeiro fim.

AD TERTIUM dicendum quod per infidelitatem non corrumpitur totaliter in infidelibus ratio naturalis, quin remaneat in eis aliqua veri cognitio, per quam possunt facere aliquod opus de genere bonorum.

De Cornelio tamen[4] sciendum est quod infidelis non erat: alioquin eius operatio accepta non fuisset Deo, cui sine fide nullus potest placere. Habebat autem fidem implicitam, nondum manifestata Evangelii veritate. Unde ut eum in fide plene instrueret, mittitur ad eum Petrus.

QUANTO AO 3º, deve-se dizer que a infidelidade não corrompe totalmente a razão natural nos infiéis, sem que neles permaneça algum conhecimento da verdade, que lhes permita fazer alguma coisa em matéria de boas obras.

Quanto a Cornélio, convém saber que não era infiel[i]; do contrário, sua ação não teria sido aceita por Deus, a quem, sem fé, ninguém pode agradar. Com efeito, ele tinha a fé implícita, pois não conhecia ainda manifestamente a verdade do Evangelho. Por isso, foi-lhe enviado Pedro, a fim de instruí-lo plenamente na fé.

ARTICULUS 5
Utrum sint plures infidelitatis species

AD QUINTUM SIC PROCEDITUR. Videtur quod non sint plures infidelitatis species.

1. Cum enim fides et infidelitas sint contraria, oportet quod sint circa idem. Sed formale obiectum fidei est veritas prima, a qua habet unitatem, licet multa materialiter credat. Ergo etiam obiectum infidelitatis est veritas prima: ea vero quae discredit infidelis materialiter se habent in infidelitate. Sed differentia secundum speciem non attenditur secundum principia materialia, sed secundum principia formalia. Ergo infidelitatis non sunt diversae species secundum diversitatem eorum in quibus infideles errant.

2. PRAETEREA, infinitis modis potest aliquis a veritate fidei deviare. Si igitur secundum diversitates errorum diversae species infidelitatis assignentur, videtur sequi quod sint infinitae infidelitatis species. Et ita huiusmodi species non sunt considerandae.

3. PRAETEREA, idem non invenitur in diversis speciebus. Sed contingit aliquem esse infidelem ex eo quod errat circa diversa. Ergo diversitas errorum non facit diversas species infidelitatis. Sic igitur infidelitatis non sunt plures species.

SED CONTRA est quod unicuique virtuti opponuntur plures species vitiorum: *bonum* enim *contingit uno modo, malum vero multipliciter,* ut patet per

ARTIGO 5
Há várias espécies de infidelidade?

QUANTO AO QUINTO, ASSIM SE PROCEDE: parece que **não** há várias espécies de infidelidade.

1. Com efeito, sendo a fé e a infidelidade contrários, é preciso que tenham o mesmo objeto. Ora, o objeto formal da fé é a verdade primeira da qual ela tira sua unidade, embora, materialmente, ela creia muitas coisas. Logo, também o objeto da infidelidade é a verdade primeira, e aquilo que o infiel descrê inclui-se materialmente na infidelidade. Mas, a diferença específica não se mede segundo os princípios materiais, mas segundo os princípios formais. Portanto, não há diversas espécies de infidelidade, conforme os diversos erros admitidos pelos infiéis.

2. ALÉM DISSO, é possível desviar-se da verdade da fé, de infinitas maneiras. Se, pois, registramos diversas espécies de infidelidade, segundo a diversidade de erros, parece que a conclusão seria que haveria infinitas espécies de infidelidade. Nesse caso, tais espécies não devem ser consideradas.

3. ADEMAIS, uma mesma coisa não pode pertencer a diversas espécies. Ora, alguém pode ser infiel por errar em matérias diversas. Logo, a diversidade de erros não acarreta diversas espécies de infidelidade. Portanto, não há várias espécies de infidelidade.

EM SENTIDO CONTRÁRIO, a cada virtude opõem-se várias espécies de vícios, pois o *bem só se realiza de um modo*; *o mal, porém, de muitos,* como está

---

4. Vide arg. *sed c*.

5 PARALL.: Infra, q. 11, a. 1.

---

i. Nem todos os pagãos, como Cornélio, são verdadeiros infiéis. Este recebera a graça do Espírito Santo (At 10,47). Sto. Tomás dirá que o batismo devia simplesmente trazer-lhe "uma maior abundância de graça" (III, q. 69, a. 4, r. 2).

Dionysium, 4 cap. *de Div. Nom.*¹, et per Philosophum, in II *Ethic.*². Sed fides est una virtus. Ergo ei opponuntur plures infidelitatis species.

RESPONDEO dicendum quod quaelibet virtus consistit in hoc quod attingat regulam aliquam cognitionis vel operationis humanae, ut supra³ dictum est. Attingere autem regulam est uno modo circa unam materiam: sed a regula deviare contingit multipliciter. Et ideo uni virtuti multa vitia opponuntur. Diversitas autem vitiorum quae unicuique virtuti opponitur potest considerari dupliciter. Uno modo, secundum diversam habitudinem ad virtutem. Et secundum hoc determinatae sunt quaedam species vitiorum quae opponuntur virtuti: sicut virtuti morali opponitur unum vitium secundum excessum ad virtutem, et aliud vitium secundum defectum a virtute. — Alio modo potest considerari diversitas vitiorum oppositorum uni virtuti secundum corruptionem diversorum quae ad virtutem requiruntur. Et secundum hoc uni virtuti, puta temperantiae vel fortitudini, opponuntur infinita vitia, secundum quod infinitis modis contingit diversas circumstantias virtutis corrumpi, ut a rectitudine virtutis recedatur. Unde et Pythagorici malum posuerunt infinitum⁴.

Sic ergo dicendum est quod, si infidelitas attendatur secundum comparationem ad fidem, diversae sunt infidelitatis species et numero determinatae. Cum enim peccatum infidelitatis consistat in renitendo fidei, hoc potest contingere dupliciter. Quia aut renititur fidei nondum susceptae: et talis est infidelitas paganorum sive gentilium. Aut renititur fidei Christianae susceptae: vel in figura, et sic est infidelitas Iudaeorum; vel in ipsa manifestatione veritatis, et sic est infidelitas haereticorum. Unde in generali possunt assignari tres praedictae species infidelitatis. — Si vero distinguantur infidelitatis species secundum errorem in diversis quae ad fidem pertinent, sic non sunt determinatae infidelitatis species: possunt enim errores in infinitum multiplicari, ut patet per Augustinum, in libro *de Haeresibus*⁵.

claro em Dionísio e no Filósofo. Mas, a fé é uma virtude. Logo, a ela se opõem várias espécies de infidelidade.

RESPONDO. Toda virtude, como já foi dito, consiste em conformar-se a uma regra de conhecimento ou de ação humana. Ora, em uma dada matéria não há senão um modo de conformar-se à regra, mas há vários modos de se desviar dela e, portanto, a uma virtude se opõem muitos vícios. Mas, a diversidade de vícios que se opõem a cada virtude pode ser vista de duas maneiras. Primeira, segundo a diversa relação com a virtude e, assim, há determinadas espécies de vícios que se opõem a uma mesma virtude; assim, à virtude moral opõe-se um vício que peca contra ela, por excesso, outro, por defeito. — De outro modo, podemos considerar a diversidade de vícios opostos a uma virtude, segundo a corrupção das diversas circunstâncias exigidas para a virtude. E, assim, a uma virtude, por exemplo, à temperança e à fortaleza, opõem-se infinitos vícios, pois de infinitos modos podem corromper-se as diversas circunstâncias da virtude e, portanto, dar-se o afastamento da retidão da mesma. Por isso, os pitagóricos afirmaram que o mal é infinito.

Por onde deve-se dizer: se a infidelidade é julgada com relação à fé, as espécies de infidelidade são diversas e em número determinado. Como o pecado de infidelidade consiste na resistência à fé, isto pode dar-se de duas maneiras: ou se resiste à fé antes de a ter recebido e essa é a infidelidade dos pagãos e dos gentios; ou se resiste à fé cristã recebida, seja em figura, e tal é a infidelidade dos judeus; seja na plena revelação da verdade e tal é a infidelidade dos heréticos. Por isso, podemos dividir a infidelidade em geral entre estas três espécies. — Se, porém, distinguirmos as espécies de infidelidade, segundo o erro nas matérias diversas que pertencem à fé, então essas espécies não são determinadas; os erros podem multiplicar-se ao infinitoʲ, como se vê claramente em Agostinho.

---

1. MG 3, 732 B.
2. C. 5: 1106, b, 35.
3. I-II, q. 64.
4. Cfr. ARIST., *Met.*, I, 5: 986, a, 22.
5. § 88: ML 42, 50.

j. Impossível enumerar as espécies de infidelidades segundo os erros: seria infinito. Elas são definidas em relação à revelação terminada. Seja que a fé, que jamais se teve, não seja acolhida: é "a infidelidade-infelicidade" dos pagãos (ver a. 1 e nota 4); seja que a fé recebida seja abandonada, em todo ou em parte: é a infidelidade por deserção, a dos heréticos, apóstatas ou cismáticos; seja que se volte a um estado histórico, superado, da fé: é a infidelidade por regressão, que Sto. Tomás atribui aos judeus não, como vimos, aos que são simplesmente judeus de fato, mas aos que "vendo" a verdade do Messias, recusam a superação e a realização de sua própria fé.

AD PRIMUM ergo dicendum quod formalis ratio alicuius peccati potest accipi dupliciter. Uno modo, secundum intentionem peccantis: et sic id ad quod convertitur peccans est formale obiectum peccati; et ex hoc diversificantur eius species. Alio modo, secundum rationem mali: et sic illud bonum a quo receditur est formale obiectum peccati; sed ex hac parte peccatum non habet speciem, immo privatio est speciei. Sic igitur dicendum est quod infidelitatis obiectum est veritas prima sicut a qua recedit: sed formale eius obiectum sicut ad quod convertitur est sententia falsa quam sequitur; et ex hac parte eius species diversificantur. Unde sicut caritas est una, quae inhaeret summo bono, sunt autem diversa vitia caritati opposita, quae per conversionem ad diversa bona temporalia recedunt ab uno summo bono, et iterum secundum diversas habitudines inordinatas ad Deum; ita etiam fides est una virtus, ex hoc quod adhaeret uni primae veritati; sed infidelitatis species sunt multae, ex hoc quod infideles diversas falsas sententias sequuntur.

AD SECUNDUM dicendum quod obiectio illa procedit de distinctione specierum infidelitatis secundum diversa in quibus erratur.

AD TERTIUM dicendum quod sicut fides est una quia multa credit in ordine ad unum, ita infidelitas potest esse una, etiam si in multis erret, inquantum omnia habent ordinem ad unum. — Nihil tamen prohibet hominem diversis infidelitatis speciebus errare: sicut etiam potest unus homo diversis vitiis subiacere et diversis corporalibus morbis.

QUANTO AO 1º, portanto, deve-se dizer que a razão formal de um pecado pode ser considerada sob duplo aspecto. Um, segundo a intenção do pecador e, nesse caso, o objeto formal do pecado é aquilo para que ele tende e as espécies de pecado são diversificadas por isso. Outro modo, segundo a razão de mal; e, assim, aquele bem do qual se afasta é o objeto formal do pecado; mas, sob esse aspecto, o pecado não tem espécie, antes, é uma privação de espécie. Assim, se deve dizer que o objeto da infidelidade é a verdade primeira, como aquilo da qual ela se afasta; mas o objeto formal dela, para a qual ela se converte é a proposição falsa que ela segue e, por esse lado, se diversificam as espécies. Como é uma a caridade, que nos une ao sumo bem, e são diversos os vícios opostos à caridade, que se afastam do sumo bem pela busca de vários bens temporais e, de novo, pelas diversas atitudes desordenadas com relação a Deus; assim também a fé é uma só virtude pelo fato de aderir à única verdade primeira; mas, a infidelidade tem várias espécies pelo fato de os infiéis seguirem diversas opiniões falsas.

QUANTO AO 2º, deve-se dizer que a objeção procede quanto à distinção das espécies de infidelidade, segundo as matérias diversas em que se erra.

QUANTO AO 3º, deve-se dizer que como a fé é uma, porque ela crê em muitas coisas ordenadas a uma só, assim a infidelidade também pode ser una, ainda que erre em muitas coisas, ordenadas, porém, a uma só. Nada impede, porém, que alguém erre, em várias espécies de infidelidade, como um único indivíduo pode sucumbir a vários vícios e a diversas doenças do corpo.

ARTICULUS 6

Utrum infidelitas gentilium seu paganorum sit ceteris gravior

AD SEXTUM sic proceditur. Videtur quod infidelitas gentilium sive paganorum sit gravior ceteris.

1. Sicut enim corporalis morbus tanto est gravior quanto saluti principalioris membri contrariatur, ita peccatum tanto videtur esse gravius quanto contrariatur ei quod est principalius in virtute. Sed principalius in fide est fides unitatis divinae, a qua deficiunt gentiles, multitudinem

ARTIGO 6

A infidelidade dos gentios ou dos pagãos é mais grave que as outras?

QUANTO AO SEXTO, ASSIM SE PROCEDE: parece que a infidelidade dos gentios ou dos pagãos é mais grave que as outras.

1. Com efeito, como a doença corporal é tanto mais grave quando ataca a saúde de um membro mais importante, assim também parece que o pecado é mais grave quando se opõe àquilo que é mais fundamental na virtude. Ora, o mais fundamental na fé é crer na unidade divina, o que não fazem os

6 PARALL.: Infra, q. 94, a. 3.

deorum credentes. Ergo eorum infidelitas est gravissima.

2. PRAETEREA, inter haereticos tanto haeresis aliquorum detestabilior est quanto in pluribus et principalioribus veritati fidei contradicunt: sicut haeresis Arii, qui separavit divinitatem, detestabilior fuit quam haeresis Nestorii, qui separavit humanitatem Christi a persona Filii Dei. Sed gentiles in pluribus et principalioribus recedunt a fide quam Iudaei et haeretici: quia omnino nihil de fide recipiunt. Ergo eorum infidelitas est gravissima.

3. PRAETEREA, omne bonum est diminutivum mali. Sed aliquod bonum est in Iudaeis: quia confitentur vetus Testamentum esse a Deo. Bonum etiam est in haereticis: quia venerantur novum Testamentum. Ergo minus peccant quam gentiles, qui utrumque Testamentum detestantur.

SED CONTRA est quod dicitur 2Pe 2,21: *Melius erat illis non cognoscere viam iustitiae quam post cognitam retrorsum converti*. Sed gentiles non cognoverunt viam iustitiae: haeretici autem et Iudaei aliqualiter cognoscentes deseruerunt. Ergo eorum peccatum est gravius.

RESPONDEO dicendum quod in infidelitate, sicut dictum est[1], duo possunt considerari. Quorum unum est comparatio eius ad fidem. Et ex hac parte aliquis gravius contra fidem peccat qui fidei renititur quam suscepit quam qui renititur fidei nondum susceptae: sicut gravius peccat qui non implet quod promisit quam si non impleat quod nunquam promisit. Et secundum hoc infidelitas haereticorum, qui profitentur fidem Evangelii et ei renituntur corrumpentes ipsam, gravius peccant quam Iudaei, qui fidem Evangelii nunquam susceperunt. Sed quia susceperunt eius figuram in veteri lege, quam male interpretantes corrumpunt, ideo etiam ipsorum infidelitas est gravius peccatum quam infidelitas gentilium, qui nullo modo fidem Evangelii susceperunt. — Aliud quod in infidelitate consideratur est corruptio eorum quae ad fidem pertinent. Et secundum hoc, cum in pluribus errent gentiles quam Iudaei, et Iudaei quam haeretici, gravior est infidelitas gentilium quam Iudaeorum, et Iudaeorum quam haereticorum: nisi

infiéis, crendo em uma multidão de deuses. Logo, a infidelidade deles é a mais grave.

2. ALÉM DISSO, entre os heréticos, a heresia de uns é mais detestável enquanto contradiz às verdades da fé em muitos pontos e sobre temas mais fundamentais; como a heresia de Ario, que separou a divindade, foi mais detestável que a heresia de Nestório que separou a humanidade de Cristo da pessoa do Filho de Deus. Mas, os pagãos afastam-se das verdades da fé em muitas coisas e em pontos mais fundamentais do que os judeus e os heréticos, porque não aceitam absolutamente nada da fé. Logo, a infidelidade deles é a mais grave.

3. ADEMAIS, todo o bem diminui o mal. Ora, há algum bem nos judeus que aceitam que o Antigo Testamento vem de Deus; igualmente entre os heréticos há algum bem, pois, eles veneram o Novo Testamento. Logo, eles pecam menos que os gentios que recusam os dois Testamentos[k].

EM SENTIDO CONTRÁRIO, está na segunda Carta de Pedro: "Teria sido melhor para eles não ter conhecido o caminho da justiça, do que, depois de conhecê-lo voltar para trás". Ora, os gentios não conheceram o caminho da justiça; os heréticos e os judeus, tendo-o conhecido, de alguma maneira, o abandonaram. Logo, o pecado deles é mais grave.

RESPONDO. Na infidelidade, como já foi dito, podem ser considerados dois aspectos. Um, é a sua relação com a fé. E, sob esse ângulo, peca mais gravemente contra a fé quem resiste à fé que recebeu do que quem resiste à fé que ainda não recebeu; como peca mais gravemente quem não cumpre o que prometeu do que quem não cumpre o que jamais prometeu. E, sob esse aspecto, a infidelidade dos heréticos que professam a fé do Evangelho e a ela se opõem, corrompendo-a, é mais grave do que a dos judeus que nunca receberam essa fé. Mas, nos judeus, como receberam a figura dela na Lei Antiga e a corromperam, interpretando-a mal, a infidelidade é mais grave do que a dos gentios que, de modo algum, receberam a fé do Evangelho. — Outro aspecto a considerar na infidelidade: a corrupção das verdades da fé. E sob esse ponto de vista, como os gentios erram mais do que os judeus e os judeus, mais do que os heréticos, é mais grave a infidelidade dos gentios do que a dos judeus e dos judeus mais

---

1. A. praec.

k. O caso dos muçulmanos (ou sarracenos) não é encarado aqui. Sto. Tomás os situa usualmente entre os pagãos, embora eles tenham, menos do que outros, corrompido a verdade de fé (monoteísmo). Ele os evocará adiante: a. 9, obj. 3.

forte quorundam, puta Manichaeorum, qui etiam circa credibilia plus errant quam gentiles. — Harum tamen duarum gravitatum prima praeponderat secundae quantum ad rationem culpae. Quia infidelitas habet rationem culpae, ut supra[2] dictum est, magis ex hoc quod renititur fidei quam ex hoc quod non habet ea quae fidei sunt: hoc enim videtur, ut dictum est[3], magis ad rationem poenae pertinere. Unde, simpliciter loquendo, infidelitas haereticorum est pessima.

Et per hoc patet responsio AD OBIECTA.

Articulus 7
Utrum sit cum infidelibus publice disputandum

AD SEPTIMUM sic proceditur. Videtur quod non sit cum infidelibus publice disputandum.

1. Dicit enim Apostolus, 2Ti 2,14: *Noli verbis contendere: ad nihilum enim utile est nisi ad subversionem audientium.* Sed disputatio publica cum infidelibus fieri non potest sine contentione verborum. Ergo non est publice disputandum cum infidelibus.

2. PRAETEREA, lex Marciani Augusti[1], per Canones confirmata[2], sic dicit: *Iniuriam facit iudicio religiosissimae Synodi, si quis semel iudicata ac recte disposita revolvere et publice disputare contendit.* Sed omnia quae ad fidem pertinent sunt per sacra concilia determinata. Ergo graviter peccat, iniuriam synodo faciens, si quis de his quae sunt fidei publice disputare praesumat.

3. PRAETEREA, disputatio argumentis aliquibus agitur. Sed argumentum est *ratio rei dubiae faciens fidem*. Ea autem quae sunt fidei, cum sint

do que a dos heréticos; salvo, talvez, a de alguns heréticos, como os maniqueus, que, em matéria de fé, erram mais do que os pagãos. Destas duas espécies de gravidade, a primeira prepondera sobre a segunda quanto à razão de culpa. Porque a culpa essencial da infidelidade, como já foi dito, provém mais do fato de resistir à fé, do que não ter as verdades que são de fé, e isso, como já foi dito, parece relacionar-se mais à razão de pena. Portanto, absolutamente falando, a infidelidade dos heréticos é a pior[l].

O acima exposto responde claramente às OBJEÇÕES.

Artigo 7
Deve-se disputar[m] publicamente com os infiéis?

QUANTO AO SÉTIMO, ASSIM SE PROCEDE: parece que **não** se deve disputar publicamente com os infiéis.

1. Com efeito, como diz o Apóstolo: "Não queiras ocupar-te com discussões. Para nada mais servem senão para dano dos ouvintes." Ora, não é possível disputar publicamente com infiéis sem discussão. Logo, não se deve disputar publicamente com os infiéis.

2. ALÉM DISSO, uma lei de Marciano Augusto, confirmada pelos cânones, declara: "Comete injúria ao juízo do Santo Sínodo quem pretender refazer o que já foi retamente julgado e corretamente decidido e disputar publicamente". Ora, tudo o que pertence à fé já foi determinado pelos sagrados Concílios. Logo, peca gravemente, cometendo injúria ao Sínodo, quem ousar disputar publicamente as verdades de fé.

3. ADEMAIS, uma disputa deve apoiar-se em argumentos. Ora, o argumento é uma "razão para convencer em matéria duvidosa." Ora, como as

---

2. Art. 1.
3. Ibid.

7 PARALL.: II *Tim.*, c. 2, lect. 2.

1. Cfr. *Conc. Chalced. Acta*, P. II, act. 3: ed. I. D. Mansi, t. VII, p. 475.
2. *Codex*, l. I, tit. 1: *de summa Trin.*, leg. 4: *Nemo*: Corpus Iur. Civ., ed. Krueger, t. II, p. 6 a.

l. A infidelidade pode ser considerada *subjetivamente* como uma resistência-pecado à fé: o herege que recebeu mais peca mais gravemente do que o judeu (sempre entendido no sentido de haver *recusa* de luz), e este mais gravemente do que o pagão. (E se há pecado, é claro que o arrebatamento, a fraqueza de espírito, a paixão... podem constituir circunstâncias atenuantes). Pode-se considerar a infidelidade *objetivamente*, como uma infelicidade, nos grupos religiosos: então a infelicidade da infidelidade pós-cristã dos heréticos é menor do que a da infidelidade pré-cristã, e esta última menor do que a da infidelidade pré-abrahâmica, a verdade da fé obscurecendo-se pouco a pouco do primeiro ao terceiro grupo.

m. Os artigos de 7 a 12 abordam temas tipicamente medievais, que só podem ser compreendidos no âmbito de uma "cristandade".

certissima, non sunt in dubitationem adducenda. Ergo de his quae sunt fidei non est publice disputandum.

SED CONTRA est quod Act 9,22,29 dicitur quod *Saulus invalescebat et confundebat Iudaeos*; et quod *loquebatur gentibus et disputabat cum Graecis*.

RESPONDEO dicendum quod in disputatione fidei duo sunt consideranda: unum quidem ex parte disputantis; aliud autem ex parte audientium. Ex parte quidem disputantis est consideranda intentio. Si enim disputet tanquam de fide dubitans, et veritatem fidei pro certo non supponens, sed argumentis experiri intendens, procul dubio peccat, tanquam dubius in fide et infidelis. Si autem disputet aliquis de fide ad confutandum errores, vel etiam ad exercitium, laudabile est.

Ex parte vero audientium considerandum est utrum illi qui disputationem audiunt sint instructi et firmi in fide, aut simplices et in fide titubantes. Et coram quidem sapientibus in fide firmis nullum periculum est disputare de fide. — Sed circa simplices est distinguendum. Quia aut sunt sollicitati sive pulsati ab infidelibus, puta Iudaeis vel haereticis sive paganis, nitentibus corrumpere in eis fidem: aut omnino non sunt sollicitati super hoc, sicut in terris in quibus non sunt infideles. In primo casu necessarium est publice disputare de fide: dummodo inveniantur aliqui ad hoc sufficientes et idonei, qui errores confutare possint. Per hoc enim simplices in fide firmabuntur; et tolletur infidelibus decipiendi facultas; et ipsa taciturnitas eorum qui resistere deberent pervertentibus fidei veritatem esset erroris confirmatio. Unde Gregorius, in II *Pastoral.*[3]: *Sicut incauta locutio in errorem pertrahit, ita indiscretum silentium eos qui erudiri poterant in errore derelinquit*. — In secundo vero casu periculosum est publice disputare de fide coram simplicibus; quorum fides ex hoc est firmior quod nihil diversum audierunt ab eo quod credunt. Et ideo non expedit eis ut verba infidelium audiant disceptantium contra fidem.

AD PRIMUM ergo dicendum quod Apostolus non prohibet totaliter disputationem, sed inordinatam, quae magis fit contentione verborum quam firmitate sententiarum.

verdades de fé são certíssimas, não devem ser postas em dúvida. Logo, sobre elas não se deve disputar publicamente.

EM SENTIDO CONTRÁRIO, lê-se nos Atos dos Apóstolos: "Saulo falava com poder sempre maior e confundia os judeus"; e depois: "falava aos gentios e disputava com os gregos".

RESPONDO. Duas coisas devem considerar-se nas discussões sobre a fé[n]: uma, relativa a quem discute; outra, aos ouvintes. Com relação ao que discute, é preciso ter em conta a intenção. Se ele discute, duvidando da fé e não supondo como certas as verdades que procura provar pelos argumentos, sem dúvida peca, como dúbio na fé e infiel. Mas, se alguém discute sobre a fé para refutar erros ou mesmo como exercício é digno de louvor.

Com relação aos ouvintes, deve-se considerar se os que ouvem a discussão são instruídos e firmes na fé, ou se são pessoas simples e vacilantes na fé. Certamente não há nenhum perigo em se discutir na presença de sábios e de firmes na fé. Quanto aos simples cabe uma distinção: ou são provocados e impelidos por infiéis, a saber, judeus, heréticos e pagãos, que se esforçam por lhes corromper a fé ou então de maneira alguma são provocados nessas questões, como nas terras onde não existem infiéis. No primeiro caso, é necessário publicamente discutir sobre a fé, desde que se encontrem pessoas idôneas e capazes para tal e que possam refutar os erros. Assim, os simples na fé se fortalecerão e se tirará dos infiéis a possibilidade de enganar; o silêncio dos que deveriam resistir aos corruptores da verdade da fé seria a confirmação do erro. Por isso, Gregório declara: "Assim como falar incautamente incrementa o erro, assim o silêncio indiscreto abandona no erro os que deveriam ser ensinados". — No segundo caso, porém, é perigoso disputar publicamente sobre a fé, na presença de simples, cuja crença é mais firme por não terem ouvido nada diverso daquilo que creem. Portanto, não convém que ouçam as palavras de infiéis discutindo contra a fé.

QUANTO AO 1º, portanto, deve-se dizer que o Apóstolo não proíbe totalmente a discussão, mas a disputa desordenada que mais se faz pela polêmica de palavras do que pela firmeza da doutrina.

---

3. C. 4: ML 77, 30 B.

n. A "disputa" era frequente na Idade Média, seja para confundir publicamente os "heréticos", seja como exercício escolar nos centros de estudos: a resposta de Sto. Tomás é aqui essencialmente prudencial. Disputar publicamente diante de um infiel supõe assumir uma competência própria; e que se saiba instruir e formar progressivamente os cristãos.

AD SECUNDUM dicendum quod lex illa prohibet publicam disputationem de fide quae procedit ex dubitatione fidei: non autem illam quae est ad fidei conservationem.

AD TERTIUM dicendum quod non debet disputari de his quae sunt fidei quasi de eis dubitando: sed propter veritatem manifestandam et errores confutandos. Oportet enim ad fidei confirmationem aliquando cum infidelibus disputare, quandoque quidem defendendo fidem, secundum illud 1Pe 3,15: *Parati semper ad satisfactionem omni poscenti vos rationem de ea quae est in vobis spe et fide;* quandoque autem ad convincendos errantes, secundum illud Tt 1,9: *Ut sit potens exhortari in doctrina sana, et eos qui contradicunt arguere.*

QUANTO AO 2º, deve-se dizer que a lei citada proíbe uma disputa pública sobre a fé, procedente de dúvidas relativas à fé, mas não aquela que serve para conservar a fé.

QUANTO AO 3º, deve-se dizer que não se deve disputar sobre artigos da fé, como se tivéssemos dúvidas a respeito, mas a fim de manifestar a verdade e refutar os erros. Às vezes, é preciso disputar com os infiéis para defender a fé, segundo aquilo da primeira Carta de Pedro: "Prontos sempre a defender-vos contra quantos exigirem razões da esperança e da fé que há em vós"; às vezes, para convencer os que estão no erro, segundo o que diz a Carta a Tito: "Para que seja capaz de exortar com instruções certas e arguir os que contradizem".

ARTICULUS 8
Utrum infideles compellendi sint ad fidem

AD OCTAVUM SIC PROCEDITUR. Videtur quod infideles nullo modo compellendi sint ad fidem.

1. Dicitur enim Mt 13,28-29 quod servi patrisfamilias in cuius agro erant zizania seminata quaesierunt ab eo: *Vis imus et colligimus ea?* et ipse respondit: *Non: ne forte, colligentes zizania, eradicetis simul cum eis triticum.* Ubi dicit Chrysostomus[1]: *Haec dixit Dominus prohibens occisiones fieri. Nec enim oportet interficere haereticos: quia si eos occideritis, necesse est multos sanctorum simul subverti.* Ergo videtur quod pari ratione nec aliqui infideles sint ad fidem cogendi.

2. PRAETEREA, in Decretis, dist. 45[2], sic dicitur: *De Iudaeis praecepit sancta Synodus nemini deinceps ad credendum vim inferre.* Ergo pari ratione nec alii infideles sunt ad fidem cogendi.

3. PRAETEREA, Augustinus dicit[3] quod cetera potest homo nolens, *credere nonnisi volens.* Sed voluntas cogi non potest. Ergo videtur quod infideles non sint ad fidem cogendi.

ARTIGO 8
Os infiéis devem[o] ser compelidos a aceitar a fé?

QUANTO AO OITAVO, ASSIM SE PROCEDE: parece que os infiéis, **de forma alguma**, devem ser compelidos a aceitar a fé.

1. Com efeito, diz o Evangelho de Mateus, quando os servos do pai de família, em cujo campo foi semeado o joio, lhe perguntaram: "Queres então que vamos arrancá-lo?"; ele respondeu: "Não, porque pode acontecer que, arrancando o joio, arranqueis também o trigo". Crisóstomo comenta: "O Senhor disse isso para proibir que se perpetrem mortes. Nem se devem matar os heréticos, porque se o fizerdes, seria fatal que muitos santos fossem destruídos ao mesmo tempo". Logo, pela mesma razão, nenhum infiel deve ser obrigado a aceitar a fé.

2. ALÉM DISSO, nas *Decretais* se diz: "O Santo Sínodo ordena, em seguida, que não se obrigue nenhum judeu a crer pela força". Logo, pela mesma razão, os infiéis não devem ser obrigados a aceitar a fé.

3. ADEMAIS, Agostinho diz: "O homem pode tudo fazer sem querer, mas crer, somente se quiser". Ora, a vontade não pode ser coagida. Logo, os infiéis não devem ser coagidos a aceitar a fé.

---

8 PARALL.: *In Matth.*, c. 13.

1. *In Matth.*, hom. 46, al. 47, nn. 1, 2: MG 58, 477.
2. GRATIANUS, *Decretum*, P. I, dist. 45, can. 5: *de Iudaeis*: ed. Richter-Friedberg, t. I, p. 161.
3. *In Ioan.*, tract. 26, n. 2, super 6, 44: ML 35, 1607.

o. Após os meios de persuasão, pode-se empregar os meios de pressão?

4. Praeterea, Ez 18,23-32 dicitur ex persona Dei: *Nolo mortem peccatoris*. Sed nos debemus voluntatem nostram conformare divinae, ut supra[4] dictum est. Ergo etiam nos non debemus velle quod infideles occidantur.

Sed contra est quod dicitur Lc 14,23: *Exi in vias et saepes et compelle intrare, ut impleatur domus mea*. Sed homines in domum Dei, idest in Ecclesiam, intrant per fidem. Ergo aliqui sunt compellendi ad fidem.

Respondeo dicendum quod infidelium quidam sunt qui nunquam susceperunt fidem, sicut gentiles et Iudaei. Et tales nullo modo sunt ad fidem compellendi, ut ipsi credant: quia credere voluntatis est. Sunt tamen compellendi a fidelibus, si facultas adsit, ut fidem non impediant vel blasphemiis, vel malis persuasionibus, vel etiam apertis persecutionibus. Et propter hoc fideles Christi frequenter contra infideles bellum movent, non quidem ut eos ad credendum cogant (quia si etiam eos vicissent et captivos haberent, in eorum libertate relinquerent an credere vellent): sed propter hoc ut eos compellant ne fidem Christi impediant.

Alii vero sunt infideles qui quandoque fidem susceperunt et eam profitentur: sicut haeretici vel quicumque apostatae. Et tales sunt etiam corporaliter compellendi ut impleant quod promiserunt et teneant quod semel susceperunt.

Ad primum ergo dicendum quod per illam auctoritatem quidam intellexerunt esse prohibitam non quidem excommunicationem haereticorum, sed eorum occisionem: ut patet per auctoritatem Chrysostomi inductam. Et Augustinus, *ad Vincentium*[5], de se dicit: *Haec primitus mea sententia erat, neminem ad unitatem Christi esse cogendum, verbo esse agendum, disputatione pugnandum. Sed haec opinio mea non contradicentium verbis, sed demonstrantium superatur exemplis*. Legum enim terror ita profuit ut multi dicant: Gratias Domino, qui vincula nostra dirupit. Quod ergo Dominus dicit, *"Sinite utraque crescere usque ad messem"*, qualiter intelligendum sit apparet ex

4. Ademais, em nome de Deus se diz no livro de Ezequiel: "Não quero a morte do pecador". Ora, nós devemos conformar nossa vontade à divina, como já foi dito. Logo, também nós não devemos querer a morte dos infiéis.

Em sentido contrário, lê-se no Evangelho de Lucas: "Vai pelas estradas e ao longo das propriedades, e força quantos encontrares a vir e assim a minha casa ficará cheia". Ora, os homens na casa de Deus, isto é, na Igreja, entram pela fé. Logo, alguns são compelidos à fé.

Respondo. Entre os infiéis, há os que nunca receberam a fé, como os gentios e os judeus. E eles, de modo algum, são compelidos à fé para crer, pois crer é ato da vontade. São, porém, compelidos pelos fiéis, se eles tiverem poder para tanto a não lhes impedirem a fé, com blasfêmias, sugestões maldosas ou, ainda, por abertas perseguições. E, por isso, os fiéis cristãos movem frequentemente guerra aos infiéis, não para obrigá-los a crer — porque ainda que os mantivessem vencidos e cativos, lhes deixariam a liberdade de querer crer ou não — mas para compeli-los a não impedir a fé em Cristo.

Outros, porém, são infiéis que outrora tiveram fé e a professam: como os hereges e todos os apóstatas. E esses devem ser forçados, mesmo fisicamente, a cumprir o que prometeram e a conservar o que uma vez receberam[p].

Quanto ao 1º, portanto, deve-se dizer que alguns entenderam que por aquela autoridade era proibida, não a excomunhão dos hereges, mas a morte deles; isto está claro no texto de Crisóstomo. E Agostinho fala assim de si mesmo: "Minha opinião era, de início, que não se deveria forçar ninguém à unidade de Cristo, que era preciso agir pela palavra e combater com a discussão. Mas essa minha opinião foi superada não pelas palavras dos contraditores, mas pela demonstração dos fatos. Com efeito, o temor das leis foi tão útil que muitos dizem: "Demos graças ao Senhor, que rompeu nossos vínculos". O Senhor diz: "Deixai que ambos cresçam até a ceifa" e na sequência

---

4. I-II, q. 19, a. 9, 10.
5. Epist. 93, al. 48, c. 5, nn. 17, 18: ML 33, 329-330.

p. Sto. Tomás justifica aqui certas práticas de seu tempo. *a*. Não se pode forçar os judeus e os pagãos, pode-se simplesmente impedi-los de prejudicar a fé dos fiéis. *b*. A respeito dos apóstatas e heréticos, é preciso, numa sociedade fundada sobre a unanimidade da fé, proteger essa "cristandade", e sustentar especialmente a fé dos fracos. Pensava-se então que era necessária uma ação repressiva para impedir que o mal se agravasse. Sto. Agostinho, que pensara de início em penas meramente espirituais, passou a admitir uma maior severidade, quando constatou as sevícias dos donatistas contras os cristãos. Sobre o caráter lícito da guerra (r. 4), ver q. 40, a. 1.

hoc quod subditur: *"Ne forte, colligentes zizania, eradicetis simul cum eis et triticum"*. *Ubi satis ostendit*, sicut Augustinus dicit *Contra Epist. Parmen.*[6], *cum metus iste non subest, idest quando ita cuiusque crimen notum est et omnibus execrabile apparet ut vel nullos prorsus, vel non tales habeat defensores per quos possit schisma contingere, non dormiat severitas disciplinae.*

AD SECUNDUM dicendum quod Iudaei, si nullo modo susceperunt fidem, non sunt cogendi ad fidem. Si autem susceperunt fidem, *oportet ut fidem necessitate cogantur retinere*: sicut in eodem capitulo dicitur.

AD TERTIUM dicendum quod, sicut *vovere est voluntatis, reddere autem est necessitatis*, ita accipere fidem est voluntatis, sed tenere iam acceptam est necessitatis. Et ideo haeretici sunt compellendi ut fidem teneant. Dicit enim Augustinus, *ad Bonifacium Comitem*[7]: *Ubi est quod isti clamare consueverunt: "Liberum est credere vel non credere: cui vim Christus intulit?"*. *Agnoscant in Paulo prius cogentem Christum et postea docentem.*

AD QUARTUM dicendum quod, sicut in eadem epistola[8] Augustinus dicit, *nullus nostrum vult aliquem haereticum perire. Sed aliter non meruit habere pacem domus David, nisi Absalom filius eius in bello quod contra patrem gerebat fuisset extinctus. Sic Ecclesia Catholica, si aliquorum perditione ceteros colligit, dolorem materni sanat cordis tantorum liberatione populorum.*

ARTICULUS 9
Utrum cum infidelibus possit communicari

AD NONUM SIC PROCEDITUR. Videtur quod cum infidelibus possit communicari.

1. Dicit enim Apostolus, 1Cor 10,27: *Si quis vocat vos infidelium ad coenam, et vultis ire, omne quod vobis apponitur manducate*. Et Chrysostomus dicit[1]: *Ad mensam paganorum si volueris ire, sine ulla prohibitione permittimus*. Sed ad coenam alicuius ire est ei communicare. Ergo licet infidelibus communicare.

vemos como isso deve ser entendido: "Para que, ao colher o joio, não erradiqueis simultaneamente com ele o trigo". "Onde se mostra claramente, como diz Agostinho: "que, quando não há temor, isto é, quando o crime de cada um é bem conhecido e execrado por todos e aparece abominável a ponto de não haver mais algum defensor ou de não mais haver quem seja capaz de suscitar um cisma, mesmo então a severidade da disciplina não deve dormir".

QUANTO AO 2º, deve-se dizer que os judeus, que de nenhum modo receberam a fé não devem ser obrigados a aceitá-la. Contudo, se a receberam, é preciso que sejam obrigados à força a retê-la, como diz o mesmo capítulo das *Decretais*.

QUANTO AO 3º, deve-se dizer que fazer um voto é próprio da vontade, cumpri-lo, porém, é uma necessidade. Assim também abraçar a fé é tarefa da vontade, mas retê-la, quando recebida, é uma necessidade. Por isso, os hereges devem ser compelidos a guardar a fé. Agostinho diz a Bonifácio: "Lá onde se habituaram a clamar: 'Somos livres de crer ou não crer; a quem Cristo forçou?', reconheçam que Cristo, primeiro, forçou Paulo e depois o ensinou".

QUANTO AO 4º, deve-se dizer que como diz Agostinho, na mesma carta: "Nenhum de nós quer a perda de um herege. Mas, por outro lado, Davi não mereceu ter a paz em sua casa, se seu filho Absalão não tivesse morrido na guerra que fazia contra o pai. Assim a Igreja Católica: se pela ruína de alguns ela acolhe outros filhos, a libertação de tantos povos cura a dor de seu coração materno".

ARTIGO 9
Pode-se ter comunhão com os infiéis?

QUANTO AO NONO, ASSIM SE PROCEDE: parece que **pode-se** ter comunhão com os infiéis.

1. Com efeito, diz o Apóstolo: "Se alguém vos convida à ceia dos infiéis e quereis ir, comei de tudo o que vos for oferecido". E Crisóstomo diz: "Se queres ir à mesa dos pagãos, permitimos sem nenhuma proibição". Ora, participar da ceia de alguém é comungar com ele. Logo, é lícito ter comunhão com os infiéis.

---

6. L. III, c. 2, n. 13: ML 43, 92.
7. Epist. 185, al. 50, c. 6, n. 22: ML 33, 803.
8. C. 8, n. 32: ML 33, 807.

9 PARALL.: IV *Sent.*, dist. 13, q. 2, a. 3; *Quodlib.* X, q. 7, a. 1; I *Cor.*, c. 5, lect. 3.

1. *In epist. ad Heb.*, hom. 25: MG 63, 176.

2. Praeterea, Apostolus dicit, 1Cor 5,12: *Quid mihi est de his qui foris sunt iudicare?* Foris autem sunt infideles. Cum igitur per iudicium Ecclesiae aliquorum communio fidelibus inhibeatur, videtur quod non sit inhibendum fidelibus cum infidelibus communicare.

3. Praeterea, dominus non potest uti servo nisi ei communicando saltem verbo: quia dominus movet servum per imperium. Sed Christiani possunt habere servos infideles, vel Iudaeos vel etiam paganos sive Saracenos. Ergo possunt licite cum eis communicare.

Sed contra est quod dicitur Dt 7,2-3: *Non inibis cum eis foedus, nec misereberis eorum, neque sociabis cum eis connubia.* Et super illud Lv 15, *Mulier quae redeunte mense* etc., dicit Glossa[2]: *Sic oportet ab idolatria abstinere ut nec idololatras nec eorum discipulos contingamus, nec cum eis communionem habeamus.*

Respondeo dicendum quod communio alicuius personae interdicitur fidelibus dupliciter: uno modo, in poenam illius cui communio fidelium subtrahitur; alio modo, ad cautelam eorum quibus interdicitur ne alii communicent. Et utraque causa ex verbis Apostoli accipi potest, 1Cor 5. Nam postquam sententiam excommunicationis protulit, subdit pro ratione: *Nescitis quia modicum fermentum totam massam corrumpit?* [v. 6]. Et postea rationem subdit ex parte poenae per iudicium Ecclesiae illatae, cum dicit: *Nonne de his qui intus sunt vos iudicatis?* [v. 12].

Primo igitur modo non interdicit Ecclesia fidelibus communionem infidelium qui nullo modo fidem Christianam receperunt, scilicet paganorum vel Iudaeorum: quia non habet de eis iudicare spirituali iudicio, sed temporali, in casu cum, inter Christianos commorantes, aliquam culpam committunt et per fideles temporaliter puniuntur. Sed isto modo, scilicet in poenam, interdicit Ecclesia fidelibus communionem illorum infidelium qui a fide suscepta deviant, vel corrumpendo fidem, sicut haeretici, vel etiam totaliter a fide recedendo, sicut apostatae. In utrosque enim horum excommunicationis sententiam profert Ecclesia.

2. Além disso, o Apóstolo diz: "E que tenho eu com o julgamento dos de fora?" Ora, os que estão de fora são os infiéis. Logo, como pelo juízo da Igreja, é proibido aos fiéis estar em comunhão com alguns, parece que não deve ser proibida a comunhão com os infiéis.

3. Ademais, o senhor não pode servir-se do escravo senão comunicando-se com ele, ao menos verbalmente, porque o senhor faz agir o escravo, dando-lhe ordens. Ora, os cristãos podem ter escravos, infiéis, judeus ou também pagãos ou sarracenos. Logo, podem licitamente ter comunhão com eles.

Em sentido contrário, diz o livro do Deuteronômio: "Não farás aliança com essas noções nem delas terás piedade. Não contrairás matrimônio com elas". E sobre o texto do livro do Levítico: "A mulher que padece seu fluxo mensal", diz a Glosa: "De tal forma deve-se abster da idolatria, que não tenhamos contato com os idólatras nem com os seus discípulos, nem tenhamos comunhão com eles".

Respondo. A comunhão com alguma pessoa é proibida aos fiéis, de dois modos: como pena imposta àquele ao qual se retira a comunhão dos fiéis; ou, como cautela, para aqueles aos quais se interdiz a comunhão. E, em ambos os casos, podem-se aplicar as palavras do Apóstolo. Com efeito, após ter proferido a sentença de excomunhão, dá-lhe como fundamento: "Não sabeis que um pouco de fermento faz fermentar toda a massa?". E em seguida, dá a razão da pena infligida, pelo juízo da Igreja, quando diz: "Não são os de dentro que deveis julgar?".

Pelo primeiro modo, a Igreja não proíbe, aos fiéis a comunhão com os infiéis, pagãos ou judeus, que de nenhum modo receberam a fé dos cristãos; porque não tem como julgá-los por um julgamento espiritual, mas temporal, em determinado caso, quando vivendo entre cristãos, cometam alguma falta e sejam punidos pelos fiéis temporalmente. Mas, deste modo, isto é, a título de pena, a Igreja proíbe aos fiéis ter comunhão com os infiéis[q], que se desviaram da fé recebida, ou corrompendo-a, como os hereges, ou abandonando-a totalmente como os apóstatas. Em ambos os casos, a Igreja profere a sentença de excomunhão.

---

2. Ordin. super *Lev.* 15, 22: ML 113, 340 B.

q. Esses infiéis considerados perigosos eram chamados de *vitandi*: devendo ser evitados, uma vez proferida a sentença de excomunhão.

Sed quantum ad secundum modum, videtur esse distinguendum secundum diversas conditiones personarum et negotiorum et temporum. Si enim aliqui fuerint firmi in fide, ita quod ex communione eorum cum infidelibus conversio infidelium magis sperari possit quam fidelium a fide aversio; non sunt prohibendi infidelibus communicare qui fidem non susceperunt, scilicet paganis vel Iudaeis, et maxime si necessitas urgeat. Si autem sint simplices et infirmi in fide, de quorum subversione probabiliter timeri possit, prohibendi sunt ab infidelium communione: et praecipue ne magnam familiaritatem cum eis habeant, vel absque necessitate eis communicent.

AD PRIMUM[3] ergo dicendum quod Dominus illud praecipit de illis gentibus quarum terram ingressuri erant Iudaei, qui erant proni ad idolatriam: et ideo timendum erat ne per continuam conversationem cum eis alienarentur a fide. Et ideo ibidem subditur: *Quia seducet filium tuum ne sequatur me.*

AD SECUNDUM dicendum quod Ecclesia in infideles non habet iudicium quoad poenam spiritualem eis infligendam. Habet tamen iudicium super aliquos infideles quoad temporalem poenam infligendam: ad quod pertinet quod Ecclesia aliquando, propter aliquas speciales culpas, subtrahit aliquibus infidelibus communionem fidelium.

AD TERTIUM dicendum quod magis est probabile quod servus, qui regitur imperio domini, convertatur ad fidem domini fidelis, quam e converso. Et ideo non est prohibitum quin fideles habeant servos infideles. Si tamen domino periculum immineret ex communione talis servi, deberet eum a se abiicere: secundum illud mandatum Domini, Mt 5,30 et 18,8: *Si pes tuus scandalizaverit te, abscinde eum et proiice abs te.*

Mas, quanto ao segundo modo, parece que se deva distinguir segundo as diversas condições de pessoas, de negócios e de tempos. Se se trata de fiéis que são firmes na fé, de tal maneira que a convivência com os infiéis mais faça esperar a conversão dos infiéis do que a perda da fé dos fiéis, não são, proibidos de estar em comunhão com os infiéis, pagãos ou judeus, que ainda não receberam a fé, principalmente se a necessidade é urgente. Se, porém, forem simples e fracos na fé, a respeito dos quais provavelmente se poderia temer a perversão, devem ser proibidos da comunhão com os infiéis e principalmente que não tenham com eles grande familiaridade ou com eles se comuniquem sem necessidade.

QUANTO AO 1º, portanto, deve-se dizer que o Senhor ordenou aquilo a povos que eram inclinados à idolatria e em cujas terras os judeus ingressariam; e, por isso, se temia que o contato contínuo com eles os levassem à perda da fé. Por isso, lá mesmo se acrescenta "Porque isso desviaria os teus filhos de meu seguimento".

QUANTO AO 2º, deve-se dizer que a Igreja não profere sentença contra os infiéis infligindo-lhes uma pena espiritual. Ela tem competência, entretanto, sobre alguns dentre eles para infligir uma pena temporal. Por isso, a Igreja, às vezes, por causa de faltas especiais, priva alguns infiéis da comunhão com os fiéis.

QUANTO AO 3º, deve-se dizer que é mais provável que o escravo, submetido às ordens do senhor, se converta à fé do senhor fiel, do que inversamente. Por isso, não é proibido aos fiéis que tenham escravos infiéis. Se, porém, houvesse perigo pela convivência com esse escravo, deveria despedi-lo, conforme o mandamento do Senhor (Mt 5,30 e 18,8): "Se o teu pé te leva ao pecado, corta-o e atira-o para longe".

ARTICULUS 10
Utrum infideles possint habere praelationem seu dominium supra fideles

AD DECIMUM SIC PROCEDITUR. Videtur quod infideles possint habere praelationem vel dominium supra fideles.

ARTIGO 10
Podem os infiéis ter autoridade ou domínio sobre os fiéis?

QUANTO AO DÉCIMO, ASSIM SE PROCEDE: parece que os infiéis **podem** ter autoridade ou domínio sobre os fiéis.

---

3. Hic solvitur argumentum *sed c.*; deest solutio primi argumenti, quae colligenda est ex dictis in corpore.

1. Dicit enim Apostolus, 1Tim 6,1: *Quicumque sunt sub iugo servi dominos suos omni honore dignos arbitrentur:* et quod loquatur de infidelibus patet per hoc quod subdit [v. 2]: *Qui autem fideles habent dominos non contemnant.* Et 1Pe 2,18 dicitur: *Servi, subditi estote in omni timore dominis, non tantum bonis et modestis, sed etiam dyscolis.* Non autem hoc praeciperetur per Apostolicam doctrinam nisi infideles possent fidelibus praeesse. Ergo videtur quod infideles possint praeesse fidelibus.

2. PRAETEREA, quicumque sunt de familia alicuius principis subsunt ei. Sed fideles aliqui erant de familiis infidelium principum: unde dicitur *ad Philp* 4,22: *Salutant vos omnes sancti, maxime autem qui de Caesaris domo sunt,* scilicet Neronis, qui infidelis erat. Ergo infideles possunt fidelibus praeesse.

3. PRAETEREA, sicut Philosophus dicit, in I *Polit.*[1], servus est instrumentum domini in his quae ad humanam vitam pertinent, sicut et minister artificis est instrumentum artificis in his quae pertinent ad operationem artis. Sed in talibus potest fidelis infideli subiici: possunt enim fideles infidelium coloni esse. Ergo infideles possunt fidelibus praefici etiam quantum ad dominium.

SED CONTRA est quod ad eum qui praeest pertinet habere iudicium super eos quibus praeest. Sed infideles non possunt iudicare de fidelibus: dicit enim Apostolus, 1Cor 6,1: *Audet aliquis vestrum, habens negotium adversus alterum, iudicari apud iniquos,* idest infideles, *et non apud sanctos?* Ergo videtur quod infideles fidelibus praeesse non possint.

RESPONDEO dicendum quod circa hoc dupliciter loqui possumus. Uno modo, de dominio vel praelatione infidelium super fideles de novo instituenda. Et hoc nullo modo permitti debet. Cedit enim hoc in scandalum et in periculum fidei: de facili enim illi qui subiiciuntur aliorum iurisdictioni immutari possunt ab eis quibus subsunt ut sequantur eorum imperium, nisi illi qui subsunt fuerint magnae virtutis. Et similiter infideles contemnunt fidem si fidelium defectus cognoscant. Et ideo Apostolus prohibuit quod fideles non contendant iudicio coram iudice infideli. Et ideo nullo modo permittit Ecclesia quod infideles acquirant dominium super fideles,

1. Com efeito, o Apóstolo escreve: "Todos os escravos devem respeitar muito os seus senhores". Que se fale dos infiéis fica claro pelo que segue: "Os que tiverem senhores que têm fé não os desprezem". E na primeira Carta de Pedro, lê-se: "E vós, servos! Obedecei mui respeitosamente a vossos senhores, não apenas aos bons e afáveis, mas ainda aos de mau caráter." Ora, não haveria esse preceito na doutrina apostólica, se os infiéis não pudessem governar os fiéis. Logo, os infiéis podem governar os fiéis.

2. ALÉM DISSO, todos os membros da família de um príncipe devem obedecer-lhe. Ora, certos fiéis eram da família de príncipes infiéis; por isso se diz na Carta aos Filipenses: "Todos os santos vos saúdam, principalmente os que estão a serviço de César"[r], isto é, de Nero que era infiel. Logo, os infiéis podem governar os fiéis.

3. ADEMAIS, como diz o Filósofo, o escravo é instrumento do senhor, no que refere à vida humana, assim como o ajudante do artífice é instrumento deste, no que concerne à obra de arte. Ora, em tais casos, um fiel pode estar submisso ao infiel, pois os fiéis podem ser colonos dos infiéis. Logo, os infiéis podem governar os fiéis e até mesmo comandá-los.

EM SENTIDO CONTRÁRIO, a autoridade implica que ela tenha o poder de julgar. Mas, os infiéis não podem julgar os fiéis, segundo o Apóstolo: "E como é que um de vós se atreve, quando tem queixa contra outro, a ir procurar justiça no tribunal dos injustos, isto é, dos infiéis e, não, no tribunal dos santos?" Logo, parece que os infiéis não podem governar os fiéis.

RESPONDO. De dois modos podemos considerar esta questão. Primeiro, quanto a estabelecer o domínio ou o governo dos infiéis sobre os fiéis. Isso de nenhuma forma, deve ser permitido porque causaria escândalo ou perigo para a fé. Com efeito, os que estão submetidos à jurisdição de outros podem ser influenciados por estes superiores de quem devem seguir as ordens, a menos que tais subordinados tenham muita virtude. E semelhantemente, os infiéis desprezam a fé, se percebem os defeitos dos fiéis. Por isso, o Apóstolo proibiu aos fiéis de mover um processo diante de um juiz infiel. Por isso, de modo algum, a Igreja permite que infiéis adquiram domínio sobre os fiéis ou, a

---

1. C. 2: 1253, b, 32-33.

r. Isto englobava todos os que estavam a serviço do imperador: exército, funcionários, libertos, escravos, em Roma e em qualquer outra cidade do império.

vel qualitercumque eis praeficiantur in aliquo officio.

Alio modo possumus loqui de dominio vel praelatione iam praeexistenti. Ubi considerandum est quod dominium et praelatio introducta sunt ex iure humano: distinctio autem fidelium et infidelium est ex iure divino. Ius autem divinum, quod est ex gratia, non tollit ius humanum, quod est ex naturali ratione. Et ideo distinctio fidelium et infidelium, secundum se considerata, non tollit dominium et praelationem infidelium supra fideles. Potest tamen iuste per sententiam vel ordinationem Ecclesiae, auctoritatem Dei habentis, tale ius dominii vel praelationis tolli: quia infideles merito suae infidelitatis merentur potestatem amittere super fideles, qui transferuntur in filios Dei. Sed hoc quidem Ecclesia quandoque facit, quandoque autem non facit. In illis enim infidelibus qui etiam temporali subiectione subiiciuntur Ecclesiae et membris eius, hoc ius Ecclesiae statuit, ut servus Iudaeorum, statim factus Christianus, a servitute liberetur, nullo pretio dato, si fuerit vernaculus, idest in servitute natus; et similiter si, infidelis existens, fuerit emptus ad servitium. Si autem fuerit emptus ad mercationem, tenetur eum infra tres menses exponere ad vendendum. Nec in hoc iniuriam facit Ecclesia: quia, cum ipsi Iudaei sint servi Ecclesiae, potest disponere de rebus eorum; sicut etiam principes saeculares multas leges ediderunt erga suos subditos in favorem libertatis. — In illis vero infidelibus qui temporaliter Ecclesiae vel eius membris non subiacent, praedictum ius Ecclesia non statuit: licet posset instituere de iure. Et hoc facit ad scandalum vitandum. Sicut etiam Dominus, Mt 17,24 sqq. ostendit quod poterat se a tributo excusare quia *liberi sunt filii*: sed tamen mandavit tributum solvi ad scandalum vitandum. Ita etiam et Paulus, cum dixisset quod servi dominos suos honorarent, subiungit: *ne nomen Domini et doctrina blasphemetur*.

Unde patet responsio AD PRIMUM.

AD SECUNDUM dicendum quod illa praelatio Caesaris praeexistebat distinctioni fidelium ab infidelibus: unde non solvebatur per conversionem aliquorum ad fidem. Et utile erat quod aliqui fideles locum in familia Imperatoris haberent, ad qualquer título, passem a governá-los em algum ofício.

De outro modo, podemos considerar o domínio ou autoridade já existente. Nesse caso, deve-se considerar que o domínio e a autoridade são introduzidos pelo direito humano; ao passo que, a distinção de fiéis e infiéis é de direito divino. O direito divino, fundado na graça, não destrói o direito humano que vem da razão natural. Por isso, a distinção de fiéis e infiéis, considerada em si, não elimina o domínio e o governo dos infiéis sobre os fiéis. Pode, porém, justamente por sentença ou ordem da Igreja, cuja autoridade vem de Deus, ser eliminado esse direito de domínio e de autoridade; porque os infiéis, por causa de sua infidelidade, merecem perder o governo dos fiéis elevados a filhos de Deus. Mas isso a Igreja faz algumas vezes, outras, não. Porque no caso dos infiéis que são submissos a ela e a seus membros, a Igreja estabeleceu o direito seguinte: o escravo dos judeus, desde que se torne cristão, seja libertado da servidão sem nenhum pagamento, se ele era da casa, isto é, nascido na escravidão; e semelhantemente, se ele tinha sido comprado como escravo, enquanto era infiel. Se, porém, foi comprado para ser vendido, é preciso que fique exposto à venda, durante três meses. Em tudo isso, a Igreja não comete injustiça, porque sendo esses judeus servos da Igreja, ela pode dispor de suas coisas, como também os príncipes seculares publicaram muitas leis para seus súditos, em favor da liberdade. — Com relação, porém, àqueles infiéis que não estão submissos temporalmente, nem à Igreja nem a seus membros, a Igreja não estabeleceu esse direito, bem que ela possa juridicamente instituí-lo. E ela assim procede para evitar escândalo, como o Senhor mostrou, que poderia dispensar-se do tributo, porque *os filhos são livres*; contudo, mandou pagá-lo para evitar escândalo. Assim também Paulo, depois de dizer que os escravos deviam honrar seus amos, acrescentou: "para que o nome do Senhor e sua doutrina não sejam blasfemados"[s].

QUANTO AO 1º, portanto, deve-se dizer que o exposto torna clara a resposta à primeira objeção.

QUANTO AO 2º, deve-se dizer que a autoridade de César preexistia à distinção entre fiéis e infiéis e ela não cessava pela conversão de alguns à fé. E era útil que alguns fiéis tivessem lugar na casa do Imperador para a defesa de outros fiéis.

---

s. Todas essas medidas de prudência devem ser entendidas no estado de cristandade.

defendendum alios fideles: sicut beatus Sebastianus Christianorum animos, quos in tormentis videbat deficere, confortabat, et adhuc latebat sub militari chlamyde in domo Diocletiani[2].

AD TERTIUM dicendum quod servi subiiciuntur dominis suis ad totam vitam, et subditi praefectis ad omnia negotia: sed ministri artificum subduntur eis ad aliqua specialia opera. Unde periculosius est quod infideles accipiant dominium vel praelationem super fideles quam quod accipiant ab eis ministerium in aliquo artificio. Et ideo permittit Ecclesia quod Christiani possint colere terras Iudaeorum: quia per hoc non habent necesse conversari cum eis. Salomon etiam expetiit a rege Tyri magistros operum ad ligna caedenda, ut habetur 3Reg 5,6. — Et tamen si ex tali communicatione vel convictu subversio fidelium timeretur, esset penitus interdicendum.

Assim, o bem-aventurado Sebastião, enquanto via os cristãos desfalecerem em seus tormentos, confortava-os, continuando, oculto sob a clâmide militar, a fazer parte da família de Diocleciano.

QUANTO AO 3º, deve-se dizer que os escravos estão sujeitos aos seus senhores por toda a vida e os súditos aos seus superiores, em todos os negócios; mas, os ajudantes dos artífices lhes estão sujeitos para determinados trabalhos. Portanto, é mais perigoso que os infiéis recebam domínio ou governo sobre os fiéis do que uma colaboração de algum serviço especial. Por isso, a Igreja permite que os cristãos possam cultivar as terras dos judeus, porque isso não os obriga a conviver com eles. Salomão também pediu, ao rei de Tiro mestres de obras, para cortarem madeira, como se lê no livro dos Reis. — Contudo, se de tal comunhão ou convivência, se temer a perversão dos fiéis, deve ser totalmente proibida.

ARTICULUS 11
Utrum infidelium ritus sint tolerandi

AD UNDECIMUM SIC PROCEDITUR. Videtur quod ritus infidelium non sint tolerandi.
1. Manifestum est enim quod infideles in suis ritibus peccant eos servando. Sed peccato consentire videtur qui non prohibet cum prohibere possit: ut habetur in Glossa[1] Rom 1, super illud [v. 32]: *Non solum qui faciunt, sed etiam qui consentiunt facientibus*. Ergo peccant qui eorum ritus tolerant.
2. PRAETEREA, ritus Iudaeorum idolatriae comparantur: quia super illud Gl 5,1: *Nolite iterum iugo servitutis contineri*, dicit Glossa[2]: *Non est levior haec legis servitus quam idololatriae*. Sed non sustineretur quod idololatriae ritum aliqui exercerent: quinimmo Christiani principes templa idolorum primo claudi, et postea dirui fecerunt, ut Augustinus narrat, XVIII *de Civ. Dei*[3]. Ergo etiam ritus Iudaeorum tolerari non debent.

3. PRAETEREA, peccatum infidelitatis est gravissimum, ut supra[4] dictum est. Sed alia peccata non

ARTIGO 11
Devem-se tolerar os ritos dos infiéis?

QUANTO AO DÉCIMO PRIMEIRO, ASSIM SE PROCEDE: parece que **não** se devem tolerar os ritos dos infiéis.
1. Com efeito, é claro que os infiéis que praticam seus ritos pecam. Ora, parece consentir no pecado, quem, podendo impedi-lo, não o faz, como diz a Glosa sobre texto da Carta aos Romanos: "Não somente os que praticam, mas ainda os que aprovam os que fazem". Logo, pecam os que toleram os ritos dos infiéis.
2. ALÉM DISSO, os ritos dos judeus são comparados à idolatria, pois sobre o texto da Carta aos Gálatas: "Portanto, não queirais sujeitar-vos novamente ao jugo da escravidão" diz a Glosa: "Não é mais leve esta lei da escravidão do que a da idolatria". Ora, não se admitiria que algumas pessoas praticassem rito idolátrico; pelo contrário, os príncipes cristãos primeiro fechavam o templo dos ídolos e, depois, os demoliam, como narra Agostinho. Logo, os ritos dos judeus também não devem ser tolerados.

3. ADEMAIS, o pecado de infidelidade é gravíssimo, como já foi dito. Ora, há outros pecados

---

2. Cfr. Acta S. Sebastiani, c. 1, n. 2: ML 17, 1022 C. (inter opp. Ambrosii).

11
1. Ordin.: ML 114, 474 B; LOMBARDI: ML 191, 1336 B.
2. Interl.; LOMBARDI: ML 192, 152 C.
3. C. 54, n. 1: ML 41, 620.
4. Art. 3.

tolerantur, sed lege puniuntur: sicut adulterium, furtum et alia huiusmodi. Ergo etiam ritus infidelium tolerandi non sunt.

SED CONTRA est quod in Decretis, dist. 45, can. *Qui sincera,* dicit Gregorius[5] de Iudaeis: *Omnes festivitates suas, sicut hactenus ipsi et patres eorum per longa colentes tempora tenuerunt, liberam habeant observandi celebrandique licentiam.*

RESPONDEO dicendum quod humanum regimen derivatur a divino regimine, et ipsum debet imitari. Deus autem, quamvis sit omnipotens et summe bonus, permittit tamen aliqua mala fieri in universo, quae prohibere posset, ne, eis sublatis, maiora bona tollerentur, vel etiam peiora mala sequerentur. Sic igitur et in regimine humano illi qui praesunt recte aliqua mala tolerant, ne aliqua bona impediantur, vel etiam ne aliqua mala peiora incurrantur: sicut Augustinus dicit, in II *de Ordine*[6]: *Aufer meretrices de rebus humanis, turbaveris omnia libidinibus.* Sic igitur, quamvis infideles in suis ritibus peccent, tolerari possunt vel propter aliquod bonum quod ex eis provenit, vel propter aliquod malum quod vitatur.

Ex hoc autem quod Iudaei ritus suos observant, in quibus olim praefigurabatur veritas fidei quam tenemus, hoc bonum provenit quod testimonium fidei nostrae habemus ab hostibus, et quasi in figura nobis repraesentatur quod credimus. Et ideo in suis ritibus tolerantur. — Aliorum vero infidelium ritus, qui nihil veritatis aut utilitatis afferunt, non sunt aliqualiter tolerandi, nisi forte ad aliquod malum vitandum: scilicet ad vitandum scandalum vel dissidium quod ex hoc posset provenire, vel impedimentum salutis eorum, qui paulatim, sic tolerati, convertuntur ad fidem. Propter hoc enim etiam haereticorum et paganorum ritus aliquando Ecclesia toleravit, quando erat magna infidelium multitudo.

Et per hoc patet responsio AD OBIECTA.

que não são tolerados, mas, ao contrário, são punidos pela lei, como o adultério, o roubo e outros. Logo, também os ritos dos infiéis não devem ser tolerados.

EM SENTIDO CONTRÁRIO, nas *Decretais*, diz Gregório sobre os judeus: "Todos tinham plena liberdade de celebrar suas festas, como o fizeram até aqui e os seus antepassados as observaram por muito tempo".

RESPONDO. O governo humano deriva do governo divino e o deve imitar. Deus, porém, ainda que seja onipotente e sumamente bom, permite que aconteçam alguns males no universo, que poderia impedir, para que não suceda que, uma vez supressos, suprimam-se também grandes bens ou sigam-se males piores. Assim também no governo humano: os que governam toleram, com razão, certos males, para que alguns bens não sejam impedidos ou, não sucedam males piores, como diz Agostinho[t]: "Suprime as meretrizes da sociedade humana e perturbarás tudo com a libidinagem". Assim, pois, ainda que os infiéis pequem em seus ritos, eles podem ser tolerados ou por causa do bem que deles provém ou por algum mal evitado.

Do fato de os judeus observarem os seus ritos, nos quais, outrora, se prefigurava a verdade da nossa fé, resulta termos de nossos adversários[u] um testemunho dessa mesma fé e de nos ser representado como em figura o que cremos. Por isso, os judeus são tolerados com seus ritos. — Os ritos, porém, de outros infiéis, que nada de verdade ou de utilidade apresentam, não devem ser tolerados a não ser para evitar algum mal; isto é, o escândalo ou o dissídio que poderiam provir ou o impedimento da salvação daqueles que, aos poucos, se tolerados, se converteriam à fé. Por isso, também os ritos de heréticos e de pagãos, a Igreja, às vezes, tolerou, quando era grande a multidão de infiéis.

Pelo exposto, ficam claras as respostas ÀS OBJEÇÕES.

---

5. GRATIANUS, *Decretum*, P. I, dist. 45, can. 6: *Qui sincera*: ed. Richter-Friedberg, t. I, p. 161. — Cfr. GREGORIUM, *Registrum*, L. XIII, indict, VI, epist. 12, ad Paschasium: ML 77, 1268 B.
6. C. 4, n. 12: ML 32, 1000.

t. O liberalismo de Agostinho nos surpreende se o comparamos a seu rigor um pouco acima. Todas essas questões pedem respostas prudenciais, portanto circunstanciadas.
u. O termo "inimigo" nos choca. Na cristandade, todo homem que não professa a fé unânime é considerado "inimigo".

Articulus 12

Utrum pueri Iudaeorum et aliorum infidelium sint invitis parentibus baptizandi

AD DUODECIMUM SIC PROCEDITUR. Videtur quod pueri Iudaeorum et aliorum infidelium sint baptizandi parentibus invitis.

1. Maius enim est vinculum matrimoniale quam ius patriae potestatis: quia ius patriae potestatis potest per hominem solvi, cum filiusfamilias emancipatur; vinculum autem matrimoniale non potest solvi per hominem, secundum illud Mt 19,6: *Quod Deus coniunxit homo non separet*. Sed propter infidelitatem solvitur vinculum matrimoniale: dicit enim Apostolus, 1Cor 7,15: *Quod si infidelis discedit, discedat: non enim servituti subiectus est frater aut soror in huiusmodi*; et Canon[1] dicit quod si coniux infidelis non vult sine contumelia sui Creatoris cum altero stare, quod alter coniugum non debet ei cohabitare. Ergo multo magis propter infidelitatem tollitur ius patriae potestatis in suos filios. Possunt ergo eorum filii baptizari eis invitis.

2. PRAETEREA, magis debet homini subveniri circa periculum mortis aeternae quam circa periculum mortis temporalis. Sed si aliquis videret hominem in periculo mortis temporalis et ei non ferret auxilium, peccaret. Cum ergo filii Iudaeorum et aliorum infidelium sint in periculo mortis aeternae si parentibus relinquuntur, qui eos in sua infidelitate informant, videtur quod sint eis auferendi et baptizandi et in fidelitate instruendi.

3. PRAETEREA, filii servorum sunt servi et in potestate dominorum. Sed Iudaei sunt servi regum et principum. Ergo et filii eorum. Reges igitur et principes habent potestatem de filiis Iudaeorum facere quod voluerint. Nulla ergo erit iniuria si eos baptizent invitis parentibus.

4. PRAETEREA, quilibet homo magis est Dei, a quo habet animam, quam patris carnalis, a quo habet corpus. Non ergo est iniustum si pueri Iudaeorum carnalibus parentibus auferantur et Deo per baptismum consecrentur.

5. PRAETEREA, baptismus efficacior est ad salutem quam praedicatio: quia per baptismum statim tollitur peccati macula, reatus poenae, et aperitur

Artigo 12

Os filhos dos judeus e demais infiéis devem ser batizados contra a vontade dos pais

QUANTO AO DÉCIMO SEGUNDO, ASSIM SE PROCEDE: parece que os filhos dos judeus e demais infiéis **devem** ser batizados contra a vontade dos pais.

1. Com efeito, é mais forte o vínculo matrimonial do que o direito do pátrio poder, porque o direito do pátrio poder pode ser desfeito, quando um filho da família se emancipa, mas o vínculo matrimonial não o pode ser, segundo o texto do Evangelho de Mateus: "O que Deus uniu o homem não separe". Ora, o vínculo matrimonial é desfeito por causa da infidelidade, pois diz o Apóstolo: "Mas, se a parte que não crê quiser se separar, que se separe. Nesse caso, o irmão ou a irmã não estão mais ligados". E o *Canon* diz que se um cônjuge infiel não quer, sem ofensa ao seu Criador, coabitar com o outro, então este não deve fazê-lo. Logo, com maior razão, perde-se o direito do pátrio poder pela infidelidade. Portanto, os filhos dos infiéis podem ser batizados contra a vontade deles.

2. ALÉM DISSO, deve-se ajudar um homem em perigo de morte eterna mais do que em perigo de morte temporal. Ora, se alguém visse um homem em perigo de morte temporal e não lhe prestasse auxílio, pecaria. Logo, como os filhos dos judeus e de outros infiéis estão em perigo de morte eterna, se são deixados aos pais, que os educam na infidelidade, parece que esses filhos lhe devem ser tirados, batizados e instruídos na fé.

3. ADEMAIS, os filhos de servos são servos e estão sob o poder dos senhores. Ora, os judeus são servos dos reis e dos príncipes. Logo, também os seus filhos. Portanto, os reis e os príncipes têm o poder de fazer o que quiserem dos filhos dos judeus e, por consequência, não cometerão injustiça alguma, batizando os filhos contra a vontade dos pais.

4. ADEMAIS, todo homem pertence mais a Deus, de quem tem a alma, do que ao pai carnal, de quem tem o corpo. Não é, pois, injusto, se os filhos dos judeus são tirados dos pais carnais para serem consagrados a Deus pelo batismo.

5. ADEMAIS, o batismo é mais eficaz para a salvação do que a pregação, porque por ele imediatamente se tira a mácula do pecado, o reato da

---

12 PARALL.: Part. III, q. 68, a. 10; *Quodlib*. II, q. 4, a. 2.

1. GRATIANUS, *Decretum*, P. II, causa XXVIII, q. 1, can. 4: *Uxor legitima*: ed. Richter-Friedberg, t. I, p. 1080.

ianua caeli. Sed si periculum sequitur ex defectu praedicationis, imputatur ei qui non praedicavit: ut habetur Ez 3,18,20 et 33, v. 6,8 de eo qui *videt gladium venientem et non insonuerit tuba*. Ergo multo magis, si pueri Iudaeorum damnentur propter defectum baptismi, imputatur ad peccatum eis qui potuerunt baptizare et non baptizaverunt.

Sed contra, nemini facienda est iniuria. Fieret autem Iudaeis iniuria si eorum filii baptizarentur eis invitis: quia amitterent ius patriae potestatis in filios iam fideles. Ergo eis invitis non sunt baptizandi.

Respondeo dicendum quod maximam habet auctoritatem Ecclesiae consuetudo, quae semper est in omnibus aemulanda. Quia et ipsa doctrina Catholicorum Doctorum ab Ecclesia auctoritatem habet: unde magis standum est auctoritati Ecclesiae quam auctoritati vel Augustini vel Hieronymi vel cuiuscumque Doctoris. Hoc autem Ecclesiae usus nunquam habuit quod Iudaeorum filii invitis parentibus baptizarentur: quamvis fuerint retroactis temporibus multi Catholici principes potentissimi, ut Constantinus, Theodosius, quibus familiares fuerunt sanctissimi episcopi, ut Silvester Constantino et Ambrosius Theodosio, qui nullo modo hoc praetermisissent ab eis impetrare, si hoc esset consonum rationi. Et ideo periculosum videtur hanc assertionem de novo inducere, ut praeter consuetudinem in Ecclesia hactenus observatam, Iudaeorum filii invitis parentibus baptizarentur.

Et huius ratio est duplex. Una quidem propter periculum fidei. Si enim pueri nondum usum rationis habentes baptismum susciperent, postmodum, cum ad perfectam aetatem pervenirent, de facili possent a parentibus induci ut relinquerent quod ignorantes susceperunt. Quod vergeret in fidei detrimentum. Alia vero ratio est quia repugnat iustitiae naturali. Filius enim naturaliter est aliquid patris. Et primo quidem a parentibus non distinguitur secundum corpus, quandiu in matris utero continetur. Postmodum vero, postquam ab utero egreditur, antequam usum liberi arbitrii habeat, continetur sub parentum cura sicut sub quodam spirituali utero. Quandiu enim usum rationis non habet puer, non differt ab animali irrationali.

pena e abrem-se as portas do céu. Ora, o perigo consequente à falta de pregação é imputado a quem não pregou, como se lê no livro de Ezequiel: "Suponhamos que o vigia veja a espada chegar, mas não toque a corneta". Logo, com maior razão, se os filhos dos judeus forem condenados por falta de batismo, o pecado será imputado aos que puderam batizá-los e não o fizeram.

Em sentido contrário, não se deve fazer injustiça a ninguém. Ora, seria feita aos judeus, se batizássemos os seus filhos contra a vontade deles, pois, perderiam o direito do pátrio poder sobre os filhos, tornados fiéis. Logo, não se devem batizar os filhos contra a vontade dos pais.

Respondo. A prática da Igreja tem máxima autoridade[v] que deve ser sempre e em tudo seguida. A própria doutrina dos Doutores Católicos encontra na Igreja a sua autoridade. Por isso, deve-se apoiar mais na autoridade da Igreja do que na de Agostinho ou Jerônimo ou de qualquer Doutor. Ora, nunca foi uso da Igreja batizar os filhos de judeus contra a vontade dos pais. Embora, em tempos passados, houvesse muitos príncipes católicos potentíssimos, como Constantino, Teodósio dos quais foram familiares santos bispos, como Silvestre, de Constantino, e Ambrósio, de Teodósio, de forma alguma, esses bispos teriam deixado de lhes pedir isso, se fosse conforme à razão. Parece, portanto, perigoso introduzir essa nova proposta e, contra o costume da Igreja, até agora observado, batizar filhos de judeus, contra a vontade dos pais.

E a razão disso é dupla. Uma, por causa do perigo da fé. Com efeito, se as crianças, sem o uso da razão, recebessem o batismo, depois, quando chegassem à idade adulta, elas poderiam facilmente ser induzidas pelos pais a abandonar o que ignorando receberam. O que reverteria em detrimento da fé. A outra razão é porque essa prática repugna ao direito natural. Com efeito, pela natureza, o filho é algo do pai. E, de início, não se distingue dos pais, corporalmente, enquanto está encerrado no ventre materno. Em seguida, depois que sai do ventre materno, antes que tenha o uso do livre-arbítrio, ele permanece sob o cuidado dos pais, como dentro de um ventre espiritual. Enquanto não tem o uso da razão, a criança não difere do animal irracional.

---

v. O que a Igreja praticou, sempre e em toda parte, é a regra suprema do teólogo, o qual deve simplesmente deduzir as razões dessa prática.

Unde sicut bos vel equus est alicuius ut utatur eo cum voluerit, secundum ius civile, sicut proprio instrumento; ita de iure naturali est quod filius, antequam habeat usum rationis, sit sub cura patris. Unde contra iustitiam naturalem esset si puer, antequam habeat usum rationis, a cura parentum subtrahatur, vel de eo aliquid ordinetur invitis parentibus. Postquam autem incipit habere usum liberi arbitrii, iam incipit esse suus, et potest, quantum ad ea quae sunt iuris divini vel naturalis, sibi ipsi providere. Et tunc est inducendus ad fidem non coactione, sed persuasione; et potest etiam invitis parentibus consentire fidei et baptizari: non autem antequam habeat usum rationis. Unde de pueris antiquorum Patrum dicitur quod *salvati sunt in fide parentum*: per quod datur intelligi quod ad parentes pertinet providere filiis de sua salute, praecipue antequam habeant usum rationis.

AD PRIMUM ergo dicendum quod in vinculo matrimoniali uterque coniugum habet usum liberi arbitrii, et uterque potest invito altero fidei assentire. Sed hoc non habet locum in puero antequam habeat usum rationis. Sed postquam habet usum rationis, tunc tenet similitudo, si converti voluerit.

AD SECUNDUM dicendum quod a morte naturali non est aliquis eripiendus contra ordinem iuris civilis: puta, si aliquis a suo iudice condemnetur ad mortem temporalem, nullus debet eum violenter eripere. Unde nec aliquis debet irrumpere ordinem iuris naturalis, quo filius est sub cura patris, ut eum liberet a periculo mortis aeternae.

AD TERTIUM dicendum quod Iudaei sunt servi principum servitute civili, quae non excludit ordinem iuris naturalis vel divini.

AD QUARTUM dicendum quod homo ordinatur ad Deum per rationem, per quam eum cognoscere potest. Unde puer, antequam usum rationis habeat, naturali ordine ordinatur in Deum per rationem parentum, quorum curae naturaliter subiacet; et secundum eorum dispositionem sunt circa ipsum divina agenda.

AD QUINTUM dicendum quod periculum quod sequitur de praedicatione omissa non imminet nisi

Como um boi ou um cavalo é de alguém que pode usar deles como quiser, em termos da lei civil, como de um instrumento próprio; assim, é de direito natural que o filho, antes que tenha o uso da razão esteja sob a tutela paterna. Por isso, seria contra o direito natural, se o filho, antes do uso da razão, fosse subtraído à tutela dos pais ou que se tomasse alguma disposição a seu respeito, contra a vontade dos mesmos. Mas, depois que ele tiver o uso da razão, ele começa a ser ele mesmo e pode, quanto ao que pertence ao direito divino ou natural, decidir-se por si mesmo. E, então, ele é induzido à fé, não por coação, mas por persuasão; e pode, mesmo contra a vontade dos pais, aderir à fé e ser batizado; não antes, porém, de ter o uso da razão. Por isso, se disse que os filhos dos antigos Patriarcas "foram salvos pela fé de seus pais"; pelo que se entende que cabe aos pais velar pela salvação dos filhos, sobretudo antes que tenham o uso da razão[w].

QUANTO AO 1º, portanto, deve-se dizer que no vínculo matrimonial, ambos os cônjuges têm o uso do livre-arbítrio e cada um pode, malgrado a vontade do outro, aderir à fé. Ora, isso não se dá com a criança, antes de ter o uso da razão. Mas, depois que tiver esse uso, a comparação vale, se ele quiser converter-se.

QUANTO AO 2º, deve-se dizer que ninguém deve ser subtraído à morte natural, contra a ordem do direito civil; por exemplo, se alguém foi condenado pelo juiz à morte temporal, ninguém deve livrá-lo disso, pela violência. Portanto, ninguém deve violar a ordem do direito natural, pela qual o filho está sob a tutela do pai, para livrar a criança do perigo de morte eterna.

QUANTO AO 3º, deve-se dizer que os judeus são servos do príncipe, por servidão civil, que não exclui a ordem do direito natural ou divino.

QUANTO AO 4º, deve-se dizer que o homem ordena-se a Deus pela razão, pela qual pode conhecê-lo. Por isso, a criança, antes do uso da razão, ordena-se naturalmente a Deus pela razão dos pais, de cujos cuidados depende por natureza; e segundo a disposição deles é que ela é posta em relação com as coisas divinas.

QUANTO AO 5º, deve-se dizer que o perigo que resulta da omissão de pregação não atinge senão

---

w. "A idade da razão" se identificava, na época de Sto. Tomás, como a "idade da puberdade": "ordinariamente 14 anos para os rapazes, 12 para as garotas" (II-II, q. 189, a. 5). Desse modo, o filho de pais não cristãos pode livremente, assim que atinge essa idade, mesmo que seus pais não desejem, "receber o batismo e também contrair matrimônio" (III, q. 68, a. 10, Solução). "Antes dessa idade", continua Sto. Tomás, "os filhos permanecem sob a guarda dos pais. É por isso que se dizia que, sob a antiga lei, que eles eram salvos na fé dos pais" (*ibid.*).

eis quibus commissum est officium praedicandi: unde in Ezechiel praemittitur: *Speculatorem dedi te filiis Israel*. Providere autem pueris infidelium de sacramentis salutis pertinet ad parentes eorum. Unde eis imminet periculum si, propter subtractionem sacramentorum, eorum parvuli detrimentum salutis patiantur.

aqueles que têm a obrigação de pregar. Por isso, lemos antes no livro de Ezequiel: "Coloquei-te como atalaia aos filhos de Israel". Ora, providenciar aos filhos dos infiéis os sacramentos de salvação cabe aos pais deles. Portanto, são eles que correm o risco, se, privando seus filhos dos sacramentos, lhes causarem prejuízo no que concerne à salvação.

QUAESTIO XI
DE HAERESI
in quatuor articulos divisa
Deinde considerandum est de haeresi.
Circa quam quaeruntur quatuor.
Primo: utrum haeresis sit infidelitatis species.

Secundo: de materia eius circa quam est.
Tertio: utrum haeretici sint tolerandi.
Quarto: utrum revertentes sint recipiendi.

Articulus 1
Utrum haeresis sit infidelitatis species

AD PRIMUM SIC PROCEDITUR. Videtur quod haeresis non sit infidelitatis species.

1. Infidelitas enim in intellectu est, ut supra[1] dictum est. Sed haeresis non videtur ad intellectum pertinere, sed magis ad vim appetitivam. Dicit enim Hieronymus[2], et habetur in *Decretis*, XXIV, qu. 3[3]: *Haeresis graece ab electione dicitur, quod scilicet eam sibi unusquisque eligat disciplinam quam putat esse meliorem:* electio autem est actus appetitivae virtutis, ut supra[4] dictum est. Ergo haeresis non est infidelitatis species.
2. PRAETEREA, vitium praecipue accipit speciem a fine: unde Philosophus dicit, in V *Ethic*.[5], quod *ille qui moechatur ut furetur, magis est fur quam moechus*. Sed finis haeresis est commodum

QUESTÃO 11
A HERESIA
em quatro artigos
Deve-se considerar em seguida, a heresia.
A respeito da heresia, são quatro as perguntas:
1. Seria a heresia uma espécie de infidelidade?
2. Sobre que matéria versa?
3. Devem-se tolerar os hereges?
4. Se se convertem devem ser recebidos?[a]

Artigo 1
Seria a heresia uma espécie de infidelidade?

QUANTO AO PRIMEIRO ARTIGO, ASSIM SE PROCEDE: parece que a heresia **não** é uma espécie de infidelidade.

1. Com efeito, a infidelidade está no intelecto, como já foi dito. Ora, a heresia parece relacionar-se não com o intelecto, mas com a potência apetitiva. Com efeito, diz Jerônimo o que se encontra nas *Decretais*: "Heresia, em grego, vem de eleição, porque cada qual escolhe para si a doutrina que julga ser melhor.". Ora, eleição, como já foi dito, é um ato da potência apetitiva. Logo, a heresia não é uma espécie de infidelidade.
2. ALÉM DISSO, o vício especifica-se principalmente pelo fim, como diz o Filósofo: "Quem comete a fornicação para roubar, é mais ladrão do que fornicador". Ora, o fim da heresia é a

---

1 PARALL.: Supra, q. 10, a. 5; infra, q. 94, a. 1, ad 1; IV *Sent*., dist. 13, q. 2, a. 1.
1. Q. 10, a. 2.
2. *In Gal*., l. III, super 5, 19: ML 26, 417 A.
3. GRATIANUS, *Decretum*, P. II, causa 24, q. 3, can. 27: *Haeresis*: ed. Richter-Friedberg, t. I, p. 997.
4. I-II, q. 13, a. 1.
5. C. 2: 1130, a, 24-27.

a. Duas partes: I. A heresia é um infidelidade que incide sobre as verdades da fé (a. 1 e 2). II. As relações com os heréticos: a) Deve-se tolerá-los (a. 3)? b) Deve-se aceitar sempre seu retorno à Igreja (a. 4)? Estes dois últimos artigos devem ser entendidos no contexto específico da cristandade do século XIII.

temporale, et maxime principatus et gloria, quod pertinet ad vitium superbiae vel cupiditatis: dicit enim Augustinus, in libro *de Util. Cred.*[6], quod *haereticus est qui alicuius temporalis commodi, et maxime gloriae principatusque sui gratia, falsas ac novas opiniones vel gignit vel sequitur.* Ergo haeresis non est species infidelitatis, sed magis superbiae.

3. PRAETEREA, infidelitas, cum sit in intellectu, non videtur ad carnem pertinere. Sed haeresis pertinet ad opera carnis: dicit enim Apostolus, *ad* Gl 5,19,20: *Manifesta sunt opera carnis, quae sunt fornicatio, immunditia*; et inter cetera postmodum subdit, *dissensiones, sectae,* quae sunt idem quod haereses. Ergo haeresis non est infidelitatis species.

SED CONTRA est quod falsitas veritati opponitur. Sed *haereticus est qui falsas vel novas opiniones vel gignit vel sequitur.* Ergo opponitur veritati, cui fides innititur. Ergo sub infidelitate continetur.

RESPONDEO dicendum quod nomen haeresis, sicut dictum est[7], electionem importat. Electio autem, ut supra[8] dictum est, est eorum quae sunt ad finem, praesupposito fine. In credendis autem voluntas assentit alicui vero tanquam proprio bono, ut ex supradictis[9] patet. Unde quod est principale verum habet rationem finis ultimi: quae autem secundaria sunt habent rationem eorum quae sunt ad finem. Quia vero quicumque credit alicuius dicto assentit, principale videtur esse, et quasi finis, in unaquaque credulitate ille cuius dicto assentitur: quasi autem secundaria sunt ea quae quis tenendo vult alicui assentire. Sic igitur qui recte fidem Christianam habet sua voluntate assentit Christo in his quae vere ad eius doctrinam pertinent.

A rectitudine igitur fidei Christianae dupliciter aliquis potest deviare. Uno modo, quia ipsi Christo non vult assentire: et hic habet quasi malam voluntatem circa ipsum finem. Et hoc pertinet ad speciem infidelitatis paganorum et Iudaeorum. Alio modo, per hoc quod intendit quidem Christo assentire, sed deficit in eligendo ea quibus Christo assentiat: quia non eligit ea quae sunt vere a Christo tradita, sed ea quae sibi propria mens suggerit. Et ideo haeresis est infidelitatis species

vantagem temporal e principalmente o domínio e a glória, o que pertence ao vício da soberba ou da cupidez. Agostinho diz, com efeito: "o herege é aquele que, em vista da vantagem temporal e especialmente de sua glória e do domínio, engendra ou segue opiniões falsas e novas. Logo, a heresia não é uma espécie de infidelidade, mas de soberba.

3. ADEMAIS, a infidelidade, estando no intelecto, não parece depender da carne. Ora, a heresia se refere às obras da carne, conforme diz o Apóstolo: "As obras da carne são bem patentes: fornicação, impureza"; e entre outras, acrescenta depois: "contendas, seitas, que são o mesmo que heresias". Logo, a heresia não é uma espécie de infidelidade.

EM SENTIDO CONTRÁRIO, a falsidade opõe-se à verdade. Mas "o herege é o que emite ou segue opiniões falsas ou novas". Opõe-se, assim, à verdade na qual se apoia a fé. Logo, a heresia está compreendida na infidelidade.

RESPONDO. A palavra heresia, como já foi dito, implica a escolha. Ora, a escolha tem por objeto, como já foi explicado, os meios em vista de um fim, pressuposto o fim. Mas, nas coisas que se devem crer, a vontade adere a uma verdade como a seu bem próprio, segundo se depreende do que já foi dito. Portanto, a verdade principal tem a razão de fim último e as verdades secundárias têm a razão de meio. Ora, como o que crê adere à palavra de outro, considera-se como principal e fim, em qualquer espécie de crença, aquele em cuja palavra assentimos; e, como quase secundário, aquilo que admitimos por querermos assentir à palavra de outro. Assim, pois, aquele que possui a verdadeira fé cristã adere ao Cristo por sua vontade, naquilo que verdadeiramente pertence à doutrina de Cristo. Portanto, da retidão da fé cristã podemos desviar-nos de dois modos. De um modo, por não querer aderir ao próprio Cristo; tem-se certa má vontade acerca do fim. E isto pertence à espécie de infidelidade dos pagãos e dos judeus. De outro modo, quando embora se tenha a intenção de assentir à doutrina de Cristo, erramos elegendo não o que Cristo verdadeiramente ensinou, mas o que é sugerido pela própria mente. Por isso, a heresia é uma espécie de infidelidade

---

6. C. 1, n. 1: ML 42, 65.
7. Art. 1.
8. I-II, q. 13, a. 3.
9. Q. 4, a. 3; a. 5, ad 1.

pertinens ad eos qui fidem Christi profitentur, sed eius dogmata corrumpunt.

AD PRIMUM ergo dicendum quod hoc modo electio pertinet ad infidelitatem sicut et voluntas ad fidem, ut supra[10] dictum est.

AD SECUNDUM dicendum quod vitia habent speciem ex fine proximo, sed ex fine remoto habent genus et causam. Sicut cum aliquis moechatur ut furetur, est ibi quidem species moechiae ex proprio fine et obiecto, sed ex fine ultimo ostenditur quod moechia, ex furto oritur, et sub eo continetur sicut effectus sub causa vel sicut species sub genere: ut patet ex his quae supra[11] de actibus dicta sunt in communi. Unde et similiter in proposito finis proximus haeresis est adhaerere falsae sententiae propriae: et ex hoc speciem habet. Sed ex fine remoto ostenditur causa eius, scilicet quod oritur ex superbia vel cupiditate.

AD TERTIUM dicendum quod, sicut haeresis dicitur ab *eligendo,* ita secta a *sectando,* sicut Isidorus dicit, in libro *Etymol*.[12]: et ideo haeresis et secta idem sunt. Et utrumque pertinet ad opera carnis, non quidem quantum ad ipsum actum infidelitatis respectu proximi obiecti, sed ratione causae: quae est vel appetitus finis indebiti, secundum quod oritur ex superbia vel cupiditate, ut dictum est[13]; vel etiam aliqua phantastica illusio, quae est errandi principium, ut etiam Philosophus dicit, in IV *Metaphys*.[14]. Phantasia autem quodammodo ad carnem pertinet, inquantum actus eius est cum organo corporali.

dos que professando a fé em Cristo, corrompem os seus dogmas[b].

QUANTO AO 1º, portanto, deve-se dizer que a escolha diz respeito à infidelidade, como a vontade à fé, conforme já dissemos.

QUANTO AO 2º, deve-se dizer que os vícios especificam-se pelo fim próximo, mas tiram seu gênero e sua causa do seu fim último. Assim, quando alguém comete fornicação para roubar, a fornicação se especifica pelo seu fim próprio e pelo objeto, mas pelo fim último vê-se que a fornicação tem sua origem no roubo e está contida nele como um efeito na causa ou a espécie no gênero, como já se mostrou, tratando dos atos em geral. O mesmo se dá em nosso propósito; o fim próximo da heresia é aderir a uma falsa doutrina própria e isso a especifica. Mas o fim último mostra qual a sua causa, a saber, que nasce da soberba ou da cupidez.

QUANTO AO 3º, deve-se dizer que como heresia vem de *escolher*, assim seita, de *seguir*, como diz Isidoro. Por isso, heresia e seita são sinônimos. Muitas pertencem às obras da carne, não quanto ao ato mesmo de infidelidade em face de seu objeto próximo, mas em razão de sua causa, que é ou o apetite de um fim indevido, enquanto a heresia se origina da soberba ou da cupidez, como já foi dito; ou, então, alguma ilusão fantástica, que é princípio do erro, conforme diz o Filósofo. Ora, a fantasia, de certo modo, pertence à carne, enquanto o seu ato envolve um órgão corporal[c].

ARTICULUS 2
Utrum haeresis sit proprie circa ea quae sunt fidei

AD SECUNDUM SIC PROCEDITUR. Videtur quod haeresis non sit proprie circa ea quae sunt fidei.

ARTIGO 2
A heresia versa propriamente sobre matéria de fé?

QUANTO AO SEGUNDO, ASSIM SE PROCEDE: parece que a heresia **não** versa propriamente sobre matéria de fé.

---

10. In corp.
11. I-II, q. 18, a. 7.
12. L. VIII, c. 3, n. 4: ML 82, 296 C.
13. Arg. 2.
14. C. 5: 1010, b, 1-3.

2 PARALL.: IV *Sent.*, dist. 13, q. 2, a. 1, ad 5, 6; I *ad Cor.*, c. 11, lect. 4; *ad Tit.*, c. 3, lect. 2.

b. A heresia é uma das formas da infidelidade. Não a dos pagãos ou dos judeus, mas uma infidelidade pós-cristã. O herético "escolhe" (é o que significa esse nome) e se torna árbitro da verdade, ao decidir do que ele quer conservar. Três elementos na heresia: um *erro*, sobre a *fé*, produzida pelo *endurecimento* da vontade contra a luz.

c. Vê-se que se trata do herético "formal", que se opõe interiormente à verdade (só Deus o vê de modo definitivo), não do que apenas faz parte de um grupo dissidente. Resta que, qualquer que seja sua intenção, esta pode prejudicar. Mesmo reservando o julgamento último a Deus (a. 4, r. 1), a Igreja do século XIII tomava suas medidas em relação a esses grupos que se formavam aqui e ali.

1. Sicut enim sunt haereses et sectae in Christianis, ita etiam fuerunt in Iudaeis et Pharisaeis: sicut Isidorus dicit, in libro *Etymol.*[1]. Sed eorum dissensiones non erant circa ea quae sunt fidei. Ergo haeresis non est circa ea quae sunt fidei sicut circa propriam materiam.

2. PRAETEREA, materia fidei sunt res quae creduntur. Sed haeresis non solum est circa res, sed etiam circa verba, et circa expositiones sacrae Scripturae. Dicit enim Hieronymus[2] quod *quicumque aliter Scripturam intelligit quam sensus Spiritus Sancti efflagitat, a quo scripta est, licet ab Ecclesia non recesserit, tamen haereticus appellari potest*: et alibi dicit quod *ex verbis inordinate prolatis fit haeresis*. Ergo haeresis non est proprie circa materiam fidei.

3. PRAETEREA, etiam circa ea quae ad fidem pertinent inveniuntur quandoque sacri Doctores dissentire: sicut Hieronymus[3] et Augustinus[4] circa cessationem legalium. Et tamen hoc est absque vitio haeresis. Ergo haeresis non est proprie circa materiam fidei.

SED CONTRA est quod Augustinus dicit, contra Manichaeos[5]: *Qui in Ecclesia Christi morbidum aliquid pravumque quid sapiunt, si correcti ut sanum rectumque sapiant, resistant contumaciter, suaque pestifera et mortifera dogmata emendare nolunt, sed defendere persistunt, haeretici sunt.* Sed pestifera et mortifera dogmata non sunt nisi illa quae opponuntur dogmatibus fidei, per quam *iustus vivit*, ut dicitur Rm 1,17. Ergo haeresis est circa ea quae sunt fidei sicut circa propriam materiam.

RESPONDEO dicendum quod de haeresi nunc loquimur secundum quod importat corruptionem fidei Christianae. Non autem ad corruptionem fidei Christianae pertinet si aliquis habeat falsam opinionem in his quae non sunt fidei, puta in geometricalibus vel in aliis huiusmodi, quae omnino ad fidem pertinere non possunt: sed solum quando aliquis habet falsam opinionem circa ea quae ad fidem pertinent. Ad quam aliquid pertinet dupliciter, sicut supra[6] dictum est: uno modo, directe et principaliter, sicut articuli fidei; alio modo,

1. Com efeito, como há heresias e seitas entre cristãos, assim também houve entre judeus e fariseus, como registra Isidoro. Ora, as dissensões deles não versaram sobre matéria de fé. Logo, a heresia não versa sobre matéria de fé como matéria própria.

2. ALÉM DISSO, matéria de fé são as realidades em que cremos. Ora, a heresia não versa apenas sobre realidades, mas também sobre palavras e a interpretação das Sagradas Escrituras. Com efeito, diz Jerônimo: "Quem quer que entenda a Escritura diversamente do sentido que exige o Espírito Santo, de acordo com o qual foi escrita, ainda que não se afaste da Igreja, pode, porém, chamar-se herege"; e, noutro lugar, afirma que "as palavras desordenadamente proferidas engendram a heresia". Logo, a heresia não versa propriamente sobre matéria de fé.

3. ADEMAIS, mesmo em matéria de fé pode-se encontrar, às vezes, dissenso entre santos Doutores, como Jerônimo e Agostinho sobre a cessação das observâncias legais. Entretanto, nisso não há nenhum vício de heresia. Logo, a heresia não versa propriamente sobre matéria de fé.

EM SENTIDO CONTRÁRIO, Agostinho afirma contra os Maniqueus: "Os que, na Igreja de Cristo, têm o gosto do mórbido e do depravado são os hereticos que, malgrado o apelo a uma doutrina sã e reta, recusam-se contumazmente a corrigir seus pestilentos e mortíferos dogmas, mas se obstinam em defendê-los". Ora, os dogmas pestilentos e mortíferos são os que se opõem aos dogmas da fé que faz viver o justo, como se diz na Carta aos Romanos. Portanto, a heresia versa sobre as verdades da fé como sua matéria própria.

RESPONDO. Falamos agora da heresia, enquanto implica a corrupção da fé cristã. Não implica corrupção da fé, se alguém tem falsa opinião sobre coisas que não são da fé, por exemplo, em proposições geométricas ou outras do mesmo gênero, que de forma alguma podem pertencer à fé; mas, só quando professa opinião falsa em matéria de fé. Mas, como já foi dito, uma doutrina pode ser de fé de duas maneiras: direta e principalmente, como os artigos de fé; ou indireta e secundariamente como as coisas que acarretam a corrupção de

---

1. L. VIII, c. 4: ML 82, 297 B.
2. *In Gal.*, l. III, super 5, 19 sqq.: ML 26, 417 A.
3. Epist. 112, al. 89, ad Aug.: ML 22, 921.
4. Epist. 82, al. 19, c. 2: ML 33, 281.
5. *De Civ. Dei*, l. XVIII, c. 51, n. 1: ML 41, 613.
6. I, q. 32, a. 4.

indirecte et secundario, sicut ea ex quibus sequitur corruptio alicuius articuli. Et circa utraque potest esse haeresis, eo modo quo et fides.

AD PRIMUM ergo dicendum quod sicut haereses Iudaeorum et Pharisaeorum erant circa opiniones aliquas ad Iudaismum vel Pharisaeam pertinentes, ita etiam Christianorum haereses sunt circa ea quae pertinent ad fidem Christi.

AD SECUNDUM dicendum quod ille dicitur aliter exponere sacram Scripturam quam Spiritus Sanctus efflagitat qui ad hoc expositionem sacrae Scripturae intorquet quod contrariatur ei quod est per Spiritum Sanctum revelatum. Unde dicitur Ez 13,6 de falsis prophetis quod *perseveraverunt confirmare sermonem*, scilicet per falsas expositiones Scripturae. — Similiter etiam per verba quae quis loquitur suam fidem profitetur: est enim confessio actus fidei, ut supra[7] dictum est. Et ideo si sit inordinata locutio circa ea quae sunt fidei, sequi potest ex hoc corruptio fidei. Unde Leo Papa, in quadam epistola *ad Proterium Episcopum Alexandrinum*[8], dicit: *Quia inimici Christi crucis omnibus et verbis nostris insidiantur et syllabis, nullam illis vel tenuem occasionem demus qua nos Nestoriano sensui congruere mentiantur.*

AD TERTIUM dicendum quod, sicut Augustinus dicit[9], et habetur in *Decretis*, XXIV, qu. 3[10]: *Si qui sententiam suam, quamvis falsam atque perversam, nulla pertinaci animositate defendunt, quaerunt autem cauta sollicitudine veritatem, corrigi parati cum invenerint, nequaquam sunt inter haereticos deputandi:* quia scilicet non habent electionem contradicentem Ecclesiae doctrinae. Sic ergo aliqui Doctores dissensisse videntur vel circa ea quorum nihil interest ad fidem utrum sic vel aliter teneatur; vel etiam in quibusdam ad fidem pertinentibus quae nondum erant per Ecclesiam determinata. Postquam autem essent auctoritate universalis Ecclesiae determinata, si quis tali ordinationi pertinaciter repugnaret, haereticus censeretur. Quae quidem auctoritas principaliter algum desses artigos. Ora, de ambos esses modos pode haver heresia, como pode haver fé.

QUANTO AO 1º, portanto, deve-se dizer que como as heresias dos judeus e fariseus versavam sobre certas opiniões relativas ao judaísmo e ao farisaísmo, assim também as heresias dos cristãos giram sobre o que pertence à fé cristã.

QUANTO AO 2º, deve-se dizer que se expõe a Sagrada Escritura diferentemente do exigido pelo Espírito Santo, quando se deforma a sua exposição de modo a contradizer o que foi revelado pelo Espírito Santo. Daí dizer o livro de Ezequiel, a respeito dos falsos profetas, que "perseveraram em afirmar o que uma vez disseram", isto é, por falsas interpretações da Escritura. — Semelhantemente, pelas palavras que alguém profere, confessa a sua fé, pois a confissão é um ato de fé, como já foi dito. Portanto, se houver manifestação desordenada sobre matéria de fé, pode daí resultar que a fé se corrompa. Por isso, declara o Papa Leão: "Porque os inimigos da cruz de Cristo armam ciladas com todas as nossas palavras e sílabas, não lhes devemos dar ocasião, por leve que seja, de mentir que estamos de acordo com os ensinos de Nestório."[d]

QUANTO AO 3º, deve-se dizer que, como diz Agostinho e dispõem as *Decretais*: "Os que defendem a sua doutrina, ainda que falsa e perversa[e], mas a defendem sem nenhuma pertinaz animosidade e procuram a verdade com cautelosa solicitude e estão prontos para se corrigirem, quando encontrarem a verdade, não devem ser considerados heréticos, porque não têm a intenção de contradizer a doutrina da Igreja. Assim, pois, alguns Doutores dissentiram entre si sobre questões cuja compreensão desta ou daquela forma, não diz respeito à fé; ou sobre certas questões pertinentes à fé, mas ainda não definidas pela Igreja. Contudo, depois de definidas pela autoridade da Igreja universal, quem pertinazmente as rejeitasse seria considerado herético. E essa autoridade re-

---

7. Q. 3, a. 1.
8. Epist. 129, ad Proterium, c. 2: ML 54, 1076 B.
9. Epist. 43, al. 162, c. 1, n. 1: ML 33, 160.
10. GRATIANUS, *Decretum*, P. II, causa 24, q. 3, can. 29: *Dixit Apostolus*: ed. Richter-Friedberg, t. I, p. 998.

d. Não há somente as verdades de fé às quais se pode contrapor o erro. Nem tudo o que a Igreja transmite deve ser qualificado de "fé". Certas proposições, ou teses, estão simplesmente "próximas da fé"; outras são qualificadas de "certas", outras são tais que seria presunção rejeitá-las sem exame aprofundado... Nem tudo recebe a Palavra de Deus o mesmo esclarecimento. É preciso estar atento a toda palavra, pois ocorre que uma fórmula temerária possa conduzir o ouvinte à heresia, sem que, por isso, ela mesma já seja herética.

e. Deve-se entender *perversa* em sentido objetivo.

residet in Summo Pontifice. Dicitur enim XXIV, qu. 1[11]: *Quoties fidei ratio ventilatur, arbitror omnes fratres nostros et coepiscopos non nisi ad Petrum, idest sui nominis auctoritatem, referre debere*. Contra cuius auctoritatem nec Hieronymus nec Augustinus nec aliquis sacrorum Doctorum suam sententiam defendit. Unde dicit Hieronymus[12]: *Haec est fides, Papa Beatissime, quam in Catholica didicimus Ecclesia. In qua si minus perite aut parum caute forte aliquid positum est, emendari cupimus a te, qui Petri fidem et sedem tenes. Si autem haec nostra confessio Apostolatus tui iudicio comprobatur, quicumque me culpare voluerit, se imperitum vel malevolum, vel etiam non catholicum sed haereticum, comprobabit*.

side principalmente no Sumo Pontífice, pois está numa *Decretal*: "Todas as vezes que se ventilar questão de fé, penso que todos os nossos irmãos e colegas no episcopado não devem referi-la senão a Pedro, isto é, à autoridade do seu nome." Contra essa autoridade, nem Jerônimo, nem Agostinho, nem nenhum dos Santos Doutores defende a sua própria opinião. Por isso diz Jerônimo: "Esta é a fé, Beatíssimo Papa, que aprendemos na Igreja católica. Na qual, se temos uma posição menos douta ou imprudente, desejamos que seja emendada por ti, que tens a fé e a sede de Pedro. Se, porém, essa nossa confissão for aprovada pelo juízo de tua autoridade apostólica, qualquer que queira me culpar, dará provas de ignorante ou de malévolo ou ainda de não católico, mas herético".

Articulus 3
Utrum haeretici sint tolerandi

AD TERTIUM SIC PROCEDITUR. Videtur quod haeretici sint tolerandi.

1. Dicit enim Apostolus, 2Ti 2,24sqq.: *Servum Dei oportet mansuetum esse, cum modestia corripientem eos qui resistunt veritati, ne quando det illis poenitentiam Deus ad cognoscendam veritatem, et resipiscant a laqueis diaboli*. Sed si haeretici non tolerantur, sed morti traduntur, aufertur eis facultas poenitendi. Ergo hoc videtur esse contra praeceptum Apostoli.

2. PRAETEREA, illud quod est necessarium in Ecclesia est tolerandum. Sed haereses sunt necessariae in Ecclesia: dicit enim Apostolus, 1Cor 11,19: *Oportet haereses esse, ut et qui probati sunt manifesti fiant in vobis*. Ergo videtur quod haeretici sunt tolerandi.

3. PRAETEREA, Dominus mandavit, Mt 13,30, servis suis ut zizania permitterent crescere usque ad messem, quae est finis saeculi, ut ibidem v. 39 exponitur. Sed per zizania significantur haeretici, secundum expositionem Sanctorum. Ergo haeretici sunt tolerandi.

SED CONTRA est quod Apostolus dicit, Tt 3,10-11: *Haereticum hominem, post primam et secundam correptionem, devita sciens quia subversus est qui eiusmodi est*.

Artigo 3
Devem-se tolerar os hereges?[f]

QUANTO AO TERCEIRO, ASSIM SE PROCEDE: parece que se **devem** tolerar os hereges.

1. Com efeito, o Apóstolo diz: "Quem serve o Senhor deve ser bondoso com todos, capaz de corrigir os opositores, tendo esperança de que Deus dê a eles uma oportunidade de se converterem, conhecerem a verdade e escaparem das armadilhas do diabo". Ora, se os hereges não forem tolerados, mas condenados à morte, tira-se deles a faculdade de se arrependerem. Logo, isso parece ser contra o preceito do Apóstolo.

2. ALÉM DISSO, o que é necessário na Igreja deve ser tolerado. Ora, à Igreja são necessárias as heresias, pois diz o Apóstolo: "É preciso haver heresias, para que os de virtude comprovada se manifestem entre vós". Logo, parece que os hereges devem ser tolerados.

3. ADEMAIS, o Senhor mandou aos seus servos que deixassem crescer o joio até a ceifa, que é o fim do mundo, como no mesmo lugar se diz. Ora, o joio é símbolo dos hereges, conforme a interpretação dos Santos. Logo, os heréticos devem ser tolerados.

EM SENTIDO CONTRÁRIO, diz o Apóstolo: "Após advertir um herege pela primeira e segunda vez, evita-o sabendo que é um pervertido".

---

11. GRATIANUS, *Decretum*, P. II, causa 24, q. 1, can. 12: *Quoties*: ed. Richter-Friedberg, t. I, p. 970.
12. Cfr. PELAGIUM, Libellus fidei ad Innocentium, n. 14: ML 45, 1718.

PARALL.: Supra, q. 10, a. 8, ad 1; IV *Sent*., dist. 13, q. 2, a. 3; *Quodlib*. X, q. 7, a. 1; *in Matth*., cap. 13.

f. Estes dois últimos artigos testemunham uma época passada.

RESPONDEO dicendum quod circa haereticos duo sunt consideranda: unum quidem ex parte ipsorum; aliud ex parte Ecclesiae. Ex parte quidem ipsorum est peccatum per quod meruerunt non solum ab Ecclesia per excommunicationem separari, sed etiam per mortem a mundo excludi. Multo enim gravius est corrumpere fidem, per quam est animae vita, quam falsare pecuniam, per quam temporali vitae subvenitur. Unde si falsarii pecuniae, vel alii malefactores, statim per saeculares principes iuste morti traduntur; multo magis haeretici, statim cum de haeresi convincuntur, possent non solum excommunicari, sed et iuste occidi.

Ex parte autem Ecclesiae est misericordia, ad errantium conversionem. Et ideo non statim condemnat, sed *post primam et secundam correctionem*, ut Apostolus docet. Postmodum vero, si adhuc pertinax inveniatur, Ecclesia, de eius conversione non sperans, aliorum saluti providet, eum ab Ecclesia separando per excommunicationis sententiam; et ulterius relinquit eum iudicio saeculari a mundo exterminandum per mortem. Dicit enim Hieronymus[1], et habetur XXIV, qu. 3[2]: *Resecandae sunt putridae carnes, et scabiosa ovis a caulis repellenda, ne tota domus, massa, corpus et pecora, ardeat, corrumpatur, putrescat, intereat. Arius in Alexandria una scintilla fuit: sed quoniam non statim oppressus est, totum orbem eius flamma populata est.*

AD PRIMUM ergo dicendum quod ad modestiam illam pertinet ut primo et secundo corripiatur. Quod si redire noluerit, iam pro subverso habetur: ut patet in auctoritate Apostoli inducta.

AD SECUNDUM dicendum quod utilitas quae ex haeresibus provenit est praeter haereticorum intentionem: dum scilicet constantia fidelium comprobatur, ut Apostolus dicit; et ut excutiamus pigritiam, divinas Scripturas sollicitius intuentes, sicut Augustinus dicit[3]. Sed ex intentione eorum est corrumpere fidem, quod est maximi nocumenti. Et ideo magis respiciendum est ad id quod est per se de eorum intentione, ut excludantur; quam ad hoc quod est praeter eorum intentionem, ut sustineantur.

RESPONDO. A respeito dos heréticos, há duas coisas a considerar: uma da parte deles e outra da parte da Igreja. Da parte deles, há um pecado pelo qual mereceram não somente serem excluídos da Igreja pela excomunhão, mas também do mundo pela morte. É muito mais grave corromper a fé, que é vida da alma, do que falsificar o dinheiro, que serve à vida temporal. Ora, se os falsificadores de moeda ou outros malfeitores logo são justamente condenados à morte pelos príncipes seculares, com maior razão os heréticos desde que sejam convencidos de heresia, podem não só ser excomungados, mas justamente serem condenados à morte.

Do lado da Igreja, ao contrário, ela usa de misericórdia em vista da conversão dos que erram. Por isso, ela não condena imediatamente, mas só "depois da primeira e segunda advertência", como ensina o Apóstolo. Se, porém, depois disso, o herege permanece ainda pertinaz, a Igreja, não esperando mais que ele se converta, provê à salvação dos outros, separando-o dela por uma sentença de excomunhão; e ulteriormente ela o abandona ao juízo secular para que seja excluído do mundo pela morte[g]. Com efeito, Jerônimo diz isso que se encontra nas *Decretais*: "As carnes pútridas devem ser cortadas e a ovelha sarnenta deve ser afastada do redil, a fim de que toda a casa, a massa, o corpo e as ovelhas não ardam, corrompam-se, apodreçam e morram. Ario, em Alexandria, foi uma centelha; mas porque não foi logo reprimido, a sua chama devastou todo o orbe".

QUANTO AO 1º, portanto, deve-se dizer que de acordo com a moderação, o herege deve ser corrigido a primeira e a segunda vez. Mas se ele não quiser retratar-se, será considerado pervertido, como fica claro no lugar citado do Apóstolo.

QUANTO AO 2º, deve-se dizer que está fora da intenção dos hereges a utilidade proveniente das heresias a saber, submeter à prova a constância dos fiéis e livrar da preguiça, examinando com mais solicitude as divinas Escrituras, como diz Agostinho. Mas a intenção dos hereges é corromper a fé, o que é extremamente nocivo. Portanto, deve-se atender mais à intenção deles, em si mesma, para serem excluídos, do que aquilo que está fora dela, para serem tolerados.

---

1. *In Gal.*, l. III, super 5, 9: ML 26, 403 B.
2. GRATIANUS, *Decretum*, P. II, causa 24, q. 3, can. 16: *Resecandae*: ed. Richter-Friedberg, t. I, p. 995.
3. *De Gen. contra Manich.*, l. I, c. 1, n. 2: ML 34, 173.

g. Não podemos julgar hoje uma mentalidade da qual não possuímos mais os elementos de discernimento.

AD TERTIUM dicendum quod, sicut habetur in *Decretis*, XXIV, qu. 3⁴, *aliud est excommunicatio, et aliud eradicatio. Excommunicatur enim ad hoc aliquis, ut ait Apostolus, "ut spiritus eius salvus fiat in die Domini"*. — Si tamen totaliter eradicentur per mortem haeretici, non est etiam contra mandatum Domini, quod est in eo casu intelligendum quando non possunt extirpari zizania sine extirpatione tritici: ut supra⁵ dictum est, cum de infidelibus in communi ageretur.

QUANTO AO 3º, deve-se dizer que como se registra nas *Decretais*, "uma coisa é a excomunhão e outra, a erradicação. Alguém é excomungado", como diz o Apóstolo, "a fim de que sua alma seja salva no dia do Senhor". — Se, porém, os hereges forem totalmente erradicados pela morte, isso não fere o mandamento do Senhor, que deve ser entendido no caso em que não se pode extirpar o joio, sem a extirpação do trigo, como já foi dito ao se tratar dos infiéis em geral.

ARTICULUS 4
Utrum revertentes ab haeresi sint ab Ecclesia recipiendi

AD QUARTUM SIC PROCEDITUR. Videtur quod revertentes ab haeresi sint omnino ab Ecclesia recipiendi.

1. Dicitur enim Ier 3,1 ex persona Domini: *Fornicata es cum amatoribus multis: tamen revertere ad me, dicit Dominus*. Sed Ecclesiae iudicium est iudicium Dei: secundum illud Dt 1,17: *Ita parvum audietis ut magnum, neque accipietis cuiusquam personam: quia Dei iudicium est*. Ergo si aliqui fornicati fuerint per infidelitatem, quae est spiritualis fornicatio, nihilominus sunt recipiendi.

2. PRAETEREA, Dominus, Mt 18,22, Petro mandat ut fratri peccanti dimittat non solum septies, *sed usque septuagies septies:* per quod intelligitur, secundum expositionem Hieronymi¹, quod quotiescumque aliquis peccaverit, est ei dimittendum. Ergo quotiescumque aliquis peccaverit in haeresim relapsus, erit ab Ecclesia suscipiendus.

3. PRAETEREA, haeresis est quaedam infidelitas. Sed alii infideles volentes converti ab Ecclesia recipiuntur. Ergo etiam haeretici sunt recipiendi.

SED CONTRA est quod Decretalis dicit², quod *si aliqui, post abiurationem erroris, deprehensi fuerint in abiuratam haeresim recidisse, saeculari iudicio sunt relinquendi*. Non ergo ab Ecclesia sunt recipiendi.

RESPONDEO dicendum quod Ecclesia, secundum Domini institutionem, caritatem suam extendit ad

ARTIGO 4
Os convertidos da heresia devem ser recebidos pela Igreja?

QUANTO AO QUARTO, ASSIM SE PROCEDE: parece que os convertidos da heresia **devem** ser recebidos pela Igreja.

1. Com efeito, é dito no livro de Jeremias, falando em nome do Senhor: "Cometeste adultérios com muitos amantes; mas torna para mim, diz o Senhor". Ora, o juízo da Igreja é o juízo de Deus, conforme a palavra do livro do Deuteronômio: "Escutareis tanto os pequenos como os grandes, nem fareis acepção de pessoa, porque o julgamento é de Deus". Logo, os que se prostituírem por infidelidade, que é uma prostituição espiritual, devem, não obstante, ser recebidos pela Igreja.

2. ALÉM DISSO, o Senhor manda a Pedro perdoar ao irmão pecador, não somente sete vezes, mas setenta vezes sete vezes. O que significa, conforme o comentário de Jerônimo, que se deve perdoar tantas vezes quantas alguém pecar. Logo, quantas vezes alguém pecar, caindo em heresia, deve ser acolhido pela Igreja.

3. ADEMAIS, a heresia é uma infidelidade. Ora, os outros infiéis, querendo converter-se, são acolhidos pela Igreja. Logo, os hereges também o devem ser.

EM SENTIDO CONTRÁRIO, diz uma *Decretal*: "Os que depois da abjuração de seu erro vierem a recair na heresia abjurada devem ser entregues ao juízo secular". Logo, eles não devem ser recebidos pela Igreja.

RESPONDO. A Igreja, segundo a instituição do Senhor, estende a sua caridade a todos, não somen-

---

4. GRATIANUS, *Decretum*, P. II, causa 24, q. 3, can. 37: *Notandum*: ed. Richter-Friedberg, t. I, p. 1000.
5. Q. 10, a. 8, ad 1.

PARALL.: *Quodlib.* X, q. 7, a. 2.

1. *In Matth.*, l. III, super 18, 22: ML 26, 132 C.
2. *Liber Decretal. Gregorii IX*, l. V, tit. 7, c. 9: *Ad abolendam*: ed. Richter-Friedberg, t. II, p. 781.

omnes, non solum amicos, verum etiam inimicos et persequentes: secundum illud Mt 5,44: *Diligite inimicos vestros, benefacite his qui oderunt vos*. Pertinet autem ad caritatem ut aliquis bonum proximi et velit et operetur. Est autem duplex bonum. Unum quidem spirituale, scilicet salus animae, quod principaliter respicit caritas: hoc enim quilibet ex caritate debet alii velle. Unde quantum ad hoc, haeretici revertentes, quotiescumque relapsi fuerint, ab Ecclesia recipiuntur ad poenitentiam, per quam impenditur eis via salutis.

Aliud autem est bonum quod secundario respicit caritas, scilicet bonum temporale: sicuti est vita corporalis, possessio mundana, bona fama, et dignitas ecclesiastica sive saecularis. Hoc enim non tenemur ex caritate aliis velle nisi in ordine ad salutem aeternam et eorum et aliorum. Unde si aliquid de huiusmodi bonis existens in uno impedire possit aeternam salutem in multis, non oportet quod ex caritate huiusmodi bonum ei velimus, sed potius quod velimus eum illo carere: tum quia salus aeterna praeferenda est bono temporali; tum quia bonum multorum praefertur bono unius. Si autem haeretici revertentes semper reciperentur ut conservarentur in vita et aliis temporalibus bonis, posset in praeiudicium salutis aliorum hoc esse: tum quia, si relaberentur, alios inficerent; tum etiam quia, si sine poena evaderent, alii securius in haeresim relaberentur; dicitur enim Eccle 8,11: *Ex eo quod non cito profertur contra malos sententia, absque timore ullo filii hominum perpetrant mala*. Et ideo Ecclesia quidem primo revertentes ab haeresi non solum recipit ad poenitentiam, sed etiam conservat eos in vita; et interdum restituit eos dispensative ad ecclesiasticas dignitates quas prius habebant, si videantur vere conversi. Et hoc pro bono pacis frequenter legitur esse factum. Sed quando recepti iterum relabuntur, videtur esse signum inconstantiae eorum circa fidem. Et ideo ulterius redeuntes recipiuntur quidem ad poenitentiam, non tamen ut liberentur a sententia mortis.

AD PRIMUM ergo dicendum quod in iudicio Dei semper recipiuntur redeuntes: quia Deus scrutator est cordium, et vere redeuntes cognoscit. Sed hoc Ecclesia imitari non potest. Praesumit autem eos non vere reverti qui, cum recepti fuissent, iterum

te a seus amigos, mas também a seus inimigos e perseguidores, conforme a palavra do Evangelho de Mateus: "Amai os vossos inimigos e fazei o bem àqueles que vos perseguem". Ora, cabe à caridade querer o bem do próximo e fazê-lo. Esse bem pode ser de duas espécies: o bem espiritual, isto é, a salvação da alma, objeto principal da caridade que deve ser desejado por qualquer um para os outros. Por isso, nesse ponto, os hereges que se convertem, tantas vezes quantas tiverem caído, são recebidos pela Igreja para a penitência que lhes abre o caminho da salvação.

Mas há um outro bem que a caridade visa secundariamente, que é o bem temporal, como a vida corporal, a posse das coisas deste mundo, a boa fama, a dignidade eclesiástica ou secular. Este bem, com efeito, nós não somos obrigados, pela caridade, a querer para os outros a não ser para a salvação eterna deles e de outros. Por isso, se algum desses bens, encontrando-se num indivíduo, pode impedir a salvação eterna de muitos, a caridade não exige que nós lhe desejemos esse tipo de bens, mas, antes, exige que desejemos seja deles privado, seja porque a salvação eterna deve ser preferida ao bem temporal, seja porque o bem de muitos é preferível ao bem de um só. Se, porém, os hereges, sempre que voltassem, fossem recebidos de modo a lhes ser conservada a vida e outros bens temporais, isso poderia ser em prejuízo da salvação de outros; porque se recaíssem, contaminariam outros e também porque se nenhuma pena sofressem, outros cairiam mais seguramente nas heresias. Está escrito no Eclesiastes: "Porque não se castiga imediatamente a má ação, por isso o homem se anima em praticar o mal" Por isso, a Igreja não só recebe os que voltam da heresia pela primeira vez para fazer penitência, mas também lhes conserva a vida; e, às vezes, por indulgência, os restitui às dignidades eclesiásticas que antes tinham, se eles se manifestarem verdadeiramente convertidos. E isso, muitas vezes foi feito pelo bem da paz. Mas, se, quando acolhidos, novamente recaem, parece que há sinal de inconstância na fé. Por isso, se voltam ulteriormente são recebidos para fazer penitência, não, porém, a ponto de evitar a sentença de morte.

QUANTO AO 1º, portanto, deve-se dizer que no juízo de Deus, são sempre recebidos os que voltam porque Deus é perscrutador dos corações e conhece os que voltam verdadeiramente. Mas isso a Igreja não pode imitar. Ela presume que

sunt relapsi. Et ideo eis viam salutis non denegat, sed a periculo mortis eos non tuetur.

AD SECUNDUM dicendum quod Dominus loquitur Petro de peccato in eum commisso, quod est semper dimittendum, ut fratri redeunti parcatur. Non autem intelligitur de peccato in proximum vel in Deum commisso, quod *non est nostri arbitrii dimittere*, ut Hieronymus[3] dicit; sed in hoc est lege modus statutus, secundum quod congruit honori Dei et utilitati proximorum.

AD TERTIUM dicendum quod alii infideles, qui nunquam fidem acceperant, conversi ad fidem nondum ostendunt aliquod signum inconstantiae circa fidem, sicut haeretici relapsi. Et ideo non est similis ratio de utrisque.

não voltaram verdadeiramente os que, tendo sido acolhidos, novamente vieram a cair. E por isso, não lhes nega o caminho da salvação, mas não os preserva do perigo de morte[h].

QUANTO AO 2º, deve-se dizer que o Senhor fala a Pedro do pecado que foi cometido contra ele; esse pecado deve sempre ser perdoado para que se compadeça do irmão arrependido. Não deve, porém, ser entendido do pecado cometido contra o próximo ou contra Deus, pois como diz Jerônimo: "não está em nosso arbítrio perdoar"; neste caso, o modo de perdoar está estatuído pela lei, conforme o que convém à honra de Deus e à utilidade do próximo.

QUANTO AO 3º, deve-se dizer que os outros infiéis, que nunca tinham recebido a fé, quando se convertem à fé ainda não mostram nenhum sinal de inconstância, como os hereges relapsos. Por isso, não se pode pensar da mesma maneira a respeito de uns e de outros.

---

3. Glossa ordin. super Matth. 18, 15: ML 114, 146 D.

h. Uma coisa são os julgamentos de Deus, outra os dos humanos, aos quais o Senhor confiou sua Igreja.

QUAESTIO XII
DE APOSTASIA
in duos articulos divisa
Deinde considerandum est de apostasia.
Et circa hoc quaeruntur duo.
Primo: utrum apostasia ad infidelitatem pertineat.
Secundo: utrum propter apostasiam a fide subditi absolvantur a dominio praesidentium apostatarum.

ARTICULUS 1
Utrum apostasia pertineat ad infidelitatem
AD PRIMUM SIC PROCEDITUR. Videtur quod apostasia non pertineat ad infidelitatem.

QUESTÃO 12
A APOSTASIA
em dois artigos
Em seguida, deve-se tratar da apostasia.
E nessa questão, são duas as perguntas:
1. A apostasia se refere à infidelidade?

2. Por causa da apostasia da fé, os súditos ficam desligados da obediência ao chefe dos apóstatas?

ARTIGO 1
A apostasia se refere à infidelidade?
QUANTO AO PRIMEIRO ARTIGO, ASSIM SE PROCEDE: parece que a apostasia **não** pertence à infidelidade.

1

1. Illud enim quod est omnis peccati principium non videtur ad infidelitatem pertinere: quia multa peccata sine infidelitate existunt. Sed apostasia videtur esse omnis peccati principium: dicitur enim Eccli 10,14: *Initium superbiae hominis apostatare a Deo*; et postea subditur, v. 15: *Initium omnis peccati superbia*. Ergo apostasia non pertinet ad infidelitatem.

2. Praeterea, infidelitas in intellectu consistit. Sed apostasia magis videtur consistere in exteriori opere vel sermone, aut etiam in interiori voluntate: dicitur enim Pr 6,12sqq.: *Homo apostata vir inutilis, gradiens ore perverso, annuit oculis, terit pede, digito loquitur, pravo corde machinatur malum, et in omni tempore iurgia seminat*. Si quis etiam se circumcideret, vel sepulcrum Mahumeti adoraret, apostata reputaretur. Ergo apostasia non pertinet directe ad infidelitatem.

3. Praeterea, haeresis, quia ad infidelitatem pertinet, est quaedam determinata species infidelitatis. Si ergo apostasia ad infidelitatem pertineret, sequeretur quod esset quaedam determinata species infidelitatis. Quod non videtur, secundum praedicta[1]. Non ergo apostasia ad infidelitatem pertinet.

Sed contra est quod dicitur Io 6,67: *Multi ex discipulis eius abierunt retro*, quod est apostatare, de quibus supra v. 65 dixerat Dominus: *Sunt quidam ex vobis qui non credunt*. Ergo apostasia pertinet ad infidelitatem.

Respondeo dicendum quod apostasia importat retrocessionem quandam a Deo. Quae quidem diversimode fit secundum diversos modos quibus homo Deo coniungitur. Primo namque coniungitur homo Deo per fidem; secundo, per debitam et subiectam voluntatem ad obediendum praeceptis eius; tertio, per aliqua specialia ad supererogationem pertinentia, sicut per religionem et clericaturam vel sacrum ordinem. Remoto autem posteriori remanet prius, sed non convertitur. Contingit ergo aliquem apostatare a Deo retrocedendo a religione quam professus est, vel ab ordine quem suscepit: et haec dicitur apostasia religionis seu ordinis. Contingit etiam aliquem apostatare a Deo per mentem repugnantem divinis mandatis. Quibus duabus apostasiis existentibus, adhuc potest remanere homo Deo coniunctus per fidem. Sed si

1. Com efeito, o princípio de todo o pecado não parece se referir à infidelidade, porque existem muitos pecados sem que haja infidelidade. Ora, a apostasia parece ser o princípio de todo pecado, pois diz o Eclesiástico: "O início da soberba do homem é apostatar de Deus" e depois acrescenta: "O início de todo pecado é a soberba". Logo, a apostasia não se refere à infidelidade.

2. Além disso, a infidelidade reside no intelecto. Ora, a apostasia parece consistir mais em obra externa ou numa palavra ou, ainda, num ato interior da vontade. Está escrito no livro dos Provérbios: "O apóstata é um homem inútil, aquele que anda com a falsidade na boca. Ele pisca o olho, bate o pé, faz sinal com os dedos, coração sempre maquinando o mal, suscitando sempre querelas". E, ainda, quem se circuncidasse ou adorasse o sepulcro de Maomé seria considerado apóstata. Logo, a apostasia não pertence diretamente à infidelidade.

3. Ademais, a heresia, por se referir à infidelidade, é uma espécie determinada de infidelidade. Ora, se a apostasia referisse à infidelidade, seguir-se-ia que dela seria uma espécie determinada. O que não é, segundo o que já foi dito. Logo, a apostasia não se refere à infidelidade.

Em sentido contrário, diz o Evangelho de João: "Desde, então, muitos discípulos o abandonaram e não mais o seguiam", o que é apostatar, a respeito dos quais o Senhor dissera: "Há, alguns de vós que não creem". Logo, a apostasia se refere à infidelidade.

Respondo. A apostasia implica certo afastamento de Deus, o que pode dar-se de diversas maneiras, segundo os diversos modos de o homem se unir a Deus. Ora, o homem se une a Deus, primeiro, pela fé; segundo, por uma vontade devidamente submissa para obedecer aos seus preceitos; terceiro, por certos estados especiais e supererogatórios, como os votos religiosos, a clericatura ou as sagradas ordens. Ora, removido o que está em segundo lugar, fica o que está em primeiro, mas não o inverso. Pode, pois, alguém apostatar de Deus, abandonando o estado religioso que professava ou a ordem que recebeu; o que se chama apostasia da vida religiosa ou das ordens sagradas. Alguém também pode apostatar de Deus por espírito de oposição aos preceitos divinos. Apesar da existência desses dois tipos de

---

1. Ibid.

a fide discedat, tunc omnino a Deo retrocedere videtur. Et ideo simpliciter et absolute est apostasia per quam aliquis discedit a fide, quae vocatur apostasia perfidiae. Et per hunc modum apostasia simpliciter dicta ad infidelitatem pertinet.

AD PRIMUM ergo dicendum quod obiectio illa procedit de secunda apostasia, quae importat voluntatem a mandatis Dei resilientem, quae invenitur in omni peccato mortali.

AD SECUNDUM dicendum quod ad fidem pertinet non solum credulitas cordis, sed etiam protestatio interioris fidei per exteriora verba et acta: nam confessio est actus fidei. Et per hunc etiam modum quaedam exteriora verba vel opera ad infidelitatem pertinent, inquantum sunt infidelitatis signa, per modum quo signum sanitatis sanum dicitur. Auctoritas autem inducta, etsi possit intelligi de omni apostasia, verissime tamen convenit in apostasia a fide. Quia enim fides est *primum fundamentum sperandarum rerum*, et *sine fide impossibile est placere Deo*; sublata fide, nihil remanet in homine quod possit esse utile ad salutem aeternam; et propter hoc primo dicitur, *Homo apostata vir inutilis*. Fides etiam est vita animae: secundum illud Rm 1,17: *Iustus ex fide vivit*. Sicut ergo, sublata vita corporali, omnia membra et partes hominis a debita dispositione recedunt; ita, sublata vita iustitiae, quae est per fidem, apparet inordinatio in omnibus membris. Et primo quidem in ore, per quod maxime manifestatur cor; secundo, in oculis; tertio, in instrumentis motus; quarto, in voluntate, quae ad malum tendit. Et ex his sequitur quod iurgia seminet, alios intendens separare a fide, sicut et ipse recessit.

AD TERTIUM dicendum quod species alicuius qualitatis vel formae non diversificatur per hoc quod est terminus motus a quo vel ad quem: sed potius e converso secundum terminos motuum species attenduntur. Apostasia autem respicit infidelitatem ut terminum ad quem est motus recedentis a fide. Unde apostasia non importat determinatam speciem infidelitatis, sed quandam circumstantiam aggravantem: secundum illud 2Pe 2,21: *Melius erat eis veritatem non cognoscere quam post agnitam retroire*.

apostasia, o homem pode permanecer, ainda unido a Deus pela fé. Mas, se a abandonar, então, parece afastar-se completamente de Deus. Portanto, a simples e absoluta apostasia se dá, quando alguém abandona a fé, o que se chama perfídia. E nesse sentido a apostasia absolutamente considerada se refere à infidelidade.

QUANTO AO 1º, portanto, deve-se dizer que a objeção é procedente quanto à segunda forma de apostasia, que implica a vontade de se esquivar dos mandamentos de Deus, o que se dá em todo pecado mortal.

QUANTO AO 2º, deve-se dizer que à fé se refere não somente a crença de coração, mas também a manifestação dessa fé interior por palavras e por procedimentos externos, porque a confissão é um ato de fé. E, por esse modo, também algumas palavras e atos externos se referem à infidelidade, enquanto são sinais desta, como se diz que estar são é sinal de saúde. O texto citado, embora possa ser entendido de toda a apostasia, se aplica verdadeiramente à apostasia da fé. Porque, com efeito, a fé é "o primeiro fundamento das coisas que se devem esperar" e "sem fé é impossível agradar a Deus", perdida a fé, nada resta ao homem que possa ser útil para a eterna salvação. Por isso, em primeiro lugar está escrito "o homem apóstata é um homem inútil". A fé é também a vida da alma, conforme aquilo do Apóstolo: "O justo vive da fé". Portanto, assim como com a perda da vida do corpo, todos os membros e todas as partes do organismo perdem a disposição devida, assim também perdida a vida de justiça, que vem da fé, surge a desordem em todos os membros. Em primeiro lugar, na boca, por onde sobretudo se manifesta o coração; em segundo, nos olhos; em terceiro, nos órgãos de movimento; em quarto lugar, na vontade que tende para o mal. Donde se segue que o apóstata semeia distúrbios, procurando separar os outros da fé, como ele mesmo dela se afastou.

QUANTO AO 3º, deve-se dizer que a espécie de uma qualidade ou forma não se diversifica por ser o termo de onde parte ou onde chega o movimento. Mas, inversamente, as espécies são definidas pelos termos do movimento. Ora, a apostasia diz respeito à infidelidade como termo final para o qual tende o movimento de quem abandona a fé. Por isso, a apostasia não implica uma espécie bem determinada de infidelidade, mas certa circunstância agravante, segundo a palavra da Carta de Pedro: "Teria sido melhor para ele

Articulus 2

Utrum princeps propter apostasiam a fide amittat dominium in subditos, ita quod ei obedire non teneantur

AD SECUNDUM SIC PROCEDITUR. Videtur quod princeps propter apostasiam a fide non amittat dominium in subditos, quin ei teneantur obedire.

1. Dicit enim Ambrosius[1] quod *Iulianus Imperator, quamvis esset apostata, habuit tamen sub se Christianos milites, quibus cum dicebat: "Producite aciem pro defensione reipublicae", obediebant ei.* Ergo propter apostasiam principis subditi non absolvuntur ab eius dominio.

2. PRAETEREA, apostata a fide infidelis est. Sed infidelibus dominis inveniuntur aliqui sancti viri fideliter servisse: sicut Ioseph Pharaoni, et Daniel Nabuchodonosor, et Mardochaeus Assuero. Ergo propter apostasiam a fide non est dimittendum quin principi obediatur a subditis.

3. PRAETEREA, sicut per apostasiam a fide receditur a Deo, ita per quodlibet peccatum. Si ergo propter apostasiam a fide perderent principes ius imperandi subditis fidelibus, pari ratione propter alia peccata hoc amitterent. Sed hoc patet esse falsum. Non ergo propter apostasiam a fide est recedendum ab obedientia principum.

SED CONTRA est quod Gregorius VII dicit[2]: *Nos, sanctorum praedecessorum statuta tenentes, eos qui excommunicatis fidelitate aut sacramento sunt constricti, Apostolica auctoritate a sacramento absolvimus, et ne sibi fidelitatem observent omnibus modis prohibemus, quousque ad satisfactionem veniant.* Sed apostatae a fide sunt excommunicati, sicut et haeretici: ut dicit Decretalis *Ad abolendam*[3]. Ergo principibus apostatantibus a fide non est obediendum.

Artigo 2

Por causa da apostasia, um príncipe perde o domínio sobre seus súditos a ponto de não serem obrigados a obedecer-lhe?[b]

QUANTO AO SEGUNDO, ASSIM SE PROCEDE: parece que por causa da apostasia, um príncipe perde o domínio sobre seus súditos a ponto de **serem** obrigados a obedecer-lhe.

1. Com efeito, diz Ambrósio. "O Imperador Juliano, embora apóstata, governava soldados cristãos e quando lhes dizia: 'preparai um exército para a defesa da República', eles lhe obedeciam". Logo, pela apostasia do príncipe, os súditos não ficam desligados do seu domínio.

2. ALÉM DISSO, o apóstata da fé é infiel. Mas, houve santos varões que serviram a senhores infiéis, como José ao Faraó, Daniel a Nabucodonosor e Mardoqueu a Assuero. Logo, a apostasia da fé não dispensa os súditos de obedecer ao príncipe.

3. ADEMAIS, se pela apostasia da fé alguém se afasta de Deus, assim também, por qualquer pecado. Se, pois, pela apostasia da fé os príncipes perdessem o direito ao domínio sobre os súditos fiéis, pela mesma razão, o perderiam por causa de outros pecados. Ora, essa consequência é evidentemente falsa. Logo, por causa da apostasia da fé não se está liberado da obediência ao príncipe.

EM SENTIDO CONTRÁRIO, Gregório VII diz: "Nós, observando o que foi estatuído pelos nossos santos predecessores, pela nossa autoridade apostólica, desligamos do juramento àqueles que por fidelidade ou por juramento estão ligados a excomungados e proibimos de todos os modos que lhes guardem fidelidade até que estes venham reparar sua falta." Ora, os apóstatas da fé são excomungados, como os hereges; assim diz a Decretal *Ad abolendam*. Logo, não devem os súditos obedecer aos príncipes que apostataram da fé.

2
1. Vide GRATIANUM, *Decretum*, P. II, causa 11, q. 3, can. 94: *Iulianus*: ed. Richter-Friedberg, t. I, p. 669.
2. Vide GRATIANUM, *Decretum*, P. II, causa 15, q. 6, can. 4: *Nos sanctorum*: ed. Richter-Friedberg, t. I, p. 756.
3. *Liber Decretalium Gregorii IX*, l. V, tit. 7, c. 9: ed. Richter-Friedberg, t. II, p. 780.

a. Assim se distinguem heresia e apostasia. A heresia é o termo para o qual se orienta aquele que *deserta* a fé (o apóstata).
b. Artigo que deve ser compreendido no contexto medieval da unanimidade oficial da fé.

RESPONDEO dicendum quod, sicut supra⁴ dictum est, infidelitas secundum seipsam non repugnat dominio, eo quod dominium introductum est de iure gentium, quod est ius humanum; distinctio autem fidelium et infidelium est secundum ius divinum, per quod non tollitur ius humanum. Sed aliquis per infidelitatem peccans potest sententialiter ius dominii amittere, sicut et quandoque propter alias culpas. Ad Ecclesiam autem non pertinet punire infidelitatem in illis qui nunquam fidem susceperunt: secundum illud Apostoli, 1Cor 5,12: *Quid mihi de his qui foris sunt iudicare?* Sed infidelitatem illorum qui fidem susceperunt potest sententialiter punire. Et convenienter in hoc puniuntur quod subditis fidelibus dominari non possint: hoc enim vergere posset in magnam fidei corruptionem; quia, ut dictum est⁵, *homo apostata suo corde machinatur malum et iurgia seminat,* intendens homines separare a fide. Et ideo quam cito aliquis per sententiam denuntiatur excommunicatus propter apostasiam a fide, ipso facto eius subditi sunt absoluti a dominio eius et iuramento fidelitatis quo ei tenebantur.

AD PRIMUM ergo dicendum quod illo tempore Ecclesia, in sui novitate, nondum habebat potestatem terrenos principes compescendi. Et ideo toleravit fideles Iuliano Apostatae obedire in his quae non erant contra fidem, ut maius fidei periculum vitaretur.

AD SECUNDUM dicendum quod alia ratio est de aliis infidelibus, qui nunquam fidem susceperunt, ut dictum est⁶.

AD TERTIUM dicendum quod apostasia a fide totaliter separat hominem a Deo, ut dictum est⁷: quod non contingit in quibuscumque aliis peccatis.

RESPONDO. Como foi dito acima, a infidelidade em si mesma não exclui o dmínio, pois este foi introduzido pelo direito dos povos, que é um direito humano. A distinção entre fiéis e infiéis é fundada no direito divino, que não suprime o direito humano. Ora, quem peca por infidelidade pode, em virtude de uma sentença, perder o direito de governar, assim como pode também perdê-lo por causa de outras culpas. Mas não cabe à Igreja punir a infidelidade dos que nunca receberam a fé, segundo aquilo do Apóstolo: "E que tenho eu de julgar os de fora?" Mas, a infidelidade daqueles que receberam a fé pode ser punida por uma sentença. Assim, os chefes são convenientemente punidos, não podendo governar os súditos fiéis; tal governo poderia acarretar uma grande corrupção da fé, porque como já foi dito: "O homem apóstata, com o coração maquina o mal e semeia distúrbios", visando separar os homens da fé. Por isso, logo que alguém, por sentença, é declarado excomungado por causa da apostasia da fé, por isso mesmo, os seus súditos são desligados de sua autoridade e do juramento de fidelidade que os ligava a ele.

QUANTO AO 1º, portanto, deve-se dizer que à época, a Igreja, ainda nova, não tinha o poder de reprimir os príncipes terrenos. Por isso, tolerou que os fiéis obedecessem a Juliano Apóstata, naquelas coisas que não eram contra fé, a fim de evitar que ela corresse maior perigo.

QUANTO AO 2º, deve-se dizer que outra é a situação dos infiéis, que nunca receberam a fé, como já foi dito.

QUANTO AO 3º, deve-se dizer que a apostasia da fé, como já foi dito, separa completamente o homem de Deus, o que não se dá com outros pecadosᶜ.

---

4. Q. 10, a. 10.
5. A. praec., 2 a et ad 2.
6. In corp.
7. Art. praec.

---

c. Paradoxalmente, pode-se ser um grande pecador e não obstante crente.

QUAESTIO XIII
DE BLASPHEMIA IN GENERALI
in quatuor articulos divisa

Deinde considerandum est de peccato blasphemiae, quod opponitur confessioni fidei. Et primo, de blasphemia in generali; secundo, de blasphemia quae dicitur peccatum in Spiritum Sanctum.

QUESTÃO 13
DA BLASFÊMIA EM GERALᵃ
em quatro artigos

Em seguida, deve-se tratar do pecado da blasfêmia, que se opõe à confissão da fé. E, primeiramente, a blasfêmia em geral; depois, da blasfêmia chamada pecado contra o Espírito Santo.

---

a. Depois dos pecados contra o ato interior de fé, o pecado contra o ato exterior, isto é, a confissão de fé.

Circa primum quaeruntur quatuor.
Primo: utrum blasphemia opponatur confessioni fidei.
Secundo: utrum blasphemia semper sit peccatum mortale.
Tertio: utrum blasphemia sit maximum peccatorum.
Quarto: utrum blasphemia sit in damnatis.

Na primeira questão, são quatro as perguntas:
1. A blasfêmia se opõe à confissão da fé?
2. É sempre pecado mortal?
3. É o maior dos pecados?
4. Os condenados podem blasfemar?

Articulus 1
Utrum blasphemia opponatur confessioni fidei

AD PRIMUM SIC PROCEDITUR. Videtur quod blasphemia non opponatur confessioni fidei.

1. Nam blasphemare est contumeliam vel aliquod convicium inferre in iniuriam Creatoris. Sed hoc magis pertinet ad malevolentiam contra Deum quam ad infidelitatem. Ergo blasphemia non opponitur confessioni fidei.
2. PRAETEREA, ad Eph 4, super illud v. 31, *Blasphemia tollatur a vobis*, dicit Glossa[1]: *quae fit in Deum vel in sanctos*. Sed confessio fidei non videtur esse nisi de his quae pertinent ad Deum, qui est fidei obiectum. Ergo blasphemia non semper opponitur confessioni fidei.
3. PRAETEREA, a quibusdam dicitur quod sunt tres blasphemiae species: quarum una est cum attribuitur Deo quod ei non convenit; secunda est cum ab eo removetur quod ei convenit; tertia est cum attribuitur creaturae quod Deo appropriatur. Et sic videtur quod blasphemia non solum sit circa Deum, sed etiam circa creaturas. Fides autem habet Deum pro obiecto. Ergo blasphemia non opponitur confessioni fidei.

SED CONTRA est quod Apostolus dicit, 1Ti 1,13: *Prius fui blasphemus et persecutor*; et postea subdit: *ignorans feci in incredulitate*. Ex quo videtur quod blasphemia ad infidelitatem pertineat.

RESPONDEO dicendum quod nomen blasphemiae importare videtur quandam derogationem alicuius excellentis bonitatis, et praecipue divinae. Deus autem, ut Dionysius dicit, 1 cap. *de Div. Nom.*[2],

Artigo 1
A blasfêmia se opõe à confissão da fé?[b]

QUANTO AO PRIMEIRO ARTIGO, ASSIM SE PROCEDE: parece que a blasfêmia **não** se opõe à confissão da fé.

1. Com efeito, blasfemar é assacar um ultraje ou uma reprovação, fazendo injúria ao Criador. Ora, isso implica, antes, malevolência contra Deus, do que infidelidade. Logo, a blasfêmia não se opõe à confissão de fé.
2. ALÉM DISSO, sobre a palavra do Apóstolo: "A blasfêmia seja banida de vós", diz a Glosa "a que é dirigida contra Deus ou os santos". Ora, a confissão de fé não parece ser senão ao que diz respeito a Deus. Logo, a blasfêmia nem sempre se opõe à confissão da fé.
3. ADEMAIS, alguns dizem que há três espécies de blasfêmia: uma, quando se atribui a Deus o que não lhe convém; outra, quando dele se remove aquilo que lhe convém; terceira, a que atribui à criatura o que só é próprio de Deus. Assim, parece que a blasfêmia não é só relativa a Deus, mas também às criaturas. Ora, a fé tem Deus como objeto. Logo, a blasfêmia não se opõe à confissão da fé.

EM SENTIDO CONTRÁRIO, o Apóstolo diz: "Primeiro fui blasfemo e perseguidor" e acrescenta: "Fiz por ignorância na incredulidade". Logo, parece que a blasfêmia se refere à infidelidade.

RESPONDO. A palavra blasfêmia parece implicar certo detrimento a uma bondade eminente, sobretudo à bondade divina. Ora, Deus, como diz Dionísio, é a essência mesma da bondade.

---

1. LOMBARDI: ML 192, 208 B.
2. MG 3, 593 C.

b. A blasfêmia é também um pecado contra a virtude da religião, uma vez que consiste em invocar o nome de Deus em vão (ver q. 89, a. 2 e s.); isso vai de encontro à honra devida a Deus. Mais radicalmente, porém, esse pecado se contrapõe à confissão de fé. Falseia-se a sua expressão fazendo dela uma injúria. É por isso que é sempre falso, pois nada de injurioso a Deus poderia ser verdadeiro.

est ipsa essentia bonitatis. Unde quidquid Deo convenit pertinet ad bonitatem ipsius; et quidquid ad ipsum non pertinet longe est a ratione perfectae bonitatis, quae est eius essentia. Quicumque igitur vel negat aliquid de Deo quod ei convenit, vel asserit de eo quod ei non convenit, derogat divinae bonitati. Quod quidem potest contingere dupliciter: uno quidem modo, secundum solam opinionem intellectus; alio modo, coniuncta quadam affectus detestatione, sicut e contrario fides Dei per dilectionem perficitur ipsius. Huiusmodi igitur derogatio divinae bonitatis est vel secundum intellectum tantum; vel etiam secundum affectum. Si consistat tantum in corde, est cordis blasphemia. Si autem exterius prodeat per locutionem, est oris blasphemia. Et secundum hoc blasphemia confessioni opponitur.

AD PRIMUM ergo dicendum quod ille qui contra Deum loquitur convicium inferre intendens, derogat divinae bonitati non solum secundum veritatem intellectus, sed etiam secundum pravitatem voluntatis detestantis et impedientis pro posse divinum honorem. Quod est blasphemia perfecta.

AD SECUNDUM dicendum quod sicut Deus in sanctis suis laudatur, inquantum laudantur opera quae Deus in sanctis efficit; ita et blasphemia quae fit in sanctos ex consequenti in Deum redundat.

AD TERTIUM dicendum quod secundum illa tria non possunt, proprie loquendo, distingui diversae species peccati blasphemiae. Attribuere enim Deo quod ei non convenit, vel removere ab eo quod ei convenit, non differt nisi secundum affirmationem et negationem. Quae quidem diversitas habitus speciem non distinguit: quia per eandem scientiam innotescit falsitas affirmationum et negationum, et per eandem ignorantiam utroque modo erratur, cum *negatio probetur per affirmationem*, ut habetur I *Poster.*³. — Quod autem ea quae sunt Dei propria creaturis attribuantur, ad hoc pertinere videtur quod aliquid ei attribuatur quod ei non conveniat. Quidquid enim est Deo proprium est ipse Deus: attribuere ergo id quod Dei proprium est alicui creaturae est ipsum Deum dicere idem creaturae.

Por isso, tudo o que convém a Deus se refere à sua bondade; e tudo o que não se refere a ele está muito longe da natureza da bondade perfeita, que é a sua essência. Portanto, aquele que nega a Deus algo que lhe convém ou afirma dele algo que não lhe convém, é em detrimento da bondade divina. O que pode acontecer de dois modos: ou, somente pela afirmação do intelecto ou, de mistura com certa detestação do sentimento; assim como a fé em Deus ao contrário se aperfeiçoa pelo amor do mesmo. Portanto, esse detrimento da bondade divina é obra ou só do intelecto ou também do sentimento. Se ela se concentra unicamente no coração é a blasfêmia do coração. Se, porém, se manifesta exteriormente pela palavra, é a blasfêmia da boca. E, desse modo, a blasfêmia opõe-se à confissão.

QUANTO AO 1º, portanto, deve-se dizer que aquele que fala contra Deus com a intenção de injuriá-lo ofende à bondade divina, não só quanto à verdade do intelecto, mas também pela perversidade da vontade, que detesta e que impede a honra divina, quanto lhe é possível. Esta é a blasfêmia perfeita.

QUANTO AO 2º, deve-se dizer que como Deus é louvado nos seus santos, enquanto são louvadas as obras que Deus neles realizou, assim a blasfêmia dirigida contra os santos, por via de consequência, recai sobre Deus.

QUANTO AO 3º, deve-se dizer que aquela tríplice divisão não permite, propriamente falando, distinguir várias espécies de pecado de blasfêmia. Porque atribuir a Deus o que não lhe convém ou retirar dele o que lhe convém não é senão uma diferença de afirmação e negação. Ora, essa diversidade não estabelece espécies diferentes de hábito, porque por uma mesma ciência conhecemos a falsidade das afirmações e das negações e pela mesma ignorância erramos de um e de outro modo, pois "uma negação se prova por uma afirmação", segundo o Filósofo. — Quanto a atribuir às criaturas o que é próprio de Deus, implica em lhe atribuir o que não lhe convém. Porque tudo o que é próprio de Deus é Deus mesmo. Logo, atribuir a alguma criatura o que é próprio só de Deus é afirmar que o próprio Deus é idêntico à criatura.

---

3. C. 25: 86, b, 28.

Articulus 2
Utrum blasphemia semper sit peccatum mortale

AD SECUNDUM SIC PROCEDITUR. Videtur quod blasphemia non semper sit peccatum mortale.

1. Quia super illud ad Cl 3,8, *Nunc autem deponite vos* etc., dicit Glossa[1]: *Post maiora prohibet minora*. Et tamen subdit de blasphemia. Ergo blasphemia inter peccata minora computatur, quae sunt peccata venialia.

2. PRAETEREA, omne peccatum mortale opponitur alicui praecepto decalogi. Sed blasphemia non videtur alicui eorum opponi. Ergo blasphemia non est peccatum mortale.

3. PRAETEREA, peccata quae absque deliberatione committuntur non sunt mortalia: propter quod primi motus non sunt peccata mortalia, quia deliberationem rationis praecedunt, ut ex supradictis[2] patet. Sed blasphemia quandoque absque deliberatione procedit. Ergo non semper est peccatum mortale.

SED CONTRA est quod dicitur Lv 24,16: *Qui blasphemaverit nomen Domini, morte moriatur*. Sed poena mortis non infertur nisi pro peccato mortali. Ergo blasphemia est peccatum mortale.

RESPONDEO dicendum quod, sicut supra[3] dictum est, peccatum mortale est per quod homo separatur a primo principio spiritualis vitae, quod est caritas Dei. Unde quaecumque caritati repugnant, ex suo genere sunt peccata mortalia. Blasphemia autem secundum genus suum repugnat caritati divinae: quia derogat divinae bonitati, ut dictum est[4], quae est obiectum caritatis. Et ideo blasphemia est peccatum mortale ex suo genere.

AD PRIMUM ergo dicendum quod glossa illa non est sic intelligenda quasi omnia quae subduntur sint peccata minora. Sed quia, cum supra non expressisset nisi maiora, postmodum etiam quaedam minora subdit, inter quae etiam quaedam de maioribus ponit.

Artigo 2
A blasfêmia é sempre pecado mortal?

QUANTO AO SEGUNDO, ASSIM SE PROCEDE: parece que a blasfêmia **não** é sempre pecado mortal.

1. Com efeito, nem sempre é pecado mortal, pois àquilo do Apóstolo: "Agora, rejeitai vós também tudo isso etc." diz a Glosa: "Depois das coisas maiores proíbe as menores" e nestas inclui a blasfêmia. Logo, a blasfêmia é incluída entre os pecados menores, que são pecados veniais.

2. ALÉM DISSO, todo pecado mortal se opõe a algum preceito do Decálogo. Ora, a blasfêmia parece não se opor a nenhum deles. Logo, a blasfêmia não é pecado mortal.

3. ADEMAIS, os pecados cometidos sem deliberação não são mortais; por isso, os primeiros movimentos não são pecados mortais, porque precederam a deliberação da razão, como se demonstrou precedentemente. Ora, a blasfêmia, às vezes, procede sem deliberação. Logo, nem sempre é pecado mortal.

EM SENTIDO CONTRÁRIO, está escrito no livro do Levítico: "Quem blasfemar o nome de Javé será condenado à morte" Ora, a pena de morte não é imposta a não ser ao pecado mortal. Logo, a blasfêmia é pecado mortal.

RESPONDO. Como foi dito anteriormente, o pecado mortal é aquele pelo qual o homem se separa do primeiro princípio da vida espiritual, que é o amor de Deus. Por isso, o que contraria a esta caridade é, por seu gênero, pecado mortal[c]. Ora, a blasfêmia é contrária, por seu gênero, à caridade divina, por causar detrimento, como já foi dito, a esta divina bondade, que é o objeto da caridade. Logo, a blasfêmia é, por seu gênero, pecado mortal.

QUANTO AO 1º, portanto, deve-se dizer que não se deve entender a Glosa citada como se todas as coisas que vêm a seguir sejam pecados menores. Mas, como o texto precedente não tinha elencado senão pecados maiores, acrescenta depois alguns menores, entre os quais enumera também alguns dos maiores.

---

2   PARALL.: *Ad Col.*, c. 3, lect. 2.

1. Ordin.: ML 114, 614 C; LOMBARDI: ML 192, 281 C.
2. I-II, q. 74, a. 3, ad 3; a. 10.
3. I-II, q. 72, a. 5.
4. Art. praec.

---

c. "Por seu gênero", significa que existe pecado mortal se considerarmos meramente a materialidade do ato, qualquer que seja a intenção do pecador. Esta pode escusar ou agravar a falta (ver também r. 3).

AD SECUNDUM dicendum quod, cum blasphemia opponatur confessioni fidei, ut dictum est[5], eius prohibitio reducitur ad prohibitionem infidelitatis, quae intelligitur in eo quod dicitur: *Ego sum Dominus Deus tuus* etc.

Vel prohibetur per id quod dicitur: *Non assumes nomen Dei tui in vanum.* Magis enim in vanum assumit nomen Dei qui aliquod falsum de Deo asserit quam qui per nomen Dei aliquod falsum confirmat.

AD TERTIUM dicendum quod blasphemia potest absque deliberatione ex subreptione procedere dupliciter. Uno modo, quod aliquis non advertat hoc quod dicit esse blasphemiam. Quod potest contingere cum aliquis subito ex aliqua passione in verba imaginata prorumpit, quorum significationem non considerat. Et tunc est peccatum veniale: et non habet proprie rationem blasphemiae. — Alio modo, quando advertit hoc esse blasphemiam, considerans significata verborum. Et tunc non excusatur a peccato mortali: sicut nec ille qui ex subito motu irae aliquem occidit iuxta se sedentem.

QUANTO AO 2º, deve-se dizer que como a blasfêmia se opõe à confissão da fé, como já foi dito, a sua proibição reduz-se à da infidelidade, compreendida segundo o que se diz: "Eu sou Javé, teu Deus...".

Ela está também proibida por este mandamento: "Não tomarás em vão o nome de Deus". Ora, mais toma em vão o nome de Deus quem dele afirma uma coisa falsa do que quem confirma qualquer falsidade, invocando o seu nome.

QUANTO AO 3º, deve-se dizer que a blasfêmia pode surgir sem deliberação e repentinamente de dois modos. De um modo, quando alguém não adverte que aquilo que diz é blasfêmia. E isso pode dar-se, quando alguém, subitamente, levado pela paixão, prorrompe com palavras irrefletidas, cuja significação não percebe. Então, é um pecado venial e não é propriamente uma blasfêmia. — De outro modo, quando alguém adverte que é blasfêmia, considerando o significado das palavras. E, então, não se escusa de pecado mortal, como aquele que por um súbito movimento de ira, mata alguém que está sentado ao seu lado.

ARTICULUS 3
Utrum peccatum blasphemiae sit maximum peccatum

AD TERTIUM SIC PROCEDITUR. Videtur quod peccatum blasphemiae non sit maximum peccatum.

1. *Malum* enim *dicitur quod nocet*, secundum Augustinum, in *Enchirid.*[1]. Sed magis nocet peccatum homicidii, quod perimit vitam hominis, quam peccatum blasphemiae, quod Deo nullum nocumentum potest inferre. Ergo peccatum homicidii est gravius peccato blasphemiae.

2. PRAETEREA, quicumque peierat inducit Deum testem falsitati, et ita videtur eum asserere esse falsum. Sed non quilibet blasphemus usque ad hoc procedit ut Deum asserat esse falsum. Ergo periurium est gravius peccatum quam blasphemia.

3. PRAETEREA, super illud Psalm., *Nolite extollere in altum cornu vestrum* Ps 74,4-5, dicit Glossa[2]: *Maximum est vitium excusationis peccati.* Non ergo blasphemia est maximum peccatum.

ARTIGO 3
O pecado da blasfêmia é o maior dos pecados?[d]

QUANTO AO TERCEIRO, ASSIM SE PROCEDE: parece que o pecado da blasfêmia **não** é o maior dos pecados.

1. Com efeito, "o mal é o que prejudica", como diz Agostinho. Ora, é mais nocivo o pecado de homicídio que tira a vida do homem do que o pecado de blasfêmia, que nenhum dano pode causar a Deus. Logo, o pecado de homicídio é mais grave do que o pecado de blasfêmia.

2. ALÉM DISSO, quem perjura toma a Deus como testemunha da falsidade e assim parece afirmar que Deus é falso. Ora, nem todo blasfemo chega a afirmar que Deus é falso. Logo, o perjúrio é mais grave pecado que a blasfêmia.

3. ADEMAIS, sobre a passagem do Salmo: "Não levanteis tão alto a vossa fronte", a Glosa diz: "O maior vício é aquele que consiste em se escusar do pecado". Logo, a blasfêmia não é o maior pecado.

---

5. Ibid.

3   PARALL.: Part. III, q. 80, a. 5; IV *Sent.*, dist. 9, a. 3, q.la 3; *De Malo*, q. 2, a. 10.

1. C. 12: ML 40, 237.
2. Ordin.: ML 113, 962 D; LOMBARDI: ML 191, 700 C.

---

d. A questão do maior pecado retorna regularmente à discussão. Trata-se de ponderar sua gravidade.

SED CONTRA est quod Is 18, super illud *v.* 2, *Ad populum terribilem* etc., dicit Glossa[3]: *Omne peccatum, blasphemiae comparatum, levius est.*

RESPONDEO dicendum quod, sicut supra[4] dictum est, blasphemia opponitur confessioni fidei. Et ideo habet in se gravitatem infidelitatis. Et aggravatur peccatum si superveniat detestatio voluntatis; et adhuc magis si prorumpat in verba; sicut et laus fidei augetur per dilectionem et confessionem. Unde, cum infidelitas sit maximum peccatum secundum suum genus, sicut supra[5] dictum est, consequens est quod etiam blasphemia sit peccatum maximum, ad idem genus pertinens et ipsum aggravans.

AD PRIMUM ergo dicendum quod homicidium et blasphemia si comparentur secundum obiecta in quae peccatur, manifestum est quod blasphemia, quae est directe peccatum in Deum, praeponderat homicidio, quod est peccatum in proximum. Si autem comparentur secundum effectum nocendi, sic homicidium praeponderat: plus enim homicidium nocet proximo quam blasphemia Deo. Sed quia in gravitate culpae magis attenditur intentio voluntatis perversae quam effectus operis, ut ex supradictis[6] patet; ideo, cum blasphemus intendat nocumentum inferre honori divino, simpliciter loquendo gravius peccat quam homicida. Homicidium tamen primum locum tenet in peccatis inter peccata in proximum commissa.

AD SECUNDUM dicendum quod super illud *ad* Eph 4,31, *Blasphemia tollatur a vobis,* dicit Glossa[7]: *Peius est blasphemare quam peierare.* Qui enim peierat non dicit aut sentit aliquid falsum de Deo, sicut blasphemus: sed Deum adhibet testem falsitati non tanquam aestimans Deum esse falsum testem, sed tanquam sperans quod Deus super hoc non testificetur per aliquod evidens signum.

AD TERTIUM dicendum quod excusatio peccati est quaedam circumstantia aggravans omne peccatum, etiam ipsam blasphemiam. Et pro tanto dicitur esse maximum peccatum, quia quodlibet facit maius.

EM SENTIDO CONTRÁRIO, sobre o texto do livro de Isaías: "A um povo terrível etc.", diz a Glosa: "Todo pecado comparado com a blasfêmia é mais leve".

RESPONDO. Como já foi dito, a blasfêmia opõe-se à confissão da fé e, por isso, tem em si a gravidade da infidelidade. E o pecado se agrava, se acompanhado da aversão da vontade; e, ainda mais, se prorromper em palavras; como, por seu lado, o louvor da fé aumenta pelo amor e pela confissão. Portanto, sendo a infidelidade, no seu gênero, o maior pecado, como já foi dito, resulta que também a blasfêmia é o maior pecado, pois se refere ao mesmo gênero e agrava a infidelidade.

QUANTO AO 1º, portanto, deve-se dizer que comparados os objetos, é manifesto que a blasfêmia, pecado que vai diretamente contra Deus, é mais grave do que o homicídio, que é pecado contra o próximo. Mas, comparados nos seus efeitos danosos, o homicídio prepondera, pois ele faz maior mal ao próximo do que a blasfêmia a Deus. Para avaliar a gravidade da culpa, atende-se mais à intenção da vontade perversa que ao efeito do ato, como foi dito precedentemente. Como o blasfemo tem a intenção de causar danos à honra divina, ele peca, absolutamente falando, mais gravemente do que o homicida. O homicídio, porém, tem o primeiro lugar, entre os pecados cometidos contra o próximo.

QUANTO AO 2º, deve-se dizer que sobre esta palavra do Apóstolo: "A blasfêmia seja banida dentre vós", diz a Glosa: "É pior blasfemar do que perjurar". Com efeito, o perjúrio não diz nem sente algo falso contra Deus, como o blasfemo; ele toma Deus como testemunha de uma falsidade, não que ele julgue Deus uma falsa testemunha, mas na esperança de que, neste assunto, Deus não testemunhe o contrário por algum sinal evidente.

QUANTO AO 3º, deve-se dizer que o ato de se escusar do pecado é uma circunstância que agrava todo o pecado, inclusive o da blasfêmia. Por isso, é considerado o maior pecado, porque torna os outros maiores[e].

---

3. Ordin.: ML 113, 1259 D.
4. Art. 1.
5. Q. 10, a. 3.
6. I-II, q. 73, a. 8.
7. Ordin.: ML 114, 597 B.

e. Pecar declarando que o ato que ousamos não é um pecado agrava todo pecado.

ARTICULUS 4
Utrum damnati blasphement

AD QUARTUM SIC PROCEDITUR. Videtur quod damnati non blasphement.

1. Detinentur enim nunc aliqui mali a blasphemando propter timorem futurarum poenarum. Sed damnati has poenas experiuntur, unde magis eas abhorrent. Ergo multo magis a blasphemando compescuntur.

2. PRAETEREA, blasphemia, cum sit gravissimum peccatum, est maxime demeritorium. Sed in futura vita non est status merendi neque demerendi. Ergo nullus erit locus blasphemiae.

3. PRAETEREA, Eccle 11,3 dicitur quod *in quocumque loco lignum ceciderit, ibi erit:* ex quo patet quod post hanc vitam homini non accrescit nec meritum nec peccatum quod non habuit in hac vita. Sed multi damnabuntur qui in hac vita non fuerunt blasphemi. Ergo nec in futura vita blasphemabunt.

SED CONTRA est quod dicitur Ap 16,9: *Aestuaverunt homines aestu magno, et blasphemaverunt nomen Domini habentis potestatem super has plagas*: ubi dicit Glossa[1] quod *in inferno positi, quamvis sciant se pro merito puniri, dolebunt tamen quod Deus tantam potentiam habeat quod plagas eis inferat*. Hoc autem esset blasphemia in praesenti. Ergo et in futuro.

RESPONDEO dicendum quod, sicut dictum est[2], ad rationem blasphemiae pertinet detestatio divinae bonitatis. Illi autem qui sunt in inferno retinebunt perversam voluntatem, aversam a Dei iustitia, in hoc quod diligunt ea pro quibus puniuntur, et vellent eis uti si possent, et odiunt poenas quae pro huiusmodi peccatis infliguntur; dolent tamen de peccatis quae commiserunt, non quia ipsa odiant, sed quia pro eis puniuntur. Sic ergo talis detestatio divinae iustitiae est in eis interior cordis blasphemia. Et credibile est quod post resurrectionem erit in eis etiam vocalis blasphemia, sicut in sanctis vocalis laus Dei.

AD PRIMUM ergo dicendum quod homines deterrentur in praesenti a blasphemia propter timorem poenarum quas se putant evadere. Sed damnati in inferno non sperant se posse poenas evadere.

ARTIGO 4
Os condenados blasfemam?

QUANTO AO QUARTO, ASSIM SE PROCEDE: parece que os condenados **não** blasfemam.

1. Com efeito, certas pessoas más abstêm-se de blasfêmia por temor de penas futuras. Ora, os condenados sofrem essas penas e, por isso, mais as detestam. Logo, e com maior razão, eles se impedem de blasfemar.

2. ALÉM DISSO, como a blasfêmia é o pecado mais grave, é o de maior demérito. Ora, a vida futura não é mais o estado de merecer ou desmerecer. Logo, não haverá lugar para a blasfêmia.

3. ADEMAIS, no livro do Eclesiastes se diz: "Para onde tombar uma árvore, aí ficará". Isso mostra que, após esta vida, o homem não terá outro mérito ou pecado, além do que nela teve. Ora, muitos que nesta vida não foram blasfemos, serão condenados. Logo, também não blasfemarão na vida futura.

EM SENTIDO CONTRÁRIO, diz-se no livro do Apocalipse: "E os homens ficaram queimados por grande calor e blasfemaram o nome de Deus que tem poder sobre esses flagelos". Ao que diz a Glosa: "os que estão no inferno, embora saibam que merecem o castigo que sofrem, sofrem contudo que Deus tenha tanto poder para castigá-los". Ora, isso seria uma blasfêmia nesta vida presente. Logo, também no futuro.

RESPONDO. Como já foi dito, a blasfêmia consiste essencialmente em detestar a bondade divina. Os que estão no inferno conservam a vontade perversa, oposta à justiça de Deus. Por amarem os pecados pelos quais foram punidos, quereriam usar deles, se pudessem, e odeiam as penas que lhes são infligidas por esses pecados. Entristecem-se, porém, pelos pecados que cometeram, não porque os odeiem, mas porque por causa deles são punidos. Assim, tal detestação da justiça divina é neles uma blasfêmia interior, aquela do coração. É de crer que, depois da ressurreição, haverá neles também a blasfêmia com palavras, como entre os santos haverá vocalmente o louvor de Deus.

QUANTO AO 1º, portanto, deve-se dizer que os homens evitam, na vida presente, a blasfêmia, por causa do temor das penas das quais pensam livrar-se. Ora, os condenados no inferno não

---

4
1. Ordin. super *Apoc.* 16, 21: ML 114, 739 B.
2. A. 1, 3.

Et ideo, tanquam desperati, feruntur ad omne ad quod eis perversa voluntas suggerit.

AD SECUNDUM dicendum quod mereri et demereri pertinent ad statum viae. Unde bona in viatoribus sunt meritoria, mala vero demeritoria. In beatis autem bona non sunt meritoria, sed pertinentia ad eorum beatitudinis praemium. Et similiter mala in damnatis non sunt demeritoria, sed pertinent ad damnationis poenam.

AD TERTIUM dicendum quod quilibet in peccato mortali decedens fert secum voluntatem detestantem divinam iustitiam quantum ad aliquid. Et secundum hoc poterit ei inesse blasphemia.

têm esperança de se livrarem delas. Logo, como desesperados, eles são levados a tudo o que lhes sugere a vontade perversa.

QUANTO AO 2º, deve-se dizer que merecer e desmerecer pertencem à condição do homem, no estado de via. Daí se segue que, durante esse tempo de viagem, os bons atos são meritórios e os maus, demeritórios. Aos bem-aventurados, ao contrário, os bens não são meritórios, mas pertencem à recompensa, que é a bem-aventurança. Do mesmo modo, os males dos condenados não são demeritórios, mas pertencem à pena de condenação.

QUANTO AO 3º, deve-se dizer que quem morre em estado de pecado mortal conserva, de certo modo, a vontade de detestar a divina justiça. E, dessa forma, poderá estar em estado de blasfêmia.

QUAESTIO XIV
DE BLASPHEMIA IN SPIRITUM SANCTUM

in quatuor articulos divisa

Deinde considerandum est in speciali de blasphemia in Spiritum Sanctum.
Et circa hoc quaeruntur quatuor.
Primo: utrum blasphemia vel peccatum in Spiritum Sanctum sit idem quod peccatum ex certa malitia.
Secundo: de speciebus huius peccati.
Tertio: utrum sit irremissibile.
Quarto: utrum aliquis possit peccare in Spiritum Sanctum a principio, antequam alia peccata committat.

ARTICULUS 1
Utrum peccatum in Spiritum Sanctum sit idem quot peccatum ex certa malitia

AD PRIMUM SIC PROCEDITUR. Videtur quod peccatum in Spiritum Sanctum non sit idem quod peccatum ex certa malitia.

QUESTÃO 14
A BLASFÊMIA CONTRA O ESPÍRITO SANTO[a]

em quatro artigos

Em seguida, deve-se tratar especialmente da blasfêmia contra o Espírito Santo.
Nesta questão, são quatro as perguntas:
1. A blasfêmia ou pecado contra o Espírito Santo é idêntico ao pecado de malícia caracterizada[b]?
2. Sobre as espécies deste pecado;
3. É irremissível?
4. Podemos pecar, inicialmente, contra o Espírito Santo, antes de cometer pecados?

ARTIGO 1
O pecado contra o Espírito Santo é idêntico ao pecado de malícia caracterizada?

QUANTO AO PRIMEIRO ARTIGO, ASSIM SE PROCEDE: parece que o pecado contra o Espírito Santo **não** é idêntico ao pecado de malícia caracterizada.

---

1 PARALL.: II *Sent.*, dist. 43, a. 1, 2; *De Malo*, q. 2, a. 8, ad 4; q. 3, a. 14; *Quodlib.* II, q. 8, a. 1; *in Matth.*, c. 12; *ad Rom.*, c. 2, lect. 1.

a. Estuda-se aqui um caso particular de blasfêmia: a blasfêmia contra o Espírito Santo (Mt 12,31).
b. A malícia, em teologia, não é a "brincadeira fina". É a "ruindade" da vontade, o ato de uma vontade determinada a agir mal.

1. Peccatum enim in Spiritum Sanctum est peccatum blasphemiae: ut patet Mt 12,31. Sed non omne peccatum ex certa malitia est peccatum blasphemiae: contingit enim multa alia peccatorum genera ex certa malitia committi. Ergo peccatum in Spiritum Sanctum non est idem quod peccatum ex certa malitia.

2. PRAETEREA, peccatum ex certa malitia dividitur contra peccatum ex ignorantia et contra peccatum ex infirmitate. Sed peccatum in Spiritum Sanctum dividitur contra peccatum in Filium hominis: ut patet Mt 12,32. Ergo peccatum in Spiritum Sanctum non est idem quod peccatum ex certa malitia: quia quorum opposita sunt diversa, ipsa quoque sunt diversa.

3. PRAETEREA, peccatum in Spiritum Sanctum est quoddam genus peccati cui determinatae species assignantur. Sed peccatum ex certa malitia non est speciale genus peccati, sed est quaedam conditio vel circumstantia generalis quae potest esse circa omnia peccatorum genera. Ergo peccatum in Spiritum Sanctum non est idem quod peccatum ex certa malitia.

SED CONTRA est quod Magister dicit, 43 dist. II lib. *Sent.*, quod ille peccat in Spiritum Sanctum *cui malitia propter se placet*. Hoc autem est peccare ex certa malitia. Ergo idem videtur esse peccatum ex certa malitia quod peccatum in Spiritum Sanctum.

RESPONDEO dicendum quod de peccato seu blasphemia in Spiritum Sanctum tripliciter aliqui loquuntur. Antiqui enim doctores, scilicet Athanasius, Hilarius, Ambrosius, Hieronymus et Chrysostomus[1], dicunt esse peccatum in Spiritum Sanctum quando, ad litteram, aliquid blasphemum dicitur contra Spiritum Sanctum: sive *Spiritus Sanctus* accipiatur secundum quod est nomen essentiale conveniens toti Trinitati, cuius quaelibet persona et spiritus est et sanctus; sive prout est nomen personale unius in Trinitate personae. Et secundum hoc distinguitur, Mt 12,32, blasphemia in Spiritum Sanctum contra blasphemiam in Filium hominis. Christus enim operabatur quaedam humanitus, comedendo, bibendo et alia huiusmodi faciendo; et quaedam divinitus, scilicet daemones eiiciendo, mortuos suscitando, et cetera huiusmodi; quae quidem agebat et per virtutem propriae

1. Com efeito, o pecado contra o Espírito Santo é um pecado de blasfêmia, como se lê no Evangelho de Mateus. Ora, nem todo o pecado de malícia caracterizada é um pecado de blasfêmia. Acontece que são cometidos muitos outros gêneros de pecados de malícia caracterizada. Logo, o pecado contra o Espírito Santo não se confunde com o pecado de malícia caracterizada.

2. ALÉM DISSO, o pecado de malícia caracterizada distingue-se, por oposição, do pecado por ignorância e por fraqueza. Ora, o pecado contra o Espírito Santo distingue-se, por oposição, do pecado contra o Filho do homem, como está claro no Evangelho de Mateus. Logo, o pecado contra o Espírito Santo não é idêntico ao pecado de malícia caracterizada, pois as realidades que têm opostos diversos são também diversas entre si.

3. ADEMAIS, o pecado contra o Espírito Santo é um gênero de pecado que tem suas espécies definidas. Ora, o pecado de malícia caracterizada não é um gênero especial de pecado, mas certa condição ou circunstância geral, que pode ser relativa a todos os gêneros de pecado. Logo, o pecado contra o Espírito Santo não é idêntico ao pecado de malícia caracterizada.

EM SENTIDO CONTRÁRIO, diz o Mestre das Sentenças, que peca contra o Espírito Santo "o que ama a malícia por si mesma", que é pecar por malícia caracterizada. Logo, o pecado de malícia caracterizada é idêntico ao pecado contra o Espírito Santo.

RESPONDO. Alguns autores falam do pecado de blasfêmia contra o Espírito Santo de três modos diversos. Antigos Doutores, como Atanásio, Hilário, Ambrósio, Jerônimo e Crisóstomo dizem que há pecado contra o Espírito Santo, quando literalmente se profere contra Ele uma blasfêmia, quer o Espírito Santo se considere como nome essencial que convém a toda Trindade, na qual cada uma das pessoas é santa e é espírito; quer como nome pessoal de uma das pessoas da Trindade. E assim se distingue, a blasfêmia contra o Espírito Santo, da blasfêmia contra o Filho do homem. Com efeito, Cristo agia como homem, comendo, bebendo etc.; mas agia também como Deus, expulsando os demônios, ressuscitando os mortos etc. Ele assim agia em virtude de sua própria divindade e por obra do Espírito Santo do qual, em sua humanidade, estava repleto. Ora,

---

1. ATHANASIUS, *Fragm. in Matth.*, super 12, 32: MG 27, 1385 D; HILARIUS, *In Matth.*, super 12, 32: ML 9, 989 B; AMBROSIUS, *In Luc.*, l. VII, super 12, 10: ML 15, 1729 BD; HIERON., *In Matth.*, l. II, super 12, 32: ML 26, 81 A; CHRYSOSTOMUS, *In Matth.*, hom. 41, n. 3: MG 57, 449.

divinitatis, et per operationem Spiritus Sancti, quo secundum humanitatem erat repletus. Iudaei autem primo quidem dixerant blasphemiam in Filium hominis, cum dicebant eum *voracem, potatorem vini et publicanorum amatorem*, ut habetur Mt 11,19. Postmodum autem blasphemaverunt in Spiritum Sanctum, dum opera quae ipse operabatur virtute propriae divinitatis et per operationem Spiritus Sancti, attribuebant principi daemoniorum. Et propter hoc dicuntur in Spiritum Sanctum blasphemasse.

Augustinus autem, in libro de *Verb. Dom.*[2], blasphemiam vel peccatum in Spiritum Sanctum dicit esse finalem impoenitentiam, quando scilicet aliquis perseverat in peccato mortali usque ad mortem. Quod quidem non solum verbo oris fit, sed etiam verbo cordis et operis, non uno sed multis. Hoc autem verbum, sic acceptum, dicitur esse contra Spiritum Sanctum, quia est contra remissionem peccatorum, quae fit per Spiritum Sanctum, qui est caritas Patris et Filii. Nec hoc Dominus dixit Iudaeis quasi ipsi peccarent in Spiritum Sanctum: nondum enim erant finaliter impoenitentes. Sed admonuit eos ne, taliter loquentes, ad hoc pervenirent quod in Spiritum Sanctum peccarent. Et sic intelligendum est quod dicitur Mc 3, ubi, postquam dixerat v. 29, *Qui blasphemaverit in Spiritum Sanctum* etc., subiungit v. 30 Evangelista: *Quoniam dicebant, Spiritum immundum habet.*

Alii vero aliter accipiunt, dicentes peccatum vel blasphemiam in Spiritum Sanctum esse quando aliquis peccat contra appropriatum bonum Spiritus Sancti, cui appropriatur bonitas, sicut Patri appropriatur potentia et Filio sapientia. Unde peccatum in Patrem dicunt esse quando peccatur ex infirmitate; peccatum autem in Filium, quando peccatur ex ignorantia; peccatum autem in Spiritum Sanctum, quando peccatur ex certa malitia, idest ex ipsa electione mali, ut supra[3] expositum est. Quod quidem contingit dupliciter. Uno modo, ex inclinatione habitus vitiosi, qui malitia dicitur: et sic non est idem peccare ex malitia quod peccare in Spiritum Sanctum. Alio modo contingit ex eo quod per contemptum abiicitur et removetur id quod electionem peccati poterat impedire: sicut spes per desperationem, et timor per praesumptionem, et quaedam alia huiusmodi,

os judeus, primeiro, blasfemaram contra o Filho do homem, chamando-o de glutão, bebedor de vinho e amigo dos publicanos, como se lê no Evangelho de Mateus. Em seguida, blasfemaram contra o Espírito Santo, atribuindo ao príncipe dos demônios as obras que ele fazia em virtude da divindade própria e por ação do Espírito Santo. E, por isso, diz-se que blasfemaram contra o Espírito Santo.

Agostinho, porém, diz que a blasfêmia ou pecado contra o Espírito Santo é a impenitência final, isto é, quando alguém persevera no pecado mortal até a morte. O que acontece não só pela palavra da boca, mas também pela palavra do coração e das obras, não uma só vez, mas, muitas. Ora, esta palavra, assim entendida, considera-se contra o Espírito Santo, porque ela se opõe à remissão dos pecados, operada pelo Espírito Santo, que é o amor do Pai e do Filho. Ora, não foi isso que o Senhor disse aos judeus, reprovando-os por pecarem contra o Espírito Santo, pois eles ainda não estavam na impenitência final; mas os advertiu que, assim falando, não viessem a cometer pecado contra o Espírito Santo. E, assim, deve ser entendido o que é dito no Evangelho de Marcos, no qual depois de ter notado: "O que blasfemar contra o Espírito etc.", o Evangelista acrescenta: "Porque eles diziam: 'Ele está possuído de um espírito impuro'".

Outros, porém, são de opinião diferente, dizendo que o pecado ou a blasfêmia contra o Espírito Santo se dá, quando alguém peca contra o bem próprio d'Ele ao qual se atribui como própria a bondade, como ao Pai, o poder, e ao Filho, a sabedoria. Por consequência dizem: o pecado contra o Pai é o pecado de fraqueza; o pecado contra o Filho é o pecado da ignorância e o pecado contra o Espírito Santo é o pecado por malícia caracterizada, isto é, como foi dito acima, pela eleição do mal. E isso pode dar-se de dois modos. Primeiro, por inclinação de um hábito vicioso, chamado malícia; e, portanto, não é o mesmo pecar por malícia e pecar contra o Espírito Santo. De outro modo se dá, quando por desprezo, se rejeita e se põe de lado o que poderia impedir a eleição do pecado; assim, a esperança pelo desespero; o temor pela presunção e outras coisas semelhan-

---

2. Serm.: 71, al. 11, cc. 12-15: ML 38, 455-459.
3. I-II, q. 78, a. 1, 3.

ut infra[4] dicetur. Haec autem omnia quae peccati electionem impediunt, sunt effectus Spiritus Sancti in nobis. Et ideo sic ex malitia peccare est peccare in Spiritum Sanctum.

AD PRIMUM ergo dicendum quod, sicut confessio fidei non solum consistit in protestatione oris, sed etiam in protestatione operis; ita etiam blasphemia Spiritus Sancti potest considerari et in ore et in corde et in opere.

AD SECUNDUM dicendum quod secundum tertiam acceptionem blasphemia in Spiritum Sanctum distinguitur contra blasphemiam in Filium hominis secundum quod Filius hominis est etiam Filius Dei, idest *Dei virtus et Dei sapientia*. Unde secundum hoc, peccatum in Filium hominis erit peccatum ex ignorantia vel ex infirmitate.

AD TERTIUM dicendum quod peccatum ex certa malitia secundum quod provenit ex inclinatione habitus, non est speciale peccatum, sed quaedam generalis peccati conditio. Prout vero est ex speciali contemptu effectus Spiritus Sancti in nobis, habet rationem specialis peccati. Et secundum hoc etiam peccatum in Spiritum Sanctum est speciale genus peccati. — Et similiter secundum primam expositionem. — Secundum autem secundam expositionem, non est speciale genus peccati: nam finalis impoenitentia potest esse circumstantia cuiuslibet generis peccati.

tes, como a seguir se dirá. Ora, todos essas coisas que impedem a escolha do pecado são efeitos do Espírito Santo em nós. Por isso, pecar assim por malícia é pecar contra o Espírito Santo[c].

QUANTO AO 1º, portanto, deve-se dizer que como a confissão da fé não consiste apenas em afirmações orais, mas também na das obras, assim a blasfêmia contra o Espírito Santo pode ser considerada enquanto expressa pelos lábios, pelo coração e pelas ações.

QUANTO AO 2º, deve-se dizer que conforme a terceira acepção, a blasfêmia contra o Espírito Santo distingue-se da que é contra o Filho do homem, enquanto o Filho do homem é também Filho de Deus, isto é, "o poder de Deus e a sabedoria de Deus". Nesse sentido, o pecado contra o Filho do homem será pecado de ignorância ou de fraqueza.

QUANTO AO 3º, deve-se dizer que o pecado de malícia caracterizada, enquanto provém da inclinação de um hábito, não é pecado especial, mas uma condição geral do pecado. Mas, enquanto ele provém, por desprezo especial do efeito da ação do Espírito Santo em nós, ele se apresenta como um pecado especial. E, nesse sentido, também o pecado contra o Espírito Santo é um gênero especial de pecado. — E do mesmo modo, quanto à primeira acepção. — Mas, quanto à segunda acepção, não é um gênero especial de pecado, porque a impenitência final pode ser uma circunstância de qualquer gênero de pecado.

ARTICULUS 2
Utrum convenienter assignentur sex species peccati in Spiritum Sanctum

AD SECUNDUM SIC PROCEDITUR. Videtur quod inconvenienter assignentur sex species peccati in Spiritum Sanctum: scilicet desperatio, praesumptio, impoenitentia, obstinatio, impugnatio veritatis agnitae et invidentia fraternae gratiae; quas species ponit Magister, 43 dist. II lib. *Sent*.
1. Negare enim divinam iustitiam vel misericordiam ad infidelitatem pertinet. Sed per despe-

ARTIGO 2
É exato estabelecer que são seis as espécies de pecado contra o Espírito Santo?

QUANTO AO SEGUNDO, ASSIM SE PROCEDE: parece que **não** é exato, como faz o Mestre das Sentenças, estabelecer que são seis as espécies de pecado contra o Espírito Santo, a saber, desesperança, presunção, impenitência, obstinação, impugnação da verdade conhecida e a inveja da graça fraterna.
1. Com efeito, negar a divina justiça ou a misericórdia é próprio da infidelidade. Ora, pelo

---

4. Art. sq.

PARALL.: Infra, q. 36, a. 4, ad 2; II *Sent*., dist. 43, a. 3; *in Matth*., c. 12; *ad Rom*., c. 2, lect. 1.

c. Três interpretações, que permanecem incertas. Parece, aliás, que a expressão "pecado contra o Espírito Santo" não tenha exatamente o mesmo sentido em Mt (12,32), ou Mc (3,29) e Lc (12,10). Talvez seja melhor permanecer na dúvida. A menos que pensemos, como sugere o artigo 3, r. 3, que esse pecado é aquele que tende a retirar de Deus o que lhe serve para retirar o pecador de seu pecado: este último se entrincheira contra a graça. Esse pecado seria portanto irremissível "enquanto assim se entrincheirar". Mas Deus é mais poderoso. São Paulo confessa ter "blasfemado", e Deus lhe concedeu "misericórdia" (1Tm 1,13).

rationem aliquis reiicit divinam misericordiam, per praesumptionem autem divinam iustitiam. Ergo unumquodque eorum potius est species infidelitatis quam peccati in Spiritum Sanctum.

2. Praeterea, impoenitentia videtur respicere peccatum praeteritum, obstinatio autem peccatum futurum. Sed praeteritum vel futurum non diversificant speciem virtutis vel vitii: secundum enim eandem fidem qua credimus Christum natum, antiqui crediderunt eum nasciturum. Ergo obstinatio et impoenitentia non debent poni duae species peccati in Spiritum Sanctum.

3. Praeterea, *veritas et gratia per Iesum Christum facta est*, ut habetur Io 1,17. Ergo videtur quod impugnatio veritatis agnitae et invidentia fraternae gratiae magis pertineant ad blasphemiam in Filium hominis quam ad blasphemiam in Spiritum Sanctum.

4. Praeterea, Bernardus dicit, in libro *de Dispensat. et Praecept.*[1], quod *nolle obedire est resistere Spiritui Sancto*. Glossa[2] etiam dicit, Lv 10, quod *simulata poenitentia est blasphemia Spiritus Sancti*. Schisma etiam videtur directe opponi Spiritui Sancto, per quem Ecclesia unitur. Et ita videtur quod non sufficienter tradantur species peccati in Spiritum Sanctum.

Sed contra, Augustinus dicit, in libro *de Fide ad Petrum*[3], quod illi qui desperant de indulgentia peccatorum, vel qui sine meritis de misericordia Dei praesumunt, peccant in Spiritum Sanctum. Et in Enchiridio[4] dicit quod *qui in obstinatione mentis diem claudit extremum, reus est peccato in Spiritum Sanctum*. Et in libro *de Verb. Dom.*[5] dicit quod impoenitentia est peccatum in Spiritum Sanctum. Et in libro *de Serm. Dom. in Monte*[6] dicit quod *invidiae facibus fraternitatem impugnare* est peccare in Spiritum Sanctum. Et in libro *de Unico Bapt.*[7] dicit quod *qui veritatem contemnit, aut circa fratres malignus est, quibus veritas revelatur; aut circa Deum ingratus, cuius inspiratione Ecclesia instruitur*; et sic videtur quod peccet in Spiritum Sanctum.

Respondeo dicendum quod, secundum quod peccatum in Spiritum Sanctum tertio modo ac-

desespero, rejeita-se a misericórdia divina; pela presunção, a divina justiça. Logo, cada uma dessas espécies de pecado é, antes, pecado de infidelidade do que pecado contra o Espírito Santo.

2. Além disso, a impenitência diz respeito ao pecado passado e a obstinação, ao pecado futuro. Ora, passado e futuro não diversificam espécie de virtude ou de vício; com efeito, pela mesma fé, cremos que Cristo nasceu e os antigos creram que ele haveria de nascer. Logo, a obstinação e impenitência não devem ser consideradas duas espécies de pecado contra o Espírito Santo.

3. Ademais, "a graça e a verdade nos vieram por meio de Jesus Cristo", conforme o Evangelho de João. Logo, parece que a impugnação da verdade conhecida e a inveja das graças concedidas a nossos irmãos mais pertençam à blasfêmia contra o Filho do homem do que à blasfêmia contra o Espírito Santo.

4. Ademais, Bernardo diz que "não querer obedecer é resistir ao Espírito Santo". A Glosa diz igualmente que "a penitência simulada é blasfêmia contra o Espírito Santo". O cisma também parece opor-se diretamente ao Espírito Santo, que opera a união da Igreja. E assim parece que a enumeração das espécies de pecado contra o Espírito Santo não é completa.

Em sentido contrário, Agostinho diz que os que se desesperam do perdão dos pecados ou os que sem méritos presumem da misericórdia de Deus pecam contra o Espírito Santo. E, ainda diz: "aquele que fecha seu último dia, na obstinação da mente, é réu de pecado contra o Espírito Santo". E diz que a impenitência é pecado contra o Espírito Santo. E diz que "impugnar a fraternidade pelos incitamentos da inveja" é pecar contra o Espírito Santo. E ainda diz que "quem despreza a verdade ou é maldoso para com os irmãos a quem a verdade foi revelada, ou é ingrato para com Deus por inspiração de quem a Igreja é instruída"; e, assim, parece que nesses casos pecam todos contra o Espírito Santo.

Respondo. Entendendo o pecado contra o Espírito Santo, na terceira acepção, as espécies

---

1. C. 11, n. 26: ML 182, 876 B.
2. Ordin. — Cfr. Hesychium, *In Lev.*, l. II, super 10, 16: MG 93, 901 D.
3. Fulgentius, *De fide ad Petrum*, c. 3, n. 38: ML 65, 690 D.
4. C. 83: ML 40, 272.
5. Serm. 71, al. 11, c. 12, n. 20; 13, n. 23; 21, n. 34: ML 38, 455, 457, 464.
6. L. I, c. 22, n. 73: ML 34, 1266.
7. *De Bapt. contra Donat.*, l. VI, c. 35, n. 67: ML 43, 219.

cipitur, convenienter praedictae species ei assignantur. Quae distinguuntur secundum remotionem vel contemptum eorum per quae potest homo ab electione peccati impediri. Quae quidem sunt vel ex parte divini iudicii; vel ex parte donorum ipsius; vel etiam ex parte ipsius peccati. Avertitur enim homo ab electione peccati ex consideratione divini iudicii, quod habet iustitiam cum misericordia, et per spem, quae consurgit ex consideratione misericordiae remittentis peccata et praemiantis bona, et haec tollitur per desperationem et iterum per timorem, qui insurgit ex consideratione divinae iustitiae punientis peccata; et hic tollitur per praesumptionem, dum scilicet aliquis se praesumit gloriam adipisci sine meritis, vel veniam sine poenitentia.

Dona autem Dei quibus retrahimur a peccato sunt duo. Quorum unum est agnitio veritatis: contra quod ponitur impugnatio veritatis agnitae, dum scilicet aliquis veritatem fidei agnitam impugnat ut licentius peccet. — Aliud est auxilium interioris gratiae: contra quod ponitur invidentia fraternae gratiae, dum scilicet aliquis non solum invidet personae fratris, sed etiam invidet gratiae Dei crescenti in mundo.

Ex parte vero peccati duo sunt quae hominem a peccato retrahere possunt. Quorum unum est inordinatio et turpitudo actus, cuius consideratio inducere solet in homine poenitentiam de peccato commisso. Et contra hoc ponitur impoenitentia: non quidem eo modo quo dicit permanentiam in peccato usque ad mortem, sicut supra[8] impoenitentia accipiebatur (sic enim non esset speciale peccatum, sed quaedam peccati circumstantia); sed accipitur hic impoenitentia secundum quod importat propositum non poenitendi. — Aliud autem est parvitas et brevitas boni quod quis in peccato quaerit, secundum illud Rm 6,21: *Quem fructum habuistis in quibus nunc erubescitis?* cuius consideratio inducere solet hominem ad hoc quod eius voluntas in peccato non firmetur. Et hoc tollitur per obstinationem: quando scilicet homo firmat suum propositum in hoc quod peccato inhaereat. — Et de his duobus dicitur Ier 8,6: *Nullus est qui agat poenitentiam super peccato suo, dicens, Quid feci?* quantum ad primum; *Omnes conversi sunt ad cursum quasi equus impetu vadens ad proelium*, quantum ad secundum.

AD PRIMUM ergo dicendum quod peccatum desperationis vel praesumptionis non consistit in hoc

referidas estão enumeradas convenientemente. Elas se distinguem uma das outras pela rejeição ou desprezo dos meios que podem impedir o homem de fixar sua escolha no pecado. E esses impedimentos dependem ou do juízo divino ou dos dons de Deus ou ainda do próprio pecado. O homem se afasta de escolher o pecado pela consideração do juízo divino, que aplica a justiça juntamente com a misericórdia. E pela esperança, fundada na consideração da misericórdia, que perdoa os pecados e premia as boas obras; esta esperança é eliminada pelo desespero. E ainda, pelo temor, que nasce da consideração da justiça divina que pune os pecados; este temor é eliminado pela presunção, quando alguém presume poder alcançar a glória sem méritos ou o perdão, sem a penitência.

São dois os dons de Deus que perdemos pelo pecado. Um deles é o conhecimento da verdade contra o qual se opõe a impugnação da verdade conhecida, pela qual se nega a verdade da fé conhecida para se pecar mais livremente. — Outro é o auxílio da graça interior a que se opõe a inveja das graças concedidas a nossos irmãos, que nos leva não só a invejar a pessoa de nosso irmão, mas também o aumento da graça de Deus no mundo.

Da parte do pecado, duas são as coisas que podem livrar dele o homem. Uma é a desordem e a torpeza do ato, cuja consideração costuma provocar no homem a penitência do pecado cometido. A isso se opõe a impenitência, não enquanto significa permanência no pecado até a morte, como acima vimos, nesse sentido não seria especial pecado, mas uma circunstância do pecado; mas enquanto é entendida como o propósito de não se arrepender. — Outro motivo que nos afasta do pecado é a mesquinhez e a brevidade do bem que buscamos pelo pecado, conforme aquilo da Carta aos Romanos: "Que fruto tiráveis então das ações de que agora vos envergonhais?" Essa consideração costuma induzir o homem a não fixar sua vontade no pecado. Mas ela é eliminada pela obstinação, pela qual o homem firma o seu propósito de se apegar ao pecado. — E desses dois pontos diz o livro de Jeremias: Do primeiro: "Não deploram sua maldade, dizendo: o que fiz?"; do segundo: "Todos correm no seu curso, qual cavalo que se lança à batalha".

QUANTO AO 1º, portanto, deve-se dizer que o pecado de desespero ou de presunção não consiste

---

8. Art. praec.

quod Dei iustitia vel misericordia non credatur: sed in hoc quod contemnatur.

AD SECUNDUM dicendum quod obstinatio et impoenitentia non solum differunt secundum praeteritum et futurum: sed secundum quasdam formales rationes ex diversa consideratione eorum quae in peccato considerari possunt, ut dictum est[9].

AD TERTIUM dicendum quod gratiam et veritatem Christus fecit per dona Spiritus Sancti, quae hominibus dedit.

AD QUARTUM dicendum quod nolle obedire pertinet ad obstinationem; simulatio poenitentiae ad impoenitentiam; schisma ad invidentiam fraternae gratiae, per quam membra Ecclesiae uniuntur.

em não se crer na justiça ou na misericórdia de Deus, mas em desprezá-las.

QUANTO AO 2º, deve-se dizer que a obstinação e a impenitência não se diferenciam somente pelo passado e pelo futuro, mas por certas razões formais, fundadas nas considerações diversas dos elementos que podem ser levados em conta no pecado, como já foi dito.

QUANTO AO 3º, deve-se dizer que Cristo realizou a graça e a verdade pelos dons do Espírito Santo que ele deu aos homens.

QUANTO AO 4º, deve-se dizer que não querer obedecer é próprio da obstinação; simulação da penitência é próprio da impenitência; o cisma vem da inveja da graça fraterna pela qual os membros da Igreja são unidos.

ARTICULUS 3
Utrum peccatum in Spiritum Sanctum sit irremissibile

AD TERTIUM SIC PROCEDITUR. Videtur quod peccatum in Spiritum Sanctum non sit irremissibile.

1. Dicit enim Augustinus, in libro *de Verb. Dom.*[1]: *De nullo desperandum est quandiu patientia Domini ad poenitentiam adducit.* Sed si aliquod peccatum esset irremissibile, esset de aliquo peccatore desperandum. Ergo peccatum in Spiritum Sanctum non est irremissibile.

2. PRAETEREA, nullum peccatum remittitur nisi per hoc quod anima sanatur a Deo. Sed *omni potenti medico nullus insanabilis languor occurrit:* sicut dicit Glossa[2] super illud Ps 102,3, *Qui sanat omnes infirmitates tuas*. Ergo peccatum in Spiritum Sanctum non est irremissibile.

3. PRAETEREA, liberum arbitrium se habet ad bonum et ad malum. Sed quandiu durat status viae, potest aliquis a quacumque virtute excidere, cum etiam angelus de caelo ceciderit: unde dicitur Iob 4,18-19: *In angelis suis reperit pravitatem: quanto magis qui habitant domos luteas?* Ergo pari ratione potest aliquis a quocumque peccato ad statum iustitiae redire. Ergo peccatum in Spiritum Sanctum non est irremissibile.

ARTIGO 3
O pecado contra o Espírito Santo é irremissível?

QUANTO AO TERCEIRO, ASSIM SE PROCEDE: parece que o pecado contra o Espírito Santo **não** é irremissível.

1. Com efeito, diz Agostinho: "De ninguém devemos desesperar, porque a paciência do Senhor pode levar à penitência". Ora, se algum pecado fosse irremissível, poderíamos desesperar de algum pecador. Logo, o pecado contra o Espírito Santo não é irremissível.

2. ALÉM DISSO, nenhum pecado é remido senão pelo fato de Deus restituir a vida espiritual à alma. Ora, "não há doença que um médico onipotente não possa curar", diz a Glosa sobre aquilo do Salmo: "E das tuas enfermidades todas ele quer curar-te". Logo, o pecado contra o Espírito Santo não é irremissível.

3. ADEMAIS, o livre-arbítrio é relativo ao bem e ao mal. Ora, durante esta vida pode-se abandonar a prática da virtude, pois até os anjos do céu caíram. Daí, o texto do livro de Jó: "Em seus anjos encontrou maldade; quanto mais nos que habitam as casas de argila?" Logo, pela mesma razão, alguém pode, depois de ter cometido qualquer pecado, voltar ao estado de justiça. Portanto, o pecado contra o Espírito Santo não é irremissível.

---

9. In corp.

3   PARALL.: Part. III, q. 86, a. 1, ad 2, 3; II *Sent.*, dist. 43, a. 4; *De Verit.*, q. 24, a. 11, ad 7; *De Malo*, q. 3, a. 15; *Quodlib.* II, q. 8, a. 1; *in Matth.*, c. 12, *ad Rom.*, c. 2, lect. 1.

1. Serm. 71, al. 11, c. 13, n. 21: ML 38, 457.
2. LOMBARDI: ML 191, 920 A.

SED CONTRA est quod dicitur Mt 12,32: *Qui dixerit verbum contra Spiritum Sanctum, non remittetur ei neque in hoc saeculo neque in futuro.* Et Augustinus dicit, in libro *de Serm. Dom. in Monte*[3], quod *tanta est labes huius peccati quod humilitatem deprecandi subire non potest.*

RESPONDEO dicendum quod secundum diversas acceptiones peccati in Spiritum Sanctum, diversimode irremissibile dicitur. Si enim dicatur peccatum in Spiritum Sanctum finalis impoenitentia, sic dicitur irremissibile quia nullo modo remittitur. Peccatum enim mortale in quo homo perseverat usque ad mortem, quia in hac vita non remittitur per poenitentiam, nec etiam in futuro dimittetur.

Secundum autem alias duas acceptiones dicitur irremissibile, non quia nullo modo remittatur: sed quia, quantum est de se, habet meritum ut non remittatur. Et hoc dupliciter. Uno modo, quantum ad poenam. Qui enim ex ignorantia vel infirmitate peccat, minorem poenam meretur: qui autem ex certa malitia peccat, non habet aliquam excusationem unde eius poena minuatur. Similiter etiam qui blasphemabat in Filium hominis, eius divinitate nondum revelata, poterat habere aliquam excusationem propter infirmitatem carnis quam in eo aspiciebat, et sic minorem poenam merebatur: sed qui ipsam divinitatem blasphemabat, opera Spiritus Sancti diabolo attribuens, nullam excusationem habebat unde eius poena diminueretur. Et ideo dicitur, secundum expositionem Chrysostomi[4], hoc peccatum Iudaeis non remitti neque in hoc saeculo neque in futuro, quia pro eo passi sunt poenam et in praesenti vita per Romanos, et in futura vita in poena inferni. Sicut etiam Athanasius[5] inducit exemplum de eorum parentibus, qui primo quidem contra Moysen contenderunt propter defectum aquae et panis: et hoc Dominus sustinuit patienter, habebant enim excusationem ex infirmitate carnis. Sed postmodum gravius peccaverunt quasi blasphemantes in Spiritum Sanctum, beneficia Dei, qui eos de Aegypto eduxerat, idolo attribuentes, cum dixerunt: *Hi sunt dii tui, Israel, qui te eduxerunt de terra Aegypti.* Et ideo Dominus et temporaliter fecit eos puniri, quia *ceciderunt in die illo quasi tria millia hominum*; et in futurum eis poenam

EM SENTIDO CONTRÁRIO, está escrito no Evangelho de Mateus: "Se acaso alguém disser uma palavra contra o Espírito Santo, isso não lhe será perdoado nem neste mundo nem no que virá". E Agostinho diz, que "tão grande é a mancha deste pecado que é incompatível com a humildade necessária para suplicar".

RESPONDO. O pecado contra o Espírito Santo é declarado diversamente irremissível conforme as suas diversas acepções. Se, com efeito, se considera pecado contra o Espírito Santo a impenitência final, então é irremissível, porque, de modo algum, pode ser perdoado. Com efeito, o pecado mortal no qual o homem persevera até a morte, não sendo perdoado nesta vida pela penitência, não o será também na vida futura.

Conforme, porém, as duas outras acepções, é considerado irremissível, não que não possa de nenhum modo ser perdoado, mas porque de si, ele não merece ser remido. E isso de dois modos. Primeiro, quanto à pena. Quem, com efeito, peca por ignorância ou fraqueza, merece pena menor; quem, porém, peca por malícia caracterizada não tem nenhuma desculpa que possa atenuar a pena. Semelhantemente também, quem blasfema contra o Filho do homem, cuja divindade ainda não foi revelada, poderia ter alguma desculpa, por causa da fraqueza da carne que nele via; e assim merece pena menor; mas quem blasfema contra a própria divindade, atribuindo ao diabo, as obras do Espírito Santo, não tem nenhuma desculpa que possa diminuir a pena. Por isso se diz, segundo a exposição de Crisóstomo, que esse pecado não será perdoado aos judeus nem neste século nem no futuro; porque sofreram pena por ele: na presente vida, pelos romanos, e na vida futura, com a pena do inferno. Também Atanásio dá exemplo de ancestrais deles que primeiro se opuseram a Moisés pela falta de água e de pão; e isso o Senhor suportou pacientemente, pois eles tinham a desculpa da fraqueza da carne. Mas, em seguida, pecaram mais gravemente, blasfemando, por assim dizer, contra o Espírito Santo, atribuindo aos ídolos os benefícios de Deus, que os tirara do Egito, dizendo: "Estes são os teus deuses, Israel, que te tiraram da terra do Egito". Por isso o Senhor fez com que fossem punidos temporalmente, pois

---

3. L. I, c. 22, n. 74: ML 34, 1266.
4. *In Matth.*, hom. 41, n. 3: MG 57, 449.
5. Epist. 4, *ad Serapionem*, n. 16: MG 26, 662 B.

comminatur, dicens: *Ego autem in die ultionis visitabo hoc peccatum eorum.*

Alio modo potest intelligi quantum ad culpam: sicut aliquis dicitur morbus incurabilis secundum naturam morbi, per quem tollitur id ex quo morbus potest curari, puta cum morbus tollit virtutem naturae, vel inducit fastidium cibi et medicinae; licet etiam talem morbum Deus possit curare. Ita etiam peccatum in Spiritum Sanctum dicitur irremissibile secundum suam naturam, inquantum excludit ea per quae fit remissio peccatorum. Per hoc tamen non praecluditur via remittendi et sanandi omnipotentiae et misericordiae Dei, per quam aliquando tales quasi miraculose spiritualiter sanantur.

AD PRIMUM ergo dicendum quod de nemine desperandum est in hac vita, considerata omnipotentia et misericordia Dei. Sed considerata conditione peccati, dicuntur aliqui *filii diffidentiae,* ut habetur Eph 2,2.

AD SECUNDUM dicendum quod ratio illa procedit ex parte omnipotentiae Dei: non secundum conditionem peccati.

AD TERTIUM dicendum quod liberum arbitrium remanet quidem semper in hac vita vertibile: tamen quandoque abiicit a se id per quod verti potest ad bonum, quantum in ipso est. Unde ex parte sua peccatum est irremissibile, licet Deus remittere possit.

naquele dia morreram quase três mil homens e ameaçou-os de pena futura, dizendo: "No dia do castigo hei de pedir-lhes conta de seu pecado".

De outro modo, o pecado contra ao Espírito Santo pode ser entendido, conforme a culpa. Assim, dizemos que uma doença é incurável por natureza, quando exclui tudo o que poderia curá-la, por exemplo, quando priva do vigor da natureza ou produz a repulsa do alimento e do remédio, embora Deus possa curar tal doença. Assim também o pecado contra o Espírito Santo diz-se irremissível por sua natureza, enquanto exclui os meios que levam à remissão dos pecados. Entretanto, isso não fecha a via do perdão e da cura pela onipotência e misericórdia de Deus, pela qual, às vezes, quase miraculosamente tais pecadores são espiritualmente curados.

QUANTO AO 1º, portanto, deve-se dizer que de ninguém devemos desesperar nesta vida, consideradas a onipotência e misericórdia de Deus. Mas, considerada a condenação do pecado, alguns são chamados "filhos da rebelião", como diz a Carta aos Efésios.

QUANTO AO 2º, deve-se dizer que o argumento procede quanto à onipotência de Deus e, não, quanto à condição do pecado.

QUANTO AO 3º, deve-se dizer que pelo livre arbítrio, na verdade, somos sempre nesta vida sujeitos à mudança. Entretanto, às vezes, ele afasta para longe de si o que poderia fazê-lo converter-se ao bem, enquanto depende dele. Portanto, o pecado, de sua parte, é irremissível, embora Deus possa perdoá-lo.

ARTICULUS 4
Utrum homo possit primo peccare in Spiritum Sanctum, non praesuppositis aliis peccatis

AD QUARTUM SIC PROCEDITUR. Videtur quod homo non possit primo peccare in Spiritum Sanctum, non praesuppositis aliis peccatis.

1. Naturalis enim ordo est ut ab imperfecto ad perfectum quis moveatur. Et hoc quidem in bonis apparet, secundum illud Pr 4,18: *Iustorum semita quasi lux splendens crescit et proficit usque ad perfectum diem.* Sed perfectum dicitur in malis quod est maximum malum: ut patet per Philosophum, in V *Metaphys.*[1]. Cum igitur peccatum in

ARTIGO 4
O homem pode pecar contra o Espírito Santo, sem ter cometido antes outros pecados?

QUANTO AO QUARTO, ASSIM SE PROCEDE: parece que o homem **não** pode pecar contra o Espírito Santo, sem ter cometido antes outros pecados.

1. Com efeito, pela ordem natural, devemos passar do imperfeito para o perfeito. E isso aparece nos bons, conforme a palavra do livro dos Provérbios: "O caminho dos retos é como a luz da aurora, cujo clarão cresce até a plenitude do dia". Ora, no mal, chama-se perfeito o que é o maior mal, como o mostra o Filósofo. Logo, sendo o pecado contra

---

4 PARALL.: II *Sent.*, dist. 43, a. 5; *De Virtut.*, q. 2, a. 13, ad 1.
  1. C. 16: 1021, b, 25-30.

Spiritum Sanctum sit gravissimum, videtur quod homo ad hoc peccatum perveniat per alia peccata minora.

2. PRAETEREA, peccare in Spiritum Sanctum est peccare ex certa malitia, sive ex electione. Sed hoc non statim potest homo, antequam multoties peccaverit: dicit enim Philosophus, in V *Ethic*.[2], quod, si homo possit iniusta facere, non tamen potest statim operari sicut iniustus, scilicet ex electione. Ergo videtur quod peccatum in Spiritum Sanctum non possit committi nisi post alia peccata.

3. PRAETEREA, poenitentia et impoenitentia sunt circa idem. Sed poenitentia non est nisi de peccatis praeteritis. Ergo etiam neque impoenitentia, quae est species peccati in Spiritum Sanctum. Peccatum ergo in Spiritum Sanctum praesupponit alia peccata.

SED CONTRA est quod *facile est in conspectu Dei subito honestare pauperem*, ut dicitur Eccli 11,23. Ergo e contrario possibile est, secundum malitiam daemonis suggerentis, ut statim aliquis inducatur in gravissimum peccatum, quod est in Spiritum Sanctum.

RESPONDEO dicendum quod, sicut dictum est[3], peccare in Spiritum Sanctum uno modo est peccare ex certa malitia. Ex certa autem malitia dupliciter peccare contingit, sicut dictum est[4]. Uno modo, ex inclinatione habitus: quod non est proprie peccare in Spiritum Sanctum. Et hoc modo peccare ex certa malitia non contingit a principio: oportet enim actus peccatorum praecedere ex quibus causetur habitus ad peccandum inclinans.

Alio modo potest aliquis peccare ex certa malitia abiiciendo per contemptum ea per quae homo retrahitur a peccando: quod proprie est peccare in Spiritum Sanctum, sicut dictum est[5]. Et hoc etiam plerumque praesupponit alia peccata: quia sicut dicitur Pr 18,3, *impius, cum in profundum peccatorum venerit, contemnit*. Potest tamen contingere quod aliquis in primo actu peccati in Spiritum Sanctum peccet per contemptum: tum propter libertatem arbitrii; tum etiam propter multas dispositiones praecedentes; vel etiam propter aliquod vehemens motivum ad

o Espírito Santo gravíssimo, parece que o homem chega até ele por outros pecados menores.

2. ALÉM DISSO, pecar contra o Espírito Santo é pecar com malícia caracterizada ou por escolha. Ora, isso o homem não pode fazer antes de ter pecado muitas vezes. Diz, com efeito, o Filósofo, que embora o homem possa fazer coisas injustas, não pode inicialmente agir como um injusto, isto é, por eleição. Logo, parece que o pecado contra o Espírito Santo não pode ser cometido, senão depois de ter cometido outros pecados.

3. ADEMAIS, penitência e impenitência têm o mesmo objeto. Ora, a penitência diz respeito aos pecados passados. Logo, também a impenitência, que é uma espécie de pecado contra o Espírito Santo. Portanto, o pecado contra o Espírito Santo pressupõe outros pecados.

EM SENTIDO CONTRÁRIO, diz o livro do Eclesiástico: "É fácil, aos olhos de Deus, enriquecer de repente um pobre". Portanto, é possível, ao contrário, por malícia do demônio e sob sua sugestão, que um homem subitamente seja induzido a cometer o pecado mais grave, que é aquele contra o Espírito Santo.

RESPONDO. Como já foi dito, pecar contra o Espírito Santo é, de certo modo, pecar com malícia caracterizada. Mas, há dois modos de pecar assim, como já foi dito. Um, consiste em seguir a inclinação do hábito, o que não é propriamente pecar contra o Espírito Santo. Pecar dessa maneira, com malícia caracterizada, não se dá desde o princípio: é preciso que seja precedido por atos dos pecadores e que tais atos causem o hábito, que inclina a pecar.

Doutro modo, alguém pode pecar com malícia caracterizada, isto é, rejeitando com desprezo os meios pelos quais o homem se livraria do pecado, o que é propriamente pecar contra o Espírito Santo, como já foi dito. E isso supõe, quase sempre, outros pecados, pois como diz o livro dos Provérbios: "o ímpio, depois de chegar ao profundo dos pecados, despreza tudo". Entretanto, pode acontecer que alguém, já no primeiro ato de pecado, peque contra o Espírito Santo por desprezo: seja por causa da liberdade de arbítrio; seja por causa de muitas disposições precedentes;

---

2. Cc. 10, 13: 1134, a, 17-23; 1137, a, 4-9.
3. Art. 1.
4. Ibid.
5. Art. 1.

malum et debilem affectum hominis ad bonum. Et ideo in viris perfectis hoc vix aut nunquam accidere potest quod statim a principio peccent in Spiritum Sanctum. Unde dicit Origenes, in I *Periarch.*[6]: *Non arbitror quod aliquis ex his qui in summo perfectoque gradu constiterint, ad subitum evacuetur aut decidat: sed paulatim ac per partes eum decidere necesse est.* — Et eadem ratio est si peccatum in Spiritum Sanctum accipiatur ad litteram pro blasphemia Spiritus Sancti. Talis enim blasphemia de qua Dominus loquitur, semper ex malitiae contemptu procedit.

Si vero per peccatum in Spiritum Sanctum intelligatur finalis impoenitentia, secundum intellectum Augustini, quaestionem non habet: quia ad peccatum in Spiritum Sanctum requiritur continuatio peccatorum usque in finem vitae.

AD PRIMUM ergo dicendum quod tam in bono quam in malo, ut in pluribus, proceditur ab imperfecto ad perfectum, prout homo proficit vel in bono vel in malo. Et tamen in utroque sunt potest incipere a maiori quam alius. Et ita illud a quo aliquis incipit, potest esse perfectum in bono vel in malo secundum genus suum; licet sit imperfectum secundum seriem processus hominis in melius vel in peius proficientis.

AD SECUNDUM dicendum quod ratio illa procedit de peccato ex malitia quando est ex inclinatione habitus.

AD TERTIUM dicendum quod, si accipiatur impoenitentia secundum intentionem Augustini, secundum quod importat permanentiam in peccato usque in finem, sic planum est quod impoenitentia praesupponit peccata, sicut et poenitentia. Sed si loquamur de impoenitentia habituali, secundum quod ponitur species peccati in Spiritum Sanctum, sic manifestum est quod impoenitentia potest esse etiam ante peccata: potest enim ille qui nunquam peccavit habere propositum vel poenitendi vel non poenitendi, si contingeret eum peccare.

seja também por algum motivo muito forte que conduz ao mal e por um débil afeto pelo bem. Por isso, nos homens perfeitos, isso quase nunca pode acontecer, isto é, pecar inicialmente contra o Espírito Santo. Por isso, diz Orígenes: "Não penso que quem está posto no sumo grau de perfeição, possa subitamente perder-se ou cair; mas, se ele cai é necessariamente pouco a pouco e de forma progressiva". — E a mesma razão vale, se o pecado contra o Espírito Santo for entendido literalmente como blasfêmia contra o Espírito Santo. Tal blasfêmia, da qual o Senhor fala, procede sempre da malícia do desprezo.

Se, porém, por pecado contra o Espírito Santo se entende a impenitência final, como o entende Agostinho, a questão inexiste, pois o pecado contra o Espírito Santo exige a prática continuada dos pecados até o fim da vida.

QUANTO AO 1º, portanto, deve-se dizer que tanto no bem, como no mal, na maior parte das vezes, há a passagem do imperfeito para o perfeito, na medida em que o homem progride no bem ou no mal. E, nos dois casos, um indivíduo pode começar em um nível mais elevado do que outro. Nesse sentido, um começo, considerado genericamente, pode ser perfeito no bem ou no mal, embora seja imperfeito com relação à série de desenvolvimento, na qual o homem progride no bem, como no mal.

QUANTO AO 2º, deve-se dizer que a objeção procede quanto ao pecado por malícia procedente de uma inclinação natural.

QUANTO AO 3º, deve-se dizer que se impenitência é considerada segundo o pensamento de Agostinho, isto é, enquanto importa permanência no pecado até o fim, então é claro que tanto a impenitência quanto a penitência pressupõem pecados. Mas, se falamos de impenitência habitual, enquanto uma espécie de pecado contra o Espírito Santo, então é claro que pode haver impenitência antes do pecado; isto é, pode alguém, que nunca pecou, ter o propósito de arrepender-se, ou não, se vier a pecar.

---

6. C. 3, n. 8: MG 11, 155 C.

QUAESTIO XV
DE CAECITATE MENTIS ET HEBETUDINE SENSUS
in tres articulos divisa

Deinde considerandum est de vitiis oppositis scientiae et intellectui. Et quia de ignorantia, quae opponitur scientiae, dictum est supra, cum de causis peccatorum ageretur; quaerendum est nunc de caecitate mentis et hebetudine sensus, quae opponuntur dono intellectus.

Et circa hoc quaeruntur tria.
Primo: utrum caecitas mentis sit peccatum.
Secundo: utrum hebetudo sensus sit aliud peccatum a caecitate mentis.
Tertio: utrum haec vitia a peccatis carnalibus oriantur.

ARTICULUS 1
Utrum caecitas mentis sit peccatum

AD PRIMUM SIC PROCEDITUR. Videtur quod caecitas mentis non sit peccatum.
1. Illud enim quod excusat a peccato non videtur esse peccatum. Sed caecitas excusat a peccato: dicitur enim Io 9,41: *Si caeci essetis, non haberetis peccatum*. Ergo caecitas mentis non est peccatum.
2. PRAETEREA, poena differt a culpa. Sed caecitas mentis est quaedam poena: ut patet per illud quod habetur Is 6,10: *Excaeca cor populi huius*; non enim esset a Deo, cum sit malum, nisi poena esset. Ergo caecitas mentis non est peccatum.

3. PRAETEREA, omne peccatum est voluntarium, ut Augustinus dicit[1]. Sed caecitas mentis non est voluntaria: quia ut Augustinus dicit, X *Confess.*[2], *cognoscere veritatem lucentem omnes amant*; et Eccle 11,7 dicitur: *Dulce lumen, et delectabile oculis videre solem*. Ergo caecitas mentis non est peccatum.

SED CONTRA est quod Gregorius, XXXI *Moral.*[3], caecitatem mentis ponit inter vitia quae causantur ex luxuria.

RESPONDEO dicendum quod sicut caecitas corporalis est privatio eius quod est principium

QUESTÃO 15
A CEGUEIRA DA MENTE E O EMBOTAMENTO DO SENTIDO[a]
em três artigos

Em seguida, deve-se tratar dos vícios opostos à ciência e à inteligência. Como já se tratou da ignorância, que se opõe à ciência, quando se falou sobre a causa dos pecados, deve-se agora examinar a cegueira da mente e o embotamento do sentido, que se opõem ao dom da inteligência.

Nesta questão, são três as perguntas:
1. A cegueira da mente é pecado?
2. O embotamento do sentido é pecado diverso da cegueira da mente?
3. Esses vícios nascem dos pecados da carne?

ARTIGO 1
A cegueira da mente é pecado?

QUANTO AO PRIMEIRO ARTIGO, ASSIM SE PROCEDE: parece que a cegueira da mente **não** é pecado.
1. Com efeito, o que escusa o pecado não pode ser pecado. Ora, a cegueira escusa o pecado, como está escrito no Evangelho de João: "Se fôsseis cegos, não teríeis culpa". Logo, a cegueira da mente não é pecado.
2. ALÉM DISSO, a pena difere da culpa. Ora, a cegueira da mente é uma pena, como está claro no livro de Isaías: "Obceca o coração deste povo". Ora, como isso é um mal, ele não viria de Deus, se não fosse uma pena. Logo, a cegueira da mente não é pecado.

3. ADEMAIS, todo pecado é voluntário, como diz Agostinho, mas a cegueira da mente não é voluntária, pois o mesmo Agostinho diz: "Todos gostam de conhecer a verdade luminosa" e no livro do Eclesiastes se lê "Doce é a luz: os olhos comprazem-se em ver o sol". Logo, a cegueira da mente não é pecado.

EM SENTIDO CONTRÁRIO, Gregório coloca a cegueira da mente entre os vícios causados pela luxúria.

RESPONDO. Assim como a cegueira corporal é privação do princípio da visão corporal, assim

---

1. *De vera Rel.*, c. 14, n. 27: ML 34, 133.
2. C. 23, n. 34: ML 32, 794.
3. C. 45, al. 17, in vet. 31, n. 88: ML 76, 621 B.

a. Depois dos pecados contra os atos interiores e exteriores de fé, eis os pecados contra o dom de inteligência. De fato, esses pecados também se contrapõem naturalmente ao dom de ciência.

corporalis visionis, ita etiam caecitas mentis est privatio eius quod est principium mentalis sive intellectualis visionis. Cuius quidem principium est triplex. Unum quidem est lumen naturalis rationis. Et hoc lumen, cum pertineat ad speciem animae rationalis, nunquam privatur ab anima. Impeditur tamen quandoque a proprio actu per impedimenta virium inferiorum, quibus indiget intellectus humanus ad intelligendum, sicut patet in amentibus et furiosis, ut in Primo[4] dictum est.

Aliud autem principium intellectualis visionis est aliquod lumen habituale naturali lumini rationis superadditum. Et hoc quidem lumen interdum privatur ab anima. Et talis privatio est caecitas quae est poena, secundum quod privatio luminis gratiae quaedam poena ponitur. Unde dicitur de quibusdam, Sap 2,21: *Excaecavit illos malitia eorum.*

Tertium principium visionis intellectualis est aliquod intelligibile principium per quod homo intelligit alia. Cui quidem principio intelligibili mens hominis potest intendere vel non intendere. Et quod ei non intendat contingit dupliciter. Quandoque quidem ex hoc quod habet voluntatem spontanee se avertentem a consideratione talis principii: secundum illud Ps 35,4: *Noluit intelligere ut bene ageret.* Alio modo, per occupationem mentis circa alia quae magis diligit, quibus ab inspectione huius principii mens avertitur: secundum illud Ps 57,9: *Supercecidit ignis*, scilicet concupiscentiae, *et non viderunt solem.* Et utroque modo caecitas mentis est peccatum.

AD PRIMUM ergo dicendum quod caecitas quae excusat a peccato est quae contingit ex naturali defectu non potentis videre.

AD SECUNDUM dicendum quod ratio illa procedit de secunda caecitate, quae est poena.

AD TERTIUM dicendum quod intelligere veritatem cuilibet est secundum se amabile. Potest tamen per accidens esse alicui odibile, inquantum scilicet per hoc homo impeditur ab aliis quae magis amat.

a cegueira da mente é privação do princípio da visão mental ou intelectual. Ora, esse princípio é tríplice. Um é o lume da razão natural. Como este lume pertence à natureza específica da alma racional, esta jamais fica privada dele. Algumas vezes, porém, ela é impedida no seu ato próprio, por causa do obstáculo das potências inferiores das quais o intelecto humano necessita para entender, como acontece nos dementes e furiosos, segundo foi dito na I Parte.

Outro princípio da visão intelectual é um certo lume habitual, acrescentado ao lume natural da razão. E desse lume, a alma, às vezes, pode ficar privada. E tal privação é a cegueira, que é uma pena, pois considera-se pena a privação da luz da graça. Por isso, de certas pessoas diz a Sabedoria: "Sua malícia os cegou".

O terceiro princípio da visão intelectual é um princípio inteligível, por meio do qual o homem entende as outras coisas. A este princípio inteligível, a mente do homem pode aplicar-se ou não. O não aplicar-se pode dar-se por dois motivos. Às vezes, por vontade espontânea de se desviar da consideração de tal princípio, segundo a palavra do Salmo: "Ele renuncia às boas ações e ao bom senso". Ou, então, porque pela mente se ocupa de coisas que mais ama e que a afastam de pensar tal princípio, conforme o texto do Salmo: "O fogo caiu sobre eles", isto é, o fogo da concupiscência, e "não viram o sol". Nos dois casos, a cegueira da mente é pecado[b].

QUANTO AO 1º, portanto, deve-se dizer que a cegueira que escusa o pecado é aquela proveniente do defeito natural de não poder ver.

QUANTO AO 2º, deve-se dizer que a objeção é válida quanto ao segundo tipo de cegueira, isto é, como pena.

QUANTO AO 3º, deve-se dizer que conhecer a verdade é, em si mesmo, agradável a todos. Pode, porém, acidentalmente, ser odioso a alguém, na medida em que o homem é impedido de atender às coisas que mais ama.

---

4. Q. 84, a. 7, 8.

b. A não ser acidentalmente, como entre os dementes, o homem não é privado da luz natural da razão. Ele pode se subtrair à luz da graça, seja isso uma pena ou uma falta. No entanto, sempre existe falta se ele recusa "ver" o que Deus lhe dá a "ver" ou a ouvir. Seja que a vontade desvie por si mesma, seja que a inteligência se tenha tornado "espessa", grosseira e cega, porque o gosto das coisas terrestres esvaziou o sabor das coisas divinas. O dom de inteligência, se não é embotado desse modo, desenvolve, pelo contrário, uma grande e refinada acuidade.

Articulus 2
Utrum hebetudo sensus sit aliud a caecitate mentis

AD SECUNDUM SIC PROCEDITUR. Videtur quod hebetudo sensus non sit aliud a caecitate mentis.

1. Unum enim uni est contrarium. Sed dono intellectus opponitur hebetudo, ut patet per Gregorium, in II *Moral*.[1]; cui etiam opponitur caecitas mentis, eo quod intellectus principium quoddam visivum designat. Ergo hebetudo sensus est idem quod caecitas mentis.

2. PRAETEREA, Gregorius, in XXXI *Moral*.[2], de hebetudine loquens, nominat eam *hebetudinem sensus circa intelligentiam*. Sed hebetari sensu circa intelligentiam nihil aliud esse videtur quam intelligendo deficere, quod pertinet ad mentis caecitatem. Ergo hebetudo sensus idem est quod caecitas mentis.

3. PRAETEREA, si in aliquo differunt, maxime videntur in hoc differre quod caecitas mentis est voluntaria, ut supra[3] dictum est, hebetudo autem sensus est naturalis. Sed defectus naturalis non est peccatum. Ergo secundum hoc hebetudo sensus non esset peccatum. Quod est contra Gregorium[4], qui connumerat eam inter vitia quae ex gula oriuntur.

SED CONTRA est quod diversarum causarum sunt diversi effectus. Sed Gregorius, XXXI *Moral*.[5], dicit quod hebetudo mentis oritur ex gula, caecitas autem mentis ex luxuria. Ergo sunt diversa vitia.

RESPONDEO dicendum quod hebes acuto opponitur. Acutum autem dicitur aliquid ex hoc quod est penetrativum. Unde et hebes dicitur aliquid ex hoc quod est obtusum, penetrare non valens. Sensus autem corporalis per quandam similitudinem penetrare dicitur medium inquantum ex aliqua distantia suum obiectum percipit; vel inquantum potest quasi penetrando intima rei percipere. Unde in corporalibus dicitur aliquis esse acuti sensus qui potest percipere sensibile aliquod ex remotis, vel videndo vel audiendo vel olfaciendo; et e contra-

Artigo 2
O embotamento do sentido difere da cegueira da mente?

QUANTO AO SEGUNDO, ASSIM SE PROCEDE: parece que o embotamento do sentido **não** seja outra coisa que a cegueira da mente.

1. Com efeito, os contrários se opõem um a um. Ora, ao dom da inteligência opõe-se o embotamento, como diz claramente Gregório; e igualmente a cegueira da mente, pois o intelecto designa um princípio de visão. Logo, o embotamento do sentido é a mesma coisa que cegueira da mente.

2. ALÉM DISSO, Gregório, falando do embotamento, chama-o de "embotamento do sentido em matéria de inteligência". Ora, ter o sentido embotado em matéria de inteligência não parece ser outra coisa senão entender deficientemente, o que é próprio da cegueira da mente. Logo, o embotamento do sentido e a cegueira da mente são a mesma coisa.

3. ADEMAIS, se há uma diferença, parece, sobretudo, no fato de a cegueira da mente ser voluntária, como se disse acima, e o embotamento do sentido, natural. Ora, a deficiência natural não é pecado. Logo, sendo assim, o embotamento do sentido não seria pecado. O que contradiz Gregório, que o enumera entre os vícios oriundos da gula.

EM SENTIDO CONTRÁRIO, causas diversas têm efeitos diversos. Mas, Gregório, diz que o embotamento da mente origina-se da gula e a cegueira da mente vem da luxúria. Portanto, são vícios diferentes.

RESPONDO. O embotamento opõe-se à acuidade. Diz-se que um instrumento é agudo por ser penetrante. Portanto, diz-se embotamento o que é obtuso e não pode penetrar. Diz-se, no entanto, por certa semelhança, que o sentido corporal penetra o meio, por perceber, à distância, o seu objeto; ou enquanto pode perceber o que há de mais interior no objeto como que penetrando-o. Daí dizer-se, no que é corporal, que tem sentidos agudos o que pode perceber o sensível de longe com sua vista, com o ouvido ou o olfato. Ao contrário, diz-se

---

2

1. C. 49, al. 27, in vet. 36, n. 77: ML 75, 592 D.
2. C. 45, al. 17, in vet. 31, n. 88: ML 76, 621 B.
3. Art. praec.
4. Loc. proxime cit.
5. Ibid.

rio dicitur sensu hebetari qui non percipit nisi ex propinquo et magna sensibilia.

Ad similitudinem autem corporalis sensus dicitur etiam circa intelligentiam esse aliquis sensus, qui est aliquorum *primorum extremorum*, ut dicitur in VI *Ethic*.[6]: sicut etiam sensus est cognoscitivus sensibilium quasi quorundam principiorum cognitionis. Hic autem sensus qui est circa intelligentiam non percipit suum obiectum per medium distantiae corporalis, sed per quaedam alia media: sicut cum per proprietatem rei percipit eius essentiam, et per effectus percipit causam. Ille ergo dicitur esse acuti sensus circa intelligentiam qui statim ad apprehensionem proprietatis rei, vel etiam effectus, naturam rei comprehendit, et inquantum usque ad minimas conditiones rei considerandas pertingit. Ille autem dicitur esse hebes circa intelligentiam qui ad cognoscendam veritatem rei pertingere non potest nisi per multa ei exposita, et tunc etiam non potest pertingere ad perfecte considerandum omnia quae pertinent ad rei rationem.

Sic igitur hebetudo sensus circa intelligentiam importat quandam debilitatem mentis circa considerationem spiritualium bonorum: caecitas autem mentis importat omnimodam privationem cognitionis ipsorum. Et utrumque opponitur dono intellectus, per quem homo spiritualia bona apprehendendo cognoscit et ad eorum intima subtiliter penetrat. Habet autem hebetudo rationem peccati sicut et caecitas mentis: inquantum scilicet est voluntaria, ut patet in eo qui, affectus circa carnalia, de spiritualibus subtiliter discutere fastidit vel negligit.

Et per hoc patet responsio AD OBIECTA.

Articulus 3
Utrum caecitas mentis et hebetudo sensus oriantur ex peccatis carnalibus

AD TERTIUM SIC PROCEDITUR. Videtur quod caecitas mentis et hebetudo sensus non oriantur ex vitiis carnalibus.

1. Augustinus enim, in libro *Retract*.[1], retractans illud quod dixerat in *Soliloq*.[2], *Deus, qui non nisi mundos verum scire voluisti,* dicit quod *responderi*

que tem sentidos embotados quem só percebe, de perto, objetos sensíveis grandes.

À semelhança do sentido corporal, também se fala de certo sentido da inteligência. Para o Filósofo, esse sentido diz respeito "aos princípios primordiais e supremos", assim como o sentido conhece os dados sensíveis como sendo princípios de conhecimento. O sentido que diz respeito à inteligência, porém, não percebe seu objeto por meio de uma distância espacial, mas por outros meios; como, por exemplo, quando percebe a essência de uma coisa por suas propriedades, ou a causa, pelo efeito. Por isso se diz que alguém é agudo com respeito à inteligência, quando, aprendendo as propriedades de uma coisa ou seus efeitos, compreende sua natureza e atinge até as mínimas condições que nela devem ser consideradas. Chama-se, porém, embotado de inteligência quem não pode alcançar a verdade de uma coisa, senão depois de numerosas explicações e ainda assim não pode atingir perfeitamente o que pertence à razão da coisa.

Assim, pois, o embotamento do sentido com respeito à inteligência implica certa debilidade da mente na consideração dos bens espirituais; mas a cegueira da mente implica total privação do conhecimento destes bens. Uma e outra coisa opõem-se ao dom da inteligência pelo qual o homem conhece os bens espirituais apreendendo-os, e penetra-lhes subtilmente no que eles têm de mais íntimo. Contudo, o embotamento como a cegueira da mente têm natureza de pecado, enquanto são voluntários. E isso é claro naquele que, apegado aos bens carnais, enfada-se ou negligencia de penetrar com agudeza as realidades espirituais.

Por tudo isso, fica clara a resposta às OBJEÇÕES.

Artigo 3
A cegueira da mente e o embotamento do sentido nascem dos pecados carnais?

QUANTO AO TERCEIRO, ASSIM SE PROCEDE: parece que a cegueira da mente e o embotamento do sentido **não** nascem dos vícios carnais.

1. Com efeito, Agostinho retratando-se daquilo que dissera no *Solilóquios*: "Deus, que só aos puros permitistes conhecer a verdade", diz: "pode-se

---

6. C. 12: 1143, a, 26-29.

3 PARALL.: Infra, q. 153, a. 5.

1. L. I, c. 4, n. 2: ML 32, 589.
2. L. I, c. 1, n. 2: ML 32, 870.

potest multos etiam non mundos multa vera scire. Sed homines maxime efficiuntur immundi per vitia carnalia. Ergo caecitas mentis et hebetudo sensus non causantur a vitiis carnalibus.

2. PRAETEREA, caecitas mentis et hebetudo sensus sunt defectus quidam circa partem animae intellectivam; vitia autem carnalia pertinent ad corruptionem carnis. Sed caro non agit in animam, sed potius e converso. Ergo vitia carnalia non causant caecitatem mentis et hebetudinem sensus.

3. PRAETEREA, unumquodque magis patitur a propinquiori quam a remotiori. Sed propinquiora sunt menti vitia spiritualia quam carnalia. Ergo caecitas mentis et hebetudo sensus magis causantur ex vitiis spiritualibus quam ex vitiis carnalibus.

SED CONTRA est quod Gregorius, XXXI *Moral*.[3], dicit quod hebetudo sensus circa intelligentiam oritur ex gula, caecitas mentis ex luxuria.

RESPONDEO dicendum quod perfectio intellectualis operationis in homine consistit in quadam abstractione a sensibilium phantasmatibus. Et ideo quanto intellectus hominis magis fuerit liber ab huiusmodi phantasmatibus, tanto potius considerare intelligibilia poterit et ordinare omnia sensibilia: sicut et Anaxagoras dixit quod oportet intellectum esse immixtum ad hoc quod imperet, et agens oportet quod dominetur super materiam ad hoc quod possit eam movere. Manifestum est autem quod delectatio applicat intentionem ad ea in quibus aliquis delectatur: unde Philosophus dicit, in X *Ethic*.[4], quod unusquisque ea in quibus delectatur optime operatur, contraria vero nequaquam vel debiliter. Vitia autem carnalia, scilicet gula et luxuria, consistunt circa delectationes tactus, ciborum scilicet et venereorum, quae sunt vehementissimae inter omnes corporales delectationes. Et ideo per haec vitia intentio hominis maxime applicatur ad corporalia, et per consequens debilitatur operatio hominis circa intelligibilia: magis autem per luxuriam quam per gulam, quanto delectationes venereorum sunt vehementiores quam ciborum. Et ideo ex luxuria oritur caecitas mentis, quae quasi totaliter spiritualium bonorum cognitionem excludit: ex gula autem hebetudo sensus, quae reddit hominem debilem circa huiusmodi intelligibilia. Et e converso oppositae virtutes, scilicet abstinentia

responder que, muitos, embora não puros, podem conhecer muitas verdades". Ora, os homens se tornam impuros, sobretudo pelos vícios carnais. Logo, a cegueira da mente e o embotamento do sentido não são causados pelos vícios carnais.

2. ALÉM DISSO, a cegueira da mente e o embotamento do sentido são deficiências que dizem respeito à parte intelectiva da alma, enquanto os vícios carnais se referem à corrupção da carne. Ora, a carne não age sobre a alma, mas antes, ao contrário. Logo, os vícios carnais não causam a cegueira da mente e o embotamento do sentido.

3. ADEMAIS, cada coisa sofre mais a ação de um agente mais próximo do que de um distante. Ora, são mais próximos da mente os vícios espirituais do que os carnais. Logo, a cegueira da mente e o embotamento do sentido são causados, mais pelos vícios espirituais do que pelos vícios carnais.

EM SENTIDO CONTRÁRIO, Gregório, afirma que o embotamento do sentido intelectual nasce da gula; e a cegueira da mente, da luxúria.

RESPONDO. A perfeição da operação intelectual do homem consiste numa abstração das representações imaginárias sensíveis. Portanto, quanto mais o intelecto do homem estiver livre dessas representações imaginárias sensíveis, tanto mais poderá ver o inteligível e ordenar todos os sensíveis; disse Anaxágoras que o intelecto há de ser puro para imperar e o agente deve dominar a matéria para poder movê-la. Com efeito, é manifesto que o prazer se concentra no objeto em que se deleita. Por isso, o Filósofo diz que cada um faz muito bem as coisas nas quais se compraz, mas, as coisas contrárias, não faz de modo algum ou apenas debilmente. Ora, os vícios carnais, isto é, a gula e a luxúria, consistem nos prazeres do tato, isto é, nos da mesa e dos atos sexuais; estes são os prazeres mais violentos entre todos os prazeres do corpo. Por isso, por esses vícios, a intenção do homem aplica-se principalmente às coisas corporais e consequentemente sua atividade intelectual se debilita, mais pela luxúria do que pela gula, pois os prazeres sexuais são mais veementes do que os da mesa. Portanto, da luxúria nasce a cegueira da mente que exclui quase totalmente o conhecimento dos bens espirituais; e da gula nasce o embotamento do sentido, que torna o homem débil com respeito às realidades inteligíveis. Ao contrário, as virtudes opostas, isto

---

3. C. 45, al. 17, in vet. 31, n. 88: ML 76, 621 B.
4. C. 5: 1175, a, 30-b, 16.

et castitas, maxime disponunt hominem ad perfectionem intellectualis operationis. Unde dicitur Dn 1,17 quod *pueris his,* scilicet abstinentibus et continentibus, *dedit Deus scientiam et disciplinam in omni libro et sapientia.*

AD PRIMUM ergo dicendum quod, quamvis aliqui vitiis carnalibus subditi possint quandoque subtiliter aliqua speculari circa intelligibilia, propter bonitatem ingenii naturalis vel habitus superadditi; tamen necesse est ut ab hac subtilitate contemplationis eorum intentio plerumque retrahatur propter delectationes corporales. Et ita immundi possunt aliqua vera scire, sed ex sua immunditia circa hoc impediuntur.

AD SECUNDUM dicendum quod caro non agit in partem intellectivam alterando ipsam: sed impediendo operationem ipsius per modum praedictum.

AD TERTIUM dicendum quod vitia carnalia, quo magis sunt remota a mente, eo magis eius intentionem ad remotiora distrahunt. Unde magis impediunt mentis contemplationem.

é, a abstinência e a castidade, dispõem muito bem o homem para a perfeição da atividade intelectual. Daí a palavra de Daniel: "Deus deu a estes meninos, isto é, aos que praticam a abstinência e a castidade, a ciência e conhecimentos de todas as letras e da sabedoria".

QUANTO AO 1º, portanto, deve-se dizer que os que se entregam a vícios carnais, às vezes são capazes de especular subtilmente sobre os inteligíveis por causa da boa qualidade de seu engenho natural ou de um hábito adquirido. Entretanto, essa intenção é necessariamente privada muitas vezes da subtilidade da contemplação por força dos prazeres corporais. Assim, embora os impuros possam conhecer algumas verdades, eles encontram um obstáculo por causa da sua impureza.

QUANTO AO 2º, deve-se dizer que a carne não age na parte intelectiva, alterando-a, mas impedindo a sua operação, da maneira supradita.

QUANTO AO 3º, deve-se dizer que quanto mais os vícios carnais forem contrários à mente, tanto mais distraem a atenção do espírito para coisas distantes. Assim, mais impedem a contemplação da mente[c].

---

c. A principal causa do embotamento do espírito vem a ser o apego excessivo aos prazeres da mesa e do leito. A mente mergulha de certo modo na matéria e perde sua fineza de penetração para as realidades espirituais. O homem excepcionalmente dotado tornando-se carnal pode guardar na sua especialidade muitos de seus recursos. Mas, na busca de Deus e dos valores mais altos, se vê privado simplesmente de seus meios.

QUAESTIO XVI
DE PRAECEPTIS FIDEI, SCIENTIAE ET INTELLECTUS
in duos articulos divisa

Deinde considerandum est de praeceptis pertinentibus ad praedicta.
Et circa hoc quaeruntur duo.
Primo: de praeceptis pertinentibus ad fidem.
Secundo: de praeceptis pertinentibus ad dona scientiae et intellectus.

QUESTÃO 16
OS PRECEITOS RELATIVOS À FÉ, À CIÊNCIA E AO INTELECTO[a]
em dois artigos

Devem-se considerar, em seguida, os preceitos relativos à fé, à ciência e ao intelecto.
Nesta questão, são duas as perguntas:
1. Sobre os preceitos relativos à fé;
2. Sobre os preceitos relativos aos dons da ciência e da inteligência.

---

a. Última parte das questões relativas à fé. Ela fecha sistematicamente todo estudo de virtudes: ver q. 22, 44, 56, 122, 140 e 170. Sto. Tomás não busca de modo algum fixar as obrigações concernentes à fé, mas procura interrogar-se sobre o que diz a respeito a Escritura, e a comentar esta última.

Articulus 1
Utrum in veteri lege debuerint dari praecepta credendi

AD PRIMUM SIC PROCEDITUR. Videtur quod in veteri lege dari debuerint praecepta credendi.

1. Praeceptum enim est de eo quod est debitum et necessarium. Sed maxime necessarium est homini quod credat: secundum illud Hb 11,6: *Sine fide impossibile est placere Deo*. Ergo maxime oportuit praecepta dari de fide.

2. PRAETEREA, novum Testamentum continetur in veteri sicut figuratum in figura, ut supra[1] dictum est. Sed in novo Testamento ponuntur expressa mandata de fide: ut patet Io 14,1: *Creditis in Deum, et in me credite*. Ergo videtur quod in veteri lege etiam debuerint aliqua praecepta dari de fide.

3. PRAETEREA, eiusdem rationis est praecipere actum virtutis et prohibere vitia opposita. Sed in veteri lege ponuntur multa praecepta prohibentia infidelitatem: sicut Ex 20,3: *Non habebis deos alienos coram me;* et iterum Dt 13,1-3 mandatur quod non audient verba prophetae aut somniatoris qui eos de fide Dei vellet divertere. Ergo in veteri lege etiam debuerunt dari praecepta de fide.

4. PRAETEREA, confessio est actus fidei, ut supra[2] dictum est. Sed de confessione et promulgatione fidei dantur praecepta in veteri lege: mandatur enim Ex 12,26-27 quod filiis suis interrogantibus rationem assignent paschalis observantiae; et Dt 13 mandatur quod ille qui disseminat doctrinam contra fidem occidatur. Ergo lex vetus praecepta fidei debuit habere.

5. PRAETEREA, omnes libri veteris Testamenti sub lege veteri continentur: unde Dominus, Io 15,25, dicit in lege esse scriptum, *Odio habuerunt me gratis,* quod tamen scribitur in Ps 34,19. Sed Eccli 2,8 dicitur: Qui *timetis Dominum, credite illi*. Ergo in veteri lege fuerunt praecepta danda de fide.

Artigo 1
A lei antiga devia estabelecer preceitos relativos à fé?

QUANTO AO PRIMEIRO ARTIGO, ASSIM SE PROCEDE: parece que na lei antiga **deveriam** ser dados preceitos relativos à fé.

1. Com efeito, um preceito é relativo ao que é devido e necessário. Ora, o que há de mais necessário ao homem é crer, segundo a Carta aos Hebreus: "Sem a fé é impossível agradar a Deus". Logo, foi muito necessário dar preceitos sobre a fé.

2. ALÉM DISSO, o Novo Testamento está contido no Antigo, como o figurado na figura, como foi dito acima. Ora, o Novo Testamento estabelece expressamente mandamentos sobre a fé, como está claro no Evangelho de João: "Credes em Deus, crede também em mim". Logo, parece que na Lei Antiga deviam ser dados também alguns preceitos sobre a fé.

3. ADEMAIS, pela mesma razão se prescreve o ato de uma virtude e se proíbem os vícios opostos. Ora, a Lei Antiga estabelece muitos preceitos que proíbem a infidelidade, como no livro do Êxodo: "Não terás deuses estrangeiros diante de mim" e novamente o livro do Deuteronômio preceitua que não se ouçam as palavras de profeta ou de sonhador que os queira desviar da fé em Deus. Logo, na Lei Antiga também deviam ser dados preceitos sobre a fé.

4. ADEMAIS, a confissão é um ato de fé, como foi dito acima. Ora, na Antiga Lei são dados preceitos sobre a confissão e a promulgação da fé. Com efeito, no livro do Êxodo é prescrito que os judeus deem aos filhos que os interrogarem a razão da observância pascal; e, no livro do Deuteronômio, é prescrito que seja morto quem disseminar doutrina contra a fé. Logo, a Lei Antiga devia ter preceitos sobre a fé.

5. ADEMAIS, todos os livros do Antigo Testamento estão contidos na Lei Antiga; por isso, o Senhor diz que está escrito na Lei: "Eles tiveram ódio de mim sem motivo", o que também está escrito nos Salmos. Ora, no Eclesiástico, se diz: "Vós, que temeis o Senhor, esperai n'Ele". Logo, na Lei Antiga foram dados preceitos sobre a fé.

---

1 PARALL.: I-II, q. 100, a. 4, ad 1; infra, q. 22, a. 1; *Cont. Gent.* III, 118.

1. I-II, q. 107, a. 3.
2. Q. 3, a. 1.

SED CONTRA est quod Apostolus, Rm 3,27, legem veterem nominat *legem factorum,* et dividit eam contra *legem fidei*. Ergo in lege veteri non fuerunt praecepta danda de fide.

RESPONDEO dicendum quod lex non imponitur ab aliquo domino nisi suis subditis: et ideo praecepta legis cuiuslibet praesupponunt subiectionem recipientis legem ad eum qui dat legem. Prima autem subiectio hominis ad Deum est per fidem: secundum illud Hb 11,6: *Accedentem ad Deum oportet credere quia est*. Et ideo fides praesupponitur ad legis praecepta. Et propter hoc Ex 20,2 id quod est fidei praemittitur ante legis praecepta, cum dicitur: *Ego sum Dominus Deus tuus, qui eduxi te de terra Aegypti*. Et similiter Dt 6,4 praemittitur: *Audi, Israel, Dominus Deus tuus unus est* et postea statim incipit agere de praeceptis. Sed quia in fide multa continentur ordinata ad fidem qua credimus Deum esse, quod est primum et principale inter omnia credibilia, ut dictum est[3]; ideo, praesupposita fide de Deo, per quam mens humana Deo subiiciatur, possunt dari praecepta de aliis credendis: sicut Augustinus dicit, *super* Io.[4], quod plurima sunt nobis de fide mandata, exponens illud *Hoc est praeceptum meum*. Sed in veteri lege non erant secreta fidei populo exponenda. Et ideo, supposita fide unius Dei, nulla alia praecepta sunt in veteri lege data de credendis.

AD PRIMUM ergo dicendum quod fides est necessaria tanquam principium spiritualis vitae. Et ideo praesupponitur ad legis susceptionem.

AD SECUNDUM dicendum quod ibi etiam Dominus praesupponit aliquid de fide, scilicet fidem unius Dei, cum dicit, *Creditis in Deum:* et aliquid praecipit, scilicet fidem Incarnationis, per quam unus est Deus et homo; quae quidem fidei explicatio pertinet ad fidem novi Testamenti. Et ideo subdit: *et in me credite*.

AD TERTIUM dicendum quod praecepta prohibitiva respiciunt peccata, quae corrumpunt virtutem. Virtus autem corrumpitur ex particularibus defec-

EM SENTIDO CONTRÁRIO, o Apóstolo chama à Lei Antiga, a "lei das obras" e a opõe à "lei da fé". Logo, a Lei Antiga não deu preceitos sobre a fé[b].

RESPONDO. A lei não é imposta por um senhor senão aos seus súditos; por isso, os preceitos de uma lei supõem a sujeição daquele que a recebe àquele que dá. Ora, a primeira sujeição do homem a Deus é pela fé, segundo esta palavra da Carta aos Hebreus: "Quem chega perto de Deus deve crer que ele existe". Logo, a fé é pressuposta aos preceitos da Lei. E, por isso, o que é de fé vem antes dos preceitos da Lei, segundo se diz no livro do Êxodo: "Eu sou Javé, teu Deus, eu que te tirei da terra do Egito". E, semelhantemente, o livro do Deuteronômio primeiro afirma: "Escuta, Israel: o Senhor teu Deus é um só" e logo, em seguida, começa a tratar dos preceitos. Mas, porque na fé, há muitos pontos que se ordenam à fé pela qual cremos que Deus existe, o que é a verdade primeira e principal entre todas aquelas que devemos crer, como já foi dito, por isso, pressuposta a fé em Deus, pela qual a mente humana se sujeita a Ele, podem ser dados preceitos relativamente a outros pontos da fé que se devem crer. Nesse sentido, Agostinho, quando comenta o texto do Evangelho de João: "Este é o meu mandamento", diz que os mandamentos relativos à fé são muito numerosos. Mas, na Antiga Lei, as verdades ocultas da fé não deviam ser expostas ao povo. Por isso, suposta a fé em um único Deus, a Lei Antiga não deu nenhum outro preceito relativamente às verdades a crer.

QUANTO AO 1º, portanto, deve-se dizer que a fé é necessária como princípio de vida espiritual. Por isso, ela é pressuposta à recepção da Lei.

QUANTO AO 2º, deve-se dizer que no lugar citado, também o Senhor pressupõe algo de fé, isto é, a crença em um só Deus, quando diz "Credes em Deus" e ordena algo, isto é, a fé na Encarnação pela qual Deus e homem são um só; esta explicitação da fé pertence à fé do Novo Testamento. Por isso, acrescenta: "Crede também em mim".

QUANTO AO 3º, deve-se dizer que os preceitos proibitivos dizem respeito aos pecados que corrompem a virtude. Ora, como já foi dito, a

---

3. Q. 1, a. 7.
4. Tract. 83, super 15, 12, n. 3: ML 35, 1846.

b. São Paulo contrapunha a economia das "obras" (antiga aliança) à da "fé" (nova aliança). Isso significa, argumenta nosso doutor, que os preceitos do Antigo Testamento "pressupunham", simplesmente, uma fé elementar que ainda não requeria desenvolvimentos.

tibus, ut supra[5] dictum est. Et ideo, praesupposita fide unius Dei, in lege veteri fuerunt danda prohibitiva praecepta, quibus homines prohiberentur ab his particularibus defectibus per quos fides corrumpi posset.

AD QUARTUM dicendum quod etiam confessio vel doctrina fidei praesupponit subiectionem hominis ad Deum per fidem. Et ideo magis potuerunt dari praecepta in veteri lege pertinentia ad confessionem et doctrinam fidei quam pertinentia ad ipsam fidem.

AD QUINTUM dicendum quod in illa etiam auctoritate praesupponitur fides per quam credimus Deum esse: unde praemittit, *Qui timetis Deum*, quod non posset esse sine fide. Quod autem addit, *credite illi*, ad quaedam credibilia specialia referendum est, et praecipue ad illa quae promittit Deus sibi obedientibus. Unde subdit: *et non evacuabitur merces vestra*.

ARTICULUS 2
Utrum in veteri lege convenienter tradantur praecepta pertinentia ad scientiam et intellectum

AD SECUNDUM SIC PROCEDITUR. Videtur quod in veteri lege inconvenienter tradantur praecepta pertinentia ad scientiam et intellectum.

1. Scientia enim et intellectus ad cognitionem pertinent. Cognitio autem praecedit et dirigit actionem. Ergo praecepta ad scientiam et intellectum pertinentia debent praecedere praecepta pertinentia ad actionem. Cum ergo prima praecepta legis sint praecepta decalogi, videtur quod inter praecepta decalogi debuerunt tradi aliqua praecepta pertinentia ad scientiam et intellectum.

2. PRAETEREA, disciplina praecedit doctrinam: prius enim homo ab alio discit quam alium doceat. Sed dantur in veteri lege aliqua praecepta de doctrina: et affirmativa, ut praecipitur Dt 4,9: *Docebis ea filios ac nepotes tuos*, et etiam prohibitiva, sicut habetur Dt 4,2: *Non addetis ad verbum quod vobis loquor, neque auferetis ab eo*. Ergo videtur quod

virtude se corrompe por deficiências particulares. Por isso, pressuposta a fé em um só Deus, na Lei Antiga, foram estabelecidos preceitos proibitivos, pelos quais os homens eram proibidos de manter essas deficiências particulares com as quais a fé poderia corromper-se.

QUANTO AO 4º, deve-se dizer que a confissão ou a doutrina da fé pressupõe a submissão do homem a Deus pela fé. Por isso, na Antiga Lei, foram estabelecidos mais preceitos, referentes à confissão ou à doutrina da fé, do que à fé em si mesma.

QUANTO AO 5º, deve-se dizer que o texto aduzido pressupõe a fé pela qual cremos na existência de Deus. Por isso, se diz de início: "Vós, que temeis a Deus", o que não poderia dar-se sem a fé. E o que se acrescenta: "Crede n'Ele" deve referir-se a certas verdades especiais que é preciso crer, especialmente aos bens que Deus promete aos que lhe obedecerem. Por isso, a sequência: "E não vos faltará a recompensa".

ARTIGO 2
A Antiga Lei estabeleceu convenientemente os preceitos relativos à ciência e ao intelecto?

QUANTO AO SEGUNDO, ASSIM SE PROCEDE: parece que a Antiga Lei **não** estabeleceu convenientemente os preceitos relativos à ciência e ao intelecto.

1. Com efeito, a ciência e o intelecto dizem respeito ao conhecimento. Ora, o conhecimento precede e dirige a ação. Logo, os preceitos que se referem à ciência e ao intelecto devem preceder aos que dizem respeito à ação. Ora, como os primeiros preceitos da Lei são os mandamentos do Decálogo, parece que entre esses deveriam ser estabelecidos alguns pertinentes à ciência e ao intelecto.

2. ALÉM DISSO, a disciplina precede a doutrina[c]: o homem, primeiro, aprende de outrem, antes de ensinar os outros. Ora, a Antiga Lei estabeleceu alguns preceitos sobre o ensino; alguns são afirmativos como esta prescrição do livro do Deuteronômio: "Tu as ensinarás a teus filhos e a teus netos"; outros são proibitivos: "Vós não ajuntareis nem

---

5. Q. 10, a. 5.

---

c. A *disciplina* é o ato, ou a disposição, do *discípulo*: a arte de aprender; a *doutrina*, o ato do doutor: a arte, ou o fato, de ensinar; ou a matéria ensinada.

etiam aliqua praecepta dari debuerint inducentia hominem ad addiscendum.

3. Praeterea, scientia et intellectus magis videntur necessaria sacerdoti quam regi: unde dicitur Mal 2,7: *Labia sacerdotis custodiunt scientiam, et legem requirunt ex ore eius*; et Os 4,6 dicitur: *Quia scientiam repulisti, repellam te et ego, ne sacerdotio fungaris mihi.* Sed regi mandatur quod addiscat scientiam legis: ut patet Dt 17,18-19. Ergo multo magis debuit praecipi in lege quod sacerdotes legem addiscerent.

4. Praeterea, meditatio eorum quae ad scientiam et intellectum pertinent non potest esse in dormiendo. Impeditur etiam per occupationes extraneas. Ergo inconvenienter praecipitur, Dt 6,7: *Meditaberis ea sedens in domo tua, et ambulans in itinere, dormiens atque consurgens.* Inconvenienter ergo traduntur in veteri lege praecepta ad scientiam et intellectum pertinentia.

Sed contra est quod dicitur Dt 4,6: *Audientes universi praecepta haec, dicant: En populus sapiens et intelligens.*

Respondeo dicendum quod circa scientiam et intellectum tria possunt considerari: primo quidem, acceptio ipsius; secundo, usus eius, tertio vero, conservatio ipsius. Acceptio quidem scientiae vel intellectus fit per doctrinam et disciplinam. Et utrumque in lege praecipitur. Dicitur enim Dt 6,6: *Erunt verba haec quae ego praecipio tibi, in corde tuo,* quod pertinet ad disciplinam: pertinet enim ad discipulum ut cor suum applicet his quae dicuntur. Quod vero subditur v. 7: *Et narrabis ea filiis tuis,* pertinet ad doctrinam — Usus vero scientiae vel intellectus est meditatio eorum quae quis scit vel intelligit. Et quantum ad hoc subditur [ib.]: *Et meditaberis sedens in domo tua,* etc. — Conservatio autem fit per memoriam. Et quantum ad hoc subdit v. 8-9: *Et ligabis ea quasi signum in manu tua, eruntque et movebuntur inter oculos tuos, scribesque ea in limine et ostiis domus tuae.* Per quae omnia iugem memoriam mandatorum Dei significat: ea enim quae continue sensibus nostris occurrunt, vel tactu, sicut ea quae in manu habemus; vel visu, sicut ea quae ante oculos mentis sunt continue; vel ad quae oportet nos saepe recurrere, sicut ad ostium domus; a memoria nostra excidere non possunt. Et Dt 4,9 manifestius dicitur: *Ne obliviscaris verborum quae viderunt*

tirareis nada às palavras que eu vos digo". Logo, parece que alguns preceitos foram estabelecidos para induzir o homem a instruir-se.

3. Ademais, a ciência e o intelecto parecem ser mais necessários ao sacerdote do que ao rei. Daí a Escritura: "Pois os lábios do sacerdote guardam a ciência e é a lei o que se busca em sua boca"; e no livro de Oseias: "Porque tu abandonaste a ciência, eu te rejeitarei para que não exerças as funções do meu sacerdócio". Ora, ao rei, a Escritura manda que aprenda a ciência da lei como está claro no livro do Deuteronômio. Logo, com muito maior razão, deveria ser prescrito na lei que os sacerdotes estudassem a Lei.

4. Ademais, a meditação das coisas que dizem respeito à ciência e ao intelecto não se pode fazer, dormindo; e ela fica impedida também por ocupações a ela estranhas. Logo, a lei ordena inadequadamente: "E tu as meditarás, assentado em tua casa e andando pelo caminho, ao dormires e ao te levantares." Portanto, a Antiga Lei estabeleceu inadequadamente os preceitos relativos à ciência e ao intelecto.

Em sentido contrário, está escrito no livro do Deuteronômio: "Todos os que ouvirem estes preceitos digam: Eis um povo sábio e inteligente".

Respondo. Podem-se considerar três pontos relativos à ciência e ao intelecto. Primeiro, a aceitação deles; segundo, o seu uso; terceiro, a sua conservação. A aceitação da ciência e do intelecto se faz pelo ensino e pela disciplina. Um e outro são prescritos na Lei. Com efeito, lê-se no livro do Deuteronômio: "Estas palavras que eu te prescrevo estarão em teu coração"; isso pertence à disciplina, porque cabe ao discípulo aplicar o seu coração àquilo que é dito. O que se diz a seguir diz respeito ao ensino: "E tu as referirás aos teus filhos". — O uso da ciência e do intelecto é a meditação das coisas que se sabe ou se entende. E, por isso, a Lei acrescenta: "E as meditarás, assentado em tua casa etc.". — A conservação se faz pela memória. E a esse respeito está escrito a seguir: "E as atarás como um sinal em tua mão; e elas estarão e se moverão diante dos teus olhos; e tu as escreverás no limiar e nas portas de tua casa." Por tudo isso, o texto significa uma memória perene dos mandamentos de Deus. Pois, o que ocorre sempre aos nossos sentidos ou ao tato, como o que temos nas mãos, ou à visão como o que sempre está diante dos olhos da mente; ou aquilo a que muitas vezes devemos recorrer, como a porta da casa, tudo isso não pode apagar-se de

oculi tui, et ne excidant de corde tuo cunctis diebus vitae tuae. — Et haec etiam abundantius in novo Testamento, tam in doctrina evangelica quam apostolica, mandata leguntur.

AD PRIMUM ergo dicendum quod, sicut dicitur Dt 4,6, *haec est vestra sapientia et intellectus coram populis*: ex quo datur intelligi quod scientia et intellectus fidelium Dei consistit in praeceptis legis. Et ideo primo sunt proponenda legis praecepta; et postmodum homines sunt inducendi ad eorum scientiam vel intellectum. Et ideo praemissa praecepta non debuerunt poni inter praecepta decalogi, quae sunt prima.

AD SECUNDUM dicendum quod etiam in lege ponuntur praecepta pertinentia ad disciplinam, ut dictum est[1]. Expressius tamen praecipitur doctrina quam disciplina, quia doctrina pertinet ad maiores, qui sunt sui iuris, immediate sub lege existentes, quibus debent dari legis praecepta: disciplina autem pertinet ad minores, ad quos praecepta legis per maiores debent pervenire.

AD TERTIUM dicendum quod scientia legis est adeo annexa officio sacerdotis ut simul cum iniunctione officii intelligatur etiam et scientiae legis iniunctio. Et ideo non oportuit specialia praecepta dari de instructione sacerdotum. Sed doctrina legis Dei non adeo est annexa regali officio: quia rex constituitur super populum in temporalibus. Et ideo specialiter praecipitur ut rex instruatur de his quae pertinent ad legem Dei per sacerdotes.

AD QUARTUM dicendum quod illud praeceptum legis non est sic intelligendum quod homo dormiendo meditetur de lege Dei: sed quod dormiens, idest vadens dormitum, de lege Dei meditetur; quia ex hoc etiam homines dormiendo nanciscuntur meliora phantasmata, secundum quod pertranseunt motus a vigilantibus ad dormientes, ut patet per Philosophum, in I *Ethic*.[2] — Similiter etiam mandatur ut in omni actu suo aliquis meditetur de lege, non quod semper actu de lege cogitet, sed quod omnia quae facit secundum legem moderetur.

nossa memória. Ademais, o livro Deuteronômio o diz mais claramente: "Não te esqueças das coisas que teus olhos viram e elas não se apaguem de teu coração, um só dia de tua vida". — E esses mandamentos se leem mais abundantemente no Novo Testamento, tanto no ensino evangélico, como no apostólico.

QUANTO AO 1º, portanto, deve-se dizer que, do que está escrito no livro do Deuteronômio: "Tal será a vossa sabedoria e o vosso intelecto, aos olhos dos povos" pode-se entender que a ciência e o intelecto dos fiéis a Deus consistem nos preceitos da Lei. E, por isso, primeiramente devem ser propostos os preceitos da Lei; e, depois, os homens devem ser levados à ciência e à inteligência deles. Por consequência, os referidos preceitos não deviam ser colocados entre os preceitos do Decálogo, que são os primeiros.

QUANTO AO 2º, deve-se dizer que também na Lei há preceitos atinentes à disciplina, como já foi dito. Mas, o ensino é ordenado mais expressamente do que a disciplina, porque pertence aos maiores, que são independentes e estão diretamente sob a Lei, aos quais devem ser dados os preceitos da mesma; a disciplina, porém, pertence aos menores, que devem receber dos maiores os preceitos da Lei.

QUANTO AO 3º, deve-se dizer que a ciência da Lei é anexa ao ofício do sacerdote, de tal forma que simultaneamente ao lhe ser imposto esse ofício também lhe foi imposta a ciência da Lei. Por isso, não havia necessidade de preceitos especiais relativamente à instrução dos sacerdotes. Mas, o ensino da lei de Deus não está anexo às obrigações do rei, porque este é constituído chefe do povo nas coisas temporais. Por isso, é especialmente prescrito que o rei seja instruído pelos sacerdotes no que diz respeito à lei de Deus.

Quanto ao 4º, deve-se dizer que o citado preceito da Lei não significa que o homem, mesmo dormindo, medite na lei de Deus. Mas que, quando vai dormir, medite nela, pois então, mesmo dormindo, surgirão melhores representações imaginárias sensíveis, pois os movimentos do estado de vigília perduram durante o sono, como diz o Filósofo. — Semelhantemente, está ordenado que o homem, em todo o seu ato, medite na Lei, o que não significa que o homem sempre cogite sobre a lei de uma maneira atual, mas que por ela regule tudo o que fizer.

---

1. In corp.
2. C. 13: 1102, b, 9-12.

A ESPERANÇA

Introdução e notas por Antonin-Marcel Henry

INTRODUÇÃO

A esperança é para Sto. Tomás uma virtude específica, bem distinta da fé, e igualmente distinta da caridade. Essa precisão nos termos não ocorreu desde o início, de uma só vez.

O judeu não via o futuro da mesma maneira que o grego. Este julga o presente e orienta sua ação em consequência dele. O judeu, pelo contrário, o que quer que ele espere, funda sua esperança em Deus, do qual ele se sente totalmente dependente.

Além disso, a antiguidade grega pensa com bastante naturalidade que a morte abre a perspectiva de um mundo melhor. Já para o judeu, a morte, exceto em alguns textos incertos, não deixa lugar a nenhum futuro individual.

No século I, o partido dos fariseus, com o qual o pensamento religioso de Jesus tem afinidade, crê que Deus ressuscitará os mortos no último dia. Essa nova vida não é adquirida como um prolongamnto natural da vida terrestre. É um dom gratuito de Deus. Cristo cumpre desse modo, por sua ressurreição, esse desejo intuitivo que tinha Israel ao termo de sua história. O pensamento farisaico se integra na dogmática cristã.

Com Cristo, portanto, o estatuto da esperança se modificou. Sem dúvida, havia esperança na antiga aliança: uma esperança coletiva, inteiramente submetida a Deus, mas cujo horizonte raramente ia além dos desejos terrestres. Com a ressurreição, a visão do mundo se transforma. A fé conduz o cristão a um mundo divino, ao qual Cristo lhe forneceu o acesso, e esse mundo divino, sua esperança, é também o Cristo.

Essa esperança não é uma evasão. Por renovada que seja, assume tudo o que havia de humano na esperança de Israel. Na verdade, fé, esperança e amor constituem os aspectos diversos de uma atitude espiritual única e complexa. Assim, para São Paulo, a caridade *crê, espera, suporta* (1Co 13,7).

A teologia escolástica se esforçará em analisar racionalmente essa complexidade original. A tríade, originalmente rica de uma única experiência, explode em três virtudes distintas e claramente definidas.

Para Sto. Tomás, a fé tornar-se-á uma virtude *intelectual*, a esperança uma virtude do apetite intelectual que é a *vontade*. Contudo, ela se distingue da caridade. Esta designa a união do amante ao amado divino; aquela evoca o movimento, o impulso, a tensão do apetite rumo ao Bem absoluto, tão distante de nós; a caridade se vincula ao outro por causa *dele*, a esperança tende a esse outro para nele encontrar *seu* bem: *sua* felicidade.

Sto. Tomás retorna com frequência a essas diferenças que distinguem especificamente as três teologais. Ele escreve (q. 17, a. 6): a caridade faz com que o homem se ligue a Deus por causa dele; pela fé, o homem adere a Deus enquanto ele é para nós princípio de conhecimento da verdade; pela esperança, enquanto ele é para nós princípio de bondade perfeita.

Estamos distantes da imprecisão na qual os apóstolos deixavam os termos que visavam traduzir sua experiência. O risco é esquecer, nesse afinamento de conceitos e nessa separação de palavras, a difícil e incomunicável experiência dos primeiros discípulos de Jesus. A rica psicologia de Sto. Tomás o fará escapar em parte a esse perigo. O mesmo nem sempre se aplicará a seus comentadores. Não foi sem esforço que Sto. Tomás alcançou esse ponto. De uma obra a outra pode-se ver seu progresso. É o que se verifica, por exemplo, na definição da virtude e do objeto da Esperança desde as *Sentenças* até a *Suma teológica*.

Desde o século XIV, a teologia se viu confrontada sobretudo quer por um misticismo que não dá muita importância à atividade e à responsabilidade do homem, quer pelo quietismo, quer, um pouco depois, pelo jansenismo. Todos esses movimentos se situam, é claro, quais correntes posteriores a Sto. Tomás. No século XIII, ainda não se foi atingido por tendências análogas; conhece-se o valor dos atos e da responsabilidade humana. A sedução poderia se efetuar antes no sentido contrário, presente a nossa época, que consiste em mesclar e integrar as esperanças de nosso tempo à esperança teologal.

Essa preocupação da militância temporal no interior da esperança suscita um difícil problema. Ele é rapidamente abordado por Sto. Tomás (q. 17, a. 4). Mas, a questão se tornou mais urgente em nossos dias: o cristão deve desesperar deste mundo e não sujar suas mãos? Toda ação por um mundo melhor é repreensível de um ponto de vista cristão? Ou, em caso contrário, não decorre de um excesso de

caridade por este mundo, que não pode ser exigida de todos? A resposta constitui um bom teste para a teologia da esperança que se propõe.

A chave da questão reside na distinção entre o *ter* e o *ser*. O objeto de nossa esperança é a realização de nosso *ser* pessoal ao mesmo tempo individual e comunitário em Deus. A esperança trabalha necessariamente em tudo o que promove o ser interior do homem, divinizado pelo Espírito do Cristo, e o ser da comunidade humana. Ela quer e espera de Deus a sua ajuda, na medida em que Deus a julga adaptada. O crente não pode deixar de esforçar-se para melhorar seu ser interior, o seu e o desse meio humano no qual ele se exprime e se desenvolve, por todos os meios possíveis, incluindo as instituições.

O que crê desdenhará todo *ter* que em nada contribui para seu *ser*, *a fortiori* o que pode prejudicar a este último, o que desgasta seu ser interior. O que fere sua dignidade, liberdade, direitos do homem, laços fraternos, ele o denunciará.

Não existe contradição, portanto, mas continuidade entre a busca do reino de Deus e a de um mundo melhor na Terra, se entendermos que só há riqueza para Deus, em sua criação, no homem. A interioridade do homem só podendo crescer por meio da exterioridade dos atos humanos perceptíveis (I-II, q. 52, a. 3), toda a temporalidade entra por esse viés no movimento da esperança.

Resta que Deus também se serve do pecado e do mal para o bem de alguns. É por isso que suas vias imprevisíveis muitas vezes só revelam sua misteriosa finalidade mais tarde.

No cômputo total, é Deus que esperamos, ficando claro que é Deus quem realiza nosso ser próprio, aquele que nós mesmos temos que realizar nele e por meio dele. Por outro lado, essa realização se faz a partir de todos os haveres dos quais nosso ser tem necessidade para realizar-se.

Sto. Tomás diz tudo isso sem muito se atardar. Pois, ninguém lhe havia posto as questões que estamos enfrentando hoje em dia.

QUAESTIO XVII
DE SPE
in octo articulos divisa

Consequenter post fidem considerandum est de spe. Et primo, de ipsa spe; secundo, de dono timoris; tertio, de vitiis oppositis; quarto, de praeceptis ad hoc pertinentibus. Circa primum occurrit primo consideratio de ipsa spe; secundo, de subiecto eius.

Circa primum quaeruntur octo.
Primo: utrum spes sit virtus.
Secundo: utrum obiectum eius sit beatitudo aeterna.
Tertio: utrum unus homo possit sperare beatitudinem alterius per virtutem spei.
Quarto: utrum homo licite possit sperare in homine.
Quinto: utrum spes sit virtus theologica.
Sexto: de distinctione eius ab aliis virtutibus theologicis.
Septimo: de ordine eius ad fidem.
Octavo: de ordine eius ad caritatem.

Articulus 1
Utrum spes sit virtus

AD PRIMUM SIC PROCEDITUR. Videtur quod spes non sit virtus.

1. *Virtute* enim *nullus male utitur*; ut dicit Augustinus, in libro *de Lib. Arb.*[1]. Sed spe aliquis male utitur: quia circa passionem spei contingit esse medium et extrema, sicut et circa alias passiones. Ergo spes non est virtus.

2. PRAETEREA, nulla virtus procedit ex meritis: quia *virtutem Deus in nobis sine nobis operatur,* ut Augustinus dicit[2]. Sed spes est *ex gratia et meritis proveniens;* ut Magister dicit, 26 dist. III lib. *Sent.* Ergo spes non est virtus.

3. PRAETEREA, *virtus est dispositio perfecti*; ut dicitur in VII *Physic.*[3]. Spes autem est dispositio

QUESTÃO 17
A ESPERANÇA
em oito artigos

Em seguida, depois da fé, deve-se tratar da esperança. E primeiro, da natureza da esperança; segundo, do dom do temor; terceiro, dos vícios opostos; quarto, dos preceitos atinentes à esperança[a]. Acerca do primeiro item, devemos tratar: primeiro, da natureza da esperança; segundo, do seu sujeito.

Na primeira questão, são oito as perguntas:
1. A esperança é uma virtude?
2. O seu objeto é a felicidade eterna?
3. Um homem pode esperar a felicidade do outro, pela virtude da esperança?
4. Um homem pode licitamente esperar em outro?
5. A esperança é virtude teologal?
6. Sobre a diferença entre ela e as outras virtudes teologais.
7. Sobre a relação da esperança com a fé.
8. Sobre a relação da esperança com a caridade[b].

Artigo 1
A esperança é uma virtude?

QUANTO AO PRIMEIRO ARTIGO, ASSIM SE PROCEDE: parece que a esperança **não** é uma virtude.

1. Com efeito, diz Agostinho: "Ninguém usa mal da virtude". Ora, usa-se mal da esperança, porque ela comporta, como as outras paixões, meio e extremos. Logo, a esperança não é virtude.

2. ALÉM DISSO, nenhuma virtude procede de méritos, porque "a virtude, Deus a opera em nós sem nós", como diz Agostinho. Ora, "a esperança tem por origem a graça e os méritos", como diz o Mestre das Sentenças. Logo, a esperança não é virtude.

3. ADEMAIS, "A virtude é a disposição do que é perfeito", diz o livro VII da *Física*. Ora, a es-

---

1 PARALL.: III *Sent.*, dist. 26, q. 2, a. 1; *De Virtut.*, q. 4, a. 1.

1. L. II, c. 18, n. 50; c. 19, n. 50: ML 32, 1267, 1268.
2. *Enarr. in Ps.*, Ps. 118, serm. 26, super v. 121: ML 37, 1577; *De gratia et lib. arb.*, c. 17, n. 33: ML 44, 901.
3. C. 3: 246, b, 23-24; a, 13-16.

a. Esses quatro pontos do plano voltam a aparecer na análise das três teologais e na das quatro virtudes cardeais.
b. O esquema possui duas partes:
I. A esperança é uma virtude teologal: *a.* A esperança da qual falamos é uma virtude: a. 1. *b.* Qual o seu objeto? Em si mesmo: a. 2; em algumas de suas condições: a. 3 e 4. *c.* Definição da esperança teologal: a. 5.
II. Suas relações com as outras virtudes teologais: ela é distinta delas? a. 6. Ela precede a fé? a. 7. Segue a caridade? a. 8.

imperfecti: scilicet eius qui non habet id quod sperat. Ergo spes non est virtus.

SED CONTRA est quod Gregorius, in I *Moral.*[4], dicit quod per tres filias Iob significantur hae tres virtutes, fides, spes, caritas. Ergo spes est virtus.

RESPONDEO dicendum quod, secundum Philosophum, in II *Ethic.*[5], *virtus uniuscuiusque rei est quae bonum facit habentem et opus eius bonum reddit.* Oportet igitur, ubicumque invenitur aliquis actus hominis bonus, quod respondeat alicui virtuti humanae. In omnibus autem regulatis et mensuratis bonum consideratur per hoc quod aliquid propriam regulam attingit: sicut dicimus vestem esse bonam quae nec excedit nec deficit a debita mensura. Humanorum autem actuum, sicut supra[6] dictum est, duplex est mensura: una quidem proxima et homogenea, scilicet ratio; alia autem est suprema et excedens, scilicet Deus. Et ideo omnis actus humanus attingens ad rationem aut ad ipsum Deum est bonus. Actus autem spei de qua nunc loquimur attingit ad Deum. Ut enim supra[7] dictum est, cum de passione spei ageretur, obiectum spei est bonum futurum arduum possibile haberi. Possibile autem est aliquid nobis dupliciter: uno modo, per nos ipsos, alio modo, per alios; ut patet in III *Ethic.*[8]. Inquantum igitur speramus aliquid ut possibile nobis per divinum auxilium, spes nostra attingit ad ipsum Deum, cuius auxilio innititur. Et ideo patet quod spes est virtus: cum faciat actum hominis bonum et debitam regulam attingentem.

AD PRIMUM ergo dicendum quod in passionibus accipitur medium virtutis per hoc quod attingitur ratio recta: et in hoc etiam consistit ratio virtutis. Unde etiam et in spe bonum virtutis accipitur secundum quod homo attingit sperando regulam debitam, scilicet Deum. Et ideo spe attingente Deum nullus potest male uti, sicut nec virtute morali attingente rationem: quia hoc ipsum quod est attingere est bonus usus virtutis. Quamvis spes

perança é disposição do que é imperfeito, isto é, daquele que não tem aquilo que espera. Logo, a esperança não é virtude.

EM SENTIDO CONTRÁRIO, Gregório diz que as três filhas de Jó significam as três virtudes: fé, esperança e caridade. Logo, a esperança é uma virtude[c].

RESPONDO. Segundo o Filósofo: "a virtude de cada coisa é o que torna bom o que a possui e torna boa a sua ação". Logo é necessário que onde se encontra um ato bom do homem, este ato corresponde a uma virtude humana. Ora, em todas as coisas submissas a regras e a medidas, o bem se reconhece pelo fato de que uma coisa atinge a sua regra própria; assim, dizemos que a roupa é boa, se não vai além nem aquém da medida devida. Ora, para os atos humanos, como foi dito acima, há duas medida: uma imediata e homogênea, que é a razão; outra, suprema e transcendente, que é Deus. Por isso, todo o ato humano que esteja de acordo com a razão ou com o próprio Deus é bom. Mas, o ato da esperança, do qual agora falamos, se refere a Deus. Com efeito, como já foi dito, quando se tratou da paixão da esperança, o objeto da esperança é um bem futuro, difícil, mas que se pode obter. Ora, uma coisa nos é possível, de dois modos: por nós mesmos ou por outrem, como está claro no livro III da *Ética*. Enquanto, pois, esperamos alguma coisa como possível pelo auxílio divino, nossa esperança se refere ao próprio Deus em cujo auxílio confia. E, por isso, é manifesto que a esperança é uma virtude, pois ela torna bom o ato do homem, que atinge a devida regra[d].

QUANTO AO 1º, portanto, deve-se dizer que nas paixões, o meio termo da virtude consiste na obediência à reta razão; e nisso consiste a natureza da virtude. Por onde, também na esperança, considera-se o bem da virtude quando o homem, pela esperança, atinge a regra devida, que é Deus. Portanto, ninguém pode usar mal da esperança que busca a Deus, como nem da virtude moral que atinge a razão, porque o fato mesmo de atingir é

---

4. C. 27, al. 12, in vet. 28: ML 75, 544 C.
5. C. 5: 1106, a, 15-23.
6. I-II, q. 71, a. 6.
7. I-II, q. 40, a. 1.
8. C. 5: 1112, b, 27-28.

c. Essa exegese simbólica ainda se efetuava no século XIII. E São Gregório era autoridade na matéria.
d. Uma vestimenta conforme ao porte do corpo é a que convém: é boa. Um ato conforme à razão, essa intermediária que Deus nos deu entre ele e nós, é bom. *A fortiori*, se atinge Deus diretamente, tal como é em si mesmo. A esperança atinge Deus de duas maneiras: como felicidade esperada (causa final da esperança, considerada, às vezes, objeto material), ou como aquele em que confiamos porque é o único que pode nos conduzir a essa felicidade (causa eficiente, ou objeto formal) é

de qua nunc loquimur non sit passio, sed habitus mentis, ut infra[9] patebit.

AD SECUNDUM dicendum quod spes dicitur ex meritis provenire quantum ad ipsam rem expectatam: prout aliquis sperat se beatitudinem adepturum ex gratia et meritis. Vel quantum ad actum spei formatae. Ipse autem habitus spei, per quam aliquis expectat beatitudinem, non causatur ex meritis, sed pure ex gratia.

AD TERTIUM dicendum quod ille qui sperat est quidem imperfectus secundum considerationem ad id quod sperat obtinere, quod nondum habet: sed est perfectus quantum ad hoc quod iam attingit propriam regulam, scilicet Deum, cuius auxilio innititur.

ARTICULUS 2
Utrum beatitudo aeterna sit obiectum proprium spei

AD SECUNDUM SIC PROCEDITUR. Videtur quod beatitudo aeterna non sit obiectum proprium spei.

1. Illud enim homo non sperat quod omnem animi sui motum excedit: cum spei actus sit quidam animi motus. Sed beatitudo aeterna excedit omnem humani animi motum: dicit enim Apostolus, 1Cor 2,9, quod *in cor hominis non ascendit*. Ergo beatitudo non est proprium obiectum spei.

2. PRAETEREA, petitio est spei interpretativa: dicitur enim in Ps 36,5: *Revela Domino viam tuam et spera in eo, et ipse faciet*. Sed homo petit a Deo licite non solum beatitudinem aeternam, sed etiam bona praesentis vitae tam spiritualia quam temporalia, et etiam liberationem a malis, quae in beatitudine aeterna non erunt: ut patet in Oratione Dominica, Mt 6,11sqq. Ergo beatitudo aeterna non est proprium obiectum spei.

3. PRAETEREA, spei obiectum est arduum. Sed in comparatione ad hominem multa alia sunt ardua

o bom uso da virtude. Ainda que a esperança da qual agora falamos não seja paixão, mas hábito da alma, como a seguir se demonstrará.

QUANTO AO 2º, deve-se dizer que a esperança provém do mérito, quando se fala da realidade mesma que se espera; enquanto alguém espera alcançar a bem-aventurança por graça e méritos, ou enquanto ao ato da esperança formada. Mas o hábito mesmo da esperança, pelo qual esperamos a bem-aventurança, não é causado pelo mérito, mas exclusivamente pela graça[e].

QUANTO AO 3º, deve-se dizer que quem espera é, na verdade, imperfeito, se se considera o bem que ele espera obter, mas ainda não tem; mas é perfeito no sentido de ter atingido sua própria regra, isto é Deus, com cujo auxílio ele conta.

ARTIGO 2
A bem-aventurança eterna é o objeto próprio da esperança?

QUANTO AO SEGUNDO, ASSIM SE PROCEDE: parece que a bem-aventurança eterna **não** é o objeto próprio da esperança.

1. Com efeito, o homem não espera o que excede todo o movimento da sua alma, uma vez que o ato da esperança é um movimento da alma. Ora, a bem-aventurança eterna excede todo o movimento da alma, conforme diz o Apóstolo, "não veio ao coração do homem". Logo, a bem-aventurança eterna não é o objeto próprio da esperança.

2. ALÉM DISSO, um pedido é intérprete da esperança, como se encontra no Salmo: "Revela ao Senhor o teu caminho, espera n'Ele e Ele mesmo fará". Ora, o homem pede licitamente a Deus não somente a felicidade eterna, mas também os bens da vida presente, tanto espirituais como temporais e também a libertação dos males, que não mais existirão na felicidade eterna, como está claro na Oração do Senhor. Logo, a bem-aventurança eterna não é o objeto próprio da esperança.

3. ADEMAIS, o objeto da esperança é o que é difícil. Ora, para o homem há bens mais difíceis do

---

9. Q. 18, a. 1.

2   PARALL.: Part. III, q. 7, a. 4; III *Sent.*, dist. 26, q. 2, a. 2, ad 2; *De Virtut.*, q. 4, a. 1, 4.

e. O ato de esperança provém da virtude infundida de esperança: pode, portanto, ser meritório. Já a virtude infundida provém diretamente de Deus, e não de um mérito prévio. Devemos lembrar que o mérito é um fruto da graça (ver I-II, q. 114) e não o contrário. Desse modo, podemos dizer que "a esperança provém dos méritos" se entendermos por esperança a realidade mesma que esperamos, o objeto da virtude, que é Deus; mas não podemos dizê-lo se entendermos por esperança a própria virtude.

quam beatitudo aeterna. Ergo beatitudo aeterna non est proprium obiectum spei.

SED CONTRA est quod Apostolus dicit, ad Hb 6,19: "Habemus spem incedentem, *idest incedere facientem,* ad interiora velaminis, *idest ad beatitudinem caelestem*"; ut Glossa[1] ibidem exponit. Ergo obiectum spei est beatitudo aeterna.

RESPONDEO dicendum quod, sicut dictum est[2], spes de qua loquimur attingit Deum innitens eius auxilio ad consequendum bonum speratum. Oportet autem effectum esse causae proportionatum. Et ideo bonum quod proprie et principaliter a Deo sperare debemus est bonum infinitum, quod proportionatur virtuti Dei adiuvantis: nam infinitae virtutis est proprium ad infinitum bonum perducere. Hoc autem bonum est vita aeterna, quae in fruitione ipsius Dei consistit: non enim minus aliquid ab eo sperandum est quam sit ipse, cum non sit minor eius bonitas, per quam bona creaturae communicat, quam eius essentia. Et ideo proprium et principale obiectum spei est beatitudo aeterna.

AD PRIMUM ergo dicendum quod beatitudo aeterna perfecte quidem in cor hominis non ascendit, ut scilicet cognosci possit ab homine viatore quae et qualis sit: sed secundum communem rationem scilicet boni perfecti, cadere potest in apprehensione hominis. Et hoc modo motus spei in ipsam consurgit. Unde et signanter Apostolus dicit quod spes incedit *usque ad interiora velaminis*: quia id quod speramus est nobis adhuc velatum.

AD SECUNDUM dicendum quod quaecumque alia bona non debemus a Deo petere nisi in ordine ad beatitudinem aeternam. Unde et spes principaliter quidem respicit beatitudinem aeternam; alia vero quae petuntur a Deo respicit secundario, in ordine ad beatitudinem aeternam. Sicut etiam fides respicit principaliter Deum, et secundario respicit ea quae ad Deum ordinantur, ut supra[3] dictum est.

AD TERTIUM dicendum quod homini qui anhelat ad aliquid magnum, parvum videtur omne aliud quod est eo minus. Et ideo homini speranti beatitudinem aeternam, habito respectu ad istam spem, nihil aliud est arduum. Sed habito respectu ad

que a bem-aventurança eterna. Logo, a felicidade eterna não é o objeto próprio da esperança.

EM SENTIDO CONTRÁRIO, diz o Apóstolo: "Nós temos uma esperança que penetra", isto é, que nos faz penetrar "até o interior do véu", isto é, na felicidade eterna, conforme o comentário da Glosa. Logo, o objeto da esperança é a bem-aventurança eterna.

RESPONDO. Como já foi dito, a esperança, de que nos ocupamos, reporta-se a Deus, em cujo auxílio confiamos para conseguir o bem esperado. Ora, o efeito deve ser proporcionado à causa. Portanto, o bem que propriamente e principalmente devemos esperar de Deus é o bem infinito, proporcionado ao poder de Deus, que nos ajuda, pois é próprio do poder infinito levar ao bem infinito. Mas esse bem é a vida eterna, que consiste na fruição do próprio Deus. Mas de Deus não podemos esperar nada menos do que Ele próprio, pois a sua bondade, pela qual comunica o bem às criaturas, não é menor que a sua essência. Por isso, o objeto próprio e principal da esperança é a bem-aventurança eterna.

QUANTO AO 1º, portanto, deve-se dizer que a bem-aventurança eterna não penetra tão perfeitamente o coração do homem, de tal modo que ele a possa conhecer durante esta vida, tal qual ela é; mas, segundo a razão comum, a saber, de um bem perfeito, o homem pode ter dela certo conhecimento. E, sob esse aspecto, o movimento da esperança se volta para a bem-aventurança. Por isso, o Apóstolo diz expressamente que "a esperança penetra até o interior do véu", porque o que esperamos ainda nos é velado.

QUANTO AO 2º, deve-se dizer que quaisquer outros bens não devemos pedir a Deus a não ser em ordem à bem-aventurança eterna. Por conseguinte, a esperança tem por objeto principal a bem-aventurança eterna; outras coisas, porém, que pedimos a Deus, ela as vê secundariamente, em referência à bem-aventurança eterna. Assim como a fé que busca principalmente Deus e secundariamente o que se ordena a Deus, como foi dito.

QUANTO AO 3º, deve-se dizer que ao homem que aspira algo de grande, parece-lhe pequeno tudo que é menor do que essa aspiração. Assim, também ao homem que deseja a bem-aventurança eterna; nada é difícil comparado com essa

---

1. Interl.; LOMBARDI: ML 192, 446 D.
2. Art. praec.
3. Q. 1, a. 1; a. 6, ad 1.

facultatem sperantis, possunt etiam quaedam alia ei esse ardua. Et secundum hoc eorum potest esse spes in ordine ad principale obiectum.

Articulus 3
Utrum aliquis possit sperare alteri beatitudinem aeternam

AD TERTIUM SIC PROCEDITUR. Videtur quod aliquis possit sperare alteri beatitudinem aeternam.

1. Dicit enim Apostolus, Philp 1,6: *Confidens hoc ipsum, quia qui coepit in vobis opus bonum perficiet usque in diem Christi Iesu*. Perfectio aut illius diei erit beatitudo aeterna. Ergo aliquis potest alteri sperare beatitudinem aeternam.

2. PRAETEREA, ea quae a Deo petimus speramus obtinere ab eo. Sed a Deo petimus quod alios ad beatitudinem aeternam perducat: secundum illud Iac. ult., 16: *Orate pro invicem ut salvemini*. Ergo possumus aliis sperare beatitudinem aeternam.

3. PRAETEREA, spes et desperatio sunt de eodem. Sed aliquis potest desperare de beatitudine aeterna alicuius: alioquin frustra diceret Augustinus, in libro *de Verb. Dom.*[1], *de nemine esse desperandum dum vivit*. Ergo etiam potest aliquis sperare alteri vitam aeternam.

SED CONTRA est quod Augustinus dicit, in *Enchirid.*[2], quod *spes non est nisi rerum ad eum pertinentium qui earum spem gerere perhibetur*.

RESPONDEO dicendum quod spes potest esse alicuius dupliciter. Uno quidem modo, absolute: et sic est solum boni ardui ad se pertinentis. Alio modo, ex praesuppositione alterius: et sic potest esse etiam eorum quae ad alium pertinent. Ad cuius evidentiam sciendum est quod amor et spes in hoc differunt quod amor importat quandam unionem amantis ad amatum; spes autem importat quendam motum sive protensionem appetitus in aliquod bonum arduum. Unio autem est aliquorum distinctorum: et ideo amor directe potest respicere alium, quem sibi aliquis unit per amorem, habens eum sicut seipsum. Motus autem semper est ad proprium terminum proportionatum mobili: et

esperança. Mas, considerando-se a capacidade de quem espera, certas outras obras podem lhe parecer difíceis. E, sendo assim, pode haver esperança dessas coisas em ordem ao objeto principal.

Artigo 3
Pode-se esperar a bem-aventurança eterna para outrem, pela virtude da esperança?

QUANTO AO TERCEIRO, ASSIM SE PROCEDE: parece que **pode** se esperar a bem-aventurança eterna para outrem, pela virtude da esperança.

1. Com efeito, o Apóstolo diz: "Estou certo de que aquele que começou em vós esta obra excelente vai levá-la adiante até o dia de Cristo Jesus". Ora, a perfeição desse dia será a bem-aventurança eterna. Logo, podemos esperar para outrem a bem-aventurança eterna.

2. ALÉM DISSO, o que pedimos a Deus, esperamos d'Ele obter. Ora, a Deus pedimos que conduza os outros à bem-aventurança eterna, segundo a Carta de Tiago: "Orai uns pelos outros para serdes salvos". Logo, podemos esperar para os outros a bem-aventurança eterna.

3. ADEMAIS, a esperança e o desespero têm o mesmo objeto. Ora, podemos desesperar da bem-aventurança eterna de outrem; do contrário, Agostinho teria dito em vão, "de ninguém devemos desesperar, enquanto ele viver". Logo, também podemos esperar para outro a vida eterna.

EM SENTIDO CONTRÁRIO, Agostinho diz que "só pode haver esperança das coisas que dependem de Deus, o qual toma a seu cargo os que têm esperança".

RESPONDO. Pode-se ter esperança de alguma coisa de dois modos. Primeiro, de modo absoluto; e assim ela só pode ser de um bem difícil, que se refere àquele que espera. De outro modo, por pressuposição de outrem; e assim pode também haver esperança do que pertence a outrem. Para ficar claro, é preciso saber que o amor e a esperança diferem, enquanto o amor importa certa união do amante ao amado, a esperança implica um movimento ou uma tendência do apetite em direção a um bem difícil. Ora, a união supõe realidades distintas; e assim o amor pode dizer respeito, diretamente, a outrem, a quem por ele nos unimos, considerando-o como nós mesmos.

---

3 PARALL.: *De Virtut.*, q. 4, a. 4.

1. Serm. 11, al. Serm. ad Pop. 71, c. 13, n. 21: ML 38, 456.
2. C. 8: ML 40, 235.

ideo spes directe respicit proprium bonum, non autem id quod ad alium pertinet. Sed praesupposita unione amoris ad alterum, iam aliquis potest desiderare et sperare aliquid alteri sicut sibi. Et secundum hoc aliquis potest sperare alteri vitam aeternam, inquantum est ei unitus per amorem. Et sicut est eadem virtus caritatis qua quis diligit Deum, seipsum et proximum, ita etiam est eadem virtus spei qua quis sperat sibi ipsi et alii.

Et per hoc patet responsio AD OBIECTA.

Mas o movimento sempre tende para o termo próprio proporcional ao móvel; por isso, a esperança diz respeito diretamente ao bem próprio do sujeito e não, ao que pertence a outrem. Mas, pressuposta a união de amor com outrem, então podemos desejar e esperar um bem para outrem, como para nós mesmos. E, nesse sentido, podemos esperar para outrem a vida eterna, quando estamos unidos a ele por amor. E assim como é a mesma virtude da caridade que nos faz amar a Deus, nós mesmos e o próximo, assim também é a mesma virtude da esperança que nos faz esperar para nós e para os outros.

Pelo dito, ficam claras as respostas às OBJEÇÕES.

ARTICULUS 4
Utrum aliquis possit licite sperare in homine

AD QUARTUM SIC PROCEDITUR. Videtur quod aliquis possit licite sperare in homine.

1. Spei enim obiectum est beatitudo aeterna. Sed ad beatitudinem aeternam consequendam adiuvamur patrociniis sanctorum: dicit enim Gregorius, in I *Dial.*[1], quod *praedestinatio iuvatur precibus sanctorum.* Ergo aliquis potest in homine sperare.

2. PRAETEREA, si non potest aliquis sperare in homine, non esset reputandum alicui in vitium quod in eo aliquis sperare non possit. Sed hoc de quibusdam in vitium dicitur: ut patet Ier 9,4: *Unusquisque a proximo suo se custodiat, et in omni fratre suo non habeat fiduciam.* Ergo licite potest aliquis sperare in homine.

3. PRAETEREA, petitio est interpretativa spei, sicut dictum est[2]. Sed licite potest homo aliquid petere ab homine. Ergo licite potest sperare de eo.

SED CONTRA est quod dicitur Ier 17,5: *Maledictus homo qui confidit in homine.*

RESPONDEO dicendum quod spes, sicut dictum est[3], duo respicit: scilicet bonum quod obtinere intendit; et auxilium per quod illud bonum obtinetur. Bonum autem quod quis sperat obtinendum habet rationem causae finalis; auxilium autem per quod quis sperat illud bonum obtinere habet rationem causae efficientis. In genere autem utriusque

ARTIGO 4
Pode-se licitamente esperar no homem?

QUANTO AO QUARTO, ASSIM SE PROCEDE: parece que licitamente **pode-se** esperar no homem.

1. Com efeito, o objeto da esperança é a bem-aventurança eterna. Ora, na busca da bem-aventurança eterna, somos ajudados pelo patrocínio dos santos, pois, no dizer de Gregório, "a predestinação é auxiliada pela prece dos santos". Logo, pode-se esperar no homem.

2. ALÉM DISSO, se não se pode esperar no homem, não se pode imputar como vício a um homem que não se possa esperar nele. Ora, isso é imputado a alguns como vício, como está claro no livro de Jeremias: "Acautele-se um do outro, e não tenha confiança em nenhum irmão". Logo, pode-se licitamente esperar no homem.

3. ADEMAIS, o pedido é intérprete da esperança, como já se disse. Ora, é permitido pedir alguma coisa a outrem. Logo, pode-se licitamente esperar nele.

EM SENTIDO CONTRÁRIO, diz o livro de Jeremias: "Maldito o homem que confia no homem".

RESPONDO. A esperança, como já foi dito, tem dois objetos: o bem que ela quer obter e o auxílio que permite obter esse bem. Ora, o bem que se quer obter tem natureza de causa final, e o auxílio pelo qual se espera conseguir esse bem tem a natureza de causa eficiente. Ora, em ambos os gêneros de causas, há um elemento principal e

---

4   PARALL.: Infra, q. 25, a. 1, ad 3; *Compend. Theol.*, part. II, c. 7.

1. C. 8: ML 77, 188 B.
2. A. 2, 2 a.
3. I-II, q. 40, a. 7; q. 42, a. 1; a. 4, ad 3.

causae invenitur principale et secundarium. Principalis enim finis est finis ultimus, secundarius autem finis est bonum quod est ad finem. Similiter principalis causa agens est primum agens; secundaria vero causa efficiens est agens secundarium instrumentale. Spes autem respicit beatitudinem aeternam sicut finem ultimum, divinum autem auxilium sicut primam causam inducentem ad beatitudinem. Sicut igitur non licet sperare aliquod bonum praeter beatitudinem sicut ultimum finem, sed solum sicut id quod est ad finem beatitudinis ordinatum; ita etiam non licet sperare de aliquo homine, vel de aliqua creatura, sicut de prima causa movente in beatitudinem; licet autem sperare de aliquo homine, vel de aliqua creatura, sicut de agente secundario et instrumentali, per quod aliquis adiuvatur ad quaecumque bona consequenda in beatitudinem ordinata. — Et hoc modo ad sanctos convertimur; et ab hominibus aliqua petimus; et vituperantur illi de quibus aliquis confidere non potest ad auxilium ferendum.

Et per hoc patet responsio AD OBIECTA.

outro secundário. O fim principal é o fim último; o secundário é o bem que conduz ao fim. Semelhantemente, a causa agente principal é o primeiro agente; a causa eficiente secundária é o agente secundário instrumental. Ora, a esperança busca a bem-aventurança eterna como fim último; e o auxílio divino como causa primeira que conduz à bem-aventurança. Portanto, assim como não é lícito esperar algum bem, além da bem-aventurança eterna, como fim último, mas só como meio ordenado ao fim que é a bem-aventurança eterna, também não é lícito esperar de algum homem ou de alguma criatura, como se fosse a causa primeira que conduz à bem-aventurança eterna. É, porém, lícito esperar de algum homem ou de alguma criatura como num agente secundário e instrumental que ajuda a conseguir bens ordenados à bem-aventurança eterna. — E, deste modo, nos dirigimos aos santos; pedimos certas coisas aos homens e censuramos aqueles nos quais não se pode confiar para receber auxílio[f].

Do exposto, se deduzem as respostas às OBJEÇÕES.

ARTICULUS 5
Utrum spes sit virtus theologica

AD QUINTUM SIC PROCEDITUR. Videtur quod spes non sit virtus theologica.

1. Virtus enim theologica est quae habet Deum pro obiecto. Sed spes non habet solum Deum pro obiecto, sed etiam alia bona quae a Deo obtinere speramus. Ergo spes non est virtus theologica.

2. PRAETEREA, virtus theologica non consistit in medio duorum vitiorum, ut supra[1] habitum est. Sed spes consistit in medio praesumptionis desperationis. Ergo spes non est virtus theologica.

3. PRAETEREA, expectatio pertinet ad longanimitatem, quae est pars fortitudinis. Cum ergo spes sit quaedam expectatio, videtur quod spes non sit virtus theologica, sed moralis.

4. PRAETEREA, obiectum spei est arduum. Sed tendere in arduum pertinet ad magnanimitatem,

ARTIGO 5
A esperança é uma virtude teologal?

QUANTO AO QUINTO, ASSIM SE PROCEDE: parece que a esperança **não** é uma virtude teologal.

1. Com efeito, a virtude teologal tem Deus por objeto. Ora, a esperança não tem somente Deus por objeto, mas também outros dons que d'Ele esperamos obter. Logo, a esperança não é virtude teologal.

2. ALÉM DISSO, a virtude teologal não é meio termo entre dois vícios, como já foi visto. Ora, a esperança é um meio termo entre presunção e desespero. Logo, a esperança não é virtude teologal.

3. ADEMAIS, a expectativa pertence à longanimidade que faz parte da fortaleza. Ora, como a esperança é certa expectativa, parece que ela não é uma virtude teologal, mas moral.

4. ADEMAIS, o objeto da esperança é o que é difícil. Ora, buscar o difícil é próprio da mag-

---

5 PARALL.: I-II, q. 62, a. 3; III *Sent*., dist. 26, q. 2, a. 2; *De Virtut*., q. 4, a. 1, ad 6, 7.
  1. I-II, q. 64, a. 4.

f. Não estamos isolados. Deus se dá a conhecer a nós por meio dos sinais e intermediários humanos. Ele nos mostra o caminho a seguir, propondo-nos os exemplos dos santos. Ele nos comunica sua graça por intermédio desses instrumentos que são também os santos, ou por intermédio daqueles que têm por missão no-la transmitir. Recusar todo auxílio dos outros para ir a Deus seria presunção, e não estaria de acordo com a disposição divina. Recusar a ajudar os outros seria contrário à caridade, e mesmo inumano.

quae est virtus moralis. Ergo spes est virtus moralis, et non theologica.
SED CONTRA est quod, 1Cor 13,15, connumeratur fidei et caritati, quae sunt virtutes theologicae.

RESPONDEO dicendum quod, cum differentiae specificae per se dividant genus, oportet attendere unde habeat spes rationem virtutis, ad hoc quod sciamus sub qua differentia virtutis collocetur. Dictum est autem supra[2] quod spes habet rationem virtutis ex hoc quod attingit supremam regulam humanorum actuum; quam attingit et sicut primam causam efficientem, inquantum eius auxilio innititur; et sicut ultimam causam finalem, inquantum in eius fruitione beatitudinem expectat. Et sic patet quod spei, inquantum est virtus, principale obiectum est Deus. Cum igitur in hoc consistat ratio virtutis theologicae quod Deum habeat pro obiecto, sicut supra[3] dictum est, manifestum est quod spes est virtus theologica.

AD PRIMUM ergo dicendum quod quaecumque alia spes adipisci expectat, sperat in ordine ad Deum sicut ad ultimum finem et sicut ad primam causam efficientem, ut dictum est[4].

AD SECUNDUM dicendum quod medium accipitur in regulatis et mensuratis secundum quod regula vel mensura attingitur; secundum autem quod exceditur regula, est superflum; secundum autem defectum a regula, est diminutum. In ipsa autem regula vel mensura non est accipere medium et extrema. Virtus autem moralis est circa ea quae regulantur ratione sicut circa proprium obiectum: et ideo per se convenit ei esse in medio ex parte proprii obiecti. Sed virtus theologica est circa ipsam regulam primam, non regulatam alia regula, sicut circa proprium obiectum. Et ideo per se, et secundum proprium obiectum, non convenit virtuti theologicae esse in medio. Sed potest sibi competere per accidens, ratione eius quod ordinatur ad principale obiectum. Sicut fides non potest habere medium et extrema in hoc quod innitatur primae veritati, cui nullus potest nimis inniti: sed ex parte eorum quae credit, potest habere medium et extrema, sicut unum verum est medium inter

nanimidade, que é uma virtude moral. Logo, a esperança é uma virtude moral e, não, teologal.
EM SENTIDO CONTRÁRIO, o Apóstolo enumera a esperança com a fé e a caridade, que são virtudes teologais.

RESPONDO. Como as diferenças específicas dividem, por si mesmas, o gênero, importa examinar o que torna a esperança uma virtude, para que saibamos que espécie de virtude ela é. Ora, como acima foi dito, a esperança tem a natureza de virtude, porque atinge a regra suprema dos atos humanos, como causa primeira eficiente, enquanto ela se apoia no auxílio dela, e como causa última final, porque espera ter a bem-aventurança eterna, no gozo dela. É claro, pois, que enquanto é virtude, o principal objeto da esperança é Deus. E como a essência da virtude teologal consiste em que tenha Deus por objeto, como já foi dito, é evidente que a esperança é uma virtude teologal.

QUANTO AO 1º, portanto, deve-se dizer que qualquer outra coisa que a esperança deseja alcançar, espera como meio ordenado para Deus como fim último e como primeira causa eficiente, como já foi dito[g].

QUANTO AO 2º, deve-se dizer que o justo meio, nas coisas reguladas e medidas, está na sujeição à regra e à medida; o que exceder à regra é supérfluo; o que não a atinge é deficiente. A regra mesma ou a medida não é susceptível de meio ou de extremos. Ora, a virtude moral tem por objeto o que é regulado pela razão; e, portanto, convém-lhe ser um meio termo, quanto ao seu objeto próprio. Mas, a virtude teologal tem como objeto a própria regra primeira, não dependente de outra regra. Daí que, essencialmente e segundo seu próprio objeto, não convém à virtude teologal ser um meio termo; entretanto, tal lhe pode convir, acidentalmente, em razão daquilo que se ordena ao objeto principal. Assim, a fé não pode ter meio e extremos pelo fato de ela apoiar-se na verdade primeira sobre a qual ninguém poderá apoiar-se demais; mas, da parte das verdades que ela crê, pode haver meio e extremos, como uma verdade é meio termo entre duas falsidades. Semelhantemente, a esperança

---

2. Art. 1.
3. I-II, q. 62, a. 1.
4. Art. praec.

g. Sto. Tomás não conhece outra *virtude* de esperança senão a esperança teologal. Se o homem aguarda e espera outras coisas que não Deus, ele só as espera bem se as vincula à sua felicidade. É da mesma maneira que os "bens temporais" podem ser suscetíveis do mérito (I-II, q. 114, a. 10). Em relação a esses bens (r. 2), podemos voltar a encontrar na esperança excesso e falta, como nas virtudes morais.

duo falsa. Et similiter spes non habet medium et extrema ex parte principalis obiecti, quia divino auxilio nullus potest nimis inniti: sed quantum ad ea quae confidit aliquis se adepturum, potest ibi esse medium et a extrema, inquantum vel praesumit ea quae sunt supra suam proportionem, vel desperat de his quae sunt sibi proportionata.

AD TERTIUM dicendum quod expectatio quae ponitur in definitione spei non importat dilationem, sicut expectatio quae pertinet ad longanimitatem: sed importat respectum ad auxilium divinum, sive illud quod speratur differatur sive non differatur.

AD QUARTUM dicendum quod magnanimitas tendit in arduum sperans aliquid quod est suae potestatis. Unde proprie respicit operationem aliquorum magnorum. Sed spes, secundum quod est virtus theologica, respicit arduum alterius auxilio assequendum, ut dictum est[5].

ARTICULUS 6
Utrum spes sit virtus distincta ab aliis virtutibus theologicis

AD SEXTUM SIC PROCEDITUR. Videtur quod spes non sit virtus distincta ab aliis theologicis.

1. Habitus enim distinguuntur secundum obiecta, ut supra[1] dictum est. Sed idem est obiectum spei et aliarum virtutum theologicarum. Ergo spes non distinguitur ab aliis virtutibus theologicis.

2. PRAETEREA, in symbolo fidei, in quo fidem profitemur, dicitur: *Expecto resurrectionem mortuorum et vitam futuri saeculi*. Sed expectatio futurae beatitudinis pertinet ad spem, ut supra[2] dictum est. Ergo spes a fide non distinguitur.

3. PRAETEREA, per spem homo tendit in Deum. Sed hoc proprie pertinet ad caritatem. Ergo spes a caritate non distinguitur.

SED CONTRA, ubi non est distinctio ibi non est numerus. Sed spes connumeratur aliis virtutibus

não comporta meio e extremos no seu objeto principal, porque no auxílio divino, ninguém pode apoiar-se demais. Mas, quanto ao que temos confiança de alcançar, pode haver aí meio e extremos, enquanto ou presumimos bens desproporcionados ou desesperamos de bens proporcionados.

QUANTO AO 3º, deve-se dizer que a expectativa incluída na definição da esperança não implica atraso, como na expectativa própria da longanimidade; mas implica relação com o auxílio divino, seja concedido ou não aquilo que se espera[h].

QUANTO AO 4º, deve-se dizer que a magnanimidade busca um objeto difícil, esperando aquilo que está a seu alcance; por isso, propriamente falando, visa a realização de grandes obras. Mas a esperança, enquanto virtude teologal, visa o difícil a obter-se com o auxílio de outro, como já foi dito.

ARTIGO 6
A esperança é virtude distinta das outras virtudes teologais?

QUANTO AO SEXTO, ASSIM SE PROCEDE: parece que a esperança **não** é virtude distinta das outras virtudes teologais.

1. Com efeito, a esperança não parece ser distinta das outras virtudes teologais, pois os hábitos distinguem-se por seus objetos, como já foi dito. Ora, é o mesmo o objeto da esperança e das outras virtudes teologais. Logo, a esperança não se distingue das outras virtudes teologais.

2. ALÉM DISSO, no Símbolo da fé, no qual professamos a fé, dizemos: "Espero a ressurreição dos mortos e a vida do século futuro". Ora, a expectativa da felicidade futura é própria da esperança, como já foi dito. Logo, a esperança não se distingue da fé.

3. ADEMAIS, pela esperança, o homem tende para Deus. Ora, isso propriamente pertence à caridade. Logo, a esperança não se distingue da caridade.

EM SENTIDO CONTRÁRIO, onde não há distinção, não há número. Ora, a esperança é enumerada com

---

5. Art. 1.

6 PARALL.: III *Sent*., dist. 26, q. 2, a. 3, q.la 1; *De Virtut*., q. 4, a. 3, ad 9.

1. I-II, q. 54, a. 2.
2. Art. 2.

h. Aquele que é capaz de efetuar uma grande obra sabe esperar e suportar os males. Essa espera se deve à virtude de força, e precisamente da magnanimidade. Esta (r. 4) faz grandes coisas *por si mesma*. A esperança, pelo contrário, as obtém *por meio de outro*. Aquele que espera se remete a Deus, em quem encontra a decisão tanto do momento, quanto das circunstâncias e dos atos necessários.

theologicis: dicit enim Gregorius, in I *Moal*.³, esse tres virtutes, fidem, spem et caritatem. Ergo spes est virtus distincta ab aliis theologicis.

RESPONDEO dicendum quod virtus aliqua dicitur theologica ex hoc quod habet Deum pro obiecto cui inhaeret. Potest autem aliquis alicui rei inhaerere dupliciter: uno modo, propter seipsum; alio modo, inquantum ex eo ad aliud devenitur. Caritas igitur facit hominem Deo inhaerere propter seipsum, mentem hominis uniens Deo per affectum amoris. Spes autem et fides faciunt hominem inhaerere Deo sicut cuidam principio ex quo aliqua nobis.

De Deo autem provenit nobis et cognitio veritatis et adeptio perfectae bonitatis. Fides ergo facit hominem Deo inhaerere inquantum est nobis principium cognoscendi veritatem: credimus enim ea vera esse quae nobis a Deo dicuntur. Spes autem facit Deo adhaerere prout est nobis principium perfectae bonitatis: inquantum scilicet per spem divino auxilio innitimur ad beatitudinem obtinendam.

AD PRIMUM ergo dicendum quod Deus secundum aliam et aliam rationem est obiectum harum virtutum, ut dictum est⁴. Ad distinctionem autem habituum sufficit diversa ratio obiecti, ut supra⁵ habitum est.

AD SECUNDUM dicendum quod expectatio ponitur in symbolo fidei non quia sit actus proprius fidei: sed inquantum actus spei praesupponit fidem, ut dicetur⁶, et sic actus fidei manifestantur per actus spei.

AD TERTIUM dicendum quod spes facit tendere in Deum sicut in quoddam bonum finale adipiscendum, et sicut in quoddam adiutorium efficax ad subveniendum. Sed caritas proprie facit tendere in Deum uniendo affectum hominis Deo, ut scilicet homo non sibi vivat sed Deo.

as outras virtudes teologais, como diz Gregório: há três virtudes: a fé, a esperança e a caridade. Logo a esperança é virtude distinta das outras virtudes teologais.

RESPONDO. Uma virtude é teologal, por ter Deus por objeto, ao qual se une. Mas alguém pode ligar-se a alguma coisa de dois modos: considerada em si mesma ou enquanto meio para chegar a um terceiro. Ora, a caridade faz com que o homem se una a Deus por causa d'Ele, unindo o espírito do homem a Deus por um sentimento de amor. Mas a esperança e a fé fazem o homem unir-se a Deus como a um princípio donde lhe provém certos bens.

Ora, de Deus nos vem o conhecimento da verdade e a aquisição do bem perfeito. A fé leva o homem a aderir a Deus, enquanto ele é para nós princípio do conhecimento da verdade. Com efeito, cremos ser verdade o que Deus nos disse. A esperança faz com que o homem se ligue a Deus, enquanto ele é para nós princípio da bondade perfeita, enquanto pela esperança apoiamo-nos no auxílio divino para obter a bem-aventurança eterna.

QUANTO AO 1º, portanto, deve-se dizer que segundo diversas razões, Deus é objeto destas virtudes, como já foi dito. Ora, para haver distinção dos hábitos é suficiente que a razão de seus objetos seja diversa como precedentemente foi dito.

QUANTO AO 2º, deve-se dizer que a esperança entra no Símbolo da fé, não porque ela seja um ato próprio da fé, mas enquanto o ato de esperança pressupõe a fé, como se dirá a seguir e, assim, os atos da fé manifestam-se pelos atos de esperança.

QUANTO AO 3º, deve-se dizer que a esperança faz-nos tender para Deus como a um bem final que se deve alcançar e como um auxílio eficaz para ajudar. Mas a caridade faz propriamente tender para Deus, unindo a Ele o sentimento do homem, de modo que o homem já não vive para si, mas para Deus.

ARTICULUS 7
Utrum spes praecedat fidem

AD SEPTIMUM SIC PROCEDITUR. Videtur quod spes praecedat fidem.

ARTIGO 7
A esperança precede a fé?

QUANTO AO SÉTIMO, ASSIM SE PROCEDE: parece que a esperança **precede** a fé.

---

3. C. 27, al. 12, in vet. 28: ML 75, 544 C.
4. In corp.
5. Loc. cit. in arg.
6. Art. sq.

7 PARALL.: I-II, q. 62, a. 4; supra, q. 4, a. 7; III *Sent.*, dist. 23, q. 2, a. 5.

1. Quia super illud Ps 36,3, *Spera in Domino, et fac bonitatem,* dicit Glossa[1]: *Spes est introitus fidei, initium salutis.* Sed salus est per fidem, per quam iustificamur. Ergo spes praecedit fidem.

2. PRAETEREA, illud quod ponitur in definitione alicuius debet esse prius et magis notum. Sed spes ponitur in definitione fidei: ut patet Hb 11,1: *Fides est substantia rerum sperandarum.* Ergo spes est prior fide.

3. PRAETEREA, spes praecedit actum meritorium: dicit enim Apostolus, 1Cor 9,10, quod *qui arat debet arare in spe fructus percipiendi.* Sed actus fidei est meritorius. Ergo spes praecedit fidem.

SED CONTRA est quod Mt 1,2 dicitur: "Abraham genuit Isaac", *idest fides spem,* sicut dicit Glossa[2].

RESPONDEO dicendum quod fides absolute praecedit spem. Obiectum enim spei est bonum futurum arduum possibile haberi. Ad hoc ergo quod aliquis speret, requiritur quod obiectum spei proponatur ei ut possibile. Sed obiectum spei est uno modo beatitudo aeterna, et alio modo divinum auxilium, ut ex dictis[3] patet. Et utrumque eorum proponitur nobis per fidem, per quam nobis innotescit quod ad vitam aeternam possumus pervenire, et quod ad hoc paratum est nobis divinum auxilium: secundum illud Hb 11,6: *Accedentem ad Deum oportet credere quia est, et quia inquirentibus se remunerator est.* Unde manifestum est quod fides praecedit spem.

AD PRIMUM ergo dicendum quod, sicut Glossa[4] ibidem subdit, spes dicitur introitus fidei, idest rei creditae, *quia per spem intratur ad videndum illud quod creditur.* — Vel potest dici quod est introitus fidei quia per eam homo intrat ad hoc quod stabiliatur et perficiatur in fide.

AD SECUNDUM dicendum quod in definitione fidei ponitur res speranda quia proprium obiectum fidei est non apparens secundum seipsum. Unde fuit necessarium ut quadam circumlocutione designaretur per id quod consequitur ad fidem.

1. Com efeito, sobre aquilo do Salmo: "Espera no Senhor e pratica o bem", diz a Glosa: "A esperança é a entrada da fé e o início da salvação". Ora, a salvação dá-se pela fé, que nos justifica. Logo, a esperança precede a fé.

2. ALÉM DISSO, o que entra na definição de alguma coisa deve ser anterior e mais conhecido do que ela. Ora, a esperança entra na definição da fé, como claramente está na Carta aos Hebreus: "A fé é a garantia dos bens que se esperam". Logo, a esperança é anterior à fé.

3. ADEMAIS, a esperança precede o ato meritório. Com efeito, o Apóstolo diz: "o que lavra deve lavrar com esperança de perceber os frutos". Ora, o ato de fé é meritório. Logo, a esperança precede a fé.

EM SENTIDO CONTRÁRIO, o Evangelho de Mateus nos diz: "Abraão gerou Isaac", isto é, "a fé gerou a esperança", conforme diz a Glosa[i].

RESPONDO. A fé, absolutamente falando, precede a esperança. Com efeito, o objeto da esperança é o bem futuro difícil, mas possível de ser adquirido. Portanto, para que alguém espere é preciso que o objeto da esperança lhe seja proposto como possível. Ora, o objeto da esperança é, de um modo, a bem-aventurança eterna e de outro modo o auxílio divino, como fica claro pelo que já foi dito. Estes dois objetos nos são propostos pela fé, que nos ensina que podemos chegar à vida eterna e que, para isso, somos preparados pelo auxílio divino, segundo a Carta aos Hebreus: "Aquele que se aproxima de Deus deve crer que Ele existe e que é remunerador daqueles que o procuram". Assim, é evidente que a fé precede a esperança.

QUANTO AO 1º, portanto, deve-se dizer que a Glosa acrescenta, na mesma passagem, que a esperança é a entrada da fé, isto é, da realidade à qual se crê, porque "a esperança introduz na visão daquilo que se crê". — Ou se pode dizer que é a entrada da fé, porque por ela o homem é levado a firmar-se e aperfeiçoar-se na fé.

QUANTO AO 2º, deve-se dizer que na definição da fé, introduz-se "a realidade que esperamos", porque o objeto próprio da fé é uma realidade que por si mesma não é aparente. Por isso, foi necessário designar, por meio de uma circunlocução, o que vem depois da fé.

---

1. Interl.; LOMBARDI: ML 191, 368 B.
2. Interl.
3. A. 2, 4; a. 6, ad 3.
4. Interl.; LOMBARDI: ML 191, 368 B.

i. Sempre a exegese simbólica, e a autoridade da Glosa.

AD TERTIUM dicendum quod non omnis actus meritorius habet spem praecedentem: sed sufficit si habeat concomitantem vel consequentem.

ARTICULUS 8
Utrum caritas sit prior spe

AD OCTAVUM sic proceditur. Videtur quod caritas sit prior spe.

1. Dicit enim Ambrosius[1], super illud Lc 17,6, "Si habueritis fidem sicut granum sinapis, etc.": *Ex fide est caritas, ex caritate spes.* Sed fides est prior caritate. Ergo caritas est prior spe.

2. PRAETEREA, Augustinus dicit, XIV *de Civ. Dei*[2], quod *boni moLus atque affectus ex amore et sancta caritate veniunt.* Sed sperare, secundum quod est actus spei, est quidam bonus animi motus. Ergo derivatur a caritate.

3. PRAETEREA, Magister dicit, 26 dist. III lib. *Sent.*, quod *spes ex meritis provenit, quae praecedunt non solum rem speratam, sed etiam spem, quam natura praeit caritas.* Caritas ergo est prior spe.

SED CONTRA est quod Apostolus dicit, 1Ti 1,5: *Finis praecepti caritas est de corde puro et conscientia bona:* Glossa[3]: *idest spe.* Ergo spes est prior caritate.

RESPONDEO dicendum quod duplex est ordo. Unus quidem secundum viam generationis et materiae, secundum quem imperfectum prius est perfecto. Alius autem ordo est perfectionis et formae: secundum quem perfectum naturaliter prius est imperfecto. Secundum igitur primum ordinem spes est prior caritate. Quod sic patet. Quia spes, et omnis appetitivus motus, ex amore derivatur: ut supra[4] habitum est, cum de passionibus ageretur. Amor autem quidam est perfectus, quidam imperfectus. Perfectus quidem amor est quo aliquis secundum se amatur, ut puta cui aliquis vult bonum: sicut homo amat amicum. Imperfectus amor est quo quis amat aliquid non secundum ipsum, sed ut illud bonum sibi ipsi proveniat: sicut homo amat rem quam concupiscit. Primus autem amor Dei pertinet ad caritatem, quae inha-

ARTIGO 8
A caridade é anterior à esperança?

QUANTO AO OITAVO, ASSIM SE PROCEDE: parece que a caridade é anterior à esperança.

1. Com efeito, diz Ambrósio, comentando texto do Evangelho de Lucas: "Se tiverdes fé como um grão de mostarda" etc., diz: "Da fé procede a caridade; da caridade, a esperança". Ora, a fé é anterior à caridade. Logo, a caridade é anterior à esperança.

2. ALÉM DISSO, Agostinho diz que "os bons movimentos e bons sentimentos vêm do amor e de uma santa caridade". Ora, esperar, enquanto constitui ato de esperança, é um bom movimento do espírito. Logo, deriva da caridade.

3. ADEMAIS, o Mestre das *Sentenças* diz que "a esperança provém dos méritos que precedem não somente a realidade esperada, mas também a esperança que a caridade, por natureza, precede". Logo, a caridade é anterior à esperança.

EM SENTIDO CONTRÁRIO, o Apóstolo diz: "O fim do preceito é a caridade, nascida de um coração puro e de uma boa consciência"; isto é, "da esperança", comenta a Glosa. Logo a esperança é anterior à caridade.

RESPONDO. Há uma dupla ordem: uma da geração e da matéria, segundo a qual o imperfeito é anterior ao perfeito; a outra, da perfeição e da forma, segundo a qual o perfeito é naturalmente anterior ao imperfeito. Conforme, pois, a primeira ordem, a esperança é anterior à caridade, o que assim se demonstra. A esperança, e todo movimento apetitivo, procede do amor, como acima vimos, quando tratávamos das paixões. Há amor perfeito e amor imperfeito. O amor perfeito é o amor pelo qual alguém é amado pelo que é, por exemplo, a quem se deseja um bem, como o homem ama o amigo. O amor imperfeito dá-se quando alguém ama alguma coisa, não em si mesma, mas para que consiga para si aquele bem: como o homem ama a coisa que deseja. No primeiro sentido, o amor de Deus pertence à caridade, que se une a

---

8 PARALL.: I-II, q. 62, a. 4; III *Sent.*, dist. 26, q. 2, a. 3, q.la 2; *De Virtut.*, q. 4, a. 3.

1. *Exposit. in Luc.*, l. VIII, n. 30, super 17, 6: ML 15, 1774.
2. C. 9, n. 3: ML 41, 414.
3. Interl.; LOMBARDI: ML 192, 329 D.
4. I-II, q. 27, a. 4; q. 28, a. 6, ad 2; q. 40, a. 7.

eret Deo secundum seipsum: sed spes pertinet ad secundum amorem, quia ille qui sperat aliquid sibi obtinere intendit. Et ideo in via generationis spes est prior caritate. Sicut enim aliquis introducitur ad amandum Deum per hoc quod, timens ab ipso puniri, cessat a peccato, ut Augustinus dicit, *super Primam Canonicam Ioan.*[5]; ita etiam et spes introducit ad caritatem, inquantum aliquis, sperans remunerari a Deo, accenditur ad amandum Deum et servandum praecepta eius. — Sed secundum ordinem perfectionis caritas naturaliter prior est. Et ideo, adveniente caritate, spes perfectior redditur: quia de amicis maxime speramus. Et hoc modo dicit Ambrosius[6] quod spes est ex caritate.

Unde patet responsio AD PRIMUM.

AD SECUNDUM dicendum quod spes, et omnis motus appetitivus, ex amore provenit aliquo, quo scilicet aliquis amat bonum expectatum. Sed non omnis spes provenit a caritate: sed solum motus spei formatae, qua scilicet aliquis sperat bonum a Deo ut ab amico.

AD TERTIUM dicendum quod Magister loquitur de spe formata, quam naturaliter praecedit caritas, et merita ex caritate causata.

Deus em si mesmo; mas a esperança pertence ao segundo amor, porque aquele que espera pretende obter para si alguma coisa. Portanto, na via da geração, a esperança é anterior à caridade. Assim como alguém é levado a amar a Deus, porque, temendo ser punido por Ele, deixa o pecado, como diz Agostinho, assim também a esperança leva à caridade, enquanto, esperando sermos recompensados por Deus, somos excitados a amá-lo e a observar os seus preceitos. — Mas, na ordem da perfeição, a caridade naturalmente é anterior. E, por isso, advindo-lhe a caridade, a esperança torna-se mais perfeita, porque dos amigos é que mais esperamos. E, nesse sentido, Ambrósio diz que a esperança provém da caridade.

QUANTO AO 1º, portanto, deve-se dizer que o exposto responde à primeira objeção.

QUANTO AO 2º, deve-se dizer que a esperança, como todo movimento apetitivo, provém de algum amor, pelo qual alguém ama o bem aguardado. Mas nem toda esperança provém da caridade, mas somente o movimento da esperança informada, pela qual o homem espera o bem de Deus, como de um amigo.

QUANTO AO 3º, deve-se dizer que o Mestre das Sentenças fala da esperança informada, que naturalmente é precedida pela caridade e pelos méritos por esta causados.

---

5. Tract. 9, n. 4, super 4, 18: ML 35, 2047.
6. Cfr. 1 a.

QUAESTIO XVIII
DE SUBIECTO SPEI
in quatuor articulos divisa
Deinde considerandum est de subiecto spei.

Et circa hoc quaeruntur quatuor.
Primo: utrum virtus spei sit in voluntate sicut in subiecto.
Secundo: utrum sit in beatis.
Tertio: utrum sit in damnatis.
Quarto: utrum in viatoribus habeat certitudinem.

ARTICULUS 1
Utrum spes sit in voluntate sicut in subiecto

AD PRIMUM SIC PROCEDITUR. Videtur quod spes non sit in voluntate sicut in subiecto.

QUESTÃO 18
O SUJEITO DA ESPERANÇA
em quatro artigos
Em seguida, deve-se considerar o sujeito da esperança.

E nessa questão, são quatro as perguntas:
1. A virtude da esperança está na vontade como em seu sujeito?
2. Ela existe entre os bem-aventurados?
3. Ela existe nos condenados?
4. A esperança de quem está nesta vida goza da certeza?

ARTIGO 1
A esperança está na vontade como em seu sujeito?

QUANTO AO PRIMEIRO ARTIGO, ASSIM SE PROCEDE: parece que a esperança **não** está na vontade como sujeito.

---

[1] PARALL.: III *Sent.*, dist. 26, q. 1, a. 5; q. 2, a. 2, ad 1; *De Virtut.*, q. 4, a. 2.

1. Spei enim obiectum est bonum arduum, ut supra¹ dictum est. Arduum autem non est obiectum voluntatis, sed irascibilis. Ergo spes non est in voluntate, sed in irascibili.

2. PRAETEREA, ad id ad quod unum sufficit, superflue apponitur aliud. Sed ad perficiendum potentiam voluntatis sufficit caritas, quae est perfectissima virtutum. Ergo spes non est in voluntate.

3. PRAETEREA, una potentia non potest simul esse in duobus actibus: sicut intellectus non potest simul multa intelligere. Sed actus spei simul esse potest cum actu caritatis. Cum ergo actus caritatis manifeste pertineat ad voluntatem, actus spei non pertinet ad ipsam. Sic ergo spes non est in voluntate.

SED CONTRA, anima non est capax Dei nisi secundum mentem; in qua est memoria, intelligentia et voluntas, ut patet per Augustinum, in libro *de Trin.*². Sed spes est virtus theologica habens Deum pro obiecto. Cum igitur non sit neque in memoria neque in intelligentia, quae pertinent ad vim cognoscitivam, relinquitur quod sit in voluntate sicut in subiecto.

RESPONDEO dicendum quod, sicut ex praedictis³ patet, habitus per actus cognoscuntur. Actus autem spei est quidam motus appetitivae partis: cum sit eius obiectum bonum. Cum autem sit duplex appetitus in homine, scilicet appetitus sensitivus, qui dividitur per irascibilem et concupiscibilem, et appetitus intellectivus, qui dicitur voluntas, ut in Primo⁴ habitum est; similes motus qui sunt in appetitu inferiori cum passione, in superiori sunt sine passione, ut ex supradictis⁵ patet. Actus autem virtutis spei non potest pertinere ad appetitum sensitivum: quia bonum quod est obiectum principale huius virtutis non est aliquod bonum sensibile, sed bonum divinum. Et ideo spes est in appetitu superiori, qui dicitur voluntas, sicut

1. Com efeito, o objeto da esperança é um bem difícil, conforme já foi dito. Ora, o que é difícil não é objeto da vontade, mas do apetite irascívelᵃ. Logo, a esperança não está na vontade, mas no irascível.

2. ALÉM DISSO, é supérfluo acrescentar outra coisa àquilo ao qual é suficiente uma só. Ora, para tornar perfeita a potência da vontade, basta a caridade, que é a mais perfeita das virtudes. Logo, a esperança não está na vontade.

3. ADEMAIS, uma potência não pode simultaneamente exercer-se em dois atos, como o intelecto não pode simultaneamente compreender muitas ideias. Ora, o ato de esperança pode coexistir com o da caridade. Portanto, como o ato da caridade manifestamente se refere à vontade, a esta não se refere o ato de esperança. Logo, a esperança não está na vontade.

EM SENTIDO CONTRÁRIO, a alma não é capaz de possuir a Deus, a não ser pelo espírito que compreende memória, inteligência e vontade, como o mostra Agostinho. Mas, a esperança é virtude teologal, que tem a Deus por objeto. Mas, como a esperança não está nem na memória nem na inteligência, que se referem à potência cognoscitiva, segue-se que esteja na vontade como em seu sujeito.

RESPONDO. Do sobredito, depreende-se que os hábitos são conhecidos por seus atos. O ato da esperança é um movimento da parte apetitiva, pois o seu objeto é o bem. Como no homem, há dois apetites, isto é, o apetite sensitivo, que se divide em irascível e concupiscível, e o apetite intelectivo, chamado vontade, como se viu na I Parte, os mesmos movimentos que coexistem no apetite inferior com as paixões, existem sem nenhuma paixão no apetite superior, conforme se depreende do sobredito. Ora, o ato da virtude da esperança não pode pertencer ao apetite sensitivo, porque o bem, que é o objeto principal desta virtude, não é um bem sensível, mas o bem divino. Portanto, a esperança está no apetite superior que se chama

---

1. Q. 17, a. 1; I-II, q. 40, a. 1.
2. L. XIV, c. 8; c. 12, n. 15: ML 42, 1044, 1048.
3. I, q. 87, a. 2.
4. Q. 80, a. 2; q. 82, a. 5.
5. I, q. 82, a. 5, ad 1; I-II, q. 22, a. 3, ad 3.

a. A esperança havia sido catalogada entre as paixões do irascível (ver I-II, q. 25, a. 1). Certos teólogos contornavam a dificuldade distinguindo duas espécies de irascível: sensível e espiritual. A esperança teria relação com este último. Sto. Tomás refuta tal opinião em seu *Comentário das sentenças* (3S, D. 26, q. 3). Não a mantém aqui tampouco. A felicidade visada é de outra ordem que os objetos das paixões.

in subiecto: non autem in appetitu inferiori, ad quem pertinet irascibilis.

AD PRIMUM ergo dicendum quod irascibilis obiectum est arduum sensibile. Obiectum autem virtutis spei est arduum intelligibile; vel potius supra intellectum existens.

AD SECUNDUM dicendum quod caritas sufficienter perficit voluntatem quantum ad unum actum, qui est diligere. Requiritur autem alia virtus ad perficiendum ipsam secundum alium actum eius, qui est sperare.

AD TERTIUM dicendum quod motus spei et motus caritatis habent ordinem ad invicem, ut ex supradictis[6] patet. Unde nihil prohibet utrumque motum simul esse unius potentiae. Sicut et intellectus potest simul multa intelligere ad invicem ordinata, ut in Primo[7] habitum est.

vontade, como em seu sujeito; não, porém, no apetite inferior ao qual se refere o irascível.

QUANTO AO 1º, portanto, deve-se dizer que o objeto do irascível é o difícil sensível, mas o objeto da virtude da esperança é um bem difícil inteligível ou, antes, um bem difícil que transcende o intelecto.

QUANTO AO 2º, deve-se dizer que a caridade aperfeiçoa suficientemente a vontade só quanto a um ato, que é o amor. É necessário, porém, outra virtude para aperfeiçoá-la em vista de outro ato, que é a esperança.

QUANTO AO 3º, deve-se dizer que o movimento da esperança e o da caridade ordenam-se um para o outro, como já ficou demonstrado. Por isso, nada impede que os dois movimentos se refiram ao mesmo tempo a uma só potência. Assim, o intelecto pode simultaneamente entender muitas coisas ordenadas umas para as outras, como foi estabelecido na I Parte.

ARTICULUS 2
Utrum spes sit in beatis

AD SECUNDUM SIC PROCEDITUR. Videtur quod spes sit in beatis.

1. Christus enim a principio suae conceptionis fuit perfectus comprehensor. Sed ipse habuit spem: cum ex eius persona dicatur in Ps 30,1: *In te, Domine, speravi*, ut Glossa[1] exponit. Ergo in beatis potest esse spes.

2. PRAETEREA, sicut adeptio beatitudinis est quoddam bonum arduum, ita etiam eius continuatio. Sed homines antequam beatitudinem adipiscantur, habent spem de beatitudinis adeptione. Ergo postquam sunt beatitudinem adepti, possunt sperare beatitudinis continuationem.

3. PRAETEREA, per virtutem spei potest aliquis beatitudinem sperare non solum sibi sed etiam aliis, ut supra[2] dictum est. Sed beati qui sunt in

ARTIGO 2
Os bem-aventurados têm esperança?

QUANTO AO SEGUNDO, ASSIM SE PROCEDE: parece que os bem-aventurados **têm** esperança.

1. Com efeito, Cristo foi, desde o princípio de sua concepção, um perfeito apreensor[b]. Ora, ele teve esperança, pois, é de sua pessoa, como declara a Glosa, que o Salmo diz: "Em ti, Senhor, esperei". Logo, os bem-aventurados podem ter esperança.

2. ALÉM DISSO, assim como alcançar a bem-aventurança eterna é um bem difícil, assim também a sua continuação. Ora, os homens, antes de possuírem a bem-aventurança eterna, têm a esperança de alcançá-la. Logo, depois de haver conquistado a bem-aventurança, podem esperar a sua continuação.

3. ADEMAIS, pela virtude da esperança, pode-se não só esperar a bem-aventurança eterna para si, mas também para os outros, como acima já se

---

6. Q. 17, a. 8.
7. Q. 58, a. 2; q. 85, a. 4.

2 PARALL.: I-II, q. 67, a. 4, 5; III *Sent.*, dist. 26, q. 2, a. 5, q.la 1, 2; dist. 31, q. 2, a. 1, q.la 2, 3.

1. Interl.; LOMBARDI: ML 191, 300 B.
2. Q. 17, a. 3.

b. A "compreensão" não deve ser entendida aqui no sentido de compreensão do mistério divino, mas no sentido de "preensão", ou de abarcamento, ou de contato íntimo. A *compreensão* corresponde, no final da *esperança*, à *visão* quando termina a *fé*, e à *fruição*, ou gozo, quando a *caridade* encontra enfim Aquele que ela ama. Só Cristo era *viator* e *comprehensor*, viajor e apreensor, segundo sua dupla natureza.

patria sperant beatitudinem aliis: alioquin non rogarent pro eis. Ergo in beatis potest esse spes.

4. PRAETEREA, ad beatitudinem sanctorum pertinet non solum gloria animae sed etiam gloria corporis. Sed animae sanctorum qui sunt in patria expectant adhuc gloriam corporis: ut patet Ap 6,9 sqq., et XII *super Gen. ad litt*.[3]. Ergo spes potest esse in beatis.

SED CONTRA est quod Apostolus dicit, Rm 8,24: *Quod videt quis, quid sperat?* Sed beati fruuntur Dei visione. Ergo in eis spes locum non habet.

RESPONDEO dicendum quod, subtracto eo quod dat speciem rei, solvitur species, et res non potest eadem remanere: sicut remota forma corporis naturalis non remanet idem secundum speciem. Spes autem recipit speciem a suo obiecto principali, sicut et ceterae virtutes, ut ex supradictis[4] patet. Obiectum autem principale eius est beatitudo aeterna secundum quod est possibilis haberi ex auxilio divino, ut supra[5] dictum est. Quia ergo bonum arduum possibile non cadit sub ratione spei nisi secundum quod est futurum, ideo, cum beatitudo iam non fuerit futura sed praesens, non potest ibi esse virtus spei. Et ideo spes, sicut et fides, evacuatur in patria, et neutrum eorum in beatis esse potest.

AD PRIMUM ergo dicendum quod Christus, etsi esset comprehensor, et per consequens beatus, quantum ad divinam fruitionem; erat tamen simul viator quantum ad passibilitatem naturae, quam adhuc gerebat. Et ideo gloriam impassibilitatis et immortalitatis sperare poterat. Non tamen ita quod haberet virtutem spei, quae non respicit gloriam corporis sicut principale obiectum, sed potius fruitionem divinam.

AD SECUNDUM dicendum quod beatitudo sanctorum dicitur vita aeterna, quia per hoc quod Deo fruuntur, efficiuntur quodammodo participes aeternitatis divinae, quae excedit omne tempus. Et ita continuatio beatitudinis non diversificatur per praesens, praeteritum et futurum. Et ideo beati non habent spem de continuatione beatitudinis, sed habent ipsam rem: quia non est ibi ratio futuri.

disse. Ora, os bem-aventurados no céu esperam a bem-aventurança eterna para os outros; do contrário não rogariam por eles. Logo, os bem-aventurados podem ter esperança.

4. ADEMAIS, a bem-aventurança dos santos abrange não só a glória da alma, mas também a glória do corpo. Ora, as almas dos santos, que estão nos céus, ainda aguardam a glória do corpo, conforme o mostram o livro do Apocalipse e Agostinho. Logo, os bem-aventurados podem ter esperança.

EM SENTIDO CONTRÁRIO, diz o Apóstolo: "Ver o que se espera não é mais esperança". Mas, os bem-aventurados gozam da visão de Deus. Logo, neles não há lugar para a esperança.

RESPONDO. Eliminado o que especifica uma coisa, a espécie desaparece e a coisa não pode permanecer a mesma; assim removida a forma de um corpo natural, ele não permanece especificamente o mesmo. Ora, como já foi dito, a esperança recebe sua espécie de seu objeto principal, como também as outras virtudes. O objeto principal dela é a bem-aventurança eterna, enquanto é possível adquiri-la com o auxílio divino, como já foi dito. Mas, como um bem difícil possível não está sob a razão da esperança, senão enquanto futuro, segue-se que a bem-aventurança já não é futura, mas presente e não pode dar-se aí a virtude da esperança. Portanto, a esperança, como a fé, desaparece na pátria e os bem-aventurados não podem ter nenhuma dessas virtudes.

QUANTO AO 1º, portanto, deve-se dizer que Cristo, embora apreensor, e, por consequência, bem-aventurado quanto à fruição de Deus, era, porém, simultaneamente viajor, quanto à passibilidade da natureza de que estava revestido. Por isso, podia esperar a glória da impassibilidade e da imortalidade. Não que ele tivesse a virtude da esperança, cujo objeto principal não é a glória do corpo, mas, antes, a fruição de Deus.

QUANTO AO 2º, deve-se dizer que a bem-aventurança dos santos chama-se vida eterna, porque, fruindo de Deus, tornam-se, de certo modo, participantes da eternidade divina, que transcende todo o tempo. E, assim, a continuação da bem-aventurança não se diversifica por passado, presente e futuro. Por isso, os bem-aventurados não têm esperança da continuação da bem-aventurança,

---

[3]. AUGUST., c. 35: ML 34, 483.
[4]. Q. 17, a. 5, 6.
[5]. Ibid., a. 2.

AD TERTIUM dicendum quod, durante virtute spei, eadem spe aliquis sperat beatitudinem sibi et aliis. Sed evacuata spe in beatis qua sperabant sibi beatitudinem, sperant quidem aliis beatitudinem, sed non virtute spei, sed magis ex amore caritatis. Sicut etiam qui habet caritatem Dei eadem caritate diligit proximum: et tamen aliquis potest diligere proximum non habens virtutem caritatis, alio quadam amore.

AD QUARTUM dicendum quod, cum spes sit virtus theologica habens Deum pro obiecto, principale obiectum spei est gloria animae, quae in fruitione divina consistit, non autem gloria corporis. — Gloria etiam corporis, etsi habeat rationem ardui per comparationem ad naturam humanam, non habet tamen rationem ardui habenti gloriam animae. Tum quia gloria corporis est minimum quiddam in comparatione ad gloriam animae. Tum etiam quia habens gloriam animae habet iam sufficienter causam gloriae corporis.

ARTICULUS 3
Utrum spes sit in damnatis

AD TERTIUM SIC PROCEDITUR. Videtur quod in damnatis sit spes.

1. Diabolus enim est et damnatus et princeps damnatorum: secundum illud Mt 25,41: *Ite, maledicti, in ignem aeternum, qui paratus est diabolo et angelis eius*. Sed diabolus habet spem: secundum illud Iob 40,28: *Ecce spes eius frustrabitur eum*. Ergo videtur quod damnati habeant spem.

2. PRAETEREA, sicut fides potest esse formata et informis, ita et spes. Sed fides informis potest esse in daemonibus et damnatis: secundum illud Iac 2,19: *Daemones credunt et contremiscunt*. Ergo videtur quod etiam spes informis potest esse in damnatis.

3. PRAETEREA, nulli hominum post mortem accrescit meritum vel demeritum quod in vita non habuit: secundum illud Eccle 11,3: Si *ceciderit lignum ad austrum aut ad aquilonem, in quocumque*

mas eles possuem a realidade mesma e aí não há razão de futuro[c].

QUANTO AO 3º, deve-se dizer que enquanto perdura a virtude da esperança, podemos por ela esperar a bem-aventurança, para nós e para outros. Mas, removida a esperança nos bem-aventurados que esperavam para si a felicidade eterna, eles esperam o céu para os outros, mas não em virtude da esperança, mas pelo amor da caridade. Assim como quem tem a caridade de Deus, pela mesma caridade pode amar o próximo; também alguém pode amar o próximo, se não tiver a virtude da caridade, por qualquer outro amor.

QUANTO AO 4º, deve-se dizer que sendo a esperança uma virtude teologal que tem a Deus por objeto, seu objeto principal é a glória da alma, que consiste na fruição de Deus e não na glória do corpo. — A glória do corpo, mesmo que tenha a razão de difícil relativamente à natureza humana, não tem a razão de difícil em relação ao que tem a glória da alma. Ou porque a glória do corpo é pouca coisa comparada à glória da alma, ou porque quem tem a glória da alma possui já causa suficiente para a glória do corpo[d].

ARTIGO 3
A esperança existe nos condenados?

QUANTO AO TERCEIRO, ASSIM SE PROCEDE: parece que **existe** a esperança nos condenados.

1. Com efeito, o diabo é condenado e é o chefe dos condenados, conforme se lê no Evangelho de Mateus: "Ide, malditos, para o fogo eterno, que foi preparado para o diabo e seus anjos". Ora, o diabo tem esperança, segundo a palavra de Jó: "A esperança dele o frustrará". Logo, parece que os condenados têm a esperança.

2. ALÉM DISSO, a esperança, como a fé, pode ser formada e informe. Ora, a fé informe pode existir nos demônios e nos condenados, segundo a Carta de Tiago: "Os demônios creem e estremecem". Logo, parece que os condenados também podem ter a esperança informe.

3. ADEMAIS, nenhum homem pode, depois de sua morte, acrescentar mérito ou demérito que não teve em sua vida, segundo o livro do Eclesiastes: "Tombe uma árvore para o sul ou para o

---

3 PARALL.: III *Sent*., dist. 26, q. 2, a. 5, q.la 4.

c. Não existe futuro na duração eterna (cf. I, q. 10).
d. Sto. Tomás parece ter em pouco conta a glória do corpo. Vemos em que sentido. Resta que a glória da alma deve jorrar sobre o corpo, e fazer com que a fruição divina se torne igualmente humana.

loco ceciderit ibi erit. Sed multi qui damnabuntur habuerunt in hac vita spem, nunquam desperantes. Ergo etiam in futura vita spem habebunt.

SED CONTRA est quod spes causat gaudium: secundum illud Rm 12,12: *Spe gaudentes*. Sed damnati non sunt in gaudio, sed in dolore et luctu: secundum illud Is 65,14: *Servi mei laudabunt prae exsultatione cordis, et vos clamabitis prae dolore cordis et prae contritione spiritus ululabitis*. Ergo spes non est in damnatis.

RESPONDEO dicendum quod sicut de ratione beatitudinis est ut in ea quietetur voluntas, ita de ratione poenae est ut id quod pro poena infligitur voluntati repugnet. Non potest autem voluntatem quietare, vel ei repugnare, quod ignoratur. Et ideo Augustinus dicit, *super Gen. ad litt*.[1], quod angeli perfecte beati esse non potuerunt in primo statu ante confirmationem, vel miseri ante lapsum, cum non essent praescii sui eventus: requiritur enim ad veram et perfectam beatitudinem ut aliquis certus sit de suae beatitudinis perpetuitate; alioquin voluntas non quietaretur. Similiter etiam, cum perpetuitas damnationis pertineat ad poenam damnatorum, non vere haberet rationem poenae nisi voluntati repugnaret: quod esse non posset si perpetuitatem suae damnationis ignorarent. Et ideo ad conditionem miseriae damnatorum pertinet ut ipsi sciant quod nullo modo possunt damnationem evadere et ad beatitudinem pervenire: unde dicitur Iob 15,22: *Non credit quod reverti possit de tenebris ad lucem*. Unde patet quod non possunt apprehendere beatitudinem ut bonum possibile: sicut nec beati ut bonum futurum. Et ideo neque in beatis neque in damnatis est spes. Sed in viatoribus sive sint in vita ista sive in purgatorio, potest esse spes: quia utrobique apprehendunt beatitudinem ut futurum possibile.

AD PRIMUM ergo dicendum quod, sicut Gregorius dicit, XXXIII *Moral*.[2], hoc dicitur de diabolo secundum membra eius, quorum spes annullabi-

norte, para onde tombar, aí ficará". Ora, muitos condenados tiveram esperança nesta vida e nunca desesperaram. Logo, também terão esperança na vida futura.

EM SENTIDO CONTRÁRIO, a esperança causa alegria, segundo o Apóstolo: "Alegrai-vos na esperança". Mas, os condenados não estão na alegria, mas na dor e nos prantos, conforme o livro de Isaías: "Meus servos cantarão, com o coração alegre! Mas vós gritareis com o coração aflito; vós bramireis com a alma angustiada!". Logo, os condenados não têm esperança.

RESPONDO. É da razão da bem-aventurança que cause a quietação da vontade; como é da essência da pena, que o castigo infligido como pena repugne à vontade. Ora, a vontade não pode encontrar seu repouso ou sofrer contradição da parte daquilo que ignora. E, por isso, Agostinho diz que os anjos não puderam ser perfeitamente felizes no seu primeiro estado, antes da confirmação na graça, nem miseráveis, antes da queda, pois não tinham presciência do que iria acontecer. Com efeito, para que haja verdadeira e perfeita bem-aventurança, o homem deve estar seguro da perpetuidade dela, sem o que a vontade não se aquietaria. Semelhantemente, como a perpetuidade da condenação faz parte do sofrimento dos condenados, ela não teria razão de pena, se ela não repugnasse à vontade; o que não poderia se dar, se ela ignorasse a perpetuidade da condenação. Portanto, a condição de miséria dos condenados implica que eles saibam que jamais poderão escapar à condenação e conseguir a bem-aventurança eterna, conforme a palavra do livro de Jó: "Não crê que possa passar das trevas para a luz". É claro, pois, que os condenados não podem conceber a bem-aventurança como um bem possível, assim como não o podem os bem-aventurados como um bem futuro. Portanto, nem os bem-aventurados nem os condenados têm esperança. Mas, podem tê-la os que estão nesta vida ou no purgatório[e], porque em ambas as situações concebem a bem-aventurança eterna como um bem futuro e possível.

QUANTO AO 1º, portanto, deve-se dizer que Gregório declara que esta palavra se aplica aos membros do diabo[f], cuja esperança está aniquilada; ou,

---

1. L. XI, c. 17: ML 34, 438.
2. C. 20, al. 19, in vet. 24: ML 76, 697 D.

e. Sto. Tomás defende a esperança no purgatório. Isso pode surpreender, pois não se trata mais da mesma duração. No entanto, a felicidade certa é ainda *futura*, e o homem vê melhor do que nunca o quanto ela supera infinitamente os esforços que ele poderia tentar para obtê-la. Ele espera de *Deus*.

f. Isto é, os pecadores que a ele se submetem.

tur. — Vel si intelligatur de ipso diabolo, potest referri ad spem qua sperat se de sanctis victoriam obtinere: secundum illud quod supra[3] praemiserat: *Habet fiduciam quod Iordanis influat in os eius*. Haec autem non est spes de qua loquimur.

AD SECUNDUM dicendum quod, sicut Augustinus dicit, in *Enchirid*.[4], *fides est et malarum rerum et bonarum, et praeteritarum et praesentium et futurarum, et suarum et alienarum: sed spes non est nisi rerum bonarum futurarum ad se pertinentium*. Et ideo magis potest esse fides informis in damnatis quam spes: quia bona divina non sunt eis futura possibilia, sed sunt eis absentia.

AD TERTIUM dicendum quod defectus spei in damnatis non variat demeritum, sicut nec evacuatio spei in beatis auget meritum: sed utrumque contingit propter mutationem status.

se é aplicada ao próprio diabo, pode-se referir-se à esperança pela qual presume obter vitória sobre os santos, conforme o que antes fora dito: "Tem certeza que contra sua boca se lança um Jordão. Ora, não é desta esperança que nós aqui tratamos[g].

QUANTO AO 2º, deve-se dizer que Agostinho afirma: "A fé pode ter por objeto tanto as coisas más como boas, as passadas como as presentes e as futuras, as próprias e as alheias; mas a esperança limita-se às realidades boas, futuras e devidas a cada um". E, por isso, a fé informe pode convir mais aos condenados do que a esperança, porque os bens divinos não são para eles futuros e possíveis, mas são ausentes[h].

QUANTO AO 3º, deve-se dizer que a falta de esperança nos condenados não lhes faz variar o demérito, assim como o desaparecimento da esperança nos bem-aventurados não lhes aumenta o mérito; pois é a mudança de estado que provoca um e outro.

ARTICULUS 4
Utrum spes viatorum habeat certitudinem

AD QUARTUM SIC PROCEDITUR. Videtur quod spes viatorum non habeat certitudinem.

1. Spes enim est in voluntate sicut in subiecto. Sed certitudo non pertinet ad voluntatem, sed ad intellectum. Ergo spes non habet certitudinem.

2. PRAETEREA, *spes ex gratia et meritis provenit*, ut supra[1] dictum est. Sed in hac vita scire per certitudinem non possumus quod gratiam habeamus, ut supra[2] dictum est. Ergo spes viatorum non habet certitudinem.

3. PRAETEREA, certitudo esse non potest de eo quod potest deficere. Sed multi viatores habentes spem deficiunt a consecutione beatitudinis. Ergo spes viatorum non habet certitudinem.

ARTIGO 4
A esperança de quem ainda caminha nesta vida goza da certeza?

QUANTO AO QUARTO, ASSIM SE PROCEDE: parece que a esperança de quem ainda caminha nesta vida **não** goza de certeza.

1. Com efeito, a esperança está na vontade como em seu sujeito. Ora, a certeza não é própria da vontade, mas do intelecto. Logo, a esperança não é susceptível de certeza.

2. ALÉM DISSO, a esperança provém da graça e dos méritos, como acima já se disse. Ora, nesta vida não podemos saber com certeza, se temos a graça, como já foi dito. Logo, a esperança de quem ainda caminha não goza de certeza.

3. ADEMAIS, não pode haver certeza onde se pode falhar. Ora, muitos que caminhavam nesta vida, tendo esperança, falharam na consecução da bem-aventurança eterna. Logo, a esperança de quem caminha nesta vida não goza de certeza.

---

3. *Iob* 40, 18.
4. C. 8: ML 40, 234-235.

4 PARALL.: III *Sent.*, dist. 26, q. 2, a. 4; *De Virtut.*, q. 4, a. 2, ad 4.
1. Q. 17, a. 1, 2 a.
2. I-II, q. 112, a. 5.

---

g. Não se trata aqui de esperanças viciosas, como as de querer roubar ou matar. Somente a teologal é virtude: ela só espera Deus, e só espera dele a capacidade de encontrá-lo.

h. Sto. Tomás não pretende que os condenados tenham a fé informe: eles não a possuem, enquanto ela representa um dom gratuito de Deus, que não vem da natureza (ver I-II, q. 113, a. 4). Mas ele pensa que é mais apropriado unir a fé e o estado de condenação do que a esperança e esse estado, uma vez que toda felicidade está excluída. Uma fé *natural*, e forçada pela evidência dos sinais, permanece possível.

SED CONTRA est quod *spes est certa expectatio futurae beatitudinis*, sicut Magister dicit, 26 dist. III *Sent*. Quod potest accipi ex hoc quod dicitur 2Tm 1,12: *Scio cui credidi, et certus sum quia potens est depositum meum servare*.

RESPONDEO dicendum quod certitudo invenitur in aliquo dupliciter: scilicet essentialiter, et participative. Essentialiter quidem invenitur in vi cognoscitiva: participative autem in omni eo quod a vi cognoscitiva movetur infallibiliter ad finem suum; secundum quem modum dicitur quod natura certitudinaliter operatur, tanquam mota ab intellectu divino certitudinaliter movente unumquodque ad suum finem. Et per hunc etiam modum virtutes morales certius arte dicuntur operari, inquantum per modum naturae moventur a ratione ad suos actus. Et sic etiam spes certitudinaliter tendit in suum finem, quasi participans certitudinem a fide, quae est in vi cognoscitiva.

Unde patet responsio AD PRIMUM.

AD SECUNDUM dicendum quod spes non innititur principaliter gratiae iam habitae, sed divinae omnipotentiae et misericordiae, per quam etiam qui gratiam non habet eam consequi potest, ut sic ad vitam aeternam perveniat. De omnipotentia autem Dei et eius misericordia certus est quicumque fidem habet.

AD TERTIUM dicendum quod hoc quod aliqui habentes spem deficiant a consecutione beatitudinis, contingit ex defectu liberi arbitrii ponentis obstaculum peccati: non autem ex defectu divinae omnipotentiae vel misericordiae, cui spes innititur. Unde hoc non praeiudicat certitudini spei.

EM SENTIDO CONTRÁRIO, "A esperança é a expectativa certa da bem-aventurança futura", como diz o Mestre das Sentenças. E isso se pode concluir da palavra do Apóstolo: "Sei em quem confiei e tenho certeza de que Ele é capaz de defender o bem a mim confiado".

RESPONDO. Há duas maneiras de haver certeza em alguém: essencialmente ou participativamente. Essencialmente se encontra na potência cognoscitiva; participativamente, em tudo que a potência cognoscitiva move infalivelmente para seu fim. Conforme este modo, dizemos que a natureza opera com certeza, enquanto movida pelo intelecto divino, que com certeza move cada ser para seu fim. E também por esse modo, diz-se que as virtudes morais operam de maneira mais certa do que a arte, enquanto naturalmente são movidas para seus atos pela razão. E, assim, também a esperança tende com certeza para o seu fim, como que participando da certeza da fé, que se encontra na potência cognoscitiva.

QUANTO AO 1º, portanto, deve-se dizer que de tudo isso, é clara a resposta à primeira objeção.

QUANTO AO 2º, deve-se dizer que a esperança não se apoia principalmente na graça já possuída, mas na onipotência e misericórdia de Deus, pelas quais mesmo aquele que não possui a graça pode consegui-la para alcançar a vida eterna. Ora, todos os que têm fé estão certos da onipotência e da misericórdia de Deus[i].

QUANTO AO 3º, deve-se dizer que o fato de que alguns, que têm a esperança, não chegarem à posse da bem-aventurança eterna se explica por deficiência do livre-arbítrio, que põe o obstáculo do pecado, e não por falha da onipotência de Deus ou da sua misericórdia, sobre as quais se apoia a esperança. Isto, pois, não prejudica a certeza da esperança[j].

---

i. Crer em Deus é crer também que ele nos quer para ele, por amor. É portanto estar certo de que ele nos move para si.

j. A esperança tira sua certeza de Deus, em quem ela deposita sua confiança. Se existe desfalecimento, ele não provém de Deus, que não pode falhar, mas do livre-arbítrio. A resposta remete à questão: de onde provém esse desfalecimento do livre-arbítrio movido pela graça? A questão espinhosa nos remete ao tratado da graça (ver, entre outros: I-II, 109, a.7-10; 114, a. 7 e 9).

QUAESTIO XIX
DE DONO TIMORIS
in duodecim articulos divisa
Deinde considerandum est de dono timoris. Et circa hoc quaeruntur duodecim.

QUESTÃO 19
O DOM DO TEMOR[a]
em doze artigos
A seguir, deve-se considerar o dom do temor. A respeito disso, são doze as perguntas:

---

a. Ao final de cada tratado de virtude, encontramos o estudo do dom correspondente. Aqui, o temor. Pergunta-se, em primeiro lugar, se ele é justificado diante de Deus (a. 1); analisa-se em seguida as espécies de temor (a. 2 a 8). Depois, vêm

Primo: utrum Deus debeat timeri.
Secundo: de divisione timoris in timorem filialem, initialem, servilem et mundanum.
Tertio: utrum timor mundanus semper sit malus.
Quarto: utrum timor servilis sit bonus.
Quinto: utrum sit idem in substantia cum filiali.
Sexto: utrum adveniente caritate excludatur timor servilis.
Septimo: utrum timor sit initium sapientiae.
Octavo: utrum timor initialis sit idem in substantia cum timore filiali.
Nono: utrum timor sit donum Spiritus Sancti.
Decimo: utrum crescat crescente caritate.
Undecimo: utrum maneat in patria.
Duodecimo: quid respondeat ei in beatitudinibus et fructibus.

1. Deus deve ser temido?
2. Divide-se o temor em temor filial, inicial, servil e mundano?
3. O temor mundano é sempre mau?
4. O temor servil é bom?
5. É substancialmente, o mesmo que o temor filial?
6. A infusão da caridade exclui o temor servil?
7. O temor é o início da sabedoria?
8. O temor inicial é substancialmente o mesmo que o temor filial?
9. O temor é um dom do Espírito Santo?
10. O temor cresce quando a caridade cresce?
11. O temor permanece na pátria?
12. Que bem-aventuranças e que frutos correspondem ao dom do temor?

Articulus 1
Utrum Deus possit timeri

Ad primum sic proceditur. Videtur quod Deus timeri non possit.
1. Obiectum enim timoris est malum futurum ut supra[1] habitum est. Sed Deus est expers omnis mali: cum sit ipsa bonitas. Ergo Deus timeri non potest.
2. Praeterea, timor spei opponitur. Sed spem habemus de Deo. Ergo non possumus etiam simul eum timere.
3. Praeterea, sicut Philosophus dicit, in II *Rhet.*[2], *illa timemus ex quibus nobis mala proveniunt*. Sed mala non proveniunt nobis a Deo, sed ex nobis ipsis: secundum illud Os 13,9: *Perditio tua ex te, Israel: ex me auxilium tuum*. Ergo Deus timeri non debet.

Sed contra est quod dicitur Ier 10,7: *Quis non timebit te, O Rex gentium?* et Mal 1,6: *Si ego Dominus, ubi timor meus?*

Respondeo dicendum quod sicut spes habet duplex obiectum, quorum unum est ipsum bonum futurum cuius adeptionem quis expectat, aliud autem est auxilium alicuius per quem expectat se adipisci quod sperat; ita etiam et timor duplex

Artigo 1
Deus pode ser temido?

Quanto ao primeiro artigo, assim se procede: parece que Deus **não** pode ser temido.
1. Com efeito, o objeto do temor é o mal futuro, como acima foi estabelecido. Ora, Deus é isento de todo o mal, pois ele é a bondade mesma. Logo, Deus não pode ser temido.
2. Além disso, o temor se opõe à esperança. Ora, nós temos esperança em Deus. Logo, não podemos simultaneamente temê-lo.
3. Ademais, o Filósofo diz: "Tememos aquilo que nos causa mal." Ora, os males não nos vêm de Deus, mas de nós mesmos, segundo o livro de Oseias: "Tua perdição vem de ti, Israel; em mim está o teu auxílio". Logo, Deus não deve ser temido.

Em sentido contrário, está no livro de Jeremias: "Quem não o temerá, ó Rei das nações?" e em Malaquias: "Se eu sou o Senhor, onde está o temor que me é devido?"
Respondo. Assim como a esperança tem dois objetos, dos quais um é o próprio bem futuro, cuja consecução nós esperamos e o outro é o auxílio de alguém, com o qual esperamos obter o que procuramos; assim também o temor tem

---

1 Parall.: I-II, q. 42, a. 1; III *Sent.*, dist. 34, q. 2, a. 2, q.la 1, ad 2.

1. I-II, q. 41, a. 2; q. 42, a. 1.
2. C. 5: 1382, b, 32-33.

---

o estudo do temor como dom do Espírito Santo, suas relações com a caridade, no tempo presente e além dele; as bem-aventuranças e os frutos.

obiectum habere potest, quorum unum est ipsum malum quod homo refugit, aliud autem est illud a quo malum provenire potest. Primo igitur modo Deus, qui est ipsa bonitas, obiectum timoris esse non potest. Sed secundo modo potest esse obiectum timoris: inquantum scilicet ab ipso, vel per comparationem ad ipsum, nobis potest aliquod malum imminere. Ab ipso quidem potest nobis imminere malum poenae, quod non est simpliciter malum, sed secundum quid, bonum autem simpliciter. Cum enim bonum dicatur in ordine ad finem, malum autem importat huius ordinis privationem; illud est malum simpliciter quod excludit ordinem a fine ultimo, quod est malum culpae. Malum autem poenae est quidem malum, inquantum privat aliquod particulare bonum: est tamen bonum simpliciter, inquantum dependet ab ordine finis ultimi. Per comparationem autem ad Deum potest nobis malum culpae provenire, si ab eo separemur. Et per hunc modum Deus potest et debet timeri.

AD PRIMUM ergo dicendum quod ratio illa procedit secundum quod malum est timoris obiectum.

AD SECUNDUM dicendum quod in Deo est considerare et iustitiam, secundum quam peccantes punit; et misericordiam, secundum quam nos liberat. Secundum igitur considerationem iustitiae ipsius, insurgit in nobis timor: secundum autem considerationem misericordiae, consurgit in nobis spes. Et ita secundum diversas rationes Deus est obiectum spei et timoris.

AD TERTIUM dicendum quod malum culpae non est a Deo sicut ab auctore, sed est a nobis ipsis, inquantum a Deo recedimus. Malum autem poenae est quidem a Deo auctore inquantum habet rationem boni, prout scilicet est iustum: sed quod iuste nobis poena infligatur, hoc primordialiter ex merito nostri peccati contingit. Secundum quem modum dicitur Sap 1,13,16, quod *Deus mortem non fecit, sed impii manibus et verbis accersierunt illam*.

ARTICULUS 2
Utrum timor convenienter dividatur in filialem, initialem, servilem et mundanum

AD SECUNDUM SIC PROCEDITUR. Videtur quod inconvenienter dividatur timor in filialem, initialem, servilem et mundanum.

dois objetos: um é o mal mesmo que o homem recusa e o outro é aquilo do qual esse mal pode proceder. Sob o primeiro aspecto, Deus, que é a bondade mesma, não pode ser objeto do temor. Mas, no segundo aspecto, pode ser objeto do temor, enquanto podemos ser ameaçados de um mal, quer proveniente dele, quer por relação a ele. Vindo de Deus, o mal que nos ameaça é o mal da pena, que não é um mal absoluto, mas relativo, e que em si mesmo é absolutamente um bem. Com efeito, como o bem diz ordem a um fim e o mal implica a privação dessa ordem, o mal absoluto é o que exclui a ordem para o fim último, que é o mal da culpa. Quanto ao mal da pena, é um mal, enquanto priva de algum bem particular, mas é um bem em si mesmo, enquanto restaura a ordem do fim último. Relativamente a Deus, podemos incidir no mal da culpa, se nos separarmos dele. E, sob este aspecto, Deus pode e deve ser temido.

QUANTO AO 1º, portanto, deve-se dizer que a objeção procede, segundo seja o mal que é o objeto do temor[b].

QUANTO AO 2º, deve-se dizer que é preciso considerar em Deus a justiça, pela qual ele pune os pecadores; e a misericórdia, pela qual nos salva. Quando nós consideramos a justiça, surge, em nós, o temor; mas a consideração da misericórdia faz surgir em nós a esperança. E assim, por razões diversas, Deus é objeto de esperança e de temor.

QUANTO AO 3º, deve-se dizer que Deus não é o autor do mal da culpa, mas nós mesmos, enquanto nos afastamos dele. Ao contrário, o mal da pena tem Deus como autor; este mal tem a razão de bem, pois é justo; mas que com justiça a pena nos seja infligida, isso acontece primordialmente por mérito de nosso pecado. E, nesse sentido, diz o livro da Sabedoria: "Deus não fez a morte, mas os ímpios a chamam com obras e palavras".

ARTIGO 2
O temor se divide convenientemente em temor filial, inicial, servil e mundano?

QUANTO AO SEGUNDO, ASSIM SE PROCEDE: parece que o temor **não** se divide convenientemente em temor filial, inicial, servil e mundano.

---

2 PARALL.: III *Sent.*, dist. 34, q. 2, a. 1, q.la 2; *ad Rom.*, c. 8, lect. 3.

b. O objeto do temor não é Deus, é o mal de falta, como diz a solução. Paradoxalmente, o temor de Deus se traduz pelo temor de si mesmo: o temor de soltar a mão prestimosa de Deus, agindo mal.

1. Damascenus enim, in II lib.[1], ponit sex species timoris, scilicet segnitiem, erubescentiam, et alia de quibus supra[2] dictum est, quae in hac divisione non tanguntur. Ergo videtur quod haec divisio timoris sit inconveniens.

2. PRAETEREA, quilibet horum timorum vel est bonus vel malus. Sed est aliquis timor, scilicet naturalis, qui neque bonus est moraliter, cum sit in daemonibus, secundum illud Iac 2,19, *Daemones credunt et contremiscunt*; neque etiam est malus, cum sit in Christo, secundum illud Mc 14,33, *Coepit Iesus pavere et taedere*. Ergo timor insufficienter dividitur secundum praedicta.

3. PRAETEREA, alia est habitudo filii ad patrem, et uxoris ad virum, et servi ad dominum. Sed timor filialis, qui est filii in comparatione ad patrem, distinguitur a timore servili, qui est servi per comparationem ad dominum. Ergo etiam timor castus, qui videtur esse uxoris per comparationem ad virum, debet distingui ab omnibus istis timoribus.

4. PRAETEREA, sicut timor servilis timet poenam, ita timor initialis et mundanus. Non ergo debuerunt ad invicem distingui isti timores.

5. PRAETEREA, sicut concupiscentia est boni, ita etiam timor est mali. Sed alia est concupiscentia oculorum, qua quis concupiscit bona mundi; alia est concupiscentia carnis, qua quis concupiscit delectationem propriam. Ergo etiam alius est timor mundanus, quo quis timet amittere bona exteriora; et alius est timor humanus, quo quis timet propriae personae detrimentum.

SED CONTRA est auctoritas Magistri, 34 dist. III lib. *Sent*.

RESPONDEO dicendum quod de timore nunc agimus secundum quod per ipsum aliquo modo ad Deum convertimur vel ab eo avertimur. Cum enim obiectum timoris sit malum, quandoque homo propter mala quae timet a Deo recedit: et iste dicitur timor *humanus* vel *mundanus*. Quandoque autem homo per mala quae timet ad Deum convertitur et ei inhaeret. Quod quidem malum est duplex: scilicet malum poenae, et malum culpae. Si igitur aliquis convertatur ad Deum et ei inhaereat propter timorem poenae, erit timor *servilis*. Si autem propter timorem culpae, erit timor *filialis*: nam filiorum est timere offensam patris. Si autem propter utrumque, est timor *initialis,* qui est medius inter utrumque timorem. — Utrum autem

1. Com efeito, Damasceno cita seis espécies de temor: a indolência, a confusão e outros a respeito dos quais já se falou e que não se encontram na presente divisão. Logo, parece que esta divisão do temor não é adequada.

2. ALÉM DISSO, qualquer desses temores ou é bom ou é mau. Ora, há um temor, isto é, o natural, que não é bom moralmente, pois ele existe nos demônios, segundo a Carta de Tiago: "Os demônios creem e tremem"; nem é mau, pois existiu em Cristo, segundo o Evangelho de Marcos: "Jesus começou a sentir pavor e tédio". Logo, a divisão proposta é insuficiente.

3. ADEMAIS, uma é a relação entre o filho e o pai; outra, entre mulher e marido; outra, entre servo e senhor. Ora, o temor filial, que é o do filho em relação ao pai, distingue-se do temor servil, que é o do escravo para com o senhor. Logo, o temor casto, que parece ser da esposa com relação ao marido, deve distinguir-se de outros temores citados.

4. ADEMAIS, como o temor servil, também o temor inicial e o mundano temem a pena. Não deveriam, pois, ser distintos esses temores.

5. ADEMAIS, como a concupiscência busca o bem, assim o temor, o mal. Ora, uma é a concupiscência dos olhos, pela qual se deseja o bem do mundo; outra, a da carne, pela qual se busca o próprio prazer. Logo, também o temor mundano, pelo qual se teme perder os bens externos, difere do temor humano, pelo qual se teme sofrer detrimento da própria pessoa.

EM SENTIDO CONTRÁRIO, está a autoridade do Mestre das Sentenças.

RESPONDO. Tratamos agora do temor, conforme, de alguma maneira, nos orienta para Deus ou nos desvia dele. Ora, como o objeto do temor é o mal, às vezes, o homem se afasta de Deus por causa dos males que teme e este é o temor *humano* ou *mundano*. Às vezes, porém, por causa dos males que teme, converte-se para Deus e com ele se une. Este mal é duplo: o mal da pena e o mal da culpa. Se, pois, o homem converte-se para Deus e a ele se une, por causa do temor da pena, será o temor *servil*; se, porém, por causa do temor da culpa, será temor *filial*, pois é próprio dos filhos temer ofender o pai. Se, porém, agimos por causa dos dois temores, da culpa e da pena, há o temor *inicial*, que é o meio entre os dois temores, o

---

1. *De fide orth.*, l. II, c. 15: MG 94, 932 C.
2. I-II, q. 41, a. 4.

malum culpae possit timeri, supra³ habitum est, cum de passione timoris ageretur.

AD PRIMUM ergo dicendum quod Damascenus dividit timorem secundum quod est passio animae. Haec autem divisio timoris attenditur in ordine ad Deum, ut dictum est⁴.

AD SECUNDUM dicendum quod bonum morale praecipue consistit in conversione ad Deum, malum autem morale in aversione a Deo. Et ideo omnes praedicti timores vel important bonum morale vel malum. Sed timor naturalis praesupponitur bono et malo morali. Et ideo non connumeratur inter istos timores.

AD TERTIUM dicendum quod habitudo servi ad dominum est per potestatem domini servum sibi subiicientis: sed habitudo filii ad patrem, vel uxoris ad virum, est e converso per affectum filii se subdentis patri vel uxoris se coniungentis viro unione amoris. Unde timor filialis et castus ad idem pertinent: quia per caritatis amorem Deus pater noster efficitur, secundum illud Rm 8,15, *Accepistis Spiritum adoptionis filiorum, in quo clamamus, Abba, Pater*; et secundum eandem caritatem dicitur etiam sponsus noster, secundum illud 2Cor 11,2, *Despondi vos uni viro, virginem castam exhibere Christo*. timor autem servilis ad aliud pertinet: quia caritatem in sua ratione non includit.

AD QUARTUM dicendum quod praedicti tres timores respiciunt poenam, sed diversimode. Nam timor mundanus sive humanus respicit poenam a Deo avertentem, quam quandoque inimici Dei infligunt vel comminantur. Sed timor servilis et initialis respiciunt poenam per quam homines attrahuntur ad Deum, divinitus inflictam vel comminatam. Quam quidem poenam principaliter timor servilis respicit, timor autem initialis secundario.

AD QUINTUM dicendum quod eadem ratione homo a Deo avertitur propter timorem amittendi bona mundana, et propter timorem amittendi incolumitatem proprii corporis: quia bona exteriora

filial e o servil. — Que o mal da culpa possa ser temido, já se viu acima, quando se tratou da paixão do temor.

QUANTO AO 1º, portanto, deve-se dizer que Damasceno divide o temor, enquanto é paixão da alma. A divisão presente se considera em relação a Deus, como já foi dito[c].

QUANTO AO 2º, deve-se dizer que o bem moral consiste principalmente numa conversão para Deus, enquanto o mal moral, no afastamento dele. Por isso, todos os supracitados temores implicam um bem ou um mal moral. Mas o temor natural é pressuposto ao bem e ao mal moral. Por isso, ele não está enumerado entre os temores.

QUANTO AO 3º, deve-se dizer que a relação entre servo e senhor se funda no poder do senhor, sujeitando a si seu servo; a relação entre filho e pai, ou entre esposa e esposo, se funda, ao contrário, no afeto do filho que se sujeita ao pai, e da esposa que se sujeita ao esposo, pela união do amor. Donde, o temor filial e o casto referem-se à mesma realidade; pois, pelo amor de caridade Deus se torna nosso pai, segundo a Carta aos Romanos: "Recebestes o Espírito de adoção de filhos, no qual clamamos: Abba, Pai"; e, por essa mesma caridade, Deus se diz nosso esposo, conforme a segunda Carta aos Coríntios: "Eu vos desposei com um só esposo para vos apresentar a Cristo como uma virgem pura"[d]. Ora, o temor servil é de outra ordem, por não incluir, por natureza, a caridade.

QUANTO AO 4º, deve-se dizer que os três temores referidos, mundano, servil e inicial, têm a pena como objeto, mas diversamente. O temor mundano ou humano diz respeito à pena que afasta de Deus que, às vezes, é infligida ou cominada por seus inimigos. O temor servil e o temor inicial dizem respeito à pena pela qual os homens são atraídos para Deus, infligida ou cominada pela divindade; e a essa pena se refere, principalmente, o temor servil e, secundariamente, o inicial.

QUANTO AO 5º, deve-se dizer que pela mesma razão, o homem se afasta de Deus: por temor de perder os bens mundanos e pelo temor de perder a integridade de seu corpo, pois os bens exteriores

---

3. I-II, q. 42, a. 3.
4. In corp.

---

c. A classificação de João Damasceno vale para as *paixões* da alma. Aqui consideramos o temor em seu vínculo com Deus, isto é, também em suas qualificações morais.

d. O temor casto se diz em referência à esposa que teme perder a afeição de seu esposo. Temor filial e temor casto designam ambos, portanto, o medo de ofender aquele a quem se ama, e de quem se é amado.

ad corpus pertinent. Et ideo uterque timor hic pro eodem computatur, quamvis mala quae timentur sint diversa, sicut et bona quae conupiscuntur. Ex qua quidem diversitate provenit diversitas peccatorum secundum speciem, quibus tamen omnibus commune est a Deo abducere.

Articulus 3
Utrum timor mundanus sit semper malus

AD TERTIUM SIC PROCEDITUR. Videtur quod timor mundanus non semper sit malus.

1. Ad timorem enim humanum pertinere videtur quod homines reveremur. Sed quidam vituperantur de hoc quod homines non reverentur: ut patet Lc 18,2 de illo iudice iniquo, *qui nec Deum timebat nec homines reverebatur.* Ergo videtur quod timor mundanus non semper sit malus.

2. PRAETEREA, ad timorem mundanum videntur pertinere poenae quae per potestates saeculares infliguntur. Sed per huiusmodi poenas provocamur ad bene agendum: secundum illud Rm 13,3: *Vis non timere potestatem? Bonum fac, et habebis laudem ex illa.* Ergo timor mundanus non semper est malus.

3. PRAETEREA, illud quod inest nobis naturaliter non videtur esse malum: eo quod naturalia sunt nobis a Deo. Sed naturale est homini ut timeat proprii corporis detrimentum et amissionem bonorum temporalium, quibus praesens vita sustentatur. Ergo videtur quod timor mundanus non semper sit malus.

SED CONTRA est quod Dominus dicit, Mt 10,28: *Nolite timere eos qui corpus occidunt,* ubi timor mundanus prohibetur. Nihil autem divinitus prohibetur nisi malum. Ergo timor mundanus est malus.

RESPONDEO dicendum quod, sicut ex supradictis[1] patet, actus morales et habitus ex obiectis et nomen et speciem habent. Proprium autem obiectum appetitivi motus est bonum finale. Et ideo a proprio fine omnis motus appetitivus et specificatur et nominatur. Si quis enim cupiditatem nominaret amorem laboris, quia propter cupiditatem homines laborant, non recte nominaret: non enim cupidi laborem quaerunt sicut finem, sed sicut id quod est ad finem, sicut finem autem quaerunt divitias: unde cupiditas recte nominatur desiderium vel

pertencem ao corpo. Portanto, um e outro temor constituem, no caso, um só, embora os males temidos sejam diversos, assim como os bens desejados. Dessa diversidade provém a diversidade específica dos pecados, aos quais, porém, é comum o afastamento de Deus.

Artigo 3
O temor mundano é sempre mau?

QUANTO AO TERCEIRO, ASSIM SE PROCEDE: parece que o temor mundano **não** é sempre mau.

1. Com efeito, ao temor mundano parece se referir o respeito entre os homens. Ora, alguns são recriminados por não se respeitarem, como está claro no Evangelho de Lucas sobre aquele juiz iníquo "que não temia a Deus nem respeitava os homens". Logo, parece que o temor mundano nem sempre é mau.

2. ALÉM DISSO, ao temor mundano parece se referirem as penas infligidas pelo poder secular. Ora, essas penas nos levam a bem agir, conforme diz a Carta aos Romanos: "Queres viver sem ter medo da autoridade? Faz o bem e terás a sua aprovação". Logo, o temor do mundo não é sempre mau.

3. ADEMAIS, o que existe em nós naturalmente não parece ser mau, porque os elementos de nossa natureza vêm de Deus. Ora, é natural que o homem tema o detrimento do próprio corpo e a perda dos bens temporais com os quais se sustenta a vida presente. Logo, parece que o temor do mundo nem sempre é mau.

EM SENTIDO CONTRÁRIO, o Senhor diz no Evangelho de Mateus: "Não temais aos que matam o corpo", proibindo, assim, o temor do mundo. Ora, nada é proibido por Deus, a não ser o mal. Logo, o temor do mundo é mau.

RESPONDO. Como resulta do que foi dito, os atos morais e os hábitos recebem seu nome e sua espécie de seus objetos. Ora, o objeto próprio do movimento apetitivo é o bem final. Por isso, todo movimento apetitivo é especificado e denominado pelo próprio fim. Com efeito, se alguém chamasse a cobiça de amor ao trabalho, porque os homens trabalham por cobiça, não seria denominação correta, pois os homens cobiçosos não procuram o trabalho como fim, mas como meio, já que são as riquezas que eles têm como fim; por isso,

---

3   PARALL.: III *Sent.*, dist. 34, q. 2, a. 1, q.la 3; Expos. Litt.; *ad Rom.*, c. 8, lect. 3.
    1. I-II, q. 18, a. 2; q. 54, a. 2.

amor divitiarum, quod est malum. Et per hunc modum amor mundanus proprie dicitur quo aliquis mundo innititur tanquam fini. Et sic amor mundanus semper est malus. Timor autem ex amore nascitur: illud enim homo timet amittere quod amat; ut patet per Augustinum, in libro *Octoginta trium Quaest*.[2]. Et ideo timor mundanus est qui procedit ab amore mundano tanquam a mala radice. Et propter hoc et ipse timor mundanus semper est malus.

AD PRIMUM ergo dicendum quod aliquis potest revereri homines dupliciter. Uno modo, inquantum est in eis aliquod divinum, puta bonum gratiae aut virtutis, vel saltem naturalis Dei imaginis: et hoc modo vituperantur qui homines non reverentur. Alio modo potest aliquis homines revereri inquantum Deo contrariantur. Et sic laudantur qui homines non reverentur: secundum illud Eccli 48,13, de Elia vel Elisaeo: *In diebus suis non pertimuit principem*.

AD SECUNDUM dicendum quod potestates saeculares, quando inferunt poenas ad retrahendum a peccato, in hoc sunt Dei ministri: secundum illud Rm 13,4: *Minister enim Dei est, vindex in iram ei qui male agit*. Et secundum hoc timere potestatem saecularem non pertinet ad timorem mundanum, sed ad timorem servilem vel initialem.

AD TERTIUM dicendum quod naturale est quod homo refugiat proprii corporis detrimentum, vel etiam damna temporalium rerum: sed quod homo propter ista recedat a iustitia, est contra rationem naturalem. Unde etiam Philosophus dicit, in III *Ethic*.[3], quod quaedam sunt, scilicet peccatorum opera, ad quae nullo timore aliquis debet cogi: quia peius est huiusmodi peccata committere quam poenas quascumque pati.

chama-se propriamente de cobiça o desejo ou o amor das riquezas, o que é um mal. Semelhantemente, chama-se propriamente amor do mundo aquele pelo qual alguém se apega ao mundo como a um fim. E, assim, o amor do mundo é sempre mau. O temor nasce do amor, pois o homem teme perder o que ama, como está claro para Agostinho. Portanto, o temor do mundo[e] é o que procede do amor do mundo, como de má raiz. E, por isso, o temor mundano é sempre mau.

QUANTO AO 1º, portanto, deve-se dizer que se pode respeitar os homens de dois modos. De um modo, enquanto há neles algo de divino; por exemplo, o bem da graça ou da virtude ou, ao menos, a imagem natural de Deus; e, sob esse aspecto, são recriminados os que não os respeitam. De outro modo, podemos respeitá-los, quando agem contra Deus. E, assim, são louvados os homens que não os respeitam, como diz o livro do Eclesiástico de Elias ou de Eliseu: "Não temeu a príncipe algum em seus dias".

QUANTO AO 2º, deve-se dizer que quando os poderes seculares infligem penas para fazer os homens afastarem-se do pecado, nisso são ministros de Deus, conforme a Carta aos Romanos: "A autoridade é instrumento de Deus para castigar quem age mal". E, sendo assim, temer o poder secular não é próprio do temor mundano, mas do temor servil ou inicial.

QUANTO AO 3º, deve-se dizer que é natural que o homem procure evitar danos no seu próprio corpo e danos nos seus bem temporais; mas que o homem, por causa desses bens, se afaste da justiça é contra a razão natural[f]. Por isso, também o Filósofo diz que há certas coisas, isto é, atos pecaminosos, aos quais nenhum temor nos deve obrigar; porque é pior cometer tais pecados do que sofrer qualquer pena.

ARTICULUS 4
Utrum timor servilis sit bonus

AD QUARTUM SIC PROCEDITUR. Videtur quod timor servilis non sit bonus.

ARTIGO 4
O temor servil é bom?

QUANTO AO QUARTO, ASSIM SE PROCEDE: parece que o temor servil **não** é bom.

---

2. Q. 33: ML 40, 22.
3. C. 1: 1110, a, 26-30.

4 PARALL.: III *Sent*., dist. 34, q. 2, a. 2, q.la 1; *ad Rom*., c. 8, lect. 3.

e. A palavra "mundo" é ambígua. Designa seja o que Deus criou e que "tanto amou" (Jo 3,16), seja o que são João pede que "não seja amado" (1Jo 2,15), o que é oposto a Deus.

f. Sto. Tomás tem aqui em alta conta a ideia de razão natural. Mas, ele não exclui que, estando ferida essa razão pelo pecado (I-II, q. 85), a graça seja muitas vezes necessária para agir naturalmente segundo a justiça, sem ceder ao medo ameaçador.

1. Quia cuius usus est malus, ipsum quoque malum est. Sed usus timoris servilis est malus: quia sicut Glossa[1] dicit Rm 8, *qui timore aliquid facit, etsi bonum sit quod facit, non tamen bene facit.* Ergo timor servilis non est bonus.

2. Praeterea, illud quod ex radice peccati oritur non est bonum. Sed timor servilis oritur ex radice peccati: quia super illud Iob 3,11, *Quare non in vulva mortuus sum?* dicit Gregorius[2]: *Cum ex peccato praesens poena metuitur, et amissa Dei facies non amatur, timor ex tumore est, non ex humilitate.* Ergo timor servilis est malus.

3. Praeterea, sicuti amori caritatis opponitur amor mercenarius, ita timori casto videtur opponi timor servilis. Sed amor mercenarius semper est malus. Ergo et timor servilis.

Sed contra, nullum malum est a Spiritu Sancto. Sed timor servilis est ex Spiritu Sancto: quia super illud Rm 8,15, *Non accepistis Spiritum servitutis* etc., dicit Glossa[3]: *Unus Spiritus est qui facit duos timores, scilicet servilem et castum.* Ergo timor servilis non est malus.

Respondeo dicendum quod timor servilis ex parte servilitatis habet quod sit malus. Servitus enim libertati opponitur. Unde, cum liber sit *qui causa sui est,* ut dicitur in principio *Metaphys.*[4], *servus* est qui non causa sui operatur, sed quasi ab extrinseco motus. Quicumque autem ex amore aliquid facit, quasi ex seipso operatur: quia ex propria inclinatione movetur ad operandum. Et ideo contra rationem servilitatis est quod aliquis ex amore operetur. Sic ergo timor servilis, inquantum servilis est, caritati contrariatur.

Si ergo servilitas esset de ratione timoris, oporteret quod timor servilis simpliciter esset malus: sicut adulterium simpliciter est malum, quia id ex quo contrariatur caritati pertinet ad adulterii speciem. Sed praedicta servilitas non pertinet ad speciem timoris servilis: sicut nec informitas ad speciem fidei informis. Species enim moralis habitus vel actus ex obiecto accipitur. Obiectum autem timoris servilis est poena; cui accidit quod bonum cui contrariatur poena ametur tanquam

1. Com efeito, o mau uso de qualquer coisa é mau. Ora, o uso do temor servil é mau, pois, segundo o comentário da Glosa sobre a Carta aos Romanos: "Quem age por temor, mesmo que faça algo de bom, não o faz bem". Logo, o temor servil não é bom.

2. Além disso, o que nasce da raiz do pecado não é bom. Ora, o temor servil nasce da raiz do pecado, pois sobre o que diz o livro de Jó: "Por que não morri eu no ventre de minha mãe?", diz Gregório: "Quando tememos a pena presente, oriunda do pecado, e não se ama o rosto perdido de Deus, o temor vem do orgulho e não da humildade. Logo, o temor servil é mau.

3. Ademais, como o amor mercenário se opõe ao amor da caridade, assim parece que o temor servil se opõe ao temor casto. Ora, o amor mercenário é sempre mau. Logo, o temor servil o é também.

Em sentido contrário, nenhum mal vem do Espírito Santo. Ora, o temor servil vem do Espírito Santo, pois a propósito da palavra da Carta aos Romanos: "Não recebestes o espírito da escravidão", diz a Glosa: Um mesmo Espírito é o que causa as duas espécies de temores: o servil e o casto. Logo, o temor servil não é mau.

Respondo. O temor servil, enquanto diz servilismo, é mau, pois a servidão se opõe à liberdade. Por isso, sendo livre aquele que é causa de si, como diz o Filósofo, é *escravo* aquele que não obra por si mesmo, mas como que movido por movimento externo. Ora, quem age por amor age como por si mesmo, porque é sua própria inclinação que o move à ação. Por isso, é contra a razão de servilismo agir por amor. Assim, o temor servil, enquanto servil, é contrário à caridade.

Se, pois, o servilismo fosse da razão do temor, necessariamente o temor servil seria absolutamente mau, assim como o adultério é absolutamente mau, porque o que se opõe à caridade especifica o adultério. Mas o servilismo em questão não especifica o temor servil, assim como a falta da forma não especifica a fé informe. Com efeito, a espécie de um hábito ou ato moral é determinada por seu objeto. Ora, o objeto do temor servil é a pena. Pode acontecer que o bem contrário a

---

1. Lombardi: ML 191, 1439 D.
2. *Moral.*, l. IV, c. 27, al. 25, in vet. 28, n. 50: ML 75, 662 B.
3. Ordin.: ML 114, 496 B; Lombardi: ML 191, 1439 D.
4. L. I, c. 2: 982, b, 26-28.

finis ultimus, et per consequens poena timeatur tanquam principale malum, quod contingit in non habente caritatem; vel quod ordinetur in Deum sicut in finem, et per consequens poena non timeatur tanquam principale malum, quod contingit in habente caritatem. Non enim tollitur species habitus per hoc quod eius obiectum vel finis ordinatur ad ulteriorem finem. Et ideo timor servilis secundum suam substantiam bonus est, sed servilitas eius mala est.

AD PRIMUM ergo dicendum quod verbum illud Augustini intelligendum est de eo qui facit aliquid timore servili inquantum est servilis, ut scilicet non amet iustitiam, sed solum timeat poenam.

AD SECUNDUM dicendum quod timor servilis secundum suam substantiam non oritur ex tumore. Sed eius servilitas ex tumore nascitur: inquantum scilicet homo affectum suum non vult subiicere iugo iustitiae per amorem.

AD TERTIUM dicendum quod amor mercenarius dicitur qui Deum diligit propter bona temporalia. Quod secundum se caritati contrariatur. Et ideo amor mercenarius semper est malus. Sed timor servilis secundum suam substantiam non importat nisi timorem poenae, sive timeatur ut principale malum, sive non timeatur ut malum principale.

ARTICULUS 5
Utrum timor servilis sit idem in substantia cum timore filiali

AD QUINTUM SIC PROCEDITUR. Videtur quod timor servilis sit idem in substantia cum timore filiali.

1. Ita enim videtur se habere timor filialis ad servilem sicut fides formata ad informem, quorum unum est cum peccato mortali, aliud vero non. Sed eadem secundum substantiam est fides formata et informis. Ergo etiam idem est secundum substantiam timor servilis et filialis.

2. PRAETEREA, habitus diversificantur secundum obiecta. Sed idem est obiectum timoris servilis et filialis: quia utroque timore timetur Deus. Ergo idem est secundum substantiam timor servilis et timor filialis.

3. PRAETEREA, sicut homo sperat frui Deo et etiam ab eo beneficia obtinere, ita etiam timet

essa pena, seja amado como fim último. Consequentemente, a pena será temida como um mal principal. Isso acontece com aqueles que não têm a caridade ou então que este bem seja ordenado para Deus, como fim e, por consequência, a pena não seja temida como mal principal, o que acontece com quem tem a caridade. Com efeito, um hábito não muda de espécie por ser o seu objeto ou o seu fim ordenado a um fim ulterior. Logo, o temor servil é substancialmente bom, mas o seu servilismo é mau.

QUANTO AO 1º, portanto, deve-se dizer que as palavras de Agostinho devem ser entendidas daquele que age por temor servil, enquanto servil, sem amar a justiça, mas somente por temor da pena.

QUANTO AO 2º, deve-se dizer que o temor servil, substancialmente, não procede do orgulho, mas é o servilismo que nasce do orgulho, enquanto o homem não quer submeter a sua afeição, por amor, ao jugo da justiça.

QUANTO AO 3º, deve-se dizer que se chama amor mercenário o daquele que ama a Deus por causa dos bens temporais, sendo isso, em si mesmo contrário à caridade. Por isso, tal amor é sempre mau. Mas o temor servil, substancialmente, não implica senão o temor da pena, quer esta seja temida como mal principal, quer não.

ARTIGO 5
O temor servil é substancialmente o mesmo que o temor filial?

QUANTO AO QUINTO, ASSIM SE PROCEDE: parece que o temor servil é substancialmente o mesmo que o temor filial.

1. Com efeito, o temor filial está para o temor servil, como a fé formada está para a fé informe, enquanto a segunda pode coexistir com o pecado mortal, mas a primeira, não. Ora, a fé formada é substancialmente idêntica à fé informe. Logo, o temor servil é também idêntico, em substância, ao temor filial.

2. ALÉM DISSO, os hábitos se diversificam por seus objetos. Ora, o temor servil e o filial têm o mesmo objeto, pois os dois temem a Deus. Logo, o temor servil é substancialmente idêntico ao filial.

3. ADEMAIS, assim como o homem espera gozar de Deus e dele obter benefícios, assim também

5 PARALL.: III *Sent.*, dist. 34, q. 2, a. 3, q.la 1.

separari a Deo et poenas ab eo pati. Sed eadem est spes qua speramus frui Deo et qua speramus alia beneficia obtinere ab eo, ut dictum est[1]. Ergo etiam idem est timor filialis, quo timemus separationem a Deo, et timor servilis, quo timemus ab eo puniri.

SED CONTRA est quod Augustinus, *super Prim. Canonic. Ioan.*[2], dicit esse duos timores, unum servilem, et alium filialem vel castum.

RESPONDEO dicendum quod proprie obiectum timoris est malum. Et quia actus et habitus distinguuntur secundum obiecta, ut ex dictis[3] patet, necesse est quod secundum diversitatem malorum etiam timores specie differant. Differunt autem specie malum poenae, quod refugit timor servilis, et malum culpae, quod refugit timor filialis, ut ex supradictis[4] patet. Unde manifestum est quod timor servilis et filialis non sunt idem secundum substantiam, sed differunt specie.

AD PRIMUM ergo dicendum quod fides formata et informis non differunt secundum obiectum, utraque enim fides et credit Deo et credit Deum: sed differunt solum per aliquod extrinsecum, scilicet secundum praesentiam et absentiam caritatis. Et ideo non differunt secundum substantiam. Sed timor servilis et filialis differunt secundum obiecta. Et ideo non est similis ratio.

AD SECUNDUM dicendum quod timor servilis et timor filialis non habent eandem habitudinem ad Deum: nam timor servilis respicit Deum sicut principium inflictivum poenarum; timor autem filialis respicit Deum non sicut principium activum culpae, sed potius sicut terminum a quo refugit separari per culpam. Et ideo ex hoc obiecto quod est Deus non consequuntur identitatem speciei. Quia etiam motus naturales secundum habitudinem ad aliquem terminum specie diversificantur: non enim est idem motus specie qui est ab albedine et qui est ad albedinem.

AD TERTIUM dicendum quod spes respicit Deum sicut principium tam respectu fruitionis divinae quam respectu cuiuscumque alterius beneficii. Non sic autem est de timore. Et ideo non est similis ratio.

teme separar-se dele e sofrer as penas infligidas por ele. Ora, é a mesma a esperança, pela qual esperamos gozar de Deus e pela qual esperamos dele obter benefícios, como já foi dito. Logo, também é o mesmo o temor filial pelo qual tememos nos separar de Deus e o temor servil pelo qual tememos ser punidos por ele.

EM SENTIDO CONTRÁRIO, Agostinho diz que há dois temores: um servil e outro filial ou casto.

RESPONDO. O objeto próprio do temor é o mal. E como os atos e os hábitos distinguem-se por seus objetos, como já foi demonstrado, é necessário que conforme a diversidade dos males, também os temores sejam de espécies diferentes. Ora, especificamente são diferentes o mal da pena, que o temor servil procura evitar, e o mal da culpa, que o temor filial procura evitar, como já foi demonstrado acima. Por isso, é manifesto que o temor servil e o filial não são substancialmente idênticos, mas são especificamente distintos.

QUANTO AO 1º, portanto, deve-se dizer que a fé formada e a fé informe não diferem por seus objetos, pois uma e outra creem por Deus e creem em Deus, mas só diferem por algo extrínseco, isto é, a presença ou a ausência da caridade; portanto, não diferem substancialmente. Mas, o temor servil e o temor filial diferem por seus objetos[g]. Logo, o argumento não é pertinente.

QUANTO AO 2º, deve-se dizer que o temor servil e o temor filial não têm a mesma relação com Deus, pois o primeiro o vê como princípio que inflige a pena, enquanto o temor filial o vê não como princípio ativo da culpa, mas antes, como termo do qual tememos nos separar pela culpa. Portanto, deste objeto, que é Deus, não decorre identidade específica, porque mesmo os movimentos naturais se diversificam especificamente pelas relações diversas com um mesmo termo; assim, não é o mesmo especificamente o movimento que vem da brancura e outro que para ela tende.

QUANTO AO 3º, deve-se dizer que a esperança vê em Deus o princípio tanto da fruição divina, como de qualquer outro benefício. Mas o mesmo não se dá com o temor. Logo, o argumento não é pertinente.

---

1. Q. 17, a. 2, ad 2; a. 3.
2. Tract. 9, n. 5, super 6, 18: ML 35, 2049.
3. I-II, q. 18, a. 5; q. 54, a. 2.
4. I, q. 48, a. 5.

g. Mal de pena e mal de culpa.

Articulus 6
Utrum timor servilis remaneat cum caritate

AD SEXTUM SIC PROCEDITUR. Videtur quod timor sevilis non remaneat cum caritate.

1. Dicit enim Augustinus, *super Prim. Canonic. Ioan.*[1], quod *cum coeperit caritas habitare, pellitur timor, qui ei praeparavit locum.*

2. PRAETEREA, *caritas Dei diffunditur in cordibus nostris per Spiritum Sanctum, qui datus est nobis,* ut dicitur Rm 5,5. Sed ubi *Spiritus Domini, ibi libertas,* ut habetur 2Cor 3,17. Cum ergo libertas excludat servitutem, videtur quod timor servilis expellatur caritate adveniente.

3. PRAETEREA, timor servilis ex amore sui causatur, inquantum poena diminuit proprium bonum. Sed amor Dei expellit amorem sui: facit enim contemnere seipsum, ut patet ex auctoritate Augustini, XIV *de Civ. Dei*[2], quod *amor Dei usque ad contemptum sui facit ciuitatem Dei.* Ergo videtur quod veniente caritate timor servilis tollatur.

SED CONTRA est quod timor servilis est donum Spiritus Sancti, ut supra[3] dictum est. Sed dona Spiritus Sancti non tolluntur adveniente caritate, per quam Spiritus Sanctus in nobis habitat. Ergo veniente caritate non tollitur timor servilis.

RESPONDEO dicendum quod timor servilis ex amore sui causatur: quia est timor poenae, quae est detrimentum proprii boni. Unde hoc modo timor poenae potest stare cum caritate sicut et amor sui: eiusdem enim rationis est quod homo cupiat bonum suum et quod timeat eo privari. Amor autem sui tripliciter se potest habere ad caritatem. Uno enim modo contrariatur caritati: secundum scilicet quod aliquis in amore proprii boni finem constituit. Alio vero modo in caritate includitur, secundum quod homo se propter Deum et in Deo diligit. Tertio modo a caritate quidem distinguitur, sed caritati non contrariatur: puta cum aliquis diligit quidem seipsum secundum rationem proprii boni, ita tamen quod in hoc proprio bono non constituat finem: sicut etiam et ad proximum potest esse aliqua alia specialis dilectio praeter dilectionem caritatis, quae fundatur in Deo, dum

Artigo 6
O temor servil coexiste com a caridade?

QUANTO AO SEXTO, ASSIM SE PROCEDE: parece que o temor servil **não** coexiste com a caridade.

1. Com efeito, diz Agostinho: "Desde que a caridade começa a habitar na alma, ela expulsa o temor que lhe preparou o lugar".

2. ALÉM DISSO, "O amor de Deus é derramado em nossos corações pelo Espírito Santo, que nos foi dado", conforme a Carta aos Romanos. Ora, "onde há o Espírito do Senhor, aí há liberdade", diz a segunda Carta aos Coríntios. Logo, como a liberdade exclui a servidão, parece que o temor servil é excluído com o advento da caridade.

3. ADEMAIS, o temor servil é causado pelo amor de si mesmo, pois a pena diminui o próprio bem. Ora, o amor de Deus exclui o amor de si mesmo, pois faz desprezar-se a si mesmo, como afirma Agostinho: "O amor de Deus até o desprezo de si constitui a cidade de Deus". Logo, parece que o temor servil é excluído com a presença da caridade.

EM SENTIDO CONTRÁRIO, o temor servil é um dom do Espírito Santo, como já foi dito. Ora, os dons do Espírito Santo não são excluídos com a presença da caridade, pela qual o Espírito Santo habita em nós. Logo, a presença da caridade não exclui o temor servil.

RESPONDO. O temor servil é causado pelo amor de si mesmo, porque ele é o temor da pena que é o detrimento do próprio bem. Assim entendido, o temor da pena pode coexistir com a caridade da mesma forma que o amor de si mesmo, pois pela mesma razão, pela qual o homem deseja o seu bem, teme ser dele privado. Ora, o amor de si mesmo pode ter tríplice relação com a caridade. De um modo, se opõe à caridade, enquanto o homem constitui seu fim no amor do próprio bem. De outro modo, inclui-se na caridade, enquanto o homem ama a si mesmo por causa de Deus e em Deus. De um terceiro modo, distingue-se da caridade sem se opor a ela. Por exemplo, quando alguém se ama segundo a razão do próprio bem, sem contudo constituir nele o seu fim. Assim também alguém pode ter para com o próximo, especial amor além do amor da caridade, que se

---

6 PARALL.: Infra, a. 8, ad 2; a. 10; III *Sent.*, dist. 34, q. 2, a. 2, q.la 3; *De Verit.*, q. 14, a. 7, ad 2; q. 28, a. 4, ad 3.

1. Tract. 9, n. 4, super 6, 18: ML 35, 2047.
2. C. 28: ML 41, 436.
3. A. 4, *sed c.*

proximus diligitur vel ratione consanguinitatis vel alicuius alterius conditionis humanae, quae tamen referibilis sit ad caritatem.

Sic igitur et timor poenae includitur uno modo in caritate: nam separari a Deo est quaedam poena, quam caritas maxime refugit. Unde hoc pertinet ad timorem castum. — Alio autem modo contrariatur caritati: secundum quod aliquis refugit poenam contrariam bono suo naturali ut principale malum contrarium bono quod diligitur ut finis. Et sic timor poenae non est cum caritate. — Alio modo timor poenae distinguitur quidem secundum substantiam a timore casto, quia scilicet homo timet malum poenale non ratione separationis a Deo, sed inquantum est nocivum proprii boni: nec tamen in illo bono constituitur eius finis, unde nec illud malum formidatur tanquam principale malum. Et talis timor poenae potest esse cum caritate. Sed iste timor poenae non dicitur esse servilis nisi quando poena formidatur sicut principale malum, ut ex dictis[4] patet. Et ideo timor inquantum servilis non manet cum caritate: sed substantia timoris servilis cum caritate manere potest, sicut amor sui manere potest cum caritate.

AD PRIMUM ergo dicendum quod Augustinus loquitur de timore inquantum servilis est.
Et sic etiam procedunt aliae duae rationes.

ARTICULUS 7
Utrum timor sit initium sapientiae

AD SEPTIMUM SIC PROCEDITUR. Videtur quod timor non sit initium sapientiae.

1. Initium enim est aliquid rei. Sed timor non est aliquid sapientiae: quia timor est in vi appetitiva, sapientia autem est in vi intellectiva. Ergo videtur quod timor non sit initium sapientiae.

2. PRAETEREA, nihil est principium sui ipsius. Sed *timor Dei ipse est sapientia*, ut dicitur Iob

funda em Deus, quando ama o próximo ou em razão da consanguinidade ou de alguma outra condição humana referível à caridade.

Portanto, o temor da pena, de um modo, inclui-se na caridade, pois separar-se de Deus é uma pena, que a caridade teme, ao máximo. E isto se refere ao temor casto. — De outro modo, o temor da pena se opõe à caridade, enquanto procura evitar a pena contrária ao seu bem natural, como principal mal contrário ao bem que se ama como fim; e, então, o temor da pena não coexiste com a caridade. — De outro modo, enfim, o temor da pena distingue-se substancialmente do temor casto, isto é, quando o homem teme o mal da pena, não por causa da separação de Deus, mas enquanto nocivo ao próprio bem. Entretanto, não se faz desse bem o próprio fim e, por isso, não se teme aquele mal como mal principal. Ora, esse temor da pena pode coexistir com a caridade. Mas esse temor da pena não se chama servil, salvo quando a pena é temida como mal principal, como fica claro do que foi dito. Portanto, o temor, enquanto servil, não coexiste com a caridade, mas a substância desse temor pode coexistir com ela, como o amor de si mesmo pode coexistir com a caridade.[h]

QUANTO AO 1º, portanto, deve-se dizer que Agostinho fala aí do temor, enquanto servil.

QUANTO AO 2º E AO 3º, deve-se dizer que assim também argumentam as duas outras objeções.

ARTIGO 7
O temor é o início da sabedoria?[i]

QUANTO AO SÉTIMO, ASSIM SE PROCEDE: parece que o temor **não** é o início da sabedoria.

1. Com efeito, o início é parte de uma coisa. Ora, o temor não é parte da sabedoria. Com efeito, o temor se refere à potência apetitiva, e a sabedoria à potência intelectiva. Logo, parece que o temor não é o início da sabedoria.

2. ALÉM DISSO, nada é princípio de si mesmo. Ora, o temor de Deus é a mesma sabedoria, como

---

4. A. 2, ad 4; a. 4.

7 PARALL.: Infra, q. 45, a. 6, ad 3.

h. Essas finas observações psicológicas precisam o sentido dos temores. Podemos temer a pena, porque a nada damos mais importância do que nosso próprio bem: nesse caso, só existe servidão no temor. Podemos temer a pena, porque ela faz sofrer, mesmo que não atribuamos valor absoluto a nosso bem-estar; nesse caso, o temor não é ruim: pode coabitar com o amor de Deus e do próximo. Distingue-se, assim, um temor servilmente "servil", ruim, e um temor simplesmente "servil," que não é ruim.

i. Trata-se dessa ciência superior, chamada de sabedoria, conhecimento saboroso das realidades divinas, que o Espírito Santo infunde, com a caridade, na alma. Ver, adiante, q. 45.

28,28. Ergo videtur quod timor Dei non sit initium sapientiae.

3. PRAETEREA, principio non est aliquid prius. Sed timore est aliquid prius: quia fides praecedit timorem. Ergo videtur quod timor non sit initium sapientiae.

SED CONTRA est quod dicitur in Ps 110,10: *Initium sapientiae timor Domini*.

RESPONDEO dicendum quod initium sapientiae potest aliquid dici dupliciter: uno modo, quia est initium ipsius sapientiae quantum ad eius essentiam; alio modo, quantum ad eius effectum. Sicut initium artis secundum eius essentiam sunt principia ex quibus procedit ars: initium autem artis secundum eius effectum est unde incipit ars operari; sicut si dicamus quod principium artis aedificativae est fundamentum, quia ibi incipit aedificator operari.

Cum autem sapientia sit cognitio divinorum, ut infra[1] dicetur, aliter consideratur a nobis et aliter a philosophis. Quia enim vita nostra ad divinam fruitionem ordinatur et dirigitur secundum quandam participationem divinae naturae, quae est per gratiam; sapientia secundum nos non solum consideratur ut est cognoscitiva Dei, sicut apud philosophos; sed etiam ut est directiva humanae vitae, quae non solum dirigitur secundum rationes humanas, sed etiam secundum rationes divinas, ut patet per Augustinum, XII *de Trin*.[2]

Sic igitur initium sapientiae secundum eius essentiam sunt prima principia sapientiae, quae sunt articuli fidei. Et secundum hoc fides dicitur sapientiae initium. — Sed quantum ad effectum, initium sapientiae est unde sapientia incipit operari. Et hoc modo timor est initium sapientiae. Aliter tamen timor servilis, et aliter timor filialis. timor enim servilis est sicut principium extra disponens ad sapientiam: inquantum aliquis timore poenae discedit a peccato, et per hoc habilitatur ad sapientiae effectum; secundum illud Eccli 1,27: *timor Domini expellit peccatum*. Timor autem castus vel filialis est initium sapientiae sicut primus sapientiae effectus. Cum enim ad sapientiam pertineat quod humana vita reguletur secundum rationes divinas, hinc oportet sumere principium, ut homo Deum revereatur et se ei subiiciat: sic enim consequenter in omnibus secundum Deum regulabitur.

diz o livro de Jó. Logo, parece que o temor de Deus não é o início da sabedoria.

3. ADEMAIS, nada precede o princípio. Ora, há algo anterior ao temor, porque a fé o precede. Logo, parece que o temor não é o início da sabedoria.

EM SENTIDO CONTRÁRIO, diz o Salmo: "O início da sabedoria é o temor de Deus".

RESPONDO. Pode-se entender o início da sabedoria de dois modos: como início da sabedoria mesma em sua essência, ou quanto a seus efeitos. Assim, o início da arte em sua essência são os princípios dos quais ela procede; e o início, quanto ao seu efeito, é o ponto de partida da obra artística. Como se disséssemos, que o princípio da arte de edificar são as fundações, porque, por aí, o construtor começa a sua obra.

Ora, sendo a sabedoria o conhecimento das coisas divinas, como se dirá a seguir, ela é considerada de uma forma por nós e de outra forma pelos filósofos. Como nossa vida é ordenada para o gozo de Deus e é dirigida pela graça, que é uma participação da natureza divina, a sabedoria, segundo nós, não se considera apenas como conhecimento de Deus, como dizem os filósofos, mas também como diretriz da vida humana, que não é dirigida somente por razões humanas, mas também por razões divinas, como está claro em Agostinho.

Assim, o início da sabedoria, em sua essência, são os primeiros princípios da mesma, que são os artigos da fé. Nesse sentido diz-se que a fé é o início da sabedoria. — Mas, quanto aos efeitos, o início da sabedoria se dá, quando ela começa a agir. E, desse modo, o temor é início da sabedoria, de maneira diversa no temor servil e no temor filial. O temor servil é como o princípio extrínseco que dispõe para a sabedoria, enquanto, temendo a pena, o pecador se afasta do pecado e assim se dispõe a receber o efeito da sabedoria, segundo o que diz o livro do Eclesiástico: "O temor do Senhor afasta o pecado". O temor casto e filial é o início da sabedoria, como seu primeiro efeito. De fato, como cabe à sabedoria regular a vida humana segundo as razões divinas, é daqui que se deve iniciar a fim de que o homem reverencie a Deus e a ele se submeta; e assim, consequentemente, ele se regulará em todas as coisas segundo Deus.

---

1. Q. 45, a. 1.
2. C. 13, n. 21: ML 42, 1009.

AD PRIMUM ergo dicendum quod ratio illa ostendit quod timor non est principium sapientiae quantum ad essentiam sapientiae.

AD SECUNDUM dicendum quod timor Dei comparatur ad totam vitam humanam per sapientiam Dei regulatam sicut radix ad arborem: unde dicitur Eccli 1,25: *Radix sapientiae est timere Dominum: rami enim illius longaevi*. Et ideo sicut radix virtute dicitur esse tota arbor, ita timor Dei dicitur esse sapientia.

AD TERTIUM dicendum quod, sicut dictum est[3], alio modo fides est principium sapientiae et alio modo timor. Unde dicitur Eccli 25,16: *timor Dei initium dilectionis eius: initium autem fidei agglutinandum est ei*.

QUANTO AO 1º, portanto, deve-se dizer que o argumento mostra que o temor não é o princípio da sabedoria, considerada em sua essência.

QUANTO AO 2º, deve-se dizer que o temor de Deus, com relação a toda vida humana regulada pela sabedoria divina, é como a raiz de uma árvore, como diz o livro do Eclesiástico: "A raiz da sabedoria é o temor de Deus e seus ramos são longevos". E como se diz que a raiz é virtualmente toda a árvore, assim se diz que o temor de Deus é a sabedoria.

QUANTO AO 3º, deve-se dizer que, como já foi dito, a fé é princípio da sabedoria, num sentido; o temor, em outro sentido. Daí o livro do Eclesiástico dizer: "O temor de Deus é o começo do seu amor e a fé é o começo da adesão a ele".

ARTICULUS 8
Utrum timor initialis differat secundum substantiam a timore filiali

AD OCTAVUM SIC PROCEDITUR. Videtur quod timor initialis differat secundum substantiam a timore filiali.

1. Timor enim filialis ex dilectione causatur. Sed timor initialis est principium dilectionis: secundum illud Eccli 25,16: *timor Domini initium est dilectionis*. Ergo timor initialis est alius a filiali.

2. PRAETEREA, timor initialis timet poenam, quae est obiectum servilis timoris: et sic videtur quod timor initialis sit idem cum servili. Sed timor servilis est alius a filiali. Ergo etiam timor initialis est alius secundum substantiam a filiali.

3. PRAETEREA, medium differt eadem ratione ab utroque extremorum. Sed timor initialis est medium inter timorem servilem et timorem filialem. Ergo differt et a filiali et a servili.

SED CONTRA est quod perfectum et imperfectum non diversificant substantiam rei. Sed timor initialis et filialis differunt secundum perfectionem et imperfectionem caritatis: ut patet per Augustinum, *in Prim. Canonic. Ioan.*[1]. Ergo timor initialis non differt secundum substantiam a filiali.

RESPONDEO dicendum quod timor initialis dicitur ex eo quod est initium. Sed cum et timor servilis et timor filialis sint aliquo modo initium sapientiae, uterque potest aliquo modo initialis dici. Sed sic

ARTIGO 8
O temor inicial é substancialmente diferente do temor filial?

QUANTO AO OITAVO, ASSIM SE PROCEDE: parece que o temor inicial é substancialmente diferente do temor filial.

1. Com efeito, o temor filial nasce do amor. Ora, o temor inicial é o princípio do amor, segundo o livro do Eclesiástico: "O temor de Deus é o princípio do amor". Logo, o temor inicial é diferente do temor filial.

2. ALÉM DISSO, o temor inicial teme a pena, que é objeto do temor servil; e, assim, parece que o temor inicial é idêntico ao temor servil. Ora, o temor servil é diferente do temor filial. Logo, também o temor inicial é, substancialmente, diferente do temor filial.

3. ADEMAIS, o meio difere, pela mesma razão, de seus dois extremos. Ora, o temor inicial é o meio entre temor servil e o temor filial. Logo, difere de um e de outro.

EM SENTIDO CONTRÁRIO, perfeito e imperfeito não diversificam a substância de alguma coisa. Mas, o temor inicial e filial diferem segundo a perfeição ou imperfeição da caridade, como o mostra Agostinho. Logo, o temor inicial não difere substancialmente do temor filial.

RESPONDO. O temor inicial chama-se assim por ser um começo. Ora, como o temor servil e o temor filial são, de certo modo, o começo da sabedoria, um e outro podem, de certa maneira, ser

---

3. In corp.

8 PARALL.: III *Sent.*, dist. 34, q. 2, a. 3, q.la 2.

1. Tract. 9, nn. 5-6, super 6, 18: ML 35, 2049.

non accipitur initialis secundum quod distinguitur a timore servili et filiali. Sed accipitur secundum quod competit statui incipientium, in quibus inchoatur quidam timor filialis per inchoationem caritatis; non tamen est in eis timor filialis perfecte, quia nondum pervenerunt ad perfectionem caritatis. Et ideo timor initialis hoc modo se habet ad filialem, sicut caritas imperfecta ad perfectam. Caritas autem perfecta et imperfecta non differunt secundum essentiam, sed solum secundum statum. Et ideo dicendum est quod etiam timor initialis, prout hic sumitur, non differt secundum essentiam a timore filiali.

AD PRIMUM ergo dicendum quod timor qui est initium dilectionis est timor servilis, qui *introducit caritatem sicut seta introducit linum,* ut Augustinus dicit[2]. — Vel, si hoc referatur ad timorem initialem, dicitur esse dilectionis initium non absolute, sed quantum ad statum caritatis perfectae.

AD SECUNDUM dicendum quod timor initialis non timet poenam sicut proprium obiectum, sed inquantum habet aliquid de timore servili adiunctum. Qui secundum substantiam manet quidem cum caritate, servilitate remota: sed actus eius manet quidem cum caritate imperfecta in eo qui non solum movetur ad bene agendum ex amore iustitiae, sed etiam ex timore poenae; sed iste actus cessat in eo qui habet caritatem perfectam, quae *foras mittit timorem habentem poenam,* ut dicitur 1Io 4,18.

AD TERTIUM dicendum quod timor initialis est medium inter timorem filialem et servilem non sicut inter ea quae sunt unius generis; sed sicut imperfectum est medium inter ens perfectum et non ens, ut dicitur in II *Metaphys.*[3]; quod tamen est idem secundum substantiam cum ente perfecto, differt autem totaliter a non ente.

ARTICULUS 9
Utrum timor sit donum Spiritus Sancti

AD NONUM SIC PROCEDITUR. Videtur quod timor non sit donum Spiritus Sancti.

chamados de temor inicial. Não é nesta acepção que se toma aqui a palavra inicial, enquanto se distingue do temor servil e do filial. É tomada, segundo compete ao estado dos iniciantes, nos quais se dá o temor filial, graças ao começo da caridade; não havendo, porém, neles o temor filial pleno, porque não chegaram à perfeição da caridade. Eis porque o temor inicial se relaciona com o temor filial, como a caridade imperfeita com a perfeita. Mas, a caridade perfeita e a imperfeita não diferem segundo a essência, mas somente conforme seu estado. Por isso, diz-se que o temor inicial, no sentido em que é aqui tomado, não difere essencialmente do temor filial.

QUANTO AO 1º, portanto, deve-se dizer que o temor, que é o início do amor, é o temor servil, que "introduz a caridade, como a agulha introduz o fio", no dizer de Agostinho. — Ou, se se refere o texto da Escritura ao temor inicial, o temor se diz início do amor, não absolutamente, mas em relação ao estado de caridade perfeita.

QUANTO AO 2º, deve-se dizer que o temor inicial não teme a pena como seu objeto próprio, mas enquanto lhe resta algo do temor servil, que, substancialmente, permanece com a caridade, removido o servilismo. O ato desse temor coexiste com a caridade imperfeita naquele que é levado a agir bem, não somente pelo amor da justiça[j], mas também pelo temor da pena. Mas este ato cessa naquele que tem a caridade perfeita, porque essa "expulsa o temor acompanhado da pena", como se lê na primeira Carta de João.

QUANTO AO 3º, deve-se dizer que o temor inicial é o meio-termo entre o temor filial e o temor servil, não como o que está entre coisas do mesmo gênero, mas como o imperfeito é meio-termo entre o ente perfeito e o não ente, como diz o Filósofo; este ente imperfeito é substancialmente idêntico ao perfeito, mas difere totalmente do não ente.

ARTIGO 9
O temor é dom do Espírito Santo?[k]

QUANTO AO NONO, ASSIM SE PROCEDE: parece que o temor **não** é dom do Espírito Santo.

---

2. *In I Ioan.*, tract. 9, n. 4, super 6, 18: ML 35, 2047-2048.
3. C. 2: 994, a, 28-31.

9 PARALL.: III *Sent.*, dist. 34, q. 2, a. 1, q.la 3; *ad Rom.*, c. 8, lect. 3.

---

j. A justiça que "justifica o ímpio": retidão interior da alma diante de Deus e do próximo, tal como Deus a quer e produz.
k. O esforço aqui é no sentido de situar o dom em relação à virtude, o temor em relação à esperança e a outras qualidades morais.

1. Nullum enim donum Spiritus Sancti opponitur virtuti, quae etiam est a Spiritu Sancto: alioquin Spiritus Sanctus esset sibi contrarius. Sed timor opponitur spei, quae est virtus. Ergo timor non est donum Spiritus Sancti.

2. PRAETEREA, virtutis theologicae proprium est quod Deum habeat pro obiecto. Sed timor habet Deum pro obiecto, inquantum Deus timetur. Ergo timor non est donum, sed virtus theologica.

3. PRAETEREA, timor ex amore consequitur. Sed amor ponitur quaedam virtus theologica. Ergo etiam timor est virtus theologica, quasi ad idem pertinens.

4. PRAETEREA, Gregorius dicit, II *Moral*.[1], quod timor datur contra superbiam. Sed superbiae opponitur virtus humilitatis. Ergo etiam timor sub virtute comprehenditur.

5. PRAETEREA, dona sunt perfectiora virtutibus: dantur enim in adiutorium virtutum, ut Gregorius dicit, II *Moral*.[2]. Sed spes est perfectior timore: quia spes respicit bonum, timor malum. Cum ergo spes sit virtus, non debet dici quod timor sit donum.

SED CONTRA est quod Is 11,3 timor Domini enumeratur inter septem dona Spiritus Sancti.

RESPONDEO dicendum quod multiplex est timor, ut supra[3] dictum est. timor autem humanus, ut dicit Augustinus, in libro *de Gratia et Lib. Arb*.[4], non est donum Dei, hoc enim timore Petrus negavit Christum: sed ille timor de quo dictum est[5], *Illum timete qui potest animam et corpus mittere in gehennam*.

Similiter etiam timor servilis non est numerandus inter septem dona Spiritus Sancti, licet sit a Spiritu Sancto. Quia, ut Augustinus dicit, in libro *de Nat. et Gratia*[6], potest habere annexam voluntatem peccandi: dona autem Spiritus Sancti non possunt esse cum voluntate peccandi, quia non sunt sine caritate, ut dictum est[7].

Unde relinquitur quod timor Dei qui numeratur inter septem dona Spiritus Sancti est timor filialis sive castus. Dictum est enim supra[8] quod dona

1. Com efeito, nenhum dom do Espírito Santo se opõe à virtude, que também vem do Espírito Santo; do contrário, o Espírito Santo estaria em contradição com ele mesmo. Ora, o temor se opõe à esperança, que é uma virtude. Logo, o temor não é dom do Espírito Santo.

2. ALÉM DISSO, é próprio da virtude teologal ter a Deus como objeto. Ora, o temor, temendo a Deus, tem a Deus como objeto. Logo, o temor não é dom, mas é virtude teológica.

3. ADEMAIS, o temor resulta do amor. Ora, o amor é uma virtude teologal. Logo, também o temor é uma virtude teologal, como que sendo parte dela.

4. ADEMAIS, Gregório diz que o temor é dado para combater a soberba. Ora, a soberba opõe-se à virtude da humildade. Logo, o temor também está compreendido sob a virtude.

5. ADEMAIS, os dons são mais perfeitos do que as virtudes, pois são concedidos em auxílio das virtudes, como diz Gregório. Ora, a esperança é mais perfeita do que o temor, porque tem por objeto um bem e o temor, um mal. Logo, sendo a esperança uma virtude, não se pode dizer que o temor é um dom.

EM SENTIDO CONTRÁRIO, o livro de Isaías enumera o temor entre os sete dons do Espírito Santo.

RESPONDO. O temor é múltiplo, como já foi dito. Ora, o temor humano, como diz Agostinho, não é dom de Deus, pois, por esse temor, Pedro negou a Cristo; mas é dom, o temor do qual se diz: "Temei aquele que pode lançar no inferno a alma e o corpo".

Semelhantemente, o temor servil não deve ser enumerado entre os sete dons do Espírito Santo, ainda que dele proceda, porque, como diz Agostinho, ele pode coexistir com a vontade de pecar. Os dons do Espírito Santo não são compatíveis com a vontade de pecar, porque eles não existem, como já foi dito, sem a caridade.

Donde se conclui que o temor de Deus, enumerado entre os sete dons do Espírito Santo, é o temor filial ou casto. Já foi dito que os dons do

---

1. C. 49, al. 27, in vet. 36, n. 77: ML 75, 593 A.
2. Ibid.: ML 75, 592 D.
3. Art. 2.
4. C. 18, n. 39: ML 44, 904-905.
5. Matth. 10, 28; Luc. 12, 5.
6. C. 57: ML 44, 280.
7. I-II, q. 68, a. 5.
8. Ibid., a. 1, 3.

Spiritus Sancti sunt quaedam habituales perfectiones potentiarum animae quibus redduntur bene mobiles a Spiritu Sancto, sicut virtutibus moralibus potentiae appetitivae redduntur bene mobiles a ratione. Ad hoc autem quod aliquid sit bene mobile ab aliquo movente, primo requiritur ut sit ei subiectum, non repugnans: quia ex repugnantia mobilis ad movens impeditur motus. Hoc autem facit timor filialis vel castus, inquantum per ipsum Deum reveremur, et refugimus nos ipsi subducere. Et ideo timor filialis quasi primum locum tenet ascendendo inter dona Spiritus Sancti, ultimum autem descendendo; sicut Augustinus dicit, in libro *de Serm. Dom. in Monte*[9].

AD PRIMUM ergo dicendum quod timor filialis non contrariatur virtuti spei. Non enim per timorem filialem timemus ne nobis deficiat quod speramus obtinere per auxilium divinum: sed timemus ab hoc auxilio nos subtrahere. Et ideo timor filialis et spes sibi invicem cohaerent et se invicem perficiunt.

AD SECUNDUM dicendum quod proprium et principale obiectum timoris est malum quod quis refugit. Et per hunc modum Deus non potest esse obiectum timoris, sicut supra[10] dictum est. Est autem per hunc modum obiectum spei et aliarum virtutum theologicarum. Quia per virtutem spei non solum innitimur divino auxilio ad adipiscendum quaecumque alia bona; sed principaliter ad adipiscendum ipsum Deum, tanquam principale bonum. Et idem patet in aliis virtutibus theologicis.

AD TERTIUM dicendum quod ex hoc quod amor est principium timoris non sequitur quod timor Dei non sit habitus distinctus a caritate, quae est amor Dei: quia amor est principium omnium affectionum, et tamen in diversis habitibus perficimur circa diversas affectiones. Ideo tamen amor magis habet rationem virtutis quam timor, quia amor respicit bonum, ad quod principaliter virtus ordinatur secundum propriam rationem, ut ex supradictis[11] patet. Et propter hoc etiam spes ponitur virtus. Timor autem principaliter respicit malum, cuius fugam importat. Unde est aliquid minus virtute theologica.

Espírito Santo são perfeições habituais das potências da alma, que as tornam capazes de receber a moção do Espírito Santo, assim como, pelas virtudes morais, as potências apetitivas tornam-se capazes de receber a moção da razão. Ora, para que alguma coisa seja movida por um motor, requer-se primeiramente que lhe seja sujeito e sem resistência, porque a resistência do móvel ao motor impede o movimento. Ora, esta submissão sem resistência, o temor filial ou casto a produz, fazendo-nos reverenciar a Deus e evitar nos separarmos d'Ele. Razão pela qual o temor filial tem quase o primeiro lugar, na ordem crescente, entre os dons do Espírito Santo, mas o último, na ordem descendente, como diz Agostinho[l].

QUANTO AO 1º, portanto, deve-se dizer que o temor filial não se opõe à virtude da esperança. Por ele, não temermos que nos venha faltar o que esperamos obter pelo auxílio divino, mas tememos que venhamos nos afastar, nós mesmos, desse auxílio. Portanto, o amor filial e a esperança formam um todo e mutuamente se completam.

QUANTO AO 2º, deve-se dizer que o objeto próprio e principal do temor é o mal que se procura evitar. E, sob esse aspecto, Deus não pode ser objeto de temor[m], como já foi dito acima. É desse modo que Deus é objeto da esperança e de outras virtudes teologais. Porque pela virtude da esperança nos apoiamos no auxílio divino, não somente para obter qualquer outro bem, mas principalmente para chegarmos à posse de Deus, como nosso bem principal. E isso é claro para as outras virtudes teologais.

QUANTO AO 3º, deve-se dizer que pelo fato de ser o amor o princípio do temor, não se segue que o temor de Deus não seja hábito distinto da caridade, que é o amor de Deus. Com efeito, o amor é o princípio de todos os sentimentos, entretanto, por diversos hábitos aperfeiçoamo-nos em diversos sentimentos. Por isso, o amor tem mais razão de virtude do que o temor, porque o amor tem por objeto o bem e é ao bem que a virtude principalmente se ordena por sua própria razão, como fica claro do que acima foi dito. E por isso também a esperança é considerada virtude. Mas o temor tem por objeto principalmente o mal

---

9. L. I, c. 4, n. 11: ML 34, 1234.
10. Art. 1.
11. I-II, q. 55, a. 3, 4.

l. Os dons estão a serviço das virtudes e a elas estão submetidos. Assim o temor, face à esperança.
m. O temor servil não foge de Deus, mas do castigo que ele inflige, o temor filial foge da falta.

AD QUARTUM dicendum quod, sicut dicitur Eccli 10,14, *initium superbiae hominis apostatare a Deo*, hoc est nolle subdi Deo quod opponitur timori filiali, qui Deum reveretur. Et sic timor excludit principium superbiae: propter quod datur contra superbiam. Nec tamen sequitur quod sit idem cum virtute humilitatis, sed quod sit principium eius: dona enim Spiritus Sancti sunt principia virtutum intellectualium et moralium, ut supra[12] dictum est. Sed virtutes theologicae sunt principia donorum, ut supra[13] habitum est.

Unde patet responsio AD QUINTUM.

Articulus 10
Utrum crescente caritate diminuatur timor

AD DECIMUM SIC PROCEDITUR. Videtur quod crescente caritate diminuatur timor.

1. Dicit enim Augustinus, *super Prim. Canonic. Ioan.*[1]: *Quantum caritas crescit, tantum timor decrescit.*
2. PRAETEREA, crescente spe diminuitur timor. Sed crescente caritate crescit spes, ut supra[2] habitum est. Ergo crescente caritate diminuitur timor.
3. PRAETEREA, amor importat unionem, timor autem separationem. Sed crescente unione diminuitur separatio. Ergo crescente amore caritatis diminuitur timor.

SED CONTRA est quod dicit Augustinus, in libro *Octoginta trium Quaest.*[3], quod *Dei timor non solum inchoat, sed etiam perficit sapientiam, idest quae summe diligit Deum et proximum tanquam seipsum.*

RESPONDEO dicendum quod duplex est timor Dei, sicut dictum est[4]: unus quidem filialis, quo quis timet offensam ipsius vel separationem do qual foge. Portanto, é algo menor do que a virtude teologal.

QUANTO AO 4º, deve-se dizer que como diz o Eclesiástico: "O início da soberba do homem está em afastar-se de Deus", isto é, quando o homem não quer submeter-se a Deus, o que se opõe ao temor filial que leva a reverenciar Deus. E assim o temor exclui o princípio da soberba e, por isso, nos é dado para combatê-la. Daí não se segue que seja idêntico à virtude da humildade, mas, sim, que é o seu princípio. Os dons do Espírito Santo são princípios das virtudes intelectuais e morais, como foi dito acima. E as virtudes teologais são os princípios dos dons, como também já foi estabelecido.

QUANTO AO 5º, deve-se dizer que do exposto se deduz a resposta.

Artigo 10
O temor diminui com o aumento da caridade?

QUANTO AO DÉCIMO, ASSIM SE PROCEDE: parece que o temor **diminui** com o aumento da caridade.

1. Com efeito, diz Agostinho: "Na medida em que cresce a caridade, diminui o temor".
2. ALÉM DISSO, aumentando a esperança, diminui o temor. Ora, aumentando a caridade, cresce a esperança, como acima se esclareceu. Logo, quando a caridade aumenta, diminui o temor.
3. ADEMAIS, o amor implica a união e o temor, a separação. Ora, quando a união se estreita, a separação diminui. Logo, aumentando o amor da caridade, diminui o temor.

EM SENTIDO CONTRÁRIO, diz Agostinho que "o temor de Deus não somente começa, mas também aperfeiçoa a sabedoria, aquela que ama sobretudo a Deus e ao próximo como a si mesmo".

RESPONDO. Há duplo temor de Deus, como já foi dito: um filial, pelo qual se teme ofendê-lo ou dele se separar, e o temor servil pelo qual se

---
12. Cfr. I-II, q. 68, a. 4.
13. I-II, q. 68, a. 4, ad 3.

10 PARALL.: III *Sent.*, dist. 34, q. 2, a. 3, q.la 3.

1. Tract. 9, n. 4, super 6, 18: ML 35, 2047.
2. Q. 17, a. 8.
3. Q. 36, n. 4: ML 40, 26.
4. Art. 2.

ab ipso; alius autem servilis, quo quis timet poenam. Timor autem filialis necesse est quod crescat crescente caritate, sicut effectus crescit crescente causa: quanto enim aliquis magis diligit aliquem, tanto magis timet eum offendere et ab eo separari.

Sed timor servilis, quantum ad servilitatem, totaliter tollitur caritate adveniente: remanet tamen secundum substantiam timor poenae, ut dictum est[5]. Et iste timor diminuitur caritate crescente, maxime quantum ad actum: quia quanto aliquis magis diligit Deum, tanto minus timet poenam. Primo quidem, quia minus attendit ad proprium bonum, cui contrarietur poena. Secundo, quia firmius inhaerens magis confidit de praemio, et per consequens minus timet de poena.

AD PRIMUM ergo dicendum quod Augustinus loquitur de timore poenae.

AD SECUNDUM dicendum quod timor poenae est qui diminuitur crescente spe. Sed ea crescente crescit timor filialis: quia quanto aliquis certius expectat alicuius boni consecutionem per auxilium alterius, tanto magis veretur eum offendere vel ab eo separari.

AD TERTIUM dicendum quod timor filialis non importat separationem, sed magis subiectionem ad ipsum: separationem autem refugit a subiectione ipsius. Sed quodammodo separationem importat per hoc quod non praesumit se ei adaequare, sed ei se subiicit. Quae etiam separatio invenitur in caritate, inquantum diligit Deum supra se et supra omnia. Unde amor caritatis augmentatus reverentiam timoris non minuit, sed auget.

ARTICULUS 11
Utrum timor remaneat in patria

AD UNDECIMUM SIC PROCEDITUR. Videtur quod timor non remaneat in patria.

1. Dicitur enim Pr 1,33: *Abundantia perfruetur, timore malorum sublato*: quod intelligitur de homine iam sapientia perfruente in beatitudine aeterna. Sed omnis timor est alicuius mali: quia

teme a pena. Ora, o temor filial há de necessariamente aumentar, aumentando a caridade, como o efeito cresce com o aumento da causa; com efeito, quanto mais se ama alguém, tanto mais se teme ofendê-lo ou dele separar-se.

O temor servil, quanto ao servilismo, desaparece totalmente, quando sobrevém a caridade; enquanto o temor da pena permanece substancialmente, como já foi dito. Este temor diminui sobretudo no seu ato, quando cresce a caridade, porque quanto mais alguém ama a Deus, tanto menos teme a pena. Primeiro, porque dá menos atenção ao próprio bem, ao qual se opõe a pena. Depois, porque aquele que adere mais fortemente a Deus espera a recompensa[n] com mais confiança e, por conseguinte, menos teme a pena.

QUANTO AO 1º, portanto, deve-se dizer que Agostinho refere-se ao temor da pena.

QUANTO AO 2º, deve-se dizer que o temor da pena é que diminui, quando cresce a esperança. O aumento desta faz crescer o temor filial; porque quanto mais se espera com certeza a consecução de algum bem com auxílio de outro, tanto mais se teme ofendê-lo ou dele separar-se.

QUANTO AO 3º, deve-se dizer que o temor filial não implica separação, mas, antes, a submissão; ele teme o que o separa da sujeição a Deus. Mas, de certo modo, denota uma separação, enquanto não se presume igualar-se a ele, mas a ele submeter-se. Esta separação também se encontra na caridade, enquanto amamos a Deus mais do que a nós mesmos e acima de todas as coisas. Portanto, aumentando o amor da caridade, não diminui a reverência do temor; antes, aumenta.

ARTIGO 11
O temor subsiste na pátria?

QUANTO AO DÉCIMO PRIMEIRO, ASSIM SE PROCEDE: parece que o temor **não** subsiste na pátria.

1. Com efeito, lê-se no livro dos Provérbios: "Gozará da abundância, sem temor de nenhum mal", o que se entende do homem que goza da sabedoria na eterna bem-aventurança. Ora, todo

---

5. Art. 6.

11 PARALL.: I-II, q. 67, a. 4, ad 2; III *Sent.*, dist. 34, q. 2, a. 3, q.la 4; *De Virtut.*, q. 4, a. 4, ad 2; *in Psalm.* 18.

n. A recompensa da qual se trata aqui não é a recompensa do mercenário que espera seu salário, mas aquela que constitui o termo do mérito, a flor ou o fruto interior da graça: o desfrutar da amizade divina. O amor verdadeiro não pode querer outra coisa senão o encontro final, que é sua alegria, com aquele a quem ama.

malum est obiectum timoris, ut supra[1] dictum est. Ergo nullus timor erit in patria.

2. PRAETEREA, homines in patria erunt Deo conformes: secundum illud 1Io 3,2: *Cum apparuerit, similes ei erimus*. Sed Deus nihil timet. Ergo homines in patria non habebunt aliquem timorem.

3. PRAETEREA, spes est perfectior quam timor: quia spes est respectu boni, timor respectu mali. Sed spes non erit in patria. Ergo nec timor erit in patria.

SED CONTRA est quod dicitur in Ps 18,10: *timor Domini sanctus permanet in saeculum*.

RESPONDEO dicendum quod timor servilis, sive timor poenae, nullo modo erit in patria: excluditur enim talis timor per securitatem aeternae beatitudinis, quae est de ipsius beatitudinis ratione, sicut supra[2] dictum est. Timor autem filialis, sicut augetur augmentata caritate, ita caritate perfecta perficietur. Unde non habebit in patria omnino eundem actum quem habet modo.

Ad cuius evidentiam sciendum est quod proprium obiectum timoris est malum possibile: sicut proprium obiectum spei est bonum possibile. Et cum motus timoris sit quasi fugae, importat timor fugam mali ardui possibilis: parva enim mala timorem non inducunt. Sicut autem bonum uniuscuiusque est ut in suo ordine consistat, ita malum uniuscuiusque est ut suum ordinem deserat. Ordo autem creaturae rationalis est ut sit sub Deo et supra ceteras creaturas. Unde sicut malum creaturae rationalis est ut subdat se creaturae inferiori per amorem, ita etiam malum eius est si non Deo se subiiciat, sed in ipsum praesumptuose insiliat vel contemnat. Hoc autem malum creaturae rationali secundum suam naturam consideratae possibile est, propter naturalem liberi arbitrii flexibilitatem: sed in beatis fit non possibile per gloriae perfectionem. Fuga igitur huius mali quod est Deo non subiici, ut possibilis naturae, impossibilis autem beatitudini, erit in patria. In via autem est fuga huius mali ut omnino possibilis.

temor é de algum mal, porque o mal é objeto do temor, como já foi dito. Logo, não haverá nenhum temor na pátria.

2. ALÉM DISSO, os homens na pátria serão semelhantes a Deus, segundo a primeira Carta de João: "Quando ele se manifestar, seremos semelhantes a Ele". Ora, Deus nada teme. Logo, os homens na pátria não terão temor algum.

3. ADEMAIS, a esperança é mais perfeita do que o temor, pois, ela tem por objeto o bem, enquanto o objeto do temor é o mal. Ora, não haverá esperança na pátria. Logo, também não haverá temor.

EM SENTIDO CONTRÁRIO, diz o Salmo: "O temor do Senhor é santo e permanece para sempre".

RESPONDO. O temor servil ou da pena de modo algum existirá na pátria, pois tal temor fica excluído pela segurança da bem-aventurança eterna, que é da razão da bem-aventurança, como acima já foi dito. Mas, o temor filial, assim como ele aumenta com a caridade, assim também ele se aperfeiçoa com a caridade perfeita. Portanto, não terá na pátria exatamente o mesmo ato que na vida presente.

Para ficar claro, é preciso saber que o objeto próprio do temor é um mal possível, como o objeto próprio da esperança é um bem possível. Sendo o movimento do temor uma quase fuga, o temor importa a fuga de um mal difícil possível, pois pequenos males não induzem ao temor. Como o bem de toda coisa consiste em permanecer em sua ordem, assim o mal de cada coisa é abandonar sua ordem. Contudo, a ordem da criatura racional é ser submissa a Deus e dominar as outras criaturas. Portanto, assim como é um mal para a criatura racional submeter-se por amor à criatura inferior, assim também é um mal para ela não se submeter a Deus, mas, ao invés, insultá-lo presunçosamente ou desprezá-lo. Ora, esse mal é possível na criatura racional, considerada em sua natureza mesma, por causa da flexibilidade natural do livre-arbítrio; mas nos bem-aventurados, por causa da perfeição da glória, esse mal é impossível. Portanto, na pátria, a fuga desse mal que consiste em não submeter-se a Deus permanecerá como a fuga de um mal possível à natureza, mas impossível à bem-aventurança. Nesta vida a fuga deste mal é absolutamente possível.

---

1. A. 2, 5; I-II, q. 42, a. 1.
2. Q. 18, a. 3; I-II, q. 5, a. 4.

Et ideo Gregorius dicit, XVII *Moral.*[3], exponens illud Iob 26,11, "Columnae caeli contremiscunt et pavent ad nutum eius": *Ipsae*, inquit, *virtutes caelestium, quae hunc sine cessatione conspiciunt, in ipsa contemplatione contremiscunt. Sed idem tremor, ne eis poenalis sit, non timoris est sed admirationis*: quia scilicet admirantur Deum ut supra se exsistentem et eis incomprehensibilem. — Augustinus etiam, in XIV *de Civ. Dei*[4], hoc modo ponit timorem in patria, quamvis hoc sub dubio derelinquat. *Timor*, inquit, *ille castus permanens in saeculum saeculi, si erit in futuro saeculo, non erit timor exterrens a malo quod accidere potest, sed tenens in bono quod amitti non potest. Ubi enim boni adepti amor immutabilis est, profecto, si dici potest, mali cavendi timor securus est. Timoris quippe casti nomine ea voluntas significata est qua nos necesse erit nolle peccare, et non sollicitudine infirmitatis ne forte peccemus, sed tranquillitate caritatis cavere peccatum. Aut, si nullius omnino generis timor ibi esse poterit, ita fortasse timor in saeculo saeculi dictus est permanens, quia id permanebit quo timor ipse perducit.*

AD PRIMUM ergo dicendum quod in auctoritate praedicta excluditur a beatis timor sollicitudinem habens, de malo praecavens, non autem timor securus, ut Augustinus dicit[5].

AD SECUNDUM dicendum quod, sicut dicit Dionysius, 9 cap. *de Div. Nom.*[6], *eadem et similia sunt Deo et dissimilia: hoc quidem secundum contingentem non imitabilis imitationem*, idest inquantum secundum suum posse imitantur Deum, qui non est perfecte imitabilis, *hoc autem secundum hoc quod causata minus habent a causa, infinitis mensuris et incomparabilibus deficientia.* Unde non oportet quod, si Deo non convenit timor, quia non habet superiorem cui subiiciatur, quod propter hoc non conveniat beatis, quorum beatitudo consistit in perfecta subiectione ad Deum.

Por isso, Gregório, comentando o livro de Jó: "As colunas do céu estremecem e tremem ao seu aceno", diz que "as próprias virtudes celestes, que contemplam a Deus sem cessar, tremem nessa mesma contemplação. Mas esse tremor, para que não lhes seja penal, não é de temor, mas de admiração, isto é, porque admiram a Deus, como existente bem acima deles e que lhes é incompreensível". — Agostinho admite este tipo de temor na pátria, se bem que o deixe em dúvida: "O temor casto, diz, que permanece sempre pelos séculos dos séculos, se tiver de existir no século futuro, já não será o temor receoso de um mal que poderá acontecer, mas o que está fixo em um bem, que não se pode perder. Onde o amor do bem alcançado é imutável, é certo que o temor do mal do qual se deve precaver, se se pode assim dizer, é seguro. Ora, o nome temor casto designa a vontade pela qual nós necessariamente não queremos pecar, não pela inquietação de que nossa fraqueza nos leve a pecar, mas pela tranquilidade da caridade que nos leva a evitar o pecado. Ou, se na pátria não pudesse haver nenhum tipo de temor, talvez se quisesse fazer referência a um temor, sempre subsistente por todos os séculos, para dizer que ele subsistirá até onde o temor puder chegar"[o].

QUANTO AO 1º, portanto, deve-se dizer que o texto citado do livro dos Provérbios exclui dos bem-aventurados o temor cheio de solicitações e de cautelas contra o mal, não, porém, o temor seguro, do qual fala Agostinho.

QUANTO AO 2º, deve-se dizer que como diz Dionísio: "As mesmas coisas são semelhantes a Deus e dessemelhantes; semelhantes pela imitação contingente do inimitável, isto é, enquanto na medida do possível imitam a Deus, que não pode ser perfeitamente imitado; dessemelhantes, por permanecerem as coisas criadas aquém de sua causa, deficientes face às suas medidas infinitas e incomparáveis". Portanto, que o temor não convenha a Deus, que não tem superior a quem deva submeter-se, daí não se segue que não convenha aos bem-aventurados, cuja bem-aventurança consiste na perfeita submissão a Deus.

---

3. C. 29, al. 17, in vet. 15: ML 76, 31 C.
4. C. 9, n. 5: ML 41, 416.
5. In corp.
6. MG 3, 916 A.

---

o. Sto. Tomás hesita. Se existe temor filial no céu, não pode ser um temor de ser separado de Deus, mas uma espécie de respeito infinito. Ao mesmo tempo em que desfruta absolutamente dele na proximidade total do amor perfeito e recíproco, a criatura tem uma consciência extrema da distância que sempre a separa de Deus.

AD TERTIUM dicendum quod spes importat quendam defectum, scilicet futuritionem beatitudinis, quae tollitur per eius praesentiam. Sed timor importat defectum naturalem creaturae, secundum quod in infinitum distat a Deo: quod etiam in patria remanebit. Et ideo timor non evacuabitur totaliter.

QUANTO AO 3º, deve-se dizer que a esperança implica certa deficiência, isto é, a de uma felicidade futura que desaparece com a sua presença. Mas, o temor implica uma deficiência natural da criatura, por distar infinitamente de Deus, o que ainda continuará na pátria. Por isso, o temor não desaparecerá totalmente.

ARTICULUS 12
Utrum paupertas spiritus sit beatituto respondens dono timoris

AD DUODECIMUM SIC PROCEDITUR. Videtur quod paupertas spiritus non sit beatitudo respondens dono timoris.

1. Timor enim est initium spiritualis vitae, ut ex dictis[1] patet. Sed paupertas pertinet ad perfectionem vitae spiritualis: secundum illud Mt 19,21: *Si vis perfectus esse, vade et vende omnia quae habes, et da pauperibus*. Ergo paupertas spiritus non respondet dono timoris.

2. PRAETEREA, in Ps 118,120 dicitur: *Confige timore tuo carnes meas*: ex quo videtur quod ad timorem pertineat carnem reprimere. Sed ad repressionem carnis maxime videtur pertinere beatitudo luctus. Ergo beatitudo luctus magis respondet dono timoris quam beatitudo paupertatis.

3. PRAETEREA, donum timoris respondet virtuti spei, sicut dictum est[2]. Sed spei maxime videtur respondere beatitudo ultima, quae est, *Beati pacifici, quoniam filii Dei vocabuntur*: quia, ut dicitur Rm 5,2, *gloriamur in spe gloriae filiorum Dei*. Ergo illa beatitudo magis respondet dono timoris quam paupertas spiritus.

4. PRAETEREA, supra[3] dictum est quod beatitudinibus respondent fructus. Sed nihil in fructibus invenitur respondere dono timoris. Ergo etiam neque in beatitudinibus aliquid ei respondet.

SED CONTRA est quod Augustinus dicit, in libro de *Serm. Dom. in Mont.*[4]: *timor Dei congruit humilibus, de quibus dicitur: Beati pauperes spiritu*.

ARTIGO 12
A pobreza de espírito é a bem-aventurança correspondente ao dom do temor?

QUANTO AO DÉCIMO SEGUNDO, ASSIM SE PROCEDE: parece que a pobreza de espírito **não** é a bem-aventurança correspondente ao dom do temor.

1. Com efeito, como já se viu, o temor é o início da vida espiritual. Ora, a pobreza se refere à perfeição da vida espiritual, segundo o Evangelho de Mateus: "Se queres ser perfeito, vende o que tens e dá-o aos pobres". Logo, a pobreza de espírito não corresponde ao dom do temor.

2. ALÉM DISSO, nos Salmos se diz: "Penetra minhas carnes com o teu temor"; isso parece dizer que ao temor cabe reprimir a carne. Ora, parece que a repressão da carne cabe principalmente à bem-aventurança das lágrimas. Logo, a bem-aventurança das lágrimas corresponde ao dom do temor, mais do que a bem-aventurança da pobreza.

3. ADEMAIS, o dom do temor corresponde à virtude da esperança, como já foi dito. Ora, à esperança parece corresponder sobretudo a última bem-aventurança: "Bem-aventurados os pacíficos, porque serão chamados filhos de Deus" e na Carta aos Romanos se lê: "Nós nos gloriamos na esperança da glória de filhos de Deus". Logo, essa bem-aventurança corresponde mais ao dom do temor do que à pobreza de espírito.

4. ADEMAIS, como já se disse, às bem-aventuranças correspondem os frutos. Ora, nenhum fruto corresponde ao dom do temor. Logo, também nas bem-aventuranças não há algo que lhe corresponda.

EM SENTIDO CONTRÁRIO, diz Agostinho: "O temor de Deus convém aos humildes, dos quais se diz: Bem-aventurados os pobres de espírito".

---

12 PARALL.: III *Sent.*, dist. 34, q. 1, a. 4; in *Matth.*, cap. 5.
1. Art. 7.
2. A. 9, ad 1.
3. I-II, q. 70, a. 2.
4. L. I, c. 4, n. 11: ML 34, 1234.

RESPONDEO dicendum quod timori proprie respondet paupertas spiritus. Cum enim ad timorem filialem pertineat Deo reverentiam exhibere et ei subditum esse, id quod ex huiusmodi subiectione consequitur pertinet ad donum timoris. Ex hoc autem quod aliquis Deo se subiicit, desinit quaerere in seipso vel in aliquo alio magnificari nisi in Deo: hoc enim repugnaret perfectae subiectioni ad Deum. Unde dicitur in Ps 19,8: *Hi in curribus et hi in equis: nos autem in nomine Dei nostri invocabimus*. Et ideo ex hoc quod aliquis perfecte timet Deum consequens est quod non quaerat magnificari in seipso per superbiam; neque etiam quaerat magnificari in exterioribus bonis, scilicet honoribus et divitiis; quorum utrumque pertinet ad paupertatem spiritus, secundum quod paupertas spiritus intelligi potest vel exinanitio inflati et superbi spiritus, ut Augustinus exponit[5]; vel etiam abiectio temporalium rerum quae fit spiritu, idest propria voluntate per instinctum Spiritus Sancti, ut Ambrosius[6] et Hieronymus[7] exponunt.

AD PRIMUM ergo dicendum quod, cum beatitudo sit actus virtutis perfectae, omnes beatitudines ad perfectionem spiritualis vitae pertinent. In qua quidem perfectione principium esse videtur ut tendens ad perfectam spiritualium bonorum participationem terrena bona contemnat: sicut etiam timor primum locum habet in donis. Non autem consistit perfectio in ipsa temporalium desertione: sed haec est via ad perfectionem. Timor autem filialis, cui respondet beatitudo paupertatis, etiam est cum perfectione sapientiae, ut supra[8] dictum est.

AD SECUNDUM dicendum quod directius opponitur subiectioni ad Deum, quam facit timor filialis, indebita magnificatio hominis vel in seipso vel in aliis rebus quam delectatio extranea. Quae tamen opponitur timori ex consequenti: quia qui Deum reveretur et ei subiicitur, non delectatur in aliis a Deo. Sed tamen delectatio non pertinet ad rationem ardui, quam respicit timor, sicut magnificatio.

RESPONDO[p]. Ao temor corresponde propriamente a pobreza de espírito. Com efeito, como é próprio do temor filial prestar reverência e sujeição a Deus, a consequência de tal sujeição refere-se ao dom do temor. Quem se submete a Deus deixa de buscar gloriar-se em si mesmo ou em outra coisa a não ser em Deus, porque tal sentimento se oporia à perfeita submissão a Deus, conforme diz o Salmo: "Estes confiam em suas carroças e aqueles, nos seus cavalos, mas nós invocaremos o nome de nosso Deus". Por isso, quem teme a Deus perfeitamente não procura, por consequência, gloriar-se em si mesmo pela soberba; nem busca exaltar-se nos bens exteriores, isto é, nas honras e riquezas; estas duas disposições se referem à pobreza de espírito, na medida em que ela possa ser entendida, conforme a exposição de Agostinho, como um aniquilamento do espírito inflado e soberbo; ou também como desprezo dos bens temporais, causado pelo espírito, isto é, pela vontade do homem sob impulso do Espírito Santo, como Ambrósio e Jerônimo comentam.

QUANTO AO 1º, portanto, deve-se dizer que sendo a bem-aventurança um ato de virtude perfeita, todas as bem-aventuranças se referem à perfeição da vida espiritual. Mas o princípio dessa perfeição parece dar-se quando, tendendo à perfeita participação dos bens espirituais, desprezam-se os bens terrestres, assim como o temor ocupa o primeiro lugar entre os dons. A perfeição não consiste no abandono dos bens temporais; este é, porém, caminho para a perfeição. Contudo, o temor filial, ao qual corresponde a bem-aventurança da pobreza, permanece também com a perfeição da sabedoria, como acima foi dito.

QUANTO AO 2º, deve-se dizer que o que mais diretamente se opõe à submissão a Deus, causada pelo temor filial, é a exaltação indevida do homem seja em si mesmo seja nas outras coisas, mais do que os prazeres externos. Estes se opõem ao temor pelas suas consequências, porque quem reverencia a Deus e lhe é submisso não se compraz em outras coisas, senão em Deus. Mas o prazer não

---

5. Loc. cit., c. 1, n. 3: ML 34, 1231-1232.
6. *In Luc.*, l. V, n. 50, super 6, 20: ML 15, 1650 A.
7. *In Matth.*, l. II, super 5, 3: ML 26, 34 A.
8. Art. 7.

p. A bem-aventurança sendo o ato mesmo de uma virtude em sua perfeição última, trata-se de saber qual bem-aventurança, entre as que nomeia São Mateus (capítulo 5), corresponde ao perfeito temor filial. Quanto aos frutos do Espírito Santo (Gl 5,22-23), trata-se de buscar também os que correspondem ao dom do temor, a ele dispondo ou manifestando-o. Sto. Tomás evidencia aqui a afinidade entre o temor e a bem-aventurana dos pobres de espírito, a qual é necessária a todo cristão. Deve ser distinguida do abandono de todos os bens temporais, que o religioso quer praticar (r. 1).

Et ideo directe beatitudo paupertatis respondet timori: beatitudo autem luctus ex consequenti.

AD TERTIUM dicendum quod spes importat motum secundum habitudinem ad terminum ad quem tenditur: sed timor importat magis motum secundum habitudinem recessus a termino. Et ideo ultima beatitudo, quae est spiritualis perfectionis terminus, congrue respondet spei per modum obiecti ultimi: sed prima beatitudo, quae est per recessum a rebus exterioribus impedientibus divinam subiectionem, congrue respondet timori.

AD QUARTUM dicendum quod in fructibus illa quae pertinent ad moderatum usum vel abstinentiam a rebus temporalibus, videntur dono timoris convenire: sicut modestia, continentia et castitas.

implica a razão de difícil, objeto do temor; mas sim a exaltação de si próprio. Por isso, a bem-aventurança da pobreza corresponde diretamente ao dom do temor e à bem-aventurança das lágrimas, por consequência.

QUANTO AO 3º, deve-se dizer que a esperança implica movimento relativamente ao termo para o qual tende; mas o temor implica um movimento de retração relativamente ao termo. E, por isso, a última bem-aventurança, que é o termo da perfeição espiritual, corresponde perfeitamente à esperança, a modo de objeto último; mas a primeira bem-aventurança que se dá por afastamento dos bens exteriores, cuja posse impede a submissão a Deus, corresponde propriamente ao temor.

QUANTO AO 4º, deve-se dizer que entre os frutos, os que são relativos ao uso moderado ou à total abstinência dos bens temporais, parecem convir ao dom do temor: como, por exemplo, a modéstia, a continência e a castidade.

QUAESTIO XX
DE DESPERATIONE
in quatuor articulos divisa

Deinde considerandum est de vitiis oppositis. Et primo, de desperatione; secundo, de praesumptione.

Circa primum quaeruntur quatuor.
Primo: utrum desperatio sit peccatum.
Secundo: utrum possit esse sine infidelitate.

Tertio: utrum sit maximum peccatorum.
Quarto: utrum oriatur ex acedia.

ARTICULUS 1
Utrum desperatio sit peccatum

AD PRIMUM SIC PROCEDITUR. Videtur quod desperatio non sit peccatum.

1. Omne enim peccatum habet conversionem ad commutabile bonum cum aversione ab incommutabili bono; ut patet per Augustinum, in I lib. *de*

QUESTÃO 20
O DESESPERO
em quatro artigos

Em seguida, deve-se tratar dos vícios opostos: primeiro, do desespero; em seguida, da presunção.

Na primeira questão, são quatro as perguntas:
1. O desespero é pecado?
2. O desespero pode existir sem a infidelidade?
3. O desespero é o maior dos pecados?
4. O desespero nasce da acídia?

ARTIGO 1
O desespero é pecado?

QUANTO AO PRIMEIRO ARTIGO, ASSIM SE PROCEDE: parece que o desespero **não** é pecado.

1. Com efeito, todo pecado implica a conversão a um bem mutável com aversão ao bem imutável[a], como se vê claramente em Agostinho. Ora,

---

a. Pecar, como já vimos, é desviar-se de Deus, o bem que não finda, para preferir-lhe um bem que passa.

Lib. Arb.[1]. Sed desperatio non habet conversionem ad commutabile bonum. Ergo non est peccatum.

2. PRAETEREA, illud quod oritur ex bona radice non videtur esse peccatum: quia *non potest arbor bona fructus malos facere*, ut dicitur Mt 7,18. Sed desperatio videtur procedere ex bona radice: scilicet ex timore Dei, vel ex horrore magnitudinis propriorum peccatorum. Ergo desperatio non est peccatum.

3. PRAETEREA, si desperatio esset peccatum, in damnatis esset peccatum quod desperant. Sed hoc non imputatur eis ad culpam, sed magis ad damnationem. Ergo neque viatoribus imputatur ad culpam. Et ita desperatio non est peccatum.

SED CONTRA, illud per quod homines in peccata inducuntur videtur esse non solum peccatum, sed principium peccatorum. Sed desperatio est huiusmodi: dicit enim Apostolus de quibusdam, Eph 4,19: *Qui desperantes semetipsos tradiderunt impudicitiae in operationem omnis immunditiae et avaritiae*. Ergo desperatio non solum est peccatum, sed aliorum peccatorum principium.

RESPONDEO dicendum quod secundum Philosophum, in VI *Ethic.*[2], id quod est in intellectu affirmatio vel negatio est in appetitu prosecutio et fuga: et quod est in intellectu verum vel falsum est in appetitu bonum et malum. Et ideo omnis motus appetitivus conformiter se habens intellectui vero, est secundum se bonus: omnis autem motus appatitivus conformiter se habens intellectui falso, est secundum se malus et peccatum. Circa Deum autem vera existimatio intellectus est quod ex ipso provenit hominum salus, et venia peccatoribus datur; secundum illud Ez 18,23: *Nolo mortem peccatoris, sed ut convertatur et vivat*. Falsa autem opinio est quod peccatori poenitenti veniam deneget, vel quod peccatores ad se non convertat per gratiam iustificantem. Et ideo sicut motus spei, qui conformiter se habet ad existimationem veram, est laudabilis et virtuosus; ita oppositus motus desperationis, qui se habet conformiter existimationi falsae de Deo, est vitiosus et peccatum.

AD PRIMUM ergo dicendum quod in quolibet peccato mortali est quodammodo aversio a bono o desespero não implica conversão a um bem imutável. Logo, não é pecado.

2. ALÉM DISSO, o que nasce de boa raiz não parece ser pecado, porque "não pode a árvore boa dar maus frutos", como se lê no Evangelho de Mateus. Ora, parece que o desespero nasce de boa raiz, isto é, do temor de Deus[b] ou do horror da grandeza dos próprios pecados. Logo, o desespero não é pecado.

3. ADEMAIS, se o desespero fosse pecado, os condenados cometeriam pecado por desesperarem. Ora, esse desespero não lhes é imputado como culpa, mas como condenação. Logo, também não pode ser imputado como culpa aos que estão na terra. Logo, o desespero não é pecado.

EM SENTIDO CONTRÁRIO, o que leva os homens ao pecado parece ser não apenas pecado, mas princípio dos pecados. Mas, o desespero é isso, conforme diz o Apóstolo, daqueles que "Desesperando, se entregaram à devassidão e à prática desenfreada de toda impureza". Logo, o desespero não só é pecado, mas princípio de outros pecados.

RESPONDO. Segundo o Filósofo, aquilo que, no intelecto é afirmação ou negação, corresponde no apetite, a busca e fuga; e o que é verdadeiro e ou falso no intelecto, corresponde no apetite o bem e o mal. Por isso, todo movimento apetitivo realizado conforme ao intelecto verdadeiro é em si mesmo bom; mas todo movimento apetitivo realizado de acordo com o intelecto falso é, em si mesmo, mau e pecado[c]. Ora, relativamente a Deus, o juízo verdadeiro do intelecto constata que dele provém a salvação dos homens e o perdão dos pecadores, segundo o livro de Ezequiel: "Não quero a morte do pecador, mas que se converta e viva". Contudo, a opinião falsa é que Deus nega o perdão ao pecador arrependido ou que não os converte para si, pela graça que os justifica. Por isso, como o movimento da esperança, de acordo com um juízo verdadeiro, é louvável e virtuoso, assim, o oposto movimento de desespero, conforme a um juízo falso sobre Deus, é vicioso e pecado[d].

QUANTO AO 1º, portanto, deve-se dizer que todo pecado mortal implica, de certo modo,

---

1. C. 16, n. 35: ML 32, 1240.
2. C. 2: 1139, a, 21-22.

---

b. Nem todo desespero provém do temor de Deus. Mas o objetante supõe que um desespero provenha dele. Como, nesse caso, poderia tratar-se de um pecado?

c. É pecado em si mesmo, isto é, que alguma coisa peca no ato antes de qualquer consideração de intenção.

d. O desespero é um pecado porque corresponde, no movimento da vontade, a um grave erro de compreensão da fé. Esta sustenta que Deus é bom, que perdoa ao pecador arrependido, que quer a salvação de todos. Desesperar, é julgar o contrário.

incommutabili et conversio ad bonum commutabile, sed aliter et aliter. Nam principaliter consistunt in aversione a bono incommutabili peccata quae opponuntur virtutibus theologicis, ut odium Dei, desperatio et infidelitas, quia virtutes theologicae habent Deum pro obiecto: ex consequenti autem important conversionem ad bonum commutabile, inquantum anima deserens Deum consequenter necesse est quod ad alia convertatur. Peccata vero alia principaliter consistunt in conversione ad commutabile bonum, ex consequenti vero in aversione ab incommutabili bono: non enim qui fornicatur intendit a Deo recedere, sed carnali delectatione frui, ex quo sequitur quod a Deo recedat.

AD SECUNDUM dicendum quod ex radice virtutis potest aliquid procedere dupliciter. Uno modo, directe ex parte ipsius virtutis, sicut actus procedit ex habitu: et hoc modo ex virtuosa radice non potest aliquod peccatum procedere; hoc enim sensu Augustinus dicit, in libro de Lib. Arb.[3], quod *virtute nemo male utitur.* — Alio modo procedit aliquid ex virtute indirecte sive occasionaliter. Et sic nihil prohibet aliquod peccatum ex aliqua virtute procedere: sicut interdum de virtutibus aliqui superbiunt, secundum illud Augustini[4]: *Superbia bonis operibus insidiatur ut pereant.* Et hoc modo ex timore Dei vel ex horrore propriorum peccatorum contingit desperatio, inquantum his bonis aliquis male utitur, occasionem ab eis accipiens desperandi.

AD TERTIUM dicendum quod damnati non sunt in statu sperandi, propter impossibilitatem reditus ad beatitudinem. Et ideo quod non sperant no imputatur eis ad culpam, sed est pars damnationis ipsorum. Sicut etiam in statu viae si quis desperaret de eo quod non est natus adipisci, vel quod non est debitum adipisci, non esset peccatum: puta si medicus desperat de curatione alicuius infirmi, vel si aliquis desperat se fore divitias adepturum.

aversão ao bem imutável e conversão a um bem mutável, mas de diversas maneiras. Com efeito, é principalmente na aversão ao bem imutável que consistem os pecados, que se opõem às virtudes teologais, como o ódio a Deus, o desespero e a infidelidade, porque as virtudes teologais têm a Deus como objeto; e, por via de consequência, eles implicam a conversão a um bem mutável, pois a alma, abandonando a Deus, há de, por consequência e necessariamente, voltar-se para outras realidades. Os outros pecados, ao invés, consistem principalmente, na conversão a um bem mutável e, consequentemente, na aversão ao bem imutável; o que comete a fornicação não tem a intenção de se afastar de Deus, mas de gozar do prazer da carne, donde resulta a separação de Deus[e].

QUANTO AO 2º, deve-se dizer que da raiz de uma virtude, um efeito pode resultar de dois modos. Diretamente, por parte da própria virtude, como o ato procede do hábito. Desse modo, de uma raiz virtuosa não pode originar-se um pecado; nesse sentido, diz Agostinho que "ninguém pode usar mal da virtude". — De outro modo, um efeito pode proceder da virtude indireta ou ocasionalmente. E, assim, nada impede que um pecado proceda de uma virtude, como às vezes alguns se ensoberbecem de suas virtudes, conforme a palavra de Agostinho: "A soberba se insinua entre as boas obras para que pereçam". E, desse modo, o temor de Deus ou o horror dos próprios pecados podem engendrar o desespero, enquanto esses bens são mal usados, seguindo-se deles a ocasião do desespero.

QUANTO AO 3º, deve-se dizer que os condenados não estão em condições de esperar, pela impossibilidade de voltarem à bem-aventurança. Por isso, o fato de não esperarem não lhes é imputado como culpa, mas como parte da condenação deles. Assim como na terra, quando alguém se desespera de conseguir o que, pela sua natureza, não é chamado a possuir ou o que não lhe é devido alcançar não seria pecado; como, por exemplo, um médico que se desesperasse da cura de um doente ou quem se desesperasse de um dia possuir riquezas.

---

3. L. II, c. 18, n. 50; c. 19, n. 50: ML 32, 1267-1268.
4. In *Regula* (Epist. 211, al. 109), n. 6: ML 33, 960.

e. O retorno ao bem perecível tem por consequência o desvio do bem que não finda.

ARTICULUS 2
Utrum desperatio sine infidelitate esse possit

AD SECUNDUM SIC PROCEDITUR. Videtur quod desperatio sine infidelitate esse non possit.
1. Certitudo enim spei a fide derivatur. Se, manente causa non tollitur effectus. Ergo non potest aliquis certitudinem spei amittere desperando nisi fide sublata.
2. PRAETEREA, praeferre culpam propriam bonitati vel misericordiae divinae est negare infinitatem divinae misericordiae vel bonitatis, quod est infidelitatis. Sed qui desperat culpam suam praefert misericordiae vel bonitati divinae: secundum illud Gn 4,13: *Maior est iniquitas mea quam ut veniam merear.* Ergo quicumque desperat est infidelis.
3. PRAETEREA, quicumque incidit in haeresim damnatam est infidelis. Sed desperans videtur incidere in haeresim damnatam, scilicet Novatianorum[1], qui dicunt peccata non remitti post baptismum. Ergo videtur quod quicumque desperat sit infidelis.

SED CONTRA est quod remoto posteriori non removetur prius. Sed spes est posterior fide, ut supra[2] dictum est. Ergo remota spe potest remanere fides. Non ergo quicumque desperat est infidelis.

RESPONDEO dicendum quod infidelitas pertinet ad intellectum, desperatio vero ad vim appetitivam. Intellectus autem universalium est, sed vis appetitiva movetur ad particularia: est enim motus appetitivus ab anima ad res, quae in seipsis particulares sunt. Contingit autem aliquem habentem rectam existimationem in universali circa motum appetitivum non recte se habere, corrupta eius aestimatione in particulari: quia necesse est quod ab aestimatione in universali ad appetitum rei particularis perveniatur mediante aestimatione particulari, ut dicitur in III *de Anima*[3]; sicut a propositione universali non infertur conclusio particularis nisi assumendo particularem. Et inde est quod aliquis habens rectam fidem in universali deficit in motu appetitivo circa particulare, corrupta particulari eius aestimatione per habi-

ARTIGO 2
O desespero pode existir sem a infidelidade?

QUANTO AO SEGUNDO, ASSIM SE PROCEDE: parece que o desespero **não** pode existir sem a infidelidade.
1. Com efeito, a certeza da esperança deriva da fé. Ora, permanecendo a causa, não desaparece o efeito. Logo, ninguém pode perder a certeza da esperança, desesperando, sem perder a fé.
2. ALÉM DISSO, dar mais importância a uma falta pessoal do que à bondade ou à misericórdia divina é negar a infinitude da divina misericórdia ou bondade, o que é próprio da infidelidade. Ora, quem se desespera prefere a sua culpa à misericórdia ou bondade divina, segundo aquilo do livro do Gênesis: "O meu pecado é muito grande para que eu possa obter o perdão". Logo, aquele que desespera é infiel.
3. ADEMAIS, quem incide em heresia condenada é infiel. Ora, o desespero parece incidir em heresia condenada, como a dos Novacianos, que dizem que os pecados não são remidos após o batismo. Logo, parece que todo aquele que desespera é infiel.

EM SENTIDO CONTRÁRIO, removida uma coisa posterior, não se remove a anterior. Ora, a esperança é posterior à fé, como acima foi dito. Logo, desaparecida a esperança, a fé pode permanecer e, portanto, desesperar não é infidelidade.

RESPONDO. A infidelidade pertence ao intelecto, ao passo que o desespero, à potência apetitiva. O intelecto tem por objeto o universal, enquanto a potência apetitiva busca o particular, pois o movimento apetitivo procede da alma para as coisas, que, em si mesmas, são realidades particulares. Ora, pode acontecer que alguém tenha um modo reto de julgar, universalmente, mas que não aja como deveria no movimento apetitivo, pelo desvio de seu julgamento em caso particular; porque é necessário que do julgamento do universal se passe ao desejo de uma realidade particular, por intermédio de um julgamento particular, como diz o livro III da *Alma*. Assim, de uma proposição universal não se infere uma conclusão particular, sem recorrer à mediação de uma proposição particular. Por isso, pode alguém ter fé reta, no

---

2 PARALL.: II *Sent.*, dist. 43, a. 3, ad 1.
   1. De Novatianis cfr. III, q. 84, a. 10 c.
   2. Q. 17, a. 7.
   3. C. 11: 434, a, 19-21.

tum vel per passionem. Sicut ille qui fornicatur, eligendo fornicationem ut bonum sibi ut nunc, habet corruptam aestimationem in particulari, cum tamen retineat universalem aestimationem veram secundum fidem, scilicet quod fornicatio sit mortale peccatum. Et similiter aliquis, retinendo in universali veram aestimationem fidei, scilicet quod est remissio peccatorum in Ecclesia, potest pati motum desperationis, quasi sibi in tali statu existenti non sit sperandum de venia, corrupta aestimatione eius circa particulare. Et per hunc modum potest esse desperatio sine infidelitate, sicut et alia peccata mortalia.

AD PRIMUM ergo dicendum quod effectus tollitur non solum sublata causa prima, sed etiam sublata causa secunda. Unde motus spei auferri potest non solum sublata universali aestimatione fidei, quae est sicut causa prima certitudinis spei sed etiam sublata aestimatione particulari, quae est sicut secunda causa.

AD SECUNDUM dicendum quod si quis in universali aestimaret misericordiam Dei non esse infinitam, esset infidelis. Hoc autem non existimat desperans: sed quod sibi in statu illo, propter aliquam particularem dispositionem, non sit de divina misericordia sperandum.

Et similiter dicendum AD TERTIUM quod Novatiani in universali negant remissionem peccatorum fieri in Ecclesia.

ARTICULUS 3
Utrum desperatio sit maximum peccatorum

AD TERTIUM SIC PROCEDITUR. Videtur quod desperatio non sit maximum peccatorum.
1. Potest enim esse desperatio absque infidelitate, sicut dictum est[1]. Sed infidelitas est maximum

seu julgamento universal, e errar no movimento apetitivo, face a um objeto particular, pelo desvio de seu julgamento particular, provocado por um hábito vicioso ou por uma paixão. Assim, como aquele que comete a fornicação, escolhendo este ato como um bem para si naquele momento, tem um juízo corrompido em relação a este caso particular, embora conserve, pela fé, um juízo universal verdadeiro, segundo o qual a fornicação é um pecado mortal. Semelhantemente, pode alguém, conservando no universal, um juízo verdadeiro segundo a fé, isto é, que há na Igreja a remissão dos pecados, sofrer um movimento de desespero, como, se para ele, no seu estado, não deva esperar o perdão, em consequência de um julgamento errado particular. E, desse modo, pode haver desespero sem infidelidade, bem como outros pecados mortais[f].

QUANTO AO 1º, portanto, deve-se dizer que um efeito desaparece, não somente com o desaparecimento da causa primeira, mas também com o da causa segunda. Portanto, o movimento da esperança pode ser eliminado, não somente pela supressão do juízo universal da fé, que é como a causa primeira da certeza da esperança, mas também pela supressão do juízo particular, que é como a causa segunda.

QUANTO AO 2º, deve-se dizer que se alguém julgasse, num julgamento universal, que a misericórdia de Deus não é infinita, seria infiel. Ora, assim não julga quem desespera; mas que ele, no estado em que se encontra, por causa de uma particular disposição, não deve esperar da divina misericórdia.

QUANTO AO 3º, deve-se dizer: o mesmo se deve dizer: os Novacianos negam em absoluto, que na Igreja seja feita a remissão dos pecados[g].

ARTIGO 3
O desespero é o maior dos pecados?

QUANTO AO TERCEIRO, ASSIM SE PROCEDE: parece que o desespero **não** é o maior dos pecados.
1. Com efeito, pode haver desespero sem infidelidade, como já foi dito. Ora, a infidelidade é o

---
3
1. Art. praec.

f. Este artigo completa o precedente. Não é só um erro na compreensão da fé que conduz ao desespero. Este pode provir igualmente da força cega do movimento da vontade que, sem consideração da fé sempre efetiva e viva, perde-se na *aplicação* a um caso particular, concreto.

g. Era desesperante por si mesma. Retornamos aqui ao desespero apresentado no artigo 1.

peccatorum: quia subruit fundamentum spiritualis aedificii. Ergo desperatio non est maximum peccatorum.

2. PRAETEREA, maiori bono maius malum opponitur; ut patet per Philosophum, in VIII Ethic.[2]. Sed caritas est maior spe, ut dicitur 1Cor 13,13. Ergo odium est maius peccatum quam desperatio.

3. PRAETEREA, in peccato desperationis est solum inordinata aversio a Deo. Sed in aliis peccatis est non solum aversio inordinata, sed etiam inordinata conversio. Ergo peccatum desperationis non est gravius, sed minus aliis.

SED CONTRA, peccatum insanabile videtur esse gravissimum: secundum illud Ier 30,12: *Insanabilis fractura tua, pessima plaga tua*. Sed peccatum desperationis est insanabile: secundum illud Ier 15,18: *Plaga mea desperabilis renuit* curari. Ergo desperatio est gravissimum peccatum.

RESPONDEO dicendum quod peccata quae opponuntur virtutibus theologicis sunt secundum suum genus aliis peccatis graviora. Cum enim virtutes theologicae habeant Deum pro obiecto, peccata eis opposita important directe et principaliter aversionem a Deo. In quolibet autem peccato mortali principalis ratio mali et gravitas est ex hoc quod avertit a Deo: si enim posset esse conversio ad bonum commutabile sine aversione a Deo, quamvis esset inordinata, non esset peccatum mortale. Et ideo illud quod primo et per se habet aversionem a Deo est gravissimum inter peccata mortalia.

Virtutibus autem theologicis opponuntur infidelitas, desperatio et odium Dei. Inter quae odium et infidelitas, si desperationi comparentur, invenientur secundum se quidem, idest secundum rationem propriae speciei, graviora. Infidelitas enim provenit ex hoc quod homo ipsam Dei veritatem non credit; odium vero Dei provenit ex hoc quod voluntas hominis ipsi divinae bonitati contrariatur, desperatio autem ex hoc quod homo non sperat se bonitatem Dei participare. Ex quo patet quod infidelitas et odium Dei sunt contra Deum secundum quod in se est; desperatio autem secundum quod eius bonum participatur a nobis. Unde maius peccatum est, secundum se loquendo, non credere Dei veritatem, vel odire Deum, quam non sperare consequi gloriam ab ipso.

maior dos pecados, porque destrói o fundamento do edifício espiritual. Logo, o desespero não é o maior dos pecados.

2. ALÉM DISSO, ao maior bem opõe-se o maior mal, como está claro no Filósofo. Ora, a caridade é maior do que a esperança, como se lê na primeira Carta aos Coríntios. Logo, o ódio é maior pecado do que o desespero.

3. ADEMAIS, no pecado de desespero, há somente a desordenada aversão a Deus. Ora, nos outros pecados, há não somente a aversão desordenada, mas também uma desordenada conversão. Logo, o pecado de desespero não é mais grave, mas sim, ao contrário, menos grave do que outros pecados.

EM SENTIDO CONTRÁRIO, o pecado incurável parece ser o mais grave, conforme o livro de Jeremias: "Incurável é a tua ferida, tua chaga é péssima". Mas, o pecado de desespero é incurável, segundo o mesmo Jeremias: "Minha chaga, sem esperança, não quer sarar". Logo, o desespero é o mais grave dos pecados.

RESPONDO. Os pecados que se opõem às virtudes teologais são, no seu gênero, mais graves do que os outros. Como as virtudes teologais têm a Deus como objeto, os pecados que lhe são opostos importam direta e principalmente aversão a Deus. Mas, em qualquer pecado mortal, a razão principal do mal e a gravidade está em que se afasta de Deus; pois, se pudesse haver a conversão para um bem mutável sem a aversão a Deus, ainda que fosse desordenada, não haveria pecado mortal. Portanto, aquilo que primeiramente e em si mesmo implica aversão a Deus é o mais grave entre todos os pecados mortais.

Às virtudes teologais opõem-se a infidelidade, o desespero e o ódio a Deus. Entre esses pecados, o ódio e a infidelidade, comparados com o desespero, são mais graves em si mesmos, isto é, segundo a razão da própria espécie. A infidelidade consiste em não se crer na própria verdade de Deus; o ódio a Deus consiste na vontade de o homem se opor à própria bondade divina; o desespero, porém, consiste em o homem não esperar participar da bondade de Deus. Daí ser claro que a infidelidade e o ódio são contra Deus, em si mesmo considerado; o desespero, porém, enquanto a sua bondade é participada por nós. Portanto, é maior pecado, absolutamente falando, não crer na verdade de Deus ou odiar a Deus, do que não esperar conseguir dele a glória.

---

2. C. 12: 1160, b, 9-12.

Sed si comparetur desperatio ad alia duo peccata ex parte nostra, sic desperatio est periculosior: quia per spem revocamur a malis et introducimur in bona prosequenda, et ideo, sublata spe, irrefrenate homines labuntur in vitia, et a bonis laboribus retrahuntur. Unde super illud Pr 24,10, *Si desperaveris lapsus in die angustiae, minuetur fortitudo tua*, dicit Glossa[3]: *Nihil est execrabilius desperatione: quam qui habet et in generalibus huius vitae laboribus, et, quod peius est, in fidei certamine constantiam perdit*. Et Isidorus dicit, in libro *de Summo Bono*[4]: *Perpetrare flagitium aliquod mors animae est: sed desperare est descendere in infernum*.

Et per hoc patet responsio AD OBIECTA.

ARTICULUS 4
Utrum desperatio ex acedia oriatur

AD QUARTUM SIC PROCEDITUR. Videtur quod desperatio ex acedia non oriatur.

1. Idem enim non procedit ex diversis causis. Desperatio autem futuri saeculi procedit ex luxuria; ut dicit Gregorius, XXXI *Moral.*[1]. Non ergo procedit ex acedia.

2. PRAETEREA, sicut spei opponitur desperatio, ita gaudio spirituali opponitur acedia. Sed gaudium spirituale procedit ex spe: secundum illud Rm 12,12: *Spe gaudentes*. Ergo acedia procedit ex desperatione, et non e converso.

3. PRAETEREA, contrariorum contrariae sunt causae. Sed spes, cui opponitur desperatio, videtur procedere ex consideratione divinorum beneficiorum, et maxime ex consideratione Incarnationis: dicit enim Augustinus, XIII *de Trin.*[2]: *Nihil tam necessarium fuit ad erigendum spem nostram quam ut demonstraretur nobis quantum nos Deus diligeret. Quid vero huius rei isto indicio manifestius, quam quod Dei filius naturae nostrae dignatus est inire consortium?* Ergo desperatio magis procedit ex negligentia huius considerationis quam ex acedia.

Mas, se se compara o desespero com os outros dois pecados, relativamente a nós, então o desespero é mais perigoso, porque, pela esperança evitamos os males e começamos a procurar o bem; por isso, desaparecida a esperança, os homens caem desenfreadamente nos vícios e abandonam as boas obras. Por isso, sobre o texto do livro dos Provérbios: "Se caído, desesperares no dia da prova, mesquinha se tornará tua força!", diz a Glosa: "Nada de mais execrável do que o desespero, pois o que desespera não tem mais constância nos trabalhos desta vida e, o que é pior, nos combates da fé". E Isidoro declara: "Perpetrar um crime é a morte da alma, mas desesperar é descer ao inferno"[h].

Pelo dito, ficam claras as respostas às OBJEÇÕES.

ARTIGO 4
O desespero nasce da acídia?[i]

QUANTO AO QUARTO, ASSIM SE PROCEDE: parece que o desespero **não** nasce de acídia.

1. Com efeito, uma mesma realidade não provém de causas diversas. Ora, desesperar da vida futura procede da luxúria, como diz Gregório. Logo, o desespero não procede da acídia.

2. ALÉM DISSO, como à esperança se opõe o desespero, assim à alegria espiritual, a acídia. Ora, a alegria espiritual procede da esperança, conforme a Carta aos Romanos: "Alegres na esperança". Logo, a acídia nasce do desespero e, não, inversamente.

3. ADEMAIS, os contrários têm causas contrárias. Ora, a esperança, à qual se opõe o desespero, parece proceder da consideração dos benefícios divinos e principalmente da Encarnação. Agostinho diz: "Nada era tão necessário para levantar nossa esperança do que nos ser manifestado quanto Deus nos amava. Ora, que prova mais clara desse amor do que ter o Filho de Deus se dignado entrar em união com a nossa natureza?" Logo, o desespero procede, mais da negligência em fazermos essa consideração, do que da acídia.

---

3. Ordin.: ML 113, 1107 C.
4. *Sent.*, l. II, c. 14, n. 2: ML 83, 617 B.

1. C. 45, al. 17, in vet. 31, n. 88: ML 76, 621 B.
2. C. 10, n. 13: ML 42, 1024.

h. Trata-se de situar esse pecado entre os outros, e por conseguinte, de ponderar-lhe a gravidade.
i. Em si mesmo, o pecado de desespero é menos grave do que os pecados contra a fé e a caridade, os quais se contrapõem ainda mais a Deus. Mas, no que concerne ao sujeito que peca, o desespero lhe retira as barreiras que o impedem de pecar, e desse modo desmobiliza todo esforço.

SED CONTRA est quod Gregorius, XXXI *Moral.*³, desperationem enumerat inter ea quae procedunt ex acedia.

RESPONDEO dicendum quod, sicut supra⁴ dictum est, obiectum spei est bonum arduum possibile vel per se vel per alium. Dupliciter ergo potest in aliquo spes deficere de beatitudine obtinenda: uno modo, quia non reputat eam ut bonum arduum; alio modo, quia non reputat eam ut possibilem adipisci vel per se vel per alium. Ad hoc autem quod bona spiritualia non sapiunt nobis quasi bona, vel non videantur nobis magna bona, praecipue perducimur per hoc quod affectus noster est infectus amore delectationum corporalium, inter quas praecipuae sunt delectationes venereae: nam ex affectu harum delectationum contingit quod homo fastidit bona spiritualia, et non sperat ea quasi quaedam bona ardua. Et secundum hoc desperatio causatur ex luxuria.

Ad hoc autem quod aliquod bonum arduum non aestimet ut possibile sibi adipisci per se vel per alium, perducitur ex nimia deiectione; quae quando in affectu hominis dominatur, videtur ei quod nunquam possit ad aliquod bonum relevari. Et quia acedia est tristitia quaedam deiectiva spiritus, ideo per hunc modum desperatio ex acedia generatur. — Hoc autem est proprium obiectum spei, scilicet quod sit possibile: nam bonum et arduum etiam ad alias passiones pertinent. Unde specialius oritur ex acedia. Potest tamen oriri ex luxuria, ratione iam dicta.

Unde patet responsio AD PRIMUM.

AD SECUNDUM dicendum quod, sicut Philosophus dicit, in II *Rhetor.*⁵, sicut spes facit delectationem, ita etiam homines in delectationibus existentes efficiuntur maioris spei. Et per hunc etiam modum homines in tristitiis existentes facilius in desperationem incidunt: secundum illud 2Cor 2,7: *Ne maiori tristitia absorbeatur qui eiusmodi est.* Sed tamen quia spei obiectum est bonum, in quod naturaliter tendit appetitus, non autem refugit ab eo naturaliter, sed solum propter aliquod impedi-

EM SENTIDO CONTRÁRIO, Gregório enumera o desespero entre os vícios que nascem da acídia.

RESPONDO. Como já acima foi dito, o objeto da esperança é um bem difícil, mas que podemos alcançar por nós mesmos ou por outrem. De dois modos podemos perder a esperança de obter a bem-aventurança: ou por não a considerarmos um bem difícil ou por não a considerarmos possível de alcançar por nós mesmos ou por outrem. Ora, que não apreciemos os bens espirituais, como bens ou não os vejamos como grandes bens, isso provém de nossa afetividade contaminada pelo amor dos prazeres corporais, entre os quais estão principalmente os prazeres sexuais. Com efeito, o amor desses prazeres faz o homem desgostar dos bens espirituais e não esperá-los como bens difíceis de alcançar. E, sob esse aspecto, o desespero é causado pela luxúriaʲ.

Ora, que um homem pense que não seja possível obter um bem difícil por si ou por outrem, isso vem de um abatimento excessivo, que quando lhe domina a afetividade, lhe faz parecer que nunca possa conseguir algum bem. E como a acídia é uma tristeza que deprime a alma, sob esse aspecto o desespero nasce da acídia. — Mas, o objeto próprio da esperança é que seja possível, pois o bem e o difícil se referem também a outras paixões. Portanto, o desespero origina-se especialmente da acídia, ainda que possa nascer da luxúria, pela razão já exposta.

QUANTO AO 1º, fica clara a resposta à primeira objeção.

QUANTO AO 2º, deve-se dizer que como o Filósofo diz, assim como a esperança gera o prazer, também os homens que o vivem na alegria, veem fortificar-se a sua esperança. E, do mesmo modo, os homens, que vivem na tristeza, caem mais facilmente no desespero, de acordo com a segunda Carta aos Coríntios: "Para que não seja consumido por uma tristeza maior quem é tal"ᵏ. Entretanto, o objeto da esperança é o bem ao qual o apetite tende naturalmente e do qual naturalmente não

---

3. C. 45, al. 17, in vet. 31, n. 88: ML 76, 621 B.
4. Q. 17, a. 1; I-II, q. 40, a. 1.
5. C. 2: 1378, b, 2-5; c. 12: 1389, a, 19; cfr. l. I, c. 11: 1370, a, 30-35.

j. A acídia será estudada adiante (II-II, q. 35). Designa o desprezo pelas coisas espirituais e divinas, um abatimento do espírito, que perde sua vitalidade e entra em certa tristeza. Por isso, é situada entre os sete pecados capitais, porque esse desprezo acarreta uma quantidade de outros pecados.

k. A esperança pensa que seu objeto "pode ser atingido". É seu caráter formal, ao qual se opõe precisamente a acídia: a tristeza abate o espírito e lhe retira o sentimento de que pode atingir seu objeto. A luxúria desvia, indiretamente, da esperança: ao captar com tanta força a afetividade que acaba desinteressando-se dos bens espirituais.

mentum superveniens; ideo directius quidem ex spe oritur gaudium, desperatio autem e converso ex tristitia.

AD TERTIUM dicendum quod ipsa etiam negligentia considerandi divina beneficia ex acedia provenit. Homo enim affectus aliqua passione praecipue illa cogitat quae ad illam pertinent passionem. Unde homo in tristitiis constitutus non de facili aliqua magna et iucunda cogitat, sed solum tristia, nisi per magnum conatum se avertat a tristibus.

foge, a não ser por causa de um impedimento superveniente; por isso, mais diretamente da esperança nasce a alegria, mas, ao contrário, o desespero nasce da tristeza[1].

QUANTO AO 3º, deve-se dizer que a própria negligência de considerar os benefícios divinos nasce da acídia. Com efeito, o homem, dominado por uma paixão, pensa, principalmente, no que diz respeito a essa paixão. Por isso quem é possuído pela tristeza não pensa facilmente em coisas grandiosas e belas, mas somente em coisas tristes, a não ser que com um grande esforço se afaste delas.

---

1. Não é natural desesperar do bem. É preciso haver um impedimento. É por isso que é mais normal que o desespero nasça do abatimento do espírito, do que o inverso. Já a esperança acarreta naturalmente a alegria. Sto. Tomás acrescenta que a alegria fortalece ainda mais a esperança que temos.

QUAESTIO XXI
DE PRAESUMPTIONE
in quatuor articulos divisa
Deinde considerandum est de praesumptione. Et circa hoc quaeruntur quatuor.
Primo: quid sit obiectum praesumptionis cui innititur.
Secundo: utrum sit peccatum.
Tertio: cui opponatur.
Quarto: ex quo vitio oriatur.

ARTICULUS 1
Utrum praesumptio innitatur Deo, an propriae virtuti

AD PRIMUM SIC PROCEDITUR. Videtur quod praesumptio quae est peccatum in Spiritum Sanctum non innitatur Deo, sed propriae virtuti.

1. Quanto enim minor est virtus, tanto magis peccat qui ei nimis innititur. Sed minor est virtus humana quam divina. Ergo gravius peccat qui praesumit de virtute humana quam qui praesumit de virtute divina. Sed peccatum in Spiritum Sanctum est gravissimum. Ergo praesumptio quae ponitur species peccati in Spiritum Sanctum inhaeret virtuti humanae magis quam divinae.

QUESTÃO 21
A PRESUNÇÃO
em quatro artigos
A seguir deve-se considerar a presunção.
E, nessa questão, são quatro as perguntas:
 1. Em que objeto se funda a presunção?
 2. A presunção é pecado?
 3. A que a presunção se opõe?
 4. De que vício nasce a presunção?

ARTIGO 1
A presunção se funda em Deus ou no próprio poder?

QUANTO AO PRIMEIRO ARTIGO, ASSIM SE PROCEDE: parece que na presunção, pecado contra o Espírito Santo, o homem **não** se apoia em Deus, mas no próprio poder.
1. Com efeito, quanto menor é o poder, tanto mais peca quem nele se apoia demasiadamente. Ora, o poder humano é menor que o divino. Logo, peca mais gravemente aquele que presume do poder humano, do que quem presume do poder divino. Ora, o pecado contra o Espírito Santo é de todos o mais grave. Logo, a presunção, considerada como espécie de pecado contra o Espírito Santo, apoia-se mais no poder do homem do que no de Deus.

1

2. PRAETEREA, ex peccato in Spiritum Sanctum alia peccata oriuntur: peccatum enim in Spiritum Sanctum dicitur malitia ex qua quis peccat. Sed magis videntur alia peccata oriri ex praesumptione qua homo praesumit de seipso quam ex praesumptione qua homo praesumit de Deo: quia amor sui est principium peccandi, ut patet per Augustinum, XIV *de Civ. Dei*[1]. Ergo videtur quod praesumptio quae est peccatum in Spiritum Sanctum maxime innitatur virtuti humanae.

3. PRAETEREA, peccatum contingit ex conversione inordinata ad bonum commutabile. Sed praesumptio est quoddam peccatum. Ergo magis contingit ex conversione ad virtutem humanam, quae est bonum commutabile, quam ex conversione ad virtutem divinam, quae est bonum incommutabile.

SED CONTRA est quod sicut ex desperatione aliquis contemnit divinam misericordiam, cui spes innititur, ita ex praesumptione contemnit divinam iustitiam, quae peccatores punit. Sed sicut misericordia est in Deo, ita etiam et iustitia est in ipso. Ergo sicut desperatio est per aversionem a Deo, ita praesumptio est per inordinatam conversionem ad ipsum.

RESPONDEO dicendum quod praesumptio videtur importare quandam immoderantiam spei. Spei autem obiectum est bonum arduum possibile. Possibile autem est aliquid homini dupliciter: uno modo, per propriam virtutem; alio modo, non nisi per virtutem divinam. Circa utramque autem spem per immoderantiam potest esse praesumptio. Nam circa spem per quam aliquis de propria virtute confidit, attenditur praesumptio ex hoc quod aliquis tendit in aliquid ut sibi possibile quod suam facultatem excedit: secundum quod dicitur Idt 6,15: *Praesumentes de se humilias*. Et talis praesumptio opponitur virtuti magnanimitatis, quae medium tenet in huiusmodi spe.

Circa spem autem qua aliquis inhaeret divinae potentiae, potest per immoderantiam esse praesumptio in hoc quod aliquis tendit in aliquod bonum ut possibile per virtutem et misericordiam divinam quod possibile non est: sicut cum aliquis sperat se veniam obtinere sine poenitentia, vel gloriam sine meritis. Haec autem praesumptio est proprie species peccati in Spiritum Sanctum: quia scilicet per huiusmodi praesumptionem tollitur vel

2. ALÉM DISSO, do pecado contra o Espírito Santo nascem outros pecados, pois tal pecado é considerado a maldade pela qual se peca. Ora, os outros pecados parecem se originar mais da presunção pela qual o homem presume de si mesmo do que da presunção pela qual o homem presume de Deus; pois, o amor de si mesmo é o princípio do pecado, como está claro em Agostinho. Logo, parece que a presunção, que é pecado contra o Espírito Santo, apoia-se sobretudo no poder humano.

3. ADEMAIS, o pecado provém de uma conversão desordenada para o bem mutável. Ora, a presunção é pecado. Logo, ela provém, antes, da conversão ao poder humano, que é um bem mutável, do que da conversão ao poder divino, que é um bem imutável.

EM SENTIDO CONTRÁRIO, como pelo desespero se despreza a divina misericórdia, na qual a esperança se apoia, assim, pela presunção se despreza a justiça divina, que pune os pecadores. Mas, como a misericórdia, também a justiça está em Deus. Logo, como o desespero se dá por aversão a Deus, assim a presunção vem da desordenada conversão para ele.

RESPONDO. A presunção parece implicar certo excesso na esperança[a]. O objeto da esperança é o bem difícil e possível. Ora, uma coisa pode ser possível ao homem por dois modos: pelo próprio poder ou somente pelo poder divino. Acerca de uma e de outra esperança pode haver presunção por excesso. Com efeito, na esperança, pela qual alguém confia no próprio poder, a presunção se encontra no fato de o homem visar, como proporcionado às suas forças, um bem que excede o seu poder, conforme o texto do livro de Judith: "Humilhas aos que presumem de si mesmos". E tal presunção se opõe à virtude da magnanimidade, que estabelece o meio-termo na esperança humana.

Quanto à esperança, que se apoia no poder divino, pode haver presunção por imoderação, quando o homem tende a um bem, que ele estima possível ao poder e à misericórdia divina, e que, de fato, não é possível. Por exemplo, quando alguém espera o perdão sem a penitência ou a glória sem méritos. Esta pressunção é, propriamente, uma espécie de pecado contra o Espírito Santo, pois por

---

1. C. 28: ML 41, 436.

a. É, portanto, exatamente o contrário do desespero. Este se contrapõe a Deus, enquanto ele é nossa causa final: nossa felicidade; a presunção se contrapõe a ele, enquanto é causa eficiente, aquele que para si nos conduz.

contemnitur adiutorium Spiritus Sancti per quod homo revocatur a peccato.

AD PRIMUM ergo dicendum quod, sicut supra[2] dictum est, peccatum quod est contra Deum secundum suum genus est gravius ceteris peccatis. Unde praesumptio qua quis inordinate innititur Deo gravius peccatum est quam praesumptio qua quis innititur propriae virtuti. Quod enim aliquis innitatur divinae virtuti ad consequendum id quod Deo non convenit, hoc est diminuere divinam virtutem. Patet autem quod gravius peccat qui diminuit divinam virtutem quam qui propriam virtutem superextollit.

AD SECUNDUM dicendum quod ipsa etiam praesumptio qua quis de Deo inordinate praesumit amorem sui includit, quo quis proprium bonum inordinate desiderat. Quod enim multum desideramus, aestimamus nobis de facili per alios posse provenire, etiam si non possit.

AD TERTIUM dicendum quod praesumptio de divina misericordia habet et conversionem ad bonum commutabile, inquantum procedit ex desiderio inordinato proprii boni; et aversionem a bono incommutabili, inquantum attribuit divinae virtuti quod ei non convenit; per hoc enim avertitur homo a veritate divina.

ARTICULUS 2
Utrum praesumptio sit peccatum

AD SECUNDUM SIC PROCEDITUR. Videtur quod praesumptio non sit peccatum.
1. Nullum enim peccatum est ratio quod homo exaudiatur a Deo. Sed per praesumptionem aliqui

ele se rejeita ou se despreza o auxílio do Espírito Santo, pelo qual o homem se livra do pecado[b].

QUANTO AO 1º, portanto, deve-se dizer que como já foi dito, o pecado contra Deus é, por seu gênero, mais grave do que os outros pecados. Por isso, a presunção pela qual alguém desordenadamente se apoia em Deus é mais grave pecado do que a presunção pela qual alguém confia no próprio poder. Com efeito, apoiar-se no poder divino para conseguir o que não convém a Deus é diminuir-lhe o poder[c]. É claro que peca mais gravemente quem diminui o poder divino do que quem exalta o próprio poder.

QUANTO AO 2º, deve-se dizer que a presunção pela qual alguém presume de Deus, de maneira desordenada, implica o amor de si mesmo pelo qual se deseja o próprio bem desordenadamente. O que muito desejamos, estimamos que os outros possam facilmente nos obter, mesmo que não possam.

QUANTO AO 3º, deve-se dizer que a presunção da misericórdia divina implica uma conversão a um bem mutável, enquanto procede do desejo desordenado do próprio bem; e uma aversão ao bem imutável, enquanto atribui ao poder divino o que não lhe convém; por isso, o homem se afasta da verdade divina[d].

ARTIGO 2
Presunção é pecado?

QUANTO AO SEGUNDO, ASSIM SE PROCEDE: parece que a presunção **não** é pecado.
1. Com efeito, nenhum pecado é razão para o homem ser ouvido por Deus. Ora, por causa da

---

2. Q. 20, a. 3; I-II, q. 73, a. 3.

---

b. Há dois tipos de presunção. Podemos presumir do que podemos obter por nós mesmos ao avaliar mal nossas forças: essa presunção se contrapõe à *magnanimidade* (ver II-II, q. 130). Tratando-se daquela que se contrapõe à esperança não podemos presumir da força prestimosa de Deus, que é infinita, mas podemos pretender concebê-la de outro modo do que ela quer ser para nos prestar auxílio. Assim faz aquele que "espera" a salvação sem se arrepender de seus pecados ou sem deles se desviar. Deus é outro, mas é maior do que o pensa o presunçoso; o mesmo em relação à sua misericórdia, pois ela inclui uma justiça que este último recusa considerar.

c. A objeção era sutil. Parte-se desse dado que se supõe aceito, de que a presunção é pecado contra o Espírito Santo, isto é, o mais grave. Então, entre estas duas possibilidades: apoiar-se exageradamente sobre a pobre força humana, ou apoiar-se sobre a força de Deus tal como a queremos pensar, Sto. Tomás responde que a presunção, tomando por base uma noção desordenada sobre Deus, o pecado contra Deus é mais grave do que o pecado contra si, daquele que superestima seu próprio valor.

d. Dado que é um pecado, afirmava o objetante, é que a presunção se apoia exageradamente sobre as forças humanas: não é de início um pecado contra Deus. Sto. Tomás responde que ambos os movimentos se encontram naquele que presume da misericórdia divina: por um lado, ele se volta para os bens perecíveis, desejando exageradamente seu bem próprio, por outro, desvia-se da força divina, querendo atribuir-lhe o que não lhe convém. Desse modo, ele se desvia ao mesmo tempo da verdade, pois é falso pensar que Deus salva igualmente o que quer se contrapor a ele pela impenitência ou um outro pecado grave.

exaudiuntur a Deo: dicitur enim Idt 9,17: *Exaudi me miseram deprecantem et de tua misericordia praesumentem*. Ergo praesumptio de divina misericordia non est peccatum.

2. PRAETEREA, praesumptio importat superexcessum spei. Sed in spe quae habetur de Deo non potest esse superexcessus: cum eius potentia et misericordia sint infinita. Ergo videtur quod praesumptio non sit peccatum.

3. PRAETEREA, id quod est peccatum non excusat a peccato. Sed praesumptio excusat a peccato: dicit enim Magister, 22 dist. II lib. *Sent*., quod Adam minus peccavit quia sub spe veniae peccavit, quod videtur ad praesumptionem pertinere. Ergo praesumptio non est peccatum.

SED CONTRA est quod ponitur species peccati in Spiritum Sanctum.

RESPONDEO dicendum quod, sicut supra[1] dictum est circa desperationem, omnis motus appetitivus qui conformiter se habet ad intellectum falsum est secundum se malus et peccatum. Praesumptio autem est motus quidam appetitivus: quia importat quandam spem inordinatam. Habet autem se conformiter intellectui falso, sicut et desperatio: sicut enim falsum est quod Deus poenitentibus non indulgeat, vel quod peccantes ad poenitentiam non convertat, ita falsum est quod in peccato perseverantibus veniam concedat, et a bono opere cessantibus gloriam largiatur; cui existimationi conformiter se habet praesumptionis motus. Et ideo praesumptio est peccatum. Minus tamen quam desperatio: quanto magis proprium est Deo misereri et parcere quam punire, propter eius infinitam bonitatem. Illud enim secundum se Deo convenit: hoc autem propter nostra peccata.

AD PRIMUM ergo dicendum quod *praesumere* aliquando ponitur pro *sperare*: quia ipsa spes recta quae habetur de Deo praesumptio videtur si mensuretur secundum conditionem humanam. Non autem est praesumptio si attendatur immensitas bonitatis divinae.

AD SECUNDUM dicendum quod praesumptio non importat superexcessum spei ex hoc quod aliquis

presunção, alguns são ouvidos por Deus, como se lê no livro de Judith: "Ouve a esta miserável, que te suplica e que presume de tua misericórdia". Logo, presumir da divina misericórdia não é pecado.

2. ALÉM DISSO, a presunção implica em um excesso de esperança. Ora, na esperança que temos em Deus, não pode haver excesso, pois o poder e a misericórdia divinas são infinitos. Logo, parece que a presunção não é pecado.

3. ADEMAIS, o pecado não escusa o pecado. Ora, a presunção escusa o pecado, pois, como diz o Mestre das Sentenças: Adão pecou menos, porque pecou com esperança de perdão; o que parece ser presunção. Logo, a presunção não é pecado.

EM SENTIDO CONTRÁRIO, afirma-se a presunção como uma espécie de pecado contra o Espírito Santo.

RESPONDO. Como já foi dito sobre o desespero, todo movimento apetitivo, que se realiza de acordo com uma ideia falsa, é, em si mesmo, mau e pecado. Ora, a presunção é um movimento apetitivo, porque ela implica uma esperança desordenada. Ademais, ela se conforma com um intelecto falso, como o desespero; como é falso dizer que Deus não perdoa aos que se arrependem ou que não converte os pecadores à penitência, e igualmente falso que concede o perdão aos obstinados e que concede a sua glória aos que cessam de fazer o bem. É de conformidade com esta última opinião que se realiza o movimento de presunção. Por isso, a presunção é pecado. Menor, porém, que o desespero e isso na medida em que é mais próprio de Deus ser misericordioso e perdoar do que punir, por causa de sua infinita bondade. Ser misericordioso convém a Deus por natureza; punir lhe convém por causa de nossos pecados[e].

QUANTO AO 1º, portanto, deve-se dizer que presumir, às vezes, toma-se por esperar, porque a verdadeira esperança, que nós temos em Deus, parece ser uma presunção, se for medida pela condição humana. Mas, ela não é presunção, se se considerar a imensidade da bondade divina.

QUANTO AO 2º, deve-se dizer que a presunção não implica um excesso de esperança, porque se

---

1. Q. 20, a. 1.

e. Este artigo vem matizar o que acaba de ser dito. A presunção, em si mesma, é menos grave do que o desespero, pois ela caminha no sentido do que é Deus: misericórdia e perdão, o que não é o caso do desespero. A tal ponto que, às vezes (r. 1), emprega-se a palavra *presunção* em lugar de *esperança*. Em relação à nossa condição humana, a esperança parece com efeito uma presunção.

nimis speret de Deo: sed ex hoc quod sperat de Deo aliquid quod Deo non convenit. Quod etiam est minus sperare de eo: quia hoc est eius virtutem quodammodo diminuere, ut dictum est².

AD TERTIUM dicendum quod peccare cum proposito perseverandi in peccato sub spe veniae ad praesumptionem pertinet. Et hoc non diminuit, sed auget peccatum. Peccare autem sub spe veniae quandoque percipiendae cum proposito abstinendi a peccato et poenitendi de ipso, hoc non est praesumptionis, sed hoc peccatum diminuit: quia per hoc videtur habere voluntatem minus firmatam ad peccandum.

Articulus 3
Utrum praesumptio magis opponatur timori quam spei

AD TERTIUM SIC PROCEDITUR. Videtur quod praesumptio magis opponatur timori quam spei.

1. Inordinatio enim timoris opponitur recto timori. Sed praesumptio videtur ad inordinationem timoris pertinere: dicitur enim Sap 17,10: *Semper praesumit saeva perturbata conscientia*; et ibidem [v. 11] dicitur quod *timor est praesumptionis adiutorium*. Ergo praesumptio opponitur timori magis quam spei.

2. PRAETEREA, contraria sunt quae maxime distant. Sed praesumptio magis distat a timore quam a spe: quia praesumptio importat motum ad rem, sicut et spes; timor autem motum a re. Ergo praesumptio magis contrariatur timori quam spei.

3. PRAETEREA, praesumptio totaliter excludit timorem: non autem totaliter excludit spem, sed solum rectitudinem spei. Cum ergo opposita sint quae se interimunt, videtur quod praesumptio magis opponatur timori quam spei.

SED CONTRA est quod duo invicem opposita vitia contrariantur uni virtuti: sicut timiditas et audacia fortitudini. Sed peccatum praesumptionis contrariatur peccato desperationis, quod directe opponitur spei. Ergo videtur quod etiam praesumptio directius spei opponatur.

RESPONDEO dicendum quod, sicut Augustinus dicit, in IV *contra Iulian*¹, *omnibus virtutibus*,

espera muito de Deus, mas por se esperar dele o que não lhe convém. O que é também esperar menos dele, porque é, de certo modo, diminuir-lhe o poder, como foi dito.

QUANTO AO 3º, deve-se dizer que pecar com o propósito de perseverar no pecado com esperança de perdão é próprio da presunção. E isso não diminui, mas aumenta o pecado. Mas pecar com a esperança de um dia receber o perdão com o propósito de abster-se do pecado e arrepender-se dele, isto não é presunção, mas diminui o pecado, porque manifesta que se tem vontade menos presa ao pecado.

Artigo 3
A presunção se opõe mais ao temor do que à esperança?

QUANTO AO TERCEIRO, ASSIM SE PROCEDE: parece que a presunção se **opõe** mais ao temor do que à esperança.

1. Com efeito, o temor desordenado opõe-se ao temor reto. Ora, a presunção parece relacionar-se mais com o temor desordenado, conforme o livro da Sabedoria declara: "Uma consciência perturbada presume sempre coisas cruéis" e, ainda: "o temor favorece a presunção". Logo, a presunção opõe-se ao temor, mais que à esperança.

2. ALÉM DISSO, os contrários são os que mais distam. Ora, a presunção mais dista do temor do que da esperança, pois, como esta, implica um movimento para o seu objeto, enquanto o temor se afasta do objeto. Logo, a presunção se opõe mais ao temor do que à esperança.

3. ADEMAIS, a presunção exclui totalmente o temor, não exclui, porém, a esperança, mas somente a retidão desta. E, como as coisas que se destroem umas às outras são opostas, parece que a presunção se opõe ao temor, mais do que à esperança.

EM SENTIDO CONTRÁRIO, dois vícios opostos um ao outro são contrários a uma mesma virtude: assim a timidez e a audácia, à fortaleza. Ora, o pecado da presunção é contrário ao do desespero, que diretamente se opõe à esperança. Logo, parece que também a presunção se opõe diretamente à esperança.

RESPONDO. Diz Agostinho: "A todas as virtudes são contrários não somente os vícios que

---

2. A. praec., ad 1.

1. C. 3, n. 20: ML 44, 748.

non solum sunt vitia manifesta discretione contraria, sicut prudentiae temeritas: verum etiam vicina quodammodo, nec veritate, sed quadam specie fallente similia, sicut prudentiae astutia. Et hoc etiam Philosophus dicit, in II *Ethic.*[2], quod virtus maiorem convenientiam videtur habere cum uno oppositorum vitiorum quam cum alio: sicut temperantia cum insensibilitate et fortitudo cum audacia. Praesumptio igitur manifestam oppositionem videtur habere ad timorem: praecipue servilem, qui respicit poenam ex Dei iustitia provenientem, cuius remissionem praesumptio sperat. Sed secundum quandam falsam similitudinem magis contrariatur spei: quia importat quandam inordinatam spem de Deo. Et quia directius aliqua opponuntur quae sunt unius generis quam quae sunt generum diversorum (nam contraria sunt in eodem genere), ideo directius praesumptio opponitur spei quam timori: utrumque enim respicit idem obiectum cui innititur, sed spes ordinate, praesumptio inordinate.

AD PRIMUM ergo dicendum quod sicut spes abusive dicitur de malo, proprie autem de bono, ita etiam praesumptio. Et secundum hunc modum inordinatio timoris praesumptio dicitur.

AD SECUNDUM dicendum quod contraria sunt quae maxime distant in eodem genere. Praesumptio autem et spes important motum eiusdem generis, qui potest esse vel ordinatus vel inordinatus. Et ideo praesumptio directius contrariatur spei quam timori: nam spei contrariatur ratione propriae differentiae, sicut inordinatum ordinato; timori autem contrariatur ratione differentiae sui generis, scilicet motus spei.

AD TERTIUM dicendum quod quia praesumptio contrariatur timori contrarietate generis, virtuti autem spei contrarietate differentiae, ideo praesumptio excludit totaliter timorem etiam secundum genus: spem autem non excludit nisi ratione differentiae, excludendo eius ordinationem.

se lhes opõem por manifesta diferença, como a temeridade e a prudência, mas também os que, sob algum aspecto, lhes são vizinhos e se lhes assemelham, não verdadeiramente, mas sob uma aparência falaciosa, como a astúcia e a prudência". E também o Filósofo diz que uma virtude parece ter maior semelhança com um dos vícios que lhe são opostos do que com outro; assim a temperança, com a insensibilidade e a fortaleza, com a audácia. Portanto, a presunção parece ter manifesta oposição ao temor, principalmente servil, relativo à pena proveniente da justiça de Deus, do qual a presunção espera o perdão. Mas, por semelhança aparente, ela se opõe mais à esperança, por implicar certa esperança desordenada em Deus. E porque algumas coisas que são de um mesmo gênero se opõem mais diretamente do que aquelas que pertencem a gêneros diversos, porque os contrários são do mesmo gênero, por isso, a presunção opõe-se mais diretamente à esperança que ao temor, porque as duas têm o mesmo objeto para se apoiar, mas a esperança ordenadamente e a presunção, de maneira desordenada[f].

QUANTO AO 1º, portanto, deve-se dizer que assim como a esperança, abusivamente se diz do mal e em sentido próprio do bem, assim também a presunção. É desse modo que se chama presunção à desordem do temor.

QUANTO AO 2º, deve-se dizer que contrários são os termos mais distantes entre si, mas do mesmo gênero. A presunção e a esperança implicam um movimento do mesmo gênero, que pode ser ordenado ou desordenado. Por isso, a presunção se opõe mais diretamente à esperança do que ao temor; porque ela se opõe à esperança em razão de uma diferença própria, como o desordenado ao ordenado; mas ela se opõe ao temor em razão da diferença de seu gênero, que é um movimento de esperança.

QUANTO AO 3º, deve-se dizer que a presunção opõe-se ao temor por contrariedade de gênero; e por contrariedade de diferença, à virtude da esperança. Por isso, a presunção exclui totalmente o temor, mesmo quanto ao gênero; mas não exclui a esperança, senão em razão da diferença específica, ao excluir a sua ordem.

---

2. C. 8: 1108, b, 35-1109, a, 5.

f. Contam-se 4 espécies de oposições: 1) afirmação negação: ser e não ser; 2) entre duas espécies de um mesmo gênero; 3) de privação; 4) de relação. A contrariedade entre duas espécies é mais radical do que a de gênero a gênero. A análise do artigo apela para a lógica e para a psicologia. A presunção se contrapõe mais diretamente à esperança.

ARTIGO 4
A presunção é causada pela vanglória?

QUANTO AO QUARTO, ASSIM SE PROCEDE: parece que a presunção **não** é causada pela vanglória.

1. Com efeito, a presunção parece apoiar-se sobretudo na misericórdia divina. Ora, a misericórdia tem por objeto a miséria, que se opõe à glória. Logo, a presunção não nasce da vanglória.

2. ALÉM DISSO, a presunção opõe-se ao desespero. Ora, o desespero nasce da tristeza, como já foi dito. Portanto, como coisas opostas têm causas opostas, parece que a presunção nasce do prazer. Assim, parece que ela nasce dos vícios da carne, cujos prazeres são os mais violentos.

3. ADEMAIS, o vício da presunção consiste em se tender para um bem que não é possível, como se fosse possível. Ora, que alguém julgue possível o que é impossível, o faz por ignorância. Logo, a presunção provém, antes da ignorância do que da vanglória.

EM SENTIDO CONTRÁRIO, Gregório diz que "a presunção das novidades" é filha da vanglória.

RESPONDO. Como acima foi dito, há dois tipos de presunção. Uma, confiante nas próprias forças e que tenta algo possível para si, mas que excede as próprias forças. E tal presunção procede, manifestamente, da vanglória; desejando muita glória, resulta que se tente alcançar uma glória superior às próprias forças, principalmente as novidades que causam maior admiração. E, por isso, Gregório indica, com razão, "a presunção das novidades" como filha da vanglória.

Outra presunção é a que se apoia desordenadamente na misericórdia e no poder divinos, pelos quais se espera obter a glória sem méritos e o perdão sem penitência. Tal presunção parece originar-se diretamente da soberba: o homem tem de si mesmo tal estima que chega a pensar que mesmo que ele peque, Deus não o punirá nem o excluirá da glória[g].

Pelo que foi dito ficam claras as respostas às OBJEÇÕES.

---

4 PARALL.: Infra, q. 132, a. 5; *De Malo*, q. 9, a. 3.

1. Q. 20, a. 4.
2. C. 45, al. 17, in vet. 31, n. 88: ML 76, 621 A.
3. Art. 1.

g. Trata-se neste artigo de justificar o que pensa São Gregório: que a presunção nasce da glória vã, ou seja, do orgulho. E ele o prova tanto a propósito da presunção que se contrapõe à magnanimidade quanto à que se contrapõe à esperança teologal. Tudo o que pode inflar o orgulho, como a luxúria, que é o orgulho da carne, ou aquilo a que o orgulho conduz, como a esperança culpada, é de natureza a alimentar a presunção.

QUAESTIO XXII
DE PRAECEPTIS PERTINENTIBUS AD SPEM ET TIMOREM
in duos articulos divisa

Deinde considerandum est de praeceptis pertinentibus ad spem et timorem.
Et circa hoc quaeruntur duo.
Primo: de praeceptis pertinentibus ad spem.
Secundo: de praeceptis pertinentibus ad timorem.

Articulus 1
Utrum de spe debeat dari aliquod praeceptum

AD PRIMUM SIC PROCEDITUR. Videtur quod nullum praeceptum sit dandum pertinens ad virtutem spei.

1. Quod enim potest sufficienter fieri per unum, non oportet quod ad id aliquid aliud inducatur. Sed ad sperandum bonum sufficienter homo inducitur ex ipsa naturali inclinatione. Ergo non oportet quod ad hoc inducatur homo per legis praeceptum.

2. PRAETEREA, cum praecepta dentur de actibus virtutum, principalia praecepta debent dari de actibus principalium virtutum. Sed inter omnes virtutes principaliores sunt tres virtutes theologicae, scilicet spes, fides et caritas. Cum igitur principalia legis praecepta sint praecepta decalogi, ad quae omnia alia reducuntur, ut supra[1] habitum est; videtur quod, si de spe daretur aliquod praeceptum, quod deberet inter praecepta decalogi contineri. Non autem continetur. Ergo videtur quod nullum praeceptum in lege debeat dari de actu spei.

3. PRAETEREA, eiusdem rationis est praecipere actum virtutis et prohibere actum vitii oppositi. Sed non invenitur aliquod praeceptum datum per quod prohibeatur desperatio, quae est opposita spei. Ergo videtur quod nec de spe conveniat aliquod praeceptum dari.

SED CONTRA est quod Augustinus dicit[2], super illud Io 15,12, "Hoc est praeceptum meum, ut diligatis invicem": *De fide nobis quam multa mandata sunt; quam multa de spe.* Ergo de spe convenit aliqua praecepta dari.

QUESTÃO 22
OS PRECEITOS RELATIVOS À ESPERANÇA E AO TEMOR
em dois artigos

Em seguida, devem-se considerar os preceitos relativos à esperança e ao temor.
Nesta questão, são duas as perguntas:
1. Sobre os preceitos relativos à esperança.
2. Sobre os preceitos relativos ao temor.

Artigo 1
Deve-se estabelecer algum preceito relativo à esperança?

QUANTO AO PRIMEIRO ARTIGO, ASSIM SE PROCEDE: parece que **não** se deve estabelecer algum preceito relativo à esperança.

1. Com efeito, aquilo que pode ser feito suficientemente por um só, não tem necessidade de apoiar-se em outro. Ora, pela mesma inclinação natural, o homem é suficientemente levado a esperar o bem. Logo, não é necessário que a isso seja levado por um preceito de lei.

2. ALÉM DISSO, como os preceitos são dados para regular os atos virtuosos, os principais preceitos devem ser promulgados para os atos das principais virtudes. Ora, entre todas, as principais são as três virtudes teologais, a saber, a esperança, a fé e a caridade. Como os principais preceitos da Lei são os do Decálogo, a que se reduzem todos os outros, como já se disse, parece que se algum preceito fosse dado relativo à esperança, ele deveria encontrar-se entre os preceitos do Decálogo. Ora, não está contido nele. Logo, parece que nenhum preceito legal deve dar-se relativo ao ato de esperança.

3. ADEMAIS, preceituar um ato de virtude e proibir o ato do vício oposto resultam de uma mesma razão. Ora, não há um preceito que proíba o desespero, que é oposto à esperança. Logo, parece que não é conveniente dar-se um preceito relativo à esperança.

EM SENTIDO CONTRÁRIO, diz Agostinho comentando o texto do Evangelho de João: "Este é meu preceito, que vos ameis uns aos outros"; "Quantos preceitos nos foram dados sobre a fé e quantos sobre a esperança!". Logo, convém darem-se preceitos sobre a esperança.

---

1. I-II, q. 100, a. 3.
2. Tract. 83 *in Ioan.*, n. 3: ML 35, 1846.

RESPONDEO dicendum quod praeceptorum quae in sacra Scriptura inveniuntur quaedam sunt de substantia legis; quaedam vero sunt praeambula ad legem. Praeambula quidem sunt ad legem illa quibus non existentibus lex locum habere non potest. Huiusmodi autem sunt praecepta de actu fidei et de actu spei: quia per actum fidei mens hominis inclinatur ut recognoscat auctorem legis talem cui se subdere debeat; per spem vero praemii homo inducitur ad observantiam praeceptorum. Praecepta vero de substantia legis sunt quae homini iam subiecto et ad obediendum parato imponuntur, pertinentia ad rectitudinem vitae. Et ideo huiusmodi praecepta statim in ipsa legislatione proponuntur per modum praeceptorum. Spei vero et fidei praecepta non erant proponenda per modum praeceptorum: quia nisi homo iam crederet et speraret, frustra ei lex proponeretur. Sed sicut praeceptum fidei proponendum fuit per modum denuntiationis vel commemorationis, ut supra[3], dictum est; ita etiam praeceptum spei in prima legislatione proponendum fuit per modum promissionis: qui enim obedientibus praemia promittit, ex hoc ipso incitat ad spem. Unde omnia promissa quae in lege continentur sunt spei excitativa.

Sed quia, lege iam posita, pertinet ad sapientes viros ut non solum inducant homines ad observantiam praeceptorum, sed etiam multo magis ad conservandum legis fundamentum; ideo post primam legislationem in sacra Scriptura multipliciter inducuntur homines ad sperandum, etiam per modum admonitionis vel praecepti, et non solum per modum promissionis, sicut in lege: sicut patet in Ps 61,9: *Sperate in eo omnes congregationes populi*, et in multis aliis Scripturae locis.

AD PRIMUM ergo dicendum quod natura sufficienter inclinat ad sperandum bonum naturae humanae proportionatum. Sed ad sperandum supernaturale bonum oportuit hominem induci auctoritate legis divinae, partim quidem promissis, partim autem admonitionibus vel praeceptis. — Et tamen ad ea etiam ad quae naturalis ratio inclinat, sicut sunt actus virtutum moralium, necessarium fuit praecepta legis divinae dari, propter maiorem firmitatem; et praecipue quia naturalis ratio hominis obtenebrata erat per concupiscentias peccati.

RESPONDO. Entre os preceitos que se encontram na Sagrada Escritura, uns são da substância da lei, outros são preâmbulos dela. Os preâmbulos são tais que, se não existissem, não haveria lugar para a lei. Assim são os preceitos relativos ao ato de fé e ao ato de esperança, pois pelo ato de fé a mente do homem se inclina para reconhecer o autor da lei a quem se deve submeter; e, pela esperança do prêmio, o homem é levado à observância dos preceitos. Os preceitos relativos à substância da lei são aqueles impostos ao homem já submetido e pronto a obedecer e pertinentes à retidão da vida. Por isso, tais preceitos imediatamente são propostos, no ato da promulgação da lei, como mandamentos. Mas, os preceitos relativos à esperança e à fé não deviam ser propostos de modo imperativo, porque, a não ser que o homem creia e espere, a lei lhe seria proposta em vão[a]. Como o preceito da fé foi proposto à maneira de declaração ou de lembrança, como acima já foi dito, assim também o preceito da esperança, na primeira promulgação da lei, foi proposto sob a forma de promessa. Com efeito, quem promete recompensa aos obedientes, por isso mesmo os incita à esperança. Portanto, todas as promessas contidas na lei têm por fim promover a esperança.

Mas, já estabelecida a lei, cabe aos varões sábios não só induzir os homens à observância dos preceitos, mas também e, muito mais, a conservar-lhe os fundamentos. Por isso, depois da primeira promulgação da lei, a Sagrada Escritura induz os homens, muitas vezes, a esperar também por meio de admoestação ou de preceito e não mais somente por meio de promessa, como na lei. Isso está claro nos Salmos: "Esperai nele toda a assembleia do povo" e em muitos outros lugares da Escritura.

QUANTO AO 1º, portanto, deve-se dizer que a natureza inclina suficientemente a esperar o bem proporcionado à natureza humana; mas, para esperar um bem sobrenatural, era preciso que o homem fosse levado pela autoridade da lei, em parte por promessas, em parte, por admoestações e preceitos. Entretanto, mesmo para as coisas para as quais a razão natural inclina, como são os atos das virtudes morais, foi necessário que se dessem os preceitos da lei divina para maior firmeza e principalmente porque a razão natural do homem estava obscurecida pelas concupiscências do pecado.

---

3. Q. 16, a. 1.

a. Como obedecer a um preceito relativo à fé sem que já creiamos? Só a fé permite dar ouvidos a tais mandamentos. O mesmo vale para a esperança. A Palavra de Deus tomou outro caminho, como explica Sto. Tomás.

AD SECUNDUM dicendum quod praecepta decalogi pertinent ad primam legislationem. Et ideo inter praecepta decalogi non fuit dandum praeceptum aliquod de spe: sed suffecit per aliquas promissiones positas inducere ad spem, ut patet in primo et quarto praecepto.

AD TERTIUM dicendum quod in illis ad quorum observationem homo tenetur ex ratione debiti, sufficit praeceptum affirmativum dari de eo quod faciendum est: in quibus prohibitiones eorum quae sunt vitanda intelliguntur. Sicut datur praeceptum de honoratione parentum: non autem prohibetur quod parentes dehonorentur, nisi per hoc quod dehonorantibus poena adhibetur in lege. Et quia debitum est ad humanam salutem ut speret homo de Deo, fuit ad hoc homo inducendus aliquo praedictorum modorum quasi affirmative, in quo intelligeretur prohibitio oppositi.

QUANTO AO 2º, deve-se dizer que os preceitos do Decálogo pertencem à primeira promulgação da Lei. Por isso, entre esses preceitos não se devia incluir mandamento relativo à esperança, mas bastou, por algumas promessas feitas, infundir no homem a esperança, como está claro no primeiro e no quarto preceito.

QUANTO AO 3º, deve-se dizer que para as coisas, cuja observação é exigida por razão de dever, basta haver um preceito afirmativo sobre aquilo que deve ser feito, no qual se entendem as proibições das coisas a serem evitadas. Assim há um preceito de honrar os pais, mas não é proibido que se desonrem os pais, a não ser pela adição na lei de uma pena aos faltosos. E porque é um dever necessário à salvação humana que o homem espere em Deus, o homem é induzido a isso por um dos meios referidos; no que se subentende a proibição do oposto.

ARTICULUS 2
Utrum de timore fuerit dandum aliquod praeceptum

AD SECUNDUM SIC PROCEDITUR. Videtur quod de timore non fuerit dandum aliquod praeceptum in lege.

1. Timor enim Dei est de his quae sunt praeambula ad legem: cum sit *initium sapientiae* Ps 110,10. Sed ea quae sunt praeambula ad legem non cadunt sub praeceptis legis. Ergo de timore non est dandum aliquod praeceptum legis.

2. PRAETEREA, posita causa ponitur effectus. Sed amor est causa timoris: omnis enim timor ex aliquo amore procedit, ut Augustinus dicit, in libro *Octoginta* trium Quaest.[1]. Ergo, posito praecepto de amore, superfluum fuisset praecipere timorem.

3. PRAETEREA, timori aliquo modo opponitur praesumptio. Sed nulla prohibitio invenitur in lege de praesumptione data. Ergo videtur quod nec de timore aliquod praeceptum dari debuerit.

SED CONTRA est quod dicitur Dt 10,12: *Et nunc, Israel, quid Dominus Deus tuus petit a te, nisi ut timeas Dominum Deum tuum?* Sed illud a nobis requirit quod nobis praecipit observandum. Ergo sub praecepto cadit quod aliquis timeat Deum.

RESPONDEO dicendum quod duplex est timor: scilicet servilis et filialis. Sicut autem aliquis

ARTIGO 2
Dever-se-ia dar algum preceito a respeito do temor?

QUANTO AO SEGUNDO, ASSIM SE PROCEDE: parece que **não** se deveria dar algum preceito a respeito do temor.

1. Com efeito, o temor de Deus diz respeito às coisas que são preâmbulos da lei, por ser o início da sabedoria. Ora, os preâmbulos da lei não caem sob os preceitos da lei. Logo, não se deve dar algum preceito de lei sobre o temor.

2. ALÉM DISSO, posta a causa, segue-se o efeito. Ora, o amor é causa do temor, porque "todo temor procede do amor", como diz Agostinho. Logo, posto o preceito do amor, seria supérfluo preceituar o temor.

3. ADEMAIS, ao temor, de certo modo, opõe-se a presunção. Ora, a lei não estabeleceu nenhuma proibição relativa à presunção. Logo, parece que sobre o temor não se deveria dar nenhum preceito.

EM SENTIDO CONTRÁRIO, diz o livro do Deuteronômio: "Então, Israel, o que é que o Senhor teu Deus pede a ti, senão que temas o Senhor teu Deus?". Ora, Deus requer de nós o que nos manda observar. Logo, temer a Deus é objeto de preceito.

RESPONDO. Há duplo temor: o servil e o filial. Ora, como o homem é induzido à observância dos

---

1. Q. 33: ML 40, 22.

inducitur ad observantiam praeceptorum legis per spem praemiorum, ita etiam inducitur ad legis observantiam per timorem poenarum, qui est timor servilis. Et ideo sicut, secundum praedicta, in ipsa legislatione non fuit praeceptum dandum de actu spei, sed ad hoc fuerunt homines inducendi per promissa; ita nec de timore qui respicit poenam fuit praeceptum dandum per modum praecepti, sed ad hoc fuerunt homines inducendi per comminationem poenarum. Quod fuit factum et in ipsis praeceptis decalogi, et postmodum consequenter in secundariis legis praeceptis. Sed sicut sapientes et prophetae consequenter, intendentes homines stabilire in obedientia legis, documenta tradiderunt de spe per modum admonitionis vel praecepti, ita etiam et de timore.

Sed timor filialis, qui reverentiam exhibet Deo, est quasi quoddam genus ad dilectionem Dei et principium quoddam omnium eorum quae in Dei reverentiam observantur. Et ideo de timore filiali dantur praecepta in lege sicut et de dilectione: quia utrumque est praeambulum ad exteriores actus qui praecipiuntur in lege, ad quos pertinent praecepta decalogi. Et ideo in auctoritate legis inducta requiritur ab homine timor, et *ut ambulet in viis Dei* colendo ipsum, et *ut diligat ipsum*.

AD PRIMUM ergo dicendum quod timor filialis est quoddam praeambulum ad legem non sicut extrinsecum aliquid, sed sicut principium legis, sicut etiam dilectio. Et ideo de utroque dantur praecepta, quae sunt quasi quaedam principia communia totius legis.

AD SECUNDUM dicendum quod ex amore sequitur timor filialis, sicut etiam et alia bona opera quae ex caritate fiunt. Et ideo sicut post praeceptum caritatis dantur praecepta de aliis actibus virtutum, ita etiam simul dantur praecepta de timore et amore caritatis. Sicut etiam in scientiis demonstrativis non sufficit ponere principia prima nisi etiam ponantur conclusiones quae ex his sequuntur vel proxime vel remote.

AD TERTIUM dicendum quod inductio ad timorem sufficit ad excludendum praesumptionem: sicut etiam inductio ad spem sufficit ad excludendum desperationem, ut dictum est[2].

preceitos da lei pela esperança dos prêmios, assim também é induzido à mesma observância pelo temor das penas, que é o temor servil. E, como foi dito no artigo precedente, na promulgação mesma da Lei, não foi preciso dar nenhum preceito relativo ao ato de esperança, e os homens a isso foram induzidos pelas promessas, assim também nem com relação ao temor da pena foi preciso dar um mandamento, pois a isso os homens foram levados pela cominação das penas. Isso foi feito pelos preceitos do Decálogo e, depois, consequentemente, pelos preceitos secundários da Lei. Mas como mais tarde os sábios e os profetas, procurando firmar os homens na observância da Lei, deram ensinamentos sobre a esperança, mediante advertências ou preceitos, assim também o fizeram relativamente ao temor.

O temor filial, que mostra reverência a Deus, é como um gênero relativamente ao amor de Deus e um princípio de tudo que se faz para reverenciar a Deus. Por isso, a Lei estabeleceu preceitos, tanto a respeito do temor quanto da caridade, porque ambos são preâmbulos dos atos exteriores prescritos na Lei e aos quais dizem respeito os preceitos do Decálogo. Por isso, a autoridade da Lei, invocada no caso presente, requer do homem o temor para que ande nos caminhos de Deus louvando-o e para que o ame.

QUANTO AO 1º, portanto, deve-se dizer que o temor filial é certo preâmbulo da Lei, não como algo a ela extrínseco, mas como princípio da mesma, como também o é o amor. Por isso, de ambos foram dados preceitos, que são, de certo modo, princípios comuns de toda a Lei.

QUANTO AO 2º, deve-se dizer que do amor decorre o temor filial, como também todas as outras boas obras feitas pela caridade. Por isso, assim como, depois do mandamento da caridade, são dados outros preceitos relativamente às outras virtudes, assim também são dados, simultaneamente, preceitos sobre o temor e o amor da caridade. Assim, nas ciências demonstrativas não basta formular os primeiros princípios, sem que também se proponham as conclusões que deles se seguem, próxima ou remotamente.

QUANTO AO 3º, deve-se dizer que induzir ao temor é suficiente para excluir a presunção, como também induzir à esperança basta para afastar o desespero, como se disse no artigo precedente.

---

2. A. praec., ad 3.

A CARIDADE

Introdução e notas por Antonin-Marcel Henry

INTRODUÇÃO

A palavra *caridade*, em nossa língua, foi consideravelmente desvalorizada. Com muita frequência, não significa mais do que uma medíocre esmola, e às vezes de tal modo ofensiva para o beneficiário que este recorre à justiça contra a caridade. Não quero sua caridade, dirá ele. Um tal significado não tem mais nada a ver com a caridade à qual se refere Sto. Tomás. Por isso, é preciso voltar à origem do termo.

A origem, precisamente, é cristã. Pelo menos a *palavra*, tal como a compreendemos, a *noção* e os *ensinamentos* do Novo Testamento a ela relacionados. Com certeza, muitos, graças a Deus, *viveram* da caridade antes de Cristo: receberam a graça do Espírito Santo e foram justificados; o Antigo Testamento para isso os preparava, aliás. Mas a revelação ainda não se havia completado. O Novo Testamento abre uma nova porta para o mistério insondável de Deus e de nossa salvação, e a chave desse mistério, dupla e única, é a caridade. O que significa essa palavra?

O VOCABULÁRIO

a. O grego

Não nos demoraremos sobre o hebreu bíblico. Para exprimir a ideia de amar, só havia o verbo *aheb*. Mas o grego, língua em que os apóstolos de Jesus nos transmitiram nosso Dado de fé, é bem mais rico. Possui pelo menos quatro verbos.

Primeiramente, *Stergein*. Esse verbo não figura na tradução dos Setenta, nem no Novo Testamento. É reservado para o amor dos pais por seus filhos e deste por aqueles: é um amor natural.

Depois, dispunha-se do verbo *Erãn*. Designava o desejo apaixonado, a cobiça de ter. O amor carnal se exprimia com esse termo. Algumas vezes, entretanto, é sublimado: os Setenta se servem dele para evocar o amor apaixonado pela Sabedoria (Sb 8,2). Platão já o dotara de espiritualidade. Mas o Novo Testamento não o emprega. P. Festugière escreve: "Quando se trata do *Eros* em relação a uma pessoa, o sentido físico está quase necessariamente incluso" (*La Sainteté*, p. 92). Do mesmo modo, não há exemplo onde se fale do *Eros* de um pai ou de uma mãe por seus filhos, ou reciprocamente. "A ideia de incesto viria imediatamente ao espírito" (*idem*). Pode-se, a rigor, falar do *Eros de Deus* em um sentido cristão. Mas não do *Eros dos irmãos*, para o amor fraternal.

Em terceiro lugar, havia os verbos *philein* e *agapan*. *Philein* evocava o sentimento afetuoso, a inclinação espontânea. Já *agapan* "punha em relevo a ideia de escolha, de livre eleição, de amor que dá mais do que se experimenta" (Michel Labourdette, *La Charité*, Toulouse, 1959-60, curso policopiado, p. 3. Esta introdução e as notas se inspiram nessa obra). Podemos amar um inimigo por escolha, por eleição ou por vontade livre. Nesse caso, impõe-se *agapan*. *Philein* não convém.

O substantivo *Agapè*, extremamente raro no grego profano, é quase uma criação do Novo Testamento. De qualquer modo, é ali que o termo se difunde. É encontrado 117 vezes, entre as quais 75 vezes em São Paulo e 25 em João.

b. O latim

A Vulgata traduz *philein* por *amare*, *agapan* por *diligere*. *Amare* é, portanto, a afeição profunda; *diligere*, a inclinação voluntária, deliberada, decidida.

Contudo, o substantivo do verbo *agapan*, *agapè*, não será ordinariamente traduzido por *dilectio*, mas por *caritas*. A palavra pertence a outra origem. Provém de *carus*, caro. Evoca a "careza", a preciosidade. Encontra-se em termos como "carinho" e "carícia". Na língua cristã, a tradução de *agapè se carregará de todos os sentidos desse termo*, tornar-se-á seu equivalente, acrescentando-lhe, no entanto, este matiz de apreço, "de grande preço".

Sto. Tomás joga com bastante precisão com esses três termos: *amor, dilectio, caritas*, aos quais será preciso acrescentar o de *amicitia*. Graças a esses recursos semânticos, será fácil dar a entender que o amor conjugal, por exemplo, é chamado a ser ele próprio um amor teologal, uma caridade.

c. Linguagem moderna

Como em muitas das línguas modernas, "amar" traduz tanto *Agapan* (*diligere*) como *philein* (*amare*), ou mesmo *Eran*: amar carnalmente.

O termo *caridade* é o equivalente de *caritas* (= *amor carinhoso*) em latim. É, portanto, de amor, e não de outra coisa, que falamos aqui. A própria esmola, como veremos, é para Sto. Tomás não um

ato de retribuição, ou de justiça, primeiramente, mas um ato de *amor*, ou de *caridade*. E isso é muito rico de sentido e de consequências.

A REVELAÇÃO DA CARIDADE

O Novo Testamento nos traz sobre o mistério de Deus uma luz decisiva: "Deus é *Agapè* (*Caritas*, Caridade)" (1Jo 4,8). Tal é o termo da Revelação. "Eis como se manifestou a caridade [o amor] de Deus entre nós: Deus enviou seu Filho único ao mundo, para que vivêssemos por meio dele" (4,9). E eis o que é essa caridade: "não fomos nós que amamos a Deus, mas foi ele que nos amou e nos enviou seu Filho como vítima de expiação para nossos pecados" (4,10). Não há definição desse amor, nem razões a fornecer. É o mistério último que projeta sua luz sobre tudo o que conhecemos. Se nada o explica, acreditamos que tudo pode ser "explicado" por esse amor.

Toda a moral do Novo Testamento está suspensa nessa revelação definitiva. "Se Deus nos amou a tal ponto, nós também devemos amar-nos uns aos outros" (1Jo 4,11). É o caminho que nos mostra Jesus, e o "novo" mandamento que ele nos dá. É de fato inteiramente novo sob três aspectos:

Primeiro, enquanto Deus não havia enviado seu Filho e não o havia "entregue" na cruz, não podíamos saber até onde ia o Amor de Deus por nós e, consequentemente, até que ponto seria preciso amarmos a nós mesmos para amar "como ele nos amou".

Em segundo lugar, o próximo não é mais para o cristão o que era ainda para os homens da antiga aliança. Para eles, mesmo que alguns textos já fossem mais longe, ele era essencialmente o compatriota, o correligionário, um "filho da luz" como nós, pensavam alguns. Vendo as violentas oposições que existiam à sua volta, Jesus poderá dizer: "Aprendestes o que foi dito: "Amarás o teu próximo e odiarás o teu inimigo" (Mt 5,43). Para os discípulos de Jesus, pelo contrário, não há mais limites. O que não significa que o cristão deva amar todo "longínquo", fora de seu horizonte cotidiano, como um próximo. Na verdade, a parábola do "bom samaritano" o explica bem, o próximo é aquele que o coração do cristão inventa ou descobre. O amor de Deus que se difundiu em seu coração pelo Espírito Santo que lhe foi concedido o leva para o que tem necessidade de seu amor: ele caminha para ele, faz-se próximo, o constitui seu "próximo". E nenhuma cláusula exclusiva é posta. O próximo pode ser qualquer humano que se encontra a seu lado, quaisquer que sejam sua raça, seu sexo, sua religião, sua cultura, a sociedade amiga ou inimiga da qual ele faz parte, uma vez que o Espírito Santo o faz sentir que se deve aproximar.

Enfim, o mandamento do amor do próximo é novo nesse sentido de que ele ordena tudo, e que agora não existe outro. "É a lei e os profetas" (Mt 7,12). "Aquele que ama o seu próximo cumpriu plenamente a lei" (Rm 13,8). Sto. Agostinho dirá: "Os dez preceitos se reduzem a estes dois: o de amar a Deus e o de amar o próximo; e esses dois se reduzem a este outro, que é único: o que não queres que te façam, não o faças a outrem. Nele estão contidos os dez, nele estão contidos os dois" (*Serm.* 9, 14, P.L. 38, 86). É claro que não se deve entendê-lo no sentido de que certa filantropia substitui doravante o amor de Deus, o primeiro mandamento. Nele está igualmente contido esse primeiro mandamento. Impossível amar todo homem que pode se apresentar como próximo, de qualquer raça, nação, religião, caráter... que seja; isto é, é impossível amar a infinidade possível dos humanos, e amar a cada um "como Deus nos ama", ou seja, chegando ao ponto de morrer por eles, mesmo por um inimigo, sem amar Deus em todos e sem receber a graça de Deus mesmo. A caridade, como veremos, é uma comunhão na família de *Deus*.

Paulo e João adicionaram as seguintes especificações

Para Paulo, a caridade é o Amor com o qual Deus nos ama. Deus é infinitamente liberal. Ao contrário do pensamento dos gregos. Para estes, nota A.-J. Festugière, se existe uma relação entre o homem e Deus, não existe entre Deus e o homem. Deus não ama o homem. Para Paulo, ainda, o amor perfeito, em Deus, não é apetite do que ele não possui, mas comprazimento no que ele é, e exigência interior de dom: "quando ainda estávamos sem força..., o amor de Deus foi derramado em nossos corações pelo Espírito Santo que nos foi dado" (Rm 5,5-6). A caridade é, portanto, também o amor que está em nós e com o qual amamos a Deus, graças ao qual Deus faz com que tudo concorra para nosso bem (Rm 8,28-29), e aquele com o qual amamos nossos irmãos. A Caridade-*Agapè* constrói a Igreja (Cl 3,14-15; Ef 2,14-20; 4,15-17). Desse amor, a comunhão com o Corpo e com o Sangue do Cristo é o sacramento (1Cor 10,16-17).

João insiste sobre a fonte da caridade: "todo aquele que ama nasceu de Deus" (1Jo 4,7). Deus tem sempre a iniciativa: foi ele que "por primeiro nos amou" (1Jo 4,19) e nos dá o exemplo. Para nós, permanecer no amor é permanecer em Deus e conservar sua Palavra, isto é, também seus mandamentos (1Jo 5,3), e em primeiro lugar "o novo mandamento" (Jo 13,34). A isso devemos não sermos servidores, mas amigos de Deus.

AS QUESTÕES EM TORNO DA CARIDADE
I- Os Padres

Depois das memórias dos apóstolos, as obras dos Padres da Igreja constituem uma parte importante da herança que recebe Sto. Tomás. Que questões eles se colocavam, ou quais se conservam?

Há em primeiro lugar a da *gnose*. O conhecimento superior que as correntes gnósticas situavam acima de tudo não supera a caridade? Mesmo que ela seja a disposição necessária para esse alto conhecimento? Reconhecemos aqui a influência do pensamento platônico sobre certos Padres gregos.

A segunda questão concerne à relação entre a gratuidade do amor e a recompensa? O desejo paradoxal de Paulo: "eu desejaria ser anátema para meus irmãos" (Rm 9,3) provocou a reflexão dos Padres e dos teólogos até Sto. Tomás, no tratado da caridade (II-II, q. 27, a. 8, r. 1). Ele voltará ao tema no tratado da vida contemplativa, apresentando o argumento de João Crisóstomo (II-II, q. 182, a. 2, Solução).

Enfim, a questão do *Eros*. A palavra, rejeitada no Novo Testamento, retorna em certos Padres, como Dionísio, que atribui *Eros* a Deus, pois seu Amor pelas criaturas é "violento, dilacerante" (Michel Labourdette, *op. cit.*, p. 10).

II- A teologia monástica

Trata-se sobretudo da escola cisterciense e da obra de São Bernardo.

O fundo comum que alimentava o humanismo do século XII provinha do *De Amicitia*, de Cícero. Para este, a amizade é uma benevolência; não provém da utilidade, mesmo que nada seja mais útil do que a amizade; a utilidade é seu fruto, e não sua causa. Origina-se em um sentimento de afeição, uma ternura (*caritas*) que se funda sobre uma similitude: um acordo recíproco.

Explorando esse fundo comum, teólogos como São Bernardo e Abelardo sustentarão posições diferentes.

São Bernardo apresenta uma escala com quatro graus da amizade com Deus. Em primeiro lugar, a alma começa por amar a si mesma; depois, ela sai de si para amar Deus *como seu* bem, isto é, por causa dela; ela passa em seguida a amar a Deus por si mesmo. Tende enfim a só se amar por Deus. Tal é a amizade perfeita. São Bernardo não imagina um grau último da amizade no qual esta renunciaria à posse de Deus... para melhor amá-lo.

É contudo o que pensará Abelardo. Este desenvolve sua ideia da caridade em torno de: "a caridade não procura o próprio interesse" (1Co 13,5). O amor não olha a recompensa, mesmo que esta fosse espiritual. O amor pode sacrificar a felicidade final a ponto de ser-lhe até indiferente... Reconhecemos os primeiros sinais de um desvio que se manifestará mais tarde no quietismo e no semiquietismo. O erro provinha de considerar a "recompensa", e mesmo de falar da "felicidade" como de uma coisa exterior, "adicionada" ao amor. Quando é seu fruto natural e não se distingue substancialmente dele. Não nos alegrarmos quando finalmente encontramos aquele que amamos, não é manifestarmos... que não o amávamos verdadeiramente? A felicidade da qual falamos não é outra coisa que esse amor usufruindo enfim daquilo que tanto desejou.

III- A *Suma teológica*

Entre o movimento monástico do século XII e Sto. Tomás, no século XIII, um evento considerável ocorreu: o ingresso de Aristóteles no pensamento medieval.

Daí essa nova maneira de se representar a amizade. Esta se distingue tanto do "amor" como da "dileção" (apetite voluntário) ou da "caridade" (mesmo sentido entre os cristãos; com matiz de apreço, "de grande preço," em seu uso pré-cristão), nisto que a amizade designa um "estado", mais diretamente que um "ato", mesmo que os atos a exprimam necessariamente; por outro lado, ela não se deve a um só. Assim, Sto. Tomás reconhece na amizade três elementos, tomados de Aristóteles: a benevolência (que a contrapõe ao amor de cobiça), a reciprocidade e a comunicação.

Amar por benevolência não é mais amar uma *coisa* como uma utilidade, mas uma *pessoa* como alguém a quem quero *seu* bem, ou no bem (ou a felicidade) da qual me comprazo. Não é um amor captativo, mas oblativo.

A amizade, sendo por um *outro*, chama um eco, uma reciprocidade. Não se fala de amizade para si

mesmo, mesmo que nos amemos igualmente como a uma pessoa. A amizade se estabelece entre *duas* pessoas, animadas cada uma de benevolência em relação uma à outra.

A amizade repousa, enfim, sobre uma comunicação, um intercâmbio, uma comunhão. Mas, de que tipo de comunhão se trata?

Em todo amor descobrimos uma comunhão. O amor se funda sobre uma semelhança em potência: esse bem que desejo, não o tenho; ele pode, portanto, tornar-se meu bem. O amor de amizade se funda sobre uma semelhança em ato: reconheço no outro uma semelhança que cria entre ele e mim uma espécie de "comunidade", e em nome da qual eu o amo.

De que tipo é essa comunidade? Trata-se simplesmente de alguma coisa que nos é "comum em nosso ser", que se encontra em um e em outro? Trata-se de uma comunidade ativa: de algo que pomos em comum pela troca, conversação, vida comum?

Na verdade, a *communicatio* da qual nos fala Sto. Tomás um conceito que ele herda em grande parte de Aristóteles remete-nos a alguma outra coisa. A amizade da qual ela é o fundamento também sugere outra coisa. De que se trata?

A amizade, para nós hoje, indica um amor eletivo e portanto seletivo. Não somos amigos de todos. É desse modo que pensavam igualmente as escolas monásticas do século XII, seguindo Cícero.

Para Sto. Tomás, essa amizade seletiva só representa um caso particular da amizade. Para ele, como antes para Aristóteles, há amizade em toda parte onde houver uma comunidade, esta, *koinonia*, sendo compreendida como um agrupamento de pessoas em torno de um bem comum, seja de fato e depois querido em conjunto (o bem comum do sangue comum), seja simplesmente querido e decidido em conjunto (uma associação). Desse modo, se falará de uma "amizade familiar" entre pessoas do mesmo sangue, uma "amizade política" entre concidadãos de um mesmo regime etc.

O que se contrapõe ao amigo, aqui, não é o inimigo, ou simplesmente o não escolhido, o não eleito, o não amado, é o "estrangeiro": aquele que é estrangeiro à *koinonia*, ao círculo da família, ao governo da cidade na qual se vive, ou ao ofício, à corporação etc. Mas, o fato de pertencer à mesma "natureza" humana não basta para essa amizade. É preciso que exista um bem comum que seja ativamente promovido. Se existissem humanos em outros planetas, eles nos seriam "estrangeiros", mesmo tendo nossa natureza. Se nos aproximamos de tal projeto hoje, não se podia pensar no século XIII em uma amizade de toda a humanidade sobre a Terra. As organizações mundiais atuais o sugerem. Trata-se de amizades nas quais não cogitavam nem Cícero nem seus herdeiros diretos.

Não deve causar surpresa, portanto, que Sto. Tomás trate da guerra a propósito da caridade-amizade. Os autores, sobretudo modernos, só se referem a ela em relação à justiça. Para Sto. Tomás, como veremos, o que está em jogo é um "bem comum" político e uma "amizade política", coroados e consagrados pela caridade, a serem defendidos. É por isso que só o responsável político pode declarar a guerra e conduzi-la.

Para Sto. Tomás, a amizade provém daquilo que une os membros de uma comunidade (*koinonia*), animado por uma vontade comum, para realizar uma obra comum. Pode reduzir-se à reunião de duas pessoas que se escolheram mutuamente, na medida em que o bem em torno do qual elas se juntam é "honesto", isto é, desejado e amado por si mesmo, e não por alguma utilidade externa a ele. A amizade não se funda unicamente na semelhança do ser, mas na partilha comum e ativa de bens.

Resulta que os membros de uma amizade não são todos necessariamente iguais. Pelo menos, se a amizade constitui a igualdade, não parte desta. Precisamente porque nem todos têm a mesma função na "amizade". Se pai e filho são iguais na natureza humana, não o são na obra comum a promover, aquela que consiste em desenvolver as qualidades humanas em vista das quais se deve constituir a família. É por isso que há uma ordem hierárquica a ser reconhecida em toda "amizade", incluindo a amizade-caridade (q. 26), que é a forma própria da amizade entre crentes.

Essa partilha comum e ativa da amizade, segundo Sto. Tomás, volta a encontrar os dois primeiros componentes aos quais nos referimos: a benevolência e a reciprocidade, mesmo que compreenda de outro modo essa exigência.

Amar por benevolência é o contrário de amar por cobiça. Este último é apropriar-se do que se ama, o que não é possível na *koinonia-comunidade*. O primeiro, ao invés, é querer para si como para cada um dos membros aquilo em vista do qual se está reunido: o bem comum.

Quanto à reciprocidade, ela é igualmente evidente, pelo menos se não se exigir que haja igualdade inicial.

Compreende-se, portanto, que, se a comunidade se pode fundar sobre três espécies de "bens": o bem útil, o bem deleitável, o bem "honesto", a amizade só é verdadeira, e perfeitamente realizada, se o bem querido em comum é "honesto", ou melhor, da ordem do *honestum*, do que possui valor em si, sem referência a outra coisa a não ser o fim último.

Uma associação fundada sobre o prazer comum cessa de ser uma amizade quando, por exemplo, se aceita o desaparecimento de um membro, desde que o prazer permaneça inteiro. Não existe amizade sem benevolência.

Uma associação fundada na utilidade deixaria do mesmo modo de ser uma amizade se, por desejo de apropriação do bem que deve ser buscado em comum, se expulsasse para fora da comunidade tal ou tal membro que perturba aquilo que se busca. Qualquer que seja o fundamento, a amizade quer o bem de todos os associados.

Dito isto, a amizade pode fundar-se, materialmente, numa infinidade de partilhas comunitárias de bens. Teríamos então: uma "amizade familiar", uma "amizade conjugal" (nada impede aqui de integrar a sexualidade e *Eros* na *Agapè*-caridade-amizade), uma "amizade de negócios", uma "amizade clânica", uma "amizade de classe" (solidariedade de classe), uma "amizade militar" (fraternidade de armas) etc. Poderíamos falar da amizade de um bando de ladrões? Sem dúvida pode haver semelhança, distribuição de bens, dedicação a cada membro do bando, mas o bem que se cobiça é demasiado exterior ao verdadeiro humano para que se possa falar de amizade. A tendência comum a todas as "amizades" verdadeiras é fazer com que, em definitivo, o bem do amigo, ou dos amigos, que se quer juntos, seja o amigo, ou os amigos.

À luz dessas elaborações, compreendemos que força podia dar ao texto de São Paulo (Ef 2,19) uma leitura "tomista": "Não sois mais estrangeiros... sois concidadãos dos santos, pertenceis à casa de Deus".

Pela *Agapè*-caridade, somos da *koinonia* de Deus, associados com o Pai, o Filho e o Espírito, na mesma bem-aventurança. O fundamento de nossa amizade-caridade é precisamente, como Sto. Tomás repete sucessivamente, essa felicidade divina da qual somos chamados a partilhar, e da qual a graça já nos comunica as primícias.

QUAESTIO XXIII
DE CARITATE SECUNDUM SE
in octo articulos divisa

Consequenter considerandum est de caritate.

Et primo, de ipsa caritate; secundo, de dono sapientiae ei correspondente. Circa primum consideranda sunt quinque: primo, de ipsa caritate; secundo, de obiecto caritatis; tertio, de actibus eius; quarto, de vitiis oppositis; quinto, de praeceptis ad hoc pertinentibus. Circa primum est duplex consideratio: prima quidem de ipsa caritate secundum se; secunda de caritate per comparationem ad subiectum.

Circa primum quaeruntur octo.
Primo: utrum caritas sit amicitia.
Secundo: utrum sit aliquid creatum in anima.
Tertio: utrum sit virtus.
Quarto: utrum sit virtus specialis.
Quinto: utrum sit una virtus.
Sexto: utrum sit maxima virtutum.
Septimo: utrum sine ea possit esse aliqua vera virtus.
Octavo: utrum sit forma virtutum.

Articulus 1
Utrum caritas sit amicitia

AD PRIMUM SIC PROCEDITUR. Videtur quod caritas non sit amicitia.

QUESTÃO 23
A CARIDADE EM SI MESMA
em oito artigos

Depois da esperança, devemos estudar a caridade: primeiramente, a caridade em si mesma, em seguida o dom da sabedoria, que lhe corresponde. Sobre o primeiro ponto, devemos fazer cinco considerações: 1º) a caridade em si mesma; 2º) seu objeto; 3º) seus atos; 4º) os vícios que lhe são opostos; 5º) os preceitos que lhe dizem respeito[a]. A primeira consideração se dividirá em dois pontos: I) a caridade em si mesma; II) a caridade em relação ao seu sujeito.

Sobre a primeira, são oito as questões:
1. A caridade é uma amizade?
2. É algo criado na alma?
3. É uma virtude?
4. É uma virtude especial?
5. É uma só e única virtude?
6. É a virtude mais excelente?
7. Sem ela, pode haver alguma verdadeira virtude?
8. É a forma das virtudes?

Artigo 1
A caridade é uma amizade?[b]

QUANTO AO PRIMEIRO ARTIGO, ASSIM SE PROCEDE: parece que a caridade **não** é uma amizade.

---

1 PARALL.: I-II, q. 65, a. 5; III *Sent.*, dist. 27, q. 2, a. 1.

a. Tratando-se da virtude de caridade, o objeto e o fim não podem ser dissociados. É o que irá manifestar a q. 23: a caridade em sua essência. As questões 25-26 abordarão menos o "objeto", formalmente, do que a "extensão" do que deve ser amado e a ordem na qual devemos amar.
  Apresentando-a de imediato como uma amizade (a. 1), a q. 23 nos induz a não considerar a caridade tomando como exemplo as outras virtudes. É uma categoria à parte. Nós nos perguntaremos, como pensava o "Mestre" Pedro Lombardo, se ela não é simplesmente o Espírito Santo (a. 2). Podemos de fato chamá-la de virtude? Não seria antes a "consequência da virtude", como ocorre com as verdadeiras amizades humanas; ou, se é uma virtude, de que maneira o é (a. 3-5)? Enfim, qual sua relação com as outras virtudes (a. 6-8)?
  b. A caridade é um mistério. Ao perscrutar a revelação, somos levados a afirmar que Deus nos convida a partilhar de sua felicidade. Isso conduz o teólogo a verificar que a caridade é sim uma "amizade", fundada na partilha da felicidade divina.
  A felicidade já entra na definição da esperança, uma outra virtude teologal afetiva, que poderíamos definir como um "amor de desejo" sobrenatural. Mas a caridade, essa virtude que nunca desaparece (1Co 13,8), se funda sobre uma *comunicação já efetiva dessa felicidade*. E, do momento em que existe comunicação, existe comunidade, intercâmbio e, como o mostramos (Introdução), uma "amizade" no sentido em que a entende Sto. Tomás. Essa amizade, já constituída pela comunidade (1Co 1,9) das três Pessoas, Deus nos faz nela ingressar. Não é uma comunidade estática de mera semelhança, é uma comunidade de "operação", o que significa comunidade de felicidade, a qual só será perfeita no além. A partir de agora, somos constituídos *filhos* nessa "amizade-comunidade". E como toda "amizade" se funda sobre um bem partilhado em comum, o que distingue neste caso os "amigos" dos "estrangeiros" (Introdução) é a felicidade divina. Essa amizade não possui mais palavra para se definir. Integra e supera as qualidades e a intimidade de todas as amizades humanas: é uma "amizade familiar" (somos filhos de Deus, Rm 8,16), uma "amizade conjugal" (Ap 21,2), uma "amizade política" (Ef 2,19), uma "amizade eletiva" (Jo 15,15). Essa benevolência divina que nos reúne está fora de nosso alcance natural. A criatura racional poderia amar a Deus, como a "parte" ama naturalmente o "todo" do qual depende: esse amor de desejo não a tornaria amiga, mas totalmente serva, ou escrava.
  Se a felicidade é o fundamento dessa amizade, ela não se realiza fora dos membros da "amizade". Não amamos "a felicidade" sem amar seus participantes. E Deus é amado em todos como a fonte que faz com que os amemos.

1. *Nihil enim est ita proprium amicitiae sicut convivere amico*; ut Philosophus dicit, in VIII *Ethic*.¹. Sed caritas est hominis ad Deum et ad angelos, *quorum non est cum hominibus conversatio*, ut dicitur Dn 2,11. Ergo caritas non est amicitia.

2. PRAETEREA, amicitia non est sine reamatione, ut dicitur in VIII *Ethic*.². Sed caritas habetur etiam ad inimicos: secundum illud Mt 5,44: *Diligite inimicos vestros*. Ergo caritas non est amicitia.

3. PRAETEREA, amicitiae tres sunt species, secundum Philosophum, in VIII *Ethic*.³: scilicet amicitia *delectabilis*, *utilis* et *honesti*. Sed caritas non est amicitia utilis aut delectabilis: dicit enim Hieronymus, in Epist. *ad Paulinum*⁴, quae ponitur in principio Bibliae: *Illa est vera necessitudo, et Christi glutino copulata, quam non utilitas rei familiaris, non praesentia tantum corporum, non subdola et palpans adulatio, sed Dei timor et divinarum Scripturarum studia conciliant*. Similiter eiam non est amicitia honesti: quia caritate diligimus etiam peccatores; amicitia vero honesti non est nisi ad virtuosos, ut dicitur in VIII *Ethic*.⁵. Ergo caritas non est amicitia.

SED CONTRA est quod Io 15,15 dicitur: *Iam non dicam vos servos, sed amicos meos*. Sed hoc non dicebatur eis nisi ratione caritatis. Ergo caritas est amicitia.

RESPONDEO dicendum quod, secundum Philosophum, in VIII *Ethic*.⁶, non quilibet amor habet rationem amicitiae, sed amor qui est cum benevolentia: quando scilicet sic amamus aliquem ut ei bonum velimus. Si autem rebus amatis non bonum velimus, sed ipsum eorum bonum velimus nobis, sicut dicimur amare vinum aut equum aut aliquid huiusmodi, non est amor amicitiae, sed cuiusdam concupiscentiae: ridiculum enim est dicere quod aliquis habeat amicitiam ad vinum vel ad equum. Sed nec benevolentia sufficit ad rationem amicitiae, sed requiritur quaedam mutua amatio: quia amicus est amico amicus. Talis autem mutua benevolentia fundatur super aliqua communicatione.

1. Com efeito, diz Aristóteles: "Nada é mais próprio da amizade do que conviver com o amigo". Ora, o homem pratica a caridade para com Deus e os anjos, os quais "não têm conversação com os homens", como diz o livro de Daniel. Logo, a caridade não é uma amizade.

2. ALÉM DISSO, não pode haver amizade sem reciprocidade, segundo Aristóteles. Ora, a caridade deve existir mesmo em relação aos inimigos, segundo o Evangelho de Mateus: "Amai os vossos inimigos". Logo, a caridade não é uma amizade.

3. ADEMAIS, Aristóteles distingue "três espécies de amizade: a deleitável, a útil e a honesta". Ora, a caridade não é uma amizade útil ou deleitável, pois Jerônimo diz: "A verdadeira amizade, a que se alicerça na união com o Cristo, não é aquela inspirada pelas vantagens da vida em comum, ou pela presença dos corpos, ou pelas adulações enganosas ou lisonjeiras, mas a que nos ensina o temor de Deus e a meditação das Escrituras divinas". Semelhantemente, a caridade não é uma amizade que visa a honestidade, pois ela nos faz amar também os pecadores. Ora, a amizade de quem é honesto, diz Aristóteles, dirige-se unicamente aos homens virtuosos. Logo, a caridade não é uma amizade.

EM SENTIDO CONTRÁRIO, lê-se no Evangelho de João: "Já não vos chamarei servos, mas meus amigos". Ora, isso não podia ser dito aos discípulos senão em razão da caridade. Logo, a caridade é uma amizade.

RESPONDO. Segundo Aristóteles, não é qualquer amor que realiza a noção de amizade, mas somente o amor de benevolência, pelo qual queremos bem a quem amamos. Se, porém, não queremos o bem daquilo que amamos e, antes, queremos para nós o bem que há neles, quando, por exemplo, dizemos amar o vinho, ou o cavalo etc., não há amor de amizade, mas um amor de concupiscência. Pois seria ridículo dizer que alguém tenha amizade pelo vinho ou pelo cavalo. Entretanto, a benevolência não é suficiente para se constituir a amizade; é preciso que haja reciprocidade de amor, pois um amigo é amigo de seu amigo. Ora, essa mútua benevolência é fundada em alguma comunhão.

---

1. C. 6: 1157, b, 19-24.
2. C. 2: 1155, b, 28-29.
3. C. 3: 1156, a, 7-10.
4. Epist. 53, al. 103, n. 1: ML 22, 540.
5. C. 5: 1157, a, 18-20.
6. C. 2: 1155, b, 31-1156, a, 3.

Cum igitur sit aliqua communicatio hominis ad Deum secundum quod nobis suam beatitudinem communicat, super hac communicatione oportet aliquam amicitiam fundari. De qua quidem communicatione dicitur 1Cor 1,9: *Fidelis Deus, per quem vocati estis in societatem Filii eius.* Amor autem super hac communicatione fundatus est caritas. Unde manifestum est quod caritas amicitia quaedam est hominis ad Deum.

AD PRIMUM ergo dicendum quod duplex est hominis vita. Una quidem exterior secundum naturam sensibilem et corporalem: et secundum hanc vitam non est nobis communicatio vel conversatio cum Deo et angelis. Alia autem est vita hominis spiritualis secundum mentem. Et secundum hanc vitam est nobis conversatio et cum Deo et cum angelis. In praesenti quidem statu imperfecte: unde dicitur Philp 3,20: *Nostra conversatio in caelis est.* Sed ista conversatio perficietur in patria, quando *servi eius servient Deo et videbunt faciem eius,* ut dicitur Ap ult., v. 3,4. Et ideo hic est caritas imperfecta, sed perficietur in patria.

AD SECUNDUM dicendum quod amicitia se extendit ad aliquem dupliciter. Uno modo, respectu sui ipsius: et sic amicitia nunquam est nisi ad amicum. Alio modo se extendit ad aliquem respectu alterius personae: sicut, si aliquis habet amicitiam ad aliquem hominem, ratione eius diligit omnes ad illum hominem pertinentes, sive filios sive servos sive qualitercumque ei attinentes. Et tanta potest esse dilectio amici quod propter amicum amantur hi qui ad ipsum pertinent etiam si nos offendant vel odiant. Et hoc modo amicitia caritatis se extendit etiam ad inimicos, quos diligimus ex caritate in ordine ad Deum, ad quem principaliter habetur amicitia caritatis.

AD TERTIUM dicendum quod amicitia honesti non habetur nisi ad virtuosum sicut ad principalem personam: sed eius intuitu diliguntur ad eum attinentes etiam si non sint virtuosi. Et hoc modo caritas, quae maxime est amicitia honesti, se extendit ad peccatores, quos ex caritate diligimus propter Deum.

Logo, já que há certa comunhão do homem com Deus, pelo fato que ele nos torna participantes de sua bem-aventurança, é preciso que certa amizade se funde sobre esta comunhão. É a respeito dela que se diz na primeira Carta aos Coríntios: "É fiel o Deus que vos chamou à comunhão com o seu Filho". O amor fundado sobre esta comunhão é a caridade. É, pois, evidente que a caridade é uma amizade do homem para com Deus.

QUANTO AO 1º, portanto, deve-se dizer que no homem existem dois tipos de vida: um exterior, segundo a natureza sensível e corporal; por este tipo de vida não temos comunhão ou sociedade com Deus, nem com os anjos. O outro é a vida do homem espiritual, segundo seu espírito, pelo qual estamos em relação com Deus e os anjos. Na nossa condição presente, esta sociedade é ainda imperfeita, pelo que diz o Apóstolo: "Nossa sociedade está nos céus"[c]. Mas alcançará sua perfeição na pátria, quando "os servos de Deus lhe prestarão culto e verão sua face", segundo o Apocalipse. Por esta razão a nossa caridade não é perfeita nesta vida, mas o será no céu.

QUANTO AO 2º, deve-se dizer que pode-se ter amizade por alguém de dois modos: primeiro, quando se ama alguém por ele mesmo, e então a amizade só pode ser por um amigo. De outro modo, quando se ama alguém por causa de uma outra pessoa. Assim, quando se tem amizade por alguém, por causa dele ama-se também tudo o que tem relação com ele, como os filhos, os servos e tudo o que lhe concerne. E a amizade que temos por um amigo pode ser tão grande que, por causa dela, sejam amadas as pessoas que lhe são próximas, mesmo que elas nos ofendam ou nos odeiem. É desta maneira que nossa amizade de caridade se estende mesmo aos nossos inimigos: nós os amamos por caridade, por causa de Deus, a quem se dirige principalmente nossa amizade de caridade.

QUANTO AO 3º, deve-se dizer que a amizade de quem é honesto só se dirige ao homem virtuoso, como pessoa principal; mas, por causa dele, amamos também as pessoas que lhe são unidas, mesmo que não sejam virtuosas. Deste modo, a caridade, que é por excelência uma amizade honesta, estende-se até aos pecadores, que amamos por caridade, por causa de Deus.

---

c. Tomar cuidado com a tradução. São Paulo escreve: nosso *Politeuma*, que a Vulgata traduz: nossa *conversatio*. Na verdade, o *Politeuma* designa a participação dos cidadãos na vida da cidade. É nesse ponto que o termo se une, em Sto. Tomás, à sua ideia de "caridade-comunidade".

ARTICULUS 2
Utrum caritas sit aliquid creatum in anima

AD SECUNDUM SIC PROCEDITUR. Videtur quod caritas non sit aliquid creatum in anima.
1. Dicit enim Augustinus, in VIII *de Trin.*[1]: *Qui proximum diligit, consequens est ut ipsam dilectionem diligat. Deus autem dilectio est. Consequens est ergo ut praecipue Deum diligat.* Et in XV *de Trin.*[2] dicit: *Ita dictum est, Deus caritas est, sicut dictum est, Deus spiritus est.* Ergo caritas non est aliquid creatum in anima, sed est ipse Deus.
2. PRAETEREA, Deus est spiritualiter vita animae, sicut anima vita corporis: secundum illud Dt 30,20: *Ipse est vita tua.* Sed anima vivificat corpus per seipsam. Ergo Deus vivificat animam per seipsum. Vivificat autem eam per caritatem: secundum illud 1Io 3,14: *Nos scimus quoniam translati sumus de morte ad vitam, quoniam diligimus fratres.* Ergo Deus est ipsa caritas.

3. PRAETEREA, nihil creatum est infinitae virtutis, sed magis omnis creatura est vanitas. Caritas autem non est vanitas, sed magis vanitati repugnat: et est infinitae virtutis, quia animam hominis ad bonum infinitum perducit. Ergo caritas non est aliquid creatum in anima.

SED CONTRA est quod Augustinus dicit, in III *de Doct. Christ.*[3]: *Caritatem voco motum animi ad fruendum Deo propter ipsum.* Sed motus animi est aliquid creatum in anima. Ergo et caritas est aliquid creatum in anima.

RESPONDEO dicendum quod Magister perscrutatur hanc quaestionem in 17 dist. I lib. *Sent.*, et ponit quod caritas non est aliquid creatum in anima, sed est ipse Spiritus Sanctus mentem inhabitans. Nec est sua intentio quod iste motus dilectionis quo Deum diligimus sit ipse Spiritus Sanctus: sed quod iste motus dilectionis est a Spiritu Sancto non mediante aliquo habitu, sicut a Spiritu Sancto sunt alii actus virtuosi mediantibus habitibus aliarum virtutum, puta habitu

ARTIGO 2
A caridade é algo criado na alma?

QUANTO AO SEGUNDO, ASSIM SE PROCEDE: parece que a caridade **não** é algo criado na alma.
1. Com efeito, diz Agostinho: "Quem ama o próximo, deve amar o próprio amor. Ora, Deus é amor. Segue-se que Deus é o primeiro objeto do nosso amor". E, no mesmo tratado, acrescenta: "Dizer que Deus é caridade é o mesmo que dizer que Deus é espírito". Logo, a caridade é o próprio Deus, e não algo criado na alma.
2. ALÉM DISSO, Deus é espiritualmente a vida da alma, como a alma é a vida do corpo: "Ele é a tua vida", como está no livro do Deuteronômio. Mas, a alma vivifica o corpo por si mesma; é, pois, por si mesmo que Deus vivifica a alma. Ora, é pela caridade que ele a vivifica, segundo a primeira Carta de João: "Nós sabemos que passamos da morte para a vida porque amamos os nossos irmãos". Logo, Deus é esta própria caridade.

3. ADEMAIS, nada do que é criado possui um poder infinito; ao contrário, toda criatura é vaidade. Ora, a caridade, longe de ser vaidade, se opõe a toda vaidade; e ela possui um poder infinito, pois conduz a alma humana ao bem infinito. Logo, ela não é algo criado na alma.

EM SENTIDO CONTRÁRIO, declara Agostinho: "Chamo caridade um movimento da alma que nos leva a gozar de Deus em si mesmo". Ora, um movimento da alma é algo criado na alma. Logo, a caridade é algo criado na alma.

RESPONDO. O Mestre das Sentenças[d] trata desta questão e ensina que a caridade não é algo criado na alma, mas o próprio Espírito Santo que habita a nossa alma. Ele não quer dizer que o movimento de amor pelo qual nós amamos a Deus é o próprio Espírito Santo, mas que ele procede do Espírito Santo, sem a mediação de qualquer hábito, numa forma diferente em que outros atos virtuosos procedem do Espírito pela mediação dos hábitos de outras virtudes: por exemplo, o hábito da fé, da

---

2 PARALL.: I *Sent.*, dist. 17, q. 1, a. 1; *De Virtut.*, q. 2, a. 1.

1. C. 7, n. 10: ML 42, 957.
2. C. 17, n. 27: ML 42, 1080.
3. C. 10, n. 16: ML 34, 72.

d. A questão é espinhosa, pois põe Sto. Tomás em contradição com o "Mestre". Pedro Lombardo pensava que Deus, "que é caridade" (1Jo 4,16), seria em nós o amor mesmo com o qual nos amamos. Seria na verdade excluir-*nos* do ato de amar, impedir Deus de nos dar a possibilidade de amá-lo *por nós mesmos*. Não teríamos nem o domínio de nosso ato, nem sua liberdade, nem seu mérito (ver I-II, q. 114). É preciso, portanto, um princípio de ação conatural a nosso ato de amor, isto é, uma virtude, qualidade superior que Deus dá ao espírito a fim de que este ame Deus em resposta ao amor com que é amado.

spei aut fidei aut alicuius alterius virtutis. Et hoc dicebat propter excellentiam caritatis.

Sed si quis recte consideret, hoc magis redundat in caritatis detrimentum. Non enim motus caritatis ita procedit a Spiritu Sancto movente humanam mentem quod humana mens sit mota tantum et nullo modo sit principium huius motus, sicut cum aliquod corpus movetur ab aliquo exteriori movente. Hoc enim est contra rationem voluntarii, cuius oportet principium in ipso esse, sicut supra[4] dictum est. Unde sequeretur quod diligere non esset voluntarium. Quod implicat contradictionem: cum amor de sui ratione importet quod sit actus voluntatis. — Similiter etiam non potest dici quod sic moveat Spiritus Sanctus voluntatem ad actum diligendi sicut movetur instrumentum, quod etsi sit principium actus, non tamen est in ipso agere vel non agere. Sic enim etiam tolleretur ratio voluntarii, et excluderetur ratio meriti: cum tamen supra[5] habitum sit quod dilectio caritatis est radix merendi. — Sed oportet quod sic voluntas moveatur a Spiritu Sancto ad diligendum quod etiam ipsa sit efficiens hunc actum.

Nullus autem actus perfecte producitur ab aliqua potentia activa nisi sit ei connaturalis per aliquam formam quae sit principium actionis. Unde Deus, qui omnia movet ad debitos fines, singulis rebus indidit formas per quas inclinantur ad fines sibi praestitutos a Deo: et secundum hoc *disponit omnia suaviter*, ut dicitur Sap 8,1. Manifestum est autem quod actus caritatis excedit naturam potentiae voluntatis. Nisi ergo aliqua forma superadderetur naturali potentiae per quam inclinaretur ad dilectionis actum, secundum hoc esset actus iste imperfectior actibus naturalibus et actibus aliarum virtutum: nec esset facilis et delectabilis. Quod patet esse falsum: quia nulla virtus habet tantam inclinationem ad suum actum sicut caritas, nec aliqua ita delectabiliter operatur. Unde maxime necesse est quod ad actum caritatis existat in nobis aliqua habitualis forma superaddita potentiae naturali, inclinans ipsam ad caritatis actum, et faciens eam prompte et delectabiliter operari.

AD PRIMUM ergo dicendum quod ipsa essentia divina caritas est, sicut et sapientia est, et sicut bonitas est. Unde sicut dicimur boni bonitate quae

esperança ou de qualquer outra virtude. Ele assim falava por causa da excelência da caridade.

Mas, se se observa atentamente essa opinião redunda em detrimento da caridade. Pois o movimento da caridade não procede do Espírito Santo movendo a alma humana de modo a ser ela unicamente movida, sem ser de nenhum modo princípio desse movimento, como se dá com um corpo movido por um princípio que lhe é exterior. Pois isso é contrário à razão do voluntário, cujo princípio deve ser interior, como já foi dito. Nesse caso, o ato de amar não seria voluntário, o que implica contradição, pois o amor é essencialmente um ato da vontade. — Semelhantemente, não se pode dizer que o Espírito Santo move a vontade ao ato de amar como se move um instrumento, pois um instrumento, mesmo que seja o princípio do ato, não tem em si o poder de agir ou deixar de agir. E assim seria abolida a razão de voluntário e excluída a razão de mérito, já que, como foi estabelecido, o amor de caridade é a raiz do mérito. — É preciso, pois, que a vontade seja movida a amar pelo Espírito Santo, de tal modo que ela seja também causa eficiente do ato.

Ora, nenhum ato é produzido perfeitamente por uma potência ativa, sem lhe ser conatural por alguma forma, que seja princípio da ação. Por isso Deus, que move todas as coisas para os seus devidos fins, infundiu em cada uma delas as formas que os inclinem para os fins que ele mesmo lhes determinou, e nisso, como diz o livro da Sabedoria: "ele dispôs todas as coisas com suavidade". É evidente que o ato de caridade excede a natureza da potência da vontade. Por isso, se não se lhe acrescentasse nenhuma forma a essa potência natural para inclina-la a este ato de amor, este ato seria mais imperfeito que os atos naturais e os das demais virtudes e nem seria fácil e deleitável. O que é evidentemente falso, pois nenhuma virtude tem, tanto quanto a caridade, uma tão grande inclinação para o seu ato, e não há nenhuma que opere de modo tão deleitável. É, pois, absolutamente necessário para o ato de caridade que uma forma habitual seja acrescentada à nossa potência natural, que a incline para este ato, e a leve a agir pronta e deleitavelmente.

QUANTO AO 1º, portanto, deve-se dizer que a essência divina é caridade, assim como é sabedoria e bondade. Nós nos consideramos bons pela

---

[4]. I-II, q. 6, a. 1.
[5]. I-II, q. 114, a. 4.

Deus est, et sapientes sapientia quae Deus est, quia bonitas qua formaliter boni sumus est participatio quaedam divinae bonitatis, et sapientia qua formaliter sapientes sumus est participatio quaedam divinae sapientiae; ita etiam caritas qua formaliter diligimus proximum est quaedam participatio divinae caritatis. Hic enim modus loquendi consuetus est apud Platonicos, quorum doctrinis Augustinus fuit imbutus. Quod quidam non advertentes ex verbis eius sumpserunt occasionem errandi.

Ad secundum dicendum quod Deus est vita effective et animae per caritatem et corporis per animam: sed formaliter caritas est vita animae, sicut et anima corporis. Unde per hoc potest concludi quod, sicut anima immediate unitur corpori, ita caritas animae.

Ad tertium dicendum quod caritas operatur formaliter. Efficacia autem formae est secundum virtutem agentis qui inducit formam. Et ideo quod caritas non est vanitas, sed facit effectum infinitum dum coniungit animam Deo iustificando ipsam, hoc demonstrat infinitatem virtutis divinae, quae est caritatis auctor.

bondade que é Deus, e sábios pela sabedoria que é Deus, pela qual formalmente somos bons, pois a bondade é uma participação da bondade divina, e a sabedoria pela qual formalmente somos sábios é uma participação da sabedoria divina. Assim também a caridade pela qual formalmente amamos o próximo é uma participação da caridade divina. Este modo de falar é habitual aos platônicos, de cuja doutrina estava imbuído Agostinho; e por não estarem disso advertidos, alguns foram induzidos ao erro, ao usar suas expressões[e].

Quanto ao 2º, deve-se dizer que Deus é efetivamente vida da alma pela caridade, e do corpo pela alma. Mas, formalmente, a caridade é a vida da alma, assim como a alma é a vida do corpo. Assim, pode-se concluir que a caridade está unida imediatamente à alma, como a alma está imediatamente unida ao corpo.

Quanto ao 3º, deve-se dizer que a caridade age como uma forma. Ora, a eficácia de uma forma depende da potência do agente que introduz essa forma. É por isso que a caridade não é vaidade. Ela introduz um efeito infinito, unindo nossa alma a Deus, justificando-a. Isso prova a infinidade do poder de Deus, que é autor da caridade.

Articulus 3
Utrum caritas sit virtus

Ad tertium sic proceditur. Videtur quod caritas non sit virtus.
1. Caritas enim est amicitia quaedam. Sed amicitia a philosophis non ponitur virtus, ut in libro *Ethic.*[1] patet: neque enim connumeratur inter virtutes morales neque inter intellectuales. Ergo etiam neque caritas est virtus.

2. Praeterea, *virtus est ultimum potentiae*, ut dicitur in I *de Caelo*[2]. Sed caritas non est ultimum; sed magis gaudium et pax. Ergo videtur quod caritas non sit virtus; sed magis gaudium et pax.

3. Praeterea, omnis virtus est quidam habitus accidentalis. Sed caritas non est habitus accidentalis: cum sit nobilior ipsa anima; nullum autem

Artigo 3
A caridade é uma virtude?

Quanto ao terceiro, assim se procede: parece que a caridade **não** é uma virtude.
1. Com efeito, a caridade é uma amizade. Ora, os filósofos não consideram a amizade uma virtude, como está claro no livro da *Ética*, nem é enumerada entre as virtudes morais ou entre as virtudes intelectuais. Logo, a caridade não é uma virtude.

2. Além disso, o livro I do *Céu* diz: "A virtude é o acabamento de uma potência". Ora, a caridade não é um acabamento, mas antes a alegria e a paz. Logo, parece que a caridade não é uma virtude, mas antes a alegria e a paz.

3. Ademais, toda virtude é um hábito acidental. Ora, a caridade não pode ser um hábito acidental, sendo mais nobre que a própria alma, e ne-

---

3 Parall.: III *Sent.*, dist. 27, q. 2, a. 2; *De Virtut.*, q. 2, a. 2.

1. L. VIII, c. 1: 1155, a, 3-4.
2. C. 11: 281, a, 14-19.

e. As fórmulas de Sto. Agostinho, como as dos platônicos e de todos os místicos, prestam-se a confusão. Sim, é Deus que ama em nós, mas de tal maneira que amamos também nós, que saboreamos a alegria de amar, graças a essa "forma", essa qualidade de acréscimo, participação de sua natureza divina, que Deus coloca em nós. Essa qualidade nos pertence.

accidens est nobilius subiecto. Ergo caritas non est virtus.

SED CONTRA est quod Augustinus dicit, in libro *de Moribus Eccles.*[3]: *Caritas est virtus quae, cum nostra rectissima affectio est, coniungit nos Deo, qua eum diligimus.*

RESPONDEO dicendum quod humani actus bonitatem habent secundum quod regulantur debita regula et mensura: et ideo humana virtus, quae est principium omnium bonorum actuum hominis, consistit in attingendo regulam humanorum actuum. Quae quidem est duplex, ut supra[4] dictum est: scilicet humana ratio, et ipse Deus. Unde sicut virtus moralis definitur per hoc quod est *secundum rationem rectam,* ut patet in II *Ethic*.[5], ita etiam attingere Deum constituit rationem virtutis: sicut etiam supra[6] dictum est de fide et spe. Unde, cum caritas attingit Deum, quia coniungit nos Deo, ut patet per auctoritatem Augustini inductam[7]; consequens est caritatem esse virtutem.

AD PRIMUM ergo dicendum quod Philosophus in VIII *Ethic*. non negat amicitiam esse virtutem, sed dicit quod est *virtus vel cum virtute.* Posset enim dici quod est virtus moralis circa operationes quae sunt ad alium, sub alia tamen ratione quam iustitia. Nam iustitia est circa operationes quae sunt ad alium sub ratione debiti legalis: amicitia autem sub ratione cuiusdam debiti amicabilis et moralis, vel magis sub ratione beneficii gratuiti, ut patet per Philosophum, in VIII *Ethic.*[8]

Potest tamen dici quod non est virtus per se ab aliis distincta. Non enim habet rationem laudabilis et honesti nisi ex obiecto, secundum scilicet quod fundatur super honestate virtutum: quod patet ex hoc quod non quaelibet amicitia habet rationem laudabilis et honesti, sicut patet in amicitia delectabilis et utilis. Unde amicitia virtuosa magis est aliquid consequens ad virtutes quam sit virtus. — Nec est simile de caritate, quae non fundatur principaliter super virtute humana, sed super bonitate divina.

nhum acidente pode ser mais nobre que seu sujeito. Logo, a caridade não uma é virtude.

EM SENTIDO CONTRÁRIO, Agostinho diz: "A caridade é uma virtude que, quando a nossa afeição é perfeitamente reta, nos une e nos faz amar a Deus".

RESPONDO. Os atos humanos são bons enquanto conformes à regra e à medida devidas. Por isso a virtude humana, que é o princípio de todos os atos bons do homem, consiste em obedecer à regra dos atos humanos. Ora, esta regra é dupla, como já foi dito, a saber, a razão humana e o próprio Deus. Assim, como a virtude moral se define pelo fato de ser "segundo a reta razão", como diz o livro II da *Ética*, assim também unir-se a Deus constitui a razão da virtude, como já foi dito sobre a fé e a esperança. Logo, sendo a caridade relativa a Deus, unindo-nos a ele, como disse Agostinho, segue-se que a caridade é uma virtude.

QUANTO AO 1º, portanto, deve-se dizer que o Filósofo não nega que a amizade seja uma virtude, mas diz "que ela é virtude ou acompanhada de virtude". Pode-se, de fato, considerá-la uma virtude moral, cujo objeto são os atos relativos a outrem[f], mas sob uma razão diferente da de justiça. Pois a justiça tem por objeto os atos relativos a outrem, mas sob a razão do débito legal, ao passo que a amizade sob a razão de um débito amigável e moral, ou melhor, sob a razão do benefício gratuito, como diz o Filósofo.

Entretanto, pode-se dizer que não é uma virtude distinta, em si mesma, das outras virtudes. Ela não tem a razão de louvável e de honesta senão pelo objeto, ou seja, por fundar-se na honestidade das virtudes. Por isso, nem toda amizade tem a razão de louvável e de honesta, como se percebe na amizade que visa o prazer e o interesse. A amizade virtuosa é mais uma consequência das virtudes do que uma virtude. — Mas não se pode dizer o mesmo da caridade, que não se funda principalmente sobre a virtude humana, mas sobre a bondade divina.

---

3. C. 11, n. 19: ML 32, 1319.
4. Q. 17, a. 1.
5. C. 6: 1107, a, 1.
6. Q. 4, a. 5; q. 17, a. 1.
7. In arg. *sed c*.
8. C. 15: 1162, b, 21-25.

f. A amizade, no plano natural, não é propriamente falando uma virtude. Tanto mais que ela pode por vezes ser má. Quando é boa, faz apelo a diversas virtudes: a urbanidade, a afabilidade, a cortesia (ver II-II, q. 114), as quais dependem todas da justiça. A amizade que nos faz entrar na sociedade da bem-aventurança, pelo contrário, não supõe outras virtudes, ela as funda. E isso só pode ser constituído por uma virtude, a qual nos põe "em relação". A caridade é qualidade *e* relação.

AD SECUNDUM dicendum quod eiusdem virtutis est diligere aliquem et gaudere de illo: nam gaudium amorem consequitur, ut supra[9] habitum est, cum de passionibus ageretur. Et ideo magis ponitur virtus amor quam gaudium, quod est amoris effectus. — Ultimum autem quod ponitur in ratione virtutis non importat ordinem effectus: sed magis ordinem superexcessus cuiusdam, sicut centum librae excedunt sexaginta.

AD TERTIUM dicendum quod omne accidens secundum suum esse est inferius substantia: quia substantia est ens per se, accidens autem in alio. Sed secundum rationem suae speciei, accidens quidem quod causatur ex principiis subiecti est indignius subiecto, sicut effectus causa. Accidens autem quod causatur ex participatione alicuius superioris naturae est dignius subiecto, inquantum est similitudo superioris naturae: sicut lux diaphano. Et hoc modo caritas est dignior anima, inquantum est participatio quaedam Spiritus Sancti.

QUANTO AO 2º, deve-se dizer que amar uma pessoa e alegrar-se com ela resulta da mesma virtude, pois a alegria provém do amor, como já foi estabelecido no tratado sobre as paixões. Portanto, o amor se afirma mais como virtude do que a alegria, que é efeito do amor. — O que se afirma como acabamento na razão de virtude não implica ordem de efeito, mas ordem de alguma superabundância, assim como cem libras ultrapassam quarenta.

QUANTO AO 3º, deve-se dizer que todo acidente, considerado em seu existir, é inferior a uma substância, pois a substância é um ente que existe por si, e o acidente só existe num outro. Mas, segundo sua razão específica o acidente que é causado pelos princípios do sujeito é menos digno que o sujeito, como o efeito em relação à causa. O acidente, porém, causado pela participação de uma natureza superior, é mais digno que seu sujeito, enquanto é a semelhança da natureza superior. Assim a luz em relação ao diáfono. Desse modo, a caridade é mais digna do que a alma, por ser certa participação do Espírito Santo[g].

ARTICULUS 4
Utrum caritas sit virtus specialis

AD QUARTUM SIC PROCEDITUR. Videtur quod caritas non sit virtus specialis.

1. Dicit enim Hieronymus[1]: *Ut breviter omnem virtutis definitionem complectar, virtus est caritas qua diligitur Deus et proximus*. Et Augustinus dicit, in libro *de Moribus Eccles.*[2], quod *virtus est ordo amoris*. Sed nulla virtus specialis ponitur in definitione virtutis communis. Ergo caritas non est specialis virtus.

2. PRAETEREA, illud quod se extendit ad opera omnium virtutum non potest esse specialis virtus. Sed caritas se extendit ad opera omnium virtutum: secundum illud 1Cor 13,4: *Caritas patiens est, benigna est*, etc. Extendit etiam se ad omnia opera humana: secundum illud 1Cor ult., 14: *Omnia*

ARTIGO 4
A caridade é uma virtude especial?

QUANTO AO QUARTO, ASSIM SE PROCEDE: parece que a caridade **não** é uma virtude especial.

1. Com efeito, Jerônimo diz: "Para resumir brevemente a definição de todas as virtudes, direi: a virtude é a caridade pela qual nós amamos a Deus e ao próximo". E Agostinho escreve: "A virtude é a ordem do amor". Ora, uma virtude especial não se afirma na definição da virtude em geral. Logo, a caridade não é uma virtude especial.

2. ALÉM DISSO, o que abrange as obras de todas as virtudes não pode ser uma virtude especial. Ora, a caridade abrange as obras de todas as virtudes, segundo a primeira Carta aos Coríntios: "A caridade é paciente, é benigna etc." Ela abrange inclusive todas as ações humanas, como está dito

---

9. I-II, q. 25, a. 2.

4 PARALL.: III *Sent.*, dist. 27, q. 2, a. 4, q.la 2; *De Malo*, q. 8, a. 2; q. 11, a. 2; *De Virtut.*, q. 2, art. 5.

1. Cfr. AUG., Epist. 167 *ad Hieron.*, c. 4, n. 15; c. 5, n. 16: ML 33, 739.
2. Cfr. *De Civ. Dei*, l. XV, c. 22: ML 41, 467.

g. Substancialmente, a caridade é Deus. Tudo o que é recebido por participação só pode ser "acidente", no sentido predicamental desse termo. Pertence ao "gênero" qualidade. Desse ponto de vista, a "substância" (a alma) é evidentemente mais digna que os "acidentes" (entre os quais a qualidade) que lhe são inerentes. Do ponto de vista da "forma", a caridade é mais nobre que a alma, que ela contribui a enobrecer. Como no ar luminoso, a luz é mais nobre do que o ar, pois provém de uma natureza, tida por superior: a do sol.

opera vestra in caritate fiant. Ergo caritas non est specialis virtus.

3. PRAETEREA, praecepta legis respondent actibus virtutum. Sed Augustinus, in libro *de Perfect. Hum. Iust.*[3], dicit quod *generalis iussio est, Diliges; et generalis prohibitio, Non concupisces*. Ergo caritas est generalis virtus.

SED CONTRA, nullum generale connumeratur speciali. Sed caritas connumeratur specialibus virtutibus, scilicet fidei et spei: secundum illud 1Cor 13,13: *Nunc autem manent fides, spes, caritas, tria haec*. Ergo caritas est virtus specialis.

RESPONDEO dicendum quod actus et habitus specificantur per obiecta, ut ex supradictis[4] patet. Proprium autem obiectum amoris est bonum, ut supra[5] habitum est. Et ideo ubi est specialis ratio boni, ibi est specialis ratio amoris. Bonum autem divinum, inquantum est beatitudinis obiectum, habet specialem rationem boni. Et ideo amor caritatis, qui est amor huius boni, est specialis amor. Unde et caritas est specialis virtus.

AD PRIMUM ergo dicendum quod caritas ponitur in definitione omnis virtutis, non quia sit essentialiter omnis virtus: sed quia ab ea dependent aliqualiter omnes virtutes, ut infra[6] dicetur. Sicut etiam prudentia ponitur in definitione virtutum moralium, ut patet in II[7] et VI[8] *Ethic.*, eo quod virtutes morales dependent a prudentia.

AD SECUNDUM dicendum quod virtus vel ars ad quam pertinet finis ultimus, imperat virtutibus vel artibus ad quas pertinent alii fines secundarii sicut militaris imperat equestri, ut dicitur in I *Ethic*.[9]. Et ideo, quia caritas habet pro obiecto ultimum finem humanae vitae, scilicet beatitudinem aeternam, ideo extendit se ad actus totius humanae vitae per modum imperii, non quasi immediate eliciens omnes actus virtutum.

na mesma Carta: "Que todas as vossas obras sejam feitas na caridade". Logo, a caridade não é uma virtude especial.

3. ADEMAIS, os preceitos da lei correspondem aos atos das virtudes. Ora, Agostinho afirma: "O mandamento geral é 'Tu amarás'; e a proibição geral é 'Não cobiçarás'". Logo, a caridade é uma virtude geral.

EM SENTIDO CONTRÁRIO, não se enumera o que é geral com o que é especial. Ora, a caridade é enumerada com a fé e a esperança, virtudes especiais, segundo a primeira Carta aos Coríntios: "Agora permanecem estas três coisas: a fé, a esperança e a caridade". Logo, a caridade é uma virtude especial.

RESPONDO. Os atos e os hábitos são especificados por seus objetos, como já ficou dito. Acima foi estabelecido que o objeto próprio do amor é o bem. Consequentemente, onde há uma razão especial de bem, haverá uma razão especial de amor. Ora, o bem divino, enquanto objeto da bem-aventurança, tem uma razão especial de bem. Por isso, o amor de caridade, que é amor desse bem, é um amor especial. Logo, a caridade é uma virtude especial.

QUANTO AO 1º, portanto, deve-se dizer que a caridade entra na definição de toda virtude, não porque seja essencialmente toda virtude, mas porque, de certo modo, todas as virtudes dela dependem, como se verá. Assim também a prudência entra na definição das virtudes morais, como diz Aristóteles, porque as virtudes morais dependem da prudência[h].

QUANTO AO 2º, deve-se dizer que a virtude ou a arte a que pertence o fim último comanda as virtudes ou as artes a que pertencem os fins secundários; assim, a arte militar dirige a arte equestre, como diz o livro I da *Ética*. Por isso já que a caridade tem por objeto o fim último da vida humana, isto é, a bem-aventurança eterna, ela abrange todos os atos da vida humana, não porque seja a causa produtora imediata de todos os atos das virtudes, mas porque as governa.

---

3. C. 5: ML 44, 297.
4. I-II, q. 18, a. 2; q. 54, a. 2.
5. I-II, q. 27, a. 1.
6. Art. 7.
7. C. 6: 1107, a, 1-2.
8. C. 13: 1144, b, 26-32.
9. C. 1: 1094, a, 12-14.

h. Na ordem humana, não existe virtude onde falta a prudência, no sentido definido adiante (q. 47 a 52). Na ordem da cidadania celeste, não existe qualidade onde falta esse vínculo entre os concidadãos: a caridade.

AD TERTIUM dicendum quod praeceptum de diligendo dicitur esse iussio generalis, quia ad hoc reducuntur omnia alia praecepta sicut ad finem: secundum illud 1Ti 1,5: *Finis praecepti caritas est*.

ARTICULUS 5
Utrum caritas sit una virtus

AD QUINTUM SIC PROCEDITUR. Videtur quod caritas non sit una virtus.

1. Habitus enim distinguuntur secundum obiecta. Sed duo sunt obiecta caritatis, Deus et proximus, quae in infinitum ab invicem distant. Ergo caritas non est una virtus.

2. PRAETEREA, diversae rationes obiecti diversificant habitum, etiam si obiectum sit realiter idem, ut ex supradictis[1] patet. Sed multae sunt rationes diligendi Deum: quia ex singulis beneficiis eius perceptis debitores sumus dilectionis ipsius. Ergo caritas non est una virtus.

3. PRAETEREA, sub caritate includitur amicitia ad proximum. Sed Philosophus, in VIII *Ethic*.[2], ponit diversas amicitiae species. Ergo caritas non est una virtus, sed multiplicatur in diversas species.

SED CONTRA, sicut obiectum fidei est Deus, ita et caritatis. Sed fides est una virtus, propter unitatem divinae veritatis: secundum illud Eph 4,5: *Una fides*. Ergo etiam caritas est una virtus, propter unitatem divinae bonitatis.

RESPONDEO dicendum quod caritas, sicut dictum est[3], est quaedam amicitia hominis ad Deum. Diversae autem amicitiarum species accipiuntur quidem uno modo secundum diversitatem finis: et secundum hoc dicuntur tres species amicitiae, scilicet amicitia utilis, delectabilis et honesti. Alio modo, secundum diversitatem communicationum in quibus amicitiae fundantur: sicut alia species amicitiae est consanguineorum, et alia concivium aut peregrinantium, quarum una fundatur super

QUANTO AO 3º, deve-se dizer que o preceito de amar é considerado um mandamento geral porque todos os demais preceitos a ele se referem como a seu fim, segundo a primeira Carta a Timóteo: "O fim do preceito é a caridade".

ARTIGO 5
A caridade é uma única virtude?[i]

QUANTO AO QUINTO, ASSIM SE PROCEDE: parece que a caridade **não** é uma única virtude.

1. Com efeito, os hábitos se distinguem por seus objetos. Ora, a caridade possui dois objetos: Deus e o próximo, distantes infinitamente um do outro. Logo, a caridade não é uma única virtude.

2. ALÉM DISSO, as razões diversas do objeto diversificam o hábito, embora o objeto seja realmente um só, como já foi dito. Ora, são muitas as razões para amar a Deus, porque cada um de seus benefícios nos torna devedores de seu amor. Logo, a caridade não é uma única virtude.

3. ADEMAIS, a caridade inclui a amizade ao próximo. Ora, o Filósofo afirma diversas espécies de amizade. Logo, a caridade não é uma única virtude, mas ela se diversifica em diferentes espécies.

EM SENTIDO CONTRÁRIO, Deus é o objeto da caridade do mesmo modo que ele é o objeto da fé. Mas, a fé é uma única virtude, por causa da unidade da verdade divina, segundo a Carta aos Efésios: "uma só fé". Logo, a caridade também é uma única virtude, por causa da unidade da bondade divina.

RESPONDO. A caridade, como foi visto, é uma amizade do homem para com Deus. Ora, há diversas espécies de amizade. Primeiro, segundo a diversidade de fim, e desse modo distinguem-se três espécies: a amizade útil, a deleitável e a honesta. Depois, segundo a diversidade dos gêneros de comunhão em que ela se funda: uma é a amizade dos consanguíneos, outra a amizade dos concidadãos e outra ainda a dos companheiros de viagem; a primeira é fundada sobre comunhão

---

5 PARALL.: III *Sent*., dist. 27, q. 2, a. 4, q.la 1; *De Virtut*., q. 2, a. 4.

1. Q. 17, a. 6, ad 1; I-II, q. 54, a. 2, ad 1.
2. Cc. 3, 13, 14: 1156, a, 7-10; 1161, a, 10-11; b, 11-16.
3. Art. 1.

i. Na ordem das virtudes afetivas, existem duas teologais: a esperança, um desejo sobrenatural e a caridade, uma benevolência. Na ordem das amizades humanas, muitas são possíveis: familiar, profissional, militar *etc*.; na sociedade dos santos, todas as amizades se recapitulam em uma só: a caridade.

communicatione naturali, aliae super communicatione civili vel peregrinationis; ut patet per Philosophum, in VIII *Ethic*.⁴. — Neutro autem istorum modorum caritas potest dividi in plura. Nam caritatis finis est unus, scilicet divina bonitas. Est etiam et una communicatio beatitudinis aeternae, super quam haec amicitia fundatur. Unde relinquitur quod caritas est simpliciter una virtus, non distincta in plures species.

Ad primum ergo dicendum quod ratio illa directe procederet si Deus et proximus ex aequo essent caritatis obiecta. Hoc autem non est verum: sed Deus est principale obiectum caritatis, proximus autem ex caritate diligitur propter Deum.

Ad secundum dicendum quod caritate diligitur Deus propter seipsum. Unde una sola ratio diligendi principaliter attenditur a caritate, scilicet divina bonitas, quae est eius substantia: secundum illud Psalm.: *Confitemini Domino, quoniam bonus*. Aliae autem rationes ad diligendum inducentes, vel debitum dilectionis facientes, sunt secundariae et consequentes ex prima.

Ad tertium dicendum quod amicitiae humanae, de qua Philosophus loquitur, est diversus finis et diversa communicatio. Quod in caritate locum non habet, ut dictum est⁵. Et ideo non est similis ratio.

Articulus 6
Utrum caritas sit excellentissima virtutum

Ad sextum sic proceditur. Videtur quod caritas non sit excellentissima virtutum.

1. Altioris enim potentiae altior est virtus sicut et altior operatio. Sed intellectus est altior voluntate, et dirigit ipsam. Ergo fides, quae est in intellectu, est excellentior caritate, quae est in voluntate.

2. Praeterea, illud per quod aliud operatur, videtur eo esse inferius: sicut minister, per quem dominus aliquid operatur, est inferior domino. Sed *fides per dilectionem operatur,* ut habetur Gl 5,6. Ergo fides est excellentior caritate.

natural, as outras duas sobre a comunhão civil ou de viagem, segundo o Filósofo. Em nenhum desses modos a caridade é suscetível de divisão. Pois o seu fim é um só: a bondade divina; e também uma só é a comunhão da bem-aventurança eterna, que funda esta amizade. Logo, a caridade é, absolutamente falando, uma única virtude e não se distingue em muitas espécies.

Quanto ao 1º, portanto, deve-se dizer que o argumento procederia se Deus e o próximo fossem igualmente objetos da caridade. O que não é verdadeiro, pois Deus é o objeto principal da caridade, e o próximo é amado pela caridade por causa de Deus.

Quanto ao 2º, deve-se dizer que pela caridade Deus é amado por si mesmo. Daí que a caridade tenha em conta uma única razão de amar: a bondade divina, que é a própria substância de Deus, conforme o Salmo: "Dai graças ao Senhor, pois ele é bom". As outras razões que induzem a amá-lo ou que constituem um dever de amá-lo, são secundárias ou resultantes da primeira.

Quanto ao 3º, deve-se dizer que as amizades humanas, de que fala o Filósofo, têm fim e comunhão diversos, o que não se dá com a caridade, como foi dito. Logo, a comparação é imprópria.

Artigo 6
A caridade é a virtude mais excelente?ʲ

Quanto ao sexto, assim se procede: parece que a caridade **não** é a virtude mais excelente.

1. Com efeito, a uma potência mais alta correspondem uma virtude e uma ação mais altas. Ora, o intelecto é superior à vontade, pois ele a dirige. Logo, a fé, que está no intelecto, é superior à caridade, que está na vontade.

2. Além disso, aquilo pelo qual um outro age parece ser inferior a este. Como um servidor, mediante o qual age o senhor, é inferior ao senhor. Ora, a Carta aos Gálatas, diz que "a fé opera pela caridade". Logo, a fé é mais excelente que a caridade.

---

4. C. 14: 1161, b, 11-16.
5. In corp.

Parall.: I-II, q. 66, a. 6; infra, q. 30, a. 4; *ad Coloss*., c. 3, lect. 3.

j. Deve-se pôr em primeiro plano a fé (obj. 1 e 2), a esperança (obj. 3), a caridade? O artigo irá mostrar que as virtudes teologais são superiores às morais, pois têm Deus diretamente como objeto, e que a caridade é a melhor entre todas as teologais, pois vai a Deus *por ele mesmo*, e não para que ele nos dê o conhecimento da verdade, ou a posse da felicidade.

3. PRAETEREA, illud quod se habet ex additione ad aliud, videtur esse perfectius. Sed spes videtur se habere ex additione ad caritatem: nam caritatis obiectum est bonum, spei autem obiectum est bonum arduum. Ergo spes est excellentior caritate.

SED CONTRA est quod dicitur 1Cor 13,13: *Maior horum est caritas.*

RESPONDEO dicendum quod, cum bonum in humanis actibus attendatur secundum quod regulantur debita regula, necesse est quod virtus humana, quae est principium bonorum actuum, consistat in attingendo humanorum actuum regulam. Est autem duplex regula humanorum actuum, ut supra[1] dictum est, scilicet ratio humana et Deus: sed Deus est prima regula, a qua etiam humana ratio regulanda est. Et ideo virtutes theologicae, quae consistunt in attingendo illam regulam primam, eo quod earum obiectum est Deus, excellentiores sunt virtutibus moralibus vel intellectualibus, quae consistunt in attingendo rationem humanam. Propter quod oportet quod etiam inter ipsas virtutes theologicas illa sit potior quae magis Deum attingit. Semper autem id quod est per se magis est eo quod est per aliud. Fides autem et spes attingunt quidem Deum secundum quod ex ipso provenit nobis vel cognitio veri vel adeptio boni: sed caritas attingit ipsum Deum ut in ipso sistat, non ut ex eo aliquid nobis proveniat. Et ideo caritas est excellentior fide et spe; et per consequens omnibus aliis virtutibus. Sicut etiam prudentia, quae attingit rationem secundum se, est excellentior quam aliae virtutes morales, quae attingunt rationem secundum quod ex ea medium constituitur in operationibus vel passionibus humanis.

AD PRIMUM ergo dicendum quod operatio intellectus completur secundum quod intellectum est in intelligente: et ideo nobilitas operationis intellectualis attenditur secundum mensuram intellectus. Operatio autem voluntatis, et cuiuslibet virtutis appetitivae, perficitur in inclinatione appetentis ad rem sicut ad terminum. Ideo dignitas operationis appetitivae attenditur secundum rem quae est obiectum operationis. Ea autem quae sunt infra animam nobiliori modo sunt in anima quam in seipsis, quia unumquodque est in aliquo per modum eius in quo est, ut habetur in libro *de Causis*[2]: quae vero sunt supra animam nobiliori

3. ADEMAIS, o que existe pela adição a um outro, parece ser mais perfeito. Ora, a esperança parece existir por adição à caridade; pois o objeto da caridade é o bem e o objeto da esperança é o bem difícil. Logo, a esperança é mais excelente que a caridade.

EM SENTIDO CONTRÁRIO, ensina a primeira Carta aos Coríntios: "A maior delas é a caridade".

RESPONDO. Se nos atos humanos se considera bom aquilo que se conforma à regra devida, é necessário que a virtude humana, princípio dos atos bons, consista em alcançar a regra dos atos humanos. Ora, já foi dito: existe uma dupla regra para os atos humanos, razão humana e Deus. Deus é a regra primeira, pela qual a razão humana deve ser regulada. Por esta razão as virtudes teologais, que consistem em alcançar esta regra primeira, posto que seu objeto é Deus, são mais excelentes que as virtudes morais ou intelectuais, que consistem em alcançar a razão humana. Por isso e necessariamente, entre as virtudes teologais, será mais excelente aquela que mais alcançar a Deus. Com efeito, o que existe por si é superior ao que existe por um outro. Ora, a fé e a esperança alcançam Deus na medida em que recebemos dele ou o conhecimento da verdade ou a posse do bem. Mas a caridade alcança Deus para que nele permaneça e não para que dele recebamos algo. Daí resulta que a caridade é mais excelente que a fé e a esperança e, por conseguinte, que todas as outras virtudes. Assim também a prudência, que alcança a razão em si mesma, é também mais excelente que as outras virtudes morais, as quais alcançam a razão na medida em que a prudência se constitui como meio-termo nas operações ou paixões humanas.

QUANTO AO 1º, portanto, deve-se dizer que a operação do intelecto se perfaz quando o objeto conhecido existe no sujeito inteligente; por isso, a dignidade dessa operação tem em conta a medida do intelecto. A operação da vontade, ao invés, bem como a operação de toda virtude apetitiva, se perfaz na inclinação do sujeito apetente para a realidade objetiva, como para o seu termo. É por isso que a dignidade da atividade apetitiva tem em conta a realidade objetiva que é objeto da operação. Ora, aquilo que é inferior à alma existe nela segundo um modo de ser mais digno do que em si mesmo, porque, como está demonstrado no

---

1. A. 3; q. 17, a. 1.
2. Prop. XII, § *Primorum.* Cfr. PROCLUM, *Elem. theol.* 103.

modo sunt in seipsis quam sint in anima. Et ideo eorum quae sunt infra nos nobilior est cognitio quam dilectio: propter quod Philosophus, in X *Ethic.*[3], praetulit virtutes intellectuales moralibus. Sed eorum quae sunt supra nos, et praecipue dilectio Dei, cognitioni praefertur. Et ideo caritas est excellentior fide.

AD SECUNDUM dicendum quod fides non operatur per dilectionem sicut per instrumentum, ut dominus per servum; sed sicut per formam propriam. Et ideo ratio non sequitur.

AD TERTIUM dicendum quod idem bonum est obiectum caritatis et spei: sed caritas importat unionem ad illud bonum, spes autem distantiam quandam ab eo. Et inde est quod caritas non respicit illud bonum ut arduum sicut spes: quod enim iam unitum est non habet rationem ardui. Et ex hoc apparet quod caritas est perfectior spe.

ARTICULUS 7
Utrum sine caritate possit esse aliqua vera virtus

AD SEPTIMUM SIC PROCEDITUR. Videtur quod sine caritate possit esse aliqua vera virtus.

1. Virtutis enim proprium est bonum actum producere. Sed illi qui non habent caritatem faciunt aliquos bonos actus: puta dum nudum vestiunt, famelicum pascunt et similia operantur. Ergo sine caritate potest esse aliqua vera virtus.

livro *Das Causas*, uma coisa existe numa outra segundo o modo próprio daquela em que ele existe. Aquilo que é superior à alma, porém, existe de uma maneira mais excelente em si mesmo do que na alma. Por isso, o conhecimento daquilo que é inferior a nós é mais digno do que o amor. Por isso, o Filósofo deu preferência às virtudes intelectuais sobre as morais. Mas, o amor ao que nos é superior, principalmente o amor a Deus, é preferível ao conhecimento. Portanto, a caridade é mais excelente que a fé[k].

QUANTO AO 2º, deve-se dizer que a fé não opera pela caridade, a modo de instrumento, como o senhor pelo servo, mas a modo de uma forma própria. O argumento, portanto, não procede.

QUANTO AO 3º, deve-se dizer que o mesmo bem é objeto da caridade e da esperança; mas a caridade implica uma união com esse bem, ao passo que a esperança supõe certo afastamento dele. Segue-se que, diferentemente da esperança, a caridade não considera esse bem como um bem difícil, pois o que já está unido não tem a razão de difícil. Vê-se, pois, que a caridade é mais perfeita que a esperança

ARTIGO 7
Sem a caridade[l], pode haver alguma verdadeira virtude?

QUANTO AO SÉTIMO, ASSIM SE PROCEDE: parece que sem a caridade **pode** haver alguma verdadeira virtude.

1. Com efeito, é propriedade da virtude a realização de atos bons. Ora, os que não têm caridade realizam certos atos bons, como vestir os nus, alimentar os famintos, etc. Logo, pode haver uma verdadeira virtude sem a caridade.

---

3. C. 7: 1177, a, 12-19; 1178, a, 9.

7 PARALL.: I-II, q. 65, a. 2, 4; III *Sent.*, dist. 27, q. 2, a. 4, q.la 3, ad 2.

k. O que é conhecido é interior ao que conhece: a inteligência traz em si as coisas conhecidas. Já a vontade conduz o amante para o que ele ama, fora dele. Assim, as coisas inferiores aos espírito são honradas por serem conhecidas, as coisas superiores não; ao passo que amar Deus não lhe faz sofrer transformação alguma: é o contrário que ocorre com o amante, que se modifica. É por isso que amar a Deus é melhor que simplesmente conhecê-lo. O argumento não valerá mais no céu. A inteligência voltará a encontrar ali seus direitos (ver I-II, q. 3, a. 4). O conhecimento, com efeito, será como um toque de Deus; não porá Deus à medida da inteligência criada: verá Deus, sem abstração, *por* e *no* Verbo de Deus, que é Deus que não pode ser pensado "abstratamente".

l. É toda a questão de uma humanismo cristão que está em jogo aqui. Dado que os fins intermediários estão subordinados ao fim último, as virtudes todas finalizadas pela caridade. E esta as ordena ao fim último e inspira a todas elas. O humanismo pelagiano, segundo o qual o homem poderia, unicamente com seus recursos naturais, realizar uma obra meritória para a vida eterna, deve ser rejeitado (ver I-II, q. 114). O humanismo de um Baius, segundo o qual todos os atos dos incrédulos são pecados, não é tampouco admissível. O "pecado original", esse defeito "de natureza", que fez com que nossa natureza perdesse sua inclinação normal para seu fim último, fê-la literalmente perder seu rumo. Desse modo, deve ser reorientada pela graça.

2. Praeterea, caritas non potest esse sine fide: procedit enim *ex fide non ficta*, ut Apostolus dicit, 1Ti 1,5. Sed in infidelibus potest esse vera castitas, dum concupiscentias cohibent; et vera iustitia, dum recte iudicant. Ergo vera virtus potest esse sine caritate.

3. Praeterea, scientia et ars quaedam virtutes sunt, ut patet in VI *Ethic*.[1]. Sed huiusmodi inveniuntur in hominibus peccatoribus non habentibus caritatem. Ergo vera virtus potest esse sine caritate.

Sed contra est quod Apostolus dicit, 1Cor 13,3: *Si distribuero in cibos pauperum omnes facultates meas, et si tradidero corpus meum ita ut ardeam, caritatem autem non habeam, nihil mihi prodest*. Sed virtus vera multum prodest: secundum illud Sap 8,7: *Sobrietatem et iustitiam docet, prudentiam et virtutem, quibus in vita nihil est utilius hominibus*. Ergo sine caritate vera virtus esse non potest.

Respondeo dicendum quod virtus ordinatur ad bonum, ut supra[2] habitum est. Bonum autem principaliter est finis: nam ea quae sunt ad finem non dicuntur bona nisi in ordine ad finem. Sicut ergo duplex est finis, unus ultimus et alius proximus, ita etiam est duplex bonum: unum quidem ultimum, et aliud proximum et particulare. Ultimum quidem et principale bonum hominis est Dei fruitio, secundum illud Ps 72,28: *Mihi adhaerere Deo bonum est*: et ad hoc ordinatur homo per caritatem. Bonum autem secundarium et quasi particulare hominis potest esse duplex: unum quidem quod est vere bonum, utpote ordinabile, quantum est in se, ad principale bonum, quod est ultimus finis; aliud autem est bonum apparens et non verum, quia abducit a finali bono.

Sic igitur patet quod virtus vera simpliciter est illa quae ordinat ad principale bonum hominis: sicut etiam Philosophus, in VII *Physic*.[3], dicit quod virtus est *dispositio perfecti ad optimum*. Et sic nulla vera virtus potest esse sine caritate. — Sed si accipiatur virtus secundum quod est in ordine ad aliquem finem particularem, sic potest aliqua virtus dici sine caritate, inquantum ordinatur ad aliquod particulare bonum.

2. Além disso, a caridade não pode existir sem a fé, pois, segundo o Apóstolo, ela procede "de uma fé sem fingimento". Ora, os infiéis podem praticar a verdadeira castidade, coibindo a concupiscência, e a verdadeira justiça, julgando com retidão. Logo, pode existir uma verdadeira virtude sem a caridade.

3. Ademais, a ciência e a arte, segundo o livro VI da *Ética*, são virtudes. Ora, elas se encontram entre os pecadores, que não têm a caridade. Logo, uma verdadeira virtude pode existir sem a caridade.

Em sentido contrário, diz o Apóstolo: "Se eu distribuir todos os meus bens para alimentar os pobres, se entregar o meu corpo para ser queimado, se não tiver a caridade, nada disto me serve". Ora, segundo o livro da Sabedoria, a verdadeira virtude traz muito proveito: "Ela ensina a temperança e a justiça, a prudência e a coragem, que são o que há de mais útil na vida para os homens". Sem a caridade, portanto, não pode haver verdadeira virtude.

Respondo. A virtude está ordenada para o bem, como já foi estabelecido. Ora, o bem principalmente é fim, pois os meios só são chamados bons em relação ao fim. Assim, do mesmo modo que há dois tipos de fins, o último e o próximo, assim também há dois tipos de bens: o último e universal e o próximo e particular. O bem último e principal do homem é o gozo de Deus, conforme diz o Salmo: "Quanto a mim, unir-me a Deus é o meu bem". A isto o homem se ordena pela caridade. Quanto ao bem secundário e, por assim dizer, particular do homem, ele pode ser duplo: um, que é o verdadeiro bem, por se ordenar por natureza ao bem principal, que é o fim último; outro, que é um bem aparente e não verdadeiro, porque se desvia do bem final.

Fica claro, portanto, que a virtude absolutamente verdadeira, é a ordenada ao bem principal do homem; assim o Filósofo definiu a virtude: "A disposição do perfeito para o ótimo". Assim, não pode haver verdadeira virtude sem a caridade. — Mas, se se considera a virtude em relação a um fim particular, pode-se então dizer que existe certa virtude sem caridade, enquanto ela for ordenada a um bem particular.

---

1. Cc. 3, 4: 1139, b, 15-18; 1140, a, 20-23.
2. I-II, q. 55, a. 4.
3. C. 3: 246, b, 23-24; a, 13-16.

Sed si illud particulare bonum non sit verum bonum, sed apparens, virtus etiam quae est in ordine ad hoc bonum non erit vera virtus, sed falsa similitudo virtutis: sicut *non est vera virtus avarorum prudentia, qua excogitant diversa genera lucellorum; et avarorum iustitia, qua gravium damnorum metu contemnunt aliena; et avarorum temperantia, qua luxuriae, quoniam sumptuosa est, cohibent appetitum; et avarorum fortitudo, qua, ut ait Horatius*[4], *"per mare pauperiem fugiunt, per saxa, per ignes"*, ut Augustinus dicit, in IV lib. *contra Iulian*.[5] — Si vero illud bonum particulare sit verum bonum, puta conservatio civitatis vel aliquid huiusmodi, erit quidem vera virtus, sed imperfecta, nisi referatur ad finale et perfectum bonum. Et secundum hoc simpliciter vera virtus sine caritate esse non potest.

AD PRIMUM ergo dicendum quod actus alicuius caritate carentis potest esse duplex. Unus quidem secundum hoc quod caritate caret: utpote cum facit aliquid in ordine ad id per quod caret caritate. Et talis actus semper est malus: sicut Augustinus dicit, in IV *contra Iulian*.[6], quod actus infidelis, inquantum est infidelis, semper est peccatum; etiam si nudum operiat vel quidquid aliud huiusmodi faciat, ordinans ad finem suae infidelitatis. — Alius autem potest esse actus carentis caritate non secundum id quod caritate caret, sed secundum quod habet aliquod aliud donum Dei, vel fidem vel spem, vel etiam naturae bonum, quod non totum per peccatum tollitur, ut supra[7] dictum est. Et secundum hoc sine caritate potest quidem esse aliquis actus bonus ex suo genere: non tamen perfecte bonus, quia deest debita ordinatio ad ultimum finem.

AD SECUNDUM dicendum quod, cum finis se habeat in agibilibus sicut principium in speculativis, sicut non potest esse simpliciter vera scientia si

Se, entretanto, esse bem particular não for um verdadeiro bem, mas um bem aparente, também a virtude ordenada para ele não será uma verdadeira virtude, mas uma falsa semelhança de virtude. Diz, com efeito, Agostinho: "Não é verdadeira virtude a prudência dos avaros, que buscam todos os tipos de lucros; ou a justiça dos avaros, que despreza os bens alheios com medo de perdas mais graves; nem a temperança dos avaros, que os faz reprimir o apetite da luxúria, que lhes custa caro; e nem a força dos avaros que, segundo disse Horácio, para fugir da pobreza, os conduz pelo mar, pelas pedras e pelo fogo". — Mas se esse bem particular for um bem verdadeiro, como a defesa da cidade ou alguma obra desse tipo, será certamente verdadeira a virtude, se bem que imperfeita, a menos que ela se refira ao bem final e perfeito. Assim sendo, uma verdadeira virtude não pode existir, absolutamente falando, sem a caridade.

QUANTO AO 1º, portanto, deve-se dizer que os atos de quem não tem caridade podem ser de dois modos. De um lado, ele pode agir em razão de sua falta de caridade, por exemplo: quando ele realiza alguma coisa em dependência dessa falta de caridade; um ato desse gênero é sempre mau. Agostinho chega a dizer que o ato do infiel, como tal, é sempre pecado, mesmo que vista um nu, ou pratique qualquer ato semelhante, se ele o fizer tendo como fim a sua infidelidade. — De outro lado, mesmo não tendo a caridade, ele pode agir não em razão de não ter caridade, mas por força de algum outro dom de Deus que possua: a fé, a esperança ou mesmo algum bem natural que não tenha sido totalmente eliminado pelo pecado, como já se viu. Nesse caso, ainda que sem caridade, um ato pode ser genérica, mas não perfeitamente, bom, por lhe faltar a ordenação devida ao fim último[m].

QUANTO AO 2º, deve-se dizer que o fim é na ação, o que é o princípio no conhecimento especulativo. Assim como não pode haver ciência

---

4. *Epist*., l. I, ep. 1, v. 46: ed. L. Mueller, Lipsiae 1893, p. 186.
5. C. 3, n. 19: ML 44, 748.
6. C. 3, nn. 24-25: ML 44, 750.
7. Q. 10, a. 4; I-II, q. 85, a. 2.

m. O objetante formula a "hipótese" inverificável, de um homem que não teria caridade. Supondo que não tenha, se ele age em função da malvadez de seu coração e de seu ódio, o seu ato é sempre mau. O mesmo vale para um infiel que agisse enquanto infiel, rejeitando a fé por uma aversão voluntária. Se, pelo contrário, o homem habitado pelo ódio age em função de sua fé ou de sua esperança, ou de algum dom natural, o seu ato, "em seu gênero", mas sob um aspecto somente, uma vez que não está ordenado ao fim último, é bom. Assim, o ato de coragem que só busca a glória vã, o zelo religioso de Tartufo, ou atos de piedade dos quais se paramenta a superstição, só são bons sob um aspecto, mas não totalmente. É o fim perseguido que qualifica moralmente nossos atos.

desit recta aestimatio de primo et indemonstrabili principio; ita non potest esse simpliciter vera iustitia aut vera castitas si desit ordinatio debita ad finem, quae est per caritatem, quantumcumque aliquis se recte circa alia habeat.

AD TERTIUM dicendum quod scientia et ars de sui ratione important ordinem ad aliquod particulare bonum, non autem ultimum finem humanae vitae, sicut virtutes morales, quae simpliciter faciunt hominem bonum, ut supra[8] dictum est. Et ideo non est similis ratio.

ARTICULUS 8
Utrum caritas sit forma virtutum

AD OCTAVUM SIC PROCEDITUR. Videtur quod caritas non sit forma virtutum.
1. Forma enim alicuius rei vel est exemplaris, vel est essentialis. Sed caritas non est forma exemplaris virtutum aliarum: quia sic oporteret quod aliae virtutes essent eiusdem speciei cum ipsa. Similiter etiam non est forma essentialis aliarum virtutum: quia non distingueretur ab aliis. Ergo nullo modo est forma virtutum.

2. PRAETEREA, caritas comparatur ad alias virtutes ut radix et fundamentum: secundum illud Eph 3,17: *In caritate radicati et fundati*. Radix autem vel fundamentum non habet rationem formae, sed magis rationem materiae: quia est prima pars in generatione. Ergo caritas non est forma virtutum.
3. PRAETEREA, forma et finis et efficiens non incidunt in idem numero ut patet in II *Physic.*[1]. Sed caritas dicitur finis et mater virtutum. Ergo non debet dici forma virtutum.

SED CONTRA est quod Ambrosius[2] dicit caritatem esse formam virtutum.
RESPONDEO dicendum quod in moralibus forma actus attenditur principaliter ex parte finis: cuius ratio est quia principium moralium actuum est voluntas, cuius obiectum et quasi forma est finis. Semper autem forma actus consequitur formam

absolutamente verdadeira sem uma exata avaliação do princípio primeiro e indemonstrável, assim também não pode haver absolutamente verdadeira justiça ou verdadeira castidade se faltar a ordenação devida para o fim, produzida pela caridade, embora alguém se comporte com retidão em tudo o mais.

QUANTO AO 3º, deve-se dizer que a ciência e a arte visam, por razão própria, um bem particular e não o fim último da vida humana, como é o caso das virtudes morais que tornam o homem pura e simplesmente bom, como já foi dito. Portanto, não se trata do mesmo argumento.

ARTIGO 8
A caridade é a forma das virtudes?

QUANTO AO OITAVO, ASSIM SE PROCEDE: parece que a caridade **não** é a forma das virtudes.
1. Com efeito, a forma de uma coisa ou é exemplar ou essencial. Ora, a caridade não é forma exemplar das outras virtudes, porque então seria preciso que todas as outras virtudes fossem da mesma espécie que a caridade. Além disso, a caridade não é forma essencial das outras virtudes, porque não poderia delas se distinguir. Logo, a caridade de nenhum modo é forma das virtudes.
2. ALÉM DISSO, a caridade é comparada às outras virtudes como sua raiz e seu fundamento, segundo a Carta aos Efésios: "Enraizados e fundados na caridade". Ora, o que é raiz ou fundamento não tem natureza de forma e sim de matéria, que é a parte primeira na geração. Logo, a caridade não é a forma das virtudes.
3. ADEMAIS, a forma, o fim e a causa eficiente não podem coincidir num mesmo sujeito, como está claro no livro II da *Física*. Ora, a caridade é chamada fim e mãe das virtudes. Logo, ela não deve ser chamada forma das virtudes.

EM SENTIDO CONTRÁRIO, Ambrósio afirma que a caridade é a forma das virtudes.
RESPONDO. Em moral, a forma de um ato tem em conta principalmente o fim. A razão disso é que a vontade é o princípio dos atos morais, cujo objeto e como que forma é o fim. Ora, a forma de um ato segue sempre a forma de agente. Por

---

8. I-II, q. 56, a. 3.

8 PARALL.: II *Sent.*, dist. 26, a. 4, ad 5; III, dist. 23, q. 3, a. 1, q.la 1; dist. 27, q. 2, a. 4, q.la 3; *De Verit.*, q. 14, a. 5; *De Malo*, q. 8, a. 2; *De Virtut.*, q. 2, a. 3.

1. C. 7: 198, a, 24-27.
2. Cfr. AMBROSIASTRUM, *In I Cor.*, super 8, 2: ML 17, 226 D.

agentis. Unde oportet quod in moralibus id quod dat actui ordinem ad finem, det ei et formam. Manifestum est autem secundum praedicta[3] quod per caritatem ordinantur actus omnium aliarum virtutum ad ultimum finem. Et secundum hoc ipsa dat formam actibus omnium aliarum virtutum. Et pro tanto dicitur esse forma virtutum: nam et ipsae virtutes dicuntur in ordine ad actus formatos.

AD PRIMUM ergo dicendum quod caritas dicitur esse forma aliarum virtutum non quidem exemplariter aut essentialiter, sed magis effective: inquantum scilicet omnibus formam imponit secundum modum praedictum[4].

AD SECUNDUM dicendum quod caritas comparatur fundamento et radici inquantum ex ea sustentantur et nutriuntur omnes aliae virtutes: et non secundum rationem qua fundamentum et radix habent rationem causae materialis.

AD TERTIUM dicendum quod caritas dicitur finis aliarum virtutum quia omnes alias virtutes ordinat ad finem suum. Et quia mater est quae in se concipit ex alio, ex hac ratione dicitur mater aliarum virtutum, quia ex appetitu finis ultimi concipit actus aliarum virtutum, imperando ipsos.

isso, em moral, necessariamente, o que ordena o ato para o fim dá-lhe também a forma.

Ora, é evidente, conforme o que foi dito, que a caridade ordena os atos de todas as virtudes para o fim último. Assim sendo, dá também forma aos atos de todas as outras virtudes. Por essa razão diz-se que ela é a forma das virtudes, pois as próprias virtudes são assim chamadas por estarem ordenadas a atos formados.

QUANTO AO 1º, portanto, deve-se dizer que a caridade não é chamada forma das outras virtudes de modo exemplar ou essencial, mas antes de modo efetivo, por impor-lhes a forma, conforme o modo já explicado[n].

QUANTO AO 2º, deve-se dizer que a caridade é comparada ao fundamento e à raiz, por nela se sustentarem e nutrirem todas as outras virtudes, mas não no sentido em que fundamento e raiz têm razão de causa material.

QUANTO AO 3º, deve-se dizer que a caridade é considerada o fim das outras virtudes, porque as ordena para seu fim próprio. E, sendo a mãe a que concebe em si mesma por um outro, pode-se dizer que a caridade é a mãe das outras virtudes porque, pelo desejo do fim último, concebe os atos das demais virtudes, imperando-os.

---

3. Art. praec.
4. In corp.

n. A caridade não é "causa exemplar" das virtudes, mas "causa eficiente". Ela os comanda, ou, mais precisamente, os "impera" (no sentido de I-II, q. 17). Ora, o fim comunica à virtude sua forma. Desse modo, jejuar por Deus é fazer de um ato de temperança a matéria de um ato de religião. Isso é verdadeiro não só de todo ato, mas das próprias virtudes, retomadas em seu fundo por esse compromisso no interior da caridade. Muitas virtudes podem imperar a outras, só a caridade pode imperar a todas elas. E ela deve fazê-lo para que cada virtude, ordenada ao fim último, possa ser verdadeira e integralmente denominada virtude.

QUAESTIO XXIV
DE CARITATIS SUBIECTO
in duodecim articulos divisa

Deinde considerandum est de caritate in comparatione ad subiectum.

Et circa hoc quaeruntur duodecim.

Primo: utrum caritas sit in voluntate tanquam in subiecto.

Secundo: utrum caritas causetur in homine ex actibus praecedentibus, vel ex infusione divina.

QUESTÃO 24
O SUJEITO DA CARIDADE[a]
em doze artigos

Deve-se agora considerar a caridade em comparação com o sujeito.

E sobre este ponto são doze as perguntas:

1. A vontade é o sujeito da caridade?

2. A caridade é causada em nós por atos precedentes ou por uma infusão divina?

---

a. A caridade é um hábito operativo que é bom: uma virtude. Só podemos conhecê-la bem em relação a seu sujeito, ou sua sede, que é a vontade (a. 1). Mas, sendo uma participação no amor mesmo de Deus, como passa a existir na alma? Como nasce ela (a. 2-3)? Como ela cresce (a. 4-9)? Poderia decrescer (a. 10)? Pode desaparecer (a. 11-12)?

Tertio: utrum infundatur secundum capacitatem naturalium.
Quarto: utrum augeatur in habente ipsam.
Quinto: utrum augeatur per additionem.
Sexto: utrum quolibet actu augeatur.
Septimo: utrum augeatur in infinitum.
Octavo: utrum caritas viae possit esse perfecta.
Nono: de diversis gradibus caritatis.
Decimo: utrum caritas possit diminui.
Undecimo: utrum caritas semel habita possit amitti.
Duodecimo: utrum amittatur per unum actum peccati mortalis.

3. É infundida em proporção de nossas capacidades naturais?
4. Pode aumentar em quem a possui?
5. Aumenta por adição?
6. Aumenta por qualquer ato?
7. Aumenta infinitamente?
8. Pode ser perfeita nesta vida?
9. Sobre os diversos graus da caridade.
10. A caridade pode diminuir?
11. Uma vez possuída, pode perder-se?
12. Perde-se por um só ato de pecado mortal?

Articulus 1
Utrum voluntas sit subiectum caritatis

Ad primum sic proceditur. Videtur quod voluntas non sit subiectum caritatis.
1. Caritas enim amor quidam est. Sed amor, secundum Philosophum[1], est in concupiscibili. Ergo et caritas est in concupiscibili, et non in voluntate.
2. Praeterea, caritas est principalissima virtutum, ut supra[2] dictum est. Sed subiectum virtutis est ratio. Ergo videtur quod caritas sit in ratione, et non in voluntate.
3. Praeterea, caritas se extendit ad omnes actus humanos: secundum illud 1Cor ult., 14: *Omnia vestra in caritate fiant*. Sed principium humanorum actuum est liberum arbitrium. Ergo videtur quod caritas maxime sit in libero arbitrio sicut in subiecto, et non in voluntate.
Sed contra est quod obiectum caritatis est bonum, quod etiam est obiectum voluntatis. Ergo caritas est in voluntate sicut in subiecto.
Respondeo dicendum quod, cum duplex sit appetitus, scilicet sensitivus et intellectivus, qui dicitur voluntas, ut in Primo[3] habitum est; utriusque obiectum est bonum, sed diversimode. Nam obiectum appetitus sensitivi est bonum per sensum apprehensum: obiectum vero appetitus intellectivi, vel voluntatis, est bonum sub communi ratione boni, prout est apprehensibile ab intellectu. Caritatis autem obiectum non est aliquod bonum sensibile, sed bonum divinum, quod solo intellectu

Artigo 1
A vontade é o sujeito da caridade?

Quanto ao primeiro artigo, assim se procede: parece que a vontade **não** é o sujeito da caridade.
1. Com efeito, a caridade é certo amor. Ora, segundo o Filósofo, o amor reside no concupiscível. Logo, não na vontade.
2. Além disso, a caridade é a mais excelente das virtudes, como já foi dito. Ora, o sujeito da virtude é a razão. Logo, parece que a caridade esteja na razão, e não na vontade.
3. Ademais, a caridade se estende a todas as ações humanas, segundo a primeira Carta aos Coríntios: "Que todas as vossas obras sejam feitas na caridade". Ora, o princípio dos atos humanos é o livre-arbítrio. Logo, parece que a caridade tem como sujeito o livre-arbítrio e não a vontade.
Em sentido contrário, o objeto da caridade é o bem, que é também o objeto da vontade. A caridade, pois, tem o seu sujeito na vontade.
Respondo. Na I Parte foi estabelecido que há dois apetites: o apetite sensível e o apetite intelectual chamado vontade[b]; ambos têm por objeto o bem, mas de modo diferente. O objeto do apetite sensível é o bem apreendido pelos sentidos, ao passo que o objeto do apetite intelectual ou vontade é o bem sob a razão geral de bem, como é apreendido pelo intelecto. Ora, a caridade não tem por objeto um bem sensível, mas o bem divino, que somente o intelecto pode conhecer. Logo, o

---

1 Parall.: I-II, q. 56, a. 6; III *Sent.*, dist. 27, q. 2, a. 3; *De Virtut.*, q. 1, a. 5.
 1. *Topic.*, l. II, c. 7: 113, b, 2.
 2. Q. 23, a. 6.
 3. Q. 80, a. 2.

 b. Estamos distantes do voluntarismo segundo o qual a vontade seria feita para querer seja o que for, mesmo o contrário ao que pensa o sujeito. O voluntarismo é uma violência. Por natureza, a vontade é "apetite da inteligência".

cognoscitur. Et ideo caritatis subiectum non est appetitus sensitivus, sed appetitus intellectivus, idest voluntas.

AD PRIMUM ergo dicendum quod concupiscibilis est pars appetitus sensitivi, non autem appetitus intellectivi, ut in Primo[4] ostensum est. Unde amor qui est in concupiscibili est amor sensitivi boni. Ad bonum autem divinum, quod est intelligibile, concupiscibilis se extendere non potest, sed sola voluntas. Et ideo concupiscibilis subiectum caritatis esse non potest.

AD SECUNDUM dicendum quod voluntas etiam, secundum Philosophum, in III *de Anima*[5], in ratione est. Et ideo per hoc quod caritas est in voluntate non est aliena a ratione. Tamen ratio non est regula caritatis, sicut humanarum virtutum: sed regulatur a Dei sapientia, et excedit regulam rationis humanae, secundum illud Eph 3,19: *supereminentem scientiae caritatem Christi*. Unde non est in ratione neque sicut in subiecto, sicut prudentia; neque sicut in regulante, sicut iustitia vel temperantia; sed solum per quandam affinitatem voluntatis ad rationem.

AD TERTIUM dicendum quod liberum arbitrium non est alia potentia a voluntate, ut in Primo[6] dictum est. Et tamen caritas non est in voluntate secundum rationem liberi arbitrii, cuius actus est eligere: *electio enim est eorum quae sunt ad finem, voluntas autem est ipsius finis,* ut dicitur in III *Ethic.*[7]. Unde caritas, cuius obiectum est finis ultimus, magis debet dici esse in voluntate quam in libero arbitrio.

ARTICULUS 2
Utrum caritas causetur in nobis ex infusione

AD SECUNDUM SIC PROCEDITUR. Videtur quod caritas non causetur in nobis ex infusione.

sujeito da caridade não é o apetite sensível, mas o apetite intelectual, isto é, a vontade.

QUANTO AO 1º, portanto, deve-se dizer que o concupiscível faz parte do apetite sensível, e não do apetite intelectual, como foi mostrado na I Parte. Daí que o amor existente no concupiscível é o amor de um bem sensível. Mas o concupiscível não pode alcançar o bem divino, que é de ordem inteligível, mas somente a vontade. Por essa razão o concupiscível não pode ser o sujeito da caridade.

QUANTO AO 2º, deve-se dizer que segundo o Filósofo, também a vontade está na razão. Por isso a caridade, residindo na vontade, não é alheia à razão. Todavia, a razão não é a regra da caridade, como é das virtudes humanas; a caridade é regulada pela sabedoria de Deus, e ultrapassa a norma da razão humana, segundo a Carta aos Efésios: "A caridade de Cristo, que ultrapassa toda ciência". Assim, a caridade não está na razão; esta não é seu sujeito, como é da prudência, nem seu princípio regulador, como é da justiça e da temperança; mas só por certa afinidade entre a vontade e a razão.

QUANTO AO 3º, deve-se dizer que o livre-arbítrio não é uma potência diferente da vontade, já vimos na I Parte. Contudo, a caridade não está na vontade enquanto razão do livre-arbítrio, cujo ato próprio é escolher. Pois, como disse o livro III da *Ética*, "A escolha concerne àquilo que está orientado para o fim, e a vontade concerne ao próprio fim". Ora, sendo o objeto da caridade o fim último, deve-se dizer que ela reside, antes, na vontade, do que no livre-arbítrio.

ARTIGO 2
A caridade é causada em nós por infusão?[c]

QUANTO AO SEGUNDO, ASSIM SE PROCEDE: parece que a caridade **não** é causada em nós por infusão.

---

4. Q. 81, a. 2; q. 82, a. 5.
5. C. 9: 432, b, 5-7.
6. Q. 83, a. 4.
7. C. 4: III, b, 26-27.

2 PARALL.: *Cont. Gent.* III, 151; *De duob. Praec. Carit.* etc., Prolog.

c. Trata-se de saber se nossos próprios atos humanos podem produzir em nós a caridade-virtude, ou se eles são incapazes disso. O que será dito aqui valerá para todas as virtudes *infundidas:* as que provêm de um dom gratuito, e não da natureza, e que se distinguem assim das virtudes *adquiridas* ou *naturais*. Não podendo ser causada por uma natureza criada, a caridade provém de Deus. É considerada, *por apropriação* (I, q. 39, a. 7), uma infusão do Espírito Santo.

1. Illud enim quod est commune omnibus creaturis, naturaliter hominibus inest. Sed sicut Dionysius dicit, in 4 cap. *de Div. Nom.*[1], *omnibus diligibile et amabile est bonum divinum,* quod est obiectum caritatis. Ergo caritas inest nobis naturaliter, et non ex infusione.

2. PRAETEREA, quanto aliquid est magis diligibile, tanto facilius diligi potest. Sed Deus est maxime diligibilis: cum sit summe bonus. Ergo facilius est ipsum diligere quam alia. Sed ad alia diligenda non indigemus aliquo habitu infuso. Ergo nec etiam ad diligendum Deum.

3. PRAETEREA, Apostolus dicit, 1Ti 1,5: *Finis praecepti est caritas de corde bono et conscientia pura et fide non ficta,* Sed haec tria pertinent ad actus humanos. Ergo caritas causatur in nobis ex actibus praecedentibus, et non ex infusione.

SED CONTRA est quod Apostolus dicit, Rm 5,5: *Caritas Dei diffusa est in cordibus nostris per Spiritum Sanctum, qui datus est nobis.*

RESPONDEO dicendum quod, sicut dictum est[2], caritas est amicitia quaedam hominis ad Deum fundata super communicationem beatitudinis aeternae. Haec autem communicatio non est secundum bona naturalia, sed secundum dona gratuita: quia, ut dicitur Rm 6,23, *gratia Dei vita aeterna.* Unde et ipsa caritas facultatem naturae excedit. Quod autem excedit naturae facultatem non potest esse neque naturale neque per potentias naturales acquisitum: quia effectus naturalis non transcendit suam causam. Unde caritas non potest neque naturaliter nobis inesse, neque per vires naturales est acquisita, sed per infusionem Spiritus Sancti, qui est amor Patris et Filli, cuius participatio in nobis est ipsa caritas creata, sicut supra[3] dictum est.

AD PRIMUM ergo dicendum quod Dionysius loquitur de dilectione Dei quae fundatur super communicatione naturalium bonorum, et ideo naturaliter omnibus inest. Sed caritas fundatur super quadam communicatione supernaturali. Unde non est similis ratio.

AD SECUNDUM dicendum quod sicut Deus secundum se est maxime cognoscibilis, non tamen nobis, propter defectum nostrae cognitionis, quae dependet a rebus sensibilibus; ita etiam Deus in se est maxime diligibilis inquantum est obiectum

1. Com efeito, o que é comum a todas as criaturas deve naturalmente encontrar-se no homem. Ora, como diz Dionísio, "todos têm dileção e amor pelo bem divino, objeto da caridade". Logo, a caridade existe em nós naturalmente, e não por infusão.

2. ALÉM DISSO, quanto mais amável é uma coisa, tanto mais facilmente pode ser amada. Ora, Deus é amável em sumo grau, porque é sumamente bom. Logo, é mais fácil amá-lo do que amar as outras coisas. Ora, para amar as outras coisas não precisamos de nenhum hábito infuso. Logo, nem para amar a Deus.

3. ADEMAIS, "O fim do preceito, escreve o Apóstolo, é a caridade que procede de um coração bom, de uma consciência pura e de uma fé sem hipocrisia". Ora, essas três disposições concernem aos atos humanos. Logo, a caridade é causada em nós por atos anteriores e não por infusão.

EM SENTIDO CONTRÁRIO, o Apóstolo diz: "A caridade de Deus foi derramada em nossos corações pelo Espírito Santo que nos foi dado".

RESPONDO. A caridade, como já foi dito, é uma amizade entre o homem e Deus, fundada na comunhão da bem-aventurança eterna. Ora, essa comunhão não é da ordem dos bens naturais, mas dos dons gratuitos, pois segundo a Carta aos Romanos, "a graça de Deus é a vida eterna". Por isso, a caridade excede o poder da natureza. Ora, o que a excede não pode ser natural, nem adquirido pelas potências naturais, porque um efeito natural não transcende a sua causa. Portanto, a caridade não pode existir em nós naturalmente, nem ser adquirida por forças naturais, mas por uma infusão do Espírito Santo, que é o amor do Pai e do Filho, cuja participação em nós é a caridade criada, como já foi dito.

QUANTO AO 1º, portanto, deve-se dizer que Dionísio fala do amor de Deus, fundado na comunhão dos bens naturais, e que, portanto, existe naturalmente em todos. Mas, a caridade está fundada sobre uma comunhão sobrenatural. Portanto, o argumento não é o mesmo.

QUANTO AO 2º, deve-se dizer que Deus é, considerado em si mesmo, o ser cognoscível por excelência, embora não o seja por nós, por causa da deficiência do nosso conhecimento, que depende das coisas sensíveis. Assim também Deus é, em

---
1. MG 3, 708 A.
2. Q. 23, a. 1.
3. Q. 23, a. 2, ad 1.

beatitudinis, sed hoc modo non est maxime diligibilis a nobis, propter inclinationem affectus nostri ad visibilia bona. Unde oportet quod ad Deum hoc modo maxime diligendum nostris cordibus caritas infundatur.

AD TERTIUM dicendum quod cum caritas dicitur in nobis procedere *ex corde bono et conscientia pura et fide non ficta,* hoc referendum est ad actum caritatis, qui ex praemissis excitatur. Vel etiam hoc dicitur quia huiusmodi actus disponunt hominem ad recipiendum caritatis infusionem. — Et similiter etiam dicendum est de eo quod Augustinus dicit[4], quod *timor introducit caritatem*: et de hoc quod dicitur in Glossa[5] Mt 1,2, quod *fides generat spem, et spes caritatem.*

ARTICULUS 3
Utrum caritas infundatur secundum quantitatem naturalium

AD TERTIUM sic proceditur. Videtur quod caritas infundatur secundum quantitatem naturalium.

1. Dicitur enim Mt 25,15 quod *dedit unicuique secundum propriam virtutem.* Sed caritatem nulla virtus praecedit in homine nisi naturalis: quia sine caritate nulla est virtus, ut dictum est[1]. Ergo secundum capacitatem virtutis naturalis infunditur homini caritas a Deo.

2. PRAETEREA, omnium ordinatorum ad invicem secundum proportionatur primo: sicut videmus quod in rebus materialibus forma proportionatur materiae, et in donis gratuitis gloria proportionatur gratiae. Sed caritas, cum sit perfectio naturae, comparatur ad capacitatem naturalem sicut

si mesmo, amável por excelência, enquanto é o objeto da bem-aventurança; mas, do mesmo modo, não é para nós o ser amável sobre todas as coisas, por causa da inclinação do nosso coração para os bens visíveis. É preciso, pois, para que amemos a Deus sobre todas as coisas, que a caridade seja infundida em nossos corações.

QUANTO AO 3º, deve-se dizer que quando se diz que a caridade procede em nós "de um coração bom, de uma consciência pura, e de uma fé sem hipocrisia", isso se refere ao ato da caridade, quando ele é provocado por tais disposições[d]. Ou então se diz porque tais atitudes dispõem o homem para receber a infusão da caridade. — É igualmente o sentido que se deve dar a estas palavras de Agostinho: "o temor introduz a caridade", e a estas palavras da Glosa sobre o Evangelho de Mateus: "A fé gera a esperança, e a esperança a caridade".

ARTIGO 3
A caridade é infundida em nós em proporção das capacidades naturais?[e]

QUANTO AO TERCEIRO, ASSIM SE PROCEDE: parece que a caridade é infundida em nós em proporção de nossas capacidades naturais.

1. Com efeito, está dito no Evangelho de Mateus: "Ele deu a cada um segundo a sua capacidade". Ora, nenhuma virtude, senão a natural, precede, no homem, à caridade; porque, como já foi dito, sem a caridade não há nenhuma virtude. Logo, Deus infunde a caridade no homem segundo a capacidade da virtude natural.

2. ALÉM DISSO, em todas as coisas ordenadas entre si, a que está em segundo lugar é proporcionada à primeira. Assim, nas coisas materiais a forma é proporcionada à matéria e, nos dons gratuitos, a glória é proporcionada à graça. Ora, sendo a caridade uma perfeição da natureza, ela se compara

---

4. *In I Canon. Ioan.*, tract. 9, n. 4, super 6, 18: ML 35, 2048.
5. Interl

3 PARALL.: Part. I, q. 62, a. 6; III, q. 69, a. 8, ad 3; I *Sent.*, dist. 17, q. 1, a. 3; II, dist. 3, part. 1, Exp. litt.; III, dist. 31, q. 1, a. 4, q.la 1; *De Virtut.*, q. 2, a. 7, ad 9; *in Matth.*, c. 25.
1. Q. 23, a. 7.

d. O "ato de caridade" deve ser distinguido da virtude de que falamos, tendo o mesmo nome do ato. As "disposições" já constituem um dom gratuito de Deus (I-II, q. 112, a. 1 e 2).
e. A medida pertence ao gênero *quantidade*, não ao da *qualidade*. Nós "quantificamos" a caridade como quantificamos um calor forte, uma luz brilhante, mas sem possuir neste caso parâmetro adequado.
Consultar ainda o tratado da graça I-II, q. 112, a. 1 a 4. Uma forma é dada em proporção das disposições do sujeito. Mas as disposições à caridade já são graça efetivas de Deus, exceto a última, que coincide com o dom da graça habitual. É desse modo que ela é proporcionada ao dom recebido. Esses atos preparatórios e esse ato último são dons de Deus (cf. I-II, q. 112, a. 2 e 3; e q. 111, a. 3).

secundum ad primum. Ergo videtur quod caritas infundatur secundum naturalium capacitatem.

3. PRAETEREA, homines et angeli secundum eandem rationem caritatem participant: quia in utrisque est similis beatitudinis ratio, ut habetur Mt 22,30, et Lc 20,36. Sed in angelis caritas et alia dona gratuita sunt data secundum capacitatem naturalium; ut Magister dicit, 3 dist. II lib. *Sent.*[2]. Ergo idem etiam videtur esse in hominibus.

SED CONTRA est quod dicitur Io 3,8: *Spiritus ubi vult spirat*; et 1Cor 12,11: *Haec omnia operatur unus et idem Spiritus, dividens singulis prout vult.* Ergo caritas datur non secundum capacitatem naturalium, sed secundum voluntatem Spiritus sua dona distribuentis.

RESPONDEO dicendum quod uniuscuiusque quantitas dependet a propria causa rei: quia universalior causa effectum maiorem producit. Caritas autem, cum superexcedat proportionem naturae humanae, ut dictum est[3], non dependet ex aliqua naturali virtute, sed ex sola gratia Spiritus Sancti eam infundentis. Et ideo quantitas caritatis non dependet ex conditione naturae vel ex capacitate naturalis virtutis, sed solum ex voluntate Spiritus Sancti distribuentis sua dona prout vult Unde et Apostolus dicit, Eph 4,7: *Unicuique nostrum data est gratia secundum mensuram donationis Christi.*

AD PRIMUM ergo dicendum quod illa virtus secundum quam sua dona Deus dat unicuique, est dispositio vel praeparatio praecedens, sive conatus gratiam accipientis. Sed hanc etiam dispositionem vel conatum praevenit Spiritus Sanctus, movens mentem hominis vel plus vel minus secundum suam voluntatem. Unde et Apostolus dicit, Cl 1,12: *Qui dignos nos fecit in partem sortis sanctorum in lumine.*

AD SECUNDUM dicendum quod forma non excedit proportionem materiae, sed sunt eiusdem generis. Similiter etiam gratia et gloria ad idem genus referuntur: quia gratia nihil est aliud quam quaedam inchoatio gloriae in nobis. Sed caritas et natura non pertinent ad idem genus. Et ideo non est similis ratio.

com a capacidade natural como o segundo em relação ao primeiro. Logo, parece que a caridade é infundida segundo a capacidade natural.

3. ADEMAIS, os homens e os anjos participam da caridade pela mesma razão porque ambos são partícipes da mesma bem-aventurança, como se vê nos Evangelhos de Mateus e de Lucas. Ora, a caridade e os dons gratuitos são concedidos aos anjos em proporção com a capacidade de sua natureza, como ensinou o Mestre das Sentenças. Logo, parece que o mesmo há de se dar com os homens.

EM SENTIDO CONTRÁRIO, o Evangelho de João nos diz: "O Espírito sopra onde quer", e a primeira Carta aos Coríntios: "Mas é o mesmo e único Espírito que isso tudo realiza, distribuindo a cada um, conforme lhe apraz". Logo, a caridade é dada, não segundo a capacidade natural, mas segundo a vontade do Espírito, que distribui seus dons.

RESPONDO. A quantidade de cada coisa depende de sua causa própria, pois uma causa mais universal produz um efeito maior. Ora, a caridade, como sobreexcede a capacidade da natureza humana, como já foi dito, não pode provir de nenhuma causa natural, mas somente da graça do Espírito Santo, que a infunde. Por isso, a grandeza da caridade não depende das condições da natureza, nem da capacidade da virtude natural, mas somente da vontade do Espírito Santo, que distribui os seus dons como quer. Daí esta palavra do Apóstolo: "A cada um de nós foi dada a graça, segundo a medida do dom de Cristo"[f].

QUANTO AO 1º, portanto, deve-se dizer que a virtude segundo a qual Deus distribui os seus dons a cada um, é uma disposição e uma preparação antecedente, ou um impulso de quem recebe a graça. Mas o Espírito Santo se antecipa também a essa disposição ou impulso, movendo a alma do homem mais ou menos, segundo a sua vontade. Por isso, diz o Apóstolo: "Ele nos fez dignos de participar da herança dos santos na luz".

QUANTO AO 2º, deve-se dizer que a forma não excede a proporção da matéria, elas são do mesmo gênero. Semelhantemente, a graça e a glória se referem ao mesmo gênero, porque a graça não é outra coisa senão um início da glória em nós. Mas a caridade e a natureza não pertencem ao mesmo gênero. Por isso, o argumento não é o mesmo.

---

2. Cfr. I, q. 62, a. 6.
3. Art. praec.

f. Não podemos querer tudo o que gostaríamos de querer. Pecar, por exemplo, e estar certo de querer, logo depois, reencontrar o gosto da caridade e o desgosto por seu pecado. O belo e bom querer é uma graça de Deus.

AD TERTIUM dicendum quod angelus est naturae intellectualis, et secundum suam conditionem competit ei ut totaliter feratur in omne id in quod fertur, ut in Primo[4] habitum est. Et ideo in superioribus angelis fuit maior conatus et ad bonum in perseverantibus et ad malum in cadentibus. Et ideo superiorum angelorum persistentes facti sunt meliores et cadentes facti sunt peiores aliis. Sed homo est rationalis naturae, cui competit esse quandoque in potentia et quandoque in actu. Et ideo non oportet quod feratur totaliter in id in quod fertur; sed eius qui habet meliora naturalia potest esse minor conatus, et e converso. Et ideo non est simile.

QUANTO AO 3º, deve-se dizer que o anjo é de natureza intelectual e, segundo a sua condição, compete a ele que seja totalmente orientado para tudo aquilo para que se orienta, como se viu na I Parte. Por isso, nos anjos superiores, houve um maior impulso para o bem nos que perseveraram, e para o mal nos que caíram; razão pela qual os primeiros tornaram-se melhores que os outros anjos, e os segundos piores. Mas o homem é de natureza racional à qual cabe estar, ora em potência, ora em ato. Portanto, não é necessário que se oriente totalmente ao que intenta; assim, pode acontecer que o que seja naturalmente mais dotado tenha impulsos inferiores, e inversamente. Portanto, a razão alegada não é a mesma para o homem.

ARTICULUS 4
Utrum caritas augeri possit

AD QUARTUM SIC PROCEDITUR. Videtur quod caritas augeri non possit.
1. Nihil enim augetur nisi quantum. Duplex autem est quantitas: scilicet dimensiva, et virtualis. Quarum prima caritati non convenit: cum sit quaedam spiritualis perfectio. Virtualis autem quantitas attenditur secundum obiecta, secundum quae caritas non crescit: quia minima caritas diligit omnia quae sunt ex caritate diligenda. Ergo caritas non augetur.
2. PRAETEREA, illud quod est in termino non recipit augmentum. Sed caritas est in termino, quasi maxima virtutum existens et summus amor optimi boni. Ergo caritas augeri non potest.
3. PRAETEREA, augmentum quidam motus est. Ergo quod augetur movetur. Quod ergo augetur essentialiter movetur essentialiter. Sed non movetur essentialiter nisi quod corrumpitur vel generatur. Ergo caritas non potest augeri essentialiter, nisi forte de novo generetur vel corrumpatur: quod est inconveniens.

ARTIGO 4
A caridade pode aumentar?

QUANTO AO QUARTO, ASSIM SE PROCEDE: parece que a caridade **não** pode aumentar.
1. Com efeito, só aumenta o que for da ordem da quantidade. Ora, há dois tipos de quantidade: a dimensiva e a virtual[g]. A primeira não convém à caridade, que é uma perfeição espiritual. Já a virtual tem em conta os objetos; segundo eles a caridade não pode crescer, porque a menor caridade ama tudo o que deve ser amado pela caridade. Logo, a caridade não aumenta.
2. ALÉM DISSO, o que atingiu o termo não pode aumentar. Ora, a caridade atingiu o termo, pois ela é a maior das virtudes e o amor soberano do maior bem. Logo, a caridade não pode aumentar.
3. ADEMAIS, o crescimento é um movimento. Por conseguinte, o que aumenta se move, e o que aumenta essencialmente se move essencialmente[h]. Ora, somente o que é gerado ou se corrompe se move essencialmente. Logo, a caridade não pode aumentar essencialmente, a não ser que de novo seja gerada ou se corrompa, o que é inadmissível.

---

4. Q. 62, a. 6.

4 PARALL.: I-II, q. 52, a. 1; q. 66, a. 1; I *Sent*., dist. 17, q. 2, a. 1; *De Malo*, q. 7, a. 2; *De Virtut*., q. 1, a. 11; *Quodlib*. IX, q. 6.

---

g. Em relação a seu objeto, os hábitos são suscetíveis de crescimento "extensivo", ou "dimensivo". Em relação ao sujeito que eles cultivam e qualificam, são suscetíveis de crescimento "intensivo" ou "virtual". Assim, o hábito da ciência pode crescer "extensivamente" (conhecemos mais coisas) e "intensivamente" (conhecemos melhor). Pois podemos conhecer muito e superficialmente, pouco e profundamente.
A caridade não pode crescer "extensivamente". Ele é o que é desde o início. Só amar este e aquele, exclusivamente, não é mais ter a caridade. Ela é amizade divina por todos, ou não é. Em contrapartida, ela pode ter um crescimento "intensivo": seu enraizamento no sujeito se aprofunda, o fervor deste aumenta.
h. Na ordem da *essência*, ou da *natureza*, só existe crescimento mediante um novo nascimento.

SED CONTRA est quod Augustinus dicit, *super Ioan.*, quod *caritas meretur augeri, ut aucta mereatur et perfici*[1].

RESPONDEO dicendum quod caritas viae potest augeri. Ex hoc enim dicimur esse viatores quod in Deum tendimus, qui est ultimus finis nostrae beatitudinis. In hac autem via tanto magis procedimus quanto Deo magis propinquamus, cui non appropinquatur passibus corporis, sed affectibus mentis. Hanc autem propinquitatem facit caritas: quia per ipsam mens Deo unitur. Et ideo de ratione caritatis viae est ut possit augeri: si enim non posset augeri, iam cessaret viae processus. Et ideo Apostolus caritatem viam nominat, dicens 1Cor 12,31: *Adhuc excellentiorem viam vobis demonstro.*

AD PRIMUM ergo dicendum quod caritati non convenit quantitas dimensiva, sed solum quantitas virtualis. Quae non solum attenditur secundum numerum obiectorum, ut scilicet plura vel pauciora diligantur: sed etiam secundum intensionem actus, ut magis vel minus aliquid diligatur. Et hoc modo virtualis quantitas caritatis augetur.

AD SECUNDUM dicendum quod caritas est in summo ex parte obiecti, inquantum scilicet eius obiectum est summum bonum: et ex hoc sequitur quod ipsa sit excellentior aliis virtutibus. Sed non est omnis caritas in summo quantum ad intensionem actus.

AD TERTIUM dicendum quod quidam dixerunt caritatem non augeri secundum suam essentiam, sed solum secundum radicationem in subiecto, vel secundum fervorem. Sed hi propriam vocem ignoraverunt. Cum enim sit accidens, eius esse est inesse: unde nihil est aliud ipsam secundum essentiam augeri quam eam magis inesse subiecto, quod est eam magis radicari in subiecto. Similiter etiam ipsa essentialiter est virtus ordinata ad actum: unde idem est ipsam augeri secundum essentiam et ipsam habere efficaciam ad producendum ferventioris dilectionis actum. Augetur ergo essentialiter non quidem ita quod esse incipiat vel esse desinat in subiecto, sicut obiectio procedit: sed ita quod magis in subiecto esse incipiat.

EM SENTIDO CONTRÁRIO, diz Agostinho: "A caridade merece aumentar para que, uma vez aumentada, mereça aperfeiçoar-se".

RESPONDO. A caridade, na vida presente, pode aumentar[i]. Pois, se somos chamados viajores, é por tendermos para Deus, termo final da nossa bem-aventurança. Ora, nesta vida, tanto mais progredimos quanto mais nos aproximamos de Deus, a quem não se chega com passos corporais, mas com afetos da alma. É a caridade que opera essa aproximação pois é por ela que nossa alma se une a Deus. É, pois, da razão da caridade da vida presente poder aumentar, porque, se assim não fosse, cessaria o caminhar. Por isso, o Apóstolo chama a caridade de caminho: "Vou indicar-vos um caminho mais excelente".

QUANTO AO 1º, portanto, deve-se dizer que a quantidade dimensiva não convém à caridade, mas somente a quantidade virtual. Esta não tem em conta apenas do número dos objetos que se amam, sejam poucos ou muitos; mas também a intensidade do ato, de modo que se ame uma coisa mais ou menos. É desse modo que a quantidade virtual da caridade aumenta.

QUANTO AO 2º, deve-se dizer que a caridade está no termo, por parte do objeto, enquanto que o seu objeto é o bem supremo, o que faz dela a mais excelente das virtudes. Mas, quanto à intensidade do ato, nem toda caridade está no máximo[j].

QUANTO AO 3º, deve-se dizer que alguns disseram que a caridade não aumenta em sua essência, mas somente em seu enraizamento no sujeito, ou ainda segundo o grau de fervor. Isso é ignorar o sentido das palavras. Pois, como é um acidente, seu ser consiste em existir num sujeito; por conseguinte, aumentar em sua essência não é outra coisa, para ela, senão existir mais em seu sujeito, o que significa nele radicar-se mais a fundo. E também, a caridade é uma virtude essencialmente ordenada ao ato; assim, dizer que ela aumenta segundo sua essência, ou dizer que ela tem o poder de produzir um ato de amor mais fervoroso, é a mesma coisa. Portanto, a caridade aumenta essencialmente, não por começar ou deixar de existir num sujeito, como queria a objeção, mas por começar a existir mais e mais no sujeito.

---

1. Epist. 186, al. 106, c. 3, n. 10: ML 33, 819.

i. Trata-se da caridade daqueles que ainda se encontram na terra, os viajores ou peregrinos do céu.
j. Só se pode amar melhor a Deus; mas a esse Deus se pode amar melhor.

Articulus 5
Utrum caritas augeatur per additionem

AD QUINTUM SIC PROCEDITUR. Videtur quod caritas augeatur per additionem.

1. Sicut enim est augmentum secundum quantitatem corporalem, ita secundum quantitatem virtualem. Sed augmentum quantitatis corporalis fit per additionem: dicit enim Philosophus, in I *de Gen.*[1], quod *augmentum est praeexistenti magnitudini additamentum*. Ergo etiam augmentum caritatis, quod est secundum virtualem quantitatem, erit per additionem.

2. PRAETEREA, caritas in anima est quoddam spirituale lumen: secundum illud 1Io 2,10: *Qui diligit fratrem suum in lumine manet*. Sed lumen crescit in aere per additionem: sicut in domo lumen crescit alia candela superaccensa. Ergo etiam caritas crescit in anima per additionem.

3. PRAETEREA, augere caritatem ad Deum pertinet, sicut et ipsam creare: secundum illud 2Cor 9,10: *Augebit incrementa frugum iustitiae vestrae*. Sed Deus primo infundendo caritatem aliquid facit in anima quod ibi prius non erat. Ergo etiam augendo caritatem aliquid ibi facit quod prius non erat. Ergo caritas augetur per additionem.

SED CONTRA est quod caritas est forma simplex. Simplex autem simplici additum non facit aliquid maius, ut probatur in VI *Physic.*[2]. Ergo caritas non augetur per additionem.

RESPONDEO dicendum quod omnis additio est alicuius ad aliquid. Unde in omni additione oportet saltem praeintelligere distinctionem eorum quorum unum additur alteri, ante ipsam additionem. Si igitur caritas addatur caritati, oportet praesupponi caritatem additam ut distinctam a caritate cui additur: non quidem ex necessitate secundum esse, sed saltem secundum intellectum. Posset enim Deus etiam quantitatem corporalem augere addendo aliquam magnitudinem non prius existentem, sed tunc creatam: quae quamvis prius non fuerit in rerum natura, habet tamen in se unde eius distinctio intelligi possit a quantitate cui additur. Si igitur caritas addatur caritati, oportet praesupponere, ad minus secundum intellectum, distinctionem unius caritatis ab alia.

Artigo 5
A caridade aumenta por adição?

QUANTO AO QUINTO, ASSIM SE PROCEDE: parece que a caridade **aumenta** por adição.

1. Com efeito, assim como há aumento segundo a quantidade corporal, também há aumento virtual. Ora, o aumento da quantidade corporal se faz por adição, pois o Filósofo diz que "o aumento é a adição a uma grandeza preexistente". Logo, também o aumento da caridade, que se dá por quantidade virtual, se realiza por adição.

2. ALÉM DISSO, a caridade é na alma certa luz espiritual, conforme diz a primeira Carta de João: "O que ama a seu irmão permanece na luz". Ora, a luz cresce no ar por adição, como cresce, numa casa, quando se acende uma outra lâmpada. Logo, a caridade aumenta na alma por adição.

3. ADEMAIS, pertence a Deus aumentar a caridade, bem como criá-la, conforme segunda Carta aos Coríntios: "Ele fará crescer os frutos da vossa justiça". Ora, Deus, ao infundir a caridade pela primeira vez, produz na alma o que antes nela não existia; portanto, também ao aumentá-la, produz na alma um efeito que antes não existia. Logo, a caridade aumenta por adição.

EM SENTIDO CONTRÁRIO, a caridade é uma forma simples. Ora, o simples acrescentado ao simples não o torna maior, como o prova o livro XI da *Física*. Por conseguinte, a caridade não aumenta por adição.

RESPONDO. Em toda adição se acrescenta uma coisa a outra. Logo, em toda adição é necessário, antes de efetuar-se a adição, que se conheça ao menos os termos da adição como distintos. Assim, pois, se a caridade se acrescenta à caridade, deve-se pressupor que a caridade adicionada é distinta da que recebe o acréscimo; distinta não necessariamente na realidade, mas ao menos no pensamento. Com efeito, Deus poderia aumentar uma quantidade corporal, acrescentando-lhe outra grandeza não preexistente, mas criada no momento. Essa grandeza, ainda que inexistente na natureza, tem em si mesma a razão de sua distinção da quantidade a que foi acrescentada. Se, portanto, a caridade é acrescentada à caridade, é necessário pressupor, ao menos no pensamento, que essas duas caridades são distintas uma da outra.

---

5 PARALL.: I-II, q. 52, a. 2; I *Sent.*, dist. 17, q. 2, a. 2; *De Virtut.*, q. 1, a. 11.

1. C. 5: 320, b, 30-31.
2. C. 2: 232, a, 23-27.

Distinctio autem in formis est duplex: una quidem secundum speciem; alia autem secundum numerum. Distinctio quidem secundum speciem in habitibus est secundum diversitatem obiectorum: distinctio vero secundum numerum est secundum diversitatem subiecti. Potest igitur contingere quod aliquis habitus per additionem augeatur dum extenditur ad quaedam obiecta ad quae prius se non extendebat: et sic augetur scientia geometriae in eo qui de novo incipit scire aliqua geometricalia quae prius nesciebat. Hoc autem non potest dici de caritate: quia etiam minima caritas se extendit ad omnia illa quae sunt ex caritate diligenda. Non ergo talis additio in augmento caritatis potest intelligi praesupposita distinctione secundum speciem caritatis additae ad eam cui superadditur.

Relinquitur ergo, si fiat additio caritatis ad caritatem, quod hoc fit praesupposita distinctione secundum numerum, quae est secundum diversitatem subiectorum, sicut albedo augetur per hoc quod album additur albo: quamvis hoc augmento non fiat aliquid magis album. Sed hoc in proposito dici non potest. Quia subiectum caritatis non est nisi mens rationalis: unde tale caritatis augmentum fieri non posset nisi per hoc quod una mens rationalis alteri adderetur, quod est impossibile. Quamvis etiam si esset possibile tale augmentum, faceret maiorem diligentem, non autem magis diligentem. Relinquitur ergo quod nullo modo caritas augeri potest per additionem caritatis ad caritatem, sicut quidam ponunt.

Sic ergo caritas augetur solum per hoc quod subiectum magis ac magis participat caritatem: idest secundum quod magis reducitur in actum illius et magis subditur illi. Hic enim est modus augmenti proprius cuiuslibet formae quae intenditur: eo quod esse huiusmodi formae totaliter consistit in eo quod inhaeret susceptibili. Et ideo, cum magnitudo rei consequitur esse ipsius, formam esse maiorem hoc est eam magis inesse susceptibili: non autem aliam formam advenire. Hoc enim esset si forma haberet aliquam quantitatem ex seipsa, non per comparationem ad subiectum. Sic igitur et caritas augetur per hoc quod intenditur in subiecto, et hoc est ipsam augeri secundum essentiam: non autem per hoc quod caritas addatur caritati.

AD PRIMUM ergo dicendum quod quantitas corporalis habet aliquid inquantum est quantitas; et aliquid inquantum est forma accidentalis. Inquantum est quantitas, habet quod sit distinguibilis

Ora, nas formas, há dupla distinção: uma específica e outra numérica. A distinção específica, no caso dos hábitos, provém da diversidade dos objetos, e a numérica, da diversidade do sujeito. Pode, pois, acontecer que um hábito aumente por adição, por vir a abranger objetos que antes não abrangia; desse modo, cresce a ciência da geometria em quem descobre novas verdades geométricas que antes desconhecia. Mas, isso não pode ser dito da caridade, pois a menor caridade abrange tudo o que deve ser amado pela caridade. Logo, é inconcebível uma adição dessa espécie no aumento da caridade, pressupondo-se uma distinção específica entre a caridade acrescentada e a que recebe o acréscimo.

Resta, pois, se a caridade se adiciona à caridade, que isso se faça supondo uma distinção numérica, segundo a diversidade dos sujeitos; assim, a brancura aumenta porque a um corpo branco se acrescenta outro branco, embora, com isso, não resulte algo mais branco. Ora, isso não se aplica no caso presente, pois o sujeito da caridade é a alma racional; um tal aumento da caridade, só poderia dar-se pelo acréscimo de uma alma racional a outra, o que é impossível. Mesmo se fosse possível, um tal aumento faria um maior amante, mas não o faria mais amante. Conclui-se, pois, que de nenhum modo a caridade pode aumentar por adição de caridade à caridade, como afirmam alguns.

A caridade só aumenta pelo fato de o sujeito participar cada vez mais dela, isto é, por ser mais atuado por ela, e lhe ser mais dócil. Este é o modo de aumento próprio de toda forma dotada de intensidade, posto que seu ser consiste em aderir-se totalmente ao seu sujeito. E assim como a grandeza de uma coisa corresponde ao seu ser, uma forma[k] será maior por unir-se mais ao sujeito, e não por se lhe acrescentar outra forma. Isso se daria se a forma tivesse alguma quantidade, em si mesma, e não relativamente ao sujeito. Logo, a caridade aumenta por intensificar-se no sujeito, o que é aumentar essencialmente, e não pela adição de caridade à caridade.

QUANTO AO 1º, portanto, deve-se dizer que a quantidade corporal tem certas qualidades enquanto é quantidade, e outras enquanto é forma acidental. Enquanto quantidade, ela se distingue segundo

---

k. Só pode tratar-se da forma "acidental", o que insinua o verbo *inesse*: ser inerente.

secundum situm vel secundum numerum. Et ideo hoc modo consideratur augmentum magnitudinis per additionem; ut patet in animalibus. Inquantum vero est forma accidentalis, est distinguibilis solum secundum subiectum. Et secundum hoc habet proprium augmentum, sicut et aliae formae accidentales, per modum intensionis eius in subiecto: sicut patet in his quae rarefiunt, ut probat Philosophus, in IV *Physic*.[3]. — Et similiter etiam scientia habet quantitatem, inquantum est habitus, ex parte obiectorum. Et sic augetur per additionem, inquantum aliquis plura cognoscit. Habet etiam quantitatem, inquantum est quaedam forma accidentalis, ex eo quod inest subiecto. Et secundum hoc augetur in eo qui certius eadem scibilia cognoscit nunc quam prius. — Similiter etiam et caritas habet duplicem quantitatem. Sed secundum eam quae est ex parte obiecti, non augetur, ut dictum est[4]. Unde relinquitur quod per solam intensionem augeatur.

AD SECUNDUM dicendum quod additio luminis ad lumen potest intelligi in aere propter diversitatem luminarium causantium lumen. Sed talis distinctio non habet locum in proposito: quia non est nisi unum luminare influens lumen caritatis.

AD TERTIUM dicendum quod infusio caritatis importat quandam mutationem secundum habere caritatem et non habere: et ideo oportet quod aliquid adveniat quod prius non infuit. Sed augmentatio caritatis importat mutationem secundum minus aut magis habere. Et ideo non oportet quod aliquid insit quod prius non infuerit: sed quod magis insit quod prius minus inerat. Et hoc est quod facit Deus caritatem augendo: scilicet quod magis insit, et quod perfectius similitudo Spiritus Sancti participetur in anima.

o local ou segundo o número[l]; sob este aspecto é que se considera o aumento da grandeza por adição, como se dá com os animais. Enquanto forma acidental, a quantidade corporal se distingue somente em relação ao sujeito. Sob este ponto de vista, ela pode receber um aumento próprio, como as outras formas acidentais, conforme a sua intensificação no sujeito, como se vê nos corpos que se rarefazem[m], como prova o Filósofo. — Do mesmo modo a ciência também tem uma quantidade, como hábito que é, da parte dos objetos, e, assim, ela aumenta por adição, quando conhece mais coisas. Ela tem, igualmente, uma quantidade, enquanto é uma forma acidental, por encontrar-se em um sujeito. Assim a ciência cresce naquele que adquire uma maior certeza sobre as coisas que já conhecia. — Do mesmo modo, a caridade também é suscetível de dupla quantidade; mas, assim como foi dito, ela não aumenta segundo a quantidade relativa aos objetos. Logo se conclui que ela aumenta somente pela intensidade.

QUANTO AO 2º, deve-se dizer que uma adição de luz à luz no ar, pode-se compreender por causa da diversidade das fontes luminosas que a produzem. Mas tal distinção não se aplica no nosso caso, por não haver senão uma única fonte luminosa a resplandecer a luz da caridade.

QUANTO AO 3º, deve-se dizer que a infusão da caridade implica uma mutação no sentido de ter e não ter caridade; é preciso, portanto, que sobrevenha ao sujeito algo que antes não estava nele. Ao passo que o crescimento da caridade implica uma mutação na ordem de uma posse maior ou menor. Não é necessário, pois, que exista no sujeito algo que antes não existia, mas que exista mais intensamente o que antes existia menos intensamente. É o que faz Deus quando aumenta a caridade: que ela exista mais intensamente naquele que a possui, e que a semelhança do Espírito Santo seja participada mais perfeitamente pela alma[n].

---

3. C. 9: 217, a, 14-21.
4. In corp.

l. Segundo a dimensão, ou a quantidade *contínua*, um corpo é maior ou menor. Segundo o número, ou quantidade *discreta*, os corpos são mais ou menos numerosos.

m. Trata-se dos corpos que se comprimem, parecem encolher-se e estar ainda mais inerentes a seu suposto sujeito, por compressão, condensação, rarefação.

n. A caridade cresce "intensivamente" por enraizamento mais profundo na vontade, por meio de uma maior prontidão aos atos (de amor), por exclusão mais explícita dos apegos que a contrariam.

Articulus 6
Utrum quolibet actu caritatis caritas augeatur

AD SEXTUM SIC PROCEDITUR. Videtur quod quolibet actu caritatis caritas augeatur.

1. Quod enim potest id quod maius est, potest id quod minus est. Sed quilibet actus caritatis meretur vitam aeternam, quae maius est quam simplex caritatis augmentum: quia vita aeterna includit caritatis perfectionem. Ergo multo magis quilibet actus caritatis caritatem auget.

2. PRAETEREA, sicuti habitus virtutum acquisitarum generatur ex actibus, ita etiam augmentum caritatis causatur per actus caritatis. Sed quilibet actus virtuosus operatur ad virtutis generationem. Ergo etiam quilibet actus caritatis operatur ad caritatis augmentum.

3. PRAETEREA, Gregorius[1] dicit quod *in via Dei stare retrocedere est*. Sed nullus, dum movetur actu caritatis, retrocedit. Ergo quicumque movetur actu caritatis, procedit in via Dei. Ergo quolibet actu caritatis caritas augeatur.

SED CONTRA est quod effectus non excedit virtutem causae. Sed quandoque aliquis actus caritatis cum aliquo tepore vel remissione emittitur. Non ergo perducit ad excellentiorem caritatem, sed magis disponit ad minorem.

RESPONDEO dicendum quod augmentum spirituale caritatis quodammodo simile est augmento corporali. Augmentum autem corporale in animalibus et plantis non est motus continuus, ita scilicet quod, si aliquid tantum augetur in tanto tempore, necesse sit quod proportionaliter in qualibet parte illius temporis aliquid augeatur, sicut contingit in motu locali: sed per aliquod tempus natura operatur disponens ad augmentum et nihil augens actu, et postmodum producit in effectum id ad quod disposuerat, augendo animal vel plantam in actu. Ita etiam non quolibet actu caritatis caritas actu augetur: sed quilibet actus caritatis disponit ad caritatis augmentum, inquantum ex uno actu caritatis homo redditur promptior iterum ad agen-

Artigo 6
Cada ato de caridade aumenta a caridade?

QUANTO AO SEXTO, ASSIM SE PROCEDE: parece que cada ato de caridade **aumenta** a caridade.

1. Com efeito, quem pode o mais pode o menos. Ora, cada ato da caridade pode merecer a vida eterna, o que é mais que um simples aumento da caridade, porque a vida eterna inclui a perfeição da caridade. Logo, com maior razão, qualquer ato de caridade aumenta a caridade.

2. ALÉM DISSO, assim como o hábito das virtudes adquiridas é gerado por seus atos, assim também o aumento da caridade é causado pelos atos da caridade. Ora, cada ato virtuoso contribui para gerar a virtude. Logo, cada ato da caridade contribui para aumentar a caridade.

3. ADEMAIS, Gregório diz que "parar no caminho de Deus é retroceder". Mas, ninguém retrocede quando é movido por um ato da caridade. Logo, todo homem que é movido por um tal ato progride na busca de Deus. Portanto, todo ato de caridade contribui para o crescimento da caridade.

EM SENTIDO CONTRÁRIO, o efeito não excede o poder de sua causa. Ora, às vezes praticamos certos atos de caridade com tibieza ou desleixo; tais atos, portanto, não conduzem a uma caridade mais perfeita, mas antes, a uma menos perfeita.

RESPONDO. O aumento espiritual da caridade é semelhante, de certo modo, ao crescimento corporal. Ora, o crescimento corporal, nos animais e nas plantas, não é um movimento contínuo, isto é, um movimento tal que se uma coisa cresce tanto em determinado tempo, por necessidade deve crescer proporcionalmente em cada uma das partes desse tempo, como sucede no movimento local. Mas a natureza durante certo tempo opera, preparando para o aumento, sem todavia nada aumentar em ato; depois, ela produz de fato aquilo para o que o dispusera, fazendo assim aumentar, em ato, o animal ou a planta[o]. Assim não é por qualquer ato da caridade que a caridade aumenta. Mas cada ato dispõe para o crescimento da caridade, pois torna

---

6 PARALL.: I-II, q. 52, a. 3; q. 114, a. 8, ad 3; I *Sent.*, dist. 17, q. 2, a. 3; II, dist. 27, a. 5, ad 2.

1. *Serm.* 169, c. 15, n. 18: ML 38, 926.

o. No movimento local, se um corpo é movido, todas suas partes o são simultaneamente. No movimento vital de crescimento, observamos tempos de repouso aparente, supostamente de "recarga", seguidos de tempo de crescimento propriamente ditos. Por comparação, a virtude da caridade produz três tipos de atos: tíbios, fervorosos, e "mais fervorosos". Como todas as virtudes, esta aumenta pelo ato "mais fervoroso," que supera o fervor habitual desse hábito. Esse ato superior é o fruto de uma graça atual, à qual os atos fervorosos precedentes dispuseram. A questão que se apresentará será de saber como ocorre que um hábito como a caridade produza atos "tíbios", isto é, inferiores "ao nível de fervor" do qual ele é capaz, e para o qual ele foi constituído.

dum secundum caritatem; et, habilitate crescente, homo prorumpit in actum ferventiorem dilectionis, quo conetur ad caritatis profectum; et tunc caritas augetur in actu.

AD PRIMUM ergo dicendum quod quilibet actus caritatis meretur vitam aeternam, non quidem statim exhibendam, sed suo tempore. Similiter etiam quilibet actus caritatis meretur caritatis augmentum: non tamen statim augetur, sed quando aliquis conatur ad huiusmodi augmentum.

AD SECUNDUM dicendum quod etiam in generatione virtutis acquisitae non quilibet actus complet generationem virtutis: sed quilibet operatur ad eam ut disponens, et ultimus, qui est perfectior, agens in virtute omnium praecedentium, reducit eam in actum. Sicut etiam est in multis guttis cavantibus lapidem.

AD TERTIUM dicendum quod in via Dei procedit aliquis non solum dum actu caritas eius augetur, sed etiam dum disponitur ad augmentum.

Articulus 7
Utrum caritas augeatur in infinitum

AD SEPTIMUM SIC PROCEDITUR. Videtur quod caritas non augeatur in infinitum.

1. Omnis enim motus est ad aliquem finem et terminum, ut dicitur in II *Metaphys.*[1]. Sed augmentum caritatis est quidam motus. Ergo tendit ad aliquem finem et terminum. Non ergo caritas in infinitum augetur.

2. PRAETEREA, nulla forma excedit capacitatem sui subiecti. Sed capacitas creaturae rationalis, quae est subiectum caritatis, est finita. Ergo caritas in infinitum augeri non potest.

3. PRAETEREA, omne finitum per continuum augmentum potest pertingere ad quantitatem al-

o homem mais disposto para executar de novo um ato de caridade; e, acentuando-se a facilidade de produzir este ato, o homem prorrompe em mais fervorosos atos de amor, e com eles consegue o progresso da caridade; e assim a caridade aumenta em ato.

QUANTO AO 1º, portanto, deve-se dizer que todo ato de caridade merece a vida eterna, que será dada a seu tempo, não imediatamente. Semelhantemente, todo ato de caridade merece[p] o crescimento da caridade, mas não imediatamente, e sim quando alguém se esforça para obter esse aumento.

QUANTO AO 2º, deve-se dizer que na geração de uma virtude adquirida, qualquer ato não causa a sua geração; mas contribui para prepará-la. O último ato, que é o mais perfeito, agindo em virtude dos atos precedentes, a transforma em ato. O mesmo acontece com a multidão de gotas de água que cavam uma pedra.

QUANTO AO 3º, deve-se dizer que alguém progride no caminho de Deus não somente quando a caridade cresce efetivamente, mas também quando se dispõe para o crescimento.

Artigo 7
A caridade aumenta infinitamente?

QUANTO AO SÉTIMO, ASSIM SE PROCEDE: parece que a caridade **não** aumenta infinitamente.

1. Com efeito, todo movimento tende para um fim ou termo, como diz o livro II da *Metafísica*. Ora, o aumento da caridade é um movimento. Logo, ele tende para algum fim e termo. Por conseguinte, a caridade não aumenta ao infinito.

2. ALÉM DISSO, nenhuma forma excede a capacidade de seu sujeito. Ora, a criatura racional, que é o sujeito da caridade, tem uma capacidade finita. Logo, a caridade não pode aumentar ao infinito.

3. ADEMAIS, tudo que é finito pode, por um aumento contínuo, atingir a quantidade de um

---

7 PARALL.: I *Sent.*, dist. 17, q. 2, a. 4; III, dist. 29, a. 8, q.la 1, ad 2; *De Virtut.*, q. 2, a. 10, ad 3 *in opp.*
1. C. 2: 994, b, 13-14.

p. Não só os atos que precedem o ato "mais fervoroso" dispõem a isso, mas merecem *de condigno* (I-II, q. 114, a. 8); mesmo os atos de caridade "menos fervorosos", chamados de tíbios, que são todavia incapazes de dispor ao ato "mais fervoroso" que corresponde ao crescimento do hábito. A propósito desses atos tíbios, falou-se, a partir do século XVIº, de "imperfeições". Estas não são pecados, como disseram alguns. O ato é bom e meritório. Mesmo sendo verdade que ninguém está dispensado de tender à perfeição da caridade, como a caridade mesmo o exige. Mas é uma exigência de tendência, não uma exigência material efetiva. No ato "menos fervoroso," não existe desordem moral, mas simplesmente "desleixo", demora no emprego de todas nossas energias espirituais. O homem não pode estar sempre em ato de fervor máximo, e a prudência recomenda de não estar constantemente "tenso". Resta que, se nos "habituássemos" a só efetuar atos "tíbios", disporíamos caridade a um declínio.

terius finiti quantumcumque maioris: nisi forte id quod accrescit per augmentum semper sit minus et minus; sicut Philosophus dicit, in III *Physic.*[2], quod si uni lineae addatur quod subtrahitur ab alia linea quae in infinitum dividitur, in infinitum additione facta, nunquam pertingetur ad quandam determinatam quantitatem quae est composita ex duabus lineis, scilicet divisa et ea cui additur quod ex alia subtrahitur. Quod in proposito non contingit: non enim necesse est ut secundum caritatis augmentum sit minus quam prius; sed magis probabile est quod sit aequale aut maius. Cum ergo caritas patriae sit quiddam finitum, si caritas viae in infinitum augeri potest, sequitur quod caritas viae possit adaequare caritatem patriae: quod est inconveniens. Non ergo caritas viae in infinitum potest augeri.

SED CONTRA est quod Apostolus dicit, Philp 3,12. *Non quod iam acceperim, aut iam perfectus sim: sequor autem si quo modo comprehendam.* Ubi dicit Glossa[3]: *Nemo fidelium, etsi multum profecerit, dicat, Sufficit mihi. Qui enim hoc dicit, exit de via ante finem.* Ergo semper in via caritas potest magis ac magis augeri.

RESPONDEO dicendum quod terminus augmenti alicuius formae potest praefigi tripliciter. Uno modo, ex ratione ipsius formae, quae habet terminatam mensuram, ad quam cum perventum fuerit, non potest ultra procedi in forma, sed si ultra processum fuerit, pervenietur ad aliam formam: sicut patet in pallore, cuius terminos per continuam alterationem aliquis transit, vel ad albedinem vel ad nigredinem perveniens. Alio modo, ex parte agentis, cuius virtus non se extendit ad ulterius augendum formam in subiecto. Tertio, ex parte subiecti, quod non est capax amplioris perfectionis.

Nullo autem istorum modorum imponitur terminus augmento caritatis in statu viae. Ipsa enim caritas secundum rationem propriae speciei terminum augmenti non habet: est enim participatio quaedam infinitae caritatis, quae est Spiritus Sanctus. Similiter etiam causa augens caritatem est infinitae virtutis, scilicet Deus. Similiter etiam ex parte subiecti terminus huic augmento praefigi non potest: quia semper, caritate excrescente, superexcrescit habilitas ad ulterius augmentum. Unde relinquitur quod caritatis augmento nullus terminus praefigi possit in hac vita.

outro finito por maior que seja, a não ser que o aumento contínuo seja cada vez menor. Assim, como diz o Filósofo, se se acrescentar a uma linha o que se subtrai de outra, dividida ao infinito, jamais essa adição, ainda que cresça ao infinito, chegará a uma determinada quantidade que é composta de duas linhas, a saber: a dividida e aquela à qual se acrescenta o subtraído da outra. Ora, isto não se dá no nosso caso, pois não é necessário que o segundo crescimento da caridade seja menor que o primeiro; é mais provável que ele seja igual ou maior. Assim, pois, como a caridade da pátria representa algo de finito, segue-se que, se a caridade atual pudesse crescer ao infinito, resultaria que esta última poderia igualar-se à da pátria, o que é inadmissível. Logo, a caridade desta vida não pode crescer ao infinito.

EM SENTIDO CONTRÁRIO, diz o Apóstolo: "Não que eu já o tenha alcançado ou que já seja perfeito, mas vou prosseguindo para ver se o alcanço". Ao que diz a Glosa: "Nenhum fiel, mesmo muito adiantado em perfeição, diga: Basta-me. O que assim fala sairá do caminho antes do fim". Logo, a caridade da vida atual pode crescer cada vez mais.

RESPONDO. O crescimento de uma forma pode ter um limite por três razões: primeiro, relativamente à própria razão da forma, que tem uma medida limitada, e esta, uma vez atingida, não pode ser ultrapassada; pois, se assim fosse, teríamos uma outra forma distinta. Assim, quem, por contínua alteração, ultrapassar os limites da cor cinza, chegará à cor branca ou à preta. De outro modo, relativamente ao agente, cuja força não é capaz de aumentar mais a forma no sujeito. Em terceiro lugar, relativamente ao sujeito, que não é suscetível de uma maior perfeição.

Ora, por nenhum destes motivos pode ser imposto um limite ao aumento da caridade na vida atual. Com efeito, considerada em si mesma, pela sua razão específica, não tem limites no seu crescimento, pois ela é uma participação da caridade infinita que é o Espírito Santo. Semelhantemente, a causa do aumento da caridade, que é Deus, tem infinito poder. Enfim, relativamente ao sujeito, não se pode estabelecer nenhum termo ao aumento da caridade, porque o seu aumento é, sempre, acompanhado da capacidade de um aumento maior. Resta, pois, que nesta vida não se pode fixar nenhum limite para o aumento da caridade.

---

2. C. 6: 206, b, 16-18.
3. LOMBARDI: ML 192, 246 C.

AD PRIMUM ergo dicendum quod augmentum caritatis est ad aliquem finem, sed ille finis non est in hac vita, sed in futura.

AD SECUNDUM dicendum quod capacitas creaturae spiritualis per caritatem augetur: quia per ipsam cor dilatatur, secundum illud 2Cor 6,11: *Cor nostrum dilatatum est*. Et ideo adhuc ulterius manet habilitas ad maius augmentum.

AD TERTIUM dicendum quod ratio illa procedit in his quae habent quantitatem eiusdem rationis: non autem in his quae habent diversam rationem quantitatis; sicut linea, quantumcumque crescat, non attingit quantitatem superficiei. Non est autem eadem ratio quantitatis caritatis viae, quae sequitur cognitionem fidei, et caritatis patriae, quae sequitur visionem apertam. Unde ratio non sequitur.

QUANTO AO 1º, portanto, deve-se dizer que o aumento da caridade é em vista de um fim, que não está na vida presente, mas na futura.

QUANTO AO 2º, deve-se dizer que a capacidade da criatura espiritual é aumentada pela caridade, porque esta dilata o nosso coração, conforme a segunda Carta aos Coríntios: "O nosso coração se dilatou". Por isso, após cada crescimento, permanece a aptidão para um crescimento maior.

QUANTO AO 3º, deve-se dizer que este argumento vale para as coisas que têm uma quantidade da mesma natureza, e não para as que têm quantidades de natureza diversa; assim, a linha, por mais que cresça, jamais atingirá as dimensões de uma superfície. Ora, a caridade desta vida, que é consequência do conhecimento da fé, e a caridade do céu, que é consequência da visão face a face, não têm quantidades da mesma natureza. O argumento, portanto, não é o mesmo.

ARTICULUS 8
Utrum caritas in hac vita possit esse perfecta

AD OCTAVUM SIC PROCEDITUR. Videtur quod caritas in hac vita non possit esse perfecta.

1. Maxime enim haec perfectio in Apostolis fuisset. Sed in eis non fuit: dicit enim Apostolus, ad Philp 3,12: *Non quod iam comprehenderim aut perfectus sim*. Ergo caritas in hac vita perfecta esse non potest.

2. PRAETEREA, Augustinus dicit, in libro *Octoginta trium Quaest*.[1], quod *nutrimentum caritatis est diminutio cupiditatis; perfectio, nulla cupiditas*. Sed hoc non potest esse in hac vita, in qua sine peccato vivere non possumus, secundum illud 1Io 1,8: *Si dixerimus quia peccatum non habemus, nos ipsos seducimus*: omne autem peccatum ex aliqua inordinata cupiditate procedit. Ergo in hac vita caritas perfecta esse non potest.

3. PRAETEREA, illud quod iam perfectum est non habet ulterius crescere. Sed caritas in hac vita semper potest augeri, ut dictum est[2]. Ergo caritas in hac vita non potest esse perfecta.

ARTIGO 8
A caridade nesta vida pode ser perfeita?[q]

QUANTO AO OITAVO, ASSIM SE PROCEDE: parece que a caridade nesta vida **não** pode ser perfeita.

1. Com efeito, essa perfeição teria existido principalmente nos Apóstolos. Ora, neles não chegou a existir, como diz Paulo: "Não que eu já o tenha alcançado ou que já seja perfeito". Logo, a caridade não pode ser perfeita nesta vida.

2. ALÉM DISSO, diz Agostinho: "O que alimenta a caridade, diminui a cobiça; onde se encontra a perfeição da caridade, não pode haver cobiça". Ora, isso é impossível na vida presente, em que não podemos viver sem pecado, conforme a primeira Carta de João: "Se dissermos que estamos sem pecado, enganamo-nos a nós mesmos". Ora, todo pecado procede de alguma cobiça desordenada. Logo, nesta vida não pode haver caridade perfeita.

3. ADEMAIS, o que já é perfeito não pode crescer mais. Ora, a caridade nesta vida pode sempre crescer, como foi dito. Logo, nesta vida, ela não pode ser perfeita.

---

8 PARALL.: Infra, q. 184, a. 2; III *Sent*., dist. 27, q. 3, a. 4; *De Virtut*., q. 2, a. 10; *De Perf. Vit. Spir*., c. 3 sqq.; ad *Philipp*., c. 3, lect. 2.

1. Q. 36, n. 1: ML 40, 25.
2. Art. praec.

q. A caridade denominada, abaixo, de perfeita, é sempre perfectível.

SED CONTRA est quod Augustinus dicit, *super Prim. Canonic. Ioan*[3]: *Caritas cum fuerit roborata, perficitur: cum ad perfectionem pervenerit, dicit, Cupio dissolvi et esse cum Christo*. Sed hoc possibile est in hac vita: sicut in Paulo fuit. Ergo caritas in hac vita potest esse perfecta.

RESPONDEO dicendum quod perfectio caritatis potest intelligi dupliciter: uno modo, ex parte diligibilis; alio modo, ex parte diligentis. Ex parte quidem diligibilis perfecta est caritas ut diligatur aliquid quantum diligibile est. Deus autem tantum diligibilis est quantum bonus est. Bonitas autem eius est infinita. Unde infinite diligibilis est. Nulla autem creatura potest eum diligere infinite: cum quaelibet virtus creata sit finita. Unde per hunc modum nullius creaturae caritas potest esse perfecta, sed solum caritas Dei, qua seipsum diligit.

Ex parte vero diligentis caritas dicitur perfecta quando aliquis secundum totum suum posse diligit. Quod quidem contingit tripliciter. Uno modo, sic quod totum cor hominis actualiter semper feratur in Deum. Et haec est perfectio caritatis patriae: quae non est possibilis in hac vita, in qua impossibile est, propter humanae vitae infirmitatem, semper actu cogitare de Deo et moveri dilectione ad ipsum. — Alio modo, ut homo studium suum deputet ad vacandum Deo et rebus divinis, praetermissis aliis nisi quantum necessitas praesentis vitae requirit. Et ista est perfectio caritatis quae est possibilis in via: non tamen est communis omnibus caritatem habentibus. — Tertio modo, ita quod habitualiter aliquis totum cor suum ponat in Deo: ita scilicet quod nihil cogitet vel velit quod sit divinae dilectioni contrarium. Et haec perfectio est communis omnibus caritatem habentibus.

AD PRIMUM ergo dicendum quod Apostolus negat de se perfectionem patriae. Unde Glossa[4] ibi dicit quod *perfectus erat viator, sed nondum ipsius itineris perfectione perventor*.

AD SECUNDUM dicendum quod hoc dicitur propter peccata venialia. Quae non contrariantur habitui caritatis, sed actui: et ita non repugnant perfectioni viae, sed perfectioni patriae.

AD TERTIUM dicendum quod perfectio viae non est perfectio simpliciter. Et ideo semper habet quo crescat.

EM SENTIDO CONTRÁRIO, escreve Agostinho: "A caridade, quando fortificada, aperfeiçoa-se; quando ela atinge a perfeição, diz: Desejo morrer e estar com Cristo". Ora, isso é possível na vida presente, como o foi para Paulo. Logo, nesta vida pode haver caridade perfeita.

RESPONDO. A perfeição da caridade pode ser entendida de dois modos: 1) em relação ao objeto amado e 2) em relação ao que ama. Em relação ao objeto amado, a caridade é perfeita quando o amamos tanto quanto ele é amável. Ora, Deus é tão amável quanto ele é bom; e como sua bondade é infinita, ele é infinitamente amável. Mas nenhuma criatura pode amar a Deus infinitamente, pois toda virtude criada é limitada. Por conseguinte, sob este ponto de vista, a caridade não pode ser perfeita em nenhuma criatura, mas somente a caridade com a qual Deus se ama.

Do lado daquele que ama, diz-se que a caridade é perfeita quando se ama tanto quanto se pode amar. Isto acontece de três maneiras. Primeiro, quando todo o coração do homem esteja elevado sempre e atualmente para Deus. Esta é a perfeição da caridade da pátria, impossível nesta vida, na qual, por causa da fragilidade humana, é impossível pensar sempre e atualmente em Deus, e mover-se por amor para ele. — Em segundo lugar, quando o homem põe seu cuidado em aplicar-se a Deus e às coisas divinas, deixando de lado tudo o mais, exceto o que for exigido pelas necessidades da vida presente. Esta é a perfeição da caridade que é possível nesta vida, ainda que não seja comum a todos os que têm caridade. — Enfim, em terceiro lugar, quando o homem habitualmente põe todo o coração em Deus, ao ponto de nada pensar e nada querer que seja contrário ao amor de Deus. Esta é a perfeição que é comum a todos os que têm caridade.

QUANTO AO 1º, portanto, deve-se dizer que o Apóstolo não reconhece em si a perfeição da caridade da pátria: "Ele era perfeito viajor, diz a Glosa, mas ainda não tinha atingido o termo da viagem".

QUANTO AO 2º, deve-se dizer que a afirmação de João diz respeito aos pecados veniais, que são contrários não ao hábito da caridade, mas ao seu ato; e assim não se opõem à perfeição desta vida, mas à perfeição da pátria.

QUANTO AO 3º, deve-se dizer que a perfeição da caridade nesta vida não é uma perfeição absoluta; portanto, sempre terá por onde crescer.

---

3. Tract. 5, n. 4, super 3, 9: ML 35, 2014.
4. Ordin., super Phil. 3, 12: ML 114, 606 A; LOMBARDI, *ibid*.: ML 192, 247 A.

Articulus 9
Utrum convenienter distinguantur tres gradus caritatis, incipiens, proficiens et perfecta

AD NONUM SIC PROCEDITUR. Videtur quod inconvenienter distinguantur tres gradus caritatis, scilicet caritas *incipiens, proficiens* et *perfecta*.

1. Inter principium enim caritatis et eius ultimam perfectionem sunt multi gradus medii. Non ergo unum solum medium debuit poni.
2. PRAETEREA, statim cum caritas incipit esse, incipit etiam proficere. Non ergo debet distingui caritas proficiens a caritate incipiente.
3. PRAETEREA, quantumcumque aliquis habeat in hoc mundo caritatem perfectam, potest etiam eius caritas augeri, ut dictum est[1]. Sed caritatem augeri est ipsam proficere. Ergo caritas perfecta non debet distingui a caritate proficiente. Inconvenienter igitur praedicti tres gradus caritatis assignantur.

SED CONTRA est quod Augustinus dicit, *super Prim. Canonic. Ioan*[2]: *Caritas cum fuerit nata, nutritur*, quod pertinet ad incipientes; *cum fuerit nutrita, roboratur*, quod pertinet ad proficientes; *cum fuerit roborata, perficitur*, quod pertinet ad perfectos. Ergo est triplex gradus caritatis.

RESPONDEO dicendum quod spirituale augmentum caritatis considerari potest quantum ad aliquid simile corporali hominis augmento. Quod quidem quamvis in plurimas partes distingui possit, habet tamen aliquas determinatas distinctiones secundum determinatas actiones vel studia ad quae homo perducitur per augmentum: sicut infantilis aetas dicitur antequam habeat usum rationis;

Artigo 9
É conveniente distinguir três graus da caridade: incipiente, proficiente e perfeita?[r]

QUANTO AO NONO, ASSIM SE PROCEDE: parece **não** ser conveniente distinguir três graus de caridade: a incipiente, a proficiente e a perfeita.

1. Com efeito, entre o começo da caridade e sua última perfeição, há múltiplos graus intermediários. Logo, não se deve dizer que só há um.
2. ALÉM DISSO, a caridade, desde que começa a existir, começa também a progredir. Logo, não se deve distinguir a caridade proficiente da incipiente.
3. ADEMAIS, por mais que neste mundo, alguém tenha a caridade perfeita, como foi dito, ela é sempre suscetível de aumento. Ora, para a caridade, aumentar é progredir; logo, não se deve distinguir a caridade perfeita da proficiente. Portanto, não convém atribuir os três graus à caridade.

EM SENTIDO CONTRÁRIO, diz Agostinho: "A caridade, uma vez nascida, é alimentada", o que é próprio dos incipientes; "quando é alimentada, fortifica-se", o que é próprio dos que progridem; "uma vez fortificada, aperfeiçoa-se", o que é próprio dos perfeitos. Logo, há três graus de caridade.

RESPONDO. O aumento espiritual da caridade pode ser considerado à luz do crescimento corporal humano. Ora, este crescimento, embora possa distinguir-se em muitas partes, é contudo suscetível de certas divisões bem determinadas, caracterizadas pelas atividades ou preocupações às quais o homem é conduzido durante o seu crescimento. Assim, chama-se infância a idade

---

9 PARALL.: III *Sent.*, dist. 29, a. 8, q.la 1; *in Isaiam*, cap. 44.
 1. Art. 7.
 2. Tract. 5, n. 4, super 3, 9: ML 35, 2014.

r. Os autores espirituais multiplicaram as "escalas", seja da vida espiritual (as habitações ou castelos da alma), seja das virtudes (os graus de humildade). A escala de três graus aqui apresentada baseia-se na autoridade de uma antiga tradição, mais antiga ainda do que Sto. Agostinho, à qual Sto. Tomás se refere. Assim ocorre durante toda a vida: o crescimento atravessa uma sucessão de estados, ou de idades, decisivos. Num primeiro tempo, de temor inicial (q. 19, a. 2), ele combaterá as más solicitações e se esforçará em obedecer. Num segundo tempo, ele se preocupará em desenvolver suas potencialidades de conhecimento de Deus, de serviço dos irmãos etc. Num terceiro tempo, tornado completamente responsável, esforçar-se-á em comunicar aos outros sua alegria e a mensagem do Evangelho. As "idades" posteriores, no entanto, não esvaziam as precedentes: não há jamais clara separação, mas crescimento vital.
  Certos autores se referiram a três "conversões". Na verdade, a vida cristã é um empreendimento de conversão permanente, mesmo que existam momentos fortes e mais decisivos de conversão, mas estes dificilmente podem ser comparados a idades. A comparação das idades possui limites, aliás: não deve haver senilidade na vida espiritual. O infantilismo espiritual, que significaria uma fixação na idade dos iniciantes, representa uma anormalidade que pode ser grave. Embora seja sempre difícil discernir as idades.
  Outros autores, a partir de São Boaventura, referiram-se a "três vias": purgativa, iluminativa, unitiva. Podem designar outra coisa. Mas podem corresponder também às três idades, nas quais podemos encontrar estas três atividades dominantes: purificativa, iluminativa e unitiva.

postea autem distinguitur alius status hominis quando iam incipit loqui et ratione uti; iterum tertius status eius est pubertatis, quando iam incipit posse generare; et sic inde quousque perveniatur ad perfectum.

Ita etiam et diversi gradus caritatis distinguuntur secundum diversa studia ad quae homo perducitur per caritatis augmentum. Nam primo quidem incumbit homini studium principale ad recedendum a peccato et resistendum concupiscentiis eius, quae in contrarium caritatis movent. Et hoc pertinet ad incipientes, in quibus caritas est nutrienda vel fovenda ne corrumpatur. — Secundum autem studium succedit, ut homo principaliter intendat ad hoc quod in bono proficiat. Et hoc studium pertinet ad proficientes, qui ad hoc principaliter intendunt ut in eis caritas per augmentum roboretur. — Tertium autem studium est ut homo ad hoc principaliter intendat ut Deo inhaereat et eo fruatur. Et hoc pertinet ad perfectos, qui *cupiunt dissolvi et esse cum Christo*. — Sicut etiam videmus in motu corporali quod primum est recessus a termino; secundum autem est appropinquatio ad alium terminum; tertium autem quies in termino.

AD PRIMUM ergo dicendum quod omnis illa determinata distinctio quae potest accipi in augmento caritatis, comprehenditur sub istis tribus quae dicta sunt[3]. Sicut etiam omnis divisio continuorum comprehenditur sub tribus his, principio, medio et fine; ut Philosophus dicit, in I *de Caelo*[4].

AD SECUNDUM dicendum quod illis in quibus caritas incipit, quamvis proficiant, principalior tamen cura imminet ut resistant peccatis, quorum impugnatione inquietantur. Sed postea, hanc impugnationem minus sentientes iam quasi securius ad profectum intendunt, ex una tamen parte facientes opus, et ex alia parte habentes manum ad gladium, ut dicitur in *Esdra* de aedificatoribus Ierusalem.

AD TERTIUM dicendum quod perfecti etiam in caritate proficiunt: sed non est ad hoc principalis eorum cura, sed iam eorum studium circa hoc maxime versatur ut Deo inhaereant. Et quamvis hoc etiam quaerant et incipientes et proficientes,

da vida que precede o uso da razão. Em seguida, distingue-se um outro estado do homem, que corresponde ao momento em que ele começa a falar e usar a razão. Um terceiro estado é o da puberdade, quando o homem torna-se capaz de gerar. E assim por diante, até chegar à perfeição.

Do mesmo modo, os diversos graus de caridade distinguem-se pelos diversos esforços aos quais o homem é conduzido para o progresso da sua caridade. Primeiramente, sua principal preocupação deve ser afastar-se do pecado e resistir aos atrativos que o conduzem para o que é contrário à caridade. E isso é próprio dos incipientes, que devem alimentar e estimular a caridade, para que ela não se perca. — Depois, vem uma segunda preocupação, que leva o homem principalmente a progredir no bem. Tal preocupação é própria dos proficientes, que visam sobretudo fortificar sua caridade, aumentando-a. — Enfim, a terceira preocupação é que o homem se esforce, principalmente, por unir-se a Deus e gozá-lo. E isso é próprio dos perfeitos, que "desejam morrer e estar com Cristo". — Assim, no movimento corporal, distinguimos do mesmo modo: primeiro, o afastamento do ponto de partida; depois, a aproximação do termo; enfim, o repouso nele.

QUANTO AO 1º, portanto, deve-se dizer que todas as distinções determinadas que se podem aceitar no aumento da caridade, estão compreendidas nas três que acabamos de fazer, assim como todas as divisões do que é contínuo se compreendem nessas três: o princípio, o meio e o fim, como diz o Filósofo.

QUANTO AO 2º, deve-se dizer que embora os incipientes na caridade progridam, eles têm como principal esforço resistir aos pecados, cujos ataques os atormentam. Em seguida, ressentindo menos esses ataques, já com mais segurança[s] buscam chegar à perfeição; entretanto, "com uma das mãos fazendo o seu trabalho, e com a outra segurando uma arma", como dizia Esdras a respeito dos reconstrutores de Jerusalém.

QUANTO AO 3º, deve-se dizer que também os de caridade perfeita progridem, mas não é isso que visam principalmente; o que os preocupa acima de tudo é unir-se a Deus. E embora esse fim também o visem os incipientes e os proficientes,

---

3. In corp.
4. C. 1: 268, a, 12-13.

s. Sto. Tomás diz, prudentemente, "*quasi securius*", de certa maneira com maior segurança. O progresso não é sempre certo. Muitas vezes, as "idades" se mesclam (r. 3).

tamen magis sentiunt circa alia sollicitudinem: incipientes quidem de vitatione peccatorum, proficientes vero de profectu virtutum.

Articulus 10
Utrum caritas possit diminui

Ad decimum sic proceditur. Videtur quod caritas possit diminui.

1. Contraria enim nata sunt fieri circa idem. Sed diminutio et augmentum sunt contraria. Cum igitur caritas augeatur, ut dictum est supra[1],videtur quod etiam possit diminui.

2. Praeterea, Augustinus, X *Confess.*[2], ad Deum loquens, dicit: *Minus te amat qui tecum aliquid amat.* Et in libro *Octoginta trium Quaest.*[3] dicit quod *nutrimentum caritatis est diminutio cupiditatis*: ex quo videtur quod etiam e converso augmentum cupiditatis sit diminutio caritatis. Sed cupiditas, qua amatur aliquid aliud quam Deus, potest in homine crescere. Ergo caritas potest diminui.

3. Praeterea, sicut Augustinus dicit, VIII *super Gen. ad litt.*[4], *non ita Deus operatur hominem iustum iustificando eum, ut, si abscesserit, maneat in absente quod fecit*: ex quo potest accipi quod eodem modo Deus operatur in homine caritatem eius conservando, quo operatur primo ei caritatem infundendo. Sed in prima caritatis infusione minus se praeparanti Deus minorem caritatem infundit. Ergo etiam in conservatione caritatis minus se praeparanti minorem caritatem conservat. Potest ergo caritas diminui.

Sed contra est quod caritas in Scriptura igni comparatur: secundum illud Ct 8,6: *Lampades eius*, scilicet caritatis, *lampades ignis atque flammarum.* Sed ignis, quandiu manet, semper ascendit. Ergo caritas, quandiu manet, ascendere potest; sed descendere, idest diminui, non potest.

Respondeo dicendum quod quantitas caritatis quam habet in comparatione ad obiectum proprium, minui non potest, sicut nec augeri, ut supra[5] dictum est. Sed cum augeatur secundum quanti-

Artigo 10
A caridade pode diminuir?

Quanto ao décimo, assim se procede: parece que a caridade **pode** diminuir.

1. Com efeito, os contrários têm naturalmente o mesmo objeto. Ora, a diminuição e o aumento são contrários. Logo, como a caridade é suscetível de aumento, como já foi dito, parece que ela também pode diminuir.

2. Além disso, diz Agostinho, dirigindo-se a Deus: "Ama-te menos quem, juntamente contigo, ama também outras coisas"; e, "o alimento da caridade é a diminuição da cupidez". Daí, ao contrário, parece que o crescimento da cupidez implica a diminuição da caridade. Ora, a cupidez, que leva a amar outra coisa que não Deus, pode crescer no homem. Logo, a caridade pode diminuir.

3. Ademais, "Deus, diz Agostinho, não torna um homem justo, justificando-o de tal modo que sua obra nele permaneça, mesmo que ele venha a abandoná-lo". Daí resulta que Deus opera no homem conservando a caridade do mesmo modo como opera ao infundi-la pela primeira vez. Ora, quando Deus infunde a caridade pela primeira vez, ele a infunde menor naquele que menos disposto estava. Logo, ao conservá-la, conserva-a menos em quem menos se dispõe para ela. Logo, a caridade pode diminuir.

Em sentido contrário, no livro Cântico dos Cânticos, a caridade é comparada ao fogo: "Suas chamas, isto é, as da caridade, são chamas de fogo". Ora, o fogo, enquanto dura, sempre sobe. Logo, a caridade, enquanto subsistir, pode subir; ela não pode descer, isto é, diminuir.

Respondo. A quantidade da caridade que é relativa ao objeto próprio não pode diminuir, nem aumentar, como já foi visto. Mas, já que a caridade cresce segundo a quantidade que ela possui

---

10 Parall.: I *Sent.*, dist. 17, q. 2, a. 5; *De Malo*, q. 7, a. 2.
  1. Art. 4
  2. C. 29: ML 32, 796.
  3. Q. 36, n. 1: ML 40, 25.
  4. C. 12, n. 26: ML 34, 383.
  5. A. 4, 1 a; a. 5.

tatem quam habet per comparationem ad subiectum, hic oportet considerare utrum ex hac parte diminui possit. Si autem diminuatur, oportet quod vel diminuatur per aliquem actum; vel per solam cessationem ab actu. Per cessationem quidem ab actu diminuuntur virtutes ex actibus acquisitae, et quandoque etiam corrumpuntur, ut supra[6] dictum est: unde de amicitia Philosophus dicit, in VIII *Ethic.*[7], quod *multas amicitias inappellatio solvit,* idest non appellare amicum vel non colloqui ei. Sed hoc ideo est quia conservatio uniuscuiusque rei dependet ex sua causa; causa autem virtutis acquisitae est actus humanus; unde, cessantibus humanis actibus, virtus acquisita diminuitur et tandem totaliter corrumpitur. Sed hoc in caritate locum non habet: quia caritas non causatur ab humanis actibus, sed solum a Deo, ut supra[8] dictum est. Unde relinquitur quod etiam cessante actu, propter hoc nec diminuitur nec corrumpitur, si desit peccatum in ipsa cessatione.

Relinquitur ergo quod diminutio caritatis non possit causari nisi vel a Deo, vel ab aliquo peccato. A Deo quidem non causatur aliquis defectus in nobis nisi per modum poenae, secundum quod subtrahit gratiam in poenam peccati. Unde nec ei competit diminuere caritatem nisi per modum poenae. Poena autem debetur peccato. Unde relinquitur quod, si caritas diminuatur, quod causa diminutionis eius sit peccatum, vel effective vel meritorie. Neutro autem modo peccatum mortale diminuit caritatem, sed totaliter corrumpit ipsam: et effective, quia omne peccatum mortale contrariatur caritati, ut infra[9] dicetur; et etiam meritorie, quia qui peccando mortaliter aliquid contra caritatem agit, dignum est ut Deus ei subtrahat caritatem.

Similiter etiam nec per peccatum veniale caritas diminui potest: neque effective, neque meritorie. Effective quidem non, quia ad ipsam caritatem non attingit. Caritas enim est circa finem ultimum: veniale autem peccatum est quaedam inordinatio circa ea quae sunt ad finem. Non autem diminuitur amor finis ex hoc quod aliquis inordinationem aliquam committit circa ea quae sunt ad finem: sicut aliquando contingit quod aliqui infirmi, multum amantes sanitatem, inordinate tamen se habent circa diaetae observationem; sicut etiam

em relação ao sujeito, deve-se considerar se, sob este ponto de vista, ela pode também diminuir. Se ela diminui, há de sê-lo por um ato, ou por abster-se de um ato. Deste segundo modo diminuem as virtudes adquiridas pelos atos; às vezes elas são destruídas, como já foi visto. Por isso diz o Filósofo, a propósito da amizade: "A falta de contato destrói muitas amizades" isto é, pelo fato de não chamar mais o amigo e não falar com ele. E isso se dá porque a conservação de um efeito depende de sua causa; ora, a causa de uma virtude adquirida, é o ato humano; logo, cessando os atos humanos, a virtude adquirida diminui e acaba por desaparecer totalmente. Ora, isso não sucede com a caridade, não causada por atos humanos, mas somente por Deus, como foi dito. Segue-se, pois, que, mesmo cessando o ato, a caridade nem por isso diminui ou desaparece, se o cessar do ato não for causado pelo pecado.

Do que precede deve-se concluir que a diminuição da caridade não pode ter outra causa senão Deus ou algum pecado. Ora, Deus não nos causa nenhuma deficiência, senão como pena, quando nos priva da graça em punição ao pecado. Não é próprio dele diminuir em nós a caridade, a não ser para infligir uma pena, e esta é devida ao pecado. Conclui-se, então, que se a caridade diminuir, sua causa efetiva ou meritória há de ser o pecado. Ora, de nenhum desses modos o pecado mortal diminui a caridade, porque ele a destrói completamente. E efetivamente, porque todo pecado mortal é contrário à caridade, como se dirá mais adiante; e também meritoriamente, pois aquele que, pecando mortalmente, age contra a caridade, merece que Deus o prive da caridade.

Semelhantemente, nem pelo pecado venial, a caridade pode diminuir, nem efetiva nem meritoriamente. Não efetivamente, porque o pecado venial não atinge a caridade, cujo objeto é o fim último. Ora, este pecado é uma desordem relativa aos meios conducentes ao fim; e não fica diminuído o amor de um fim por alguém agir desordenadamente em relação aos meios. Assim, pode acontecer a alguns doentes, que têm muito amor à sua saúde, proceder desordenadamente na observância da dieta. Do mesmo modo, nas ciências

---

6. I-II, q. 53, a. 3.
7. C. 6: 1157, b, 13.
8. Art. 2.
9. Art. 12.

et in speculativis falsae opiniones circa ea quae deducuntur ex principiis, non diminuunt certitudinem principiorum. — Similiter etiam veniale peccatum non meretur diminutionem caritatis. Cum enim aliquis delinquit in minori, non meretur detrimentum pati in maiori. Deus enim non plus se avertit ab homine quam homo se avertit ab ipso. Unde qui inordinate se habet circa ea quae sunt ad finem, non meretur detrimentum pati in caritate, per quam ordinatur ad ultimum finem.

Unde consequens est quod caritas nullo modo diminui possit, directe loquendo. Potest tamen indirecte dici diminutio cariritatis dispositio ad corruptionem ipsius: quae fit vel per peccata venialia; vel etiam per cessationem ab exercitio operum caritatis.

AD PRIMUM ergo dicendum quod contraria sunt circa idem quando subiectum aequaliter se habet ad utrumque contrariorum. Sed caritas non eodem modo se habet ad augmentum et diminutionem: potest enim habere causam augentem, sed non potest habere causam minuentem, sicut dictum est[10]. Unde ratio non sequitur.

AD SECUNDUM dicendum quod duplex est cupiditas. Una quidem qua finis in creaturis constituitur. Et haec totaliter mortificat caritatem: cum sit *venenum* ipsius, ut Augustinus dicit ibidem[11]. Et hoc facit quod Deus minus ametur, scilicet quam debet amari ex caritate, non quidem caritatem diminuendo, sed eam totaliter tollendo. Et sic intelligendum est quod dicitur[12], *Minus te amat qui tecum aliquid amat*: subditur enim, *quod non propter te amat*. Quod non contingit in peccato veniali, sed solum in mortali: quod enim amatur in peccato veniali, propter Deum amatur habitu, etsi non actu. — Est autem alia cupiditas venialis peccati, quae semper diminuitur per caritatem: sed tamen talis cupiditas caritatem diminuere non potest, ratione iam dicta.

AD TERTIUM dicendum quod in infusione caritatis requiritur motus liberi arbitrii, sicut supra[13] dictum est. Et ideo illud quod diminuit intensionem liberi arbitrii, dispositive operatur ad hoc

especulativas, as falsas opiniões concernentes às conclusões não diminuem a certeza dos princípios. — Igualmente, o pecado venial não merece a diminuição da caridade. Se alguém comete um pequeno delito, não merece sofrer pena que lhe seja desproporcional. Deus não se afasta mais do homem do que este dele. Por conseguinte, quem procede desordenadamente em relação aos meios não merece sofrer um detrimento na caridade, pela qual se ordena ao fim último.

A consequência de tudo isso, é que a caridade não pode de nenhum modo diminuir, diretamente falando. Indiretamente, porém, pode-se chamar diminuição da caridade a uma disposição para a sua perda, causada pelo pecado venial, ou pelo não exercício das obras da caridade[t].

QUANTO AO 1º, portanto, deve-se dizer que os contrários têm o mesmo objeto, quando o sujeito se relaciona igualmente em relação a ambos. Ora, a caridade não se comporta igualmente em relação ao aumento e à diminuição. Ela pode ter uma causa que a aumenta, mas não ter uma causa que a diminui, como foi dito. A objeção, portanto, não faz sentido.

QUANTO AO 2º, deve-se dizer que há uma dupla cupidez. A primeira estabelece seu fim nas criaturas e esta mata totalmente a caridade, sendo para ela "seu veneno", como diz Agostinho. Faz com que Deus seja menos amado do que deve sê-lo pela caridade, não diminuindo-a, mas destruindo-a por inteiro. Assim deve ser entendida a citação da objeção: "Ama-te menos quem, juntamente contigo, ama também outra coisa". Com efeito, Agostinho acrescenta: "porque não o ama por causa de ti". Ora, isso não acontece com o pecado venial, mas somente com o pecado mortal. Pois o que se ama, cometendo um pecado venial, ama-se por Deus, em virtude do hábito, embora ele não esteja em ato. — A segunda espécie de cupidez é a do pecado venial, que é sempre diminuída pela caridade; mas esta não pode diminuir a caridade, pela razão já expressa.

QUANTO AO 3º, deve-se dizer que como já foi dito, um movimento do livre-arbítrio é necessário para a infusão da caridade. Por isso, o que diminui a intensidade do livre-arbítrio contribui,

---

10. In corp.
11. L. *Octog. trium Quaest.*, q. 36, n. 1: ML 40, 25.
12. *Confess.*, l. X, c. 29: ML 32, 796.
13. I-II, q. 113, a. 3.

t. Sendo Deus a causa que produz, conserva, desenvolve a caridade, esta não pode diminuir. A menos que o pecado mortal não a aniquile. Ou que disposições para sua perda provenientes de pecados menos graves mas repetidos, ou provindo de sua inatividade, não sejam considerados já como uma diminuição do hábito.

quod caritas infundenda sit minor. Sed ad conservationem caritatis non requiritur motus liberi arbitrii: alioquin non remaneret in dormientibus. Unde per impedimentum intensionis motus liberi arbitrii non diminuitur caritas.

Articulus 11
Utrum caritas semel habita possit amitti

AD UNDECIMUM SIC PROCEDITUR. Videtur quod caritas semel habita non possit amitti.

1. Si enim amittitur, non amittitur nisi propter peccatum. Sed ille qui habet caritatem non potest peccare. Dicitur enim 1Io 3,9: *Omnis enim qui natus est ex Deo, peccatum non facit: quia semen ipsius in eo manet, et non potest peccare, quoniam ex Deo natus est.* Caritatem autem non habent nisi filii Dei: *ipsa* enim *est quae distinguit inter filios Regni et filios perditionis*, ut Augustinus dicit, in XV *de Trin.*[1]. Ergo ille qui habet caritatem non potest eam amittere.

2. PRAETEREA, Augustinus dicit, in VIII *de Trin.*[2] quod *dilectio, si non est vera, dilectio dicenda non est.* Sed sicut ipse dicit in epist. ad *Iulianum Comitem*[3], *caritas quae deseri potest, nunquam vera fuit.* Ergo neque caritas fuit. Si ergo caritas semel habeatur, nunquam amittitur.

3. PRAETEREA, Gregorius dicit, in homilia *Pentecostes*[4], quod *amor Dei magna operatur, si est: si desinit operari, caritas non est.* Sed nullus magna operando amittit caritatem. Ergo, si caritas insit, amitti non potest.

4. PRAETEREA, liberum arbitrium non inclinatur ad peccatum nisi per aliquod motivum ad peccandum. Sed caritas excludit omnia motiva ad peccandum: et amorem sui, et cupiditatem, et quidquid aliud huiusmodi est. Ergo caritas amitti non potest.

SED CONTRA est quod dicitur Ap 2,4: *Habeo adversum te pauca, quod caritatem primam reliquisti.*

como disposição, para que a caridade infundida seja menor. Mas, para conservar a caridade, não é necessário um movimento do livre-arbítrio; pois, do contrário, a caridade não subsistiria naqueles que dormem. Logo, um impedimento à intensidade do movimento do livre-arbítrio não diminui a caridade.

Artigo 11
Uma vez possuída, pode-se perder a caridade?

QUANTO AO DÉCIMO PRIMEIRO, ASSIM SE PROCEDE: parece que uma vez possuída, **não** se pode perder a caridade.

1. Com efeito, se se perde a caridade, será por causa do pecado. Ora, o que possui a caridade não pode pecar. Com efeito, diz a primeira Carta de João: "Todo aquele que nasceu de Deus não comete pecado, porque sua semente permanece nele; ele não pode pecar, porque nasceu de Deus". Ora, só os filhos de Deus possuem a caridade pois, como diz Agostinho, "é ela que distingue entre os filhos do reino e os filhos da perdição". Logo, quem possui a caridade não pode perdê-la.

2. ALÉM DISSO, Agostinho diz: "O amor, se não for verdadeiro, não merece este nome". Ora, como ele mesmo ainda diz, "a caridade que pode decair nunca foi verdadeira". Logo, nunca foi caridade; portanto, quando se possui a caridade, não se pode perdê-la.

3. ADEMAIS, diz Gregório: "O amor de Deus, quando existe, realiza grandes obras; se deixar de agir, não há caridade". Ora, ninguém que realiza grandes obras perde a caridade. Logo, quando a caridade existe, ela não pode ser perdida.

4. ADEMAIS, o livre-arbítrio não se inclina ao pecado a não ser por algum motivo de pecar. Ora, a caridade exclui todos os motivos de pecar, tais como o amor de si, a cupidez etc. Logo, a caridade não pode ser perdida.

EM SENTIDO CONTRÁRIO, está dito no livro do Apocalipse: "Devo reprovar-te, contudo, por teres abandonado teu primeiro amor".

---

11 PARALL.: III *Sent.*, dist. 31, q. 1, a. 1; *Cont. Gent.* IV, 70; *De Virtut.*, q. 2, a. 12; *ad Rom.*, c. 8, lect. 7; I *ad Cor.*, c. 13, lect. 3.

1. C. 18, n. 32: ML 42, 1082.
2. C. 7, n. 10: ML 42, 956.
3. Cfr. PAULINUM AQUILEIENS., *De salut. docum.*, c. 7: ML 99, 202 A (= ML 40, 1049).
4. Homil. 30 *in Evang.*, n. 2: ML 76, 1221 B.

RESPONDEO dicendum quod per caritatem Spiritus Sanctus in nobis habitat, ut ex supradictis[5] patet. Tripliciter ergo possumus considerare caritatem. Uno modo, ex parte Spiritus Sancti moventis animam ad diligendum Deum. Et ex hac parte caritas impeccabilitatem habet ex virtute Spiritus Sancti, qui infallibiliter operatur quodcumque voluerit. Unde impossibile est haec duo simul esse vera, quod Spiritus Sanctus aliquem velit movere ad actum caritatis, et quod ipse caritatem amittat peccando: nam donum perseverantiae computatur inter *beneficia Dei quibus certissime liberantur quicumque liberantur*, ut Augustinus dicit, in libro de *Praed. Sanct.*[6].

Alio modo potest considerari caritas secundum propriam rationem. Et sic caritas non potest nisi illud quod pertinet ad caritatis rationem. Unde caritas nullo modo potest peccare: sicut nec calor potest infrigidare; et sicut etiam iniustitia non potest bonum facere, ut Augustinus dicit, in libro *de Serm. Dom. in Monte*[7].

Tertio modo potest considerari caritas ex parte subiecti, quod est vertibile secundum arbitrii libertatem. Potest autem attendi comparatio caritatis ad hoc subiectum et secundum universalem rationem qua comparatur forma ad materiam; et secundum specialem rationem qua comparatur habitus ad potentiam. Est autem de ratione formae quod sit in subiecto amissibiliter quando non replet totam potentialitatem materiae: sicut patet in formis generabilium et corruptibilium. Quia materia horum sic recipit unam formam quod remanet in ea potentia ad aliam formam, quasi non repleta tota materiae potentialitate per unam formam; et ideo una forma potest amitti per acceptionem alterius. Sed forma corporis caelestis, quia replet totam materiae potentialitatem, ita quod non remanet in ea potentia ad aliam formam, inamissibiliter inest. — Sic igitur caritas patriae, quia replet totam potentialitatem rationalis mentis, inquantum scilicet omnis actualis motus eius fertur in Deum, inamissibiliter habetur. Caritas autem viae non sic replet potentialitatem sui subiecti: quia non semper actu fertur in Deum. Unde quando actu in Deum non fertur, potest aliquid occurrere per quod caritas amittatur.

RESPONDO. Pela caridade, o Espírito Santo habita em nós, como já se demonstrou. Podemos considerar a caridade de três modos. Primeiramente, em relação ao Espírito Santo, que move a alma para amar a Deus. Desse modo, a caridade não pode pecar, por causa do poder do Espírito Santo, que opera infalivelmente tudo o que quer. Por isso, não poderia ser verdadeiro simultaneamente que o Espírito Santo mova alguém para um ato de caridade, e que ele venha a perder a caridade, pecando: pois o dom da perseverança é contado entre "os benefícios de Deus, com os quais certissimamente são libertados os que são libertados", segundo Agostinho.

Em segundo lugar, pode-se considerar a caridade em relação à sua própria razão. E, sob este aspecto, a caridade só pode operar o que convém à própria razão da caridade. Por isso ela não pode pecar em hipótese alguma, "assim como o calor não pode esfriar, e nem a injustiça fazer o bem", como sentenciou Agostinho.

Pode-se considerar, enfim, a caridade em relação ao sujeito, o qual é volúvel de acordo com o livre-arbítrio. A relação da caridade com o sujeito, por sua vez, pode ser considerada de dois modos: tanto do ponto de vista geral das relações da forma com a matéria, quanto do ponto de vista particular das relações do hábitos com a potência. É próprio da forma estar no sujeito, de maneira que se pode perder, quando ela não atualiza toda a potencialidade da matéria. Este é o caso das formas dos que geram e se corrompem, cuja matéria recebe uma forma, mas conservando a possibilidade de receber outra, por não ficar atualizada por uma só forma toda a potencialidade da matéria. Por isso, uma forma pode desaparecer pela recepção de uma outra forma. Ao contrário, a forma de um corpo celeste permanece nele de modo permanente, porque atualiza toda a potencialidade da matéria, nela não mais existindo potência para uma outra forma. — É o que acontece com a caridade da pátria porque preenche toda a potencialidade da alma racional, enquanto todos os seus movimentos se dirigem atualmente para Deus. Mas a caridade da vida presente não preenche toda a potencialidade de seu sujeito, por não ser sempre e atualmente dirigida a Deus. Por isso, quando não o busca, em ato, algo pode sobrevir que o faça perder a caridade.

---

5. A. 2; q. 23, a. 2.
6. L. II, a. *De dono persev.*, c. 14, n. 35: ML 45, 1014.
7. L. II, c. 24, n. 79: ML 34, 1305.

Habitui vero proprium est ut inclinet potentiam ad agendum quod convenit habitui inquantum facit id videri bonum quod ei convenit, malum autem quod ei repugnat. Sicut enim gustus diiudicat sapores secundum suam dispositionem, ita mens hominis diiudicat de aliquo faciendo secundum suam habitualem dispositionem: unde et Philosophus dicit, in III *Ethic*.[8] quod *qualis unusquisque est, talis finis videtur ei*. Ibi ergo caritas inamissibiliter habetur, ubi id quod convenit caritati non potest videri nisi bonum: scilicet in patria, ubi Deus videtur per essentiam, quae est ipsa essentia bonitatis. Et ideo caritas patriae amitti non potest. Caritas autem viae, in cuius statu non videtur ipsa Dei essentia, quae est essentia bonitatis, potest amitti.

AD PRIMUM ergo dicendum quod auctoritas illa loquitur secundum potestatem Spiritus Sancti, cuius conservatione a peccato immunes redduntur quos ipse movet quantum ipse voluerit.

AD SECUNDUM dicendum quod caritas quae deseri potest ex ipsa ratione caritatis, vera caritas non est. Hoc enim esset si hoc in suo amore haberet, quod ad tempus amaret et postea amare desineret: quod non esset verae dilectionis. Sed si caritas amittatur ex mutabilitate subiecti, contra propositum caritatis, quod in suo actu includitur; hoc non repugnat veritati caritatis.

AD TERTIUM dicendum quod amor Dei semper magna operatur in proposito: quod pertinet ad rationem caritatis. Non tamen semper magna operatur in actu, propter conditionem subiecti.

AD QUARTUM dicendum quod caritas, secundum rationem sui actus, excludit omne motivum ad peccandum. Sed quandoque contingit quod caritas actu non agit. Et tunc potest intervenire aliquod motivum ad peccandum, cui si consentiatur, caritas amittitur.

Quanto ao hábito, é próprio dele inclinar a potência para o ato fazendo-a julgar como bom o que lhe convém, e como mal o que lhe é contrário. Pois, assim como o gosto aprecia os sabores segundo sua disposição própria, assim também a mente humana julga o que ele deve fazer segundo sua disposição criada pelo hábito. Daí dizer o Filósofo: "Assim como cada um é, assim lhe parecerá o fim". Portanto, a caridade não pode ser perdida, quando o que lhe convém não pode lhe parecer senão bom, ou seja, na pátria, onde Deus se vê em sua essência, que é a própria essência da bondade. Por esta razão a caridade da pátria não se perde. A caridade desta vida, todavia, em que não se vê a própria essência de Deus, que é a essência da bondade, pode se perder.

QUANTO AO 1º, portanto, deve-se dizer que a autoridade do texto citado de João refere-se ao poder do Espírito Santo que, por sua proteção, torna isentos de pecado os que ele move quanto quer[u].

QUANTO AO 2º, deve-se dizer que a caridade que pode afastar-se da própria essência da caridade, não é verdadeira. Isto aconteceria se o seu amor consistisse em amar por algum tempo e, depois, deixasse de amar, o que não seria próprio do verdadeiro amor. Mas se a caridade se perde por causa da mutabilidade do sujeito, isso acontece contra a tendência que implica o próprio ato da caridade; e isso não repugna à verdade da caridade[v].

QUANTO AO 3º, deve-se dizer que o amor de Deus propõe-se sempre a realizar grandes coisas, o que pertence à razão da caridade. Contudo, nem sempre chega a realizar essas grandes coisas, devido à condição do sujeito.

QUANTO AO 4º, deve-se dizer que a caridade, pela própria razão de seu ato, exclui todo motivo de pecar. Às vezes, porém, acontece que a caridade não está em ato; então, pode sobrevir algum motivo que leve a pecar e, se nele se consentir, perde-se a caridade.

---

8. C. 7: 1114, a, 32-b, 1.

u. Enquanto o Espírito Santo mover a vontade, não existe possibilidade de perda. Por que, às vezes, ele deixa de mover? É a questão da graça que volta repetidamente (ver I-II, q. 112, a. 3).

v. A queda não provém da caridade mesma, mas da mutabilidade de seu sujeito.

Articulus 12
Utrum caritas amittatur per unum actum peccati mortalis

AD DUODECIMUM SIC PROCEDITUR. Videtur quod caritas non amittatur per unum actum peccati mortalis.

1. Dicit enim Origenes, in I *Periarch.*[1]: *Si aliquando satietas capit aliquem ex his qui in summo perfectoque constiterint gradu, non arbitror quod ad subitum quis evacuetur aut decidat: sed paulatim ac per partes eum decidere necesse est.* Sed homo decidit caritatem amittens. Ergo caritas non amittitur per unum solum actum peccati mortalis.

2. PRAETEREA, Leo Papa dicit, in serm. *de Passione*[2], alloquens Petrum: *Vidit in te Dominus non fidem victam, non dilectionem aversam, sed constantiam fuisse turbatam. Abundavit fletus, ubi non defecit affectus: et fons caritatis lavit verba formidinis.* Et ex hoc accepit Bernardus[3] quod dixit *in Petro caritatem non fuisse extinctam, sed sopitam.* Sed Petrus, negando Christum, peccavit mortaliter. Ergo caritas non amittitur per unum actum peccati mortalis.

3. PRAETEREA, caritas est fortior quam virtus acquisita. Sed habitus virtutis acquisitae non tollitur per unum actum peccati contrarium. Ergo multo minus caritas tollitur per unum actum peccati mortalis contrarium.

4. PRAETEREA, caritas importat dilectionem Dei et proximi. Sed aliquis committens aliquod peccatum mortale retinet dilectionem Dei et proximi, ut videtur: inordinatio enim affectionis circa ea quae sunt ad finem non tollit amorem finis, ut supra[4] dictum est. Ergo potest remanere caritas ad Deum, existente peccato mortali per inordinatam affectionem circa aliquod temporale bonum.

5. PRAETEREA, virtutis theologicae obiectum est ultimus finis. Sed aliae virtutes theologicae, scilicet fides et spes, non excluduntur per unum actum peccati mortalis: immo remanent informes. Ergo etiam caritas potest remanere informis, etiam uno peccato mortali perpetrato.

Artigo 12
Pode-se perder a caridade por um só ato de pecado mortal?

QUANTO AO DÉCIMO SEGUNDO, ASSIM SE PROCEDE: parece que **não** se pode perder a caridade por um só ato de pecado mortal.

1. Com efeito, diz Orígenes: "Se alguma vez o tédio se apoderar daqueles que atingiram o mais algo grau de perfeição, não penso que alguém se perca ou caia instantaneamente, mas sua queda há de se fazer paulatinamente e por degraus". Ora, o homem cai quando perde a caridade. Logo, esta não se perde por um só ato de pecado mortal.

2. ALÉM DISSO, o Papa Leão, num sermão sobre a Paixão, assim interpela Pedro: "O Senhor viu em ti não uma fé vencida, nem um amor infiel, mas uma constância abalada. As lágrimas abundaram onde não enfraqueceu o afeto, e as fontes da caridade lavaram as palavras de temor". E Bernardo diz, inspirado nestas palavras: "Em Pedro, a caridade não se extinguiu, ficou adormecida". Ora, negando a Cristo, Pedro pecou mortalmente. Logo, a caridade não é perdida por um só ato de pecado mortal.

3. ADEMAIS, a caridade é mais poderosa do que uma virtude adquirida. Ora, o hábito de uma virtude adquirida não é supresso por um ato de pecado mortal. Logo, muito menos a caridade pode ser eliminada por um só ato contrário de pecado mortal.

4. ADEMAIS, a caridade implica o amor de Deus e o amor do próximo. Ora, parece, quem comete um pecado mortal conserva o amor de Deus e do próximo, porque o amor desordenado dos meios não elimina o amor do fim, como já foi dito. Logo, a caridade para com Deus pode subsistir apesar da existência de um pecado mortal, provindo de um afeto desordenado a algum bem temporal.

5. ADEMAIS, as virtudes teologais têm por objeto o fim último. Ora, as outras virtudes teologais, a fé e a esperança, não se perdem por um só ato de pecado mortal, mas subsistem em estado informe. Logo, também a caridade pode permanecer informe, mesmo depois de cometido um só pecado mortal.

---

12 PARALL.: III *Sent.*, dist. 31, q. 1, a. 1; *De Virtut.*, q. 2, a. 6, 13.

1. C. 3, n. 8: MG 11, 155 C.
2. Serm. 60, al. 58, c. 4: ML 54, 345 C.
3. Cfr. GUILELMUM ABB. S. THEODORICI, *De natura et dignitate amoris*, c. 6, n. 14: ML 184, 390 A.
4. Art. 10.

SED CONTRA, per peccatum mortale fit homo dignus morte aeterna: secundum illud Rm 6,23: *Stipendia peccati mors*. Sed quilibet habens caritatem habet meritum vitae aeternae: dicitur enim Io 14,21: *Si quis diligit me, diligetur a Patre meo, et ego diligam eum, et manifestabo ei meipsum*; in qua quidem manifestatione vita aeterna consistit, secundum illud Io 17,3: *Haec est vita aeterna, ut cognoscant te, verum Deum, et quem misisti, Iesum Christum*. Nullus autem potest esse simul dignus vita aeterna et morte aeterna. Ergo impossibile est quod aliquis habeat caritatem cum peccato mortali. Tollitur ergo caritas per unum actum peccati mortalis.

RESPONDEO dicendum quod unum contrarium per aliud contrarium superveniens tollitur. Quilibet autem actus peccati mortalis contrariatur caritati secundum propriam rationem, quae consistit in hoc quod Deus diligatur super omnia, et quod homo totaliter se illi subiiciat, omnia sua referendo in ipsum. Est igitur de ratione caritatis ut sic diligat Deum quod in omnibus velit se ei subiicere, et praeceptorum eius regulam in omnibus sequi: quidquid enim contrariatur praeceptis eius, manifeste contrariatur caritati. Unde de se habet quod caritatem excludere possit.

Et si quidem caritas esset habitus acquisitus ex virtute subiecti dependens, non oporteret quod statim per unum actum contrarium tolleretur. Actus enim non directe contrariatur habitui, sed actui: conservatio autem habitus in subiecto non requirit continuitatem actus: unde ex superveniente contrario actu non statim habitus acquisitus excluditur. Sed caritas, cum sit habitus infusus, dependet ex actione Dei infundentis, qui sic se habet in infusione et conservatione caritatis sicut sol in illuminatione aeris, ut dictum est[5]. Et ideo, sicut lumen statim cessaret esse in aere quod aliquod obstaculum poneretur illuminationi solis, ita etiam caritas statim deficit esse in anima quod aliquod obstaculum ponitur influentiae caritatis a Deo in animam. Manifestum est autem quod per quodlibet mortale peccatum, quod divinis praeceptis contrariatur, ponitur praedictae infusioni obstaculum: quia ex hoc ipso quod homo eligendo praefert

EM SENTIDO CONTRÁRIO, o pecado mortal torna o homem digno da morte eterna, segundo o que disse o Apóstolo: "O salário do pecado é a morte". Ora, todo aquele que possui a caridade, possui o mérito da vida eterna. Com efeito, está escrito no Evangelho de João: "Quem me ama será amado por meu Pai; eu o amarei e me manifestarei a ele". E a vida eterna consiste precisamente nesta manifestação, segundo esta palavra do mesmo evangelho: "A vida eterna é esta: que eles te conheçam a ti, o único Deus verdadeiro, e aquele que enviaste, Jesus Cristo". Ninguém pode, ao mesmo tempo, ser digno da vida e da morte eternas. Logo, é impossível a alguém, em estado de pecado mortal, ter a vida eterna. Logo, pode-se perder a caridade por um só ato de pecado mortal[w].

RESPONDO. Um contrário fica eliminado quando sobrevém um outro contrário. Ora, todo ato de pecado mortal é contrário à própria razão da caridade, que consiste em amar a Deus sobre todas as coisas e em que o homem se submeta totalmente a ele, a quem deve tudo referir. É, pois, da razão da caridade amar a Deus de tal modo que se queira ser-lhe submisso em todas as coisas, e em tudo seguir a regra de seus mandamentos. Ora, tudo o que se opõe aos preceitos divinos é manifestamente contrário à caridade. Por isso pode, por si mesmo excluí-la.

Se a caridade, porém, fosse um hábito adquirido, dependente da força do sujeito, não seria conveniente que fosse perdida logo por causa de um só ato contrário. Pois um ato não é diretamente contrário ao hábito, mas a outro ato. Ora, a continuação de um hábito no sujeito não exige a continuidade do ato; por conseguinte, ao sobrevir um ato contrário, não se destrói imediatamente o hábito adquirido. Mas a caridade, por ser um hábito infuso, depende da ação de Deus, que a comunica à alma, e age na infusão e conservação da caridade tal qual o sol na iluminação do ar, como já foi dito. E assim como a luz desapareceria instantaneamente no ar se algum obstáculo viesse impedir a sua iluminação pelo sol, assim também a caridade deixa de existir na alma se algum obstáculo viesse impedir que Deus lha infundisse. Ora, é manifesto que todo pecado mortal, opondo-se aos preceitos divinos, oferece

---

5. Cfr. a. 10, 3 a; q. 4, a. 4, ad 3.

w. O ato de pecado mortal não é só contrário a um ato de caridade, ele se contrapõe ao hábito de caridade, tanto quanto à sua causa divina. Trata-se, é claro, de uma hipótese, na maior parte das vezes inverificável, de um pecado "mortal", aquele que rejeita totalmente "a vida" de conhecimento e de amor que Deus dá à alma.

peccatum divinae amicitiae, quae requirit ut Dei voluntatem sequamur, consequens est ut statim per unum actum peccati mortalis habitus caritatis perdatur. Unde et Augustinus dicit, VIII *super Gen. ad litt.*[6], quod *homo Deo sibi praesente, illuminatur; absente autem, continuo tenebratur; a quo non locorum intervallis, sed voluntatis aversione disceditur.*

AD PRIMUM ergo dicendum quod verbum Origenis potest uno modo sic intelligi quod homo qui est in statu perfecto non subito procedit in actum peccati mortalis, sed ad hoc disponitur per aliquam negligentiam praecedentem. Unde et peccata venialia dicuntur esse dispositio ad mortale, sicut supra[7] dictum est. Sed tamen per unum actum peccati mortalis, si eum commiserit, decidit, caritate amissa.

Sed quia ipse subdit[8]: *Si aliquis brevis lapsus acciderit, et cito resipiscat, non penitus ruere videtur*, potest aliter dici quod ipse intelligit eum penitus evacuari et decidere qui sic decidit ut ex malitia peccet. Quod non statim in viro perfecto a principio contingit.

AD SECUNDUM dicendum quod caritas amittitur dupliciter. Uno modo, directe, per actualem contemptum. Et hoc modo Petrus caritatem non amisit. — Alio modo, indirecte: quando committitur aliquod contrarium caritati propter aliquam passionem concupiscentiae vel timoris. Et hoc modo Petrus, contra caritatem faciens, caritatem amisit: sed eam cito recuperavit.

AD TERTIUM dicendum quod virtus acquisita habet causam in subiecto et non totaliter ab extrinseco; et ideo non est similis ratio.

AD QUARTUM dicendum quod non quaelibet inordinatio affectionis quae est circa ea quae sunt ad finem, idest circa bona creata, constituit peccatum mortale: sed solum quando est talis inordinatio quae repugnat divinae voluntati. Et hoc directe contrariatur caritati, ut dictum est[9].

obstáculo a esta infusão. Pelo fato de que o homem deliberadamente prefere o pecado à amizade divina, que exige o cumprimento de sua vontade, segue-se que, imediatamente, por um só ato de pecado mortal, perca o hábito da caridade. Por isso, diz Agostinho: "A presença de Deus ilumina o homem; a ausência de Deus o precipita logo nas trevas; o homem dele se afasta, não pela distância local, mas pela aversão da sua vontade"[x].

QUANTO AO 1º, portanto, deve-se dizer que as palavras de Orígenes podem entender-se no sentido que o homem, no estado de perfeição, não pratica imediatamente um pecado mortal, mas a ele se dispõe por alguma negligência anterior. Por isso os pecados veniais, como já foi visto, são considerados disposições para o pecado mortal. Contudo, aquele que comete um só pecado mortal, perece, tendo perdido a caridade.

Mas, como acrescenta Orígenes, "se alguém escorregar levemente e logo se arrepender, parece não ter sofrido ruína total"; pode-se dizer que, no pensamento deste autor, a ruína e queda completas são as do homem que peca por malícia, o que não acontece com quem é perfeito, instantaneamente e de uma só vez.

QUANTO AO 2º, deve-se dizer que perde-se a caridade de duas maneiras: diretamente, pelo desprezo atual, e não foi assim que Pedro a perdeu. — Indiretamente, quando se comete um ato contrário à caridade, sob influência de alguma paixão de concupiscência ou de temor. Foi agindo assim, contra a caridade, que Pedro a perdeu, mas logo a recuperou[y].

QUANTO AO 3º, deve-se dizer que a virtude adquirida tem a causa no sujeito e não totalmente do exterior. Portanto, o argumento não é o mesmo.

QUANTO AO 4º, deve-se dizer que o pecado mortal não se constitui por qualquer afeto desordenado em relação aos meios, isto é, aos bens criados, mas somente por uma tal desordem que se oponha à vontade divina. Esta é a desordem que se opõe diretamente à caridade, como já foi dito.

---

6. C. 12, n. 26: ML 34, 383.
7. I-II, q. 88, a. 3.
8. Loc. cit. in 1 a: MG 3, 155 C.
9. In corp.

x. O hábito adquirido, ou natural, não se perde por um único ato contrário. Pode-se efetuar o ato... de mau gosto, e continuar sendo um grande artista, ou mesmo cometer o ato de imprudência e permanecer fundamentalmente prudente. Pelo contrário, o hábito infundido não sendo causado por nós, perde-se pelo primeiro ato que o contraponha à sua causa.

y. Essa adição é importante. Não é porque um hábito é perdido por um único ato que ele não possa ser recuperado. Mas cada vez que isso ocorre é por graça.

AD QUINTUM dicendum quod caritas importat unionem quandam ad Deum: non autem fides neque spes. Omne autem peccatum mortale consistit in aversione a Deo, ut supra[10] dictum est. Et ideo omne peccatum mortale contrariatur caritati. Non autem omne peccatum mortale contrariatur fidei vel spei, sed quaedam determinata peccata, per quae habitus fidei et spei tollitur, sicut et per omne peccatum mortale habitus caritatis. Unde patet quod caritas non potest remanere informis: cum sit ultima forma virtutum, ex hoc quod respicit Deum in ratione finis ultimi, ut dictum est[11].

QUANTO AO 5º, deve-se dizer que a caridade implica certa união com Deus que não acontece nem com a fé nem com a esperança. Vimos que todo pecado mortal consiste na aversão a Deus, e assim se opõe à caridade. Mas todo pecado mortal não é contrário à fé e à esperança, salvo certos pecados determinados, que eliminam o hábito da fé e da esperança, assim como com todo pecado mortal se elimina o hábito da caridade. Fica claro, portanto, que a caridade não pode permanecer informe, pois, como já foi dito, pelo fato de ter por objeto a Deus sob a razão de fim último, ela é a forma última das virtudes[z].

---
10. Q. 20, a. 3; I-II, q. 72, a. 5.
11. Q. 23, a. 8.

z. A incoerência do espírito humano faz com que ele possa crer em Deus rebelando-se contra ele, e esperar vê-lo recusando hoje sua amizade. A caridade não permite essas inconsequências: não podemos amar e não amar ao mesmo tempo.

QUAESTIO XXV
DE OBIECTO CARITATIS
in duodecim articulos divisa

Deinde considerandum est de obiecto caritatis. Circa quod duo consideranda occurrunt: primo quidem de his quae sunt ex caritate diligenda; secundo, de ordine diligendorum.
Circa primum quaeruntur duodecim.
Primo: utrum solus Deus sit ex caritate diligendus, vel etiam proximus.
Secundo: utrum caritas sit ex caritate diligenda.
Tertio: utrum creaturae irrationales sint ex caritate diligendae.
Quarto: utrum aliquis possit ex caritate seipsum diligere.
Quinto: utrum corpus proprium.

Sexto: utrum peccatores sint ex caritate diligendi.
Septimo: utrum peccatores seipsos diligant.
Octavo: utrum inimici sint ex caritate diligendi.

Nono: utrum sint eis signa amicitiae exhibenda.
Decimo: utrum angeli sint ex caritate diligendi.
Undecimo: utrum daemones.
Duodecimo: de enumeratione diligendorum ex caritate.

QUESTÃO 25
O OBJETO DA CARIDADE[a]
em doze artigos

Em seguida, deve-se considerar o objeto da caridade. Sobre este assunto, deve-se considerar: I. O que se deve amar por caridade. II. Em que ordem se deve fazer.
Sobre este ponto, doze perguntas:
1. Somente Deus deve ser amado pela caridade, ou também o próximo?
2. A caridade deve ser amada pela caridade?
3. As criaturas irracionais devem ser amadas pela caridade?
4. Podemos nos amar a nós mesmos pela caridade?
5. Deve-se amar seu próprio corpo pela caridade?
6. Os pecadores devem ser amados pela caridade?
7. Os pecadores amam-se a si mesmos?
8. Os inimigos devem ser amados pela caridade?
9. Devemos dar-lhes mostras de amizade?
10. Devem os anjos ser amados pela caridade?
11. E os demônios?
12. Sobre a enumeração do que devemos amar pela caridade.

---
a. O que se estuda agora é menos o objeto que a extensão do objeto: aquilo a que, ou aqueles aos quais, se volta a caridade. (q. 25): Aqueles que devemos amar: a. 1, Deus e o próximo; a. 2 a 11, tudo o que é da ordem da caridade; a. 12, a enumeração tradicional. (q. 26): a ordem segundo a qual convém amar os outros.

Articulus 1
Utrum dilectio caritatis sistat in Deo, an se extendat etiam ad proximum

Ad primum sic proceditur. Videtur quod dilectio caritatis sistat in Deo, et non se extendat ad proximum.

1. Sicut enim Deo debemus amorem, ita et timorem: secundum illud Dt 10,12: *Et nunc, Israel, quid Dominus Deus petit nisi ut timeas et diligas eum?* Sed alius est timor quo timetur homo, qui dicitur timor humanus; et alius timor quo timetur Deus, qui est vel servilis vel filialis, ut ex supradictis[1] patet. Ergo etiam alius est amor caritatis, quo diligitur Deus; et alius est amor quo diligitur proximus.

2. Praeterea, Philosophus dicit, in VIII *Ethic.*[2] quod *amari est honorari*. Sed alius est honor qui debetur Deo, qui est honor latriae; et alius est honor qui debetur creaturae, qui est honor duliae. Ergo etiam alius est amor quo diligitur Deus, et quo diligitur proximus.

3. Praeterea, *spes generat caritatem*; ut habetur in Glossa[3], Mt 1,2. Sed spes ita habetur de Deo quod reprehenduntur sperantes in homine: secundum illud Ier 17,5: *Maledictus homo qui confidit in homine*. Ergo caritas ita debetur Deo quod ad proximum non se extendat.

Sed contra est quod dicitur 1Io 4,21: *Hoc mandatum habemus a Deo, ut qui diligit Deum, diligat et fratrem suum.*

Respondeo dicendum quod, sicut supra[4] dictum est, habitus non diversificantur nisi ex hoc quod variat speciem actus: omnes enim actus unius speciei ad eundem habitum pertinent. Cum autem species actus ex obiecto sumatur secundum formalem rationem ipsius, necesse est quod idem

Artigo 1
O amor de caridade se limita a Deus ou se estende também ao próximo?[b]

Quanto ao primeiro artigo, assim se procede: parece que o amor de caridade se limita a Deus e não se estende ao próximo.

1. Com efeito, assim como a Deus devemos amor, devemos-lhe também o temor, como diz o livro do Deuteronômio: "E agora, Israel, que é que o Senhor teu Deus te pede? Apenas que o temas e o ames." Ora, o temor pelo qual se teme um homem, chamado temor humano, é diferente do temor de Deus, que é servil ou filial, como está claro pelo que foi dito. Logo, o amor de caridade, com que se ama a Deus, é diferente do amor com que se ama o próximo.

2. Além disso, o Filósofo diz: "Ser amado é ser honrado". Ora, a honra de latria, que é devida a Deus, é diferente da honra de dulia, que é devida à criatura. Logo, também será diferente o amor a Deus e o amor ao próximo.

3. Ademais, segundo a Glosa, "a esperança gera a caridade". Ora, a esperança em Deus é de tal ordem que se tornam repreensíveis os que esperam no homem, como diz o livro de Jeremias: "Maldito o homem que confia no homem". Logo, a caridade devida a Deus é de tal modo que não se estende ao próximo.

Em sentido contrário, diz a primeira Carta de João: "Este é o mandamento que dele recebemos: aquele que ama a Deus, ame também o seu irmão".

Respondo. Como já foi dito, os hábitos só se diversificam porque muda a espécie dos atos, pois todos os atos de uma mesma espécie se referem a um mesmo hábito. Posto que a espécie de um ato é determinada pelo objeto segundo a sua razão formal, é preciso que o ato que visa a

---

1   Parall.: *De Virtut.*, q. 2, a. 4, 8; *ad Rom.*, c. 13, lect. 2.

1. Q. 19, a. 2.
2. C. 9: 1159, a, 16-17.
3. Interl.
4. I-II, q. 54, a. 3.

b. Sabemos que devemos amar ao próximo. Trata-se de saber se a diversidade de tal modo abrangente daqueles que é preciso amar não faz explodir a caridade numa multiplicidade de virtudes. Não. É em toda parte sempre a mesmo e única "razão formal" que especifica todos esses amores: a bondade não criada, objeto comum de nossa felicidade. Como, no entanto, cada um dela participa diversamente, isso cria matizes de comportamento, ou de afeição.
Uma primeira diferenciação dirá respeito às coisas e às pessoas: as primeiras, sendo amadas por referência às segundas, não serão diretamente *objetos* de amizade-caridade; já o próximo será amado enquanto amigo de Deus, ou na medida em que desejamos que o venha ser. Examinaremos as pessoas amadas e os bens que queremos.

specie sit actus qui fertur in rationem obiecti, et qui fertur in obiectum sub tali ratione: sicut est eadem specie visio qua videtur lumen, et qua videtur color secundum luminis rationem. Ratio autem diligendi proximum Deus est: hoc enim debemus in proximo diligere, ut in Deo sit. Unde manifestum est quod idem specie actus est quo diligitur Deus, et quo diligitur proximus. Et propter hoc habitus caritatis non solum se extendit ad dilectionem Dei, sed etiam ad dilectionem proximi.

AD PRIMUM ergo dicendum quod proximus potest timeri dupliciter, sicut et amari. Uno modo, propter id quod est sibi proprium: puta cum aliquis timet tyrannum propter eius crudelitatem, vel cum amat ipsum propter cupiditatem acquirendi aliquid ab eo. Et talis timor humanus distinguitur a timore Dei, et similiter amor. — Alio modo timetur homo et amatur propter id quod est Dei in ipso: sicut cum saecularis potestas timetur propter ministerium divinum quod habet ad vindictam malefactorum, et amatur propter iustitiam. Et talis timor hominis non distinguitur a timore Dei, sicut nec amor.

AD SECUNDUM dicendum quod amor respicit bonum in communi, sed honor respicit proprium bonum honorati: defertur enim alicui in testimonium propriae virtutis. Et ideo amor non diversificatur specie propter diversam quantitatem bonitatis diversorum, dummodo referuntur ad aliquod unum bonum commune: sed honor diversificatur secundum propria bona singulorum. Unde eodem amore caritatis diligimus omnes proximos, inquantum referuntur ad unum bonum commune, quod est Deus: sed diversos honores diversis deferimus, secundum propriam virtutem singulorum. Et similiter Deo singularem honorem latriae exhibemus, propter eius singularem virtutem.

AD TERTIUM dicendum quod vituperantur qui sperant in homine sicut in principali auctore salutis: non autem qui sperant in homine sicut in adiuvante ministerialiter sub Deo. Et similiter reprehensibile esset si quis proximum diligeret tanquam principalem finem: non autem si quis proximurn diligat propter Deum, quod pertinet ad caritatem.

razão formal de um objeto seja da mesma espécie do que visa o objeto sob esta mesma razão. Assim, são da mesma espécie a visão da luz e a visão da cor, considerada sob a razão de luz. Ora, a razão de amar o próximo é Deus; pois o que devemos amar no próximo é que ele esteja unido com Deus[c]. Fica, portanto, claro que o ato pelo qual Deus é amado é da mesma espécie daquele pelo qual se ama o próximo. Por isso, o hábito da caridade não só se estende ao amor de Deus, mas também ao do próximo.

QUANTO AO 1º, portanto, deve-se dizer que se pode temer o próximo e amá-lo, de duas maneiras. Primeiramente, por causa do que lhe é próprio; por exemplo, quando tememos um tirano por causa de sua crueldade, ou o amamos, porque desejamos obter dele algum favor. Neste sentido, o temor do homem se distingue do temor de Deus, o mesmo se dando com o amor. — Em segundo lugar, teme-se ou ama-se um homem pelo que há nele de divino. Assim, tememos o poder secular porque ele recebeu de Deus a missão de punir os malfeitores, e nós o amamos porque ele exerce a justiça. Neste caso, o temor e o amor ao homem não se distinguem do temor e do amor de Deus.

QUANTO AO 2º, deve-se dizer que o amor visa o bem em geral, ao passo que a honra visa o próprio bem daquele que é honrado. Com efeito, a honra é prestada a alguém em testemunho de sua virtude pessoal. Por isso, o amor não é de espécies diferentes por causa da maior ou menor bondade dos bens, contanto que se refiram a um bem comum; a honra, porém, se diversifica segundo os méritos particulares de cada um. Por esta razão amamos todos os próximos com o mesmo amor de caridade, enquanto eles se referem a este bem comum, que é Deus; mas a cada qual prestamos honras diversas, segundo a virtude própria de cada um. Semelhantemente, a Deus prestamos a singular honra da latria, por causa de sua singular virtude.

QUANTO AO 3º, deve-se dizer que são censurados os que esperam no homem como no autor principal da salvação; não, porém, os que nele esperam como num instrumento a serviço de Deus. Igualmente repreensível seria quem amasse ao próximo como fim principal; não, porém, os que o amam por causa de Deus, o que é próprio da caridade.

---

c. O que não significa que, por meio da caridade, não amemos ao próximo por si mesmo, *em si mesmo*; nós o amamos no que ele é no melhor de si mesmo: o amigo de Deus, uma espécie de pessoa "divina".

Articulus 2
Utrum caritas sit ex caritate diligenda

AD SECUNDUM SIC PROCEDITUR. Videtur quod caritas non sit ex caritate diligenda.

1. Ea enim quae sunt ex caritate diligenda, duobus praeceptis caritatis concluduntur, ut patet Mt 22,37sqq. Sed sub neutro eorum caritas continetur: quia nec caritas est Deus nec est proximus. Ergo caritas non est ex caritate diligenda.

2. PRAETEREA, caritas fundatur super communicatione beatitudinis, ut supra[1] dictum est. Sed caritas non potest esse particeps beatitudinis. Ergo caritas non est ex caritate diligenda.

3. PRAETEREA, caritas est amicitia quaedam, ut supra[2] dictum est. Sed nullus potest habere amicitiam ad caritatem, vel ad aliquod accidens: quia huiusmodi reamare non possunt, quod est de ratione amicitiae, ut dicitur in VIII *Ethic*.[3] Ergo caritas non est ex caritate diligenda.

SED CONTRA est quod Augustinus dicit, VIII *de Trin*.[4]: *Qui diligit proximum, consequens est ut etiam ipsam dilectionem diligat*. Sed proximus diligitur ex caritate. Ergo consequens est ut etiam caritas ex caritate diligatur.

RESPONDEO dicendum quod caritas amor quidam est. Amor autem ex natura potentiae cuius est actus habet quod possit supra seipsum reflecti. Quia enim voluntatis obiectum est bonum universale, quidquid sub ratione boni continetur potest cadere sub actu voluntatis; et quia ipsum velle est quoddam bonum, potest velle se velle: sicut etiam intellectus, cuius obiectum est verum, intelligit se intelligere, quia hoc etiam est quoddam verum. Sed amor etiam ex ratione propriae speciei habet quod supra se reflectatur: quia est spontaneus motus amantis in amatum; unde ex hoc ipso quod amat aliquis, amat se amare.

Sed caritas non est simplex amor, sed habet rationem amicitiae, ut supra[5] dictum est. Per ami-

Artigo 2
A caridade deve ser amada pela caridade?[d]

QUANTO AO SEGUNDO, ASSIM SE PROCEDE: parece que a caridade **não** deve ser amada pela caridade.

1. Com efeito, tudo o que se deve amar pela caridade está incluído nos dois preceitos da caridade, como se lê no Evangelho de Mateus. Ora, em nenhum deles está incluída a caridade, já que a caridade não é nem Deus, nem o próximo. Logo, a caridade não deve ser amada pela caridade.

2. ALÉM DISSO, como já foi visto, a caridade é fundada sobre a comunhão da bem-aventurança. Ora, a caridade não pode participar da bem-aventurança. Logo, não deve ser amada pela caridade.

3. ADEMAIS, como já foi visto, a caridade é uma amizade. Ora, ninguém pode ter amizade pela caridade, ou por qualquer acidente, pois estas realidades não são suscetíveis de reciprocidade no amor, o que é da razão da amizade, como se lê no livro VIII da *Ética*. Logo, a caridade não pode ser amada pela caridade.

EM SENTIDO CONTRÁRIO, diz Agostinho: "O que ama o próximo, ama, consequentemente, o próprio amor". Ama-se o próximo pela caridade. Por conseguinte, a caridade também é amada pela caridade.

RESPONDO. A caridade é um amor. Ora, o amor, pela natureza da potência de que é ato, tem o poder de refletir sobre si mesmo. Como a vontade tem por objeto o bem universal, tudo o que se inclui na razão de bem pode ser objeto de um ato da vontade. E sendo o próprio querer um bem, pode querer querer-se. Assim como o intelecto, que tem por objeto a verdade, compreende que compreende, porque isso também é algo verdadeiro. O amor, mais ainda, tem o poder de refletir sobre si mesmo, por sua própria razão específica, porque ele é o movimento espontâneo do amante para o amado. Portanto, pelo fato de que alguém ame, ele ama amar.

Mas a caridade, como já foi dito, não é um simples amor; ela tem a razão de amizade. Ora,

---

2 PARALL.: I *Sent*., dist. 17, q. 1, a. 5; *ad Rom*., c. 12, lect. 2.

1. Q. 23, a. 1, 5.
2. Q. 23, a. 1.
3. C. 2: 1155, b, 29-31.
4. C. 7, n. 10: ML 42, 957.
5. Q. 23, a. 1.

---

d. A questão parece estranha. No entanto, a caridade é um *bem* que desejamos aos outros, ou que queremos em comum a todos. Ela pode e deve ser amada, portanto, Mas em referência aos outros, e não como um termo.

citiam autem amatur aliquid dupliciter. Uno modo, sicut ipse amicus ad quem amicitiam habemus et cui bona volumus. Alio modo, sicut bonum quod amico volumus. Et hoc modo caritas per caritatem amatur, et non primo: quia caritas est illud bonum quod optamus omnibus quos ex caritate diligimus. — Et eadem ratio est de beatitudine et de aliis virtutibus.

AD PRIMUM ergo dicendum quod Deus et proximus sunt illi ad quos amicitiam habemus. Sed in illorum dilectione includitur dilectio caritatis: diligimus enim proximum et Deum inquantum hoc amamus, ut nos et proximus Deum diligamus, quod est caritatem habere.

AD SECUNDUM dicendum quod caritas est ipsa communicatio spiritualis vitae, per quam ad beatitudinem pervenitur. Et ideo amatur sicut bonum desideratum omnibus quos ex caritate diligimus.

AD TERTIUM dicendum quod ratio illa procedit secundum quod per amicitiam amantur illi ad quos amicitiam habemus.

pela amizade pode-se amar de dois modos. Ou amamos o nosso amigo em si mesmo, como aquele por quem temos amizade e a quem queremos bem; ou amamos um bem que queremos, para o amigo. Deste modo a caridade é amada pela caridade e não como no primeiro modo, porque a caridade é este bem que desejamos para todos os que amamos pela caridade. — E o mesmo argumento se dá para a bem-aventurança e as demais virtudes.

QUANTO AO 1º, portanto, deve-se dizer que Deus e o próximo são aqueles aos quais temos amizade. Ora, nesse amor está incluído o próprio amor da caridade. Com efeito amamos a Deus e ao próximo e neste amar, nós e o próximo amamos a Deus e isso é ter caridade.

QUANTO AO 2º, deve-se dizer que a caridade é a própria comunhão da vida espiritual pela qual se chega à bem-aventurança. Por isso, é amada como o bem desejado a todos os que amamos pela caridade.

QUANTO AO 3º, deve-se dizer que este argumento procede quando a amizade nos faz amar àqueles por quem temos amizade.

ARTICULUS 3
Utrum etiam creaturae irrationales sint ex caritate diligendae

AD TERTIUM SIC PROCEDITUR. Videtur quod etiam creaturae irrationales sint ex caritate diligendae.

1. Per caritatem enim maxime conformamur Deo. Sed Deus diligit creaturas irrationales ex caritate: *diligit enim omnia quae sunt,* ut habetur Sap 11,25; et omne quod diligit, seipso diligit, qui est caritas. Ergo et nos debemus creaturas irrationales ex caritate diligere.

2. PRAETEREA, caritas principaliter fertur in Deum, ad alia autem se extendit secundum quod ad Deum pertinent. Sed sicut creatura rationalis pertinet ad Deum inquantum habet similitudinem imaginis, ita etiam creatura irrationalis inquantum habet similitudinem vestigii. Ergo caritas etiam se extendit ad creaturas irrationales.

3. PRAETEREA, sicut caritatis obiectum est Deus, ita et fidei. Sed fides se extendit ad creaturas ir-

ARTIGO 3
As criaturas irracionais devem ser amadas pela caridade?

QUANTO AO TERCEIRO, ASSIM SE PROCEDE: parece que as criaturas irracionais **devem** ser amadas pela caridade.

1. Com efeito, é sobretudo pela caridade que nos conformamos a Deus. Ora, Deus ama pela caridade as criaturas irracionais, como diz o livro da Sabedoria: "Tu amas tudo o que criaste", e tudo o que ele ama, ama para si mesmo, ele que é caridade. Logo, também nós devemos amar, pela caridade, as criaturas irracionais.

2. ALÉM DISSO, a caridade, por princípio, leva a Deus, e se estende às outras coisas enquanto se referem a Deus. Ora, assim como a criatura racional se refere a Deus, por ela ter com ele semelhança de imagem, assim também a criatura irracional, por ter a semelhança de vestígio[e]. Logo, a caridade se estende também às criaturas irracionais.

3. ADEMAIS, Deus é o objeto da caridade, assim como é o objeto da fé. Ora, a fé se estende às cria-

---

3 PARALL.: III *Sent.,* dist. 28, a. 2; *De Virtut.,* q. 2, art. 7.

e. Sobre a semelhança da *imagem* (criaturas espirituais) e sobre a semelhança comum do *vestígio,* ver I, q. 92.

rationales: inquantum credimus caelum et terram esse creata a Deo, et pisces et aves esse productos ex aquis, et gressibilia animalia et plantas ex terra. Ergo caritas etiam se extendit ad creaturas irrationales.

SED CONTRA est quod dilectio caritatis solum se extendit ad Deum et proximum. Sed nomine proximi non potest intelligi creatura irrationalis: quia non communicat cum homine in vita rationali. Ergo caritas non se extendit ad creaturas irrationales.

RESPONDEO dicendum quod caritas, secundum praedicta[1], est amicitia quaedam. Per amicitiam autem amatur uno quidem modo, amicus ad quem amicitia habetur; et alio modo, bona quae amico optantur. Primo ergo modo nulla creatura irrationalis potest ex caritate amari. Et hoc triplici ratione. Quarum duae pertinent communiter ad amicitiam, quae ad creaturas irrationales haberi non potest. Primo quidem, quia amicitia ad eum habetur cui volumus bonum. Non autem proprie possum bonum velle creaturae irrationali: quia non est eius proprie habere bonum, sed solum creaturae rationalis, quae est domina utendi bono quod habet per liberum arbitrium. Et ideo Philosophus dicit, in II *Physic*.[2], quod huiusmodi rebus non dicimus aliquid bene vel male contingere nisi secundum similitudinem. — Secundo, quia omnis amicitia fundatur super aliqua communicatione vitae: *nihil enim est ita proprium amicitiae sicut convivere*, ut patet per Philosophum, VIII *Ethic*.[3]. Creaturae autem irrationales non possunt communicationem habere in vita humana, quae est secundum rationem. Unde nulla amicitia potest haberi ad creaturas irrationales, nisi forte secundum metaphoram. — Tertia ratio est propria caritati: quia caritas fundatur super communicatione beatitudinis aeternae, cuius creatura irrationalis capax non est. Unde amicitia caritatis non potest haberi ad creaturam irrationalem.

Possunt tamen ex caritate diligi creaturae irrationales sicut bona quae aliis volumus: inquantum scilicet ex caritate volumus eas conservari ad honorem Dei et utilitatem hominum. Et sic etiam ex caritate Deus eas diligit.

Unde patet responsio AD PRIMUM.

turas irracionais, pois cremos que o céu e a terra foram criados por Deus; que os peixes e as aves surgiram das águas; e os animais que se movem e as plantas, da terra. Logo, a caridade também se estende às criaturas irracionais.

EM SENTIDO CONTRÁRIO, o amor de caridade só se estende a Deus e ao próximo. Ora, sob o nome de próximo não se pode compreender a criatura irracional, porque ela não participa, com o homem, da vida racional. Por conseguinte, a caridade não se estende às criaturas irracionais.

RESPONDO. A caridade, como foi visto, é uma amizade. Pelo amor de amizade se ama, de um modo, o amigo com quem se tem amizade, e, de outro modo, os bens que se desejam para o amigo. No primeiro caso, é impossível amar pela caridade uma criatura irracional, por tríplice motivo, dos quais dois se referem comumente à amizade que não se pode ter pelas criaturas. 1º) Nossa amizade nos conduz àquele a quem desejamos o bem; ora, propriamente falando, não podemos querer o bem a uma criatura desprovida de razão, pois ela não é capaz de possuí-lo, mas somente à racional, a única que pode, pelo livre-arbítrio, usar do bem que tem. Por isso, diz o Filósofo que a tais criaturas não afirmamos que lhes aconteça algo bom ou mau, a não ser por semelhança. — 2º) Toda amizade se funda sobre uma comunhão de vida. Com efeito, observa o Filósofo: "Nada é tão próprio da amizade como conviver". Ora, as criaturas irracionais não podem participar da vida humana, que é racional. Daí que não se pode ter nenhuma amizade com elas, a não ser metaforicamente. — 3º) A terceira razão é própria da caridade; pois a caridade está fundada sobre a comunhão da eterna bem-aventurança, da qual não é capaz a criatura irracional. Logo, não se pode ter uma amizade de caridade com a criatura irracional.

Pode-se, contudo, amar as criaturas irracionais, pela caridade, como bens que desejamos para os outros, enquanto que, pela caridade, queremos que elas sejam conservadas para honra de Deus e utilidade dos homens. Assim também Deus as ama por caridade.

QUANTO AO 1º, fica clara a resposta pelo que foi exposto.

---

1. Q. 23, a. 1.
2. C. 6: 197, b, 8-9.
3. C. 6: 1157, b, 19-24.

AD SECUNDUM dicendum quod similitudo vestigii non causat capacitatem vitae aeternae, sicut similitudo imaginis. Unde non est similis ratio.

AD TERTIUM dicendum quod fides se potest extendere ad omnia quae sunt quocumque modo vera. Sed amicitia caritatis se extendit ad illa sola quae nata sunt habere bonum vitae aeternae. Unde non est simile.

ARTICULUS 4
Utrum homo debeat seipsum ex caritate diligere

AD QUARTUM SIC PROCEDITUR. Videtur quod homo non diligat seipsum ex caritate.
1. Dicit enim Gregorius, in quadam homilia[1], quod *caritas minus quam inter duos haberi non potest*. Ergo ad seipsum nullus habet caritatem.
2. PRAETEREA, amicitia de sui ratione importat reamationem et aequalitatem, ut patet in VIII *Ethic.*[2]: quae quidem non possunt esse homini ad seipsum. Sed caritas amicitia quaedam est, ut dictum est[3]. Ergo ad seipsum aliquis caritatem habere non potest.
3. PRAETEREA, illud quod ad caritatem pertinet non potest esse vituperabile: quia *caritas non agit perperam,* ut dicitur 1Cor 13,4. Sed amare seipsum est vituperabile: dicitur enim 2Ti 3,1-2: *In novissimis diebus instabunt tempora periculosa, et erunt homines amantes seipsos*. Ergo homo non potest seipsum ex caritate diligere.

SED CONTRA est quod dicitur Lv 19,18: *Diliges amicum tuum sicut teipsum.* Sed amicum ex caritate diligimus. Ergo et nosipsos ex caritate debemus diligere.

RESPONDEO dicendum quod, cum caritas sit amicitia quaedam, sicut dictum est[4], dupliciter possumus de caritate loqui. Uno modo, sub communi ratione amicitiae. Et secundum hoc dicendum est quod amicitia proprie non habetur ad seipsum, sed aliquid maius amicitia: quia amicitia

QUANTO AO 2º, deve-se dizer que a semelhança de vestígio não produz aptidão para a vida eterna, mas somente a semelhança de imagem. Logo, o argumento não é o mesmo.

QUANTO AO 3º, deve-se dizer que a fé pode estender-se a tudo o que é, de certo modo, verdadeiro. Mas, a amizade de caridade só se estende aos seres destinados a possuir o bem da vida eterna. Portanto, não se trata do mesmo.

ARTIGO 4
Deve-se amar a si mesmo pela caridade?[f]

QUANTO AO QUARTO, ASSIM SE PROCEDE: parece que **não** se pode amar a si mesmo pela caridade.
1. Com efeito, diz Gregório: "para haver caridade é preciso que haja, ao menos, duas pessoas". Logo, não há caridade em relação a si mesmo.
2. ALÉM DISSO, a amizade implica, por definição, reciprocidade e igualdade, como está claro no livro VIII da *Ética*, o que não se pode praticar consigo mesmo. Ora, já foi dito que a caridade é uma amizade. Logo, não é possível alguém ter caridade para si mesmo.
3. ADEMAIS, o que concerne à caridade não pode ser vituperável. Diz a primeira Carta aos Coríntios: "a caridade não age mal". Ora, amar-se a si mesmo é vituperável, porque diz a segunda Carta a Timóteo: "Nos últimos dias sobrevirão momentos difíceis, e haverá homens cheios de amor por si mesmos". Logo, o homem não pode amar a si mesmo pela caridade.

EM SENTIDO CONTRÁRIO, diz o livro do Levítico: "Amarás teu amigo como a ti mesmo". Ora, nós amamos um amigo pela caridade. Logo, também pela caridade devemos nos amar a nós mesmos.

RESPONDO. Sendo a caridade uma amizade, como já foi dito, podemos falar dela de dois modos. Primeiramente, sob a razão comum de amizade; sob este aspecto, deve-se dizer que, a rigor, não se tem amizade consigo mesmo, mas algo maior que a amizade, pois a amizade implica

---

4 PARALL.: III *Sent.*, dist. 28, a. 6; *De Virtut.*, q. 2, art. 7.
1. Homil. 17 *in Evang.*, a. 1: ML 76, 1139 A.
2. Cc. 2, 9: 1155, b, 28-31; 1158, b, 28-33.
3. Q. 23, a. 1.
4. Q. 23, a. 1.

f. Somos chamados a amar todos os "companheiros da felicidade divina". Na diversidade das situações, certos casos levantam dificuldade. Como poderíamos ter "amizade" por nós (a. 4 e 5)? Como amar os que querem excluir-se da sociedade dos amigos de Deus: os pecadores (a. 6 e 7)? Nossos inimigos (a. 8 e 9)? Os que não são da mesma natureza que nós: os anjos (a. 10 e 11)?

unionem quandam importat, dicit enim Dionysius[5] quod amor est *virtus unitiva*; unicuique autem ad seipsum est unitas, quae est potior unione. Unde sicut unitas est principium unionis, ita amor quo quis diligit seipsum, est forma et radix amicitiae: in hoc enim amicitiam habemus ad alios, quod ad eos nos habemus sicut ad nosipsos; dicitur enim in IX *Ethic.*[6] quod *amicabilia quae sunt ad alterum veniunt ex his quae sunt ad seipsum*. Sicut etiam de principiis non habetur scientia, sed aliquid maius, scilicet intellectus.

Alio modo possumus loqui de caritate secundum propriam rationem ipsius, prout scilicet est amicitia hominis ad Deum principaliter, et ex consequenti ad ea quae sunt Dei. Inter quae etiam est ipse homo qui caritatem habet. Et sic inter cetera quae ex caritate diligit quasi ad Deum pertinentia, etiam seipsum ex caritate diligit.

AD PRIMUM ergo dicendum quod Gregorius loquitur de caritate secundum communem amicitiae rationem.

Et secundum hoc etiam procedit SECUNDA RATIO.

AD TERTIUM dicendum quod amantes seipsos vituperantur inquantum amant se secundum naturam sensibilem, cui obtemperant. Quod non est vere amare seipsum secundum naturam rationalem, ut sibi velit ea bona quae pertinent ad perfectionem rationis. Et hoc modo praecipue ad caritatem pertinet diligere seipsum.

certa união. Com efeito, diz Dionísio: "o amor é uma força de união"; ora, cada um tem em si uma unidade, que é mais forte que a união. Por isso, assim como a unidade é o princípio da união, assim também o amor com o qual alguém se ama a si mesmo é a forma e a raiz da amizade. Nesse sentido, temos amizade com os outros enquanto com eles nos portamos como se fossem nós mesmos, conforme diz o livro IX da *Ética*: "Os sentimentos de amizade que temos para com os outros vêm dos que temos para conosco". Do mesmo modo, não há ciência sobre os princípios, mas algo superior, isto é, a inteligência[g].

Em segundo lugar, podemos falar da caridade segundo sua própria razão, enquanto ela é principalmente uma amizade do homem para com Deus e, consequentemente, por todas as criaturas que pertencem a Deus. Ora, entre estas está o próprio homem, que tem a caridade. Assim, entre tudo o que ele ama pela caridade, como pertencente a Deus, o homem se ama a si mesmo pel caridade.

QUANTO AO 1º, portanto, deve-se dizer que Gregório, neste argumento, fala da caridade sob a razão comum de amizade.

QUANTO AO 2º, deve-se dizer que a segunda objeção procede no mesmo sentido.

QUANTO AO 3º, deve-se dizer que são vituperados os que se amam a si mesmos por amar-se em conformidade com a natureza sensível a que obedecem. Mas isso não é amar-se verdadeiramente segundo sua natureza racional, de maneira a querer para si os bens referentes à perfeição da razão. É principalmente desse modo que é próprio da caridade amar-se a si mesmo.

ARTICULUS 5
Utrum homo debeat corpus suum ex caritate diligere

AD QUINTUM SIC PROCEDITUR. Videtur quod homo non debeat corpus suum ex caritate diligere.

1. Non enim diligimus illum cui convivere non volumus. Sed homines caritatem habentes refugiunt corporis convictum: secundum illud Rm

ARTIGO 5
Deve-se amar seu corpo pela caridade?

QUANTO AO QUINTO, ASSIM SE PROCEDE: parece que **não** se deve amar seu corpo pela caridade.

1. Com efeito, não amamos uma pessoa com quem não desejamos viver. Ora, os que possuem a caridade fogem da convivência com o corpo, se-

---

5. *De div. Nom.*, c. 4: MG 3, 709 C, 713 B.
6. Cc. 4, 8: 1166, a, 1-2; 1168, b, 5.

5 PARALL.: III *Sent.*, dist. 28, a. 7; *De Virtut.*, q. 2, a. 7.

g. Como a união se funda sobre a unidade, a amizade supõe o amor por si: este último é sua raiz e forma exemplar. Não enquanto buscamos amar a nós mesmo no outro, mas a tratar este como se fosse um outro nós mesmos. E se mantemos que essa caridade é ainda uma amizade, é que "nós não nos pertencemos" (1Co 6,19; Rm 14,7). Somos amigos de Deus, a quem pertencemos também.

7,24: *Quis me liberabit de corpore mortis huius?* et Philp 1,23: *Desiderium habens dissolvi et cum Christo esse.* Ergo corpus nostrum non est ex caritate diligendum.

2. PRAETEREA, amicitia caritatis fundatur super communicatione divinae fruitionis. Sed huius fruitionis corpus particeps esse non potest. Ergo corpus non est ex caritate diligendum.

3. PRAETEREA, caritas, cum sit amicitia quaedam, ad eos habetur qui reamare possunt. Sed corpus nostrum non potest nos ex caritate diligere. Ergo non est ex caritate diligendum.

SED CONTRA est quod Augustinus, in I *de Doct. Christ.*[1], ponit quatuor ex caritate diligenda inter quae unum est corpus proprium.

RESPONDEO dicendum quod corpus nostrum secundum duo potest considerari: uno modo, secundum eius naturam; alio modo, secundum corruptionem culpae et poenae. Natura autem corporis nostri non est a malo principio creata, ut Manichaei fabulantur[2], sed est a Deo. Unde possumus eo uti ad servitium Dei: secundum illud Rm 6,13: *Exhibete membra vestra arma iustitiae Deo.* Et ideo ex dilectione caritatis qua diligimus Deum, debemus etiam corpus nostrum diligere. — Sed infectionem culpae et corruptionem poenae in corpore nostro diligere non debemus, sed potius ad eius remotionem anhelare desiderio caritatis.

AD PRIMUM ergo dicendum quod Apostolus non refugiebat corporis communionem quantum ad corporis naturam: immo secundum hoc nolebat ab eo spoliari, secundum illud 2Cor 5,4: *Nolumus expoliari, sed supervestiri.* Sed volebat carere infectione concupiscentiae, quae remanet in corpore; et corruptione ipsius, quae *aggravat animam*, ne possit Deum videre. Unde signanter dixit: *de corpore mortis huius.*

AD SECUNDUM dicendum quod corpus nostrum quamvis Deo frui non possit cognoscendo et amando ipsum, tamen per opera quae per corpus agimus ad perfectam Dei fruitionem possumus venire. Unde et ex fruitione animae redundat

gundo a Carta aos Romanos: "Quem me libertará desse corpo de morte?" E em outra passagem: "O meu desejo é partir e ir estar com Cristo". Logo, não se deve amar nosso corpo pela caridade.

2. ALÉM DISSO, a amizade de caridade se funda sobre a comunhão do gozo divino. Ora, o corpo não pode participar desse gozo. Logo, não e deve amá-lo pela caridade.

3. ADEMAIS, a caridade, posto que é uma amizade, só podem tê-la os que são capazes de uma reciprocidade de amor. Ora, nosso corpo não pode nos amar pela caridade. Logo, não pode ser amado do mesmo modo.

EM SENTIDO CONTRÁRIO, Agostinho afirma quatro coisas que devem ser amadas pela caridade; uma delas é o nosso próprio corpo.

RESPONDO. Nosso corpo pode ser considerado sob dois aspectos: 1º) em sua natureza; 2º) em sua corrupção de culpa e de pena. Ora, a natureza de nosso corpo não foi criada de um princípio mau, como imaginam os maniqueus, mas foi criada por Deus. Por isso, podemos usá-lo para servir a Deus, como diz a Carta aos Romanos: "Oferecei vossos membros como armas de justiça a serviço de Deus". E assim, pelo amor de caridade com que amamos a Deus, devemos também amar o nosso corpo. — Mas não devemos amar nele a infeção da culpa e a corrupção da pena; antes, pelo desejo da caridade, devemos anelar a remoção de uma e outra.

QUANTO AO 1º, portanto, deve-se dizer que o Apóstolo não recusava a comunhão do corpo por causa de sua natureza; ao contrário, levando-a em conta, não queria ser despojado dele, como o declarou: "porque não queremos ser despojados da nossa veste, mas revestir a outra por cima desta". O que ele queria era ficar livre da infecção da concupiscência, que subsiste no corpo; e da sua corrupção, que "torna pesada a alma", impedindo-a de ver a Deus. Por isso diz, expressamente, "deste corpo de morte"[h].

QUANTO AO 2º, deve-se dizer que ainda que o nosso corpo não possa gozar de Deus, conhecendo-o e amando-o, é pelas obras que realizamos por seu intermédio que podemos atingir o perfeito gozo de Deus. E do gozo da alma redunda uma

---

1. C. 23, n. 22: ML 34, 27; c. 26: ML 34, 29.
2. Cfr. I, q. 8, a. 3; q. 65, a. 1.

h. Ao nos amarmos, não amamos em separado nossa alma: nós nos amamos tais como somos, alma e corpo. É desse modo igualmente que amamos os outros. Esse dualismo filosófico é desconhecido na Bíblia, e Sto. Tomás o rejeita. Mas existe um outro dualismo: do "novo homem" (alma e corpo) ressuscitado com Cristo, e do "velho homem", habitado pelo pecado, que "infesta" nossa alma e nosso corpo.

quaedam beatitudo ad corpus, scilicet *sanitatis et incorruptionis vigor*; ut Augustinus dicit, in epistola *ad Diosc.*³. Et ideo, quia corpus aliquo modo est particeps beatitudinis, potest dilectione caritatis amari.

AD TERTIUM dicendum quod reamatio habet locum in amicitia quae est ad alterum: non autem in amicitia quae est ad seipsum, vel secundum animam vel secundum corpus.

ARTICULUS 6
Utrum peccatores sint ex caritate diligendi

AD SEXTUM SIC PROCEDITUR. Videtur quod peccatores non sint ex caritate diligendi.

1. Dicitur enim in Ps 118,113: *Iniquos odio habui*. Sed David caritatem habebat. Ergo ex caritate magis sunt odiendi peccatores quam diligendi.

2. PRAETEREA, *probatio dilectionis exhibitio est operis*; ut Gregorius dicit, in homilia *Pentecostes*¹. Sed peccatoribus iusti non exhibent opera dilectionis, sed magis opera quae videntur esse odii secundum illud Ps 100,8: *In matutino interficiebam omnes peccatores terrae*. Et Dominus praecepit, Ex 22,18: *Maleficos non patieris* vivere. Ergo peccatores non sunt ex caritate diligendi.

3. PRAETEREA, ad amicitiam pertinet ut amicis velimus et optemus bona. Sed sancti ex caritate optant peccatoribus mala: secundum illud Ps 9,18: *Convertantur peccatores in infernum*. Ergo peccatores non sunt ex caritate diligendi.

4. PRAETEREA, proprium amicorum est de eisdem gaudere et idem velle. Sed caritas non facit velle quod peccatores volunt, neque facit gaudere de hoc de quo peccatores gaudent; sed magis facit contrarium. Ergo peccatores non sunt ex caritate diligendi.

5. PRAETEREA, *proprium est amicorum simul convivere,* ut dicitur in VIII *Ethic.*². Sed cum peccatoribus non est convivendum: secundum illud 2Cor 6,17: *Recedite de medio eorum*. Ergo peccatores non sunt ex caritate diligendi.

certa bem-aventurança no corpo, isto é, "um vigor de saúde e de incorrupção", como diz Agostinho. E posto que o corpo participa, de certo modo, da bem-aventurança, ele pode ser amado pelo amor de caridade.

QUANTO AO 3º, deve-se dizer que a reciprocidade de amor tem lugar na amizade para com outrem, e não na que temos para conosco, quer quanto à alma, quer quanto ao corpo.

ARTIGO 6
Os pecadores devem ser amados pela caridade?

QUANTO AO SEXTO, ASSIM SE PROCEDE: parece que os pecadores **não** devem ser amados pela caridade.

1. Com efeito, diz o Salmo: "Detestei os ímpios". Ora, Davi tinha a caridade. Logo, a caridade deve fazer mais detestar os pecadores do que amá-los.

2. ALÉM DISSO, "A prova do amor, diz Gregório, são as obras que realiza". Ora, em relação aos pecadores, os justos não praticam obras de amor, e sim obras que parecem inspiradas no ódio. Assim diz o livro dos Salmos: "A cada manhã eu extirpava todos os pecadores da terra"; e o Senhor preceituou: "não deixarás viver os feiticeiros". Logo, os pecadores não devem ser amados pela caridade.

3. ADEMAIS, é próprio da amizade querer e desejar bens aos amigos. Ora, pela caridade, os santos desejam males aos pecadores, conforme este Salmo: "Que os ímpios voltem para o inferno". Logo, os pecadores não devem ser amados pela caridade.

4. ADEMAIS, é próprio dos amigos ter as mesmas alegrias e o mesmo querer. Ora, a caridade não faz querer o que querem os pecadores, nem alegrar-se com o que eles se alegram; a caridade produz até um efeito contrário. Logo, os pecadores não devem ser amados pela caridade.

5. ADEMAIS, "É próprio dos amigos viver juntos", segundo o livro VIII da *Ética*. Ora, segundo Paulo, não se deve viver com os pecadores: "Saí do meio deles". Logo, não se deve amar os pecadores pela caridade.

---

3. Epist. 118, al. 56, c. 3, n. 14: ML 33, 439.

PARALL.: II *Sent.*, dist. 7, q. 3, a. 2, ad 2; III, dist. 28, a. 4; *De Virtut.*, q. 2, a. 8, ad 8, 9; *De duob. Praecept.* etc., c. *De Dilect. Prox.; ad Galat.*, c. 6, lect. 2.

1. Homil. 30 *in Evang.*, n. 1: ML 76, 1220 C.
2. C. 6: 1157, b, 19-24.

SED CONTRA est quod Augustinus dicit, in I de Doct. Christ.³, quod cum dicitur, "Diliges proximum tuum", *manifestum est omnem hominem proximum esse deputandum*. Sed peccatores non desinunt esse homines: quia peccatum non tollit naturam. Ergo peccatores sunt ex caritate diligendi.

RESPONDEO dicendum quod in peccatoribus duo possunt considerari: scilicet natura, et culpa. Secundum naturam quidem, quam a Deo habent capaces sunt beatitudinis, super cuius communicatione caritas fundatur, ut supra⁴ dictum est. Et ideo secundum naturam suam sunt ex caritate diligendi. Sed culpa eorum Deo contrariatur, et est beatitudinis impedimentum. Unde secundum culpam, qua Deo adversantur, sunt odiendi quicumque peccatores, etiam pater et mater et propinqui, ut habetur Lc 14,26. Debemus enim in peccatoribus odire quod peccatores sunt, et diligere quod homines sunt beatitudinis capaces. Et hoc est eos vere ex caritate diligere propter Deum.

AD PRIMUM ergo dicendum quod iniquos Propheta odio habuit inquantum iniqui sunt, habens odio ini uitatem ipsorum, quod est ipsorum malum. Et hoc est perfectum odium, de quo ipse dicit: *Perfecto odio oderam illos*. Eiusdem autem rationis est odire malum alicuius et diligere bonum eius. Unde etiam istud odium perfectum ad caritatem pertinet.

AD SECUNDUM dicendum quod amicis peccantibus, sicut Philosophus dicit, in IX *Ethic*.⁵, non sunt subtrahenda amicitiae beneficia, quousque habeatur spes sanationis eorum: sed magis est eis auxiliandum ad recuperationem virtutis quam ad recuperationem pecuniae, si eam amisissent, quanto virtus est magis amicitiae affinis quam pecunia. Sed quando in maximam malitiam incidunt et insanabiles fiunt, tunc non est eis amicitiae familiaritas exhibenda. Et ideo huiusmodi peccantes, de quibus magis praesumitur nocumentum aliorum quam eorum emendatio, secundum legem divinam et humanam praecipiuntur occidi. — Et tamen hoc facit iudex non ex odio eorum, sed ex caritatis amore, quo bonum publicum praefertur

EM SENTIDO CONTRÁRIO, Agostinho observa que, quando se prescreve: "Amarás a teu próximo", "é claro que todo homem deve ser considerado como próximo". Ora, os pecadores não deixam de ser homens, pois o pecado não lhes destrói a natureza. Logo, os pecadores devem ser amados pela caridade.

RESPONDO. Nos pecadores, podem-se considerar duas coisas: a natureza e a culpa. Pela natureza que receberam de Deus, eles são capazes da bem-aventurança, sobre cuja comunhão se funda a caridade, como já foi dito. Por isso, segundo a natureza, devem ser amados pela caridade. Mas, a sua culpa é contrária a Deus e um obstáculo para a bem-aventurança. Assim, segundo a culpa que os opõe a Deus, eles merecem ser odiados, mesmo que sejam pai, mãe ou parente, conforme o Evangelho de Lucas. Devemos, pois, odiar os pecadores, enquanto tais, e amá-los, enquanto são homens capazes da bem-aventurança. E isso é verdadeiramente amá-los pela caridade, por causa de Deus[i].

QUANTO AO 1º, portanto, deve-se dizer que o profeta odiava os ímpios, como tais, odiando-lhes a iniquidade, o mal deles. É este o ódio perfeito, de que fala o salmista: "Eu os odeio com o ódio perfeito". Ora, detestar o mal de alguém e amar-lhe o bem são a mesma coisa. Por isso, esse ódio perfeito também faz parte da caridade.

QUANTO AO 2º, deve-se dizer que quando os amigos caem em pecado, como diz o Filósofo, não devemos privá-los dos benefícios da amizade, enquanto houver esperança de sua correção. É preciso ajudá-los a recuperar a virtude, tanto quanto os ajudaríamos a recuperar uma soma de dinheiro perdida, sendo que a virtude tem mais afinidades com a amizade do que o dinheiro. Mas, quando caem em extrema malícia e se tornam incuráveis, não devemos mais tratá-los familiarmente, como amigos. É por essa razão que a tais pecadores, presumivelmente mais danosos para os outros do que suscetíveis de emenda, a lei divina e a humana prescrevem a morte. — Este castigo é infligido pelo juiz, não por ódio, mas por amor

---

3. C. 30, n. 32: ML 34, 31.
4. A. 3; q. 23, a. 1, 5.
5. C. 3: 1165, b, 13-22.

i. Não devemos nos surpreender com essa linguagem, aparentemente dura, de uma época na qual se julgava com base no fato exterior do pecado. O importante é observar que Sto. Tomás não fala mais como os sectários de Qumran, que incitavam ao ódio contra os "pecadores"; ou como os fariseus, que se escandalizavam pelo fato de que Jesus frequentasse os pecadores. Na base desse texto está evidentemente o Evangelho: nossa fé produz aqui seus argumentos. Os pecadores devem ser amados na caridade, enquanto são sempre *capazes* de felicidade.

vitae singularis personae. — Et tamen mors per iudicem inflicta peccatori prodest, sive convertatur, ad culpae expiationem; sive non convertatur, ad culpae terminationem, quia per hoc tollitur ei potestas amplius peccandi.

AD TERTIUM dicendum quod huiusmodi imprecationes quae in sacra Scriptura inveniuntur, tripliciter possunt intelligi. Uno modo, per modum praenuntiationis, non per modum optationis: ut sit sensus: *Convertantur peccatores in infernum*, idest *convertentur*. — Alio modo, per modum optationis: ut tamen desiderium optantis non referatur ad poenam hominum, sed ad iustitiam punientis, secundum illud Ps 57,11: *Laetabitur iustus cum viderit vindictam*. Quia nec ipse Deus puniens *laetatur in perditione impiorum*, ut dicitur Sap 1,13, sed in sua iustitia: *quia iustus Dominus, et iustitias dilexit* Ps 10,8. — Tertio, ut desiderium referatur ad remotionem culpae, non ad ipsam poenam: ut scilicet peccata destruantur et homines remaneant.

AD QUARTUM dicendum quod ex caritate diligimus peccatores non quidem ut velimus quae ipsi volunt, vel gaudeamus de his de quibus ipsi gaudent: sed ut faciamus eos velle quod volumus, et gaudere de his de quibus gaudemus. Unde dicitur Ier 15,19: *Ipsi convertentur ad te, et tu non converteris ad eos*.

AD QUINTUM dicendum quod convivere peccatoribus infirmis quidem est vitandum, propter periculum quod eis imminet ne ab eis subvertantur. Perfectis autem, de quorum corruptione non timetur, laudabile est quod cum peccatoribus conversentur, ut eos convertant. Sic enim Dominus cum peccatoribus manducabat et bibebat, ut habetur Mt 9,10-11. — Convictus tamen peccatorum quantum ad consortium peccati vitandus est omnibus. Et sic dicitur 2Cor 6,17: *Recedite de medio eorum, et immundum ne tetigeritis*, scilicet secundum peccati consensum.

de caridade, que manda preferir o bem comum à vida de uma pessoa privada. — A morte infligida pelo juiz aproveita, contudo, ao pecador, se se converter, para expiação de sua culpa; se não, para por fim à sua culpa, tirando-lhe o poder de pecar mais ainda.

QUANTO AO 3º, deve-se dizer que estas imprecações que se encontram na Escritura podem ser interpretadas de três maneiras: 1º) como pressságios, e não como desejos; assim, "que os ímpios voltem para o inferno" significa: "eles irão". — 2º) Como opção; mas então o desejo de quem opta não se refere à pena dos homens, mas à justiça de quem castiga segundo o Salmo: "Que o justo se alegre ao ver a vingança". Pois o próprio Deus, punindo, "não tem prazer em destruir os viventes", mas sim na sua justiça, segundo o palavra do Salmo: "O Senhor é justo e ama a justiça". — 3º) Como um desejo de afastar o pecado e não como um desejo do próprio castigo, isto é, que os pecados sejam destruídos e que os homens vivam.

QUANTO AO 4º, deve-se dizer que por caridade amamos os pecadores, não para querer o que eles querem, e para nos alegrar com o que eles se alegram, mas para conduzi-los a querer o que nós queremos, e alegrarem-se com o que nos alegramos. Por isso se diz no livro de Jeremias: "Eles retornarão a ti, mas tu não retornarás a eles".

QUANTO AO 5º, deve-se dizer que os fracos devem evitar a convivência com os pecadores, por causa do perigo que correm de ser pervertidos por eles; mas convivam com eles os perfeitos, por não temerem ser pervertidos. É louvável conviver com eles para convertê-los. Foi assim que o Senhor comia e bebia com os pecadores, como se lê no Evangelho de Mateus. — Mas todos devem evitar o convívio dos pecadores, associando-se aos seus pecados; pois assim se lê na segunda Carta aos Coríntios: "Saí do meio deles e não toqueis o que seja impuro", isto é, consentindo nos seus pecados.

ARTICULUS 7
Utrum peccatores diligant seipsos

AD SEPTIMUM SIC PROCEDITUR. Videtur quod peccatores seipsos diligant.
1. Illud enim quod est principium peccati maxime in peccatoribus invenitur. Sed amor sui est

ARTIGO 7
Os pecadores amam-se a si mesmos?

QUANTO AO SÉTIMO, ASSIM SE PROCEDE: parece que os pecadores **amam-se** a si mesmos.
1. Com efeito, o princípio do pecado existe sobretudo nos pecadores. Ora, o amor de si é o

---

7 PARALL.: I-II, q. 29, a. 4; II *Sent.*, dist. 42, q. 2, a. 2, q.la 2, ad 2; III, dist. 27, Expos. litt.; *De Virtut.*, q. 2, a. 12, ad 6; *in Psalm*. 10.

principium peccati: dicit enim Augustinus, XIV *de Civ. Dei*[1], quod *facit civitatem Babylonis*. Ergo peccatores maxime amant seipsos.

2. PRAETEREA, peccatum non tollit naturam. Sed hoc unicuique convenit ex sua natura quod diligat seipsum: unde etiam creaturae irrationales naturaliter appetunt proprium bonum, puta conservationem sui esse et alia huiusmodi. Ergo peccatores diligunt seipsos.

3. PRAETEREA, *omnibus est diligibile bonum;* ut Dionysius dicit, in 4 cap. *de Div. Nom.*[2]. Sed multi peccatores reputant se bonos. Ergo multi peccatores seipsos diligunt.

SED CONTRA est quod dicitur in Ps 10,6: *Qui diligit iniquitatem, odit animam suam*.

RESPONDEO dicendum quod amare seipsum uno modo commune est omnibus; alio modo proprium est bonorum; tertio modo proprium est malorum. Quod enim aliquis amet id quod seipsum esse aestimat, hoc commune est omnibus.

Homo autem dicitur esse aliquid dupliciter. Uno modo, secundum suam substantiam et naturam. Et secundum hoc omnes aestimant bonum commune se esse id quod sunt, scilicet ex anima et corpore compositos. Et sic etiam omnes homines, boni et mali, diligunt seipsos, inquantum diligunt sui ipsorum conservationem.

Alio modo dicitur esse homo aliquid secundum principalitatem: sicut princeps civitatis dicitur esse civitas; unde quod principes faciunt, dicitur civitas facere. Sic autem non omnes aestimant se esse id quod sunt. Principale enim in homine est mens rationalis, secundarium autem est natura sensitiva et corporalis: quorum primum Apostolus nominat *interiorem hominem,* secundum *exteriorem,* ut patet 2Cor 4,16. Boni autem aestimant principale in seipsis rationalem naturam, sive interiorem hominem: unde secundum hoc aestimant se esse quod sunt. Mali autem aestimant principale in seipis naturam sensitivam et corporalem, scilicet exteriorem hominem. Unde non recte cognoscentes seipsos, non vere diligunt seipsos, sed diligunt id quod seipsos esse reputant. Boni autem, vere cognoscentes seipsos, vere seipsos diligunt.

princípio do pecado; é ele, diz Agostinho, "que constrói a cidade de Babilônia". Logo, os pecadores amam-se grandemente a si mesmos.

2. ALÉM DISSO, o pecado não destrói a natureza. Ora, é da natureza de todos amar a si mesmos; é assim que mesmo as criaturas irracionais desejam naturalmente o seu próprio bem, como a conservação do próprio ser e bens semelhantes. Logo, os pecadores se amam a si mesmos.

3. ADEMAIS, "O bem, diz Dionísio, é amável para todos". Ora, muitos pecadores se consideram bons. Logo, muitos pecadores se amam a si mesmos.

EM SENTIDO CONTRÁRIO, está escrito no livro dos Salmos: "Aquele que ama a iniquidade odeia a sua alma".

RESPONDO. Amar-se a si mesmo é, em certo sentido, comum a todos; noutro sentido, é próprio dos bons; e num terceiro sentido, é próprio dos maus. Com efeito, é comum a todos amar o que eles reputam como seu próprio ser.

Ora, o homem é considerado ser, de dois modos. Primeiramente, segundo sua substância e sua natureza. Desse modo, todos julgam como bem comum, ser o que são, isto é, compostos de alma e de corpo. E assim, todos os homens, bons e maus, amam-se a si mesmos, na medida em que amam a própria conservação.

Em segundo lugar, diz-se que o homem é algo pelo que nele há de principal; é assim que se diz do chefe de uma cidade que ele é a própria cidade, pelo que se diz que o que fazem os chefes, o faz a própria cidade. Ora, deste modo, nem todos os homens pensam ser o que eles são, pois o principal no homem é a alma racional e o que é secundário é a natureza sensível e corporal: a primeira é chamada pelo Apóstolo de "homem interior", e a segunda de "homem exterior". Os bons apreciam em si mesmos, como principal, a natureza racional, ou o homem interior, e por isso consideram-se como sendo o que são. Mas os maus creem que o principal neles é a natureza sensível e corporal, ou o homem exterior. Por essa razão, não se conhecendo bem a si mesmos, eles não se amam verdadeiramente, mas amam somente o que julgam ser. Ao contrário, os bons, conhecendo-se verdadeiramente a si mesmos, amam-se de verdade.

---

1. C. 28: ML 41, 436.
2. MG 3, 708 A.

Et hoc probat Philosophus, in IX *Ethic.*³, per quinque quae sunt amicitiae propria. Unusquisque enim amicus primo quidem vult suum amicum esse et vivere; secundo, vult ei bona, tertio, operatur bona ad ipsum; quarto, convivit ei delectabiliter; quinto, concordat cum ipso, quasi in iisdem delectatus et contristatus. Et secundum hoc boni diligunt seipsos quantum ad interiorem hominem: quia etiam volunt ipsum servari in sua integritate; et optant ei bona eius, quae sunt bona spiritualia; et etiam ad assequenda operam impendunt; et delectabiliter ad cor proprium redeunt, quia ibi inveniunt et bonas cogitationes in praesenti, et memoriam bonorum praeteritorum, et spem futurorum bonorum, ex quibus delectatio causatur; similiter etiam non patiuntur in seipsis voluntatis dissensionem, quia tota anima eorum tendit in unum.

E contrario autem mali non volunt conservari integritatem interioris hominis; neque appetunt spiritualia eius bona; neque ad hoc operantur; neque delectabile est eis secum convivere redeundo ad cor, quia inveniunt ibi mala et praesentia et praeterita et futura, quae abhorrent; neque etiam sibi ipsis concordant, propter conscientiam remordentem, secundum illud Ps 49,21: *Arguam te, et statuam contra faciem tuam.* — Et per eadem probari potest quod mali amant seipsos secundum corruptionem exterioris hominis. Sic autem boni non amant seipsos.

AD PRIMUM ergo dicendum quod amor sui qui est principium peccati, est ille qui est proprius malorum, perveniens *usque ad contemptum Dei*, ut ibi dicitur: quia mali sic etiam cupiunt exteriora bona quod spiritualia contemnunt.

AD SECUNDUM dicendum quod naturalis amor, etsi non totaliter tollatur a malis, tamen in eis pervertitur per modum iam⁴ dictum.

AD TERTIUM dicendum quod mali, inquantum aestimant se bonos, sic aliquid participant de amore sui. Nec tamen ista esta vera sui dilectio, sed apparens. Quae etiam non est possibilis in his qui valde sunt mali.

O Filósofo o demonstra pelas cinco condições próprias da amizade. Com efeito, cada amigo: 1º) quer a existência de seu amigo, e que ele viva; 2º) quer-lhe bens; 3º) faz-lhe bens; 4º) vive com seu amigo na alegria; 5º) concorda com ele, partilhando suas alegrias e tristezas. Ora, é assim que os bons amam a si mesmos, quanto ao homem interior: querem conservá-lo na sua integridade; desejam para ele os seus próprios bens, que são os bens espirituais; esforçam-se para que os consiga; com alegria se voltam a seu próprio coração, nele encontrando os bons pensamentos, no presente; a recordação dos bens passados e a esperança dos futuros, que lhes enche de prazer. Semelhantemente, não sofrem a rebeldia da vontade, pois sua alma tende para a unidade.

Ao contrário, os maus não querem conservar a integridade do homem interior, não aspiram para si os bens espirituais, não trabalham para alcançá-los, nem têm prazer em conviver consigo mesmos voltando-se ao seu coração porque nele encontram os males presentes, passados e futuros, que só podem detestar; não vivem em paz consigo mesmos pois sua consciência está cheia de remorsos, conforme o livro dos Salmos: "Eu te acuso e me levanto contra a tua face". — Da mesma maneira pode-se provar que os maus se amam a si mesmos segundo a corrupção do homem exterior. Ora, não é dessa forma que os bons se amam a si mesmos.

QUANTO AO 1º, portanto, deve-se dizer que o amor próprio, que é princípio do pecado, é próprio dos maus, e vai "até ao desprezo de Deus", como diz Agostinho no mesmo lugar. Pois os maus desejam os bens exteriores a ponto de desprezarem os espirituais.

QUANTO AO 2º, deve-se dizer que o amor natural, mesmo não sendo totalmente destruído nos maus, neles se acha pervertido do modo como foi dito.

QUANTO AO 3º, deve-se dizer que os maus, enquanto se creem bons, de alguma forma participam do amor de si. Este amor, contudo, não é um amor verdadeiro, mas somente aparente. E nem mesmo este amor é possível ter os que são muito maus^j.

---

3. C. 4: 1166, a, 3-10.
4. In corp.

j. Os dois "amores de si" se assemelham, mas é uma semelhança enganadora. O "pecador" não se ama no melhor de si mesmo. Só pode amar em si o que quer encontrar.

Articulus 8
Utrum sit de necessitate caritatis ut inimici diligantur

AD OCTAVUM SIC PROCEDITUR. Videtur quod non sit de necessitate caritatis ut inimici diligantur.
1. Dicit enim Augustinus, *in Enchirid.*[1], quod *hoc tam magnum bonum*, scilicet diligere inimicos, *non est tantae multitudinis quantam credimus exaudiri cum in Oratione dicitur, "Dimitte nobis debita nostra"*. Sed nulli dimittitur peccatum sine caritate: quia, ut dicitur Pr 10,12, *universa delicta operit caritas*. Ergo non est de necessitate caritatis diligere inimicos.
2. PRAETEREA, caritas non tollit naturam. Sed unaquaeque res, etiam irrationalis, naturaliter odit suum contrarium: sicut ovis lupum, et aqua ignem. Ergo caritas non facit quod inimici diligantur.

3. PRAETEREA, *caritas non agit perperam* (1Cor 13,4). Sed hoc videtur esse perversum quod aliquis diligat inimicos, sicut et quod aliquis odio habeat amicos: unde 2Reg 19,6 exprobrando dicit Ioab ad David: *Diligis odientes te, et odio habes diligentes te*. Ergo caritas non facit ut inimici diligantur.

SED CONTRA est quod Dominus dicit, Mt 5,44: *Diligite inimicos vestros*.

RESPONDEO dicendum quod dilectio inimicorum tripliciter potest considerari. Uno quidem modo, ut inimici diligantur inquantum sunt inimici. Et hoc est perversum et caritati repugnans: quia hoc est diligere malum alterius.

Alio modo potest accipi dilectio inimicorum quantum ad naturam, sed in universali. Et sic dilectio inimicorum est de necessitate caritatis: ut scilicet aliquis diligens Deum et proximum ab illa generalitate dilectionis proximi inimicos suos non excludat.

Tertio modo potest considerari dilectio inimicorum in speciali: ut scilicet aliquis in speciali moveatur motu dilectionis ad inimicum. Et istud non est de necessitate caritatis absolute: quia nec etiam moveri motu dilectionis in speciali ad quoslibet homines singulariter est de necessitate

Artigo 8
É exigência da caridade amar os inimigos?[k]

QUANTO AO OITAVO, ASSIM SE PROCEDE: parece que **não** é exigência da caridade amar os inimigos.
1. Com efeito, diz Agostinho: "Este bem eminente, isto é, amar os inimigos, não se encontra em toda a multidão que acreditamos ser ouvida quando reza: 'Perdoai-nos as nossas dívidas'." Ora, os pecados não são perdoados a ninguém sem a caridade, como está dito no livro dos Provérbios: "A caridade cobre todos os pecados". Logo, não é exigência da caridade amar os inimigos[l].
2. ALÉM DISSO, a caridade não elimina a natureza. Ora, todas as coisas, mesmo as irracionais, odeiam naturalmente o seu contrário: a ovelha odeia o lobo, a água odeia o fogo. Logo, a caridade não faz que sejam amados os inimigos.
3. ADEMAIS, "A caridade não age mal", diz a primeira Carta aos Coríntios. Ora, parece perverso que alguém ame seus inimigos e odeie seus amigos, conforme esta reprovação dirigida por Joab a Davi: "Tu amas os que te odeiam e odeias os que te amam". Logo, a caridade não faz que sejam amados os inimigos.

EM SENTIDO CONTRÁRIO, diz o Senhor: "Amai os vossos inimigos".

RESPONDO. O amor aos inimigos pode ser compreendido de três modos. Primeiramente, no sentido que são amados enquanto inimigos. Isso é perverso e contrário à caridade, porque seria amar o mal de outrem.

Em segundo lugar, pode-se entender o amor aos inimigos levando-se em conta a natureza, mas de um modo universal. Assim, o amor dos inimigos é exigência da caridade, pois quem ama a Deus e ao próximo não deve excluir seus inimigos de seu amor universal.

Enfim, o amor aos inimigos pode ser visto em particular, isto é, que alguém se sinta movido de modo particular a amar seu inimigo. E isso não é exigência da caridade de modo absoluto, porque não é exigência da caridade que tenhamos um amor especial em relação a cada homem, o que

---

8 PARALL.: Infra, q. 83, a. 8; III *Sent.*, dist. 30, a. 1; *De Virtut.*, q. 2, a. 8; *De duob. Praecept.* etc., c. *De Dilect. Prox.*; *De Perf. Vitae Spir.*, c. 14; *ad Rom.*, c. 12, lect. 3.

1. C. 73: ML 40, 266.

k. Trata-se de todo inimigo: o pessoal ou o estrangeiro (o inimigo da pátria).
l. O argumento é o seguinte: podemos pensar que aqueles que dizem no Pai Nosso: "Perdoai as nossas ofensas" são perdoados. Mas não o são sem caridade. Ora, muitos parecem não amar seus inimigos...

caritatis, quia hoc esset impossibile. Est tamen de necessitate caritatis secundum praeparationem animi: ut scilicet homo habeat animum paratum ad hoc quod in singulari inimicum diligeret si necessitas occurreret.

Sed quod absque articulo necessitatis homo etiam hoc actu impleat ut diligat inimicum propter Deum, hoc pertinet ad perfectionem caritatis. Cum enim ex caritate diligatur proximus propter Deum, quanto aliquis magis diligit Deum, tanto etiam magis ad proximum dilectionem ostendit, nulla inimicitia impediente. Sicut si aliquis multum diligeret aliquem hominem, amore ipsius filios eius amaret etiam sibi inimicos. — Et secundum hunc modum loquitur Augustinus.

Unde patet responsio AD PRIMUM.

AD SECUNDUM dicendum quod unaquaeque res naturaliter odio habet id quod est sibi contrarium inquantum est sibi contrarium. Inimici autem sunt nobis contrarii inquantum sunt inimici. Unde hoc debemus in eis odio habere: debet enim nobis displicere quod nobis inimici sunt. Non autem sunt nobis contrarii inquantum homines sunt et beatitudinis capaces. Et secundum hoc debemus eos diligere.

AD TERTIUM dicendum quod diligere inimicos inquantum sunt inimici, hoc est vituperabile. Et hoc non facit caritas, ut dictum est[2].

Articulus 9
Utrum sit de necessitate caritatis quod aliquis signa et effectus dilectionis inimico exhibeat

AD NONUM SIC PROCEDITUR. Videtur quod de necessitate caritatis sit quod aliquis homo signa vel effectus dilectionis inimico exhibeat.

1. Dicitur enim 1Io 3,18: *Non diligamus verbo neque lingua, sed opere et veritate*. Sed opere diligit aliquis exhibendo ad eum quem diligit signa et effectus dilectionis. Ergo de necessitate caritatis est ut aliquis huiusmodi signa et effectus inimicis exhibeat.

seria impossível. Entretanto, isso é exigência da caridade, como disposição da alma, a saber, que se tenha o espírito disposto para amar um inimigo em particular, se necessário.

Mas, mesmo não sendo caso de necessidade, pertence à perfeição da caridade que se ame efetivamente um inimigo. Pois quando a caridade faz amar ao próximo, por amor a Deus, quanto maior for o amor a Deus tanto mais testemunhará o amor ao próximo, apesar de qualquer inimizade. Assim acontece quando se tem um grande amor por uma pessoa em particular: por causa desse amor, amará os seus filhos, mesmo que os tenha por inimigos. — Foi desse amor que falou Agostinho na primeira objeção[m].

QUANTO AO 1º, está clara a resposta pelo que foi dito.

QUANTO AO 2º, deve-se dizer que todas as coisas odeiam naturalmente os que lhes são contrários, como tais. Ora, nossos inimigos, como tais, nos são contrários. É isso que devemos odiar neles; deve nos desagradar o fato de serem nossos inimigos. Eles, entretanto, não nos são contrários enquanto homens, e enquanto capazes da bem-aventurança. Sob este aspecto, devemos amá-los.

QUANTO AO 3º, deve-se dizer que amar os inimigos, enquanto inimigos, é vituperável. Mas, como foi dito, não é isso o que a caridade faz.

Artigo 9
É exigência da caridade dar aos inimigos mostras e provas de amizade?

QUANTO AO NONO, ASSIM SE PROCEDE: parece que é exigência da caridade dar aos inimigos mostras e provas de amizade.

1. Com efeito, diz a primeira Carta de João: "Não amemos com palavras nem com a língua, mas com ações e em verdade". Ora, amar com ações é dar mostras e provas de seu amor. Logo, a caridade exige necessariamente que se manifestem estas mostras e provas de amor aos inimigos.

---

2. In corp.

9 PARALL.: Infra, q. 83, a. 8; III *Sent.*, dist. 30, a. 2; *De Virtut.*, q. 2, a. 8; *De duob. Praecept.* etc., c. *De Dilect. Prox.*; *De Perf. Vitae Spir.*, c. 14.

m. A caridade dispõe a amar todo ser capaz de "felicidade". Mas existe na caridade um impulso que o leva a ir cada vez mais longe e, por vezes, a amar tal inimigo efetivamente, antes mesmo que isso seja necessário. É então a "perfeição" da caridade. Estando entendido que, então, este não é amado enquanto inimigo, mas enquanto concidadão possível da Jerusalém celeste.

2. PRAETEREA, Mt 5,44 Dominus simul dicit: *Diligite inimicos vestros*, et: *Benefacite his qui oderunt vos*. Sed diligere inimicos est de necessitate caritatis. Ergo et benefacere inimicis.

3. PRAETEREA, caritate amatur non solum Deus, sed etiam proximus. Sed Gregorius dicit, in homilia *Pentecostes*[1], quod *amor Dei non potest esse otiosus: magna enim operatur, si est; si desinit operari, amor non est*. Ergo caritas quae habetur ad proximum non potest esse sine operationis effectu. Sed de necessitate caritatis est ut omnis proximus diligatur, etiam inimicus. Ergo de necessitate caritatis est ut etiam ad inimicos signa et effectus dilectionis extendamus.

SED CONTRA est quod Mt 5,44, super illud, *Benefacite his qui oderunt vos*, dicit Glossa[2] quod *benefacere inimicis est cumulus perfectionis*. Sed id quod pertinet ad perfectionem caritatis non est de necessitate ipsius. Ergo non est de necessitate caritatis quod aliquis signa et effectus dilectionis inimicis exhibeat.

RESPONDEO dicendum quod effectus et signa caritatis ex interiori dilectione procedunt et ei proportionantur. Dilectio autem interior ad inimicum in communi quidem est de necessitate praecepti absolute; in speciali autem non absolute, sed secundum praeparationem animi, ut supra[3] dictum est. Sic igitur dicendum est de effectu vel signo dilectionis exterius exhibendo. Sunt enim quaedam beneficia vel signa dilectionis quae exhibentur proximis in communi: puta cum aliquis orat pro omnibus fidelibus vel pro toto populo, aut cum aliquod beneficium impendit aliquis toti communitati. Et talia beneficia vel dilectionis signa inimicis exhibere est de necessitate praecepti: si enim non exhiberentur inimicis, hoc pertineret ad livorem vindictae, contra id quod dicitur Lv 19,18: *Non quaeres ultionem; et non eris memor iniuriae civium tuorum*.

Alia vero sunt beneficia vel dilectionis signa quae quis exhibet particulariter aliquibus personis. Et talia beneficia vel dilectionis signa inimicis exhibere non est de necessitate salutis nisi secundum praeparationem animi, ut scilicet subveniatur eis in articulo necessitatis: secundum illud Pr 25,21: *Si esurierit inimicus tuus, ciba illum: si*

2. ALÉM DISSO, ao mesmo tempo o Senhor diz: "Amai vossos inimigos", e "fazei bem aos que vos odeiam". Ora, a caridade exige necessariamente que se ame os inimigos. Logo, exige também que lhes façamos o bem.

3. ADEMAIS, pela caridade, não somente Deus é amado, mas também o próximo. Ora, Gregório diz: "O amor de Deus não pode permanecer ocioso; se ele existe, opera grandes coisas; se não opera, não é amor". Logo, a caridade para com o próximo não pode existir sem uma ação efetiva. Mas, a caridade exige que seja amado todo próximo mesmo um inimigo. Logo, há de exigir que estendamos aos inimigos as mostras e provas do amor.

EM SENTIDO CONTRÁRIO, a propósito da frase do Evangelho de Mateus: "Fazei bem aos que vos odeiam", diz a Glosa: "Fazer bem aos inimigos é o máximo da perfeição". Ora, a caridade não exige o que constitui a sua perfeição. Logo, a caridade não exige que se manifeste aos inimigos mostras e provas de amor.

RESPONDO. As provas e as mostras da caridade procedem do amor interior e com ele guardam proporção. O amor interior para com os inimigos em geral é exigência absoluta do preceito; ao passo que o amor por um inimigo em particular, não é uma exigência absoluta, mas uma disposição da alma, como já foi dito. Assim, pois, deve-se dizer o mesmo a respeito das provas e mostras de amor manifestadas exteriormente. Pois há certos benefícios ou mostras de amor que se devem dar ao próximo em geral. Por exemplo, orar por todos os fiéis ou por todo o povo, ou fazer um benefício para toda a comunidade. Tais benefícios ou mostras de amor aos inimigos são manifestações exigidas pelo preceito; se não lhes fossem manifestadas, corresponderia à maldade da vingança, contra o que diz o livro do Levítico: "Não te vingarás e não te lembrarás das injúrias de teus concidadãos".

Há outros benefícios ou mostras de amor, porém, que se manifestam particularmente em relação a certas pessoas. Manifestá-lo aos inimigos não é necessário para a salvação, senão só como disposição da alma, que os socorra em caso de necessidade, conforme o livro dos Provérbios: "Se teu inimigo tiver fome, dá-lhe de comer; se

---

1. Homil. 30 *in Evang.*, n. 2: ML 76, 1221 B.
2. Ordin.: ML 114, 97 D-98 A.
3. Art. praec.

sitit, da illi potum. — Sed quod praeter articulum necessitatis huiusmodi beneficia aliquis inimicis exhibeat, pertinet ad perfectionem caritatis, per quam aliquis non solum cavet *vinci a malo*, quod necessitatis est, sed etiam vult *in bono vincere malum* (Rom 12,21), quod est etiam perfectionis: dum scilicet non solum cavet propter iniuriam sibi illatam detrahi ad odium; sed etiam propter sua beneficia inimicum intendit pertrahere ad suum amorem.

Et per hoc patet responsio AD OBIECTA.

ARTICULUS 10
Utrum debeamus angelos ex caritate diligere

AD DECIMUM SIC PROCEDITUR. Videtur quod angelos non debeamus ex caritate diligere.

1. Ut enim Augustinus dicit, in libro *de Doct. Christ.*[1], *gemina est dilectio caritatis, scilicet Dei et proximi*. Sed dilectio angelorum non continetur sub dilectione Dei, cum sint substantiae creatae: nec etiam videtur contineri sub dilectione proximi, cum non communicent nobiscum in specie. Ergo angeli non sunt ex caritate diligendi.

2. PRAETEREA, magis conveniunt nobiscum bruta animalia quam angeli: nam nos et bruta animalia sumus in eodem genere propinquo. Sed ad bruta animalia non habemus caritatem, ut supra[2] dictum est. Ergo etiam neque ad angelos.

3. PRAETEREA, *nihil est ita proprium amicorum sicut convivere*, ut dicitur in VIII *Ethic.*[3]. Sed angeli non convivunt nobiscum, nec etiam eos videre possumus. Ergo ad eos caritatis amicitiam habere non valemus.

SED CONTRA est quod Augustinus dicit, in I *de Doct. Christ.*[4]: *Iam vero si vel cui praebendum, vel a quo nobis praebendum est officium misericordiae, recte proximus dicitur; manifestum est praecepto quo iubemur diligere proximum, etiam sanctos angelos contineri, a quibus multa nobis misericordiae impenduntur officia.*

tiver sede, dá-lhe de beber". — Fora do caso de necessidade, porém, manifestar tais benefícios aos inimigos cabe à perfeição da caridade, a qual, não contente "de não se deixar vencer pelo mal", o que é necessário, quer ainda "vencer o mal com o bem", o que é próprio da perfeição. Ou seja: não somente não se deixa arrastar pelo ódio por causa de uma injúria recebida, mas ainda, com os seus benefícios, pretende atrair o inimigo para o seu amor[n].

Com esta exposição ficam claras as respostas às OBJEÇÕES.

ARTIGO 10
Devemos amar os anjos pela caridade?

QUANTO AO DÉCIMO, ASSIM SE PROCEDE: parece **não** devemos amar os anjos pela caridade.

1. Com efeito, diz Agostinho: "Dois são os amores da caridade: o de Deus e o do próximo". Ora, o amor dos anjos não está compreendido no amor de Deus, pois eles são substâncias criadas. Nem parece estar compreendido no amor do próximo, pois eles não são da mesma espécie que nós. Logo, os anjos não devem ser amados pela caridade.

2. ALÉM DISSO, os animais irracionais estão mais próximos de nós do que os anjos, porque também nós somos animais pelo mesmo gênero próximo. Ora, já foi dito que não amamos os animais pela caridade. Logo, da mesma maneira nem aos anjos.

3. ADEMAIS, diz o livro VIII da *Ética*: "Nada há de mais próprio aos amigos do que conviver". Ora, os anjos não vivem conosco, e não podemos nem mesmo vê-los. Logo, somos incapazes de ter por eles uma amizade de caridade.

EM SENTIDO CONTRÁRIO, Agostinho nos diz: "Se entendermos por próximo aquele para quem temos deveres de misericórdia, ou aquele que deve tê-los para conosco, é evidente que o preceito de amar nosso próximo aplica-se também aos anjos, que desempenham muitos ofícios de misericórdia para conosco".

---

10 PARALL.: III *Sent.*, dist. 28, a. 3; *De Virtut.*, q. 2, a. 7, ad 9; *ad Rom.*, c. 13, lect. 2.
1. L. I, c. 26: ML 34, 29.
2. Art. 3.
3. C. 6: 1157, b, 19-24.
4. C. 30, n. 33: ML 34, 31.

n. Exceto no caso de necessidade "Se teu inimigo tem fome, dá-lhe de comer" (Pr 25,21 e Rm 12,19) não existe "dever". O fervor da caridade, neste ou naquele, levará a fazer mais. O artigo quer dizer simplesmente que não é contrário à caridade em si mesma não ir ao encontro de seu "inimigo" para lhe dar um sinal particular de afeição, ou fazer-se amar dele. A não ser quando há necessidade.

RESPONDEO dicendum quod amicitia caritatis, sicut supra[5] dictum est, fundatur super communicatione beatitudinis aeternae, in cuius participatione communicant cum angelis homines: dicitur enim Mt 22,30 quod *in resurrectione erunt homines sicut angeli in caelo*. Et ideo manifestum est quod amicitia caritatis etiam ad angelos se extendit.

AD PRIMUM ergo dicendum quod proximus non solum dicitur communicatione speciei, sed etiam communicatione beneficiorum pertinentium ad vitam aeternam; super qua communicatione amicitia caritatis fundatur.

AD SECUNDUM dicendum quod bruta animalia conveniunt nobiscum in genere propinquo ratione naturae sensitivae, secundum quam non sumus participes aeternae beatitudinis, sed secundum mentem rationalem; in qua communicamus cum angelis.

AD TERTIUM dicendum quod angeli non convivunt nobis exteriori conversatione, quae nobis est secundum sensitivam naturam. Convivimus tamen angelis secundum mentem: imperfecte quidem in hac vita, perfecte autem in patria, sicut et supra[6] dictum est.

RESPONDO. A amizade de caridade, como já foi dito, está fundada sobre a comunhão da bem-aventurança eterna, da qual os homens com os anjos participam, como diz o Evangelho de Mateus: "Na ressurreição, os homens serão como os anjos no céu". É, pois, evidente que a amizade de caridade se estende também aos anjos.

QUANTO AO 1º, portanto, deve-se dizer que próximo se diz não somente quem participa da mesma espécie, mas também quem participa dos benefícios referentes à vida eterna; sobre esta comunhão é que se funda a amizade de caridade.

QUANTO AO 2º, deve-se dizer que os animais irracionais têm em comum conosco o mesmo gênero, em razão da natureza sensível. Ora, não é segundo esta natureza que nós participamos da bem-aventurança eterna, mas pela alma racional, na qual comungamos com os anjos.

QUANTO AO 3º, deve-se dizer que os anjos não compartilham conosco as relações exteriores que resultam da natureza sensível. Todavia, nós compartilhamos com eles pela alma: imperfeitamente, nesta vida, mas de maneira perfeita, na pátria, como já foi dito.

ARTICULUS 11
Utrum debeamus daemones ex caritate diligere

AD UNDECIMUM SIC PROCEDITUR. Videtur quod daemones ex caritate debeamus diligere.

1. Angeli enim sunt nobis proximi inquantum communicamus cum eis in rationali mente. Sed etiam daemones sic nobiscum communicant: quia data naturalia in eis manent integra, scilicet esse, vivere et intelligere, ut dicitur in 4 cap. *de Div. Nom.*[1]. Ergo debemus daemones ex caritate diligere.

2. PRAETEREA, daemones differunt a beatis angelis differentia peccati, sicut et peccatores homines a iustis. Sed iusti homines ex caritate diligunt peccatores. Ergo etiam ex caritate debent diligere daemones.

3. PRAETEREA, illi a quibus beneficia nobis impenduntur debent a nobis ex caritate diligi tan-

ARTIGO 11
Devemos amar os demônios pela caridade?

QUANTO AO DÉCIMO PRIMEIRO, ASSIM SE PROCEDE: parece que **devemos** amar os demônios pela caridade.

1. Com efeito, os anjos são nossos próximos, e com eles temos em comum a alma racional. Ora, também a temos em comum com os demônios, porque, segundo Dionísio, os dons naturais permanecem íntegros neles, como a existência, a vida, o intelecto. Logo, devemos amar os demônios pela caridade.

2. ALÉM DISSO, os demônios diferem dos anjos bem-aventurados pelo pecado, do mesmo modo que os homens pecadores diferem dos homens justos. Ora, os homens justos amam os pecadores, pela caridade. Logo, devem amar pela caridade também os demônios.

3. ADEMAIS, nós devemos amar pela caridade, como próximos, aqueles de quem recebemos bene-

---

5. A. 3, 6; q. 23, a. 1, 5.
6. Q. 23, a. 1, ad 1.

11 PARALL.: III *Sent.*, dist. 28, a. 5; dist. 31, q. 2, a. 3, q.la 1; *De Virtut.*, q. 2, a. 8, ad 9; *ad Rom.*, c. 13, lect. 2.
1. MG 3, 725 C.

quam proximi: sicut patet ex auctoritate Augustini supra² inducta. Sed daemones nobis in multis sunt utiles: dum *nos tentando nobis coronas fabricant*, sicut Augustinus dicit, XI *de Civ. Dei*³. Ergo daemones sunt ex caritate diligendi.

SED CONTRA est quod dicitur Is 28,18: *Delebitur foedus vestrum cum morte, et pactum vestrum cum inferno non stabit.* Sed perfectio pacis et foederis est per caritatem. Ergo ad daemones qui sunt inferni incolae et mortis procuratores, caritatem habere non debemus.

RESPONDEO dicendum quod, sicut supra⁴ dictum est, in peccatoribus ex caritate debemus diligere naturam, peccatum odire. In nomine autem daemonis significatur natura peccato deformata. Et ideo daemones ex caritate non sunt diligendi.

Et si non fiat vis in nomine, et quaestio referatur ad illos spiritus qui daemones dicuntur, utrum sint ex caritate diligendi: respondendum est, secundum praemissa⁵, quod aliquid ex caritate diligitur dupliciter. Uno modo, sicut ad quem amicitia habetur. Et sic ad illos spiritus caritatis amicitiam habere non possumus. Pertinet enim ad rationem amicitiae ut amicis nostris bonum velimus. Illud autem bonum vitae aeternae quod respicit caritas, spiritibus illis a Deo aeternaliter damnatis ex caritate velle non possumus: hoc enim repugnaret caritati Dei, per quam eius iustitiam approbamus.

Alio modo diligitur aliquid sicut quod volumus permanere ut bonum alterius: per quem modum ex caritate diligimus irrationales creaturas, inquantum volumus eas permanere ad gloriam Dei et utilitatem hominum, ut supra⁶ dictum est. Et per hunc modum et naturam daemonum etiam ex caritate diligere possumus: inquantum scilicet volumus illos spiritus in suis naturalibus conservari ad gloriam Dei.

fícios, como mostra o texto de Agostinho, apenas citado. Ora, os demônios nos são úteis em muitas coisas, pois, como diz Agostinho: "Tentando-nos, eles nos tecem coroas". Logo, os demônios devem ser amados pela caridade.

EM SENTIDO CONTRÁRIO, diz o livro de Isaías: "A vossa aliança com a morte será rompida; vosso pacto com o inferno não subsistirá"º. Ora, é pela caridade que se realiza a perfeição da paz e da aliança. Logo, não devemos ter caridade para com os demônios, que são os habitantes do inferno e procuradores da morte.

RESPONDO. Como já foi dito, devemos amar a natureza dos pecadores pela caridade, mas odiar o seu pecado. Ora, o vocábulo demônio designa uma natureza deformada pelo pecadoᵖ. É por isso que os demônios não devem ser amados pela caridade.

Mas, desconsiderando o vocábulo, se a questão for se devemos amar pela caridade estes espíritos chamados demônios, devemos respondê-la como já foi estabelecido anteriormente, que há uma dupla maneira de amar pela caridade: 1º) Pode-se amar, como aquele com quem se tem amizade. Neste sentido, não podemos amar estes espíritos com uma amizade de caridade, porque é da razão da amizade querer o bem de seus amigos. Ora, o bem eterno, objeto da caridade, não pode ser querido para os espíritos que Deus condenou eternamente. Isso iria contra o amor de Deus, que nos faz aprovar sua justiça.

2º) Pode-se amar uma coisa por querer que ela permaneça como o bem de outrem. Desse modo, pela caridade, nós amamos as criaturas irracionais, enquanto queremos que elas subsistam para a glória de Deus e a utilidade dos homens, como já foi dito. Desse modo, podemos também amar, mesmo pela caridade, a natureza dos demônios, querendo que esses espíritos sejam conservados com os seus dons naturais para a glória de Deusᑫ.

---

2. A. praec., *sed c.*
3. Cfr. BERNARDUM, *In Cant.*, serm. 17, n. 6: ML 183, 858 A.
4. Art. 6.
5. Art. 2, 3.
6. Art. 3.

o. Não é diretamente o que quer dizer Isaías. Mas o versículo assim interpretado servia de argumento de autoridade.

p. Demônio vem do grego *Daimon*, cuja etimologia é incerta. Para nosso autor, a palavra significaria uma natureza *deformata*, isto é, "desnaturada" (pelo pecado).

q. Não sendo, e não podendo ser nossos companheiros de eternidade, por eles mesmos nem os demônios nem os condenados podem ser amados por nós, na caridade. Podemos contudo amá-los como amamos as coisas que queremos para a glória e honra de Deus. Na fé, é claro.

AD PRIMUM ergo dicendum quod mens angelorum non habet impossibilitatem ad aeternam beatitudinem habendam, sicut habet mens daemonum. Et ideo amicitia caritatis, quae fundatur super communicatione vitae aeternae magis quam super communicatione naturae, habetur ad angelos, non autem ad daemones.

AD SECUNDUM dicendum quod homines peccatores in hac vita habent possibilitatem perveniendi ad beatitudinem aeternam. Quod non habent illi qui sunt in inferno damnati; de quibus, quantum ad hoc, est eadem ratio sicut et de daemonibus.

AD TERTIUM dicendum quod utilitas quae nobis ex daemonibus provenit non est ex eorum intentione, sed ex ordinatione divinae providentiae. Et ideo ex hoc non inducimur ad habendum amicitiam eorum: sed ad hoc quod simus Deo amici, qui eorum perversam intentionem convertit in nostram utilitatem.

QUANTO AO 1º, portanto, deve-se dizer que o espírito dos anjos não está, como o dos demônios, na impossibilidade de atingir a vida eterna. Por isso, a amizade de caridade, que é fundada sobre a comunhão da vida eterna, mais do que na comunhão de natureza, nós a temos com os anjos, e não com os demônios.

QUANTO AO 2º, deve-se dizer que os homens pecadores têm, nesta vida, a possibilidade de atingir a bem-aventurança eterna. Mas, os condenados no inferno não têm essa possibilidade. Nesse sentido, a mesma razão serve para os demônios.

QUANTO AO 3º, deve-se dizer que a utilidade que nos advém dos demônios não provém de sua intenção, mas da ordem da providência divina. Este fato não nos induz a ter a amizade deles, mas antes a ser amigos de Deus, que converte a intenção perversa deles em nossa utilidade.

ARTICULUS 12
Utrum convenienter enumerentur quatuor ex caritate diligenda: scilicet Deus, proximus, corpus nostrum et nos ipsi

AD DUODECIMUM SIC PROCEDITUR. Videtur quod inconvenienter enumerentur quatuor ex caritate diligenda: scilicet Deus, proximus, corpus nostrum et nos ipsi.

1. Ut enim Augustinus dicit, *super Ioan*[1], *qui non diligit Deum, nec seipsum diligit*. In Dei ergo dilectione includitur dilectio sui ipsius. Non ergo est alia dilectio sui ipsius, et alia dilectio Dei.

2. PRAETEREA, pars non debet dividi contra totum. Sed corpus nostrum est quaedam pars nostri. Non ergo debet dividi, quasi aliud diligibile, corpus nostrum a nobis ipsis.

3. PRAETEREA, sicut nos habemus corpus, ita etiam et proximus. Sicut ergo dilectio qua quis diligit proximum, distinguitur a dilectione qua quis diligit seipsum; ita dilectio qua quis diligit corpus proximi, debet distingui a dilectione qua quis diligit corpus suum. Non ergo convenienter distinguuntur quatuor ex caritate diligenda.

SED CONTRA est quod Augustinus dicit, in I de Doct. Christ.[2]: *Quatuor sunt diligenda: unum quod supra nos est*, scilicet Deus, *alterum quod*

ARTIGO 12
É exata a enumeração de quatro objetos que se devem amar pela caridade, a saber: Deus, o próximo, nosso corpo e nós mesmos?

QUANTO AO DÉCIMO SEGUNDO, ASSIM SE PROCEDE: parece que **não** estão exatamente enumerados os quatro objetos que devemos amar pela caridade: Deus, o próximo, o nosso corpo e nós mesmos.

1. Com efeito, diz Agostinho, "Quem não ama a Deus não se ama a si mesmo". Ora, o amor de Deus inclui o amor de si. Logo, não são dois amores, o de si e o de Deus.

2. ALÉM DISSO, a parte não se opõe ao todo. Ora, nosso corpo é uma parte de nós mesmos. Logo, não deve se opor a nós, como alguma outra coisa a ser amada.

3. ADEMAIS, como nós temos um corpo, nosso próximo também o tem. Portanto, assim como o nosso amor para com o próximo se distingue do amor com que nos amamos a nós mesmos, assim também o amor que temos pelo corpo do próximo deve se distinguir daquele com que amamos o nosso próprio corpo. Logo, não convém distinguir quatro objetos a serem amados pela caridade.

EM SENTIDO CONTRÁRIO, diz Agostinho: "Quatro coisas devem ser amadas: uma que está acima de nós", isto é, Deus; "outra que somos nós mesmos;

---

12 PARALL.: III *Sent.*, dist. 28, a. 7; *De Virtut.*, q. 2, a. 7.
1. Tract. 83, n. 3, super 15, 12: ML 35, 1846.
2. C. 23, n. 22: ML 34, 27.

nos sumus; tertium quod iuxta nos est, scilicet proximus; *quartum quod infra nos est*, scilicet proprium corpus.

Respondeo dicendum quod, sicut dictum est[3], amicitia caritatis super communicatione beatitudinis fundatur. In qua quidem communicatione unum quidem est quod consideratur ut principium influens beatitudinem, scilicet Deus; aliud est beatitudinem directe participans, scilicet homo et angelus; tertium autem est id ad quod per quandam redundantiam beatitudo derivatur, scilicet corpus humanum. Id quidem quod est beatitudinem influens est ea ratione diligibile quia est beatitudinis causa. Id autem quod est beatitudinem participans potest esse duplici ratione diligibile: vel quia est unum nobiscum; vel quia est nobis consociatum in beatitudinis participatione Et secundum hoc sumuntur duo ex caritate diligibilia: prout scilicet homo diligit et seipsum et proximum.

Ad primum ergo dicendum quod diversa habitudo diligentis ad diversa diligibilia facit diversam rationem diligibilitatis. Et secundum hoc, quia alia est habitudo hominis diligentis ad Deum et ad seipsum, propter hoc ponuntur duo diligibilia: cum dilectio unius sit causa dilectionis alterius. Unde, ea remota, alia removetur.

Ad secundum dicendum quod subiectum caritatis est mens rationalis, quae potest beatitudinis esse capax: ad quam corpus directe non attingit, sed solum per quandam redundantiam. Et ideo homo secundum rationalem mentem, quae est principalis in homine, alio modo se diligit secundum caritatem, et alio modo corpus proprium.

Ad tertium dicendum quod homo diligit proximum et secundum animam et secundum corpus ratione cuiusdam consociationis in beatitudine. Et ideo ex parte proximi est una tantum ratio dilectionis. Unde corpus proximi non ponitur speciale diligibile.

a terceira está junto de nós", isto é, o próximo; "a quarta que está abaixo de nós", isto é, nosso próprio corpo.

Respondo. Como foi dito, a amizade de caridade se funda sobre a comunhão da bem-aventurança. Ora, nesta comunhão há algo único que deve ser visto como o princípio do qual emana a bem-aventurança, isto é, Deus. Há uma outra coisa que participa diretamente desta bem-aventurança, isto é, o homem e o anjo. Enfim, uma outra coisa para a qual a bem-aventurança deriva por uma espécie de transbordamento, isto é, o corpo humano. O que comunica a bem-aventurança é digno de ser amado, porque é a causa da bem-aventurança. Quanto ao que participa da bem-aventurança, ele pode ser amado por duas razões: ou por constituir uma só coisa conosco, ou por ser nosso associado na participação da bem-aventurança. Sob este aspecto, há dois que devem ser amados pela caridade: o homem que se ama a si mesmo, e que ama o próximo.

Quanto ao 1º, portanto, deve-se dizer que as diversas relações entre o amante e os diversos objetos amados causam diversas razões de amar. E assim como o homem que ama tem para com Deus uma relação diversa da que tem para consigo mesmo, é preciso reconhecer aí dois objetos de amor distintos. E já que o amor de um é causa do amor do outro, conclui-se que, se o primeiro é destruído, o segundo também o é.

Quanto ao 2º, deve-se dizer que o sujeito da caridade é a alma racional, capaz da bem-aventurança, da qual o corpo não participa diretamente, mas só por certo transbordamento. É por isso que o homem, amando-se segundo sua alma racional, sua parte principal, ama diferentemente, segundo a caridade, a si mesmo e a seu próprio corpo.

Quanto ao 3º, deve-se dizer que o homem ama a alma e o corpo do próximo porque ambos, de algum modo, estarão associados na bem-aventurança. Por isso, do lado do próximo, há uma só razão de amor. Logo, o corpo do próximo não é considerado objeto especial de amor.

---

3. A. 3, 6, 10; q. 23, a. 1, 5.

QUAESTIO XXVI
DE ORDINE CARITATIS
in tredecim articulos divisa

Deinde considerandum est de ordine caritatis.

Et circa hoc quaeruntur tredecim.
Primo: utrum sit aliquis ordo in caritate.
Secundo: utrum homo debeat Deum diligere plus quam proximum.
Tertio: utrum plus quam seipsum.
Quarto: utrum se plus quam proximum.
Quinto: utrum homo debeat plus diligere proximum quam corpus proprium.
Sexto: utrum unum proximum plus quam alterum.
Septimo: utrum plus proximum meliorem, vel sibi magis coniunctum.
Octavo: utrum coniunctum sibi secundum carnis affinitatem, vel secundum alias necessitudines.
Nono: utrum ex caritate plus debeat diligere filium quam patrem.
Decimo: utrum magis debeat diligere matrem quam patrem.
Undecimo: utrum uxorem plus quam patrem vel matrem.
Duodecimo: utrum magis benefactorem quam beneficiatum.
Decimotertio: utrum ordo caritatis maneat in patria.

Articulus 1
Utrum in caritate sit ordo

AD PRIMUM SIC PROCEDITUR. Videtur quod in caritate non sit aliquis ordo.

1. Caritas enim quaedam virtus est. Sed in aliis virtutibus non assignatur aliquis ordo. Ergo neque in caritate aliquis ordo assignari debet.

2. PRAETEREA, sicuti fidei obiectum est prima veritas, ita caritatis obiectum est summa bonitas. Sed in fide non ponitur aliquis ordo, sed omnia aequaliter creduntur. Ergo nec in caritate debet poni aliquis ordo.

3. Praeterea, caritas in voluntate est. Ordinare autem non est voluntatis, sed rationis. Ergo ordo non debet attribui caritati.

QUESTÃO 26
A ORDEM DA CARIDADE[a]
em treze artigos

Em seguida, deve-se considerar a ordem da caridade.

Sobre este ponto, treze perguntas:
1. Há uma ordem na caridade?
2. Deve-se amar mais a Deus que ao próximo?
3. Mais que a si mesmo?
4. Mais a si mesmo que ao próximo?
5. Ao próximo mais que seu próprio corpo?
6. Um próximo mais que outro?
7. Mais o próximo que é melhor, ou aquele que nos é mais unido?
8. Aquele a quem somos unidos pelo sangue ou conforme outros laços?
9. Seu filho mais que seu pai?
10. Sua mãe, mais que seu pai?
11. Sua esposa, mais que seu pai ou sua mãe?
12. Seu benfeitor, mais que seu beneficiado?
13. A ordem da caridade subsiste na pátria?

Artigo 1
Há uma ordem na caridade?

QUANTO AO PRIMEIRO ARTIGO, ASSIM SE PROCEDE: parece que **não** há uma ordem na caridade.

1. Com efeito, a caridade é uma virtude. Ora, não se estabelece nenhuma ordem nas demais virtudes. Logo, não se deve estabelecer nenhuma ordem na caridade.

2. ALÉM DISSO, como o objeto da fé é a verdade primeira, assim também o objeto da caridade é o bem supremo. Ora, não há nenhuma ordem estabelecida na fé, pois crê-se igualmente tudo o que ela propõe. Logo, não se deve também estabelecer nenhuma ordem na caridade.

3. ADEMAIS, a caridade está na vontade. Ora, ordenar não é próprio da vontade, e sim da razão. Logo, não se deve atribuir nenhuma ordem à caridade.

---

1 PARALL.: III *Sent.*, dist. 29, a. 1; *De Virtut.*, q. 2, a. 9.

a. Pergunta-se, antes de mais nada, qual o lugar do amor de Deus em relação ao amor do próximo e de si mesmo (a. 1 a 3), o lugar do amor do próximo em relação ao amor de si e de seu próprio corpo (a. 4 e 5), a situação das diversas pessoas que o amor torna próximas (a. 6 a 12). Enfim, se existe uma ordem na caridade no céu (a. 13).

SED CONTRA est quod dicitur Ct 2,4: *Introduxit me rex in cellam vinariam; ordinavit in me caritatem*.

RESPONDEO dicendum quod, sicut Philosophus dicit, in V *Metaphys*.[1], prius et posterius dicitur secundum relationem ad aliquod principium. Ordo autem includit in se aliquem modum prioris et posterioris. Unde oportet quod ubicumque est aliquod principium, sit etiam aliquis ordo. Dictum autem est supra[2] quod dilectio caritatis tendit in Deum sicut in principium beatitudinis, in cuius communicatione amicitia caritatis fundatur. Et ideo oportet quod in his quae ex caritate diliguntur attendatur aliquis ordo, secundum relationem AD PRIMUM principium huius dilectionis, quod est Deus.

AD PRIMUM ergo dicendum quod caritas tendit in ultimum finem sub ratione finis ultimi: quod non convenit alicui alii virtuti, ut supra[3] dictum est. Finis autem habet rationem principii in appetibilibus et in agendis, ut ex supradictis[4] patet. Et ideo caritas maxime importat comparationem AD PRIMUM principium. Et ideo in ea maxime consideratur ordo secundum relationem ad primum principium.

AD SECUNDUM dicendum quod fides pertinet ad vim cognitivam, cuius operatio est secundum quod res cognitae sunt in cognoscente. Caritas autem est in vi affectiva, cuius operatio consistit in hoc quod anima tendit in ipsas res. Ordo autem principalius invenitur in ipsis rebus; et ex eis derivatur ad cognitionem nostram. Et ideo ordo magis appropriatur caritati quam fidei. — Licet etiam in fide sit aliquis ordo, secundum quod principaliter est de Deo, secundario autem de aliis quae referuntur ad Deum.

AD TERTIUM dicendum quod ordo pertinet ad rationem sicut ad ordinantem, sed ad vim appetitivam pertinet sicut ad ordinatam. Et hoc modo ordo in caritate ponitur.

EM SENTIDO CONTRÁRIO, lê-se no Cântico dos Cânticos: "O rei levou-me à adega, pôs em ordem os meus amores"[b].

RESPONDO. Como diz o Filósofo, anterior e posterior dizem respeito a um princípio. Ora, a ordem inclui em si certo modo de anterioridade e posterioridade. Por conseguinte, é necessário que onde quer que haja um princípio haja também uma ordem. Mas, como já foi dito, o amor de caridade tende para Deus como para o princípio de bem-aventurança em cuja comunhão se funda a amizade de caridade. Por isso, nas coisas que são amadas pela caridade, é preciso que se siga certa ordem, conforme a relação com o princípio primeiro desse amor, que é Deus.

QUANTO AO 1º, portanto, deve-se dizer que a caridade tende para o fim último considerado enquanto tal, o que não convém a nenhuma outra virtude, como já se disse. Ora, o fim exerce a função de princípio, na ordem do apetite e da ação, como também já se viu. Por esta razão a caridade implica sobretudo relação com o primeiro princípio. Consequentemente a ordem nela se considera sobretudo em relação ao primeiro princípio.

QUANTO AO 2º, deve-se dizer que a fé pertence à potência de conhecer cuja operação comporta que o objeto conhecido esteja no que conhece. A caridade, porém, situa-se na potência afetiva, cuja operação consiste em que a alma tenda para as próprias coisas[c]. Ora, a ordem reside principalmente nas coisas, e delas deriva para o nosso conhecimento. Por isso a ordem é mais própria da caridade do que da fé. — Embora na fé também haja certa ordem, enquanto diz respeito primeiramente a Deus, e secundariamente às outras coisas que dizem respeito a Deus[d].

QUANTO AO 3º, deve-se dizer que a ordem pertence à razão, enquanto ordenadora, e à potência apetitiva, enquanto ordenada. É desta maneira que se estabelece uma ordem na caridade.

---

1. C. 11: 1018, b, 9-12.
2. Q. 23, a. 1; q. 25, a. 12.
3. Q. 23, a. 6.
4. Q. 23, a. 7; I-II, q. 13, a. 3; q. 34, a. 4, ad 1; q. 57, a. 4.

b. A tradução latina: *Ordinavit in me caritatem*, corresponde ao texto dos Setenta, amplamente utilizado pelos Padres da Igreja. Admitida essa interpretação, ela fornece o argumento de autoridade: "Ele pôs ordem em meus amores".

c. Fora dela, por conseguinte, e não nela, como na intelecção.

d. Também existe uma ordem na fé. Não aderimos com a mesma força de adesão ao que a Palavra de Deus não revela explícita e diretamente, ou ao que cremos por esclarecimento indireto da revelação: por deduções ou induções, por razões interpostas, sobretudo se estas são incertas e não admitidas pela universalidade dos crentes.

ARTICULUS 2
Utrum Deus sit magis diligendus quam proximus

AD SECUNDUM SIC PROCEDITUR. Videtur quod Deus non sit magis diligendus quam proximus.

1. Dicitur enim 1Io 4,20: *Qui non diligit fratrem suun, quem videt, Deum, quem non videt, quomodo potest diligere?* Ex quo videtur quod illud sit magis diligibile quod est magis visibile: nam et visio est principium amoris, ut dicitur IX *Ethic.*[1]. Sed Deus est minus visibilis quam proximus. Ergo etiam est minus ex caritate diligibilis.

2. PRAETEREA, similitudo est causa dilectionis: secundum illud Eccli 13,19: *Omne animal diligit simile sibi.* Sed maior est similitudo hominis ad proximum suum quam ad Deum. Ergo homo ex caritate magis diligit proximum quam Deum.

3. PRAETEREA, illud quod in proximo caritas diligit, Deus est; ut patet per Augustinum, in I *de Doct. Christ.*[2]. Sed Deus non est maior in seipso quam in proximo. Ergo non est magis diligendus in seipso quam in proximo. Ergo non debet magis diligi Deus quam proximus.

SED CONTRA, illud magis est diligendum propter quod aliqua odio sunt habenda. Sed proximi sunt odio habendi propter Deum, si scilicet a Deo abducunt: secundum illud Lc 14,26: *Si quis venit ad me et non odit patrem et matrem et uxorem et filios et fratres et sorores, non potest meus esse discipulus.* Ergo Deus est magis ex caritate diligendus quam proximus.

RESPONDEO dicendum quod unaquaeque amicitia respicit principaliter illud in quo principaliter invenitur illud bonum super cuius communicatione fundatur: sicut amicitia politica principalius respicit principem civitatis, a quo totum bonum commune civitatis dependet; unde et ei maxime debetur fides et obedientia a civibus. Amicitia autem caritatis fundatur super communicatione beatitudinis, quae consistit essentialiter in Deo sicut in primo principio, a quo derivatur in omnes qui sunt beatitudinis capaces. Et ideo principaliter et maxime Deus est ex caritate diligendus: ipse enim diligitur sicut beatitudinis causa; proximus

ARTIGO 2
Deve-se amar mais a Deus que ao próximo?

QUANTO AO SEGUNDO, ASSIM SE PROCEDE: parece que **não** se deve amar mais a Deus que ao próximo.

1. Com efeito, segundo a primeira Carta de João: "Quem não ama seu irmão, a quem vê, como pode amar a Deus, a quem não vê?" Parece, pois, que o que é mais visível é também o mais amável, porque a visão é o princípio do amor, como se diz no livro IX da *Ética*. Ora, Deus é menos visível que o próximo. Logo, há de ser também menos amado pela caridade.

2. ALÉM DISSO, a semelhança é a causa do amor, conforme o livro do Eclesiástico: "Todo animal ama o seu semelhante". Ora, há mais semelhança entre o homem e seu próximo que entre o homem e Deus. Logo, o homem ama, pela caridade, mais ao próximo que a Deus.

3. ADEMAIS, segundo Agostinho, é Deus que a caridade ama no próximo. Ora, Deus não é maior em si mesmo do que no próximo. Não deve, pois, ser mais amado em si mesmo do que no próximo. Logo, não se deve amar mais a Deus que ao próximo.

EM SENTIDO CONTRÁRIO, deve-se amar mais o que nos obriga a odiar certas coisas. Ora, por causa de Deus, devemos odiar nosso próximo, se ele nos afasta de Deus, segundo o Evangelho de Lucas: "Se alguém vem a mim e não odeia[e] seu próprio pai e mãe, mulher, filhos, irmãos, irmãs não pode ser meu discípulo". Logo, Deus deve ser amado pela caridade mais do que o próximo.

RESPONDO. Toda amizade refere-se principalmente ao objeto em que principalmente se encontra o bem em cuja comunhão ela se funda. Assim a amizade política tem por objeto principal o chefe do Estado, do qual depende todo o bem comum da cidade; por isso é que os cidadãos lhe devem fidelidade e obediência. Ora, a amizade de caridade se funda na comunhão da bem-aventurança, que reside essencialmente em Deus, como primeiro princípio, do qual deriva para todos os que são aptos para possuí-la. É Deus, pois, que deve ser amado pela caridade, principalmente e acima de tudo. Ele é amado como a causa da

---

2 PARALL.: *De Virtut.*, q. 2, a. 9.

1. Cc. 5, 12: 1167, a, 4-12; 1171, b, 29-32.
2. C. 22, n. 20: ML 34, 26; c. 27, n. 28: ML 34, 29.

e. Esse "hebraísmo" significa: aquele que vem a mim amando *mais* seu pai, sua mãe...

autem sicut beatitudinem simul nobiscum ab eo participans.

AD PRIMUM ergo dicendum quod dupliciter est aliquid causa dilectionis. Uno modo, sicut id quod est ratio diligendi. Et hoc modo bonum est causa diligendi: quia unumquodque diligitur inquantum habet rationem boni. Alio modo, quia est via quaedam ad acquirendum dilectionem. Et hoc modo visio est causa dilectionis: non quidem ita quod ea ratione sit aliquid diligibile quia est visibile; sed quia per visionem perducimur ad dilectionem. Non ergo oportet quod illud quod est magis visibile sit magis diligibile: sed quod prius occurrat nobis ad diligendum. Et hoc modo argumentatur Apostolus. Proximus enim, quia est nobis magis visibilis, primo occurrit nobis diligendus: *ex his* enim *quae novit animus discit incognita amare*, ut Gregorius dicit, in quadam homilia³. Unde si aliquis proximum non diligit, argui potest quod nec Deum diligit: non propter hoc quod proximus sit magis diligibilis; sed quia prius diligendus occurrit. Deus autem est magis diligibilis propter maiorem bonitatem.

AD SECUNDUM dicendum quod similitudo quam habemus ad Deum est prior et causa similitudinis quam habemus ad proximum: ex hoc enim quod participamus a Deo id quod ab ipso etiam proximus habet, similes proximo efficimur. Et ideo ratione similitudinis magis debemus Deum quam proximum diligere.

AD TERTIUM dicendum quod Deus, secundum substantiam suam consideratus, in quocumque sit, aequalis est: quia non minuitur per hoc quod est in aliquo. Sed tamen non aequaliter habet proximus bonitatem Dei sicut habet ipsam Deus: nam Deus habet ipsam essentialiter, proximus autem participative.

ARTICULUS 3
Utrum homo debeat ex caritate plus Deum diligere quam seipsum

AD TERTIUM SIC PROCEDITUR. Videtur quod homo non debeat ex caritate plus Deum diligere quam seipsum.

bem-aventurança, enquanto o próximo é amado como participante conosco, da bem-aventurança.

QUANTO AO 1º, portanto, deve-se dizer que algo pode ser causa de amor de dois modos. De um modo, como razão de amor; é desse modo que o bem é causa de amor, pois cada um é amado sob a razão de bem. De outro modo, algo é causa de amor como caminho para adquirir o amor; nesse sentido a visão é causa do amor, não que algo seja amável por causa de sua visibilidade, mas porque a visão nos conduz a amar. Não devemos concluir, pois, que o mais visível é o mais amável, mas é o que primeiro se nos oferece para o amor. É nesse sentido que argumenta o Apóstolo: por ser mais visível para nós, nosso próximo se nos apresenta primeiro ao amor. Com efeito, diz Gregório: "Pelas coisas que conhece, o espírito aprende a amar o desconhecido". Logo, se alguém não ama seu próximo, daí se conclui que ele não ama a Deus, não porque o próximo seja mais amável que Deus, mas porque se nos oferece primeiro ao nosso amor. Deus, porém, permanece o mais amável, por causa de sua maior bondade[f].

QUANTO AO 2º, deve-se dizer que a semelhança que temos com Deus precede e causa a semelhança que temos com o próximo. Pois somos semelhantes ao próximo porque recebemos de Deus algo de que também participa o nosso próximo. Por isso, em razão da semelhança, devemos amar a Deus mais do que ao próximo.

QUANTO AO 3º, deve-se dizer que Deus, considerado em sua substância, é sempre o mesmo, esteja onde quer que esteja; ele não se diminui por existir numa criatura. O próximo, contudo, não possui a bondade de Deus como ele a tem, porque Deus a possui essencialmente, enquanto que o próximo só a possui por participação[g].

ARTIGO 3
Deve-se amar a Deus mais que a si mesmo?

QUANTO AO TERCEIRO, ASSIM SE PROCEDE: parece que **não** se deve amar a Deus mais que a si mesmo.

---

3. Homil. 11 *in Evang.*, n. 1: ML 76, 1114D-1115A.

3 PARALL.: III *Sent.*, dist. 29, a. 3; *De Virtut.*, q. 2, a. 4, ad 2; a. 9.

f. Deus é sem dúvida mais "amável" (: digno de ser amado) do que o próximo, mas é invisível. Acreditando amá-lo, não pode ocorrer que persigamos somente fantasmas imaginativos? Donde, o teste de São João: 1Jo 4,20. Sobre o amor do próximo, que recapitula todos os outros. Ver nossa Introdução.

g. O amor do próximo não consiste em amar a Deus no próximo, mas em amar o próximo em função de Deus. Também ele é provido de amabilidade "divina"; é, portanto, a ele mesmo que amamos.

1. Dicit enim Philosophus, in IX *Ethic.*¹, quod *amicabilia quae sunt ad alterum veniunt ex amicabilibus quae sunt ad seipsum.* Sed causa est potior effectu. Ergo maior est amicitia hominis ad seipsum quam ad quemcumque alium. Ergo magis se debet diligere quam Deum.

2. PRAETEREA, unumquodque diligitur inquantum est proprium bonum. Sed id quod est ratio diligendi magis diligitur quam id quod propter hanc rationem diligitur: sicut principia, quae sunt ratio cognoscendi, magis cognoscuntur. Ergo homo magis diligit seipsum quam quodcumque aliud bonum dilectum. Non ergo magis diligit Deum quam seipsum.

3. PRAETEREA, quantum aliquis diligit Deum, tantum diligit frui eo. Sed quantum aliquis diligit frui Deo, tantum diligit seipsum: quia hoc est summum bonum quod aliquis sibi velle potest. Ergo homo non plus debet ex caritate Deum diligere quam seipsum.

SED CONTRA est quod Augustinus dicit, in I *de Doct. Christ.*²: *Si teipsum non propter te debes diligere, sed propter ipsum ubi dilectionis tuae rectissimus finis est, non succenseat aliquis alius homo si et ipsum propter Deum diligas.* Sed propter quod unumquodque, illud magis. Ergo magis debet homo diligere Deum quam seipsum.

RESPONDEO dicendum quod a Deo duplex bonum accipere possumus: scilicet bonum naturae, et bonum gratiae. Super communicatione autem bonorum naturalium nobis a Deo facta fundatur amor naturalis, quo non solum homo in suae integritate naturae super omnia diligit Deum et plus quam seipsum, sed etiam quaelibet creatura suo modo, idest vel intellectuali vel rationali vel animali, vel saltem naturali amore, sicut lapides et alia quae cognitione carent: quia unaquaeque pars naturaliter plus amat commune bonum totius quam particulare bonum proprium. Quod manifestatur ex opere: quaelibet enim pars habet inclinationem principalem ad actionem communem utilitati totius. Apparet etiam hoc in politicis virtutibus, secundum quas cives pro bono communi et dispendia propriarum rerum et personarum interdum sustinent. — Unde multo magis hoc verificatur in amicitia caritatis, quae fundatur super communicatione donorum gratiae. Et ideo ex caritate magis debet homo diligere Deum, qui est bonum

1. Com efeito, diz o Filósofo: "Os sentimentos de amizade que temos para com os outros vêm dos que temos para conosco mesmo". Ora, a causa é mais poderosa que o efeito. Logo, o homem tem maior amizade para consigo mesmo do que para com qualquer outro. Portanto, ele deve amar mais a si mesmo que a Deus.

2. ALÉM DISSO, ama-se uma coisa, qualquer que seja, enquanto é nosso próprio bem. Ora, o que é razão de amar é mais amado do que aquilo que por causa dele se ama, assim como são mais conhecidos os princípios, que são a razão do conhecimento. Logo, o homem ama mais a si mesmo do a qualquer outro bem amado e, portanto, não ama a Deus mais que a si mesmo.

3. ADEMAIS, mais amamos a Deus, mais queremos dele fruir. Ora, quanto mais queremos fruir de Deus, tanto mais nos amamos a nós mesmos, porque ele é o maior bem que podemos querer para nós mesmos. Logo, o homem não deve amar a Deus, pela caridade, mais do que a si mesmo.

EM SENTIDO CONTRÁRIO, diz Agostinho: "Se não deves te amar por causa de ti mesmo, mas por causa daquele que é o mais legítimo fim do teu amor, que nenhum outro homem se irrite se tu o amas por causa de Deus". Ora, aquilo que é razão de outro é mais do que este. Logo, o homem deve amar a Deus mais que a si mesmo.

RESPONDO. Podemos receber de Deus dois bens: o bem da natureza e o da graça. Na comunhão com os bens naturais, que Deus nos deu, funda-se o amor natural. Em virtude deste amor, não somente o homem, na integridade da sua natureza, ama a Deus sobre todas as coisas e mais que a si mesmo, mas ainda toda criatura ama a Deus à sua maneira, isto é: ou por amor intelectual, ou racional, ou animal ou pelo menos natural como as pedras e os demais privados de conhecimento. Porque a parte ama mais naturalmente o bem comum do todo que o bem particular próprio. E isso se manifesta na ação, pois cada parte tem uma inclinação primordial para a ação comum em utilidade do todo. E isso se mostra também nas virtudes políticas, que levam os cidadãos a despenderem os próprios bens e pessoas, em vista do bem comum. — Logo, e com maior razão, isso se verifica na amizade de caridade, fundada na comunhão com os dons da graça. O homem deve, portanto, pela caridade, amar a Deus, que

---

1. Cc. 4, 8: 1166, a, 1-2; 1168, b, 5.
2. C. 22, n. 21: ML 34, 27.

commune omnium, quam seipsum: quia beatitudo est in Deo sicut in communi et fontali omnium principio qui beatitudinem participare possunt.

Ad primum ergo dicendum quod Philosophus loquitur de amicabilibus quae sunt ad alterum in quo bonum quod est obiectum amicitiae invenitur secundum aliquem particularem modum: non autem de amicabilibus quae sunt ad alterum in quo bonum praedictum invenitur secundum rationem totius.

Ad secundum dicendum quod bonum totius diligit quidem pars secundum quod est sibi conveniens: non autem ita quod bonum totius ad se referat, sed potius ita quod seipsam refert in bonum totius.

Ad tertium dicendum quod hoc quod aliquis velit frui Deo, pertinet ad amorem quo Deus amatur amore concupiscentiae. Magis autem amamus Deum amore amicitiae quam amore concupiscentiae: quia maius est in se bonum Dei quam participare possumus fruendo ipso. Et ideo simpliciter homo magis diligit Deum ex caritate quam seipsum.

Articulus 4
Utrum homo ex caritate magis debeat diligere seipsum quam proximum

Ad quartum sic proceditur. Videtur quod homo ex caritate non magis debeat diligere seipsum quam proximum.

1. Principale enim obiectum caritatis est Deus, ut supra[1] dictum est. Sed quandoque homo habet proximum magis Deo coniunctum quam sit ipse. Ergo debet aliquis magis talem diligere quam seipsum.

2. Praeterea, detrimentum illius quem magis diligimus, magis vitamus. Sed homo ex caritate sustinet detrimentum pro proximo: secundum illud Pr 12,26: *Qui negligit damnum propter amicum, iustus est*. Ergo homo debet ex caritate magis alium diligere quam seipsum.

é o bem comum de todos, mais que a si mesmo; pois a bem-aventurança reside em Deus como na fonte e princípio comum de todos os que dela podem participar.

Quanto ao 1º, portanto, deve-se dizer que o Filósofo se refere aos sentimentos de amizade para com aqueles em quem o bem, objeto da amizade, se encontra de uma maneira particular; e não dos sentimentos de amizade referentes àquele em que este bem existe de uma maneira total.

Quanto ao 2º, deve-se dizer que a parte ama o bem do todo na medida em que isso lhe convém; ela não o ama de modo a referir a si mesma o bem do todo, mas antes de modo a se referir ela ao bem do todo.

Quanto ao 3º, deve-se dizer que desejar fruir de Deus, é amar a Deus com um amor de concupiscência. Ora, nós amamos a Deus por um amor de amizade mais do que por um amor de concupiscência, porque o bem divino é maior em si mesmo do que o bem de que podemos participar, fruindo-o. Por isso, absolutamente falando, o homem ama a Deus, pela caridade, mais do que a si mesmo[h].

Artigo 4
Pela caridade o homem deve amar mais a si mesmo que ao próximo?

Quanto ao quarto, assim se procede: parece que pela caridade o homem **não** deve amar mais a si mesmo que ao próximo.

1. Com efeito, o objeto principal da caridade é Deus, como já foi dito. Ora, às vezes o próximo está mais unido a Deus do que nós mesmos. Logo, devemos amá-lo mais que a nós mesmos.

2. Além disso, a quem mais amamos, mais desejamos preservar do mal. Ora, pela caridade, o homem consente em sofrer danos pelo próximo, conforme a palavra do livro dos Provérbios: "É justo aquele que, pelo amigo, não se preocupa com sua perda". Logo, o homem deve, pela caridade, amar mais a outrem que a si mesmo.

---

4 Parall.: Infra, q. 44, a. 8, ad 2; III *Sent.*, dist. 29, a. 5; *De Virtut.*, q. 2, a. 9; II *ad Tim.*, c. 3, lect. 1.
1. Art. 2.

h. Amor de caridade e amor de desejo sobrenatural (de esperança) não se excluem, contudo. Deus sendo mais eu do que eu mesmo, o desejo que tenho dele me força a me superar. Mas, a caridade o considera como "outro": O Todo-Outro; a esperança, como o "eu mais eu do que mim mesmo".

3. PRAETEREA, 1Cor 13,5 dicitur quod caritas *non quaerit quae sua sunt*. Sed illud maxime amamus cuius bonum maxime quaerimus. Ergo per caritatem aliquis non amat seipsum magis quam proximum.

SED CONTRA est quod dicitur Lv 19,18, et Mt 22,39: *Diliges proximum tuum sicut teipsum*: ex quo videtur quod dilectio hominis ad seipsum est sicut exemplar dilectionis quae habetur ad alterum. Sed exemplar potius est quam exemplatum. Ergo homo ex caritate magis debet diligere seipsum quam proximum.

RESPONDEO dicendum quod in homine duo sunt: scilicet natura spiritualis, et natura corporalis. Per hoc autem homo dicitur diligere seipsum quod diligit se secundum naturam spiritualem, ut supra[2] dictum est. Et secundum hoc debet homo magis se diligere, post Deum, quam quemcumque alium. Et hoc patet ex ipsa ratione diligendi. Nam sicut supra[3] dictum est, Deus diligitur ut principium boni super quo fundatur dilectio caritatis; homo autem seipsum diligit ex caritate secundum rationem qua est particeps praedicti boni; proximus autem diligitur secundum rationem societatis in isto bono. Consociatio autem est ratio dilectionis secundum quandam unionem in ordine ad Deum. Unde sicut unitas potior est quam unio, ita quod homo ipse participet bonum divinum est potior ratio diligendi quam quod alius associetur sibi in hac participatione. Et ideo homo ex caritate debet magis seipsum diligere quam proximum. — Et huius signum est quod homo non debet subire aliquod malum peccati, quod contrarietur participationi beatitudinis, ut proximus liberet a peccato.

AD PRIMUM ergo dicendum quod dilectio caritatis non solum habet quantitatem a parte obiecti, quod est Deus; sed ex parte diligentis, qui est ipse homo caritatem habens: sicut et quantitas cuiuslibet actionis dependet quodammodo ex ipso subiecto. Et ideo, licet proximus melior sit Deo

3. ADEMAIS, a caridade, diz a primeira Carta aos Coríntios, "não busca o seu próprio interesse". Ora, nós amamos muito mais aquilo para o qual buscamos o máximo bem. Logo, pela caridade, ninguém se ama a si mesmo mais que ao próximo.

EM SENTIDO CONTRÁRIO, está escrito no livro do Levítico e no Evangelho de Mateus: "Amarás a teu próximo como a ti mesmo". Daí vê-se que o amor do homem para si mesmo é como que o modelo do amor que ele deve ter para com o próximo. Ora, o modelo é anterior à cópia. Logo, pela caridade, o homem deve amar mais a si mesmo que ao próximo.

RESPONDO. No homem há duas naturezas: a espiritual e a corporal. Dizemos que o homem ama a si mesmo quando se ama segundo a sua natureza espiritual, como já foi dito. Sob este aspecto, deve-se amar a si mesmo, depois de Deus, mais do que qualquer coisa. Isso é claro pela própria razão de amar. Com efeito, como foi dito anteriormente, Deus é amado como o princípio do bem sobre o qual se funda o amor de caridade. Ora, o homem se ama a si mesmo, pela caridade, porque participa deste bem; quanto ao próximo, ele é amado por lhe ser associado nessa participação. Ora, esta coassociação é a razão do amor, enquanto ela implica certa união ordenada a Deus. Por conseguinte, assim como a unidade é mais forte que a união, assim também participar o homem do bem divino é uma razão de amar superior ao associar-se outro com ele nessa participação. Portanto, o homem deve, pela caridade, amar mais a si mesmo que ao próximo. — A confirmação disso é que o homem não deve submeter-se a nenhum mal do pecado que se oporia à sua participação da bem-aventurança, para preservar seu próximo do pecado[i].

QUANTO AO 1º, portanto, deve-se dizer que o amor de caridade não é medido somente pelo objeto, que é Deus, mas também pelo sujeito que ama[j], a saber, o homem que possui a caridade. A medida de cada ação depende, de certo modo, do sujeito. Daí que, ainda que o melhor próximo

---

2. Q. 25, a. 7.
3. A. 2; q. 25, a. 12.

i. Não podemos ofender a Deus para que outros não o ofendam. Detestaríamos a Deus... por amor a ele.

j. Eis reconhecidas duas ordens segundo as quais ordenaríamos a caridade: uma proximidade *objetiva* que funda uma *ordem de excelência*: amaríamos mais aqueles que estivessem *mais perto de Deus*; uma proximidade *subjetiva* em relação a nós mesmos: amaríamos com mais solicitude os que Deus situa *junto a nós*; não podemos amar mais o "longínquo" que não conhecemos do que o parente próximo com o qual vivemos. Todos os meus companheiros de vida divina me estão unidos nesta; mas eles

propinquior, quia tamen non est ita propinquus caritatem habenti sicut ipse sibi, non sequitur quod magis debeat aliquis proximum quam seipsum diligere.

AD SECUNDUM dicendum quod detrimenta corporalia debet homo sustinere propter amicum: et in hoc ipso seipsum magis diligit secundum spiritualem mentem, quia hoc pertinet ad perfectionem virtutis, quae est bonum mentis. Sed in spiritualibus non debet homo pati detrimentum peccando ut proximum liberet a peccato, sicut dictum est[4].

AD TERTIUM dicendum quod, sicut Augustinus dicit, in *Regula*[5], *quod dicitur, Caritas non quaerit quae sua sunt, sic intelligitur quia communia propriis anteponit*. Semper autem commune bonum est magis amabile unicuique quam proprium bonum: sicut etiam ipsi parti est magis amabile bonum totius quam bonum partiale sui ipsius, ut dictum est[6].

ARTICULUS 5
Utrum homo magis debeat diligere proximum quam corpus proprium

AD QUINTUM SIC PROCEDITUR. Videtur quod homo non magis debeat diligere proximum quam corpus proprium.

1. In proximo enim intelligitur corpus nostri proximi. Si ergo debet homo diligere proximum plus quam corpus proprium, sequitur quod plus debeat diligere corpus proximi quam corpus proprium.

2. PRAETEREA, homo plus debet diligere animam propriam quam proximum, ut dictum est[1]. Sed corpus proprium propinquius est animae nostrae quam proximus. Ergo plus debemus diligere corpus proprium quam proximum.

3. PRAETEREA, unusquisque exponit id quod minus amat pro eo quod magis amat. Sed non omnis homo tenetur exponere corpus proprium pro salute proximi, sed hoc est perfectorum: secundum illud

esteja mais perto de Deus, não está contudo tão perto de quem tem caridade, como este o é de si mesmo; e assim não se conclui que alguém deva amar mais ao próximo que a si mesmo.

QUANTO AO 2º, deve-se dizer que, por um amigo, o homem deve suportar danos corporais. Nesse caso, ele se ama mais segundo a parte espiritual de si mesmo, pois isso constitui a perfeição da virtude, que é o bem da alma. Mas, nas coisas espirituais o homem não deve sofrer dano pecando, para livrar o próximo do pecado, como foi dito.

QUANTO AO 3º, deve-se dizer que "a caridade não busca o seu interesse, segundo Agostinho, significa, que a caridade prefere o bem comum ao bem próprio". Ora, para todos, o bem comum é mais amável que seu próprio bem. É dessa maneira que, para a parte, o bem do todo é mais amável que o seu bem parcial, como já foi dito[k].

ARTIGO 5
Deve-se amar o próximo mais que seu próprio corpo?

QUANTO AO QUINTO, ASSIM SE PROCEDE: parece que **não** se deve amar o próximo mais que seu próprio corpo.

1. Com efeito, quando se fala do próximo, entende-se o corpo do próximo. Logo, se o homem deve amar o próximo mais que seu próprio corpo, deve amar o corpo do próximo mais que o próprio corpo.

2. ALÉM DISSO, o homem deve amar sua alma mais que o seu próximo, como já foi dito. Ora, o nosso corpo é mais próximo da nossa alma do que o próximo. Logo, devemos amar nosso corpo mais que o nosso próximo.

3. ADEMAIS, cada qual expõe o que menos ama para salvar o que mais ama. Ora, nenhum homem é obrigado a expor seu próprio corpo para a salvação de seu próximo; isso é próprio dos perfeitos,

---

4. In corp.
5. Epist. 211, al. 109, n. 12: ML 33, 963.
6. A. praec.

5 PARALL.: Infra, q. 44, a. 8, ad 2; *De Virtut.*, q. 2, a. 9; a. 11, ad 9; *De Perf. Vitae Spir.*, c. 14.
1. Art. praec.

estão associados a mim em maior ou menor proximidade. Se amo a mim mesmo em primeiro lugar, amarei também em primeiro lugar os que, estando próximos de mim, estão unidos a mim como outros eu mesmo.
k. O bem comum é o bem de todos, incluindo, e em primeiro lugar, o de si mesmo.

Io 15,13: *Maiorem caritatem nemo habet quam ut animam suam ponat quis pro amicis suis*. Ergo homo non tenetur ex caritate plus diligere proximum quam corpus proprium.

SED CONTRA est quod Augustinus dicit, in I *de Doct. Christ.*², quod *plus debemus diligere proximum quam corpus proprium*.

RESPONDEO dicendum quod illud magis est ex caritate diligendum quod habet pleniorem rationem diligibilis ex caritate, ut dictum est³. Consociatio autem in plena participatione beatitudinis, quae est ratio diligendi proximum, est maior ratio diligendi quam participatio beatitudinis per redundantiam, quae est ratio diligendi proprium corpus. Et ideo proximum, quantum ad salutem animae, magis debemus diligere quam proprium corpus.

AD PRIMUM ergo dicendum quod quia, secundum Philosophum, in IX *Ethic.*⁴, unumquodque videtur esse id quod est praecipuum in ipso; cum dicitur proximus esse magis diligendus quam proprium corpus, intelligitur hoc quantum ad animam, quae est potior pars eius.

AD SECUNDUM dicendum quod corpus nostrum est propinquius animae nostrae quam proximus quantum ad constitutionem propriae naturae. Sed quantum ad participationem beatitudinis maior est consociatio animae proximi ad animam nostram quam etiam corporis proprii.

AD TERTIUM dicendum quod cuilibet homini imminet cura proprii corporis: non autem imminet cuilibet homini cura de salute proximi, nisi forte in casu. Et ideo non est de necessitate caritatis quod homo proprium corpus exponat pro salute proximi, nisi in casu quod tenetur eius saluti providere. Sed quod aliquis sponte ad hoc se offerat, pertinet ad perfectionem caritatis.

segundo o Evangelho de João: "Não há maior amor do que dar a vida pelos amigos". Logo, o homem não é obrigado, pela caridade, a amar mais o próximo do que o próprio corpo.

EM SENTIDO CONTRÁRIO, Agostinho afirma: "Devemos amar ao próximo mais que o nosso próprio corpo".

RESPONDO. O que mais se deve amar pela caridade, é o que possui a mais plena razão de amabilidade pela caridade, como já foi dito. Ora, a razão de amar o próximo, que é a coassociação na participação plena da bem-aventurança, é uma razão de amar mais forte que a participação da bem-aventurança por transbordamento, que é a razão de amar nosso corpo. Por isso, quanto à salvação da alma, devemos amar o próximo mais que o nosso corpo.

QUANTO AO 1º, portanto, deve-se dizer que segundo o Filósofo: "Cada coisa parece ser o que é nela o principal". Assim, quando se diz que o próximo deve ser mais amado que o nosso corpo, compreende-se isso quanto à alma, que é a parte mais importante dele.

QUANTO AO 2º, deve-se dizer que nosso corpo está mais próximo de nossa alma do que o próximo,quanto à constituição da nossa natureza. Mas, quanto à participação da bem-aventurança, há uma relação mais estreita entre a alma do próximo e a nossa do que entre esta e nosso corpo.

QUANTO AO 3º, deve-se dizer que todo homem tem a obrigação de cuidar de seu próprio corpo; mas todo homem não é obrigado a cuidar da salvação do próximo, a não ser em caso de necessidade. Por isso, a caridade não exige que se exponha o próprio corpo para a salvação do próximo, a não ser quando somos obrigados a prover à sua salvação. Que alguém se ofereça espontaneamente para isso, isso cabe à perfeição da caridade¹.

---

2. C. 27, n. 28: ML 34, 29.
3. Art. 2, 4.
4. C. 8: 1168, b, 31-34.

1. Duas espécies de danos são possíveis: corporais e espirituais. Se os danos corporais são iguais, *podemos*, mas não é proibido à caridade ir além disso e preferir nos ocuparmos com nossos próprios bens. Se falamos de danos espirituais, por um lado, não podemos aceitar pecar em favor de outrem, por outro devemos sacrificar nossos bens temporais se fica evidente que isso pode evitar a outrem um dano espiritual. Deve-se tomar cuidado aqui contra certa casuística, tentadora nesse gênero de análise. As respostas de Sto. Tomás constituem apenas indicações. As exigências do coração, mesmo e sobretudo no amor espiritual, respondem a outra coisa que a regras exteriores.

Articulus 6
Utrum unus proximus sit magis diligendus quam alius

Ad sextum sic proceditur. Videtur quod unus proximus non sit magis diligendus quam alius.

1. Dicit enim Augustinus, in I *de Doct. Christ.*[1]: *Omnes homines aeque diligendi sunt. Sed cum omnibus prodesse non possis, his potissimum consulendum est qui pro locorum et temporum vel quarumlibet rerum opportunitatibus, constrictius tibi quasi quadam sorte iunguntur.* Ergo proximorum unus non est magis diligendus quam alius.

2. Praeterea, ubi una et eadem est ratio diligendi diversos, non debet esse inaequalis dilectio. Sed una est ratio diligendi omnes proximos, scilicet Deus; ut patet per Augustinum, in I *de Doct. Christ.*[2], Ergo omnes proximos aequaliter diligere debemus.

3. Praeterea, *amare est velle bonum alicui;* ut patet per Philosophum, in II *Rhet.*[3]. Sed omnibus proximis aequale bonum volumus, scilicet vitam aeternam. Ergo omnes proximos aequaliter debemus diligere.

Sed contra est quod tanto unusquisque magis debet diligi, quanto gravius peccat qui contra eius dilectionem operatur. Sed gravius peccat qui agit contra dilectionem aliquorum proximorum quam qui agit contra dilectionem aliorum: unde Lv 20,9 praecipitur quod *qui maledixerit* patri *aut matri, morte moriatur,* quod non praecipitur de his qui alios homines maledicunt. Ergo quosdam proximorum magis debemus diligere quam alis.

Respondeo dicendum quod circa hoc fuit duplex opinio. Quidam enim dixerunt quod omnes proximi sunt aequaliter ex caritate diligendi quantum ad affectum, sed non quantum ad exteriorem effectum; ponentes ordinem dilectionis esse intelligendum secundum exteriora beneficia, quae magis debemus impendere proximis quam alienis non autem secundum interiorem affectum, quem aequaliter debemus impendere omnibus, etiam inimicis.

Sed hoc irrationabiliter dicitur. Non enim minus est ordinatus affectus caritatis, qui est inclinatio gratiae, quam appetitus naturalis, qui est inclinatio naturae: utraque enim inclinatio ex divina

Artigo 6
Deve-se amar um próximo mais que outro?

Quanto ao sexto, assim se procede: parece que **não** se deve amar um próximo mais que outro.

1. Com efeito, diz Agostinho: "Todos os homens devem ser amados igualmente. Ora, como não podes ser útil a todos, deves interessar-te de preferência por aqueles que, em razão das circunstâncias de lugar, de tempo ou por outros motivos, estejam unidos a ti por uma mesma sorte". Logo, um próximo não deve ser mais amado que um outro.

2. Além disso, quando a razão de amar diversas pessoas é uma e idêntica, não se deve amá-las de modo desigual. Ora, como é claro em Agostinho, não há senão uma razão de amar a todos os que são nosso próximo, a saber: Deus. Logo, devemos amar igualmente a todos os que são nossos próximos.

3. Ademais, diz o Filósofo: "Amar é querer bem a outrem". Ora, queremos um bem igual para todos os próximos, isto é, a vida eterna. Logo, devemos amar a todos igualmente.

Em sentido contrário, alguém deve ser tanto mais amado, quanto mais gravemente pecar quem contraria esse amor. Ora, peca mais gravemente quem age contra o amor de certos próximos do que de outros. Daí o preceito do Levítico: "Quem amaldiçoar a seu pai ou sua mãe, será punido de morte", o que não é prescrito para os que amaldiçoam as outras pessoas. Logo, devemos amar certos próximos mais que outros.

Respondo. Há duas opiniões a este respeito. Alguns disseram que todos os próximos devem ser amados igualmente, pela caridade, quanto aos sentimentos de afeição, mas não quanto aos efeitos exteriores. Eles creem que a ordem da caridade deve ser entendida em dependência dos benefícios exteriores, que devemos fazer aos nossos próximos mais que aos estranhos; e não em dependência da afeição interior, que devemos ter igualmente para todos, inclusive os inimigos.

Mas esta opinião é irracional. Com efeito, a afeição da caridade, que é uma inclinação da graça, não é menos bem ordenada que o apetite natural, que é uma inclinação da natureza; pois uma e outra

---

6 Parall.: Infra, q. 44, a. 8, ad 2; III *Sent.*, dist. 29, a. 2; *De Virtut.*, q. 2, a. 9; *ad Galat.*, c. 6, lect. 2.
1. C. 28, n. 29: ML 34, 30.
2. Cc. 22, 27: ML 34, 26, 29.
3. C. 4: 1380, b, 35; 1381, a, 19.

sapientia procedit. Videmus autem in naturalibus quod inclinatio naturalis proportionatur actui vel motui qui convenit naturae uniuscuiusque: sicut terra habet maiorem inclinationem gravitatis quam aqua, quia competit ei esse sub aqua. Oportet igitur quod etiam inclinatio gratiae, quae est affectus caritatis, proportionetur his quae sunt exterius agenda: ita scilicet ut ad eos intensiorem caritatis affectum habeamus quibus convenit nos magis beneficos esse.

Et ideo dicendum est quod etiam secundum affectum oportet magis unum proximorum quam alium diligere. Et ratio est quia, cum principium dilectionis sit Deus et ipse diligens, necesse est quod secundum propinquitatem maiorem ad alterum istorum principiorum maior sit dilectionis affectus: sicut enim supra dictum est[4], in omnibus in quibus invenitur aliquod principium, ordo attenditur secundum comparationem ad illud principium.

AD PRIMUM ergo dicendum quod dilectio potest esse inaequalis dupliciter. Uno modo, ex parte eius boni quod amico optamus. Et quantum ad hoc, omnes homines aeque diligimus ex caritate: quia omnibus optamus bonum idem in genere, scilicet beatitudinem aeternam. Alio modo dicitur maior dilectio propter intensiorem actum dilectionis. Et sic non oportet omnes aeque diligere.

Vel aliter dicendum quod dilectio inaequaliter potest ad aliquos haberi dupliciter. Uno modo, ex eo quod quidam diliguntur et alii non diliguntur. Et hanc inaequalitatem oportet servare in beneficentia, quia non possumus omnibus prodesse: sed in benevolentia dilectionis talis inaequalitas haberi non debet. Alia vero est inaequalitas dilectionis ex hoc quod quidam plus aliis diliguntur. Augustinus ergo non intendit hanc excludere inaequalitatem, sed primam: ut patet ex his quae de beneficentia dicit.

AD SECUNDUM dicendum quod non omnes proximi aequaliter se habent ad Deum: sed quidam sunt ei propinquiores, propter maiorem bonitatem. Qui sunt magis diligendi ex caritate quam alii, qui sunt ei minus propinqui.

destas inclinações procedem da sabedoria divina. Ora, vemos que, nas coisas naturais, a inclinação da natureza é proporcionada ao ato ou movimento[m] que convém à natureza de cada um; assim a terra tem uma mais forte inclinação da gravidade que a água, pois lhe é natural estar debaixo da água. É necessário, pois que a inclinação da graça, que é a afeição da caridade, seja proporcionada aos atos que devem ser produzidos exteriormente, de tal modo que tenhamos sentimentos de caridade mais intensos para aqueles aos quais convém que sejamos mais benéficos.

Deve-se dizer, portanto, que mesmo quanto à afeição, é preciso que o nosso amor ao próximo seja maior por um do que por um outro. E a razão é que, sendo Deus e o que ama o princípio do amor, necessariamente o sentimento de dileção há de ser maior segundo a maior proximidade a um desses princípios. Pois, como já foi dito, onde existe um princípio, a ordem se mede em relação a este princípio.

QUANTO AO 1º, portanto, deve-se dizer que no amor, pode haver desigualdade de duas maneiras. Primeiramente, do lado do bem que desejamos a um amigo. Sob este aspecto nós amamos todos os homens igualmente pela caridade, pois todos nós desejamos um mesmo gênero de bem: a bem-aventurança eterna. Em segundo lugar, pode-se falar de maior dileção em razão da maior intensidade do ato de amor. Neste sentido não é necessário amar a todos igualmente.

Uma outra resposta consiste em dizer que, no nosso amor em relação a muitas pessoas, pode haver dois tipos de desigualdade. A primeira consiste em amar a uns e não a outros, uma desigualdade que é preciso guardar nos benefícios, porque não podemos socorrer a todos; mas ela não deve existir na benevolência do amor[n]. A segunda desigualdade consiste em amar a uns mais que a outros. Agostinho, no texto citado, não pretende excluir esta desigualdade, mas somente a primeira; e isso fica claro pelo que diz da beneficência.

QUANTO AO 2º, deve-se dizer que nem todos os próximos mantêm a mesma relação com Deus; alguns estão mais próximos dele, porque têm mais bondade, e a esses devemos amar mais, pela caridade, do que a outros que lhe são menos próximos.

---

4. Art. 1.

m. Convém encontrar uma harmonia entre a afeição *interior* e o benefício trazido *exteriormente*.

n. Sto. Tomás distingue *benevolência*, querer o bem, e *fazer o bem*, atividade exterior que é produtora do bem (q. 31). A *benevolência* não exclui ninguém em sua disposição interior. Mas não podemos *fazer o bem* a todos. Sobre a questão de saber de quem devemos nos tornar próximos para fazer-lhe o bem, ver nossa Introdução.

AD TERTIUM dicendum quod ratio illa procedit de quantitate dilectionis ex parte boni quod amicis optamus.

ARTICULUS 7
Utrum magis debeamus diligere meliores quam nobis coniunctiores

AD SEPTIMUM sic proceditur. Videtur quod magis debeamus diligere meliores quam nobis coniunctiores.

1. Illud enim videtur esse magis diligendum quod nulla ratione debet odio haberi, quam illud quod aliqua ratione est odiendum: sicut et albius est quod est nigro impermixtius. Sed personae nobis coniunctae sunt secundum aliquam ratiotionem odiendae, secundum illud Lc 14,26: *Si quis venit ad me et non odit patrem et matrem*, etc.: homines autem boni nulla ratione sunt odiendi. Ergo videtur quod meliores sint magis amandi quam coniunctiores.

2. PRAETEREA, secundum caritatem homo maxime conformatur Deo. Sed Deus diligit magis meliorem. Ergo et homo per caritatem magis debet meliorem diligere quam sibi coniunctiorem.

3. PRAETEREA, secundum unamquamque amicitiam illud est magis amandum quod magis pertinet ad id supra quod amicitia fundatur: amicitia enim naturali magis diligimus eos qui sunt magis nobis secundum naturam coniuncti, puta parentes vel filios. Sed amicitia caritatis fundatur super communicatione beatitudinis, ad quam magis pertinent meliores quam nobis coniunctiores. Ergo ex caritate magis debemus diligere meliores quam nobis coniunctiores.

SED CONTRA est quod dicitur 1Ti 5,8: *Si quis suorum, et maxime domesticorum curam non habet, fidem negavit et est infideli deterior*. Sed interior caritatis affectio debet respondere exteriori effectui. Ergo caritas magis debet haberi ad propinquiores quam ad meliores.

RESPONDEO dicendum quod omnis actus oportet quod proportionetur et obiecto et agenti: sed ex obiecto habet speciem, ex virtute autem agentis habet modum suae intensionis; sicut motus habet

QUANTO AO 3º, deve-se dizer que esta objeção procede da medida do amor, relativamente ao bem que desejamos aos amigos[o].

ARTIGO 7
Devemos amar mais os melhores do que os que nos são mais unidos?

QUANTO AO SÉTIMO, ASSIM SE PROCEDE: parece que **devemos** amar mais os melhores do que os que nos são mais unidos.

1. Com efeito, deve-se amar mais o que não tem nenhuma razão para ser odiado, do que quem deve sê-lo por alguma razão; assim como é mais branco o que não tem nenhuma mistura de preto. Ora, as pessoas que nos são mais próximas devem, por alguma razão, ser objeto do nosso ódio, conforme o Evangelho de Lucas: "Se alguém vem a mim e não odeia seu pai e sua mãe etc." ao passo que, por nenhuma razão, deve-se odiar os que são bons. Logo, os que são melhores devem ser amados mais do que os que nos são mais unidos.

2. ALÉM DISSO, é pela caridade que o homem mais se assemelha a Deus. Ora, Deus mais ama quem é melhor. Logo, o homem deve, pela caridade, amar mais quem é melhor do que quem é mais unido.

3. ADEMAIS, em toda amizade, deve-se amar mais o que se refere mais ao fundamento mesmo da amizade. Com efeito, pela amizade natural nós mais amamos os que nos são unidos segundo a natureza, como os pais e os filhos. Ora, a amizade de caridade está fundada sobre a comunhão da bem-aventurança, da qual mais participam os melhores do que os mais unidos a nós. Logo, pela caridade, devemos amar mais os que são melhores do que os que nos são mais unidos.

EM SENTIDO CONTRÁRIO, diz a primeira Carta a Timóteo: "Se alguém não cuida dos seus, e sobretudo dos de sua própria casa, renegou a fé e é pior que um incrédulo". Ora, a afeição interior da caridade deve corresponder ao seu efeito exterior. Logo, devemos amar mais os nossos mais próximos do que os melhores.

RESPONDO. Todo ato deve ser proporcionado ao seu objeto e ao agente. Do objeto ele tem a espécie; da força do agente, seu modo de intensidade. É assim que um movimento é especificado pelo

---

7 PARALL.: III *Sent.*, dist. 29, a. 6; *De Virtut.*, q. 2, a. 9, ad 12, 14.

o. Não existe "igualdade" nas pessoas. Cada um é único. Não amamos um participante anônimo da natureza divina, mas Tiago, João ou Joana... Cada um tem um lugar único em relação a Deus, mas também em relação a cada um de nós.

speciem ex termino ad quem est, sed intensionem velocitatis habet ex dispositione mobilis et virtute moventis. Sic igitur dilectio speciem habet ex obiecto, sed intensionem habet ex parte ipsius diligentis. Obiectum autem caritativae dilectionis Deus est; homo autem diligens est. Diversitas igitur dilectionis quae est secundum caritatem, quantum ad speciem est attendenda in proximis diligendis secundum comparationem ad Deum: ut scilicet ei qui est Deo propinquior maius bonum ex caritate velimus. Quia licet bonum quod omnibus vult caritas, scilicet beatitudo aeterna, sit unum secundum se, habet tamen diversos gradus secundum diversas beatitudinis participationes: et hoc ad caritatem pertinet, ut velit iustitiam Dei servari, secundum quam meliores perfectius beatitudinem participant. Et hoc pertinet ad speciem dilectionis: sunt enim diversae dilectionis species secundum diversa bona quae optamus his quos diligimus. — Sed intensio dilectionis est attendenda per comparationem ad ipsum hominem qui diligit. Et secundum hoc illos qui sunt sibi propinquiores intensiori affectu diligit homo ad illud bonum ad quod eos diligit, quam meliores ad maius bonum.

Est etiam ibi et alia differentia attendenda. Nam aliqui proximi sunt propinqui nobis secundum naturalem originem, a qua discedere non possunt: quia secundum eam sunt id quod sunt. Sed bonitas virtutis, secundum quam aliqui appropinquant Deo, potest accedere et recedere, augeri et minui, ut ex supradictis[1] patet. Et ideo possum ex caritate velle quod iste qui est mihi coniunctus sit melior alio, et sic ad maiorem beatitudinis gradum pervenire possit.

Est autem et alius modus quo plus diligimus ex caritate magis nobis coniunctos: quia pluribus modis eos diligimus. Ad eos enim qui non sunt nobis coniuncti non habemus nisi amicitiam caritatis. Ad eos vero qui sunt nobis coniuncti habemus aliquas alias amicitias, secundum modum coniunctionis eorum ad nos. Cum autem bonum super quod fundatur quaelibet alia amicitia honesta ordinetur sicut ad finem ad bonum super quod fundatur caritas, consequens est ut caritas

termo para o qual ele tende, mas deve a intensidade da sua rapidez à aptidão do móvel e à força do movente. Assim, pois, um amor é especificado pelo objeto, e sua intensidade vem daquele que ama. Ora, o objeto do amor de caridade é Deus, e aquele que ama é o homem. Por conseguinte, a diversidade de amor de caridade que devemos ter para com o próximo, do ponto de vista da especificação do ato, deve ser referida a Deus. Isso significa que devemos querer, pela caridade, um maior bem àquele que está mais próximo de Deus. E, com efeito, se o bem que a caridade deseja a todos, que é a eterna bem-aventurança, é um mesmo bem em si, este bem possui contudo diversos graus segundo as diversas participações da bem-aventurança. É próprio da caridade querer conservar a justiça de Deus, pela qual os melhores participam da bem-aventurança de um modo mais perfeito. E isso diversifica especificamente o amor, pois existem diversas espécies de amor conforme os diversos bens que desejamos para os que amamos. — Mas a intensidade do amor deve ser considerada com referência ao homem que ama. Sob este aspecto, o homem ama os que lhe são mais próximos, relativamente ao bem para o qual ele os ama, com um amor mais intenso do que aquele com que ama os melhores, relativamente a um bem maior[p].

É preciso levar em conta, ainda, uma outra diferença. Alguns próximos são nossos parentes por sua origem natural, que eles não podem renegar, porque por ela são o que são. Mas a bondade da virtude, pela qual alguns se aproximam de Deus, pode ser adquirida e desaparecer, aumentar e diminuir, como já se disse. E é por isso que eu posso, pela caridade, desejar que aquele que me é mais unido seja melhor que um outro, e assim ele possa atingir a um maior grau de bem-aventurança.

Há ainda um outro modo de amar mais, pela caridade, os que nos são mais unidos, pois os amamos de muitas maneiras. Para com aqueles que não nos são unidos, só os amamos pela amizade de caridade. Àqueles que nos são mais unidos, ao contrário, dedicamos-lhe outras afeições de amizade, conforme o modo pelo qual nos são próximos. Ora, o bem sobre o qual se funda qualquer outra amizade honesta se ordena, como ao seu fim, ao bem sobre o qual se funda a caridade. Segue-se

---

1. Q. 24, a. 4, 10, 11.

p. Queremos aos melhores um bem superior, mas aos mais próximos queremos mais o bem que lhes convém. Uma mãe quer mais leite para o seu bebê do que deseja uma graça superior para uma contemplativa que ela mal conhece.

imperet actui cuiuslibet alterius amicitiae: sicut ars quae est circa finem imperat arti quae est circa ea quae sunt ad finem. Et sic hoc ipsum quod est diligere aliquem quia consanguineus vel quia coniunctus est vel concivis, vel propter quodcumque huiusmodi aliud licitum ordinabile in finem caritatis, potest a caritate imperari. Et ita ex caritate eliciente cum imperante pluribus modis diligimus magis nobis coniunctos.

AD PRIMUM ergo dicendum quod in propinquis nostris non praecipimur odire quod propinqui nostri sunt; sed hoc solum quod impediunt nos a Deo. Et in hoc non sunt propinqui, sed inimici: secundum illud Mich 7,6: *Inimici hominis domestici eius*.

AD SECUNDUM dicendum quod caritas facit hominem conformari Deo secundum proportionem: ut scilicet ita se habeat homo ad id quod suum est, sicut Deus ad id quod suum est. Quaedam enim possumus ex caritate velle, quia sunt nobis convenientia, quae tamen Deus non vult, quia non convenit ei ut ea velit: sicut supra[2] habitum est, cum de bonitate voluntatis ageretur.

AD TERTIUM dicendum quod caritas non solum elicit actum dilectionis secundum rationem obiecti, sed etiam secundum rationem diligentis, ut dictum est[3]. Ex quo contingit quod magis coniunctus magis amatur.

ARTICULUS 8
Utrum sit maxime diligendus ille qui est nobis coniunctus secundum carnalem originem

AD OCTAVUM SIC PROCEDITUR. Videtur quod non sit maxime diligendus ille qui est nobis coniunctus secundum carnalem originem.
1. Dicitur enim Pr 18,24: *Vir amicabilis ad societatem magis erit amicus quam frater*. Et

que a caridade rege o ato de qualquer outra amizade; assim como a arte cujo objeto é o fim rege a que tem por objeto os meios para o fim. Deste modo, amar alguém porque é nosso parente, nosso próximo, ou nosso concidadão, ou por qualquer outro motivo válido e que possa ser ordenado ao fim da caridade, pode ser regido pela caridade. É assim que a caridade, tanto pela atividade própria como pelos atos que ela rege, nos faz amar de muitos modos os que nos são mais unidos.

QUANTO AO 1º, portanto, deve-se dizer que não nos é ordenado odiar nossos próximos porque eles são nossos próximos, mas somente os que nos impedem de nos unirmos a Deus. Nisso eles não são nossos próximos, mas inimigos, conforme o livro de Miqueias: "Os inimigos do homem, os seus próprios familiares".

QUANTO AO 2º, deve-se dizer que a caridade faz que o homem se conforme a Deus proporcionalmente, de modo que o homem se comporte para o que lhe é próprio, como Deus se comporta para o que lhe é próprio. Com efeito, há coisas que podemos querer, em virtude da caridade, porque elas nos convêm; Deus, contudo, não as quer, por não lhe convir querê-las, como já foi dito, quando tratamos da bondade da vontade[q].

QUANTO AO 3º, deve-se dizer que a caridade não somente produz seu ato de amor segundo a razão do objeto, mas também segundo a razão do que ama, como já foi dito; por isso sucede que se ama mais o que está mais unido[r].

ARTIGO 8
Deve-se amar mais aquele a quem somos unidos pelo sangue?

QUANTO AO OITAVO, ASSIM SE PROCEDE: parece que **não** se deve amar mais aquele a quem estamos unidos pelo sangue.
1. Com efeito, assim diz o livro dos Provérbios: "Há amigos mais queridos do que um irmão". E

---

2. I-II, q. 19, a. 10.
3. In corp.; et a. 4, ad 1.

8 PARALL.: III *Sent.*, dist. 29, a. 6; *De Virtut.*, q. 2, a. 9, ad 15 sqq.

q. Temos que querer o que nos convém, dado o que nós somos e a nossa situação, isto é, o que Deus quer que queiramos. Não temos sempre que querer o que Deus quer que ocorra. A esposa do condenado à morte quer a vida de seu marido, devido à proximidade de sua afeição, e de seu lar, ao qual ele é útil. Deus pode querer determinada provação para alguns e querer, segundo a ordem normal da caridade, que estes assim como seus próximos, comecem por resistir ao mal que terão de sofrer.

r. É preciso evitar uma ordem rígida de precedências. Trata-se aqui de indicações relativas apenas, das quais reteremos principalmente o ensinamento que elas trazem.

Maximus Valerius dicit¹ quod *amicitiae vinculum praevalidum est, neque ulla ex parte sanguinis viribus inferius. Hoc etiam certius et exploratius: quod illud nascendi sors fortuitum opus dedit: hoc uniuscuiusque solido iudicio incoacta voluntas contrahit.* Ergo illi qui unt coniuncti sanguine non sunt magis amandi quam alii.

2. PRAETEREA, Ambrosius dicit, in I *de Offic*.²: *Non minus vos diligo, quos in Evangelio genui, quam si in coniugio suscepissem. Non enim vehementior est natura ad diligendum quam gratia. Plus certe diligere debemus quos perpetuo nobiscum putamus futuros, quam quos in hoc tantum saeculo.* Non ergo consanguinei sunt magis diligendi his qui sunt aliter nobis coniuncti.

3. PRAETEREA, *probatio dilectionis est exhibitio operis*; ut Gregorius dicit, in homilia³. Sed quibusdam magis debemus impendere dilectionis opera quam etiam consanguineis: sicut magis est obediendum in exercitu duci quam patri. Ergo illi qui sunt sanguine iuncti non sunt maxime diligendi.

SED CONTRA est quod in praeceptis decalogi specialiter mandatur de honoratione parentum; ut patet Ex 20,12. Ergo illi qui sunt nobis coniuncti secundum carnis originem sunt a nobis specialius diligendi.

RESPONDEO dicendum quod, sicut dictum est⁴, illi qui sunt nobis magis coniuncti, sunt ex caritate magis diligendi, tum quia intensius diliguntur, tum etiam quia pluribus rationibus diliguntur. Intensio autem dilectionis est ex coniunctione dilecti ad diligentem. Et ideo diversorum dilectio est mensuranda secundum diversam rationem coniunctionis: ut scilicet unusquisque diligatur magis in eo quod pertinet ad illam coniunctionem secundum quam diligitur. Et ulterius comparanda est dilectio dilectioni secundum comparationem coniunctionis ad coniunctionem.

Sic igitur dicendum est quod amicitia consanguineorum fundatur in coniunctione naturalis originis; amicitia autem concivium in communicatione civili, et amicitia commilitantium in commu-

Valério Máximo diz: "O vínculo da amizade é fortíssimo e de forma alguma é inferior aos laços do sangue. Pois é sabido e evidente que este é obra fortuita da sorte do nascimento, ao passo que aquela é contraída por um juízo maduro e uma vontade livre". Logo, os que nos são unidos pelo sangue não devem ser mais amados que os outros.

2. ALÉM DISSO, diz Ambrósio: "Eu não vos amo menos, a vós que gerei pelo Evangelho, do que se vos tivesse como filhos carnais; pois a natureza, no amar, não é mais diligente que a graça. Com efeito, devemos amar mais os que julgamos existirão eternamente conosco, do que aos que conosco estão apenas neste mundo". Por conseguinte, nós não devemos amar os que nos são unidos pelo sangue mais do que os que nos são unidos por outros laços.

3. ADEMAIS, "a prova do amor são as obras que o amor faz", ensina Gregório. Ora, nós somos mais impelidos a agir por amor, em relação a certas pessoas do que em relação aos nossos consanguíneos; é assim que, no exército, deve-se obedecer mais ao chefe do que ao pai. Logo, os que nos são unidos pelo sangue não são os que mais devemos amar.

EM SENTIDO CONTRÁRIO, um dos preceitos do Decálogo ordena especialmente que honremos os pais, como se lê no livro do Êxodo. Logo, devemos amar mais especialmente os que nos são unidos pelo sangue.

RESPONDO. Como já foi dito, devemos amar mais, pela caridade, os que nos são mais próximos, seja por serem mais intensamente amados, seja por serem amados por um maior número de razões. Ora, a intensidade do amor depende da união do amado com o amante. Por isso, o amor que se refere a diversas pessoas deve ser medido pelas diversas razões da união, de tal modo que cada um seja mais amado naquilo que pertence àquela união pela qual é amado. Ademais, um amor deve ser comparado a outro segundo a comparação de uma união a uma outra.

Assim, pois, é preciso dizer que a amizade entre os que têm o mesmo sangue é fundada sobre a união da origem natural: a amizade que une os concidadãos, sobre a comunidade civil; a que une

---

1. *Factorum et dictorum memorabilium libri novem*, l. IV, c. 7: ed. C. Kempf, Lipsiae 1888, p. 201, ll. 10-14.
2. C. 7, n. 24: ML 16, 30 C.
3. Homil. 30 *in Evang.*, n. 1: ML 76, 1220 C.
4. Art. praec.

nicatione bellica. Et ideo in his quae pertinent ad naturam plus debemus diligere consanguineos; in his autem quae pertinent ad civilem conversationem plus debemus diligere concives; et in bellicis plus commilitones. Unde et Philosophus dicit, in IX *Ethic.*[5], quod *singulis propria et congruentia est attribuendum. Sic autem et facere videntur. Ad nuptias quidem vocant cognatos: videbitur utique et nutrimento parentibus oportere maxime sufficere, et honorem paternum.* Et simile etiam in aliis.

Si autem comparemus coniunctionem ad coniunctionem, constat quod coniunctio naturalis originis est prior et immobilior: quia est secundum id quod pertinet ad substantiam; aliae autem coniunctiones sunt supervenientes, et removeri possunt. Et ideo amicitia consanguineorum est stabilior. Sed aliae amicitiae possunt esse potiores secundum illud quod est proprium unicuique amicitiae.

AD PRIMUM ergo dicendum quod quia amicitia sociorum propria electione contrahitur in his quae sub nostra electione cadunt, puta in agendis, praeponderat haec dilectio dilectioni consanguineorum: ut scilicet magis cum illis consentiamus in agendis. Amicitia tamen consanguineorum est stabilior, utpote naturalior existens: et praevalet in his quae ad naturam spectant: Unde magis eis tenemur in provisione necessariorum.

AD SECUNDUM dicendum quod Ambrosius loquitur de dilectione quantum ad beneficia quae pertinent ad communicationem gratiae, scilicet de instructione morum. In hac enim magis debet homo subvenire filiis spiritualibus, quos spiritualiter genuit, quam filiis corporalibus: quibus tenetur magis providere in corporalibus subsidiis.

AD TERTIUM dicendum quod ex hoc quod duci exercitus magis obeditur in bello quam patri, non probatur quod simpliciter pater minus diligatur:

os soldados, sobre a comunidade guerreira. Portanto, no que concerne à natureza, devemos amar mais os familiares; no que pertence às relações da vida civil, os concidadãos; e enfim, no que diz respeito à guerra, os companheiros de armas. Por isso, diz o Filósofo: "A cada qual deve-se atribuir o que lhe é próprio e congruente. E é assim que se faz ordinariamente: convidam-se os parentes para as festas de casamento; e em relação aos pais, o primeiro dever é assegurar-lhes a subsistência, bem como a honra". E o mesmo se dá no casos das outras amizades.

Se compararmos, porém, as uniões umas com as outras, é manifesto que tem prioridade a união fundada sobre a origem natural, além de ser a mais estável, por se fundar na substância, ao passo que as demais uniões são supervenientes, e podem desaparecer. Por esta razão a amizade dos que têm o mesmo sangue é mais estável, ainda que as demais possam ser mais fortes conforme ao que é próprio de cada uma[s].

QUANTO AO 1º, portanto, deve-se dizer que, uma vez que a amizade de companheirismo é contraída por uma eleição pessoal, no domínio do que está submetido à nossa escolha, por exemplo no da ação; essa amizade prepondera sobre a que se funda sobre os laços do sangue no sentido que, pela ação, estamos mais de acordo com nossos companheiros de trabalho do que com nossos familiares. Entretanto, a amizade em relação aos nossos parentes é mais estável, porque existe mais naturalmente e prevalece nas coisas que dizem respeito à natureza. Por isso somos mais obrigados a provê-los nos casos de necessidade.

QUANTO AO 2º, deve-se dizer que Ambrósio fala do amor que visa os benefícios provenientes da comunhão da graça, isto é, a educação moral. Sob esta razão, com efeito, devemos cuidar mais de nossos filhos espirituais, que geramos espiritualmente, do que dos filhos corporais, os quais estamos mais obrigados a prover com subsídios materiais.

QUANTO AO 3º, deve-se dizer que o fato de se obedecer, num combate, ao chefe do exército mais do que ao pai, não prova ser o pai, absolutamente

---

5. C. 2: 1165, a, 17-33.

s. Amizade mais estável de um lado (família), amizade mais forte, talvez, de outro (amigos). Sto. Tomás insiste sobre essas amizades eletivas que a caridade privilegia. Faz parte da própria inclinação da caridade conhecer todo tipo de amizade eletiva, e mesmo de suscitá-las quando ainda não as conhece. Muitos santos "cantaram" essa amizade nos amigos que tiveram: Bernardo, Tereza de Ávila, Inácio de Loyola... Sto. Tomás dirá (q. 179, a. 1) que um dos testes de uma vocação contemplativa é precisamente a conversação espiritual que o eleito tem espontaneamente com seus amigos.

sed quod minus diligatur secundum quid, idest secundum dilectionem bellicae communicationis.

Articulus 9
Utrum homo ex caritate magis debeat diligere filium quam patrem

AD NONUM SIC PROCEDITUR. Videtur quod homo ex caritate magis debeat diligere filium quam patrem.

1. Illum enim magis debemus diligere cui magis debemus benefacere. Sed magis debemus benefacere filiis quam parentibus: dicit enim Apostolus, 2Cor 12,14: *Non debent filii thesaurizare parentibus, sed parentes filiis.* Ergo magis sunt diligendi filii quam parentes.

2. PRAETEREA, gratia perficit naturam. Sed naturaliter parentes plus diligunt filios quam ab eis diligantur; ut Philosophus dicit in VIII *Ethic.*[1]. Ergo magis debemus diligere filios quam parentes.

3. PRAETEREA, per caritatem affectus hominis Deo conformatur. Sed Deus magis diligit filios quam diligatur ab eis. Ergo etiam et nos magis debemus diligere filios quam parentes.

SED CONTRA est quod Ambrosius[2] dicit: *Primo Deus diligendus est, secundo parentes, inde filii, post domestici.*

RESPONDEO dicendum quod, sicut supra[3] dictum est, gradus dilectionis ex duobus pensari potest. Uno modo, ex parte obiecti. Et secundum hoc id quod habet maiorem rationem boni est magis diligendum, et quod est Deo similius. Et sic pater est magis diligendus quam filius: quia scilicet patrem diligimus sub ratione principii, quod habet rationem eminentioris boni et Deo similioris.

Alio modo computantur gradus dilectionis ex parte ipsius diligentis. Et sic magis diligitur quod est coniunctius. Et secundum hoc filius est magis diligendus quam pater; ut Philosophus dicit, in VIII *Ethic.*[4]. Primo quidem, quia parentes diligunt

Artigo 9
Deve-se amar pela caridade o filho mais que o pai?

QUANTO AO NONO, ASSIM SE PROCEDE: parece que pela caridade se **deve** amar o filho mais que o pai.

1. Com efeito, devemos amar mais aquele que mais devemos beneficiar. Ora, devemos beneficiar mais os filhos do que os pais, segundo esta palavra do Apóstolo: "Não são os filhos que devem acumular bens para os pais, mas sim os pais para os filhos". Logo, deve-se amar mais os filhos do que os pais.

2. ALÉM DISSO, a graça aperfeiçoa a natureza. Ora, naturalmente, os pais mais amam os seus filhos do que são por eles amados, como observa o Filósofo. Logo, devemos amar mais os filhos do que os pais.

3. ADEMAIS, pela caridade, as afeições do homem se conformam às de Deus. Ora, Deus ama seus filhos, mais do que por eles é amado. Logo, também nós devemos amar mais os filhos do que os pais.

EM SENTIDO CONTRÁRIO, diz Ambrósio: "Em primeiro lugar devemos amar a Deus, em segundo, aos pais, depois aos filhos e, enfim, aos criados".

RESPONDO. Como já foi dito, o grau do amor pode ser apreciado de duas maneiras. 1º) Em relação ao objeto: sob este ponto de vista, deve-se amar mais o que representa um bem mais excelente e o que mais se assemelha a Deus. Assim, o pai deve ser mais amado que o filho, porque amamos o nosso pai como sendo o nosso princípio, e o princípio representa um bem mais eminente e mais semelhante a Deus.

2º) Os graus do amor são medidos da parte daquele que ama, e, sob este aspecto, ama-se mais aquele ao qual se está mais unido. Sob este ponto de vista, o filho deve ser mais amado que o pai, diz o Filósofo, por quatro razões: 1) os pais amam

---

9 PARALL.: III *Sent.*, dist. 29, a. 7; *De Virtut.*, q. 2, a. 9, ad 18; *in Matth.*, c. 10; *ad Ephes.*, c. 5, lect. 10; VIII *Ethic.*, lect. 12.

1. C. 14: 1161, b, 21-26.
2. Cfr. ORIGENEM, *In Cant.*, hom. 2, n. 8, super 2, 4: MG 13, 54 A.
3. A. 4, ad 1; a. 7.
4. C. 14: 1161, b, 21-26.

filios ut aliquid sui existentes; pater autem non est aliquid filii; et ideo dilectio secundum quam pater diligit filium, similior est dilectioni qua quis diligit seipsum. — Secundo, quia parentes magis sciunt aliquos esse suos filios quam e converso. — Tertio, quia filius est magis propinquus parenti, utpote pars existens, quam pater filio, ad quem habet habitudinem principii. — Quarto, quia parentes diutius amaverunt: nam statim pater incipit diligere filium; filius autem tempore procedente incipit diligere patrem. Dilectio autem quanto est diuturnior, tanto est fortior: secundum illud Eccli 9,14: *Non derelinquas amicum antiquum: novus enim non erit similis illi.*

AD PRIMUM ergo dicendum quod principio debetur subiectio reverentiae et honor: effectui autem proportionaliter competit recipere influentiam principii et provisionem ipsius. Et propter hoc parentibus a filiis magis debetur honor: filiis autem magis debetur cura provisionis.

AD SECUNDUM dicendum quod pater naturaliter plus diligit filium secundum rationem coniunctionis ad seipsum. Sed secundum rationem eminentioris boni filius naturaliter plus diligit patrem.

AD TERTIUM dicendum quod, sicut Augustinus dicit, in I *de Doct. Christ.*[5], *Deus diligit nos ad nostram utilitatem et suum honorem*. Et ideo, quia pater comparatur ad nos in habitudine principii, sicut et Deus, ad patrem proprie pertinet ut ei a filiis honor impendatur: ad filium autem ut eius utilitati a parentibus provideatur. — Quamvis in articulo necessitatis filius obligatus sit, ex beneficiis susceptis, ut parentibus maxime provideat.

os filhos como parte deles, ao passo que o pai não é parte do filho, o que faz com que o amor do pai por seu filho seja mais semelhante ao amor que ele tem por si mesmo; — 2) os pais têm mais certeza sobre quem são seus filhos, e não o contrário; — 3) o filho, sendo parte do pai, é-lhe mais próximo do que o pai ao filho, em relação ao qual exerce a função de princípio; — 4) os pais amam mais longamente, pois o pai começa a amar seu filho imediatamente, ao passo que o filho só começa a amar seu pai depois de certo tempo. Ora, o amor, quanto mais longo, mais forte é, como se lê no livro do Eclesiástico: "Não abandones um velho amigo, porque o novo não é igual a ele"[t].

QUANTO AO 1º, portanto, se deve dizer que ao que é princípio é devida a sujeição da reverência e a honra; ao efeito, porém, compete receber proporcionalmente, da parte do princípio, influência e provisão. É por isso que os filhos devem, sobretudo, honrar os pais; e os pais devem cuidar dos filhos.

QUANTO AO 2º, deve-se dizer que o pai, naturalmente, ama mais o seu filho em virtude de sua afinidade com ele; mas o filho, naturalmente, ama mais o pai, em razão de um bem maior.

QUANTO AO 3º, deve-se dizer com Agostinho: "Deus nos ama para nossa utilidade e para a sua honra". Eis porque ao pai, sendo para nós um princípio, como o próprio Deus, é pertinente que os filhos lhe tributem honra; e que os pais cuidem de assistir materialmente aos filhos. — Todavia, em caso de necessidade, o filho tem a obrigação, em virtude dos benefícios recebidos, de prestar a maior assistência aos pais.

ARTICULUS 10
Utrum homo magis debeat diligere matrem quam patrem

AD DECIMUM SIC PROCEDITUR. Videtur quod homo magis debeat diligere matrem quam patrem.
1. Ut enim Philosophus dicit, in I *de Gen. Animal.*[1], *femina in generatione dat corpus*. Sed homo non habet animam a patre, sed per creatio-

ARTIGO 10
Deve-se amar sua mãe mais que seu pai?

QUANTO AO DÉCIMO, ASSIM SE PROCEDE: parece que se **deve** amar sua mãe mais que seu pai.
1. Com efeito, diz o Filósofo: "Na geração, a mulher dá o corpo". Ora, a alma nós a recebemos de Deus, por criação, e não do pai, como já foi

---

5. C. 32, n. 35: ML 34, 32.

10 PARALL.: III *Sent.*, dist. 29, a. 7, ad 4, 5.

1. C. 20: 729, a, 10-11.

t. Deve apreciar-se essa análise ao mesmo tempo metafísica e psicológica, na qual se cruzam a ordem objetiva de excelência e a ordem subjetiva de proximidade. Não é preciso dizer que a palavra pai significa aqui parente: ao mesmo tempo pai e mãe.

nem a Deo, ut in Primo² dictum est. Ergo homo plus habet a matre quam a patre. Plus ergo debet diligere matrem quam patrem.

2. PRAETEREA, magis amantem debet homo magis diligere. Sed mater plus diligit filium quam pater: dicit enim Philosophus, in IX *Ethic*.³, quod *matres magis sunt amatrices filiorum. Laboriosior enim est generatio matrum; et magis sciunt quoniam ipsarum sunt filii quam patres*. Ergo mater est magis diligenda quam pater.

3. PRAETEREA, ei debetur maior dilectionis affectus qui pro nobis amplius laboravit: secundum illud Rm ult., 6: *Salutate Mariam, quae multum laboravit in vobis*. Sed mater plus laborat in generatione et educatione quam pater: unde dicitur Eccli 7,29: *Gemitum matris tuae ne obliviscaris*. Ergo plus debet homo diligere matrem quam patrem.

SED CONTRA est quod Hieronymus dicit, *super Ezech*.⁴, quod *post Deum, omnium Patrem, diligendus est pater*: et postea addit de matre.

RESPONDEO dicendum quod in istis comparationibus id quod dicitur est intelligendum per se: ut videlicet intelligatur esse quaesitum de patre inquantum est pater, an sit plus diligendus matre inquantum est mater. Potest enim in omnibus huiusmodi tanta esse distantia virtutis et malitiae ut amicitia solvatur vel minuatur; ut Philosophus dicit, in VIII *Ethic*.⁵. Et ideo, ut Ambrosius⁶ dicit, *boni domestici sunt malis filiis praeponendi*. Sed per se loquendo, pater magis est amandus quam mater. Amantur enim pater et mater ut principia quaedam naturalis originis. Pater autem habet excellentiorem rationem principii quam mater: quia pater est principium per modum agentis, mater autem magis per modum patientis et materiae. Et ideo, per se loquendo, pater est magis diligendus.

AD PRIMUM ergo dicendum quod in generatione hominis mater ministrat materiam corporis informem: formatur autem per virtutem formativam quae est in semine patris. Et quamvis huiusmodi virtus non possit creare animam rationalem, disponit tamen materiam corporalem ad huiusmodi formae susceptionem.

dito na I Parte. Logo, nós recebemos mais da mãe que do pai, e portanto devemos amar mais à mãe que ao pai.

2. ALÉM DISSO, maior amor se deve a quem mais nos ama. Ora, a mãe ama o filho mais que o pai, pois diz o Filósofo: "As mães amam mais os filhos, porque a geração é mais trabalhosa para as mães e, mais que os pais elas sabem quem são seus filhos". Logo, deve-se amar mais a mãe que o pai.

3. ADEMAIS, devemos devotar mais afeição de amor a quem mais trabalhou por nós, conforme a Carta aos Romanos: "Saudai Maria, que muito fatigou por vós". Ora, a mãe, tanto na geração quanto na educação, trabalha mais que o pai. Por isso, diz o livro do Eclesiástico: "Não esqueças as dores de tua mãe". Logo, a mãe deve ser mais amada que o pai.

EM SENTIDO CONTRÁRIO, diz Jerônimo: "Depois de Deus, que é pai de todos, devemos amar o pai"; depois, então, refere-se à mãe.

RESPONDO. Nestes tipos de comparações, o que se propõe deve ser entendido de modo próprio. Trata-se de saber se o pai, enquanto pai, deve ser mais amado que a mãe, enquanto mãe. Em casos como estes pode haver tanta diferença de virtude e de malícia, que a amizade se dissolva ou diminua, como diz Aristóteles. É por isso que diz Ambrósio: "Os bons criados devem ser preferidos aos maus filhos"ᵘ. Mas, falando propriamente, o pai deve ser mais amado que a mãe. Com efeito, o pai e a mãe são amados como sendo os princípios do nascimento natural. Ora, o pai realiza de modo mais excelente que a mãe a razão de princípio, porque ele o é a título de agente, ao passo que a mãe é mais um princípio passivo, ou material. Por isso, propriamente falando, o pai deve ser mais amado.

QUANTO AO 1º, portanto, deve-se dizer que na geração humana, a mãe oferece a matéria, ainda informe, do corpo. Ora, esta matéria é informada pela força formativa do sêmen paterno. E ainda que esta força não possa criar a alma racional, ela dispõe a matéria corporal para a recepção desta formaᵛ.

---

2. Q. 90, a. 2; q. 118, a. 2.
3. C. 7: 1168, a, 25-27.
4. L. XIII, super 44, 25: ML 25, 442 C.
5. C. 9: 1158, b, 33-35.
6. Cfr. ORIGENEM, *In Cont.*, hom. 2, n. 8, super 2, 4: MG 13, 54 A.

u. É o início da Resposta, principalmente, que deve ser retido. Os argumentos apresentados em seguida não valem mais hoje.
v. Tais eram os dados da biologia da época de Sto. Tomás.

AD SECUNDUM dicendum quod hoc pertinet ad aliam rationem dilectionis: alia enim est species amicitiae qua diligimus amantem, et qua diligimus generantem. Nunc autem loquimur de amicitia quae debetur patri et matri secundum generationis rationem.

QUANTO AO 2º, deve-se dizer que a afirmação da objeção se refere a uma outra razão de amor. Pois a amizade que temos por alguém que nos ama é de uma espécie diferente da amizade pela qual nós amamos aquele que nos gera. Neste caso, porém, tratamos da amizade que devemos ao pai e à mãe segundo a razão de geração.

Esta resposta vale também para TERCEIRA OBJEÇÃO.

ARTICULUS 11
Utrum homo plus debeat diligere uxorem quam patrem et matrem

AD UNDECIMUM SIC PROCEDITUR. Videtur quod homo plus debeat diligere uxorem quam patrem et matrem.

1. Nullus enim dimittit rem aliquam nisi pro re magis dilecta. Sed Gn 2,24 dicitur quod propter uxorem *relinquet homo patrem et matrem.*
Ergo magis debet diligere uxorem quam patrem vel matrem.

2. PRAETEREA, Apostolus dicit, *ad* Eph 5,28,33, quod *viri debent diligere uxores sicut seipsos.* Sed homo magis debet diligere seipsum quam parentes. Ergo etiam magis debet diligere uxorem quam parentes.

3. PRAETEREA, ubi sunt plures rationes dilectionis, ibi debet esse maior dilectio. Sed in amicitia quae est ad uxorem sunt plures rationes dilectionis: dicit enim Philosophus, in VIII *Ethic.*[1], quod *in hac amicitia videtur esse utile et delectabile et propter virtutem, si virtuosi sint coniuges.* Ergo maior debet esse dilectio ad uxorem quam ad parentes.

SED CONTRA est quod *vir debet diligere uxorem suam sicut carnem suam,* ut dicitur Eph 5,28-29. Sed corpus suum minus debet homo diligere quam proximum, ut supra[2] dictum est. Inter proximos autem magis debemus diligere parentes. Ergo magis debemus diligere parentes quam uxorem.

RESPONDEO dicendum quod, sicut dictum est[3], gradus dilectionis attendi potest et secundum rationem boni, et secundum coniunctionem ad diligentem. Secundum igitur rationem boni, quod est obiectum dilectionis, magis sunt diligendi parentes quam uxores: quia diliguntur sub ratione principii et eminentioris cuiusdam boni. Secundum autem

ARTIGO 11
O homem deve amar a esposa mais que o pai ou a mãe?

QUANTO AO DÉCIMO PRIMEIRO, ASSIM SE PROCEDE: parece que o homem **deve** amar a esposa mais que o pai ou a mãe.

1. Com efeito, ninguém abandona uma coisa senão por uma outra que ele prefere. Ora, o livro do Gênesis diz que, por sua esposa, "o homem deixará o seu pai e sua mãe". Logo, o homem deve amar a esposa mais que o pai e a mãe.

2. ALÉM DISSO, "Os maridos, diz o Apóstolo, devem amar as esposas como a si mesmos". Ora, deve-se amar a si mesmo mais que os pais. Logo, o homem deve amar a esposa mais que os pais.

3. ADEMAIS, deve haver mais amor onde houver mais razões de amor. Ora, na amizade por uma esposa existem várias razões de amor. Com efeito, diz o Filósofo: "Nessa amizade, parecem se encontrar a utilidade, o prazer e também a virtude, se os cônjuges forem virtuosos". Logo, o amor pela esposa deve ser maior que o pelos pais.

EM SENTIDO CONTRÁRIO, diz a Carta aos Efésios: "O homem deve amar a esposa como seu próprio corpo". Ora, deve-se amar menos o corpo do que o próximo, como já foi dito. E dentre os próximos, devemos amar mais os pais. Logo, devemos amá-los mais que a esposa.

RESPONDO. Como já foi dito, o grau do amor pode ser considerado segundo a natureza do bem, e segundo a união com o que se ama. Segundo a natureza do bem, que é o objeto do amor, os pais devem ser amados mais que a esposa, porque eles são amados enquanto princípios, e representação um bem superior. Mas, quanto à razão da união, é

---

11 PARALL.: III *Sent.*, dist. 29, a. 7, ad 3; *De Virtut.*, q. 2, a. 9, ad 18; *ad Ephes.*, c. 5, lect. 10.
1. C. 14: 1162, a, 24-27.
2. Art. 5.
3. Art. 7, 9.

rationem coniunctionis magis diligenda est uxor: quia uxor coniungitur viro ut una caro existens, secundum illud Mt 19,6: *Itaque iam non sunt duo, sed una caro*. Et ideo intensius diligitur uxor: sed maior reverentia est parentibus exhibenda.

AD PRIMUM ergo dicendum quod non quantum ad omnia deseritur pater et mater propter uxorem: in quibusdam enim magis debet homo assistere parentibus quam uxori. Sed quantum ad unionem carnalis copulae et cohabitationis, relictis omnibus parentibus, homo adhaeret uxori.

AD SECUNDUM dicendum quod in verbis Apostoli non est intelligendum quod homo debeat diligere uxorem suam aequaliter sibi ipsi: sed quia dilectio quam aliquis habet ad seipsum est ratio dilectionis quam quis habet ad uxorem sibi coniunctam.

AD TERTIUM dicendum quod etiam in amicitia paterna inveniuntur multae rationes dilectionis. Et quantum ad aliquid praeponderant rationi dilectionis quae habetur ad uxorem, secundum scilicet rationem boni: quamvis illae praeponderent secundum coniunctionis rationem.

AD QUARTUM dicendum quod illud etiam non est sic intelligendum quod ly *sicut* importet aequalitatem, sed rationem dilectionis. Diligit enim homo uxorem suam principaliter ratione carnalis coniunctionis.

a esposa que deve ser mais amada, porque ela se une ao homem como existindo com ele numa só carne, conforme o Evangelho de Mateus: "Assim, eles não são dois, mas uma só carne". Por isso, a esposa é mais intensamente amada, mas deve-se manifestar mais reverência aos pais[w].

QUANTO AO 1º, portanto, deve-se dizer que não é de qualquer forma que o homem deixará seu pai e sua mãe por causa de sua esposa, porque há circunstâncias em que o homem deve prestar mais assistência aos pais do que à esposa. É quanto à união conjugal e à coabitação que o homem deixa os seus pais para se unir à esposa.

QUANTO AO 2º, deve-se dizer que as palavras do Apóstolo não significam que o homem deve amar a esposa do mesmo modo que a si próprio. Elas significam que o amor que ele tem por si próprio é a razão do amor que ele tem por sua esposa.

QUANTO AO 3º, deve-se dizer que mesmo na amizade pelos pais se acham muitas razões de amar. De certo modo, segundo a razão de bem, aquelas razões preponderam sobre o motivo de amor que se deve à esposa. De outro modo, porém, segundo a razão da união, estas razões preponderam.

QUANTO AO 4º, deve-se dizer que no texto citado de Paulo EM SENTIDO CONTRÁRIO, a conjunção "como" não deve ser entendida como exprimindo uma igualdade, mas a razão do amor. Com efeito, é principalmente em razão da união carnal que o homem ama a sua esposa.

ARTICULUS 12
Utrum homo magis debeat diligere benefactorem quam beneficiatum

AD DUODECIMUM SIC PROCEDITUR. Videtur quod homo magis debeat diligere benefactorem quam beneficiatum.

1. Quia ut dicit Augustinus, in libro *de Catechiz. Rud.*[1], *nulla est maior provocatio ad amandum quam praevenire amando: nimis enim durus est animus qui dilectionem, etsi non vult impendere, nolit rependere*. Sed benefactores praeveniunt nos

ARTIGO 12
Deve-se amar o benfeitor mais que o beneficiado?

QUANTO AO DÉCIMO SEGUNDO, ASSIM SE PROCEDE: parece que se **deve** amar o benfeitor mais que o beneficiado.

1. Com efeito, diz Agostinho: "Nada mais estimula ao amor do que adiantar-se em amar; é muito duro o espírito de quem, além de não querer adiantar-se ao amor, recusa o amor oferecido". Ora, os benfeitores se antecipam a nós

---

12 PARALL.: III *Sent*., dist. 29, a. 7, ad 2; IX *Ethic*., lect. 7.
1. C. 4, n. 7: ML 40, 314.

w. Na ordem de excelência, os pais sendo princípios, devem ser amados com respeito ainda maior. Na ordem da proximidade subjetiva, os esposos devem se amar "mais ardentemente" do que amam a seus pais. Observe-se que a autoridade invocada aqui *em sentido contrário* não é um filósofo (como Aristóteles, no artigo seguinte), mas são Paulo. Sob o véu da argumentação existe um dado de fé (Gn 2,24; Mt 19,5; Ef 5,31; 1Cor 5,16) que nem todos os filósofos e nem todas as religiões conhecem: como o Islão, para o qual o amor do filho por seu pai prevalece sobre o amor de um marido por sua esposa.

in beneficio caritatis. Ergo benefactores maxime debemus diligere.

2. Praeterea, tanto aliquis est magis diligendus quanto gravius homo peccat si ab eius dilectione desistat, vel contra eam agat. Sed gravius peccat qui benefactorem non diligit, vel contra eum agit, quam si diligere desinat eum cui hactenus benefecit. Ergo magis sunt amandi benefactores quam hi quibus benefacimus.

3. Praeterea, inter omnia diligenda maxime diligendus est Deus et post eum pater, ut Hieronymus dicit[2]. Sed isti sunt maximi benefactores. Ergo benefactor est maxime diligendus.

Sed contra est quod Philosophus dicit, in IX *Ethic.*[3], quod *benefactores magis videntur amare beneficiatos quam e converso.*

Respondeo dicendum quod, sicut supra[4] dictum est, aliquid magis diligitur dupliciter: uno quidem modo, quia habet rationem excellentioris boni; alio modo, ratione maioris coniunctionis. Primo quidem igitur modo benefactor est magis diligendus: quia, cum sit principium boni in beneficiato, habet excellentioris boni rationem; sicut et de patre dictum est[5].

Secundo autem modo magis diligimus beneficiatos: ut Philosophus probat, in IX *Ethic.*[6], per quatuor rationes. Primo quidem, quia beneficiatus est quasi quoddam opus benefactoris: unde consuevit dici de aliquo, *Iste est factura illius.* Naturale autem est cuilibet quod diligat opus suum: sicut videmus quod poetae diligunt poemata sua. Et hoc ideo quia unumquodque diligit suum esse et suum vivere, quod maxime manifestatur in suo agere. — Secundo, quia unusquisque naturaliter diligit illud in quo inspicit suum bonum. Habet quidem igitur et benefactor in beneficiato aliquod bonum, et e converso: sed benefactor inspicit in beneficiato suum bonum honestum, beneficiatus in benefactore suum bonum utile. Bonum autem honestum delectabilius consideratur quam bonum utile: tum quia est diuturnius, utilitas enim cito transit, et delectatio memoriae non est sicut delectatio rei praesentis; tum etiam quia bona honesta magis cum delectatione recolimus quam utilitates

no dom da caridade. Logo, são eles os que mais devemos amar.

2. Além disso, tanto mais deve ser amada a pessoa, quanto maior é o pecado de quem desiste de seu amor ou age contra ela. Ora, peca mais gravemente quem não ama o benfeitor, ou age contra ele, do que quem deixa de amar quem até então foi beneficiado. Logo, deve-se amar mais os benfeitores do que aqueles a quem fizemos benefícios.

3. Ademais, entre tudo o que se deve amar, deve-se amar sobretudo a Deus, depois dele nosso pai, diz Jerônimo. Ora, estes são nossos maiores benfeitores. Logo, é o benfeitor a quem mais se deve amar.

Em sentido contrário, diz o Filósofo: "Parece que os benfeitores amam mais os beneficiados do que inversamente".

Respondo. Como já foi dito, de dois modos ama-se mais uma coisa: ou porque ela tem a razão de um bem mais excelente, ou em razão de uma união mais estreita. Do primeiro modo, é o benfeitor que mais deve ser amado, porque sendo princípio do bem do beneficiado, tem em si a razão de um bem mais excelente, como foi dito a respeito do pai.

Do segundo modo, amamos mais os beneficiados, como o Filósofo prova, por quatro razões. 1º) Porque o beneficiado é como que obra do benfeitor; daí o costume de se dizer de alguém: "Este é criatura daquele". E é natural que alguém ame a sua obra, como os poetas amam os seus poemas. Isto se dá porque todos amam sua existência e sua vida, que se manifesta sobretudo pela ação. — 2º) Porque cada qual ama naturalmente aquilo em que ele vê o seu próprio bem. É verdade que o benfeitor e o beneficiado encontram um no outro, reciprocamente, certo bem; mas o benfeitor vê no beneficiado o seu bem honesto; o beneficiado vê no benfeitor o seu bem útil. Ora, o bem honesto é considerado mais deleitável do que o bem útil; seja porque este bem é mais durável, pois a utilidade é fugaz, e o prazer de um bem passado não se iguala à alegria de um bem presente; seja porque nós pensamos com mais alegria nas boas ações que fizemos do que nos bons

---

2. *In Ezech.*, l. XIII, super 44, 25: ML 25, 442 C.
3. C. 7: 1167, b, 17-18.
4. Art. 7, 9, 11.
5. Art. 9.
6. C. 7: 1167, b, 17-1168, a, 27.

quae nobis ab aliis provenerunt. — Tertio, quia ad amantem pertinet agere, vult enim et operatur bonum amato: ad amatum autem pertinet pati. Et ideo excellentioris est amare. Et propter hoc ad benefactorem pertinet ut plus amet. — Quarto, quia difficilius est beneficia impendere quam recipere. Ea vero in quibus laboramus magis diligimus; quae vero nobis de facili proveniunt quodammodo contemnimus.

AD PRIMUM ergo dicendum quod in benefactore est ut beneficiatus provocetur ad ipsum amandum. Benefactor autem diligit beneficiatum non quasi provocatus ab illo, sed ex seipso motus. Quod autem est ex se potius est eo quod est per aliud.

AD SECUNDUM dicendum quod amor beneficiati ad benefactorem est magis debitus: et ideo contrarium habet rationem maioris peccati. Sed amor benefactoris ad beneficiatum est magis spontaneus: et ideo habet maiorem promptitudinem.

AD TERTIUM dicendum quod Deus etiam plus nos diligit quam nos eum diligimus: et parentes plus diligunt filios quam ab eis diligantur. Nec tamen oportet quod quoslibet beneficiatos plus diligamus quibuslibet benefactoribus. Benefactores enim a quibus maxima beneficia recepimus, scilicet Deum et parentes, praeferimus his quibus aliqua minora beneficia impendimus.

ARTICULUS 13
Utrum ordo caritatis remaneat in patria

AD TERTIUMDECIMUM SIC PROCEDITUR. Videtur quod ordo caritatis non remaneat in patria.

1. Dicit enim Augustinus, in libro *de Vera Relig.*[1]: *Perfecta caritas est ut plus potiora bona, et minus minora diligamus*. Sed in patria erit perfecta caritas. Ergo plus diliget aliquis meliorem quam seipsum vel sibi coniunctum.

2. PRAETEREA, ille magis amatur cui maius bonum volumus. Sed quilibet in patria existens vult maius bonum ei qui plus bonum habet: alioquin voluntas eius non per omnia divinae voluntati conformaretur. Ibi autem plus bonum habet qui melior

serviços que recebemos dos outros. — 3º) Porque ao que ama pertence agir; ele quer e faz o bem para o amado; ao amado, porém, cabe receber o bem. Por isso, amar é próprio do mais excelente. Logo, é próprio do benfeitor amar mais. — 4º) Porque é mais difícil fazer o bem do que recebê-lo. Ora, nós amamos mais aquilo por que mais nos empenhamos; ao contrário, de certo modo desdenhamos o que nos chega sem esforço.

QUANTO AO 1º, portanto, deve-se dizer que é o benfeitor quem estimula seu beneficiado a amá-lo, ao passo que o benfeitor, para amar o beneficiado, não precisa ser estimulado por este, pois é movido por si mesmo. Ora, o que é por si mesmo tem prioridade sobre o que é por outro.

QUANTO AO 2º, deve-se dizer que o amor do beneficiado para com seu benfeitor implica uma razão de dívida e, portanto, o que a isso contraria tem a razão de maior pecado. O amor do benfeitor para com o beneficiado, contudo, é mais espontâneo, e por isso tem maior presteza.

QUANTO AO 3º, deve-se dizer que Deus nos ama mais do que nós a ele; os pais amam seus filhos mais do que por eles são amados. Mas isso não implica que amemos a quaisquer beneficiados mais que a quaisquer benfeitores. É assim que os benfeitores de quem recebemos os maiores benefícios, isto é, Deus e nossos pais, nós os preferimos àqueles a quem fizemos menores benefícios[x].

ARTIGO 13
A ordem da caridade permanece na pátria?

QUANTO AO DÉCIMO TERCEIRO, ASSIM SE PROCEDE: parece que a ordem da caridade **não** permanece na pátria.

1. Com efeito, Agostinho diz: "A caridade perfeita consiste em amarmos mais os bens melhores e, menos, os bens menores". Ora, na pátria a caridade será perfeita. Logo, amará mais o melhor que a si mesmo ou o que nos for unido.

2. ALÉM DISSO, ama-se mais aquele a quem desejamos maior bem. Ora, quem está na pátria quer um bem maior àquele que mais tem, pois de outra forma sua vontade não se conformaria em tudo à vontade divina. Lá, com efeito, quem

---

13 PARALL.: III *Sent.*, dist. 31, q. 2, a. 3, q.la 1, 2; *De Virtut.*, q. 2, a. 9, ad 12.
  1. C. 48, n. 93: ML 34, 164.

  x. Nos casos extremos em que o bem recebido é particularmente excelente, convém que a razão da objetividade prevaleça sobre toda subjetividade. Por vinculados que estejamos aos que temos prazer a dar, não podemos esquecer os benfeitores que estão fora de comparação.

est. Ergo in patria quilibet magis diliget meliorem. Et ita magis alium quam seipsum, et extraneum quam propinquum.

3. Praeterea, tota ratio dilectionis in patria Deus erit: tunc enim implebitur quod dicitur 1Cor 15,28: *Ut sit Deus omnia in omnibus*. Ergo magis diligitur qui est Deo propinquior. Et ita aliquis magis diliget meliorem quam seipsum, et extraneum quam coniunctum.

Sed contra est quia natura non tollitur per gloriam, sed perficitur. Ordo autem caritatis supra[2] positus ex ipsa natura procedit. Omnia autem naturaliter plus se quam alia amant. Ergo iste ordo caritatis remanebit in patria.

Respondeo dicendum quod necesse est ordinem caritatis remanere in patria quantum ad hoc quod Deus est super omnia diligendus. Hoc enim simpliciter erit tunc, quando homo perfecte eo fruetur. Sed de ordine sui ipsius ad alios distinguendum videtur. Quia sicut supra[3] dictum est, dilectionis gradus distingui potest vel secundum differentiam boni quod quis alii exoptat; vel secundum intensionem dilectionis. Primo quidem modo plus diliget meliores quam seipsum, minus vero minus bonos. Volet enim quilibet beatus unumquemque habere quod sibi debetur secundum divinam iustitiam, propter perfectam conformitatem voluntatis humanae ad divinam. Nec tunc erit tempus proficiendi per meritum ad maius praemium, sicut nunc accidit, quando potest homo melioris et virtutem et praemium desiderare: sed tunc voluntas uniuscuiusque infra hoc sistet quod est determinatum divinitus.

Secundo vero modo aliquis plus seipsum diliget quam proximum, etiam meliorem. Quia intensio actus dilectionis provenit ex parte subiecti diligentis, ut supra[4] dictum est. Et ad hoc etiam donum caritatis unicuique confertur a Deo, ut primo quidem mentem suam in Deum ordinet, quod pertinet ad dilectionem sui ipsius; secundario vero ordinem aliorum in Deum velit, vel etiam operetur secundum suum modum.

é melhor desfruta de maior bem. Portanto, na pátria cada um amará mais o que for melhor. Logo, mais a outro que a si mesmo, e mais um estranho que um parente.

3. Ademais, na pátria, Deus será toda a razão do amor, pois então se cumprirá a palavra da primeira Carta aos Coríntios: "Que Deus seja tudo em todos". Consequentemente, será mais amado quem mais perto estiver de Deus. Assim, cada qual amará mais o que for melhor do que a si mesmo, e um estranho mais que um parente.

Em sentido contrário, a glória não destrói a natureza, mas a aperfeiçoa. Ora, a ordem da caridade, como vem sendo exposta, procede da própria natureza. Pois todos naturalmente se amam a si mesmos mais que aos outros. Logo, esta ordem da caridade subsistirá no céu.

Respondo. No que concerne ao amor de Deus sobre todas as coisas, a ordem da caridade permanecerá necessariamente na pátria. Isto acontecerá, de modo absoluto, quando o homem fruir perfeitamente de Deus. Quanto à ordem de cada um com os outros, é preciso distinguir. Pois, como foi dito, a ordem do amor pode ser diversamente apreendida, seja segundo a diferença do bem que se deseja a um outro, seja segundo a intensidade do amor. Do primeiro modo, amamos mais os que são melhores do que nós e menos, os menos bons. Todo bem-aventurado desejaria que cada qual tenha o que lhe é devido pela justiça divina, em razão da perfeita conformidade da vontade humana com a divina. E nem haverá mais ocasião, então, de progredir no mérito para uma maior recompensa, como acontece agora, quando o homem pode aspirar a uma virtude e a uma recompensa melhores. Na pátria, a vontade de cada um se fixará no que for divinamente determinado.

Do segundo modo, ao contrário, cada qual amará a si mesmo mais do que ao próximo, ainda que este seja melhor; porque a intensidade do ato de amor provém do sujeito que ama, como já foi dito. Para isso, a cada um Deus confere o dom da caridade a fim de que, primeiro, ordene para ele a sua alma, o que se refere ao amor de si mesmo e, segundo, a fim de que queira que os outros se ordenem para Deus, ou ainda, afim de que aja à sua maneira.

---

2. In art. praec.
3. Art. 7.
4. Art. 7.

Sed quantum ad ordinem proximorum ad invicem simpliciter quis magis diliget meliorem, secundum caritatis amorem. Tota enim vita beata consistit in ordinatione mentis ad Deum. Unde totus ordo dilectionis beatorum observabitur per comparationem ad Deum: ut scilicet ille magis diligatur et propinquior sibi habeatur ab unoquoque qui est Deo propinquior. Cessabit enim tunc provisio, quae est in praesenti vita necessaria, qua necesse est ut unusquisque magis sibi coniuncto, secundum quamcumque necessitudinem, provideat magis quam alieno; ratione cuius in hac vita ex ipsa inclinatione caritatis homo plus diligit magis sibi coniunctum, cui magis debet impendere caritatis effectum. — Continget tamen in patria quod aliquis sibi coniunctum pluribus rationibus diliget: non enim cessabunt ab animo beati honestae dilectionis causae. Tamen omnibus istis rationibus praefertur incomparabiliter ratio dilectionis quae sumitur ex propinquitate ad Deum.

AD PRIMUM ergo dicendum quod quantum ad coniunctos sibi ratio illa concedenda est. Sed quantum ad seipsum oportet quod aliquis plus se quam alios diligat, tanto magis quanto perfectior est caritas: quia perfectio caritatis ordinat hominem perfecte in Deum, quod pertinet ad dilectionem sui ipsius, ut dictum est[5].

AD SECUNDUM dicendum quod ratio illa procedit de ordine dilectionis secundum gradum boni quod aliquis vult amato.

AD TERTIUM dicendum quod unicuique erit Deus tota ratio diligendi eo quod Deus est totum hominis bonum: dato enim, per impossibile, quod Deus non esset hominis bonum, non esset ei ratio diligendi. Et ideo in ordine dilectionis oportet quod post Deum homo maxime diligat seipsum.

Quanto à ordem dos próximos entre si, amaremos mais, absolutamente falando, pela caridade, o que for melhor. Pois toda a vida bem-aventurada consiste na orientação da alma a Deus. Por esta razão, toda a ordem do amor nos bem-aventurados se observará em relação a Deus; de tal modo que aquele que for mais próximo de Deus será o mais amado, e cada qual o reconhecerá como o mais próximo de si. Não mais haverá, então, como na vida presente, esta obrigação de prover às necessidades do que nos estiver mais próximo mais que a outro. É por esse motivo que, nesta vida, pela própria inclinação da caridade, nós amamos mais o que nos é mais próximo, a quem mais devemos dispensar o efeito da caridade. — Pode acontecer, porém, que, na pátria, amemos por muitas razões a quem nos for próximo, pois, na alma do bem-aventurado, não desaparecerão as causas do amor honesto. Contudo, a todas estas razões de amar, se antepõe incomparavelmente a que resulta da proximidade com Deus[y].

QUANTO AO 1º, portanto, deve-se dizer que o argumento é aceito quanto aos que nos são próximos. Mas, quanto a nós mesmos, é preciso que cada qual se ame mais que aos outros, e tanto mais quanto mais perfeita for a caridade; pois a perfeição da caridade ordena o homem perfeitamente para Deus, o que pertence ao amor de si mesmo, como já se disse.

QUANTO AO 2º, deve-se dizer que este argumento é válido quanto à ordem do amor, conforme o grau de bem que se quer ao amado.

QUANTO AO 3º, deve-se dizer que Deus será para cada um toda razão do amor, pelo fato de Deus ser o bem total do homem. Se, por impossível, Deus não fosse o bem do homem, não haveria razão de amá-lo. Por isso, na ordem do amor, é preciso que, depois de Deus, o homem se ame ao máximo.

---

5. In corp.

y. No céu, nós nos conheceremos todos e nos amaremos como somos amados. As exclusões e os limites de nossos círculos de amizade naturais, familiares, civis ou eletivos... desaparecerão. A caridade se estenderá a todos. E, todavia, essa ordem de proximidade sobre a qual ela se construiu outrora permanecerá em cada um. Existe uma memória afetiva que faz parte do ser de cada um, e que a caridade não destrói, mas pelo contrário ilumina e aprofunda.

QUAESTIO XXVII
DE PRINCIPALI ACTU CARITATIS, QUI EST DILECTIO
in octo articulos divisa

Deinde considerandum est de actu caritatis. Et primo, de principali actu caritatis, qui est dilectio; secundo, de aliis actibus vel effectibus consequentibus.

Circa primum quaeruntur octo.
Primo: quid sit magis proprium caritatis, utrum amari vel amare.
Secundo: utrum amare, prout est actus caritatis, sit idem quod benevolentia.
Tertio: utrum Deus sit propter seipsum amandus.
Quarto: utrum possit in hac vita immediate amari.
Quinto: utrum possit amari totaliter.
Sexto: utrum eius dilectio habeat modum.
Septimo: quid sit melius, utrum diligere amicum vel diligere inimicum.
Octavo: quid sit melius, utrum diligere Deum vel diligere proximum.

Articulus 1
Utrum caritatis sit magis proprium amari quam amare

Ad primum sic proceditur. Videtur quod caritatis magis sit proprium amari quam amare.

1. Caritas enim in melioribus melior invenitur. Sed meliores debent magis amari. Ergo caritatis magis est proprium amari.

2. Praeterea, illud quod in pluribus invenitur videtur esse magis conveniens naturae, et per consequens melius. Sed sicut dicit Philosophus, in VIII *Ethic.*¹, *multi magis volunt amari quam amare: propter quod amatores adulationis sunt*

QUESTÃO 27
O ATO PRINCIPAL DA CARIDADE: O AMOR
em oito artigos

Agora deve-se considerar o ato[a] da caridade. Primeiramente, o ato principal, que é o amor; depois, os outros atos ou efeitos consequentes.

A respeito do primeiro, são oito as perguntas:
1. É mais próprio da caridade ser amado, ou amar?
2. O amor, enquanto ato da caridade, é idêntico à benevolência?
3. Deus deve ser amado por si mesmo?
4. Pode ser amado nesta vida sem intermediário?
5. Pode ser amado totalmente?
6. O nosso amor por Deus tem uma medida?
7. O que é melhor: amar seu amigo ou seu inimigo?
8. O que é melhor: amar a Deus ou ao próximo?[b]

Artigo 1
É mais próprio da caridade ser amado, ou amar?

Quanto ao primeiro artigo, assim se procede: parece que **é** mais próprio da caridade ser amado que amar.

1. Com efeito, encontra-se uma melhor caridade nos que são melhores. Ora, os melhores devem ser mais amados. Logo, é mais próprio da caridade ser amado.

2. Além disso, o que se encontra num maior número parece mais conforme à natureza e, por isso, melhor. Ora, como observa o Filósofo, "muitos querem mais ser amados, que amar; daí serem muitos os amantes da adulação". Logo, é

---

1 Parall.: VIII *Ethic.*, lect. 8.
   1. C. 9: 1159, a, 12-16.

a. Cada virtude possui um *ato próprio*: aquele para o qual ela é plena e diretamente feita, e que a realiza em sua perfeição. Mas em torno desse ato central e principal, a virtude pode aplicar-se a atos não secundários, mas segundos, parentes próximos do principal, dele derivados e a ele ordenados. É desse modo que a virtude da religião torna capaz de todo tipo de atos: devoção, oração, adoração, oferenda, voto, juramento *etc.* (II-II, q. 82-91).

O ato característico e central, da caridade é o *amor*. Vimos na Introdução o que ela significava (ver também I-II, q. 26, a. 3). A atividade espiritual que se desenvolve a partir dele (q. 27) dá nascimento a outros atos que são tantos outros efeitos espontâneos do amor. Atos interiores: a alegria (q. 28), a paz (q. 29), a misericórdia (q. 30). Ato exterior: o fazer o bem (q. 31) e suas mais preciosas manifestações: a esmola (q. 32) e a correção fraternal (q. 33). Tudo isso depende da virtude de caridade.

b. Nos artigos 1 e 2, pergunta-se que tipo de afeição constitui o ato de amor. Depois, estuda-se o amor que tem a Deus por objeto (a. 3 a 6), a que se relaciona ao próximo (a. 7), e se estabelece a comparação (a. 8).

multi. Ergo melius est amari quam amare: et per consequens magis conveniens caritati.

3. Praeterea, propter quod unumquodque, illud magis. Sed homines propter hoc quod amantur, amant: dicit enim Augustinus, in libro *de Catechiz. Rud.*², quod *nulla est maior provocatio ad amandum quam praevenire amando*. Ergo caritas magis consistit in amari quam in amare.

Sed contra est quod Philosophus dicit, in VIII *Ethic*.³, quod *magis existit amicitia in amare quam in amari*. Sed caritas est amicitia quaedam. Ergo caritas magis consistit in amare quam in amari.

Respondeo dicendum quod amare convenit caritati inquantum est caritas. Caritas enim, cum sit virtus quaedam, secundum suam essentiam habet inclinationem ad proprium actum. Amari autem non est actus caritatis ipsius qui amatur: sed actus caritatis eius est amare: amari autem competit ei secundum communem rationem boni, prout scilicet ad eius bonum alius per actum caritatis movetur. Unde manifestum est quod caritati magis convenit amare quam amari: magis enim convenit unicuique quod convenit ei per se et substantialiter quam quod convenit ei per aliud. Et huius duplex est signum. Primum quidem, quia amici magis laudantur ex hoc quod amant quam ex hoc quod amantur: quinimmo si non amant et amentur, vituperantur. Secundo, quia matres, quae maxime amant, plus quaerunt amare quam amari: *quaedam enim,* ut Philosophus dicit, in eodem libro⁴, *filios suos dant nutrici, et amant quidem, reamari autem non quaerunt, si non contingat.*

Ad primum ergo dicendum quod meliores ex eo quod meliores sunt, sunt magis amabiles. Sed ex eo quod in eis est perfectior caritas, sunt magis amantes: secundum tamen proportionem amati. Non enim melior minus amat id quod infra ipsum est quam amabile sit: sed ille qui est minus bonus non attingit ad amandum meliorem quantum amabilis est.

Ad secundum dicendum quod, sicut Philosophus dicit ibidem, homines volunt amari inquantum volunt honorari. Sicut enim honor exhibetur alicui ut quoddam testimonium boni in ipso qui

melhor ser amado que amar e, por conseguinte, mais conveniente à caridade.

3. Ademais, aquilo pelo qual uma coisa é, é mais que a coisa. Ora, é porque se é amado que se ama: "Não há maior estímulo ao amor do que antecipar-se a quem se ama", diz Agostinho. Logo, a caridade consiste mais em ser amado que em amar.

Em sentido contrário, o Filósofo diz que "a amizade consiste mais em amar do que em ser amado". Ora, a caridade é uma amizade. Logo, a caridade consiste mais em amar do que em ser amado.

Respondo. Amar é próprio da caridade, enquanto tal. Com efeito, posto que ela é uma virtude, ela tem, por sua essência, uma inclinação para seu ato próprio. Ora, o ato próprio de caridade do amado é amar, e não ser amado; ser amado só lhe convém pela razão comum de bem, no sentido de que um outro é movido para o seu bem por um ato de caridade. É evidente, pois, que à caridade mais convém amar, do que ser amado, porque a cada um mais lhe convém por si o que lhe corresponde essencial e substancialmente, do que o que lhe corresponde por outro. Disso há duas provas. Primeira, porque os amigos são louvados mais por amarem do que por serem amados; mais que isso: eles são censurados quando são amados e não amam. Segunda, porque as mães, que são as que mais amam, procuram mais amar que ser amadas: "Algumas, com efeito, diz o Filósofo, confiam seus filhos a uma ama de leite, e seguramente os amam, mas não buscam a reciprocidade, se acaso não acontecer"ᶜ.

Quanto ao 1º, portanto, deve-se dizer que os melhores, como tais, são mais dignos de amor; mas, possuindo uma caridade mais perfeita, são mais amantes, tendo em conta entretanto a condição do amado. Com efeito, o que é melhor ama ao que lhe é inferior, não menos do que este o merece; ao contrário, o que é menos bom não consegue amar ao melhor tanto quanto ele é amável.

Quanto ao 2º, deve-se dizer que como diz o Filósofo no mesmo lugar, os homens desejam ser amados porque querem ser honrados. E assim como a honra é prestada a alguém como

---

2. C. 4, n. 7: ML 40, 314.
3. C. 9: 1159, a, 27-33.
4. Scil. VIII, c. 9: 1159, a, 27-33.

c. O próprio do amor é amar, não ser amado. Tanto mais que, por vezes, o amor deve aceitar que "amando mais ele seja menos amado" (2Co 12,15). A preocupação de receber em troca desqualifica a amizade, nela introduzindo interesse diante de Deus; o fato de ser amado, sobre o qual se funda nossa caridade, não constitui uma atividade que seja nossa: é simplesmente o objeto de nossa fé.

honoratur, ita per hoc quod aliquis amatur ostenditur in ipso esse aliquod bonum: quia solum bonum amabile est. Sic igitur amari et honorari quaerunt homines propter aliud, scilicet ad manifestationem boni in amato existentis. Amare autem quaerunt caritatem habentes secundum se, quasi ipsum sit bonum caritatis: sicut et quilibet actus virtutis est bonum virtutis illius. Unde magis pertinet ad caritatem velle amare quam velle amari.

AD TERTIUM dicendum quod propter amari aliqui amant, non ita quod amari sit finis eius quod est amare: sed eo quod est via quaedam ad hoc inducens quod homo amet.

ARTICULUS 2
Utrum amare, secundum quod est actus caritatis, sit idem quod benevolentia

AD SECUNDUM SIC PROCEDITUR. Videtur quod amare, secundum quod est actus caritatis, nihil sit aliud quam benevolentia.

1. Dicit enim Philosophus, in II *Rhet.*[1], quod *amare est velle alicui bona*. Sed hoc est benevolentia. Ergo nihil aliud est actus caritatis quam benevolentia.

2. PRAETEREA, cuius est habitus, eius est actus. Sed habitus caritatis est in potentia voluntatis, ut supra[2] dictum est. Ergo etiam actus caritatis est actus voluntatis. Sed non nisi in bonum tendens: quod est benevolentia. Ergo actus caritatis nihil est aliud quam benevolentia.

3. PRAETEREA, Philosophus, in IX *Ethic.*[3], ponit quinque ad amicitiam pertinentia: quorum primum est quod homo *velit amico bonum;* secundum est quod *velit ei esse et vivere*; tertium est quod *ei convivat*; quartum est quod *eadem eligat*; quintum est quod *condoleat et congaudeat*. Sed prima duo ad benevolentiam pertinent. Ergo primus actus caritatis est benevolentia.

SED CONTRA est quod Philosophus dicit, in eodem libro[4], quod benevolentia neque est *amicitia*

testemunho de um bem que ele tem, quando se ama alguém é manifesto que nele há certo bem, pois somente o bem é amável. Deste modo, os homens procuram ser amados e honrados por uma razão ulterior, isto é, a manifestação de um bem existente naquele que é amado. Os que têm a caridade, porém, desejam amar por si mesmo, como se este fora o bem da caridade, assim como todo ato de uma virtude é o bem desta virtude. Em consequência, pertence à caridade mais amar do que querer ser amado.

QUANTO AO 3º, deve-se dizer que alguns amam por serem amados; isto não quer dizer que o ser amado seja o fim do amar, mas que pode ser uma via que conduz ao amar.

ARTIGO 2
O amor, enquanto ato da caridade, é idêntico à benevolência?[d]

QUANTO AO SEGUNDO, ASSIM SE PROCEDE: parece que o amor, enquanto ato da caridade, é idêntico à benevolência.

1. Com efeito, diz o Filósofo: "Amar é querer bem a alguém". Ora, isso é a benevolência. Logo, o ato de caridade em nada difere da benevolência.

2. ALÉM DISSO, o ato é daquele sujeito ao qual pertence o hábito. Ora, o hábito da caridade está na vontade, como já foi dito. Logo, o ato da caridade é também um ato da vontade. Mas, não há ato da vontade que não seja tendência ao bem, o que é benevolência. Portanto, o ato de caridade nada mais é do que a benevolência.

3. ADEMAIS, o Filósofo menciona cinco propriedades da amizade: "querer bem ao amigo, desejar que ele exista e viva, querer viver com ele, ter as mesmas preferências, compartilhar suas alegrias e sofrimentos". Ora, as duas primeiras se referem à benevolência. Logo, a benevolência é o primeiro ato de caridade.

EM SENTIDO CONTRÁRIO, o Filósofo afirma no mesmo livro que a benevolência não é nem ami-

---

2 PARALL.: IX *Ethic.*, lect. 5.

1. C. 4: 1380, b, 35-36; 1381, a, 19.
2. Q. 24, a. 1.
3. C. 4: 1166, a, 3-10.
4. C. 5: 1166, b, 30-1167, a, 12.

d. Superando o amor de desejo, o amor de amizade significa que queremos bem ao outro, por ele: que somos *benevolentes* para com ele. Mas essa benevolência é apenas uma primeira etapa na dinâmica da amizade, rumo à *união*, plena e feliz.

neque est *amatio*, sed est *amicitiae principium*. Sed caritas est amicitia, ut supra[5] dictum est. Ergo benevolentia non est idem quod dilectio, quae est caritatis actus.

RESPONDEO dicendum quod benevolentia proprie dicitur actus voluntatis quo alteri bonum volumus. Hic autem voluntatis actus differt ab actuali amore tam secundum quod est in appetitu sensitivo, quam etiam secundum quod est in appetitu intellectivo, qui est voluntas. Amor enim qui est in appetitu sensitivo passio quaedam est. Omnis autem passio cum quodam impetu inclinat in suum obiectum. Passio autem amoris hoc habet quod non subito exoritur, sed per aliquam assiduam inspectionem rei amatae. Et ideo Philosophus, in IX *Ethic*.[6], ostendens differentiam inter benevolentiam et amorem qui est passio, dicit quod benevolentia non habet distensionem *et appetitum*, idest aliquem impetum inclinationis, sed ex solo iudicio rationis homo vult bonum alicui. Similiter etiam talis amor est ex quadam consuetudine: benevolentia autem interdum oritur ex repentino, sicut accidit nobis de pugilibus qui pugnant, quorum alterum vellemus vincere.

Sed amor qui est in appetitu intellectivo etiam differt a benevolentia. Importat enim quandam unionem secundum affectus amantis ad amatum: inquantum scilicet amans aestimat amatum quodammodo ut unum sibi, vel ad se pertinens, et sic movetur in ipsum. Sed benevolentia est simplex actus voluntatis quo volumus alicui bonum, etiam non praesupposita praedicta unione affectus ad ipsum. Sic igitur in dilectione, secundum quod est actus caritatis, includitur quidem benevolentia, sed dilectio sive amor addit unionem affectus. Et propter hoc Philosophus dicit ibidem quod benevolentia est principium amicitiae.

AD PRIMUM ergo dicendum quod Philosophus ibi definit amare non ponens totam rationem ipsius, sed aliquid ad rationem eius pertinens in quo maxime manifestatur dilectionis actus.

AD SECUNDUM dicendum quod dilectio est actus voluntatis in bonum tendens, sed cum quadam unione ad amatum: quae quidem in benevolentia non importatur.

AD TERTIUM dicendum quod intantum illa quae Philosophus ibi ponit ad amicitiam pertinent, inquantum proveniunt ex amore quem quis habet ad

zade nem o amor, mas "o princípio da amizade". Ora, como já foi dito, a caridade é uma amizade. Logo, a benevolência não é a mesma coisa que o amor, ato da caridade.

RESPONDO. Em sentido próprio, chama-se benevolência a um ato da vontade que consiste em querer o bem a outrem. Este ato se distingue do ato de amar, esteja ele no apetite sensível ou no apetite intelectual ou vontade. O primeiro, com efeito, é uma paixão. Ora, toda paixão inclina para o seu objeto com certo ímpeto. Mas a paixão do amor tem esta peculiaridade: ela não surge subitamente; ela nasce de uma contemplação assídua do objeto amado. Por isso, ao mostrar a diferença entre a benevolência e o amor-paixão, o Filósofo diz que a primeira não tem "nem tensão, nem apetite", isto é, inclinação impetuosa, pois um homem deseja um bem para outrem somente pelo juízo da razão. Além disso, esse amor-paixão se forma pelo costume, ao passo que a benevolência pode nascer repentinamente, como nos acontece, ao ver os pugilistas em ação, de torcer pela vitória de um sobre o outro.

O amor que está no apetite intelectual também se distingue da benevolência. Ele comporta certa união afetiva entre o que ama e o que é amado, enquanto considera a este como, de certo modo, unido a si ou a si pertencente e, por isso, move-se para ele. A benevolência, ao contrário, é um ato simples da vontade pelo qual desejamos o bem a alguém, mesmo sem uma prévia união afetiva. Deste modo, pois, o amor considerado como ato da caridade, engloba a benevolência, mas o amor acrescenta uma união afetiva. É por isso que o Filósofo diz, no mesmo lugar, que a benevolência é o princípio da amizade.

QUANTO AO 1º, portanto, deve-se dizer que o Filósofo define aqui o amar sem afirmar a sua razão completa, mas indica algo pertencente à sua razão que mais claramente manifesta o ato de amar.

QUANTO AO 2º, deve-se dizer que amar é um ato da vontade que tende para o bem, mas com certa união com o amado, o que a benevolência não implica.

QUANTO AO 3º, deve-se dizer que as propriedades da amizade enumeradas pelo Filósofo referem-se à amizade enquanto procedentes do amor que

---

5. Q. 23, a. 1.
6. C. 5: 1166, b, 33-34.

seipsum, ut ibidem dicitur: ut scilicet haec omnia aliquis erga amicum agat sicut ad seipsum. Quod pertinet ad praedictam unionem affectus.

temos por nós mesmos, conforme ele explica no mesmo lugar; de modo que tudo façamos para um amigo como se fosse para nós mesmos. Isso se refere à união afetiva de que se falou.

Articulus 3
Utrum Deus sit propter seipsum ex caritate diligendus

AD TERTIUM SIC PROCEDITUR. Videtur quod Deus non propter seipsum, sed propter aliud diligatur ex caritate.

1. Dicit enim Gregorius, in quadam homilia[1]: *Ex his quae novit animus discit incognita amare.* Vocat autem incognita intelligibilia et divina, cognita autem sensibilia. Ergo Deus est propter alia diligendus.

2. PRAETEREA, amor sequitur cognitionem. Sed Deus per aliud cognoscitur: secundum illud Rm 1,20: *Invisibilia Dei per ea quae facta sunt intellecta conspiciuntur.* Ergo etiam propter aliud amatur, et non propter se.

3. PRAETEREA, *spes generat caritatem*, ut dicitur in Glossa[2] Mt 1,2. *Timor* etiam *caritatem introducit*; ut Augustinus dicit, *super Prim. Canonic. Ioan*[3]. Sed spes expectat aliquid adipisci a Deo: timor autem refugit aliquid quod a Deo infligi potest. Ergo videtur quod Deus propter aliquod bonum speratum, vel propter aliquod malum timendum, sit amandus. Non ergo est amandus propter seipsum.

SED CONTRA est quod, sicut, Augustinus dicit, in I *de Doct. Christ.*[4], *frui est, amore inhaerere alicui propter seipsum.* Sed Deo fruendum est, ut in eodem libro dicitur. Ergo Deus diligendus est propter seipsum.

RESPONDEO dicendum quod ly *propter* importat habitudinem alicuius causae. Est autem quadruplex genus causae: scilicet finalis, formalis, efficiens et materialis, ad quam reducitur etiam materialis dispositio, quae non est causa simpliciter, sed secundum quid. Et secundum haec quatuor genera causarum dicitur aliquid propter alterum diligendum. Secundum quidem genus causae finalis, sicut diligimus medicinam propter sanitatem.

Artigo 3
Deus deve ser amado, pela caridade, por causa de si mesmo?

QUANTO AO TERCEIRO, ASSIM SE PROCEDE: parece que Deus deve ser amado, pela caridade, **não** por causa de si mesmo, mas por causa de outro.

1. Com efeito, diz Gregório: "Pelo que conhece, o espírito aprende a amar o que ele não conhece". Ora, "o que ele não conhece" designa as coisas inteligíveis e divinas, e "o que ele conhece" designa as coisas sensíveis. Logo, Deus deve ser amado, por causa de outras coisas.

2. ALÉM DISSO, o amor segue o conhecimento. Ora, Deus é conhecido por outras coisas, diz a Carta aos Romanos: "Suas perfeições invisíveis, tornaram-se perceptíveis ao intelecto por meio de suas obras". Logo, ele é amado por causa de outra coisa e não por si mesmo.

3. ADEMAIS, "a esperança gera a caridade", afirma a Glosa; e "o temor introduz a caridade", diz Agostinho. Ora, a esperança espera alcançar algo de Deus, e o temor evita o que Deus pode infligir. Logo, parece que se deve amar a Deus por causa de um bem esperado ou de um mal temido. Logo, não deve ser amado por si mesmo.

EM SENTIDO CONTRÁRIO, Agostinho afirma que "fruir é unir-se por amor a alguém por causa de si mesmo". Ora, ele acrescenta, deve-se fruir de Deus. Logo, Deus deve ser amado por si mesmo.

RESPONDO. A expressão "por causa de" implica evidentemente certa relação de causa. Ora, há quatro gêneros de causas: final, formal, eficiente e material, e a esta última se reduz a disposição material, que não é causa absoluta, mas só relativa. É segundo estes quatro gêneros de causas que se pode dizer que uma pessoa é amada por uma outra. Segundo a causa final: nós amamos alguém como amamos o remédio por causa da saúde. Segundo

---

3   PARALL.: III *Sent.*, dist. 29, a. 4.

1. Homil. 11 *in Evang.*, n. 1: ML 76, 1114 D.
2. Interl.
3. Tract. 9, n. 4, super 4, 18: ML 35, 2048.
4. C. 4: ML 34, 20.

Secundum autem genus causae formalis, sicut diligimus hominem propter virtutem: quia scilicet virtute formaliter est bonus, et per consequens diligibilis. Secundum autem causam efficientem, sicut diligimus aliquos inquantum sunt filii talis patris. Secundum autem dispositionem, quae reducitur ad genus causae materialis, dicimur aliquid diligere propter id quod nos disposuit ad eius dilectionem, puta propter aliqua beneficia suscepta: quamvis postquam iam amare incipimus, non propter illa beneficia amemus amicum, sed propter eius virtutem.

Primis igitur tribus modis Deum non diligimus propter aliud, sed propter seipsum. Non enim ordinatur ad aliud sicut ad finem, sed ipse est finis ultimus omnium. Neque etiam informatur aliquo alio ad hoc quod sit bonus, sed eius substantia est eius bonitas, secundum quam exemplariter omnia bona sunt. Neque iterum ei ab altero bonitas inest, sed ab ipso omnibus aliis. Sed quarto modo potest diligi propter aliud: quia scilicet ex aliquibus aliis disponimur ad hoc quod in Dei dilectione proficiamus, puta per beneficia ab eo suscepta, vel etiam per praemia sperata, vel per poenas quas per ipsum vitare intendimus.

AD PRIMUM ergo dicendum quod *ex his quae animus novit discit incognita amare*, non quod cognita sint ratio diligendi ipsa incognita per modum causae formalis vel finalis vel efficientis: sed quia per hoc homo disponitur ad amandum incognita.

AD SECUNDUM dicendum quod cognitio Dei acquiritur quidem per alia: sed postquam iam cognoscitur, non per alia cognoscitur sed per seipsum; secundum illud Io 4,42: *Iam non propter tuam loquelam credimus: ipsi enim vidimus, et scimus quia hic est vere Salvator mundi.*

AD TERTIUM dicendum quod spes et timor ducunt ad caritatem per modum dispositionis cuiusdam, ut ex supradictis[5] patet.

a causa formal, como amamos uma pessoa por causa da virtude, pois esta o torna formalmente bom e consequentemente digno de ser amado. Segundo a causa eficiente: amamos certas pessoas por serem filhos de determinado pai. Segundo a disposição que se reduz à causa material: dizemos que amamos alguma coisa por causa de que nos dispõe a amá-la, por exemplo, por alguns benefícios recebidos. Neste caso, todavia, depois que tivermos começado a amar, não amaremos mais nosso amigo por causa dos benefícios, mas por causa da sua própria virtude.

Segundo os três primeiros gêneros de causas, não amamos a Deus por causa de outro, mas por ele mesmo. Pois, ele não se ordena a nenhum outro como a seu fim, já que ele próprio é o fim último de todas as coisas. Nem, para ser bom, recebe essa forma de qualquer outro, posto que a sua substância é a própria bondade, pela qual exemplarmente todas as coisas são boas. Nem, mais uma vez, sua bondade lhe vêm de um outro, porque todos dele a recebem. Segundo o quarto gênero de causa, Deus pode ser amado por causa de outro, a saber: por meio de algumas coisas nos dispomos a progredir no seu amor; por exemplo, pelos benefícios que dele recebemos, as recompensas que dele esperamos, ou ainda os castigos que, graças a ele, procuramos evitar[e].

QUANTO AO 1º, portanto, deve-se dizer que Gregório não quer dizer que as coisas que nós conhecemos sejam para nós a razão de amar as que não conhecemos, a modo de causa formal, final ou eficiente, mas somente que elas nos dispõem a amá-las.

QUANTO AO 2º, deve-se dizer que o conhecimento de Deus é certamente adquirido por meio de outros, mas depois de já o conhecermos, não o conhecemos por outros, mas por ele próprio, segundo o Evangelho de João: "Já não é por causa do que tu falaste que cremos. Nós próprios o vimos, e sabemos que esse é verdadeiramente o Salvador do mundo".

QUANTO AO 3º, deve-se dizer que a esperança e o temor conduzem à caridade, a modo de certa disposição, como se acaba de demonstrar.

---

5. In corp.

e. Essa questão da pureza do amor de Deus, essencial ao cristianismo (Lc 10,27; ver Dt 6,5), volta a aparecer. Trata-se de situar esse amor entre, por um lado, um idealismo que só atinge as ideias, e não Deus, e por outro, a indispensável esperança sempre necessariamente "interessada".

Artigo 4
Deus pode ser amado, nesta vida, sem intermediário?

QUANTO AO QUARTO, ASSIM SE PROCEDE: parece que Deus **não** pode ser amado, nesta vida, sem intermediário.

1. Com efeito, "é impossível que o desconhecido seja amado", diz Agostinho. Ora, nós não conhecemos Deus imediatamente nesta vida, mas, segundo a primeira Carta aos Coríntios: "Agora vemos por espelho e de maneira confusa". Logo, também não o amamos sem intermediário.

2. ALÉM DISSO, quem não pode o menos, não pode o mais. Ora, amar a Deus é mais que conhecê-lo, pois "o que está unido a Deus" pelo amor "é um mesmo espírito com ele", diz a primeira Carta aos Coríntios. Ora, o homem não pode conhecer a Deus imediatamente. Logo, muito menos amá-lo.

3. ADEMAIS, o pecado afasta o homem de Deus, conforme o livro de Isaías: "Vossos pecados fizeram uma separação entre vós e o vosso Deus". Ora, o pecado reside mais na vontade do que no intelecto. Logo, é menos possível ao homem amar a Deus sem intermediário do que conhecê-lo.

EM SENTIDO CONTRÁRIO, o conhecimento mediato de Deus é chamado confuso, e desaparecerá na pátria, segundo a primeira Carta aos Coríntios. Mas, na mesma Carta, lê-se que "a caridade não desaparecerá". Logo, a caridade presente une-se a Deus sem intermediário.

RESPONDO. Como já foi dito, o ato de uma potência cognoscitiva torna-se completo enquanto o conhecido está no conhecer, e o ato da potência apetitiva torna-se completo enquanto o apetite se inclina para a própria coisa. Por isso, é necessário que o movimento da potência apetitiva se dirija para o objeto segundo a condição do mesmo objeto; ao passo que o ato da potência cognoscitiva é conforme com a condição do que conhece.

Ora, a ordem das coisas é tal em si mesma que Deus é, por si mesmo, conhecível e amável, porque ele é essencialmente a própria verdade e bondade, pelas quais as demais coisas são conhecidas e amadas. Mas, em relação a nós, porque nosso conhecimento tem sua origem nos sentidos, nós conhecemos em primeiro lugar o que está mais

---

4 PARALL.: III *Sent.*, dist. 27, q. 3, a. 1; *De Verit.*, q. 10, a. 11, ad 6; *De Virtut.*, q. 2, a. 2, ad 11.
1. C. 1, n. 3: ML 42, 974; c. 2, n. 4: ML 42, 975.
2. Q. 26, a. 1, ad 2.

dum hoc ergo dicendum est quod dilectio, quae est appetitivae virtutis actus, etiam in statu viae tendit in Deum primo, et ex ipso derivatur ad alia: et secundum hoc caritas Deum immediate diligit, alia vero mediante Deo. In cognitione vero est e converso: quia scilicet per alia Deum cognoscimus, sicut causam per effectus, vel per modum eminentiae aut negationis, ut patet per Dionysium, in libro *de Div. Nom.*[3].

AD PRIMUM ergo dicendum quod quamvis incognita amari non possint, tamen non oportet quod sit idem ordo cognitionis et dilectionis. Nam dilectio est cognitionis terminus. Et ideo ubi desinit cognitio, scilicet in ipsa re quae per aliam cognoscitur, ibi statim dilectio incipere potest.

AD SECUNDUM dicendum quod quia dilectio Dei est maius aliquid quam eius cognitio, maxime secundum statum viae, ideo praesupponit ipsam. Et quia cognitio non quiescit in rebus creatis, sed per eas in aliud tendit, in illo dilectio incipit et per hoc ad alia derivatur, per modum cuiusdam circulationis: dum cognitio, a creaturis incipiens, tendit in Deum; et dilectio, a Deo incipiens sicut ab ultimo fine, ad creaturas derivatur.

AD TERTIUM dicendum quod per caritatem tollitur aversio a Deo quae est per peccatum; non autem per solam cognitionem. Et ideo caritas est quae, diligendo, animam immediate Deo coniungit spiritualis vinculo unionis.

próximo deles; e o último termo do conhecimento é o que está mais deles afastado. Nesse sentido, portanto, deve-se dizer que o amor, ato da potência apetitiva, inclina-se primeiramente para Deus, mesmo na vida presente, dele derivando para as demais coisas. Assim, a caridade ama a Deus de modo imediato, e as outras coisas a partir dele. Com o conhecimento, porém, dá-se o contrário; nós conhecemos Deus mediante as outras coisas, como a causa pelo efeito, ou por modo de eminência ou de negação, como está claro em Dionísio.

QUANTO AO 1º, portanto, deve-se dizer que se é verdade que não se pode amar o desconhecido, não é necessário que a ordem do conhecimento seja idêntica à do amor, pois o amor é o termo do conhecimento. E assim, onde acaba o conhecimento, isto é, na mesma coisa que é conhecida mediante outra, ali pode começar o amor.

QUANTO AO 2º, deve-se dizer que sendo o amor de Deus algo maior do que o seu conhecimento, sobretudo nesta vida, por isso ele pressupõe o conhecimento. Mas como o conhecimento não termina nas coisas criadas, mas por meio delas tende para um outro objeto, nele começa o amor, e dele deriva para as outras coisas, a modo de uma circulação: enquanto o conhecimento partindo das criaturas tende para Deus, o amor partindo de Deus como do fim último, deriva para as criaturas.

QUANTO AO 3º, deve-se dizer que é pela caridade que se suprime o afastamento de Deus causado pelo pecado e não somente pelo conhecimento. É, portanto, a caridade que, amando, une a alma imediatamente a Deus, pelo vínculo da união espiritual.

ARTICULUS 5
Utrum Deus possit totaliter amari

AD QUINTUM SIC PROCEDITUR. Videtur quod Deus non possit totaliter amari.

1. Amor enim sequitur cognitionem. Sed Deus non potest totaliter a nobis cognosci: quia hoc esset eum comprehendere. Ergo non potest a nobis totaliter amari.

2. PRAETEREA, amor est unio quaedam: ut patet per Dionysium, 4 cap. *de Div. Nom.*[1]. Sed cor hominis non potest ad Deum uniri totaliter: quia

ARTIGO 5
Deus pode ser amado totalmente?

QUANTO AO QUINTO, ASSIM SE PROCEDE: parece que Deus **não** pode ser amado totalmente.

1. Com efeito, o amor segue o conhecimento. Ora, conhecer a Deus totalmente é impossível, porque isso seria compreendê-lo. Logo, ele não pode ser totalmente amado por nós.

2. ALÉM DISSO, Dionísio demonstra que o amor é certa união. Ora, o coração do homem não pode estar totalmente unido a Deus, pois segundo a

---

3. C. 1: MG 3, 593 B sq.

5 PARALL.: III *Sent.*, dist. 27, q. 3, a. 2; *De Virtut.*, q. 2, a. 10, ad 5.

1. MG 3, 709 C, 713 B.

Deus est maior corde nostro, ut dicitur 1Io 3,20. Ergo Deus non potest totaliter amari.

3. PRAETEREA, Deus seipsum totaliter amat. Si igitur ab aliquo alio totaliter amatur, aliquis alius diligit Deum tantum quantum ipse se diligit. Hoc autem est inconveniens. Ergo Deus non potest totaliter diligi ab aliqua creatura.

SED CONTRA est quod dicitur Dt 6,5: *Diliges Dominum Deum tuum ex toto corde tuo*.

RESPONDEO dicendum quod, cum dilectio intelligatur quasi medium inter amantem et amatum, cum quaeritur an Deus possit totaliter diligi, tripliciter potest intelligi. Uno modo, ut modus totalitatis referatur ad rem dilectam. Et sic Deus est totaliter diligendus: quia totum quod ad Deum pertinet homo diligere debet. — Alio modo potest intelligi ita quod totalitas referatur ad diligentem. Et sic etiam Deus totaliter diligi debet: quia ex toto posse suo debet homo diligere Deum, et quidquid habet ad Dei amorem ordinare, secundum illud Dt 6,5: *Diliges Dominum Deum tuum ex toto corde tuo*. — Tertio modo potest intelligi secundum, comparationem diligentis ad rem dilectam, ut scilicet modus diligentis adaequet modum rei dilectae. Et hoc non potest esse. Cum enim unumquodque intantum diligibile sit inquantum est bonum, Deus, cuius bonitas est infinita, est infinite diligibilis: nulla autem creatura potest Deum infinite diligere, quia omnis virtus creaturae, sive naturalis sive infusa, est finita.

Et per hoc patet responsio AD OBIECTA. Nam primae tres obiectiones procedunt secundum hunc tertium sensum: ultima autem ratio procedit in sensu secundo.

primeira Carta de João, "Deus é maior do que o nosso coração". Logo, Deus não pode ser totalmente amado.

3. ADEMAIS, Deus se ama totalmente. Logo, se ele é amado totalmente por um outro, este outro o ama tanto quanto Deus se ama a si mesmo, o que é um absurdo. Deus, portanto, não pode ser totalmente amado por uma criatura.

EM SENTIDO CONTRÁRIO, está dito no livro do Deuteronômio: "Amarás o Senhor teu Deus de todo o teu coração".

RESPONDO. Se se entende o amor como uma espécie de meio entre o amante e o amado, a questão de saber se Deus pode ser totalmente amado, pode ter um tríplice sentido. Primeiro, o modo da totalidade se refere ao objeto amado. Assim, Deus deve ser totalmente amado, porque o homem deve amar tudo o que pertence a Deus. — Num segundo sentido, a totalidade concerne ao sujeito que ama. Ainda assim Deus deve ser totalmente amado, pois o homem deve amar a Deus com todas as suas forças, e deve ordenar tudo o que tem ao amor de Deus, como prescreve o Deuteronômio: "Amarás o Senhor teu Deus de todo o teu coração". — Num terceiro sentido, trata-se de uma proporção entre aquele que ama e o objeto amado, isto é: a medida do amor do primeiro deve ser igual à medida da amabilidade do segundo. E isso é impossível. Com efeito, uma coisa é amável na medida em que ela é boa. Deus, cuja bondade é infinita, é infinitamente amável; mas nenhuma criatura pode amar a Deus infinitamente, porque todo o poder da criatura, tanto o natural quanto o infuso, é finito.

A resposta às OBJEÇÕES é evidente: as três primeiras dificuldades se apoiam sobre o terceiro sentido, e o argumento *em sentido contrário* se apoia no segundo sentido.

ARTICULUS 6
Utrum divinae dilectionis sit aliquis modus habendus

AD SEXTUM SIC PROCEDITUR. Videtur quod divinae dilectionis sit aliquis modus habendus.
1. Ratio enim boni consistit in *modo, specie et ordine*: ut patet per Augustinum, in libro *de Nat.*

ARTIGO 6
O amor de Deus deve ter uma medida?

QUANTO AO SEXTO, ASSIM SE PROCEDE: parece que o amor de Deus **deve ter** uma medida.
1. Com efeito, segundo Agostinho, a razão de bem consiste em: "modo[f], espécie e ordem".

---

6   PARALL.: III *Sent.*, dist. 27, q. 3, a. 3; *De Virtut.*, q. 2, a. 2, ad 13; *ad Rom.*, c. 12, lect. 1.

     f. A palavra *modus* significa a capacidade, a maneira, o arranjo, o gênero, o tamanho. Poderíamos traduzi-la por "medida". Mas reservamos este termo para tradução do latim *mensura*, igualmente presente no artigo. *Modus* é da mesma raiz que moderar, moderação, modéstia, modelar, modificar *etc*. O "modo", explica Sto. Tomás, implica certa determinação de medida: uma determinação que se encontra tanto naquele que mede como no que é medido.

Boni[1]. Sed dilectio Dei est optimum in homine: secundum illud *ad* Cl 3,14: *Super omnia caritatem habete*. Ergo dilectio Dei debet modum habere.

2. PRAETEREA, Augustinus dicit, in libro *de Morib. Eccles.*[2]: *Dic mihi, quaeso te, quis sit diligendi modus. Vereor enim ne plus minusve quam oportet inflammer desiderio et amore Domini mei*. Frustra autem quaereret modum nisi esset aliquis divinae dilectionis modus. Ergo est aliquis modus divinae dilectionis.

3. PRAETEREA, sicut Augustinus dicit, IV *super Gen. ad litt.*[3], *modus est quem unicuique propria mensura praefigit*. Sed mensura voluntatis humanae, sicut et actionis exterioris, est ratio. Ergo sicut in exteriori effectu caritatis oportet habere modum a ratione praestitum, secundum illud Rm 12,1: *Rationabile obsequium vestrum*; ita etiam ipsa interior dilectio Dei debet modum habere.

SED CONTRA est quod Bernardus dicit, in libro *de Diligendo Deum*[4], quod *causa diligendi Deum Deus est; modus, sine modo diligere*.

RESPONDEO dicendum quod, sicut patet ex inducta auctoritate Augustini, modus importat quandam mensurae determinationem. Haec autem determinatio invenitur et in mensura et in mensurato: aliter tamen et aliter. In mensura enim invenitur essentialiter, quia mensura secundum seipsam est determinativa et modificativa aliorum: in mensuratis autem invenitur mensura secundum aliud, idest inquantum attingunt mensuram. Et ideo in mensura nihil potest accipi immodificatum: sed res mensurata est immodificata nisi mensuram attingat, sive deficiat sive excedat.

In omnibus autem appetibilibus et agibilibus mensura est finis: quia eorum quae appetimus et agimus oportet propriam rationem ex fine accipere, ut patet per Philosophum, in II *Physic.*[5]. Et ideo finis secundum seipsum habet modum: ea vero quae sunt ad finem habent modum ex eo quod sunt fini proportionata. Et ideo, sicut Philosophus dicit, in I *Polit.*[6], *appetitus finis in omnibus artibus est absque fine et termino: eorum autem quae sunt ad finem est aliquis terminus*. Non enim medicus imponit aliquem terminum

Ora, o amor de Deus é o que há de melhor no ser humano, conforme a Carta aos Colossenses: "Acima de tudo, tende a caridade". Logo, o amor de Deus deve ter uma medida.

2. ALÉM DISSO, diz ainda Agostinho: "Dize-me, eu te peço, qual é a medida do amor. Pois eu temo inflamar-me mais ou menos do que o necessário pelo desejo e pelo amor do meu Senhor". Esta questão não se levantaria se não existisse certa medida no amor de Deus. Logo, há uma medida no amor de Deus.

3. ADEMAIS, "O tamanho, diz Agostinho, é o que é determinado por sua própria medida". Ora, a razão é a medida do ato interior da vontade do homem, bem como de sua ação exterior. Logo, como convém que no efeito exterior da caridade haja uma medida determinada pela razão, como diz a Carta aos Romanos: "Que vosso culto seja racional", assim também o ato interior do amor de Deus deve ter medida.

EM SENTIDO CONTRÁRIO, afirma Bernardo: "A causa de amar a Deus é Deus; a medida, amá-lo sem medida".

RESPONDO. O "tamanho", como o mostra o texto citado de Agostinho, implica certa determinação de medida. Ora, esta determinação se encontra tanto na medida quanto no medido, mas de diferentes maneiras. Na medida encontra-se de modo essencial porque é por si mesma que a medida determina e mede as coisas. No que é medido, a medida se encontra em relação a outro, isto é, enquanto o que é atinge a medida. Por isso, na medida não cabe o que não possa ser medido. Mas o objeto a ser medido não pode ser medido se não atingir a medida, por falta ou excesso.

Ora, em todos os objetos do apetite e da ação, a medida é o fim, pois é ela que dá sua razão própria ao objeto de nossos desejos e de nossos atos, segundo o Filósofo. O fim tem, portanto, uma "medida" em si mesmo; os meios, porém, o têm enquanto proporcionados ao fim. É por isso que, segundo a observação de Aristóteles, "em todas as artes, o apetite do fim não tem nem termo nem limite; mas há um limite para os meios". Assim, o médico não impõe nenhum limite à saúde e, quanto pode, faz com que ela seja perfeita. Mas,

---

1. C. 3: ML 42, 553.
2. C. 8: ML 32, 1316.
3. C. 3, n. 7: ML 34, 299.
4. C. 1: ML 182, 974 A.
5. C. 9: 200, a, 32-34.
6. C. 9: 1257, b, 26-30.

sanitati, sed facit eam perfectam quantumcumque potest: sed medicinae imponit terminum; non enim dat tantum de medicina quantum potest, sed secundum proportionem ad sanitatem; quam quidem proportionem si medicina excederet, vel ab ea deficeret, esset immoderata.

Finis autem omnium actionum humanarum et affectionum est Dei dilectio, per quam maxime attingimus ultimum finem, ut supra[7] dictum est. Et ideo in dilectione Dei non potest accipi modus sicut in re mensurata, ut sit in ea accipere plus et minus: sed sicut invenitur modus in mensura, in qua non potest esse excessus, sed quanto plus attingitur regula, tanto melius est. Et ita quanto plus Deus diligitur, tanto est dilectio melior.

AD PRIMUM ergo dicendum quod illud quod est per se potius est eo quod est per aliud. Et ideo bonitas mensurae, quae per se habet modum potior est quam bonitas mensurati, quod habet modum per aliud. Et sic etiam caritas, quae habet modum sicut mensura, praeeminet aliis virtutibus, quae habent modum sicut mensuratae.

AD SECUNDUM dicendum quod Augustinus ibidem[8] subiungit quod modus diligendi Deum est ut ex toto corde diligatur, idest ut diligatur quantumcumque potest diligi. Et hoc pertinet ad modum qui convenit mensurae.

AD TERTIUM dicendum quod affectio illa cuius obiectum subiacet iudicio rationis, est ratione mensuranda. Sed obiectum divinae dilectionis, quod est Deus, excedit iudicium rationis. Et ideo non mensuratur ratione, sed rationem excedit. — Nec est simile de interiori actu caritatis et exterioribus actibus. Nam interior actus caritatis habet rationem finis: quia ultimum bonum hominis consistit in hoc quod anima Deo inhaereat, secundum illud Ps 72,28: *Mihi adhaerere Deo bonum est*. Exteriores autem actus sunt sicut ad finem. Et ideo sunt commensurandi et secundum caritatem et secundum rationem.

impõe um limite ao remédio, pois não dá quanto pode mas na proporção da saúde. Se o remédio excedesse ou faltasse à proporção, estaria fora de medida.

Ora, o fim de todas as ações e de todos os sentimentos do homem é amar a Deus: é pelo amor de Deus que atingimos inteiramente o fim último, como já foi dito. Assim, não se deve admitir medida no amor de Deus, como se encontra em alguma coisa medida, suscetível de muito ou de pouco, mas como se encontra medida na medida, na qual não pode haver excesso, antes, quanto mais se ajusta à regra, mais perfeita é. Por isso, quanto mais amado for Deus, melhor é o amor[g].

QUANTO AO 1º, portanto, deve-se dizer que o que existe por si é melhor do que o que existe por um outro. Assim, a bondade da medida, que a tem por si mesma, é superior à bondade da coisa medida, que a tem por um outro. Assim a caridade, que é como a medida, é superior às demais virtudes, que são como as coisas medidas.

QUANTO AO 2º, deve-se dizer que no mesmo lugar Agostinho acrescenta que a medida que convém ao amor de Deus é amá-lo de todo coração, isto é, amá-lo o quanto se puder. Isso se refere ao modo próprio da medida.

QUANTO AO 3º, deve-se dizer que o sentimento cujo objeto estiver submisso ao juízo da razão deve ser por ela medido. Mas o objeto do amor de Deus, que é Deus, ultrapassa o julgamento da razão; por isso, não é medido pela razão, porque a excede. — Mas o mesmo não se dá com o ato interior e os atos exteriores da caridade. O ato interior tem caráter de fim, pois o bem supremo do homem consiste na união de sua alma com Deus, conforme o Salmo: "Para mim, o meu bem é estar unido a Deus". Ao passo que os atos exteriores são da ordem dos meios. Devem, portanto, ser medidos, segundo a caridade e segundo a razão.

---

7. Q. 17, a. 6; q. 23, a. 6.
8. C. 8: ML 32, 1316.

g. O amor de Deus não é ordenado a nada mais do que a ele mesmo. Não possui medida, portanto: não se pode nunca amar demais a Deus. Mas podemos multiplicar de maneira inconsiderada as preces (virtude de religião), sem nelas colocar amor... porque, por exemplo, estamos demasiado fatigados: a medida das "preces" é a caridade. Podemos dar generosas esmolas que lesam de forma imprudente aqueles dos quais somos devedores, a começar por nossos próprios filhos, por exemplo. Todo ato de virtude possui uma medida suprema: a dileção de Deus, e esta não possui nenhuma. Deus não é nunca amado demais.

ARTICULUS 7
Utrum sit magis meritorium diligere inimicum quam amicum

AD SEPTIMUM SIC PROCEDITUR. Videtur quod magis meritorium sit diligere inimicum quam amicum.

1. Dicitur enim Mt 5,46: *Si diligitis eos qui vos diligunt, quam mercedem habebitis?* Diligere ergo amicum non meretur mercedem. Sed diligere inimicum meretur mercedem, ut ibidem v. 44,45,48 ostenditur. Ergo magis est meritorium diligere inimicos quam diligere amicos.

2. PRAETEREA, tanto aliquid est magis meritorium quanto ex maiori caritate procedit. Sed diligere inimicum est *perfectorum filiorum Dei*, ut Augustinus dicit, in *Enchirid.*[1]: diligere autem amicum est etiam caritatis imperfectae. Ergo maioris meriti est diligere inimicum quam diligere amicum.

3. PRAETEREA, ubi est maior conatus ad bonum, ibi videtur esse maius meritum: quia *unusquisque propriam mercedem accipiet secundum suum laborem*, ut dicitur 1Cor 3,8. Sed maiori conatu indiget homo ad hoc quod diligat inimicum quam ad hoc quod diligat amicum: quia difficilius est. Ergo videtur quod diligere inimicum sit magis meritorium quam diligere amicum.

SED CONTRA est quia illud quod est melius est magis meritorium. Sed melius est diligere amicum: quia melius est diligere meliorem; amicus autem, qui amat, est melior quam inimicus, qui odit. Ergo diligere amicum est magis meritorium quam diligere inimicum.

RESPONDEO dicendum quod ratio diligendi proximum ex caritate Deus est, sicut supra[2] dictum est. Cum ergo quaeritur quid sit melius, vel magis meritorium, utrum diligere amicum vel inimicum, dupliciter istae dilectiones comparari possunt: uno modo, ex parte proximi qui diligitur; alio modo, ex parte rationis propter quam diligitur. Primo quidem modo dilectio amici praeeminet dilectioni inimici. Quia amicus et melior est et magis coniunctus; unde est materia magis conveniens dilectioni, et propter hoc actus dilectionis super hanc materiam transiens melior est. Unde et eius oppositum est deterius: peius enim est odire amicum quam inimicum.

ARTIGO 7
É mais meritório amar um inimigo do que um amigo?

QUANTO AO SÉTIMO, ASSIM SE PROCEDE: parece que é mais meritório amar um inimigo do que um amigo.

1. Com efeito, diz o Evangelho de Mateus: "Se amais aos que vos amam, que recompensa tereis?" Portanto, amar um amigo não merece recompensa. Ora, amar um inimigo merece recompensa, como se lê no mesmo lugar. Logo, é mais meritório amar os inimigos que os amigos.

2. ALÉM DISSO, é mais meritório aquilo que procede de uma maior caridade. Ora, declara Agostinho, amar um inimigo é próprio "dos filhos perfeitos de Deus", ao passo que amar um amigo pode provir de uma caridade imperfeita. Logo, é mais meritório amar um inimigo do que um amigo.

3. ADEMAIS, a um maior esforço na prática do bem corresponde um maior mérito, porque, diz a primeira Carta aos Coríntios: "Cada um receberá seu próprio salário de acordo com o seu trabalho". Ora, amar um inimigo exige um maior esforço que amar um amigo, porque é mais difícil. Logo, parece mais meritório amar um inimigo do que amar um amigo.

EM SENTIDO CONTRÁRIO, o que é melhor é mais meritório. É melhor amar o amigo, por ser melhor amar o melhor. O amigo, que ama, é melhor que o inimigo, que odeia. Logo, é mais meritório amar seu amigo do que seu inimigo.

RESPONDO. Como já foi dito, a razão de amar ao próximo pela caridade, é Deus. Quando, pois, se pergunta sobre o que é melhor ou mais meritório, se amar o amigo ou o inimigo, estes dois amores são suscetíveis de dupla relação: uma concernente ao próximo que é amado, e outra concernente ao motivo pelo qual ele é amado. Na primeira relação, o amor do amigo tem preeminência sobre o do inimigo, porque um amigo, sendo melhor e nos sendo mais próximo, apresenta uma matéria mais favorável ao amor e, por isso, o ato de amor que o tem como objeto, é melhor. O contrário é muito pior, porque odiar um amigo é pior que odiar um inimigo.

---

7 PARALL.: III *Sent.*, dist. 30, a. 3; a. 4, ad 3; *De Virtut.*, q. 2, a. 8.

1. C. 73: ML 40, 266.
2. Q. 25, a. 1.

Secundo autem modo dilectio inimici praeeminet, propter duo. Primo quidem, quia dilectionis amici potest esse alia ratio quam Deus: sed dilectionis inimici solus Deus est ratio. — Secundo quia, supposito quod uterque propter Deum diligatur, fortior ostenditur esse Dei dilectio quae animum hominis ad remotiora extendit, scilicet usque ad dilectionem inimicorum: sicut virtus ignis tanto ostenditur esse fortior quanto ad remotiora diffundit suum calorem. Tanto etiam ostenditur divina dilectio esse fortior quanto propter ipsam difficiliora implemus: sicut et virtus ignis tanto est fortior quanto comburere potest materiam minus combustibilem.

Sed sicut idem ignis in propinquiora fortius agit quam in remotiora, ita etiam caritas ferventius diligit coniunctos quam remotos. Et quantum ad hoc dilectio amicorum, secundum se considerata, est ferventior et melior quam dilectio inimicorum.

AD PRIMUM ergo dicendum quod verbum Domini est per se intelligendum. Tunc enim dilectio amicorum apud Deum mercedem non habet, quando propter hoc solum amantur quia amici sunt: et hoc videtur accidere quando sic amantur amici quod inimici non diliguntur. Est tamen meritoria amicorum dilectio si propter Deum diligantur, et non solum quia amici sunt.

AD ALIA patet responsio per ea quae dicta sunt[3]. Nam duae rationes sequentes procedunt ex parte rationis diligenti; ultima vero ex parte eorum qui diliguntur.

Na segunda relação, porém, o amor ao inimigo tem preeminência, por duas razões. A primeira é que o amor aos amigos pode ter um outro motivo que não Deus, ao passo que o amor aos inimigos tem somente Deus como motivo. — A segunda razão é que, suposto que uns e outros sejam amados por Deus, o amor de Deus se revela com mais força quando ele dilata o coração do homem para objetos mais afastados, isto é, até ao amor dos inimigos, tal como a potência do fogo se manifesta tanto mais forte quanto mais longe difunde o seu calor. Assim também se mostra tanto mais forte o amor de Deus quanto mais nós, por causa dela, fizermos coisas mais difíceis; tal como a potência do fogo se manifesta tanto mais forte quanto mais pode queimar matéria menos combustível.

Entretanto, como um mesmo fogo age com mais intensidade sobre o que é próximo do que sobre o que está mais afastado, a caridade nos faz amar mais ardentemente os que nos estão próximos do que os que estão afastados. Nesse sentido, o amor dos amigos, considerado de modo absoluto, é mais ardente e melhor do que o dos inimigos[h].

QUANTO AO 1º, portanto, deve-se dizer que esta palavra do Senhor deve ser entendida no sentido próprio. Com efeito, não há nenhum merecimento quando se ama os amigos unicamente porque são amigos. E isto se dá quando, amando os nossos amigos, não amamos os nossos inimigos. Entretanto, o amor dos amigos é meritório, se os amarmos por causa de Deus, e não unicamente porque são nossos amigos.

QUANTO AO 2º e 3º, deve-se dizer que as outras objeções ficam claras pelo que se acaba de dizer. Os argumentos das objeções procedem do motivo do amor, ao passo que o argumento EM SENTIDO CONTRÁRIO considera seu objeto.

---

3. In corp.

h. Essa comparação é uma espécie de aplicação dos princípios elaborados na questão precedente.
"O inimigo" de que se fala é, por hipótese, aquele que se apresenta fora da comunidade da bem-aventurança: "inimigo" de Deus e dos filhos de Deus, mas que permanece *potencialmente um amigo*: ele ainda pode tornar-se tal. Donde, a resposta: o amigo pode ser amado a título de uma "comunidade" natural que formamos com ele, ao passo que o inimigo não pode ser realmente amado senão a título da comunidade divina da bem-aventurança. Desse ponto de vista, a dileção do inimigo testemunha uma caridade superior. No entanto, se o amigo é também amado por caridade, deve ser ainda mais amado com maior fervor, uma vez que ele está mais próximo, quer de Deus quer daquele que o ama. Ainda que, se não podemos deixar de amar a nossos próximos, o fato de amar *além disso* um inimigo manifesta que a caridade é mais ampla e mais profunda.

Articulus 8
Utrum sit magis meritorium diligere proximum quam diligere Deum

AD OCTAVUM SIC PROCEDITUR. Videtur quod magis sit meritorium diligere proximum quam diligere Deum.

1. Illud enim videtur esse magis meritorium quod Apostolus magis elegit. Sed Apostolus praeelegit dilectionem proximi dilectioni Dei: secundum illud Rm 9,3: *Optabam anathema esse a Christo pro fratribus meis*. Ergo magis est meritorium diligere proximum quam diligere Deum.

2. PRAETEREA, minus videtur esse meritorium aliquo modo diligere amicum, ut dictum est¹. Sed Deus maxime est amicus, qui *prior dilexit nos*, ut dicitur 1Io 4,10. Ergo diligere eum videtur esse minus meritorium.

3. PRAETEREA, illud quod est difficilius videtur esse virtuosius et magis meritorium: quia *virtus est circa difficile et bonum*, ut dicitur in II *Ethic.*². Sed facilius est diligere Deum quam proximum: tum quia naturaliter omnia Deum diligunt; tum quia in Deo nihil occurrit quod non sit diligendum, quod circa proximum non contingit. Ergo magis est meritorium diligere proximum quam diligere Deum.

SED CONTRA, propter quod unumquodque, illud magis. Sed dilectio proximi non est meritoria nisi propter hoc quod proximus diligitur propter Deum. Ergo dilectio Dei est magis meritoria quam dilectio proximi.

RESPONDEO dicendum quod comparatio ista potest intelligi dupliciter. Uno modo, ut seorsum consideretur utraque dilectio. Et tunc non est dubium quod dilectio Dei est magis meritoria: debetur enim ei merces propter seipsam, quia ultima merces est frui Deo, in quem tendit divinae dilectionis motus. Unde et diligenti Deum merces promittitur, Io 14,21: *Si quis diligit me, diligetur a Patre meo, et manifestabo ei meipsum*.

Artigo 8
É mais meritório amar[i] o próximo do que a Deus?

QUANTO AO OITAVO, ASSIM SE PROCEDE: parece que é mais meritório amar o próximo do que a Deus.

1. Com efeito, o que o Apóstolo preferiu parece ser o melhor. Ora, o Apóstolo preferiu o amor do próximo, quando diz: "Quisera eu mesmo ser anátema, separado de Cristo, em favor dos meus irmãos". Logo, é mais meritório amar o próximo do que amar a Deus.

2. ALÉM DISSO, cono foi dito, parece que, sob certo aspecto, é menos meritório amar os amigos. Ora, Deus que, segundo a primeira Carta de João "nos amou primeiro", é eminentemente nosso amigo. Logo, amar a Deus parece menos meritório.

3. ADEMAIS, o que é mais difícil é mais virtuoso e meritório, pois, como diz o livro II da *Ética*, "a virtude versa sobre o difícil e o bem". Ora, é mais fácil amar a Deus, seja porque todos o amam naturalmente, seja porque nada nele há que não seja amável, do que amar o próximo, e isso não acontece com o próximo. Logo, é mais meritório amar ao próximo do que a Deus.

EM SENTIDO CONTRÁRIO, o que faz com que uma coisa seja o que é, é mais excelente. Ora, o amor ao próximo não é meritório senão por amá-lo por causa de Deus. Logo, amar a Deus é mais meritório que amar o próximo.

RESPONDO. Esta comparação pode ser entendida de duas maneiras. A primeira consiste em considerar separadamente cada um destes dois amores. Não há nenhuma dúvida que o amor de Deus seja mais meritório; pois, por si mesmo, ele merece recompensa, porque a suprema recompensa é o gozo de Deus, para o qual tende o movimento do amor de Deus. Por isso, ao que ama a Deus é prometida uma recompensa: "Aquele que me ama, será amado por meu Pai, e eu me manifestarei a ele", diz o Evangelho de João.

---

8 PARALL.: III *Sent.*, dist. 30, a. 4.
1. Art. praec.
2. C. 2: 1105, a, 9-13.

i. O latim traz *diligere*. Não falamos mais da *virtude* de caridade, mas do "dileção", que é o *ato* principal e essencial da *virtude*. A título de *virtude*, essa espécie de comparação não possui significado: a caridade que se exerce no ato de "dileção" de Deus não seria uma verdadeira caridade se não abarcasse igualmente ao próximo; e, reciprocamente, a caridade que se exerce em um ato em face do próximo implica que amamos a Deus igualmente. Comparamos dois *atos* de uma mesma e única *virtude*. De onde o fim da resposta: "o amor" de Deus seria "incompleto e imperfeito" se excluísse o amor do próximo.

Alio modo potest attendi ista comparatio ut dilectio Dei accipiatur secundum quod solus diligitur; dilectio autem proximi accipiatur secundum quod proximus diligitur propter Deum. Et sic dilectio proximi includet dilectionem Dei: sed dilectio Dei non includet dilectionem proximi. Unde erit comparatio dilectionis Dei perfectae, quae extendit se etiam ad proximum, ad dilectionem Dei insufficientem et imperfectam: quia *hoc mandatum habemus a Deo, ut qui diligit Deum, diligat et fratrem suum*. Et in hoc sensu dilectio proximi praeeminet.

AD PRIMUM ergo dicendum quod secundum unam Glossae expositionem[3], hoc Apostolus tunc non optabat quando erat in statu gratiae, ut scilicet separaretur a Christo pro fratribus suis: sed hoc optaverat quando erat in statu infidelitatis. Unde in hoc non est imitandus.

Vel potest dici, sicut dicit Chrysostomus, in libro *de Compunct*.[4], quod per hoc non ostenditur quod Apostolus plus diligeret proximum quam Deum: sed quod plus diligebat Deum quam seipsum. Volebat enim ad tempus privari fruitione divina, quod pertinet ad dilectionem sui, ad hoc quod honor Dei procuraretur in proximis, quod pertinet ad dilectionem Dei.

AD SECUNDUM dicendum quod dilectio amici pro tanto est quandoque minus meritoria quia amicus diligitur propter seipsum, et ita deficit a vera ratione amicitiae caritatis, quae Deus est. Et ideo quod Deus diligatur propter seipsum non diminuit meritum, sed hoc constituit totam meriti rationem.

AD TERTIUM dicendum quod plus facit ad rationem meriti et virtutis bonum quam difficile. Unde non oportet quod omne difficilius sit magis meritorium: sed quod sic est difficilius ut etiam sit melius.

Na segunda maneira, a comparação pode ser entendida no sentido de que só Deus é amado e o próximo é amado por causa de Deus. Desse modo, o amor do próximo inclui o amor de Deus, mas o amor de Deus não inclui o amor do próximo. Seria, portanto, comparar o perfeito amor de Deus, que abrange também o do próximo, com o amor de Deus incompleto e imperfeito. João nos diz: "Eis o mandamento que recebemos de Deus, que aquele que ama a Deus ame também o seu irmão". Neste sentido, sobressai o amor do próximo.

QUANTO AO 1º, portanto, deve-se dizer que segundo uma explicação da Glosa, o Apóstolo não desejava separar-se de Cristo, por causa de seus irmãos, quando estava em estado de graça; ele o desejava quando estava no estado de infidelidade. Nesse aspecto, não deve ser imitado.

Ou pode-se dizer, seguindo Crisóstomo, que estas palavras não provam que o Apóstolo amava seu próximo mais do que a Deus, antes, que ele amava a Deus mais do que a si mesmo. Pois ele consentia em ser privado, por algum tempo, do gozo de Deus, que é próprio do amor de si mesmo, para buscar, no próximo, a honra de Deus, o que é próprio do amor de Deus[j].

QUANTO AO 2º, deve-se dizer que o amor do amigo, às vezes, é menos meritório, quando ele é amado como tal, afastando assim o verdadeiro motivo do amor de caridade, que é Deus. Logo, amar a Deus por si mesmo não diminui o mérito; nisso, aliás, está a razão total do mérito.

QUANTO AO 3º, deve-se dizer que o que faz o mérito e a virtude é o bem, muito mais do que a dificuldade. Nem sempre o mais difícil é mais meritório; é preciso que seja também o melhor[k].

---

3. Cfr. Glossam ordin., super *Rom*. 9, 3: ML 114, 499 D; LOMBARDI, ibid.: ML 191, 1454 CD.
4. L. I, n. 8: MG 47, 406; cfr. *In Rom*., hom. 16, n. 1: MG 60, 549.

j. O sentido da frase de são Paulo seria este último. Mas não se deve tomar ao pé da letra o que é dito por ênfase. São Paulo traduz em palavras excessivas o excesso de sua paixão pela salvação dos outros.

k. Não é a dificuldade que constitui o mérito, é o amor. A dificuldade pode às vezes diminuir o mérito, se ela leva à fricção o amor e o freio. O resto permanecendo igual, há ainda mais mérito em cuidar de um doente amando-o por caridade, com prazer, do que tendo repugnância em tratá-lo sem buscar vencer essa dificuldade. Quando é capaz de alcançar o prazer ou a alegria, o amor é maior, e portanto também o mérito, que se mede com base nele. Embora possamos amar ainda mais onde vencemos mediante um esforço uma repugnância a amar; ou então quando o esforço permitiu amar seres, ou coisas, melhores.

QUESTÃO 28

A ALEGRIA

em quatro artigos

Agora devem-se considerar os efeitos resultantes do ato principal da caridade, que é o amor[a]: primeiramente, os efeitos interiores, que são a alegria, a paz e a misericórdia; em seguida, os efeitos exteriores.

A respeito do primeiro, são quatro as perguntas:
1. A alegria é um efeito da caridade?
2. É compatível com a tristeza?
3. Pode ser plena?
4. É uma virtude?[b]

Artigo 1
A alegria é um efeito da caridade?

Quanto ao primeiro artigo, assim se procede: parece que a alegria **não** é um efeito da caridade.

1. Com efeito, a ausência do que se ama produz mais tristeza do que alegria. Ora, Deus, que amamos pela caridade, está longe de nós, enquanto vivemos nesta vida. Pois, como diz a segunda Carta aos Coríntios: "Enquanto habitamos neste corpo, estamos longe do Senhor". Logo, a caridade produz em nós mais tristeza do que alegria.

2. Além disso, é sobretudo pela caridade que merecemos a bem-aventurança. Ora, entre as coisas com que merecemos tal resultado, contam-se as lágrimas, segundo o Evangelho de Mateus: "Bem-aventurados os que choram, pois eles serão consolados". As lágrimas se referem à tristeza. Logo, a tristeza, mais que a alegria, é um efeito da caridade.

3. Ademais, a caridade, já se mostrou, é uma virtude distinta da esperança. Ora, é da esperança

---

a. A caridade inspira e comanda toda a vida espiritual do cristão. Mas aquém de todo o cortejo de virtudes que ela "forma", há nela uma superabundância de vida que se traduz em atos particulares, ou em disposições de alma, ou em frutos interiores. Sto. Tomás distingue estes últimos das atividades exteriores. Uns e outros se relacionam de forma indissociável ao amor de Deus e ao amor do próximo, embora de maneira própria a cada um.

Os atos, ou mais precisamente os frutos interiores, que acompanham a caridade e dela decorrem imediatamente, são a alegria (q. 28), a paz (q. 29) e a misericórdia (q. 30). Os dois primeiros são ao mesmo tempo *frutos*, estados interiores, e podem constituir atos particulares; o terceiro designa uma virtude, associada à caridade, e um seu efeito imediato, assim como um ato particular. Os atos exteriores que emanam diretamente da caridade são a beneficência (q. 31), a esmola (q. 32), a correção fraternal (q. 33).

b. Todo amor, como vimos (I-II, q. 26 a 39) acarreta uma série de movimentos ou de atos: desejo, prazer ou alegria, e aversão do que se contrapõe a eles, fuga, dor e tristeza... O desejo é mais característico do amor de cobiça; a alegria é a dominante do amor de amizade: é por isso que só retemos aqui esse ato. O desejo é a dominante do amor de esperança.

spe: secundum illud Rm 12,12: *Spe gaudentes.* Non ergo causatur ex caritate.

SED CONTRA est quia, sicut dicitur Rm 5,5, *caritas Dei diffusa est in cordibus nostris per Spiritum Sanctum, qui datus est nobis.* Sed gaudium in nobis causatur ex Spiritu Sancto: secundum illud Rm 14,17: *Non est regnum Dei esca et potus, sed iustitia et pax et gaudium in Spiritu Sancto.* Ergo caritas est causa gaudii.

RESPONDEO dicendum quod, sicut supra[2] dictum est, cum de passionibus ageretur, ex amore procedit et gaudium et tristitia, sed contrario modo. Gaudium enim ex amore causatur vel propter praesentiam boni amati; vel etiam propter hoc quod ipsi bono amato proprium bonum inest et conservatur. Et hoc secundum maxime pertinet ad amorem benevolentiae, per quem aliquis gaudet de amico prospere se habente, etiam si sit absens. — E contrario autem ex amore sequitur tristitia vel propter absentiam amati; vel propter hoc quod cui volumus bonum suo bono privatur, aut aliquo malo deprimitur.
Caritas autem est amor Dei, cuius bonum immutabile est: quia ipse est sua bonitas. Et ex hoc ipso quod amatur est in amante per nobilissimum sui effectum: secundum illud 1Io 4,16: *Qui manet in caritate, in Deo manet et Deus in eo.* Et ideo spirituale gaudium, quod de Deo habetur, ex caritate causatur.

AD PRIMUM ergo dicendum quod quandiu sumus in corpore dicimur peregrinari a Domino, in comparatione ad illam praesentiam qua quibusdam est praesens per speciei visionem: unde et Apostolus subdit ibidem, [7]: *Per fidem enim ambulamus, et non per speciem.* Est autem praesens etiam se amantibus etiam in hac vita per gratiae inhabitationem.

AD SECUNDUM dicendum quod luctus qui beatitudinem meretur est de his quae sunt beatitudini contraria. Unde eiusdem rationis est quod talis luctus ex caritate causetur, et gaudium spirituale de Deo: quia eiusdem rationis est gaudere de aliquo bono et tristari de his quae ei repugnant.

que procede a alegria, segundo a Carta aos Romanos: "Sede alegres na esperança". Logo, a alegria não é um efeito da caridade.

EM SENTIDO CONTRÁRIO, para a Carta aos Romanos: "O amor de Deus foi derramado em nossos corações pelo Espírito Santo que nos foi dado". Ora, a alegria é produzida em nós por este Espírito, segundo a mesma Carta: "O Reino de Deus não é comida nem bebida, mas justiça, paz e alegria no Espírito". Logo, a caridade é causa da alegria.

RESPONDO. Como já foi dito ao tratar das paixões, a alegria e a tristeza procedem do amor, embora por motivos opostos. A alegria é causada pelo amor, ou porque aquele que amamos está presente, ou porque ele está em posse de seu bem próprio, e o conserva. Este segundo motivo constitui por excelência o amor de benevolência, que se alegra com o bem-estar do amigo, mesmo em sua ausência. — Ao contrário, o amor gera a tristeza, seja porque aquele que se ama está ausente, seja ainda porque aquele a quem nós queremos o bem está privado de seu bem ou deprimido por algum mal.
Ora, a caridade é o amor de Deus, cujo bem é imutável, porque ele é a sua própria bondade. E pelo fato de ele ser amado, ele está naquele que ama pelo mais nobre de seus efeitos, segundo a primeira Carta de João: "O que permanece na caridade, permanece em Deus, e Deus nele". Logo, a alegria espiritual que vem de Deus é causada pela caridade[c].

QUANTO AO 1º, portanto, deve-se dizer que enquanto estamos neste corpo, somos considerados longe do Senhor, por comparação com aqueles que estão na sua presença e gozam da sua visão. Por isso, o Apóstolo, no mesmo lugar acrescenta: "nós caminhamos pela fé e não pela visão". Mas, Deus está presente naqueles que o amam, mesmo nesta vida, pela graça que o faz neles habitar.

QUANTO AO 2º, deve-se dizer que as lágrimas que merecem a bem-aventurança provêm das coisas que lhe são opostas. É pela mesma razão que estas lágrimas e a alegria espiritual de Deus brotam da caridade; porque é pela mesma razão que se alegra por um bem, e se entristece pelo que lhe é contrário.

---

2. I-II, q. 25, a. 3; q. 26, a. 1, ad 2; q. 28, a. 5, ad argg.

c. A alegria constitui o fruto de todo amor completo, acabado. Não existe alegria maior do que a que acompanha o ato de dileção. Sto. Tomás já notara (I-II, q. 34, a. 44) que valemos o que valem nossas alegrias.

AD TERTIUM dicendum quod de Deo potest esse spirituale gaudium dupliciter: uno modo, secundum quod gaudemus de bono divino in se considerato; alio modo, secundum quod gaudemus de bono divino prout a nobis participatur. Primum autem gaudium melius est: et hoc procedit principaliter ex caritate. Sed secundum gaudium procedit etiam ex spe, per quam expectamus divini boni fruitionem. — Quamvis etiam ipsa fruitio, vel perfecta vel imperfecta, secundum mensuram caritatis obtineatur.

QUANTO AO 3º, deve-se dizer que a alegria espiritual que tem Deus por objeto pode ter duas formas: gozando do bem divino considerado em si mesmo, ou gozando-o enquanto por nós participado. A primeira destas alegrias é a melhor e sua fonte primordial está na caridade; mas a segunda procede também da esperança, pela qual esperamos o gozo do bem divino. — Todavia, mesmo esta fruição, perfeita ou imperfeita, será obtida em proporção com a nossa caridade.

ARTICULUS 2
Utrum gaudium spirituale quod ex caritate causatur recipiat admixtionem tristitiae

AD SECUNDUM SIC PROCEDITUR. Videtur quod gaudium spirituale quod ex caritate causatur recipiat admixtionem tristitiae.

1. Congaudere enim bonis proximi ad caritatem pertinet: secundum illud 1Cor 13,6: *Caritas non gaudet super iniquitate, congaudet autem veritati.* Sed hoc gaudium recipit permixtionem tristiliae: secundum illud Rm 12,15: *Gaudere cum gaudentibus, flere cum flentibus.* Ergo gaudium spirituale caritatis admixtionem tristitiae patitur.

2. PRAETEREA, poenitentia, sicut dicit Gregorius[1], est *anteacta mala flere, et flenda iterum non committere.* Sed vera poenitentia non est sine caritate. Ergo gaudium caritatis habet tristitiae admixtionem.

3. PRAETEREA, ex caritate contingit quod aliquis desiderat esse cum Christo: secundum illud Philp 1,23: *Desiderium habens dissolvi et esse cum Christo.* Sed ex isto desiderio sequitur in homine quaedam tristitia: secundum illud Ps 119,5: *Heu mihi, quia incolatus meus prolongatus est!* Ergo gaudium caritatis recipit admixtionem tristitiae.

SED CONTRA est quod gaudium caritatis est gaudium de divina sapientia. Sed huiusmodi gaudium non habet permixtionem tristitiae: secundum illud Sap 8,16: *Non habet amaritudinem conversatio illius.* Ergo gaudium caritatis non patitur permixtionem tristitiae.

ARTIGO 2
A alegria espiritual causada pela caridade é compatível com a tristeza?[d]

QUANTO AO SEGUNDO, ASSIM SE PROCEDE: parece que a alegria espiritual causada pela caridade é compatível com a tristeza.

1. Com efeito, a caridade pede que nos alegremos com o bem do próximo, segundo Paulo: "Ela não se regozija com a injustiça, mas se alegra com a verdade". Ora, esta alegria pode estar misturada com a tristeza, pois o Apóstolo diz ainda: "Alegrai-vos com os que se alegram, chorai com os que choram". Logo, a alegria espiritual da caridade está mesclada de tristeza.

2. ALÉM DISSO, a penitência, afirma Gregório, consiste em "chorar o mal que se fez, e não mais cometer o que se deve chorar". Ora, não há verdadeira penitência sem caridade. Logo, a alegria da caridade pode mesclar-se de tristeza.

3. ADEMAIS, a caridade pode inspirar o desejo de estar com o Cristo, segundo este pensamento de Paulo: "O meu desejo é partir e ir estar com Cristo". Ora, este desejo produz em nós certa tristeza, como diz o Salmo: "Ai de mim, que vejo prolongar-se o meu exílio". Logo, a alegria da caridade é mesclada de tristeza.

EM SENTIDO CONTRÁRIO, a alegria da caridade é a alegria da sabedoria divina. Ora, essa alegria não se mistura com a tristeza, conforme ensina o livro da Sabedoria: "Seu convívio não provoca amargura". Logo, a alegria da caridade não suporta ser mesclada de tristeza.

---

1. Homil. 34 *in Evang.*, n. 15: ML 76, 1256 B.

d. Dito de outro modo, pode haver tristeza ali mesmo onde há alegria? Parece que sim, dizem os objetantes: como não afligir-se com a infelicidade do próximo que amamos? Como a penitência que o amor inspira não se traduziria em lágrimas? Como não suspirar pelo fim de nosso "exílio"?

RESPONDEO dicendum quod ex caritate causatur duplex gaudium de Deo, sicut supra[2] dictum est. Unum quidem principale, quod est proprium caritatis, quo scilicet gaudemus de bono divino secundum se considerato. Et tale gaudium caritatis permixtionem tristitiae non patitur: sicut nec illud bonum de quo gaudetur potest aliquam mali admixtionem habere. Et ideo Apostolus dicit, Philp 4,4: *Gaudete in Domino semper.*

Aliud autem est gaudium caritatis quo gaudet quis de bono divino secundum quod participatur a nobis. Haec autem participatio potest impediri per aliquod contrarium. Et ideo ex hac parte gaudium caritatis potest habere permixtionem tristitiae: prout scilicet aliquis tristatur de eo quod repugnat participationi divini boni vel in nobis vel in proximis, quos tanquam nosipsos diligimus.

AD PRIMUM ergo dicendum quod fletus proximi non est nisi de aliquo malo. Omne autem malum importat defectum participationis summi boni. Et ideo intantum caritas facit condolere proximo inquantum participatio divini boni in eo, impeditur.

AD SECUNDUM dicendum quod *peccata dividunt inter nos et Deum*, ut dicitur Is 59,2. Et ideo haec est ratio dolendi de peccatis praeteritis nostris, vel etiam aliorum, inquantum per ea impedimur a participatione divini boni.

AD TERTIUM dicendum quod, quamvis in incolatu huius miseriae aliquo modo participemus divinum bonum per cognitionem et amorem, tamen huius vitae miseria impedit a perfecta participatione divini boni, qualis erit in patria. Et ideo haec etiam tristitia qua quis luget de dilatione gloriae pertinet ad impedimentum participationis divini boni.

RESPONDO. Acabamos de dizer que a caridade, relativamente a Deus, produz em nós dois tipos de alegria. O primeiro, que é o principal, e que é próprio da caridade, tem por objeto o bem divino considerado em si mesmo. Essa alegria da caridade não pode misturar-se com tristeza, assim como o bem de que se goza não suporta a mescla com qualquer tipo de mal. Este é o sentido da citação de Paulo: "Alegrai-vos sempre no Senhor".

O segundo tipo de alegria da caridade tem por objeto o bem divino enquanto participado por nós. Ora, esta participação pode ser impedida por algum obstáculo. Por causa disso, pode resultar que a alegria da caridade venha a misturar-se com a tristeza, quando nos entristecemos com o que contraria, em nós mesmos, a participação do bem divino[e].

QUANTO AO 1º, portanto, deve-se dizer que as lágrimas de nosso próximo só podem provir de algum mal. Ora, o mal comporta sempre uma falta de participação do sumo bem. Logo, a caridade nos faz partilhar a dor do próximo, na medida em que ele está impedido de participar do bem divino.

QUANTO AO 2º, deve-se dizer que, como diz Isaías: "Nossas iniquidades criaram um abismo entre nós e Deus". Eis a razão de chorarmos pelos nossos pecados passados, e também os do próximo, enquanto eles nos impedem de participar do bem divino.

QUANTO AO 3º, deve-se dizer que no miserável exílio desta vida, participamos, de certo modo, do bem divino, pelo conhecimento e pelo amor; a miséria desta vida, entretanto, nos impede de participar perfeitamente desse bem, tal como se dará na pátria. Por isso, essa tristeza com que se chora a dilação da glória, tem a ver com o impedimento à participação do bem divino.

---

2. A. praec., ad 3.

e. Se nós nos afligimos com o mal do amigo, não podemos jamais entristecer-nos com o mal do amigo divino, pois em Deus só há bem. Empenhando-nos a amar a Deus, só podemos atingir uma alegria sem misturas: fazer nossa alegria da alegria perfeita de Deus. A caridade prima nesse ato, no qual ela só encontra alegria. A grande alegria de Jesus passa dessa forma em nós: Jo 15,11; 16,22; 17,13; 1Jo 1,4.

Por outro lado, o mal aparece em certas obras de Deus, em nossos próximos e em nós mesmos, enquanto que ele não existe mais entre os bem-aventurados. A alegria que implica sempre a *posse* do que amamos só será perfeita, portanto, na pátria. Aqui, ela é sempre precária, frágil, ameaçada: somos "alegres em esperança: (Rm 12,12). Implica que nos aflijamos com o que se contrapõe à alegria de Deus. "A caridade não sendo ciumenta" (1Co 13,4), se existem no céu "lugares" diferentes, Sto. Agostinho explica que serão a alegria de todos: a alegria dos outros, caso seja "maior", será efetivamente nossa alegria. Cada um em seu lugar no corpo do Cristo, existirá apenas uma alegria, "corporativa", de *todos* os seus membros.

Aqui na Terra os movimentos que suscita em nós o mal do mundo: aversão, aflições, dores... não impedem que a alegria domine, dado que nosso amor supremo, Deus, está acima de todo mal e faz "tudo concorrer para o bem daqueles que ele ama" (Rm 8,28). A caridade acarreta a preeminência da alegria.

Articulus 3
Utrum spirituale gaudium quod ex caritate causatur possit in nobis impleri

AD TERTIUM SIC PROCEDITUR. Videtur quod spirituale gaudium quod ex caritate causatur non possit in nobis impleri.
1. Quanto enim maius gaudium de Deo habemus, tanto gaudium eius in nobis magis impletur. Sed nunquam possumus tantum de Deo gaudere quantum dignum est ut de eo gaudeatur: quia semper bonitas eius, quae est infinita, excedit gaudium creaturae, quod est finitum. Ergo gaudium de Deo nunquam potest impleri.
2. PRAETEREA, illud quod est impletum non potest esse maius. Sed gaudium etiam beatorum potest esse maius: quia unius gaudium est maius quam alterius. Ergo gaudium de Deo non potest in creatura impleri.
3. PRAETEREA, nihil aliud videtur esse comprehensio quam cognitionis plenitudo. Sed sicut vis cognoscitiva creaturae est finita, ita et vis appetitiva eiusdem. Cum ergo Deus non possit ab aliqua creatura comprehendi, videtur quod non possit alicuius creaturae gaudium de Deo impleri.

SED CONTRA est quod Dominus discipulis dixit, Io 15,11: *Gaudium meum in vobis sit, et gaudium vestrum impleatur.*

RESPONDEO dicendum quod plenitudo gaudii potest intelligi dupliciter. Uno modo, ex parte rei de qua gaudetur: ut scilicet tantum gaudeatur de ea quantum est dignum de ea gauderi. Et sic solum Dei gaudium est plenum de seipso: quia gaudium eius est infinitum, et hoc est condignum infinitae bonitati Dei; cuiuslibet autem creaturae gaudium oportet esse finitum.

Alio modo potest intelligi plenitudo gaudii ex parte gaudentis. Gaudium autem comparatur ad desiderium sicut quies ad motum; ut supra[1] dictum est, cum de passionibus ageretur. Est autem quies plena cum nihil restat de motu. Unde tunc est gaudium plenum quando iam nihil desiderandum restat. Quandiu autem in hoc mundo sumus, non quiescit in nobis desiderii motus: quia adhuc restat quod Deo magis appropinquemus per gratiam, ut ex supradictis[2] patet. Sed quando iam ad

Artigo 3
A alegria espiritual causada pela caridade pode ser plena?

QUANTO AO TERCEIRO, ASSIM SE PROCEDE: parece que a alegria espiritual causada pela caridade **não** pode ser plena.
1. Com efeito, quanto maior for a alegria que sentirmos por Deus, tanto mais plena ela será em nós. Ora, é impossível nos alegrar tanto, por causa de Deus, quanto ele é digno, porque sua bondade, que é infinita, sempre ultrapassará a alegria de uma criatura, que é limitada. Logo, a alegria de amar a Deus nunca será plena.
2. ALÉM DISSO, o que é completo não pode ser maior. Ora, a alegria, mesmo a dos bem-aventurados, pode ser maior, porque a de um é maior que a de outro. Logo, a alegria a respeito de Deus não pode ser completa nas criaturas.
3. ADEMAIS, o termo "compreensão" significa a plenitude do conhecimento. Ora, assim como a potência cognoscitiva da criatura é finita, assim também a sua potência apetitiva. Logo, já que "compreender Deus" é impossível a uma criatura, parece que não pode ser plena a alegria a respeito de Deus.

EM SENTIDO CONTRÁRIO, o Senhor diz aos seus discípulos: "Para que a minha alegria esteja em vós, e para que a vossa alegria seja completa".

RESPONDO. Pode-se considerar a plenitude da alegria de dois modos. Primeiramente, em relação à coisa com a qual nos alegramos, de modo que tanto nos alegramos com ela quanto ela é digna. Sob esse prisma, é claro que somente pode ser perfeita a alegria que Deus tem de si mesmo, pois sua alegria é infinita e condigna de sua infinita bondade; ao passo que em toda criatura a alegria há de ser necessariamente finita.

Em segundo lugar, em relação àquele que experimenta a alegria, a qual está para o desejo, como o repouso, para o movimento, como já se demonstrou ao tratar das paixões. Ora, o repouso é pleno quando nada mais resta do movimento; assim também a alegria será plena quando nada mais restar para desejar. Mas enquanto estamos neste mundo, não cessa em nós o movimento do desejo, porque sempre será possível maior aproximação de Deus pela graça, como já foi visto.

---

3   PARALL.: *In Ioan.*, c. 15, lect. 2.

1. I-II, q. 25, a. 1, 2.
2. Q. 24, a. 4, 7.

beatitudinem perfectam perventum fuerit, nihil desiderandum restabit: quia ibi erit plena Dei fruitio, in qua homo obtinebit quidquid etiam circa alia bona desideravit, secundum illud Ps 102,5: Qui *replet in bonis desiderium tuum*. Et ideo quiescet desiderium non solum quo desideramus Deum, sed etiam erit omnium desideriorum quies. Unde gaudium beatorum est perfecte plenum, et etiam superplenum: quia plus obtinebunt quam desiderare suffecerint; *non enim in cor hominis ascendit quae praeparavit Deus diligentibus se*, ut dicitur 1Cor 2,9. Et hinc est quod dicitur Lc 6,38: *Mensuram bonam et supereffluentem dabunt in sinus vestros*. Quia tamen nulla creatura est capax gaudii de Deo ei condigni, inde est quod illud gaudium omnino plenum non capitur in homine, sed potius homo intrat in ipsum: secundum illud Mt 25,v.21,23: *Intra in gaudium Domini tui*.

AD PRIMUM ergo dicendum quod ratio illa procedit de plenitudine gaudii ex parte rei de qua gaudetur.

AD SECUNDUM dicendum quod cum perventum fuerit ad beatitudinem, unusquisque attinget terminum sibi praefixum ex praedestinatione divina, nec restabit ulterius aliquid quo tendatur: quamvis in illa terminatione unus perveniat ad maiorem propinquitatem Dei, alius ad minorem. Et ideo uniuscuiusque gaudium erit plenum ex parte gaudentis: quia uniuscuiusque desiderium plene quietabitur. Erit tamen gaudium unius maius quam alterius, propter pleniorem participationem divinae beatitudinis.

AD TERTIUM dicendum quod comprehensio importat plenitudinem cognitionis ex parte rei cognitae: ut scilicet tantum cognoscatur res quantum cognosci potest. Habet tamen etiam cognitio aliquam plenitudinem ex parte cognoscentis, sicut et de gaudio dictum est[3]. Unde et Apostolus dicit, Cl 1,9: *Impleamini agnitione voluntatis eius in omni sapientia et intellectu spirituali*.

Mas quando atingirmos a perfeita bem-aventurança, nada mais restará a desejar, porque então haverá o gozo completo de Deus, no qual obteremos também tudo o quanto poderá ser objeto de nossos desejos acerca dos outros bens, conforme a palavra do Salmo: "Ele sacia de bens todos os nossos desejos". E então se aquietará todo desejo, não só o desejo de Deus, mas todo desejo será saciado. A alegria dos bem-aventurados é, portanto, absolutamente plena, e até mais que plena, porque eles obterão mais do que tudo aquilo que terão podido desejar, porque, diz a primeira Carta aos Coríntios: "O coração do homem nunca percebeu o que Deus preparou para aqueles que o amam". É o que também diz Lucas: "Será derramada no vosso regaço uma boa medida, calcada, sacudida, transbordante". Entretanto, como nenhuma criatura é capaz de uma alegria, por causa de Deus, que lhe seja condigna, é preciso dizer que esta alegria absolutamente perfeita não é absorvida pelo homem, antes o homem é que é absorvido por ela, como se lê em Mateus: "Entra na alegria do teu Senhor"[f].

QUANTO AO 1º, portanto, deve-se dizer que essa objeção provém da plenitude da alegria da parte da realidade com que nos alegramos.

QUANTO AO 2º, deve-se dizer que quando chegarmos à bem-aventurança, cada um de nós terá atingido o termo que lhe foi fixado pela predestinação divina, e não restará nenhum outro termo a ser atingido, ainda que neste termo um supere o outro na maior proximidade de Deus. De modo que a alegria de cada um será completo de sua parte, pois os desejos de todos serão saciados. Mas a alegria de um ultrapassará a do outro, conforme a maior participação da bem-aventurança divina.

QUANTO AO 3º, deve-se dizer que a "compreensão" implica plenitude do conhecimento relativamente ao objeto conhecido, de modo que este objeto seja conhecido tanto quanto pode sê-lo. Mas há também a plenitude do conhecimento relativamente ao sujeito que conhece, como acabamos de ver a respeito da alegria. É neste sentido que o Apóstolo diz: "Que Deus vos faça chegar ao pleno conhecimento da sua vontade, com toda a sabedoria e discernimento espiritual".

---

3. In corp. et ad 2.

f. A alegria do céu não terá proporção com nossos desejos, Deus nos dando mais do que podemos desejar. Ela não é término preguiçoso de nossas buscas, nem inatividade; não é tampouco interminável, como si ocorresse no tempo: a eternidade é uma duração "substancial", sem sucessão. Dessa forma, a felicidade é uma coisa totalmente distinta da cessação búdica de todo apetite e de todo desejo, ou da indiferença estoica. É uma vida superabundante.

Articulus 4
Utrum gaudium sit virtus

AD QUARTUM SIC PROCEDITUR. Videtur quod gaudium sit virtus.

1. Vitium enim contrariatur virtuti. Sed tristitia ponitur vitium: ut patet de acedia et de invidia. Ergo etiam gaudium debet poni virtus.

2. PRAETEREA, sicut amor et spes sunt passiones quaedam quarum obiectum est bonum, ita et gaudium. Sed amor et spes ponuntur virtutes. Ergo et gaudium debet poni virtus.

3. PRAETEREA, praecepta legis dantur de actibus virtutum. Sed praecipitur nobis quod de Deo gaudeamus: secundum illud Philp 4,4: *Gaudete in Domino semper*. Ergo gaudium est virtus.

SED CONTRA est quod neque connumeratur inter virtutes theologicas, neque inter virtutes morales, neque inter virtutes intellectuales, ut ex supradictis[1] patet.

RESPONDEO dicendum quod virtus, sicut supra[2] habitum est, est habitus quidam operativus; et ideo secundum propriam rationem habet inclinationem ad aliquem actum. Est autem contingens ex uno habitu plures actus eiusdem rationis ordinatos provenire, quorum unus sequatur ex altero. Et quia posteriores actus non procedunt ab habitu virtutis nisi per actum priorem, inde est quod virtus non definitur nec denominatur nisi ab actu priori, quamvis etiam alii actus ab ea consequantur. Manifestum est autem ex his quae supra[3] de passionibus dicta sunt, quod amor est prima affectio appetitivae potentiae, ex qua sequitur et desiderium et gaudium. Et ideo habitus virtutis idem est qui inclinat ad diligendum, et ad desiderandum bonum dilectum, et ad gaudendum de eo. Sed quia dilectio inter hos actus est prior, inde est quod virtus non denominatur a gaudio nec a desiderio, sed a dilectione, et dicitur caritas. Sic ergo gaudium non est aliqua virtus a caritate distincta, sed est quidam caritatis actus sive effectus. Et propter hoc connumeratur inter fructus, ut patet Gl 5,22.

Artigo 4
A alegria é uma virtude?

QUANTO AO QUARTO, ASSIM SE PROCEDE: parece que a alegria é uma virtude.

1. Com efeito, o vício é contrário à virtude. Ora, a tristeza é um vício, como se verá acerca da acídia e da inveja. Logo, a alegria deve ser enumerada entre as virtudes.

2. ALÉM DISSO, como o amor e a esperança, a alegria é uma paixão, cujo objeto é o bem. Ora, o amor e a esperança são considerados virtudes. Logo, também a alegria deve ser considerada uma virtude.

3. ADEMAIS, os preceitos da lei são relativos aos atos das virtudes. Ora, é-nos prescrito que nos alegremos em Deus, conforme esta palavra do Apóstolo: "Alegrai-vos sempre no Senhor". Logo, a alegria é uma virtude.

EM SENTIDO CONTRÁRIO, a alegria não está enumerada entre as virtudes teologais, nem entre as morais, nem entre as virtudes intelectuais, como foi mostrado no tratado sobre as virtudes.

RESPONDO. Como já foi dito, a virtude é um hábito operativo, isto é, por sua própria natureza ela tem uma inclinação para certo ato. Ora, acontece que de um mesmo hábito procedem muitos atos, ordenados da mesma razão, de modo a resultar um do outro. E porque os atos posteriores não procedem do hábito da virtude senão por intermédio do ato anterior, é deste último que a virtude recebe a sua definição e seu nome, ainda que outros atos derivem dela. Segundo o que já foi dito das paixões, é claro que o amor é o primeiro movimento da potência apetitiva, da qual resultam o desejo e a alegria. É, pois, o mesmo hábito virtuoso que inclina a amar e a desejar o bem que se ama e a gozar dele. Entretanto, porque o amor é o primeiro destes atos, não é nem a alegria, nem o desejo, mas o amor que dá seu nome à virtude, e é chamada caridade. Assim, pois, a alegria não é uma virtude distinta da caridade: ela é um ato ou um efeito da caridade. Por isso, a Carta aos Gálatas a enumera entre os frutos do Espírito Santo[g].

4
1. I-II, q. 57, a. 2; q. 60; q. 62, a. 3.
2. I-II, q. 55, a. 2.
3. I-II, q. 25, a. 1, 2, 3; q. 27, a. 4.

g. A alegria da qual falamos aqui emana da caridade. É-lhe conatural, e não tem necessidade de outra virtude que a produza. O que significa que essa alegria espiritual, que não é nem uma virtude nem uma paixão, mas um fruto da virtude de caridade, deve ser cultivada. O coração deve se dispor a ela e a ela se entregar. É um preceito, aliás (Fl 4,4).

AD PRIMUM ergo dicendum quod tristitia quae est vitium causatur ex inordinato amore sui, quod non est aliquod speciale vitium, sed quaedam generalis radix vitiorum, ut supra[4] dictum est. Et ideo oportuit tristitias quasdam particulares ponere specialia vitia: quia non derivantur ab aliquo speciali vitio, sed a generali. Sed amor Dei ponitur specialis virtus, quae est caritas, ad quam reducitur gaudium, ut dictum est[5], sicut proprius actus eius.

AD SECUNDUM dicendum quod spes consequitur ex amore sicut et gaudium: sed spes addit ex parte obiecti quandam specialem rationem, scilicet arduum et possibile adipisci; et ideo ponitur specialis virtus. Sed gaudium ex parte obiecti nullam rationem specialem addit supra amorem quae possit causare specialem virtutem.

AD TERTIUM dicendum quod intantum datur praeceptum legis de gaudio inquantum est actus caritatis; licet non sit primus actus eius.

QUANTO AO 1º, portanto, deve-se dizer que a tristeza, que é um vício, é causada pelo amor desordenado de si, que não é um vício especial, mas uma como raiz comum dos outros vícios, como já foi dito. Por isso foi preciso considerar como vícios especiais certas tristezas particulares, porque elas derivam de um vício geral, e não de um especial. Ao contrário, o amor de Deus é uma virtude especial, que é a caridade, à qual se reduz a alegria, como seu ato próprio, conforme dissemos[h].

QUANTO AO 2º, deve-se dizer que a esperança, como a alegria, vem do amor, mas a esperança acrescenta, da parte de seu objeto, um caráter especial: o de um bem árduo, mas possível de ser alcançado; por isso ela é considerada uma virtude especial. Ao passo que a alegria da parte do objeto não acrescenta ao amor nenhum caráter particular que possa fazer dela uma virtude especial.

QUANTO AO 3º, deve-se dizer que é dado um preceito da lei na medida em que a alegria é um ato da caridade, embora não seja o primeiro ato dela.

---

4. I-II, q. 77, a. 4.
5. In corp.

h. Há 5 tipos de tristeza relacionados à caridade: uma tristeza que deriva da caridade, a que incide sobre tudo o que ela reconhece como se contrapondo a ela. Tristezas *más*. Nós nos entristecemos, seja do bem de Deus "a acédia" (II-II q. 35), seja do bem do próximo a "inveja" (II-II, q. 36). Não procedem da caridade, mas do amor pervertido de si mesmo. Podem constituir hábitos viciosos. Tristezas que procedem *da caridade*, mas cujos objetos são tão particulares que, no interior da caridade, desenvolvem duas virtudes especializadas: a "misericórdia", tristeza da infelicidade de outrem (II-II, q. 30, a. 1), e a "penitência", que sofre pelo pecado cometido (III, q. 84, a. 8 e q. 85).

QUAESTIO XXIX
DE PACE
in quatuor articulos divisa
Deinde considerandum est de pace.
Et circa hoc quaeruntur quatuor.
Primo: utrum pax sit idem quod concordia.
Secundo: utrum omnia appetant pacem.
Tertio: utrum pax sit effectus caritatis.
Quarto: utrum pax sit virtus.

ARTICULUS 1
Utrum pax sit idem quod concordia

AD PRIMUM SIC PROCEDITUR. Videtur quod pax sit idem quod concordia.
1. Dicit enim Augustinus, XIX *de Civ. Dei*[1], quod *pax hominum est ordinata concordia*. Sed

QUESTÃO 29
A PAZ
em quatro artigos
Em seguida, é preciso considerar a paz.
Sobre isso, são quatro as perguntas:
 1. A paz é idêntica à concórdia?
 2. Todos desejam a paz?
 3. A paz é o efeito da caridade?
 4. É uma virtude?

ARTIGO 1
A paz é idêntica à concórdia?

QUANTO AO PRIMEIRO ARTIGO, ASSIM SE PROCEDE: parece que a paz é idêntica à concórdia.
1. Com efeito, diz Agostinho: "A paz dos homens é a concórdia na ordem". Ora, aqui nós só

---

1 PARALL.: III *Sent.*, dist. 27, q. 2, a. 1, ad 6.

1. C. 13, n. 1: ML 41, 640.

non loquimur nunc nisi de pace hominum. Ergo pax est idem quod concordia.

2. PRAETEREA, concordia est quaedam unio voluntatum. Sed ratio pacis in tali unione consistit: dicit enim Dionysius, 11 cap. *de Div. Nom.*², quod *pax est omnium unitiva et consensus operativa*. Ergo pax est idem quod concordia.

3. PRAETEREA, quorum est idem oppositum, et ipsa sunt idem. Sed idem opponitur concordiae et paci, scilicet dissensio: unde dicitur, 1Cor 14,33: *Non est dissensionis Deus, sed pacis*. Ergo pax est idem quod concordia.

SED CONTRA est quod concordia potest esse aliquorum impiorum in malo. Sed *non est pax impiis*, ut dicitur Is 48,22. Ergo pax non est idem quod concordia.

RESPONDEO dicendum quod pax includit concordiam et aliquid addit. Unde ubicumque est pax, ibi est concordia: non tamen ubicumque est concordia, est pax, si nomen pacis proprie sumatur. Concordia enim, proprie sumpta, est ad alterum: inquantum scilicet diversorum cordium voluntates simul in unum consensum conveniunt. Contingit etiam unius hominis cor tendere in diversa: et hoc dupliciter. Uno quidem modo, secundum diversas potentias appetitivas: sicut appetitus sensitivus plerumque tendit in contrarium rationalis appetitus, secundum illud Gl 5,17: *Caro concupiscit adversus spiritum*. Alio modo, inquantum una et eadem vis appetitiva in diversa appetibilia tendit quae simul assequi non potest. Unde necesse est esse repugnantiam motuum appetitus. Unio autem horum motuum est quidem de ratione pacis: non enim homo habet pacatum cor quandiu, etsi habeat aliquid quod vult, tamen adhuc restat ei aliquid volendum quod simul habere non potest. Haec autem unio non est de ratione concordiae. Unde concordia importat unionem appetituum diversorum appetentium: pax autem supra hanc unionem, importat etiam appetituum unius appetentis unionem.

AD PRIMUM ergo dicendum quod Augustinus loquitur ibi de pace quae est unius hominis ad alium. Et hanc pacem dicit esse concordiam, non

falamos da paz que concerne aos homens. Logo, ela é idêntica à concórdia.

2. ALÉM DISSO, a concórdia consiste em certa união das vontades. Ora, a razão da paz consiste nessa união, como diz Dionísio: "A paz une a todos e opera o consenso". Logo, a paz é idêntica à concórdia.

3. ADEMAIS, quando duas coisas se opõem a uma são idênticas. Ora, a concórdia e a paz se opõem a uma, que é a dissensão, segundo a primeira Carta aos Coríntios: "Deus não é o Deus da dissensão, mas da paz". Logo, a paz é idêntica à concórdia.

EM SENTIDO CONTRÁRIO, pode haver concórdia entre alguns ímpios para praticar o mal. Ora, segundo o livro de Isaías, "não há paz para os ímpios". Logo, a paz não é idêntica à concórdia.

RESPONDO. A paz inclui a concórdia e lhe acrescenta alguma coisa. Logo, em todo lugar onde há paz, há concórdia, mas a recíproca não é verdadeira, se tomarmos a palavra paz no sentido próprio. Com efeito, a concórdia propriamente dita se refere ao outro, enquanto as vontades de muitos se unem num mesmo consenso. Acontece, também, que o coração de um mesmo homem tenha tendências diversas, e isso, de dois modos. De um modo, segundo as diversas potências apetitivas; assim, o apetite sensitivo tende mais frequentemente ao sentido contrário do apetite racional, segundo a Carta aos Gálatas: "A carne tem aspirações contrárias ao espírito". De outro modo, quando a mesma potência apetitiva tende para diferentes objetos desejáveis que ela não pode alcançar simultaneamente. É necessário então que haja contrariedade entre os movimentos do apetite. Ora, a união destes movimentos pertence à razão da paz; pois o coração do homem não tem a paz, enquanto, embora tenha algo do que quer, ainda lhe resta algo a querer que, simultaneamente, não pode ter. Ora, esta união não pertence à razão da concórdia. Assim, pois, a concórdia implica a união das tendências afetivas de muitas pessoas, ao passo que a paz implica, além desta união, também a união dos apetites da mesma pessoa[a].

QUANTO AO 1º, portanto, deve-se dizer que Agostinho, nesta citação, fala da paz entre um homem e outro, e chama essa paz de concórdia, não

---

2. MG 3, 948 D.

a. Para definir a paz, Sto. Tomás parte da ideia comum de concórdia, isto é, da paz entre os homens. A concórdia, que pode ser um simples estado de fato, não basta à paz: esta comporta uma exigência moral; além disso, tem relação com Deus: é de ordem transcendental (a. 2), e de ordem teologal (a. 3).

quamlibet, sed *ordinatam*: ex eo scilicet quod unus homo concordat cum alio secundum illud quod utrique convenit. Si enim homo concordet cum alio non spontanea voluntate, sed quasi coactus timore alicuius mali imminentis, talis concordia non est vere pax: quia non servatur ordo utriusque concordantis, sed perturbatur ab aliquo timorem inferente. Et propter hoc praemittit quod *pax est tranquillitas ordinis*. Quae quidem tranquillitas consistit in hoc quod omnes motus appetitivi in uno homine conquiescunt.

AD SECUNDUM dicendum quod, si homo simul cum alio homine in idem consentiat, non tamen consensus eius est omnino unitus nisi etiam sibi invicem omnes motus appetitivi eius sint consentientes.

AD TERTIUM dicendum quod paci opponitur duplex dissensio: scilicet dissensio hominis ad seipsum, et dissensio hominis ad alterum. Concordiae vero opponitur haec sola secunda dissensio.

uma qualquer, mas uma concórdia "na ordem", isto é, onde um concorda com o outro segundo o que convém a ambos. Pois, se um concorda com outro, não livremente, mas como que coagido pelo temor de um perigo iminente, semelhante concórdia não é uma verdadeira paz, porque não foi observada a ordem entre os que concordam, mas perturbada pela causa que provocou o temor. É por isso que Agostinho disse antes: "A paz é a tranquilidade da ordem", cuja tranquilidade consiste que em cada homem todos os movimentos do apetite estejam em repouso.

QUANTO AO 2º, deve-se dizer que se um homem estiver de acordo com outro acerca de um mesmo objeto, não se segue que o acordo constitua uma união completa a não ser que todos os seus movimentos apetitivos estiverem acordes entre si.

QUANTO AO 3º, deve-se dizer que duas dissensões se opõem à paz: a de um homem para consigo mesmo, e a de um homem para com um outro. Somente este último tipo de dissensão se opõe à concórdia.

ARTICULUS 2
Utrum omnia appetant pacem

AD SECUNDUM SIC PROCEDITUR. Videtur quod non omnia appetant pacem.

1. Pax enim, secundum Dionysium[1], est *unitiva consensus*. Sed in his quae cognitione carent non potest uniri consensus. Ergo huiusmodi pacem appetere non possunt.

2. PRAETEREA, appetitus non fertur simul ad contraria. Sed multi sunt appetentes bella et dissensiones. Ergo non omnes appetunt pacem.

3. PRAETEREA, solum bonum est appetibile. Sed quaedam pax videtur esse mala: alioquin Dominus non diceret, Mt 10,34: *Non veni mittere pacem*. Ergo non omnia pacem appetunt.

ARTIGO 2
Todas as coisas desejam a paz?

QUANTO AO SEGUNDO, ASSIM SE PROCEDE: parece que **nem** todas as coisas desejam a paz.

1. Com efeito, segundo Dionísio, "a paz une os consensos". Ora, tal união não se produz nos que carecem de conhecimento. Logo, eles não podem desejar a paz.

2. ALÉM DISSO, o apetite não tende simultaneamente para objetos contrários. Ora, muitos desejam guerras e dissensões. Logo, não são todos que desejam a paz.

3. ADEMAIS, só o bem é desejável. Ora, há certa paz que parece má, senão o Senhor não teria dito: "Eu não vim trazer a paz". Logo, nem todas as coisas desejam a paz.

---

2 PARALL.: IV *Sent.*, dist. 49, q. 1, a. 2, q.la 4; *De Verit.*, q. 22, a. 1, ad 12; *De Div. Nom.*, c. 11, lect. 3.

1. *De div. Nom.*, c. 11: MG 3, 948 D.

Deve-se reter porém, antes de tudo, que não é nem um ponto morto, nem uma quietude desértica na qual nada se passa. Sendo *ato* da caridade, seria melhor denominá-la de uma atividade pacificadora. Se retivermos a definição de Sto. Agostinho (r. 1), deve-se notar que, sendo essa "tranquilidade" sempre imperfeita e aleatória, a paz é constantemente o resultado de um combate para superar e dominar as agressões externas, as tensões internas e as forças desestabilizantes. A paz é um "estado" limite, ao qual todos devem tender. Dá-se com ela o que se dá com a saúde, que escapa à definição (definem-se com maior facilidade as doenças), pois é um estado precário de equilíbrio e de dominação das agressões, agressões físicas, químicas, biológicas, psicológicas, espirituais... que provêm de toda parte e de todos os domínios. Do mesmo modo a paz, que não é só uma ausência de guerra ou de disputa, mas uma *vida* em busca de harmonização de todas nossas tendências ativas, retomadas no amor único da caridade. Nosso fim último sendo único é soberanamente pacificante.

A concórdia se instaura entre pessoas, a paz se introduz primeiramente em si.

4. PRAETEREA, illud quod omnia appetunt videtur esse summum bonum, quod est ultimus finis. Sed pax non est huiusmodi: quia etiam in statu viae habetur; alioquin frustra Dominus mandaret, Mc 9,49: *Pacem habete inter vos*. Ergo non omnia pacem appetunt.

SED CONTRA est quod Augustinus dicit, XIX *de Civ. Dei*[2], quod omnia pacem appetunt. Et idem etiam dicit Dionysius, 11 cap. *de Div. Nom.*[3].

RESPONDEO dicendum quod ex hoc ipso quod homo aliquid appetit, consequens est ipsum appetere eius quod appetit assecutionem, et per consequens remotionem eorum quae consecutionem impedire possunt. Potest autem impediri assecutio boni desiderati per contrarium appetitum vel sui ipsius vel alterius: et utrumque tollitur per pacem, sicut supra[4] dictum est. Et ideo necesse est quod omne appetens appetat pacem: inquantum scilicet omne appetens appetit tranquille et sine impedimento pervenire ad id quod appetit, in quo consistit ratio pacis, quam Augustinus definit[5] *tranquillitatem ordinis*.

AD PRIMUM ergo dicendum quod pax importat unionem non solum appetitus intellectualis seu rationalis aut animalis, ad quos potest pertinere consensus, sed etiam appetitus naturalis. Et ideo Dionysius dicit[6] quod *pax est operativa et consensus et connaturalitatis*: ut in consensu importetur unio appetituum ex cognitione procedentium; per connaturalitatem vero importatur unio appetituum naturalium.

AD SECUNDUM dicendum quod illi etiam qui bella quaerunt et dissensiones non desiderant nisi pacem, quam se habere non aestimant. Ut enim dictum est[7], non est pax si quis cum alio concordet contra id quod ipse magis vellet. Et ideo homines quaerunt hanc concordiam rumpere bellando, tanquam defectum pacis habentem, ut ad pacem perveniant in qua nihil eorum voluntati repugnet. Et propter hoc omnes bellantes quaerunt per bella ad pacem aliquam pervenire perfectiorem quam prius haberent.

AD TERTIUM dicendum quod, quia pax consistit in quietatione et unione appetitus; sicut autem appetitus potest esse vel boni simpliciter vel boni

4. ADEMAIS, o que todas as coisas desejam é o sumo bem, que é o fim último. Ora, a paz não é um bem desse gênero, porque se tem mesmo na vida presente. Caso contrário, o Senhor em vão teria recomendado: "Vivei em paz uns com os outros". Logo, nem todos desejam a paz.

EM SENTIDO CONTRÁRIO, Agostinho e Dionísio afirmam que todas as coisas desejam a paz.

RESPONDO. O fato de desejar alguma coisa implica o desejo de entrar em sua posse, bem como a remoção dos obstáculos que possam impedi-la. Ora, a obtenção de um bem desejado pode ser impedida por um desejo contrário de si mesmo ou de um outro; e, como se disse, a paz elimina ambos os obstáculos. Logo, é necessário que aquele que deseja a paz, deseje-a, uma vez que quem tem um desejo, deseja obter tranquilamente e sem impedimentos o objeto desejado. Ora, nisso consiste a razão da paz, que Agostinho define: "a tranquilidade da ordem".

QUANTO AO 1º, portanto, deve-se dizer que a paz comporta a união não somente do apetite intelectual ou racional e do apetite sensitivo, que são suscetíveis de consenso, mas também do apetite natural. Por isso é que Dionísio diz que "a paz produz o consenso e a conaturalidade". No consenso está implicada a união dos apetites procedentes do conhecimento; na conaturalidade está implicada a união dos apetites naturais.

QUANTO AO 2º, deve-se dizer que mesmo os que procuram guerras e dissensões, na realidade desejam a paz, que consideram não possuir. Como foi dito, não há paz se alguém concorda com outro em algo contrário ao que ele mesmo mais quer. Por isso os homens, ao fazerem a guerra, procuram romper essa concórdia, como se nela não houvesse paz, para obterem uma paz na qual nada mais será contrário a suas vontades. Eis porque todos os que fazem a guerra, por ela almejam alcançar uma paz mais perfeita do que a possuída anteriormente.

QUANTO AO 3º, deve-se dizer que a paz consiste no repouso e na unidade do apetite. Mas, assim como o apetite pode tender para um bem absoluto

---

2. C. 12, n. 1: ML 41, 638.
3. MG 3, 948 D.
4. Art. praec.
5. *De civ. Dei*, l. XIX, c. 13, n. 1: ML 41, 640.
6. Loc. cit.
7. A. praec., ad 1.

apparentis, ita etiam et pax potest esse et vera et apparens: vera quidem pax non potest esse nisi circa appetitum veri boni; quia omne malum, etsi secundum aliquid appareat bonum, unde ex aliqua parte appetitum quietet, habet tamen multos defectus, ex quibus appetitus remanet inquietus et perturbatus. Unde pax vera non potest esse nisi in bonis et bonorum. Pax autem quae malorum est, est pax apparens et non vera. Unde dicitur Sap 14,22: *In magno viventes inscientiae bello, tot et tanta mala pacem arbitrati sunt.*

AD QUARTUM dicendum quod, cum vera pax non sit nisi de bono, sicut dupliciter habetur verum bonum, scilicet perfecte et imperfecte, ita est duplex pax vera. Una quidem perfecta, quae consistit in perfecta fruitione summi boni, per quam omnes appetitus uniuntur quietati in uno. Et hic est ultimus finis creaturae rationalis: secundum illud Ps 147,3: *Qui posuit fines tuos pacem.* — Alia vero est pax imperfecta, quae habetur in hoc mundo. Quia etsi principalis animae motus quiescat in Deo, sunt tamen aliqua repugnantia et intus et extra quae perturbant hanc pacem.

ARTICULUS 3
Utrum pax sit proprius effectus caritatis

AD TERTIUM SIC PROCEDITUR. Videtur quod pax non sit proprius effectus caritatis.
1. Caritas enim non habetur sine gratia gratum faciente. Sed pax a quibusdam habetur qui non habent gratiam gratum facientem: sicut et gentiles aliquando habent pacem. Ergo pax non est effectus caritatis.
2. PRAETEREA, illud non est effectus caritatis cuius contrarium cum caritate esse potest. Sed dissensio, quae contrariatur paci, potest esse cum caritate: videmus enim quod etiam sacri Doctores, ut Hieronymus et Augustinus, in aliquibus opinionibus dissenserunt[1]; Paulus etiam et Barnabas

ou para um bem aparente, assim também a paz pode ser verdadeira ou aparente. A verdadeira paz não pode existir senão com o desejo de um bem verdadeiro, porque todo mal, mesmo sob a aparência de bem pela qual satisfaz parcialmente o apetite, encerra muitas deficiências, e por causa delas o apetite permanece inquieto e perturbado. A verdadeira paz, portanto, só pode existir no bem e entre os bons. Logo, a paz dos maus é aparente e não verdadeira. É o que declara o livro da Sabedoria: "Vivendo na grande guerra da ignorância, a tantos e tão grandes males proclamam que é paz"[b].

QUANTO AO 4º, deve-se dizer que a verdadeira paz só pode fundar-se sobre o bem; e como podemos possuir um verdadeiro bem de duas maneiras, perfeita ou imperfeitamente, assim também há dois tipos de paz verdadeira. Uma, perfeita, que consiste no gozo perfeito do bem supremo, que une e pacifica todos os desejos: este é o fim último da criatura racional, conforme a palavra do Salmo: "Ele estabeleceu a paz em tuas fronteiras". — A outra, imperfeita, é a que possuímos neste mundo; porque, se o desejo primordial da alma repousa em Deus, há contudo certos estorvos internos e externos que perturbam essa paz.

ARTIGO 3
A paz é o efeito próprio da caridade?

QUANTO AO TERCEIRO, ASSIM SE PROCEDE: parece que a paz **não** é o efeito próprio da caridade.
1. Com efeito, não se pode ter a caridade sem a graça santificante. Ora, há homens que têm a paz sem essa graça, como se vê entre os pagãos. Logo, a paz não é o efeito da caridade.
2. ALÉM DISSO, não é efeito da caridade aquilo cujo contrário pode existir com ela. Ora, pode haver, conjuntamente com a caridade, dissensões que são contrárias à paz; pois vemos que até mesmo santos doutores, como Jerônimo e Agostinho, discordaram sobre certas opiniões; lemos que inclu-

---

3 PARALL.: I-II, q. 70, a. 3; *De duob. Praecept. Carit.*, etc., Prolog.

1. Cfr. AUGUSTINUM, *Epist.* 28: ML 33, 111-114 (= ML 22, 565-568); *epist.* 40: ML 33, 154-158 (= ML 22, 647-651); *epist.* 82: ML 33, 275-291 (= ML 22, 936-953); — HIERONYMUM, *Epist.* 112: ML 22, 916-931 (= ML 33, 251-263); *In Gal.*, l. I, super 2, 11: ML 26, 338 C-341 C.

b. Todos desejam a paz, como se uma espécie de peso conduzisse cada um rumo à unidade da realização final. "A criação inteira geme ainda agora nas dores do parto", diz são Paulo (Rm 8,22). Mas, entre os humanos, o verdadeiro fim parece tão pouco procurado, que sem dúvida há mais falsas pazes do que verdadeiras. Para tirar os homens das pazes mentirosas, das preguiças, da segurança no erro... o Senhor "traz a espada" (Mt 10,35).

dissensisse leguntur, Act 15,37sqq. Ergo videtur quod pax non sit effectus caritatis.

3. PRAETEREA, idem non est proprius effectus diversorum. Sed pax est effectus iustitiae: secundum illud Is 32,17: *Opus iustitiae pax*. Ergo non est effectus caritatis.

SED CONTRA est quod dicitur in Ps 118,165: *Pax multa diligentibus legem tuam*.

RESPONDEO dicendum quod duplex unio est de ratione pacis, sicut dictum est[2]: quarum una est secundum ordinationem propriorum appetituum in unum; alia vero est secundum unionem appetitus proprii cum appetitu alterius. Et utramque unionem efficit caritas. Primam quidem unionem, secundum quod Deus diligitur ex toto corde, ut scilicet omnia referamus in ipsum: et sic omnes appetitus nostri in unum feruntur. Aliam vero, prout diligimus proximum sicut nosipsos, ex quo contingit quod homo vult implere voluntatem proximi sicut et sui ipsius. Et propter hoc inter amicabilia unum ponitur identitas electionis: ut patet in IX *Ethic*.[3]; et Tullius dicit, in libro *de Amicitia*[4], quod *amicorum est idem velle et nolle*.

AD PRIMUM ergo dicendum quod a gratia gratum faciente nullus deficit nisi propter peccatum, ex quo contingit quod homo sit aversus a fine debito, in aliquo indebito finem constituens. Et secundum hoc appetitus eius non inhaeret principaliter vero finali bono, sed apparenti. Et propter hoc sine gratia gratum faciente non potest esse vera pax, sed solum apparens.

AD SECUNDUM dicendum quod, sicut Philosophus dicit, in IX *Ethic*.[5], ad amicitiam non pertinet concordia in opinionibus, sed concordia in bonis conferentibus ad vitam, et praecipue in magnis: quia dissentire in aliquibus parvis quasi videtur non esse dissensus. Et propter hoc nihil prohibet aliquos caritatem habentes in opinionibus dissentire. Nec hoc repugnat paci: quia opiniones pertinent ad intellectum, qui praecedit appetitum, qui per pacem unitur. — Similiter etiam, existente concordia in principalibus bonis, dissensio in ali-

sive Paulo e Barnabé tiveram desacordos. Logo, parece que a paz não é o efeito da caridade.

3. ADEMAIS, uma mesma coisa não pode ser o efeito próprio de causas diversas. Ora, a paz é efeito da justiça, segundo o livro de Isaías: "A paz é obra da justiça". Logo, não é o efeito da caridade.

EM SENTIDO CONTRÁRIO, está escrito no Salmo: "Grande paz para os que amam a tua lei".

RESPONDO. A razão da paz, como foi dito, implica uma dupla união: uma que resulta da orientação dos próprios apetites a um objeto; a outra resulta da união do próprio apetite com o de outrem. Estas duas uniões são produzidas pela caridade. A primeira, quando se ama a Deus de todo o coração, a ponto de tudo referirmos a ele; e assim todos os nossos apetites se orientam para um objeto. A segunda, quando amamos o próximo como a nós mesmos, razão pela qual desejamos a realização da vontade dele como se fosse a nossa. É por isso que Aristóteles afirmou a identidade da escolha entre os sinais da amizade, e que Túlio diz: "É próprio dos amigos quererem e não quererem as mesmas coisa"[c].

QUANTO AO 1º, portanto, deve-se dizer que ninguém é privado da graça santificante a não ser em razão do pecado, razão pela qual o homem se afasta do verdadeiro fim e estabelece o fim em algo não verdadeiro. Assim sendo, seu apetite não adere principalmente ao verdadeiro bem final, mas a um bem aparente. Por esta razão, sem a graça santificante, não pode haver verdadeira paz, mas somente uma paz aparente[d].

QUANTO AO 2º, deve-se dizer que a amizade, como diz o Filósofo, não comporta a concórdia de opiniões, mas a dos bens úteis à vida, sobretudo dos mais importantes; pois dissentir nas pequenas coisas é como não dissentir. Por isso, nada impede que alguns, que têm caridade, discordem nas suas opiniões. Isso não se opõe à paz, pois as opiniões são relativas ao intelecto, que precede o apetite, unido pela paz[e]. — Do mesmo modo, quando existe a concórdia sobre os bens fundamentais, um desacordo sobre coisas mínimas não é contra

---

2. Art. 1.
3. C. 4: 1166, a, 7-10.
4. C. 17 (ed. C. F. W. Müller, Lipsiae 1890, p. 182, ll. 34-37).
5. C. 6: 1167, a, 22-24.

---

c. O amor de Deus difundido em nossos corações nos conduz para a paz de Deus "que ultrapassa toda compreensão" (Fl 4,7).
d. Sem a graça não há paz perfeita, devido ao pecado que desvia do verdadeiro fim. O que significa que a graça pode estar presente em tudo, mesmo não esteja em toda parte de maneira profunda.
e. Só há paz quando o interlocutor compreende que a dissensão do outro se funda neste sobre um amor comum.

quibus parvis non est contra caritatem. Procedit enim talis dissensio ex diversitate opinionum, dum unus aestimat hoc de quo est dissensio pertinere ad illud bonum in quo conveniunt, et alius aestimat non pertinere. — Et secundum hoc talis dissensio de minimis et de opinionibus repugnat quidem paci perfectae, in qua plene veritas cognoscetur et omnis appetitus complebitur: non tamen repugnat paci imperfectae, qualis habetur in via.

AD TERTIUM dicendum quod pax est opus iustitiae indirecte, inquantum scilicet removet prohibens. Sed est opus caritatis directe: quia secundum propriam rationem caritas pacem causat. Est enim amor *vis unitiva*, ut Dionysius dicit, 4 cap. *de Div. Nom.*[6]: pax autem est unio appetitivarum inclinationum.

ARTICULUS 4
Utrum pax sit virtus

AD QUARTUM SIC PROCEDITUR. Videtur quod pax sit virtus.

1. Praecepta enim non dantur nisi de actibus virtutum. Sed dantur praecepta de habendo pacem: ut patet Mc 9,49: *Pacem habete inter vos*. Ergo pax est virtus.

2. PRAETEREA, non meremur nisi actibus virtutum. Sed facere pacem est meritorium: secundum illud Mt 5,9: *Beati pacifici: quoniam filii Dei vocabuntur*. Ergo pax est virtus.

3. PRAETEREA, vitia virtutibus opponuntur. Sed dissensiones, quae opponuntur paci, numerantur inter vitia; ut patet Gl 5,20. Ergo pax est virtus.

SED CONTRA, virtus non est finis ultimus, sed via in ipsum. Sed pax est quodammodo finis ultimus; ut Augustinus dicit, XIX *de Civ. Dei*[1]. Ergo pax non est virtus.

a caridade. Pois essa dissensão provém da diversidade de opiniões; enquanto um pensa que o objeto do desacordo diz respeito a um bem sobre o qual estão de acordo; o outro pensa que não diz respeito. — Nesse sentido, um tal desacordo sobre coisas mínimas e sobre opiniões, certamente é contrário à paz perfeita, na qual a verdade será plenamente conhecida e todo o apetite satisfeito. Mas ele não é contrário à paz imperfeita, como a que temos nesta vida[f].

QUANTO AO 3º, deve-se dizer que a justiça produz a paz indiretamente, removendo-lhe o obstáculo. Mas a caridade a produz diretamente, porque ela é, por sua própria razão, causa da paz. Com efeito, segundo Dionísio, o amor é "uma força unificante", e a paz é a união das inclinações apetitivas[g].

ARTIGO 4
A paz é uma virtude?

QUANTO AO QUARTO, ASSIM SE PROCEDE: Parece que a paz é uma virtude.

1. Com efeito, não se dão preceitos a não ser para os atos das virtudes. Ora, há preceitos que ordenam a paz, como o do Evangelho de Marcos: "Tende paz entre vós". Logo, a paz é uma virtude.

2. ALÉM DISSO, nós não merecemos a não ser por atos virtuosos. Ora, promover a paz é uma coisa meritória, como diz o Evangelho de Mateus: "Bem-aventurados os que promovem a paz, porque serão chamados filhos de Deus". Logo, a paz é uma virtude.

3. ADEMAIS, os vícios são opostos às virtudes. Ora, os desacordos que são opostos à paz estão enumerados entre os vícios, como se lê na Carta aos Gálatas. Logo, a paz é uma virtude.

EM SENTIDO CONTRÁRIO, a virtude não é o fim último, mas o caminho para ele. Ora, para Agostinho, a paz é de certa maneira o fim último. Logo, ela não é uma virtude.

---

6. MG 3, 709 C, 713 B.

1. C. 11: ML 41, 637.

f. Não existe desacordo no céu. Na Terra, os desacordos puramente intelectuais, ou os desacordos sobre questões práticas de pouco importância não impedem necessariamente os acordos profundos.

g. A justiça não basta à paz. Ela não une. Tem relação com o outro na medida em que é outro, tendo direitos opostos, ou diferentes. Respeita esses direitos, é tudo. A caridade vê o outro enquanto companheiro de vida divina, que forma um só consigo mesmo. A caridade busca a justiça, suscita-a, mas vai além. Uma justiça sem caridade opõe mais do que une: não é a paz.

RESPONDEO dicendum quod, sicut supra[2] dictum est, cum omnes actus se invicem consequuntur, secundum eandem rationem ab agente procedentes, omnes huiusmodi actus ab una virtute procedunt, nec habent singuli singulas virtutes a quibus procedant. Ut patet in rebus corporalibus: quia enim ignis calefaciendo liquefacit et rarefacit, non est in igne alia virtus liquefactiva et alia rarefactiva, sed omnes actus hos operatur ignis per unam suam virtutem calefactivam. Cum igitur pax causetur ex caritate secundum ipsam rationem dilectionis Dei et proximi, ut ostensum est[3], non est alia virtus cuius pax sit proprius actus nisi caritas: sicut et de gaudio dictum est[4].

AD PRIMUM ergo dicendum quod ideo praeceptum datur de pace habenda, quia est actus caritatis. Et propter hoc etiam est actus meritorius. Et ideo ponitur inter beatitudines, quae sunt actus virtutis perfectae, ut supra[5] dictum est. Ponitur etiam inter fructus: inquantum est quoddam finale bonum spiritualem dulcedinem habens.

Et per hoc patet solutio AD SECUNDUM.

AD TERTIUM dicendum quod uni virtuti multa vitia opponuntur, secundum diversos actus eius. Et secundum hoc caritati non solum opponitur odium, ratione actus dilectionis; sed etiam acedia vel invidia, ratione gaudii; et dissensio, ratione pacis.

RESPONDO. Como foi dito, quando todos os atos se sucedem uns aos outros, procedentes de um mesmo agente segundo uma mesma razão, todos provêm de uma única virtude, e não cada qual de uma virtude particular. É o que se vê na natureza: o fogo, aquecendo, liquefaz e rarefaz; não há no fogo uma virtude liquefativa e uma outra virtude rarefativa; é por sua única virtude calefaciente que ele produz tais efeitos. Ora, sendo a paz causada pela caridade, segundo a própria razão do amor de Deus e do próximo, como já foi mostrado, não há outra virtude de que a paz seja o ato próprio senão a caridade, como também já foi dito a propósito da alegria[h].

QUANTO AO 1º, portanto, deve-se dizer que há preceitos que ordenam a paz, porque ela é um ato de caridade. É também o que a faz meritória. E por isso é afirmada entre as bem-aventuranças, que são os atos de uma virtude perfeita, como já foi dito. Ela é também afirmada entre os frutos por ser um bem final repleto de doçura espiritual.

QUANTO AO 2º, deve-se dizer que o que precede responde à objeção.

QUANTO AO 3º, deve-se dizer que muitos vícios se opõem a uma só virtude segundo os seus diferentes atos. Nesse sentido, são contrários à caridade não somente o ódio, em razão do ato do amor, mas também a acídia ou a inveja, em razão da alegria, e o desacordo, em razão da paz[i].

---

2. Q. 28, a. 4.
3. Art. praec.
4. Q. 28, a. 4. — Cfr. I-II, q. 70, a. 3.
5. I-II, q. 69, a. 1, 3.

h. A paz não é uma virtude especial, pois é produzida pela virtude de caridade, precisamente enquanto esta é uma caridade. É um fruto tão excelente que constitui uma "bem-aventurança", no sentido em que Sto. Tomás define esta última (I-II, q. 69, a. 1).

i. Como existem tristezas *viciosas* contrapostas à alegria (q. 28, a. 4, r. 1), assim existem certos vícios contrapostos à paz, que veremos adiante, q. 37 a 42. Assim, nem tudo é dito sobre a paz nesta questão: voltaremos a este ponto. Deve-se reter aqui as distinções já estabelecidas entre ordem de *justiça* e união dos humanos no *amor*; entre a paz exterior e a paz interior; entre as verdadeiras e as falsas pazes; entre a paz divina, fonte de toda outra, a paz humana, principalmente espiritual, fonte de paz social, e a paz do universo que toda criação "espera" na expectativa de novos céus e da nova terra.

QUAESTIO XXX
DE MISERICORDIA
in quatuor articulos divisa

Deinde considerandum est de misericordia.
Et circa hoc quaeruntur quatuor.
Primo: utrum malum sit causa misericordiae ex parte eius cuius miseremur.

QUESTÃO 30
A MISERICÓRDIA[a]

em quatro artigos

Em seguida, deve-se considerar a misericórdia. Neste ponto, são quatro as perguntas:
1. A causa da misericórdia é o mal daquele por quem a temos?

---

a. A misericórdia constitui o terceiro efeito da caridade. Nós a veremos em ação adiante, em especial na esmola, na correção fraterna. Mas, antes de se produzir em atividade exterior, ela é uma atitude afetiva, fruto imediato da caridade na alma.

Secundo: quorum sit misereri.
Tertio: utrum misericordia sit virtus.
Quarto: utrum sit maxima virtutum.

Articulus 1
Utrum malum sit proprie motivum ad misericordiam

AD PRIMUM SIC PROCEDITUR. Videtur quod malum non sit proprie motivum ad misericordiam.

1. Ut enim supra[1] ostensum est, culpa est magis malum quam poena. Sed culpa non est provocativum ad misericordiam, sed magis ad indignationem. Ergo malum non est misericordiae provocativum.

2. PRAETEREA, ea quae sunt crudelia seu dira videntur quendam excessum mali habere. Sed Philosophus dicit, in II *Rhet.*[2], quod *dirum est aliud a miserabili, et expulsivum miserationis.* Ergo malum, inquantum huiusmodi, non est motivum ad misericordiam.

3. PRAETEREA, signa malorum non vere sunt mala. Sed signa malorum provocant ad misericordiam; ut patet per Philosophum, in II *Rhet.*[3]. Ergo malum non est proprie provocativum misericordiae.

SED CONTRA est quod Damascenus dicit, in II *lib*[4], quod misericordia est species tristitiae. Sed motivum ad tristitiam est malum. Ergo motivum ad misericordiam est malum.

RESPONDEO dicendum quod, sicut Augustinus dicit, IX *de Civ. Dei*[5], *misericordia est alienae miseriae in nostro corde compassio, qua utique, si possumus, subvenire compellimur*: dicitur enim misericordia ex eo quod aliquis habet *miserum cor* super miseria alterius, Miseria autem felici-

2. De quem se tem misericórdia?
3. Ela é uma virtude?
4. Ela é a maior das virtudes?

Artigo 1
O mal é a causa própria da misericórdia?

QUANTO AO PRIMEIRO ARTIGO, ASSIM SE PROCEDE: parece que o mal **não** é a causa própria da misericórdia.

1. Com efeito, a culpa, como já se demonstrou, é um mal maior que a pena. Ora, a culpa, longe de provocar a misericórdia, provoca a indignação. Logo, o mal não é o que motiva a misericórdia.

2. ALÉM DISSO, as coisas cruéis ou terríveis parecem comportar um excesso de mal. Ora, diz o Filósofo que, "o que é terrível é estranho à compaixão e exclui a misericórdia". Logo, o mal, como tal, não é o motivo da misericórdia.

3. ADEMAIS, os indícios de males não são verdadeiros males. Ora, diz o Filósofo que os indícios dos males provocam a misericórdia. Logo, o mal não é o motivo próprio da misericórdia.

EM SENTIDO CONTRÁRIO, Damasceno diz que a misericórdia é uma espécie de tristeza. Ora, é o mal que move à tristeza. Logo, é o mal que move à misericórdia.

RESPONDO. Agostinho diz que "a misericórdia é a compaixão que o nosso coração experimenta pela miséria alheia, que nos leva a socorrê-la, se o pudermos". Com efeito, a palavra *misericórdia* significa um coração comiserado pela miséria alheia. Ora, a miséria opõe-se à felicidade[b]; e a

---

1

1. Q. 19, a. 1; I, q. 48, a. 6.
2. C. 8: 1386, a, 22.
3. C. 8: 1386, b, 2-4.
4. *De fide orth.*, l. II, c. 14: MG 94, 932 B.
5. C. 5: ML 41, 261.

É nesse sentido que é primeiramente apresentada aqui. Estuda-se em primeiro lugar seu objeto, ou mais precisamente, sua causa (a. 1 e 2), depois se afirma que esse objeto merece a especialização de uma virtude particular no interior da caridade.

b. *Miseria* e *Felicitas* são em latim duas realidades antagônicas. A "felicidade" consiste em "possuir o que queremos", com vontade boa. A "miséria" é um mal que não queremos: que contraria a vontade. É essencial e unicamente um "mal de pena", que se distingue do "mal de culpa" (ver I, q. 19, a. 9). É um mal à nossa revelia, *não desejado*, que pode suscitar a compaixão; já o mal de culpa é por definição um mal *desejado*, que só pode, ou deve, provocar a reprovação.

As coisas, contudo, se encontram às vezes misturadas. Por vezes, a pena é *aceita*, como ocorre na *satisfação* (cf. III, q. 90, a. 1, 2, 3). Sendo querida, ela não é mais uma *miséria*, nem uma *infelicidade*. Ocorre igualmente que o pecado seja cometido não inteiramente por malícia, isto é, por uma vontade má, mas também, e às vezes sobretudo, por fraqueza. Clama então não por indignação, mas por desculpa e perdão. De maneira geral, desde que a vontade não está se faz sentir, o pecado é miséria, o qual é objeto de misericórdia.

tati opponitur. Est autem de ratione beatitudinis sive felicitatis ut aliquis potiatur eo quod vult: nam sicut Augustinus dicit, XIII *de Trin.*[6], *beatus qui habet omnia quae vult, et nihil mali vult.* Et ideo e contrario ad miseriam pertinet ut homo patiatur quae non vult. Tripliciter autem aliquis vult aliquid. Uno quidem modo, appetitu naturali: sicut omnes homines volunt esse et vivere. Alio modo homo vult aliquid per electionem ex aliqua praemeditatione. Tertio modo homo vult aliquid non secundum se, sed in causa sua: puta, qui vult comedere nociva, quodammodo dicimus eum velle infirmari.

Sic igitur motivum misericordiae est, tanquam ad miseriam pertinens, primo quidem illud quod contrariatur appetitui naturali volentis: scilicet mala corruptiva et contristantia, quorum contraria homines naturaliter appetunt. Unde Philosophus dicit, in II *Rhet.*[7], quod *misericordia est tristitia quaedam super apparenti malo corruptivo vel contristativo.* — Secundo, huiusmodi magis efficiuntur ad misericordiam provocantia si sint contra voluntatem electionis. Unde et Philosophus ibidem[8] dicit quod illa mala sunt miserabilia *quarum fortuna est causa:* puta *cum aliquod malum eveniat unde sperabatur bonum.* — Tertio autem, sunt adhuc magis miserabilia si sunt contra totam voluntatem: puta si aliquis semper sectatus est bona et eveniunt ei mala. Et ideo Philosophus dicit, in eodem libro, quod *misericordia maxime est super malis eius qui indignus patitur.*

AD PRIMUM ergo dicendum quod de ratione culpae est quod sit voluntaria. Et quantum ad hoc non habet rationem miserabilis, sed magis rationem puniendi. Sed quia culpa potest esse aliquo modo poena, inquantum scilicet habet aliquid annexum quod est contra voluntatem peccantis, secundum hoc potest habere rationem miserabilis. Et secundum hoc miseremur et compatimur peccantibus: sicut Gregorius dicit, in quadam homilia[9], quod *vera iustitia non habet dedignationem,* scilicet ad peccatores, *sed compassionem.* Et Mt 9,36 dicitur: *Videns Iesus turbas misertus est eis: quia erant vexati, et iacentes sicut oves non habentes pastorem.*

razão da bem-aventurança ou da felicidade está em possuir o que se quer (conforme a justiça)[c]. Diz Agostinho que "feliz é aquele que tem tudo o que quer, e nada quer de mau". A miséria, ao contrário, está em sofrer o que não se quer. Ora, de três modos alguém quer uma coisa. 1º) Pelo apetite natural: assim todos os homens querem existir e viver. 2º) Por uma escolha deliberada. 3º) Não em si, mas na sua causa; por exemplo, quando alguém quer comer o que lhe faz mal, dizemos que, de certa maneira, ele quer se tornar doente.

Pelo exposto, o que move a misericórdia enquanto se refere à miséria, é em primeiro lugar, aquilo que se opõe ao apetite natural daquele que quer, isto é, os males destruidores e aflitivos, cujo contrário os homens naturalmente desejam: "A misericórdia, diz o Filósofo, é a tristeza causada diante de um mal destruidor e aflitivo". — Em segundo lugar, os referidos males suscitam ainda mais a misericórdia quando se opõem à vontade da escolha; daí o Filósofo dizer no mesmo lugar: são dignos de compaixão "os males que têm por causa o acaso", por exemplo, "quando nos acontece um mal no lugar de um bem esperado". — Em terceiro lugar, tais males são ainda mais dignos de compaixão se se opõem totalmente à vontade; é o caso, por exemplo, daquele que sempre buscou o bem, mas lhe sobrevieram males. Por isso, o Filósofo diz: "A misericórdia chega ao seu extremo nos males que alguém padece sem os merecer".

QUANTO AO 1º, portanto, deve-se dizer que é da razão da culpa que ela seja voluntária. Sendo assim, ela não tem razão de misericórdia, mas de punição. Mas como a culpa pode ser certa pena, por ser acompanhada de um elemento contrário à vontade do pecador, nesse sentido ela pode ter razão de misericórdia. É assim que temos misericórdia e compaixão pelos pecadores; pois, como diz Gregório, "a verdadeira justiça não ostenta desprezo, mas compaixão" pelos pecadores. E no Evangelho de Mateus diz que "Jesus, vendo as multidões, teve compaixão delas, porque estavam cansadas e abatidas, como ovelhas sem pastor".

---

6. C. 5: ML 42, 1020.
7. C. 8: 1385, b, 13-14.
8. C. 8: 1386, a, 5-7; 11-12.
9. Hom. 34 *in Evang.*, n. 2: ML 76, 1246 D.

c. As palavras entre parênteses faltam em certos manuscritos. Especificam o sentido no qual, ao que tudo indica, se deve entender a frase.

AD SECUNDUM dicendum quod quia misericordia est compassio miseriae alterius, proprie misericordia est ad alterum: non autem ad seipsum, nisi secundum quandam similitudinem, sicut et iustitia, secundum quod in homine considerantur diversae partes, ut dicitur in V *Ethic.*[10] Et secundum hoc dicitur Eccli 30,24: *Miserere animae tuae placens Deo*. Sicut ergo misericordia non est proprie ad seipsum, sed dolor, puta cum patimur aliquid crudele in nobis; ita etiam, si sint aliquae personae ita nobis coniunctae ut sint quasi aliquid nostri, puta filii aut parentes, in eorum malis non miseremur, sed dolemus, sicut in vulneribus propriis. Et secundum hoc Philosophus dicit quod *dirum est expulsivum miserationis*.

AD TERTIUM dicendum quod sicut ex spe et memoria bonorum sequitur delectatio, ita ex spe et memoria malorum sequitur tristitia: non autem tam vehemens sicut ex sensu praesentium. Et ideo signa malorum, inquantum repraesentant nobis mala miserabilia sicut praesentia, commovent ad miserendum.

ARTICULUS 2
Utrum defectus sit ratio miserendi ex parte miserentis

AD SECUNDUM SIC PROCEDITUR. Videtur quod defectus non sit ratio miserendi ex parte miserentis.

1. Proprium enim Dei est misereri: unde dicitur in Ps 144,9: *Miserationes eius super omnia opera eius*. Sed in Deo nullus est defectus. Ergo defectus non potest esse ratio miserendi.

2. PRAETEREA, si defectus est ratio miserendi, oportet quod illi qui maxime sunt cum defectu maxime misereantur. Sed hoc est falsum: dicit enim Philosophus, in II *Rhet.*[1], quod *qui ex toto perierunt non miserentur*. Ergo videtur quod defectus non sit ratio miserendi ex parte miserentis.

QUANTO AO 2º, deve-se dizer que, sendo a misericórdia a compaixão pela miséria alheia, ela é propriamente relativa a outrem e não a si mesmo a não ser por certa comparação, como também a justiça, enquanto no homem se consideram diversas partes, como diz o livro V da *Ética*. E nesse sentido diz o livro do Eclesiástico: "Tem piedade de tua alma e faze-te agradável a Deus". Assim como a misericórdia não é propriamente relativa a si mesmo, mas é uma dor, como quando alguma crueldade nos atinge; assim também se há pessoas próximas que são como algo nosso, como nossos filhos ou pais, não temos misericórdia por seus males, mas dor, como por nossas próprias feridas. É neste sentido que devemos entender a palavra do Filósofo: "O que é terrível exclui a misericórdia"[d].

QUANTO AO 3º, deve-se dizer que assim como à esperança e à lembrança dos bens segue-se a alegria, assim também à esperança e à lembrança dos males segue-se a tristeza, mas não de modo tão veemente como se os sentíssemos presentes. Eis porque os indícios dos males, que nos fazem ver como presentes males dignos de compaixão, movem à misericórdia.

ARTIGO 2
A deficiência de quem se compadece é a razão de ser misericordioso?[e]

QUANTO AO SEGUNDO, ASSIM SE PROCEDE: parece que a deficiência de quem se compadece **não** é a razão de ser misericordioso.

1. Com efeito, é próprio de Deus ser misericordioso, segundo o Salmo: "Sua misericórdia se estende sobre todas as suas obras". Ora, Deus não tem nenhuma deficiência. Logo, é impossível que a deficiência seja a razão de ser misericordioso.

2. ALÉM DISSO, se a deficiência fosse a razão de ser misericordioso, os que tivessem mais deficiências seriam os mais misericordiosos. Ora, isso é falso, como diz o Filósofo: "Os que se arruinaram totalmente não são misericordiosos". Logo, parece que a deficiência de quem se compadece não é a razão de ser misericordioso.

---

10. C. 15: 1138, b, 8-14.

1. C. 8: 1385, b, 19-20.

d. Não há misericórdia do mal que *nos* atinge, ou do mal partilhado entre próximos. E como a misericórdia nos torna próximos de outrem, ao termo de seu movimento ela se transforma em mera dor comum.

e. A misericórdia que se preocupa com a miséria de outrem (a. 1) não supõe uma miséria naquele que a sente antes mesmo de exercê-la?

3. Praeterea, sustinere aliquam contumeliam ad defectum pertinet. Sed Philosophus dicit ibidem[2] quod *illi qui sunt in contumeliativa dispositione non miserentur.* Ergo defectus ex parte miserentis non est ratio miserendi.

Sed contra est quod misericordia est quaedam tristitia. Sed defectus est ratio tristitiae: unde infirmi facilius contristantur, ut supra[3] dictum est. Ergo ratio miserendi est defectus miserentis.

Respondeo dicendum quod, cum misericordia sit compassio super miseria aliena, ut dictum est[4], ex hoc contingit quod aliquis misereatur ex quo contingit quod de miseria aliena doleat. Quia autem tristitia seu dolor est de proprio malo, intantum aliquis de miseria aliena tristatur aut dolet inquantum miseriam alienam apprehendit ut suam. Hoc autem contingit dupliciter. Uno modo, secundum unionem affectus: quod fit per amorem. Quia enim amans reputat amicum tanquam seipsum, malum ipsius reputat tanquam suum malum: et ideo dolet de malo amici sicut de suo. Et inde est quod Philosophus, in IX *Ethic.*[5], inter alia amicabilia ponit hoc quod est *condolere amico.* Et Apostolus dicit, *ad* Rm 12,15: *Gaudere cum gaudentibus, flere cum flentibus.* — Alio modo contingit secundum unionem realem: utpote cum malum aliquorum propinquum est ut ab eis ad nos transeat. Et ideo Philosophus dicit, in II *Rhet.*[6]: Homines miserentur super illos qui sunt eis coniuncti et similes: quia per hoc fit eis aestimatio quod ipsi etiam possint similia pati. Et inde est etiam quod senes et sapientes, qui considerant se posse in mala incidere, et debiles et formidolosi magis sunt misericordes. E contrario autem alii, qui reputant se esse felices et intantum potentes quod nihil mali putant se posse pati, non ita miserentur. — Sic igitur semper defectus est ratio miserendi: vel inquantum aliquis defectum alicuius reputat suum, propter unionem amoris; vel propter possibilitatem similia patiendi.

Ad primum ergo dicendum quod Deus non miseretur nisi propter amorem, inquantum amat nos tanquam aliquid sui.

Ad secundum dicendum quod illi qui iam sunt in infimis malis non timent se ulterius pati aliquid:

3. Ademais, sofrer uma injúria refere-se a uma deficiência. Ora, no mesmo lugar, diz o Filósofo: "Os que têm disposição para a injúria não são misericordiosos". Logo, a deficiência de quem se compadece não é a razão de ser misericordioso.

Em sentido contrário, a misericórdia é uma espécie de tristeza. Ora, a deficiência é a razão da tristeza; por isso, os fracos são mais inclinados à tristeza. Logo, a razão de ser misericordioso é a deficiência de quem se compadece.

Respondo. A misericórdia, já foi dito, é a compaixão pela miséria alheia. Daí resulta que se compadece quando se condói por tal miséria. E porque a tristeza ou a dor é referente ao próprio mal, alguém se entristece ou se condói da miséria alheia, na medida em que a considera sua, o que pode acontecer de dois modos. Primeiramente, pela união afetiva, produzida pelo amor. Pois o amante considera seu amigo como a si mesmo, considera o mal dele como o seu próprio, condói-se do mal como se fosse seu. Daí Aristóteles afirmar entre os sentimentos de amizade o fato de "condoer-se do amigo". E a Carta aos Romanos afirma: "Alegrai-vos com os que se alegram, e chorai com os que choram". — Em segundo lugar, pela união real, quando o mal de alguns está tão próximo que passa deles para nós. De fato, diz o Filósofo que os homens são misericordiosos por aqueles que lhes são unidos e semelhantes, porque estes os fazem crer que também possam sofrer males iguais. Eis a razão de os velhos e os sábios, que pensam nos males que lhes podem sobrevir, e também os fracos e os temerosos, serem mais misericordiosos. Ao contrário, os que se consideram felizes e fortes, o suficiente para se julgarem livres de qualquer mal, não se compadecem do mesmo modo. — Assim, pois, sempre a deficiência é a razão de ser misericordioso: quer por considerar a deficiência alheia como própria, por causa da união de amor, quer pela possibilidade de vir a sofrer males iguais.

Quanto ao 1º, portanto, deve-se dizer que Deus só é misericordioso por amor, por nos amar como criaturas suas.

Quanto ao 2º, deve-se dizer que os que foram atingidos por males extremos, não temem sofrer

---

2. C. 8: 1385, b, 31.
3. I-II, q. 47, a. 3.
4. Art. praec.
5. C. 4: 1166, a, 7-10.
6. C. 8: 1385, b, 16-19.

et ideo non miserentur. — Similiter etiam nec illi qui valde timent: quia tantum intendunt propriae passioni quod non intendunt miseriae alienae.

AD TERTIUM dicendum quod illi qui sunt in contumeliativa dispositione, sive quia sint contumeliam passi, sive quia velint contumeliam inferre, provocantur ad iram et audaciam, quae sunt quaedam passiones virilitatis extollentes animum hominis ad arduum. Unde auferunt homini aestimationem quod sit aliquid in futurum passurus. Unde tales, dum sunt in hac dispositione, non miserentur: secundum illud Pr 27,4: *Ira non habet misericordiam, neque erumpens furor.* — Et ex simili ratione superbi non miserentur, qui contemnunt alios et reputant eos malos. Unde reputant quod digne patiantur quidquid patiuntur. Unde et Gregorius dicit[7] quod *falsa iustitia*, scilicet superborum, *non habet compassionem, sed dedignationem.*

ARTICULUS 3
Utrum misericordia sit virtus

AD TERTIUM SIC PROCEDITUR. Videtur quod misericordia non sit virtus.

1. Principale enim in virtute est electio: ut patet per Philosophum, in libro *Ethic.*[1]. Electio autem est *appetitus praeconsiliati*, ut in eodem libro dicitur. Illud ergo quod impedit consilium non potest dici virtus. Sed misericordia impedit consilium: secundum illud Sallustii[2]: *Omnes homines qui de rebus dubiis consultant ab ira et misericordia vacuos esse decet: non enim animus facile verum providet ubi ista officiunt.* Ergo misericordia non est virtus.

2. PRAETEREA, nihil quod est contrarium virtuti est laudabile. Sed nemesis contrariatur misericordiae, ut Philosophus dicit, in II *Rhet.*[3]. Nemesis

mais nada e, por isso, não se compadecem. — Semelhantemente os que temem em demasia: sua ansiedade os absorve a tal ponto que não dão atenção à miséria alheia.

QUANTO AO 3º, deve-se dizer que os que têm disposição para a injúria, seja porque foram injuriados, seja porque querem praticá-la, são incitados à ira e à audácia, paixões viris que exaltam o ânimo do homem para as coisas árduas, privando-os da ponderação sobre o que hão de sofrer no futuro. Tais pessoas, quando nessa disposição, não se compadecem, conforme o livro dos Provérbios: "A ira não tem misericórdia, nem o furor que irrompe". — Pela mesma razão, não se compadecem os orgulhosos, que desprezam os outros e os julgam maus e, portanto, os consideram dignos de sofrer tudo o que sofrem. Foi o que disse Gregório: "A falsa justiça (a dos orgulhosos) não tem compaixão, só o desdém".

ARTIGO 3
A misericórdia é uma virtude?

QUANTO AO TERCEIRO, ASSIM SE PROCEDE: parece que a misericórdia é uma virtude.

1. Com efeito, a virtude tem a escolha como elemento principal, como diz o Filósofo. Ora, diz ele ainda, a escolha é "o desejo do que foi deliberado". Logo, o que impede a deliberação não pode ser chamado de virtude. Ora, a misericórdia impede a deliberação, no dizer de Salústio: "Todos os homens que deliberam sobre questões duvidosas não devem ser influenciados nem pela ira nem pela misericórdia, pois o espírito dificilmente discerne o verdadeiro quando se opõem estas paixões". Logo, a misericórdia não é uma virtude.

2. ALÉM DISSO, nada do que é contrário à virtude deve ser louvado. Ora, a indignação[f] é contrária à misericórdia, como diz o Filósofo. Noutro lugar, ele diz que a indignação é uma

---

7. Homil. 34 *in Evang.*, n. 2: ML 76, 1246 D.

3   PARALL.: I-II, q. 59, a. 1, ad 3; III *Sent.*, dist. 23, q. 1, a. 3, q.la 2, ad 2; IV, dist. 15, q. 2, a. 1, q.la 3, ad 2; *De Malo*, q. 10, a. 2, ad 8.

1. L. II, c. 4: 1106, a, 3-4.
2. *De Catilinae coniuratione*, c. 51: ed. R. Dietsch, Lipsiae 1884, p. 25, ll. 28-31.
3. C. 9: 1386, b, 9-10.

f. A *némesis* é parcialmente traduzida por nosso termo "indignação". Enquanto a misericórdia sofre da infelicidade infligida ao que não a quer, a *némesis* se regozija com a infelicidade que estima justa em um outro, ou mesmo invoca a infelicidade sobre o mau que, segundo ela, o merece. É isso cristão? A questão será tratada.

autem est passio laudabilis, ut dicitur in II *Ethic*.[4]. Ergo misericordia non est virtus.

3. Praeterea, gaudium et pax non sunt speciales virtutes quia consequuntur ex caritate, ut supra[5] dictum est. Sed etiam misericordia consequitur ex caritate: sic enim ex caritate *flemus cum flentibus* sicut *gaudemus cum gaudentibus*. Ergo misericordia non est specialis virtus.

4. Praeterea, cum misericordia ad vim appetitivam pertineat, non est virtus intellectualis. Nec est virtus theologica: cum non habeat Deum pro obiecto. Similiter etiam non est virtus moralis: quia nec est circa operationes, hoc enim pertinet ad iustitiam; nec est circa passiones, non enim reducitur ad aliquam duodecim medietatum quas Philosophus ponit, in II *Ethic*.[6]. Ergo misericordia non est virtus.

Sed contra est quod Augustinus dicit, in IX *de Civ. Dei*[7]: *Longe melius et humanius et piorum sensibus accommodatius Cicero in Caesaris laude locutus est, ubi ait: "Nulla de virtutibus tuis nec admirabilior nec gratior misericordia est"*. Ergo misericordia est virtus.

Respondeo dicendum quod misericordia importat dolorem de miseria aliena. Iste autem dolor potest nominare, uno quidem modo, motum appetitus sensitivi. Et secundum hoc misericordia passio est, et non virtus. — Alio vero modo potest nominare motum appetitus intellectivi, secundum quod alicui displicet malum alterius. Hic autem motus potest esse secundum rationem regulatus: et potest secundum hunc motum ratione regulatum regulari motus inferioris appetitus.

Unde Augustinus dicit, in IX *de Civ. Dei*[8], quod *iste motus animi*, scilicet misericordia, *servit rationi quando ita praebetur misericordia ut iustitia conservetur: sive cum indigenti tribuitur, sive cum ignoscitur poenitenti*. Et quia ratio virtutis humanae consistit in hoc quod motus animi ratione reguletur, ut ex superioribus[9] patet, consequens est misericordiam esse virtutem.

Ad primum ergo dicendum quod auctoritas illa Sallustii intelligitur de misericordia secundum quod est passio ratione non regulata. Sic enim

paixão louvável. Logo, a misericórdia não é uma virtude especial.

3. Ademais, nem a alegria nem a paz são virtudes especiais, porque já foi visto que elas resultam da caridade. Ora, também a misericórdia resulta da caridade, pois nos faz "chorar com os que choram e alegrar com os que se alegram". Logo, a misericórdia não é uma virtude especial.

4. Ademais, a misericórdia não é uma virtude intelectual, pois pertence à potência apetitiva; nem é virtude teologal, porque não tem Deus como objeto. Não é também uma virtude moral, porque não concerne aos atos humanos, o que é próprio da justiça; nem concerne às paixões, pois não se reduz a nenhum dos doze "meios de virtude" enumerados pelo Filósofo. Logo, a misericórdia não é uma virtude.

Em sentido contrário, escreve Agostinho: "Nunca Cícero falou melhor, nem mais humanamente, nem mais conforme aos sentimentos dos homens bons, do que ao fazer o elogio de César: 'Nenhuma das tuas virtudes é mais admirável e mais amável do que a tua misericórdia'". Logo, a misericórdia é uma virtude.

Respondo. A misericórdia implica dor pela miséria alheia. Esta dor pode ser, de um modo, um movimento do apetite sensitivo. Nesse sentido, a misericórdia não é uma virtude, mas uma paixão. — De outro modo, ela pode ser um movimento do apetite intelectual, se a alguém desagrada o mal de outrem. Ora, este movimento pode ser regulado pela razão, e, por seu intermédio, regular também o movimento do apetite sensitivo.

Daí dizer Agostinho: "Este movimento do espírito", isto é, a misericórdia, "obedece à razão quando se pratica a misericórdia para conservar a justiça, seja socorrendo o indigente, seja perdoando o arrependido". E porque a virtude humana consiste num movimento do espírito regulado pela razão, como já foi demonstrado, consequentemente a misericórdia é uma virtude.

Quanto ao 1º, portanto, deve-se dizer que a observação de Salústio diz respeito à misericórdia considerada como uma paixão não regulada pela

---

4. C. 7: 1108, a, 35-b, 10.
5. Q. 28, a. 4; q. 29, a. 4.
6. C. 7: 1107, a, 28-1108, b, 10.
7. C. 5: ML 41, 260-261.
8. C. 5: ML 41, 261.
9. I-II, q. 56, a. 4; q. 59, a. 4; q. 60, a. 5; q. 66, art. 4.

impedit consilium rationis, dum facit a iustitia discedere.

AD SECUNDUM dicendum quod Philosophus loquitur ibi de misericordia et nemesi secundum quod utrumque est passio. Et habent quidem contrarietatem ex parte aestimationis quam habent de malis alienis, de quibus misericors dolet, inquantum aestimat aliquem indigna pati; nemeseticus autem gaudet, inquantum aestimat aliquos digne pati, et tristatur si indignis bene accidat. Et *utrumque est laudabile, et ab eodem more descendens*, ut ibidem[10] dicitur. Sed proprie misericordiae opponitur invidia, ut infra[11] dicetur.

AD TERTIUM dicendum quod gaudium et pax nihil adiiciunt super rationem boni quod est obiectum caritatis: et ideo non requirunt alias virtutes quam caritatem. Sed misericordia respicit quandam specialem rationem, scilicet miseriam eius cuius miseretur.

AD QUARTUM dicendum quod misericordia, secundum quod est virtus, est moralis virtus circa passiones existens: et reducitur ad illam medietatem quae dicitur nemesis, quia *ab eodem more procedunt*, ut in II *Rhet.*[12] dicitur. Has autem medietates Philosophus non ponit virtutes, sed passiones: quia etiam secundum quod sunt passiones, laudabiles sunt. Nihil tamen prohibet quin ab aliquo habitu electivo proveniant. Et secundum hoc assumunt rationem virtutis.

razão; assim, ela impede a deliberação da razão, fazendo-a apartar-se da justiça[g].

QUANTO AO 2º, deve-se dizer que o Filósofo fala, aqui, da misericórdia e da indignação, consideradas como paixões. Ora, como tais, elas se opõem uma à outra, relativamente ao julgamento que elas fazem sobre os males alheios: o misericordioso se compadece porque julga que alguém está sofrendo imerecidamente; o indignado, ao contrário, se deleita porque ali vê um sofrimento merecido, e se entristece quando os indignos têm sucesso. Segundo o Filósofo, "uma e outra são louváveis e procedem da mesma disposição moral. Mas, propriamente falando, o contrário da misericórdia é a inveja, como depois se dirá.

QUANTO AO 3º, deve-se dizer que a alegria e a paz nada acrescentam à razão do bem, que é o objeto da caridade, razão pela qual elas não exigem outras virtudes, senão a caridade. A misericórdia, ao contrário, visa uma razão especial, isto é, a miséria daquele de quem se compadece[h].

QUANTO AO 4º, deve-se dizer que a misericórdia considerada como virtude, é uma virtude moral relativa às paixões, e se reduz ao mesmo justo meio que a indignação[i], porque ambas "procedem da mesma disposição moral", diz ainda o Filósofo. Para ele, esses meios não são virtudes, mas paixões, e mesmo como paixões eles são louváveis. Contudo, nada impede que elas provenham de um hábito capaz de escolha e, sob esta luz, assumam a natureza de virtude.

---

10. *Rhet.*, l. II, c. 9: 1386, b, 11-13.
11. Q. 26, a. 3, ad 3.
12. C. 9: 1386, b, 11-13.

---

g. Afligir-se com a infelicidade de outrem não seria uma mórbida complacência ou mesmo um sentimento amolecedor, como pensam os "homens fortes", a exemplo de Nietzsche, mais do que uma virtude? Sob que condição será ela uma virtude? Sto. Tomás distingue 1) a misericórdia como movimento natural da sensibilidade: pode ser utilizada pela virtude, mas também pela fraqueza; 2) a misericórdia como movimento da vontade, sob condição de que esta não seja somente experimentada, mas deliberada, mesmo que, quase necessariamente, seja acompanhada de emoção sensível; 3) a misericórdia, movimento da vontade, emanando da caridade (divina). É a esse título que falamos dela aqui. Fazemos dela uma virtude particular, pois a razão do bem que ela visa não é todo bem, mas um bem particular: o que deve suprimir a miséria de outrem. Não é mais uma virtude teologal, embora emane diretamente da caridade, mas uma virtude "do tipo das virtudes morais" que permite determinar e atingir o *meio termo* entre dois excessos possíveis.

h. A alegria e a paz se referem ao mesmo bem que o da caridade. Encontram-se ao termo do amor. Mas o amigo (Deus ou o próximo) não está necessariamente acabrunhado, e Deus não o está jamais. Efeito interior da caridade, a misericórdia é portanto uma virtude especial.

i. Traduzamos: o desejo de que um mal justo ocorra ao malfeitor. Aristóteles se enganou sobre a verdadeira "bondade" dessa *némesis*. Voltaremos a apanhá-lo em falta adiante, a respeito da inveja (q. 36, a. 2).

ARTICULUS 4
Utrum misericordia sit maxima virtutum

AD QUARTUM SIC PROCEDITUR. Videtur quod misericordia sit maxima virtutum.
1. Maxime enim ad virtutem pertinere videtur cultus divinus. Sed misericordia cultui divino praefertur: secundum illud Os 6,6 et Mt 12,7: *Misericordiam volo, et non sacrificium*. Ergo misericordia est maxima virtus.

2. PRAETEREA, super illud 1Ti 4,8, *Pietas ad omnia utilis est*, dicit Glossa Ambrosii[1]: *Omnis summa disciplinae christianae in misericordia et pietate est*. Sed disciplina christiana continet omnem virtutem. Ergo summa totius virtutis in misericordia consistit.

3. PRAETEREA, *virtus est quae bonum facit habentem*. Ergo tanto aliqua virtus est melior quanto facit hominem Deo similiorem: quia per hoc melior est homo quod Deo est similior. Sed hoc maxime facit misericordia: quia de Deo dicitur in Ps 144,9 quod *miserationes eius sunt super omnia opera eius*. Unde et Lc 6,36 Dominus dicit: *Estote misericordes, sicut et Pater vester misericors est*. Misericordia igitur est maxima virtutum.

SED CONTRA est quod Apostolus, Cl 3, cum dixisset 12, *Induite vos, sicut dilecti Dei, viscera misericordiae* etc., postea 14 subdit: *Super omnia, caritatem habete*. Ergo misericordia non est maxima virtutum.

RESPONDEO dicendum quod aliqua virtus potest esse maxima dupliciter: uno modo, secundum se; alio modo, per comparationem ad habentem. Secundum se quidem misericordia maxima est. Pertinet enim ad misericordiam quod alii effundat; et, quod plus est, quod defectus aliorum sublevet; et hoc est maxime superioris. Unde et misereri ponitur proprium Deo: et in hoc maxime dicitur eius omnipotentia manifestari.

Sed quoad habentem, misericordia non est maxima, nisi ille qui habet sit maximus, qui nullum supra se habeat, sed omnes sub se. Ei enim qui supra se aliquem habet maius est et melius coniungi superiori quam supplere defectum inferioris. Et ideo quantum ad hominem, qui habet Deum superiorem, caritas, per quam Deo unitur, est potior quam misericordia, per quam defectus

ARTIGO 4
A misericórdia é a maior das virtudes?

QUANTO AO QUARTO, ASSIM SE PROCEDE: parece que a misericórdia é a maior das virtudes.
1. Com efeito, parece que o máximo da virtude se refere ao culto divino. Ora, ao culto divino se refere a misericórdia segundo o livro de Oseias, citado por Mateus: "Misericórdia eu quero e não sacrifício". Logo, a misericórdia é a maior das virtudes.

2. ALÉM DISSO, sobre o que diz a primeira Carta a Timóteo: "A piedade é proveitosa para tudo", comenta a Glosa: "Toda a doutrina cristã se resume nestas duas palavras: misericórdia e piedade". Ora, a doutrina cristã abrange todas as virtudes. Logo, o ápice de toda virtude é a misericórdia.

3. ADEMAIS, a virtude é o que torna bom aquele que a possui. Logo, uma virtude será tanto melhor quanto mais tornar o homem semelhante a Deus; pois tanto melhor ele é quanto mais se assemelhar a Deus. Ora, isto é por excelência o efeito da misericórdia. De Deus se diz no Salmo: "Suas misericórdias se estendem sobre todas as suas obras". E o Senhor diz: "Sêde misericordiosos como o vosso Pai é misericordioso". Por conseguinte, a misericórdia é a maior das virtudes.

EM SENTIDO CONTRÁRIO, depois que o Apóstolo diz: "Como eleitos de Deus, revesti-vos de sentimentos de misericórdia etc.", ele acrescenta: "Mas sobre tudo isso, tende a caridade". Logo, a misericórdia não é a maior virtude.

RESPONDO. Uma virtude pode ser a maior sob dois pontos de vista: em si mesma, ou em relação àquele que a possui. Em si mesma, a misericórdia é a maior das virtudes, porque é próprio dela repartir-se com os outros e, o que é mais, socorrer-lhes as deficiências. Isso é muitíssimo próprio do que é superior. Ser misericordioso é próprio de Deus e é pela misericórdia que ele principalmente manifesta sua onipotência.

Em relação ao que a possui, a misericórdia não é a maior das virtudes, salvo se ele for o maior, não havendo ninguém acima dele, e todos lhe sendo submissos. Pois quem tem superior, é maior e melhor unir-se a ele do que suprir as deficiências do inferior. Eis porque, para o homem, que tem Deus como superior, a caridade que o une a Deus, é maior que a misericórdia, pela qual se suprem

---
1. Ordin.: ML 114, 629 C; LOMBARDI: ML 192, 348 D.

proximorum supplet. Sed inter omnes virtutes quae ad proximum pertinent potissima est misericordia, sicut etiam est potioris actus: nam supplere defectum alterius, inquantum huiusmodi, est superioris et melioris.

AD PRIMUM ergo dicendum quod Deum non colimus per exteriora sacrificia aut munera propter ipsum, sed propter nos et propter proximos: non enim indiget sacrificiis nostris, sed vult ea sibi offerri propter nostram devotionem et proximorum utilitatem. Et ideo misericordia, qua subvenitur defectibus aliorum, est sacrificium ei magis acceptum, utpote propinquius utilitatem proximorum inducens: secundum illud Hb ult.,16: *Beneficentiae et communionis nolite oblivisci: talibus enim hostiis promeretur Deus.*

AD SECUNDUM dicendum quod summa religionis christianae in misericordia consistit quantum ad exteriora opera. Interior tamen affectio caritatis, qua coniungimur Deo, praeponderat et dilectioni et misericordiae in proximos.

AD TERTIUM dicendum quod per caritatem assimilamur Deo tanquam ei per affectum uniti. Et ideo potior est quam misericordia, per quam assimilamur Deo secundum similitudinem operationis.

as deficiências dos próximos. Mas, entre todas as virtudes relativas ao próximo, a mais excelente é a misericórdia, e o seu ato é o melhor; pois suprir as deficiências de outrem enquanto tal, é próprio do superior e do melhor.

QUANTO AO 1º, portanto, deve-se dizer que os sacrifícios externos e as oferendas que fazem parte do culto divino não são para o próprio Deus, mas para nós e nossos próximos. Deus não precisa dos nossos sacrifícios, e se quer que lhos ofereçamos, é para nossa devoção e utilidade do próximo. Por isso é que a misericórdia, pela qual socorremos as deficiências dos outros, é o sacrifício mais agradável a Deus, por ser o mais imediatamente útil ao próximo, segundo a Carta aos Hebreus: "Não vos esqueçais da beneficência e da comunhão, porque são estes os sacrifícios que agradam a Deus"[j].

QUANTO AO 2º, deve-se dizer que toda a vida cristã se resume na misericórdia, quanto às obras externas. Contudo, o sentimento interior de caridade que nos une a Deus, se antepõe ao amor e à misericórdia para com o próximo.

QUANTO AO 3º, deve-se dizer que a caridade nos torna semelhantes a Deus, enquanto a ele nos une pelo afeto. Ela é, pois, maior que a misericórdia, tornando-nos semelhantes a ele pela semelhança das obras.

---

j. No estudo de cada virtude, Sto. Tomás se esforça em apreciar a excelência desta na hierarquia de todas as virtudes. É desse modo que ele mostrará (q. 81, a. 6) que a virtude de religião possui preeminência sobre todas as outras virtudes morais. Isso não diminui em nada a misericórdia que, entre todos os atos de religião, constitui um culto mais agradável a Deus do que os cânticos e sacrifícios rituais.

QUAESTIO XXXI
DE BENEFICENTIA
in quatuor articulos divisa

Deinde considerandum est de exterioribus actibus vel effectibus caritatis. Et primo, de beneficentia; secundo, de eleemosyna, quae est quaedam pars beneficentiae; tertio, de correctione fraterna, quae est quaedam eleemosyna.

Circa primum quaeruntur quatuor.
Primo: utrum beneficentia sit actus caritatis.
Secundo: utrum sit omnibus benefaciendum.
Tertio: utrum magis coniunctis sit magis benefaciendum.
Quarto: utrum beneficentia sit virtus specialis.

QUESTÃO 31
A BENEFICÊNCIA
em quatro artigos

Devem-se considerar agora os atos ou efeitos exteriores da caridade: primeiramente, a beneficência; depois, a esmola, que é uma parte da beneficência; enfim, a correção fraterna, que é uma espécie de esmola.

A respeito do primeiro, são quatro as perguntas:
1. A beneficência é um ato da caridade?
2. Devemos praticá-la para com todos?
3. Sobretudo para com os que nos são mais próximos?
4. A beneficência é uma virtude especial?

Articulus 1
Utrum beneficentia sit actus caritatis

AD PRIMUM SIC PROCEDITUR. Videtur quod beneficentia non sit actus caritatis.

1. Caritas enim maxime habetur ad Deum. Sed ad eum non possumus esse benefici: secundum illud Io 35,7: *Quid dabis ei? Aut quid de manu tua accipiet?* Ergo beneficentia non est actus caritatis.
2. PRAETEREA, beneficentia maxime consistit in collatione donorum. Sed hoc pertinet ad liberalitatem. Ergo beneficentia non est actus caritatis, sed liberalitatis.
3. PRAETEREA, omne quod quis dat, vel dat sicut debitum vel dat sicut non debitum. Sed beneficium quod impenditur tanquam debitum pertinet ad iustitiam: quod autem impenditur tanquam non debitum, gratis datur, et secundum hoc pertinet ad misericordiam. Ergo omnis beneficentia vel est actus iustitiae vel est actus misericordiae. Non est ergo actus caritatis.

SED CONTRA, caritas est amicitia quaedam, ut dictum est[1]. Sed Philosophus, in IX *Ethic.*[2], inter alios, amicitiae actus ponit hoc unum quod est *operari bonum ad amicos,* quod est amicis benefacere. Ergo beneficentia est actus caritatis.

RESPONDEO dicendum quod beneficentia nihil aliud importat quam facere bonum alicui. Potest autem hoc bonum considerari dupliciter. Uno modo, secundum communem rationem boni. Et hoc pertinet ad communem rationem beneficentiae. Et hoc est actus amicitiae, et per consequens caritatis. Nam in actu dilectionis includitur benevolentia, per quam aliquis vult bonum amico, ut supra[3] habitum est. Voluntas autem est effectiva eorum quae vult, si facultas adsit. Et ideo ex consequenti benefacere amico ex actu dilectionis consequitur. Et propter hoc beneficentia, secundum communem rationem, est amicitiae vel caritatis actus. — Si autem bonum quod quis facit alteri accipiatur sub aliqua speciali ratione boni, sic beneficentia accipiet specialem rationem, et pertinebit ad aliquam specialem virtutem.

AD PRIMUM ergo dicendum quod, sicut Dionysius dicit, 4 cap. *de Div. Nom.*[4], amor movet

Artigo 1
A beneficência é um ato da caridade?

QUANTO AO PRIMEIRO ARTIGO, ASSIM SE PROCEDE: parece que a beneficiência **não** é um ato da caridade.

1. Com efeito, a caridade refere-se sobretudo a Deus. Ora, nós não podemos praticar a beneficência para com Deus, como indica o livro de Jó: "Que lhe dás? Que recebe ele de tua mão?" Logo, a beneficência não é um ato da caridade.
2. ALÉM DISSO, a beneficência consiste sobretudo na distribuição de dádivas. Ora, isso é próprio da liberalidade. Logo, a beneficência não é ato da caridade, mas da liberalidade.
3. ADEMAIS, tudo o que se dá ou é devido ou não. Ora, tratando-se de uma dívida, o benefício prestado é um ato de justiça; não sendo uma dívida, o dom é gratuito, e então trata-se de um ato de misericórdia. Logo, toda beneficência é ou um ato de justiça, ou um ato de misericórdia; não é um ato da virtude de caridade.

EM SENTIDO CONTRÁRIO, a caridade, já foi dito, é uma amizade. Ora, o Filósofo declara que um dos atos da amizade consiste em "fazer o bem a seus amigos", isto é, praticar a beneficência para com eles. Logo, a beneficência é um ato de caridade.

RESPONDO. A beneficência nenhuma outra coisa implica senão fazer o bem a alguém. Este bem pode ser considerado de duas maneiras. Primeiramente, sob a razão geral de bem, o que faz parte da razão comum de beneficência. Trata-se de um ato da amizade e, consequentemente, da caridade. Com efeito, o ato de amor inclui a beneficência, pela qual se quer o bem do amigo, como foi dito. Ora, a vontade é causa do que ela quer, se a potência está presente. Segue-se então que fazer o bem a um amigo é uma consequência do ato de amor. Por isso, considerada sob a razão geral, a beneficência é um ato da amizade ou da caridade.
— Mas se considerarmos o bem feito ao próximo sob uma razão especial de bem, a beneficência recebe uma razão especial, e pertencerá a uma virtude especial.

QUANTO AO 1º, portanto, deve-se dizer que segundo Dionísio, "o amor move as coisas orde-

---

1. Q. 23, a. 1.
2. C. 4: 1166, a, 3-10.
3. Q. 23, a. 1; q. 27, a. 2.
4. MG 3, 709 D.

ordinata ad mutuam habitudinem, et inferiora convertit in superiora ut ab eis perficiantur, et superiora movet ad inferiorum provisionem. Et quantum ad hoc beneficentia est effectus dilectionis. Et ideo nostrum non est Deo benefacere, sed eum honorare, nos ei subiiciendo: eius autem est ex sua dilectione nobis benefacere.

AD SECUNDUM dicendum quod in collatione donorum duo sunt attendenda: quorum unum est exterius datum; aliud autem est interior passio quam habet quis ad divitias, in eis delectatus. Ad liberalitatem autem pertinet moderari interiorem passionem, ut scilicet aliquis non superexcedat in concupiscendo et amando divitias: ex hoc enim efficietur homo facile emissivus donorum. Unde si homo det aliquod donum magnum, et tamen cum quadam concupiscentia retinendi, datio non est liberalis. Sed ex parte exterioris dati collatio beneficii pertinet in generali ad amicitiam vel caritatem. Unde hoc non derogat amicitiae, si aliquis rem quam concupiscit retinere det alicui propter amorem; sed magis ex hoc ostenditur amicitiae perfectio.

AD TERTIUM dicendum quod sicut amicitia seu caritas respicit in beneficio collato communem rationem boni, ita iustitia respicit ibi rationem debiti. Misericordia vero respicit ibi rationem relevantis miseriam vel defectum.

nadas seguindo uma reciprocidade de relações; dirigindo os inferiores para os superiores a fim de que aqueles sejam aperfeiçoados por estes, e os superiores para os inferiores, para benefício destes". É desta segunda maneira que a beneficência é um efeito do amor. Nós não podemos fazer bem a Deus, mas podemos honrá-lo, a ele nos submetendo. E é próprio dele fazer-nos benefícios, em virtude de seu amor[a].

QUANTO AO 2º, deve-se dizer que na dispensação dos bens, duas coisas devem ser consideradas. De um lado, o bem exterior que é dado; de outro lado, a paixão interior de quem se apega às riquezas, com as quais se deleita. Compete à liberalidade moderar esta paixão interior, de modo a não se exceder na cobiça ou no amor às riquezas, dispondo-se para a liberalidade nas dádivas. Portanto, a doação de algum bem considerável, com o grande desejo de retê-lo, não será liberal. Mas, da parte do bem exterior que é dado, a dispensação do benefício se refere em geral à amizade ou à caridade. Por isso, não nega a amizade de quem, por amor, dá a outrem um bem que gostaria de conservar; pelo contrário, é uma prova da perfeição da amizade[b].

QUANTO AO 3º, deve-se dizer que num benefício feito, a amizade ou caridade vê a razão geral de bem; a justiça, a razão de débito; ao passo que a misericórdia vê aí a razão do alívio da miséria ou da deficiência.

ARTICULUS 2
Utrum sit omnibus benefaciendum

AD SECUNDUM SIC PROCEDITUR. Videtur quod non sit omnibus benefaciendum.
1. Dicit enim Augustinus, in I *de Doct. Christ.*[1], quod *omnibus prodesse non possumus*. Sed virtus non inclinat ad impossibile. Ergo non oportet omnibus benefacere.
2. PRAETEREA, Eccli 12,5 dicitur: *Da iusto et non recipias peccatorem.* Sed multi homines sunt peccatores. Non ergo omnibus est benefaciendum.

ARTIGO 2
Deve-se praticar a beneficência para com todos?

QUANTO AO SEGUNDO, ASSIM SE PROCEDE: parece que **não** se deve praticar a beneficência para com todos.
1. Com efeito, diz Agostinho: "Não podemos ajudar a todos". Ora, a virtude não inclina para o impossível. Logo, não se deve praticar a beneficiência para com todos.
2. ALÉM DISSO, diz o livro do Eclesiástico: "Dai ao justo, e não recebas o pecador". Ora, muitos homens são pecadores. Logo, não é preciso praticar a beneficiência para com todos.

---

2 PARALL.: *De duob. Praecept. Car. et X Leg. Praecept.*, c. *de quart. Praecept.; ad Galat.*, c. 6, lect. 2.
1. C. 28: ML 34, 30.

a. Nossa relação com Deus é de amor reconhecido; a relação de Deus conosco é de amor benfazejo.
b. A liberalidade reprime a tendência a reter para si; pode ajudar a beneficência, que considera *aquele* a quem amamos, ao qual queremos trazer certo bem. Este por sua vez, pode conduzir à liberalidade: desse modo, o avaro pode tornar-se benfazejo se a *amizade* prevalece sobre o desejo que ele tem de reter o seu bem. Podemos multiplicar as comparações (r. 3). Muitas virtudes, cada uma sob uma formalidade diferente, podem intervir juntas em um só ato.

3. Praeterea, *caritas non agit perperam,* ut dicitur 1Cor 13,4. Sed benefacere quibusdam est agere perperam: puta si aliquis benefaciat inimicis reipublicae; vel si benefaciat excommunicato, quia per hoc ei communicat. Ergo, cum benefacere sit actus caritatis, non est omnibus benefaciendum.

Sed contra est quod Apostolus dicit, Gl ult., 10: *Dum tempus habemus, operemur bonum ad omnes.*

Respondeo dicendum quod, sicut supra[2] dictum est, beneficentia consequitur amorem ex ea parte qua movet superiora ad provisionem inferiorum. Gradus autem in hominibus non sunt immutabiles, sicut in angelis: quia homines possunt pati multiplices defectus; unde qui est superior secundum aliquid, vel est vel potest esse inferior secundum aliud. Et ideo, cum dilectio caritatis se extendat ad omnes, etiam beneficentia se debet extendere ad omnes, pro loco tamen et tempore: omnes enim actus virtutum sunt secundum debitas circumstantias limitandi.

Ad primum ergo dicendum quod, simpliciter loquendo, non possumus omnibus benefacere in speciali: nullus tamen est de quo non possit occurrere casus in quo oporteat ei benefacere etiam in speciali. Et ideo caritas requirit ut homo, etsi non actu alicui benefaciat, habeat tamen hoc in sui animi praeparatione, ut benefaciat cuicumque si tempus adesset. — Aliquod tamen beneficium est quod possumus omnibus impendere, si non in speciali, saltem in generali: sicut cum oramus pro omnibus fidelibus et infidelibus.

Ad secundum dicendum quod in peccatore duo sunt, scilicet culpa et natura. Est ergo subveniendum peccatori quantum ad sustentationem naturae: non est autem ei subveniendum ad fomentum culpae; hoc enim non esset benefacere, sed potius malefacere.

Ad tertium dicendum quod excommunicatis et reipublicae hostibus sunt beneficia subtrahenda inquantum per hoc arcentur a culpa. Si tamen immineret necessitas, ne natura deficeret, esset eis subveniendum, debito tamen modo: puta ne fame aut siti morerentur, aut aliquod huiusmodi dispendium, nisi secundum ordinem iustitiae, paterentur.

3. Ademais, diz Paulo: "A caridade não age em vão". Ora, fazer o bem a algumas pessoas parece ser uma ação vã; por exemplo, beneficiar os inimigos do Estado, ou um excomungado, o que é uma maneira de comungar com ele. Logo, a beneficência, que é um ato de caridade, não deve ser praticada para com todos.

Em sentido contrário, diz o Apóstolo: "Enquanto temos tempo, pratiquemos o bem para com todos".

Respondo. Como já foi dito, a beneficência é um efeito do amor, enquanto o amor move os superiores para ajudar os inferiores. Ora, entre os homens não há uma hierarquia imutável, como entre os anjos, pois as deficiências dos homens podem ser múltiplas. Por isso, quem é superior, num setor, ou é ou pode ser inferior num outro. Logo, posto que o amor da caridade é universal, a beneficência deve igualmente estender-se a todos, mas levando-se em conta o lugar e o tempo, pois todos os atos das virtudes devem se limitar às devidas circunstâncias.

Quanto ao 1º, portanto, deve-se dizer que absolutamente falando, não podemos fazer o bem a cada homem em particular; ninguém há, entretanto, a quem não possa ocorrer um caso em que lhe devamos beneficiar, mesmo em particular. Daí a caridade exigir que, mesmo sem efetivamente fazer o bem a alguém, deva-se estar com o ânimo disposto a beneficiar quem quer que seja, quando a ocasião se apresentar. — Há, certamente, um benefício que podemos conceder a todos, se não em especial, ao menos em geral: quando oramos por todos, fiéis e infiéis.

Quanto ao 2º, deve-se dizer que no pecador há duas coisas: a culpa e a natureza. Devemos socorrer o pecador para sustentar-lhe a natureza, e não para fomentar-lhe a culpa; o que não seria um benefício, mas um malefício.

Quanto ao 3º, deve-se dizer que aos excomungados e aos inimigos do Estado deve-se recusar os benefícios, ficando eles assim impedidos de pecar. Entretanto, em caso de necessidade, e para sustentar-lhes a natureza, é preciso ajudá-los, mas de modo devido: por exemplo, impedindo-os de morrer de fome ou de sede, ou algum mal semelhante, a não ser que a justiça os tenha condenado[c].

---

2. A. praec., ad 1.

c. Alusão a um castigo que não existe mais em nossos países: deixar o condenado morrer de fome. É preciso socorrê-lo, a menos, diz nosso autor, que o julgamento seja justo (segundo a maneira de ver de sua época).

Articulus 3
Utrum sit magis benefaciendum his qui sunt nobis magis coniuncti

AD TERTIUM SIC PROCEDITUR. Videtur quod non sit magis benefaciendum his qui sunt nobis magis coniuncti.

1. Dicitur enim Lc 14,12: *Cum facis prandium aut cenam, noli vocare amicos tuos neque fratres neque cognatos.* Sed isti sunt maxime coniuncti. Ergo non est magis benefaciendum coniunctis, sed potius extraneis indigentibus: sequitur enim 13: *Sed cum facis convivium, voca pauperes et debiles*, etc.

2. PRAETEREA, maximum beneficium est quod homo aliquem in bello adiuvet. Sed miles in bello magis debet iuvare extraneum commilitonem quam consanguineum hostem. Ergo beneficia non sunt magis exhibenda magis coniunctis.

3. PRAETEREA, prius sunt debita restituenda quam gratuita beneficia impendenda. Sed debitum est quod aliquis impendat beneficium ei a quo accepit. Ergo benefactoribus magis est benefaciendum quam propinquis.

4. PRAETEREA, magis sunt diligendi parentes quam filii, ut supra[1] dictum est. Sed magis est benefaciendum filiis: quia *non debent filii thesaurizare parentibus*, ut dicitur 2Cor 12,14. Ergo non est magis benefaciendum magis coniunctis.

SED CONTRA est quod Augustinus dicit, in I de Doct. Christ.[2]: *Cum omnibus prodesse non possis, his potissimum consulendum est qui, pro locorum et temporum vel quarumlibet rerum opportunitatibus, constrictius tibi, quasi quadam sorte, iunguntur.*

RESPONDEO dicendum quod gratia et virtus imitantur naturae ordinem, qui est ex divina sapientia institutus. Est autem talis ordo naturae ut unumquodque agens naturale per prius magis diffundat suam actionem ad ea quae sunt sibi propinquiora: sicut ignis magis calefacit rem sibi magis propinquam. Et similiter Deus in substantias sibi propinquiores per prius et copiosius dona suae bonitatis diffundit; ut patet per Dionysum,

Artigo 3
Devemos praticar a beneficência sobretudo para com os que nos são mais próximos?

QUANTO AO TERCEIRO, ASSIM SE PROCEDE: parece que **não** devemos praticar a beneficiência sobretudo para com os que nos são mais próximos.

1. Com efeito, o Evangelho de Lucas diz: "Ao dares um almoço ou jantar, não convides teus amigos, nem teus irmão, nem teus parentes". Ora, estes nos são os mais próximos. Logo, não é a eles que devemos sobretudo beneficiar, mas antes, aos indigentes estranhos, pois, continua o texto, "quando deres uma festa, chama os pobres, fracos etc."

2. ALÉM DISSO, o maior benefício é ajudar alguém durante a guerra. Ora, um soldado na guerra deve ajudar mais a um estrangeiro que é seu companheiro de armas do que a um parente que é seu inimigo. Logo, não se deve beneficiar sobretudo os mais próximos.

3. ADEMAIS, antes de fazermos benefícios gratuitos, é preciso pagar as dívidas. Ora, é uma dívida fazer o bem àquele de quem o recebemos. Logo, deve-se fazer o bem aos benfeitores, mais do que aos mais próximos.

4. ADEMAIS, como já se disse, deve-se amar mais os pais que os filhos. Ora, os filhos devem ser mais beneficiados, como diz a segunda Carta aos Coríntios: "Não são os filhos os que devem entesourar para os pais". Logo, não se deve sobretudo fazer o bem aos mais unidos.

EM SENTIDO CONTRÁRIO, diz Agostinho: "Não podendo ser útil a todos, deves ocupar-te principalmente daqueles que, por circunstâncias de lugar e de tempo, ou outras ainda, te são mais estreitamente ligados, como por uma escolha da sorte".

RESPONDO. A graça e a virtude imitam a ordem da natureza, que foi instituída pela sabedoria de Deus. Pertence a esta ordem que todo agente natural difunda sua ação antes de tudo sobre os seres mais próximos de si. É assim, por exemplo, que o fogo aquece sobretudo o que lhe está mais próximo. Do mesmo modo, Deus difunde os dons de sua bondade antes de tudo e mais copiosamente sobre os que lhe são mais próximos, como

---

3 PARALL.: Infra, q. 32, a. 9; III *Sent*., dist. 29, a. 6, ad 3, 5; *De Virtut.*, q. 2, a. 9, ad 14; *ad Galat.*, c. 6, lect. 2.
1. Q. 26, a. 9.
2. C. 28: ML 34, 30.

4 cap. *Cael. Hier.*³. Exhibitio autem beneficiorum est quaedam actio caritatis in alios. Et ideo oportet quod ad magis propinquos simus magis benefici.

Sed propinquitas unius hominis ad alium potest attendi secundum diversa in quibus sibi ad invicem homines communicant: ut consanguinei naturali communicatione, concives in civili, fideles in spirituali, et sic de aliis. Et secundum diversas coniunctiones sunt diversimode diversa beneficia dispensanda: nam unicuique est magis exhibendum beneficium pertinens ad illam rem secundum quam est magis nobis coniunctus, simpliciter loquendo. Tamen hoc potest variari secundum diversitatem locorum et temporum et negotiorum: nam in aliquo casu est magis subveniendum extraneo, puta si sit in extrema necessitate, quam etiam patri non tantam necessitatem patienti.

AD PRIMUM ergo dicendum quod Dominus non prohibet simpliciter vocare amicos aut consanguineos ad convivium: sed vocare eos ea intentione quod *te ipsi reinvitent*. Hoc enim non erit caritatis, sed cupiditatis. Potest tamen contingere quod extranei sint magis invitandi in aliquo casu, propter maiorem indigentiam. Intelligendum est enim quod magis coniunctis magis est, ceteris paribus, benefaciendum. Si autem duorum unus sit magis coniunctus et alter magis indigens, non potest universali regula determinari cui sit magis subveniendum, quia sunt diversi gradus et indigentiae et propinquitatis: sed hoc requirit prudentis iudicium.

AD SECUNDUM dicendum quod bonum commune multorum divinius est quam bonum unius. Unde pro bono communi reipublicae vel spiritualis vel temporalis virtuosum est quod aliquis etiam propriam vitam exponat periculo. Et ideo, cum communicatio in bellicis ordinetur ad conservationem reipublicae, in hoc miles impendens commilitoni auxilium, non impendit ei tanquam privatae personae, sed sicut totam rempublicam iuvans. Et

ensinou Dionísio. Ora, fazer benefícios é um ato de caridade para com os outros. Logo, é preciso que sejamos mais benéficos com os que nos são mais próximos.

Mas a proximidade entre os homens pode ser considerada sob diversos pontos de vista, segundo os diversos tipos de relações: por exemplo, os consanguíneos, pela afinidade natural; os concidadãos, nas relações civis; os fiéis, nos bens espirituais, e assim por diante. Segundo estas diversas ligações, de diversos modos deve ser exercida a beneficência; pois a cada um deve-se fazer o benefício mais condizente com a ordem das coisas pela qual ele nos está mais unido, absolutamente falando. Entretanto, isso pode variar, segundo a diversidade dos lugares, tempos e negócios; assim, num determinado caso, por exemplo, o da extrema necessidade, deve-se socorrer de preferência a um estranho do que ao mesmo pai, não estando ele em tão grande necessidade.

QUANTO AO 1º, portanto, deve-se dizer que o Senhor não proíbe de modo absoluto convidar amigos e parentes para uma refeição, mas sim fazê-lo com a intenção "de ser convidado, por sua vez", o que já não seria caridade, mas cupidez. Pode, porém, acontecer que devam ser convidados de preferência os estranhos, por causa de uma maior indigência. Deve-se entender o seguinte: em igualdade de condições, devemos beneficiar primeiro aos que nos são mais próximos. Se, pois, de duas pessoas, uma nos é mais próxima e a outra mais necessitada, não é possível estabelecer uma regra universal para determinar a qual delas se deve socorrer preferencialmente, porque são diversos os graus de necessidade e de proximidade. Tal caso requer um juízo prudencialᵈ.

QUANTO AO 2º, deve-se dizer que o bem comum de muitos é mais divino do que o de um só. Segue-se que, em vista do bem comum espiritual ou temporal do Estado, é virtuoso expor ao perigo até a própria vida. Isto explica que, uma vez que a solidariedade nos combates tem por finalidade a preservação do Estado, o soldado que socorre seu companheiro de armas não o faz como a uma pessoa privada, mas para ser útil a todo o Esta-

---

3. MG 3, 209 AD.

d. Trata-se da prudência, virtude cardinal (q. 47 e ss.): é a virtude do bom conselho, das iniciativas e das responsabilidades, e da boa execução.

ideo non est mirum si in hoc praefertur extraneus coniuncto secundum carnem.

AD TERTIUM dicendum quod duplex est debitum. Unum quidem quod non est numerandum in bonis eius qui debet, sed potius in bonis eius cui debetur. Puta si aliquis habet pecuniam aut rem aliam alterius vel furto sublatam vel mutuo acceptam sive depositam, vel aliquo alio simili modo, quantum ad hoc plus debet homo reddere debitum quam ex eo benefacere coniunctis. Nisi forte esset tantae necessitatis articulus in quo etiam liceret rem alienam accipere ad subveniendum necessitatem patienti. Nisi forte et ille cui res debetur in simili necessitate esset. In quo tamen casu pensanda esset utriusque conditio secundum alias conditiones, prudentis iudicio: quia in talibus non potest universalis regula dari, propter varietatem singulorum casuum, ut Philosophus dicit, in IX *Ethic*.[4]

Aliud autem est debitum quod computatur in bonis eius qui debet, et non eius cui debetur: puta si debeatur non ex necessitate iustitiae, sed ex quadam morali aequitate, ut contingit in beneficiis gratis susceptis. Nullius autem benefactoris beneficium est tantum sicut parentum: et ideo parentes in recompensandis beneficiis sunt omnibus aliis praeferendi; nisi necessitas ex alia parte praeponderaret, vel aliqua alia conditio, puta communis utilitas Ecclesiae vel reipublicae. In aliis autem est aestimatio habenda et coniunctionis et beneficii suscepti. Quae similiter non potest communi regula determinari.

AD QUARTUM dicendum quod parentes sunt sicut superiores: et ideo amor parentum est ad benefaciendum, amor autem filiorum ad honorandum parentes. Et tamen in necessitatis extremae articulo magis liceret deserere filios quam parentes; quos nullo modo deserere licet, propter obligationem beneficiorum susceptorum; ut patet per Philosophum, in VIII *Ethic*[5].

do[e]. Não é de se estranhar se, neste caso, um estranho for preferido a um parente carnal.

QUANTO AO 3º, deve-se dizer que há duas espécies de dívidas. Na primeira, o que é devido não é a propriedade do devedor, mas sobretudo do credor. Por exemplo, quando se tem uma soma de dinheiro ou outro bem alheio, obtido por furto, empréstimo, depósito, etc. Em tal caso estamos mais obrigados a restituir o débito do que utilizá-lo para beneficiar os nossos próximos; salvo se estes se encontrassem numa tal necessidade que nos fosse permitido lançar mão do bem alheio para lhes prestar socorro, desde que o credor não se encontrasse em semelhante necessidade. Em tais condições é preciso apreciar com cuidado a situação de cada um, levando em conta outras circunstâncias, por um juízo prudencial[f]; de fato, em tais matérias, a diversidade de casos não permite que se fixe uma regra geral, segundo o Filósofo.

Na segunda espécie de dívidas, o que é devido deve ser computado entre os bens do devedor, e não do credor; por exemplo, quando se deve não por exigência de justiça, mas por certa equidade moral, como acontece com os benefícios recebidos gratuitamente. Ora, o benefício de nenhum benfeitor é comparável ao dos pais, de sorte que, quando se trata de recompensarmos os benefícios, os pais devem ser preferidos a todos os demais; a menos que, por outro lado, prepondere uma necessidade ou algum outro motivo, como o bem geral da Igreja ou do Estado. Nos outros casos, é preciso julgar levando em conta, tanto a união, como o benefício recebido; mas aqui também não pode haver regra geral.

QUANTO AO 4º, deve-se dizer que os pais são como os superiores e por isso o amor os leva a fazer o bem, ao passo que o amor dos filhos os leva a honrar os pais. Entretanto, num caso de extrema necessidade, seria permitido, antes abandonar os filhos, que os pais, aos quais de nenhum modo é lícito abandonar, por causa da obrigação resultante dos benefícios recebidos, como está claro no Filósofo[g].

---

4. C. 2: 1164, b, 27-31.
5. C. 16: 1163, b, 18-22.

e. Hoje diríamos: ao Estado.

f. É moral e humano roubar em caso de necessidade (II-II, q. 66, a. 7). Mas se aquele a quem "roubamos" se encontra em caso de necessidade quase tão grande, se é um "próximo" etc., cabe à prudência determinar cada vez o que se pode fazer em função de todas as realidades e circunstâncias que devem ser levadas em conta.

g. Segundo a sabedoria antiga, a criança tem sempre menos "peso" do que os "anciãos". Outros, na grande família de outrora, podiam cuidar das crianças. As crianças deviam ocupar-se de seus pais em dificuldade. Com nossos "seguros de velhice", esse princípio é muitas vezes desprezado hoje em dia, mas permanece.

Articulus 4
Utrum beneficentia sit virtus specialis

AD QUARTUM SIC PROCEDITUR. Videtur quod beneficentia sit specialis virtus.

1. Praecepta enim ad virtutes ordinantur: quia *legislatores intendunt facere homines virtuosos*, sicut dicitur in II *Ethic*.[1]. Sed seorsum datur praeceptum de beneficentia et de dilectione: dicitur enim Mt 5,44: *Diligite inimicos vestros: benefacite his qui oderunt vos*. Ergo beneficentia est virtus distincta a caritate.

2. PRAETEREA, vitia virtutibus opponuntur. Sed beneficentiae opponuntur aliqua specialia vitia, per quae nocumentum proximo infertur: puta rapina, furtum et alia huiusmodi. Ergo beneficentia est specialis virtus.

3. PRAETEREA, caritas non distinguitur in multas species. Sed beneficentia videtur distingui in multas species, secundum diversas beneficiorum species. Ergo beneficentia est alia virtus a caritate.

SED CONTRA est quod actus interior et exterior non requirunt diversas virtutes. Sed beneficentia et benevolentia non differunt nisi sicut actus exterior et interior: quia beneficentia est executio benevolentiae. Ergo, sicut benevolentia non est alia virtus a caritate, ita nec beneficentia.

RESPONDEO dicendum quod virtutes diversificantur secundum diversas rationes obiecti. Eadem autem est ratio formalis obiecti caritatis et beneficentiae: nam utraque respicit communem rationem boni, ut ex praedictis[2] patet. Unde beneficentia non est alia virtus a caritate, sed nominat quendam caritatis actum.

AD PRIMUM ergo dicendum quod praecepta non dantur de habitibus virtutum, sed de actibus. Et ideo diversitas praeceptorum non significat diversos habitus virtutum, sed diversos actus.

AD SECUNDUM dicendum quod sicut omnia beneficia proximo exhibita, inquantum considerantur sub communi ratione boni, reducuntur ad amorem; ita omnia nocumenta, inquantum considerantur

Artigo 4
A beneficência é uma virtude especial?

QUANTO AO QUARTO, ASSIM SE PROCEDE: parece que a beneficência é uma virtude especial.

1. Com efeito, os preceitos são ordenados às virtudes, porque "os legisladores se esforçam por tornar os homens virtuosos", segundo o livro II da *Ética*. Ora, os preceitos que dizem respeito à beneficência e ao amor são dados separadamente, como se lê no Evangelho de Mateus: "Amai vossos inimigos, fazei bem aos que vos odeiam". Logo, a beneficência é uma virtude distinta da caridade.

2. ALÉM DISSO, os vícios são opostos às virtudes. Ora, certos vícios especiais, pelos quais nós prejudicamos o próximo: rapina, furto etc., são opostos à beneficência. Logo, a beneficência é uma virtude especial.

3. ADEMAIS, a caridade não se divide em diversas espécies; a beneficência, ao contrário, parece que se divide em muitas segundo a diversidade de benefícios. Logo, ela é distinta da caridade.

EM SENTIDO CONTRÁRIO, o ato externo e o interno não requerem virtudes diferentes. Ora, a beneficência e a benevolência não se distinguem senão como o ato exterior e o ato interior, por ser a beneficência a execução da benevolência. Logo, assim como a benevolência não é uma virtude distinta da caridade, tampouco o é a beneficência.

RESPONDO. As virtudes se distinguem entre si segundo as diversas razões de seus objetos. Ora, a caridade e a beneficência têm uma mesma razão formal por seu objeto, pois ambas visam o bem em geral, como já foi mostrado. Logo, a beneficência não é uma virtude distinta da caridade; ela designa um ato particular da caridade[h].

QUANTO AO 1º, portanto, deve-se dizer que os preceitos não visam os hábitos, mas os atos das virtudes. Logo, a diversidade dos preceitos não significa diversos hábitos de virtudes, mas uma diversidade de atos.

QUANTO AO 2º, deve-se dizer que assim como todos os benefícios concedidos ao próximo, considerados sob a razão geral de bem, se reduzem ao amor, assim também todos os prejuízos, considera-

---

1. C. 1: 1103, b, 3-6.
2. Art. 1.

---

h. É por isso que se chama com frequência o ato de benficência um ato de caridade. Se falamos da virtude de beneficência, ela não é distinta da caridade. Mas a caridade, que é radicalmente o amor, não é apenas beneficência.

secundum communem rationem mali, reducuntur ad odium. Prout autem considerantur secundum aliquas speciales rationes vel boni vel mali, reducuntur ad aliquas speciales virtutes vel vitia. Et secundum hoc etiam sunt diversae beneficiorum species.

Unde patet responsio AD TERTIUM.

dos sob a razão geral de mal, se reduzem ao ódio. Mas, considerados sob certas razões especiais do bem ou do mal, eles se reduzem a certas virtudes ou vícios especiais. Sob este aspecto, há diversas espécies de benefícios.

QUANTO AO 3º, deve-se dizer que o que foi dito responde claramente à terceira objeção.

QUAESTIO XXXII
DE ELEEMOSYNA
in decem articulos divisa

Deinde considerandum est de eleemosyna. Et circa hoc quaeruntur decem.
Primo: utrum eleemosynae largitio sit actus caritatis.
Secundo: de distinctione eleemosynarum.
Tertio: quae sint potiores eleemosynae, utrum spirituales vel corporales.
Quarto: utrum corporales eleemosynae habeant effectum spiritualem.
Quinto: utrum dare eleemosynas sit in praecepto.
Sexto: utrum corporalis eleemosyna sit danda de necessario.
Septimo: utrum sit danda de iniuste acquisito.

Octavo: quorum sit dare eleemosynam.
Nono: quibus sit danda.
Decimo: de modo dandi eleemosynas.

QUESTÃO 32
A ESMOLA
em dez artigos

Deve-se agora considerar a esmola. A respeito disso, são dez as perguntas:
1. Dar esmolas é um ato da caridade?
2. Como se distinguem as esmolas?
3. Quais são as melhores esmolas: as esmolas espirituais ou as esmolas corporais?
4. As esmolas corporais têm um efeito espiritual?
5. Existe um preceito de dar esmolas?
6. Deve-se dar a esmola corporal do que é necessário?
7. Pode-se dá-la com um bem adquirido injustamente?
8. Quem deve dar esmolas?
9. A quem deve-se dar?
10. De que modo dar?

ARTICULUS 1
Utrum dare eleemosynam sit actus caritatis

AD PRIMUM SIC PROCEDITUR. Videtur quod dare eleemosynam non sit actus caritatis.

1. Actus enim caritatis non potest esse sine caritate. Sed largitio eleemosynarum potest esse sine caritate: secundum illud 1Cor 13,3: *Si distribuero in cibos pauperum omnes facultates meas, caritatem autem non habuero*. Ergo dare eleemosynam non est actus caritatis.

2. PRAETEREA, eleemosyna computatur inter opera satisfactionis: secundum illud Dn 4,24: *Peccata tua eleemosynis redime*. Sed satisfactio est actus iustitiae. Ergo dare eleemosynam non est actus caritatis, sed iustitiae.

ARTIGO 1
Dar esmolas é um ato da caridade?

QUANTO AO PRIMEIRO ARTIGO, ASSIM SE PROCEDE: parece que dar esmolas **não** é um ato da caridade.

1. Com efeito, um ato de caridade não pode existir sem a caridade. Ora, podem-se distribuir esmolas sem a caridade, segundo a primeira Carta aos Coríntios: "Ainda que eu distribuísse todos os meus bens como esmola... se eu não tiver a caridade..." Logo, dar esmolas não é um ato da caridade.

2. ALÉM DISSO, a esmola é enumerada entre as obras de satisfação, segundo o livro de Daniel: "Redime os teus pecados pelas esmolas". Ora, a satisfação é um ato de justiça. Logo, dar esmola é um ato de justiça e não de caridade.

---
1 PARALL.: IV *Sent.*, dist. 15, q. 2, a. 1, q.la 3.

3. PRAETEREA, offerre hostiam Deo est actus latriae. Sed dare eleemosynam est offerre hostiam Deo: secundum illud *ad* Hb ult.,16: *Beneficentiae et communionis nolite oblivisci: talibus enim hostiis promeretur Deus*. Ergo caritatis non est actus dare eleemosynam, sed magis latriae.

4. PRAETEREA, Philosophus dicit, in IV *Ethic*.[1], quod dare aliquid propter bonum est actus liberalitatis. Sed hoc maxime fit in largitione eleemosynarum. Ergo dare eleemosynam non est actus caritatis.

SED CONTRA est quod dicitur 1Io 3,17: *Qui habuerit substantiam huius mundi, et viderit fratrem suum necessitatem patientem, et clauserit viscera sua ab eo, quomodo caritas Dei manet in illo?*

RESPONDEO dicendum quod exteriores actus ad illam virtutem referuntur ad quam pertinet id quod est motivum ad agendum huiusmodi actus. Motivum autem ad dandum eleemosynas est ut subveniatur necessitatem patienti: unde quidam, definientes eleemosynam, dicunt quod eleemosyna est *opus quo datur aliquid indigenti ex compassione propter Deum*. Quod quidem motivum pertinet ad misericordiam, ut supra[2] dictum est. Unde manifestum est quod dare eleemosynam proprie est actus misericordiae. Et hoc apparet ex ipso nomine: nam in graeco a *misericordia* derivatur, sicut in latino *miseratio*. Et quia misericordia est effectus caritatis, ut supra[3] ostensum est, ex consequenti dare eleemosynam est actus caritatis, misericordia mediante.

3. ADEMAIS, oferecer um sacrifício a Deus é um ato de latria. Ora, dar esmola é oferecer um sacrifício a Deus, como se vê na Carta aos Hebreus: "Não vos esqueçais da beneficência e da partilha dos bens, porque são estes os sacrifícios agradáveis a Deus". Dar esmola será, assim, não um ato de caridade, mas de latria.

4. ADEMAIS, o Filósofo diz que dar algo para praticar o bem é um ato de liberalidade. Ora, isso se realiza sobretudo no ato de dar esmolas. Por isso, a esmola não é um ato de caridade.

EM SENTIDO CONTRÁRIO, lê-se na primeira Carta de João: "Se alguém, possuindo os bens deste mundo, vê o seu irmão na necessidade e lhe fecha o coração, como permanecerá nele o amor de Deus?"

RESPONDO. Os atos exteriores se referem à mesma virtude a que pertence o motivo que impulsiona a praticar tais atos. Ora, o motivo para praticar esmolas é socorrer a quem sofre necessidades. É por isso que alguns assim definem a esmola: "o ato de dar algo a um indigente, por compaixão e por amor a Deus". Ora, este motivo pertence à misericórdia, como já foi dito. Logo, é evidente que dar esmolas é propriamente um ato de misericórdia, como aliás se verifica a partir do vocabulário: em grego, "esmola" deriva de um termo que significa "misericórdia"[a], tal como o latim *miseratio* (compaixão). E porque a misericórdia é um efeito da caridade, como já foi demonstrado, deve-se concluir que dar esmolas é um ato de caridade, por intermédio da misericórdia[b].

---

1. C. 2: 1120, a, 24-26.
2. Q. 30, a. 4.
3. Q. 30, a. 2; a. 3, 3 a.

---

a. Em grego, *éleêmosúnê* significa tanto misericórdia como esmola. Derivada de *Eleéo*: ter piedade (ver *Kyrie Eleêson*, Senhor, tende piedade).

b. Devemos evitar compreender a esmola como se faz hoje: a moedinha jogada na vasilha do mendigo; nem é mais, muitas vezes, um ato de caridade fraterna, isto é, de irmão a irmão na sociedade de vida divina. Trata-se aqui de *coisa inteiramente diferente*.

A esmola, para a antiga tradição judeu-cristã e patrística, corresponde por um lado ao que hoje chamamos de sistema de "perequação", destinado a fazer desaparecer, na medida do possível, as desigualdades e injustiças que o melhor sistema de distribuição dos bens pode evitar. A miséria, como se sabe, tem muitas outras causas além de uma organização injusta. A esmola é da ordem da justiça também, mas, como se irá compreender, inspirada e ordenada pela misericórdia. A justiça distributiva de que o Estado é o principal responsável não pode resolver todos os casos particulares: por perfeito que seja o projeto de distribuição, sempre restarão desigualdades gritantes, necessidades não satisfeitas, misérias. O Estado não pode conhecer todos os casos individuais. As leis só se ocupam do geral. Somente a caridade perceberá a necessidade insólita de tal pessoa próxima dela, e a ela atenderá. Quantos gênios não teriam desaparecido se alguém próximo não houvesse descoberto seus dons precoces e não os tivesse ajudado. Desse modo, pela mediação do amor, a esmola restabelece radicalmente uma justiça. Os bens da Terra e o patrimônio (material, cultural, artístico, religioso...) da humanidade pertencem, depois de Deus, à coletividade humana como um todo, e não é "justo" que alguns usufruam enquanto outros são totalmente privados desses bens.

Entretanto, a esmola deve ser atribuída à caridade: *a*. Porque só a caridade é invocada para discernir aquele que está desprovido e deve ser ajudado. Por hipótese, as "leis" de ajuda não consideraram o seu caso. *b*. Porque só a caridade inspira esse gesto que o legislador não foi capaz de prever, e que aqueles que viram sua utilidade não o fizeram. *c*. Porque não existe

AD PRIMUM ergo dicendum quod aliquid dicitur esse actus virtutis dupliciter. Uno modo, materialiter: sicut actus iustitiae est facere iusta. Et talis actus virtutis potest esse sine virtute: multi enim non habentes habitum iustitiae iusta operantur, vel ex naturali ratione, vel ex timore sive ex spe aliquid adipiscendi. Alio modo dicitur esse aliquid actus virtutis formaliter: sicut actus iustitiae est actio iusta eo modo quo iustus facit, scilicet prompte et delectabiliter. Et hoc modo actus virtutis non est sine virtute. — Secundum hoc ergo dare eleemosynas materialiter potest esse sine caritate: formaliter autem eleemosynas dare, idest propter Deum, delectabiliter et prompte et omni eo modo quo debet, non est sine caritate.

AD SECUNDUM dicendum quod nihil prohibet actum qui est proprie unius virtutis elicitive, attribui alteri virtuti sicut imperanti et ordinanti ad suum finem. Et hoc modo dare eleemosynam ponitur inter opera satisfactoria: inquantum miseratio in defectum patientis ordinatur ad satisfaciendum pro culpa. — Secundum autem quod ordinatur ad placandum Deum, habet rationem sacrificii: et sic imperatur a latria.
Unde patet responsio AD TERTIUM.

AD QUARTUM dicendum quod dare eleemosynam pertinet ad liberalitatem inquantum liberalitas aufert impedimentum huius actus, quod esse posset ex superfluo amore divitiarum, propter quem aliquis efficitur nimis retentivus earum.

QUANTO AO 1º, portanto, deve-se dizer que alguma coisa é chamada ato de virtude de dois modos. Primeiro, de modo material. Neste sentido o ato de justiça consiste em fazer coisas justas, sendo que um tal ato pode existir sem a virtude. De fato, muitos que não têm o hábito da justiça, praticam atos justos, quer pela razão natural, quer pelo temor, ou ainda por esperança de alcançar algum bem. Em segundo lugar, um ato pode pertencer a alguma virtude de modo formal; assim, o ato da virtude da justiça consiste em realizar uma ação justa de igual modo como o justo o pratica, isto é, com prontidão e prazer. — Sob este aspecto, o ato de virtude não existe sem a virtude. Por isso, sem ter a virtude da caridade, pode-se dar esmolas materialmente; formalmente, porém, isto é, dá-las por amor a Deus, com prazer, prontidão e tudo o que é requerido, não se realiza sem a caridade.

QUANTO AO 2º, deve-se dizer que nada impede que um ato pertencente propriamente a uma virtude, porque dela decorre, seja atribuído a uma outra virtude, porque ela o comanda e o ordena ao seu fim. Neste sentido, dar esmola é uma das obras satisfatórias, enquanto a piedade testemunhada em relação à miséria se ordena à satisfação pela culpa. — Este mesmo ato, enquanto se ordena a aplacar a Deus, tem a razão de sacrifício, e então é imperado pela latria.

QUANTO AO 3º, deve-se dizer que o que acaba de ser dito responde à terceira objeção.

QUANTO AO 4º, deve-se dizer que dar esmola pertence à liberalidade, enquanto esta suspende o impedimento desse ato, que poderia surgir do amor supérfluo das riquezas, por força do qual alguém é muito apegado a elas.

ARTICULUS 2
Utrum convenienter eleemosynarum genera distinguantur

AD SECUNDUM SIC PROCEDITUR. Videtur quod inconvenienter eleemosynarum genera distinguantur.

ARTIGO 2
É conveniente distinguir gêneros de esmolas?

QUANTO AO SEGUNDO, ASSIM SE PROCEDE: parece que **não** convém distinguir gêneros de esmolas.

---

2   PARALL.: IV *Sent.*, dist. 15, q. 2, a. 3, q.la 1, 2; *in Matth.*, c. 25.

---

padrão para medir o *supérfluo* do doador, por um lado, e a *miséria*, a necessidade ou a carência do indigente, por outro, e que cada um julgue daquilo que ele doará em função de seu amor bem ordenado: de si, primeiramente, e dos seus, depois dos outros. O que não impede que, se a miséria for gritante e requeira um socorro urgente, possa haver pecado grave em não prové-la imediatamente. O amor também é objeto de preceito: q. 44, a. 1 e 2.
  Tudo isso, de que devemos nos lembrar ao longo desta questão, aplica-se em primeiro lugar às esmolas corporais, mas *mutatis mutandis*, a todas as outras: culturais, espirituais, *etc*. O que significa que, mesmo trabalhando para que uma melhor justiça seja estabelecida em toda parte, o amor, e só o amor, possa realizar essa justiça além das leis promulgadas e promulgáveis. Muitas vezes são as leis que são indiscretas e que intervêm em domínios nos quais a moral comum e a caridade dos cidadãos deveriam bastar.

1. Ponuntur enim septem eleemosynae corporales: scilicet pascere esurientem, potare sitientem, vestire nudum, recolligere hospitem, visitare infirmum, redimere captivum, et sepelire mortuum; quae in hoc versu continentur: *Visito, poto, cibo, redimo, tego, colligo, condo*. Ponuntur etiam aliae septem eleemosynae spirituales: scilicet docere ignorantem, consulere dubitanti, consolari tristem, corrigere peccantem, remittere offendenti, portare onerosos et graves, et pro omnibus orare; quae etiam in hoc versu continentur: *Consule, castiga, solare, remitte, fer, ora*; ita tamen quod sub eodem intelligatur consilium et doctrina. Videtur autem quod inconvenienter huiusmodi eleemosynae distinguantur. Eleemosyna enim ordinatur ad subveniendum proximo. Sed per hoc quod proximus sepelitur, in nullo ei subvenitur: alioquin non esset verum quod Dominus dicit, Mt 10,28: *Nolite timere eos qui occidunt corpus, et post hoc non habent amplius quid faciant*. Unde et Dominus, Mt 25,35-36,42-43, commemorans misericordiae opera, de sepultura mortuorum mentionem non facit. Ergo videtur quod inconvenienter huiusmodi eleemosynae distinguantur.

2. Praeterea, eleemosyna datur ad subveniendum necessitatibus proximi, sicut dictum est[1]. Sed multae aliae sunt necessitates humanae vitae quam praedictae: sicut quod caecus indiget ductore, claudus sustentatione, pauper divitiis. Ergo inconvenienter praedictae eleemosynae enumerantur.

3. Praeterea, dare eleemosynam est actus misericordiae. Sed corrigere delinquentem magis videtur ad severitatem pertinere quam ad misericordiam. Ergo non debet computari inter eleemosynas spirituales.

4. Praeterea, eleemosyna ordinatur ad subveniendum defectui. Sed nullus est homo qui defectum ignorantiae non patiatur in aliquibus. Ergo videtur quod quilibet debeat quemlibet docere, si ignoret id quod ipse scit.

Sed contra est quod Gregorius dicit, in quadam homilia[2]: *Habens intellectum curet omnino ne taceat; habens rerum affluentiam vigilet ne a misericordiae largitate torpescat; habens artem qua regitur magnopere studeat ut usum atque utilitatem illius cum proximo partiatur; habens loquendi locum apud divitem damnationem pro*

1. Com efeito, contam-se sete esmolas corporais: dar de comer a quem tem fome, dar de beber a quem tem sede, vestir os nus, acolher os peregrinos, visitar os enfermos, redimir os cativos e enterrar os mortos, o que se resume neste verso: "visito, dou de beber, dou de comer, redimo, cubro, acolho, enterro". Distinguem-se igualmente sete esmolas espirituais: ensinar os ignorantes, aconselhar os que duvidam, consolar os aflitos, corrigir os pecadores, perdoar os ofensores, suportar os que nos incomodam e aborrecem e orar por todos, e tais obras também se resumem neste verso: "aconselha, castiga, consola, perdoa, sofre, ora", de tal modo que, sob a primeira palavra, englobam-se ao mesmo tempo o conselho e o ensino. Ora, parece que estas distinções não são justas. A esmola, com efeito, tem por finalidade socorrer o próximo. Entretanto, enterrar os mortos não lhes é de nada útil, senão não seria verdadeiro o que o Senhor diz: "Não temais os que matam o corpo e depois disso nada mais podem fazer". Por isso, o Senhor, recordando as obras de misericórdia, não menciona o enterro dos mortos. Logo, parece que as esmolas se distinguem de modo inconveniente.

2. Além disso, a esmola, já foi dito, é dada para socorrer as necessidades do próximo; mas a vida humana é sujeita ainda a muitas outras necessidades além das enumeradas; assim, o cego precisa de um guia; o coxo, de quem o ampare; o pobre, das riquezas. Logo, as referidas esmolas não estão convenientemente classificadas.

3. Ademais, dar esmola é um ato de misericórdia. Ora, corrigir um delinquente parece ser mais um ato de severidade do que de misericórdia. Logo, este ato não deve ser enumerado entre as esmolas espirituais.

4. Ademais, a esmola é ordenada à supressão de uma deficiência. Ora, não existe ninguém que não sofra, de algum modo, da deficiência da ignorância; cada qual teria, assim, o dever de instruir a outrem, se este ignorar o que ele sabe.

Em sentido contrário, numa de suas homilias, diz Gregório: "O que tem ciência, cuide diligentemente de não calar-se; o que tem abundância de bens, vele para não esfriar o calor da misericórdia; quem tiver o ofício de governar, esforce-se muito em aplicá-lo em proveito e utilidade do próximo; quem tem oportunidade de influenciar a um rico,

---

1. Art. praec.
2. Homil. 9 *in Evang.*, n. 7: ML 76, 1109 B.

retento talento timeat si, cum valet, non apud eum pro pauperibus intercedat. Ergo praedictae eleemosynae convenienter distinguuntur secundum ea in quibus homines abundant et deficiunt.

RESPONDEO dicendum quod praedicta eleemosynarum distinctio convenienter sumitur secundum diversos defectus proximorum. Quorum quidam sunt ex parte animae, ad quos ordinantur spirituales eleemosynae; quidam vero ex parte corporis, ad quos ordinantur eleemosynae corporales. Defectus enim corporalis aut est in vita, aut est post vitam. Si quidem est in vita, aut est communis defectus respectu eorum quibus omnes indigent; aut est specialis propter aliquod accidens superveniens. Si primo modo, aut defectus est interior, aut exterior. Interior quidem est duplex: unus quidem cui subvenitur per alimentum siccum, scilicet fames, et secundum hoc ponitur pascere esurientem; alius autem est cui subvenitur per alimentum humidum, scilicet sitis, et secundum hoc dicitur potare sitientem. — Defectus autem communis respectu exterioris auxilii est duplex: unus respectu tegumenti, et quantum ad hoc ponitur vestire nudum; alius est respectu habitaculi, et quantum ad hoc est suscipere hospitem. — Similiter autem si sit defectus aliquis specialis, aut est ex causa intrinseca, sicut infirmitas, et quantum ad hoc ponitur visitare infirmum: aut ex causa extrinseca, et quantum ad hoc ponitur redemptio captivorum. — Post vitam autem exhibetur mortuis sepultura.

Similiter autem spiritualibus defectibus spiritualibus actibus subvenitur dupliciter. Uno modo, poscendo auxilium a Deo: et quantum ad hoc ponitur oratio, qua quis pro aliis orat. — Alio modo, impendendo humanum auxilium: et hoc tripliciter. Uno modo, contra defectum intellectus: et si quidem sit defectus speculativi intellectus, adhibetur ei remedium per doctrinam; si autem practici intellectus, adhibetur ei remedium per consilium. — Alio modo est defectus ex passione appetitivae virtutis: inter quos est maximus tristitia, cui subvenitur per consolationem. — Tertio modo, ex parte inordinati actus: qui quidem tripliciter considerari potest. Uno modo, ex parte ipsius peccantis, inquantum procedit ab eius inordinata voluntate: et sic adhibetur remedium per correctionem. Alio modo, ex parte eius in quem peccatur: et sic, si quidem sit peccatum in nos, remedium adhibemus remittendo offensam; si autem sit in Deum vel in proximum, *non est nostri arbitrii remittere,* ut

tema condenar-se retendo o talento se, podendo, não interceder pelos pobres". Logo, a distinção entre estas diversas esmolas está justamente fundada sobre os bens que representam, para alguns, abundância, para outros, escassez.

RESPONDO. A referida distinção entre os gêneros de esmolas está fundada com razão sobre a diversidade das deficiências do próximo. Algumas delas provêm da alma, e a essas se ordenam as esmolas espirituais. As outras provêm do corpo, e a elas se ordenam as esmolas corporais. As deficiências corporais podem ser produzidas durante a vida, ou depois dela. Se são durante a vida: ou é uma necessidade geral, relativa a coisas de que todos precisam; ou é uma necessidade especial, que advém por acidente. No primeiro caso, esta necessidade é interior ou exterior. A interior tem duas formas: uma, a que se socorre com alimento sólido, como é a fome; em relação a ela é que se diz "dar de comer a quem tem fome"; a outra é a que se socorre com alimento líquido, como é a sede, à qual corresponde a palavra "dar de beber a quem tem sede". — A necessidade geral do auxílio exterior é também dupla: uma a respeito das roupas, para a qual se prescreve "vestir os nus", outra quanto à habitação, cujo preceito é "acolher os peregrinos". — Do mesmo modo, a necessidade especial provém de uma causa interior, por exemplo, a doença, e assim se entende o "visitar os enfermos"; ou de uma causa exterior, em relação à qual se diz "redimir os cativos". Enfim, após a vida, é preciso "enterrar os mortos".

De modo semelhante, as necessidades espirituais são supridas de dois modos. Primeiro, pedindo o socorro de Deus, isto é, pela oração, que nos faz orar pelos outros. — Segundo, prestando o auxílio humano, que visa três coisas: uma deficiência da inteligência, que se remedeia pelo ensino, quando se trata do intelecto especulativo, ou pelo conselho, quando se trata do intelecto prático. — Uma deficiência afetando a potência apetitiva: a maior, neste caso, é a tristeza, que se remedeia com a consolação. — Uma deficiência proveniente de um ato desordenado, o qual, por sua vez, pode ser analisado sob um tríplice ponto de vista: 1º) daquele que peca, desde que o ato proceda de sua vontade desordenada, cujo remédio apropriado é a correção; 2º) daquele contra quem se peca; quando se trata de nós, nós remediamos com o perdão das ofensas, mas quando se trata de Deus e do próximo, como diz Jerônimo, "o perdão não está em nosso arbítrio";

Hieronymus dicit, *super Matth*.³: Tertio modo, ex parte sequelae ipsius actus inordinati, ex qua gravantur ei conviventes, etiam praeter peccantis intentionem: et sic remedium adhibetur supportando; maxime in his qui ex infirmitate peccant, secundum illud Rm 15,1: *Debemus nos firmiores infirmitates aliorum portare*. Et non solum secundum quod infirmi sunt graves ex inordinatis actibus, sed etiam quaecumque eorum onera sunt supportanda: secundum illud Gl 6,2: *Alter alterius onera portate*.

AD PRIMUM ergo dicendum quod sepultura mortui non confert ei quantum ad sensum quem corpus post mortem habeat. Et secundum hoc Dominus dicit quod interficientes corpus non habent amplius quid faciant. Et propter hoc etiam Dominus non commemorat sepulturam inter alia misericordiae opera, sed numerat solum illa quae sunt evidentioris necessitatis. Pertinet tamen ad defunctum quid de eius corpore agatur, tum quantum ad hoc quod vivit in memoriis hominum, cuius honor dehonestatur si insepultus remaneat; tum etiam quantum ad affectum quem adhuc vivens habebat de suo corpore, cui piorum affectus conformari debet post mortem ipsius. Et secundum hoc aliqui commendantur de mortuorum sepultura, ut Tobias et illi qui Dominum sepelierunt; ut patet per Augustinum, in libro *de Cura pro Mortuis agenda*⁴.

AD SECUNDUM dicendum quod omnes aliae necessitates ad has reducuntur. Nam et caecitas et claudicatio sunt infirmitates quaedam: unde dirigere caecum et sustentare claudum reducitur ad visitationem infirmorum. Similiter etiam subvenire homini contra quamcumque oppressionem illatam extrinsecus reducitur ad redemptionem captivorum. Divitiae autem, quibus paupertati subvenitur, non quaeruntur nisi ad subveniendum praedictis defectibus: et ideo non fuit specialis mentio de hoc defectu facienda.

AD TERTIUM dicendum quod correctio peccantium, quantum ad ipsam executionem actus, severitatem iustitiae continere videtur. Sed quantum ad intentionem corrigentis, qui vult hominem a

3º) das consequências do próprio ato desordenado que, mesmo sem a intenção dos pecadores, afetam gravemente os que convivem com eles; o remédio, então, consiste em suportar sobretudo os que pecam por fraqueza, segundo a Carta aos Romanos: "Nós, os fortes, devemos suportar as fragilidades dos outros". Não somente porque os fracos são difíceis por causa de seus atos desordenados, mas ainda porque se devem suportar todos os seus ônus, segundo a Carta aos Gálatas: "Carregai os fardos uns dos outros"ᶜ.

QUANTO AO 1º, portanto, deve-se dizer que a sepultura não traz nenhum proveito ao morto, com respeito a alguma sensação que o corpo poderia ter depois da morte. Nessa sentido é que o Senhor diz que os que matam o corpo nada mais podem fazer. Por esta mesma razão ele não menciona o sepultamento entre as obras de misericórdia, enumerando apenas aquelas de necessidade mais evidente. O que se faz de seu corpo, porém, importa ao falecido: quer porque ele vive ainda na memória dos homens, ficando a sua honra ultrajada se ele permanecesse sem sepultura; quer também por causa do afeto que por seu corpo ele teve durante a vida, que deve ser partilhado pelas pessoas misericordiosas, após sua morte. Por isso alguns, como Tobias, foram enaltecidos por terem enterrado os mortos, bem como aqueles que sepultaram o Senhor, como ficou claro no livro de Agostinho sobre os deveres para com os mortos.

QUANTO AO 2º, deve-se dizer que todas as demais necessidades reduzem-se às referidas. A cegueira e a claudicação são enfermidades: assim, guiar um cego ou amparar um coxo se reduzem à visita aos doentes. Semelhantemente, socorrer uma pessoa contra qualquer opressão imposta por outra se reduz ao resgate dos cativos. A riqueza, enfim, que socorre a pobreza, não é procurada senão para socorrer todas as deficiências enumeradas; eis porque não se fez menção especial desta deficiência.

QUANTO AO 3º, deve-se dizer que a correção dos pecadores, considerada na sua execução, parece comportar a severidade da justiça; mas pela intenção daquele que a pratica, querendo livrar o

---

3. L. III, super 18, 15: ML 26, 131 B.
4. C. 3: ML 40, 595.

---

c. Como essas listas *septenárias* do mesmo tipo, que auxiliavam a memória na catequese, a das obras de misericórdia tem alguma coisa de artificial. Poderíamos acrescentar ou cortar algo. Ela testemunha todavia uma bela época cristã e, por sua tradição, é venerável. Sto. Tomás a justifica o quanto é possível fazê-lo.

malo culpae liberare, pertinet ad misericordiam et dilectionis affectum: secundum illud Pr 27,6: *Meliora sunt verbera diligentis quam fraudulenta oscula odientis.*

AD QUARTUM dicendum quod non quaelibet nescientia pertinet ad hominis defectum, sed solum ea qua quis nescit ea quae convenit eum scire: cui defectui per doctrinam subvenire ad eleemosynam pertinet. In quo tamen observandae sunt debitae circumstantiae personae et loci et temporis, sicut et in aliis actibus virtuosis.

ARTICULUS 3
Utrum eleemosynae corporales sint potiores quam spirituales

AD TERTIUM SIC PROCEDITUR. Videtur quod eleemosynae corporales sint potiores quam spirituales.

1. Laudabilius enim est magis indigenti eleemosynam facere: ex hoc enim eleemosyna laudem habet quod indigenti subvenit. Sed corpus, cui subvenitur per eleemosynas corporales, est indigentioris naturae quam spiritus, cui subvenitur per eleemosynas spirituales. Ergo eleemosynae corporales sunt potiores.

2. PRAETEREA, recompensatio beneficii laudem et meritum eleemosynae minuit: unde et Dominus dicit, Lc 14,12: *Cum facis prandium aut cenam, noli vocare vicinos divites, ne forte et ipsi te reinvitent.* Sed in eleemosynis spiritualibus semper est recompensatio: quia qui orat pro alio sibi proficit, secundum illud Ps 34,13: *Oratio mea in sinu meo convertetur*; qui etiam alium docet, ipse in scientia proficit. Quod non contingit in eleemosynis corporalibus. Ergo eleemosynae corporales sunt potiores quam spirituales.

3. PRAETEREA, ad laudem eleemosynae pertinet quod pauper ex eleemosyna data consoletur: unde Iob 31,20 dicitur: Si *non benedixerunt mihi latera eius*; et Philm 7 dicit Apostolus: *Viscera sanctorum requieverunt per te, frater.* Sed quandoque magis est grata pauperi eleemosyna corporalis quam spiritualis. Ergo eleemosyna corporalis potior est quam spiritualis.

SED CONTRA est quod Augustinus, in libro *de Serm. Dom. in Monte*[1], super illud, Qui *petit a te, da ei,* dicit: *Dandum est quod nec tibi nec alteri noceat: et cum negaveris quod petit, indicanda est*

culpado de seu mal, implica a misericórdia e um sentimento de amor, segundo o livro dos Provérbios: "Os golpes do amigo são melhores do que os mentirosos beijos do inimigo".

QUANTO AO 4º, deve-se dizer que nem toda ignorância é uma deficiência humana, mas somente a que leva a não saber o que se devia saber; remediar esta deficiência pelo ensino, é próprio da esmola. Ao fazê-lo, porém, é preciso levar em conta as devidas circunstâncias de pessoa, lugar e tempo, como em todas as ações virtuosas.

ARTIGO 3
As esmolas corporais são melhores que as espirituais?

QUANTO AO TERCEIRO, ASSIM SE PROCEDE: parece que as esmolas corporais **são** melhores que as espirituais.

1. Com efeito, é mais louvável dar esmola ao necessitado; pois é por isso que a esmola merece louvor por socorrer o necessitado. Ora, o corpo, objeto das esmolas corporais, é de natureza mais necessitada que o espírito, objeto das esmolas espirituais. Logo, as esmolas corporais são melhores.

2. ALÉM DISSO, a recompensa do benefício diminui o louvor e o mérito da esmola. Por isso, diz o Senhor: "Ao dares um almoço ou jantar, não convides... teus vizinhos ricos, para que não te convidem por sua vez". Ora, as esmolas espirituais sempre têm recompensa, porque o que ora por outro, ele mesmo obtém benefício, conforme o Salmo: "A minha oração volta ao meu peito". Quem ensina a outrem, progride na ciência. Ora, isto não sucede com as esmolas corporais. Logo, estas são melhores que as outras.

3. ADEMAIS, o louvor da esmola se funda no fato de o pobre ser consolado com a que ele recebe, conforme o livro de Jó: "Se não me abençoaram os seus flancos"; e a carta a Filêmon: "Graças a ti, irmão, foram confortados os corações dos santos!" Ora, acontece que a esmola corporal é mais agradável ao pobre do que a esmola espiritual. Logo, a esmola corporal é melhor que a espiritual.

EM SENTIDO CONTRÁRIO, a propósito da palavra do Evangelho de Mateus: "Dá a quem te pede", diz Agostinho: "Deves dar de modo que não te prejudiques a ti nem ao outro; quando negares

---

3 PARALL.: IV *Sent.*, dist. 15, q. 2, a. 3, q.la 3.
1. L. I, c. 20, n. 67: ML 34, 1264.

iustitia, ut non eum inanem dimittas. Et aliquando melius aliquid dabis, cum iniuste petentem correxeris. Correctio autem est eleemosyna spiritualis. Ergo spirituales eleemosynae sunt corporalibus praeferendae.

RESPONDEO dicendum quod comparatio istarum eleemosynarum potest attendi dupliciter. Uno modo, simpliciter loquendo: et secundum hoc eleemosynae spirituales praeeminent, triplici ratione. Primo quidem, quia id quod exhibetur nobilius est, scilicet donum spirituale, quod praeeminet corporali: secundum illud Pr 4,2: *Donum bonum tribuam vobis: legem meam ne derelinquatis*. — Secundo, ratione eius cui subvenitur: quia spiritus nobilior est corpore. Unde sicut homo sibi ipsi magis debet providere quantum ad spiritum quam quantum ad corpus, ita et proximo, quem debet tanquam seipsum diligere. — Tertio, quantum ad ipsos actus quibus subvenitur proximo: quia spirituales actus sunt nobiliores corporalibus, qui sunt quodammodo serviles.

Alio modo possunt comparari secundum aliquem particularem casum, in quo quaedam corporalis eleemosyna alicui spirituali praefertur. Puta, magis esset pascendum famem morientem quam docendum: sicut et *indigenti*, secundum Philosophum[2], *melius est ditari quam philosophari*, quamvis hoc sit simpliciter melius.

AD PRIMUM ergo dicendum quod dare magis indigenti melius est, ceteris paribus. Sed si minus indigens sit melior, et melioribus indigeat, dare ei melius est. Et sic est in proposito.

AD SECUNDUM dicendum quod recompensatio non minuit meritum et laudem eleemosynae si non sit intenta: sicut etiam humana gloria, si non sit intenta, non minuit rationem virtutis; sicut et de Catone Sallustius dicit[3] quod *quo magis gloriam fugiebat, eo magis eum gloria sequebatur*. Et ita contingit in eleemosynis spiritualibus. — Et tamen intentio bonorum spiritualium non minuit meritum, sicut intentio bonorum corporalium.

a quem te pede, indica a justiça de teu ato, para não o despedires sem nada. Poderá suceder que darás algo de melhor, quando corrigires, a quem te faça um pedido injusto". Ora, a correção é uma esmola espiritual. Logo, as esmolas espirituais são preferidas às corporais.

RESPONDO. A comparação entre estas espécies de esmolas podem ser de dois modos. Primeiro, falando de modo absoluto. Neste sentido, as esmolas espirituais sobressaem por três razões: 1º) Porque o que é dado tem mais valor, isto é, um dom espiritual é superior a um dom corporal, segundo o livro dos Provérbios: "Eu vos dou um dom excelente: não abandoneis a minha lei". — 2º) Em razão da condição daquele a quem se socorre, isto é, o espírito, que é mais nobre que o corpo. Assim, do mesmo modo que o homem deve cuidar mais de sua alma do que de seu corpo, deve também ele fazer por seu próximo, que deve amar como a si mesmo. — 3º) Em razão das ações com as quais auxilia o próximo; com efeito, os atos espirituais são mais nobres que os corporais, sempre marcados por certo caráter servil.

Segundo, estas esmolas podem ser comparadas em relação a um caso particular, em que alguma esmola corporal é preferível à espiritual. Assim, a quem está morrendo de fome, é preferível dar de comer do que ensinar; ou, como observa o Filósofo: "É melhor enriquecer-se do que filosofar", ainda que, absolutamente falando, seja melhor filosofar[d].

QUANTO AO 1º, portanto, deve-se dizer que em igualdade de situações, é melhor socorrer a quem mais precisa. Mas se quem precisa menos for melhor e tiver necessidade de uma esmola melhor, é melhor dar-lha a ele. E este é o caso proposto.

QUANTO AO 2º, deve-se dizer que a recompensa não torna a esmola menos meritória e menos louvável, se não for intencionalmente procurada, tal como a glória humana que, se não for intencionalmente procurada, não diminui a virtude. Por isso, Salústio dizia de Catão: "quanto mais fugia da glória, tanto mais a glória o buscava". É o que acontece com as esmolas espirituais. — Buscar, contudo, os bens espirituais, não diminui o mérito, como na busca dos bens materiais.

---

2. *Topic.*, l. III, c. 2: 118, a, 10-11.
3. *De Catilinae coniuratione*, c. 54: ed. R. Dietsch, Lipsiae 1884, p. 32, ll. 34-35.

d. As "esmolas" espirituais: educar, catequizar, reconfortar são melhores do que as esmolas corporais, mas existe também a ordem de urgência: é preciso nutrir o esfomeado antes de lhe pregar um sermão.

AD TERTIUM dicendum quod meritum dantis eleemosynam attenditur secundum id in quo debet rationabiliter requiescere voluntas accipientis: non in eo in quo requiescit si sit inordinata.

Articulus 4
Utrum eleemosynae corporales habeant effectum spiritualem

AD QUARTUM SIC PROCEDITUR. Videtur quod eleemosynae corporales non habeant effectum spiritualem.

1. Effectus enim non est potior sua causa. Sed bona spiritualia sunt potiora corporalibus. Non ergo eleemosynae corporales habent spirituales effectus.

2. PRAETEREA, dare corporale pro spirituali vitium simoniae est. Sed hoc vitium est omnino vitandum. Non ergo sunt dandae eleemosynae ad consequendum spirituales effectus.

3. PRAETEREA, multiplicata causa, multiplicatur effectus. Si igitur eleemosyna corporalis causaret spiritualem effectum, sequeretur quod maior eleemosyna magis spiritualiter proficeret. Quod est contra illud quod legitur Lc 21,2 sqq. de vidua mittente duo aera minuta in gazophylacium, quae, secundum sententiam Domini, *plus omnibus misit.* Non ergo eleemosyna corporalis habet spiritualem effectum.

SED CONTRA est quod dicitur Eccli 29,16: *Eleemosyna viri gratiam hominis quasi pupillam conservabit.*

RESPONDEO dicendum quod eleemosyna corporalis tripliciter potest considerari. Uno modo, secundum suam substantiam. Et secundum hoc non habet nisi corporalem effectum, inquantum scilicet supplet corporales defectus proximorum. — Alio modo potest considerari ex parte causae eius: inquantum scilicet aliquis eleemosynam corporalem dat propter dilectionem Dei et proximi. Et quantum ad hoc affert fructum spiritualem: secundum illud Eccli 29,13-14: *Perde pecuniam propter fratrem. Pone thesaurum in praeceptis Altissimi, et proderit tibi magis quam aurum.* — Tertio modo, ex parte effectus. Et sic etiam habet spiritualem fructum: inquantum scilicet proximus, cui per corporalem eleemosynam subvenitur, movetur ad orandum pro benefactore. Unde et ibidem 15, subditur:

QUANTO AO 3º, deve-se dizer que o mérito do que pratica a esmola é avaliado por aquilo com que racionalmente deve satisfazer a vontade de quem a recebe, e não naquilo que pode querer uma vontade desordenada.

Artigo 4
As esmolas corporais têm um efeito espiritual?

QUANTO AO QUARTO, ASSIM SE PROCEDE: parece que as esmolas corporais **não** têm um efeito espiritual.

1. Com efeito, um efeito não é superior à sua causa. Ora, os bens espirituais são superiores aos corporais. Logo, as esmolas corporais não têm um efeito espiritual.

2. ALÉM DISSO, dar o corporal em troca do espiritual é o vício de simonia. Ora, esse vício deve ser evitado a todo preço. Logo, não se devem praticar esmolas para se obter um efeito espiritual.

3. ADEMAIS, multiplicada a causa, multiplicam-se os efeitos. Se a esmola corporal causasse um efeito espiritual, seguir-se-ia que uma maior esmola produziria um maior efeito espiritual. Mas isso vai contra o que lemos no Evangelho de Lucas, a respeito da viúva que colocara duas moedinhas no tesouro do templo e que, segundo o julgamento do Senhor, ela "pôs mais que todos os outros". A esmola corporal não tem, pois, um efeito espiritual.

EM SENTIDO CONTRÁRIO, lê-se no livro do Eclesiástico: "A esmola do homem conservará a sua graça como a menina do olho".

RESPONDO. A esmola corporal pode ser considerada sob tríplice aspecto. 1º) Na sua substância; sob este aspecto ela só tem um efeito corporal, isto é, o socorro às necessidades corporais do próximo. — 2º) Em relação à sua causa, enquanto a esmola corporal é feita por amor a Deus e ao próximo. Tal esmola produz um fruto espiritual, segundo o livro do Eclesiástico: "Sacrifica tua prata por um irmão e um amigo; usa de tuas riquezas segundo o preceito do Altíssimo; ser-te-á mais útil do que o ouro". — 3º) Em relação a seu efeito. Também neste caso a esmola corporal tem um fruto espiritual, porque o beneficiado é movido a orar pelo benfeitor. Por isso, o mesmo texto inclui: "Esconde tua esmola no coração do pobre, e ela rogará por ti contra todo o mal".

Conclude eleemosynam in sinu pauperis, et haec pro te exorabit ab omni malo.

AD PRIMUM ergo dicendum quod ratio illa procedit de corporali eleemosyna secundum suam substantiam.

AD SECUNDUM dicendum quod ille qui dat eleemosynam non intendit emere aliquid spirituale per corporale, quia scit spiritualia in infinitum corporalibus praeeminere: sed intendit per caritatis affectum spiritualem fructum promereri.

AD TERTIUM dicendum quod vidua, quae minus dedit secundum quantitatem, plus dedit secundum suam proportionem; ex quo pensatur in ipsa maior caritatis affectus, ex qua corporalis eleemosyna spiritualem efficaciam habet.

QUANTO AO 1º, portanto, deve-se dizer que esta objeção é válida para a esmola corporal considerada em sua substância.

QUANTO AO 2º, deve-se dizer que o que pratica a esmola corporal não pretende comprar um bem espiritual por meio de um bem corporal, porque ele sabe que os bens espirituais têm infinitamente mais valia que os corporais. É pelo sentimento de caridade, que o anima, que ele espera merecer um fruto espiritual.

QUANTO AO 3º, deve-se dizer que a viúva do Evangelho, que deu menos em quantidade, deu mais em proporção ao que podia; estima-se, pois, que nela havia um maior amor de caridade, que é o que dá eficácia espiritual à esmola.

ARTICULUS 5
Utrum dare eleemosynam sit in praecepto

AD QUINTUM SIC PROCEDITUR. Videtur quod dare eleemosynam non sit in praecepto.

1. Consilia enim a praeceptis distinguuntur. Sed dare eleemosynam est consilium: secundum illud Dn 4,24: *Consilium meum regi placeat peccata tua eleemosynis redime.* Ergo dare eleemosynam non est in praecepto.

2. PRAETEREA, cuilibet licet sua re uti et eam retinere. Sed retinendo rem suam aliquis eleemosynam non dabit. Ergo licitum est eleemosynam non dare. Non ergo dare eleemosynam est in praecepto.

3. PRAETEREA, omne quod cadit sub praecepto aliquo tempore obligat transgressores ad peccatum mortale: quia praecepta affirmativa obligant pro tempore determinato. Si ergo dare eleemosynam caderet sub praecepto, esset determinare aliquod tempus in quo homo peccaret mortaliter nisi eleemosynam daret. Sed hoc non videtur: quia semper probabiliter aestimari potest quod pauperi aliter subveniri possit; et quod id quod est in eleemosynas erogandum possit ei esse necessarium vel in praesenti vel in futuro. Ergo videtur quod dare eleemosynam non sit in praecepto.

4. PRAETEREA, omnia praecepta reducuntur ad praecepta decalogi. Sed inter illa praecepta nihil continetur de datione eleemosynarum. Ergo dare eleemosynas non est in praecepto.

ARTIGO 5
Existe um preceito de dar esmolas?

QUANTO AO QUINTO, ASSIM SE PROCEDE: parece que **não** existe um preceito de dar esmolas.

1. Com efeito, os conselhos são diferentes dos preceitos. Ora, dar esmola é um conselho, segundo o livro de Daniel: "Ó rei, aceita meu conselho: redime teus pecados com esmolas". Logo, dar esmolas não é um preceito.

2. ALÉM DISSO, a cada qual é lícito usar ou conservar os seus bens. Ora, conservando-os, não se pratica esmola. Logo, é lícito não dar esmola e, portanto, ela não é um preceito.

3. ADEMAIS, tudo o que cai sob um preceito, por certo tempo obriga sob pena de pecado mortal, porque os preceitos afirmativos obrigam por um tempo determinado. Portanto, se dar esmola fosse um preceito, poder-se-ia determinar um tempo durante o qual pecaria mortalmente quem não a desse. Ora, não parece que seja o caso, pois sempre se pode pensar que provavelmente um indigente poderá ser socorrido de outra maneira, e que o dinheiro da esmola poderia ser-nos necessário, no presente ou no futuro. Logo, parece que dar esmola não é um preceito.

4. ADEMAIS, todos os preceitos se reduzem aos do Decálogo; entre eles nada concerne à esmola. Logo, dar esmola não é um dos preceitos.

---

5 PARALL.: Infra, q. 66, a. 7; q. 71, a. 1; q. 87, a. 1, ad 4; q. 118, a. 4, ad 2; IV *Sent.*, dist. 15, q. 2, a. 1, q.la 4; a. 3, q.la 2, ad 1; *Quodlib.* VI, q. 7, ad 1, 2; VIII, q. 6, a. 2.

SED CONTRA, nullus punitur poena aeterna pro omissione alicuius quod non cadit sub praecepto. Sed aliqui puniuntur poena aeterna pro omissione eleemosynarum; ut patet Mt 25,41sqq. Ergo dare eleemosynam est in praecepto.

RESPONDEO dicendum quod cum dilectio proximi sit in praecepto, necesse est omnia illa cadere sub praecepto sine quibus dilectio proximi non conservatur. Ad dilectionem autem proximi pertinet ut proximo non solum velimus bonum, sed etiam operemur: secundum illud 1Io 3,18: *Non diligamus verbo neque lingua, sed opere et veritate.* Ad hoc autem quod velimus et operemur bonum alicuius requiritur quod eius necessitati subveniamus, quod fit per eleemosynarum largitionem. Et ideo eleemosynarum largitio est in praecepto.

Sed quia praecepta dantur de actibus virtutum, necesse est quod hoc modo donum eleemosynae cadat sub praecepto, secundum quod actus est de necessitate virtutis, scilicet secundum quod recta ratio requirit. Secundum quam est aliquid considerandum ex parte dantis; et aliquid ex parte eius cui est eleemosyna danda. Ex parte quidem dantis considerandum est ut id quod est in eleemosynas erogandum sit ei superfluum: secundum illud Lc 11,41: *Quod superest date eleemosynam.* Et dico superfluum non solum respectu sui ipsius, quod est supra id quod est necessarium individuo; sed etiam respectu aliorum quorum cura sibi incumbit: quia prius oportet quod unusquisque sibi provideat et his quorum cura ei incumbit (respectu quorum dicitur necessarium personae secundum quod *persona* dignitatem importat), et postea de residuo aliorum necessitatibus subveniatur. Sicut et natura primo accipit sibi, ad sustentationem proprii corporis, quod est necessarium ministerio virtutis nutritivae; superfluum autem erogat ad generationem alterius per virtutem generativam.

Ex parte autem recipientis requiritur quod necessitatem habeat: alioquin non esset ratio quare eleemosyna ei daretur. Sed cum non possit ab aliquo uno omnibus necessitatem habentibus subveniri, non omnis necessitas obligat ad praeceptum, sed illa sola sine qua is qui necessitatem patitur sustentari non potest. In illo enim casu locum habet quod Ambrosius dicit[1]: *Pasce fame morientem. Si non paveris, occidisti.*

EM SENTIDO CONTRÁRIO, ninguém é condenado ao castigo eterno por omissão de uma obra que não é preceito. Ora, alguns deverão sofrer esta pena, porque não praticaram a esmola, como se vê no Evangelho de Mateus. Portanto, dar esmola é um preceito.

RESPONDO. Como o amor do próximo é um preceito, é necessário que tudo o que é indispensável para guardá-lo caia também sob o preceito. Ora, em virtude desse amor, não somente devemos querer o bem ao nosso próximo, mas inclusive realizá-lo: "Não amemos com palavras nem com a língua, mas com ações e em verdade", diz a primeira Carta de João. Para querer e operar o bem em relação ao próximo é preciso socorrê-lo nas necessidades, a saber, dando-lhe esmolas. Logo, dar esmola é um preceito.

Mas, como os preceitos tratam de atos de virtude, dar esmola será obrigatório, na medida em que este ato for necessário para a virtude, isto é, enquanto a reta razão o exige. Ora, isso implica duas ordens de considerações, relativamente ao que dá e ao que recebe a esmola. Do lado do doador, deve-se levar em conta que as esmolas hão de ser feitas do seu supérfluo, como está no Evangelho de Lucas: "Dai esmola do que vos é supérfluo". Chamo *supérfluo* não só o que sobra das necessidades do doador, mas também das demais pessoas dele dependentes. Com efeito, cada um deverá primeiramente prover às suas necessidades próprias e às dos seus dependentes (neste caso fala-se do que é necessário à pessoa, sendo que este vocábulo implica a dignidade). Depois, com o que sobrar, as necessidades dos outros devem ser socorridas. É assim que faz a natureza: primeiro cuida, por meio da virtude nutritiva, do que é necessário para sustentar o próprio corpo; depois, pela virtude da geração, dispende o supérfluo para gerar um outro ser[e].

Do lado do beneficiário, requer-se que ele esteja na necessidade, sem o que a esmola não teria razão de ser. Mas como é impossível a cada um socorrer a todos os que padecem necessidade, o preceito não impõe que se faça esmola em todos os casos de necessidade, mas somente a necessidade que não pode ser socorrida de outro modo. Aplica-se aqui a palavra de Ambrósio: "Dá de comer ao que morre de fome; se não o fizeres, matá-lo-ás".

---

1. In sermone 81 (al. 64), Dom. VIII post Pent., super Luc. 12, 18. Vide ML 17, 593-594.

e. Segundo uma concepção ultrapassada da fisiologia.

Sic igitur dare eleemosynam de superfluo est in praecepto; et dare eleemosynam ei qui est in extrema necessitate. Alias autem eleemosynam dare est in consilio, sicut et de quolibet meliori bono dantur consilia.

AD PRIMUM ergo dicendum quod Daniel loquebatur regi qui non erat legi Dei subiectus. Et ideo ea etiam quae pertinent ad praeceptum legis, quam non profitebatur, erant ei proponenda per modum consilii. Vel potest dici quod loquebatur in casu illo in quo dare eleemosynam non est in praecepto.

AD SECUNDUM dicendum quod bona temporalia, quae homini divinitus conferuntur, eius quidem sunt quantum ad proprietatem: sed quantum ad usum non solum debent esse eius, sed etiam aliorum, qui ex eis sustentari possunt ex eo quod ei superfluit. Unde Basilius dicit[2]: *Si fateris ea tibi divinitus provenisse* (scilicet temporalia bona), *an iniustus est Deus inaequaliter res nobis distribuens? Cur tu abundas, ille vero mendicat, nisi ut tu bonae dispensationis merita consequaris, ille vero patientiae braviis decoretur? Est panis famelici quem tu tenes, nudi tunica quam in conclavi conservas, discalceati calceus qui penes te marcescit, indigentis argentum quod possides inhumatum. Quocirca tot iniuriaris quot dare valeres.* Et hoc idem dicit Ambrosius[3], in *Decret.*, dist. XLVII.

AD TERTIUM dicendum quod est aliquod tempus dare in quo mortaliter peccat si eleemosynam dare omittat, ex parte quidem recipientis, cum apparet evidens et urgens necessitas, nec apparet in promptu qui ei subveniat; ex parte vero dantis, cum habet superflua quae secundum statum praesentem non sunt sibi necessaria, prout probabiliter aestimari potest. Nec oportet quod consideret ad omnes casus qui possunt contingere in futurum: hoc enim esset *de crastino cogitare,* quod Dominus prohibet, Mt 6,84. Sed debet diiudicare superfluum et necessarium secundum ea quae probabiliter et ut in pluribus occurrunt.

Concluindo, eis o que é de preceito: dar esmola do supérfluo[f] ao que passa por extrema necessidade. Fora destas condições, dar esmola é um conselho, igual aos conselhos que se dão para buscarmos um bem melhor.

QUANTO AO 1º, deve-se dizer que Daniel dirigia-se a um rei que não estava sujeito à lei de Deus. Por isso, o que estava prescrito por essa lei, que ele não reconhecia, não lhe devia ser proposto senão sob forma de conselho. Ou, como se diz, trata-se de um caso em que a esmola não é de preceito.

QUANTO AO 2º, deve-se dizer que o homem tem a propriedade dos bens temporais que de Deus recebeu. Quanto ao uso[g], porém, eles não lhe pertencem unicamente, mas igualmente aos outros, que podem ser socorridos pelo seu supérfluo. É o que ensina Basílio: "Se confessas ter recebido de Deus estes bens (isto é, os bens temporais), deveria Deus ser acusado de injustiça por os ter repartido desigualmente? Por que tu vives na abundância, e o outro condenado a mendigar, senão para que tu ganhes os méritos de uma boa administração, e ele, a recompensa da paciência? É do faminto o pão que reténs; do nu a roupa que conservas no armário; do descalço o calçado que se estraga em teu depósito; do indigente a prata que possuis em custódia. Por isso, tuas injustiças são tão numerosas quanto os dons que poderias conceder". O mesmo ensinou Ambrósio.

QUANTO AO 3º, deve-se dizer que se pode determinar certo tempo dentro do qual peca mortalmente quem não praticar a esmola. Do lado do beneficiário, a esmola deve-lhe ser feita quando for de uma evidente e urgente necessidade, sem aparecer quem de pronto o socorra. Do lado do doador, quando possui um supérfluo que, segundo todas as previsões, presentemente não lhe será necessário. Não é forçoso fixar-se em considerações sobre tudo o que poderia ocorrer no futuro: seria "preocupar-se com o dia de amanhã", que o Senhor proíbe. Assim, o supérfluo e o necessário devem ser apreciados segundo as circunstâncias prováveis e mais comuns.

---

2. Hom. 6 *in Luc.* 12, 18, nn. 7, 8: MG 31, 276 C, 277 A.
3. Vide Serm. 81 (al. 64), Dom. VIII post Pent., super Luc. 12, 18: ML 593-594.

f. É um preceito... de amor, uma vez que só a caridade do doador é capaz de medir seu próprio supérfluo. Ver r. 3, no final, e sobretudo a. 6, Solução.

g. Essa distinção capital será apresentada diretamente na Q. 66, a. 2. A "propriedade", ou o fato de possuí-la, significa um poder: o de "procurar e gerir" apenas o que se possui. O detentor deve prover a suas necessidades e às dos que lhe são próximos e dos quais tem o encargo. Mas, a partir do momento em que pretende fazer uso do que possui, não pode considerar sua propriedade como se ele fosse o único no mundo a se servir dela: o uso é "comum". Os bens da terra pertencem à toda a coletividade dos humanos. Se a administração de certos bens é confiada em toda parte aos que têm sobre eles "direito de propriedade," estes os administrariam mal se tivessem a seu lado pessoas necessitadas que poderiam ser providos com o que eles possuem, sem que eles mesmos carecessem do necessário.

AD QUARTUM dicendum quod omnis subventio proximi reducitur ad praeceptum de honoratione parentum. Sic enim et Apostolus interpretatur, 1Ti 4,8 dicens: *Pietas ad omnia utilis est, promissionem habens vitae quae nunc est et futurae*: quod dicit quia in praecepto de honoratione parentum additur promissio, *ut sis longaevus super terram*. Sub pietate autem comprehenditur omnis eleemosynarum largitio.

QUANTO AO 4º, deve-se dizer que todo socorro prestado ao próximo se reduz ao mandamento de honrar pai e mãe. Assim o interpreta o Apóstolo: "A piedade é proveitosa a tudo, pois contém a promessa da vida presente e futura". Ele fala assim porque, ao preceito de honrar pai e mãe, acrescenta-se esta promessa: "para teres uma longa vida sobre a terra". Ora, na piedade estão incluídas todas as espécies de esmolas.

ARTICULUS 6
Utrum aliquis debeat dare eleemosynam de necessario

AD SEXTUM SIC PROCEDITUR. Videtur quod aliquis non debeat eleemosynam dare de necessario.

1. Ordo enim caritatis non minus attenditur penes effectum beneficii quam penes interiorem affectum. Peccat autem qui praepostere agit in ordine caritatis: quia ordo caritatis est in praecepto. Cum ergo ex ordine caritatis plus debeat aliquis se quam proximum diligere, videtur quod peccet si subtrahat sibi necessaria ut alteri largiatur.

2. PRAETEREA, quicumque largitur de his quae sunt necessaria sibi est propriae substantiae dissipator: quod pertinet ad prodigum, ut patet per Philosophum, in IV *Ethic*.¹. Sed nullum opus vitiosum est faciendum. Ergo non est danda eleemosyna de necessario.

3. PRAETEREA, Apostolus dicit, 1Ti 5,8: *Si quis suorum, et maxime domesticorum curam non habet, fidem negavit et est infideli deterior*. Sed quod aliquis det de his quae sunt sibi necessaria vel suis videtur derogare curae quam quis debet habere de se et de suis. Ergo videtur quod quicumque de necessariis eleemosynam dat, quod graviter peccet.

SED CONTRA est quod Dominus dicit, Mt 19,21: *Si vis perfectus esse, vade et vende omnia quae habes, et da pauperibus*. Sed ille qui dat omnia quae habet pauperibus non solum dat superflua sed etiam necessaria. Ergo de necessariis potest homo eleemosynam dare.

RESPONDEO dicendum quod necessarium dupliciter dicitur. Uno modo, sine quo aliquid esse non potest. Et de tali necessario omnino eleemosyna dari non debet: puta si aliquis in articulo necessitatis constitutus haberet solum unde posset sustentari, et filii sui vel alii ad eum pertinentes; de hoc enim necessario eleemosynam dare est sibi et

ARTIGO 6
Deve-se dar a esmola do que é necessário?

QUANTO AO SEXTO, ASSIM SE PROCEDE: parece que **não** se deve dar a esmola do que é necessário.

1. Com efeito, a ordem da caridade não vale menos para os benefícios exteriores do que para os sentimentos interiores. Ora, peca quem inverte a ordem da caridade, porque esta ordem é de preceito. Logo, já que em virtude da ordem da caridade deve-se amar a si mesmo mais que ao próximo, parece ser pecado tomar do seu necessário para doá-lo a outrem.

2. ALÉM DISSO, dar de seu necessário é dilapidar seu patrimônio, o que é próprio da prodigalidade, como o demonstra o Filósofo. Ora, não se deve praticar nenhum ato vicioso. Logo, não se deve dar esmolas com o que é necessário.

3. ADEMAIS, o Apóstolo diz: "Se alguém não cuida dos seus e sobretudo dos de sua casa, renegou a fé e é pior do que um infiel". Ora, quem dá do que é necessário para si ou para os seus, parece preterir o cuidado que deve ter para consigo e os seus. Logo, parece que todo aquele que dá esmola do seu necessário peca gravemente.

EM SENTIDO CONTRÁRIO, diz o Senhor: "Se queres ser perfeito, vai, vende os teus bens, e dá-o aos pobres". Mas, aquele que dá aos pobres tudo o que possui, não dá somente o supérfluo, mas também o necessário. Logo, pode-se dar esmola com o que é necessário.

RESPONDO. O que é necessário pode significar duas coisas. Primeiramente, necessário é aquilo sem o que algo não pode existir. Com este necessário não se deve fazer esmola, de modo algum; por exemplo: alguém que, em estado de necessidade, tenha unicamente o necessário para viver com seus filhos e sua família. Dar esmola

---

6 PARALL.: Infra, q. 117, a. 1, ad 2; IV *Sent*., dist. 15, q. 2, a. 4, q.la 1.

1. C. 3: 1121, a, 17-20.

suis vitam subtrahere. — Sed hoc dico nisi forte talis casus immineret ubi, subtrahendo sibi, daret alicui magnae personae, per quam Ecclesia vel respublica sustentaretur: quia pro talis personae liberatione seipsum et suos laudabiliter periculo mortis exponeret, cum bonum commune sit proprio praeferendum.

Alio modo dicitur aliquid esse necessarium sine quo non potest convenienter vita transigi secundum conditionem vel statum personae propriae et aliarum personarum quarum cura ei incumbit. Huius necessarii terminus non est in indivisibili constitutus: sed multis additis, non potest diiudicari esse ultra tale necessarium; et multis subtractis, adhuc remanet unde possit convenienter aliquis vitam transigere secundum proprium statum. De huiusmodi ergo eleemosynam dare est bonum: et non cadit sub praecepto, sed sub consilio. Inordinatum autem esset si aliquis tantum sibi de bonis propriis subtraheret ut aliis largiretur, quod de residuo non posset vitam transigere convenienter secundum proprium statum et negotia occurrentia: nullus enim inconvenienter vivere debet.

Sed ab hoc tria sunt excipienda. Quorum primum est quando aliquis statum mutat, puta per religionis ingressum. Tunc enim, omnia sua propter Christum largiens, opus perfectionis facit, se in alio statu ponendo. — Secundo, quando ea quae sibi subtrahit, etsi sint necessaria ad convenientiam vitae, tamen de facili resarciri possunt, ut non sequatur maximum inconveniens. — Tertio, quando occurreret extrema necessitas alicuius privatae personae, vel etiam aliqua magna necessitas reipublicae. In his enim casibus laudabiliter praetermitteret aliquis id quod ad decentiam sui status pertinere videretur, ut maiori necessitati subveniret.

Et per hoc patet de facili responsio AD OBIECTA.

Articulus 7
Utrum possit fieri eleemosyna de iniuste acquisitis

AD SEPTIMUM SIC PROCEDITUR. Videtur quod possit eleemosyna fieri de illicite acquisitis.

deste necessário é tirar a vida a si mesmo e a seus filhos. — Há apenas uma exceção: aquela em que alguém se privaria para dar a alguma pessoa importante do qual dependeria a salvação da Igreja ou do Estado; pois expor-se à morte, a si mesmo e aos seus, para a libertação de uma tal pessoa é digno de elogio, já que se deve sempre fazer passar o bem comum sobre o que é próprio.

O necessário pode ainda significar o que é indispensável para viver segundo as exigências normais de sua condição ou de seu estado, e segundo as exigências das outras pessoas de quem se deve cuidar. O limite de um tal necessário não constitui um ponto fixo e indivisível; ainda que acrescentados muitos bens, não se poderia julgar que tenha sido ultrapassado o necessário; pode-se igualmente diminuí-los em muito, e ainda restaria o bastante para uma vida conveniente e segundo as exigências de seu estado. Praticar esmola tirando deste necessário é bom, mas trata-se de um conselho e não de um preceito. Seria, todavia, uma desordem, retirar para dar em esmolas uma parte dos seus bens de modo que o remanescente tornasse impraticável uma vida conforme a sua condição e as necessidades ocorrentes. Ora, ninguém deve viver de um modo que não convenha ao seu estado.

Esta regra, contudo, comporta três exceções: a primeira se apresenta quando alguém muda de estado, por exemplo, entrando em religião; então, distribuindo todos os seus bens por causa de Cristo, faz obra de perfeição e se estabelece num outro estado. — A segunda, quando os bens subtraídos, ainda que necessários para uma vida conveniente, podem ser facilmente ressarcidos, sem que se sigam graves inconvenientes. — A terceira, quando uma extrema necessidade afeta uma pessoa privada, ou quando o Estado passa por alguma grande necessidade; nestes casos, louvavelmente abandona-se o que se reputa necessário à decência do seu estado, para responder a exigências mais importantes.

O que precede dá fácil resposta às OBJEÇÕES.

Artigo 7
Pode-se dar esmola com um bem adquirido injustamente?

QUANTO AO SÉTIMO, ASSIM SE PROCEDE: parece que se **pode** dar esmola com um bem adquirido injustamente.

---

7 PARALL.: Supra, q. 31, a. 3, ad 3; IV *Sent.*, dist. 15, q. 2, a. 4, q.la 2, 3; *Quodlib.* XII, q. 18, a. 3.

1. Dicitur enim Lc 16,9: *Facite vobis amicos de mammona iniquitatis*. *Mammona* autem significat divitias. Ergo de divitiis inique acquisitis potest sibi aliquis spirituales amicos facere, eleemosynas largiendo.

2. PRAETEREA, omne turpe lucrum videtur esse illicite acquisitum. Sed turpe lucrum est quod de meretricio acquiritur: unde et de huiusmodi sacrificium vel oblatio Deo offerri non debet, secundum illud Dt 23,18: *Non offeres mercedem prostibuli in domo Dei tui*. Similiter etiam turpiter acquiritur quod acquiritur per aleas: quia, ut Philosophus dicit, in IV *Ethic.*[1], *tales ab amicis lucrantur, quibus oportet dare*. Turpissime etiam acquiritur aliquid per simoniam, per quam aliqui Spiritui Sancto iniuriam facit. Et tamen de huiusmodi eleemosyna fieri potest. Ergo de male acquisitis potest aliquis eleemosynam facere.

3. PRAETEREA, maiora mala sunt magis vitanda quam minora. Sed minus peccatum est detentio rei alienae quam homicidium, quod aliquis incurrit nisi alicui in ultima necessitate subveniat: ut patet per Ambrosium, qui dicit[2]: *Pasce* fame *morientem: quoniam si non paveris, occidisti*. Ergo aliquis potest eleemosynam facere in aliquo casu de male acquisitis.

SED CONTRA est quod Augustinus dicit, in libro *de Verb. Dom.*[3]: *De iustis laboribus facite eleemosynas. Non enim corrupturi estis iudicem Christum, ut non vos audiat cum pauperibus, quibus tollitis. Nolite velle eleemosynas facere de faenore et usuris. Fidelibus dico, quibus corpus Christi erogamus*.

RESPONDEO dicendum quod tripliciter potest esse aliquid illicite acquisitum. Uno enim modo id quod illicite ab aliquo acquiritur debetur ei a quo est acquisitum, nec potest ab eo retineri qui acquisivit: sicut contingit in rapina et furto et usuris. Et de talibus, cum homo teneatur ad restitutionem, eleemosyna fieri non potest.

Alio vero modo est aliquid illicite acquisitum quia ille quidem qui acquisivit retinere non potest, nec tamen debetur ei a quo acquisivit, quia scilicet contra iustitiam accepit, et alter contra iustitiam dedit: sicut contingit in simonia, in qua dans et accipiens contra iustitiam legis divinae agit. Unde non debet fieri restitutio ei qui dedit, sed debet

1. Com efeito, diz o Evangelho de Lucas: "Fazei amigos com a mamona da iniquidade" (*Mamona*, na verdade, significa as riquezas). Logo, pode alguém fazer amigos espirituais, dando esmolas com bens injustamente adquiridos.

2. ALÉM DISSO, todo lucro torpe é considerado como ilicitamente adquirido. Ora, torpe é o lucro proveniente da prostituição; por isso, com ele não se devia fazer oferenda ou sacrifício a Deus, segundo o livro do Deuteronômio: "Não trarás à casa de teu Deus o salário de uma prostituta". Um lucro torpe é também proveniente dos jogos de azar, porque, segundo o Filósofo, "ganha-se dos amigos o que lhes deveriam dar". Um lucro mais torpe ainda é o proveniente da simonia, pois constitui uma injúria ao Espírito Santo. Não obstante, com estes lucros podem ser feitas esmolas. Logo, pode alguém dar a esmola com o que foi mal adquirido.

3. ADEMAIS, os males maiores devem ser mais evitados que os menores. Ora, reter o bem alheio é um pecado menor que o homicídio, em que alguém incorre se não socorrer o próximo em caso de extrema necessidade, segundo o ensinamento de Ambrósio: "Dá de comer ao que morre de fome; se não o fizeres, és a causa da sua morte". Logo, há casos em que alguém pode dar esmola com o que foi mal adquirido.

EM SENTIDO CONTRÁRIO, diz Agostinho: "Dai esmolas com o justo fruto dos trabalhos. Não podeis corromper o Cristo, vosso juiz, para evitar que ele vos confronte com os pobres, que privastes de seus bens. Deixai, pois, de fazer esmolas com o fruto de empréstimos e usuras. Eu me dirijo aos fiéis, aos quais distribuímos o Corpo de Cristo".

RESPONDO. De três maneiras pode alguma coisa ser ilicitamente adquirida. Primeiro, o que se adquire ilicitamente de alguém pertence àquele de quem se adquiriu: quem adquiriu não pode retê-lo; como acontece no roubo e no furto e na usura. Como há obrigação de restituir estes bens, com eles não se pode fazer esmola.

Segundo, porque o adquirido ilicitamente não pode ser guardado pelo adquirente, e não pertence àquele de quem foi adquirido, já que ele o recebeu contra a justiça, e o outro contra a justiça os doou. É o caso da simonia, pela qual doador e receptor agem contra a justiça da lei divina. Estes bens não devem ser restituídos a quem os doou, mas devem

---

1. C. 3: 1122, a, 10-13.
2. Vide supra, a. 5 c, nota 5.
3. Serm. 113, al. *de verbis Domini* 35, c. 2: ML 38, 649.

in eleemosynas erogari. Et eadem ratio est in similibus, in quibus scilicet et datio et acceptio est contra legem.

Tertio modo est aliquid illicite acquisitum, non quidem quia ipsa acquisitio sit illicita, sed quia id ex quo acquiritur est illicitum: sicut patet de eo quod mulier acquirit per meretricium. Et hoc proprie vocatur *turpe lucrum*. Quod enim mulier meretricium exerceat, turpiter agit et contra legem Dei: sed in eo quod accipit, non iniuste agit nec contra legem. Unde quod sic illicite acquisitum est retineri potest, et de eo eleemosyna fieri.

AD PRIMUM ergo dicendum quod, sicut Augustinus dicit in libro *de Verb. Dom*.[4], illud verbum Domini *quidam male intelligendo, rapiunt res alienas, et aliquid inde pauperibus largiuntur, et putant se facere quod praeceptum est. Intellectus iste corrigendus est.* Sed *omnes divitiae iniquitatis dicuntur*, ut dicit in libro *de Quaestionibus Evangelii*[5], *quia non sunt divitiae nisi iniquis, qui in eis spem constituunt*. — Vel, secundum Ambrosium[6], *iniquum mammona dixit quia variis divitiarum illecebris nostros tentat affectus*. — Vel quia *in pluribus praedecessoribus, quibus patrimonio succedis, aliquis reperitur qui iniuste usurpavit aliena, quamvis tu nescias;* ut Basilius dicit[7]. — Vel omnes divitiae dicuntur *iniquitatis*, idest *inaequalitatis*, quia non aequaliter sunt omnibus distributae, uno egente et alio superabundante.

AD SECUNDUM dicendum quod de acquisito per meretricium iam[8] dictum est qualiter eleemosyna fieri possit. Non autem fit de eo sacrificium vel oblatio ad altare, tum propter scandalum; tum propter sacrorum reverentiam. — De eo etiam quod est per simoniam acquisitum potest fieri eleemosyna: quia non est debitum ei qui dedit, sed meretur illud amittere. — Circa illa vero quae per aleas acquiruntur videtur esse aliquid illicitum ex iure divino: scilicet quod aliquis lucretur ab his qui rem suam alienare non possunt, sicut sunt minores et furiosi et huiusmodi; et quod aliquis

ser distribuídos em esmolas. O mesmo deve ser feito em casos semelhantes, isto é, cada vez que o dom e a aquisição são contrários à lei.

Terceiro, o adquirido é ilícito, não porque a aquisição mesma seja ilícita, mas ilícito é o meio pelo qual ela foi feita. É o caso de um lucro que alguma mulher adquire pela prostituição. Isso se chama propriamente "lucro torpe". Agir de tal modo é vergonhoso e contra a lei de Deus. Mas, quanto ao que recebe, a mulher não comete injustiça, nem age contra a lei. O que assim foi adquirido, pode ser conservado e pode ser dado em esmolas.

QUANTO AO 1º, portanto, deve-se dizer com Agostinho: "Alguns, entendendo mal as palavras do Senhor, roubam os bens alheios e, distribuindo uma parte aos pobres, creem ter cumprido o preceito. Tal interpretação deve ser corrigida". Diz ele em outro lugar: "Todas as riquezas são chamadas riquezas da iniquidade, por não serem riquezas senão para os iníquos, que nelas põem sua esperança". — Ou ainda com Ambrósio: o Senhor "chamou as riquezas de iníquas, porque tais riquezas, por vários atrativos, fazem nossos corações caírem em tentação". — Enfim, agora citando Basílio: "Entre todos os que possuíram este patrimônio, do qual és o herdeiro, pode haver quem o tenha adquirido injustamente, sem que o saibas". — Todas as riquezas são chamadas "da iniquidade", isto é, da desigualdade, porque não são igualmente distribuídas a todos, estando um na indigência e o outro na superabundância[h].

QUANTO AO 2º, deve-se dizer que já foi dito como se pode praticar esmolas com os bens adquiridos pela prostituição, mas tais bens não podem servir para o sacrifício e para as oferendas feitas sobre o altar, seja em razão do escândalo, seja por causa do devido respeito às coisas sagradas. — Pode-se também dar esmolas com os bens obtidos por simonia, porque tais bens não são devidos a quem os deu, merecendo perdê-los. — Quanto ao dinheiro ganho nos jogos de azar, existe aí algo ilícito em virtude do direito divino; por exemplo, no caso daqueles que lucram sobre os que não podem

---

4. Loc. cit. in arg.: ML 38, 648-649.
5. L. II, q. 34: ML 35, 1349.
6. *In Luc.*, l. VII, super 16, 9, n. 245: ML 15, 1764 B.
7. Vide SIMEONEM LOGOTHETAM (METAPHRASTEN), serm. VI, de avaritia (ex op. S. Basilii excerptum), n. 5: MG 32, 1190 C.
8. In corp.

---

h. Assim, todas as "riquezas", de uma maneira ou de outra, podem ser qualificadas de iniquidades. Isso não pode impedir, pelo contrário, de servir-se dela para a esmola: se tornam iniquo aquele que a possui, é vantajoso para este livrar-se delas.

trahat alium ex cupiditate lucrandi ad ludum; et quod fraudulenter ab eo lucretur. Et in his casibus tenetur ad restitutionem: et sic de eo non potest eleemosynam facere. Aliquid autem videtur esse ulterius illicitum ex iure positivo civili, quod prohibet universaliter tale lucrum⁹. Sed quia ius civile non obligat omnes, sed eos solos qui sunt his legibus subiecti; et iterum per dissuetudinem abrogari potest: ideo apud illos qui sunt huiusmodi legibus obstricti, tenentur universaliter ad restitutionem qui lucrantur; nisi forte contraria consuetudo praevaleat; aut nisi aliquis lucratus sit ab eo qui traxit eum ad ludum. In quo casu non teneretur restituere, quia ille qui amisit non est dignus recipere; nec potest licite retinere, tali iure positivo durante; unde debet de hoc eleemosynam facere in hoc casu.

AD TERTIUM dicendum quod in casu extremae necessitatis omnia sunt communia. Unde licet ei qui talem necessitatem patitur accipere de alieno ad sui sustentationem, si non inveniat qui sibi dare velit. Et eadem ratione licet habere aliquid de alieno et de hoc eleemosynam dare: quinimmo et accipere, si aliter subveniri non possit necessitatem patienti. Si tamen fieri potest sine periculo, debet requisita domini voluntate pauperi providere extremam necessitatem patienti.

ARTICULUS 8
Utrum ille qui est in potestate alterius constitutus possit eleemosynam facere

AD OCTAVUM SIC PROCEDITUR. Videtur quod ille qui est in potestate alterius constitutus possit eleemosynam facere.
1. Religiosi enim sunt in potestate eorum quibus obedientiam voverunt. Sed si eis non liceret eleemosynam facere, damnum reportarent ex statu

alienar seus bens, como os menores, os loucos etc.; ou quando alguém arrasta alguém ao jogo por cobiça do lucro, ganhando dele fraudulentamente. Em todos estes casos deve haver restituição; não se pode usar os bens em causa para a prática de esmolas. Parece ainda que nestas práticas há algo ilícito em relação ao direito civil positivo, que geralmente proíbe esta maneira de enriquecer. Mas o direito civil não obriga a todos, obriga apenas os que estão sujeitos às suas leis; além disso, pode ser ab-rogado pelo desuso. Segue-se, pois, que os que estão sujeitos a tais leis são universalmente obrigados a restituir o que tiverem ganho, exceto se prevalecer o costume contrário, ou se alguém ganhar de quem o arrastou ao jogo. Neste último caso não há obrigação de restituição, porque quem perdeu não é digno de receber. Quem ganhou, contudo, não pode reter o lucro, enquanto vigorar o referido direito positivo. Este lucro deve ser distribuído em esmolas.

QUANTO AO 3º, deve-se dizer que em caso de extrema necessidade todos os bens são comuns. Logo, àquele que se encontra em tal necessidade é lícito tomar o bem alheio para o seu sustento, se não achar quem lho queira dar. Pela mesma razão, o depositário de um bem alheio pode com ele fazer esmolas, e mesmo tomá-lo, se não tiver outro meio de socorrer ao necessitado. Entretanto, quando se pode fazê-lo sem perigo, deve-se ajudar ao que padece extrema necessidade, depois de ter procurado o consentimento do proprietárioⁱ.

ARTIGO 8
Quem está sob o poder de outro pode dar esmola?

QUANTO AO OITAVO, ASSIM SE PROCEDE: parece que quem está sob o poder de outro **pode** dar esmola.
1. Com efeito, os religiosos, por exemplo, estão sob o poder de seus superiores, aos quais fizeram voto de obediência. Ora, se não lhes fosse

---

9. *Codex Iustinianus*, l. III, tit. 43: De alcae lusu et aleatoribus: ed. Krueger, t. II, p. 147 a.

8 PARALL.: IV *Sent*., dist. 15, q. 2, a. 5; *Quodlib*. III, q. 6, a. 1.

i. Deve-se distinguir a *moral* e o *direito*. A moral aprova o roubo em caso de *necessidade*, em função dos princípios evocados acima (ver nota 3), mas o direito conserva prerrogativas. O "ladrão" deve pedir o consentimento do proprietário legítimo que, de outro modo, pode impetrar um processo. Usualmente, contudo, se o tribunal for justo, reconhecerá que uma lei superior, não escrita, tornava superada a lei proibindo roubar. É preciso poder sempre recorrer às leis, para que cada um não julgue com muita facilidade a "necessidade" na qual se encontra. Mas é igualmente necessário que os juízes reconheçam a excusa é a própria necessidade.

religionis: quia sicut Ambrosius dicit[1], *summa christianae religionis in pietate consistit*, quae maxime per eleemosynarum largitionem commendatur. Ergo illi qui sunt in potestate alterius constituti possunt eleemosynam facere.

2. Praeterea, uxor est *sub potestate viri*, ut dicitur Gn 3,16. Sed uxor potest eleemosynam facere, cum assumatur in viri societatem: unde et de beata Lucia dicitur[2] quod, ignorante sponso, eleemosynas faciebat. Ergo per hoc quod aliquis est in potestate alterius constitutus, non impeditur quin possit eleemosynas facere.

3. Praeterea, naturalis quaedam subiectio est filiorum ad parentes: unde Apostolus, Eph 6,1, dicit: *Filii, obedite parentibus vestris in Domino*. Sed filii, ut videtur, possunt de rebus patris eleemosynas dare: quia sunt quodammodo ipsorum, cum sint haeredes; et cum possint eis uti ad usum corporis, multo magis videtur quod possint eis uti, eleemosynas dando, ad remedium animae suae. Ergo illi qui sunt in potestate constituti possunt eleemosynas dare.

4. Praeterea, servi sunt sub potestate dominorum: secundum illud Tt 2,9: *Servos dominis suis subditos esse*. Licet autem eis aliquid in utilitatem domini facere: quod maxime fit si pro eis eleemosynas largiantur. Ergo illi qui sunt in potestate constituti possunt eleemosynas facere.

Sed contra est quod eleemosynae non sunt faciendae de alieno, sed de iustis laboribus propriis unusquisque eleemosynam facere debet; ut Augustinus dicit, in libro *de Verb. Dom.*[3]. Sed si subiecti aliis eleemosynam facerent, hoc esset de alieno. Ergo illi qui sunt sub potestate aliorum non possunt eleemosynam facere.

Respondeo dicendum quod ille qui est sub potestate alterius constitutus, inquantum huiusmodi, secundum superioris potestatem regulari debet: hic est enim ordo naturalis, ut inferiora secundum superiora regulentur. Et ideo oportet quod ea in quibus inferior superiori subiicitur, dispenset non aliter quam ei sit a superiore commissum. Sic igitur ille qui est sub potestate constitutus de re secundum quam superiori subiicitur eleemosynam facere non debet nisi quatenus ei a superiore

permitido dar esmola, o estado de religião lhes causaria prejuízo, porque como diz Ambrósio: "A perfeição da religião cristã consiste na piedade", que se manifesta sobretudo pela prática da esmola. Logo, os que estão sob o poder de outrem podem dar esmola.

2. Além disso, a esposa, diz o Gênesis, está "sob o poder do marido". Ora, ela pode dar esmola, uma vez que foi associada ao marido. Conta-se que Lúcia dava esmolas, sem o marido saber. Logo, quem estiver constituído sob o poder de outro não fica impedido de dar esmolas.

3. Ademais, é natural a sujeição dos filhos a seus pais, o que fez dizer o Apóstolo: "Filhos, obedecei a vossos pais, no Senhor". Ora, parece que os filhos podem dar esmolas com os bens dos pais, pois como herdeiros são de algum modo donos de tais bens; além disso, podendo empregar estes bens para o uso do corpo, com mais razão podem fazê-lo para o bem da alma, praticando esmolas. Logo, os que estão num estado de sujeição podem fazer esmolas.

4. Ademais, os escravos estão sob o poder de seus senhores, conforme a Carta a Tito: "Que os escravos sejam submissos aos seus senhores". Ora, é-lhes permitido fazer algo em proveito de seus senhores, o que fazem, sobretudo, dando esmolas por eles. Logo, a esmola é permitida aos que estão sob o poder de outro.

Em sentido contrário, como ensinou Agostinho, não se deve praticar esmola com o bem alheio, "mas com o justo fruto de seu próprio trabalho". Ora, se os que vivem na dependência de um outro fizessem esmola, certamente o fariam com o bem alheio. Logo, os que estão sujeitos ao poder de outro não podem dar esmola.

Respondo. Aquele que está sob o poder de outro deve sempre, como tal, deixar-se dirigir pelo superior; pois a ordem natural é que os inferiores sejam regulados pelos superiores. Naquilo em que ele é sujeito a seu superior, o inferior não pode distribuir seus bens senão sob sua ordem. Assim, não pode fazer esmola com os bens que dependem do superior senão na medida em que isso lhe for permitido. — Mas se ele possui algo que não esteja sob o poder do superior, nisso não está

---

1. Cfr. Ambrosiastrum, *In I Tim.*, super 4, 8: ML 17, 474 B.
2. Cfr. Iacobum a Voragine, *Legenda aurea*, c. 4, § 1; ed. T. Graesse, Lipsiae 1850, p. 30; — B. Mombritium, *Sanctuarium seu Vitae Sanctorum*, Passio S. Luciae Virg. et Mart.: t. II, Parisiis 1910, p. 107.
3. Serm. 113, al. *de verbis Domini* 35, c. 2: ML 38, 649.

fuerit permissum. — Si quis vero habeat aliquid secundum quod potestati superioris non subsit, iam secundum hoc non est potestati subiectus, quantum ad hoc proprii iuris existens. Et de hoc potest eleemosynam facere.

AD PRIMUM ergo dicendum quod monachus, si habet dispensationem a praelato commissam, potest facere eleemosynam de rebus monasterii, secundum quod sibi est commissum. Si vero non habet dispensationem, quia nihil proprium habet, tunc non potest facere eleemosynam sine licentia abbatis vel expresse habita vel probabiliter praesumpta: nisi forte in articulo extremae necessitatis, in quo licitum esset ei furari ut eleemosynam daret. Nec propter hoc efficitur peioris conditionis: quia sicut dicitur in libro *de Eccles. Dogmat.*[4], *bonum est facultates cum dispensatione pauperibus erogare, sed melius est, pro intentione sequendi Dominum, insimul donare, et, absolutum sollicitudine, egere cum Christo*.

AD SECUNDUM dicendum quod si uxor habeat alias res praeter dotem, quae ordinatur ad sustentanda onera matrimonii, vel ex proprio lucro vel quocumque alio licito modo, potest dare eleemosynas, etiam irrequisito assensu viri: moderatas tamen, ne ex earum superfluitate vir depauperetur. Alias autem non debet dare eleemosynas sine consensu viri vel expresso vel praesumpto, nisi in articulo necessitatis, sicut de monacho dictum est[5]. Quamvis enim mulier sit aequalis in actu matrimonii, tamen in his quae ad dispositionem domus pertinent *vir caput est mulieris*, secundum Apostolum, 1Cor 11,3. — Beata autem Lucia sponsum habebat, non virum. Unde de consensu matris poterat eleemosynam facere.

AD TERTIUM dicendum quod ea quae sunt filiifamilias sunt patris. Et ideo non potest eleemosynam facere (nisi forte aliquam modicam, de qua potest praesumere quod patri placeat): nisi forte alicuius rei esset sibi a patre dispensatio commissa. — Et idem dicendum de servis.

Unde patet solutio AD QUARTUM.

sujeito ao poder, sendo, por direito, proprietário. Ele pode dar esmola com este bem.

QUANTO AO 1º, portanto, deve-se dizer que o monge que receber de seu superior o ofício de dispensador pode fazer esmolas com os bens do mosteiro, na medida consentida por seu ofício. Mas se ele não tiver este ofício, como ele não possui nada de próprio, não pode dar esmola senão com a permissão expressa ou razoavelmente presumida de seu abade, salvo em caso de extrema necessidade, quando então poderia até furtar para dar esmola. Mas o fato de ele não poder dar esmolas não torna pior a sua condição, pois, como está escrito no livro dos *Dogmas Eclesiásticos*, "é bom dar esmola aos pobres, quando se tem este ofício; mas é melhor, com a intenção de seguir o Senhor, doar tudo de uma vez e, liberto das ambições, ser pobre com o Cristo".

QUANTO AO 2º, deve-se dizer que se uma esposa possui, além do dote destinado a prover às necessidades familiares, outros bens provenientes de seu ganho próprio, ou de outra fonte legítima, ela pode dar esmolas, mesmo sem pedir o consentimento do marido; mas com moderação, para que o marido não se empobreça pelo excesso de esmolas. Fora destas condições, ela não deve praticar esmolas sem o consentimento expresso ou presumido do marido, a não ser em caso de necessidade, como acabamos de ilustrar a respeito do monge. Pois se a mulher é igual ao marido no ato do matrimônio, para o que diz respeito ao governo do lar, diz o Apóstolo, "a cabeça da mulher é o homem". — Quanto a Lúcia, ela tinha um noivo e não um marido. Por isso, ela podia dar esmola, com o consentimento de sua mãe[j].

QUANTO AO 3º, deve-se dizer que os bens do filho pertencem também ao pai. Por isso o filho não os pode dar de esmola, salvo se for pequena, com a qual ele pode presumir ser do agrado do pai, a menos que o pai o tenha encarregado de administrar alguma coisa. — O mesmo se deve dizer quanto aos escravos.

QUANTO AO 4º, deve-se dizer que com isso se soluciona a quarta objeção.

---

4. GENNADII MASSIL., c. 38, al. 71: ML 58, 997 A (= ML 83, 1241 C).
5. In resp. ad 1.

j. Esses casos particulares se referem a uma situação antiga da mulher na sociedade.

Articulus 9
Utrum sit magis propinquioribus eleemosyna facienda

AD NONUM SIC PROCEDITUR. Videtur quod non sit magis propinquioribus eleemosyna facienda.

1. Dicitur enim Eccli 12, v. 4,6: *Da misericordi, et ne suscipias peccatorem: benefac humili, et non des impio.* Sed quandoque contingit quod propinqui nostri sunt peccatores et impii. Ergo non sunt eis magis eleemosynae faciendae.

2. PRAETEREA, eleemosynae sunt faciendae propter retributionem mercedis aeternae: secundum illud Mt 6,18: *Et Pater tuus, qui videt in abscondito, reddet tibi.* Sed retributio aeterna maxime acquiritur ex eleemosynis quae sanctis erogantur: secundum illud Lc 16,9: *Facite vobis amicos de mammona iniquitatis, ut, cum defeceritis, recipiant vos in aeterna tabernacula*; quod exponens Augustinus, in libro *de Verb. Dom.*[1], dicit: *Qui sunt qui habebunt aeterna habitacula nisi sancti Dei? Et qui sunt qui ab eis accipiendi sunt in tabernacula nisi qui eorum indigentiae serviunt?* Ergo magis sunt eleemosynae dandae sanctioribus quam propinquioribus.

3. PRAETEREA, maxime homo est sibi propinquus. Sed sibi non potest homo eleemosynam facere. Ergo videtur quod non sit magis facienda eleemosyna personae magis coniunctae.

SED CONTRA est quod Apostolus dicit, 1Ti 5,8: *Si quis suorum, et maxime domesticorum curam non habet, fidem negavit et est infideli deterior.*

RESPONDEO dicendum quod, sicut Augustinus dicit, in I *de Doct. Christ.*[2], illi qui sunt nobis magis coniuncti quasi quadam sorte nobis obveniunt, ut eis magis providere debeamus. Est tamen circa hoc discretionis ratio adhibenda, secundum differentiam coniunctionis et sanctitatis et utilitatis. Nam multo sanctiori magis indigentiam patienti, et magis utili ad commune bonum, est magis

Artigo 9
Deve-se dar esmola preferencialmente aos que nos são mais próximos?

QUANTO AO NONO, ASSIM SE PROCEDE: parece que não se deve dar esmola preferencialmente aos que nos são mais próximos.

1. Com efeito, diz o livro do Eclesiástico: "Dá ao misericordioso e não recebas o pecador. Faze o bem ao humilde e não dês ao ímpio". Ora, sucede que às vezes os nossos próximos são pecadores e ímpios. Logo, não se lhes deve dar esmolas preferencialmente.

2. ALÉM DISSO, as esmolas devem ser feitas em vista da recompensa eterna, segundo o Evangelho de Mateus: "Teu Pai, que vê no segredo, te recompensará". Ora, esta recompensa é obtida sobretudo pelas esmolas ofertadas aos santos, segundo o Evangelho de Lucas: "Fazei amigos com o dinheiro da iniquidade, a fim de que, no dia em que faltar, eles vos recebam nas tendas eternas". E assim comenta Agostinho: "Quem são os que possuem as tendas eternas senão os santos de Deus? E quem são os que por eles serão recebidos senão os que lhes socorreram a indigência?" Logo, é aos mais santos e não aos mais chegados a nós que devemos dar esmolas.

3. ADEMAIS, ninguém é mais próximo do homem do que ele mesmo. Ora, ninguém pode dar esmola a si mesmo. Logo, parece que não é à pessoa que é mais próxima que se deve dar esmola preferencialmente.

EM SENTIDO CONTRÁRIO, diz o Apóstolo: "Se alguém não cuida dos seus, e sobretudo dos de sua própria casa, renegou sua fé e é pior que um infiel".

RESPONDO. "Os que nos são mais unidos, diz Agostinho, de certo modo nos são destinados pela sorte para que os socorramos de preferência"[k]. A este respeito, contudo, deve-se usar a razão de discernimento, levando em conta os diversos graus de parentesco, de santidade e de utilidade. Pois é preciso dar esmola de preferência àquele que, sendo mais santo, sofre de uma maior indigência,

---

9 PARALL.: IV *Sent.*, dist. 15, q. 2, a. 6, q.la 3; *ad Rom.*, c. 12, lect. 2; *in Matth.*, c. 25.

1. Serm. 113, al. *de verbis Domini* 35, c. 1: ML 38, 648.
2. C. 28: ML 34, 30.

k. A esmola deve começar pelos *mais próximos*. Vê-se como estamos distantes do que hoje chamamos de "esmola". Para Sto. Tomás, o pai de família que distribui seu pão a seus filhos lhes dá *esmola*. Ele pecaria gravemente conservando todos seus recursos apenas para si. Mas pecaria igualmente se comprometesse a vida e o futuro de sua esposa e de seus filhos, doando inconsideradamente a "menos próximos" à sua volta. Aplicam-se neste caso as distinções da q. 26, a. 6 a 12. Deve reter-se a força da frase de São Paulo: aquele que não cuida dos "seus" por esse motivo mesmo renegou sua fé! Como poderia ele "ver" companheiros de vida espiritual nos outros se ele não os "vê" entre os seus?

eleemosyna danda quam personae propinquiori; maxime si non sit multum coniuncta, cuius cura specialis nobis immineat, et si magnam necessitatem non patiatur.

Ad primum ergo dicendum quod peccatori non est subveniendum inquantum peccator est, idest ut per hoc in peccato foveatur: sed inquantum homo est, idest ut natura sustentetur.

Ad secundum dicendum quod opus eleemosynae ad mercedem retributionis aeternae dupliciter valet. Uno quidem modo, ex radice caritatis. Et secundum hoc eleemosyna est meritoria prout in ea servatur ordo caritatis, secundum quem propinquioribus magis providere debemus, ceteris paribus. Unde Ambrosius dicit, in I *de Offic.*,[3]: *Est illa probanda liberalitas, ut proximos sanguinis tui non despicias, si egere cognoscas: melius est enim ut ipse subvenias tuis, quibus pudor est ab aliis sumptum deposcere.* — Alio modo valet eleemosyna ad retributionem vitae aeternae ex merito eius cui donatur, qui orat pro eo qui eleemosynam dedit. Et secundum hoc loquitur ibi Augustinus.

Ad tertium dicendum quod, cum eleemosyna sit opus misericordiae, sicut misericordia non est proprie ad seipsum, sed per quandam similitudinem, ut supra[4] dictum est; ita etiam, proprie loquendo, nullus sibi eleemosynam facit, nisi forte ex persona alterius. Puta, cum aliquis distributor ponitur eleemosynarum, potest et ipse sibi accipere, si indigeat, eo tenore quo et aliis ministrat.

e àquele que é mais útil ao bem comum, mais do que à pessoa mais próxima, sobretudo se esta não nos for tão próxima, ou se não estiver sob nossa responsabilidade, e não passar por grande necessidade.

Quanto ao 1º, portanto, deve-se dizer que não se trata de socorrer ao pecador como tal, de modo que ele seja encorajado a pecar, mas como um ser humano, para sustentar sua natureza.

Quanto ao 2º, deve-se dizer que a obra da esmola é válida duplamente para a obtenção da recompensa eterna. Primeiramente, por causa da caridade que está em sua raiz. Sob este aspecto a esmola é meritória, porque nela se observa a ordem da caridade que nos obriga, em igualdade de condições, a socorrer sobretudo os mais próximos. Daí o ensinamento de Ambrósio: "Deve-se aprovar esta liberalidade que não te deixa negligenciar teus próximos consanguíneos, se os vês na indigência; é melhor que socorras aos teus, porque eles poderiam ter vergonha de pedir auxílio aos outros". — De outro modo, a esmola é válida para a recompensa eterna pelo mérito daquele que é socorrido e que ora pelo seu benfeitor. Este é o sentido da palavra de Agostinho.

Quanto ao 3º, deve-se dizer que a esmola é uma obra de misericórdia, e que não existe, propriamente falando, misericórdia para consigo mesmo, a não ser por uma espécie de comparação, como já foi dito. Assim também não se faz esmola a si mesmo, rigorosamente falando, a não ser talvez como representante de uma outra pessoa. Por exemplo: quem tem o ofício de distribuir as esmolas pode também tomá-las para si, em caso de necessidade, pelo mesmo motivo que as distribui aos outros.

Articulus 10
Utrum eleemosyna sit abundanter facienda

Ad decimum sic proceditur. Videtur quod eleemosyna non sit abundanter facienda.
1. Eleemosyna enim maxime debet fieri coniunctioribus. Sed illis non debet sic dari *ut ditiores inde fieri velint;* sicut Ambrosius dicit, in I *de Offic.*[1]. Ergo nec aliis debet abundanter dari.

Artigo 10
Deve-se dar esmolas abundantemente?

Quanto ao décimo, assim se procede: parece que **não** se deve dar esmolas abundantemente.
1. Com efeito, deve-se dar esmola sobretudo aos que nos são mais próximos. Ora, diz Ambrósio, que não se deve de tal maneira "que por isso queiram ser mais ricos". Logo, nem aos outros se deve dar com abundância.

---

3. C. 30, n. 150: ML 16, 67 A.
4. Q. 30, a. 1, ad 2.

10 Parall.: Infra, q. 117, a. 1, ad 2; II *ad Cor.*, c. 8, lect. 1.
 1. C. 30, n. 150; ML 16, 67 A.

2. PRAETEREA, Ambrosius dicit ibidem[2]: *Non debent simul effundi opes, sed dispensari*. Sed abundantia eleemosynarum ad effusionem pertinet. Ergo eleemosyna non debet fieri abundanter.

3. PRAETEREA, 2Cor 8,13 dicit Apostolus: *Non ut aliis sit remissio*, idest ut alii de nostris otiose vivant; *vobis autem sit tribulatio*, idest paupertas. Sed hoc contingeret si eleemosyna daretur abundanter. Ergo non est abundanter eleemosyna largienda.

SED CONTRA est quod dicitur Tb 4,9: *Si multum tibi fuerit, abundanter tribue*.

RESPONDEO dicendum quob abundantia eleemosynae potest considerari et ex parte dantis, et ex parte recipientis. Ex parte quidem dantis, cum scilicet aliquis dat quod est multum secundum proportionem propriae facultatis. Et sic laudabile est abundanter dare: unde et Dominus, Lc 21,3-4, laudavit viduam, quae *ex eo quod deerat illi, omnem victum quem habuit* misit: — observatis tamen his quae supra[3] dicta sunt de eleemosyna facienda de necessariis.

Ex parte vero eius cui datur est abundans eleemosyna dupliciter. Uno modo, quod suppleat sufficienter eius indigentiam. Et sic laudabile est abundanter eleemosynam tribuere. — Alio modo, ut superabundet ad superfluitatem. Et hoc non est laudabile, sed melius est pluribus indigentibus elargiri. Unde et Apostolus dicit, 1Cor 13,3: *Si distribuero in cibos pauperum*; ubi *Glossa*[4] dicit: *Per hoc cautela eleemosynae docetur, ut non uni sed multis detur, ut pluribus prosit*.

AD PRIMUM ergo dicendum quod ratio illa procedit de abundantia superexcedente necessitatem recipientis eleemosynam.

AD SECUNDUM dicendum quod auctoritas illa loquitur de abundantia eleemosynae ex parte dantis. — Sed intelligendum est quod Deus non vult simul effundi omnes opes, nisi in mutatione status. Unde subdit ibidem[5]: *Nisi forte ut Elisaeus boves suos occidit, et pavit pauperes ex eo quod habuit, ut nulla cura domestica teneretur*.

2. ALÉM DISSO, no mesmo lugar diz Ambrósio: "Não devem dar as riquezas com profusão de uma vez, mas administrá-las". Ora, a abundância da esmola se refere à profusão. Logo, não se deve dar esmolas abundantemente.

3. ADEMAIS, diz o Apóstolo: "Não para que os outros tenham alívio", ou seja, que vivam ociosamente do que é vosso, "e vós fiqueis em dificuldades", isto é, na pobreza. É exatamente o que aconteceria se as esmolas fossem dadas abundantemente. Logo, não se deve dar esmola abundantemente.

EM SENTIDO CONTRÁRIO, diz o livro de Tobias: "Se tens muito, dá abundantemente".

RESPONDO. A abundância da esmola pode ser considerada em relação a quem dá e a quem recebe. No primeiro caso, a esmola é abundante quando se dá muito em proporção ao que se possui. É louvável, neste caso, dar com abundância. Por isso o Senhor louvou a viúva, que "de sua própria indigência deu tudo o que tinha para a sobrevivência". — Mas é preciso levar em conta o que já foi dito sobre a esmola feita com o necessário.

No segundo caso, em relação ao que recebe, a esmola pode ser abundante de duas maneiras: suficiente para satisfazer uma necessidade, e neste caso a abundância é louvável. — Ou superabundante até ao supérfluo, e isso não é louvável, porque seria melhor reparti-la entre um maior número de indigentes. Daí a palavra do Apóstolo: "Se eu distribuir para o sustento dos pobres..." que a Glosa assim comenta: "Aqui ele nos ensina a praticar esmola com discernimento, isto é, não a um só, mas a muitos, a fim de que ela aproveite a um maior número".

QUANTO AO 1º, portanto, deve-se dizer que o argumento procede quanto às esmolas feitas com uma abundância que supera as necessidades dos que recebem a esmola.

QUANTO AO 2º, deve-se dizer que o texto citado refere-se à abundância da esmola em relação a quem a dá. — Deve-se entender que Deus não quer que se deem com profusão todos os bens de uma só vez, exceto quando se muda de um estado de vida[1]. É por isso que Ambrósio acrescenta: "A menos que se faça como Eliseu, que matou seus

---

2. C. 30, n. 149: ML 16, 67 A.
3. Art. 6.
4. Interl. super I *Cor*. 13, 3; LOMBARDI, ibid.: ML 191, 1660 A.
5. C. 30, n. 149: ML 16, 67 A.

1. Isto é, quando se entra no estado religioso, ou se despoja de todos os bens por Cristo.

AD TERTIUM dicendum quod auctoritas inducta, quantum ad hoc quod dicit, *Non ut alii sit remissio vel refrigerium,* loquitur de abundantia eleemosynae quae superexcedit necessitatem recipientis, cui non est danda eleemosyna ut inde luxurietur, sed ut inde sustentetur. Circa quod tamen est discretio adhibenda propter diversas conditiones hominum, quorum quidam, delicatioribus nutriti, indigent magis delicatis cibis aut vestibus. Unde et Ambrosius dicit, in libro *de Offic.*[6]: *Consideranda est in largiendo aetas etque debilitas. Nonnunquam atiam verecundia, quae ingenuos prodit natales. Aut si quis ex divitiis in egestatem cecidit sine vitio suo.* — Quantum vero ad id quod subditur, *vobis autem tribulatio,* loquitur de abundantia ex parte dantis. Sed, sicut Glossa[7] ibi dicit, *non hoc ideo dicit quin melius esset,* scilicet abundanter dare. *Sed de infirmis timet, quos sic dare monet ut egestatem non patiantur.*

bois e alimentou os pobres com tudo o que tinha, a fim de libertar-se de todo cuidado doméstico".

QUANTO AO 3º, deve-se dizer que o texto citado: "Não para que os outros tenham alívio ou sossego", fala da esmola cuja abundância ultrapassa as necessidades de quem a recebe, a quem não se deve dar para viver no luxo, mas para garantir sua sobrevivência. Ainda aqui deve-se usar o discernimento, levando em conta a diversidade das condições dos homens, pois existem os que foram criados com mais delicadeza e precisam de alimentos e roupas mais delicados[m]. Por isso, assim diz Ambrósio: "Quando se pratica uma esmola, é preciso considerar a idade e a fraqueza; às vezes também a vergonha que revela uma origem nobre, ou quando alguém passou de rico a pobre, sem culpa". — Nas palavras seguintes "e a vós, a tribulação", fala da abundância da esmola relativamente ao que dá. Mas, como diz a Glosa, "não diz isso porque não seja melhor dar abundantemente". Ele teme pelos fracos, aos quais aconselha dar, mas sem cair na indigência[n].

---

6. L. I, c. 30, n. 158: ML 16, 74 B.
7. Interl. super 2 *Cor* 8, 13; LOMBARDI, ibid.: ML 192, 58 D.

m. A esmola deve levar em conta a condição daqueles a quem se dá. Pessoas rudes podem ter poucas necessidades: pessoas sensíveis e discretas caídas numa grande pobreza, sem ousar dizê-lo, devem ser tratadas com delicadeza. A caridade detecta à sua volta as necessidades reais e as provê, com discernimento do que pode dar e do que é prudente que ela conserve para si e para os seus.

n. Toda essa questão nos faz ver a esmola como uma caridade com aqueles dos quais nos tornamos próximos. Não "amamos" a um anônimo, nem a um desconhecido, que pode aliás ser um falso miserável. Dentro da partilha é a relação pessoal que busca, tanto quanto pode, o amor.

QUAESTIO XXXIII
DE CORRECTIONE FRATERNA
in octo articulos divisa

Deinde considerandum est de correctione fraterna.
Et circa hoc quaeruntur octo.
Primo: utrum fraterna correctio sit actus caritatis.
Secundo: utrum sit sub praecepto.
Tertio: utrum hoc praeceptum extendat se ad omnes, vel solum in praelatis.
Quarto: utrum subditi teneantur ex hoc praecepto praelatos corrigere.
Quinto: utrum peccator possit corrigere.

QUESTÃO 33
A CORREÇÃO FRATERNA[a]
em oito artigos

Deve-se agora considerar a correção fraterna.

A respeito disso, são oito as perguntas:
1. A correção fraterna é um ato da caridade?
2. A correção fraterna é de preceito?
3. Este preceito se impõe a todos ou só aos superiores?
4. Os súditos estão obrigados, por causa do preceito, a corrigir os superiores?
5. Um pecador pode corrigir?

---

a. Entre as sete esmolas espirituais tradicionais (q. 32, a. 2, obj. 2), só se retém aqui, para estudar em separado, a "correção fraterna", em razão tanto de sua importância quanto de seu caráter simbólico e do preceito a ela ligado.

Sexto: utrum aliquis debeat corrigi qui ex correctione fit deterior.
Septimo: utrum secreta correctio debeat praecedere denuntiationem.
Octavo: utrum testium inductio debeat praecedere denuntiationem.

6. Deve-se corrigir o que se torna pior com a correção?
7. Uma correção secreta deve preceder a denúncia pública?
8. O recurso a testemunhas deve preceder a denúncia?

Articulus 1
Utrum fraterna correctio sit actus caritatis

Ad primum sic proceditur. Videtur quod fraterna correctio non sit actus caritatis.

1. Dicit enim Glossa[1] Mt 18, super illud 15, *Si peccaverit in te frater tuus,* quod frater est arguendus *ex zelo iustitiae.* Sed iustitia est virtus distincta a caritate. Ergo correctio fraterna non est actus caritatis, sed iustitiae.

2. Praeterea, correctio fraterna fit per secretam admonitionem. Sed admonitio est consilium quoddam, quod pertinet ad prudentiam: prudentis enim est *esse bene consiliativum,* ut dicitur in VI *Ethic.*[2]. Ergo fraterna correctio non est actus caritatis, sed prudentiae.

3. Praeterea, contrarii actus non pertinent ad eandem virtutem. Sed supportare peccantem est actus caritatis: secundum illud Gl 6,2: *Alter alterius onera portate, et sic adimplebitis legem Christi,* quae est lex caritatis. Ergo videtur quod corrigere fratrem peccantem, quod est contrarium supportationi, non sit actus caritatis.

Sed contra, corripere delinquentem est quaedam eleemosyna spiritualis. Sed eleemosyna est actus caritatis, ut supra[3] dictum est. Ergo et correctio fraterna est actus caritatis.

Respondeo dicendum quod correctio delinquentis est quoddam remedium quod debet adhiberi contra peccatum alicuius. Peccatum autem alicuius dupliciter considerari potest: uno quidem modo, inquantum est nocivum ei qui peccat; alio modo, inquantum vergit in nocumentum aliorum qui ex eius peccato laeduntur vel scandalizantur; et etiam

Artigo 1
A correção fraterna é um ato da caridade?

Quanto ao primeiro artigo, assim se procede: parece que a correção fraterna **não** é um ato da caridade.

1. Com efeito, sobre estas palavras do Evangelho de Mateus: "Se teu irmão pecar contra ti..." a Glosa comenta que o irmão deve ser repreendido "por zelo de justiça". Ora, a justiça é uma virtude diferente da caridade. Logo, a correção fraterna não é um ato da caridade, mas da justiça.

2. Além disso, a correção fraterna é feita por uma admoestação secreta. Ora, a admoestação é um tipo de conselho, e este é próprio da prudência, porque "o prudente é bom conselheiro", diz o livro VI da *Ética.* Logo, a correção fraterna não é um ato da caridade, mas da prudência.

3. Ademais, atos contrários não se referem à mesma virtude. Suportar o pecador é um ato da caridade, segundo a Carta aos Gálatas: "Carregai o fardo uns dos outros, e assim cumprireis a lei de Cristo que é a lei da caridade". Logo, corrigir o irmão que peca, o contrário de suportá-lo, não pode ser um ato da caridade[b].

Em sentido contrário, repreender um faltoso é fazer-lhe uma espécie de esmola espiritual. E a esmola, como já foi dito, é um ato da caridade. Logo, a correção fraterna é também um ato da caridade.

Respondo. A correção do faltoso é um remédio que se deve empregar contra o pecado de alguém. Ora, um pecado pode ser visto sob dois aspectos: como um ato nocivo àquele que o comete; e como um prejuízo causado aos outros, que lesa ou escandaliza, e mesmo ao bem comum, cuja justiça perturba. Consequentemente, há duas formas de

---

1 Parall.: Supra, q. 32, a. 2, ad 3; infra, a. 3; IV *Sent.,* dist. 19, q. 2, a. 1, ad 6.

1. Ordin.: ML 114, 147 A.
2. C. 5: 1140, a. 25. — Cfr. cc. 5, 8: 1141, b, 8-14; 1142, b, 31-33.
3. Q. 32, a. 1.

b. A ordem dos artigos procura distinguir a correção fraterna da correção dada pelo superior. Quando este adverte e censura publicamente, é um ato de justiça que se deve à sua função de responsável pela boa ordem e pelo bem comum. Quando o irmão vai procurar pessoalmente seu irmão para adverti-lo secretamente, por caridade, pelo mal que vê nele, é um ato de misericórdia. O superior adota sanções e pune. O irmão adverte, observa; a palavra correção talvez seja um pouco forte; a de admoestação, ou de "monição" fraterna, seria bem apropriada.

inquantum est in nocumentum boni communis, cuius iustitia per peccatum hominis perturbatur. Duplex ergo est correctio delinquentis. Una quidem quae adhibet remedium peccato inquantum est quoddam malum ipsius peccantis: et ista est proprie fraterna correctio, quae ordinatur ad emendationem delinquentis. Removere autem malum alicuius eiusdem rationis est et bonum eius procurare. Procurare autem fratris bonum pertinet ad caritatem, per quam volumus et operamur bonum amico. Unde etiam correctio fraterna est actus caritatis: quia per eam repellimus malum fratris, scilicet peccatum. Cuius remotio magis pertinet ad caritatem quam etiam remotio exterioris damni, vel etiam corporalis nocumenti: quanto contrarium bonum virtutis magis est affine caritati quam bonum corporis vel exteriorum rerum. Unde correctio fraterna magis est actus caritatis quam curatio infirmitatis corporalis, vel subventio qua excluditur exterior egestas. — Alia vero correctio est quae adhibet remedium peccati delinquentis secundum quod est in malum aliorum, et etiam praecipue in nocumentum communis boni. Et talis correctio est actus iustitiae, cuius est conservare rectitudinem iustitiae unius ad alium.

AD PRIMUM ergo dicendum quod glossa illa loquitur de secunda correctione, quae est actus iustitiae. — Vel, si loquatur etiam de prima, iustitia ibi sumitur secundum quod est universalis virtus, ut infra[4] dicetur: prout etiam *omne peccatum est iniquitas*, ut dicitur 1Io 3,4, quasi contra iustitiam existens.

AD SECUNDUM dicendum quod, sicut Philosophus dicit, in VI *Ethic.*[5], *prudentia facit rectitudinem in his quae sunt ad finem*, de quibus est consilium et electio. Tamen cum per prudentiam aliquid recte agimus ad finem alicuius virtutis moralis, puta temperantiae vel fortitudinis, actus ille est principaliter illius virtutis ad cuius finem ordinatur. Quia ergo admonitio quae fit in correctione fraterna ordinatur ad amovendum peccatum fratris, quod pertinet ad caritatem; manifestum est quod talis admonitio principaliter est actus caritatis, quasi imperantis, prudentiae vero secundario, quasi exequentis et dirigentis actum.

correção do faltoso. A primeira remedeia o pecado enquanto ele é um mal para o pecador, e esta é precisamente a correção fraterna, cuja finalidade é a emenda do faltoso. Ora, livrar alguém de um mal é da mesma razão que lhe proporcionar um bem. E isso se refere à caridade pela qual queremos e fazemos o bem a nosso amigo. Daí ser a correção fraterna também um ato de caridade, pois por ela afugentamos o mal do irmão, isto é, o seu pecado. Esta libertação se refere mais à caridade do que à libertação de um dano exterior ou mesmo corporal, na medida em que o bem oposto, o da virtude, tem mais afinidades com a caridade do que o bem do corpo ou os bens exteriores. Assim, a correção fraterna é um ato da caridade, mais que o cuidado de uma doença corporal ou o socorro que exclui a necessidade exterior. — A segunda forma de correção remedeia o pecado do faltoso enquanto causa prejuízo aos outros, e sobretudo ao bem comum. Tal correção é um ato da justiça, cujo objeto é manter a retidão da justiça entre as pessoas.

QUANTO AO 1º, portanto, deve-se dizer que aquela passagem da Glosa fala da segunda forma de correção, que é um ato da justiça. — Ou, se se refere também à primeira, é preciso tomar a justiça como uma virtude geral, como se verá posteriormente, no sentido em que, como diz a primeira Carta de João: "todo pecado é uma iniquidade, uma vez que se opõe à justiça".

QUANTO AO 2º, deve-se dizer que Aristóteles diz que "a prudência estabelece a retidão dos meios", objetos da deliberação e da eleição. Entretanto, quando pela prudência nós ordenamos corretamente nossa ação para o fim de uma virtude moral, como a temperança ou a fortaleza, a ação em causa pertence principalmente à virtude a cujo fim se ordena. Logo, se a admoestação feita pela correção fraterna tende a remover o pecado do irmão, o que é próprio da caridade, é evidente que esta admoestação é principalmente um ato da caridade, isto é, da virtude que comanda o ato, e secundariamente um ato da prudência, como executora e diretora do ato[c].

---

4. Q. 58, a. 5.
5. C. 13: 1144, a, 8-11.

c. Se, na "esmola", notamos um cruzamento frequente de exigências entre a caridade e a justiça, na "correção fraterna", a referência será muitas vezes a exigências conjuntas da caridade e da prudência. Isso se deve ao fato de que a correção fraterna se exerce principalmente pela via do conselho, ato da prudência. Sto. Tomás destaca aqui que é da intenção final que provém

AD TERTIUM dicendum quod correctio fraterna non opponitur supportationi infirmorum, sed magis ex ea consequitur. Intantum enim aliquis supportat peccantem inquantum contra eum non turbatur, sed benevolentiam ad eum servat. Et ex hoc contingit quod eum satagit emendare.

ARTICULUS 2
Utrum correctio fraterna sit in praecepto

AD SECUNDUM SIC PROCEDITUR. Videtur quod correctio fraterna non sit in praecepto.

1. Nihil enim quod est impossibile cadit sub praecepto: secundum illud Hieronymi[1]: *Maledictus qui dicit Deum aliquid impossibile praecepisse.* Sed Eccle 7,14 dicitur: *Considera opera Dei, quod nemo possit corrigere quem ille despexerit.* Ergo correctio fraterna non est in praecepto.

2. PRAETEREA, omnia praecepta legis divinae ad praecepta decalogi reducuntur. Sed correctio fraterna non cadit sub aliquo praeceptorum decalogi. Ergo non cadit sub praecepto.

3. PRAETEREA, omissio praecepti divini est peccatum mortale, quod in sanctis viris non invenitur. Sed omissio fraternae correctionis invenitur in sanctis et in spiritualibus viris: dicit enim Augustinus, I *de Civ. Dei*[2], quod *non solum inferiores, verum etiam hi qui superiorem vitae gradum tenent ab aliorum reprehensione se abstinent, propter quaedam cupiditatis vincula, non propter officia caritatis.* Ergo correctio fraterna non est in praecepto.

4. PRAETEREA, illud quod est in praecepto habet rationem debiti. Si ergo correctio fraterna caderet sub praecepto, hoc fratribus deberemus ut eos peccantes corrigeremus. Sed ille qui debet alicui debitum corporale, puta pecuniam, non debet esse

QUANTO AO 3º, deve-se dizer que a correção fraterna não se opõe a suportarmos os fracos, antes, é uma consequência. Pois alguém suporta mais um pecador na medida em que não se irrita com ele, e guarda a benevolência para com ele. E em razão dessa benevolência que se esforça por emendá-lo[d].

ARTIGO 2
A correção fraterna é de preceito?

QUANTO AO SEGUNDO, ASSIM SE PROCEDE: parece que a correção fraterna **não** é de preceito.

1. Com efeito, o impossível não pode ser objeto de preceito, como disse Jerônimo: "Maldito o que diz que Deus ordena o impossível". Ora, está escrito no livro do Eclesiastes: "Vê as obras de Deus: quem poderá corrigir aquele que ele abandonou?"[e] Logo, a correção fraterna não é de preceito.

2. ALÉM DISSO, todos os preceitos da lei divina se reduzem aos do Decálogo. Ora, a correção fraterna não se inclui em nenhum deles. Logo, ela não é de preceito.

3. ADEMAIS, a omissão de um preceito divino é um pecado mortal, que não se encontra nos santos. Ora, na vida dos santos e dos homens espirituais, encontra-se a omissão da correção fraterna; com efeito, observa Agostinho, "não são só os inferiores, mas também as pessoas situadas num grau de vida mais elevado, que se abstêm de repreender os outros, por causa de alguns vínculos de cupidez, e não por um dever de caridade". Logo, a correção fraterna não é de preceito.

4. ADEMAIS, o que é de preceito tem a razão de dever. Logo, se a correção fraterna fosse de preceito, teríamos para com nossos irmãos o dever de corrigi-los, quando pecassem. Ora, quem deve a um outro um bem de ordem material, por exemplo,

---

2 PARALL.: IV *Sent.*, dist. 19, q. 2, a. 2, q.la 1; *De Virtut.*, q. 3, a. 1.

1. Cfr. PELAGII *Epist. I ad Demetriad.*, c. 16: ML 30, 30 D; *Libellum fidei ad Innocentium*, n. 10: ML 45, 1718.
2. C. 9, n. 2: ML 41, 22.

---

o nome. Se é a caridade que motiva a correção, a prudência é indispensável para chegar a ela, mas é um ato de caridade. É preciso porém tanta discrição que poderíamos tomá-la por um ato de prudência, mas seu objetivo é claro. É por amor pelo irmão que o advertimos. A punição mesma é do domínio da prudência e da circunspecção: não convém, por exemplo (I-II, q. 96, a. 2), que o legislador, ou o responsável por um bem comum, repreenda *todos* os vícios. *A fortiori*, isso não caberia à correção fraterna, pois seu caráter inquisitorial não apresentaria mais a suavidade da caridade. Existem muitos outros meios para corrigir o "irmão": prece, exemplo, bons serviços...

d. Seria imprudente, por conseguinte, corrigir um "irmão" que não podemos suportar. É preciso, antes de mais nada, ser benevolente e tolerante em relação a seu "irmão".

e. O texto do Eclesiastes é obscuro. Não parece que seja esse seu verdadeiro sentido. Ele era compreendido assim, todavia: impossível fazer o que Deus não quer finalmente que aconteça. Em certos casos, portanto, o preceito ordenaria o impossível.

contentus ut ei occurrat creditor, sed debet eum quaerere ut debitum reddat. Oporteret ergo quod homo quaereret correctione indigentes ad hoc quod eos corrigeret. Quod videtur inconveniens: tum propter multitudinem peccantium, ad quorum correctionem unus homo non posset sufficere; tum etiam quia oporteret quod religiosi de claustris suis exirent ad homines corrigendos, quod est inconveniens. Non ergo fraterna correctio est in praecepto.

SED CONTRA est quod Augustinus dicit, in libro *de Verb. Dom.*[3]: *Si neglexeris corrigere, peior eo factus es qui peccavit*. Sed hoc non esset nisi per huiusmodi negligentiam aliquis praeceptum omitteret. Ergo correctio fraterna est in praecepto.

RESPONDEO dicendum quod correctio fraterna cadit sub praecepto. Sed considerandum est quod sicut praecepta negativa legis prohibent actus peccatorum, ita praecepta affirmativa inducunt ad actus virtutum. Actus autem peccatorum sunt secundum se mali, et nullo modo bene fieri possunt, nec aliquo tempore aut loco: quia secundum se sunt coniuncti malo fini, ut dicitur in II *Ethic*.[4]. Et ideo praecepta negativa obligant semper et ad semper. Sed actus virtutum non quolibet modo fieri debent, sed observatis debitis circumstantiis quae requiruntur ad hoc quod sit actus virtuosus: ut scilicet fiat ubi debet, et quando debet, et secundum quod debet. Et quia dispositio eorum quae sunt ad finem attenditur secundum rationem finis, in istis circumstantiis virtuosi actus praecipue attendenda est ratio finis, qui est bonum virtutis. Si ergo sit aliqua talis omissio alicuius circumstantiae circa virtuosum actum quae totaliter tollat bonum virtutis, hoc contrariatur praecepto. Si autem sit defectus alicuius circumstantiae quae non totaliter tollat virtutem, licet non perfecte attingat ad bonum virtutis, non est contra praeceptum. Unde et Philosophus dicit, in II *Ethic*.[5], quod si parum discedatur a medio, non est contra virtutem: sed si multum discedatur, corrumpitur virtus in suo actu. Correctio autem fraterna ordinatur ad fratris emendationem. Et ideo hoc modo cadit sub praecepto, secundum quod est necessaria ad

o dinheiro, não deve esperar que o credor venha até ele; ele deve procurá-lo, para restituir-lhe o devido. Logo, seria preciso que nos puséssemos à procura dos que precisam de correção, para corrigi-los. O que parece inadmissível, tanto em razão da multidão dos pecadores, trabalho que um só homem não conseguiria realizar, quanto por causa da obrigação de os religiosos saírem de seus claustros para corrigir os homens, o que seria inconveniente. Logo, a correção fraterna não é de preceito.

EM SENTIDO CONTRÁRIO, diz Agostinho: "Se deixares de corrigir o pecador, tornar-te-ás pior do que quem pecou". Ora, isso não aconteceria se, por uma tal negligência, alguém deixasse de cumprir um preceito. Logo, a correção fraterna é de preceito[f].

RESPONDO. A correção fraterna é de preceito. Mas é preciso levar em conta que, assim como os preceitos negativos da lei interditam os atos pecaminosos, assim também os preceitos afirmativos induzem aos atos virtuosos. Ora, os atos dos pecados são maus em si mesmos e de nenhuma forma, tempo ou lugar podem vir a ser bons, porque em si mesmos, estão conexos a um fim mau, como diz o livro II da *Ética*. Por isso os preceitos negativos obrigam sempre, e para sempre. Ao contrário, os atos das virtudes não devem ser feitos de qualquer modo, mas observando todas as circunstâncias requeridas para que o ato seja virtuoso: que ele seja feito onde é preciso, quando é preciso, e como é preciso. E como a disposição dos meios se faz em conformidade com a condição do fim, é preciso, nestas circunstâncias, levar em conta a razão de fim, que é o próprio bem da virtude. Logo, se se omite num ato virtuoso uma circunstância tal que suprima totalmente o bem da virtude, contraria-se o preceito. Se se omitir, porém, uma circunstância que não suprima totalmente a virtude, ainda que o ato não atinja perfeitamente o bem da virtude, não se contraria o preceito. Assim, diz o Filósofo, afastar-se um pouco do meio virtuoso, não vai contra a virtude, mas afastar-se muito é destruir a virtude em seu ato. Ora, a correção fraterna está ordenada à emenda de um irmão. Por isso, na medida em que ela é necessária para este fim,

---

3. Serm. 82, al. *de verbis Domini* 16, c. 4, n. 7: ML 38, 508.
4. C. 6: 1107, a, 12-17.
5. C. 9: 1109, b, 18-20.

---

f. O que significa: Desde que é necessário, é que existe preceito.

istum finem: non autem ita quod quolibet loco vel tempore frater delinquens corrigatur.

AD PRIMUM ergo dicendum quod in omnibus bonis agendis operatio hominis non est efficax nisi adsit auxilium divinum: et tamen homo debet facere quod in se est. Unde Augustinus dicit, in libro *de Corr. et Grat.*[6]: *Nescientes quis pertineat ad praedestinatorum numerum et quis non pertineat, sic affici debemus caritatis affectu ut omnes velimus salvos fieri.* Et ideo omnibus debemus fraternae correctionis officium impendere sub spe divini auxilii.

AD SECUNDUM dicendum quod, sicut supra[7] dictum est, omnia praecepta quae pertinent ad impendendum aliquod beneficium proximo reducuntur ad praeceptum de honoratione parentum.

AD TERTIUM dicendum quod correctio fraterna tripliciter omitti potest. Uno quidem modo, meritorie: quando ex caritate aliquis correctionem omittit. Dicit enim Augustinus, in I *de Civ. Dei*[8]: *Si propterea quisque obiurgandis et corripiendis male agentibus parcit, quia opportunius tempus inquiritur; vel eisdem ipsis metuit ne deteriores ex hoc efficiantur, vel ad bonam vitam et piam erudiendos impediant alios infirmos et premant, atque avertant a fide; non videtur esse cupiditatis occasio, sed consilium caritatis.* — Alio modo praetermittitur fraterna correctio cum peccato mortali: quando scilicet *formidatur*, ut ibi dicitur, *iudicium vulgi et carnis excruciatio vel peremptio*; dum tamen haec ita dominentur in animo quod fraternae caritati praeponantur. Et hoc videtur contingere quando aliquis praesumit de aliquo delinquente probabiliter quod posset eum a peccato retrahere, et tamen propter timorem vel cupiditatem praetermittit. — Tertio modo huiusmodi omissio est peccatum veniale: quando timor et cupiditas tardiorem faciunt hominem ad corrigendum delicta fratris, non tamen ita quod, si ei constaret quod fratrem posset a peccato retrahere, propter timorem vel cupiditatem dimitteret, quibus in animo suo praeponit caritatem fraternam. Et hoc modo quandoque viri sancti negligunt corrigere delinquentes.

ela é de preceito. Isto, contudo, não significa que o faltoso deva ser repreendido em qualquer lugar ou tempo.

QUANTO AO 1º, portanto, deve-se dizer que o homem não é capaz de praticar nenhuma boa obra sem o auxílio divino; entretanto ele deve fazer tudo o que estiver ao seu alcance. Daí dizer Agostinho: "Não sabendo quem pertence e quem não pertence ao número dos predestinados, nossos sentimentos de caridade devem ser tais que queiramos a salvação de todos". Logo, devemos prestar a todos o serviço da correção fraterna, confiando na ajuda divina[g].

QUANTO AO 2º, deve-se dizer que como já foi dito, todos os preceitos cujo objeto é beneficiar ao próximo, reduzem-se ao preceito de honrar pai e mãe.

QUANTO AO 3º, deve-se dizer que se pode omitir a correção fraterna de três maneiras. A primeira é meritória: quando se omite por caridade. Com efeito, segundo Agostinho, "deixamos de repreender e de corrigir os que praticam o mal, seja porque esperamos o momento propício, seja porque tememos que venham a ficar piores, ou impeçam a iniciação dos fracos na virtude e na piedade, pressionando-os e afastando-os da fé; não parece haver aí ocasião de cupidez, mas deliberação de caridade". — A segunda, quando se omite com pecado mortal, a saber, diz Agostinho no mesmo lugar, "quando se teme a opinião pública, as torturas corporais e a morte", enquanto tais temores dominarem a alma a ponto de os antepormos à caridade fraterna. Isto se dá quando, alguém pressume poder afastar com probabilidade um pecador do pecado e entretanto deixa de fazê-lo por temor ou cupidez. — A terceira omissão é um pecado venial, quando o temor ou a cupidez retardam demais aquele que deve fazer a correção fraterna; não, porém, a ponto de o omitir por temor ou cupidez, se soubesse que poderia livrá-lo do pecado, já que em seu ânimo predomina o sentimento da caridade fraterna. É deste modo que alguns homens santos às vezes negligenciam corrigir os faltosos[h].

---

6. C. 15, n. 46: ML 44, 944.
7. Q. 32, a. 5, ad 4.
8. C. 9, n. 2: ML 41, 22.

g. Não nos cabe tomar o lugar de Deus. Só ele "vê" essas coisas. De qualquer modo, devemos querer o que Deus quer que queiramos, e não o que Deus quer que sejam finalmente as coisas: I-II, q. 19, a. 10.
h. Convém portanto que tenhamos alguma certeza de "conseguir"...

AD QUARTUM dicendum quod illud quod debetur alicui determinatae et certae personae, sive sit bonum corporale sive spirituale, oportet quod ei impendamus non expectantes quod nobis occurrat, sed debitam sollicitudinem habentes ut eum inquiramus. Unde sicut ille qui debet pecuniam creditori debet eum requirere cum tempus fuerit ut ei debitum reddat, ita qui habet spiritualiter curam alicuius debet eum quaerere ad hoc quod eum corrigat de peccato. Sed illa beneficia quae non debentur certae personae sed communiter omnibus proximis, sive sint corporalia sive spiritualia, non oportet nos quaerere quibus impendamus, sed sufficit quod impendamus eis qui nobis occurrunt: hoc enim *quasi pro quadam sorte* habendum est, ut Augustinus dicit, in I *de Doct. Christ.*[9]. Et propter hoc dicit, in libro *de Verb. Dom.*[10], quod *admonet nos Dominus noster non negligere invicem peccata nostra, non quaerendo quid reprehendas, sed videndo quid corrigas*. Alioquin efficeremur exploratores vitae aliorum: contra id quod dicitur Pr 24,15: *Ne quaeras impietatem in domo iusti, et non vastes requiem eius*. — Unde patet quod nec religiosos oportet exire claustrum ad corrigendum delinquentes.

QUANTO AO 4º, deve-se dizer que se se trata de uma dívida para com uma pessoa determinada, débito material ou espiritual, devemos pagá-la, sem esperar que tal pessoa nos venha cobrá-la, mas indo procurá-la com a devida solicitude. E assim como o devedor deve pagar seu credor no momento certo, assim também quem cuida espiritualmente de alguém deve ir ao seu encontro, para corrigir seu pecado. Mas quando devemos benefícios materiais ou espirituais, não a uma pessoa determinada, mas ao próximo em geral, não estamos mais obrigados a procurar a quem pagar esta dívida; basta que paguemos aos que se apresentarem. Isto, segundo Agostinho, pode ser considerado "uma escolha do acaso". E ele ainda nos diz: "Nosso Senhor nos adverte para não negligenciarmos os pecados uns dos outros, não procurando o que repreender, mas vendo o que é preciso corrigir". Do contrário, nos tornaríamos espiões da vida dos outros, contra esta palavra do livro dos Provérbios: "Não procures a impiedade na casa do justo, nem perturbes o seu repouso". — Fica claro, por isso, que os religiosos não devem sair do claustro para corrigir os pecadores[i].

ARTICULUS 3
Utrum correctio fraterna pertineat solum ad praelatos

AD TERTIUM SIC PROCEDITUR. Videtur quod correctio fraterna non pertineat nisi ad praelatos.

1. Dicit enim Hieronymus[1]: *Sacerdotes studeant illud Evangelii implere. Si peccaverit in te frater tuus*, etc. Sed nomine *sacerdotum* consueverunt significari praelati, qui habent curam aliorum. Ergo videtur quod ad solos praelatos pertineat fraterna correctio.

2. PRAETEREA, fraterna correctio est quaedam eleemosyna spiritualis. Sed corporalem eleemosynam facere pertinet ad eos qui sunt superiores in

ARTIGO 3
A correção fraterna se refere só aos superiores?

QUANTO AO TERCEIRO, ASSIM SE PROCEDE: parece que a correção fraterna se refere **só** aos superiores.

1. Com efeito, diz Jerônimo: "Que os sacerdotes tenham o cuidado de cumprir este preceito do Evangelho: 'Se teu irmão pecar contra ti etc.'". Ora, com o nome de *sacerdotes*, ordinariamente, designavam-se os superiores que têm a cura dos outros. Logo, parece que a correção fraterna se refere só aos superiores.

2. ALÉM DISSO, a correção fraterna é uma esmola espiritual. Ora, dar esmola se refere aos que são superiores na ordem dos bens temporais, isto é,

---

9. C. 28: ML 34, 30.
10. Serm. 82, al. *de verbis Domini* 16, c. 1: ML 38, 506.

3 PARALL.: IV *Sent.*, dist. 19, q. 2, a. 1; art. 2, q.la 1; *De Virtut.*, q. 3, a. 1, ad 2, 17.

1. Cfr. ORIGENEM, *In Iosue*, hom. 7, n. 6: MG 12, 861 B.

i. Em resumo desses dois artigos: 1) a correção fraterna é, antes de mais nada, um ato não de justiça, mas de caridade; e, não sendo um preceito negativo, não tem de endireitar *todas* as coisas erradas, mas de amar aquele que ela quer ajudar espiritualmente. 2) A indiscrição que se intrometeria em tudo na conduta de outrem seria contrária à caridade, e portanto odiosa. 3) A correção fraterna deve ser efetuada com prudência.

temporalibus, scilicet ad ditiores. Ergo etiam fraterna correctio pertinet ad eos qui sunt superiores in spiritualibus, scilicet ad praelatos.

3. PRAETEREA, ille qui corripit alium movet eum sua admonitione ad melius. Sed in rebus naturalibus inferiora moventur a superioribus. Ergo etiam secundum ordinem virtutis, qui sequitur ordinem naturae, ad solos praelatos pertinet inferiores corrigere.

SED CONTRA est quod dicitur XXIV, qu. 3[2]: *Tam sacerdotes quam reliqui fideles omnes summam debent habere curam de his qui pereunt, quatenus eorum redargutione aut corrigantur a peccatis, aut, si incorrigibiles appareant, ab Ecclesia separentur.*

RESPONDEO dicendum quod, sicut dictum est[3] duplex est correctio. Una quidem quae est actus caritatis, qui specialiter tendit ad emendationem fratris delinquentis per simplicem admonitionem. Et talis correctio per pertinet ad quemlibet caritatem habentem, sive sit subditus sive praelatus. — Est autem alia correctio quae est actus iustitiae, per quam intenditur bonum commune, quod non solum procuratur per admonitionem fratris, sed interdum etiam per punitionem, ut alii a peccato timentes desistant. Et talis correctio pertinet ad solos praelatos, qui non solum habent admonere, sed etiam corrigere puniendo.

AD PRIMUM ergo dicendum quod etiam in correctione fraterna, quae ad omnes pertinet, gravior est cura praelatorum; ut dicit Augustinus, *in I de Civ. Dei*[4]. Sicut enim temporalia beneficia potius debet aliquis exhibere illis quorum curam temporalem habet, ita etiam beneficia spiritualia, puta correctionem, doctrinam et alia huiusmodi magis debet exhibere illis qui sunt suae spirituali curae commissi. Non ergo intendit Hieronymus dicere quod ad solos sacerdotes pertineat praeceptum de correctione fraterna: sed quod ad hos specialiter pertinet.

AD SECUNDUM dicendum quod sicut ille qui habet unde corporaliter subvenire possit quantum ad hoc dives est, ita ille qui habet sanum rationis

aos mais ricos. Logo, também a correção fraterna pertence aos superiores na ordem dos bens espirituais, isto é, aos prelados.

3. ADEMAIS, quem corrige outrem, leva-o, com sua admoestação, para um estado melhor. Ora, na natureza os seres superiores movem os inferiores. Logo, também na ordem da virtude, que segue a ordem da natureza, somente aos superiores pertence a correção dos inferiores.

EM SENTIDO CONTRÁRIO, está prescrito no *Decreto* de Graciano: "Tanto os sacerdotes quanto os demais fiéis devem ter o maior cuidado com os que se perdem, de tal modo que, por suas repreensões, estes sejam, ou corrigidos de suas faltas, ou, se se mostrarem incorrigíveis, separados da Igreja".

RESPONDO. Como já foi dito, há dois tipos de correção. O primeiro é um ato de caridade, que tende à emenda de um irmão faltoso mediante uma simples admoestação. Esta correção pertence a todos que têm caridade, seja superior ou súdito. — O segundo tipo de correção é um ato de justiça, que visa o bem comum; ele é realizado não somente admoestando o culpado, mas até mesmo punindo-o, para que o temor leve os outros a desistirem do pecado. Este tipo de correção convém somente aos prelados, que não apenas devem admoestar, mas também corrigir, punindo[j].

QUANTO AO 1º, portanto, deve-se dizer que mesmo na correção fraterna que incumbe a todos, os superiores têm uma maior responsabilidade, como diz Agostinho. Pois assim como alguém deve proporcionar os benefícios temporais prioritariamente àqueles por quem é responsável materialmente, assim também deve proporcionar prioritariamente os benefícios espirituais, como a correção, a instrução etc., àqueles que são confiados aos seus cuidados espirituais. Jerônimo não quer dizer que o preceito da correção fraterna se refere somente aos sacerdotes, mas que lhes concerne especialmente.

QUANTO AO 2º, deve-se dizer que assim como quem tem com que fazer esmolas materialmente é, sob este aspecto, rico; assim, quem é dotado de

---

2. GRATIANUS, *Decretum*, P. II, causa 24, q. 3, can. 14: Tam sacerdotes: ed. Richter-Friedberg, t. I, p. 994.
3. Art. 1.
4. C. 9, n. 3: ML 41, 23.

j. Existe um duplo dever: o do irmão, que seja este inferior, igual ou superior, o qual, levado unicamente pelo amor por seu irmão, adverte-o de seu mal; o do pai (ou da mãe, ou do superior, do chefe...) que é responsável por outrem e que, em virtude de sua função, corrige seu subordinado: ver a esse respeito II-II, q. 108, a. 3 e 4; e q. 43, a. 7, r. 1.

iudicium, ex quo possit alterius delictum corrigere, quantum ad hoc est superior habendus.

AD TERTIUM dicendum quod etiam in rebus naturalibus quaedam mutuo in se agunt, quia quantum ad aliquid sunt se invicem superiora: prout scilicet utrumque est quodammodo in potentia et quodammodo in actu respectu alterius. Et similiter aliquis, inquantum habet sanum rationis iudicium in hoc in quo alter delinquit, potest eum corrigere, licet non sit simpliciter superior.

ARTICULUS 4
Utrum aliquis teneatur corrigere praelatum suum

AD QUARTUM SIC PROCEDITUR. Videtur quod aliquis non teneatur corrigere praelatum suum.

1. Dicitur enim Ex 19,13: *Bestia quae tetigerit montem lapidabitur*: et 2Reg 6,6-7 dicitur quod Oza percussus est a Domino quia tetigit arcam. Sed per montem et arcam significatur praelatus. Ergo praelati non sunt corrigendi a subditis.

2. PRAETEREA, Gl 2, super illud 11, *In faciem ei restiti*, dicit Glossa[1]: *ut par*. Ergo, cum subditus non sit par praelato, non debet eum corrigere.

3. PRAETEREA, Gregorius dicit[2]: *Sanctorum vitam corrigere non praesumat nisi qui de se meliora sentit*. Sed aliquis non debet de se meliora sentire quam de praelato suo. Ergo praelati non sunt corrigendi.

SED CONTRA est quod Augustinus dicit, in *Regula*[3]: *Non solum vestri, sed etiam ipsius*, idest praelati, *miseremini, qui inter vos quanto in loco superiore, tanto in periculo maiore versatur*. Sed correctio fraterna est opus misericordiae. Ergo etiam praelati sunt corrigendi.

um julgamento sadio, capaz de corrigir a falta de outrem é, sob este aspecto, seu superior.

QUANTO AO 3º, deve-se dizer que mesmo na ordem natural, há alguns que agem mutuamente uns sobre os outros, porque em alguma coisa são entre si superiores, isto é, de algum modo estão em potência ou em ato em relação ao outro. De modo semelhante, quem julga sadiamente sobre um ponto em que o outro falta, pode corrigi-lo, mesmo que não seja absolutamente seu superior[k].

ARTIGO 4
Alguém é obrigado a corrigir seu superior?

QUANTO AO QUARTO, ASSIM SE PROCEDE: parece que alguém **não** é obrigado a corrigir seu superior.

1. Com efeito, está no livro do Êxodo: "O animal que tocar na montanha será apredejado". E no livro de Samuel narra-se que Oza foi ferido pelo Senhor por ter tocado na arca. Ora, a montanha e a arca significam aqui os superiores. Logo, estes não devem ser corrigidos por seus subordinados.

2. ALÉM DISSO, a respeito da Carta aos Gálatas: "Eu o enfrentei abertamente", a Glosa precisa: "como seu igual". Logo, como um subordinado não é igual ao superior, não deve corrigi-lo.

3. ADEMAIS, diz Gregório: "Ninguém ouse corrigir a conduta dos santos a não ser que se sinta melhor que eles". Ora, ninguém deve ter uma opinião melhor sobre si mesmo que sobre seu superior. Logo, os superiores não devem ser corrigidos.

EM SENTIDO CONTRÁRIO, Agostinho diz na sua *Regra*: "Compadecei-vos não só de vós mesmos, mas também de vosso superior, porque quanto mais elevado for o grau que ele ocupa entre vós, tanto maior é o perigo a que está exposto". Ora, repreender fraternalmente é exercer a misericórdia. Logo, também os superiores devem ser corrigidos[l].

---

4 PARALL.: IV *Sent*., dist. 19, q. 2, a. 2, q.la 3; *De Virtut*., q. 3, a. 1, ad 18.

1. Interl., LOMBARDI: ML 192, 108 D.
2. *Moral*., l. V, c. 11, al. 10, n. 25: ML 75, 692 C.
3. Epist. 211, al. 109, n. 15: ML 33, 965.

k. Uma coisa é a hierarquia do governo, outra a hierarquia espiritual. Um homem desprovido de responsabilidade pode constatar uma falha num superior e "adverti-lo". Assim fez Nathan (2Sm 14), que foi procurar seu rei, David, para denunciar seu pecado. E o rei se arrependeu.

l. Cada uma dessas objeções apresenta um argumento de autoridade. Isso não é habitual, e mostra o quanto, nesse terreno, tudo é questão de tato. A correção fraterna deve ser feita em segredo, cara a cara, quando convier, sem enganar-se sobre seu irmão, na esperança de ser eficaz, e quando vale a pena: não pode querer corrigir todos os vícios.

RESPONDEO dicendum quod correctio quae est actus iustitiae per coercionem poenae non competit subditis respectu praelati. Sed correctio fraterna, quae est actus caritatis, pertinet ad unumquemque respectu cuiuslibet personae ad quam caritatem debet habere, si in eo aliquid corrigibile inveniatur. Actus enim ex aliquo habitu vel potentia procedens se extendit ad omnia quae continentur sub obiecto illius potentiae vel habitus: sicut visio ad omnia quae continentur sub obiecto visus.

Sed quia actus virtuosus debet esse moderatus debitis circumstantiis, ideo in correctione qua subditi corrigunt praelatos debet modus congruus adhiberi: ut scilicet non cum protervia et duritia, sed cum mansuetudine et reverentia corrigantur. Unde Apostolus dicit, 1Ti 5,1: *Seniorem ne increpaveris, sed obsecra ut patrem.* Et ideo Dionysius[4] redarguit Demophilum monachum quia sacerdotem irreverenter correxerat, eum percutiens et de ecclesia eiiciens.

AD PRIMUM ergo dicendum quod tunc praelatus inordinate tangi videtur quando irreverenter obiurgatur, vel etiam quando ei detrahitur. Et hoc significatur per contactum montis et arcae damnatum a Deo.

AD SECUNDUM dicendum quod *in faciem resistere coram omnibus* excedit modum fraternae correctionis: et ideo sic Paulus Petrum non reprehendisset nisi aliquo modo par esset, quantum ad fidei defensionem. Sed in occulto admonere et reverenter, hoc potest etiam ille qui non est par. Unde Apostolus, Cl ult., 17 scribit ut praelatum suum admoneant, cum dicit: *Dicite Archippo, Ministerium tuum imple.*

Sciendum tamen est quod ubi immineret periculum fidei, etiam publice essent praelati a subditis arguendi. Unde et Paulus, qui erat subditus Petro, propter imminens periculum scandali circa fidem, Petrum publice arguit. Et sicut Glossa[5] Augustini dicit, Gl 2,14, *ipse Petrus exemplum maioribus praebuit ut, sicubi forte rectum tramitem reliquissent, non dedignentur etiam a posterioribus corrigi.*

RESPONDO. A correção, que é um ato de justiça por coação penal, não cabe ao súdito em relação ao superior. Mas a correção, ato de caridade, cabe a todos relativamente aos que devem amar, se neles houver algo que deva ser corrigido. Com efeito, o ato procedente de um hábito ou de uma potência abrange tudo o que está contido no objeto de um ou de outro; assim como a visão abrange tudo o que está contido no objeto da vista.

Mas, porque um ato de virtude deve estar regulado pelas circunstâncias requeridas, o ato pelo qual um súdito corrige seu superior deve igualmente respeitar certas conveniências, de modo que a correção não seja nem insolente, nem dura, mas suave e respeitosa. É o que ensina o Apóstolo: "Não repreendas duramente um ancião, mas admoesta-o como a um pai". E é por isso que Dionísio repreendeu ao monge Demófilo, por ter corrigido um sacerdote sem o devido respeito, maltratando-o e expulsando-o da igreja.

QUANTO AO 1º, portanto, deve-se dizer que um superior é tratado indignamente quando ele é repreendido sem respeito, ou quando é destratado. Este é o significado da interdição divina de tocar na montanha e na arca.

QUANTO AO 2º, deve-se dizer que "enfrentar abertamente diante de todos" ultrapassa a medida da correção fraterna; por isso Paulo não teria assim repreendido a Pedro, se de alguma maneira ele não fosse seu igual para a defesa da fé. Mas mesmo aquele que não é um igual pode advertir em segredo e respeitosamente[m]. Eis porque o Apóstolo, escrevendo aos Colossenses, lhes pede para repreender seu superior: "Dizei a Arquipo: 'atende ao teu ministério'".

Deve-se saber, contudo, que, havendo perigo para a fé, os superiores devem ser repreendidos pelos súditos, mesmo publicamente. Por isso, Paulo, que era súdito de Pedro, repreendeu-o em público por causa de iminente perigo de escândalo para a fé. E assim diz a Glosa de Agostinho: "O próprio Pedro deu exemplo aos superiores que, se porventura se afastarem do caminho reto, não recusem ser corrigidos, mesmo por seus súditos".

---

4. Epist. 8: MG 3, 1088 A B.
5. Ordin.: ML 114, 574 A; LOMBARDI: ML 192, 109 D.

m. Se se trata de um superior é preciso evidentemente admoestá-lo com "respeito". Mas não se deve temer fazê-lo, se, por sua conduta, o "superior" escandaliza, ou professa um erro grave. O superior que não pudesse jamais ouvir de ninguém nenhuma observação estaria mal preparado contra os erros. É por isso também que é um preceito "admoestar".

AD TERTIUM dicendum quod praesumere se esse simpliciter meliorem quam praelatus sit, videtur esse praesumptuosae superbiae. Sed aestimare se meliorem quantum ad aliquid non est praesumptionis: quia nullus est in hac vita qui non habeat aliquem defectum. — Et etiam considerandum est quod cum aliquis praelatum caritative monet, non propter hoc se maiorem existimat: sed auxilium impartitur ei qui, *quanto in loco superiori, tanto in periculo maiori versatur*, ut Augustinus dicit, in *Regula*[6].

QUANTO AO 3º, deve-se dizer que presumir de ser em tudo melhor que seu superior, parece ser soberba presunçosa. Mas, julgar-se melhor em algum ponto nada tem de presunçoso, pois nesta vida ninguém deixa de ter algum defeito. — Convém observar que aquele que admoesta caridosamente o seu superior, nem por isso deve considerar-se melhor que ele; antes, ele presta um serviço ao que "corre um perigo tão grande quanto maior for o grau que ele ocupa", como diz Agostinho na sua Regra.

ARTICULUS 5
Utrum peccator debeat corrigere delinquentem

AD QUINTUM SIC PROCEDITUR. Videtur quod peccator corrigere debeat delinquentem.

1. Nullus enim propter peccatum quod commisit a praecepto observando excusatur. Sed correctio fraterna cadit sub praecepto, ut dictum est[1]. Ergo videtur quod propter peccatum quod quis commisit non debeat praetermittere huiusmodi correctionem.

2. PRAETEREA, eleemosyna spiritualis est potior quam eleemosyna corporalis. Sed ille qui est in peccato non debet abstinere quin eleemosynam corporalem faciat. Ergo multo minus debet abstinere a correctione delinquentis propter peccatum praecedens.

3. PRAETEREA, 1Io 1,8 dicitur: *Si dixerimus quia peccatum non habemus, nosipsos seducimus*. Si igitur propter peccatum aliquis impeditur a correctione fraterna, nullus erit qui possit corrigere delinquentem. Hoc autem est inconveniens. Ergo et primum.

SED CONTRA est quod Isidorus dicit, in libro *de Summo Bono*[2]: *Non debet vitia aliorum corrigere qui est vitiis subiectus*. Et Rm 2,1 dicitur: *In quo alium iudicas, teipsum condemnas: eadem enim agis quae iudicas*.

RESPONDEO dicendum quod, sicut dictum est[3], correctio delinquentis pertinet ad aliquem inquantum viget in eo rectum iudicium rationis. Peccatum autem, ut supra[4] dictum est, non tollit totum

ARTIGO 5
Um pecador deve corrigir um faltoso?

QUANTO AO QUINTO, ASSIM SE PROCEDE: parece que um pecador **deve** corrigir um faltoso.

1. Com efeito, ninguém, por causa do pecado que cometeu, fica dispensado de observar um preceito. Ora, como foi dito, a caridade fraterna é de preceito. Logo, não parece que por causa de um pecado cometido, se deva negligenciar esta correção.

2. ALÉM DISSO, a esmola espiritual é melhor que a esmola material. Ora, quem está em estado de pecado não deve por isso abster-se de dar esmola material. Logo, ele deve ainda menos abster-se de corrigir um faltoso, por causa de um pecado precedente.

3. ADEMAIS, está escrito na primeira Carta de João: "Se dissermos: 'não temos pecado', enganamo-nos a nós mesmos". Se o pecado for um obstáculo à correção fraterna, ninguém a poderá praticar, o que é inadmissível. Logo, também o primeiro.

EM SENTIDO CONTRÁRIO, diz Isidoro: "Aquele que é escravo do vício não deve corrigir os vícios dos outros". E a Carta aos Romanos: "Julgando a outrem, condenas a ti mesmo, pois praticas as mesmas coisas, tu que julgas".

RESPONDO. Segundo o que já foi dito, a correção dos faltosos cabe a quem tem o reto juízo da razão. Ora, o pecado, como também já foi dito, não suprime todos os bens da ordem natural a

---

6. Epist. 211, al. 109, n. 15: ML 33, 965.

PARALL.: Infra, q. 60, a. 2, ad 3; IV *Sent*., dist. 19, q. 2, a. 2, q.la 2; *De Virtut*., q. 3, a. 1, ad 15, 16; *in Ioan*., c. 8, lect. 1; *ad Rom*., c. 2, lect. 1.

1. Art. 2.
2. Al. *Sentent*., l. III, c. 32, n. 1: ML 83, 704 A.
3. Q. 3, ad 2, 3.
4. I-II, q. 85, a. 2.

bonum naturae, quin remaneat in peccante aliquid de recto iudicio rationis. Et secundum hoc potest sibi competere alterius delictum arguere.

Sed tamen per peccatum praecedens impedimentum quoddam huic correctioni affertur, propter tria. Primo quidem, quia ex peccato praecedenti indignus redditur ut alium corrigat. Et praecipue si maius peccatum commisit, non est dignus ut alium corrigat de minori peccato. Unde super illud Mt 7,3, *Quid vides festucam* etc., dicit Hieronymus[5]: *De his loquitur qui, cum mortali crimine detineantur obnoxii, minora peccata fratribus non concedunt*.

Secundo, redditur indebita correctio propter scandalum, quod sequitur ex correctione si peccatum corripientis sit manifestum: quia videtur quod ille qui corrigit non corrigat ex caritate, sed magis ad ostentationem. Unde super illud Mt 7,4, *Quomodo dicis fratri tuo* etc., exponit Chrysostomus[6]: *In quo proposito? Puta ex caritate, ut salves proximum tuum? Non: quia teipsum ante salvares. Vis ergo non alios salvare, sed per bonam doctrinam malos actus celare, et scientiae laudem ab hominibus quaerere*.

Tertio modo, propter superbiam corripientis: inquantum scilicet aliquis, propria peccata parvipendens, seipsum proximo praefert in corde suo, peccata eius austera severitate diiudicans, ac si ipse esset iustus. Unde Augustinus dicit, in libro *de Serm. Dom. in Monte*[7]: *Accusare vitia officium est bonorum: quod cum mali faciunt, alienas partes agunt*. Et ideo, sicut Augustinus dicit in eodem[8], *cogitemus, cum aliquem reprehendere nos necessitas coegerit, utrum tale sit vitium quod nunquam habuimus: et tunc cogitemus nos homines esse et habere potuisse. Vel tale quod habuimus et iam non habemus: et tunc tangat memoriam communis fragilitas, ut illam correctionem non odium sed misericordia praecedat. Si autem invenerimus nos in eodem vitio esse, non obiurgemus, sed congemiscamus et ad pariter poenitendum invitemus*.

Ex his igitur patet quod peccator, si cum humilitate corripiat delinquentem, non peccat, nec sibi novam condemnationem acquirit; licet per hoc vel

ponto de não deixar em quem peca algo do reto juízo da razão. Assim sendo, pode incumbir-lhe a repreensão da falta de outrem.

O pecado precedente, contudo, causa um obstáculo a esta correção, por três razões. 1º) Porque ele torna quem o cometeu indigno de corrigir a outrem; sobretudo se ele cometeu um pecado mais grave, não é digno de corrigir quem cometeu um menor. Por isso, explicando o Evangelho de Mateus: "Por que reparas no cisco etc.", diz Jerônimo: "Estas palavras referem-se aos que, tendo cometido pecados mortais, não toleram pecados menores nos seus irmãos".

2º) A correção é viciada, em razão do escândalo que ela pode causar, se o pecado do que corrige for manifesto. Parece que quem corrige não o faz por caridade, mas por ostentação. O que faz dizer Crisóstomo, no mesmo lugar: "Como poderás dizer ao teu irmão: 'deixa-me tirar o cisco...'": "Com que propósito? Por caridade, para salvares o teu próximo? Não, porque antes te salvarias a ti mesmo. O que queres, não é salvar os outros, mas por tuas boas palavras esconder as tuas más ações e receber dos homens o louvor pelo teu saber".

3º) Por causa da soberba de quem corrige; o pecador, minimizando suas faltas, prefere-se a si mesmo mais do que ao próximo, em seu coração, julgando-lhe as faltas com rigorosa severidade, como se ele fosse um justo. "Acusar os vícios é dever dos bons; quando os maus o praticam, é usurpação de sua parte". Assim disse Agostinho, que acrescentou: "Quando somos obrigados a repreender alguém, perguntemo-nos se jamais tivemos a mesma falta; pensemos, então, que somos homem e poderíamos tê-lo tido. Ou talvez o tenhamos tido e já não mais o temos; lembremo-nos, então, de nossa fragilidade comum, a fim de que a correção não proceda do ódio, mas da misericórdia. Se, porém, nos encontrarmos no mesmo vício, não repreendamos, mas gememos juntos, e convidemo-nos, um e outro, à penitência comum"[n].

Daqui se conclui claramente que um pecador, se corrigir um faltoso com humildade, não peca, e nem adquire a uma nova condenação; ainda que,

---

5. Comment., l. I: ML 26, 46 D.
6. Vide *Opus Imperfectum in Matth.*, hom. 17, super 7, 4: MG 56, 727 (Inter opp. supp. Chrysostomi).
7. L. II, c. 19, n. 64: ML 34, 1298.
8. Ibid.: ML 34, 1298-1299.

n. Essas três condições para exercer a correção fraterna mostram igualmente a psicologia que convém ao "corretor". Se são satisfeitas, a humildade daquele que repreende atinge dois alvos: ao corrigir o pecador, corrige-se a si mesmo.

in conscientia fratris, vel saltem sua, pro peccato praeterito condemnabilem se esse ostendat.

Unde patet responsio AD OBIECTA.

por isso, se reconheça condenável à consciência de seu irmão, ou pelo menos à sua, quanto a seu pecado passado.

Com isso são respondidas as OBJEÇÕES.

ARTICULUS 6
Utrum aliquis debeat a correctione cessare propter timorem ne ille fiat deterior

AD SEXTUM SIC PROCEDITUR. Videtur quod aliquis non debeat a correctione cessare propter timorem ne ille fiat deterior.

1. Peccatum enim est quaedam infirmitas animae: secundum illud Ps 6,3: *Miserere mei. Domine, quoniam infirmus sum.* Sed ille cui imminet cura infirmi etiam propter eius contradictionem vel contemptum non debet cessare: quia tunc imminet maius periculum, sicut patet circa furiosos. Ergo multo magis debet homo peccantem corrigere, quantumcumque graviter ferat.

2. PRAETEREA, secundum Hieronymum[1], *veritas vitae non est dimittenda propter scandalum.* Praecepta autem Dei pertinent ad veritatem vitae. Cum ergo correctio fraterna cadat sub praecepto, ut dictum est[2], videtur quod non sit dimittenda propter scandalum eius qui corripitur.

3. PRAETEREA, secundum Apostolum, Rm 3,8, *non sunt facienda mala ut veniant bona.* Ergo, pari ratione, non sunt praetermittenda bona ne veniant mala. Sed correctio fraterna est quoddam bonum. Ergo non est praetermittenda propter timorem ne ille qui corripitur fiat deterior.

SED CONTRA est quod dicitur Pr 9,8: *Noli arguere derisorem, ne oderit te*: ubi dicit Glossa[3]: *Non est timendum ne tibi derisor, cum arguitur, contumelias inferat: sed hoc potius providendum, ne, tractus ad odium, inde fiat peior.* Ergo cessandum est a correctione fraterna quando timetur ne fiat ille inde deterior.

RESPONDEO dicendum quod, sicut dictum est[4], duplex est correctio delinquentis. Una quidem

ARTIGO 6
Deve alguém parar de corrigir pelo temor que o outro se torne pior?[o]

QUANTO AO SEXTO, ASSIM SE PROCEDE: parece que alguém **não** deve parar de corrigir pelo temor que o outro se torne pior.

1. Com efeito, o pecado é certa doença da alma, segundo o Salmo: "Tem piedade de mim, Senhor, porque estou enfermo". Ora, quem tem a cura de um doente não deve evitá-la nem por sua recusa nem por seu desprezo, pois então o perigo se torna mais ameaçador, como se verifica nos casos de loucura. Logo, com maior razão, é preciso corrigir o pecador, mesmo que ele dificilmente o suporte.

2. ALÉM DISSO, diz Jerônimo: "Não se deve abandonar a verdade da vida por causa do escândalo". Ora, os preceitos divinos dizem respeito à verdade da vida. Logo, a correção fraterna, que é de preceito, como já foi dito, não deve ser abandonada para não escandalizar o corrigido.

3. ADEMAIS, segundo o Apóstolo: "Não se deve fazer o mal para que venha o bem". Pela mesma razão, não devemos omitir o bem para que não venham os males. Ora, a correção fraterna é um bem. Logo, não se deve omiti-la por medo de que o corrigido se torne pior.

EM SENTIDO CONTRÁRIO, está no livro dos Provérbios: "Não reprendas o zombador, porque ele te odiará". A Glosa assim o comenta: "Não deves temer que o zombador te insulte, quando repreendido; mas deves cuidar que, excitado pelo ódio, não se torne pior". Logo, deve-se parar a correção fraterna, quando se teme que o corrigido fique pior.

RESPONDO. Há, como foi dito, dois tipos de correção do faltoso. O primeiro, reservado aos

---

6 PARALL.: Supra, a. 2, ad 3; IV *Sent.*, dist. 19, q. 2, a. 2, q.la 1, ad 5; dist. 33, q. 2, a. 2, q.la 2, ad 1; *De Virtut.*, q. 3, a. 1, ad 1, 3 sqq.

1. Vide ALEXANDRUM HALENS., *Summ. Theol.*, P. II, n. 862: ad Claras Aquas, t. III, p. 821.
2. Art. 2.
3. Ordin.: ML 113, 1092 A. Vide GREGORIUM, *Moral.*, l. VIII, c. 42, n. 67: ML 75, 842 C.
4. Art. 3.

o. A questão não consiste apenas em saber se se deve "admoestar", se temermos uma maior deterioração do pecador, mas também se temermos da parte deste escândalos e reações violentas. A resposta distingue ainda a correção-punição, que cabe ao "superior" como tal, e a correção fraterna. Desse modo, se põe um limite a mais para o exercício desta última.

pertinens ad praelatos, quae ordinatur ad bonum commune, et habet vim coactivam. Et talis correctio non est dimittenda propter turbationem eius qui corripitur. Tum quia, si propria sponte emendari non velit, cogendus est per poenas ut peccare desistat. Tum etiam quia, si incorrigibilis sit, per hoc providetur bono communi, dum servatur ordo iustitiae, et unius exemplo alii deterrentur. Unde iudex non praetermittit ferre sententiam condemnationis in peccantem propter timorem turbationis ipsius, vel etiam amicorum eius.

Alia vero est correctio fraterna, cuius finis est emendatio delinquentis, non habens coactionem sed simplicem admonitionem. Et ideo ubi probabiliter aestimatur quod peccator admonitionem non recipiat, sed ad peiora labatur, est ab huiusmodi correctione desistendum: quia ea quae sunt ad finem debent regulari secundum quod exigit ratio finis.

AD PRIMUM ergo dicendum quod medicus quadam coactione utitur in phreneticum, qui curam eius recipere non vult. Et huic similatur correctio praelatorum, quae habet vim coactivam: non autem simplex correctio fraterna.

AD SECUNDUM dicendum quod de correctione fraterna datur praeceptum secundum quod est actus virtutis. Hoc autem est secundum quod proportionatur fini. Et ideo quando est impeditiva finis, puta cum efficitur homo deterior, iam non pertinet ad veritatem vitae, nec cadit sub praecepto.

AD TERTIUM dicendum quod ea quae ordinantur ad finem habent rationem boni ex ordine ad finem. Et ideo correctio fraterna, quando est impeditiva finis, scilicet emendationis fratris, iam non habet rationem boni. Et ideo cum praetermittitur talis correctio, non praetermittitur bonum ne eveniat malum.

ARTICULUS 7

Utrum in correctione fraterna debeat, ex necessitate praecepti, admonitio secreta praecedere denuntiationem

AD SEPTIMUM SIC PROCEDITUR. Videtur quod in correctione fraterna non debeat, ex necessitate praecepti, admonitio secreta praecedere denuntiationem.

superiores, é ordenado ao bem comum, e tem um poder coercitivo. Ele não deve ser omitido pelo medo de perturbar o corrigido. Porque se ele não quiser emendar-se espontaneamente, é preciso coagi-lo penalmente para que desista de pecar. E também porque se ele for incorrigível a correção zela pelo bem comum, observando a ordem da justiça, infundindo medo nos outros pelo exemplo de um. Assim, um juiz não deixa de proferir sentença de condenação contra um faltoso, por temer ofendê-lo ou aos seus amigos.

O segundo, é a correção fraterna que tem por finalidade a emenda do pecado, não usando de coerção mas da simples admoestação. Por isso, quando se pensa com probabilidade que o pecador recusará a admoestação e cairá num estado pior, é melhor abster-se dela, pois o uso dos meios deve ser regulado conforme as exigências do fim proposto.

QUANTO AO 1º, portanto, deve-se dizer que o médico usa de certa coação contra o que delira que não quer receber o tratamento. A isso se assemelha a correção dos superiores, que tem poder de coerção; não, porém, a simples correção fraterna.

QUANTO AO 2º, deve-se dizer que a correção fraterna é de preceito, enquanto é um ato de virtude, na medida em que é proporcionada ao fim. Assim, quando ela se torna um obstáculo ao fim, por exemplo, tornando o pecador ainda pior, então já não pertence à "verdade da vida" e não é objeto de preceito.

QUANTO AO 3º, deve-se dizer que os meios têm razão de bem enquanto ordenados ao fim. Por esta razão, a correção fraterna quando impede o fim, isto é, a emenda do irmão, já não tem razão de bem. Em consequência, quando se omite essa correção, não se omite um bem por temor de provocar um mal.

ARTIGO 7

Na correção fraterna a admoestação secreta deve preceder, por necessidade de preceito, a denúncia pública?

QUANTO AO SÉTIMO, ASSIM SE PROCEDE: parece que na correção fraterna a admoestação secreta **não** deve preceder, por necesssidade de preceito, a denúncia pública.

---

7 PARALL.: IV *Sent*., dist. 19, q. 2, a. 3, q.la 1; *De Virtut*., q. 3, a. 2; *Quodlib*. I, q. 8, a. 2; XI, q. 10, a. 1, 2; *in Matth*., c. 18.

1. Operibus enim caritatis praecipue debemus Deum imitari: secundum illud Eph 5,1-2: *Estote imitatores Dei, sicut filii carissimi, et ambulate in dilectione*. Deus autem interdum publice punit hominem pro peccato nulla secreta monitione praecedente. Ergo videtur quod non sit necessarium admonitionem secretam praecedere denuntiationem.

2. Praeterea, sicut Augustinus dicit, in libro *Contra Mendacium*[1], *ex gestis Sanctorum intelligi potest qualiter sunt praecepta sacrae Scripturae intelligenda*. Sed in gestis Sanctorum invenitur facta publica denuntiatio peccati occulti nulla secreta monitione praecedente: sicut legitur Gn 37,2 quod Ioseph *accusavit fratres suos apud patrem crimine pessimo*; et Act 5, vv. 3-4,9 dicitur quod Petrus Ananiam et Saphiram, occulte defraudantes de pretio agri, publice denuntiavit nulla secreta admonitione praemissa. Ipse etiam Dominus non legitur secreto admonuisse Iudam antequam eum denuntiaret. Non ergo est de necessitate praecepti ut secreta admonitio praecedat publicam denuntiationem.

3. Praeterea, accusatio est gravior quam denuntiatio. Sed ad publicam accusationem potest aliquis procedere nulla admonitione secreta praecedente: determinatur enim in Decretali[2] quod *accusationem debet praecedere inscriptio*. Ergo videtur quod non sit de necessitate praecepti quod secreta admonitio praecedat publicam denuntiationem.

4. Praeterea, non videtur esse probabile quod ea quae sunt in communi consuetudine religiosorum sint contra praecepta Christi. Sed consuetum est in religionibus quod in capitulis aliqui proclamantur de culpis nulla secreta admonitione praemissa. Ergo videtur quod hoc non sit de necessitate praecepti.

5. Praeterea, religiosi tenentur suis praelatis obedire. Sed quandoque praelati praecipiunt, vel communiter omnibus vel alicui specialiter, ut si quid scit corrigendum, ei dicatur. Ergo videtur quod teneantur ei dicere etiam ante secretam admonitionem. Non ergo est de necessitate praecepti ut secreta admonitio praecedat publicam denuntiationem.

1. Com efeito, nas obras de caridade devemos sobretudo imitar a Deus, conforme a Carta aos Efésios: "Sede imitadores de Deus, como filhos amados, e andai em caridade". Ora, às vezes Deus pune publicamente um pecador sem nenhuma admoestação secreta precedente. Logo, parece desnecessário que a denúncia seja precedida por admoestação secreta.

2. Além disso, "Pelas ações dos santos, diz Agostinho, pode-se entender de que maneira é preciso entender os preceitos da Escritura". Ora, nas ações dos santos encontra-se denúncia pública de pecados ocultos, sem nenhuma prévia admoestação secreta. Lê-se, por exemplo, no livro do Gênesis que "José acusou seus irmãos da prática de um crime abominável perante seu pai"; e também no livro dos Atos dos Apóstolos que Pedro, sem prévia admoestação secreta, denunciou publicamente Ananias e Safira, que tinham mentido tacitamente acerca do preço de um campo; e do próprio Senhor não se lê que tivesse advertido Judas em segredo, antes de o denunciar. Logo, não é por necessidade de preceito que uma admoestação secreta preceda a denúncia pública.

3. Ademais, a acusação é mais grave que a denúncia. Ora, é permitido proceder a uma acusação pública sem ser precedida de qualquer admoestação secreta. Nas *Decretais*, com efeito, está prescrito "que um depoimento deve preceder a acusação". Logo, parece não é por necessidade de preceito que se imponha uma admoestação secreta precedendo a denúncia pública.

4. Ademais, não parece provável que um costume geral dos religiosos seja contra os preceitos do Cristo. Ora, é costume, entre os religiosos, que durante o capítulo, sem nenhuma admoestação secreta prévia, alguns façam a proclamação das culpas. Logo, parece que a admoestação secreta não é de preceito.

5. Ademais, os religiosos são obrigados a obedecer aos seus superiores. Ora, às vezes os superiores mandam a todos, em geral, ou a algum, em particular, que lhes indiquem se algo deve ser corrigido. Logo, parece que estão obrigados a fazê-lo, mesmo antes de uma admoestação secreta. Não é, pois, por necessidade de preceito que a admoestação secreta preceda uma denúncia pública.

---

1. *De Mendacio*, c. 15, n. 26: ML 40, 506.
2. *Liber Decretal. Gregorii IX*, l. V, tit. 1, c. 24: *Qualiter*: ed. Richter-Friedberg, t. II, p. 746.

SED CONTRA est quod Augustinus dicit, in libro *de Verbis Dom.*[3], exponens illud, "Corripe ipsum inter te et ipsum solum": *Studens correctioni, parcens pudori. Forte enim prae verecundia incipit defendere peccatum suum, et quem vis facere meliorem, facis peiorem.* Sed ad hoc tenemur per praeceptum caritatis ut caveamus ne frater deterior efficiatur. Ergo ordo correctionis fraternae cadit sub praecepto.

RESPONDEO dicendum quod circa publicam denuntiationem peccatorum distinguendum est. Aut enim peccata sunt publica, aut sunt occulta. Si quidem sint publica, non est tantum adhibendum remedium ei qui peccavit, ut melior fiat, sed etiam aliis, in quorum notitiam devenit, ut non scandalizentur. Et ideo talia peccata sunt publice arguenda: secundum illud Apostoli, 1Ti 5,20: *Peccantem coram omnibus argue, ut ceteri timorem habeant*; quod intelligitur de peccatis publicis, ut Augustinus dicit, in libro *de Verbis Dom.*[4].

Si vero sint peccata occulta, sic videtur habere locum quod Dominus dicit: *Si peccaverit in te frater tuus*: quando enim te offendit publice coram aliis, iam non solum in te peccat, sed etiam in alios, quos turbat. Sed quia etiam in occultis peccatis potest parari proximorum offensa, ideo adhuc distinguendum videtur. Quaedam enim peccata occulta sunt quae sunt in nocumentum proximorum vel corporale vel spirituale: puta si aliquis occulte tractet quomodo civitas tradatur hostibus; vel si haereticus privatim homines a fide avertat. Et quia hic ille qui occulte peccat non solum in te peccat, sed etiam in alios; oportet statim ad denuntiationem procedere, ut huiusmodi nocumentum impediatur: nisi forte aliquis firmiter aestimaret quod statim per secretam admonitionem posset huiusmodi mala impedire.

Quaedam vero peccata sunt quae sunt solum in malum peccantis et tui, in quem peccatur vel quia a peccante laederis, vel saltem ex sola notitia. Et tunc ad hoc solum tendendum est ut fratri peccanti subveniatur. Et sicut medicus corporalis sanitatem confert, si potest, sine alicuius membri abscissione; si autem non potest, abscindit membrum minus necessarium, ut vita totius conservetur: ita etiam ille qui studet emendationi fratris debet, si potest, sic emendare fratrem, quantum ad conscientiam,

EM SENTIDO CONTRÁRIO, explicando o Evangelho de Mateus: "Repreende-o a sós...", diz Agostinho: "Esforça-te em corrigi-lo, poupando-o da humilhação; talvez, por vergonha, ele comece a justificar seu pecado; de modo que tornarás pior quem querias fazer melhor". Mas, somos obrigados, por preceito da caridade, a evitar que um irmão se torne pior. Logo, a ordem da correção fraterna é de preceito.

RESPONDO. Sobre a denúncia pública dos pecadores é preciso distinguir. Com efeito, os pecados ou são públicos, ou são ocultos. Se forem públicos, não devemos somente remediar o pecador para que se torne melhor, mas também a todos que o conheceram, para que não sejam escandalizados. Tais pecados merecem repreensões públicas, conforme ensinou o Apóstolo: "Repreende os que pecam diante de todos, a fim de que os demais temam". O que se entende dos pecados públicos, como observa Agostinho.

Quanto aos pecados ocultos, ao contrário, parece aplicar-se a palavra do Senhor: "Se teu irmão pecar contra ti..." Mas quando ele te ofender publicamente, diante dos outros, então ele terá pecado também contra os outros, ofendendo-os. Contudo, já que mesmo os pecados secretos podem ferir o próximo, é preciso ainda distinguir. Há, com efeito, pecados ocultos que são nocivos ao próximo, corporal e espiritualmente; por exemplo, quando alguém trama ocultamente para entregar a cidade aos inimigos; ou quando, privadamente, um herege desvia os outros da fé. Quem assim peca ocultamente não o faz apenas contra uma determinada pessoa, mas também contra as demais; pelo que é preciso imediatamente proceder a uma denúncia, para impedir o mal; a menos que haja boas razões de pensar que os males em questão possam ser evitados por uma admoestação secreta.

Há outros pecados, porém, que só fazem mal ao que os comete e contra quem ele peca, seja porque somente este é diretamente lesado, seja porque somente ele teve conhecimento. A única preocupação deve ser então o socorro de irmão pecador. E assim como o médico do corpo deve restituir a saúde evitando, se possível, a amputação de um membro; caso contrário, cortando o membro menos necessário, de modo que a vida de todo o corpo seja conservada, assim também

---

3. Serm. 82, al. *de verbis Domini*, 16, c. 4, n. 7: ML 38, 509.
4. Loc. cit., c. 7: ML 38, 510.

ut fama eius conservetur. Quae quidem est utilis, primo quidem et ipsi peccanti: non solum in temporalibus, in quibus quantum ad multa homo patitur detrimentum amissa fama; sed etiam quantum ad spiritualia, quia prae timore infamiae multi a peccato retrahuntur, unde quando se infamatos conspiciunt, irrefrenate peccant. Unde Hieronymus dicit[5]: *Corripiendus est seorsum frater: ne, si semel pudorem aut verecundiam amiserit, permaneat in peccato.* Secundo debet conservari fama fratris peccantis, tum quia, uno infamato, alii infamantur: secundum illud Augustini, in epist. *ad Plebem Hipponensem*[6]: *Cum de aliquibus qui sanctum nomen profitentur aliquid criminis vel falsi sonuerit vel veri patuerit, instant, satagunt, ambiunt ut de omnibus hoc credatur.* Tum etiam quia ex peccato unius publicato alii provocantur ad peccatum. — Sed quia conscientia praeferenda est famae, voluit Dominus ut saltem cum dispendio famae fratris conscientia per publicam denuntiationem a peccato liberetur.

Unde patet de necessitate praecepti esse quod secreta admonitio publicam denuntiationem praecedat.

AD PRIMUM ergo dicendum quod omnia occulta Deo sunt nota. Et ideo hoc modo se habent occulta peccata ad iudicium divinum sicut publica ad humanum. — Et tamen plerumque Deus peccatores quasi secreta admonitione arguit interius inspirando, vel vigilanti vel dormienti, secundum illud Iob 33,15 sqq.: *Per somnium in visione nocturna, quando irruit sopor super homines, tunc aperit*

aquele que procura a emenda do irmão deve, se possível, emendar o irmão em sua consciência, salvaguardando sua reputação. Pois esta é útil, primeiro ao próprio pecador, não somente quanto aos bens temporais, já que podemos sofrer um prejuízo em diversas coisas quando se perde a reputação, mas ainda quanto aos bens espirituais, já que por medo da infâmia muitos se retraem do pecado, uma vez que quando se veem infamados, começam a pecar desenfreadamente. Daí esta palavra de Jerônimo: "Deve-se corrigir o irmão em particular a fim de que, se ele nunca tiver perdido o sentimento do pudor ou da honra, não permaneça no pecado". Uma outra razão para salvar a reputação de um irmão que caiu em pecado é esta: a infâmia de um provoca a de outros, conforme Agostinho: "Quando alguns que fazem profissão de uma vida santa são, com ou sem razão, acusados ou convencidos de algum delito, eles insistem, esmeram-se, intrigam para fazer crer que todos os demais são iguais". Além disso, quando se sabe o pecado de um, os outros, por sua vez, são incitados a pecar. — Mas como a consciência deve ser preferida à reputação, o Senhor quis que, mesmo em detrimento desta, a consciência de um irmão seja libertada do pecado por uma denúncia pública[p].

Vê-se claramente, portanto, que é por necessidade de preceito que a admoestação secreta preceda a denúncia pública.

QUANTO AO 1º, portanto, deve-se dizer que Deus conhece tudo o que está oculto. Por isso, os pecados ocultos são para os olhos divinos o que são os pecados públicos para os olhos humanos. — Entretanto, no mais das vezes[q] Deus repreende os pecadores, por assim dizer, com a admoestação secreta inspirando-os interiormente, na vigília ou no sono, segundo o livro de Jó: "Em

---

5. Comment. *in Matth.*, l. III, super 18, 15: ML 26, 131 B.
6. Epist. 78, al. 137, n. 6: ML 33, 271.

p. O que está em jogo, principalmente, nesses dois últimos artigos, é a reputação dos outros. Cada um tem um direito estrito à sua reputação (ver adiante q. 73 a 76). Se ela não prejudica a outrem, não se tem o direito de denunciar uma falta secreta, mesmo a um superior. Donde, o procedimento prudente que se deve observar: não denunciar, mas primeiramente advertir secretamente, de amigo para amigo. Se o interlocutor a aceita bem, mesmo que a mudança, na apreciação de quem adverte, ocorra muito lenta ou preguiçosamente, não se deve ir mais longe. Se ele o leva a mal, não falar disso publicamente antes de ter advertido algumas testemunhas, que também julgarão do fundamento da admoestação: isso pode bastar. Mas se as ações denunciadas têm consequência para os outros, cumpre denunciar ao responsável. No entanto, se o perigo é muito grave, não se deve esperar. É então que a correção se torna assunto de justiça, e não mais só de conselho prudente e fraterno. Se, pelo contrário, a falta secreta não prejudica nem ao próximo nem ao bem comum, não deve ser denunciada.

q. Não podemos atribuir uma determinada desgraça humana a um pecado pessoal cometido outrora, a menos que a atribuamos ao mal que afeta nossa natureza e o mundo desde a origem: o pecado original (I-II, q. 87, a. 7). Sto. Tomás se limita a notar, simplesmente, que mesmo Deus admoesta secretamente por meio das "aspirações íntimas". Tanto mais que as desgraças infligidas não teriam efeito sem essas inspirações secretas.

aures virorum, et erudiens eos instruit disciplina, ut avertat hominem ab his quae fecit.

AD SECUNDUM dicendum quod Dominus peccatum Iudae, tanquam Deus, sicut publicum habebat. Unde statim poterat ad publicandum procedere. Tamen ipse non publicavit, sed obscuris verbis eum de peccato suo admonuit. — Petrus autem publicavit peccatum occultum Ananiae et Saphirae tanquam executor Dei, cuius revelatione peccatum cognovit. — De Ioseph autem credendum est quod fratres suos quandoque admonuerit, licet non sit scriptum. Vel potest dici quod peccatum publicum erat inter fratres: unde dicit pluraliter: *Accusavit fratres suos.*

AD TERTIUM dicendum quod quando imminet periculum multitudinis, non habent ibi locum haec verba Domini: quia tunc frater peccans non peccat in te tantum.

AD QUARTUM dicendum quod huiusmodi proclamationes quae in capitulis religiosorum fiunt, sunt de aliquibus levibus, quae famae non derogant. Unde sunt quasi quaedam commemorationes potius oblitarum culparum quam accusationes vel denuntiationes. Si essent tamen talia de quibus frater infamaretur, contra praeceptum Domini ageret qui per hunc modum peccatum fratris publicaret.

AD QUINTUM dicendum quod praelato non est obediendum contra praeceptum divinum: secundum illud Act 5,29: *Obedire oportet Deo magis quam hominibus.* Et ideo quando praelatus praecipit ut sibi dicatur quod quis sciverit corrigendum, intelligendum est praeceptum sane, salvo ordine correctionis fraternae: sive praeceptum fiat communiter ad omnes, sive ad aliquem specialiter. Sed si praelatus expresse praeciperet contra hunc ordinem a Domino constitutum, et ipse peccaret praecipiens et ei obediens, quasi contra praeceptum Domini agens: unde non esset ei obediendum. Quia praelatus non est iudex occultorum, sed solus Deus: unde non habet potestatem praecipiendi aliquid super occultis nisi inquantum per aliqua indicia manifestantur, puta per infamiam vel aliquas suspiciones; in quibus casibus potest praelatus praecipere eodem modo sicut et iudex saecularis vel ecclesiasticus potest exigere iuramentum de veritate dicenda.

sonhos ou visões noturnas, quando o sono desce sobre os homens, então lhes abre os ouvidos e, instruindo-os, ele os forma para a disciplina, para afastar o homem daquilo que faz".

QUANTO AO 2º, deve-se dizer que para o Senhor, enquanto Deus, o pecado de Judas era como se fosse público. Logo, podia denunciá-lo imediatamente. Entretanto, ele não o fez, apenas o advertiu com palavras veladas. — Pedro, porém, denunciou o pecado de Ananias e de Safira, como executor de Deus, por cuja revelação conheceu o pecado. — Enfim, pode-se crer, ainda que a Escritura não o diga, que José algumas vezes admoestou seus irmãos; ou pode-se dizer que o pecado era público entre eles; por isso diz no plural: "Ele acusou seus irmãos".

QUANTO AO 3º, deve-se dizer que quando há um perigo iminente para uma multidão não se aplicam as palavras do Senhor, porque, então, o irmão pecador não peca só contra ti.

QUANTO AO 4º, deve-se dizer que as proclamações feitas nos capítulos dos religiosos dizem respeito somente aos pecados leves que não prejudicam a sua reputação. É mais uma recordação de faltas esquecidas do que acusações ou denúncias. Se fossem faltas que prejudicassem a reputação, agiria contra o preceito do Senhor quem denunciasse desse modo um pecado do irmão.

QUANTO AO 5º, deve-se dizer que não se deve obedecer a um superior contrariando um preceito divino, conforme o livro dos Atos: "É preciso obedecer antes a Deus do que aos homens". Assim, quando um superior manda a alguém que sabe, que se lhe revele algo que precisa de correção, isso deve ser entendido como um preceito, respeitada a ordem da correção fraterna; quer o preceito seja feito em geral para todos, quer a alguém em particular. Mas, se um prelado desse expressamente um preceito que fosse contra a ordem estabelecida por Deus, tanto ele que mandou, quanto o que obedecesse, estariam pecando, porque agindo contra o preceito divino; neste caso não se deve obedecer ao prelado. Um superior, com efeito, não é juiz do que se passa em segredo, mas só Deus. O superior não pode dar ordens sobre o que é oculto, senão na medida em que isto seja manifesto por alguns indícios, como pela má reputação ou por algumas suspeitas. Em tais casos o superior pode dar ordens, do mesmo modo que o juiz secular ou eclesiástico pode exigir o juramento de dizer a verdade[r].

---

[r]. O superior não é juiz em foro interno, mas unicamente no foro externo. As faltas secretas não são de sua alçada, e não pode exigir que lhe sejam denunciadas. Caso o fizesse, pecaríamos ao obedecer-lhe. A delação, que é uma facilidade, é também um mal, cada um tendo direito à sua reputação.

Articulus 8
Utrum testium inductio debeat praecedere publicam denuntiationem

AD OCTAVUM SIC PROCEDITUR. Videtur quod testium inductio non debeat praecedere publicam denuntiationem.

1. Peccata enim occulta non sunt aliis manifestanda: quia sic homo magis esset *proditor* criminis quam *corrector* fratris, ut Augustinus dicit[1]. Sed ille qui inducit testes peccatum fratris alteri manifestat. Ergo in peccatis occultis non debet testium inductio praecedere publicam denuntiationem.

2. PRAETEREA, homo debet diligere proximum sicut seipsum. Sed nullus ad suum peccatum occultum inducit testes. Ergo neque ad peccatum occultum fratris debet inducere.

3. PRAETEREA, testes inducuntur ad aliquid probandum. Sed in occultis non potest fieri probatio per testes. Ergo frustra huiusmodi testes inducuntur.

4. PRAETEREA, Augustinus dicit, in *Regula*[2], quod *prius praeposito debet ostendi quam testibus*. Sed ostendere praeposito sive praelato est dicere Ecclesiae. Non ergo testium inductio debet praecedere publicam denuntiationem.

SED CONTRA est quod Dominus dicit, Mt 18,15 sqq.

RESPONDEO dicendum quod de uno extremo ad aliud extremum convenienter transitur per medium. In correctione autem fraterna Dominus voluit quod principium esset occultum, dum frater corriperet fratrem inter se et ipsum solum; finem autem voluit esse publicum, ut scilicet Ecclesiae denuntiaretur. Et ideo convenienter in medio ponitur testium inductio, ut primo paucis indicetur peccatum fratris, qui possint prodesse et non obesse, ut saltem sic sine multitudinis infamia emendetur.

Artigo 8
O recurso a testemunhas deve preceder a denúncia pública?

QUANTO AO OITAVO, ASSIM SE PROCEDE: parece que o recurso a testemunhas **não** deve preceder a denúncia pública.

1. Com efeito, os pecados secretos não são manifestos aos outros; porque, então, alguém seria mais um *delator* do crime do que um *corretor* do irmão, diz Agostinho. Ora, quem recorre a testemunhas manifesta aos outros o pecado do irmão. Logo, em se tratando de pecados secretos, o recurso às testemunhas não deve preceder a denúncia pública.

2. ALÉM DISSO, é preciso amar o próximo como a si mesmo. Ora, ninguém recorre a testemunhas para seu pecado oculto. Logo, não deve recorrer para o pecado oculto do irmão.

3. ADEMAIS, as testemunhas são chamadas para provar alguma coisa. Ora, as coisas ocultas não podem ser provadas por testemunhas. Logo, em vão se recorre a tais testemunhas.

4. ADEMAIS, diz Agostinho: "O fato deve ser revelado primeiro ao superior, antes das testemunhas". Ora, revelar ao preposto ou ao superior significa dizê-lo à Igreja. Logo, a apresentação de testemunhas não deve preceder a denúncia pública.

EM SENTIDO CONTRÁRIO, diz o Senhor: "Se teu irmão não te ouvir, toma contigo uma ou duas testemunhas etc."

RESPONDO. Para ir de um extremo ao outro, é normal que se passe pelo meio. Ora, na correção fraterna o Senhor quis que o ponto de partida fosse secreto: é a repreensão feita por um irmão a seu irmão, a sós. Ele quis igualmente que o ponto de chegada fosse público: é a denúncia feita à Igreja. Entre ambos estabelece-se convenientemente a convocação das testemunhas: o pecado do irmão é primeiramente revelado a poucas pessoas, que possam ajudar e não prejudicar, de maneira que assim se emende sem a má reputação entre muitos.

---

8   PARALL.: IV *Sent.*, dist. 19, q. 2, a. 3, q.la 2; *De Virtut.*, q. 3, a. 2, ad 2, 24 sqq.; *Quodlib.* XI, q. 10, a. 1; *in Matth.*, c. 18.

1. Serm. 82, al. *de verbis Domini* 16, c. 7: ML 38, 510.
2. Epist. 211, al. 109, n. 11: ML 33, 962.

Deve-se rservar, todavia, o caso em que as faltas chegaram aos ouvidos do público, ou são objeto de suspeitas infamantes. Então, como o juiz pode investigar para conhecer a verdade, o superior o pode igualmente, para fazer cessar as suspeitas; mas ele deve respeitar a ordem a seguir nesse caso (nota 16).

AD PRIMUM ergo dicendum quod quidam sic intellexerunt ordinem fraternae correctionis esse servandum ut primo frater sit in secreto corripiendus: et si audierit, bene quidem. Si autem non audierit, si peccatum sit omnino occultum, dicebant non esse ulterius procedendum. Si autem incipit iam ad plurium notitiam devenire aliquibus indiciis, debet ulterius procedi, secundum quod Dominus mandat. — Sed hoc est contra id quod Augustinus dicit, in *Regula*[3], quod peccatum fratris non debet occultari, *ne putrescat in corde*.

Et ideo aliter dicendum est quod post admonitionem secretam semel vel pluries factam, quandiu spes probabiliter habetur de correctione, per secretam admonitionem procedendum est. Ex quo autem iam probabiliter cognoscere possumus quod secreta admonitio non valet, procedendum est ulterius, quantumcumque sit peccatum occultum, ad testium inductionem. Nisi forte probabiliter aestimaretur quod hoc ad emendationem fratris non proficeret, sed exinde deterior redderetur: quia propter hoc est totaliter a correctione cessandum, ut supra[4] dictum est.

AD SECUNDUM dicendum quod homo non indiget testibus ad emendationem sui peccati: quod tamen potest esse necessarium ad emendationem peccati fratris. Unde non est similis ratio.

AD TERTIUM dicendum quod testes possunt induci propter tria. Uno modo, ad ostendendum quod hoc sit peccatum de quo aliquis arguitur; ut Hieronymus dicit[5]. Secundo, ad convincendum de actu, si actus iteretur, ut Augustinus dicit, in *Regula*[6]. Tertio, *ad testificandum quod frater admonens fecit quod in se fuit;* ut Chrysostomus dicit[7].

AD QUARTUM dicendum quod Augustinus intelligit quod prius dicatur praelato quam testibus secundum quod praelatus est quaedam singularis persona quae magis potest prodesse quam alii: non autem quod dicatur ei tanquam Ecclesiae, idest sicut in loco iudicis residenti.

QUANTO AO 1º, portanto, deve-se dizer que alguns assim entenderam a ordem a ser seguida na correção fraterna: primeiro, repreender o irmão em segredo; se ele ouvir, tudo bem. Se não ouvir, mas sendo o pecado absolutamente oculto, diziam que não se devia proceder adiante. No caso em que certos indícios começassem a revelar o pecado a outras pessoas, seria preciso ir mais além, conforme a prescrição do Senhor. — Esta interpretação contraria o que ensinou Agostinho: que o pecado do irmão não seja ocultado "para não apodrecer no coração".

Deve-se, portanto, proceder de outro modo: depois da admoestação secreta feita uma ou algumas vezes, é preciso persistir na admoestação secreta enquanto houver a esperança provável da correção. Quando pudermos saber, com probabilidade, que a admoestação secreta se revela inútil, é preciso ir adiante, e seja qual for o pecado oculto, recorrer a testemunhas. A não ser que se possa concluir, com probabilidade, que isso não concorreria para a emenda do irmão, mas antes agravaria o seu mal. Neste caso, como já foi dito, seria preciso interromper totalmente a correção.

QUANTO AO 2º, deve-se dizer que não precisamos de testemunhas para nos emendarmos de nossos pecados; mas elas podem ser necessárias para a emenda do pecado do irmão. Portanto, o argumento não é o mesmo.

QUANTO AO 3º, deve-se dizer que o recurso a testemunhas pode ser por três razões. Primeiro, para provar que este é o pecado de que alguém é acusado, como ensinou Jerônimo. Segundo, para convencer o culpado, se o ato se repetir, como diz Agostinho. Enfim, para testemunhar que "o irmão responsável pela admoestação fez o que nele estava", segundo Crisóstomo.

QUANTO AO 4º, deve-se dizer que Agostinho entende que é preciso dizer antes ao superior que às testemunhas, é por ser ele uma pessoa particular, mais apto para ajudar do que os outros, e não como representante da Igreja, isto é, como assumindo o lugar de um juiz.

---

3. Epist. 211, al. 109, n. 11: ML 33, 962.
4. Art. 6.
5. Glossa interl. super Matth. 18, 16. Vide HIERONYMUM, *In Matth.*, l. III, super 18, 16: ML 26, 131 B.
6. Loc. cit., supra, ad 1: ML 33, 962.
7. Hom. 60, al. 61, *in Matth.*: ML 58, 586.

QUAESTIO XXXIV
DE ODIO
in sex articulos divisa

Deinde considerandum est de vitiis oppositis caritati. Et primo, de odio, quod opponitur ipsi dilectioni; secundo, de acedia et invidia, quae opponuntur gaudio caritatis; tertio, de discordia et schismate, quae opponuntur paci; quarto, de offensione et scandalo, quae opponuntur beneficentiae et correctioni fraternae.

Circa primum quaeruntur sex:
Primo: utrum Deus possit odio haberi.
Secundo: utrum odium Dei sit maximum peccatorum.
Tertio: utrum odium proximi semper sit peccatum.
Quarto: utrum sit maximum inter peccata quae sunt in proximum.
Quinto: utrum sit vitium capitale.
Sexto: ex quo capitali vitio oriatur.

Articulus 1
Utrum aliquis possit Deum odio habere

AD PRIMUM SIC PROCEDITUR. Videtur quod Deum nullus odio habere possit.
1. Dicit enim Dionysius, 4 cap. *de Div. Nom.*[1], quod *omnibus amabile et diligibile est ipsum bonum et pulchrum*. Sed Deus est ipsa bonitas et pulchritudo. Ergo a nullo odio habetur.

QUESTÃO 34
O ÓDIO
em seis artigos

Deve-se agora tratar dos vícios opostos à caridade. 1. O ódio, que se opõe à própria caridade; 2. A acídia e a inveja, que se opõem à alegria da caridade; 3. A discórdia e o cisma, que se opõem à paz; 4. A inimizade e o escândalo, que se opõem à beneficência e à correção fraterna[a].

A respeito do primeiro, são seis as perguntas:
1. É possível odiar a Deus?
2. O ódio a Deus é o maior dos pecados?
3. O ódio ao próximo é sempre um pecado?
4. É o maior pecado entre os que se cometem contra o próximo?
5. É um vício capital?
6. De que vício capital ele se origina?[b]

Artigo 1
É possível odiar[c] a Deus?

QUANTO AO PRIMEIRO ARTIGO, ASSIM SE PROCEDE: parece que **não** é possível odiar a Deus.
1. Com efeito, diz Dionísio que "o que é bom e belo em si mesmo é amado e apreciado por todos". Ora, Deus é a própria bondade e beleza. Não se pode, pois, odiá-lo.

---

1 PARALL.: Part. I, q. 60, a. 5, ad 5; II *Sent.*, dist. 5, a. 3, ad 2; Exposit. Litt.; IV, dist. 50, q. 2, a. 1, q.la 5; *De Verit.*, q. 22, a. 2, ad 3; *in Matth.*, c. 13; *in Ioan.*, c. 5, lect. 7; c. 15, lect. 5; *ad Rom.*, c. 8, lect. 2.

1. MG 3, 708 A.

---

a. Todos os pecados se contrapõem à caridade. Estudamos aqui os que se contrapõem *diretamente*, o desenvolvimento desse mal diversificando-se em múltiplas atitudes viciosas, que às vezes se excluem reciprocamente. A virtude une, e manifesta a harmonia do bem. O mal dispersa.
Entre esses pecados, ou esses vícios, encontramos em primeiro lugar o *ódio*, não omissão de amor, mas aversão direta.
A dileção, ato próprio da caridade, desabrocha em frutos interiores, dos quais o primeiro, como vimos, é a *alegria*. A esta se contrapõem as *tristezas* viciosas: seja o desgosto amargo pelas coisas de Deus: a acídia; seja a tristeza do bem que descobrimos no próximo: a *inveja*.
O segundo fruto é a *paz*. Podemos nos opor a ela: em si mesma, em nosso coração: *discórdia*; em palavras: *disputa*; em atos: *cisma, guerra, rixa, sedição*.
Enfim, a benevolência do amor se manifesta em todo tipo de boas ações, entre as quais pomos de lado aqui a correção fraternal, à qual se contrapõe o *escândalo*. Os malefícios que atingem os *bens* do próximo ferem diretamente a justiça, e cabem mais entre os pecados contra a justiça; é desse modo que se estudará adiante o *roubo* (q. 66), que se contrapõe à esmola; os *ultrajes*, a *detração*, o *boato maledicente*, a *divisão*, a *maldição* (q. 72 a 76), que são tantas outras *más ações* diretamente incompatíveis com a misericórdia.
b. Três partes: o ódio a Deus (a. 1 e 2); o ódio ao próximo (a. 3 e 4); lugar do ódio entre os vícios (a. 5 e 6).
c. Assim como distinguimos dois tipos de amor: de cobiça (ou de concupiscência) que, enquanto tal, se dirige a uma coisa (se amamos desse modo a uma pessoa, é que fazemos dela uma coisa); e de amizade que, enquanto tal, se dirige a uma pessoa amada em si mesma; há igualmente duas espécies de ódio: a "abominação", que incide sobre uma coisa, considerada como má, *que* queremos afastar de nós; a "inimizade", que incide sobre uma pessoa *a quem* queremos mal. Se não queremos mal à pessoa mas a evitamos julgando-a perniciosa, é que a consideramos como uma coisa, e somos reconduzidos ao *odium abominationis*.

2. Praeterea, in apocryphis Esdrae² dicitur quod *omnia invocant veritatem, et benignantur in operibus eius.* Sed Deus est ipsa veritas, ut dicitur Io 14,6. Ergo omnes diligunt Deum, et nullus eum odio habere potest.

3. Praeterea, odium est aversio quaedam. Sed sicut Dionysius dicit, in 4 cap. *de Div. Nom.*³, *Deus omnia ad seipsum convertit.* Ergo nullus eum odio habere potest.

Sed contra est, quod dicitur in Ps 73,23: *Superbia eorum qui te oderunt ascendit semper*; et Io 15,24: *Nunc autem et viderunt et oderunt me et Patrem meum.*

Respondeo dicendum quod, sicut ex supradictis⁴ patet, odium est quidam motus appetitivae potentiae, quae non movetur nisi ab aliquo apprehenso. Deus autem dupliciter ab homine apprehendi potest: uno modo, secundum seipsum, puta cum per essentiam videtur; alio modo, per effectus suos, cum scilicet *invisibilia Dei per ea quae facta sunt intellecta conspiciuntur.* Deus autem per essentiam suam est ipsa bonitas, quam nullus habere odio potest: quia de ratione boni est ut ametur. Et ideo impossibile est quod aliquis videns Deum per essentiam eum odio habeat.

Sed effectus eius aliqui sunt qui nullo modo possunt esse contrarii voluntati humanae: quia esse, vivere et intelligere est appetibile et amabile omnibus, quae sunt quidam effectus Dei. Unde etiam secundum quod Deus apprehenditur ut auctor horum effectuum, non potest odio haberi.

Sunt autem quidam effectus Dei qui repugnant inordinatae voluntati: sicut inflictio poenae; et etiam cohibitio peccatorum per legem divinam, quae repugnat voluntati depravatae per peccatum. Et quantum ad considerationem talium effectuum, ab aliquibus Deus odio haberi potest: inquantum scilicet apprehenditur peccatorum prohibitor et poenarum inflictor.

Ad primum ergo dicendum quod ratio illa procedit quantum ad illos qui vident Dei essentiam, quae est ipsa essentia bonitatis.

Ad secundum dicendum quod ratio illa procedit quantum ad hoc quod apprehenditur Deus ut causa illorum effectuum qui naturaliter ab hominibus amantur, inter quos sunt opera veritatis praebentis suam cognitionem hominibus.

2. Além disso, está no livro apócrifo de Esdras que "tudo aspira à verdade e se alegra em suas obras". Ora, Deus é a própria verdade, segundo o Evangelho de João. Logo, Deus é amado por todos e ninguém pode odiá-lo.

3. Ademais, o ódio é uma aversão. Ora, segundo Dionísio, Deus "direciona tudo para si mesmo". Logo, ninguém pode odiá-lo.

Em sentido contrário, lê-se no Salmo: "O orgulho daqueles que te odeiam não cessa de crescer", e no Evangelho de João: "Agora eles viram, e me odeiam a mim e a meu Pai".

Respondo. Do que acima se disse fica claro que o ódio é um movimento da potência apetitiva, a qual não se move a não ser por algo apreendido. Deus pode ser apreendido pelo homem de duas maneiras. Ou é apreendido em si mesmo, por exemplo, pela visão de sua essência; ou é apreendido em seus efeitos, a saber, quando "suas obras tornam visíveis à inteligência seus atributos invisíveis". Deus é, por essência, a própria bondade, que ninguém pode odiar porque é da razão de bem que seja amado. Por isso, é impossível que odeie a Deus quem o vê em sua essência.

Quanto a seus efeitos, há alguns que não podem de maneira alguma ser contrários à vontade humana, como a existência, a vida, a inteligência que são desejadas e amadas por todos. Portanto, não se pode odiar a Deus mesmo quando é apreendido como autor desses efeitos.

No entanto, há efeitos de Deus que se opõem à vontade mal ordenada; por exemplo, a imposição de uma pena, e também a proibição dos pecados pela lei divina. Isso se opõe à vontade depravada pelo pecado. Na consideração de tais efeitos, Deus pode ser odiado por alguns ao ser apreendido como aquele que proíbe os pecados e impõe penas.

Quanto ao 1º, portanto, deve-se dizer que o argumento é válido quando se trata daqueles que veem a essência de Deus, isto é, a essência mesma da bondade.

Quanto ao 2º, deve-se dizer que o argumento é válido quando se apreende a Deus como causa dos efeitos que são naturalmente amados pelos homens, entre os quais estão as obras que a verdade oferece a seu conhecimento.

---

2. L. III, c. 4, vv. 36, 39.
3. MG 3, 700 A.
4. I-II, q. 29, a. 1.

AD TERTIUM dicendum quod Deus convertit omnia ad seipsum inquantum est essendi principium: quia omnia, inquantum sunt, tendunt in Dei similitudinem, qui est ipsum esse.

ARTICULUS 2
Utrum odium Dei sit maximum peccatorum

AD SECUNDUM SIC PROCEDITUR. Videtur quod odium Dei non sit maximum peccatorum.

1. Gravissimum enim peccatum est peccatum in Spiritum Sanctum, quod est irremissibile, ut dicitur Mt 12,31-32. Sed odium Dei non computatur inter species peccati in Spiritum Sanctum; ut ex supradictis[1] patet. Ergo odium Dei non est gravissimum peccatorum.

2. PRAETEREA, peccatum consistit in elongatione a Deo. Sed magis videtur esse elongatus a Deo infidelis, qui nec Dei cognitionem habet, quam fidelis, qui saltem, quamvis Deum odio habet, eum tamen cognoscit. Ergo videtur quod gravius sit peccatum infidelitatis quam peccatum odii in Deum.

3. PRAETEREA, Deus habetur odio solum ratione suorum effectuum qui repugnant voluntati, inter quos praecipuum est poena. Sed odire poenam non est maximum peccatorum. Ergo odium Dei non est maximum peccatorum.

SED CONTRA est quod *optimo opponitur pessimum*; ut patet per Philosophum, in VIII *Ethic.*[2]. Sed odium Dei opponitur dilectioni Dei, in qua consistit optimum hominis. Ergo odium Dei est pessimum peccatum hominis.

RESPONDEO dicendum quod defectus peccati consistit in aversione a Deo, ut supra[3] dictum est. Huiusmodi autem aversio rationem culpae non haberet nisi voluntaria esset. Unde ratio culpae consistit in voluntaria aversione a Deo. Haec autem voluntaria aversio a Deo per se quidem importatur in odio Dei: in aliis autem peccatis quasi participative et secundum aliud. Sicut enim voluntas per se inhaeret ei quod amat, ita secundum se refugit id quod odit: unde quando aliquis odit Deum, voluntas eius secundum se ab eo avertitur. Sed in aliis peccatis, puta cum

QUANTO AO 3º, deve-se dizer que Deus direciona todas as coisas para si mesmo enquanto é o princípio do existir; com efeito, todas as coisas, enquanto existem, tendem a uma semelhança com Deus, que é o próprio existir.

ARTIGO 2
O ódio a Deus é o maior dos pecados?

QUANTO AO SEGUNDO, ASSIM SE PROCEDE: parece que o ódio a Deus **não** é o maior dos pecados.

1. Com efeito, o pecado mais grave é o pecado contra o Espírito Santo, que é irremissível, como diz o Evangelho de Mateus. Ora, o ódio a Deus não é contado entre as espécies de pecado contra o Espírito Santo, como está claro pelo que acima foi dito. Logo, o ódio a Deus não é o pecado mais grave.

2. ALÉM DISSO, o pecado consiste em se afastar de Deus. Ora, o infiel que nem sequer tem o conhecimento de Deus parece mais afastado de Deus do que o fiel que, ao menos, ainda que experimente o ódio contra Deus o conhece. Logo, o pecado de infidelidade parece mais grave que o de ódio contra Deus.

3. ADEMAIS, não se pode odiar a Deus a não ser em razão de seus efeitos entre os quais o principal é a pena. Ora, odiar a pena não é o maior dos pecados. Logo, o ódio a Deus não é o maior dos pecados.

EM SENTIDO CONTRÁRIO, o pior se opõe ao melhor, diz o Filósofo. Ora, o ódio a Deus se opõe ao amor a Deus, no qual consiste o melhor do homem. O ódio a Deus é, pois, o pior pecado do homem.

RESPONDO. O defeito próprio do pecado consiste na aversão a Deus, já foi dito. Esta aversão não teria razão de culpa se não fosse voluntária. Por isso, a razão de culpa consiste na aversão voluntária a Deus. Esta aversão voluntária a Deus está diretamente implicada no ódio a Deus, enquanto nos outros pecados está por participação e indiretamente. Com efeito, assim como a vontade por si mesma se une ao que ama, assim também, foge do que odeia. Por isso, quando alguém odeia a Deus, sua vontade por si mesma se desvia de Deus. Ao contrário, nos outros pecados como, por

---

2 PARALL.: Infra, q. 39, a. 2, ad 3; I-II, q. 73, a. 4, ad 3.

1. Q. 14, a. 2.
2. C. 12: 1160, b, 9-12.
3. Q. 10, a. 3.

aliquis fornicatur, non avertitur a Deo secundum se, sed secundum aliud: inquantum scilicet appetit inordinatam delectationem, quae habet annexam aversionem a Deo. Semper autem id quod est per se est potius eo quod est secundum aliud. Unde odium Dei inter alia peccata est gravius.

AD PRIMUM ergo dicendum quod, sicut Gregorius dicit, XXV *Moral.*[4], *aliud est bona non facere, aliud est bonorum odisse datorem: sicut aliud est ex praecipitatione, aliud ex deliberatione peccare.* Ex quo datur intelligi quod odire Deum, omnium bonorum datorem, sit ex deliberatione peccare, quod est peccatum in Spiritum Sanctum. Unde manifestum est quod odium Dei maxime est peccatum in Spiritum Sanctum, secundum quod peccatum in Spiritum Sanctum nominat aliquod genus speciale peccati. Ideo tamen non computatur inter species peccati in Spiritum Sanctum, quia generaliter invenitur in omni specie peccati in Spiritum Sanctum.

AD SECUNDUM dicendum quod ipsa infidelitas non habet rationem culpae nisi inquantum est voluntaria. Et ideo tanto est gravior quanto est magis voluntaria. Quod autem sit voluntaria provenit ex hoc quod aliquis odio habet veritatem quae proponitur. Unde patet quod ratio peccati in infidelitate sit ex odio Dei, circa cuius veritatem est fides. Et ideo, sicut causa est potior effectu, ita odium Dei est maius peccatum quam infidelitas.

AD TERTIUM dicendum quod non quicumque odit poenas odit Deum, poenarum auctorem: nam multi odiunt poenas qui tamen patienter eas ferunt ex reverentia divinae iustitiae. Unde et Augustinus dicit, X *Confess.*[5], quod mala poenalia Deus *tolerare iubet, non amari.* Sed prorumpere in odium Dei punientis, hoc est habere odio ipsam Dei iustitiam: quod est gravissimum peccatum. Unde Gregorius dicit, XXV *Moral.*[6]: *Sicut nonnunquam gravius est peccatum diligere quam perpetrare, ita nequius est odisse iustitiam quam non fecisse.*

exemplo, na fornicação, não há um afastamento direto de Deus, e sim um afastamento indireto, na medida em que o apetite se inclina para um prazer desordenado, que leva consigo a aversão de Deus. Na verdade, o que é por si tem sempre mais importância do que o que é por outro. Daí que, entre todos os pecados, o ódio a Deus é o mais grave[d].

QUANTO AO 1º, portanto, deve-se dizer conforme diz Gregório, "uma coisa é não fazer o bem, outra coisa é odiar o autor do bem; assim como uma coisa é pecar por precipitação e outra pecar por deliberação". O que dá a entender que o ódio a Deus, dispensador de todo o bem, é um pecado deliberado, isto é, um pecado contra o Espírito Santo. Fica então claro que o ódio contra Deus é por excelência o pecado contra o Espírito Santo, na medida em que o pecado contra o Espírito Santo designa um gênero especial de pecado. Se tal ódio não é contado entre as espécies de pecado contra o Espírito Santo, é porque se encontra geralmente em todos os tipos de pecado contra o Espírito Santo.

QUANTO AO 2º, deve-se dizer que a infidelidade só tem razão de culpa na medida em que é voluntária. Por isso, é tanto mais grave quanto mais voluntária. Ora, que seja voluntária provém de que alguém tenha ódio contra a verdade proposta. É pois claro que a razão de pecado na infidelidade vem do ódio a Deus, cuja verdade a fé reconhece. Por isso, assim como a causa é mais importante que seu efeito, assim também o ódio a Deus é um pecado maior que a infidelidade.

QUANTO AO 3º, deve-se dizer que nem todo aquele que odeia a pena, odeia a Deus, seu autor. Com efeito, muitos odeiam as penas e, contudo, as suportam com paciência, por respeito para com a justiça divina. É por isso que Agostinho diz que "Deus nos ordena suportar os males que nos castigam, não amá-los". Mas, prorromper em ódio contra Deus que pune, é odiar a própria justiça de Deus, e isso é um pecado muito grave. Por isso diz Gregório: "Assim como é por vezes mais grave amar o pecado do que cometê-lo, assim também, por vezes, é pior odiar a justiça do que não praticá-la".

---

4. C. 11, al. 16: ML 76, 339 B.
5. C. 28: ML 32, 795.
6. C. 11, al. 16: ML 76, 339 C.

d. Podemos ter por Deus estas duas formas de ódio: 1) a *abominação*. Nós o consideramos então como uma *coisa*, que nos é prejudicial; a abominação é encontrada em *todo* pecado *mortal*, consciente e voluntário, no qual Deus, em suas exigências de amor, de retidão, de bondade, é considerado como embaraçoso. 2) A *inimizade*, ainda mais grave, que chega ao ponto de odiar a Deus por si mesmo e querer-lhe, se fosse possível, o mal. É o pecado de ódio que estudamos aqui, do qual "participa", em maior ou menor medida, todo pecado mortal, dado que todo pecado afasta de Deus.

Articulus 3
Utrum omne odium proximi sit peccatum

Ad tertium sic proceditur. Videtur quod non omne odium proximi sit peccatum.

1. Nullum enim peccatum invenitur in praeceptis vel consiliis legis divinae: secundum illud Pr 8,8: *Recti sunt omnes sermones mei: non est in eis pravum quid nec perversum*. Sed Lc 14,26 dicitur: *Si quis venit ad me et non odit patrem et matrem, non potest meus esse discipulus*. Ergo non omne odium proximi est peccatum.

2. Praeterea, nihil potest esse peccatum secundum quod Deum imitamur. Sed imitando Deum quosdam odio habemus: dicitur enim Rm 1,30: *Detractores, Deo odibiles*. Ergo possumus aliquos odio habere absque peccato.

3. Praeterea, nihil naturalium est peccatum: quia peccatum est *recessus ab eo quod est secundum naturam*, ut Damascenus dicit, in II libro[1]. Sed naturale est unicuique rei quod odiat id quod est sibi contrarium et quod nitatur ad eius corruptionem. Ergo videtur non esse peccatum quod aliquis habeat odio inimicum suum.

Sed contra est quod dicitur 1Io 2,9: *Qui fratrem suum odit in tenebris est*. Sed tenebrae spirituales sunt peccata. Ergo odium proximi non potest esse sine peccato.

Respondeo dicendum quod odium amori opponitur, ut supra[2] dictum est. Unde tantum habet odium de ratione mali quantum amor habet de ratione boni. Amor autem debetur proximo secundum id quod a Deo habet, idest secundum naturam et gratiam: non autem debetur ei amor secundum id quod habet a seipso et diabolo, scilicet secundum peccatum et iustitiae defectum. Et ideo licet habere odio in fratre peccatum et omne illud quod pertinet ad defectum divinae iustitiae: sed ipsam naturam et gratiam fratris non potest aliquis habere odio sine peccato. Hoc autem ipsum quod in fratre odimus culpam et defectum boni pertinet ad fratris amorem: eiusdem enim rationis

Artigo 3
Todo ódio ao próximo é um pecado?

Quanto ao terceiro, assim se procede: parece que todo ódio ao próximo **não** é um pecado.

1. Com efeito, não há pecado nos preceitos ou conselhos da lei divina. Como diz o livro dos Provérbios: "Todas as palavras de Deus são retas; nelas, nada de mal nem de perverso". Ora, está no Evangelho de Lucas: "Se alguém vem a mim e não odeia seu pai e sua mãe, não pode ser meu discípulo"[e]. Logo, nem todo ódio ao próximo é um pecado.

2. Além disso, não pode haver pecado na imitação de Deus. Ora, a imitação de Deus nos leva a ter ódio para com alguns. Com efeito, diz-se na Carta aos Romanos: "Os caluniadores, odiados por Deus". Logo, podemos ter ódio a alguns sem por isso pecar.

3. Ademais, nada do que provém da natureza é pecado, porque o pecado consiste em "afastar-se do que está de acordo com a natureza", segundo Damasceno. Ora, é natural a todos odiar o que lhes é contrário e o que trabalha para a sua destruição. Logo, parece pois não haver pecado no ódio aos inimigos.

Em sentido contrário, está escrito na primeira Carta de João: "Aquele que odeia seus irmãos está nas trevas". Ora, as trevas espirituais são os pecados. O ódio ao próximo não pode, pois, existir sem pecado.

Respondo. O ódio é oposto ao amor, já foi dito. Por isso o ódio tem tanta razão de mal quanto o amor tem de bem. Ora, deve-se amar o próximo pelo que ele tem de Deus, isto é, pela natureza e pela graça; e não se lhe deve amor pelo que tem de si mesmo e do diabo, isto é, pelo pecado e pela falta de justiça. Por isso é permitido odiar no irmão o pecado e tudo o que se refere à deficiência da justiça divina, mas não se pode odiar sem pecado a natureza e a graça do irmão. Odiar no irmão a culpa e as deficiências do bem faz parte do amor ao próximo, pois uma só e mesma é a razão pela qual queremos o bem de alguém e odiamos o mal que há nele. Assim pois, con-

---

3 Parall.: Supra, q. 25, a. 6; *in Psalm*. 24.

1. *De fide orth*., l. II, cc. 4, 30; l. IV, c. 30: MG 94, 876 A, 976 A, 1196 C.
2. I-II, q. 29, a. 1, *sed c*; a. 2, 1 a et ad 2.

e. Na verdade, isso significa: "Se alguém vier a mim *sem me preferir a*...". É assim que alguns, legitimamente, traduzem.. Uma vez que a língua do Antigo Testamento não possui comparativo, o verbo *odiar* significa *amar menos*.

est quod velimus bonum alicuius et quod odimus malum ipsius. Unde, simpliciter accipiendo odium fratris, semper est cum peccato.

AD PRIMUM ergo dicendum quod parentes, quantum ad naturam et affinitatem qua nobis coniunguntur, sunt a nobis secundum praeceptum Dei honorandi, ut patet Ex 20,12. Odiendi autem sunt quantum ad hoc quod impedimentum praestant nobis accedendi ad perfectionem divinae iustitiae.

AD SECUNDUM dicendum quod Deus in detractoribus odio habet culpam, non naturam. Et sic sine culpa possumus odio detractores habere.

AD TERTIUM dicendum quod homines secundum bona quae habent a Deo non sunt nobis contrarii: unde quantum ad hoc sunt amandi. Contrariantur autem nobis secundum quod contra nos inimicitias exercent, quod ad eorum culpam pertinet: et quantum ad hoc sunt odio habendi. Hoc enim in eis debemus habere odio, quod nobis sunt inimici.

siderado de maneira absoluta, o ódio ao irmão é sempre acompanhado de pecado.

QUANTO AO 1º, portanto, deve-se dizer que segundo o mandamento de Deus os pais devem ser honrados enquanto estão unidos a nós pela natureza e por afinidade, como mostra o livro do Êxodo. Mas, devemos odiá-los se forem um obstáculo em nossa ascensão à perfeição da justiça divina.

QUANTO AO 2º, deve-se dizer que o que Deus odeia nos caluniadores é a culpa, não a natureza. Assim, podemos odiar os caluniadores sem cometer alguma falta.

QUANTO AO 3º, deve-se dizer que os homens não se opõem a nós por causa dos bens que obtêm de Deus. Por isso, sob este aspecto, devem ser amados. Mas eles se opõem a nós quando promovem inimizades contra nós e isso se refere à culpa deles, e a este título, devemos odiá-los. Portanto, devemos odiar neles o fato de que são nossos inimigos[f].

ARTICULUS 4
Utrum odium proximi sit gravissimum peccatorum quae in proximum committuntur

AD QUARTUM SIC PROCEDITUR. Videtur quod odium proximi sit gravissimum peccatum eorum quae in proximo committuntur.

1. Dicitur enim 1Io 3,15: *Omnis qui odit fratrem suum homicida est*. Sed homicidium est gravissimum peccatorum quae committuntur in proximum. Ergo et odium.

2. PRAETEREA, *pessimum opponitur optimo*. Sed optimum eorum quae proximo exhibemus est amor: omnia enim alia ad dilectionem referuntur. Ergo et pessimum est odium.

SED CONTRA, malum dicitur *quod nocet;* secundum Augustinum, in *Enchirid.*[1]. Sed plus aliquis nocet proximo per alia peccata quam per odium: puta per furtum et homicidium et adulterium. Ergo odium non est gravissimum peccatum.

PRAETEREA, Chrysostomus, exponens illud Mt 5,19, *Qui solverit unum de mandatis istis minimis*, dicit: *Mandata Moysi, Non occides, Non adulterabis, in remuneratione modica sunt, in peccato*

ARTIGO 4
O ódio ao próximo é o maior pecado entre os que se cometem contra ele?

QUANTO AO QUARTO, ASSIM SE PROCEDE: parece que o ódio ao próximo é o maior pecado entre os que se cometem contra ele.

1. Com efeito, diz a primeira Carta de João: "Aquele que odeia o seu irmão é um homicida". Ora, o homicídio é o mais grave dos pecados que se cometem contra o próximo. Logo, também o ódio.

2. ALÉM DISSO, o que há de pior se opõe ao que há de melhor. Ora, o amor é o que há de melhor no que manifestamos ao próximo, já que tudo o mais se refere ao amor. Logo, o ódio é o que há de pior.

EM SENTIDO CONTRÁRIO, o mal "é o que é nocivo", segundo Agostinho. Ora, há outros pecados além do ódio que são mais nocivos ao próximo: o roubo, por exemplo, o homicídio ou o adultério. Logo, o ódio não é o pecado mais grave.

ADEMAIS, em seu comentário ao Evangelho de Mateus: "Aquele que violar um só desses mandamentos, mesmo dos menores...", Crisóstomo diz: "Os mandamentos de Moisés 'Não matarás, não

---

4 PARALL.: Infra, q. 158, a. 4; *De Malo*, q. 12, a. 4.
   1. C. 12: ML 40, 237.

---

f. Está sempre subentendido que aquele que fala tem a fé e a caridade, e que "o inimigo" é precisamente aquele que não pertence à comunidade da caridade.

autem magna: mandata autem Christi, idest Non irascaris, Non concupiscas, in remuneratione magna sunt, in peccato autem minima. Odium autem pertinet ad interiorem motum, sicut et ira et concupiscentia. Ergo odium proximi est minus peccatum quam homicidium.

Respondeo dicendum quod peccatum quod committitur in proximum habet rationem mali ex duobus: uno quidem modo, ex deordinatione eius qui peccat; alio modo, ex nocumento quod infertur ei contra quem peccatur. Primo ergo modo odium est maius peccatum quam exteriores actus qui sunt in proximi nocumentum: quia scilicet per odium deordinatur voluntas hominis, quae est potissimum in homine, et ex qua est radix peccati. Unde etiam si exteriores actus inordinati essent absque inordinatione voluntatis, non essent peccata: puta cum aliquis ignoranter vel zelo iustitiae hominem occidit. Et si quid culpae est in exterioribus peccatis quae contra proximum committuntur, totum est ex interiori odio. — Sed quantum ad nocumentum quod proximo infertur peiora sunt exteriora peccata quam interius odium.

Et per hoc patet responsio AD OBIECTA.

cometerás adultério', são pequenos na retribuição, e grandes no pecado. Os mandamentos de Cristo: 'Não te encolerizarás, não terás maus desejos', são grandes na retribuição, e no pecado pequenos". Ora, o ódio é um movimento interior, como a ira e a concupiscência. Logo, o ódio ao próximo é um pecado menor que o homicídio.

Respondo. O pecado que se comete contra o próximo tem razão de mal por dois motivos: pela desordem daquele que peca e pelo dano que se causa naquele contra quem se peca. Sob o primeiro aspecto, o ódio é um pecado maior do que os atos exteriores que causam dano ao próximo. Com efeito, o ódio causa a desordem da vontade humana, que é o que há de melhor no homem, e da qual procede a raiz do pecado. Por isso, ainda que houvesse desordem nas ações exteriores, mas não na vontade, não haveria pecado, por exemplo, quando alguém mata um homem por ignorância ou por zelo da justiça. E se há alguma culpa nos pecados exteriores que se cometem contra o próximo, tudo vem do ódio interior. — Mas, quanto ao dano que se causa ao próximo, os pecados exteriores são piores do que o ódio interior.

Pelo exposto fica claro como responder às OBJEÇÕES.

Articulus 5
Utrum odium sit vitium capitale

Ad quintum sic proceditur. Videtur quod odium sit vitium capitale.

1. Odium enim directe opponitur caritati. Sed caritas est principalissima virtutum et mater aliarum. Ergo odium est maxime vitium capitale, et principium omnium aliorum.

2. Praeterea, peccata oriuntur in nobis secundum inclinationem passionum: secundum illud *ad Rm* 7,5: *Passiones peccatorum operabantur in membris nostris, ut fructificarent morti*. Sed in passionibus animae ex amore et odio videntur omnes aliae sequi, ut ex supradictis[1] patet. Ergo odium debet poni inter vitia capitalia.

3. Praeterea, vitium est malum morale. Sed odium principalius respicit malum quam alia passio. Ergo videtur quod odium debet poni vitium capitale.

Artigo 5
O ódio é um vício capital?

Quanto ao quinto, assim se procede: parece que o ódio é um vício capital.

1. Com efeito, o ódio se opõe diretamente à caridade. Ora, a caridade é a principal entre as virtudes e a mãe das outras. Logo, o ódio é eminentemente um vício capital e o princípio de todos os outros.

2. Além disso, os pecados nascem em nós da inclinação das paixões, segundo a Carta aos Romanos: "As paixões dos pecados agiam em nossos membros e produziam assim frutos de morte". Ora, como já foi visto anteriormente, entre as paixões da alma, todas as demais parecem proceder do amor e do ódio. Logo, deve-se afirmar o ódio entre os vícios capitais.

3. Ademais, o vício é um mal moral. Ora, o ódio se refere ao mal de uma maneira superior às outras paixões. Logo, parece que se deve afirmar o ódio como um vício capital.

---

1. I-II, q. 27, a. 4; q. 28, a. 6, ad 2; q. 41, a. 2, ad 1.

SED CONTRA est quod Gregorius, XXXI *Moral.*², non enumerat odium inter septem vitia capitalia.

RESPONDEO dicendum quod, sicut supra³ dictum est, vitium capitale est ex quo ut frequentius alia vitia oriuntur. Vitium autem est contra naturam hominis inquantum est animal rationale. In his autem quae contra naturam fiunt paulatim id quod est naturae corrumpitur. Unde oportet quod primo recedatur ab eo quod est minus secundum naturam, et ultimo ab eo quod est maxime secundum naturam: quia id quod est primum in constructione est ultimum in resolutione. Id autem quod est maxime et primo naturale homini est quod diligat bonum, et praecipue bonum divinum et bonum proximi. Et ideo odium, quod huic dilectioni opponitur, non est primum in deletione virtutis, quae fit per vitia, sed ultimum. Et ideo odium non est vitium capitale.

AD PRIMUM ergo dicendum quod, sicut dicitur in VII *Physic.*⁴, *virtus uniuscuiusque rei consistit in hoc quod sit bene disposita secundum suam naturam.* Et ideo in virtutibus oportet esse primum et principale quod est primum et principale in ordine naturali. Et propter hoc caritas ponitur principalissima virtutum. Et eadem ratione odium non potest esse primum in vitiis ut dictum est⁵.

AD SECUNDUM dicendum quod odium mali quod contrariatur naturali bono est primum inter passiones animae, sicut et amor naturalis boni. Sed odium boni connaturalis non potest esse primum, sed habet rationem ultimi: quia tale odium attestatur corruptioni naturae iam factae, sicut et amor extranei boni.

AD TERTIUM dicendum quod duplex est malum. Quoddam verum, quia scilicet repugnat naturali bono: et huius mali odium potest habere rationem prioritatis inter passiones. Est autem aliud malum non verum, sed apparens: quod scilicet est verum bonum et connaturale, sed aestimatur ut malum propter corruptionem naturae. Et huiusmodi mali odium oportet quod sit in ultimo. Hoc autem odium est vitiosum, non autem primum.

EM SENTIDO CONTRÁRIO, Gregório não enumera o ódio entre os sete vícios capitais.

RESPONDO. Como se disse acima, o vício capital é aquele que, com maior frequência, dá origem a outros vícios. Ora, o vício se opõe à natureza do homem enquanto este é um animal racional. Quando se age contra a natureza, o que pertence à natureza se corrompe pouco a pouco. Assim, é preciso que se afaste primeiro do que é menor segundo a natureza, e por fim, do que é maior segundo a natureza, porque o primeiro na construção é o último na dissolução. Ora, o que é primeiro e antes de tudo natural ao homem é amar o bem, e sobretudo o bem divino e o bem do próximo. Por isso, o ódio, que se opõe a este amor, não é o primeiro na destruição da virtude pelos vícios, mas o último. O ódio não é, pois, um vício capital.

QUANTO AO 1º, portanto, deve-se dizer que o livro VII da *Física* afirma: "A virtude de uma coisa consiste em sua boa disposição em relação à sua natureza". Por isso, é preciso que seja o primeiro e o principal nas virtudes o que é primeiro e principal na ordem natural. Por esta razão a caridade é considerada a principal entre as virtudes. Pela mesma razão, o ódio não pode ser o primeiro entre os vícios, como foi dito.

QUANTO AO 2º, deve-se dizer que o ódio do mal, que se opõe ao bem natural, é o primeiro entre as paixões da alma, como também o amor do bem natural. Mas, o ódio de um bem conforme à natureza não pode ser o primeiro, mas tem a razão de último, porque um tal ódio atesta que a natureza já está corrompida, assim como também o amor de um bem estranho.

QUANTO AO 3º, deve-se dizer que o mal é duplo. Há o mal que é verdadeiro, aquele que se opõe ao bem da natureza. O ódio deste mal, pode ter razão de prioridade entre as paixões. E há também um outro mal que não é verdadeiro mas aparente, aquele que, de fato, é um verdadeiro bem e conforme à natureza, mas que é considerado um mal porque a natureza está corrompida. O ódio desse mal é necessário que esteja em último lugar. Este ódio é vicioso, mas não é o primeiro^g.

---

2. C. 45, al. 17, in vet. 31, n. 87: ML 76, 621 A.
3. I-II, q. 84, aa. 3, 4.
4. C. 3: 246, b, 23-24; 246, a, 13-17.
5. In corp.

---

g. Os pecados capitais são os chefes de fila de outros pecados, pois "possuem certas razões efetivamente importantes para mover o apetite" (I-II, q. 84, a. 4). Não é o caso do ódio. Pois, se é natural amar o bem e odiar o mal, de onde provém que odiemos ao próprio bem? Isso só pode ocorrer ao *final* de uma deterioração progressiva, na sequência de certos vícios, e não

ARTICULUS 6
Utrum odium oriatur ex invidia

AD SEXTUM SIC PROCEDITUR. Videtur quod odium non oriatur ex invidia.

1. Invidia enim est tristitia quaedam de alienis bonis. Odium autem non oritur ex tristitia, sed potius e converso: tristamur enim de praesentia malorum quae odimus. Ergo odium non oritur ex invidia.

2. PRAETEREA, odium dilectioni opponitur. Sed dilectio proximi refertur ad dilectionem Dei, ut supra¹ habitum est. Ergo et odium proximi refertur ad odium Dei. Sed odium Dei non causatur ex invidia: non enim invidemus his qui maxime a nobis distant, sed his qui propinqui videntur, ut patet per Philosophum, in II *Rhet.*². Ergo odium non causatur ex invidia.

3. PRAETEREA, unius effectus una est causa. Sed odium causatur ex ira: dicit enim Augustinus, in *Regula*³, quod *ira crescit in odium*. Non ergo causatur odium ex invidia.

SED CONTRA est quod Gregorius dicit, XXXI *Moral.*⁴, quod de invidia oritur odium.

RESPONDEO dicendum quod, sicut dictum est⁵, odium proximi est ultimum in progressu peccati, eo quod opponitur dilectioni qua naturaliter proximus diligitur. Quod autem aliquis recedat ab eo quod est naturale, contingit ex hoc quod intendit vitare aliquid quod est naturaliter fugiendum. Naturaliter autem omne animal fugit tristitiam, sicut et appetit delectationem; sicut patet per Philosophum, in VII⁶ et X⁷ *Ethic*. Et ideo sicut ex delectatione causatur amor, ita ex tristitia causatur odium: sicut enim movemur ad diligendum ea quae nos delectant, inquantum ex hoc ipso accipiuntur sub ratione boni; ita movemur ad odiendum ea quae nos contristant, inquantum ex hoc ipso accipiuntur sub ratione mali. Unde cum

ARTIGO 6
O ódio nasce da inveja?

QUANTO AO SEXTO, ASSIM SE PROCEDE: parece que o ódio **não** nasce da inveja.

1. Com efeito, a inveja é certa tristeza em relação ao bem do outro. Ora, o ódio não nasce da tristeza; ao contrário, entristecemo-nos pela presença de males que odiamos. Logo, o ódio não nasce da inveja.

2. ALÉM DISSO, o ódio se opõe ao amor. Ora, o amor do próximo se refere ao amor de Deus, como foi visto. Portanto, o ódio do próximo se refere ao ódio de Deus. Ora, o ódio de Deus não é causado pela inveja, porque não invejamos o que dista infinitamente de nós, como o Filósofo demostrou. Logo, o ódio não é causado pela inveja.

3. ADEMAIS, um único efeito tem uma única causa. Ora, o ódio tem por causa a ira. Com efeito, diz Agostinho, "a ira que cresce se transforma em ódio". Logo, o ódio não é causado pela inveja.

EM SENTIDO CONTRÁRIO, Gregório afirma: "O ódio nasce da inveja".

RESPONDO. O ódio ao próximo, como foi dito, é o último na progressão do pecado por se opor ao amor, pelo qual naturalmente se ama o próximo. Que alguém se afaste do que é natural é porque pretende evitar alguma coisa da qual naturalmente se deve fugir. Assim, é natural que um animal fuja da tristeza, como procura o prazer, como mostra o Filósofo. Por isso, assim como o amor tem como causa o prazer, o ódio tem como causa a tristeza. Assim como somos movidos a amar as coisas que nos agradam porque as consideramos sob a razão de bem; assim também somos movidos a odiar as coisas que nos entristecem, porque as consideramos sob a razão de mal. Por isso, já que a inveja é uma tristeza por causa do bem do próximo, ela

---

6 PARALL.: Infra, q. 158, a. 7, ad 2; *De Malo*, q. 10, art. 3.

1. Q. 25, a. 1; q. 26, a. 2.
2. C. 10: 1387, b, 22-28; 1388, a, 5-11.
3. Epist. 211, al. 109, n. 14: ML 33, 964.
4. C. 45, al. 17, in vet. 31, n. 88: ML 76, 621 B.
5. Art. praec.
6. C. 14: 1153, b, 1-4.
7. C. 2: 1172, b, 9-15.

---

no começo. Sem dúvida, já existe uma participação de ódio que se manifesta em todo pecado mortal, consciente e voluntário. Mas o pecado especial de ódio, onde desaguam as torrentes do fel de todos esses inícios de ódio acumulados, deve ser distinguido destes. É o seu fruto.

faz com que o bem do próximo se torne odiável. É assim que o ódio nasce da inveja[h].

QUANTO AO 1º, portanto, deve-se dizer que a potência apetitiva, como também a potência de apreensão, retorna sobre seus atos, seguindo-se daí uma espécie de circuito nos movimentos do apetite. Segundo o primeiro processo do movimento apetitivo, do amor segue-se o desejo e do desejo segue-se o prazer quando se obteve o que se desejava. E porque o deleitar-se com um bem que se ama tem razão de bem, segue-se que o prazer causa o amor. Pela mesma razão, a tristeza causa o ódio.

QUANTO AO 2º, deve-se dizer que uma é a razão do amor e outra a do ódio. O amor tem por objeto o bem, que promana de Deus para as criaturas. Por isso o amor diz respeito primeiramente a Deus e depois ao próximo. O ódio, porém, tem por objeto o mal, que não tem lugar no próprio Deus, mas somente em suas obras. Por isso foi dito que não se pode odiar a Deus, a não ser enquanto apreendido em suas obras. Por isso, o ódio ao próximo existe antes do ódio a Deus. Por isso também, sendo a inveja que temos do próximo a mãe do ódio que temos contra ele, torna-se, por conseguinte, causa do ódio que se tem contra Deus.

QUANTO AO 3º, deve-se dizer que nada impede que uma mesma coisa provenha, por razões diversas, de diversas causas. Assim, o ódio pode originar-se tanto da ira quanto da inveja. Nasce, contudo, mais diretamente da inveja que torna o bem do próximo entristecedor, e consequentemente, odiável. Mas o ódio nasce também da ira por certa progressão. Em primeiro lugar, a ira nos faz desejar o mal do próximo em certa medida, enquanto tem a razão de vingança; depois, se o ódio persiste, chega-se a desejar de forma absoluta o mal do próximo, e isto é a razão do ódio. Fica, pois, claro que o ódio é causado formalmente pela inveja segundo a razão do objeto, e da cólera, a modo de disposição.

invidia sit tristitia de bono proximi, sequitur quod bonum proximi reddatur nobis odiosum. Et inde est quod ex invidia oritur odium.

AD PRIMUM ergo dicendum quod quia vis appetitiva, sicut et apprehensiva, reflectitur super suos actus, sequitur quod in motibus appetitivae virtutis sit quaedam circulatio. Secundum igitur primum processum appetitivi motus, ex amore consequitur desiderium, ex quo consequitur delectatio, cum quis consecutus fuerit quod desiderabat. Et quia hoc ipsum quod est delectari in bono amato habet quandam rationem boni, sequitur quod delectatio causet amorem. Et secundum eandem rationem sequitur quod tristitia causet odium.

AD SECUNDUM dicendum quod alia ratio est de dilectione et odio. Nam dilectionis obiectum est bonum, quod a Deo in creaturas derivatur: et ideo dilectio per prius est Dei, et per posterius est proximi. Sed odium est mali, quod non habet locum in ipso Deo, sed in eius effectibus: unde etiam supra[8] dictum est quod Deus non habetur odio nisi inquantum apprehenditur secundum suos effectus. Et ideo per prius est odium proximi quam odium Dei. Unde, cum invidia ad proximum sit mater odii quod est ad proximum, fit per consequens causa odii quod est in Deum.

AD TERTIUM dicendum quod nihil prohibet secundum diversas rationes aliquid oriri ex diversis causis. Et secundum hoc odium potest oriri et ex ira et ex invidia. Directius tamen oritur ex invidia, per quam ipsum bonum proximi redditur contristabile et per consequens odibile. Sed ex ira oritur odium secundum quoddam augmentum. Nam primo per iram appetimus malum proximi secundum quandam mensuram, prout scilicet habet rationem vindictae: postea autem per continuitatem irae pervenitur ad hoc quod homo malum proximi absolute desideret, quod pertinet ad rationem odii. Unde patet quod odium ex invidia causatur formaliter secundum rationem obiecti; ex ira autem dispositive.

---

8. Art. 1.

h. Eis portanto o processo de formação do ódio: tristeza provocada pelo bem do próximo, inveja e depois ódio ao próximo, que reverte facilmente em ódio a Deus. Mas a cólera, quando se inflama, pode também desencadear o ódio (notar a sutil análise psicológica da r. 3). Em outro lugar, Sto. Tomás mostrará uma outra fonte de ódio: a luxúria (II-II, q. 153, a. 4 e 5). Proibindo Deus as voluptuosidades desordenadas, o libertino pode passar a odiá-lo.

QUAESTIO XXXV
DE ACEDIA
in quatuor articulos divisa

Deinde considerandum est de vitiis oppositis gaudio caritatis. Quod quidem est et de bono divino, cui gaudio opponitur acedia; et de bono proximi, cui gaudio opponitur invidia. Unde primo considerandum est de acedia; secundo, de invidia.

Circa primum quaeruntur quatuor.
Primo: utrum acedia sit peccatum.
Secundo: utrum sit speciale vitium.
Tertio: utrum sit mortale peccatum.
Quarto: utrum sit vitium capitale.

Articulus 1
Utrum acedia sit peccatum

AD PRIMUM SIC PROCEDITUR. Videtur quod acedia non sit peccatum.

1. *Passionibus* enim *non laudamur neque vituperamur;* secundum Philosophum, in II *Ethic.*[1]. Sed acedia est quaedam passio: est enim species tristitiae, ut Damascenus dicit[2], et supra[3] habitum est. Ergo acedia non est peccatum.

2. PRAETEREA, nullus defectus corporalis qui statutis horis accidit habet rationem peccati. Sed acedia est huiusmodi: dicit enim Cassianus, in X lib. *de Institutis Monasteriorum*[4]: *Maxime*

QUESTÃO 35
A ACÍDIA
em quatro artigos

Deve-se tratar agora dos vícios opostos à alegria da caridade[a]. Primeiro, da acídia que se opõe à alegria do bem divino. Depois, da inveja, que se opõe ao bem do próximo.

A respeito do primeiro, são quatro as perguntas:
1. A acídia é um pecado?
2. É um vício particular?
3. É um pecado mortal?
4. É um vício capital?

Artigo 1
A acídia é um pecado?[b]

QUANTO AO PRIMEIRO ARTIGO, ASSIM SE PROCEDE: parece que a acídia **não** é um pecado.

1. Com efeito, segundo o Filósofo, "não merecemos nem louvor nem censura por nossas paixões". Ora, já foi estabelecido que a acídia é uma paixão por ser uma espécie de tristeza, como diz Damasceno. Logo, a acídia não é um pecado.

2. ALÉM DISSO, nenhuma deficiência corporal que acontece em horas determinadas tem a razão de pecado. Ora, é o que acontece com a acídia, pois Cassiano diz[c]: "É sobretudo por volta da sexta

---

1 PARALL.: *De Malo,* q. 11, a. 1.

1. C. 4: 1105, b, 31-1106, a, 2.
2. *De fide orth.*, l. II, c. 14: MG 94, 932 B.
3. I-II, q. 35, a. 8.
4. C. 1: ML 49, 363 A-364 A.

a. Chegamos agora aos vícios opostos à alegria: alegria de Deus, alegria da comunhão com ele e com o próximo. Alegria que é solidária com uma tristeza saudável: a que sente dolorosamente tudo o que se opõe, em si ou em outrem, à perfeição dessa comunhão divina. O contrário dessa alegria e dessa tristeza é a tristeza viciosa e a alegria má.
De onde provém a tristeza? De uma reação afetiva a um mal que se impõe presentemente. Se esse mal é físico, a reação é de dor ou de sofrimento. Se é mais interior, fala-se antes de tristeza.
A tristeza que se contrapõe à caridade é a visa à Deus e as coisas de Deus. No entanto, não oferecendo *em si mesmo* nada que possa entristecer ou tornar sombrio o espírito, a tristeza só pode nascer nesse caso do que Deus é *para nós,* e que o pecado não quer: é então o desgosto pelas coisas de Deus, a *acidia* (daí também a má alegria de se acreditar "liberado" de Deus). Ou é a tristeza do bem do qual Deus cumula o próximo: a *inveja* (daí também a alegria má de ver destruído o bem do próximo).
b. A acédia (latim *acedia*), especialmente sob a forma "acídia," embora rara, é utilizada de forma precisa pelos mestres da língua e da espiritualidade. A realidade visada mais frequentemente é o enfado, "a apagada e vil tristeza" (Camões), o desgosto de viver. Na tradição prolongada por Sto. Tomás, trata-se de certa amargura ou dissabor espiritual; ou, mais claramente, de um desgosto pelas coisas espirituais. É alguém que não mais experimenta nem o ânimo, nem desejo nem a alegria dos bens e valores do espírito. Daí, a "tristeza," que conduz a todo tipo de vícios, fazendo assim da acídia um pecado capital. Não tem quase nada mais a ver com a *preguiça* que, nos tempos modernos, substituiu a acédia na velha lista dos pecados capitais. Essa permutação revela uma queda do plano teologal ao plano moral e mesmo utilitário de certa modernidade. Pode ser que a acédia se manifeste por um torpor paralizante, mas está longe de ser sempre o caso; pode acompanhar-se de uma atividade de mau quilate, que se chama de ativismo. Dir-se-á ainda que a preguiça não é uma *tristeza* pelo presente, mas um *temor* do futuro: temermos o esforço.
c. Observe-se que Cassiano é citado diversas vezes. Está na origem de uma longa tradição ascética, que considera a acédia como uma ameaça, um drama., muitas vezes. É o demônio dos solitários.

acedia circa horam sextam monachum inquietat, ut quaedam febris ingruens tempore praestituto, ardentissimos aestus accensionum suarum solitis ac statutis horis animae inferens aegrotanti. Ergo acedia non est peccatum.

3. PRAETEREA, illud quod ex radice bona procedit non videtur esse peccatum. Sed acedia ex bona radice procedit: dicit enim Cassianus, in eodem libro[5], quod acedia provenit ex hoc quod aliquis *ingemiscit se fructum spiritualem non habere* et *absentia longeque posita magnificat monasteria*; quod videtur ad humilitatem pertinere. Ergo acedia non est peccatum.

4. PRAETEREA, omne peccatum est fugiendum: secundum illud Eccli 21,2: *Quasi a facie colubri, fuge peccatum*. Sed Cassianus dicit, in eodem libro[6]: *Experimento probatum est acediae impugnationem non declinando fugiendam, sed resistendo superandam*. Ergo acedia non est peccatum.

SED CONTRA, illud quod interdicitur in sacra Scriptura est peccatum. Sed acedia est huiusmodi: dicitur enim Eccli 6,26: *Subiice humerum tuum et porta illam*, idest spiritualem sapientiam, *et non acedieris in vinculis eius*. Ergo acedia est peccatum.

RESPONDEO dicendum quod acedia, secundum Damascenum[7], est *quaedam tristitia aggravans*, quae scilicet ita deprimit animum hominis ut nihil ei agere libeat; sicuti ea quae sunt acida etiam frigida sunt. Et ideo acedia importat quoddam taedium operandi: ut patet per hoc quod dicitur in Glossa[8] super illud Ps 106,18, *Omnem escam abominata est anima eorum*, et a quibusdam dicitur quod acedia est *torpor mentis bona negligentis inchoare*. Huiusmodi autem tristitia semper est mala: quandoque quidem etiam secundum seipsam; quandoque vero secundum effectum. Tristitia enim secundum se mala est quae est de eo quod est apparens malum et vere bonum: sicut e contrario delectatio mala est quae est de eo quod est apparens bonum et vere malum. Cum igitur spirituale bonum sit vere bonum, tristitia quae est de spirituali bono est secundum se mala. Sed etiam tristitia quae est de vere malo mala est secundum effectum si sic hominem aggravet ut eum totaliter a bono opere retrahat: unde et Apostolus, 2Cor 2,7,

hora que a acídia atormenta o monge, como uma espécie de febre que queima na hora certa, atacando a alma doente pelos mais ardentes acessos de seu fogos a horas regulares e determinadas". Logo, a acídia não é um pecado.

3. ADEMAIS, o que procede de uma boa raiz não parece ser um pecado. Ora, a acídia procede de uma boa raiz, pois Cassiano observa que a acídia vem do fato de alguém "gemer por não ter fruto espiritual e de engrandecer os mosteiros ausentes e longínquos". Isso parece se referir à humildade. Logo, a acídia não é um pecado.

4. ADEMAIS, deve-se fugir de todo pecado, como diz o livro do Eclesiástico: "Foge do pecado como de uma cobra". E Cassiano, ainda diz: "A experiência prova que não se deve fugir do ataque da acídia, mas superá-la, resistindo". Logo, a acídia não é pecado.

EM SENTIDO CONTRÁRIO, o que está proibido na Sagrada Escritura é o pecado. Ora, assim acontece com a acídia. Com efeito, está escrito no livro do Eclesiástico: "Oferece-lhe teus ombros e leva-a", trata-se da sabedoria espiritual, "e não experimentarás os laços da acídia". Portanto, a acídia é um pecado.

RESPONDO. A acídia, segundo Damasceno, é "uma tristeza acabrunhante" que produz no espírito do homem tal depressão que este não tem vontade de fazer mais nada; as coisas que são ácidas, também são frias. Por isso a acídia implica certo desgosto pela ação. É o que a Glosa demonstra ao comentar o Salmo: "Tinham horror a toda alimentação". Alguns a definem "um torpor do espírito que não pode empreender o bem". Tal tristeza é sempre má: às vezes em si mesma, às vezes em seus efeitos. É má em si mesma a tristeza que provém de um mal aparente e de um bem verdadeiro; ao contrário, é mau o prazer de um bem aparente e de um mal verdadeiro. Portanto, já que o bem espiritual é um verdadeiro bem, a tristeza que provém de um bem espiritual é má em si mesma. Quanto à tristeza que provém de um mal verdadeiro, ela é má em seus efeitos quando acabrunha o homem a ponto de impedi-lo totalmente de agir bem. Por isso, o Apóstolo não quer que aquele que faz penitência

---

5. C. 2: ML 49, 366 A-367 A.
6. C. 25: ML 49, 398 A.
7. *De fide orth.*, l. II, c. 14: MG 94, 932 B.
8. Ordin.: ML 113, 1026 C; LOMBARDI: ML 191, 977 A.

non vult ut poenitens *maiori tristitia* de peccato *absorbeatur*. Quia igitur acedia, secundum quod hic sumitur, nominat tristitiam spiritualis boni, est dupliciter mala, et secundum se et secundum effectum Et ideo acedia est peccatum: malum enim in motibus appetitivis dicimus esse peccatum, ut ex supradictis[9] patet.

AD PRIMUM ergo dicendum quod passiones secundum se non sunt peccata: sed secundum quod applicantur ad aliquod malum, vituperantur; sicut et laudantur ex hoc quod applicantur ad aliquod bonum. Unde tristitia secundum se non nominat nec aliquid laudabile nec vituperabile: sed tristitia de malo vero moderata nominat aliquid laudabile; tristitia autem de bono, et iterum tristitia immoderata, nominat aliquid vituperabile. Et secundum hoc acedia ponitur peccatum.

AD SECUNDUM dicendum quod passiones appetitus sensitivi et in se possunt esse peccata venialia, et inclinant animam ad peccatum mortale. Et quia appetitus sensitivus habet organum corporale, sequitur quod per aliquam corporalem transmutationem homo fit habilior ad aliquod peccatum. Et ideo potest contingere quod secundum aliquas transmutationes corparales certis temporibus provenientes aliqua peccata nos magis impugnent. Omnis autem corporalis defectus de se ad tristitiam disponit. Et ideo ieiunantes, circa meridiem, quando iam incipiunt sentire defectum cibi et urgeri ab aestibus solis, magis ab acedia impugnantur.

AD TERTIUM dicendum quod ad humilitatem pertinet ut homo, defectus proprios considerans, seipsum non extollat. Sed hoc non pertinet ad humilitatem, sed potius ad ingratitudinem, quod bona quae quis a Deo possidet contemnat. Et ex tali contemptu sequitur acedia: de his enim tristamur quae quasi mala vel vilia reputamus. Sic igitur necesse est ut aliquis aliorum bona extollat quod tamen bona sibi divinitus provisa non contemnat: quia sic ei tristia redderentur.

AD QUARTUM dicendum quod peccatum semper est fugiendum: sed impugnatio peccati quandoque est vincenda fugiendo, quandoque resistendo. Fugiendo quidem, quando continua cogitatio auget peccati incentivum, sicut est in luxuria: unde

"soçobre numa tristeza excessiva" à vista de seu pecado. Portanto, sendo a acídia, como aqui se considera, uma tristeza proveniente de um bem espiritual, é duplamente má: em si mesma e em seus efeitos. É por isso que a acídia é um pecado, pois já se mostrou que é pecado o que é mau nos movimentos do apetite.

QUANTO AO 1º, portanto, deve-se dizer que em si mesmas as paixões não são pecados, mas merecem a censura quando se aplicam a alguma coisa má, assim como são dignas de louvor quando se aplicam a alguma coisa boa. Em si mesma, a tristeza não indica nem algo louvável nem algo censurável. A tristeza é louvável quando é moderada a respeito de um mal verdadeiro. A tristeza é censurável quando é a respeito de um bem, ou quando é imoderada. É assim que a acídia é um pecado.

QUANTO AO 2º, deve-se dizer que as paixões do apetite sensível podem ser em si mesmas pecados veniais, e inclinar a alma ao pecado mortal. Estando o apetite sensível ligado a um órgão corporal, acontece que, depois de uma mudança de ordem corporal, o homem se encontre mais disposto a algum pecado. Por isso, em razão de alguma mudança de ordem corporal, que se dá em determinados momentos, pode acontecer que alguns pecados nos assaltem mais. Assim, toda deficiência corporal, por si mesma, dispõe à tristeza; por isso os que jejuam, quando, pelo meio dia, começam a sentir a falta de alimento e são fustigados pelo ardor do sol, sofrem mais os assaltos da acídia[d].

QUANTO AO 3º, deve-se dizer que é próprio da humildade que o homem não se exalte ao considerar suas próprias deficiências. Mas, não é humildade e sim ingratidão desprezar os bens que alguém possui provenientes de Deus. É esse desprezo que gera a acídia. De fato, nós nos entristecemos com o que achamos ser mau e de pouco valor. É necessário, portanto, que se alguém aprecia os bens dos outros, não despreze então os bens que Deus lhe reserva. Desse modo, estes se tornariam entristecedores.

QUANTO AO 4º, deve-se dizer que é preciso sempre fugir do pecado. Mas, é preciso vencer o pecado ora fugindo dele, ora resistindo-lhe. Fugindo dele, quando um pensamento contínuo aumenta a excitação do pecado, o que é o caso da

---

9. Q. 10, a. 2; I-II, q. 71, a. 6; q. 74, a. 5.

d. Como em todo movimento passional, existe uma base fisiológica na acídia. Certos momentos do dia, certos ardores solares, podem provocar uma espécie de febre que lhe é propícia. Existem também idades críticas, que oferecem uma cumplicidade certa. O espiritual prudente deve levar em conta essas variáveis e vicissitudes.

dicitur 1Cor 6,18: *Fugite fornicationem.* Resistendo autem, quando cogitatio perseverans tollit incentivum peccati, quod provenit ex aliqua levi apprehensione. Et hoc contingit in acedia: quia quanto magis cogitamus de bonis spiritualibus, tanto magis nobis placentia redduntur, ex quo cessat acedia.

Articulus 2
Utrum acedia sit speciale vitium

Ad secundum sic proceditur. Videtur quod acedia non sit speciale vitium.

1. Illud enim quod convenit omni vitio non constituit specialis vitii rationem. Sed quodlibet vitium facit hominem tristari de bono spirituali opposito: nam luxuriosus tristatur de bono continentiae, et gulosus de bono abstinentiae. Cum ergo acedia sit tristitia de bono spirituali, sicut dictum est[1], videtur quod acedia non sit speciale peccatum.

2. Praeterea, acedia, cum sit tristitia quaedam, gaudio opponitur. Sed gaudium non ponitur una specialis virtus. Ergo neque acedia debet poni speciale vitium.

3. Praeterea, spirituale bonum, cum sit quoddam commune obiectum quod virtus appetit et vitium refugit, non constituit specialem rationem virtutis aut vitii nisi per aliquid additum contrahatur. Sed nihil videtur quod contrahat ipsum ad acediam, si sit vitium speciale, nisi labor: ex hoc enim aliqui refugiunt spiritualia bona quia sunt laboriosa; unde et acedia taedium quoddam est. Refugere autem labores, et quaerere quietem corporalem, ad idem pertinere videtur, scilicet ad pigritiam. Ergo acedia nihil aliud esset quam pigritia. Quod videtur esse falsum: nam pigritia sollicitudini opponitur, acediae autem gaudium. Non ergo acedia est speciale vitium.

Sed contra est quod Gregorius, XXXI *Moral.*[2], distinguit acediam ab aliis vitiis. Ergo est speciale peccatum.

Respondeo dicendum quod, cum acedia sit tristitia de spirituali bono, si accipiatur spirituale bonum communiter, non habebit acedia rationem specialis vitii: quia sicut dictum est[3], omne vitium

luxúria. Por isso, a primeira Carta aos Coríntios diz: "Fugi da fornicação". Resistindo a ele, quando uma reflexão prolongada suprime a atração do pecado que provém de uma consideração superficial. É este o caso da acídia, porque quanto mais refletimos sobre os bens espirituais, tanto mais se tornam agradáveis; e isso faz cessar a acídia.

Artigo 2
A acídia é um vício particular?

Quanto ao segundo, assim se procede: parece que a acídia **não** é um vício particular.

1. Com efeito, o que se diz respeito a todos os vícios não constitui uma razão particular de vício. Ora, todos os vícios fazem com que o homem se entristeça com o bem espiritual oposto; o luxurioso se entristece com o bem da continência, o guloso se entristece com o bem da abstinência. Logo, sendo a acídia uma tristeza que provém do bem espiritual, como foi dito, parece que a acídia não é um pecado especial.

2. Além disso, sendo a acídia uma tristeza, ela se opõe à alegria. Ora, não se afirma a alegria como uma virtude especial. Logo, não se pode dizer também que a acídia seja um vício especial.

3. Ademais, sendo o bem espiritual um objeto de ordem geral, que a virtude procura e do qual o vício foge, não constitui uma razão especial de virtude ou de vício a não ser que um acréscimo restrinja seu sentido. Ora, se a acídia for um vício especial, não parece haver nada que restrinja seu sentido, a não ser o labor. Com efeito, alguns fogem dos bens espirituais por serem eles laboriosos: daí que a acídia é também certo tédio. Ora, fugir do labor e procurar o repouso corporal, parece que se referem ao mesmo, isto é, à preguiça. Portanto, a acídia não é nada mais do que preguiça. Isso, porém, parece falso, porque a preguiça se opõe à solicitude, enquanto a acídia se opõe à alegria. Logo, a acídia não é um vício especial.

Em sentido contrário, Gregório distingue a acídia dos outros vícios. Ela é, pois, um vício especial.

Respondo. Sendo a acídia uma tristeza a respeito do bem espiritual, considerado em sua acepção geral, ela não tem a razão de um vício especial. De fato, todo vício, como se disse, foge do bem

---

2 Parall.: *De Malo,* q. 11, a. 2.

1. Art. praec.
2. C. 45, al. 17, in vet. 31: ML 76, 621 A.
3. 1 a.

refugit spirituale bonum virtutis oppositae. — Similiter etiam non potest dici quod sit speciale vitium acedia inquantum refugit spirituale bonum prout est laboriosum vel molestum corpori, aut delectationis eius impeditivum: quia hoc etiam non separaret acediam a vitiis carnalibus, quibus aliquis quietem et delectationem corporis quaerit.

Et ideo dicendum est quod in spiritualibus bonis est quidam ordo: nam omnia spiritualia bona quae sunt in actibus singularum virtutum ordinantur ad unum spirituale bonum quod est bonum divinum, circa quod est specialis virtus, quae est caritas. Unde ad quamlibet virtutem pertinet gaudere de proprio spirituali bono, quod consistit in proprio actu: sed ad caritatem pertinet specialiter illud gaudium spirituale quo quis gaudet de bono divino. Et similiter illa tristitia qua quis tristatur de bono spirituali quod est in actibus singularum virtutum non pertinet ad aliquod vitium speciale, sed ad omnia vitia. Sed tristari de bono divino, de quo caritas gaudet, pertinet ad speciale vitium, quod acedia vocatur.

Et per hoc patet responsio AD OBIECTA.

da virtude oposta. — Assim também, não se pode dizer que a acídia seja uma vício especial porque ela foge do bem espiritual laborioso ou penoso para o corpo, ou impede seu prazer, isso não a distinguiria dos vícios carnais pelos quais alguém procura o repouso e o prazer do corpo.

Deve-se dizer que há uma ordem entre os bens espirituais. Todos os bens espirituais que se encontram nos atos de cada virtude são ordenados a um bem espiritual único, que é o bem divino, ao qual diz respeito uma virtude especial, a caridade. Compete, pois, a cada virtude alegrar-se por seu bem espiritual próprio, que se encontra em seu ato próprio; mas a alegria espiritual que se alegra com o bem divino, compete especialmente à caridade. Assim também, a tristeza em relação ao bem espiritual, que se encontra nos atos de cada virtude, não pertence a um vício especial, mas a todos os vícios. Ao contrário, entristecer-se com o bem divino, com o qual a caridade se alegra, isso pertence a um vício especial que se chama acídia[e].

Assim se responde claramente às OBJEÇÕES.

ARTICULUS 3
Utrum acedia sit peccatum mortale

AD TERTIUM SIC PROCEDITUR. Videtur quod acedia non sit peccatum mortale.

1. Omne enim peccatum mortale contrariatur praecepto legis Dei. Sed acedia nulli praecepto contrariari videtur: ut patet discurrenti per singula praecepta decalogi. Ergo acedia non est peccatum mortale.

2. PRAETEREA, peccatum operis in eodem genere non est minus quam peccatum cordis. Sed recedere opere ab aliquo spirituali bono in Deum ducente non est peccatum mortale: alioquin mortaliter peccaret quicumque consilia non observaret. Ergo recedere corde per tristitiam ab huiusmodi spiritualibus operibus non est peccatum mortale. Non ergo acedia est peccatum mortale.

3. PRAETEREA, nullum peccatum mortale in viris perfectis invenitur. Sed acedia invenitur in viris perfectis: dicit enim Cassianus, in lib. X *de Institutis Coenobiorum*[1], quod acedia est *solita-*

ARTIGO 3
A acídia é um pecado mortal?

QUANTO AO TERCEIRO, ASSIM SE PROCEDE: parece que a acídia **não** é um pecado mortal.

1. Com efeito, todo pecado mortal se opõe a um preceito da lei divina. Ora, a acídia parece não se opor a nenhum preceito, como se vê examinando um após outro os preceitos do decálogo. Logo, a acídia não é pecado mortal.

2. ALÉM DISSO, um pecado de ação não é menor do que um pecado do coração pertencente ao mesmo gênero. Ora, agir afastando-se de um bem espiritual que leva a Deus não é pecado mortal; senão, quem não observasse os conselhos pecaria mortalmente. Logo, afastar-se pela tristeza dessas obras espirituais não é pecado mortal. Portanto, a acídia não é um pecado mortal.

3. ADEMAIS, não se encontra pecado mortal nos homens perfeitos. Ora, entre eles encontra-se a acídia, e Cassiano pode dizer que a acídia "é sobretudo experimentada pelos solitários e é o

---

3 PARALL.: *De Malo*, q. 11, a. 3.
   1. C. 1: ML 49, 363 A.

---

e. Todo vício acarreta uma certa tristeza. A acédia só é um "vício especial" se a considerarmos como entristecendo-se pelo bem divino, objeto (e alegria) da caridade. A acedia é, ao que se diz, um "vício teologal".

riis magis experta, et in eremo commorantibus infestior hostis ac frequens. Ergo acedia non est peccatum mortale.

SED CONTRA est quod dicitur 2Cor 7,10: *Tristitia saeculi mortem operatur.* Sed huiusmodi est acedia: non enim est *tristitia secundum Deum,* quae contra tristitiam saeculi dividitur, quae mortem operatur. Ergo est peccatum mortale.

RESPONDEO dicendum quod, sicut supra[2] dictum est, peccatum mortale dicitur quod tollit spiritualem vitam, quae est per caritatem, secundum quam Deus nos inhabitat: unde illud peccatum ex suo genere est mortale quod de se, secundum propriam rationem, contrariatur caritati. Huiusmodi autem est acedia. Nam proprius effectus caritatis est gaudium de Deo, ut supra[3] dictum est: acedia autem est tristitia de bono spirituali inquantum est bonum divinum. Unde secundum suum genus acedia est peccatum mortale.

Sed considerandum est in omnibus peccatis quae sunt secundum suum genus mortalia quod non sunt mortalia nisi quando suam perfectionem consequuntur. Est autem consummatio peccati in consensu rationis: loquimur enim nunc de peccato humano, quod in actu humano consistit, cuius principium est ratio. Unde si sit inchoatio peccati in sola sensualitate, et non pertingat usque ad consensum rationis, propter imperfectionem actus est peccatum veniale. Sicut in genere adulterii concupiscentia quae consistit in sola sensualitate est peccatum veniale; si tamen pervenitur usque ad consensum rationis, est peccatum mortale. Ita etiam et motus acediae in sola sensualitate quandoque est, propter repugnantiam carnis ad spiritum: et tunc est peccatum veniale. Quandoque vero pertingit usque ad rationem, quae consentit in fugam et horrorem et detestationem boni divini, carne omnino contra spiritum praevalente. Et tunc manifestum est quod acedia est peccatum mortale.

AD PRIMUM ergo dicendum quod acedia contrariatur praecepto de sanctificatione sabbati, in quo, secundum quod est praeceptum morale, praecipitur quies mentis in Deo, cui contrariatur tristitia mentis de bono divino.

inimigo mais pernicioso e o mais frequente para aqueles que moram no deserto". Logo, a acídia não é um pecado mortal.

EM SENTIDO CONTRÁRIO, a segunda Carta aos Coríntios diz: "A tristeza deste mundo produz a morte". Ora, a acídia é tal pois não é uma "tristeza segundo Deus", a qual se opõe à tristeza deste mundo, que produz a morte. Logo, ela é pecado mortal.

RESPONDO. Como foi dito anteriormente, chama-se pecado mortal aquele que destrói a vida espiritual. Esta vem da caridade segundo a qual Deus habita em nós. Por isso um pecado é mortal em razão de seu gênero quando, por si mesmo, segundo sua razão própria, se opõe à caridade. Ora, é o caso da acídia. O efeito próprio da caridade, já foi dito, é a alegria que vem de Deus; ao passo que a acídia é a tristeza a respeito do bem espiritual enquanto bem divino. Por isso, em razão de seu gênero, a acídia é pecado mortal.

No entanto, é preciso considerar que os pecados que, por seu gênero, são mortais, só o são se atingirem sua perfeição, pois o acabamento do pecado está no consentimento da razão. Falamos agora, de fato, do pecado humano que consiste num ato humano, cujo princípio é a razão. Por isso, o pecado que começa apenas na sensualidade, sem chegar ao consentimento da razão, é pecado venial por causa do caráter imperfeito de seu ato. Em matéria de adultério, o desejo que permanece apenas na sensualidade é pecado venial, mas se chegar ao consentimento da razão, é pecado mortal. E ainda, um movimento de acídia existe por vezes apenas na sensualidade, em razão da oposição da carne ao espírito, e é então pecado venial. Mas às vezes o movimento de acídia chega até à razão que consente em fugir do bem divino, repeli-lo e detestá-lo, prevalecendo a carne totalmente contra o espírito. É evidente então que a acídia é pecado mortal.

QUANTO AO 1º, portanto, deve-se dizer que a acídia se opõe ao preceito de santificação do sábado que prescreve, enquanto preceito moral, o repouso da alma em Deus. A isso se opõe a tristeza espiritual em relação ao bem divino[f].

---

2. I-II, q. 72, a. 5; q. 88, a. 1, 2.
3. Q. 28, a. 1.

f. É um princípio, evocado na objeção, que devemos reconhecer como pecado mortal (objetivamente, pondo-se de lado a intenção do pecador) o que se opõe a um preceito do decálogo. Então, a qual se opõe a acídia? Sto. Tomás responde: ao que impõe a santificação do sábado. O mandamento quer, com efeito, que nos ocupemos com as coisas divinas, repousemos em Deus como em nossa mais profunda alegria. A conclusão vale o que vale o argumento. Há outros para manifestar sua gravidade, e fazer dela um "vício capital".

AD SECUNDUM dicendum quod acedia non est recessus mentalis a quocumque spirituali bono, sed a bono divino, cui oportet mentem inhaerere ex necessitate. Unde si aliquis contristetur de hoc quod aliquis cogit eum implere opera virtutis quae facere non tenetur, non est peccatum acediae: sed quando contristatur in his quae ei imminent facienda propter Deum.

AD TERTIUM dicendum quod in viris sanctis inveniuntur aliqui imperfecti motus acediae, qui tamen non pertingunt usque ad consensum rationis.

ARTICULUS 4
Utrum acedia debeat poni vitium capitale

AD QUARTUM SIC PROCEDITUR. Videtur quod acedia non debeat poni vitium capitale.

1. Vitium enim capitale dicitur quod movet ad actus peccatorum, ut supra[1] habitum est. Sed acedia non movet ad agendum, sed magis retrahit ab agendo. Ergo non debet poni vitium capitale.

2. PRAETEREA, vitium capitale habet filias sibi deputatas. Assignat autem Gregorius, XXXI *Moral.*[2], sex filias acediae, quae sunt *malitia, rancor, pusillanimitas, desperatio, torpor circa praecepta, e vagatio mentis circa illicita*: quae non videntur convenienter oriri ex acedia. Nam rancor idem esse videtur quod odium, quod oritur ex invidia, ut supra[3] dictum est. Malitia autem est genus ad omnia vitia, et similiter vagatio mentis circa illicita, et in omnibus vitiis inveniuntur. Torpor autem circa praecepta idem videtur esse quod acedia. Pusillanimitas autem et desperatio ex quibuscumque peccatis oriri possunt. Non ergo convenienter ponitur acedia esse vitium capitale.

3. PRAETEREA, Isidorus, in libro *de Summo Bono*[4], distinguit vitium acediae a vitio tristitiae, dicens tristitiam esse inquantum recedit a graviori et laborioso ad quod tenetur; acediam inquantum se convertit ad quietem indebitam. Et dicit[5] de tristitia oriri *rancorem, pusillanimitatem, amaritudinem, desperationem*: de acedia vero dicit oriri septem, quae sunt *otiositas, somnolentia, impor-*

QUANTO AO 2º, deve-se dizer que a acídia não é o distanciamento da alma de um bem espiritual qualquer, mas de um bem divino, ao qual a alma deve se unir necessariamente. Se alguém se entristece porque se vê obrigado a realizar obras de virtude às quais não é obrigado, não comete o pecado de acídia. Mas o comete quando se entristece pelo que deve realizar para Deus.

QUANTO AO 3º, deve-se dizer que entre as pessoas santas encontram-se movimentos imperfeitos de acídia, que não chegam, porém, até o consentimento da razão.

ARTIGO 4
A acídia deve ser considerada um vício capital?

QUANTO AO QUARTO, ASSIM SE PROCEDE: parece que a acídia **não** deve ser considerada um vício capital.

1. Com efeito, chama-se vício capital aquele que move a atos de pecado, já foi dito. Ora, a acídia não move a agir, antes impede o agir. Logo, não é um vício capital.

2. ALÉM DISSO, o vício capital tem determinadas filhas. Gregório atribui à acídia seis filhas que são "a malícia, o rancor, a pusilanimidade, o desespero, o torpor em relação aos mandamentos, a divagação da alma por coisas proibidas", que não parecem nascer propriamente da acídia. O rancor parece ser idêntico ao ódio, e este nasce da inveja, como foi visto. A malícia é um gênero que engloba todos os vícios, assim como a divagação da alma por coisas proibidas. O torpor em relação aos mandamentos parece idêntico à acídia. Quanto à pusilanimidade e ao desespero, podem provir de qualquer pecado. Não é, pois, exato considerar a acídia um vício capital.

3. ADEMAIS, Isidoro distingue o vício da acídia do vício da tristeza. Há tristeza, diz ele, quando a gente se afasta de algo oneroso e penoso ao qual se está obrigado; acídia, quando a gente se deixa levar a um repouso culpável. E acrescenta que a tristeza produz "o rancor, a pusilanimidade, a amargura, o desespero"; e que a acídia tem sete filhas: a ociosidade, a indolência, a agitação da

---

4   PARALL.: Infra, q. 36, a. 4; II *Sent.*, dist. 42, q. 2, a. 3; *De Malo*, q. 11, a. 4.
    1. Q. 34, a. 5.
    2. C. 45, al. 17, in vet. 31, n. 88: ML 76, 621 B.
    3. Q. 34, a. 6.
    4. Al. *Sentent.*, l. II, c. 37: ML 83, 638 C.
    5. *Quaest. in Vet. Test.*, In Deut., c. 16, super 7, 1: ML 83, 366 CD.

tunitas mentis, inquietudo corporis, instabilitas, verbositas, curiositas. Ergo videtur quod vel a Gregorio vel ab Isidoro male assignetur acedia vitium capitale cum suis filiabus.

SED CONTRA est quod Gregorius dicit, XXXI *Moral*.[6], acediam esse vitium capitale et habere praedictas filias.

RESPONDEO dicendum quod, sicut supra[7] dictum est, vitium capitale dicitur ex quo promptum est ut alia vitia oriantur secundum rationem causae finalis. Sicut autem homines multa operantur propter delectationem, tum ut ipsam consequantur, tum etiam ex eius impetu ad aliquid agendum permoti; ita etiam propter tristitiam multa operantur, vel ut ipsam evitent, vel ex eius pondere in aliqua agenda proruentes. Unde cum acedia sit tristitia quaedam, ut supra[8] dictum est, convenienter ponitur vitium capitale.

AD PRIMUM ergo dicendum quod acedia, aggravando animum, impedit hominem ab illis operibus quae tristitiam causant. Sed tamen inducit animum ad aliqua agenda vel quae sunt tristitiae consona, sicut ad plorandum; vel etiam ad aliqua per quae tristitia evitatur.

AD SECUNDUM dicendum quod Gregorius convenienter assignat filias acediae. Quia enim, ut Philosophus dicit, in VIII *Ethic*.[9], *nullus diu absque delectatione potest manere cum tristitia*, necesse est quod ex tristitia aliquid dupliciter oriatur: uno modo, ut homo recedat a contristantibus; alio modo, ut ad alia transeat in quibus delectatur, sicut illi qui non possunt gaudere in spiritualibus delectationibus transferunt se ad corporales, secundum Philosophum, in X *Ethic*.[10]. In fuga autem tristitiae talis processus attenditur quod primo homo fugit contristantia; secundo, etiam impugnat ea quae tristitiam ingerunt. Spiritualia autem bona, de quibus tristatur acedia, sunt et finis et id quod est ad finem. Fuga autem finis fit per *desperationem*. Fuga autem bonorum quae sunt ad finem, quantum

alma, a inquietude, a instabilidade, a tagarelice, a curiosidade. Logo, parece que Gregório ou Isidoro elenca mal a acídia com suas filhas entre os vícios capitais.

EM SENTIDO CONTRÁRIO, Gregório afirma que a acídia é um vício capital e que ela tem as filhas que foram ditas.

RESPONDO. Como foi dito, um vício capital é aquele que facilmente gera outros vícios segundo a razão de causa final. Assim como os homens fazem um grande esforço por causa do prazer, seja para obtê-lo, seja porque o impulso do prazer os impele a fazer algo, assim também fazem um grande esforço por causa da tristeza, seja para evitá-la, seja porque, por ela pressionados, apressam-se em fazer outra coisa. Por isso, sendo a acídia uma tristeza, como foi dito, é conveniente que se afirme como um vício capital.

QUANTO AO 1º, portanto, deve-se dizer que a acídia, pesando sobre o espírito, impede o homem de atividades que causam a tristeza. Mas, leva também a certos atos consoantes com a tristeza, como o chorar, ou também a outros que a tristeza evita.

QUANTO AO 2º, deve-se dizer que Gregório[g] designou as filhas da acídia como devia. Com efeito, segundo o Filósofo, "ninguém pode ficar muito tempo sem prazer em companhia da tristeza". Por isso a tristeza tem necessariamente dois resultados; leva o homem a se afastar do que o entristece; e o faz passar a outras atividades nas quais encontra seu prazer. Assim, os que não podem alegrar-se com as alegrias espirituais voltam-se para as alegrias corporais, segundo o Filósofo. Nesse movimento de fuga em relação à tristeza, observa-se o seguinte processo: primeiro, o homem foge das coisas que o entristecem; em seguida, combate o que lhe traz tristeza. Ora, os bens espirituais com os quais a acídia se entristece são o fim e os meios para o fim. Foge-se do fim

---

6. C. 45, al. 17, in vet. 31, n. 88: ML 76, 621 A, B.
7. I-II, q. 84, a. 3, 4.
8. Art. 1.
9. Cc. 6, 7: 1157, b, 15-17; 1158, a, 23-25.
10. C. 6: 1176, b, 19-28.

g. Sto. Tomás se referiu a São Gregório para estabelecer a lista dos sete pecados capitais (ver I-II, q. 84, a. 4, *s.c.*). Cassiano nomeia oito, distinguindo tristeza e acídia. Pedro Lombardo dirá "a acídia ou a tristeza". Para as "filhas da acídia", Sto. Tomás reúne as listas que ele encontra em Isidoro e Gregório, e as classifica assim: as que fogem ao que entristece; seja renunciando: ao fim espiritual (*desespero*), aos meios (*pusilanimidade e torpor* face aos preceitos divinos); seja atacando as pessoas (*rancor*), os bens espirituais (*malícia*); seja por vagabundagem espiritual, ou lançando-se em atividades de compensação: *busca de outras satisfações, curiosidade, tagarelice, agitações, instabilidade* ou *inconstância*... Tudo isso, que pode parecer apenas engenhoso, é igualmente rico de experiência espiritual.

ad ardua, quae subsunt consiliis, fit per *pusillanimitatem*; quantum autem ad ea quae pertinent ad communem iustitiam, fit per *torporem circa praecepta*. — Impugnatio autem contristantium bonorum spiritualium quandoque quidem est contra homines qui ad bona spiritualia inducunt, et hoc est *rancor*; quandoque vero se extendit ad ipsa spiritualia bona, in quorum detestationem aliquis adducitur, et hoc proprie est *malitia*. — Inquantum autem propter tristitiam a spiritualibus aliquis transfert se ad delectabilia exteriora, ponitur filia acediae *evagatio circa illicita*.

Per quod patet responsio ad ea quae circa singulas filias obiiciebantur. Nam malitia non accipitur hic secundum quod est genus vitiorum, sed sicut dictum est. Rancor etiam non accipitur hic communiter pro odio, sed pro quadam indignatione, sicut dictum est. Et idem dicendum est de aliis.

AD TERTIUM dicendum quod etiam Cassianus, in libro *de Institutis Coenob*.[11], distinguit tristitiam ab acedia: sed convenientius Gregorius[12] acediam tristitiam nominat. Quia sicut supra[13] dictum est, tristitia non est vitium ab aliis distinctum secundum quod aliquis recedit a gravi et laborioso opere, vel secundum quascumque alias causas aliquis tristetur: sed solum secundum quod contristatur de bono divino. Quod pertinet ad rationem acediae, quae intantum convertit ad quietem indebitam inquantum aspernatur bonum divinum.

Illa autem quae Isidorus ponit oriri ex tristitia et acedia reducuntur ad ea quae Gregorius ponit. Nam *amaritudo*, quam ponit Isidorus oriri ex tristitia, est quidam effectus rancoris. *Otiositas* autem et *somnolentia* reducuntur ad torporem circa praecepta: circa quae est aliquis otiosus, omnino ea praetermittens; et somnolentus, ea negligenter implens. Omnia autem alia quinque quae ponit ex acedia oriri pertinent ad evagationem mentis circa illicita. Quae quidem secundum quod in ipsa arce mentis resident volentis importune ad diversa se diffundere, vocatur *importunitas mentis*; secundum autem quod pertinet ad cognitionem, dicitur *curiositas*; quantum autem ad locutionem, dicitur *verbositas*; quantum autem ad corpus in eodem loco non manens, dicitur *inquietudo corporis*, quando

por *desespero*. Foge-se dos bens que são meios, quando se trata de bens difíceis pertencentes à via dos conselhos, pela *pusilanimidade*; quando se trata de bens que provêm da justiça comum, pelo *torpor em relação aos preceitos*. — O combate contra os bens espirituais entristecedores se dá por vezes contra os homens que os propõem, e surge então o *rancor*; por vezes o combate se estende contra os próprios bens espirituais, o que leva a detestá-los, e surge então a *malícia* propriamente dita. — Enfim, quando por causa da tristeza alguém passa dos bens espirituais para os prazeres exteriores, a filha da acídia é então a *divagação por coisas proibidas*.

A resposta às objeções feitas a cada uma das filhas da acídia é, pois, clara. Com efeito, a malícia não é tomada aqui como o gênero dos vícios, mas como foi dito. O rancor não é tomado aqui no sentido geral de ódio, mas de indignação, como foi dito. E é preciso dizer a mesma coisa das outras filhas da acídia.

QUANTO AO 3º, deve-se dizer que Cassiano também distingue a tristeza da acídia; mas Gregório é mais exato chamando a acídia de tristeza. Porque, como foi dito, a tristeza não é um vício distinto dos outros enquanto alguém evita um trabalho penoso e fatigante, ou enquanto alguém se entristece por algum outro motivo, mas enquanto alguém se entristece com o bem divino. Isso faz parte da razão de acídia, que se volta para um repouso indevido, enquanto desdenha o bem divino.

Mas aquilo que Isidoro atribui à tristeza e à acídia se reduz às afirmações de Gregório. Porque a *amargura* que Isidoro faz nascer da tristeza é um efeito do rancor. A *ociosidade* e a *indolência* reduzem-se ao torpor a respeito dos mandamentos: o ocioso omite-os completamente, e o indolente cumpre-os com negligência. Os outros cinco vícios que Isidoro afirma nascer da acídia referem-se todos à divagação da alma por coisas proibidas. Esta, com efeito, quando se dissipa excessivamente em diferentes coisas, tem sua sede no cimo da alma, é chamada de *agitação do espírito*; quando se refere ao conhecimento, chama-se *curiosidade*; quando ao falar, chama-se *tagarelice*; quando se refere ao corpo, incapaz de permanecer num mesmo lugar, é chamada de *inquietude do corpo*,

---

11. L. X, c. 1: ML 49, 359 C.
12. *Moral*., l. XXXI, c. 45, al. 17, in vet. 31, nn. 87, 88: ML 76, 621 A, B.
13. Art. 2.

scilicet aliquis per inordinatos motus membrorum vagationem indicat mentis; quantum autem ad diversa loca, dicitur *instabilitas*. Vel potest accipi instabilitas secundum mutabilitatem propositi.

quando alguém, por movimentos desordenados dos membros, mostra a divagação da alma; quando se refere à diversidade de lugares, chama-se *instabilidade*. A instabilidade pode ser tomada por inconstância de propósitos.

QUAESTIO XXXVI
DE INVIDIA
in quatuor articulos divisa
Deinde considerandum est de invidia.
Et circa hoc quaeruntur quatuor.
Primo: quid sit invidia.
Secundo: utrum sit peccatum.
Tertio: utrum sit peccatum mortale.
Quarto: utrum sit vitium capitale, et de filiabus eius.

ARTICULUS 1
Utrum invidia sit tristitia

AD PRIMUM SIC PROCEDITUR. Videtur quod invidia non sit tristitia.
1. Obiectum enim tristitiae est malum. Sed obiectum invidiae est bonum: dicit enim Gregorius, in V *Moral.*[1], de invido loquens: *Tabescentem mentem sua poena sauciat, quam felicitas torquet aliena*. Ergo invidia non est tristitia.
2. PRAETEREA, similitudo non est causa tristitiae, sed magis delectationis. Sed similitudo est causa invidiae: dicit enim Philosophus, in II *Rhet.*[2]: *Invidebunt tales quibus sunt aliqui similes aut secundum genus, aut secundum cognationem,*

QUESTÃO 36
A INVEJA[a]
em quatro artigos
Deve-se tratar agora da inveja.
A esse respeito, são quatro as perguntas:
1. O que é a inveja?
2. É um pecado?
3. É um pecado mortal?
4. É um vício capital e quais são as suas filhas?

ARTIGO 1
A inveja é uma tristeza?

QUANTO AO PRIMEIRO ARTIGO, ASSIM SE PROCEDE: parece que a inveja **não** é uma tristeza.
1. Com efeito, a tristeza tem por objeto o mal. Ora, a inveja tem por objeto o bem, pois Gregório, falando do invejoso, diz: "Fere com sua pena a alma corrompida que a felicidade do outro tortura". Logo, a inveja não é uma tristeza.
2. ALÉM DISSO, a semelhança não é causa de tristeza e sim de alegria. Ora, a semelhança é causa da inveja. Com efeito, diz o Filósofo: "Sentirão inveja aqueles que têm pessoas que lhes são semelhantes segundo a raça ou o parentesco, segundo

---

[1] PARALL.: A. seq.; *De Malo*, q. 10, a. 1, ad 6; I *ad Cor*., c. 14, lect. 1.

1. C. 46, al. 31, in vet. 34, n. 85: ML 75, 728 B.
2. C. 10: 1387, b, 22-27.

a. Outro vício que se contrapõe à alegria: a inveja. Enquanto a alegria, a do bem de Deus ou do bem do próximo, é única, o mal que se opõe a ela desagrega e é duplo: acídia, isto é, tristeza em relação ao bem divino; e inveja, tristeza em relação ao bem do próximo. Desse ponto de vista, distinguimos imediatamente as tristezas que podem atingir-nos a propósito de outrem. Nós o amamos por "amizade", por si mesmo, e sofremos do mal que o atinge: é a *compaixão*, pode ser a *misericórdia*. Essas tristezas são boas. Ou então o amamos em relação a nós, isto é, por "cobiça"; então esse amor pode nos fazer sofrer por seu mal, mas também por seu bem, considerado como mal para nós. É aqui que poderá se situa a *inveja*.

Como a moral centrada em torno da ideia de *virtude* e não a moral sempre árida sistematizada em torno da ideia de preceito exige uma observação psicológica, Sto. Tomás nos fornece, a propósito das virtudes e dos vícios, elementos de "retratos", como podem nos proporcionar os "moralistas". Com a diferença de que o retrato é feito na perspectiva de uma vida cristã, condicionada pela fé em Cristo e em seus sacramentos na Igreja.

aut secundum staturam, aut secundum habitum, aut secundum opinionem. Ergo invidia non est tristitia.

3. Praeterea, tristitia ex aliquo defectu causatur: unde illi qui sunt in magno defectu sunt ad tristitiam proni, ut supra[3] dictum est, cum de passionibus ageretur. Sed illi *quibus modicum deficit, et qui sunt amatores honoris, et qui reputantur sapientes, sunt invidi*; ut patet per Philosophum, in II *Rhet.*[4]. Ergo invidia non est tristitia.

4. Praeterea, tristitia delectationi opponitur. Oppositorum autem non est eadem causa. Ergo, cum memoria bonorum habitorum sit causa delectationis, ut supra[5] dictum est, non erit causa tristitiae. Est autem causa invidiae: dicit enim Philosophus, in II *Rhet.*[6], quod his aliqui invident *qui habent aut possederunt quae ipsis conveniebant aut quae ipsi quandoque possidebant*. Ergo invidia non est tristitia.

Sed contra est quod Damascenus, in II libro[7], ponit invidiam speciem tristitiae, et dicit quod invidia est *tristitia in alienis bonis*.

Respondeo dicendum quod obiectum tristitiae est malum proprium. Contingit autem id quod est alienum bonum apprehendi ut malum proprium. Et secundum hoc de bono alieno potest esse tristitia. Sed hoc contingit dupliciter. Uno modo, quando quis tristatur de bono alicuius inquantum imminet sibi ex hoc periculum alicuius nocumenti: sicut cum homo tristatur de exaltatione inimici sui, timens ne eum laedat. Et talis tristitia non est invidia, sed magis timoris effectus; ut Philosophus dicit, in II *Rhet.*[8]. Alio modo bonum alterius aestimatur ut malum proprium inquantum est diminutivum propriae gloriae vel excellentiae. Et hoc modo de bono alterius tristatur invidia. Et ideo praecipue de illis bonis homines invident *in quibus est gloria, et in quibus homines amant honorari et in opinione esse*; ut Philosophus dicit, in II *Rhet.*[9].

o porte, o comportamento ou a opinião". Logo, a inveja não é uma tristeza.

3. Ademais, a tristeza é causada por uma deficiência. Por isso, aqueles aos quais falta muita cousa são inclinados à tristeza, como foi dito ao estudar as paixões. Ora, aqueles "aos quais falta pouca coisa, que amam as honras, que são considerados sábios, são invejosos", segundo o Filósofo. Logo, a inveja não é uma tristeza.

4. Ademais, a tristeza se opõe ao prazer. Ora, os contrários não podem ter a mesma causa. Portanto, foi dito que a lembrança dos bens que foram possuídos, sendo causa de prazer, não será causa de tristeza. Ora, tal lembrança é causa de inveja. Com efeito, o Filósofo diz que alguns invejam "aqueles que possuem ou possuíram os bens que lhes convinham, ou que eles mesmos tinham por vezes possuído". Logo, a inveja não é uma tristeza.

Em sentido contrário, Damasceno afirma que a inveja é uma espécie de tristeza e diz que a inveja é "uma tristeza dos bens do outro".

Respondo. A tristeza tem por objeto um mal pessoal. Ora, acontece que o bem do outro é considerado um mal pessoal. Nesse sentido, o bem do outro pode ser objeto de tristeza. E isso de duas maneiras: ou nos entristecemos com o bem do outro porque ele nos ameaça de algum prejuízo; é o caso do homem que se entristece com a promoção de seu inimigo, porque teme ser prejudicado. Tal tristeza não é inveja; é antes um efeito do medo, segundo o Filósofo. Ou o bem do outro é considerado um mal pessoal na medida em que diminui nossa glória e nossa excelência. É assim que a inveja se entristece com o bem do outro. Eis porque se inveja sobretudo "os bens que comportam a glória, e nos quais os homens amam ser honrados e ter fama", diz o Filósofo[b].

---

3. I-II, q. 47, a. 3.
4. C. 10: 1387, b, 27-33.
5. I-II, q. 32, a. 3.
6. C. 10: 1388, a, 20-21.
7. *De fide orth.*, l. II, c. 14: MG 94, 932 B.
8. C. 9: 1386, b, 22-23.
9. C. 10: 1387, b, 35-1388, a, 2.

b. Entre as quatro espécies de tristezas que Sto. Tomás havia enumerado — misericórdia, inveja, angústia, acídia (em um sentido específico), I-II, q. 35, a. 8 —, a inveja havia sido definida como uma tristeza diante de outrem.
Diante de outrem, porém, podemos ser atingidos de duas maneiras: ou não somos de porte a enfrentar o *mal* que ele nos faz ou quer nos fazer; resulta do medo, ou do *temor*; ou temos um sentimento de abatimento diante do bem que ele representa ou possui, nossa reputação é atingida, e trata-se propriamente da *inveja*. Invejamos ao outro sua beleza, saúde, fortuna, poder...

AD PRIMUM ergo dicendum quod nihil prohibet id quod est bonum uni apprehendi ut malum alteri. Et secundum hoc tristitia aliqua potest esse de bono, ut dictum est[10].

AD SECUNDUM dicendum quod quia invidia est de gloria alterius inquantum diminuit gloriam quam quis appetit, consequens est ut ad illos tantum invidia habeatur quibus homo vult se aequare vel praeferre in gloria. Hoc autem non est respectu multum a se distantium: nullus enim, nisi insanus, studet se aequare vel praeferre in gloria his qui sunt multo eo maiores, puta plebeius homo regi; vel etiam rex plebeio, quem multum excedit. Et ideo his qui multum distant vel loco vel tempore vel statu homo non invidet: sed his qui sunt propinqui, quibus se nititur aequare vel praeferre. Nam cum illi excedunt in gloria, accidit hoc contra nostram utilitatem, et inde causatur tristitia. Similitudo autem delectationem causat inquantum concordat voluntati.

AD TERTIUM dicendum quod nullus conatur ad ea in quibus est multum deficiens. Et ideo cum aliquis in hoc eum excedat, non invidet. Sed si modicum deficiat, videtur quod ad hoc pertingere possit, et sic ad hoc conatur. Unde si frustraretur eius conatus propter excessum gloriae alterius, tristatur. Et inde est quod amatores honoris sunt magis invidi. Et similiter etiam pusillanimes sunt invidi: quia omnia reputant magna, et quidquid boni alicui accidat, reputant se in magno superatos esse. Unde et Iob 5,2 dicitur: *Parvulum occidit invidia*. Et dicit Gregorius, in *V Moral*.[11], quod *invidere non possumus nisi eis quos nobis in aliquo meliores putamus*.

AD QUARTUM dicendum quod memoria praeteritorum bonorum, inquantum fuerunt habita, delectationem causat: sed inquantum sunt amissa, causant tristitiam. Et inquantum ab aliis habentur, causant invidiam: quia hoc maxime videtur gloriae propriae derogare. Et ideo dicit Philosophus, in II

QUANTO AO 1º, portanto, deve-se dizer que nada impede que o que é bom para um seja considerado mal para outro. Nesse sentido, a tristeza pode provir de um bem, como foi dito.

QUANTO AO 2º, deve-se dizer que a inveja se refere à glória do outro enquanto esta diminui a glória que se deseja. Em consequência, alguém inveja somente os que quer igualar ou ultrapassar em glória. Ora, isso não é possível com aqueles que estão muito distantes; ninguém, com efeito, a não ser que seja insensato, procura igualar ou ultrapassar em glória aqueles que são muito superiores. O homem do povo, por exemplo, não inveja o rei, nem o rei o homem do povo, que ele ultrapassa em muito. Assim, o homem não inveja os que estão muito distantes dele, pelo lugar, pelo tempo, ou pela situação, mas inveja os que lhe estão próximos, os quais se esforça por igualar ou ultrapassar. É contra o nosso interesse que estes nos ultrapassem em glória, e daí resulta a tristeza. A semelhança causa a alegria, na medida em que tem o acordo da vontade[c].

QUANTO AO 3º, deve-se dizer que ninguém se esforça por aquelas coisas nas quais é muito deficiente. Portanto, não se tem inveja de quem nessas coisas está muito acima. Se, porém, a deficiência for pouca, parece possível atingir tal bem, e então nos esforçamos. Se este esforço fracassa porque o outro tem muita glória, nos entristecemos. Por isso, os que amam as honras são os mais invejosos. Assim também os pusilânimes são invejosos, porque, julgam tudo grande e tudo o que acontece de bom a alguém, julgam que foram grandemente superados. Por isso está dito no livro de Jó: "A inveja faz o pequeno morrer". E Gregório: "Podemos invejar somente aqueles que estimamos melhores do que nós em algum ponto".

QUANTO AO 4º, deve-se dizer que a lembrança dos bens passados, enquanto os possuímos, causa prazer; mas enquanto os perdemos, causa tristeza. E enquanto são possuídos por outros, causam inveja, pois é sobretudo isso que parece diminuir a glória pessoal. Por isso, o Filósofo observa que

---

10. In corp.
11. C. 46, al. 31, in vet. 33, n. 84: ML 75, 727 D.

c. A inveja supõe uma fraqueza. Cada um tem sua pequena parte de baixeza, e tem vergonha de mostrá-lo. O magnânimo não é invejoso. Aquele que está repleto de esperança tampouco: nada lhe parece grande fora de Deus, que ele espera. A psicologia do invejoso o encerra na pequenez e muitas vezes na pusilanimidade. As grandes e verdadeiras glórias o deixam indiferente. Quer mal a quem o cerca. A inveja floresce entre próximos. Os que estão muito perto do sucesso de um outro são facilmente suscetíveis; os pusilânimes se sentem rapidamente lesados pelo que veem à sua volta. Como crianças (r. 3). Ou então, referindo-se ao passado, os que conquistaram a duras penas um êxito outrora invejam os que, hoje, alcançam o mesmo com menos custo (r. 4). E assim por diante.

Rhet.¹², quod *senes invident iunioribus; et illi qui multa expenderunt ad aliquid consequendum invident his qui parvis expensis illud sunt consecuti*; dolent enim de amissione suorum bonorum, et de hoc quod alii consecuti sunt bona.

Articulus 2
Utrum invidia sit peccatum

AD SECUNDUM SIC PROCEDITUR. Videtur quod invidia non sit peccatum.

1. Dicit enim Hieronymus, *ad Laetam, de Instruct. Filiae*¹: *Habeat socias cum quibus discat, quibus invideat, quarum laudibus mordeatur*. Sed nullus est sollicitandus ad peccandum. Ergo invidia non est peccatum.

2. PRAETEREA, invidia est *tristitia de alienis bonis*, ut Damascenus dicit². Sed hoc quandoque laudabiliter fit: dicitur enim Pr 29,2: *Cum impii sumpserint principatum, gemet populus*. Ergo invidia non semper est peccatum.

3. PRAETEREA, invidia zelum quendam nominat. Sed zelus quidam est bonus: secundum illud Ps 68,10: *Zelus domus tuae comedit me*. Ergo invidia non semper est peccatum.

4. PRAETEREA, poena dividitur contra culpam. Sed invidia est quaedam poena: dicit enim Gregorius, V *Moral*.³: *Cum devictum cor livoris putredo corruperit, ipsa quoque exteriora indicant quam graviter animum vesania instigat: color quippe pallore afficitur, oculi deprimuntur, mens accenditur, membra frigescunt, fit in cogitatione rabies, in dentibus stridor*. Ergo invidia non est peccatum.

SED CONTRA est quod dicitur Gl 5,26: *Non efficiamur inanis gloriae cupidi, invicem provocantes, invicem invidentes*.

RESPONDEO dicendum quod, sicut dictum est⁴, invidia est *tristitia de alienis bonis*. Sed haec tristitia potest contingere quatuor modis. Uno quidem modo, quando aliquis dolet de bono alicuius inquantum ex eo timetur nocumentum vel sibi ipsi vel etiam aliis bonis. Et talis tristitia non est invidia, ut dictum est⁵; et potest esse sine peccato.

"os idosos invejam os jovens, e os que pagaram caro suas aquisições invejam os que as fizeram com pouco gasto". Com efeito, eles se afligem com a perda de seus bens e com o fato de outros os adquirirem.

Artigo 2
A inveja é um pecado?

QUANTO AO SEGUNDO, ASSIM SE PROCEDE: parece que a inveja **não** é um pecado.

1. Com efeito, Jerônimo escreve a Leda sobre a educação de sua filha: "Que ela tenha companheiras de estudo que possa invejar, por cujos elogios se morda". Ora, ninguém deve ser incitado a pecar. Logo, a inveja não é um pecado.

2. ALÉM DISSO, a inveja é "a tristeza que o bem do outro causa", segundo Damasceno. Ora, esta tristeza pode ser louvável, porque está dito no livro dos Provérbios: "Quando os ímpios dominam, o povo geme". Logo, a inveja não é um pecado.

3. ADEMAIS, a inveja significa certo zelo. Ora, certo zelo é bom, segundo o Salmo: "O zelo da tua casa me devora". Logo, nem sempre a inveja é um pecado.

4. ADEMAIS, a pena se distingue da culpa. Ora, a inveja é uma pena, como o mostra Gregório: "Quando a podridão da inveja corromper um coração derrotado, os próprios sinais exteriores indicam a gravidade do delírio que se apodera do espírito: o rosto empalidece, os olhos se contraem, a alma se inflama, os membros se tornam frios, no pensamento nasce a raiva, os dentes rangem". Logo, a inveja não é um pecado.

EM SENTIDO CONTRÁRIO, a Carta aos Gálatas diz: "Não procuremos a vanglória provocando-nos uns aos outros, invejando-nos mutuamente".

RESPONDO. Foi dito que a inveja é uma tristeza pelo bem do outro. Essa tristeza pode acontecer de quatro maneiras. 1. Alguém se aflige com o bem do outro porque teme um dano para si mesmo e para outros bons. Esta tristeza não é inveja, já foi dito, e ela pode existir sem pecado. Por isso Gregório pode escrever: "Acontece muitas vezes

---

12. C. 10: 1388, a, 22-23.

PARALL.: Infra, q. 158, a. 1; *De Malo*, q. 10, a. 1; *in Psalı* 36.

1. Epist. 107, al. 7, n. 4: ML 22, 871.
2. *De fide orth.*, l. II, c. 14: MG 94, 932 B.
3. C. 46, al. 31, in vet. 34, n. 85: ML 75, 728 B.
4. Arg. 2.
5. Art. praec.

Unde Gregorius, XXII *Moral.*[6], ait: *Evenire plerumque solet ut, non amissa caritate, et inimici nos ruina laetificet, et rursum eius gloria sine invidiae culpa contristet, cum et ruente eo quosdam bene erigi credimus, et proficiente illo plerosque iniuste opprimi formidamus.*

Alio modo potest aliquis tristari de bono alterius, non ex eo quod ipse habet bonum, sed ex eo quod nobis deest bonum illud quod ipse habet. Et hoc proprie est zelus; ut Philosophus dicit, in II *Rhet.*[7]. Et si iste zelus sit circa bona honesta, laudabilis est: secundum illud 1Cor 14,1: *Aemulamini spiritualia*. Si autem sit de bonis temporalibus, potest esse cum peccato, et sine peccato.

Tertio modo aliquis tristatur de bono alterius inquantum ille cui accidit bonum est eo indignus. Quae quidem tristitia non potest oriri ex bonis honestis, ex quibus aliquis iustus efficitur; sed sicut Philosophus dicit, in II *Rhet.*[8], est de divitiis et de talibus, quae possunt provenire dignis et indignis. Et haec tristitia, secundum ipsum, vocatur *nemesis,* et pertinet ad bonos mores. Sed hoc ideo dicit quia considerabat ipsa bona temporalia secundum se, prout possunt magna videri non respicientibus ad aeterna. Sed secundum doctrinam fidei, temporalia bona quae indignis proveniunt ex iusta Dei ordinatione disponuntur vel ad eorum correctionem vel ad eorum damnationem: et huiusmodi bona quasi nihil sunt in comparatione ad bona futura, quae servantur bonis. Et ideo huiusmodi tristitia prohibetur in Scriptura sacra: secundum illud Ps 36,1: *Noli aemulari in malignantibus, neque zelaveris facientes iniquitatem.* Et alibi Ps 72,2-3: *Pene effusi sunt gressus mei, quia zelavi super iniquos pacem peccatorum videns.*

Quarto aliquis tristatur de bonis alicuius inquantum alter excedit ipsum in bonis. Et hoc proprie est invidia. Et istud semper est pravum, ut etiam Philosophus dicit, in II *Rhet.*[9]: quia dolet de eo de quo est gaudendum, scilicet de bono proximi.

AD PRIMUM ergo dicendum quod ibi sumitur invidia pro zelo quo quis debet incitari ad proficiendum cum melioribus.

que, sem faltar contra a caridade, a ruína do inimigo nos alegre, ou sua glória nos entristeça, sem que haja pecado de inveja, quando pensamos que sua queda permitirá que alguns se levantem, ou quando tememos que seu sucesso seja para muitos sinal de uma injusta opressão.

2. Alguém pode se entristecer com o bem do outro, não porque o outro possui um bem, mas porque esse bem nos falta. E isso é propriamente o zelo, segundo o Filósofo. Se esse zelo se refere a bens honestos, é então digno de louvor; a primeira Carta aos Coríntios diz: "Tenham emulação pelos bens espirituais". Referindo-se a bens temporais, pode ou não ser acompanhado de pecado.

3. Entristecemo-nos com o bem do outro quando o outro não é digno de tal bem. Essa tristeza não pode nascer de bens honestos que melhoram aquele que os recebe; mas, segundo o Filósofo, ela provém de riquezas e de bens desse gênero, que podem caber aos dignos como aos indignos. Tal tristeza, segundo ele, chama-se *nêmesis* ou indignação causada pela injustiça, e se refere aos bons costumes. Assim dizia por considerar os bens temporais em si mesmos, os quais podem parecer grandes a quem não está atento aos bens eternos. Mas segundo a doutrina da fé, os bens temporais que os indignos recebem, lhes são concedidos em virtude de uma justa ordenação de Deus, para sua emenda ou para sua condenação. Esses bens não têm, por assim dizer, nenhum valor em comparação com os bens futuros que são reservados aos bons. Por isso essa tristeza é proibida pela Escritura santa segundo o Salmo: "Não tenhas inveja dos pecadores, não invejes os que cometem a iniquidade". E num outro Salmo: "Ainda um pouco, e eu daria um passo em falso, porque estava com inveja dos ímpios, vendo a paz dos pecadores".

4. Alguém se entristece com o bem do outro quando o próximo tem mais bens. E isso é propriamente a inveja. Ela é sempre má, segundo o Filósofo, "porque se aflige com o que é preciso se alegrar, isto é, com o bem do próximo".

QUANTO AO 1º, portanto, deve-se dizer que a inveja é tomada aqui pelo zelo que nos deve fazer progredir em companhia dos melhores.

---

6. C. 11, al. 6, n. 23: ML 76, 226 D.
7. C. 11: 1388, a, 30-33.
8. C. 9: 1387, a, 11-16.
9. C. 12: 1388, a, 34-36.

AD SECUNDUM dicendum quod ratio illa procedit de tristitia alienorum bonorum secundum primum modum.

AD TERTIUM dicendum quod invidia differt a zelo, sicut dictum est[10]. Unde zelus aliquis potest esse bonus: sed invidia semper est mala.

AD QUARTUM dicendum quod nihil prohibet aliquod peccatum, ratione alicuius adiuncti, poenale esse; ut supra[11] dictum est, cum de peccatis ageretur.

QUANTO AO 2º, deve-se dizer que este argumento procede da tristeza do bem do outro, do qual falamos em primeiro lugar na resposta.

QUANTO AO 3º, deve-se dizer que a inveja difere do zelo, como foi dito. O zelo pode ser bom, enquanto a inveja é sempre má.

QUANTO AO 4º, deve-se dizer que nada impede que um pecado, quando se lhe acrescenta alguma coisa, tenha caráter de pena[d], como foi dito anteriormente ao tratar dos pecados.

Articulus 3
Utrum invidia sit peccatum mortale

AD TERTIUM SIC PROCEDITUR. Videtur quod invidia non sit peccatum mortale.

1. Invidia enim, cum sit tristitia, est passio appetitus sensitivi. Sed in sensualitate non est peccatum mortale, sed solum in ratione; ut patet per Augustinum, XII *de Trin*.[1]. Ergo invidia non est peccatum mortale.

2. PRAETEREA, in infantibus non potest esse peccatum mortale. Sed in eis potest esse invidia: dicit enim Augustinus, in I *Confess*.[2]: *Vidi ego et expertus sum zelantem puerum: nondum loquebatur, et intuebatur pallidus amaro aspectu collactaneum suum*. Ergo invidia non est peccatum mortale.

3. PRAETEREA, omne peccatum mortale alicui virtuti contrariatur. Sed invidia non contrariatur alicui virtuti, sed nemesi, quae est quaedam passio; ut patet per Philosophum, in II *Rhet*.[3]. Ergo invidia non est peccatum mortale.

SED CONTRA est quod dicitur Iob 5,2: *Parvulum occidit invidia*. Nihil autem occidit spiritualiter nisi peccatum mortale. Ergo invidia est peccatum mortale.

RESPONDEO dicendum quod invidia ex genere suo est peccatum mortale. Genus enim peccati ex obiecto consideratur. Invidia autem, secundum rationem sui obiecti, contrariatur caritati, per quam est vita animae spiritualis, secundum illud 1Io 3,14: *Nos scimus quoniam translati sumus*

Artigo 3
A inveja é um pecado mortal?

QUANTO AO TERCEIRO, ASSIM SE PROCEDE: parece que a inveja **não** é um pecado mortal.

1. Com efeito, sendo a inveja uma tristeza, é uma paixão do apetite sensível. Ora, o pecado mortal não se encontra na sensualidade, mas somente na razão; Agostinho o mostrou. Logo, a inveja não é pecado mortal.

2. ALÉM DISSO, não pode haver pecado mortal nas crianças. Ora, a inveja pode se encontrar nelas. Com efeito, diz Agostinho: "Eu vi, eu observei uma criança invejosa: ainda não falava e, pálida, olhava com aspecto amargo seu irmão de leite". Logo, a inveja não é pecado mortal.

3. ADEMAIS, todo pecado mortal se opõe a uma virtude. Ora, a inveja não se opõe a uma virtude, mas à indignação que é uma paixão, segundo o Filósofo. Logo, a inveja não é pecado mortal.

EM SENTIDO CONTRÁRIO, está escrito no livro de Jó: "A inveja faz o pequeno morrer". Ora, nada mata espiritualmente a não ser o pecado mortal. Logo, a inveja é pecado mortal.

RESPONDO. A inveja, em seu gênero, é pecado mortal. Considera-se o gênero de um pecado por seu objeto. Ora, a inveja, em razão de seu objeto, se opõe à caridade, que é a vida da alma espiritual, segundo a primeira Carta de João: "Sabemos que passamos da morte para a vida porque amamos

---

10. In corp.
11. I-II, q. 87, a. 2.

3 PARALL.: *De Malo*, q. 10, a. 2.

1. C. 12, n. 17: ML 42, 1007.
2. C. 7, n. 11: ML 32, 665-666.
3. C. 9: 1386, b, 16-20.

d. A psiquiatria conhece o delírio de perseguição, ou o sentimento mórbido de certas pessoas nervosas que se roem de inveja. As paixões também têm um impacto psicológico, que pode ser aqui disposição ao pecado ou efeito deste. Circunstâncias às vezes atenuantes, às vezes agravantes, se, por exemplo, se cultivou outrora semelhante disposição.

de morte ad vitam, quoniam diligimus fratres. Utriusque enim obiectum, et caritatis et invidiae, est bonum proximi, sed secundum contrarium motum: nam caritas gaudet de bono proximi, invidia autem de eodem tristatur, ut ex dictis[4] patet. Unde manifestum est quod invidia ex suo genere est peccatum mortale.

Sed sicut supra[5] dictum est, in quolibet genere peccati mortalis inveniuntur aliqui imperfecti motus in sensualitate existentes qui sunt peccata venialia: sicut in genere adulterii primus motus concupiscentiae, et in genere homicidii primus motus irae. Ita etiam et in genere invidiae inveniuntur aliqui primi motus quandoque etiam in viris perfectis, qui sunt peccata venialia.

AD PRIMUM ergo dicendum quod motus invidiae secundum quod est passio sensualitatis est quoddam imperfectum in genere actuum humanorum, quorum principium est ratio. Unde talis invidia non est peccatum mortale. — Et similis est ratio de invidia parvulorum, in quibus non est usus rationis.

Unde patet responsio AD SECUNDUM.

AD TERTIUM dicendum quod invidia, secundum Philosophum, in II *Rhet.*[6], opponitur et nemesi et misericordiae, sed secundum diversa. Nam misericordiae opponitur directe, secundum contrarietatem principalis obiecti: invidus enim tristatur de bono proximi; misericors autem tristatur de malo proximi. Unde invidi non sunt misericordes, sicut ibidem dicitur, nec e converso. Ex parte vero eius de cuius bono tristatur invidus, opponitur invidia nemesi: nemeseticus enim tristatur de bono indigne agentium, secundum illud Ps 72,3: *Zelavi super iniquos, pacem peccatorum videns*; invidus autem tristatur de bono eorum qui sunt digni. Unde patet quod prima contrarietas est magis directa quam secunda. Misericordia autem quaedam virtus est, et caritatis proprius effectus. Unde invidia misericordiae opponitur et caritati.

os irmãos". Com efeito, a caridade e a inveja têm por objeto o bem do próximo, mas segundo um movimento contrário: enquanto a caridade se alegra com o bem do próximo, a inveja se entristece, como já está claro. Portanto, é manifesto que a inveja, por seu gênero, é pecado mortal.

Como foi dito, em cada gênero de pecados mortais encontram-se movimentos imperfeitos existentes na sensualidade que são pecados veniais; é o caso, em matéria de adultério, do primeiro movimento de concupiscência; ou em matéria de homicídio, do primeiro movimento de ira. Assim também, no gênero da inveja, encontram-se, por vezes, primeiros movimentos que são pecados veniais, mesmo nos homens perfeitos,

QUANTO AO 1º, portanto, deve-se dizer que o movimento de inveja, enquanto paixão da sensualidade, é um ato imperfeito no gênero dos atos humanos, cujo princípio é a razão. Esta inveja não é pecado mortal. — É a mesma coisa com a inveja das crianças que não têm o uso da razão.

QUANTO AO 2º, deve-se dizer que isso responde também à segunda objeção.

QUANTO AO 3º, deve-se dizer que a inveja, segundo o Filósofo, opõe-se à indignação e à misericórdia, mas diferentemente. Opõe-se diretamente à misericórdia segundo seu objeto principal: o invejoso se entristece com o bem do próximo, enquanto o misericordioso se entristece com o mal do próximo. Por isso os invejosos não são misericordiosos, e o contrário também não é verdadeiro. Da parte daquele de cujo bem se entristece o invejoso, opõe-se a inveja à indignação, já que aquele que se indigna, entristece-se com o bem daqueles que agem indignamente, como diz o Salmo: "Sentia inveja dos ímpios, vendo a paz dos pecadores"; enquanto o invejoso se entristece com o bem daqueles que dele são dignos. A primeira oposição entre a inveja e a misericórdia é, portanto, mais direta que a segunda, entre a inveja e a indignação. Ora, a misericórdia é uma virtude, é o efeito próprio da caridade. A inveja se opõe, portanto, à misericórdia e à caridade.

---

4. Art. 1, 2.
5. Q. 35, a. 3; I-II, q. 72, a. 5, ad 1.
6. C. 9: 1386, b, 9-10; 16-20.

Articulus 4
Utrum invidia sit vitium capitale

AD QUARTUM SIC PROCEDITUR. Videtur quod invidia non sit vitium capitale.

1. Vitia enim capitalia distinguuntur contra filias capitalium vitiorum. Sed invidia est filia inanis gloriae: dicit enim Philosophus, in II *Rhet.*[1], quod *amatores honoris et gloriae magis invident.* Ergo invidia non est vitium capitale.

2. PRAETEREA, vitia capitalia videntur esse leviora quam alia quae ex eis oriuntur: dicit enim Gregorius XXXI *Moral.*[2]: *Prima vitia deceptae menti quasi sub quadam ratione se ingerunt: sed quae sequuntur, dum mentem ad omnem insaniam protrahunt, quasi bestiali clamore mentem confundunt.* Sed invidia videtur esse gravissimum peccatum: dicit enim Gregorius, V *Moral.*[3]: *Quamvis per omne vitium quod perpetratur humano cordi antiqui hostis virus infunditur, in hac tamen nequitia tota sua viscera serpens concutit, et imprimendae malitiae pestem vomit.* Ergo invidia non est vitium capitale.

3. PRAETEREA, videtur quod inconvenienter eius filiae assignentur a Gregorio, XXXI *Moral.*[4], ubi dicit quod *de invidia oritur odium, susurratio, detractio, exultatio in adversis proximi et afflictio in prosperis.* Exultatio enim in adversis proximi, et afflictio in prosperis, idem videtur esse quod invidia, ut ex praemissis[5] patet. Non ergo ista debent poni ut filiae invidiae.

SED CONTRA est auctoritas Gregorii, XXXI *Moral.*[6], qui ponit invidiam vitium capitale, et ei praedictas filias assignat.

RESPONDEO dicendum quod sicut acedia est tristitia de bono spirituali divino, ita invidia est tristitia de bono proximi. Dictum est autem supra[7] acediam esse vitium capitale, ea ratione quia ex acedia homo impellitur ad aliqua facienda vel ut fugiat tristitiam vel ut tristitiae satisfaciat. Unde eadem ratione invidia ponitur vitium capitale.

Artigo 4
A inveja é um vício capital?

QUANTO AO QUARTO, ASSIM SE PROCEDE: parece que a inveja **não** é um vício capital.

1. Com efeito, os vícios capitais se distinguem de suas filhas. Ora, a inveja é filha da vanglória. Com efeito, o Filósofo diz que "aqueles que amam as honras e a glória são os mais invejosos". Logo, a inveja não é um vício capital.

2. ALÉM DISSO, os vícios capitais parecem menos graves que os vícios que deles nascem. Com efeito, diz Gregório: "Há uma aparência de razão nos primeiros vícios que se introduzem numa alma enganada, mas os vícios subsequentes, ao arrastá-la à mais completa loucura, a confundem como que com um clamor bestial". Ora, a inveja parece ser o pecado mais grave, segundo o que diz Gregório: "Embora todo vício infunda no coração humano o veneno do adversário antigo, é nesta maldade que a serpente agita todas a suas vísceras e vomita a peste que imprime a malícia". Logo, a inveja não é um vício capital.

3. ADEMAIS, segundo Gregório "da inveja nascem o ódio, a murmuração, a detração, a satisfação com as dificuldades do próximo, e a decepção com sua prosperidade". Esta designação das filhas da inveja parece inexata. Ora, a satisfação com as dificuldades do próximo e a decepção com sua prosperidade parecem identificar-se com a inveja, segundo tudo o que foi dito. Logo, não se devem considerar filhas da inveja.

EM SENTIDO CONTRÁRIO, a autoridade de Gregório afirma a inveja como um vício capital e lhe atribui as filhas acima ditas.

RESPONDO. A acídia é uma tristeza pelo bem espiritual divino; e a inveja é uma tristeza pelo bem do próximo. Ora, foi dito acima que a acídia é um vício capital porque impulsiona alguém a fugir da tristeza ou dar-lhe satisfação. Pela mesma razão, a inveja é afirmada como um vício capital.

---

4   PARALL.: *De Malo*, q. 8, a. 1; q. 10, a. 3.

1. C. 10: 1387, b, 31-33.
2. C. 45, al. 17, in vet. 32, n. 90: ML 76, 622 A.
3. C. 46, al. 31, in vet. 34, n. 85: ML 75, 728 B.
4. C. 45, al. 17, in vet. 31, n. 88: ML 76, 621 B.
5. In hac. quaest.
6. C. 45, al. 17, in vet. 31, nn. 87, 88: ML 76, 621 A, B.
7. Q. 35, a. 4.

AD PRIMUM ergo dicendum quod, sicut Gregorius dicit, in XXXI *Moral.*[8], *capitalia vitia tanta sibi coniunctione coniunguntur ut non nisi unum de altero proferatur. Prima namque superbiae soboles inanis est gloria, quae dum oppressam mentem corruperit, mox invidiam gignit: quia dum vani nominis potentiam appetit, ne quis hanc alius adipisci valeat, tabescit.* Non est ergo contra rationem vitii capitalis quod ipsum ex alio oriatur: sed quod non habeat aliquam principalem rationem producendi ex se multa genera peccatorum. — Forte tamen propter hoc quod invidia manifeste ex inani gloria nascitur, non ponitur vitium capitale neque ab Isidoro, in libro *de Summo Bono*[9], neque a Cassiano, in libro de *Instit. Coenob.*[10].

AD SECUNDUM dicendum quod ex verbis illis non habetur quod invidia sit maximum peccatorum: sed quod quando diabolus invidiam suggerit, ad hoc hominem inducit quod ipse principaliter in corde habet; quia sicut ibi inducitur consequenter, *invidia diaboli mors introivit in orbem terrarum.*

Est tamen quaedam invidia quae inter gravissima peccata computatur, scilicet *invidentia fraternae gratiae*, secundum quod aliquis dolet de ipso augmento gratiae Dei, non solum de bono proximi. Unde ponitur peccatum in Spiritum Sanctum: quia per hanc invidentiam homo quodammodo invidet Spiritui Sancto, qui in suis operibus glorificatur.

AD TERTIUM dicendum quod numerus filiarum invidiae sic potest sumi. Quia in conatu invidiae est aliquid tanquam principium, et aliquid tanquam medium, et aliquid tanquam terminus. Principium quidem est ut aliquis diminuat gloriam alterius vel in occulto, et sic est *susurratio*; vel manifeste, et sic est *detractio*. Medium autem est quia aliquis intendens diminuere gloriam alterius aut potest, et sic est *exultatio in adversis*; aut non potest, et sic est *afflictio in prosperis*. Terminus autem est in ipso *odio:* quia sicut bonum delectans causat amorem, ita tristitia causat odium, ut supra[11] dictum est.

QUANTO AO 1º, portanto, deve-se dizer que segundo Gregório, "os vícios capitais são tão bem ligados entre si que um vem do outro. É assim que o orgulho tem como primeiro broto a vanglória, a qual ao corromper a alma oprimida, imediatamente gera a inveja. Com efeito, desejando o poder de um vão renome, consome-se de inveja pensando que um outro consiga obtê-lo". Portanto, não é contrário à razão de vício capital que ele nasça de um outro vício capital; o que lhe é contrário é não desempenhar a razão de princípio na produção de muitos gêneros de pecados. — Talvez seja porque a inveja nasce manifestamente da vanglória que Isidoro e Cassiano não a afirmem como vício capital[e].

QUANTO AO 2º, deve-se dizer que da citação de Gregório não se pode concluir que a inveja seja o maior dos pecados, mas simplesmente que o demônio, ao sugerir a inveja, induz ao que ele tem de mais importante no coração[f]. Sirva como prova o texto que ele acrescenta aqui mesmo: "Pela inveja do diabo a morte entrou no mundo".

Há, contudo, uma inveja a ser enumerada entre os mais graves pecados, a saber, a inveja da graça de nossos irmãos. Nesse caso, alguém se aflige com o progresso da graça divina, e não somente com o bem do próximo. É um pecado contra o Espírito Santo, porque por essa inveja o homem de alguma maneira inveja o Espírito Santo que se glorifica em sus obras.

QUANTO AO 3º, deve-se dizer que podem-se enumerar as filhas da inveja da maneira seguinte. No processo da inveja, há algo como início, meio e término. No início, esforça por diminuir a glória do outro, quer secretamente, e trata-se então de *murmuração*; quer abertamente, e é a *difamação*. O meio consiste em alguém procurar diminuir a glória do outro: se conseguir, é a *satisfação com as dificuldades*, se não conseguir, é a *decepção com a prosperidade*. Enfim, no término está o *ódio*. Com efeito, assim como o bem agrada e é causa do amor, assim também a tristeza é causa do ódio, como já foi dito.

---

8. C. 45, al. 17, in vet. 31, n. 89: ML 76, 621 C.
9. Al *Sent.*, l. II, c. 37: ML 83, 638 D.
10. L. V, c. 1: ML 49, 201 C-203 A.
11. Q. 34, a. 6.

e. Sto. Tomás segue são Gregório, a quem se associou a tradição ocidental. Cassiano e Isidoro não punham a inveja entre os vícios capitais.

f. Sem ser o maior dos pecados, a inveja possui um caráter diabólico. O anjo não pode pecar senão por orgulho e por inveja (e pelos pecados que deles dependem). A inveja mais diabólica é a que se entristece com a graça em outrem, ou se agasta com a conversão ou o progresso espiritual do próximo.

Afflictio autem in prosperis proximi uno modo est ipsa invidia: inquantum scilicet aliquis tristatur de prosperis alicuius secundum quod habent quandam gloriam. Alio vero modo est filia invidiae: secundum quod prospera proximi eveniunt contra conatum invidentis, qui nititur impedire. — Exultatio autem in adversis non est directe idem quod invidia, sed ex ea sequitur, nam ex tristitia de bono proximi, quae est invidia sequitur exultatio de malo eiusdem.

É verdade que, em certo sentido, a decepção com a prosperidade do próximo se identifica com a inveja, isto é, quando a prosperidade do próximo tem certa glória. Em um outro sentido, é uma filha da inveja: quando a prosperidade do próximo acontece a despeito dos esforços do invejoso que se esforça por impedir. — Mas, a satisfação com as dificuldades não se identifica diretamente com a inveja, mas dela decorre, porque da tristeza pelo bem do próximo, isto é, da inveja segue-se a satisfação com o seu mal.

QUAESTIO XXXVII
DE DISCORDIA
in duos articulos divisa

Deinde considerandum est de peccatis quae opponuntur paci. Et primo, de discordia, quae est in corde; secundo, de contentione, quae est in ore; tertio, de his quae pertinent ad opus, scilicet, de schismate, rixa et bello.

Circa primum quaeruntur duo:
Primo: utrum discordia sit peccatum.
Secundo: utrum sit filia inanis gloriae.

QUESTÃO 37
A DISCÓRDIA
em dois artigos

Em seguida, devem-se considerar os pecados que se opõem à paz: 1. A discórdia, que tem sua sede no coração; 2. A disputa, que tem sua sede na boca; 3. Os pecados próprios da ação, a saber, o cisma, a guerra e a rixa.

A respeito do primeiro, são duas as perguntas:
1. A discórdia é um pecado?
2. É filha da vanglória?[a]

Articulus 1
Utrum discordia sit peccatum

Ad primum sic proceditur. Videtur quod discordia non sit peccatum.
1. Discordare enim ab aliquo est recedere ab alterius voluntate. Sed hoc non videtur esse peccatum: quia voluntas proximi non est regula voluntatis nostrae, sed sola voluntas divina. Ergo discordia non est peccatum.

Artigo 1
A discórdia é um pecado?

Quanto ao primeiro artigo, assim se procede: parece que a discórdia **não** é um pecado.
1. Com efeito, discordar é afastar-se da vontade do outro. Ora, isso não parece ser um pecado; pois a vontade do próximo não é a regra da nossa vontade, mas somente a vontade de Deus. Logo, a discórdia não é um pecado.

---

1 Parall.: Infra, q. 42, a. 2, ad 2.

a. A paz realiza a unidade, ou tende a ela sem cessar, orientando o coração e todas as forças interiores do homem para Deus. É harmonia interior da alma unida a Deus, e harmonia entre os humanos assim bem orientados. O que se opõe a ela é a recusa do fim último, a recaída das forças da alma, ou dos humanos, em tendências anárquicas, o dilaceramento, a divisão. Todo pecado mortal, ao separar de Deus, é princípio de desagregação. Mas o pecado cujo objetivo essencial é de destruir a união dos corações, opõe-se diretamente à paz que provém da caridade.

Sto. Tomás retoma aqui a hierarquia tradicional dos pecados do *coração*, da *boca*, da *ação*, a qual corresponde usualmente a uma gravidade crescente. É assim que se opõem à paz: em si mesma, a discórdia (q. 37); em palavra: a altercação (em latim *contentio*, aqui traduzido por disputa: q. 38); em ação: o cisma (q. 39), a guerra (q. 40), a rixa (q. 41), a sedição (q. 42). Esses pecados derivam também da injustiça, e Sto. Tomás não o ignora. Mas eles se opõem demasiado diretamente à comunhão da caridade para não serem tratados primeiramente aqui. Possuem um impacto teologal. Inversamente, a justiça não basta para constituir a paz. A justiça *opõe* antes os contendentes, cada um em seu direito, mesmo que esses diferentes direitos sejam respeitados. A caridade *une* os corações, e faz *amar* o direito do outro.

2. PRAETEREA, quicumque inducit aliquem ad peccandum, et ipse peccat. Sed inducere inter aliquos discordiam non videtur esse peccatum: dicitur enim Act 23,6-7, quod *sciens Paulus quia una pars esset Sadducaeorum et altera Pharisaeorum, exclamavit in concilio: Viri fratres, ego Pharisaeus sum, filius Pharisaeorum: de spe et resurrectione mortuorum ego iudicor. Et cum haec dixisset, facta est dissensio inter Pharisaeos et Sadducaeos.* Ergo discordia non est peccatum.

3. PRAETEREA, peccatum, praecipue mortale, in sanctis viris non invenitur. Sed in sanctis viris invenitur discordia: dicitur enim Act 15,39: *Facta est dissensio inter Paulum et Barnabam, ita ut discederent ab invicem.* Ergo discordia non est peccatum, et maxime mortale.

SED CONTRA est quod ad Gl 5,20 dissensiones, idest discordiae, ponuntur inter opera carnis, de quibus subditur [21]: *Qui talia agunt, regnum Dei non consequuntur.* Nihil autem excludit a regno Dei nisi peccatum mortale. Ergo discordia est peccatum mortale.

RESPONDEO dicendum quod discordia concordiae opponitur. Concordia autem, ut supra[1] dictum est, ex caritate causatur: inquantum scilicet caritas multorum corda coniungit in aliquid unum, quod est principaliter quidem bonum divinum, secundario autem bonum proximi. Discordia igitur ea ratione est peccatum, inquantum huiusmodi concordiae contrariatur. Sed sciendum quod haec concordia per discordiam tollitur dupliciter: uno quidem modo, per se; alio vero modo, per accidens. Per se quidem in humanis actibus et motibus dicitur esse id quod est secundum intentionem. Unde per se discordat aliquis a proximo quando scienter et ex intentione dissentit a bono divino et a proximi bono, in quo debet consentire. Et hoc est peccatum mortale ex suo genere, propter contrarietatem ad caritatem: licet primi motus huius discordiae, propter imperfectionem actus, sint peccata venialia.

Per accidens autem in humanis actibus consideratur ex hoc quod aliquid est praeter intentionem. Unde cum intentio aliquorum est ad aliquod bonum quod pertinet ad honorem Dei vel utilitatem proximi, sed unus aestimat hoc esse bonum, alius

2. ALÉM DISSO, todo aquele que induz alguém a pecar, ele mesmo peca. Ora, induzir a discórdia entre alguns não parece ser um pecado. Com efeito, está dito no livro dos Atos que "Paulo, sabendo que uma parte era de saduceus e outra de fariseus, gritou no Sanhedrin: "Irmãos, eu sou fariseu, filho de fariseus; é por causa da esperança e da ressurreição dos mortos que estou sendo julgado". A estas palavras, houve uma discórdia entre fariseus e saduceus". Logo, a discórdia não é um pecado.

3. ADEMAIS, não há pecado, sobretudo pecado mortal, nos santos. Ora, há discórdia entre eles. Com efeito, pode-se ler no livro dos Atos: "Houve uma discórdia entre Paulo e Barnabé, tanto que se separaram". Logo, a discórdia não é um pecado, sobretudo não um pecado mortal.

EM SENTIDO CONTRÁRIO, na Carta aos Gálatas os desacordos, isto é, as discórdias, são afirmadas entre as obras da carne, e a Carta acrescenta: "Aqueles que agem assim não obterão o reino de Deus". Ora, só o pecado mortal exclui do reino de Deus. Logo, a discórdia é pecado mortal.

RESPONDO. A discórdia se opõe à concórdia[b]. Ora, a concórdia, foi dito, é causada pela caridade, porque é próprio da caridade reunir os corações de muitos em um só, o que tem por princípio o bem divino e em consequência o bem do próximo. A discórdia é, pois, um pecado enquanto se opõe a essa concórdia. Deve-se dizer, contudo, que a discórdia suprime a concórdia de duas maneiras: por si ou por acidente. Nos atos e nos movimentos humanos, diz-se por si o que é conforme à intenção. Por isso, a discórdia com o próximo se dá por si quando, sabidamente e intencionalmente, alguém discorda do bem divino e do bem do próximo, com os quais deveria concordar. Isso é um pecado mortal por seu gênero, pois é contrário à caridade, embora os primeiros movimentos dessa discórdia sejam pecados veniais em razão da imperfeição do ato.

Nos atos humanos considera-se por acidente o que não é intencional. Por isso, quando a intenção de alguns tende para um bem referente à honra de Deus ou à utilidade do próximo, mas um pensa que tal bem é este, enquanto o outro

---

1. Q. 29, a. 3.

b. Sto. Tomás explicou acima (q. 29, a. 1) que a concórdia resultava do consentimento das vontades de várias pessoas, mas que a paz comportava além disso a união interior e pessoal das tendências afetivas. A discórdia, ao opor-se à concórdia, destrói ao mesmo tempo a paz.

autem habet contrariam opinionem, discordia tunc est per accidens contra bonum divinum vel proximi. Et talis discordia non est peccatum, nec repugnat caritati, nisi huiusmodi discordia sit vel cum errore circa ea quae sunt de necessitate salutis, vel pertinacia indebite adhibeatur: cum etiam supra[2] dictum est quod concordia quae est caritatis effectus est unio voluntatum, non unio opinionum.

Ex quo patet quod discordia quandoque est ex peccato unius tantum, puta cum unus vult bonum, cui alius scienter resistit: quandoque autem est cum peccato utriusque, puta cum uterque dissentit a bono alterius, et uterque diligit bonum proprium.

AD PRIMUM ergo dicendum quod voluntas unius hominis secundum se considerata non est regula voluntatis alterius. Sed inquantum voluntas proximi inhaeret voluntati Dei, fit per consequens regula regulata secundum primam regulam. Et ideo discordare a tali voluntate est peccatum: quia per hoc discordatur a regula divina.

AD SECUNDUM dicendum quod sicut voluntas hominis adhaerens Deo est quaedam regula recta, a qua peccatum est discordare; ita etiam voluntas hominis Deo contraria est quaedam perversa regula, a qua bonum est discordare. Facere ergo discordiam per quam tollitur bona concordia quam caritas facit, est grave peccatum: unde dicitur Pr 6,16: *Sex sunt quae odit Dominus, et septimum detestatur anima eius*, et hoc septimum ponit *eum qui seminat inter fratres discordias*. Sed causare discordiam per quam tollitur mala concordia, scilicet in mala voluntate, est laudabile. Et hoc modo laudabile fuit quod Paulus dissensionem posuit inter eos qui erant concordes in malo: nam et Dominus de se dicit, Mt 10,34: *Non veni pacem mittere, sed gladium*.

AD TERTIUM dicendum quod discordia quae fuit inter Paulum et Barnabam fuit per accidens et non per se: uterque enim intendebat bonum, sed uni videbatur hoc esse bonum, alii aliud. Quod ad defectum humanum pertinebat: non enim erat talis controversia in his quae sunt de necessitate salutis. — Quamvis hoc ipsum fuerit ex divina providentia ordinatum, propter utilitatem inde consequentem.

tem uma opinião contrária, a discórdia é então por acidente referida ao bem divino ou ao bem do próximo[c]. Ela não é um pecado e não se opõe à caridade a não ser que esteja acompanhada de um erro sobre os meios necessários para salvação, ou manifeste uma obstinação indevida. Acima foi dito que a concórdia, efeito da caridade, é a união das vontades, não das opiniões.

Vê-se, portanto, que a discórdia procede, por vezes, do pecado de um só, como quando um quer o bem ao qual o outro resiste conscientemente; e por vezes, há pecados dos dois lados quando, por exemplo, ambos se opõem ao bem do outro e cada um ama o próprio bem.

QUANTO AO 1º, portanto, deve-se dizer que a vontade de um homem, considerada em si mesma, não é a regra da vontade de um outro. Mas, quando a vontade do próximo se une à vontade de Deus, torna-se então uma regra mensurada pela primeira. Por isso, é um pecado discordar dela, pois dessa forma se discorda da vontade divina.

QUANTO AO 2º, deve-se dizer que assim como a vontade que adere a Deus é uma regra justa, da qual é pecado discordar, assim também a vontade que se opõe a Deus é uma regra má, e é bom discordar dela. Promover uma discórdia que suprime uma boa concórdia realizada pela caridade é um pecado grave; por isso está escrito no livro dos Provérbios: "Há seis coisas que Deus odeia e uma sétima que sua alma abomina", e esta sétima "é aquele que semeia a discórdia entre seus irmãos". Mas causar discórdia para suprimir uma concórdia má, fundada sobre uma vontade má, merece elogio. Por isso foi louvável que Paulo promovesse a discórdia entre os que concordavam no mal. Falando de si mesmo, disse o Senhor: "Não vim trazer a paz mas, a espada".

QUANTO AO 3º, deve-se dizer que a discórdia que houve entre Paulo e Barnabé foi "por acidente" e não "por si". Com efeito, ambos intencionavam o bem, mas um o via aqui, e o outro alhures, o que é próprio da deficiência humana. Nesse caso, a controvérsia não versava sobre as coisas necessárias para a salvação. — Assim, o incidente foi ordenado pela providência divina, em vista da utilidade que dele resultaria.

---

2. Q. 29, a. 1; a. 3, ad 2.

c. A discórdia não consiste numa oposição de opiniões, mas de vontades. Uma é a discórdia pela qual rompemos voluntariamente com o próximo, outro o dissentimento de opinião ou divergências de julgamento. Só existe pecado aqui se cometemos um erro culpável diante da verdade, sobre a qual divergimos em relação a nosso interlocutor.

Articulus 2
Utrum discordia sit filia inanis gloriae

AD SECUNDUM SIC PROCEDITUR. Videtur quod discordia non sit filia inanis gloriae.

1. Ira enim est aliud vitium ab inani gloria. Sed discordia videtur esse filia irae: secundum illud Pr 15,18: *Vir iracundus provocat rixas*. Ergo non est filia inanis gloriae.

2. PRAETEREA, Augustinus dicit, *super Ioan.*[1], exponens illud quod habetur Io 7,39, "Nondum erat Spiritus datus": *Livor separat, caritas iungit*. Sed discordia nihil est aliud quam quaedam separatio voluntatum. Ergo discordia procedit ex livore, idest invidia, magis quam ex inani gloria.

3. PRAETEREA, illud ex quo multa mala oriuntur videtur esse vitium capitale. Sed discordia est huiusmodi: quia super illud Mt 12,25, *Omne regnum contra se divisum desolabitur*, dicit Hieronymus[2]: *Quo modo concordia parvae res crescunt, sic discordia maximae dilabuntur*. Ergo ipsa discordia debet poni vitium capitale, magis quam filia inanis gloriae.

SED CONTRA est auctoritas Gregorii, XXXI *Moral.*[3].

RESPONDEO dicendum quod discordia importat quandam disgregationem voluntatum: inquantum scilicet voluntas unius stat in uno, et voluntas alterius stat in altero. Quod autem voluntas alicuius in proprio sistat, provenit ex hoc quod aliquis ea quae sunt sua praefert his quae sunt aliorum. Quod cum inordinate fit, pertinet ad superbiam et inanem gloriam. Et ideo discordia, per quam unusquisque sequitur quod suum est et recedit ab eo quod est alterius, ponitur filia inanis gloriae.

AD PRIMUM ergo dicendum quod rixa non est idem quod discordia. Nam rixa consistit in exteriori opere: unde convenienter causatur ab ira, quae movet animum ad nocendum proximo. Sed discordia consistit in disiunctione motuum voluntatis: quam facit superbia vel inanis gloria, ratione iam[4] dicta.

Artigo 2
A discórdia é filha da vanglória?

QUANTO AO SEGUNDO, ASSIM SE PROCEDE: parece que a discórdia **não** é filha da vanglória.

1. Com efeito, a ira é um vício diferente da vanglória. Ora, a discórdia parece ser filha da ira, segundo o livro dos Provérbios: "O homem irascível provoca rixas". Logo, a discórdia não é filha da vanglória.

2. ALÉM DISSO, Agostinho, comentando a frase do Evangelho de João: "O Espírito ainda não tinha sido dado", escreve: "A inveja separa, a caridade une". Ora, a discórdia nada mais é do que a divisão das vontades. Logo, a discórdia procede do ciúme, isto é, da inveja, mais do que da vanglória.

3. ADEMAIS, o que está na origem de muitos males parece ser um vício capital. Ora, a discórdia é tal, porque comentando o Evangelho de Mateus: "Todo reino dividido contra si mesmo torna-se um deserto", Jerônimo escreve: "Assim como as pequenas coisas progridem na concórdia, assim também as maiores se dissipam na discórdia". Logo, é preferível afirmar a discórdia como vício capital do que como filha da vanglória.

EM SENTIDO CONTRÁRIO, está a autoridade de Gregório[d].

RESPONDO. A discórdia implica uma desagregação das vontades, enquanto a vontade de um se fixa em um lado e a vontade do outro em outro lado. Ora, que vontade de alguém pare naquilo que é seu, isso acontece porque ela prefere o que é seu ao que é dos outros. Quando isso acontece de maneira desordenada, deve-se ao orgulho e à vanglória. Por isso, a discórdia pela qual cada um segue o que é seu e recusa o que é do outro, afirma-se filha da vanglória.

QUANTO AO 1º, portanto, deve-se dizer que a rixa não é a mesma coisa que a discórdia. A rixa consiste num ato exterior e por isso é causada pela ira que move o ânimo a prejudicar o próximo. A discórdia, porém, consiste na divisão das vontades produzida pelo orgulho ou pela vanglória, pela razão indicada.

---

2 PARALL.: Infra, q. 38, a. 2; q. 132, a. 5; *De Malo*, q. 9, a. 3.

1. Tract. 32, n. 8: ML 35, 1646.
2. *In Matth.*, super 12, 25: ML 26, 79 C.
3. C. 45, al. 17, in vet. 31, n. 88: ML 76, 621 A.
4. In corp.

d. A discórdia não figura no septenário dos pecados capitais de São Gregório, sendo citada em contrapartida entre as filhas da vanglória. Sto. Tomás justifica essa opinião.

AD SECUNDUM dicendum quod in discordia consideratur quidem ut terminus a quo recessus a voluntate alterius: et quantum ad hoc causatur ex invidia. Ut terminus autem ad quem, accessus ad id quod est sibi proprium: et quantum ad hoc causatur ex inani gloria. Et quia in quolibet motu terminus ad quem est potior termino a quo (finis enim est potior principio), potius ponitur discordia filia inanis gloriae quam invidiae: licet ex utraque oriri possit secundum diversas rationes, ut dictum est.

AD TERTIUM dicendum quod ideo concordia magnae res crescunt et per discordiam dilabuntur, quia virtus quanto est magis unita, tanto est fortior, et per separationem diminuitur; ut dicitur in libro *de Causis*[5]. Unde patet quod hoc pertinet ad proprium effectum discordiae, quae est divisio voluntatum: non autem pertinet ad originem diversorum vitiorum a discordia, per quod habeat rationem vitii capitalis.

QUANTO AO 2º, deve-se dizer que a discórdia tem como ponto de partida o distanciamento da vontade do outro, e por isso tem como causa a inveja. E tem como ponto de chegada o acesso ao que é seu, e assim é causada pela vanglória. E como em um movimento o ponto de chegada tem mais importância que o ponto de partida (com efeito o fim é mais importante do que o princípio) a discórdia é mais filha da vanglória do que filha da inveja; embora possa originar-se de uma e de outra, por razões diversas, como foi dito[e].

QUANTO AO 3º, deve-se dizer que as grandes coisas progridem com a concórdia e se dissipam com a discórdia, porque a virtude é tanto mais forte quanto mais unificada, e a divisão a enfraquece, como diz o livro *Das Causas*. Portanto, fica claro que isso se refere ao próprio efeito da discórdia que é a divisão das vontades, e não à origem dos diversos vícios procedentes da discórdia, pelo que teria a razão de vício capital.

---

5. Prop. 17, § *Et quod ipsa*.

e. A inveja separa o coração do coração do outro. Que intervenha então a vaidade, que quer mostrar sua própria excelência, e a briga está consumada: é ainda a vanglória que a conduz.

QUAESTIO XXXVIII
DE CONTENTIONE
in duos articulos divisa
Deinde considerandum est de contentione.
Et circa hoc quaeruntur duo.
Primo: utrum contentio sit peccatum mortale.
Secundo: utrum sit filia inanis gloriae.

ARTICULUS 1
Utrum contentio sit peccatum mortale

AD PRIMUM SIC PROCEDITUR. Videtur quod contentio non sit peccatum mortale.

1. Peccatum enim mortale in viris spiritualibus non invenitur. In quibus tamen invenitur contentio:

QUESTÃO 38
A DISPUTA[a]
em dois artigos
Em seguida, deve-se considerar a disputa.
Sobre isso, são as duas perguntas:
1. É um pecado mortal?
2. É filha da vanglória?

ARTIGO 1
A disputa é um pecado mortal?

QUANTO AO PRIMEIRO ARTIGO, ASSIM SE PROCEDE: parece que a disputa **não** é um pecado mortal.

1. Com efeito, não há pecado mortal nos homens espirituais. Ora, há disputa entre eles, segundo o

---

1 PARALL.: II *ad Tim.*, c. 2, lect. 2.

a. A disputa, em latim *contentio*, é a contradição em palavras. É uma discórdia que põe em questão a ideia de verdade.
Todavia, nem todos os pecados de língua estão incluídos aqui. Existem outros, em especial o *ultraje*, a *difamação*, a *cizânia*, a *zombaria*, a *maldição etc*., que, opondo-se mais diretamente ao direito, à honra, à reputação do próximo, derivam antes da justiça, na qual serão estudadas (II-II, q. 72-76). Ainda que possamos passar facilmente de uns para outros, ou mesmo cometê-los juntos, o pecado aqui analisado destrói a paz da caridade, contrapondo os interlocutores entre si.

secundum illud Lc 22,24: *Facta est contentio inter discipulos Iesu, quis eorum esset maior*. Ergo contentio non est peccatum mortale.

2. PRAETEREA, nulli bene disposito debet placere peccatum mortale in proximo. Sed dicit Apostolus, ad Philp 1,17: *Quidam ex contentione Christum annuntiant*; et postea [18] subdit: *Et in hoc gaudeo: sed et gaudebo*. Ergo contentio non est peccatum mortale.

3. PRAETEREA, contingit quod aliqui vel in iudicio vel in disputatione contendunt non aliquo animo malignandi, sed potius intendentes ad bonum: sicut illi qui contra haereticos disputando contendunt. Unde super illud, 1Reg 14,1, *Accidit quadam die* etc., dicit Glossa[1]: *Catholici contra haereticos contentiones commovent, ubi prius ad certamen convocantur*. Ergo contentio non est peccatum mortale.

4. PRAETEREA, Iob videtur cum Deo contendisse: secundum illud Iob 39,32: *Numquid qui contendit cum Deo tam facile conquiescit?* Et tamen Iob non peccavit mortaliter: quia Dominus de eo dicit: *Non estis locuti recte coram me, sicut servus meus Iob*, ut habetur Iob ult., 7. Ergo contentio non semper est peccatum mortale.

SED CONTRA est quod contrariatur praecepto Apostoli, qui dicit 2Ti 2,14: *Noli verbis contendere*. Et Gl 5,20 contentio numeratur inter opera carnis, *quae qui agunt, regnum Dei non possident*, ut ibidem [21] dicitur. Sed omne quod excludit a regno Dei, et quod contrariatur praecepto, est peccatum mortale. Ergo contentio est peccatum mortale.

RESPONDEO dicendum quod contendere est contra aliquem tendere. Unde sicut discordia contrarietatem quandam importat in voluntate, ita contentio contrarietatem quandam importat in locutione. Et propter hoc etiam cum oratio alicuius per contraria se diffundit, vocatur *contentio*, quae ponitur unus color rhetoricus a Tullio, qui *dicit*[2]: *Contentio est cum ex contrariis rebus oratio efficitur, hoc pacto: Habet assentatio iucunda principia, eadem exitus amarissimos affert*. Contrarietas autem locutionis potest attendi dupliciter: uno modo, quantum ad intentionem contendentis; alio modo, quantum ad modum. In intentione quidem considerandum est utrum aliquis contrarietur veritati, quod est vituperabile: vel falsitati, quod est laudabile. In modo autem considerandum est utrum

Evangelho de Lucas: "Surgiu uma disputa entre os discípulos de Jesus: qual deles seria o maior?" Logo, a disputa não é um pecado mortal.

2. ALÉM DISSO, alguém bem disposto não pode aprovar um pecado mortal contra o próximo. Ora, o Apóstolo diz: "Há quem anuncie o Cristo por espírito de disputa", e acrescenta: "E alegro-me com isso; e ainda me alegrarei". Logo, a disputa não é um pecado mortal.

3. ADEMAIS, acontece que alguns, nos processos ou nas disputas, não procuram fazer mal ao próximo e sim promover o bem; por exemplo, os que disputam contra os hereges. É por isso que às palavras do primeiro livro de Samuel: "Aconteceu um dia" uma Glosa acrescenta: "Os católicos não suscitam disputas contra os hereges antes de serem provocados à luta". Logo, a disputa não é um pecado mortal.

4. ADEMAIS, segundo o livro de Jó, ele parece entrar em disputa com Deus: "Aquele que disputa com Deus tão facilmente cederá?" Jó, porém, não cometeu pecado mortal, pois Deus diz dele: "Não falastes corretamente de mim, como o fez meu servo Jó". Logo, a disputa nem sempre é pecado mortal.

EM SENTIDO CONTRÁRIO, a disputa é contrária ao preceito do Apóstolo que escreve: "Evita as disputas de palavras"; e a Carta aos Gálatas enumera a disputa entre as obras da carne: "Os que a ela se entregam, diz ele, não obterão o reino de Deus". Ora, tudo o que exclui do reino de Deus e é contrário aos mandamentos é pecado mortal. Logo, a disputa é pecado mortal.

RESPONDO. Disputar significa levantar-se contra alguém. Por isso, enquanto a discórdia implica uma oposição na vontade, a disputa implica uma oposição nas palavras. Por isso também é chamado de disputa um discurso que se desenvolve por oposições, e Cícero considera a disputa uma figura de retórica. "Há disputa, diz ele, quando num discurso se opõem coisas contrárias como: a bajulação tem começos agradáveis mas, no fim, produz os mais amargos frutos". Ora, a oposição nos discursos pode-se considerar de duas maneiras: de um modo, conforme a intenção de quem disputa, de outro, conforme a maneira de fazê-lo. Na intenção, é preciso ainda considerar se alguém se opõe à verdade, o que é censurável; ou à falsidade, o que é louvável. Na maneira de fazê-lo,

---

1. Ordin.: ML 113, 554 A.
2. *Ad C. Herennium de arte rhetorica*, l. IV, c. 15: ed. G. Friedrich, Lipsiae 1893, p. 78, ll. 31-33.

talis modus contrariandi conveniat et personis et negotiis, quia hoc est laudabile (unde et Tullius dicit, in III *Rhet.*[3], quod *contentio est oratio acris ad confirmandum et confutandum accommodata)*: vel excedat convenientiam personarum et negotiorum, et sic contentio est vituperabilis.

Si ergo accipiatur contentio secundum quod importat impugnationem veritatis et inordinatum modum, sic est peccatum mortale. Et hoc modo definit Ambrosius[4] contentionem, dicens: *Contentio est impugnatio veritatis cum confidentia clamoris.* — Si autem contentio dicatur impugnatio falsitatis cum debito modo acrimoniae, sic contentio est laudabilis. — Si autem accipiatur contentio secundum quod importat impugnationem falsitatis cum inordinato modo, sic potest esse peccatum veniale: nisi forte tanta inordinatio fiat in contendendo quod ex hoc generetur scandalum aliorum. Unde et Apostolus, cum dixisset, 2Ti 2,14. *Noli verbis contendere*, subdit: *Ad nihil enim utile est, nisi ad subversionem audientium.*

AD PRIMUM ergo dicendum quod in discipulis Christi non erat contentio cum intentione impugnandi veritatem: quia unusquisque defendebat quod sibi verum videbatur. Erat tamen in eorum contentione inordinatio: quia contendebant de quo non erat contendendum, scilicet de primatu honoris; nondum enim erant spirituales, sicut Glossa[5] ibidem dicit. Unde et Dominus eos consequenter compescuit.

AD SECUNDUM dicendum quod illi qui ex contentione Christum praedicabant reprehensibiles erant: quia quamvis non impugnarent veritatem fidei, sed eam praedicarent, impugnabant tamen veritatem quantum ad hoc quod putabant se suscitare pressuram Apostolo veritatem fidei praedicanti. Unde Apostolus non gaudebat de eorum contentione, sed de fructu qui ex hoc proveniebat, scilicet *quod Christus annuntiabatur*: quia ex malis etiam occasionaliter subsequuntur bona.

AD TERTIUM dicendum quod secundum completam rationem contentionis, prout est peccatum mortale, ille in iudicio contendit qui impugnat veritatem iustitiae: et in disputatione contendit qui intendit impugnare veritatem doctrinae. Et secundum hoc Catholici non contendunt contra haereticos, sed potius e converso. Si autem accipiatur contentio in iudicio vel disputatione secundum

é preciso considerar se tal modo de contradição convém às pessoas e aos negócios, porque isso é louvável, e Cícero diz que "a disputa é um discurso acre, próprio para confirmar e refutar". Ou este modo ultrapassa o que convém às pessoas e aos negócios, e então a disputa é censurável.

Portanto, se a disputa se toma enquanto implica uma impugnação da verdade e um modo desordenado, é pecado mortal. Ambrósio define assim a disputa: "A disputa é a impugnação da verdade, com uma insolência gritante". — Se, porém, a disputa se diz impugnação da falsidade com um modo comedido de veemência, é digna de louvor. — Se, contudo, a disputa implica impugnação da falsidade, mas de modo desordenado, pode ser pecado venial; a não ser que a falta de ordem na disputa seja tal a ponto de provocar o escândalo no outro. Por isso o Apóstolo, depois de ter dito a Timóteo: "Evita as disputas de palavras", acrescenta: "Para nada são úteis, a não ser para a perdição daqueles que as escutam".

QUANTO AO 1º, portanto, deve-se dizer que os discípulos de Cristo não disputavam com a intenção de combater a verdade; cada um defendia o que lhe parecia verdadeiro. Havia, contudo, em sua disputa uma desordem porque disputavam sobre um ponto que não se devia disputar, isto é, o primado de honra. Ainda não eram espirituais, diz a Glosa. Por isso o Senhor os reprimiu.

QUANTO AO 2º, deve-se dizer que os que pregavam o Cristo disputando eram repreensíveis porque, embora não impugnassem a verdade da fé, mas a pregassem, na verdade impugnavam a verdade porque julgavam aumentar a prova do Apóstolo que pregava a verdade da fé. Por isso o Apóstolo não se alegra com a disputa, mas com o fruto que dela resulta, isto é, "que o Cristo está sendo anunciado", pois há ocasiões em que o bem vem do mal.

QUANTO AO 3º, deve-se dizer que segundo a razão completa da disputa, enquanto é pecado mortal, aquele que impugna a verdade da justiça, disputa em juízo, e aquele que pretende impugnar a verdade da doutrina disputa numa contenda. Não é desta maneira que os católicos disputam contra os hereges; antes, pelo contrário. Se, porém, se toma a disputa como um julgamento ou uma

---

3. Ibid., l. III, c. 13: ed. cit., p. 55, ll. 16-18.
4. Ordin. super *Rom.* 1, 29: ML 114, 474 A; LOMBARDI: ML 191, 1335 C.
5. Ordin.: super Luc. 22, 24: ML 114, 338 C.

imperfectam rationem, scilicet secundum quod importat quandam acrimoniam locutionis, sic non semper est peccatum mortale.

AD QUARTUM dicendum quod contentio ibi sumitur communiter pro disputatione. Dixerat enim Iob 13,3: *Ad Omnipotentem loquar, et disputare cum Deo cupio*: non tamen intendens neque veritatem impugnare, sed exquirere; neque circa hanc inquisitionem aliqua inordinatione vel animi vel vocis uti.

ARTICULUS 2
Utrum contentio sit filia inanis gloriae

AD SECUNDUM SIC PROCEDITUR. Videtur quod contentio non sit filia inanis gloriae.

1. Contentio enim affinitatem habet ad zelum: unde dicitur 1Cor 3,3: *Cum sit inter vos zelus et contentio, nonne carnales estis, et secundum hominem ambulatis?* Zelus autem ad invidiam pertinet. Ergo contentio magis ex invidia oritur.

2. PRAETEREA, contentio cum clamore quodam est. Sed clamor ex ira oritur; ut patet per Gregorium, XXXI *Moral.*[1]. Ergo etiam contentio oritur ex ira.

3. PRAETEREA, inter alia scientia praecipue videtur esse materia superbiae et inanis gloriae: secundum illud 1Cor 8,1: *Scientia inflat*. Sed contentio provenit plerumque ex defectu scientiae, per quam veritas cognoscitur, non impugnatur. Ergo contentio non est filia inanis gloriae.

SED CONTRA est auctoritas Gregorii, XXXI *Moral.*[2].

RESPONDEO dicendum quod, sicut supra[3] dictum est, discordia est filia inanis gloriae, eo quod discordantium uterque in suo proprio stat, et unus alteri non acquiescit; proprium autem superbiae est et inanis gloriae propriam excellentiam quaerere. Sicut autem discordantes aliqui sunt ex hoc quod stant corde in propriis, ita contendentes sunt aliqui ex hoc quod unusquisque verbo id quod sibi videtur defendit. Et ideo eadem ratione ponitur contentio filia inanis gloriae sicut et discordia.

AD PRIMUM ergo dicendum quod contentio, sicut et discordia, habet affinitatem cum invidia

contenda simples segundo a razão imperfeita, a saber, segundo implica certa veemência no falar, nem sempre é pecado mortal.

QUANTO AO 4º, deve-se dizer que a disputa aqui se entende no sentido corrente de discussão. Com efeito, Jó tinha dito: "Falarei ao Todo-Poderoso e desejo discutir com Deus". Nunca procurou impugnar a verdade e sim descobri-la; e nesta procura não usou de alguma desordem de ânimo ou de palavra.

ARTIGO 2
A disputa é filha da vanglória?

QUANTO AO SEGUNDO, ASSIM SE PROCEDE: parece que a disputa **tem** afinidades com o ciúme.

1. Com efeito, a primeira Carta aos Coríntios diz: "Havendo entre vós ciúmes e disputas, não sois carnais, e vossa conduta não é humana?" Ora, o zelo se refere à inveja. Logo, a disputa nasce da inveja.

2. ALÉM DISSO, a disputa é acompanhada de gritos. Ora, os gritos nascem da ira, como mostrou Gregório. Logo, a disputa nasce também da ira.

3. ADEMAIS, entre outras coisas a ciência principalmente parece ser matéria de orgulho e de vanglória, segundo a primeira Carta aos Coríntios: "A ciência incha". Ora, a disputa provém muitas vezes da falta de ciência, pela qual se conhece a verdade mas ela não é impugnada. Logo, a disputa não é filha da vanglória.

EM SENTIDO CONTRÁRIO, está a autoridade de Gregório.

RESPONDO. A discórdia, foi dito, é filha da vanglória. Aqueles que estão em desacordo mantêm seu próprio ponto de vista e um não concorda com o outro. Ora, é próprio do orgulho e da vanglória procurar sua própria excelência. Como alguns que estão em desacordo o estão porque se fixam de coração no que é seu, assim também alguns que estão em disputa o estão porque defendem cada um pela palavra o que lhes parece. Por isso, considera-se a disputa, pela mesma razão, filha da vanglória, como também a discórdia.

QUANTO AO 1º, portanto, deve-se dizer que a disputa, como também a discórdia, tem afinidade

---

2 PARALL.: Infra, q. 132, a. 5; *De Malo*, q. 9, a. 3.

1. C. 45, n. 88: ML 76, 621 B.
2. C. 45, n. 88: ML 76, 621 B.
3. Q. 37, a. 2.

quantum ad recessum eius a quo aliquis discordat vel cum quo contendit. Sed quantum ad id in quo sistit ille qui contendit, habet convenientiam cum superbia et inani gloria, inquantum scilicet in proprio sensu statur, ut supra[4] dictum est.

AD SECUNDUM dicendum quod clamor assumitur in contentione de qua loquimur ad finem impugnandae veritatis. Unde non est principale in contentione. Et ideo non oportet quod contentio ex eodem derivetur ex quo derivatur clamor.

AD TERTIUM dicendum quod superbia et inanis gloria occasionem sumunt praecipue a bonis, etiam sibi contrariis, puta cum de humilitate aliquis superbit: est enim huiusmodi derivatio non per se, sed per accidens, secundum quem modum nihil prohibet contrarium a contrario oriri. Et ideo nihil prohibet ea quae ex superbia vel inani gloria per se et directe oriuntur causari e contrariis eorum ex quibus occasionaliter superbia oritur.

com a inveja quanto ao afastamento daquele com quem alguém está em desacordo ou em disputa. No entanto, quanto àquilo em que se fixa aquele que disputa, ele se aproxima do orgulho e da vanglória, enquanto se fixa no próprio parecer, como foi dito acima.

QUANTO AO 2º, deve-se dizer que na disputa da qual falamos, os gritos têm por finalidade impugnar a verdade. Por isso, não são o principal na disputa. Não é necessário que a disputa provenha da mesma fonte que os gritos.

QUANTO AO 3º, deve-se dizer que orgulho e a vanglória acontecem em relação às coisas boas, mesmo quando lhes são contrárias, por exemplo, quando alguém se orgulha de sua humildade. Tal procedência não é essencial mas acidental e, desta forma, nada impede que um contrário nasça de seu contrário. Por isso, nada impede que aquilo que procede por si e diretamente do orgulho e da vanglória tenham por causas contrárias aquelas das quais ocasionalmente nasce o orgulho.

---

4. In corp.

QUAESTIO XXXIX
DE SCHISMATE
in quatuor articulos divisa

Deinde considerandum est de vitiis oppositis paci pertinentibus ad opus; quae sunt schisma, rixa, seditio et bellum.
Primo ergo circa schisma quaeruntur quatuor.
Primo: utrum schisma sit speciale peccatum.
Secundo: utrum sit gravius infidelitate.
Tertio: de potestate schismaticorum.
Quarto: de poena eorum.

QUESTÃO 39
O CISMA
em quatro artigos

Devem-se estudar agora os vícios pertinentes à ação que se opõe à paz: o cisma, a rixa, a sedição e a guerra[a].

A respeito do cisma, são quatro as perguntas:
1. É um pecado especial?
2. É mais grave do que a infidelidade?
3. Sobre o poder dos cismáticos.
4. Sobre a pena dos cismáticos.

---

a. Depois dos pecados do coração, e da boca, eis os pecados de ação contra a paz. Se a discórdia está na raiz de todos, isso não impede que estes últimos sejam particularmente graves, pois possuem um alcance social imediato.
Que comunidades são dilaceradas por esses pecados?
a. A comunidade que é a Igreja, na qual Cristo comunica sua graça pelos sacramentos. O rompimento se denomina pecado de cisma.
b. As comunidades naturais: a vida internacional é rompida pela guerra (q. 40); a pátria pode ser dividida pela rixa (q. 41), a qual põe em oposição grupos particulares; e, mais gravemente, pela sedição (q. 42), isto é, a guerra civil ou o golpe de Estado.
Subjacente a todas essas questões, há essa ideia-mestra de que o vínculo profundo de uma sociedade não é tanto a justiça quanto o amor. Não existe pátria estável se não há primeiramente o reconhecimento de uma espécie de vínculo que une os cidadãos, acima e dentro dos interesses particulares; depois, se não se busca viver desse vínculo e, dado que toda comunidade humana é desagregada pela ferida do pecado, se a graça que cura não fortalece essa solidariedade no nível da caridade (remeter-se aqui ao que é dito na Introdução do tratado da Caridade).
Os liames que se fundariam exclusivamente sobre a ideia de justiça, tais como os que existem entre o Estado e os contribuintes, ou entre um proprietário e um locatário, não podem ter sua duração assegurada senão pela força coerciva que se põe a serviço da lei. A justiça opõe, a caridade une.

Articulus 1
Utrum schisma sit peccatum speciale

AD PRIMUM SIC PROCEDITUR. Videtur quod schisma non sit peccatum speciale.
1. *Schisma* enim, ut Pelagius Papa dicit[1], *scissuram sonat*. Sed omne peccatum scissuram quandam facit: secundum illud Is 59,2: *Peccata vestra diviserunt inter vos et Deum vestrum*. Ergo schisma non est speciale peccatum.
2. PRAETEREA, illi videntur esse schismatici qui Ecclesiae non obediunt. Sed per omne peccatum fit homo inobediens praeceptis Ecclesiae: quia peccatum, secundum Ambrosium[2], est *caelestium inobedientia mandatorum*. Ergo omne peccatum est schisma.
3. PRAETEREA, haeresis etiam dividit hominem ab unitate fidei. Si ergo schismatici nomen divisionem importat, videtur quod non differat a peccato infidelitatis quasi speciale peccatum.

SED CONTRA est quod Augustinus, *contra Faustum*[3], distinguit inter schisma et haeresim, dicens quod *schisma est eadem opinantem atque eodem ritu colentem quo ceteri, solo congregationis delectari dissidio: haeresis vero diversa opinatur ab his quae catholica credit Ecclesia*. Ergo schisma non est generale peccatum.

RESPONDEO dicendum quod, sicut Isidorus dicit, in libro *Etymol.*[4], nomen schismatis *a scissura animorum vocatum est*. Scissio autem unitati opponitur. Unde peccatum schismatis dicitur quod directe et per se opponitur unitati: sicut enim in rebus naturalibus id quod est per accidens non constituit speciem, ita etiam nec in rebus moralibus. In quibus id quod est intentum est per se: quod autem sequitur praeter intentionem est quasi per accidens. Et ideo peccatum schismatis proprie est speciale peccatum ex eo quod intendit se ab unitate separare quam caritas facit. Quae non solum alteram personam alteri unit spirituali dilectionis vinculo, sed etiam totam Ecclesiam in unitate spiritus. Et ideo proprie schismatici dicuntur qui propria sponte et intentione se ab unitate Ecclesiae

Artigo 1
O cisma é um pecado especial?[b]

QUANTO AO PRIMEIRO ARTIGO, ASSIM SE PROCEDE: parece que o cisma **não** é um pecado especial.
1. Com efeito, diz o papa Pelágio, o cisma "soa a ruptura". Ora, todo pecado causa uma ruptura. Está escrito em Isaías: "Vossos pecados vos dividiram de vosso Deus". Logo, o cisma não é um pecado especial.
2. ALÉM DISSO, são considerados cismáticos aqueles que não obedecem à Igreja. Ora, em todos os seus pecados o homem desobedece aos preceitos da Igreja, pois, segundo Ambrósio, o pecado é "uma desobediência aos mandamentos celestes". Logo, todo pecado é um cisma.
3. ADEMAIS, a heresia nos separa da unidade da fé. Portanto, se o cisma implica uma divisão, parece não se diferenciar do pecado de infidelidade como um pecado especial.

EM SENTIDO CONTRÁRIO, Agostinho distingue entre cisma e heresia, quando diz: "O cismático tem as mesmas crenças e os mesmos ritos que os outros; só se compraz na separação da congregação. O herege, porém, tem opiniões que o afastam do que a Igreja Católica crê". Portanto, o cisma é um pecado especial.

RESPONDO. Segundo Isidoro, chamou-se com o nome de cisma "a cisão dos ânimos". Ora, a cisão opõe-se à unidade. Por isso se diz que o pecado de cisma se opõe diretamente e por si à unidade. Com efeito, assim como na natureza, o que é acidental não constitui a espécie, assim também na moral. O que é intencional é essencial, enquanto o que está fora da intenção existe como acidental. Por isso o pecado de cisma é propriamente um pecado especial, pelo fato de alguém tender a se separar da unidade realizada pela caridade. A caridade une não somente uma pessoa a outra pelo laço do amor espiritual, mas ainda toda a Igreja na unidade do Espírito. Chamam-se, portanto, cismáticos propriamente ditos aqueles que por si mesmos e intencionalmente se separam da unidade da Igre-

---

1 PARALL.: IV *Sent.*, dist. 13, q. 2, a. 1, ad 2.

1. Epist. *ad Victorem et Pancratium*: ed. Mansi, t. IX, p. 731.
2. *De Parad.*, c. 8: ML 14, 292 D.
3. L. XX, c. 3: ML 42, 369. Cfr. *Contra Crescon.*, l. II, c. 3: ML 43, 469.
4. L. VIII, c. 3, n. 5: ML 82, 297 A.

b. O cisma do qual se trata aqui não é jamais o de um "cismático" de boa fé, que se vê implicado, por nascimento e educação, numa Igreja separada de Roma. Esse pecado sempre supõe uma vontade pertinaz de romper a unidade da Igreja, seguindo seu próprio sentido e seu orgulho. Não estamos na história da Igreja, mas em Teologia.

separant, quae est unitas principalis: nam unitas particularis aliquorum ad invicem ordinatur ad unitatem Ecclesiae, sicut compositio singulorum membrorum in corpore naturali ordinatur ad totius corporis unitatem.

Ecclesiae autem unitas in duobus attenditur: scilicet in connexione membrorum Ecclesiae ad invicem, seu communicatione; et iterum in ordine omnium membrorum Ecclesiae ad unum caput; secundum illud ad Cl 2,18-9: *Inflatus sensu carnis suae, et non tenens caput, ex quo totum corpus, per nexus et coniunctiones subministratum et constructum, crescit in augmentum Dei*. Hoc autem caput est ipse Christus: cuius vicem in Ecclesia gerit Summus Pontifex. Et ideo schismatici dicuntur qui subesse renuunt Summo Pontifici, et qui membris Ecclesiae ei subiectis communicare recusant.

AD PRIMUM ergo dicendum quod divisio hominis a Deo per peccatum non est intenta a peccante, sed praeter intentionem eius accidit ex inordinata conversione ipsius ad commutabile bonum. Et ideo non est schisma, per se loquendo.

AD SECUNDUM dicendum quod non obedire praeceptis cum rebellione quadam constituit schismatis rationem. Dico autem cum rebellione, cum et pertinaciter praecepta Ecclesiae contemnit, et iudicium eius subire recusat. Hoc autem non facit quilibet peccator. Unde non omne peccatum est schisma.

AD TERTIUM dicendum quod haeresis et schisma distinguuntur secundum ea quibus utrumque per se et directe opponitur. Nam haeresis per se opponitur fidei: schisma autem per se opponitur unitati ecclesiasticae caritatis. Et ideo sicut fides et caritas sunt diversae virtutes, quamvis quicumque careat fide careat caritate; ita etiam schisma et haeresis sunt diversa vitia, quamvis quicumque est haereticus sit etiam schismaticus, sed non convertitur. Et

ja, que é a unidade principal. A união particular entre os indivíduos é, pois, ordenada à unidade da Igreja, da mesma forma que a organização dos diversos membros no corpo natural é ordenada à unidade do corpo inteiro.

Ora, pode-se considerar a unidade da Igreja de duas maneiras: na conexão ou na comunhão recíproca dos membros da Igreja entre si; e, além disso, na ordenação de todos os membros da Igreja a uma única cabeça. Segundo a Carta aos Colossenses: "Inchado pelo sentido de sua carne e não se mantendo unido à cabeça, da qual todo o corpo, por suas articulações e ligamentos, recebe alimento e coesão para realizar seu crescimento em Deus". Ora, esta Cabeça é o próprio Cristo, do qual o soberano pontífice[c] faz as vezes na Igreja. Por isso chamam-se de cismáticos aqueles que não querem se submeter ao soberano pontífice e recusam a comunhão com os membros da Igreja a ele submetidos.

QUANTO AO 1º, portanto, deve-se dizer que a separação entre o homem e Deus pelo pecado não é procurada pelo pecador, mas acontece fora de sua intenção, em razão de sua conversão desordenada ao bem perecível. Por isso não se trata de um cisma propriamente dito.

QUANTO AO 2º, deve-se dizer que a desobediência aos preceitos por rebelião constitui a razão de cisma. Digo por rebelião, isto é, quando alguém despreza obstinadamente os preceitos da Igreja e recusa submeter-se a seu julgamento[d]. Nem todo pecador faz isso. Portanto, nem todo pecado é um cisma.

QUANTO AO 3º, deve-se dizer que a heresia e o cisma se distinguem segundo as coisas às quais ambos se opõem por si e diretamente. A heresia se opõe por si à fé; e o cisma se opõe por si à unidade[e] da caridade eclesial. É por isso que, da mesma forma como a fé e a caridade são virtudes diferentes, embora aquele a quem falta a fé, falte-lhe também a caridade, o cisma e a heresia são também vícios diferentes, embora todo herege seja

---

c. Não só o soberano pontífice, mas cada bispo, tem o lugar de Cabeça-de-Cristo em sua Igreja particular, a qual representa toda a Igreja na particularidade de um determinado povo. O bispo é princípio de unidade, apenas na medida, porém, em que está em comunhão com o de Roma. O colégio apostólico não existe sem Pedro, nem Pedro só, sem o colégio apostólico. Entendido isto, contentamo-nos em mencionar Pedro como sinal da Cabeça que é Cristo, e da comunhão.

d. Pode-se desobedecer aos bispos sem questionar sua função: não é um cisma. A desobediência cismática é a que leva a rejeitar sua autoridade enquanto testemunhas da fé apostólica, e sinais da comunhão na fé.

e. Cisma e heresia não devem ser confundidos. Podemos querer ferir *intelectualmente* a unidade da fé: é a heresia. Podemos romper a comunhão de vida divina *afetivamente* e voluntariamente: é o cisma. Essa unidade não é uniformidade, porém. É uma unidade de relações recíprocas, ou uma comunhão. Cada Igreja particular com seu bispo se quer em comunhão com todas as outras, por diferentes que sejam, uma vez que partilham da mesma fé apostólica e dos mesmos sacramentos da fé.

hoc est quod Hieronymus dicit, *in* Epist. ad Gl[5]: *Inter schisma et haeresim hoc interesse arbitror, quod haeresis perversum dogma habet, schisma ab Ecclesia separat.*

Et tamen sicut amissio caritatis est via ad amittendum fidem, secundum illud 1Ti 1,6: *A quibus quidam aberrantes,* scilicet a caritate et aliis huiusmodi, *conversi sunt in vaniloquium;* ita etiam schisma est via ad haeresim. Unde Hieronymus ibidem[6] subdit quod *schisma a principio aliqua in parte potest intelligi diversum ab haeresi: ceterum nullum schisma est, nisi sibi aliquam haeresim confingat, ut recte ab Ecclesia recessisse videatur.*

também cismático, não, porém o inverso. É o que diz Jerônimo: "Entre o cisma e a heresia penso que há esta diferença: a heresia professa um dogma pervertido, enquanto o cisma separa da Igreja.".

No entanto, assim como a perda da caridade é caminho para a perda da fé, segundo a primeira Carta a Timóteo: "Por se terem afastado (da caridade e das coisas deste gênero), alguns se perderam em vãos palavreados", assim também o cisma é caminho para a heresia. Por isso Jerônimo acrescenta que "o cisma, no início, pode, de certa maneira, ser considerado diferente da heresia; mas não há nenhum cisma que não modele para si mesmo alguma heresia para justificar seu afastamento da Igreja.

Articulus 2
Utrum schisma sit gravius peccatum quam infidelitas

AD SECUNDUM SIC PROCEDITUR. Videtur quod schisma gravius peccatum sit quam infidelitas.

1. Maius enim peccatum graviori poena punitur: secundum illud Dt 25,2: *Pro mensura peccati erit et plagarum modus.* Sed peccatum schismatis gravius invenitur punitum quam etiam peccatum infidelitatis sive idololatriae. Legitur enim Ex 32,27-28, quod propter idololatriam sunt aliqui humana manu gladio interfecti: de peccato autem schismatis legitur Nm 16,30: *Si novam rem fecerit Dominus, ut aperiens terra os suum deglutiat eos et omnia quae ad illos pertinent, descenderintque viventes in infernum, scietis quod blasphemaverunt Dominum.* Decem etiam tribus, quae vitio schismatis a regno David recesserunt, sunt gravissime punitae, ut habetur 4Reg 17,20 sqq. Ergo peccatum schismatis est gravius peccato infidelitatis.

2. PRAETEREA, *bonum multitudinis est maius et divinius quam bonum unius;* ut patet per Philosophum, in I *Ethic.*[1]. Sed schisma est contra bonum multitudinis, idest contra ecclesiasticam unitatem: infidelitas autem est contra bonum particulare unius, quod est fides unius hominis singularis. Ergo videtur quod schisma sit gravius peccatum quam infidelitas.

Artigo 2
O cisma é pecado mais grave do que a infidelidade?

QUANTO AO SEGUNDO, ASSIM SE PROCEDE: parece que o cisma é pecado mais grave do que a infidelidade.

1. Com efeito, um pecado mais grave é punido com uma pena mais grave, segundo o livro do Deuteronômio: "Segundo o tamanho do pecado será o modo dos açoites". Ora, o pecado de cisma foi punido mais gravemente do que o pecado de infidelidade ou de idolatria. Com efeito, lê-se no livro do Êxodo que alguns pereceram pela mão dos homens por causa de sua idolatria; Quanto ao pecado de cisma, lê-se no livro dos Números: "Se o Senhor fizer qualquer coisa inaudita, se a terra se abrir e os engolir com tudo o que lhes pertence, e se descerem vivos à moradia dos mortos, sabereis que blasfemaram contra o Senhor". Da mesma forma as dez tribos que fizeram um cisma com o reino de Davi, foram gravemente punidas, como se vê no segundo livro dos Reis. Logo, o pecado de cisma é mais grave que o pecado de infidelidade.

2. ALÉM DISSO, "O bem da multidão é maior e mais divino do que o bem de um só", como o mostra o Filósofo. Ora, o cisma é contrário ao bem da multidão, por ser contrário à unidade da Igreja; ao passo que a infidelidade é contrária ao bem particular de um só: a fé de um indivíduo. Logo, o cisma é um pecado mais grave do que a infidelidade.

---

5. Cfr. *In Tit.*, super 3, 10: ML 26, 598 A.
6. Loc. cit.

PARALL.: IV *Sent.*, dist. 13, q. 2, a. 2, ad 4; *De Malo*, q. 2, a. 10, ad 4.

1. C. 1: 1094, b, 10-11.

3. PRAETEREA, maiori malo maius bonum opponitur; ut patet per Philosophum, in VIII *Ethic*.². Sed schisma opponitur caritati, quae est maior virtus quam fides, cui opponitur infidelitas, ut ex praemissis³ patet. Ergo schisma est gravius peccatum quam infidelitas.

SED CONTRA, quod se habet ex additione ad alterum, potius est vel in bono vel in malo. Sed haeresis se habet per additionem ad schisma: addit enim perversum dogma, ut patet ex auctoritate Hieronymi supra⁴ inducta. Ergo schisma est minus peccatum quam infidelitas.

RESPONDEO dicendum quod gravitas peccati dupliciter potest considerari: uno modo, secundum suam speciem; alio modo, secundum circumstantias. Et quia circumstantiae particulares sunt et infinitis modis variari possunt, cum quaeritur in communi de duobus peccatis quod sit gravius, intelligenda est quaestio de gravitate quae attenditur secundum genus peccati. Genus autem seu species peccati attenditur ex obiecto; sicut ex supradictis⁵ patet. Et ideo illud peccatum quod maiori bono contrariatur est ex suo genere gravius: sicut peccatum in Deum quam peccatum in proximum. Manifestum est autem quod infidelitas est peccatum contra ipsum Deum, secundum quod in se est veritas prima, cui fides innititur. Schisma autem est contra ecclesiasticam unitatem, quae est quoddam bonum participatum, et minus quam sit ipse Deus. Unde manifestum est quod peccatum infidelitatis ex suo genere est gravius quam peccatum schismatis: licet possit contingere quod aliquis schismaticus gravius peccet quam quidam infidelis, vel propter maiorem contemptum, vel propter maius periculum quod inducit, vel propter aliquid huiusmodi.

AD PRIMUM ergo dicendum quod populo illi manifestum erat iam per legem susceptam quod erat unus Deus et quod non erant alii dii colendi: et hoc erat apud eos per multiplicia signa confirmatum. Et ideo non oportebat quod peccantes contra hanc fidem per idololatriam punirentur inusitata aliqua et insolita poena, sed solum communi. Sed non

3. ADEMAIS, a um grande mal opõe-se um bem maior, segundo o Filósofo. Ora, o cisma se opõe à caridade, virtude maior do que a fé, à qual se opõe a infidelidade, como está claro pelo que foi dito. Logo, o cisma é um pecado mais grave do que a infidelidade.

EM SENTIDO CONTRÁRIO, o que existe por adição a uma outra coisa é maior do que ela, quer no bem quer no mal. Ora, a heresia existe por adição ao cisma: com efeito, acrescenta-lhe uma doutrina pervertida, como o mostra a autoridade de Jerônimo, invocada acima. Portanto, o cisma é um pecado menor do que a infidelidade.

RESPONDO. A gravidade de um pecado pode ser considerada de duas maneiras: segundo sua espécie, ou então segundo as circunstâncias. E como as circunstâncias são particulares e podem variar ao infinito, quando nos perguntamos de maneira geral qual dos dois pecados é o mais grave, a questão deve se entender da gravidade que depende do gênero do pecado. Ora, o gênero ou espécie do pecado dependem de seu objeto, já foi dito anteriormente. Por isso, o pecado que se opõe a um bem maior é, em seu gênero, um pecado maior; assim o pecado contra Deus em relação ao pecado contra o próximo. Ora, é evidente que a infidelidade é um pecado contra o próprio Deus, enquanto ele é em si mesmo a verdade primeira, sobre a qual se apoia a fé. O cisma, ao contrário, se opõe à unidade da Igreja, que é um bem participado, menor do que Deus é em si mesmo. Portanto, é evidente que o pecado de infidelidade é por seu gênero mais grave do que o pecado de cisma, embora possa acontecer que um cismático peque mais gravemente do que um infiel, seja em razão de um desprezo maior, seja em razão de um perigo maior, ou por uma outra razão desse gêneroᶠ.

QUANTO AO 1º, portanto, deve-se dizer que o povo hebreu já tinha a evidência pela lei dada por Deus de que há um só Deus e de que não se deve adorar outros deuses; isso lhe fora confirmado por múltiplos sinais. Portanto, não era necessário punir com uma pena inusitada e insólita, mas somente com uma pena comum, os que pecavam contra

---

2. C. 12: 1160, b. 9-12.
3. Q. 23, a. 6.
4. A. praec., ad 3.
5. I-II, q. 72, a. 1; q. 73, a. 3.

f. A heresia é mais grave do que o cisma, como o que atinge diretamente a Deus, em sua verdade rejeitada, é mais grave do que o que atinge o bem divino do qual se participa na Igreja. A heresia, aliás, também inclui uma separação.

erat sic notum apud eos quod Moyses deberet esse semper eorum princeps. Et ideo rebellantes eius principatui oportebat miraculosa et insueta poena puniri.

Vel potest dici quod peccatum schismatis quandoque gravius est punitum in populo illo quia erat ad seditiones et schismata promptus: dicitur enim 1Esd 4,19: *Civitas illa a diebus antiquis adversus regem rebellat, et seditiones et proelia concitantur in ea.* Poena autem maior quandoque infligitur pro peccato magis consueto, ut supra[6] habitum est: nam poenae sunt medicinae quaedam ad arcendum homines a peccato; unde ubi — est maior pronitas ad peccandum, debet severior poena adhiberi. — Decem autem tribus non solum fuerunt punitae pro peccato schismatis, sed etiam pro peccato idololatriae, ut ibidem dicitur.

AD SECUNDUM dicendum quod sicut bonum multitudinis est maius quam bonum unius qui est de multitudine, ita est minus quam bonum extrinsecum ad quod multitudo ordinatur: sicut bonum ordinis exercitus est minus quam bonum ducis. Et similiter bonum ecclesiasticae unitatis, cui opponitur schisma, est minus quam bonum veritatis divinae, cui opponitur infidelitas.

AD TERTIUM dicendum quod caritas habet duo obiecta: unum principale, scilicet bonitatem divinam; et aliud secundarium, scilicet bonum proximi. Schisma autem et alia peccata quae fiunt in proximum opponuntur caritati quantum ad secundarium bonum, quod est minus quam obiectum fidei, quod est ipse Deus. Et ideo ista peccata sunt minora quam infidelitas. Sed odium Dei, quod opponitur caritati quantum ad principale obiectum, non est minus. — Tamen inter peccata quae sunt in proximum, peccatum schismatis videtur esse maximum: quia est contra spirituale bonum multitudinis.

essa fé pela idolatria. Não sabiam, porém, com certeza que Moisés devia ser sempre seu chefe. Por isso foi preciso que os rebeldes à sua autoridade fossem punidos com uma pena miraculosa e inusitada.

Pode-se dizer também que o pecado de cisma era por vezes punido com uma pena mais grave, porque esse povo era inclinado às sedições e aos cismas. Com efeito, diz o livro de Esdras: "Esta cidade, desde os tempos antigos, se rebela contra seu rei, e nela se produzem sedições e guerras". Ora, acontece que se pune com uma pena maior um pecado mais habitual, como já se estabeleceu; pois as penas são remédios para afastar os homens do pecado. Por isso, onde a propensão ao pecado é maior, é preciso usar penas mais severas. — Quanto às dez tribos, não foram punidas somente por causa de seu cisma, mas também por causa de sua idolatria, como se diz no mesmo lugar[g].

QUANTO AO 2º, deve-se dizer que se o bem da multidão é maior do que o bem de um só indivíduo dessa multidão, tal bem é, contudo, menor do que o bem exterior ao qual a multidão se ordena, como o bem constituído pela organização do exército é menor do que o bem do chefe. De modo semelhante o bem da unidade da Igreja, ao qual se opõe o cisma, é menor do que o bem da verdade divina, ao qual a infidelidade se opõe.

QUANTO AO 3º, deve-se dizer que a caridade tem dois objetos: um, que é o principal, isto é, a bondade de Deus; e outro, que é secundário, isto é, o bem do próximo. Ora, o cisma e os outros pecados que se cometem contra o próximo opõem-se à caridade quanto ao seu bem secundário, o qual é menor do que o objeto da fé, que é o próprio Deus. Por isso esses pecados são menores do que a infidelidade. Mas o ódio a Deus, que se opõe à caridade quanto a seu objeto principal, não é menor do que a infidelidade. — Entre os pecados contra o próximo, parece, contudo, que o cisma é o maior pois vai contra o bem espiritual da multidão.

---

6. I-II, q. 105, a. 2, ad 9.

g. A maior pena outrora infligida aos cismáticos (Nm 16,30; Lv 24,14) incitava a concluir que o cisma era mais grave do que a idolatria ou a infidelidade. Mas os efeitos que se pode temer podem levar a punir mais severamente faltas todavia menos graves. A infidelidade (incredulidade) é sempre mais grave. O que significa que não podemos sacrificar a verdade da fé à "acomodação" da unidade.

Articulus 3
Utrum schismatici habeant aliquam potestatem

AD TERTIUM SIC PROCEDITUR. Videtur quod schismatici habeant aliquam potestatem.

1. Dicit enim Augustinus, in libro *contra Donatist.*[1]: *Sicut redeuntes ad Ecclesiam qui priusquam recederent baptizati sunt non rebaptizantur ita redeuntes qui priusquam recederent ordinati sunt non utique rursus ordinantur.* Sed ordo est potestas quaedam. Ergo schismatici habent aliquam potestatem, quia retinent ordinem.

2. PRAETEREA, Augustinus dicit, in libro *de Unic. Bapt.*[2]: *Potest sacramentum tradere separatus, sicut potest habere separatus.* Sed potestas tradendi sacramenta est maxima potestas. Ergo schismatici, qui sunt ab Ecclesia separati, habent potestatem spiritualem.

3. PRAETEREA, Urbanus Papa dicit[3] quod *ab episcopis quondam catholice ordinatis sed in schismate a Romana Ecclesia separatis qui consecrati sunt, eos, cum ad Ecclesiae unitatem redierint, servatis propriis ordinibus, misericorditer suscipi iubemus, si eos vita et scientia commendat.* Sed hoc non esset nisi spiritualis potestas apud schismaticos remaneret. Ergo schismatici habent spiritualem potestatem.

SED CONTRA est quod Cyprianus dicit in quadam epistola[4], et habetur VII, qu. 1, can. *Novatianus*[5]: *Qui nec unitatem,* inquit, *spiritus nec conventionis pacem observat, et se ab Ecclesiae vinculo atque e sacerdotum collegio separat, nec episcopi potestatem habere potest nec honorem.*

RESPONDEO dicendum quod duplex est spiritualis potestas: una quidem sacramentalis; alia iurisdictionalis. Sacramentalis quidem potestas est quae per aliquam consecrationem confertur. Omnes autem consecrationes Ecclesiae sunt immobiles, manente re quae consecratur: sicut patet etiam in rebus inanimatis, nam altare semel consecratum non consecratur iterum nisi fuerit dissipatum. Et ideo talis potestas secundum suam essentiam

Artigo 3
Os cismáticos têm algum poder?[h]

QUANTO AO TERCEIRO, ASSIM SE PROCEDE: parece que os cismáticos **têm** certo poder.

1. Com efeito, Agostinho diz: "Assim como em seu retorno à Igreja aqueles que foram batizados antes de deixá-la não são batizados de novo, assim também aqueles que voltam e que tinham sido ordenados antes de deixá-la, não são ordenados de novo". Ora, a ordem é um poder. Logo, os cismáticos conservam certo poder porque permanecem ordenados.

2. ALÉM DISSO, segundo Agostinho: "Aquele que está separado pode conferir os sacramentos, assim como pode recebê-los". Ora, o poder de conferir os sacramentos é o maior dos poderes. Logo, os cismáticos, que estão separados da Igreja, têm um poder espiritual.

3. ADEMAIS, o Papa Urbano II diz que: "aqueles que foram consagrados por bispos ordenados segundo o rito católico, mas separados da Igreja romana pelo cisma e que voltam à unidade da Igreja conservando suas respectivas ordens, ordenamos serem recebidos com misericórdia, desde que se recomendem por sua vida e sua ciência". Ora, isso seria impossível se um poder espiritual não permanecesse entre os cismáticos. Logo, os cismáticos têm um poder espiritual.

EM SENTIDO CONTRÁRIO, Cipriano escreve numa carta: "Aquele que não observa nem a unidade do espírito nem a paz da união e se separa do vínculo da Igreja e do colégio sacerdotal, não pode ter nem o poder nem as honras do episcopado".

RESPONDO. Há dois poderes espirituais: o poder sacramental e o poder jurisdicional. O poder sacramental é aquele que é conferido por uma consagração. Todas as consagrações da Igreja são imutáveis, enquanto perdurar a coisa consagrada; como acontece até com as coisas inanimadas; assim, um altar uma vez consagrado só será consagrado de novo se for destruído. Por isso tal poder, segundo sua essência, permanece naquele que o

---

3 PARALL.: Part. III, q. 64, a. 9, ad 2; IV *Sent.*, dist. 25, q. 1, a. 2; *Quodlib.* XII, q. 11, a. 1.

1. L. I, c. 1, n. 2: ML 43, 109.
2. *De Bapt. contra Donat.*, l. VI, c. 5, n. 7: ML 43, 200.
3. In Concil. Placent., c. 10: ed. Mansi, t. X, p. 806.
4. Epist. 52, al. l. IV, epist. 2, *ad Antonian.*; ML 4, 345 B; cfr. CORNELII, EPIST. 10: ML 3, 773 A.
5. Gratianus, DECRETUM, P. II, CAUSA 7, Q. 1, CAN. 6: *NOVATIANUS*: ED. RICHTER-FRIEDBERG, T. I, P. 568.

h. A questão pertence mais ao âmbito da teologia sacramental ou do direito canônico. É situada aqui para tratar conjuntamente o que concerne ao cisma.

remanet in homine qui per consecrationem eam est adeptus quandiu vivit, sive in schisma sive in haeresim labatur: quod patet ex hoc quod rediens ad Ecclesiam non iterum consecratur. Sed quia potestas inferior non debet exire in actum nisi secundum quod movetur a potestate superiori, ut etiam in rebus naturalibus patet; inde est quod tales usum potestatis amittunt, ita scilicet quod non liceat eis sua potestate uti. Si tamen usi fuerint, eorum potestas effectum habet in sacramentalibus: quia in his homo non operatur nisi sicut instrumentum Dei; unde effectus sacramentales non excluduntur propter culpam quamcumque conferentis sacramentum. — Potestas autem iurisdictionalis est quae ex simplici iniunctione hominis confertur. Et talis potestas non immobiliter adhaeret. Unde in schismaticis et haereticis non manet. Unde non possunt nec absolvere nec excommunicare nec indulgentias facere, aut aliquid huiusmodi: quod si fecerint, nihil est actum.

Cum ergo dicitur tales non habere potestatem spiritualem, intelligendum est vel de potestate secunda: vel, si referatur ad primam potestatem, non est referendum ad ipsam essentiam potestatis, sed ad legitimum usum eius.

Et per hoc patet responsio AD OBIECTA.

ARTICULUS 4
Utrum sit conveniens poena schismaticorum ut excommunicentur

AD QUARTUM SIC PROCEDITUR. Videtur quod poena schismaticorum non sit conveniens ut excommunicentur.

1. Excommunicatio enim maxime separat hominem a communione sacramentorum. Sed Augustinus dicit, in libro *contra Donatist*.[1], quod baptisma potest recipi a schismatico. Ergo videtur quod excommunicatio non est conveniens poena schismatis.

2. PRAETEREA, ad fideles Christi pertinet ut eos qui sunt dispersi reducant: unde contra quosdam dicitur Ez 34,4: *Quod abiectum est non reduxistis, quod perierat non quaesistis*. Sed schismatici convenientius reducuntur per aliquos qui eis communicent. Ergo videtur quod non sint excommunicandi.

recebeu por consagração enquanto permanecer vivo, mesmo se cair no cisma ou na heresia. Isto se evidencia por não ser ele novamente consagrado ao retornar à Igreja. Como, porém, um poder inferior não deve passar ao ato a não ser movido por um poder superior, como se vê até nas coisas da natureza, assim, em consequência, tais homens perdem o uso de seu poder e não lhes é mais permitido usá-lo. No entanto, se o usarem, seu poder produz efeito no campo sacramental pois nele o homem age apenas como instrumento de Deus; por isso os efeitos sacramentais não são anulados por alguma falta existente naquele que confere o sacramento. — Quanto ao poder de jurisdição, é conferido por simples investidura humana. Tal poder não se recebe de modo imutável. E não subsiste nos cismáticos e nos hereges. Por isso não podem nem absolver, nem excomungar, nem dar indulgências, nem fazer coisa alguma desse gênero; se o fazem, nada acontece.

Portanto, quando se diz que esses homens não têm poder espiritual, entenda-se do segundo poder; mas se se refere ao primeiro, não se trata da essência de tal poder mas de seu uso legítimo.

Com isso, estão respondidas as OBJEÇÕES.

ARTIGO 4
É conveniente castigar os cismáticos com a pena da excomunhão?[i]

QUANTO AO QUARTO, ASSIM SE PROCEDE: parece **não** ser conveniente castigar os cismáticos com a pena de excomunhão.

1. Com efeito, a excomunhão separa totalmente da comunhão dos sacramentos. Ora, Agostinho diz que se pode receber o batismo das mãos um cismático. Logo, parece que a excomunhão não é a pena que convém para os cismáticos.

2. ALÉM DISSO, compete aos fiéis de Cristo reconduzir os que se dispersaram. Por isso lemos esta censura no livro de Ezequiel: "Não reconduzistes o que havia caído, nem buscastes o que se tinha perdido". Ora, os cismáticos são reconduzidos mais facilmente por aqueles que se comunicam com eles. Logo, não parece que devam ser excomungados.

4
1. L. VI, c. 5, n. 7: ML 43, 200.

i. Trata-se de compreender penas hoje caídas em desuso. Em um regime de "cristandade", o cisma atentava simultaneamente contra a unidade cívica, social e religiosa.

3. Praeterea, pro eodem peccato non infligitur duplex poena: secundum illud Nah 1,9: *Non iudicabit Deus bis in idipsum*. Sed pro peccato schismatis aliqui poena temporali puniuntur: ut habetur XXIII, qu. 5², ubi dicitur: *Divinae et mundanae leges statuerunt ut ab Ecclesiae unitate divisi, et eius pacem perturbantes, a saecularibus potestatibus comprimantur*. Non ergo sunt puniendi per excommunicationem.

Sed contra est quod Nm 16,26 dicitur: *Recedite a tabernaculis hominum impiorum,* qui scilicet schisma fecerant, *et nolite tangere quae ad eos pertinent, ne involvamini in peccatis eorum*.

Respondeo dicendum quod per quae peccat quis, per ea debet puniri, ut dicitur Sap 11,17. Schismaticus autem, ut ex dictis³ patet, in duobus peccat. In uno quidem, quia separat se a communione membrorum Ecclesiae. Et quantum ad hoc conveniens poena schismaticorum est ut excommunicentur. In alio vero, quia subdi recusant capiti Ecclesiae. Et ideo, quia coerceri nolunt per spiritualem potestatem Ecclesiae, iustum est ut potestate temporali coerceantur.

Ad primum ergo dicendum quod baptismum a schismaticis recipere non licet nisi in articulo necessitatis: quia melius est de hac vita cum signo Christi exire, a quocumque detur, etiam si sit Iudaeus vel paganus, quam sine hoc signo, quod per baptismum confertur.

Ad secundum dicendum quod per excommunicationem non interdicitur illa communicatio per quam aliquis salubribus monitis divisos reducit ad Ecclesiae unitatem. Tamen et ipsa separatio quodammodo eos reducit, dum, de sua separatione confusi, quandoque ad poenitentiam adducuntur.

Ad tertium dicendum quod poenae praesentis vitae sunt medicinales⁴; et ideo quando una poena non sufficit ad coercendum hominem, superadditur altera: sicut et medici diversas medicinas corporales apponunt quando una non est efficax. Et ita Ecclesia, quando aliqui per excommunicationem non sufficienter reprimuntur, adhibet coercionem brachii saecularis. Sed si una poena sit sufficiens, non debet alia adhiberi.

3. Ademais, para um mesmo pecado não se aplica uma dupla pena, segundo o livro de Naum: "Deus não julgará duas vezes a mesma coisa". Ora, para o pecado de cisma, há quem é punido com uma pena temporal, segundo a prescrição do Decreto: "As leis divinas e humanas decidiram que aqueles que se separam da unidade da Igreja e perturbam sua paz serão reprimidos pelo poder secular". Logo, não se deve puni-los com a excomunhão.

Em sentido contrário, está escrito no livro dos Números: "Afastai-vos das tendas desses ímpios", isto é, daqueles que fizeram um cisma, "e não toqueis no que lhes pertence para não vos implicardes em seus pecados".

Respondo. Aquele que peca deve ser punido por aquilo em que pecou, segundo o livro da Sabedoria. Ora, o cismático, já foi dito, peca duplamente. Primeiramente por se separar da comunhão dos membros da Igreja, e justamente por isso convém que os cismáticos sejam punidos com a excomunhão. Depois, por se recusarem submeter-se ao chefe da Igreja. Por isso, já que não querem ser coagidos pelo poder espiritual, é justo que o sejam pelo poder temporal.

Quanto ao 1º, portanto, deve-se dizer que não é permitido receber o batismo das mãos de um cismático a não ser em extrema necessidade, pois é preferível deixar esta vida com a marca de Cristo, seja quem for que a dê, judeu ou pagão, do que sem esta marca conferida pelo batismo.

Quanto ao 2º, deve-se dizer que a excomunhão não proíbe esta comunicação que, por conselhos salutares reconduz à unidade da Igreja aqueles que estavam separados dela. Além disso, a própria separação os reconduz de alguma maneira; porque, incomodados por estarem assim separados, são por vezes conduzidos à penitência.

Quanto ao 3º, deve-se dizer que as penas da vida presente são medicinais. Por isso, quando uma pena não é suficiente para corrigir, acrescenta-se outra; assim, os médicos aplicam remédios corporais diferentes quando um só não é eficaz. Assim também a Igreja, quando se trata de pessoas que a excomunhão não reprime suficientemente, utiliza a coerção do braço secular. Se, porém, uma só pena é suficiente, não se deve utilizar outra.

---

2. Gratianus, Decretum, P. II, causa 23, q. 5, can. 44: *Qualis nos*: ed. Richter-Friedberg, t. I, p. 943.
3. Art. 1.
4. Cfr. a. 2, ad 1.

QUESTÃO 40
A GUERRA[a]
em quatro artigos

Em seguida, deve-se considerar a guerra.
A respeito da guerra, são quatro as perguntas:
1. Há alguma guerra que seja lícita?
2. É permitido aos clérigos guerrear?
3. É permitido usar estratagemas na guerra?
4. É permitido guerrear nos dias de festa?

Artigo 1
Guerrear é sempre um pecado?

Quanto ao primeiro artigo, assim se procede: parece que guerrear é sempre um pecado.

1. Com efeito, não se aplica uma pena a não ser para um pecado. Ora, no Evangelho de Mateus, o Senhor notifica com uma pena aos que fazem a guerra: "Todos os que tomam a espada, pela espada perecerão". Logo, a guerra é sempre ilícita.

2. Além disso, tudo o que é contrário a um preceito divino é pecado. Ora, guerrear é contrário a um preceito divino, pois no Evangelho de Mateus se diz: "Eu vos digo: não resistais ao mal", e na Carta aos Romanos: "Não vos defendais, meus amados; mas dai lugar à ira". Logo, é sempre um pecado fazer a guerra.

1

a. Depois do cisma, as rupturas de comunidades simplesmente humanas ou naturais: essencialmente, a guerra.
Os primeiros pensadores cristãos, Tertuliano, Orígenes..., condenavam-na absolutamente, ao passo que Sto. Ambrósio e Sto. Agostinho estimarão que ela pode ser compatível com a vocação cristã.
Sto. Tomás é o primeiro a introduzi-la em teologia. Ele a situa entre os pecados contrários à paz. Como, nessas condições, poderia ela ser justa? Será o objeto do artigo 1 decidir a respeito, estabelecendo os princípios de moralidade de uma guerra justa. Mas não basta que ela vise a paz e que a intenção seja boa, é preciso ainda que a conduta da guerra, isto é, os meios empregados (a. 3), sejam legítimos.
Isso não significa que a ausência de guerra seja sempre a paz. Existem pazes falsas, "ordens" coagidas. A paz supõe concórdia dos corações, e das partes envolvidas, no interior de certo grupo. Ela é sempre relativa, aliás, uma vez que ela é chamada, por que já seja, a uma paz ainda melhor, a da comunidade dos santos na Jerusalém celeste. Toda unidade terrestre cidade, pátria, grupo de nações... é invocada e aspirada por essa unidade superior e divina que é a vocação de todas.
Quais são essas unidades intermediárias que são rompidas pela guerra? Tratando-se de guerra civil, é sem dúvida a nação. Tratando-se de guerra internacional, a ideia de uma "unidade superior a cada nação" e, reunindo-as todas na igualdade, é relativamente moderna. Os primeiros grandes conjuntos constituídos se denominavam impérios (parta, romano, chinês...), cuja unidade era fruto de certa coerção. Os estrangeiros ao império romano se situavam foram da civilização e de seus direitos: eram chamados de *bárbaros*. A cristandade medieval constituiu um outro tipo de comunidade, fundada sobre a fé comum. Os que não partilhavam dela dividiam a comunidade e eram perseguidos. Os *não cristãos*, em volta, tampouco eram considerados como iguais aos cristãos. Foi preciso esperar F. de Vitória (o. p., morto em 1546) para se elevar à ideia de um "concerto de todas as nações", iguais em direito, e do dever de solidariedade entre todas. Passa-se a reconhecer em cada povo direitos inalienáveis, e ao mesmo tempo uma "unidade superior às nações", cujo contorno prático se desenha à medida que é efetivado uma organização da vida humana além das autonomias políticas conhecidas.
Não se está ainda nesse ponto na época de Sto. Tomás. É preciso situar a este em sua época de cristandade. Não deve surpreender tampouco que algumas questões pareçam superadas hoje (a. 2 e 4).

3. Praeterea, nihil contrariatur actui virtutis nisi peccatum. Sed bellum contrariatur paci. Ergo bellum semper est peccatum.

4. Praeterea, omne exercitium ad rem licitam licitum est: sicut patet in exercitiis scientiarum. Sed exercitia bellorum, quae fiunt in torneamentis, prohibentur ab Ecclesia: quia morientes in huiusmodi tyrociniis ecclesiastica sepultura privantur. Ergo bellum videtur esse simpliciter peccatum.

Sed contra est quod Augustinus dicit, in sermone *de Puero Centurionis*[1]: *Si christiana disciplina omnino bella culparet, hoc potius consilium salutis petentibus in Evangelio daretur, ut abiicerent arma, seque militiae omnino subtraherent. Dictum est autem eis: "Neminem concutiatis; estote contenti stipendiis vestris". Quibus proprium stipendium sufficere praecepit, militare non prohibuit.*

Respondeo dicendum quod ad hoc quod aliquod bellum sit iustum, tria requiruntur. Primo quidem, auctoritas principis, cuius mandato bellum est gerendum. Non enim pertinet ad personam privatam bellum movere: quia potest ius suum in iudicio superioris prosequi. Similiter etiam quia convocare multitudinem, quod in bellis oportet fieri, non pertinet ad privatam personam. Cum autem cura reipublicae commissa sit principibus, ad eos pertinet rem publicam civitatis vel regni seu provinciae sibi subditae tueri. Et sicut licite defendunt eam materiali gladio contra interiores quidem perturbatores, dum malefactores puniunt, secundum illud Apostoli, ad Rm 13,4: *Non sine causa gladium portat: minister enim Dei est, vindex in iram ei qui male agit*; ita etiam gladio bellico ad eos pertinet rempublicam tueri ab exterioribus hostibus. Unde et principibus dicitur in Ps 81,4: *Eripite pauperem, et egenum de manu peccatoris liberate*. Unde Augustinus dicit, *contra Faust*.[2]: *Ordo naturalis, mortalium paci accommodatus, hoc poscit, ut suscipiendi belli auctoritas atque consilium penes principes sit.*

Secundo, requiritur causa iusta: ut scilicet illi qui impugnantur propter aliquam culpam impugnationem mereantur. Unde Augustinus dicit, in

3. Ademais, somente o pecado se opõe a um ato de virtude. Ora, a guerra se opõe à paz. Logo, a guerra é sempre um pecado.

4. Ademais, todo exercício em vista de uma coisa lícita é lícito; é o caso dos exercícios intelectuais. Ora, os exercícios guerreiros, como os torneios, são proibidos pela Igreja, e os que morrem nos exercícios desse gênero são privados de sepultura eclesiástica. Logo, a guerra parece ser absolutamente um pecado.

Em sentido contrário, Agostinho escreve: "Se a moral cristã julgasse que a guerra é sempre culpável, quando no Evangelho soldados pedem um conselho para a sua salvação, dever-se-ia responder-lhes que jogassem fora as armas e abandonassem completamente o exército. Ora, se lhes diz: "Não molesteis a ninguém, contentai-vos com vosso soldo". Prescrever-lhes que se contentem com seu soldo não os proíbe combater"[b].

Respondo. Para que uma guerra seja justa, são requeridas três condições: 1ª A autoridade do príncipe, sob cuja ordem deve-se fazer a guerra. Não compete a uma pessoa privada declarar uma guerra, pois pode fazer valer seu direito no tribunal de seu superior; também porque, convocar a multidão necessária para a guerra não compete a uma pessoa privada. Já que o cuidado dos negócios públicos foi confiado aos príncipes, a eles compete velar pelo bem público da cidade, do reino ou da província submetidos à sua autoridade. Assim como o defendem licitamente pela espada contra os perturbadores internos quando punem os malfeitores, segundo esta palavra do Apóstolo: "Não é em vão que carrega a espada; é ministro de Deus para fazer justiça e castigar aquele que faz o mal"; assim também compete-lhes defender o bem público pela espada da guerra contra os inimigos do exterior. É por isso que se diz aos príncipes no Salmo: "Sustentai o pobre e livrai os infelizes da mão dos pecadores", e que Agostinho escreve: "A ordem natural, aplicada à paz dos mortais, pede que a autoridade e o conselho para deflagrar a guerra caibam aos príncipes".

2º Uma causa justa: requer-se que o inimigo seja atacado em razão de alguma culpa. Por isso Agostinho escreve: "Costumamos definir como

---

1. Epist. 138, al. 5, ad Marcell, c. 2, n. 15: ML 33, 531.
2. L. XXII, c. 75: ML 42, 448.

b. Com efeito, João Batista acolhe e batiza os militares (Lc 3,14); Jesus se enche de admiração diante da humildade e da "fé" de um oficial romano pagão (Lc 7,9); ele às vezes alude à guerra, como a um evento que pode ocorrer e ocorre de tempos em tempos (Lc 14,3).

libro *Quaest.*[3]: *Iusta bella solent definiri quae ulciscuntur iniurias: si gens vel civitas plectenda est quae vel vindicare neglexerit quod a suis improbe factum est, vel reddere quod per iniuriam ablatum est.*
Tertio, requiritur ut sit intentio bellantium recta: qua scilicet intenditur vel ut bonum promoveatur, vel ut malum vitetur. Unde Augustinus, in libro *de Verbis Dom.*[4]: *Apud veros Dei cultores etiam illa bella pacata sunt quae non cupiditate aut crudelitate, sed pacis studio geruntur, ut mali coerceantur et boni subleventur.* Potest autem contingere quod etiam si sit legitima auctoritas indicentis bellum et causa iusta, nihilominus propter pravam intentionem bellum reddatur illicitum. Dicit enim Augustinus, in libro *contra Faust*[5]: *Nocendi cupiditas, ulciscendi crudelitas, implacatus et implacabilis animus, feritas rebellandi, libido dominandi, et si qua sunt similia, haec sunt quae in bellis iure culpantur.*

AD PRIMUM ergo dicendum quod, sicut Augustinus dicit, in II lib. *contra Manich.*[6], *ille accipit gladium qui, nulla superiori aut legitima potestate aut iubente vel concedente, in sanguinem alicuius armatur.* Qui vero ex auctoritate principis vel iudicis, si sit persona privata; vel ex zelo iustitiae, quasi ex auctoritate Dei, si sit persona publica, gladio utitur, non ipse accipit gladium, sed ab alio sibi commisso utitur. Unde ei poena non debetur.
— Nec tamen illi etiam qui cum peccato gladio utuntur semper gladio occiduntur. Sed ipso suo gladio semper pereunt: quia pro peccato gladii aeternaliter puniuntur, nisi poeniteant.

guerras justas aquelas que punem as injustiças, por exemplo, castigar um povo ou uma cidade que foi negligente na punição de um mal cometido pelos seus, ou restituir o que foi tirado por violência".

3º Uma reta intenção naqueles que fazem a guerra: que se pretenda promover o bem ou evitar o mal. Por isso Agostinho escreve: "Entre os verdadeiros adoradores de Deus até mesmo as guerras são pacíficas, pois não são feitas por cobiça ou crueldade, mas numa preocupação de paz, para reprimir os maus e socorrer os bons". Com efeito, mesmo se for legítima a autoridade daquele que declara a guerra e justa a sua causa, pode acontecer, contudo, que a guerra se torne ilícita por causa de uma intenção má. Escreve Agostinho a propósito: "O desejo de prejudicar, a crueldade na vingança, a violência e a inflexibilidade do espírito, a selvageria no combate, a paixão de dominar e outras coisas semelhantes, são estas as coisas que nas guerras são julgadas culpáveis pelo direito"[c].

QUANTO AO 1º, portanto, deve-se dizer que segundo Agostinho: "Empunha a espada aquele que, sem autoridade superior ou legítima que o comande ou permita, se arma para derramar o sangue de alguém". Aquele, porém, que pela autoridade do príncipe ou do juiz, se for uma pessoa privada, ou por zelo da justiça, como pela autoridade de Deus, se for uma pessoa pública, empunha uma espada, não toma da espada por si mesmo, mas empunha a espada que um outro lhe confiou[d]. Não incorre, pois, em pena. — Contudo, aqueles que se servem pecaminosamente da espada nem sempre caem sob a espada, mas sempre perecem pela própria espada, pois são eternamente

---

3. QUAEST. IN HEPTATEUTCH., IN IOSUE, Q. 10, SUPER IOS. 8, 2: ML 34, 781.
4. VIDE Gratianum, DECRETUM, P. II, CAUSA 23, Q. 1, CAN. 6: *APUD VEROS*: ED. RICHTER-FRIEDBERG, T. I, P. 893.
5. L. XXII, c. 74: ML 42, 447.
6. *Contra Faustum*, l. XXII, c. 70: ML 42, 444.

c. Abertos a desenvolvimentos posteriores, os princípios aqui invocados conservam seu valor. Mas é preciso traduzi-los. O que significam essas três condições da guerra justa: o fato do *príncipe*, a *causa justa*, a *intenção reta*?
1. *O príncipe*, ou o chefe da Cidade, representa a autoridade pública soberana. Esta não é arbitrária, mas ligada ao bem comum. Se fosse injusta, pôr-se-ia então a questão da *revolta*, estudada adiante (q. 42). Se essa autoridade soberana passasse a um nível mais elevado, estendendo-se a outras regiões, a decisão da guerra caberia a ela.
2. *A causa justa*. A vingança justa (q. 108), que representa a guerra, deve exercer-se tendo em vista o bem do adversário, o qual supomos que cometeu uma falta. Mas, mesmo que a causa seja justa (ela não pode sê-lo de ambos os lados, embora possa ser injusta de ambos os lados), empreender a guerra deve ser proporcional ao objetivo perseguido.
3. *A intenção reta*. Não basta que uma guerra seja justa: o beligerante poderia acrescentar objetivos inconfessos e injustos: alimentar, entre os seus, maus sentimentos, o ódio, por exemplo. A guerra deve apenas procurar reintegrar as nações em antagonismo em uma "comunidade" justa e fraternal, ou em uma rede de relações amistosas e justas. Nem vontade de prejudicar, nem justiça excessivamente rigorosa servem à comunhão da paz.

d. Deve-se tomar obrigatoriamente "a espada que um outro confiou"? Aqui é levantada discretamente a questão moderna da *objeção de consciência*.

AD SECUNDUM dicendum quod huiusmodi praecepta, sicut Augustinus dicit, in libro *de Serm. Dom. in Monte*[7], semper sunt servanda in praeparatione animi: ut scilicet semper homo sit paratus non resistere vel non se defendere si opus fuerit. Sed quandoque est aliter agendum propter commune bonum, et etiam illorum cum quibus pugnatur. Unde Augustinus dicit, in epist. *ad Marcellinum*[8]: *Agenda sunt multa etiam cum invitis benigna quadam asperitate plectendis. Nam cui licentia iniquitatis eripitur, utiliter vincitur: quoniam nihil est infelicius felicitate peccantium, qua poenalis nutritur impunitas, et mala voluntas, velut hostis interior, roboratur.*

AD TERTIUM dicendum quod etiam illi qui iusta bella gerunt pacem intendunt. Et ita paci non contrariantur nisi malae, quam Dominus *non venit mittere in terram*, ut dicitur Mt 10,34. Unde Augustinus dicit, *ad Bonifacium*[9]: *Non quaeritur pax ut bellum exerceatur: sed bellum geritur ut pax acquiratur. Esto ergo bellando pacificus, ut eos quos expugnas ad pacis utilitatem vincendo perducas.*

AD QUARTUM dicendum quod exercitia hominum ad res bellicas non sunt universaliter prohibita: sed inordinata exercitia et periculosa, ex quibus occisiones et depraedationes proveniunt. Apud antiquos autem exercitationes ad bella sine huiusmodi periculis erant: et ideo vocabantur *meditationes armorum*, vel *bella sine sanguine*, ut per Hieronymum patet, in quadam epistola[10].

punidos por terem pecado pela espada, exceto se se arrependerem.

QUANTO AO 2º, deve-se dizer que tais preceitos, segundo Agostinho, devem sempre ser observados com o ânimo preparado, isto é, deve-se sempre estar preparado a não resistir ou a não se defender, mesmo sendo preciso. Por vezes, porém, é preciso agir de outra forma para o bem comum, e mesmo para o bem daqueles que estão sendo combatidos. É por isso que Agostinho escreve: "É preciso agir fortemente, mesmo com aqueles que resistem, afim de dobrá-los por certa dureza benevolente. Aquele que é privado do poder de fazer o mal sofre uma proveitosa derrota. De fato, nada é mais infeliz do que o feliz sucesso dos pecadores, pois a impunidade, é alimentada, e sua má vontade, como um inimigo interior, é fortificada".

QUANTO AO 3º, deve-se dizer que os que fazem guerras justas procuram a paz. Consequentemente não se opõem à paz, a não ser à paz má que o Senhor "não veio trazer à terra", segundo o Evangelho de Mateus. Por isso escreve Agostinho: "Não se procura a paz para fazer a guerra, mas faz-se a guerra para se obter a paz. Sê, pois, pacífico ao combater para que com a vitória leves o benefício da paz àqueles que combates".

QUANTO AO 4º, deve-se dizer que os exercícios bélicos não são universalmente proibidos. Proibidos são os exercícios desordenados e perigosos que ocasionam matanças e depredações. Os antigos praticavam exercícios ordenados à guerra que não tinham nenhum desses perigos. Por isso eram chamado de "exercícios de armas" ou "guerras não sangrentas", como se vê numa das cartas de Jerônimo.

ARTICULUS 2
Utrum clericis et episcopis sit licitum pugnare

AD SECUNDUM SIC PROCEDITUR. Videtur quod clericis et episcopis liceat pugnare.

1. Bella enim intantum sunt licita et iusta, sicut dictum est[1], inquantum tuentur pauperes

ARTIGO 2
É permitido aos clérigos e aos bispos guerrear?

QUANTO AO SEGUNDO, ASSIM SE PROCEDE: parece que é permitido aos clérigos e aos bispos guerrear.

1. Com efeito, como foi dito, as guerras são lícitas e justas na medida em que protegem os

---

7. L. I, C. 19, NN. 58-59: ML 34, 1260.
8. Epist. 138, c. 2, n. 14: ML 33, 531.
9. Epist. 189, al. 205, n. 6: ML 33, 856.
10. DE HIS Vegetius, *Instit. rei milit.*, l. I, cc. 9-28: ed. C. Lang, Lipsiae 1885, pp. 13-30; item l. II, c. 23: ibid., pp. 56-59.

1. Art. praec.

et totam rempublicam ab hostium iniuriis. Sed hoc maxime videtur ad praelatos pertinere: dicit enim Gregorius, in quadam homilia[2]: *Lupus super oves venit, cum quilibet iniustus et raptor fideles quosque atque humiles opprimit. Sed is qui pastor videbatur esse et non erat, relinquit oves et fugit: quia dum sibi ab eo periculum metuit, resistere eius iniustitiae non praesumit.* Ergo praelatis et clericis licitum est pugnare.

2. PRAETEREA, XXIII, qu. 8[3], Leo Papa scribit: *Cum saepe adversa a Saracenorum partibus pervenerint nuntia, quidam in Romanorum portum Saracenos clam furtiveque venturos esse dicebant. Pro quo nostrum congregari praecepimus populum, maritimumque ad littus descendere decrevimus.* Ergo episcopis licet ad bella procedere.

3. PRAETEREA, eiusdem rationis esse videtur quod homo aliquid faciat, et quod facienti consentiat: secundum illud Rm 1,32: *Non solum digni sunt morte qui faciunt, sed et qui consentiunt facientibus.* Maxime autem consentit qui ad aliquid faciendum alios inducit. Licitum autem est episcopis et clericis inducere alios ad bellandum: dicitur enim XXIII, qu. 8[4], quod *hortatu et precibus Adriani Romanae urbis Episcopi, Carolus bellum contra Longobardos suscepit.* Ergo etiam eis licet pugnare.

4. PRAETEREA, illud quod est secundum se honestum et meritorium non est illicitum praelatis et clericis. Sed bellare est quandoque et honestum et meritorium: dicitur enim XXIII, qu. 8[5], quod *si aliquis pro veritate fidei et salvatione patriae ac defensione Christianorum mortuus fuerit, a Deo caeleste praemium consequetur.* Ergo licitum est episcopis et clericis bellare.

SED CONTRA est quod Petro, in persona episcoporum et clericorum, dicitur Mt 26,52: *Converte gladium tuum in vaginam.* Non ergo licet eis pugnare.

RESPONDEO dicendum quod ad bonum societatis humanae plura sunt necessaria. Diversa autem a diversis melius et expeditius aguntur quam ab uno; ut patet per Philosophum, in sua *Politica*[6]. Et quaedam negotia sunt adeo sibi repugnantia ut convenienter simul exerceri non possint. Et ideo illis qui maioribus deputantur prohibentur minora:

pobres e todo o Estado contra as injustiças dos inimigos. Ora, parece ser este o papel sobretudo dos prelados. Diz Gregório em uma homilia: "O lobo se lança sobre as ovelhas sempre que um raptor injusto oprime os fiéis e os humildes; aquele que parecia ser pastor e não o era, abandona as ovelhas e foge porque, temendo o perigo, não ousa resistir à injustiça". Logo, é permitido aos prelados e aos clérigos combaterem.

2. ALÉM DISSO, o papa Leão IV escreve: "Como chegavam muitas vezes más notícias do país dos Sarracenos dizendo que estes pretendiam entrar furtivamente no porto dos romanos, mandamos que o povo se congregasse e descesse ao litoral". Portanto, é permitido aos bispos ir à guerra.

3. ADEMAIS, que o homem faça alguma coisa ou consinta que um outro o faça, a razão é a mesma, segundo a Carta aos Romanos: "Merecem a morte, não somente os que agem assim, mas também aqueles que os aprovam". Ora, é sobretudo aquele que induz os outros a agirem que está aprovando. É, pois, permitido aos bispos e aos clérigos induzirem os outros à guerra porque está dito no *Decreto* que "pela exortação e pelas súplicas de Adriano, bispo de Roma, Carlos Magno empreendeu a guerra contra os lombardos". Logo, também a eles é permitido combater.

4. ADEMAIS, o que em si é honesto e meritório não é proibido aos prelados e aos clérigos. Ora, fazer a guerra é por vezes honesto e meritório, como o testemunha esta passagem do *Decreto*: "Se alguém morre pela verdade da fé, a salvação da pátria e a defesa dos cristãos, receberá de Deus a recompensa celeste". Logo, é permitido aos bispos e aos clérigos fazerem a guerra.

EM SENTIDO CONTRÁRIO, a Pedro, representando os bispos e os clérigos, se diz no Evangelho de Mateus: "Volta tua espada à bainha". Portanto, não lhes é permitido combater.

RESPONDO. Muitas coisas são necessárias para o bem da sociedade humana. Ora, funções diversas são melhor e mais facilmente exercidas por indivíduos diferentes do que por um só, como mostra o Filósofo. Há até mesmo funções de tal modo opostas umas às outras que não podem ser bem exercidas simultaneamente. Por isso, os encar-

---

2. Homil. 14 *in Evang.*, n. 2: ML 76, 1128 B.
3. GRATIANUS, *Decretum*, P. II, causa 23, q. 8, can. 7: *Igitur*: ed. Richter-Friedberg, t. I, p. 954.
4. GRATIANUS, *Decretum*, P. II, causa 23, q. 8, can. 10: *Hortatu*: ed. Richter-Friedberg, t. I, p. 955.
5. GRATIANUS, *Decretum*, P. II, causa 23, q. 8, can. 9: *Omni timore*: ed. Richter-Friedberg, t. I, p. 955.
6. L. I, c. 1: 1252, b, 3-5.

sicut secundum leges humanas militibus, qui deputantur ad exercitia bellica, negotiationes interdicuntur. Bellica autem exercitia maxime repugnant illis officiis quibus episcopi et clerici deputantur, propter duo. Primo quidem, generali ratione: quia bellica exercitia maximas inquietudines habent; unde multum impediunt animum a contemplatione divinorum et laude Dei et oratione pro populo, quae ad officium pertinent clericorum.

Et ideo sicut negotiationes, propter hoc quod nimis implicant animum, interdicuntur clericis, ita et bellica exercitia: secundum illud 2Ti 2,4: *Nemo militans Deo implicat se saecularibus negotiis*.

Secundo, propter specialem rationem. Nam omnes clericorum ordines ordinantur ad altaris ministerium, in quo sub Sacramento repraesentatur passio Christi: secundum illud 1Cor 11,26: *Quotiescumque manducabitis panem hunc et calicem bibetis, mortem Domini annuntiabitis, donec veniat*. Et ideo non competit eis occidere vel effundere sanguinem: sed magis esse paratos ad propriam sanguinis effusionem pro Christo, ut imitentur opere quod gerunt ministerio. Et propter hoc est institutum ut effundentes sanguinem, etiam sine peccato, sint irregulares. Nulli autem qui est deputatus ad aliquod officium licet id per quod suo officio incongruus redditur. Unde clericis omnino non licet bella gerere, quae ordinantur ad sanguinis effusionem.

AD PRIMUM ergo dicendum quod praelati debent resistere non solum lupis qui spiritualiter interficiunt gregem, sed etiam raptoribus et tyrannis qui corporaliter vexant: non autem materialibus armis in propria persona utendo, sed spiritualibus; secundum illud Apostoli, 2Cor 10,4: *Arma militiae nostrae non sunt carnalia, sed spiritualia*. Quae quidem sunt salubres admonitiones, devotae orationes, contra pertinaces excommunicationis sententia.

AD SECUNDUM dicendum quod praelati et clerici, ex auctoritate superioris, possunt interesse bellis, non quidem ut ipsi propria manu pugnent, sed ut iuste pugnantibus spiritualiter subveniant suis exhortationibus et absolutionibus et aliis huiusmodi spiritualibus subventionibus. Sicut et in veteri lege mandabatur, Ios 6,4, quod sacerdotes sacris tubis in bellis clangerent. Et ad hoc primo

regados de funções superiores são proibidos de exercer funções inferiores. Assim, as leis humanas proíbem o comércio aos militares encarregados dos exercícios da guerra. Ora, os exercícios da guerra são totalmente incompatíveis com as funções exercidas pelos bispos e pelos clérigos, por duas razões: Primeiro, por uma razão de ordem geral. Os exercícios bélicos comportam as maiores preocupações; por isso impedem fortemente o espírito da contemplação das coisas divinas, do louvor de Deus e da oração pelo povo, coisas estas que pertencem às funções dos clérigos.

Por isso, assim como o comércio é proibido aos clérigos por absorver demais o espírito, assim também os exercícios bélicos, segundo a segunda Carta a Timóteo: "Aquele que pertence à milícia de Deus não se ocupa com os negócios do século".

Segundo, por uma razão especial. As ordens dos clérigos são todas ordenadas ao serviço do altar, no qual, sob o sinal sacramental, a paixão de Cristo é representada, segundo a primeira Carta aos Coríntios: "Todas as vezes que comeis deste pão e bebeis desta cálice, anunciais a morte do Senhor até que ele venha". Não convém, pois, aos clérigos matar ou derramar sangue, e sim estar prontos a derramar seu próprio sangue por Cristo, para imitar por obras o que realizam por seu ministério. É por isso que o direito pune como irregulares aqueles que derramam sangue, mesmo sem pecado de sua parte. Ora, nunca se permite a alguém, deputado para uma função, o que o torna impróprio a essa função. Por isso, não é permitido de forma alguma aos clérigos fazerem a guerra, que leva ao derramamento de sangue.

QUANTO AO 1º, portanto, deve-se dizer que os prelados devem enfrentar, não somente os lobos que matam espiritualmente o rebanho, mas também os raptores e os tiranos que o maltratam corporalmente. Não, porém, usando pessoalmente armas materiais, mas armas espirituais segundo esta palavra do Apóstolo: "As armas do nosso combate não são carnais, mas espirituais". Estas são as advertências salutares, as orações fervorosas e, contra os obstinados, as sentenças de excomunhão.

QUANTO AO 2º, deve-se dizer que os prelados e os clérigos, por ordem de seus superiores, podem participar da guerra, não para combaterem eles mesmos com suas próprias mãos, mas para sustentarem espiritualmente aqueles que combatem segundo o direito, com suas exortações, suas absolvições e outros socorros espirituais desse gênero. Da mesma forma, na antiga lei, os

fuit concessum quod episcopi vel clerici ad bella procederent. Quod autem aliqui propria manu pugnent, abusionis est.

AD TERTIUM dicendum quod, sicut supra[7] habitum est, omnis potentia vel ars vel virtus ad quam pertinet finis habet disponere de his quae sunt ad finem. Bella autem carnalia in populo fideli sunt referenda, sicut ad finem, ad bonum spirituale divinum, cui clerici deputantur. Et ideo ad clericos pertinet disponere et inducere alios ad bellandum bella iusta. Non enim interdicitur eis bellare quia peccatum sit: sed quia tale exercitium eorum personae non congruit.

AD QUARTUM dicendum quod, licet exercere bella iusta sit meritorium, tamen illicitum redditur clericis propter hoc quod sunt ad opera magis meritoria deputati. Sicut matrimonialis actus potest esse meritorius, et tamen virginitatem voventibus damnabilis redditur, propter obligationem eorum ad maius bonum.

sacerdotes deviam tocar trombetas sagradas para o combate. Foi primeiramente para isso que se permitiu aos bispos e aos clérigos partirem para a guerra. Que alguns, porém, combatam com as próprias mãos, é um abuso.

QUANTO AO 3º, deve-se dizer, como foi dito anteriormente, que todas as potências, artes ou virtudes ordenadas ao fim, devem dispor dos meios que se referem ao fim. Ora, as guerras do povo fiel devem se referir, como fim, ao bem espiritual divino para o qual os clérigos foram deputados. Por isso, compete aos clérigos preparar e encorajar os outros a fazerem guerras justas. Com efeito, estão proibidos de combater, não porque seria um pecado, mas porque tal atividade não convém a suas pessoas[e].

QUANTO AO 4º, deve-se dizer que embora seja meritório fazer uma guerra justa, isto se torna ilícito para os clérigos porque foram deputados para atividades mais meritórias. É assim que o ato conjugal pode ser meritório e contudo, tornar-se condenável para aqueles que fizeram voto de virgindade, pela obrigação que têm com um bem maior.

ARTICULUS 3
Utrum sit licitum in bellis uti insidiis

AD TERTIUM SIC PROCEDITUR. Videtur quod non sit licitum in bellis uti insidiis.

1. Dicitur enim Dt 16,20: *Iuste quod iustum est exequeris*. Sed insidiae, cum sint fraudes quaedam, videntur ad iniustitiam pertinere. Ergo non est utendum insidiis etiam in bellis iustis.

2. PRAETEREA, insidiae et fraudes fidelitati videntur opponi, sicut et mendacia. Sed quia ad omnes fidem debemus servare, nulli homini est mentiendum; ut patet per Augustinum, in libro *Contra Mendacium*[1]. Cum ergo *fides hosti servanda sit*, ut Augustinus dicit, *ad Bonifacium*[2], videtur quod non sit contra hostes insidiis utendum.

3. PRAETEREA, Mt 7,12 dicitur: *Quae vultis ut faciant vobis homines, et vos facite illis*: et hoc est

ARTIGO 3
É permitido usar estratagemas na guerra?

QUANTO AO TERCEIRO, ASSIM SE PROCEDE: parece que **não** é permitido usar estratagemas na guerra.

1. Com efeito, diz o livro do Deuteronômio: "Realiza com justiça o que é justo". Ora, sendo os estratagemas um tipo de fraude, parecem pertencer à injustiça. Logo, não se deve empregar estratagemas, mesmo nas guerras justas.

2. ALÉM DISSO, os estratagemas e as fraudes parecem opor-se à fidelidade, como as mentiras. E, como devemos guardar a fidelidade para com todos, não se deve mentir a ninguém, como ensina Agostinho. Logo, segundo ele, "como se deve guardar a fidelidade para com o inimigo", não se deve empregar estratagemas contra o adversário.

3. ADEMAIS, no Evangelho de Mateus se diz: "O que quereis que os homens vos façam, fazei-o vós

---

7. Q. 23, a. 4, ad 2.

1. C. 15, n. 31: ML 40, 539.
2. Epist. 189, al. 205, n. 6: ML 33, 856.

e. Esse artigo, de outra época, tem a vantagem de nos por duas questões: 1. Em que essas profissões convêm aos clérigos? 2. Podem existir "guerras santas", ou sagradas, para os cristãos?

observandum ad omnes proximos. Inimici autem sunt proximi. Cum ergo nullus sibi velit insidias vel fraudes parari, videtur quod nullus ex insidiis debeat gerere bella.

SED CONTRA est quod Augustinus dicit, in libro *Quaest.*[3]: *Cum iustum bellum suscipitur, utrum aperte pugnet aliquis an ex insidiis, nihil ad iustitiam interest*. Et hoc probat auctoritate Domini qui mandavit Iosue ut insidias poneret habitatoribus civitatis Hai, ut habetur Ios 8,2.

RESPONDEO dicendum quod insidiae ordinantur ad fallendum hostes. Dupliciter autem aliquis potest falli ex facto vel dicto alterius. Uno modo, ex eo quod ei dicitur falsum, vel non servatur promissum. Et istud semper est illicitum. Et hoc modo nullus debet hostes fallere: sunt enim quaedam iura bellorum et foedera etiam inter ipsos hostes servanda, ut Ambrosius dicit, in libro *de Officiis*[4].

Alio modo potest aliquis falli ex dicto vel facto nostro, quia ei propositum aut intellectum non aperimus. Hoc autem semper facere non tenemur: quia etiam in doctrina sacra multa sunt occultanda, maxime infidelibus, ne irrideant, secundum illud Mt 7,6: *Nolite sanctum dare canibus*. Unde multo magis ea quae ad impugnandum inimicos paramus sunt eis occultanda. Unde inter cetera documenta rei militaris hoc praecipue ponitur de occultandis consiliis ne ad hostes perveniant; ut patet in libro

para eles". Isso deve ser observado com todos os próximos. Ora, os inimigos são nosso próximo. Por isso, como ninguém quer que se preparem para si estratagemas e fraudes, parece que não se deve fazer guerra empregando estratagemas.

EM SENTIDO CONTRÁRIO, Agostinho escreve: "Quando se empreende uma guerra justa, se alguém combate abertamente ou com estratagemas, isso não interessa à justiça". E prova com a autoridade do Senhor que ordenou a Josué armar emboscadas contra os habitantes da cidade de Ai, como se lê no livro de Josué.

RESPONDO[f]. Os estratagemas destinam-se a enganar o inimigo. Ora, há duas maneiras de alguém ser enganado pelas ações ou palavras de um outro. Primeira, dizendo alguma coisa falsa ou não mantendo a promessa. E isso é sempre ilícito. Ninguém deve enganar o inimigo dessa maneira; com efeito, há direitos de guerra e convenções que devem ser observados, mesmo entre inimigos, diz Ambrósio.

Segunda, alguém pode se enganar em relação às nossas palavras ou nossos atos porque não lhe revelamos nosso objetivo ou nosso pensamento. Ora, nem sempre somos obrigados a fazê-lo pois, mesmo no ensino da fé, há muitas coisas que é preciso esconder, sobretudo aos infiéis, para que não venham a zombar, segundo o Evangelho de Mateus: "Não deis aos cães as coisas santas". Com mais razão ainda devemos ocultar o que preparamos para combater os inimigos. Por isso,

---

3. *Quaest. in Heptateuch.*, In Iosue, q. 10, super Ios. 8, 2: ML 34, 781.
4. L. I, c. 29, n. 139: ML 16, 63 C.

f. Trata-se da moralidade dos meios de guerra. O fim, com efeito, não justifica os meios.
    Afirmou-se que aquele para quem a guerra é justa só pode agir enquanto justiceiro. Ele não está dispensado dos preceitos do decálogo, portanto. Não deve matar os *inocentes*, os que não fazem mal, mas somente os *nocentes*, os que fazem o mal. Os *nocentes* são aqueles utilizados pelo inimigo para um objetivo de guerra. Não são culpados como indivíduos, mas como instrumentos de um poder adverso considerado injusto. O dever do justiceiro não é de puni-los como indivíduos, mas como instrumentos do Estado culpado. Uma vez desarmados, deixam de ser instrumentos: são homens respeitáveis, que só devemos punir por crimes pessoais. Tornaram-se *i-nocentes*. Assim como todos os que não são combatentes (crianças, velhos, médicos...), estão cobertos pelo preceito: "Não matarás". O que é justo, portanto, é combater os objetivos militares, a força militar contrária, e não as vidas humanas como tais. Se a distinção é por vezes difícil, deve ser procurada. Não vemos como legitimar as meras incursões de terror, ou as ações desproporcionais: (hoje: bombas atômicas). Do mesmo modo, o beligerante se esforçará em poupar suas próprias vidas humanas (nada de "kamikazes"...).
    Com o respeito da vida, o da *verdade*. A complexidade desse problema, em nossos dias, o único que Sto. Tomás tem em vista, torna difícil sua tradução em uma fórmula breve. Digamos simbolicamente que não temos o direito de erguer a bandeira branca para atacar de surpresa; mas temos o direito de simular uma retirada... Não temos o direito de caluniar o inimigo para fomentar o ódio. A informação e a propaganda não têm todos os direitos. A espionagem, reconhecida em toda parte, não pode chegar ao ponto de cometer assassinatos, difamar um particular, seduzir uma mulher para alcançar seus fins, etc.
    Por fim o preceito "Não roubarás" deve igualmente ser respeitado. Imposições e requisições podem ser feitas pela autoridade, não rapinas ou pilhagens privadas.
    É difícil respeitar esses preceitos na espécie de inferno em que se transforma toda guerra moderna. Uma razão a mais para lembrá-los enfaticamente, e procurar os meios de fazê-los serem ouvidos e seguidos (convenções internacionais prévias, por exemplo).

Strategematum Frontini[5]. Et talis occultatio pertinet ad rationem insidiarum quibus licitum est uti in bellis iustis. — Nec proprie huiusmodi insidiae vocantur fraudes; nec iustitiae repugnant; nec ordinatae voluntati: esset enim inordinata voluntas si aliquis vellet nihil sibi ab aliis occultari.

Et per hoc patet responsio AD OBIECTA.

ARTICULUS 4
Utrum in diebus festis liceat bellare

AD QUARTUM SIC PROCEDITUR. Videtur quod in diebus festis non liceat bellare.
1. Festa enim sunt ordinata ad vacandum divinis: unde intelliguntur per observationem sabbati, quae praecipitur Ex 20,8 sqq.; *sabbatum* enim interpretatur *requies*. Sed bella maximam inquietudinem habent. Ergo nullo modo est in diebus festis pugnandum.
2. PRAETEREA, Is 58,3-4 reprehenduntur quidam quod in diebus ieiunii *repetunt debita et committunt lites, pugno percutientes*. Ergo multo magis in diebus festis illicitum est bellare.

3. PRAETEREA, nihil est inordinate agendum ad vitandum incommodum temporale. Sed bellare in die festo, hoc videtur esse secundum se inordinatum. Ergo pro nulla necessitate temporalis incommodi vitandi debet aliquis in die festo bellare.

SED CONTRA est quod 1Mac 2,41 dicitur: *Cogitaverunt laudabiliter Iudaei, dicentes: Omnis homo quicumque venerit ad nos in bello in die sabbatorum, pugnemus adversus eum*.

RESPONDEO dicendum quod observatio festorum non impedit ea quae ordinantur ad hominis salutem etiam corporalem. Unde Dominus arguit Iudaeos, dicens, Io 7,23: *Mihi indignamini quia totum hominem salvum feci in sabbato?* Et inde est quod medici licite possunt medicari homines in die festo. Multo autem magis est conservanda salus reipublicae, per quam impediuntur occisiones plurimorum et innumera mala et temporalia et spiritualia, quam salus corporalis unius hominis.

ARTIGO 4
É permitido guerrear nos dias de festa?

QUANTO AO QUARTO, ASSIM SE PROCEDE: parece que nos dias de festa **não** é permitido guerrear.
1. Com efeito, as festas têm como fim dar-se às coisas divinas. Desse modo são entendidas na observância do sábado, prescrita no livro do Êxodo (de fato, "sábado" significa "repouso"). Ora, as guerras supõem uma grande agitação. Logo, de maneira alguma se deve combater nos dias de festa.
2. ALÉM DISSO, no livro de Isaías, alguns são censurados porque, nos dias de jejum, "reclamam o que lhes devem e promovem ações judiciais, com lutas corporais". Logo, com maior razão é proibido fazer guerra nos dias de festa.
3. ADEMAIS, nada se deve fazer que seja contrário à ordem para evitar um prejuízo temporal. Ora, fazer guerra nos dias de festa parece que é em si mesmo algo contrário à ordem. Logo, nunca se deve fazer guerra nos dias de festa, para evitar um prejuízo temporal.

EM SENTIDO CONTRÁRIO, segundo o primeiro livro dos Macabeus, "os judeus tomaram uma louvável resolução ao dizer: "Se alguém vier nos guerrear num dia de sábado, combateremos contra ele".

RESPONDO. A observância das festas não impede que se faça o que se ordena à salvação, mesmo corporal, do homem. Por isso o Senhor repreende os judeus dizendo no Evangelho de João: "Vós vos irritais contra mim porque curei um homem inteiro no dia de sábado". Daí que os médicos podem cuidar dos doentes num dia de festa. Com maior razão, mais do que pela saúde corporal de um só, é preciso cuidar da saúde pública, que impede a morte de muitos e inúmeros males, temporais e

---

5. L. I, c. 1: ed. G. Gundermann, Lipsiae 1888, pp. 4-8.

Et ideo pro tuitione reipublicae fidelium licitum est iusta bella exercere in diebus festis, si tamen hoc necessitas exposcat: hoc enim esset tentare Deum, si quis, imminente tali necessitate, a bello vellet abstinere. Sed necessitate cessante, non est licitum bellare in diebus festis, propter rationes inductas.

Et per hoc patet responsio AD OBIECTA.

espirituais. Por isso, para a defesa do bem público dos fiéis, é permitido fazer guerras justas nos dias de festa, desde que a necessidade o peça. Com efeito, seria tentar a Deus querer abster-se de fazer a guerra diante de tamanha necessidade. Mas, não havendo necessidade, não é permitido guerrear nos dias de festa pelas razões dadas[g].

Isto dá resposta às OBJEÇÕES.

---

g. Essa questão assemelha-se à dos fariseus: é ou não permitido fazer tal coisa no dia do sábado?

QUAESTIO XLI
DE RIXA
in duos articulos divisa

Deinde considerandum est de rixa.
Et circa hoc quaeruntur duo.
Primo: utrum rixa sit peccatum.
Secundo: utrum sit filia irae.

ARTICULUS 1
Utrum rixa semper sit peccatum

AD PRIMUM SIC PROCEDITUR. Videtur quod rixa non semper sit peccatum.

1. Rixa enim videtur esse contentio quaedam: dicit enim Isidorus, in libro *Etymol.*[1], quod *rixosus est a rictu canino dictus: semper enim ad contradicendum paratus est, et iurgio delectatur, et provocat contendentem*. Sed contentio non semper est peccatum. Ergo neque rixa.

2. PRAETEREA, Gn 26,21 dicitur quod servi Isaac *foderunt alium puteum, et pro illo quoque rixati sunt*. Sed non est credendum quod familia Isaac rixaretur publice, eo non contradicente, si hoc esset peccatum. Ergo rixa non est peccatum.

3. PRAETEREA, rixa videtur esse quoddam particulare bellum. Sed bellum non semper est peccatum. Ergo rixa non semper est peccatum.

SED CONTRA est quod ad Gl 5,20-21 rixae ponuntur inter opera carnis, *quae qui agunt regnum Dei non consequuntur*. Ergo rixae non solum sunt peccata, sed etiam sunt peccata mortalia.

QUESTÃO 41
A RIXA[a]
em dois artigos

Deve-se tratar agora da rixa.
A esse respeito, são duas as perguntas:
 1. A rixa é um pecado?
 2. É filha da ira?

ARTIGO 1
A rixa é sempre um pecado?

QUANTO AO PRIMEIRO ARTIGO, ASSIM SE PROCEDE: parece que a rixa **não** é sempre um pecado.

1. Com efeito, a rixa parece ser certa disputa. Isidoro diz que "a palavra 'rixa' vem do 'ricto' do cão, pois está sempre pronto a contradizer, encontra seu prazer na querela e provoca o que disputa". Ora, a disputa nem sempre é um pecado. Logo, tampouco a rixa.

2. ALÉM DISSO, o livro do Gênesis diz que os servos de Isaac "cavaram um outro poço e que houve rixas por causa dele". Ora, não se pode crer que os servos de Isaac tivessem criado rixas em público sem que ele se tivesse oposto, se isso fosse um pecado. Logo, a rixa não é um pecado.

3. ADEMAIS, a rixa parece ser uma guerra particular. Ora, nem sempre a guerra é um pecado. Logo, a rixa nem sempre é um pecado.

EM SENTIDO CONTRÁRIO, na Carta aos Gálatas, as rixas são colocadas entre as obras da carne e "aqueles que cometem tais obras não obterão o reino de Deus". Logo, as rixas não somente são pecados, mas são ainda pecados mortais.

---

1. L. X, ad Litt. R, n. 239: ML 82, 392 C.

a. A rixa, tratada aqui entre a guerra e a sedição, é uma briga, um embate desordenado, onde grupos privados chegam às vias de fato, sob as diferentes formas de violência.

RESPONDEO dicendum quod sicut contentio importat quandam contradictionem verborum, ita etiam rixa importat quandam contradictionem in factis: unde super illud Gl 5 dicit Glossa² quod rixae sunt *quando ex ira invicem se percutiunt*. Et ideo rixa videtur esse quoddam privatum bellum, quod inter privatas personas agitur non ex aliqua publica auctoritate, sed magis ex inordinata voluntate. Et ideo rixa semper importat peccatum. Et in eo quidem qui alterum invadit iniuste est peccatum mortale: inferre enim nocumentum proximo etiam opere manuali non est absque mortali peccato.

In eo autem qui se defendit potest esse sine peccato, et quandoque cum peccato veniali, et quandoque etiam cum mortali: secundum diversum motum animi eius, et diversum modum se defendendi.

Nam si solo animo repellendi iniuriam illatam, et cum debita moderatione se defendat, non est peccatum: nec proprie potest dici rixa ex parte eius. Si vero cum animo vindictae vel odii, vel cum excessu debitae moderationis se defendat, semper est peccatum: sed veniale quidem quando aliquis levis motus odii vel vindictae se immiscet, vel cum non multum excedat moderatam defensionem; mortale autem quando obfirmato animo impugnantem insurgit ad eum occidendum vel graviter laedendum.

AD PRIMUM ergo dicendum quod rixa non simpliciter nominat contentionem: sed tria in praemissis verbis Isidori ponuntur quae inordinationem rixae declarant. Primo quidem, promptitudinem animi ad contendendum: quod significat cum dicit, *semper ad contradicendum paratus*, scilicet sive alius bene aut male dicat aut faciat. Secundo, quia in ipsa contradictione delectatur: unde sequitur, *et in iurgio delectatur*. Tertio, quia ipse alios provocat ad contradictiones: unde sequitur, *et provocat contendentem*.

AD SECUNDUM dicendum quod ibi non intelligitur quod servi Isaac sint rixati, sed quod incolae terrae rixati sunt contra eos. Unde illi peccaverunt: non autem servi Isaac, qui calumniam patiebantur.

RESPONDO. Assim como a disputa implica certa oposição em palavras, assim também a rixa implica certa oposição em atos. Por isso, a propósito do texto dos Gálatas, a Glosa diz que as rixas acontecem "quando, sob o domínio da ira, batemos uns nos outros". A rixa aparece, portanto, como uma guerra privada, que acontece entre pessoas privadas, não em virtude de alguma autoridade pública, mas em virtude de uma vontade desordenada. Por isso, a rixa implica sempre um pecado. Naquele que ataca um outro injustamente, é pecado mortal, pois prejudicar o próximo, agredindo-o corporalmente, não acontece sem pecado mortal[b].

Mas, naquele que se defende, pode acontecer sem pecado ou com pecado venial e às vezes com pecado mortal, segundo os diferentes movimentos de seu ânimo e os diferentes modos de se defender. Se se defende unicamente com o espírito de repelir a injúria feita e com a devida moderação, não há pecado e não se lhe pode atribuir rixa propriamente dita. Mas se se defende num espírito de vingança ou de ódio, ou extrapolando a devida moderação, há sempre pecado. Pecado venial quando há uma leve mistura de movimento de ódio ou de vingança, ou quando não há grande excesso na defesa. Pecado mortal quando se volta contra o atacante com o expresso propósito de matá-lo ou feri-lo gravemente.

QUANTO AO 1º, portanto, deve-se dizer que rixa não designa simplesmente a disputa. São afirmadas três coisas na citação de Isidoro que declaram a desordem da rixa: primeiro, a prontidão do espírito em disputar, indicada por estas palavras: "Sempre pronto a contradizer", não importa o que o outro tenha dito ou feito de bem ou de mal. Segundo, o prazer que alguém encontra em contradizer: "Ele encontra seu prazer na querela". Terceiro, a provocação às contradições: "Ele provoca o que disputa".

QUANTO AO 2º, deve-se dizer que esta passagem não dá a entender que houve rixa entre os servos de Isaac, mas que houve rixa dos habitantes do país contra eles. Foram, portanto, estes últimos que pecaram e não os servos de Isaac, que sofreram a calúnia.

---

2. Interl.; LOMBARDI: ML 192, 159 B.

b. Deve-se levar em conta, como sempre, o que se pode em parte desculpar: desordem mental, inconsciência. Aquele que é atacado está na situação de legítima defesa, estudada adiante (q. 64, a. 7). Deve-se levar em conta também as circunstâncias: o que está se defendendo é sua vida, seus bens, sua honra, seu pudor? É o poder público, o qual se supõe que seja justo, que ataca (r. 3)?

AD TERTIUM dicendum quod ad hoc quod iustum sit bellum, requiritur quod fiat auctoritate publicae potestatis, sicut supra³ dictum est. Rixa autem fit ex privato affectu irae vel odii. Si enim minister principis aut iudicis publica potestate aliquos invadat qui se defendant, non dicuntur ipsi rixari, sed illi qui publicae potestati resistunt. Et sic illi qui invadunt non rixantur neque peccant: sed illi qui se inordinate defendunt.

QUANTO AO 3º, deve-se dizer que para que uma guerra seja justa requer-se que seja feita pela autoridade do poder público, como foi dito. Ora, a rixa acontece por um sentimento privado de ira ou de ódio. Se o ministro do príncipe ou do juiz investido de um poder público ataca pessoas que se defendem, não há rixa do lado daqueles que atacam, mas do lado daqueles que resistem ao poder público. Assim, aqueles que atacam não criam rixa e não pecam, e sim aqueles que se defendem contrariamente à ordem.

ARTICULUS 2
Utrum rixa sit filia irae

AD SECUNDUM SIC PROCEDITUR. Videtur quod rixa non sit filia irae.

1. Dicitur enim Iac 4,1: *Unde bella et lites in vobis? Nonne ex concupiscentiis quae militant in membris vestris?* Sed ira non pertinet ad concupiscibilem. Ergo rixa non est filia irae, sed magis concupiscentiae.

2. PRAETEREA, Pr 28,25 dicitur: *Qui se iactat et dilatat iurgia concitat*. Sed idem videtur esse rixa quod iurgium. Ergo videtur quod rixa sit filia superbiae vel inanis gloriae, ad quam pertinet se iactare et dilatare.

3. PRAETEREA, Pr 18,6 dicitur: *Labia stulti immiscent se rixis*. Sed stultitia differt ab ira: non enim opponitur mansuetudini, sed magis sapientiae vel prudentiae. Ergo rixa non est filia irae.

4. PRAETEREA, Pr 10,12 dicitur: *Odium suscitat rixas*. Sed *odium oritur ex invidia*; ut Gregorius dicit, XXXI *Moral.*¹. Ergo rixa non est filia irae, sed invidiae.

5. PRAETEREA, Pr 17,19 dicitur: *Qui meditatur discordias seminat rixas*. Sed discordia est filia inanis gloriae, ut supra² dictum est. Ergo et rixa.

SED CONTRA est quod Gregorius dicit, XXXI *Moral.*³, quod *ex ira oritur rixa*. Et Pr 15,18 et 29,22 dicitur: *Vir iracundus provocat rixas.*

ARTIGO 2
A rixa é filha da ira?

QUANTO AO SEGUNDO, ASSIM SE PROCEDE: parece que a rixa **não** é filha da ira.

1. Com efeito, está escrito na Carta de Tiago: "De onde vêm as guerras e os litígios entre vós? Não vêm das concupiscências que combatem em vossos membros?". Ora, a ira não se refere ao concupiscível. Logo, a rixa não é filha da ira e sim da concupiscência.

2. ALÉM DISSO, está escrito no livro dos Provérbios: "O homem jactancioso e pretensioso provoca a querela". Ora, parece que a rixa é a mesma coisa que a querela. Logo, a rixa é filha do orgulho ou da vanglória, à qual pertencem a jactância e a pretensão.

3. ADEMAIS, ainda nos Provérbios: "Os lábios do insensato metem-se em rixas". Ora, a insensatez difere da ira, pois não se opõe à mansidão e sim à sabedoria e à prudência. Logo, a rixa não é filha da ira.

4. ADEMAIS, ainda nos Provérbios: "O ódio suscita rixas". Ora "o ódio nasce da inveja", diz Gregório. Logo, a disputa não é filha da ira, mas da inveja.

5. ADEMAIS, sempre nos provérbios: Aquele que medita a discórdia semeia rixas". Ora, a discórdia é filha da vanglória, como foi dito. Logo, também a rixa^c.

EM SENTIDO CONTRÁRIO, Gregório diz que "da ira nasce a rixa". Assim também os Provérbios: "O homem irascível provoca as rixas".

---

3. Q. 40, a. 1.

2 PARALL.: Supra, q. 37, a. 2, ad 1; q. 158, a. 7.

1. C. 45, al. 17, in vet. 31, n. 88: ML 76, 621 A.
2. Q. 37, a. 2.
3. Loc. cit.: ML 76, 621 B.

c. Esse estudo de costumes considera, nas 5 objeções, 5 causas de desordem: paixão carnal, bravatas, estultice, inveja, vaidade.

RESPONDEO dicendum quod, sicut dictum est[4], rixa importat quandam contradictionem usque ad facta pervenientem, dum unus alterum laedere molitur. Dupliciter autem unus alium laedere intendit. Uno modo, quasi intendens absolute malum ipsius. Et talis laesio pertinet ad odium, cuius intentio est ad laedendum inimicum vel in manifesto vel in occulto. — Alio modo aliquis intendit alium laedere eo sciente et repugnante: quod importatur nomine rixae. Et hoc proprie pertinet ad iram, quae est appetitus vindictae: non enim sufficit irato quod latenter noceat ei contra quem irascitur, sed vult quod ipse sentiat, et quod contra voluntatem suam aliquid patiatur in vindictam eius quod fecit, ut patet per ea quae supra[5] dicta sunt de passione irae. Et ideo rixa proprie oritur ex ira.

AD PRIMUM ergo dicendum quod, sicut supra[6] dictum est, omnes passiones irascibilis ex passionibus concupiscibilis oriuntur. Et secundum hoc, illud quod proxime oritur ex ira, oritur etiam ex concupiscentia sicut ex prima radice.

AD SECUNDUM dicendum quod iactatio et dilatatio sui, quae fit per superbiam vel inanem gloriam, non directe concitat iurgium aut rixam, sed occasionaliter: inquantum scilicet ex hoc concitatur ira, dum aliquis sibi ad iniuriam reputat quod alter ei se praeferat; et sic ex ira sequuntur iurgia et rixae.

AD TERTIUM dicendum quod ira, sicut supra[7] dictum est, impedit iudicium rationis: unde habet similitudinem cum stultitia. Et ex hoc sequitur quod habeant communem effectum: ex defectu enim rationis contingit quod aliquis inordinate alium laedere molitur.

AD QUARTUM dicendum quod rixa, etsi quandoque ex odio oriatur, non tamen est proprius effectus odii. Quia praeter intentionem odientis est quod rixose et manifeste inimicum laedat: quandoque enim etiam occulte laedere quaerit; sed quando videt se praevalere, cum rixa et iurgio laesionem intendit. Sed rixose aliquem laedere est proprius effectus irae, ratione iam[8] dicta.

AD QUINTUM dicendum quod ex rixis sequitur odium et discordia in cordibus rixantium. Et ideo ille qui *meditatur*, idest qui intendit inter aliquos

RESPONDO. A rixa, como foi dito, implica certa oposição que chega a vias de fato, quando um procura ferir o outro. Um procura ferir o outro de duas maneiras. Primeiro, procurando precisamente o mal do outro. E isso se refere ao ódio cuja intenção é ferir o inimigo abertamente ou secretamente. — Segundo, procura ferir o outro, que sabe e reage contra: e é o que implica a palavra rixa. Isto se refere à ira propriamente dita, que é apetite de vingança. Com efeito, não basta a quem está encolerizado prejudicar secretamente aquele contra o qual está irritado; quer, que este sinta e sofra contra a sua vontade, em represália do que fez, como se vê pelo que foi dito acima da paixão da ira. Por isso, a rixa nasce propriamente da ira.

QUANTO AO 1º, portanto, deve-se dizer que todas as paixões do irascível nascem das paixões do concupiscível, como se disse acima. Neste sentido, o que nasce proximamente da ira nasce também da concupiscência como de uma primeira raiz.

QUANTO AO 2º, deve-se dizer que a jactância e a pretensão, manifestações de orgulho ou de vanglória, não provocam diretamente a querela e a rixa, mas ocasionalmente, como quando alguém é levado pela ira por considerar injúria pessoal que um outro seja a ele preferido. Assim as querelas e as rixas provêm da ira.

QUANTO AO 3º, deve-se dizer que a ira, já foi dito, impede o juízo da razão. Daí sua semelhança com a insensatez. De onde se segue que tenham um efeito comum. Com efeito, por deficiência da razão acontece que alguém procure ferir o outro de maneira desordenada.

QUANTO AO 4º, deve-se dizer que a rixa, embora nasça, às vezes, do ódio, não é efeito próprio do ódio, porque ferir o inimigo numa rixa e em público vai além da intenção de quem odeia. Tanto que, às vezes procura também ferir ocultamente; quando, porém, se vê em vantagem, tenta ferir na rixa e na querela. Mas, ferir alguém numa rixa é efeito próprio da ira, pela razão já dita.

QUANTO AO 5º, deve-se dizer que as rixas causam o ódio e a discórdia no coração dos litigantes. Por isso, aquele que "medita", isto é, que se pro-

---

4. Art. praec.
5. I-II, q. 46, a. 6, ad 2.
6. I-II, q. 25, a. 1.
7. I-II, q. 48, a. 3.
8. In corp.

seminare discordias, procurat quod ad invicem rixantur: sicut quodlibet peccatum potest imperare actum alterius peccati, ordinando illum in suum finem. Sed ex hoc non sequitur quod rixa sit filia inanis gloriae proprie et directe.

põe semear discórdia entre alguns, procura que litiguem entre si: assim como um pecado pode comandar o ato de um outro pecado, ordenando-o a seu fim. Daí, porém, não se segue que a rixa seja própria e diretamente filha da vanglória[d].

d. A rixa, altercação violenta suscitada pelo desejo de vingança, é a primeira "filha da cólera" (II-II, q. 158, a. 7), mas isso não impede que tenha origens mais profundas: orgulho, vaidade, paixão carnal... que só degeneram em desordem quando a cólera intervém.

QUAESTIO XLII
DE SEDITIONE
in duos articulos divisa
Deinde considerandum est de seditione.
Et circa hoc quaeruntur duo.
Primo: utrum sit speciale peccatum.
Secundo: utrum sit mortale peccatum.

ARTICULUS 1
Utrum seditio sit speciale peccatum ab aliis distinctum

AD PRIMUM SIC PROCEDITUR. Videtur quod seditio non sit speciale peccatum ab aliis distinctum.

1. Quia ut Isidorus dicit, in libro *Etymol.*[1], *seditiosus est qui dissensionem animorum facit et discordias gignit.* Sed ex hoc quod aliquis aliquod peccatum procurat, non peccat alio peccati genere nisi illo quod procurat. Ergo videtur quod seditio non sit speciale peccatum a discordia distinctum.

2. PRAETEREA, seditio divisionem quandam importat. Sed nomen etiam schismatis sumitur a scissura, ut supra[2] dictum est. Ergo peccatum seditionis non videtur esse distinctum a peccato schismatis.

3. PRAETEREA, omne peccatum speciale ab aliis distinctum vel est vitium capitale, aut ex aliquo vitio capitali oritur. Sed seditio neque computatur inter vitia capitalia, neque inter vitia quae ex capitalibus oriuntur: ut patet in XXXI *Moral.*[3], ubi utraque vitia numerantur. Ergo seditio non est speciale peccatum ab aliis distinctum.

QUESTÃO 42
A SEDIÇÃO
em dois artigos
Deve-se tratar agora da sedição.
A esse respeito, são duas as perguntas:
1. É um pecado especial?
2. É um pecado mortal?

ARTIGO 1
A sedição é um pecado especial distinto de outros?

QUANTO AO PRIMEIRO ARTIGO, ASSIM SE PROCEDE: parece que a sedição **não** é um pecado especial distinto de outros.

1. Com efeito, segundo Isidoro, "o sedicioso é aquele que lança a dissensão entre os espíritos e gera discórdias". Ora, pelo fato de alguém procurar fazer algum pecado não comete um pecado de outra espécie daquele que está procurando fazer. Logo, parece que a sedição não é um pecado especial, distinto da discórdia.

2. ALÉM DISSO, a sedição implica uma divisão. Ora, a palavra cisma vem de cisão, como foi dito. Logo, o pecado de sedição não parece ser distinto do pecado de cisma.

3. ADEMAIS, todo pecado especial, distinto dos outros, ou é um vício capital ou decorre de um vício capital. Ora, a sedição não consta entre os vícios capitais, nem consta entre os vícios que provêm dos vícios capitais, como se vê nas *Morais* de Gregório, nas quais esses dois vícios são enumerados. Logo, a sedição não é um vício especial, distinto dos outros.

1
1. L. X, ad litt. S, n. 250: ML 82, 394 A.
2. Q. 39, a. 1.
3. C. 45, al. 17, in vet. 31, nn. 87, 88: ML 76, 621 A B.

SED CONTRA est quod 2Cor 12,20 seditiones ab aliis peccatis distinguuntur.

RESPONDEO dicendum quod seditio est quoddam peccatum speciale, quod quantum ad aliquid convenit cum bello et rixa, quantum autem ad aliquid differt ab eis. Convenit quidem cum eis in hoc quod importat quandam contradictionem. Differt autem ab eis in duobus. Primo quidem, quia bellum et rixa important mutuam impugnationem in actu: sed seditio potest dici sive fiat huiusmodi impugnatio in actu, sive sit praeparatio ad talem impugnationem. Unde Glossa[4] 2Cor 12,20 dicit quod seditiones sunt *tumultus ad pugnam:* cum scilicet aliqui se praeparant et intendunt pugnare. — Secundo differunt, quia bellum proprie est contra extraneos et hostes, quasi multitudinis ad multitudinem; rixa autem est unius ad unum, vel paucorum ad paucos; seditio autem proprie est inter partes unius multitudinis inter se dissentientes, puta cum una pars civitatis excitatur in tumultum contra aliam. Et ideo seditio, quia habet speciale bonum cui opponitur, scilicet unitatem et pacem multitudinis, ideo est speciale peccatum.

AD PRIMUM ergo dicendum quod seditiosus dicitur qui seditionem excitat. Et quia seditio quandam discordiam importat, ideo seditiosus est qui discordiam facit non quamcumque, sed inter partes alicuius multitudinis. Peccatum autem seditionis non solum est in eo qui discordiam seminat, sed etiam in eis qui inordinate ab invicem dissentiunt.

AD SECUNDUM dicendum quod seditio differt a schismate in duobus. Primo quidem, quia schisma opponitur spirituali unitati multitudinis, scilicet unitati ecclesiasticae: seditio autem opponitur temporali vel saeculari multitudinis unitati, puta civitatis vel regni. — Secundo, quia schisma non importat aliquam praeparationem ad pugnam corporalem, sed solum importat dissensionem spiritualem: seditio autem importat praeparationem ad pugnam corporalem.

AD TERTIUM dicendum quod seditio, sicut et schisma, sub discordia continetur. Utrumque enim

EM SENTIDO CONTRÁRIO, na segunda Carta aos Coríntios, as sedições são distintas dos outros pecados.

RESPONDO. A sedição é um pecado especial que, em algum aspecto, coincide com a guerra e a rixa e, em outro, é diferente. Coincide com elas por implicar certa contradição. Mas é diferente em dois pontos. Primeiro, porque a guerra e a rixa implicam um ataque recíproco, em ato. Mas, sedição pode-se chamar tanto um ataque como esse, em ato, quanto sua preparação. Por isso, a Glosa, a propósito do texto da Carta aos Coríntios, diz que as sedições são "levantes em vista do combate", o que acontece quando os homens se preparam para o combate e o procuram. — Segundo, porque a guerra propriamente dita se faz contra os inimigos de fora, como de muitos contra muitos. A rixa, por sua vez, se faz de um particular contra outro particular, ou de poucos contra poucos. A sedição, ao contrário, se produz entre as partes de uma mesma multidão que não se entendem mais; quando uma parte da cidade, por exemplo, se subleva contra outra. É por isso que a sedição é um pecado especial, por se opor a um bem especial, isto é, à unidade e à paz da multidão[a].

QUANTO AO 1º, portanto, deve-se dizer que se chama sedicioso aquele que provoca a sedição. Dado que a sedição implica certa discórdia, o sedicioso é aquele que causa não qualquer discórdia, mas entre as partes de uma multidão. O pecado de sedição não está somente naquele que semeia a discórdia, mas também em todos aqueles que, de maneira desordenada, discordam entre si.

QUANTO AO 2º, deve-se dizer que a sedição difere do cisma em dois pontos. Primeiro, porque o cisma se opõe à unidade espiritual da multidão, que é a unidade da Igreja, enquanto a sedição se opõe à unidade temporal ou secular do povo, por exemplo, da cidade ou do reino. — E depois, o cisma não implica preparação para uma luta corporal, mas somente um desacordo espiritual, enquanto a sedição implica a preparação para uma luta corporal.

QUANTO AO 3º, deve-se dizer que a sedição, como o cisma, está contida na discórdia. Ambos

---

4. Interl.; LOMBARDI: ML 192, 89 B.

a. A sedição não é nem a guerra (entre Estados), nem a rixa (entre indivíduos ou pequenos bandos), mas uma guerra civil, uma insurreição, uma rebelião que começa quando existe complô, mesmo que secreto. Uma facção quer se impor ao Estado de direito. Supondo que a unidade, que deve ser promovida conjuntamente numa obra a ser realizada em comum, seja real, a sedição tende a destruir essa unidade do povo, politicamente organizado numa comunidade de direito e de justiça. Sua gravidade provém de seu atentado contra essa unidade e contra a paz.

est discordia quaedam, non unius ad unum, sed partium multitudinis ad invicem.

Articulus 2
Utrum seditio semper sit peccatum mortale

AD SECUNDUM SIC PROCEDITUR. Videtur quod seditio non semper sit peccatum mortale.

1. Seditio enim importat *tumultum ad pugnam*; ut patet per Glossam supra[1] inductam. Sed pugna non semper est peccatum mortale, sed quandoque est iusta et licita, ut supra[2] habitum est. Ergo multo magis seditio potest esse sine peccato mortali.

2. PRAETEREA, seditio est discordia quaedam, ut dictum est[3]. Sed discordia potest esse sine peccato mortali: et quandoque etiam sine omni peccato. Ergo etiam seditio.

3. PRAETEREA, laudantur qui multitudinem a potestate tyrannica liberant. Sed hoc non de facili potest fieri sine aliqua dissensione multitudinis, dum una pars multitudinis nititur retinere tyrannum, alia vero nititur eum abiicere. Ergo seditio potest fieri sine peccato.

SED CONTRA est quod Apostolus, 2Cor 12,20, prohibet seditiones inter alia quae sunt peccata mortalia. Ergo seditio est peccatum mortale.

RESPONDEO dicendum quod, sicut dictum est[4], seditio opponitur unitati multitudinis, idest populi, civitatis vel regni. Dicit autem Augustinus, II *de Civ. Dei*[5], quod populum determinant sapientes *non omnem coetum multitudinis, sed coetum iuris consensu et utilitatis communione sociatum*. Unde manifestum est unitatem cui opponitur seditio esse unitatem iuris et communis utilitatis. Manifestum est ergo quod seditio opponitur et iustitiae et communi bono. Et ideo ex suo genere est peccatum mortale: et tanto gravius quanto bonum commune, quod impugnatur per seditionem, est maius quam bonum privatum, quod impugnatur per rixam.

Peccatum autem seditionis primo quidem et principaliter pertinet ad eos qui seditionem procurant, qui gravissime peccant. Secundo autem, são certa discórdia, não de um contra o outro, mas de partes da multidão entre si.

Artigo 2
A sedição é sempre um pecado mortal?

QUANTO AO SEGUNDO, ASSIM SE PROCEDE: parece que a sedição **não** é sempre um pecado mortal.

1. Com efeito, a sedição implica "um levante em vista do combate", como mostrava a Glosa acima citada. Ora, o combate nem sempre é pecado mortal. Já foi dito que, às vezes, é justo e lícito. Logo, com mais razão, a sedição pode existir sem pecado mortal.

2. ALÉM DISSO, a sedição é certa discórdia, como já foi dito. Ora, a discórdia pode existir sem pecado mortal e, às vezes, mesmo sem nenhum pecado. Logo, também a sedição.

3. ADEMAIS, felicitamos aqueles que libertam a multidão de um poder tirânico. Ora, isso não acontece facilmente sem algum desacordo na multidão, quando uma parte se esforça para manter o tirano e outra se esforça para derrubá-lo. Logo, a sedição pode existir sem pecado.

EM SENTIDO CONTRÁRIO, o Apóstolo proíbe as sedições entre outras coisas que são pecados mortais. A sedição é, pois, um pecado mortal.

RESPONDO. Como foi dito, a sedição se opõe à unidade da multidão, isto é, do povo, da cidade ou do reino. Ora, Agostinho diz que os sábios definem como povo, "não o conjunto da multidão, mas o conjunto associado pela aceitação das mesmas leis e a comunhão dos mesmos interesses"[b]. Portanto, fica claro que a unidade a que a sedição se opõe é a unidade das leis e dos interesses comuns. A sedição se opõe assim à justiça e ao bem comum. Por isso ela é por sua natureza pecado mortal e tanto mais grave quanto o bem comum que é impugnado pela sedição é maior que o bem privado impugnado pela rixa.

No entanto, o pecado de sedição se refere primeiro e principalmente àqueles que procuram a sedição. Estes pecam muito gravemente. Se-

---

2
1. A. praec., c.
2. Q. 40, a. 1; q. 41, a. 1.
3. Art. praec., ad 3.
4. Art. praec.
5. C. 21, n. 2: ML 41, 67.

---

b. Deve-se notar essa especificação: aceitação das mesmas leis e comunhão nos interesses comuns. O sedicioso quer abalar pela força as leis e os interesses que são os do povo politicamente organizado.

ad eos qui eos sequuntur, perturbantes bonum commune. Illi vero qui bonum commune defendunt, eis resistentes, non sunt dicendi seditiosi: sicut nec illi qui se defendunt dicuntur rixosi, ut supra[6] dictum est.

AD PRIMUM ergo dicendum quod pugna quae est licita fit pro communi utilitate, sicut supra[7] dictum est. Sed seditio fit contra commune bonum multitudinis. Unde semper est peccatum mortale.

AD SECUNDUM dicendum quod discordia ab eo quod non est manifeste bonum potest esse sine peccato. Sed discordia ab eo quod est manifeste bonum non potest esse sine peccato. Et talis discordia est seditio, quae opponitur utilitati multitudinis, quae est manifeste bonum.

AD TERTIUM dicendum quod regimen tyrannicum non est iustum: quia non ordinatur ad bonum commune, sed ad bonum privatum regentis, ut patet per Philosophum, in III *Polit.*[8] et in VIII *Ethic.*[9]. Et ideo perturbatio huius regiminis non habet rationem seditionis: nisi forte quando sic inordinate perturbatur tyranni regimen quod multitudo subiecta maius detrimentum patitur ex perturbatione consequenti quam ex tyranni regimine. Magis autem tyrannus seditiosus est, qui in populo sibi subiecto discordias et seditiones nutrit, ut tutius dominari possit. Hoc enim tyrannicum est: cum sit ordinatum ad bonum proprium praesidentis cum multitudinis nocumento.

cundariamente àqueles que os seguem e que perturbam o bem comum. Quanto àqueles que defendem o bem comum, resistindo, não devem ser chamados sediciosos; como também aqueles que se defendem não são chamados de litigantes, como foi dito acima.

QUANTO AO 1º, portanto, deve-se dizer que o combate que é lícito se faz para a utilidade comum, como foi dito. A sedição, ao contrário, se faz contra o bem comum da multidão. Por isso ela é sempre um pecado mortal[c].

QUANTO AO 2º, deve-se dizer que a discórdia a respeito do que não é manifestamente um bem pode existir sem pecado. Mas, a discórdia a respeito do que é manifestamente um bem não pode existir sem pecado. E tal discórdia é sedição por se opor aos interesses da multidão que são manifestamente um bem.

QUANTO AO 3º, deve-se dizer que o regime tirânico não é justo porque não se ordena ao bem comum, mas ao bem privado de quem detém o poder, como o mostra o Filósofo. Por isso a derrubada de tal regime não tem a razão de sedição; a não ser que o regime tirânico seja derrubado de maneira tão desordenada que o povo a ele subjugado experimentasse um dano maior com a derrubada subsequente do que com o regime tirânico. No entanto, é muito mais sedicioso o tirano que nutre no povo as discórdias e as sedições para poder dominá-lo com mais segurança. Isto é tirânico: que algo seja ordenado ao bem próprio de quem preside com detrimento da multidão[d].

---

6. Q. 41, a. 1.
7. Q. 40, a. 1.
8. C. 7: 1279, b, 6-10.
9. C. 12: 1160, b, 8-12.

c. A sedição é o nome de um *pecado*. Não existe sedição justa. Os *nocentes*, em uma guerra, são apenas os instrumentos do poder inimigo: desarmados, devem ser respeitados; já os "rebeldes" de uma sedição, mesmo desarmados, são legitimamente punidos (ver I-II, q. 100, a. 8; r. 3). Podem até ser condenados à morte, se as leis o preveem (mas não podem ordenar a tortura), pois não foi uma autoridade legítima que os convocou.

d. Uma coisa é a sedição definida por oposição ao verdadeiro bem de um povo politicamente constituído; outra é a "revolta" contra o poder quando este mesmo é sedicioso, ou tirânico, isto é, quando defende um bem particular contra o bem comum geral, ou quando divide o povo em facções dirigidas umas contra as outras.

Põe-se então a questão da revolta justa. E, em primeiro lugar, por conseguinte, da legitimidade (não jurídica, mas moral) ou da ilegitimidade do poder estabelecido.

A multidão é a razão de ser do Estado, e não o inverso. Seu bem comum tem função de fim para o Estado: ele é a medida suprema da legitimidade do poder. Ora, esta só se ordena ao bem comum pela razão: pode faltar, portanto. Pouco importa que as origens de determinado poder sejam impuras: ele pode reconquistar sua legitimidade se ele serve de fato ao bem comum, como reconhece o consentimento do povo. Inversamente, um poder pode perder sua legitimidade original transformando-se em tirania, ou governando com vistas no interesse particular de casta, de clã, de partido ou mesmo, *a fortiori*, de um inimigo.

A propósito do tiranicídio, ver q. 64, a. 2 e a. 3, r. 3.

Note-se que esse artigo não trata da "revolução", entendida no sentido moderno de transformação completa do regime político. A "revolução" estende hoje a todos os povos a ideia de revolta. Sua pátria, porém, não é um povo, mas uma classe. A palavra "revolta" se torna ambígua: é uma revolta na ordem das vias de fato, mas não é daí que sai o direito.

Compreender-se-á igualmente que nada seja dito a respeito da noção contemporânea de "não violência". Na verdade, ela põe muito mais questões estratégicas, táticas, técnicas do que morais ou humanas.

QUAESTIO XLIII
DE SCANDALO
in octo articulos divisa

Deinde considerandum restat de vitiis quae beneficentiae opponuntur. Inter quae alia quidem pertinent ad rationem iustitiae, illa scilicet quibus aliquis iniuste proximum laedit: sed contra caritatem specialiter scandalum esse videtur. Et ideo considerandum est hic de scandalo.

Circa quod quaeruntur octo.
Primo: quid sit scandalum.
Secundo: utrum scandalum sit peccatum.
Tertio: utrum sit peccatum speciale.
Quarto: utrum sit peccatum mortale.
Quinto: utrum perfectorum sit scandalizari.
Sexto: utrum eorum sit scandalizare.
Septimo: utrum spiritualia bona sint dimittenda propter scandalum.
Octavo: utrum sint propter scandalum temporalia dimittenda.

Articulus 1
Utrum scandalum convenienter definiatur quod est *dictum vel factum minus rectum praebens occasionem ruinae*

AD PRIMUM SIC PROCEDITUR. Videtur quod scandalum inconvenienter definiatur esse *dictum vel factum minus rectum praebens occasionem ruinae*.

1. Scandalum enim peccatum est, ut post[1] dicetur. Sed secundum Augustinum, XXII *contra Faust.*[2], peccatum est *dictum vel factum vel concupitum contra legem Dei*. Ergo praedicta definitio est insufficiens: quia praetermittitur cogitatum sive concupitum.

2. PRAETEREA, cum inter actus virtuosos vel rectos unus sit virtuosior vel rectior altero, illud solum videtur non esse minus rectum quod est rectissimum. Si igitur scandalum sit dictum vel factum minus rectum, sequetur quod omnis actus virtuosus praeter optimum sit scandalum.

QUESTÃO 43
ESCÂNDALO[a]
em oito artigos

Resta agora estudar os vícios que se opõem à beneficência. Entre eles, alguns dizem respeito à justiça: aqueles que causam um mal injusto ao próximo; mas é à caridade que o escândalo parece se opor mais especialmente. É por isso que deve ser considerado aqui.

A esse respeito, são oito as perguntas.
1. O que é o escândalo?
2. É um pecado?
3. É um pecado especial?
4. É um pecado mortal?
5. Os perfeitos podem ser escandalizados?
6. Podem causar escândalo?
7. Deve-se renunciar aos bens espirituais para evitar o escândalo?
8. Deve-se renunciar aos bens temporais para evitar o escândalo?

Artigo 1
É uma definição exata de escândalo dizer que é uma palavra ou um ato menos reto que oferece uma ocasião de queda?

QUANTO AO PRIMEIRO ARTIGO, ASSIM SE PROCEDE: parece que **não** se define exatamente o escândalo como "uma palavra ou um ato menos reto que oferece uma ocasião de queda".

1. Com efeito, o escândalo é um pecado, como se dirá mais tarde. Ora, segundo Agostinho, o pecado "é uma palavra, uma ação ou um desejo contra a lei de Deus". Logo, a definição precedente é incompleta porque omite o pensamento ou o desejo.

2. ALÉM DISSO, sendo que entre os atos virtuosos ou retos, um é mais virtuoso ou mais reto do que outro, parece não ser menos reto somente aquele que é retíssimo. Portanto, se o escândalo é uma palavra ou uma ação menos reta, segue-se que todo ato virtuoso, com exceção do mais excelente, seria um escândalo.

---

[1] PARALL.: IV *Sent.*, dist. 38, q. 2, a. 1; *Quodlib.* IV, q. 12, a. 1, ad 3; *ad Rom.*, c. 7, lect. 2; c. 14, lect. 2; *in Matth.*, c. 15.
1. Art. sq.
2. C. 27: ML 42, 418.

a. Depois dos pecados que se opõem à caridade e a seus primeiros frutos interiores, que são a alegria e a paz, vêm aqueles que se opõem à misericórdia, a qual se traduz em todo tipo de benefícios exteriores.
Entre os inúmeros malefícios possíveis muitos são melhor situados quando os relacionamos às faltas contra a justiça. Mas o que prejudica à vida espiritual do próximo só pode ser estudado aqui, no tratado da caridade. Trata-se do escândalo, pecado contrário à caridade e bem especificamente à correção fraterna. Enquanto esta quer curar o próximo de seu mal, o escândalo, ao provocar o próximo, quer fazê-lo entrar no mal.

3. PRAETEREA, occasio nominat causam per accidens. Sed id quod est per accidens non debet poni in definitione: quia non dat speciem. Ergo inconvenienter in definitione scandali ponitur *occasio*.

4. PRAETEREA, ex quolibet facto alterius potest aliquis sumere occasionem ruinae: quia causae per accidens sunt indeterminatae. Si igitur scandalum est quod praebet alteri occasionem ruinae, quodlibet factum vel dictum poterit esse scandalum. Quod videtur inconveniens.

5. PRAETEREA, occasio ruinae datur proximo quando offenditur aut infirmatur. Sed scandalum dividitur contra offensionem et infirmitatem: dicit enim Apostolus, ad Rm 14,21: *Bonum est non manducare carnem et non bibere vinum, neque in quo frater tuus offenditur aut scandalizatur aut infirmatur*. Ergo praedicta definitio scandali non est conveniens.

SED CONTRA est quod Hieronymus, exponens illud quod habetur Mt 15,12, *Scis quia Pharisaei, audito hoc verbo,* etc., dicit: *Quando legimus, "Quicumque scandalizaverit", hoc intelligimus, "Qui dicto vel facto occasionem ruinae dederit"*.

RESPONDEO dicendum quod, sicut Hieronymus ibidem[3] dicit, *quod graece scandalon dicitur, nos offensionem vel ruinam et impactionem pedis possumus dicere*. Contingit enim quod quandoque aliquis obex ponitur alicui in via corporali, cui impingens disponitur ad ruinam: et talis obex dicitur scandalum. Et similiter in processu viae spiritualis contingit aliquem disponi ad ruinam spiritualem per dictum vel factum alterius: inquantum scilicet aliquis sua admonitione vel inductione aut exemplo alterum trahit ad peccandum. Et hoc proprie dicitur scandalum. Nihil autem secundum propriam rationem disponit ad spiritualem ruinam nisi quod habet aliquem defectum rectitudinis: quia id quod est perfecte rectum magis munit hominem contra casum quam ad ruinam inducat. Et ideo convenienter dicitur quod *dictum vel factum minus rectum praebens occasionem ruinae* sit scandalum.

3. ADEMAIS, chama-se ocasião uma causa acidental. Ora, o que é acidental não deve figurar na definição por não dar o específico. Logo, não se deve afirmar a ocasião na definição do escândalo.

4. ADEMAIS, alguém pode encontrar uma ocasião de queda em tudo o que o outro faz, porque as causas acidentais são indeterminadas. Se, portanto, é o escândalo que oferece ao outro uma ocasião de queda, qualquer ação ou palavra poderá ser um escândalo. O que não parece exato.

5. ADEMAIS, dá-se ao outro ocasião de queda quando tropeça ou enfraquece. Ora, o escândalo se distingue destas duas faltas. Com efeito, o Apóstolo diz: "É bom se abster de carne e de vinho e de tudo o que fizer tropeçar, escandalizar ou enfraquecer teu irmão". Logo, esta definição do escândalo não é exata.

EM SENTIDO CONTRÁRIO, Jerônimo explicando esta frase do Evangelho de Mateus: "Sabes que ouvindo esta palavra, os fariseus...", diz: "quando lemos: 'quem escandalizar', compreendemos: aquele que, por suas palavras ou seus atos, der uma ocasião de queda".

RESPONDO. Segundo Jerônimo, "podemos traduzir o grego *scandalon* por passo em falso, queda ou lesão do pé". Com efeito, acontece por vezes que apareça um obstáculo no caminho e, tropeçando nele, alguém se exponha a cair. Este obstáculo é chamado escândalo. Da mesma forma acontece que, no decurso de um caminho espiritual, as palavras e as ações do outro exponham à queda espiritual na medida em que este outro, por seus conselhos, suas sugestões ou seu exemplo, arraste ao pecado. É isso o que se chama de escândalo propriamente dito. Ora, não há nada que por sua própria razão exponha à queda espiritual a não ser por um defeito de retidão. O que é perfeitamente reto mais preserva a pessoa de cair do que induz à queda. Eis porque esta definição do escândalo é exata: "uma palavra ou um ato menos reto que oferece uma ocasião de queda"[b].

---

3. Loc. cit.

b. O escândalo não é portanto um simples pensamento, é um *ato* externo, observável. Ele é ou pecado ou então aparece aos outros como mal (r. 2). Não é causa da falta de outro, mas ocasião da queda para este (r. 3).
Existem diversas possibilidades (r. 4, e a. 2, 3, 4).

a. O ato daquele que escandaliza (escândalo ativo). É pecado, ou sujeito a más interpretações. Se não existe intenção de induzir o outro ao pecado, não existe falta.

AD PRIMUM ergo dicendum quod cogitatio vel concupiscentia mali latet in corde: unde non proponitur alteri ut obex disponens ad ruinam. Et propter hoc non potest habere scandali rationem.

AD SECUNDUM dicendum quod minus rectum hic non dicitur quod ab aliquo alio superatur in rectitudine: sed quod habet aliquem rectitudinis defectum, vel quia est secundum se malum, sicut peccata; vel quia habet speciem mali, sicut cum aliquis recumbit in idolio. Quamvis enim hoc secundum se non sit peccatum, si aliquis hoc non corrupta intentione faciat; tamen quia habet quandam speciem vel similitudinem venerationis idoli, potest alteri praebere occasionem ruinae. Et ideo Apostolus monet, 1Thess 5,22: *Ab omni specie mala abstinete vos*. Et ideo convenienter dicitur *minus rectum,* ut comprehendantur tam illa quae sunt secundum se peccata, quam illa quae habent speciem mali.

AD TERTIUM dicendum quod, sicut supra[4] habitum est, nihil potest esse homini sufficiens causa peccati, quod est spiritualis ruina, nisi propria voluntas. Et ideo dicta vel facta alterius hominis possunt esse solum causa imperfecta, aliqualiter inducens ad ruinam. Et propter hoc non dicitur, *dans causam ruinae*: sed, *dans occasionem*, quod significat causam imperfectam, et non semper causam per accidens. — Et tamen nihil prohibet in quibusdam definitionibus poni id quod est per accidens, quia id quod est secundum accidens uni potest per se alteri convenire: sicut in definitione fortunae ponitur causa per accidens, in II *Physic*.[5]

AD QUARTUM dicendum quod dictum vel factum alterius potest esse alteri causa peccandi dupliciter:

QUANTO AO 1º, portanto, deve-se dizer que o pensamento ou a concupiscência do mal esconde-se no coração e, consequentemente, não oferece ao outro um obstáculo que exponha à queda. Por isso não pode ter razão de escândalo.

QUANTO AO 2º, deve-se dizer que a expressão "menos reto" não se aplica aqui ao que é superado em retidão por um outro, mas ao que tem alguma falta de retidão, quer por ser mau em si mesmo como o pecado; quer por ter uma aparência de mal, como "por-se à mesa num templo de ídolos". Quando feito sem má intenção, não é em si mesmo um pecado. No entanto, havendo aí uma aparência ou semelhança de veneração pelos ídolos, pode ser para o outro uma ocasião de queda. É por isso que o Apóstolo recomenda: "Guardai-vos de toda aparência de mal". Portanto, é correto dizer "menos reto", expressão que permite entender tanto o que é pecado em si mesmo, quanto o que tem uma aparência de mal.

QUANTO AO 3º, deve-se dizer que, como já foi dito, nada pode ser para o homem causa suficiente de pecado, a saber, de queda espiritual, a não ser sua própria vontade. Por isso, as palavras, ou os atos do outro só podem ser uma causa imperfeita que conduz mais ou menos à queda. Por esta razão não se diz "que oferece uma causa de queda" mas "que oferece uma ocasião", o que indica uma causa imperfeita e nem sempre uma causa acidental. — Aliás, nada impede que se mencione em certas definições o que é acidental porque o que é acidental para alguém pode ser essencial para um outro. Assim, na definição do acaso, segundo o Filósofo, figura a causa acidental.

QUANTO AO 4º, deve-se dizer que as palavras e as ações de alguém podem ser para um outro

---

4. I-II, q. 75, a. 2, 3; q. 80, a. 1.
5. C. 5: 197, a, 5-8.

Distingue-se ainda: a) o *escândalo ativo direto*, seja no objetivo de fazer efetivamente incorrer em pecado, como o diabo de Jó 1, 6, 19: é o *escândalo diabólico*; seja para fazer o próximo agir num sentido que serve ao autor do escândalo sem que seu pecado seja desejado por si mesmo (por exemplo, uma mulher que seduz um homem e o faz "cair" para extorquir-lhe um segredo; b) o *escândalo ativo indireto* quando, sem querer fazer cair o próximo, apresenta-se um ato do qual se pode prever que o próximo ficará escandalizado.
 b. O ato do escandalizado (escândalo passivo). Dependendo do escândalo ativo, é contudo um ato positivo de sua parte. Ambos os escândalos, correlatos, podem ser separados, uma vez que o escandalizável pode não se escandalizar, e que aquele que escandaliza pode ser inconsciente do alcance de seu ato. O escândalo passivo pode ser justificado ou injustificado: ou ele peca por fraqueza ou ignorância (escândalo dos fracos); ou por malícia: ele interpreta falsamente aquele que ele acusa de pecado (escândalo dos hipócritas, também chamado de escândalo farisaico).
 O escândalo ativo direto cumula pelo menos três pecados: a) o ato que ele põe (mentira, blasfêmia, sedução...); b) o escândalo que ele visa mediante esse ato para provocar a queda do outro; c) os pecados do escandalizado pelos quais ele tem responsabilidade.
 Mas o escândalo admite ainda, devido às distinções acima, uma hierarquia de matérias, e muitas vezes uma matéria leve (por exemplo, provocar um outro a uma pequena dissimulação para evitar um inconveniente comum).

uno modo, per se; alio modo, per accidens. Per se quidem, quando aliquis suo malo verbo vel facto intendit alium ad peccandum inducere; vel, etiam si ipse hoc non intendat, ipsum factum est tale quod de sui ratione habet ut sit inductivum ad peccandum, puta quod aliquis publice facit peccatum vel quod habet similitudinem peccati. Et tunc ille qui huiusmodi actum facit proprie dat occasionem ruinae: unde vocatur *scandalum activum*. — Per accidens autem aliquod verbum vel factum unius est alteri causa peccandi, quando etiam praeter intentionem operantis, et praeter conditionem operis, aliquis male dispositus ex huiusmodi opere inducitur ad peccandum: puta cum aliquis invidet bonis aliorum. Et tunc ille qui facit huiusmodi actum rectum non dat occasionem, quantum in se est, sed alius sumit occasionem: secundum illud ad Rm 7,8: *Occasione autem accepta*, etc. Et ideo hoc est *scandalum passivum* sine activo: quia ille qui recte agit, quantum est de se, non dat occasionem ruinae quam alter patitur.

Quandoque ergo contingit quod et sit simul scandalum activum in uno et passivum in altero: puta cum ad inductionem unius alius peccat. — Quandoque vero est scandalum activum sine passivo: puta cum aliquis inducit verbo vel facto alium ad peccandum, et ille non consentit. — Quandoque vero est scandalum passivum sine activo, sicut iam dictum est.

AD QUINTUM dicendum quod *infirmitas* nominat promptitudinem ad scandalum; *offensio* autem nominat indignationem alicuius contra eum qui peccat, quae potest esse quandoque sine ruina; *scandalum* autem importat ipsam impactionem ad ruinam.

causa de pecado de duas maneiras: por si ou por acidente. Por si, quando alguém por suas palavras ou suas más ações visa arrastar o outro ao pecado, ou então, se não for esta a sua intenção, a mesma ação é tal que por natureza induz a pecar. Por exemplo, quando alguém comete publicamente um pecado ou o que parece um pecado. Aquele que faz uma tal ação oferece uma ocasião de queda propriamente dita. Por isso, chama-se *escândalo ativo*. — Por acidente, as palavras e as ações de alguém são para o outro causa de pecado quando, mesmo sem a intenção daquele que age, e fora das circunstâncias de sua ação, alguém, mal disposto, é induzido a pecar por tais ações. Por exemplo, quando alguém inveja os bens dos outros. Aquele que age assim, e cuja ação é reta, não oferece ocasião de pecado no que depende dele; é o outro que aproveita da ocasião, como se lê na Carta aos Romanos: "aproveitando da ocasião etc.". Por isso, deve-se falar aqui de *escândalo passivo* e não de escândalo ativo, pois aquele que age com retidão não dá, no que depende dele, ocasião à queda sofrida pelo outro.

Portanto, às vezes acontece haver ao mesmo tempo escândalo ativo em um e escândalo passivo em outro, quando, por exemplo, o outro peca por instigação do primeiro. — Por vezes, há escândalo ativo, mas não escândalo passivo quando, por exemplo, alguém, por palavras e ações, induz um outro a pecar sem que este o consinta. — Enfim, há por vezes escândalo passivo sem que haja escândalo ativo, como já se disse.

QUANTO AO 5º, deve-se dizer que *fraqueza* diz facilidade de se escandalizar; *ofensa* diz a indignação de alguém contra aquele que peca, o que pode às vezes acontecer sem queda. Quanto ao *escândalo*, implica o impulso para a queda.

ARTICULUS 2
Utrum scandalum sit peccatum

AD SECUNDUM SIC PROCEDITUR. Videtur quod scandalum non sit peccatum.

1. Peccata enim non eveniunt ex necessitate: quia omne peccatum est voluntarium, ut supra[1] habitum est. Sed Mt 18,7 dicitur: *Necesse est ut veniant scandala*. Ergo scandalum non est peccatum.

ARTIGO 2
O escândalo é um pecado?

QUANTO AO SEGUNDO, ASSIM SE PROCEDE: parece que o escândalo **não** é um pecado.

1. Com efeito, os pecados não acontecem necessariamente, porque todo pecado é voluntário, já foi dito. Ora, o Evangelho de Mateus diz: "É necessário que os escândalos aconteçam". Logo, o escândalo não é um pecado.

---

2 PARALL.: IV *Sent*., dist. 38, q. 2, a. 2, q.la 1; *ad Rom*., c. 14, lect. 2.

1. I-II, q. 71, a. 6; q. 74, a. 1; q. 80, a. 1.

2. ALÉM DISSO, não existe pecado que proceda de um sentimento piedoso, pois "uma árvore boa não pode produzir maus frutos". Ora, o escândalo procede por vezes de tal sentimento, como se vê quando o Senhor diz a Pedro: "Tu és para mim um escândalo". Com efeito, para Jerônimo "o erro do Apóstolo, procedendo de um sentimento piedoso, nunca pareceria ser uma inspiração do demônio". Logo, nem todo escândalo é um pecado.

3. ADEMAIS, o escândalo implica certo impulso. Ora, nem todos os que tropeçam caem. Logo, o escândalo, que é uma queda espiritual, pode existir sem pecado.

EM SENTIDO CONTRÁRIO, o escândalo é "uma palavra ou um ato menos reto". Ora, alguma coisa tem razão de pecado quando lhe falta retidão. Portanto, o escândalo está sempre com o pecado.

RESPONDO. Acima foi dito que há dois tipos de escândalos: passivo naquele que é escandalizado, e ativo naquele que escandaliza oferecendo ocasião de queda. O escândalo passivo é sempre pecado naquele que é escandalizado, pois alguém só é escandalizado se cair por certa queda espiritual, que é um pecado. Contudo, o escândalo passivo pode existir sem que haja pecado naquele por quem o escândalo aconteceu; por exemplo, quando alguém se escandaliza porque o outro agiu bem. — Da mesma forma, o escândalo ativo é sempre um pecado naquele que escandaliza. Ou porque sua própria ação é um pecado; ou ainda, se o que faz tem a aparência de pecado, deve sempre abster-se dele por caridade para com o próximo, pois a caridade impõe a cada um velar pela salvação de seu próximo; assim aquele que não se abstém age contra a caridade. Contudo, o escândalo ativo pode existir sem que haja pecado naquele que é escandalizado, como foi dito acima.

QUANTO AO 1º, portanto, deve-se dizer que a palavra do Senhor: "É necessário que os escândalos aconteçam", não deve se entender como uma necessidade absoluta, mas como uma necessidade condicional, no sentido de que é necessário que aconteça o que foi previsto e anunciado por Deus, ao menos se tomarmos esta frase em sentido composto, como foi dito na I Parte[c]. — Pode-se dizer ainda que é necessário que os escândalos acon-

---

2. *In Matth.*, l. III: ML 26, 119 C.
3. A. praec., ad 4.
4. Ibid.
5. Q. 14, a. 13, ad 3; q. 23, a. 6, ad 2.

c. É "necessário que o escândalo ocorra" se Deus o previu. Mas isso não retira o livre-arbítrio.

scandala secundum conditionem hominum, qui sibi a peccatis non cavent. Sicut si aliquis medicus, videns aliquos indebita diaeta utentes, dicat, *Necesse est tales infirmari*: quod intelligendum est sub hac conditione, si diaetam non mutent. Et similiter necesse est evenire scandala si homines conversationem malam non mutent.

AD SECUNDUM dicendum quod scandalum ibi large ponitur pro quolibet impedimento. Volebat enim Petrus Christi passionem impedire, quodam pietatis affectu ad Christum.

AD TERTIUM dicendum quod nullus impingit spiritualiter nisi retardetur aliqualiter a processu in via Dei: quod fit saltem per peccatum veniale.

teçam por necessidade de fim, no sentido de que são úteis "para que os comprovados se manifestem". — Ou ainda, é necessário que os escândalos aconteçam dada a condição dos homens, que não se preservam dos pecados. É como se um médico, vendo algumas pessoas seguirem uma dieta indevida, dissesse: é necessário que estes homens estejam doentes; o que deve ser entendido com esta condição: se não mudarem de dieta. Assim também, é necessário que aconteçam os escândalos se os homens não mudarem sua má vida.

QUANTO AO 2º, deve-se dizer que o escândalo é tomado aqui em sentido amplo, para designar qualquer impedimento. Com efeito, Pedro queria impedir a paixão de Cristo por um sentimento de piedade por ele.

QUANTO AO 3º, deve-se dizer que ninguém tropeça espiritualmente sem retardar de alguma forma sua caminhada para Deus. Isso supõe ao menos um pecado venial.

ARTICULUS 3
Utrum scantalum sit speciale peccatum

AD TERTIUM SIC PROCEDITUR. Videtur quod scandalum non sit speciale peccatum.
1. Scandalum enim est *dictum vel factum minus rectum*. Sed omne peccatum est huiusmodi. Ergo omne peccatum est scandalum. Non ergo scandalum est speciale peccatum.
2. PRAETEREA, omne speciale peccatum, sive omnis specialis iniustitia, invenitur separatim ab aliis; ut dicitur in V *Ethic*.[1]. Sed scandalum non invenitur separatim ab aliis peccatis. Ergo scandalum non est speciale peccatum.
3. PRAETEREA, omne speciale peccatum constituitur secundum aliquid quod dat speciem morali actui. Sed ratio scandali constituitur per hoc quod coram aliis peccatur. In manifesto autem peccare, etsi sit circumstantia aggravans, non videtur constituere peccati speciem. Ergo scandalum non est speciale peccatum.
SED CONTRA, speciali virtuti speciale peccatum opponitur. Sed scandalum opponitur speciali virtuti, scilicet caritati: dicitur enim Rm 14,15: *Si propter cibum frater tuus contristatur, iam non secundum caritatem ambulas*. Ergo scandalum est speciale peccatum.

ARTIGO 3
O escândalo é um pecado especial?

QUANTO AO TERCEIRO, ASSIM SE PROCEDE: parece que o escândalo **não** é um pecado especial.
1. Com efeito, o escândalo é "uma palavra ou um ato menos reto". Ora, todo pecado é assim. Logo, o escândalo não é um pecado especial.
2. ALÉM DISSO, todo pecado especial, toda injustiça especial, encontra-se separadamente dos outros, diz o livro V da *Ética*. Ora, o escândalo não se encontra separadamente dos outros pecados. Logo, não é um pecado especial.
3. ADEMAIS, todo pecado especial é constituído por alguma coisa que especifica o ato moral. Ora, a razão do escândalo está no fato de alguém pecar diante dos outros. Pecar publicamente, mesmo se isto constitui uma circunstância agravante, não parece constituir uma espécie de pecado. Logo, o escândalo não é um pecado especial.
EM SENTIDO CONTRÁRIO, um pecado especial se opõe a uma virtude especial. Ora, o escândalo se opõe a uma virtude especial, a saber, à caridade. Como está na Carta aos Romanos: "Se teu irmão se entristece por causa do alimento, já não andas conforme a caridade". Logo, o escândalo é um pecado especial.

3 PARALL.: IV *Sent.*, dist. 38, q. 2, a. 2, q.la 2.
1. C. 4: 1130, a, 19-24.

Respondeo dicendum quod, sicut supra[2] dictum est, duplex est scandalum: activum scilicet, et passivum. Passivum quidem scandalum non potest esse speciale peccatum: quia ex dicto vel facto alterius aliquem ruere contingit secundum quodcumque genus peccati; nec hoc ipsum quod est occasionem peccandi sumere ex dicto vel facto alterius specialem rationem peccati constituit, quia non importat specialem deformitatem speciali virtuti oppositam.

Scandalum autem activum potest accipi dupliciter: per se scilicet, et per accidens. Per accidens quidem, quando est praeter intentionem agentis: ut puta cum aliquis suo facto vel verbo inordinato non intendit alteri dare occasionem ruinae, sed solum suae satisfacere voluntati. Et sic etiam scandalum activum non est peccatum speciale: quia quod est per accidens non constituit speciem. — Per se autem est activum scandalum quando aliquis suo inordinato dicto vel facto intendit alium trahere ad peccatum. Et sic ex intentione specialis finis sortitur rationem specialis peccati: finis enim dat speciem in moralibus, ut supra[3] dictum est. Unde sicut furtum est speciale peccatum, aut homicidium, propter speciale nocumentum proximi quod intenditur; ita etiam scandalum est speciale peccatum, propter hoc quod intenditur speciale proximi nocumentum. Et opponitur directe correctioni fraternae, in qua attenditur specialis nocumenti remotio.

Ad primum ergo dicendum quod omne peccatum potest materialiter se habere ad scandalum activum. Sed formalem rationem specialis peccati potest habere ex intentione finis, ut dictum est[4].

Ad secundum dicendum quod scandalum activum potest inveniri separatim ab aliis peccatis: ut puta cum aliquis proximum scandalizat facto quod de se non est peccatum, sed habet speciem mali.

Ad tertium dicendum quod scandalum non habet rationem specialis peccati ex praedicta circumstantia, sed ex intentione finis, ut dictum est[5].

Respondo. Foi dito que há dois tipos de escândalo: ativo e passivo. O escândalo passivo não pode ser um pecado especial, porque acontece em todo gênero de pecado em que alguém caia em consequência das palavras e das ações do outro. E o fato de encontrar nas palavras ou nas ações do outro uma ocasião de pecado, não constitui uma razão especial de pecado, porque este fato não implica uma deformidade especial oposta a uma virtude especial.

Quanto ao escândalo ativo, pode ser entendido de duas maneiras, conforme se trate de um escândalo por si ou por acidente. O escândalo acontece por acidente quando se dá sem a intenção daquele que age; por exemplo, quando este não tem a intenção, por suas ações ou palavras desordenadas, de dar ao outro uma ocasião de queda, mas simplesmente de satisfazer sua vontade. Neste caso, o escândalo ativo não é um pecado especial, pois o acidente não constitui a espécie. — O escândalo ativo é um escândalo por si quando, por uma palavra ou uma ação desordenada, alguém pretende arrastar o outro ao pecado. E assim, a intenção de um fim especial dá lugar a uma razão especial de pecado. Com efeito, é o fim que dá aos atos morais sua especificidade, como já foi dito. Desta forma, assim como o roubo ou o homicídio são pecados especiais por causa do dano especial do próximo, que se pretende, assim também o escândalo é um pecado especial pela mesma razão. O escândalo se opõe diretamente à correção fraterna que se propõe afastar um dano especial.

Quanto ao 1º, portanto, deve-se dizer que todo pecado pode servir de matéria ao escândalo ativo. Mas, o escândalo pode ter razão formal de pecado especial em razão da intenção do fim, como foi dito.

Quanto ao 2º, deve-se dizer que o escândalo ativo pode se encontrar separadamente dos outros pecados; quando, por exemplo, alguém escandaliza o próximo fazendo alguma coisa que em si não é um pecado, mas tem a aparência de mal.

Quanto ao 3º, deve-se dizer que o escândalo não tem razão de pecado especial por causa da circunstância indicada, mas por causa da intenção do fim, como foi dito[d].

---

2. A. 1, ad 4; a. 2.
3. I-II, q. 1, a. 3; q. 18, a. 6.
4. In corp.
5. Ibid.

d. Não basta pecar diante de outro, é preciso alguma vontade de fazê-lo cair.

ARTICULUS 4
Utrum scandalum sit peccatum mortale

AD QUARTUM SIC PROCEDITUR. Videtur quod scandalum sit peccatum mortale.

1. Omne enim peccatum quod contrariatur caritati est peccatum mortale, ut supra[1] dictum est. Sed scandalum contrariatur caritati, ut dictum est[2]. Ergo scandalum est peccatum mortale.

2. PRAETEREA, nulli peccato debetur poena damnationis aeternae nisi mortali. Sed scandalo debetur poena damnationis aeternae: secundum illud Mt 18,6: *Qui scandalizaverit unum de pusillis istis qui in me credunt, expedit ei ut suspendatur mola asinaria in collo eius et demergatur in profundum maris. Quia,* ut dicit Hieronymus[3], *multo melius est pro culpa brevem recipere poenam quam aeternis servari cruciatibus.* Ergo scandalum est peccatum mortale.

3. PRAETEREA, omne peccatum quod in Deum committitur est peccatum mortale: quia solum peccatum mortale avertit hominem a Deo. Sed scandalum est peccatum in Deum: dicit enim Apostolus, 1Cor 8,12: *Percutientes conscientiam fratrum infirmam, in Christum peccatis.* Ergo scandalum semper est peccatum mortale.

SED CONTRA, inducere aliquem ad peccandum venialiter potest esse peccatum veniale. Sed hoc pertinet ad rationem scandali. Ergo scandalum potest esse peccatum veniale.

RESPONDEO dicendum quod, sicut supra[4] dictum est, scandalum importat impactionem quandam, per quam aliquis disponitur ad ruinam. Et ideo scandalum passivum quandoque quidem potest esse peccatum veniale, quasi habens impactionem tantum: puta cum aliquis ex inordinato dicto vel facto alterius commovetur motu venialis peccati. Quandoque vero est peccatum mortale, quasi habens cum impactione ruinam: puta cum aliquis ex inordinato dicto vel facto alterius procedit usque ad peccatum mortale.

Scandalum autem activum, si sit quidem per accidens, potest esse quandoque quidem peccatum veniale: puta cum aliquis vel actum peccati venia-

ARTIGO 4
O escândalo é um pecado mortal?

QUANTO AO QUARTO, ASSIM SE PROCEDE: parece que o escândalo é um pecado mortal.

1. Com efeito, todo o pecado contrário à caridade é um pecado mortal, como foi dito acima. Ora, o escândalo é contrário à caridade. Logo, o escândalo é um pecado mortal.

2. ALÉM DISSO, pecado mortal é o único pecado que merece a pena da condenação eterna. Ora, o escândalo é punido com a pena da condenação eterna: "Quem escandalizar um destes pequeninos que creem em mim, seria melhor que lhe pusessem uma pedra de moinho ao pescoço e o precipitassem no fundo do mar", diz o Evangelho de Mateus. Jerônimo explica que "é muito melhor receber pela culpa uma pena curta do que ser entregue aos tormentos eternos". Logo, o escândalo é um pecado mortal.

3. ADEMAIS, todo pecado que se comete contra Deus é pecado mortal porque somente o pecado mortal afasta o homem de Deus. Ora, o escândalo é um pecado contra Deus. Com efeito, o Apóstolo diz: "Ferindo a consciência fraca de vossos irmãos, é contra o Cristo que vós pecais". Logo, o escândalo é sempre um pecado mortal.

EM SENTIDO CONTRÁRIO, induzir alguém a pecar venialmente pode ser um pecado venial. Ora, isso se refere a razão do escândalo. Portanto, o escândalo pode ser um pecado venial.

RESPONDO. Já foi dito que o escândalo implica certo impulso, pelo qual alguém se dispõe para a queda. Por esta razão, o escândalo passivo pode ser às vezes um pecado venial quando só tem o impulso; por exemplo, quando depois de uma palavra ou de uma ação desordenada do outro, alguém experimenta um movimento de pecado venial. Mas às vezes o escândalo é pecado mortal quando o impulso comporta também uma queda. Por exemplo, quando alguém, de uma palavra ou de uma ação desordenada do outro, chega até o pecado mortal.

Quanto ao escândalo ativo, se acontece por acidente, pode ser às vezes pecado venial. Por exemplo, quando se comete um pecado venial,

---

4 PARALL.: IV *Sent*, dist. 38, q. 2, a. 2, q.la 3.

1. Q. 35, a. 3; I-II, q. 88, a. 2.
2. Introd.; a. 2; a. 3, *sed c*.
3. *In Matth.*, l. III: ML 26, 129 B.
4. Art. 1.

lis committit; vel actum qui non est secundum se peccatum sed habet aliquam speciem mali, cum aliqua levi indiscretione. Quandoque vero est peccatum mortale: sive quia committit actum peccati mortalis; sive quia contemnit salutem proximi, ut pro ea conservanda non praetermittat aliquis facere quod sibi libuerit. — Si vero scandalum activum sit per se, puta cum intendit inducere alium ad peccandum, si quidem intendat inducere ad peccandum mortaliter, est peccatum mortale. Et similiter si intendat inducere ad peccandum venialiter per actum peccati mortalis. Si vero intendat inducere proximum ad peccandum venialiter per actum peccati venialis, est peccatum veniale.

Et per hoc patet responsio AD OBIECTA.

Articulus 5
Utrum scandalum passivum possit etiam in perfectos cadere

AD QUINTUM SIC PROCEDITUR. Videtur quod scandalum passivum possit etiam in perfectos cadere.

1. Christus enim fuit maxime perfectus. Sed ipse dixit Petro: *Scandalum mihi es*. Ergo multo magis alii perfecti possunt scandalum pati.

2. PRAETEREA, scandalum importat impedimentum aliquod quod alicui opponitur in vita spirituali. Sed etiam perfecti viri in processibus spiritualis vitae impediri possunt: secundum illud 1Thess 2,18: *Voluimus venire ad vos, ego quidem Paulus, semel et iterum: sed impedivit nos Satanas*. Ergo etiam perfecti viri possunt scandalum pati.

3. PRAETEREA, etiam in perfectis viris peccata venialia inveniri possunt: secundum illud 1Io 1,8: *Si dixerimus quoniam peccatum non habemus, ipsi nos seducimus*. Sed scandalum passivum non semper est peccatum mortale, sed quandoque veniale, ut dictum est[1]. Ergo scandalum passivum potest in perfectis viris inveniri.

SED CONTRA est quod super illud Mt 18,6, *Qui scandalizaverit unum de pusillis istis*, dicit Hie-

ou então um ato que não é em si um pecado mas tem uma aparência de mal com uma ligeira falta de discrição. Mas, às vezes, é pecado mortal, seja quando o ato cometido é pecado mortal, seja quando se despreza a salvação do próximo a ponto de não se abster, para preservá-la, do que causa prazer. — Se o escândalo ativo acontece por si, quando, por exemplo, tem-se a intenção de levar o outro a pecar, se for para levá-lo ao pecado mortal, o escândalo é pecado mortal. Da mesma forma, quando se tem a intenção de induzir o próximo ao pecado venial cometendo um ato que é pecado mortal. Mas, se se tem a intenção de induzir o próximo ao pecado venial, cometendo um pecado venial, o escândalo é pecado venial.

Isto responde claramente às OBJEÇÕES.

Artigo 5
O escândalo passivo[e] pode atingir os perfeitos?

QUANTO AO QUINTO, ASSIM SE PROCEDE: parece que o escândalo passivo **pode** atingir os perfeitos.

1. Com efeito, Cristo foi absolutamente perfeito. Ora, ele mesmo diz a Pedro: "Tu és para mim um escândalo". Logo, com mais razão, os outros perfeitos podem sofrer o escândalo.

2. ALÉM DISSO, o escândalo implica certo impedimento que se opõe à vida espiritual. Ora, até os homens perfeitos podem encontrar obstáculos no progresso de sua vida espiritual, segundo a Carta aos Tessalonicenses: "Quisemos ir visitar-vos, eu mesmo, Paulo, e não uma vez, mas duas, mas Satanás nos impediu". Logo, até os homens perfeitos podem sofrer o escândalo.

3. ADEMAIS, os pecados veniais podem se encontrar até nos perfeitos, como prova a primeira Carta de João: "Se dissermos que não temos pecado, enganamos a nós mesmos". Ora, o escândalo passivo nem sempre é pecado mortal, é às vezes pecado venial, como foi dito. Logo, o escândalo passivo pode-se encontrar nos perfeitos.

EM SENTIDO CONTRÁRIO, Jerônimo, comentando o Evangelho de Mateus: "Aquele que escandalizar

---

5 PARALL.: IV *Sent.*, dist. 38, q. 2, a. 3, q.la 1.

1. Art. praec.

e. Jesus disse a Pedro: "Tu és para mim um escândalo" (Mt 16,23). "Eles estavam escandalizados a respeito dele" (de Jesus) (Mt 13,57). Como dar conta desses escândalos? Daí os artigos 5 e 6.

ronymus[2]: *Nota quod qui scandalizatur parvulus est: maiores enim scandala non recipiunt.*

RESPONDEO dicendum quod scandalum passivum importat quandam commotionem animi a bono in eo qui scandalum patitur. Nullus autem commovetur qui rei immobili firmiter inhaeret. Maiores autem, sive perfecti, soli Deo inhaerent, cuius est immutabilis bonitas: quia etsi inhaereant suis praelatis, non inhaerent eis nisi inquantum illi inhaerent Christo, secundum illud 1Cor 4,16: *Imitatores mei estote, sicut et ego Christi.* Unde quantumcumque videant alios inordinate se habere dictis vel factis, ipsi a sua rectitudine non recedunt: secundum illud Ps 124,1-2: *Qui confidunt in Domino, sicut mons Sion: non commovebitur in aeternum qui habitat in Ierusalem.* Et ideo in his qui perfecte Deo adhaerent per amorem scandalum non invenitur: secundum illud Ps 118,165: *Pax multa diligentibus legem tuam, et non est illis scandalum.*

AD PRIMUM ergo dicendum quod, sicut supra[3] dictum est, scandalum large ponitur ibi pro quolibet impedimento. Unde Dominus Petro dicit, *Scandalum mihi es,* quia nitebatur eius propositum impedire circa passionem subeundam.

AD SECUNDUM dicendum quod in exterioribus actibus perfecti viri possunt impediri. Sed in interiori voluntate per dicta vel facta aliorum non impediuntur quominus tendant in Deum: secundum illud Rm 8,38-39: *Neque mors neque vita poterit nos separare a caritate Dei.*

AD TERTIUM dicendum quod perfecti viri ex infirmitate carnis incidunt interdum in aliqua peccata venialia: non autem ex aliorum dictis vel factis scandalizantur secundum veram scandali rationem. Sed potest esse in eis quaedam appropinquatio ad scandalum: secundum illud Ps 72,2: *Mei pene moti sunt pedes.*

um destes pequenos", diz: "Notai que quem é escandalizado é um pequeno; os grandes não são, de fato, atingidos pelo escândalo".

RESPONDO. O escândalo passivo implica, naquele que o sofre, certa agitação do espírito em relação ao bem. Ora, ninguém se agita quando adere firmemente a algo imutável. E os grandes, isto é, os perfeitos, aderem somente a Deus, cuja bondade é imutável; porque se aderem a seus superiores, só o fazem na medida em que estes aderem a Cristo, segundo a palavra da primeira Carta aos Coríntios: "Sede meus imitadores como eu mesmo o sou de Cristo". Por isso, se veem os outros ceder à desordem em suas palavras ou seus atos, eles mesmos não se afastam de seu caminho reto, segundo a palavra do Salmo: "Aqueles que confiam no Senhor são como o monte Sião; aquele que habita Jerusalém nunca será abalado". Eis porque naqueles que aderem perfeitamente a Deus pelo amor, não se encontra o escândalo, segundo a palavra do Salmo: "Abundância de paz para os que amam tua lei; neles não há escândalo".

QUANTO AO 1º, portanto, deve-se dizer que como foi dito, o escândalo deve-se entender aqui em sentido amplo, por qualquer impedimento. Por isso, o Senhor diz a Pedro: "Tu és para mim um escândalo", porque Pedro se esforçava por impedir a sua decisão de sofrer a paixão.

QUANTO AO 2º, deve-se dizer que em suas ações exteriores, os homens perfeitos podem experimentar impedimentos. Quanto, porém, à sua vontade interior, as palavras ou as ações do outro não os impedem de tender para Deus, segundo a Carta aos Romanos: "Nem a morte nem a vida podem separar-nos do amor de Deus".

QUANTO AO 3º, deve-se dizer que os homens perfeitos caem algumas vezes em pecados veniais pela fraqueza de sua carne; mas as palavras e as ações dos outros não os escandalizam, segundo a verdadeira razão de escândalo. Contudo, pode-se encontrar neles certa aproximação do escândalo, segundo a palavra do Salmo: "Quase tropeçaram os meus pés".

---

2. *In Matth.*, l. III: ML 26, 129 A.
3. A. 2, ad 2.

Articulus 6
Utrum scandalum activum possit inveniri in viris perfectis

AD SEXTUM SIC PROCEDITUR. Videtur quod scandalum activum possit inveniri in viris perfectis.

1. Passio enim est effectus actionis. Sed ex dictis vel factis perfectorum aliqui passive scandalizantur: secundum illud Mt 15,12: *Scis quia Pharisaei, audito hoc verbo, scandalizati sunt?* Ergo in perfectis viris potest inveniri scandalum activum.

2. PRAETEREA, Petrus post acceptum Spiritum Sanctum in statu perfectorum erat. Sed postea gentiles scandalizavit: dicitur enim ad Gl 2,14: *Cum vidissem quod non recte ambularent ad veritatem evangelii, dixi Cephae*, idest Petro, *coram omnibus: Si tu, cum Iudaeus sis, gentiliter et non iudaice vivis, quomodo gentes cogis iudaizare?* Ergo scandalum activum potest esse in viris perfectis.

3. PRAETEREA, scandalum activum quandoque est peccatum veniale. Sed peccata venialia possunt etiam esse in viris perfectis. Ergo scandalum activum potest esse in viris perfectis.

SED CONTRA, plus repugnat perfectioni scandalum activum quam passivum. Sed scandalum passivum non potest esse in viris perfectis. Ergo multo minus scandalum activum.

RESPONDEO dicendum quod scandalum activum proprie est cum aliquis tale aliquid dicit vel facit quod de se tale est ut alterum natum sit inducere ad ruinam: quod quidem est solum id quod inordinate fit vel dicitur. Ad perfectos autem pertinet ea quae agunt secundum regulam rationis ordinare: secundum illud 1Cor 14,40: *Omnia honeste et secundum ordinem fiant in vobis*. Et praecipue hanc cautelam adhibent in his in quibus non solum ipsi offenderent, sed etiam aliis offensionem pararent. Et si quidem in eorum manifestis dictis vel factis aliquid ab hac moderatione desit, hoc

Artigo 6
O escândalo ativo pode se encontrar nos homens perfeitos?

QUANTO AO SEXTO, ASSIM SE PROCEDE: parece que o escândalo ativo **pode** se encontrar nos homens perfeitos.

1. Com efeito, sofrer é um efeito do agir. Ora, há pessoas que se escandalizam passivamente em razão das palavras ou das ações dos perfeitos, segundo o Evangelho de Mateus: "Sabes que, ouvindo esta palavra, os fariseus se escandalizaram?"[f]. Logo, pode-se encontrar o escândalo ativo nos homens perfeitos[g].

2. ALÉM DISSO, depois de ter recebido o Espírito Santo, Pedro estava no estado dos perfeitos. Ora, logo depois, escandalizou os pagãos. Com efeito, lê-se na Carta aos Gálatas: "Quando vi que não andavam direito segundo a verdade do Evangelho, disse a Cefas (isto é, a Pedro), diante de todos: 'Se tu que és judeu, vives como pagão e não como judeu, como podes forçar os pagãos a viverem como judeus?'". Logo, o escândalo ativo pode existir nos homens perfeitos.

3. ADEMAIS, o escândalo ativo é às vezes pecado venial. Ora, os pecados veniais podem existir mesmo nos homens perfeitos. Logo, pode haver escândalo ativo nos homens perfeitos.

EM SENTIDO CONTRÁRIO, o escândalo ativo se opõe à perfeição mais do que o escândalo passivo. Ora, o escândalo passivo não pode existir nos homens perfeitos. Com mais razão, o escândalo ativo.

RESPONDO. Há escândalo ativo propriamente dito quando alguém diz ou realiza alguma coisa que por si é tal que induz naturalmente à queda, o que só acontece com ações ou palavras desordenadas. Ora, pertence aos perfeitos ordenar tudo o que fazem conforme à regra da razão, segundo a primeira Carta aos Coríntios: "Que entre vós tudo se passe dignamente e em ordem". Sobretudo, procuram eles ter este cuidado não somente nas coisas nas quais não somente eles mesmos poderiam tropeçar, mas também fazer os outros tropeçarem. Se, às vezes, no que dizem ou fazem em

---

6 PARALL.: IV *Sent.*, dist. 38, q. 2, a. 3, q.la 2.

f. Trata-se do "escândalo dos hipócritas". Sto. Tomás responderá que eles não estão escandalizados por um outro, mas por si mesmos.

g. Questão controversa. São Jerônimo desculpava a Pedro. Sto. Agostinho e Sto. Tomás, seguindo Gl 2,14, reconhecem-lhe uma falta. Não todavia uma falta de escândalo, que Pedro não desejava. Uma mera imprudência, em consequência de sua caridade pelos judeus.

provenit ex infirmitate humana, secundum quam a perfectione deficiunt. Non tamen intantum deficiunt ut multum ab ordine rationis recedatur, sed modicum et leviter: quod non est tam magnum ut ex hoc rationabiliter possit ab alio sumi peccandi occasio.

AD PRIMUM ergo dicendum quod scandalum passivum semper ab aliquo activo causatur: sed non semper ab aliquo scandalo activo alterius, sed eiusdem qui scandalizatur; quia scilicet ipse seipsum scandalizat.

AD SECUNDUM dicendum quod Petrus peccavit quidem, et reprehensibilis fuit, secundum sententiam Augustini[1] et ipsius Pauli, subtrahens se a gentilibus ut vitaret scandalum Iudaeorum: quia hoc incaute aliqualiter faciebat, ita quod ex hoc gentiles ad fidem conversi scandalizabantur. Non tamen factum Petri erat tam grave peccatum quod merito possent alii scandalizari. Unde patiebantur scandalum passivum: non autem erat in Petro scandalum activum.

AD TERTIUM dicendum quod peccata venialia perfectorum praecipue consistunt in subitis motibus, qui, cum sint occulti, scandalizare non possunt. Si qua vero etiam in exterioribus dictis vel factis venialia peccata committant, tam levia sunt ut de se scandalizandi virtutem non habeant.

público, acontece alguma coisa em que falta esta moderação, isso vem da fraqueza humana que os faz decair da perfeição. Mas, não decaem a ponto de se afastarem muito da ordem da razão; afastam-se um pouco e levemente. Isso, porém, não é tão importante a ponto de alguém poder encontrar aí razoavelmente uma ocasião de pecado.

QUANTO AO 1º, portanto, deve-se dizer que o escândalo passivo é sempre causado por um escândalo ativo, mas nem sempre pelo escândalo ativo do outro; pode ser pelo escândalo ativo daquele mesmo que é escandalizado, porque é ele mesmo que se escandaliza.

QUANTO AO 2º, deve-se dizer que Pedro cometeu uma falta e tornou-se repreensível separando-se dos pagãos para evitar o escândalo dos judeus: assim pensam Agostinho e o próprio Paulo. Pedro cometia certa imprudência, escandalizando assim os pagãos recentemente convertidos à fé. Contudo, o ato de Pedro não era um pecado tão grave que por ele os outros pudessem razoavelmente ser escandalizados. Sofriam, então, um escândalo passivo, mas em Pedro não havia escândalo ativo.

QUANTO AO 3º, deve-se dizer que os pecados veniais dos perfeitos consistem sobretudo em súbitos movimentos que, se permanecem ocultos, não podem escandalizar. Mesmo quando exteriormente, em suas palavras ou ações, cometem pecados veniais, são coisas tão leves que não têm por si mesmos o poder de escandalizar.

ARTICULUS 7
Utrum bona spiritualia sint propter scandalum dimittenda

AD SEPTIMUM SIC PROCEDITUR. Videtur quod bona spiritualia sint propter scandalum dimittenda.

1. Augustinus enim, in libro *contra Epistolam Parmen.*[1], docet quod ubi schismatis periculum timetur, a punitione peccatorum cessandum est. Sed punitio peccatorum est quoddam spirituale: cum sit actus iustitiae. Ergo bonum spirituale est propter scandalum dimittendum.
2. PRAETEREA, sacra doctrina maxime videtur esse spiritualis. Sed ab ea est cessandum propter scandalum: secundum illud Mt 7,6: *Nolite*

ARTIGO 7
Deve-se renunciar aos bens espirituais por causa do escândalo?

QUANTO AO SÉTIMO, ASSIM SE PROCEDE: parece que se **deve** renunciar aos bens espirituais por causa do escândalo.

1. Com efeito, Agostinho ensina que onde se pode temer o perigo de um cisma é preciso abandonar a punição dos pecadores. Ora, a punição dos pecadores é certo bem espiritual por ser um ato de justiça. Logo, é preciso renunciar a um bem espiritual por causa do escândalo.
2. ALÉM DISSO, a doutrina sagrada parece ser o que há de mais espiritual. Ora, é preciso abandoná-la em razão do escândalo, segundo o Evangelho

---

1. Epist. 28, al. 8, c. 3: ML 33, 113; epist. 40, al. 9, c. 3, n. 3; c. 4, nn. 4-5: ML 33, 155, 156.

7 PARALL.: Part. III, q. 42, a. 2; IV *Sent.*, dist. 38, q. 2, a. 4, q.la 1, 2; *in Matth.*, c. 15; *ad Rom.*, c. 14, lect. 3.

1. L. III, c. 2, n. 13: ML 43, 92.

sanctum dare canibus: neque margaritas vestras spargatis ante porcos, ne conversi dirumpant vos. Ergo bonum spirituale est dimittendum propter scandalum.

3. Praeterea, correctio fraterna, cum sit actus caritatis, est quoddam spirituale bonum. Sed interdum ex caritate dimittitur, ad vitandum scandalum aliorum; ut Augustinus dicit, in I *de Civ. Dei*[2]. Ergo bonum spirituale est propter scandalum dimittendum.

4. Praeterea, Hieronymus dicit quod dimittendum est propter scandalum omne quod potest praetermitti salva triplici veritate, scilicet *vitae, iustitiae et doctrinae*. Sed impletio consiliorum, et largitio eleemosynarum, multoties potest praetermitti salva triplici veritate praedicta: alioquin semper peccarent omnes qui praetermittunt. Et tamen haec sunt maxima inter spiritualia opera. Ergo spiritualia opera debent praetermitti propter scandalum.

5. Praeterea, vitatio cuiuslibet peccati est quoddam spirituale bonum: quia quodlibet peccatum affert peccanti aliquod spirituale detrimentum. Sed videtur quod pro scandalo proximi vitando debeat aliquis quandoque peccare venialiter, puta cum peccando venialiter impedit peccatum mortale alterius: debet enim homo impedire damnationem proximi quantum potest sine detrimento propriae salutis, quae non tollitur per peccatum veniale. Ergo aliquod bonum spirituale debet homo praetermittere propter scandalum vitandum.

Sed contra est quod Gregorius dicit, *super Ezech*.[3]: *Si de veritate scandalum sumitur, utilius nasci permittitur scandalum quam veritas relinquatur*. Sed bona spiritualia maxime pertinent ad veritatem. Ergo bona spiritualia non sunt propter scandalum dimittenda.

Respondeo dicendum quod, cum duplex sit scandalum, activum scilicet et passivum, quaestio ista non habet locum de scandalo activo: quia cum scandalum activum sit dictum vel factum minus rectum, nihil est cum scandalo activo faciendum. — Habet autem locum quaestio si intelligatur de scandalo passivo. Considerandum est igitur quid sit dimittendum ne alius scandalizetur. Est autem in spiritualibus bonis distinguendum. Nam quaedam horum sunt de necessitate salutis, quae praetermitti non possunt sine peccato mortali.

de Mateus: "Não deis aos cães o que é sagrado, não jogueis vossas pérolas aos porcos. Poderiam voltar-se contra vós e despedaçar-vos". Logo, é preciso renunciar a um bem espiritual por causa do escândalo.

3. Ademais, a correção fraterna é um bem espiritual por ser um ato de caridade. Ora, acontece às vezes que alguém a omita por caridade, para evitar o escândalo do outro, segundo Agostinho. Logo, é preciso renunciar a um bem espiritual por causa do escândalo.

4. Ademais, Jerônimo diz que, por causa do escândalo, se deve renunciar a tudo o que puder ser deixado de lado, sem tocar na tríplice verdade da *vida*, da *justiça* e da *doutrina*. Ora, a realização dos conselhos e a distribuição das esmolas podem muitas vezes ser omitidas sem que se atinja esta tríplice verdade; se não, todos os que os omitem sempre pecariam. E, no entanto, são as maiores entre as obras espirituais. Logo, as obras espirituais devem ser omitidas por causa do escândalo.

5. Ademais, evitar qualquer pecado é um bem espiritual porque todo pecado causa um dano espiritual a quem o comete. Ora, parece que para evitar o escândalo do próximo às vezes é preciso pecar venialmente. Por exemplo, quando pecando venialmente impede-se o próximo de pecar mortalmente. Deve-se impedir a condenação do próximo o quanto possível, sem detrimento de sua própria salvação, a qual não se perde pelo pecado venial. Logo, deve-se omitir algum bem espiritual para evitar o escândalo.

Em sentido contrário, Gregório diz que, se o escândalo nasce da verdade, é mais útil permitir o escândalo do que renunciar à verdade. Ora, os bens espirituais pertencem de forma especial à verdade. Logo, não se devem deixar os bens espirituais por causa do escândalo.

Respondo. Havendo dois tipos de escândalo, ativo e passivo, a questão não tem lugar a propósito do escândalo ativo porque, sendo o escândalo ativo uma palavra ou um ato menos reto, nada deve ser feito com escândalo ativo. — Mas a questão tem lugar a propósito do escândalo passivo. Portanto, é preciso considerar a que se deve renunciar para que o outro não seja escandalizado. Ora, é preciso distinguir entre os bens espirituais. Alguns destes bens são necessários para a salvação e não podem ser omitidos sem pecado mortal. É

---

2. C. 9: ML 41, 22.
3. Homil. 7, n. 5: ML 76, 842 C.

Manifestum est autem quod nullus debet mortaliter peccare ut alterius peccatum impediat: quia secundum ordinem caritatis plus debet homo suam salutem spiritualem diligere quam alterius. Et ideo ea quae sunt de necessitate salutis praetermitti non debent propter scandalum vitandum.

In his autem spiritualibus bonis quae non sunt de necessitate salutis videtur distinguendum. Quia scandalum quod ex eis oritur quandoque ex malitia procedit, cum scilicet aliqui volunt impedire huiusmodi spiritualia bona, scandala concitando: et hoc est scandalum Pharisaeorum, qui de doctrina Domini scandalizabantur. Quod esse contemnendum Dominus docet, Mt 15,14.
— Quandoque vero scandalum procedit ex infirmitate vel ignorantia: et huiusmodi est scandalum pusillorum. Propter quod sunt spiritualia opera vel occultanda, vel etiam interdum differenda, ubi periculum non imminet, quousque, reddita ratione, huiusmodi scandalum cesset. Si autem post redditam rationem huiusmodi scandalum duret, iam videtur ex malitia esse: et sic propter ipsum non sunt huiusmodi spiritualia opera dimittenda.

AD PRIMUM ergo dicendum quod poenarum inflictio non est propter se expetenda, sed poenae infliguntur ut medicinae quaedam ad cohibendum peccata. Et ideo intantum habent rationem iustitiae inquantum per eas peccata cohibentur. Si autem per inflictionem poenarum manifestum sit plura et maiora peccata sequi, tunc poenarum inflictio non continebitur sub iustitia. Et in hoc casu loquitur Augustinus, quando scilicet ex excommunicatione aliquorum imminet periculum schismatis: tunc enim excommunicationem ferre non pertineret ad veritatem iustitiae.

AD SECUNDUM dicendum quod circa doctrinam duo sunt consideranda: scilicet veritas quae docetur; et ipse actus docendi. Quorum primum est de necessitate salutis: ut scilicet contrarium veritati non doceat, sed veritatem secundum congruentiam temporis et personarum proponat ille cui incumbit docendi officium. Et ideo propter nullum scandalum quod sequi videatur debet homo, praetermissa

claro que ninguém deve pecar mortalmente para impedir o pecado do outro, pois, segundo a ordem da caridade, deve-se amar mais a sua própria salvação espiritual do que a do outro. Portanto, o que é necessário para a salvação não deve ser omitido para evitar o escândalo.

Quanto aos bens espirituais que não são necessários para a salvação, parece que é preciso distinguir. De fato, o escândalo que daí resulta provém às vezes da malícia, quando alguns querem impedir estes bens espirituais provocando o escândalo. Tal escândalo é o dos fariseus, que se escandalizam com a doutrina do Senhor. Este ensina no Evangelho de Mateus que tal escândalo deve ser desprezado. — Mas, às vezes, o escândalo provém da fraqueza ou da ignorância, e é o escândalo dos pequenos. Por isso, as obras espirituais devem ser ocultadas, por vezes mesmo proteladas quando não há perigo iminente, até que, dada a razão, cesse tal escândalo. Se, depois de ser dada a razão, o escândalo perdura, parece então provir da malícia, e já não é o caso de renunciar tais obras espirituais por causa dele[h].

QUANTO AO 1º, portanto, deve-se dizer que não se aplicam penas por si mesmas, mas como remédios para reprimir os pecados. Por isso, tem razão de justiça na medida em que reprimem os pecados. Se, porém, fosse evidente que a aplicação das penas iria gerar pecados mais numerosos e mais graves, então a aplicação das penas não estará incluída na justiça. É sobre isso que Agostinho fala, a saber, quando uma excomunhão pode acarretar o perigo de um cisma. Excomungar não pertenceria mais à verdade da justiça.

QUANTO AO 2º, deve-se dizer que, a respeito da doutrina, duas coisas devem ser consideradas: a verdade que se ensina e o ato mesmo de ensinar. Destas duas coisas, a primeira é necessária para a salvação, isto é, não se deve ensinar o contrário da verdade, e sim que o homem encarregado de ensinar proponha a verdade segundo a conveniência de tempo e de pessoas. Por isso, por

---

h. Ponto importante: não pecar mortalmente para impedir o pecado de outro. Dito isto, não dar atenção ao "escândalo dos hipócritas", mas não provocá-lo por prazer.
 Evitar o escândalo dos fracos: portanto esclarecê-los, instruí-los. Se o escandalizado continuar a "cair", ao que parece, escreve Sto. Tomás, seu pecado provém de sua própria malícia: nesse caso volta-se ao "escândalo dos hipócritas". Evitar ainda o escândalo indireto, a menos que haja causa suficiente (por exemplo, provocar o roubo de alguém de quem suspeitamos, pondo dinheiro no "lugar certo").
 Por outro lado, o escândalo tendo causado uma queda espiritual, deve-se tentar tudo para repará-lo. Quem deu o mau exemplo se esforçará em seguida para dar um bom. Os terceiros, conscientes do fato, não estão mais dispensados da correção fraterna daquele que escandaliza. Como muitas vezes do escandalizado.

veritate, falsitatem docere. — Sed ipse actus docendi inter spirituales eleemosynas computatur, ut supra[4] dictum est. Et ideo eadem ratio est de doctrina et de aliis misericordiae operibus, de quibus postea[5] dicetur.

AD TERTIUM dicendum quod correctio fraterna, sicut supra[6] dictum est, ordinatur ad emendationem fratris. Et ideo intantum computanda est inter spiritualia bona inquantum hoc consequi potest. Quod non contingit si ex correctione frater scandalizetur. Et ideo si propter scandalum correctio dimittatur, non dimittitur spirituale bonum.

AD QUARTUM dicendum quod in veritate *vitae doctrinae et iustitiae* non solum comprehenditur id quod est de necessitate salutis, sed etiam id per quod perfectius pervenitur ad salutem: secundum illud 1Cor 12,31: *Aemulamini charismata meliora*. Unde etiam consilia non sunt simpliciter praetermittenda, nec etiam misericordiae opera, propter scandalum: sed sunt interdum occultanda vel differenda propter scandalum pusillorum, ut dictum est[7].

Quandoque tamen consiliorum observatio et impletio operum misericordiae sunt de necessitate salutis. Quod patet in his qui iam voverunt consilia; et in his quibus ex debito imminet defectibus aliorum subvenire, vel in temporalibus, puta pascendo esurientem, vel in spiritualibus, puta docendo ignorantem; sive huiusmodi fiant debita propter iniunctum officium, ut patet in praelatis, sive propter necessitatem indigentis. Et tunc eadem ratio est de huiusmodi sicut de aliis quae sunt de necessitate salutis.

AD QUINTUM dicendum quod quidam dixerunt quod peccatum veniale est committendum propter vitandum scandalum. Sed hoc implicat contraria: si enim faciendum est, iam non est malum neque peccatum; nam peccatum non potest esse eligibile. Contingit tamen aliquid propter aliquam circumstantiam non esse peccatum veniale quod, illa circumstantia sublata, peccatum veniale esset:

algum escândalo que pareça daí resultar, não se deve jamais deixar a verdade e ensinar o erro. — Quanto ao ato mesmo de ensinar, faz parte das esmolas espirituais, como foi dito. Por isso, a mesma razão vale para a doutrina e as outra obras de misericórdia das quais logo se dirá.

QUANTO AO 3º, deve-se dizer que a correção fraterna, já foi dito, tem por fim a emenda do irmão. Portanto, enumera-se entre os bens espirituais na medida em que pode conseguir isso. O que não acontece se o irmão se escandaliza com esta correção. Por isso, quando se renuncia à correção por causa do escândalo, nem por isso se renuncia ao bem espiritual.

QUANTO AO 4º, deve-se dizer que na verdade da *vida*, da *doutrina* e da *justiça*, engloba-se não somente o que é necessário para a salvação, mas também o que conduz à salvação de maneira mais perfeita, segundo as palavras da primeira Carta aos Coríntios: "Aspirai aos dons superiores". Por isso, nem os conselhos e nem as obras de misericórdia devem ser totalmente abandonadas por causa do escândalo; mas acontece às vezes que devam ser escondidas e proteladas por causa do escândalo dos pequenos, como já foi dito.

Algumas vezes, porém, a observância dos conselhos e a realização das obras de misericórdia são necessárias para a salvação. Isso aparece claramente naqueles que se comprometeram pelo voto com os conselhos e naqueles que devem socorrer as necessidades dos outros, quer temporais, por exemplo, alimentando os famintos, quer espirituais, por exemplo, instruindo os ignorantes, ou ainda quando estes benefícios se tornam obrigatórios em razão da função que se exerce, o que é o caso dos prelados, ou por causa da necessidade dos indigentes. Então, a razão é a mesma para tais deveres como para o que é necessário para a salvação.

QUANTO AO 5º, deve-se dizer que alguns disseram que se devia cometer o pecado venial para evitar o escândalo. Isso implica contradição. Com efeito, se uma coisa deve ser feita, já não é mais um mal nem um pecado, porque o pecado não poderia ser objeto de escolha. Contudo, acontece que por alguma circunstância uma coisa não seja mais um pecado venial, o que, supressa a circunstân-

---

4. Q. 32, a. 2.
5. Ad 4.
6. Q. 33, a. 1.
7. In corp.

sicut verbum iocosum est peccatum veniale quando absque utilitate dicitur; si autem ex causa rationabili proferatur, non est otiosum neque peccatum. — Quamvis autem per peccatum veniale gratia non tollatur, per quam est hominis salus; inquantum tamen veniale disponit ad mortale, vergit in detrimentum salutis.

cia, seria um pecado venial. Assim, uma palavra jocosa é pecado venial, se for dita sem utilidade, mas não será uma palavra ociosa nem um pecado se for dita por um motivo razoável. — Embora o pecado venial não suprima a graça pela qual o homem é salvo, no entanto, enquanto dispõe ao pecado mortal, torna-se nocivo à salvação[i].

Articulus 8
Utrum temporalia sint dimittenda propter scandalum

AD OCTAVUM SIC PROCEDITUR. Videtur quod temporalia sint dimittenda propter scandalum.

1. Magis enim debemus diligere spiritualem salutem proximi, quae impeditur per scandalum, quam quaecumque temporalia bona. Sed id quod minus diligimus dimittimus propter id quod magis diligimus. Ergo temporalia magis debemus dimittere ad vitandum scandalum proximorum.

2. PRAETEREA, secundum regulam Hieronymi, omnia quae possunt praetermitti salva triplici veritate, sunt propter scandalum dimittenda. Sed temporalia possunt praetermitti salva triplici veritate. Ergo sunt propter scandalum dimittenda.

3. PRAETEREA, in temporalibus bonis nihil est magis necessarium quam cibus. Sed cibus est praetermittendus propter scandalum: secundum illud Rm 14,15: *Noli cibo tuo illum perdere pro quo Christus mortuus est*. Ergo multo magis omnia alia temporalia sunt propter scandalum dimittenda.

4. PRAETEREA, temporalia nullo convenientiori modo conservare aut recuperare possumus quam per iudicium. Sed iudiciis uti non licet, et praecipue cum scandalo: dicitur enim Mt 5,40: *Ei qui vult tecum in iudicio contendere et tunicam tuam tollere, dimitte ei et pallium*; et 1Cor 6,7: *Iam quidem omnino delictum est in vobis quod iudicia habetis inter vos. Quare non magis iniuriam accipitis? Quare non magis fraudem patimini?* Ergo

Artigo 8
Deve-se renunciar aos bens temporais por causa do escândalo?

QUANTO AO OITAVO, ASSIM SE PROCEDE: parece que se **deve** renunciar aos bens temporais por causa do escândalo.

1. Com efeito, devemos amar a salvação espiritual do próximo, que o escândalo impede, mais do que qualquer bem temporal. Ora, renunciamos ao que amamos menos, por aquilo que amamos mais. Logo, devemos renunciar aos bens temporais para evitar o escândalo do próximo.

2. ALÉM DISSO, segundo a regra de Jerônimo, tudo o que se pode omitir, com exceção da tríplice verdade, deve ser abandonado para evitar o escândalo. Ora, podem-se abandonar os bens temporais salvaguardando esta tríplice verdade. Logo, é preciso renunciar a eles por causa do escândalo.

3. ADEMAIS, entre os bens temporais nenhum é mais necessário do que o alimento. Ora, o alimento deve ser deixado de lado por causa do escândalo, segundo a Carta aos Romanos: "Não vás, com teu alimento, fazer perecer aquele por quem Cristo morreu". Logo, com muito mais razão, deve-se renunciar a todos os outros bens temporais por causa do escândalo.

4. ADEMAIS, não há meio mais adaptado para conservar ou recuperar os bens temporais do que um julgamento. Ora, não é permitido recorrer ao julgamento, sobretudo quando acompanhados de escândalo. Com efeito, está dito no Evangelho de Mateus: "A quem quer te citar em justiça e tomar tua túnica, deixa também teu manto". E na primeira Carta aos Coríntios: "Já é para vós uma falta a existência de processos entre vós.

---

8 PARALL.: IV *Sent.*, dist. 38, q. 2, a. 4, q.la 3; *Cont. Impugn. Relig.*, c. 15; *ad Rom.*, c. 14, lect. 3.

i. Doutrina importante. Se, tudo considerado, tal coisa é em tal circunstância o que devo fazer, ela não é mais um pecado, nem um "mal menor", mas o bem que devo fazer. Tal palavra inútil e ridícula pode constituir um pecado venal em determinada circunstância, mas algo a ser dito em outra circunstância, por exemplo se evita um escândalo.

videtur quod temporalia sint propter scandalum dimittenda.

5. PRAETEREA, inter omnia temporalia minus videntur dimittenda quae sunt spiritualibus annexa. Sed ista sunt propter scandalum dimittenda: Apostolus enim, seminans spiritualia, temporalia stipendia non accepit, *ne offendiculum daret evangelio Christi*, ut patet 1Cor 9,12; et ex simili causa Ecclesia in aliquibus terris non exigit decimas, propter scandalum vitandum. Ergo multo magis alia temporalia sunt propter scandalum dimittenda.

SED CONTRA est quod beatus Thomas Cantuariensis repetiit res Ecclesiae cum scandalo regis[1].

RESPONDEO dicendum quod circa temporalia bona distinguendum est. Aut enim sunt nostra: aut sunt nobis ad conservandum pro aliis commissa; sicut bona Ecclesiae committuntur praelatis, et bona communia quibuscumque reipublicae rectoribus. Et talium conservatio, sicut et depositorum, imminet his quibus sunt commissa ex necessitate. Et ideo non sunt propter scandalum dimittenda: sicut nec alia quae sunt de necessitate salutis.

Temporalia vero quorum nos sumus domini dimittere, ea tribuendo si penes nos ea habeamus, vel non repetendo si apud alios sint, propter scandalum quandoque quidem debemus, quandoque autem non. Si enim scandalum ex hoc oriatur propter ignorantiam vel infirmitatem aliorum, quod supra[2] diximus esse scandalum pusillorum; tunc vel totaliter dimittenda sunt temporalia; vel aliter scandalum sedandum, scilicet per aliquam admonitionem. Unde Augustinus dicit, in libro *de Serm. Dom. in Monte*[3]: *Dandum est quod nec tibi nec alteri noceat, quantum ab homine credi potest. Et cum negaveris quod petit, indicanda est ei iustitia: et melius ei aliquid dabis, cum petentem iniuste correxeris.*

Aliquando vero scandalum nascitur ex malitia, quod est scandalum Pharisaeorum. Et propter eos

Por que não tolerais, antes, a injustiça? Por que não tolerais ser prejudicados?" Logo, parece que é preciso renunciar aos bens temporais por causa do escândalo.

5. ADEMAIS, entre todos os bens temporais, os que parecem dever ser menos renunciados são os que estão ligados aos bens espirituais. Ora, é preciso renunciar a eles em razão do escândalo. Com efeito, o Apóstolo, ao semear os bens espirituais, não recebia salário temporal, "para não criar obstáculo ao Evangelho de Cristo", como se vê na primeira Carta aos Coríntios. Por um motivo semelhante, a Igreja em certos países não exige os dízimos para evitar o escândalo. Logo, com mais razão, é preciso renunciar aos outros bens temporais por causa do escândalo.

EM SENTIDO CONTRÁRIO, o bem-aventurado Tomás de Cantuária retomou os bens da Igreja com o escândalo do rei.

RESPONDO. É preciso fazer uma distinção entre os bens temporais. Ou nos pertencem; ou nos são confiados a fim de que os conservemos para outros. Os bens da Igreja, por exemplo, são confiados aos prelados, e os bens públicos, aos governantes. A conservação desses bens, como também a dos depósitos, incumbe por necessidade àqueles aos quais são confiados. Por isso, não devem ser renunciados por causa do escândalo, assim como também os outros bens que são necessários para a salvação.

Quanto aos bens temporais, dos quais somos senhores, para evitar o escândalo, devemos às vezes renunciar a eles, distribuindo-os se os temos conosco, ou não os reclamando se estão com outros, e às vezes não. Com efeito, se o escândalo se produz por causa da ignorância ou da fraqueza dos outros, o que acima chamamos de escândalo dos pequenos, devemos ou renunciar totalmente a estes bens temporais ou fazer cessar o escândalo de outra forma, por exemplo, por alguma advertência. Por isso Agostinho escreve: "É preciso dar o que não faz mal nem a ti nem a outrem, tanto quanto for possível ao homem saber. Se recusas o que alguém te pede, mostra-lhe onde está a justiça. Darás algo melhor a quem te pede injustamente, corrigindo-o".

Às vezes o escândalo nasce da malícia. É o escândalo dos fariseus. Não se deve abandonar

---

1. Cfr. IOAN. SARESBER., *Vitam S. Thomae*: ML 190, 200 D.
2. Art. praec.
3. L. I, c. 20: ML 34, 1264.

qui sic scandala concitant non sunt temporalia dimittenda: quia hoc et noceret bono communi, daretur enim malis rapiendi occasio; et noceret ipsis rapientibus, qui retinendo aliena in peccato remanerent. Unde Gregorius dicit, in *Moral.*[4]: *Quidam, dum temporalia nobis rapiunt, solummodo sunt tolerandi: quidam vero, servata aequitate, prohibendi; non sola cura ne nostra subtrahantur, sed ne rapientes non sua semetipsos perdant.*

Et per hoc patet solutio AD PRIMUM.

AD SECUNDUM dicendum quod si passim permitteretur malis hominibus ut aliena raperent, vergeret hoc in detrimentum veritatis vitae et iustitiae. Et ideo non oportet propter quodcumque scandalum temporalia dimitti.

AD TERTIUM dicendum quod non est de intentione Apostoli monere quod cibus totaliter propter scandalum dimittatur: quia sumere cibum est de necessitate salutis. Sed talis cibus est propter scandalum dimittendus: secundum illud 1Cor 8,13: *Non manducabo carnem in aeternum, ne fratrem meum scandalizem.*

AD QUARTUM dicendum quod secundum Augustinum, in libro *de Serm. Dom. in Monte*[5], illud praeceptum Domini est intelligendum secundum praeparationem animi: ut scilicet homo sit paratus prius pati iniuriam vel fraudem quam iudicium subire, si hoc expediat. Quandoque tamen non expedit, ut dictum est[6]. — Et similiter intelligendum est verbum Apostoli.

AD QUINTUM dicendum quod scandalum quod vitabat Apostolus ex ignorantia procedebat gentilium, qui hoc non consueverant. Et ideo ad tempus abstinendum erat, ut prius instruerentur hoc esse debitum. — Et ex simili causa Ecclesia abstinet de decimis exigendis in terris in quibus non est consuetum decimas solvere.

os bens temporais por causa daqueles que suscitam tais escândalos, pois isto prejudicaria o bem comum, dando aos maus ocasião de rapina e prejudicaria aqueles que, roubando ou retendo o alheio, permaneceriam no pecado. Por isso, diz Gregório: "Entre os que nos tomam os bens temporais, alguns devem ser somente tolerados; e outros, observada a equidade, devem ser impedidos. Isto não unicamente com a preocupação de que nossos bens sejam tirados, mas para que não se percam aqueles que se apoderam do que não lhes pertence".

QUANTO AO 1º, portanto, deve-se dizer que isso dá claramente a solução.

QUANTO AO 2º, deve-se dizer que se permitíssemos habitualmente aos maus tomar o bem do outro, isto viria em detrimento da verdade da vida e da justiça. Por isso, não se deve renunciar aos bens temporais por qualquer escândalo.

QUANTO AO 3º, deve-se dizer que não está na intenção do Apóstolo fazer renunciar a todo alimento por causa do escândalo, pois alimentar-se é necessário para saúde. O que é preciso renunciar por causa do escândalo é a tal alimento determinado, segundo a primeira Epístola aos Coríntios: "Deixarei de comer carne para sempre a fim de não escandalizar meu irmão".

QUANTO AO 4º, deve-se dizer que segundo Agostinho, este preceito do Senhor deve ser entendido em relação à disposição interior, no sentido de que é preciso estar pronto, se for útil, a sofrer o prejuízo e a injustiça, de preferência a recorrer ao julgamento. Às vezes, porém, não é útil, já foi dito. — A palavra do Apóstolo deve-se entender no mesmo sentido.

QUANTO AO 5º, deve-se dizer que o escândalo que o Apóstolo evitava, procedia da ignorância dos pagãos entre os quais não existia este costume. Por isso, era preciso abster-se momentaneamente, para que antes aprendessem que isso era lícito. — Por uma razão semelhante, a Igreja se abstém de exigir os dízimos nos países onde o costume é não pagá-los[j].

---

4. L. XXXI, c. 13, al. 8, in vet. 10, n. 22: ML 76, 586 A.
5. L. I, c. 19, nn. 58-59: ML 34, 1260.
6. In corp. et ad 2.

---

j. Ligado ao escândalo estaria toda a questão da *cooperação com o mal*, abordada pelos moralistas. Aqui, não se provoca o mal, entra-se no pecado do próximo, coopera-se com ele. Distingue-se todo tipo de influências ou cumplicidades possíveis. Existem de tipo direto (cooperar com um assassinato, com um aborto...), outros de tipo indireto, ou mesmo bastante indiretos (trabalhar como faxineira numa clínica que faz abortos); outros são simplesmente escândalos (um livreiro cristão que também vende livros pornográficos). Julgue-se de cada caso segundo os princípios aqui invocados, e do peso da gravidade que só a virtude de prudência pode avaliar, em cada circunstância.

QUAESTIO XLIV
DE PRAECEPTIS CARITATIS
in octo articulos divisa

Deinde considerandum est de praeceptis caritatis.

Et circa hoc quaeruntur octo.

Primo: utrum de caritate sint danda praecepta.
Secundo: utrum unum tantum, vel duo.
Tertio: utrum duo sufficiant.
Quarto: utrum convenienter praecipiatur ut Deus *ex toto corde* diligatur.
Quinto: utrum convenienter addatur, *ex tota mente* etc.
Sexto: utrum praeceptum hoc possit in vita ista impleri.
Septimo: de hoc praecepto, *Diliges proximum tuum sicut teipsum.*
Octavo: utrum ordo caritatis cadat sub praecepto.

Articulus 1
Utrum de caritate debeat dari aliquod praeceptum

Ad primum sic proceditur. Videtur quod de caritate non debeat dari aliquod praeceptum.

1. Caritas enim imponit modum actibus omnium virtutum, de quibus dantur praecepta: cum sit forma virtutum, ut supra[1] dictum est. Sed modus non est in praecepto: ut communiter dicitur. Ergo de caritate non sunt danda praecepta.

2. Praeterea, caritas, quae *in cordibus nostris per Spiritum Sanctum diffunditur*, facit nos liberos: quia *ubi Spiritus Domini, ibi libertas*, ut dicitur 2Cor 3,17. Sed obligatio, quae ex praeceptis nascitur, libertati opponitur: quia necessitatem imponit. Ergo de caritate non sunt danda praecepta.

3. Praeterea, caritas est praecipua inter omnes virtutes, ad quas ordinantur praecepta, ut ex supradictis[2] patet. Si igitur de caritate dantur aliqua praecepta, deberent poni inter praecipua praecepta,

QUESTÃO 44
OS PRECEITOS DA CARIDADE[a]
em oito artigos

Devem-se agora considerar os preceitos da caridade.

A esse respeito, são oito as perguntas:

1. Deve-se dar preceitos sobre a caridade?
2. Há um só preceito ou dois?
3. Dois preceitos são suficientes?
4. Convém prescrever que Deus seja amado de todo o coração?
5. Convém acrescentar: de toda a alma?
6. Este preceito pode ser realizado nesta vida?
7. Sobre mandamento: "Amarás ao próximo como a ti mesmo".
8. A ordem da caridade cai sob o preceito?

Artigo 1
Devem-se dar preceitos sobre a caridade?

Quanto ao primeiro artigo, assim se procede: parece que sobre a caridade **não** se devem dar preceitos.

1. Com efeito, a caridade, por ser a forma das virtudes, como foi dito acima, regula o modo de agir de todas as virtudes. Ora, geralmente se diz que o modo de agir não está no preceito. Logo, não se devem dar preceitos sobre a caridade.

2. Além disso, a caridade que "foi derramada em nossos corações pelo Espírito Santo" nos torna livres, pois "onde está o Espírito do Senhor, aí está a liberdade", diz a segunda a Carta aos Coríntios. Ora, a obrigação que nasce do preceito se opõe à liberdade porque ela impõe uma necessidade. Logo, não se devem dar preceitos sobre a caridade.

3. Ademais, a caridade é a mais importante de todas as virtudes, às quais os preceitos se ordenam, como se evidencia do que foi dito. Portanto, se fossem dados alguns preceitos sobre a caridade, era

---

1 Parall.: *Cont. Gent.* III, 116, 117; I *ad Tim.*, c. 1, lect. 2.

1. Q. 23, a. 8.
2. I-II, q. 100, a. 9, ad 2.

a. Tratando-se da "própria caridade" (primeira parte), o prólogo da q. 23 anunciava 5 partes: a própria caridade, seu objeto, seus atos, os vícios opostos, os preceitos que lhe dizem respeito. O preceito do amor (q. 44) é toda a lei evangélica, que é lei de caridade. Já inscrita no Antigo Testamento (Dt 6,5), mas única e recapitulando *toda a lei* no Novo (Mt 22,37; 7,12 etc.).

quae sunt praecepta decalogi. Non autem ponuntur. Ergo nulla praecepta sunt de caritate danda.

SED CONTRA, illud quod Deus requirit a nobis cadit sub praecepto. Requirit autem Deus ab homine *ut diligat eum*, ut dicitur Dt 10,12. Ergo de dilectione caritatis, quae est dilectio Dei, sunt danda praecepta.

RESPONDEO dicendum quod, sicut supra[3] dictum est, praeceptum importat rationem debiti. Intantum ergo aliquid cadit sub praecepto inquantum habet rationem debiti. Est autem aliquid debitum dupliciter: uno modo, per se; alio modo, propter aliud. Per se quidem debitum est in unoquoque negotio id quod est finis, quia habet rationem per se boni; propter aliud autem est debitum id quod ordinatur ad finem: sicut medico per se debitum est ut sanet; propter aliud autem, ut det medicinam ad sanandum. Finis autem spiritualis vitae est ut homo uniatur Deo, quod fit per caritatem: et ad hoc ordinantur, sicut ad finem, omnia quae pertinent ad spiritualem vitam. Unde et Apostolus dicit, 1Ti 1,5: *Finis praecepti est caritas de corde puro et conscientia bona et fide non ficta*. Omnes enim virtutes, de quarum actibus dantur praecepta, ordinantur vel ad purificandum cor a turbinibus passionum, sicut virtutes quae sunt circa passiones; vel saltem ad habendam bonam conscientiam, sicut virtutes quae sunt circa operationes; vel ad habendam rectam fidem, sicut illa quae pertinent ad divinum cultum. Et haec tria requiruntur ad diligendum Deum: nam cor impurum a Dei dilectione abstrahitur propter passionem inclinantem ad terrena; conscientia vero mala facit horrere divinam iustitiam propter timorem poenae; fides autem ficta trahit affectum in id quod de Deo fingitur, separans a Dei veritate. In quolibet autem genere id quod est per se potius est eo quod est propter aliud. Et ideo *maximum praeceptum* est de caritate, ut dicitur Mt 22,38.

AD PRIMUM ergo dicendum quod, sicut supra[4] dictum est cum de praeceptis ageretur, modus dilectionis non cadit sub illis praeceptis quae dantur de aliis actibus virtutum: puta sub hoc praecepto, *Honora patrem tuum et matrem tuam*, non cadit quod hoc ex caritate fiat. Cadit tamen actus dilectionis sub praeceptis specialibus.

preciso que estivessem entre os preceitos maiores, que são os do decálogo. Ora, aí não estão. Logo, não se devem dar nenhum preceito sobre a caridade.

EM SENTIDO CONTRÁRIO, o que Deus pede de nós cai sob o preceito. Ora, Deus pede ao homem que o ame, como diz o livro do Deuteronômio. Portanto, sobre o amor de caridade, que é o amor de Deus, é preciso dar preceitos.

RESPONDO. Já foi dito que o preceito implica a razão de obrigação. Uma coisa cai sob o preceito na medida em que tem razão de obrigatório. Ora, uma coisa é devida de duas maneiras: ou por si[b], ou por outra coisa. Em todo negócio, o que é devido por si é o fim, pois o fim tem por si razão de bem. O que é devido por outra coisa é o meio ordenado ao fim. Assim, para um médico, o que é devido por si é a cura e o que é requerido por outra coisa é o remédio para curar. Ora, o fim da vida espiritual é que o homem esteja unido a Deus, o que se faz pela caridade. A isso se ordena, como a seu fim, tudo o que pertence à vida espiritual. Por isso, o Apóstolo escreve: "O fim do preceito é a caridade que procede de um coração puro, de uma boa consciência e de uma fé sincera". Todas as virtudes, cujos atos são objeto de preceitos, ordenam-se ou a purificar o coração do turbilhão das paixões, como as virtudes que concernem às paixões; ou, pelo menos, a ter uma boa consciência, como as virtudes que concernem à ação; ou a ter a retidão da fé, como as virtudes que concernem ao culto divino. Estas três condições são requeridas para amar a Deus, pois o coração impuro desvia-se do amor de Deus pela paixão que o inclina aos bens terrestres; uma consciência má faz com que se tenha horror da justiça divina por medo da pena; e uma fé imaginária leva o sentimento àquilo que se imagina de Deus, afastando da verdade divina. Ora, em todo gênero, o que é por si é mais do que o que é por outra coisa; segue-se que o *maior mandamento* é sobre a caridade, como está dito no Evangelho de Mateus.

QUANTO AO 1º, portanto, deve-se dizer que, como foi dito ao tratar de outros preceitos, o modo de agir da caridade não cai sob os preceitos que têm por objeto os outros atos de virtude. Por exemplo, não consta que o preceito: "Honra teu pai e tua mãe", deva ser feito por caridade. No entanto, o ato de caridade cai sob preceitos especiais.

---

3. I-II, q. 99, a. 1, 5; q. 100, a. 5, ad 1.
4. I-II, q. 100, a. 10.

b. "Por si", isto é, por si mesma.

AD SECUNDUM dicendum quod obligatio praecepti non opponitur libertati nisi in eo cuius mens aversa est ab eo quod praecipitur: sicut patet in his qui ex solo timore praecepta custodiunt. Sed praeceptum dilectionis non potest impleri nisi ex propria voluntate. Et ideo libertati non repugnat.

AD TERTIUM dicendum quod omnia praecepta decalogi ordinantur ad dilectionem Dei et proximi. Et ideo praecepta caritatis non fuerunt connumeranda inter praecepta decalogi, sed in omnibus includuntur.

ARTICULUS 2
Utrum de caritate fuerint danda duo praecepta

AD SECUNDUM SIC PROCEDITUR. Videtur quod de caritate non fuerint danda duo praecepta.

1. Praecepta enim legis ordinantur ad virtutem, ut supra[1] dictum est. Sed caritas est una virtus, ut ex supradictis[2] patet. Ergo de caritate non fuit dandum nisi unum praeceptum.
2. PRAETEREA, sicut Augustinus dicit, in I *de Doct. Christ.*[3], caritas in proximo non diligit nisi Deum. Sed ad diligendum Deum sufficienter ordinamur per hoc praeceptum, *Diliges Dominum Deum tuum*. Ergo non oportuit addere aliud praeceptum de dilectione proximi.
3. PRAETEREA, diversa peccata diversis praeceptis opponuntur. Sed non peccat aliquis praetermittens dilectionem proximi, si non praetermittat dilectionem Dei: quinimmo dicitur Lc 14,26: *Si quis venit ad me et non odit patrem suum et matrem suam, non potest meus esse discipulus*. Ergo non est aliud praeceptum de dilectione Dei et de dilectione proximi.
4. PRAETEREA, Apostolus dicit, ad Rm 13,8: *Qui diligit proximum legem implevit*. Sed non impletur lex nisi per observantiam omnium praeceptorum. Ergo omnia praecepta includuntur in dilectione

QUANTO AO 2º, deve-se dizer que a obrigação[c] do preceito não se opõe à liberdade a não ser naquele cuja alma está desviada do que é prescrito. Por exemplo, naqueles que só observam os preceitos por medo. Ora, o preceito da caridade só pode ser realizado por vontade própria. Por isso, não se opõe à liberdade.

QUANTO AO 3º, deve-se dizer que todos os preceitos do decálogo ordenam-se ao amor de Deus e do próximo. Por isso, os preceitos da caridade não tinham que estar enumerados entre os preceitos do decálogo: estão incluídos em todos eles.

ARTIGO 2
Era preciso estabelecer dois preceitos sobre a caridade?

QUANTO AO SEGUNDO, ASSIM SE PROCEDE: parece que **não** era preciso estabelecer dois preceitos sobre a caridade.

1. Com efeito, os preceitos da lei ordenam-se à virtude, como foi dito. Ora, a caridade é uma só virtude. Logo, deve-se dar um só preceito sobre a caridade.
2. ALÉM DISSO, como diz Agostinho, a caridade não ama a não ser a Deus no próximo. Ora, estamos suficientemente ordenados a amar a Deus por este preceito: "Amarás o Senhor, teu Deus". Logo, não é preciso acrescentar outro preceito sobre a caridade para com o próximo.
3. ADEMAIS, pecado diferentes opõem-se a preceitos diferentes. Ora, não se peca se, omitindo o amor ao próximo, não se omite o amor a Deus, como está dito no Evangelho de Lucas: "Se alguém vem a mim e não odeia seu pai e sua mãe, não pode ser meu discípulo". Logo, não há dois preceitos diferentes, um do amor a Deus e outro do amor ao próximo.
4. ADEMAIS, o Apóstolo escreve: "Aquele que ama seu próximo cumpriu a lei". Ora, só se cumpre a lei observando todos os preceitos. Logo, todos os preceitos estão incluídos no amor do

---

2 PARALL.: I-II, q. 99, a. 1, ad 2; *Cont. Gent.* III, 116, 117; *De Virtut.*, q. 2, a. 4, ad 6; *ad Rom.*, c. 13, lect. 2; *ad Galat.*, c. 5, lect. 3.

1. Cfr. a. praec., 3 a.
2. Q. 23, a. 5.
3. Cc. 22, 27: ML 34, 27, 29.

---

c. Pode-se impor o amor? Se se trata do amor sensível, da atração que sentimos por determinada coisa ou ser, não. Mas a dileção (ver Introdução) é um amor deliberado, decidido, eletivo: um amor de vontade. E não é porque ele é livre que ele se opõe a toda obrigação. Esta mostra ao homem que seu próprio bem corresponde de maneira inelutável ao preceito: e que, nesse ato voluntário e livre, ao qual o impulsiona o Espírito Santo, torna-se ainda mais livre, tornando-se ele próprio mais perfeitamente ele mesmo.

proximi. Sufficit ergo hoc unum praeceptum de dilectione proximi. Non ergo debent esse duo praecepta caritatis.

SED CONTRA est quod dicitur 1Io 4,21: *Hoc mandatum habemus a Deo, ut qui diligit Deum diligat et fratrem suum.*

RESPONDEO dicendum quod, sicut supra[4] dictum est cum de praeceptis ageretur, hoc modo se habent praecepta in lege sicut propositiones in scientiis speculativis. In quibus conclusiones virtute continentur in primis principiis: unde qui perfecte cognosceret principia secundum totam suam virtutem, non opus haberet ut ei conclusiones seorsum proponerentur. Sed quia non omnes qui cognoscunt principia sufficiunt considerare quidquid in principiis virtute continetur, necesse est propter eos ut in scientiis ex principiis conclusiones deducantur. In operabilibus autem, in quibus praecepta legis nos dirigunt, finis habet rationem principii, ut supra[5] dictum est. Dilectio autem Dei finis est, ad quem dilectio proximi ordinatur. Et ideo non solum oportet dari praeceptum de dilectione Dei, sed etiam de dilectione proximi, propter minus capaces, qui non de facili considerarent unum horum praeceptorum sub alio contineri.

AD PRIMUM ergo dicendum quod, si caritas sit una virtus, habet tamen duos actus, quorum unus ordinatur ad alium sicut ad finem. Praecepta autem dantur de actibus virtutum. Et ideo oportuit esse plura praecepta caritatis.

AD SECUNDUM dicendum quod Deus diligitur in proximo sicut finis in eo quod est ad finem. Et tamen oportuit de utroque explicite dari praecepta, ratione iam[6] dicta.

AD TERTIUM dicendum quod id quod est ad finem habet rationem boni ex ordine ad finem. Et secundum hoc etiam recedere ab eo habet rationem mali, et non aliter.

AD QUARTUM dicendum quod in dilectione proximi includitur dilectio Dei sicut finis in eo quod est ad finem, et e converso. Et tamen oportuit utrumque praeceptum explicite dari, ratione iam[7] dicta.

próximo. É suficiente, pois, este único preceito sobre o amor do próximo. Portanto, não é preciso haver dois mandamentos na caridade.

EM SENTIDO CONTRÁRIO, está dito na primeira Carta de João: "Temos de Deus este mandamento: aquele que ama a Deus, ame também seu irmão".

RESPONDO. Como foi dito anteriormente ao tratar dos preceitos, eles têm na lei o mesmo lugar que as proposições nas ciências especulativas. Nelas, as conclusões encontram-se virtualmente nos primeiros princípios. Por isso, quem conhecesse perfeitamente os princípios em toda a sua virtualidade não teria necessidade de que as conclusões lhe fossem propostas separadamente. Mas, porque nem todos que conhecem os princípios chegam ao conhecimento de tudo o que neles se encontra virtualmente, é necessário, por causa deles, que nas ciências, as conclusões sejam deduzidas dos princípios. Nas ações, nas quais os preceitos da lei nos dirigem, o fim tem razão de princípio, como foi dito. Ora, o amor de Deus é o fim ao qual o amor do próximo se ordena. Por isso, foi preciso dar não somente um preceito do amor de Deus, mas também o do amor do próximo, por causa daqueles que, menos capazes, não perceberiam facilmente que um destes preceitos está contido no outro[d].

QUANTO AO 1º, portanto, deve-se dizer que se a caridade é uma só virtude, tem contudo dois atos, um ordenado ao outro como a seu fim. Ora, os preceitos têm por objeto os atos das virtudes. Por isso, foram precisos vários preceitos da caridade.

QUANTO AO 2º, deve-se dizer que Deus é amado no próximo assim como o fim no que se ordena ao fim. E, contudo, foi preciso que houvesse preceitos explícitos para um e para outro, pela razão já dita.

QUANTO AO 3º, deve-se dizer que o que se ordena ao fim tem razão de bem por sua ordenação ao fim. Da mesma maneira, e não de outra, afastar-se do fim tem razão de mal.

QUANTO AO 4º, deve-se dizer que no amor do próximo está incluído o amor de Deus como o fim está incluído no que lhe é ordenado e vice-versa. Contudo, foi preciso que se dessem ambos os preceitos, pela razão já dita.

---

4. I-II, q. 91, a. 3; q. 100, a. 1.
5. Q. 23, a. 7, ad 2; q. 26, a. 1, ad 1.
6. In corp.
7. In corp.

---

d. Isso foi tão útil que durante muito tempo não foi percebido. Mesmo na época de Cristo hesitava-se em incluí-los.

Articulus 3
Utrum sufficiant duo praecepta caritatis

AD TERTIUM SIC PROCEDITUR. Videtur quod non sufficiant duo praecepta caritatis.

1. Praecepta enim dantur de actibus virtutum. Actus autem secundum obiecta distinguuntur. Cum igitur quatuor homo debeat ex caritate diligere, scilicet Deum, seipsum, proximum et corpus proprium, ut ex supradictis[1] patet; videtur quod quatuor debeant esse caritatis praecepta. Et sic duo non sufficiunt.

2. PRAETEREA, caritatis actus non solum est dilectio, sed gaudium, pax, beneficentia. Sed de actibus virtutum sunt danda praecepta. Ergo duo praecepta caritatis non sufficiunt.

3. PRAETEREA, sicut ad virtutem pertinet facere bonum, ita et declinare a malo. Sed ad faciendum bonum inducimur per praecepta affirmativa, ad declinandum a malo per praecepta negativa. Ergo de caritate fuerunt danda praecepta non solum affirmativa, sed etiam negativa. Et sic praedicta duo praecepta caritatis non sufficiunt.

SED CONTRA est quod Dominus dicit, Mt 22,40: *In his duobus mandatis tota Lex pendet et Prophetae*.

RESPONDEO dicendum quod caritas, sicut supra[2] dictum est, est amicitia quaedam. Amicitia autem ad alterum est. Unde Gregorius dicit, in quadam homilia[3]: *Caritas minus quam inter duos haberi non potest*. Quomodo autem ex caritate aliquis seipsum diligat, supra[4] dictum est. Cum autem dilectio et amor sit boni, bonum autem sit vel finis vel id quod est ad finem, convenienter de caritate duo praecepta sufficiunt: unum quidem quo inducimur ad Deum diligendum sicut finem; aliud autem quo inducimur ad diligendum proximum propter Deum sicut propter finem.

AD PRIMUM ergo dicendum quod, sicut Augustinus dicit, in I *de Doct. Christ*.[5], *cum quatuor sint ex caritate diligenda, de secundo et quarto,*

Artigo 3
Dois preceitos da caridade são suficientes?

QUANTO AO TERCEIRO, ASSIM SE PROCEDE: parece que **não** são suficientes dois preceitos da caridade.

1. Com efeito, os preceitos se dão em relação aos atos das virtudes. Ora, os atos se distinguem segundo os objetos. Logo, devendo o homem amar com caridade quatro objetos, isto é, a Deus, a si mesmo, ao próximo e a seu próprio corpo, como já se viu, parece que devam ser quatro os preceitos da caridade. Assim, os dois preceitos não são suficientes.

2. ALÉM DISSO, o ato de caridade não é somente o amor, mas também a alegria, a paz e a beneficência. Ora, deve haver um preceito para os atos das virtudes. Logo, dois preceitos para a caridade não são suficientes.

3. ADEMAIS, assim como compete à virtude fazer o bem, compete-lhe também evitar o mal. Ora, somos induzidos a fazer o bem pelos preceitos afirmativos, e a evitar o mal pelos preceitos negativos. Logo, para a caridade, foi preciso que se dessem não somente preceitos afirmativos, mas também preceitos negativos. Assim, os dois preceitos da caridade que foram citados não são suficientes.

EM SENTIDO CONTRÁRIO, o Senhor disse no Evangelho de Mateus: "Sobre estes dois preceitos repousam toda a Lei e os Profetas".

RESPONDO. A caridade, como foi dito acima, é uma amizade. Ora, a amizade dirige-se ao outro. Por isso, Gregório diz em uma de suas homilias: "A caridade não pode existir sem ao menos dois". Como é possível amar a si mesmo com caridade, já foi dito anteriormente. Por outro lado, como a dileção e o amor têm por objeto o bem, e o bem não é outra coisa do que o fim ou o que se ordena ao fim, convém que haja somente dois preceitos para a caridade: um nos induz a amar a Deus como nosso fim, e o outro nos induz a amar o próximo por causa de Deus, como, por causa do fim.

QUANTO AO 1º, portanto, deve-se dizer, segundo Agostinho: "Sobre as quatro coisas que é preciso amar com caridade, não era preciso dar preceitos

---

3 PARALL.: I-II, q. 99, a. 1, ad 3.

1. Q. 25, a. 12.
2. Q. 23, a. 1.
3. Homil. 17 *in Evang.*, n. 1: ML 76, 1139 A.
4. Q. 25, a. 4.
5. C. 23, n. 22: ML 34, 27.

idest de dilectione sui et corporis proprii, *nulla praecepta danda erant: quantumlibet enim homo excidat a veritate, remanet illi dilectio sui et dilectio corporis sui.* Modus autem diligendi praecipiendus est homini, ut scilicet se ordinate diligat et corpus proprium. Quod quidem fit per hoc quod homo diligit Deum et proximum.

AD SECUNDUM dicendum quod alii actus caritatis consequuntur ex actu dilectionis sicut effectus ex causa, ut ex supradictis[6] patet. Unde in praeceptis dilectionis virtute includuntur praecepta de aliis actibus. — Et tamen propter tardiores inveniuntur de singulis explicite praecepta tradita: de gaudio quidem, Philp 4,4: *Gaudete in Domino semper*; de pace autem, ad Hb ult., 14: *Pacem sequimini cum omnibus*; de beneficentia autem, ad Gl ult., 10: *Dum tempus habemus, operemur bonum ad omnes.* De singulis beneficentiae partibus inveniuntur praecepta tradita in sacra Scriptura, ut patet diligenter consideranti.

AD TERTIUM dicendum quod plus est operari bonum quam vitare malum. Et ideo in praeceptis affirmativis virtute includuntur praecepta negativa. — Et tamen explicite inveniuntur praecepta data contra vitia caritati opposita. Nam contra odium dicitur Lv 19,17: *Ne oderis fratrem tuum in corde tuo;* contra acediam dicitur Eccli 6,26: *Ne acedieris in vinculis eius*; contra invidiam, Gl 5,26: *Non efficiamur inanis gloriae cupidi, invicem provocantes, invicem invidentes*; contra discordiam vero, 1Cor 1,10: *Idipsum dicatis omnes, et non sint in vobis schismata*; contra scandalum autem, ad Rm 14,13: Ne *ponatis offendiculum fratri vel scandalum.*

ARTICULUS 4
Utrum convenienter mandetur quod Deus diligatur *ex toto corde*

AD QUARTUM SIC PROCEDITUR. Videtur quod inconvenienter mandetur quod Deus diligatur ex toto corde.
1. Modus enim virtuosi actus non est in praecepto; ut ex supradictis[1] patet. Sed hoc quod

para a segunda e a quarta, a saber, o amor de si e de seu próprio corpo. Pois, o homem pode se afastar da caridade o tanto quanto quiser, restar-lhe-á sempre o amor de si e de seu próprio corpo". O que devia ser prescrito ao homem é a maneira de amar, afim de que ele ame a si mesmo e ame seu próprio corpo de maneira ordenada. Isso acontece por ele amar a Deus e ao próximo.

QUANTO AO 2º, deve-se dizer que os outros atos da caridade provêm do ato de amor, como o efeito provêm de sua causa, como se demonstrou anteriormente. É por isso que, nos preceitos concernentes ao amor estão virtualmente contidos os preceitos concernentes aos outros atos. — Contudo, em atenção aos que são mais lentos para compreender, encontram-se os preceitos dados explicitamente para cada um destes atos: para a alegria: "Alegrai-vos sempre no Senhor"; para a paz: "Procurai a paz com todos"; para a beneficência: "Enquanto temos tempo, façamos o bem a todos". Para cada uma das partes da beneficência, encontramos preceitos que são dados na Sagrada Escritura, como se evidencia a quem a lê com atenção.

QUANTO AO 3º, deve-se dizer que fazer o bem é mais do que evitar o mal. Por isso, os preceitos negativos estão virtualmente contidos nas preceitos afirmativos. — Contudo, encontram-se explicitamente preceitos dados contra os vícios opostos à caridade. Por exemplo, contra o ódio: "Não odiarás o teu irmão em teu coração"; contra a acídia: "Não te impacientes com os teus grilhões"; contra a inveja: "Não procuremos a vanglória; provocando-nos ou invejando-nos uns aos outros"; contra a discórdia: "Estejais todos de acordo no que falais e não haja divisões entre vós"; contra o escândalo: "Não sejais ocasião de queda ou de escândalo para vosso irmão".

ARTIGO 4
Convém prescrever que Deus seja amado de todo o coração?

QUANTO AO QUARTO, ASSIM SE PROCEDE: parece que **não** convém prescrever que Deus seja amado de todo o coração.
1. Com efeito, o modo do ato de virtude não está no preceito, como foi dito anteriormente. Ora,

---

6. Q. 28, a. 1, 4; q. 29, a. 3; q. 31, a. 1.

4   PARALL.: III *Sent.*, dist. 27, expos. litt.; *De Virtut.*, q. 2, a. 10, ad 1; *De duob. Praecept. Carit.* etc., c. 5; *De Perfect. Vitae Spirit.*, c. 4; *in Matth.*, c. 22.

1. I-II, q. 100, a. 9.

dicitur, *ex toto corde,* importat modum divinae dilectionis. Ergo inconvenienter praecipitur quod Deus ex toto corde diligatur.

2. Praeterea, *totum et perfectum est cui nihil deest,* ut dicitur in III *Physic*.². Si igitur in praecepto cadit quod Deus ex toto corde diligatur, quicumque facit aliquid quod non pertinet ad Dei dilectionem agit contra praeceptum, et per consequens peccat mortaliter. Sed peccatum veniale non pertinet ad Dei dilectionem. Ergo peccatum veniale erit mortale. Quod est inconveniens.

3. Praeterea, diligere Deum ex toto corde est perfectionis: quia secundum Philosophum³, totum et perfectum idem sunt. Sed ea quae sunt perfectionis non cadunt sub praecepto, sed sub consilio. Ergo non debet praecipi quod Deus ex toto corde diligatur.

Sed contra est quod dicitur Dt 6,5: *Diliges Dominum Deum tuum ex toto corde tuo.*

Respondeo dicendum quod, cum praecepta dentur de actibus virtutum, hoc ergo modo aliquis actus cadit sub praecepto, secundum quod est actus virtutis. Requiritur autem ad actum virtutis non solum quod cadat super debitam materiam, sed etiam quod vestiatur debitis circumstantiis, quibus sit proportionatus tali materiae. Deus autem est diligendus sicut finis ultimus, ad quem omnia sunt referenda. Et ideo totalitas quaedam fuit designanda circa praeceptum de dilectione Dei.

Ad primum ergo dicendum quod sub praecepto quod datur de actu alicuius virtutis non cadit modus quem habet ille actus ex alia superiori virtute. Cadit tamen sub praecepto modus ille qui pertinet ad rationem propriae virtutis. Et talis modus significatur cum dicitur, *ex toto corde.*

Ad secundum dicendum quod dupliciter contingit ex toto corde Deum diligere. Uno quidem modo, in actu, idest ut totum cor hominis semper actualiter in Deum feratur. Et ista est perfectio patriae. — Alio modo, ut habitualiter totum cor hominis in Deum feratur: ita scilicet quod nihil contra Dei dilectionem cor hominis recipiat. Et haec est perfectio viae. Cui non contrariatur peccatum veniale: quia non tollit habitum caritatis,

quando se diz: "De todo o coração", exprime-se o modo do amor por Deus. Logo, não convém prescrevê-lo.

2. Além disso, "O todo e o perfeito são aquilo ao qual não falta nada", segundo o livro III da *Ética*. Portanto, se cai sob o preceito que Deus seja amado de todo o coração, todos aqueles que fazem o que não pertence ao amor de Deus agem contra o preceito e, por conseguinte, cometem um pecado mortal. Ora, o pecado venial não pertence ao amor de Deus. Logo, o pecado venial será mortal. Conclusão inadmissível.

3. Ademais, amar a Deus de todo o coração é próprio da perfeição, pois, segundo o Filósofo, "o todo e o perfeito são idênticos". Ora, o que concerne à perfeição não cai sob o preceito, mas sob o conselho. Logo, não se deve prescrever amar a Deus de todo o coração.

Em sentido contrário, lemos no livro do Deuteronômio: "Amarás o Senhor teu Deus de todo o teu coração".

Respondo. Como os preceitos têm por objeto os atos das virtudes, um ato cai sob o preceito enquanto é ato de virtude. Ora, requer-se de todo ato de virtude que diga respeito não somente à matéria devida, mas ainda que se revista das circunstâncias que o tornam adequado a tal matéria. Ora, Deus deve ser amado como o fim último, ao qual todas as coisas devem ser referidas. Por isso, era preciso designar certa totalidade no mandamento do amor de Deus.ᵉ

Quanto ao 1º, portanto, deve-se dizer que sob o preceito que se refere ao ato de uma virtude não cai o modo que este ato recebe de uma virtude superior. Contudo, o modo que pertence à essência mesma da virtude cai sob o preceito. É este modo que designa a expressão: "de todo o coração".

Quanto ao 2º, deve-se dizer que pode-se amar a Deus de todo o coração de duas maneira. 1º Em ato, isto é, que o coração do homem se direcione inteiramente e de uma maneira sempre atual para Deus. Tal é a perfeição da pátria. — 2º O coração do homem se refere inteiramente a Deus em virtude do hábito, de maneira a não aceitar nada contrário ao amor de Deus. Tal é a perfeição nesta vida. O pecado venial não é contrário

---

2. C. 6: 207, a, 9-10.
3. *Ibid.*, c. 6: 207, a, 13-15.

e. O que se deve às circunstâncias particulares do ato não pode estar sujeito ao preceito, mas o que pertence à sua essência. O amor de Deus devendo ser sem limite, o "de todo teu coração" é essencial ao preceito.

cum non tendat in oppositum obiectum; sed solum impedit caritatis usum.

AD TERTIUM dicendum quod perfectio caritatis ad quam ordinantur consilia est media inter duas perfectiones praedictas: ut scilicet homo, quantum possibile est, se abstrahat a rebus temporalibus etiam licitis, quae, occupando animum, impediunt actualem motum cordis in Deum.

ARTICULUS 5
Utrum super hoc, *Diliges Dominum Deum tuum ex toto corde tuo*, convenienter addatur, *et ex tota anima tua et ex tota fortitudine tua*

AD QUINTUM SIC PROCEDITUR. Videtur quod inconvenienter, Dt 6,5, super hoc quod dicitur, *Diliges Dominum Deum tuum ex toto corde tuo*, addatur, *et ex tota anima tua et ex tota fortitudine tua*.

1. Non enim accipitur hic cor pro membro corporali: quia diligere Deum non est corporis actus. Oportet igitur quod cor accipiatur spiritualiter. Cor autem spiritualiter acceptum vel est ipsa anima, vel aliquid animae. Superfluum igitur fuit utrumque ponere.

2. PRAETEREA, fortitudo hominis praecipue dependet ex corde: sive spiritualiter hoc accipiatur, sive corporaliter. Ergo postquam dixerat, *Diliges Dominum Deum tuum ex toto corde tuo*, superfluum fuit addere, *ex tota fortitudine tua*.

3. PRAETEREA, Mt 22,37 dicitur, *in tota mente tua*, quod hic non ponitur. Ergo videtur quod inconvenienter hoc praeceptum detur Dt 6,5.

SED CONTRA est auctoritas Scripturae.

RESPONDEO dicendum quod hoc praeceptum diversimode invenitur traditum in diversis locis. Nam sicut dictum est[1], Dt 6,5 ponuntur tria: scilicet *ex toto corde*, et *ex tota anima*, et *ex tota fortitudine*. Mt 22,37 ponuntur duo horum, scilicet

a isto, pois não suprime o hábito de caridade, já que não tende ao objeto oposto; impede somente o exercício da caridade.

QUANTO AO 3º, deve-se dizer que esta perfeição da caridade, à qual se ordenam os conselhos, é intermédia entre as duas perfeições citadas. Significa que o homem se desapegue o tanto quanto possível das coisas temporais, mesmo lícitas, cuja preocupação impede o movimento atual do coração para Deus.

ARTIGO 5
Convém acrescentar: de toda a tua alma e com todas as tuas forças?[f]

QUANTO AO QUINTO, ASSIM SE PROCEDE: parece que ao preceito do livro do Deuteronômio **não** convém acrescentar: "...de toda a tua alma e com todas as tuas forças".

1. Com efeito, o coração não significa aqui o órgão corporal, pois amar a Deus não é um ato do corpo. Portanto, é preciso que o coração seja tomado no sentido espiritual. Ora, neste sentido, o coração designa ou a própria alma ou alguma coisa da alma. Logo, era supérfluo mencionar o coração e a alma.

2. ALÉM DISSO, a força do homem depende sobretudo do coração, quer seja entendido no sentido espiritual quer no corporal. Logo, depois de ter dito: "Amarás o Senhor de todo o teu coração", era supérfluo acrescentar "e com todas as tuas forças".

3. ADEMAIS, o Evangelho de Mateus diz: "E de toda a tua alma", o que não é expresso aqui. Logo, parece que este mandamento não é dado como se deve no Deuteronômio.

EM SENTIDO CONTRÁRIO, há a autoridade da Escritura.

RESPONDO. Este mandamento foi transmitido de maneira diferente em diversos lugares. No livro do Deuteronômio encontram-se as três expressões: "de todo o teu coração, de toda a tua alma, e com toda a tua força". No Evangelho de Mateus

---

5 PARALL.: III *Sent.*, dist. 27, expos. litt.; *De duob. Praecept. Carit.* etc., c. 5; *De Perfect. Vitae Spirit.*, c. 4; *in Matth.*, c. 22.

1. Arg. 1.

f. Trata-se aqui de pôr de acordo o Deuteronômio com os Sinóticos. Sto. Tomás se detém na formulação de Marcos, e entende que o "coração" designa a vontade, à qual estão submetidas as forças de execução.

ex toto corde et *in tota anima*, et omittitur *ex tota fortitudine*: sed additur *in tota mente*. Sed Mc 12,30 ponuntur quatuor: scilicet *ex toto corde*, et *ex tota anima*, et *ex tota mente*, et *ex tota virtute,* quae est idem *fortitudini*. Et haec etiam quatuor tanguntur Lc 10,27: nam loco *fortitudinis* seu *virtutis* ponitur *ex omnibus viribus tuis*. Et ideo horum quatuor est ratio assignanda: nam quod alicubi unum horum omittitur, hoc est quia unum intelligitur ex aliis.

Est igitur considerandum quod dilectio est actus voluntatis, quae hic significatur per *cor*: nam sicut cor corporale est principium omnium corporalium motuum, ita etiam voluntas, et maxime quantum ad intentionem finis ultimi, quod est obiectum caritatis, est principium omnium spiritualium motuum. Tria autem sunt principia actuum quae moventur a voluntate: scilicet intellectus, qui significatur per *mentem*; vis appetitiva inferior, quae significatur per *animam*; et vis executiva exterior, quae significatur per *fortitudinem* seu *virtutem* sive *vires*. Praecipitur ergo nobis ut tota nostra intentio feratur in Deum, quod est *ex toto corde*; et quod intellectus noster subdatur Deo, quod est *ex tota mente*; et quod appetitus noster reguletur secundum Deum, quod est *ex tota anima*; et quod exterior actus noster obediat Deo, quod est *ex tota fortitudine* vel *virtute* vel *viribus* Deum diligere.

Chrysostomus tamen, *super Matth.*[2], accipit e contrario *cor* et *animam* quam dictum sit. — Augustinus vero, in I *de Doct. Christ.*[3], refert *cor* ad cogitationes, et *animam* ad vitam, *mentem* ad intellectum. — Quidam autem dicunt, *ex toto corde*, idest intellectu; *anima* idest voluntate; *mente*, idest memoria. — Vel, secundum Gregorium Nyssenum[4], per *cor* significat animam vegetabilem, per *animam* sensitivam, per *mentem* intellectivam: quia hoc quod nutrimur, sentimus et intelligimus, debemus ad Deum referre.

Et per hoc patet responsio AD OBIECTA.

encontram-se duas delas: "de todo o teu coração e de toda a tua alma"; omite-se: "com toda a tua força", mas acrescenta-se: "de todo o teu espírito". No Evangelho de Marcos, há quatro expressões: "de todo o teu coração, de toda tua alma, de todo o teu espírito e de toda a tua virtude", o que equivale a "com toda a tua força". Estas quatro expressões encontram-se ainda no Evangelho de Lucas onde em lugar de *força* ou *virtude* há *"com todas as tuas forças"*. Portanto, é preciso indicar a razão destas quatro expressões, pois se uma delas falta aqui ou lá, é porque está contida nas outras.

Pode-se considerar o amor como um ato da vontade, designada aqui pelo *coração*. Com efeito, assim como o coração, órgão corporal, é o princípio de todos os movimentos do corpo, assim também a vontade, sobretudo em sua orientação para o fim último, que é o objeto da caridade, é o princípio de todos os movimentos espirituais. Ora, há três princípios de ação movidos pela vontade: o intelecto, designada por "o espírito"; a potência apetitiva inferior designada por "a alma", e a potência exterior de execução, designada por "a força", "a virtude" ou "as forças". Portanto, é-nos prescrito que toda a nossa intenção se direcione para Deus, o que exprime: "de todo o teu coração"; que todo o nosso intelecto seja submetido a Deus, o que exprime: "de todo o teu espírito"; que todo o nosso apetite seja regrado segundo Deus, o que exprime: "de toda a tua alma"; e que nossa atividade exterior obedeça a Deus, o que exprime: amar a Deus "com toda a tua força" ou "com toda a tua virtude" ou "com todas as tuas forças".

No entanto, Crisóstomo entende o coração e a alma ao contrário do que acaba de ser dito. — Agostinho refere o "coração" aos pensamentos, a "alma" à vida, o "espírito" ao intelecto. — Há outros que "de todo coração" entendem o intelecto; por "alma", a vontade; por "espírito", a memória. — Ou ainda, segundo Gregório de Nissa, o "coração" significa a alma vegetativa; a "alma", a alma sensitiva; o "espírito", a alma intelectual; pois devemos referir a Deus nutrição, sensação, e intelecto.

Isto responde às OBJEÇÕES.

---

2. *Opus imperf. in Matth.*, hom. 42, super 22, 37: MG 56, 873 (inter opp. Supp. Chrysost.).
3. C. 22, n. 21: ML 34, 27.
4. *De hom. opificio*, c. 8: MG 44, 145 D.

ARTICULUS 6
Utrum hoc praeceptum de dilectione Dei possit in via impleri

AD SEXTUM SIC PROCEDITUR. Videtur quod hoc praeceptum de dilectione Dei possit servari in via.
1. Quia secundum Hieronymum[1], in *Expos. Cathol. Fid.*, *maledictus qui dicit Deum aliquid impossibile praecepisse*. Sed Deus hoc praeceptum dedit: ut patet Dt 6,5. Ergo hoc praeceptum potest in via impleri.

2. PRAETEREA, quicumque non implet praeceptum peccat mortaliter: quia secundum Ambrosium[2], peccatum nihil est aliud quam *transgressio legis divinae et caelestium inobedientia mandatorum*. Si ergo hoc praeceptum non potest in via servari, sequitur quod nullus possit esse in vita ista sine peccato mortali. Quod est contra id quod Apostolus dicit, 1Cor 1,8: *Confirmabit vos usque in finem sine crimine*; et 1Ti 3,10: *Ministrent nullum crimen habentes*.

3. PRAETEREA, praecepta dantur ad dirigendos homines in viam salutis: secundum illud Ps 18,9: *Praeceptum Domini lucidum, illuminans oculos*. Sed frustra dirigitur aliquis ad impossibile. Non ergo impossibile est hoc praeceptum in vita ista servari.

SED CONTRA est quod Augustinus dicit, in libro *de Perfect. Iustit.*[3], quod *in plenitudine caritatis patriae praeceptum illud implebitur, Diliges Dominum Deum tuum, etc. Nam cum adhuc est aliquid carnalis concupiscentiae quod continendo frenetur, non omnino ex tota anima diligitur Deus*.

RESPONDEO dicendum quod praeceptum aliquod dupliciter impleri potest: uno modo, perfecte; alio modo, imperfecte. Perfecte quidem impletur praeceptum quando pervenitur ad finem quem intendit praecipiens: impletur autem, sed imperfecte, quando, etsi non pertingat ad finem praecipientis, non tamen receditur ab ordine ad finem. Sicut si dux exercitus praecipiat militibus ut pugnent, ille perfecte implet praeceptum qui pugnando hostem vincit, quod dux intendit: ille autem implet, sed imperfecte, cuius pugna ad victoriam non pertingit, non tamen contra disciplinam militarem agit.

ARTIGO 6
Pode-se cumprir o preceito do amor a Deus nesta vida?

QUANTO AO SEXTO, ASSIM SE PROCEDE: parece que se **pode** cumprir o preceito do amor a Deus nesta vida.
1. Com efeito, Jerônimo disse: "Ai de quem afirma que Deus ordenou alguma coisa impossível". Ora, foi Deus quem deu este preceito, como se vê no livro do Deuteronômio. Logo, este preceito pode-se cumprir nesta vida.

2. ALÉM DISSO, quem não cumpre o preceito, comete um pecado mortal, pois, segundo Ambrósio, o pecado não é outra coisa do que "a transgressão da lei divina e a desobediência aos mandamentos do céu". Portanto, se este preceito não pode ser cumprido nesta vida, decorre daí que ninguém pode nesta vida estar sem pecado mortal. O que vai contra a afirmação do Apóstolo: "Ele vos guardará firmes até o fim para que sejais irrepreensíveis"; e também: "Sejam ministros os que não tenham crime algum".

3. ADEMAIS, os preceitos são dados para dirigir os homens no caminho da salvação, segundo o Salmo: "O mandamento do senhor é uma luz que ilumina os olhos". Ora, é em vão que se dirige alguém para o impossível. Logo, não é impossível cumprir este mandamento nesta vida.

EM SENTIDO CONTRÁRIO, Agostinho diz: "É na plenitude da caridade da pátria que se cumprirá este preceito: 'Tu amarás o Senhor teu Deus etc.', pois enquanto houver alguma concupiscência carnal a ser refreada, não se ama a Deus com toda a sua alma".

RESPONDO. Um preceito pode ser cumprido de duas maneiras: perfeitamente ou imperfeitamente. É cumprido perfeitamente quando se chega ao fim que o autor do preceito se propôs; e é cumprido imperfeitamente quando, sem atingir o fim proposto, não nos afastamos, contudo, da ordem que leva a este fim. Assim, quando o chefe do exército ordena que os soldados combatam, estes cumprem perfeitamente o preceito se, combatendo, triunfam sobre o inimigo, o que é a intenção do chefe; e aquele a cumpre também, mas imperfeitamente, se, sem obter a vitória pelo combate, não faz nada

---

6 PARALL.: III *Sent.*, dist. 27, q. 3, a. 4; *De Virtut.*, q. 2, a. 10; *De Perfect. Vitae Spirit.*, c. 4, 5.

1. Cfr. PELAGIUM, *Lib. fidei ad Innocent.*, n. 10: ML 45, 1718; *Epist. I ad Demetriad.*, c. 16: ML 30, 30 D.
2. *De Parad.*, c. 8, n. 39: ML 14, 292 D.
3. C. 8, n. 19: ML 44, 300-301.

Intendit autem Deus per hoc praeceptum ut homo Deo totaliter uniatur: quod fiet in patria, quando *Deus erit omnia in omnibus*, ut dicitur 1Cor 15,28. Et ideo plene et perfecte in patria implebitur hoc praeceptum. In via vero impletur, sed imperfecte. Et tamen in via tanto unus alio perfectius implet, quanto magis accedit per quandam similitudinem ad patriae perfectionem.

AD PRIMUM ergo dicendum quod ratio illa probat quod aliquo modo potest impleri in via, licet non perfecte.

AD SECUNDUM dicendum quod sicut miles qui legitime pugnat, licet non vincat, non inculpatur nec poenam meretur; ita etiam qui in via hoc praeceptum implet nihil contra divinam dilectionem agens, non peccat mortaliter.

AD TERTIUM dicendum quod, sicut Augustinus dicit, in libro *de Perfect. Iustit.*[4]: *Cur non praeciperetur homini ista perfectio, quamvis eam in hac vita nemo habeat? Non enim recte curritur, si quo currendum est nesciatur. Quomodo autem sciretur, si nullis praeceptis ostenderetur?*

ARTICULUS 7
Utrum convenienter detur praeceptum de dilectione proximi

AD SEPTIMUM SIC PROCEDITUR. Videtur quod inconvenienter detur praeceptum de dilectione proximi.

1. Dilectio enim caritatis ad omnes homines extenditur, etiam ad inimicos; ut patet Mt 5,44. Sed nomen proximi importat quandam propinquitatem, quae non videtur haberi ad omnes homines. Ergo videtur quod inconvenienter detur hoc praeceptum.

contra a disciplina militar. Ora, Deus pretende por este preceito que o homem lhe seja totalmente unido, o que se fará na pátria, quando "Deus será tudo em todos". Este preceito se encontrará, portanto, plena e perfeitamente cumprido na pátria. Cumpre-se também, nesta vida, mas imperfeitamente. E, contudo, nesta vida, um cumpre este preceito mais perfeitamente do que o outro na medida em que se aproxima mais, por alguma semelhança, da perfeição da pátria.

QUANTO AO 1º, portanto, deve-se dizer que este argumento prova que o preceito pode ser, de certa forma, cumprido nesta vida, embora não perfeitamente.

QUANTO AO 2º, deve-se dizer que o soldado que combate segundo as regras, embora não vença, não é inculpado e não merece pena. Assim também aquele que, nesta vida, cumpre este preceito sem nada fazer contra o amor de Deus, não comete pecado mortal.

QUANTO AO 3º, deve-se dizer que como diz Agostinho: "Por que esta perfeição não seria ordenada ao homem, embora ninguém a obtenha nesta terra? Não se corre bem se se ignora em que direção é preciso correr. E como o saberíamos se não houvesse preceitos para mostrá-lo?"[g]

ARTIGO 7
Convém estabelecer um preceito do amor ao próximo?

QUANTO AO SÉTIMO, ASSIM SE PROCEDE: parece que **não** convém estabelecer um preceito do amor ao próximo.

1. Com efeito, o amor de caridade se estende a todos os homens, mesmo aos inimigos, como se vê no Evangelho de Mateus. Ora, o nome mesmo de próximo implica uma proximidade que não parece existir em relação a todos os homens. Logo, parece que não convém estabelecer um preceito do amor ao próximo.

---

4. C. 8, n. 19: ML 44, 301.

7 PARALL.: *De duob. Praecept. Carit.* etc., c. 7, 8; *De Perfect. Vitae Spirit.*, c. 13; *in Matth.*, c. 22; *ad Rom.*, c. 13, lect. 2; *ad Gal.*, c. 5, lect. 3.

g. Essa questão retorna diversas vezes: II-II, q. 27, a. 5; q. 28, a. 3; q. 184, a. 2. Três graus são distinguidos nessa perfeição: 1) Perfeição absoluta do amor, tanto em relação ao que é amado quando ao que ama: apenas em Deus. 2) Perfeição daquele que é amado em relação àquele que ama sem que em absoluto corresponda à amabilidade do amado: a dos bem-aventurados. 3) Perfeição dos "viajores", jamais absoluta nem de um lado nem de outro, mas podendo excluir o que repugna ao amor no amante. O cumprimento do preceito é portanto "absolutamente" impossível e sempre a ser melhorado, com a graça de Deus. O mandamento é necessário, porém, para que "não ignoremos em que direção se deve seguir".

2. PRAETEREA, secundum Philosophum, in IX Ethic.¹, *amicabilia quae sunt ad alterum venerunt ex amicabilibus quae sunt ad seipsum:* ex quo videtur quod dilectio sui ipsius sit principium dilectionis proximi. Sed principium potius est eo quod est ex principio. Ergo non debet homo diligere proximum sicut seipsum.

3. PRAETEREA, homo seipsum diligit naturaliter, non autem proximum. Inconvenienter igitur mandatur quod homo diligat proximum sicut seipsum.

SED CONTRA est quod dicitur Mt 22,39: *Secundum praeceptum est simile huic: Diliges proximum tuum sicut teipsum.*

RESPONDEO dicendum quod hoc praeceptum convenienter traditur: tangitur enim in eo et diligendi ratio et dilectionis modus. Ratio quidem diligendi tangitur ex eo quod *proximus* nominatur: propter hoc enim ex caritate debemus alios diligere, quia sunt nobis proximi et secundum naturalem Dei imaginem et secundum capacitatem gloriae. Nec refert utrum dicatur *proximus* vel *frater,* ut habetur 1Io 4,20-21; vel *amicus,* ut habetur Lv 19,18: quia per omnia haec eadem affinitas designatur.

Modus autem dilectionis tangitur cum dicitur, *sicut teipsum*. Quod non est intelligendum quantum ad hoc quod aliquis proximum aequaliter sibi diligat; sed similiter sibi. Et hoc tripliciter. Primo quidem, ex parte finis: ut scilicet aliquis diligat proximum propter Deum, sicut et seipsum propter Deum debet diligere; ut sic sit dilectio proximi *sancta*. — Secundo, ex parte regulae dilectionis: ut scilicet aliquis non condescendat proximo in aliquo malo, sed solum in bonis, sicut et suae voluntati satisfacere debet homo solum in bonis; ut sic sit dilectio proximi *iusta*. — Tertio, ex parte rationis dilectionis: ut scilicet non diligat aliquis proximum propter propriam utilitatem vel delectationem, sed ea ratione quod velit proximo bonum, sicut vult bonum sibi ipsi; ut sic dilectio proximi sit *vera*. Nam cum quis diligit proximum propter suam utilitatem vel delectationem, non vere diligit proximum, sed seipsum.

Et per hoc patet responsio ad obiecta.

2. ALÉM DISSO, segundo o Filósofo "A amizade que se tem para com os outros vem da amizade que se tem para consigo mesmo". Parece, pois, que o amor de si mesmo seja o princípio do amor do próximo. Ora, o princípio é melhor do que o que dele decorre. Logo, o homem não deve amar o seu próximo como a si mesmo.

3. ADEMAIS, o homem ama naturalmente a si mesmo, mas não ao próximo. Portanto, não convém mandar que o homem ame seu próximo como a si mesmo.

EM SENTIDO CONTRÁRIO, está dito no Evangelho de Mateus: "O segundo preceito é semelhante ao primeiro: amarás o teu próximo como a ti mesmo".

RESPONDO. Convém que este preceito seja dado porque nele estão indicados a razão de amar e o modo do amor. A razão de amar aparece na palavra 'próximo'. Com efeito, é por isso que devemos amar os outros com caridade, pois são nossos próximos em razão da imagem natural de Deus e também de sua capacidade de entrar na glória. Não tem nenhuma importância chamá-lo de *próximo* ou de *irmão*, como na primeira Carta de João, ou *amigo* como no livro do Levítico, pois todas estas palavras designam a mesma afinidade.

Quanto ao modo do amor é indicado quando se diz: "como a ti mesmo", o que não quer dizer que é preciso amar o próximo de modo igual como a si mesmo, mas de modo semelhante. E isso de três modos. 1. Considerando o fim. Ama-se o próximo por Deus, assim como se deve amar a si mesmo por Deus; e assim o amor do próximo é *santo*. — 2. Considerando a regra do amor. Não se concorda com o próximo no mal, mas somente no bem, como também não se deve satisfazer sua vontade a não ser no bem; assim o amor do próximo é *justo*. — 3. Considerando a razão do amor. Não se ama o próximo por sua vantagem ou por seu próprio prazer, mas porque se quer o bem do próximo; e assim o amor do próximo é *verdadeiro*, pois quando se ama o próximo para a própria vantagem ou próprio prazer, não é ao próximo que se ama verdadeiramente, mas a si mesmo[h].

Isto responde às objeções.

---

1. C. 4: 1166, a, 1-2; c. 8: 1168, b, 5.

h. A essas três qualidade da dileção do próximo (santo, justo, verdadeiro), Sto. Tomás acrescentava, no *De Perfectione vitae spiritualis*, que ela deve ser eficaz: o amor deve manifestar-se por atos.

Articulus 8
Utrum ordo caritatis cadat sub praecepto

AD OCTAVUM SIC PROCEDITUR. Videtur quod ordo caritatis non cadat sub praecepto.
1. Quicumque enim transgreditur praeceptum iniuriam facit. Sed si aliquis diligat aliquem quantum debet, et alterum quemcumque plus diligat, nulli facit iniuriam. Ergo non transgreditur praeceptum. Ordo ergo caritatis non cadit sub praecepto.
2. PRAETEREA, ea quae cadunt sub praecepto sufficienter nobis traduntur in sacra Scriptura. Sed ordo caritatis qui supra[1] positus est nusquam traditur nobis in sacra Scriptura. Ergo non cadit sub praecepto.

3. PRAETEREA, ordo distinctionem quandam importat. Sed indistincte praecipitur dilectio proximi, cum dicitur: *Diliges proximum tuum sicut teipsum*. Ergo ordo caritatis non cadit sub praecepto.

SED CONTRA est quod illud quod Deus in nobis facit per gratiam, instruit per legis praecepta: secundum illud Ier 31,33: *Dabo legem meam in cordibus eorum*. Sed Deus causat in nobis ordinem caritatis: secundum illud Ct 2,4: *Ordinavit in me caritatem*. Ergo ordo caritatis sub praecepto legis cadit.
RESPONDEO dicendum quod, sicut dictum est[2], modus qui pertinet ad rationem virtuosi actus cadit sub praecepto quod datur de actu virtutis. Ordo autem caritatis pertinet ad ipsam rationem virtutis: cum accipiatur secundum proportionem dilectionis ad diligibile, ut ex supradictis[3] patet. Unde manifestum est quod ordo caritatis debet cadere sub praecepto.
AD PRIMUM ergo dicendum quod homo plus satisfacit ei quem plus diligit. Et ita, si minus diligeret aliquis eum quem plus debet diligere, plus vellet satisfacere illi cui minus satisfacere debet. Et sic fieret iniuria illi quem plus debet diligere.
AD SECUNDUM dicendum quod ordo quatuor diligendorum ex caritate in sacra Scriptura exprimitur. Nam cum mandatur quod Deum ex toto corde diligamus, datur intelligi quod Deum super

Artigo 8
A ordem da caridade cai sob o preceito?

QUANTO AO OITAVO, ASSIM SE PROCEDE: parece que a ordem da caridade **não** cai sob o preceito.
1. Com efeito, aquele que transgride um preceito comete uma injustiça. Ora, se amamos alguém tanto quanto se deve e, no entanto, amamos mais a um outro, não cometemos injustiça em relação a ninguém. Portanto, não se transgride o preceito. Logo, a ordem da caridade não cai sob o preceito.
2. ALÉM DISSO, o que cai sob o preceito nos é suficientemente indicado na Sagrada Escritura. Ora, a ordem da caridade, da qual se falou anteriormente, não nos é indicada em nenhuma parte da Sagrada Escritura. Logo, não cai sob o preceito.
3. ADEMAIS, a ordem implica sempre alguma distinção. Ora, é sem distinção que o amor do próximo nos é prescrito por esta palavra: "Amarás o teu próximo como a ti mesmo". Logo, a ordem da caridade não cai sob o preceito.
EM SENTIDO CONTRÁRIO, o que Deus faz em nós pela graça, ele nos ensina pelos preceitos, segundo o livro de Jeremias: "Porei minha lei em seu coração". Ora, Deus causa em nós a ordem da caridade, segundo esta palavra do livro dos Cânticos: "Ordenou em mim a caridade". Logo, a ordem da caridade cai sob o preceito da lei.
RESPONDO. Foi dito que o modo que pertence à razão do ato virtuoso cai sob o preceito que é dado sobre o ato da virtude. Ora, a ordem da caridade pertence à mesma razão de virtude quando se entende segundo a proporção entre o amor e o que se deve amar, como já foi explicado. Logo, é manifesto que a ordem da caridade deve cair sob o preceito.
QUANTO AO 1º, portanto, deve-se dizer que se concede mais a quem mais se ama. Por isso, se amamos menos a quem devemos amar mais, concedemos mais a quem deveríamos conceder menos. Cometemos então uma injustiça para com aquele a quem deveríamos amar mais.
QUANTO AO 2º, deve-se dizer que a ordem a seguir entre as quatro coisas que é preciso amar com a caridade é indicada na Sagrada Escritura. Quando, com efeito, somos ordenados a amar

---

8 PARALL.: III *Sent*., dist. 29, a. 1, ad 5; *De Virtut*., q. 2, a. 9, ad 11.

1. Q. 26.
2. A. 4, ad 1.
3. Q. 26, a. 4, ad 1; a. 7, 9.

omnia debemus diligere. Cum autem mandatur quod aliquis diligat proximum sicut seipsum, praefertur dilectio sui ipsius dilectioni proximi. Similiter etiam cum mandatur, 1Io 3,16, quod *debemus pro fratribus animam ponere*, idest vitam corporalem, datur intelligi quod proximum plus debemus diligere quam corpus proprium. — Similiter etiam cum mandatur, ad Gl ult., 10, quod *maxime operemur bonum ad domesticos fidei*; et 1Ti 5,8, vituperatur *qui non habet curam suorum, et maxime domesticorum*; datur intelligi quod inter proximos, meliores et magis propinquos magis debemus diligere.

AD TERTIUM dicendum quod ex ipso quod dicitur, *Diliges proximum tuum*, datur consequenter intelligi quod illi qui sunt magis proximi sunt magis diligendi.

a Deus de todo o coração, isto significa que devemos amar a Deus acima de tudo. Quando somos ordenados a amar o próximo como a nós mesmos, isto significa que o amor de si mesmo prevalece sobre o amor do próximo. Do mesmo modo, quando somos ordenados "*dar a vida pelos irmãos*", isto é, a vida do corpo, isto significa que devemos amar o próximo mais do que ao próprio corpo. — Enfim, quando somos ordenados "fazer o bem aos irmãos na fé", e quando se censura "aquele que não cuida dos seus, sobretudo de seus familiares", isto significa que devemos amar mais aqueles que são melhores e aqueles que nos são mais próximos.

QUANTO AO 3º, deve-se dizer que a expressão "amarás o teu próximo" deixa entender, por via de consequência, que aqueles que são mais próximos devem ser mais amados.

QUAESTIO XLV
DE DONO SAPIENTIAE
in sex articulos divisa

Deinde considerandum est de dono sapientiae, quod respondet caritati. Et primo, de ipsa sapientia; secundo, de vitio opposito.
Circa primum quaeruntur sex.
Primo: utrum sapientia debeat numerari inter dona Spiritus Sancti.
Secundo: in quo sit sicut in subiecto.
Tertio: utrum sapientia sit speculativa tantum, vel etiam practica.
Quarto: utrum sapientia quae est donum possit esse cum peccato mortali.
Quinto: utrum sit in omnibus habentibus gratiam gratum facientem.
Sexto: quae beatitudo ei respondeat.

QUESTÃO 45
O DOM DE SABEDORIA[a]
em seis artigos

Deve-se agora considerar o dom de sabedoria que corresponde à caridade. Primeiro, a própria sabedoria, em seguida, o vício que lhe é oposto.
A respeito do primeiro, são seis as perguntas:
1. Deve ser enumerada entre os dons do Espírito Santo?
2. Em que está como em seu sujeito?
3. É somente especulativa ou também prática?
4. A sabedoria, que é um dom, pode coexistir com o pecado mortal?
5. Existe em todos os que têm a graça santificante?
6. Qual a bem-aventurança que lhe corresponde?

---

a. Compare-se a ordem na qual Sto. Tomás estuda, de um lado, os dons da inteligência e da ciência, no tratada da fé, ou o dom do temor no tratado da esperança; e de outro, o dom da sabedoria a propósito da caridade. Aqui, o dom de sabedoria não se integra mais ao tratado: este está terminado. Já se falou dos pecados contrários, e mesmo do preceito correspondente, o que não havia sido feito quando se considerava os dons referidos à fé e à esperança. A questão da sabedoria, com seu pecado oposto, apresenta-se de outra forma, como uma espécie de apêndice. Por que isso?
Na verdade, este pequeno tratado suplementar (q. 45 e 46) não só coroa o estudo da caridade, mas o de toda a vida teologal (fé, esperança, caridade). A sabedoria, dom supremo vinculado à mais alta das virtudes, não é um auxílio trazido à caridade para curá-la de uma imperfeição radical. A caridade em si mesma não tem necessidade dessa espécie de auxílio. A sabedoria é necessária para *conhecer* as coisas divinas: é portanto à *fé* que ela socorre e que ela difunde, ao mesmo tempo em que deriva da caridade. A sabedoria, como veremos, é um *conhecimento*.

Articulus 1
Utrum sapientia debeat inter dona Spiritus Sancti computari

AD PRIMUM SIC PROCEDITUR. Videtur quod sapientia non debeat inter dona Spiritus Sancti computari.

1. Dona enim sunt perfectiora virtutibus, ut supra[1] dictum est. Sed virtus se habet solum ad bonum: unde et Augustinus dicit, in libro *de Lib. Arb.*[2], quod *nullus virtutibus male utitur*. Ergo multo magis dona Spiritus Sancti se habent solum ad bonum. Sed sapientia se habet etiam ad malum: dicitur enim Iac 3,15 quaedam sapientia esse *terrena, animalis, diabolica*. Ergo sapientia non debet poni inter dona Spiritus Sancti.

2. PRAETEREA, sicut Augustinus dicit, XIV de *Trin.*[3], *sapientia est divinarum rerum cognitio*. Sed cognitio divinarum rerum quam homo potest per sua naturalia habere, pertinet ad sapientiam quae est virtus intellectualis: cognitio autem divinorum supernaturalis pertinet ad fidem quae est virtus theologica, ut ex supradictis[4] patet. Ergo sapientia magis debet dici virtus quam donum.

3. PRAETEREA, Iob 28,28 dicitur: *Ecce timor Domini ipsa est sapientia, et recedere a malo intelligentia*: ubi secundum litteram Septuaginta, qua utitur Augustinus[5], habetur: *Ecce, pietas ipsa est sapientia*. Sed tam timor quam pietas ponuntur dona Spiritus Sancti. Ergo sapientia non debet

Artigo 1
A sabedoria deve ser enumerada entre os dons do Espírito Santo?[b]

QUANTO AO PRIMEIRO ARTIGO, ASSIM SE PROCEDE: parece que a sabedoria **não** deve ser enumerada entre os dons do Espírito Santo.

1. Com efeito, acima foi dito que os dons são mais perfeitos do que as virtudes. Ora, a virtude só se refere ao bem, o que faz Agostinho dizer que "ninguém faz mau uso das virtudes". Portanto, com maior razão em relação aos dons do Espírito Santo, que só se referem ao bem. Mas, a sabedoria se refere também ao mal. Tiago fala de uma sabedoria "terrestre, animal, diabólica". Logo, a sabedoria não deve ser enumerada entre os dons do Espírito Santo.

2. ALÉM DISSO, segundo Agostinho, "a sabedoria é o conhecimento das coisas divinas". Ora, o conhecimento das coisas divinas, que o homem pode ter naturalmente, pertence à sabedoria, que é uma virtude intelectual. E o conhecimento sobrenatural das coisas divinas, pertence à fé, que é uma virtude teologal, como foi dito anteriormente. Logo, deve-se dizer que a sabedoria é mais uma virtude do que um dom.

3. ADEMAIS, lemos no livro de Jó que: "Eis que o temor do Senhor é a própria sabedoria, e afastar-se do mal é a inteligência". O texto dos Setenta utilizado por Agostinho, diz: "Eis que a piedade é a própria sabedoria". Ora, o temor, tanto quanto a piedade, já está enumerada entre os dons

---

1 PARALL.: Part. I, q. 1, a. 6, ad 3; III *Sent.*, dist. 35, q. 2, a. 1, q.la 1.

1. I-II, q. 68, a. 8.
2. L. II, c. 19, n. 50: ML 32, 1268.
3. C. 1, n. 3: ML 42, 1037.
4. Q. 1, a. 1; q. 4, a. 5; I-II, q. 57, a. 2; q. 66, a. 5.
5. Cfr. *De Trin.*, l. XII, c. 14, n. 22; l. XIV, c. 1, n. 1: ML 42, 1010, 1036.

b. E para começar, o que é a sabedoria? Repugna a Sto. Tomás atribuir um sentido à etimologia que liga *sapientia* (sabedoria) a *sapere* (saborear). Antes de ser uma ciência "saborosa", a sabedoria, na herança aristotélica na qual se situa, é a *sophia*: a ciência "suprema". O sábio é aquele que conhece a causa suprema e explica e ordena tudo por relação a ele. Inclui valores de amor, seja na aplicação e no trabalho racionais que levam a buscar Deus; seja na experiência da união a Deus; é então que a ciência suprema se torna ciência saborosa. É o conhecimento supremo, acima do qual só existe a visão beatífica. O seu ato eminente é a contemplação (q. 180, a. 4 a 8).

Por que um dom do Espírito Santo? No conhecimento de fé, e não de evidência, podem ser trazidos aperfeiçoamentos. O trabalho teológico, trabalho racional, embora se situe no interior da fé, permanece inadequado à verdade divina em si mesma. O dom do Espírito Santo não acrescenta uma virtude, mas uma nova inspiração da fé: não por infusão de luzes proféticas, mas por experiência na conaturalidade divina que traz o amor. Toda uma nova ordem de conhecimentos que dependem da caridade inteligência, ciência, conselho, sabedoria... vai ajudar a fé.

O dom de sabedoria é portanto um dom de conhecimento, mas vincula-se diretamente à caridade, pois é somente nesse dom que a caridade dá a sua medida. E o vício que lhe é oposto é a *estultice*, que é um vício da inteligência da fé (do qual podem sofrer homens, de resto, inteligentes!). A sabedoria confere, com Deus, a mais alta harmonia que podemos esperar antes de vê-lo "tal como é". Traz a paz soberana, e a alegria que é a felicidade dos pacíficos, os quais "serão chamados filhos de Deus".

numerari inter dona Spiritus Sancti quasi donum ab aliis distinctum.

SED CONTRA est quod Is 11,2 dicitur: *Requiescet super eum Spiritus Domini, sapientiae et intellectus*, etc.

RESPONDEO dicendum quod secundum Philosophum, in principio *Metaphys*.[6], ad sapientem pertinet considerare causam altissimam, per quam de aliis certissime iudicatur, et secundum quam omnia ordinari oportet. Causa autem altissima dupliciter accipi potest: vel simpliciter, vel in aliquo genere. Ille igitur qui cognoscit causam altissimam in aliquo genere et per eam potest de omnibus quae sunt illius generis iudicare et ordinare, dicitur esse sapiens in illo genere, ut in medicina vel architectura: secundum illud 1Cor 3,10: *Ut sapiens architectus fundamentum posui*. Ille autem qui cognoscit causam altissimam simpliciter, quae est Deus, dicitur sapiens simpliciter: inquantum per regulas divinas omnia potest iudicare et ordinare. Huiusmodi autem iudicium consequitur homo per Spiritum Sanctum: secundum illud 1Cor 2,15: *Spiritualis iudicat omnia*; quia, sicut ibidem v. 10 dicitur, *Spiritus omnia scrutatur, etiam profunda Dei*. Unde manifestum est quod sapientia est donum Spiritus Sancti.

AD PRIMUM ergo dicendum quod bonum dicitur dupliciter. Uno modo, quod vere est bonum et simpliciter perfectum. Alio modo dicitur aliquid esse bonum, secundum quandam similitudinem, quod est in malitia perfectum: sicut dicitur *bonus latro* vel *perfectus latro*, ut patet per Philosophum, in V *Metaphys*.[7]. Et sicut circa ea quae sunt vere bona invenitur aliqua altissima causa, quae est summum bonum, quod est ultimus finis, per cuius cognitionem homo dicitur vere sapiens; ita etiam in malis est invenire aliquid ad quod alia referuntur sicut ad ultimum finem, per cuius cognitionem homo dicitur esse sapiens ad male agendum; secundum illud Ier 4,22: *Sapientes sunt ut faciant mala: bene autem facere nescierunt*. Quicumque enim avertitur a fine debito, necesse est quod aliquem finem indebitum sibi praestituat: quia omne agens agit propter finem. Unde si praestituat sibi finem in bonis exterioribus terrenis, vocatur *sapientia terrena*; si autem in bonis corporalibus, vocatur *sapientia animalis*; si autem in aliqua excellentia, vocatur *sapientia diabolica*, propter imitationem

do Espírito Santo. Logo, a sabedoria não deve ser enumerada entre os dons do Espírito Santo como um dom diferente dos outros.

EM SENTIDO CONTRÁRIO, diz o livro de Isaías: "Sobre ele repousará o espírito do Senhor, espírito de sabedoria e de inteligência etc.".

RESPONDO. Segundo o Filósofo, compete ao sábio considerar a causa mais elevada com a qual pode julgar tudo com grande certeza e segundo a qual tudo deve ser ordenado. Ora, a causa mais elevada pode ser entendida de duas maneiras: ou de maneira absoluta, ou em determinado gênero. Aquele que conhece a causa mais elevada num determinado gênero pode, graças a ela, julgar e ordenar tudo o que pertence a esse gênero e se diz que é sábio nesse gênero, por exemplo, em medicina ou em arquitetura. "Como um sábio arquiteto, coloquei os fundamentos", escreve Paulo. Mas, aquele que conhece de maneira absoluta a causa mais elevada, que é Deus, se diz que é absolutamente sábio, enquanto pode julgar e ordenar todas as coisas segundo as regras divinas. Ora, é o Espírito Santo que dá ao homem ter tal julgamento. "O homem espiritual julga todas as coisas", segundo Paulo pois, "o Espírito perscruta tudo até às profundezas divinas". Portanto, é evidente que a sabedoria é um dom do Espírito Santo.

QUANTO AO 1º, portanto, deve-se dizer que o bem se diz de duas maneiras. Primeiramente, é bem o que é verdadeiramente bom e absolutamente perfeito. Em segundo lugar, diz-se, por alguma semelhança, que algo é bom quando é perfeito na maldade. Desta forma fala-se de um "bom ladrão" ou de um "perfeito ladrão", como mostra o Filósofo. E assim como existe uma causa suprema em relação às coisas que são verdadeiramente boas, que é o sumo bem, o fim último cujo conhecimento torna o homem verdadeiramente sábio; assim também em relação às coisas que são más, existe algo ao qual se referem as outras coisas como ao fim último cujo conhecimento torna o homem sábio para agir mal, segundo Jeremias: "São sábios para fazer o mal, mas não sabem fazer o bem". Com efeito, quem se desvia do fim devido, estabelece para si, necessariamente, um mau fim, porque todo agente age por causa do fim. Quando alguém estabelece seu fim nos bens terrestres, a sabedoria é "uma sabedoria terrestre"; se nos bens corporais, a sabedoria é "uma sabedoria animal";

---

6. L. I, c. 2: 982, a, 8-10 10.
7. C. 16: 1021, b, 17-21.

superbiae diaboli, de quo dicitur Iob 41,25: *Ipse est rex super universos filios superbiae.*

AD SECUNDUM dicendum quod sapientia quae ponitur donum differt ab ea quae ponitur virtus intellectualis acquisita. Nam illa acquiritur studio humano: haec autem est *de sursum descendens*, ut dicitur Iac 3,15. — Similiter et differt a fide. Nam fides assentit veritati divinae secundum seipsam: sed iudicium quod est secundum veritatem divinam pertinet ad donum sapientiae. Et ideo donum sapientiae praesupponit fidem: quia *unusquisque bene iudicat quae cognoscit*, ut dicitur in I *Ethic.*[8]

AD TERTIUM dicendum quod sicut pietas, quae pertinet ad cultum Dei, est manifestativa fidei, inquantum per cultum Dei protestamur fidem; ita etiam pietas manifestat sapientiam. Et propter hoc dicitur quod *pietas est sapientia*. Et eadem ratione timor. Per hoc enim ostenditur quod homo rectum habet iudicium de divinis, quod Deum timet et colit.

se em algo superior, a sabedoria é "uma sabedoria diabólica" porque imita-se o orgulho do diabo que é "o rei de todos os filhos do orgulho"[c], segundo o livro de Jó.

QUANTO AO 2º, deve-se dizer que a sabedoria que se afirma como dom é diferente da que se afirma como virtude intelectual adquirida, pois esta se obtém pelo esforço humano, e aquela, ao contrário, "desce do alto", como diz a Carta de Tiago. — Difere também da fé, pois a fé dá seu assentimento à verdade divina considerada em si mesma, mas o julgamento que é conforme à verdade divina pertence ao dom de sabedoria. Por isso, o dom de sabedoria pressupõe a fé pois "cada um julga bem aquilo que conhece", diz o livro I da *Ética*[d].

QUANTO AO 3º, deve-se dizer que a piedade, que se refere ao culto divino, manifesta a fé enquanto professamos esta fé rendendo um culto a Deus; da mesma maneira a piedade manifesta a sabedoria. Por isso se diz que "a piedade é sabedoria". E pela mesma razão, o temor. Portanto, isso mostra que o homem tem um julgamento reto no que diz respeito às coisas divinas porque teme e honra a Deus.

ARTICULUS 2
Utrum sapientia sit in intellectu sicut in subiecto

AD SECUNDUM SIC PROCEDITUR. Videtur quod sapientia non sit in intellectu sicut in subiecto.

1. Dicit enim Augustinus, in libro *de Gratia Novi Test.*[1], quod *sapientia est caritas Dei*. Sed caritas est sicut in subiecto in voluntate, non in intellectu, ut supra[2] habitum est. Ergo sapientia non est in intellectu sicut in subiecto.

2. PRAETEREA, Eccli 6,23 dicitur: *Sapientia doctrinae secundum nomen eius est.* Dicitur autem

ARTIGO 2
A sabedoria reside no intelecto como em seu sujeito?

QUANTO AO SEGUNDO, ASSIM SE PROCEDE: parece que a sabedoria **não** reside no intelecto como em seu sujeito.

1. Com efeito, para Agostinho "a sabedoria é a caridade de Deus". Ora, a caridade tem sua sede na vontade e não no intelecto, como foi dito. Logo, a sabedoria não tem sua sede no intelecto.

2. ALÉM DISSO, "A sabedoria, segundo o seu nome, se refere à doutrina". Ora, a sabedoria é

---

8. C. 2: 1094, b, 27-1095, a, 2.

2 PARALL.: III *Sent.*, dist. 35, q. 2, a. 1, q.la 3.

1. Epist. 140, al. 120, c. 18, n. 45: ML 33, 557.
2. Q. 24, a. 1.

c. Antes de falar da verdadeira sabedoria, é preciso eliminar estas três faltas: as sabedorias "terrestre, animal e diabólica".

d. O dom de sabedoria deve ser distinguido: seja da *virtude* intelectual de sabedoria (I-II, q. 57, a. 2), seja da *fé*. A sabedoria natural é "adquirida", isto é, é simplesmente humana; o dom de sabedoria, como a virtude de fé, é "infuso". Pelo dom, nosso espírito é movido diretamente pelo Espírito para julgar e pôr ordem no interior da fé. A fé não vê, ele dá seu assentimento à verdade que a autoridade de Deus, acompanhada dos testemunhos apropriados, lhe faz escutar. O dom de sabedoria permite julgar e apreciar a partir do Espírito e de seus efeitos em nós. Desse modo, o Espírito nos faz julgar dele mesmo por ele mesmo (cf. 1Co 2,15).

sapientia quasi *sapida scientia*: quod videtur ad affectum pertinere, ad quem pertinet experiri spirituales delectationes sive dulcedines. Ergo sapientia non est in intellectu, sed magis in affectu.

3. PRAETEREA, potentia intellectiva sufficienter perficitur per donum intellectus. Sed ad id quod potest fieri per unum superfluum esset plura ponere. Ergo non est in intellectu.

SED CONTRA est quod Gregorius dicit, in II *Moral.*³, quod sapientia contrariatur stultitiae. Sed stultitia est in intellectu. Ergo et sapientia.

RESPONDEO dicendum quod, sicut supra⁴ dictum est, sapientia importat quandam rectitudinem iudicii secundum rationes divinas. Rectitudo autem iudicii potest contingere dupliciter: uno modo, secundum perfectum usum rationis; alio modo, propter connaturalitatem quandam ad ea de quibus iam est iudicandum. Sicut de his quae ad castitatem pertinent per rationis inquisitionem recte iudicat ille qui didicit scientiam moralem: sed per quandam connaturalitatem ad ipsa recte iudicat de eis ille qui habet habitum castitatis. Sic igitur circa res divinas ex rationis inquisitione rectum iudicium habere pertinet ad sapientiam quae est virtus intellectualis: sed rectum iudicium habere de eis secundum quandam connaturalitatem ad ipsa pertinet ad sapientiam secundum quod donum est Spiritus Sancti: sicut Dionysius dicit, in 2 cap. *de Div. Nom.*⁵, quod Hierotheus est perfectus in divinis *non solum discens, sed et patiens divina*. Huiusmodi autem compassio sive connaturalitas ad res divinas fit per caritatem, quae quidem unit nos Deo: secundum illud 1Cor 6,17: *Qui adhaeret Deo unus spiritus est*. Sic igitur sapientia quae est donum causam quidem habet in voluntate, scilicet caritatem: sed essentiam habet in intellectu, cuius actus est recte iudicare, ut supra⁶ habitum est.

AD PRIMUM ergo dicendum quod Augustinus loquitur de sapientia quantum ad suam causam. Ex qua etiam sumitur nomen sapientiae, secundum quod *saporem* quendam importat.

Unde patet responsio AD SECUNDUM. Si tamen iste sit intellectus illius auctoritatis. Quod non

assim chamada por ser ela uma ciência saborosa (*sapida scientia*), o que parece ser próprio do sentimento, ao qual pertence experimentar os prazeres e as doçuras espirituais. Logo, a sabedoria não reside no intelecto e sim no sentimento.

3. ADEMAIS, a potência intelectual é plenamente aperfeiçoada pelo dom da inteligência. Ora, quando uma coisa basta para fazer, é inútil pôr várias. Logo, a sabedoria não tem sua sede no intelecto.

EM SENTIDO CONTRÁRIO, segundo Gregório, a sabedoria é contrária à insensatez. Mas, a insensatez reside no intelecto. Logo, também a sabedoria.

RESPONDO. Acabamos de dizer que a sabedoria implica certa retidão de julgamento segundo as razões divinas. Esta retidão de julgamento pode existir de duas maneiras: ou por um uso perfeito da razão; ou por certa conaturalidade com as coisas sobre as quais se deve julgar. Assim, no que diz respeito à castidade, aquele que aprendeu a ciência moral julga bem em consequência de uma inquirição racional; enquanto aquele que tem o hábito de castidade julga bem por certa conaturalidade com ela. Assim, portanto, no que diz respeito às realidades divinas, ter um julgamento correto em virtude de uma inquirição da razão pertence à sabedoria, que é uma virtude intelectual. Mas, julgar bem as coisas divinas por modo de conaturalidade pertence à sabedoria enquanto é um dom do Espírito Santo. Dionísio, falando de Hieroteo, diz que ele é perfeito no que se refere ao divino "não somente por apreendê-lo, mas também por experimentá-lo". Esta simpatia ou conaturalidade com o divino nos é dada pela caridade que nos une a Deus, segundo Paulo: "Aquele que se une a Deus é com ele um só espírito". Assim, portanto, a sabedoria que é um dom tem como causa a caridade que reside na vontade; mas tem sua essência no intelecto, cujo ato consiste em julgar retamente, como se viu anteriormenteᵉ.

QUANTO AO 1º, portanto, deve-se dizer que Agostinho fala aqui da sabedoria quanto à sua causa. É dela que se toma o nome de sabedoria por implicar certo *sabor*.

QUANTO AO 2º, deve-se dizer que isto esclarece a resposta à segunda objeção, se for este o sentido

---

3. C. 49, al. 27, in vet. 36, n. 77: ML 75, 592 D.
4. A. praec.; q. 8, a. 6.
5. MG 3, 648 B.
6. I, q. 79, a. 3.

e. A sabedoria é um conhecimento. Expermentam-se afetivamente as coisas divinas, mas conhecem-se com a inteligência.

videtur: quia talis expositio non convenit nisi secundum nomen quod habet sapientia in latina lingua. In graeco autem non competit; et forte nec in aliis linguis. Unde potius videtur *nomen sapientiae* ibi accipi pro eius fama, qua a cunctis commendatur.

AD TERTIUM dicendum quod intellectus habet duos actus: scilicet percipere, et iudicare. Ad quorum primum ordinatur donum intellectus: ad secundum autem, secundum rationes divinas, donum sapientiae; sed secundum rationes humanas, donum scientiae.

que se deva dar ao texto. Mas não parece, porque tal explicação só convém à sabedoria segundo seu nome latino. Isto não acontece em grego, nem talvez em outras línguas. A palavra sabedoria parece ser tomada aqui mais pela reputação, recomendada por todos.

QUANTO AO 3º, deve-se dizer que o intelecto tem duas atividades: perceber e julgar. À primeira dessas atividades ordena-se o dom da inteligência; à segunda, segundo as razões divinas, o dom de sabedoria, mas segundo as razões humanas, o dom da ciência.

ARTICULUS 3
Utrum sapientia sit speculativa tantum, an etiam practica

AD TERTIUM SIC PROCEDITUR. Videtur quod sapientia non sit practica, sed speculativa tantum.

1. Donum enim sapientiae est excellentius quam sapientia secundum quod est intellectualis virtus. Sed sapientia secundum quod est intellectualis virtus est speculativa tantum. Ergo multo magis sapientia quae est donum est speculativa, et non practica.

2. PRAETEREA, practicus intellectus est circa operabilia, quae sunt contingentia. Sed sapientia est circa divina, quae sunt aeterna et necessaria. Ergo sapientia non potest esse practica.

3. PRAETEREA, Gregorius dicit, in VI *Moral.*[1], quod *in contemplatione principium, quod Deus est, quaeritur: in operatione autem sub gravi necessitatis fasce laboratur*. Sed ad sapientiam pertinet divinorum visio, ad quam non pertinet sub aliquo fasce laborare: quia ut dicitur Sap 8,16, *non habet amaritudinem conversatio eius, nec taedium convictus illius*. Ergo sapientia est contemplativa tantum, non autem practica sive activa.

SED CONTRA est quod dicitur ad Cl 4,5: *In sapientia ambulate ad eos qui foris sunt*. Hoc autem pertinet ad actionem. Ergo sapientia non solum est speculativa, sed etiam practica.

RESPONDEO dicendum quod, sicut Augustinus dicit, in XII *de Trin.*[2], superior pars rationis sapientiae deputatur, inferior autem scientiae. Superior

ARTIGO 3
A sabedoria é somente especulativa ou também prática?

QUANTO AO TERCEIRO, ASSIM SE PROCEDE: parece que a sabedoria **não** é prática, mas somente especulativa.

1. Com efeito, o dom de sabedoria é mais excelente que a sabedoria enquanto é uma virtude intelectual. Ora, enquanto virtude intelectual, a sabedoria é unicamente especulativa. Logo, com mais razão, a sabedoria que é dom é especulativa e não prática.

2. ALÉM DISSO, o intelecto prático diz respeito às ações a serem feitas, que são contingentes. Ora, a sabedoria diz respeito ao divino, que é eterno e necessário. Logo, a sabedoria não pode ser prática.

3. ADEMAIS, segundo Gregório, "na contemplação procura-se o princípio, que é Deus; na ação, ao contrário, trabalha-se sob o peso da necessidade". Ora, a sabedoria se ocupa da visão do divino que não é nenhum trabalho árduo; como diz o livro da Sabedoria: "Sua convivência não causa amargura nem sua intimidade, aborrecimento". Logo, a sabedoria é unicamente contemplativa, não é nem prática nem ativa.

EM SENTIDO CONTRÁRIO, está escrito na Carta aos Colossenses: "Andai com sabedoria com os de fora". Ora, isso é próprio da ação. Logo, a sabedoria não é somente especulativa, mas também prática.

RESPONDO. Segundo Agostinho, a parte superior da razão é consagrada à sabedoria e sua parte inferior, à ciência. Ora, a razão superior, sempre

---

3 PARALL.: Part. I, q. 64, a. 1; III *Sent.*, dist. 35, q. 2, a. 1, q.la 3.

1. C. 37, al. 18, in vet. 28, n. 61: ML 75, 764 B.
2. C. 14, n. 7: ML 42, 1009.

autem ratio, ut ipse in eodem libro³ dicit, intendit *rationibus supernis*, scilicet divinis, *et conspiciendis et consulendis*: conspiciendis quidem, secundum quod divina in seipsis contemplatur; consulendis autem, secundum quod per divina iudicat de humanis, per divinas regulas dirigens actus humanos. Sic igitur sapientia, secundum quod est donum, non solum est speculativa, sed etiam practica.

AD PRIMUM ergo dicendum quod quanto aliqua virtus est altior, tanto ad plura se extendit; ut habetur in libro *de Causis*⁴. Unde ex hoc ipso quod sapientia quae est donum est excellentior quam sapientia quae est virtus intellectualis, utpote magis de propinquo Deum attingens, per quandam scilicet unionem animae ad ipsum, habet quod non solum dirigat in contemplatione, sed etiam in actione.

AD SECUNDUM dicendum quod divina in se quidem sunt necessaria et aeterna: sunt tamen regulae contingentium, quae humanis actibus subsunt.

AD TERTIUM dicendum quod prius est considerare aliquid in seipso quam secundum quod ad alterum comparatur. Unde ad sapientiam per prius pertinet contemplatio divinorum, quae est *visio principii*; et posterius dirigere actus humanos secundum rationes divinas. Nec tamen in actibus humanis ex directione sapientiae provenit amaritudo aut labor: sed potius amaritudo propter sapientiam vertitur in dulcedinem, et labor in requiem.

ARTICULUS 4
Utrum sapientia possit esse sine gratia, cum peccato mortali

AD QUARTUM SIC PROCEDITUR. Videtur quod sapientia possit esse sine gratia, cum peccato mortali.
1. De his enim quae cum peccato mortali haberi non possunt praecipue sancti gloriantur: secundum illud 2Cor 1,12: *Gloria nostra haec est, testimonium conscientiae nostrae*. Sed de

segundo Agostinho, põe sua atenção nas razões supremas "para considerá-las e consultá-las". Para considerá-las, enquanto contempla o divino em si mesmo; para consultá-las, enquanto, a partir do divino julga as atividades humanas que ela dirige segundo as regras divinas. Portanto, a sabedoria como dom não é somente especulativa, mas também prática.

QUANTO AO 1º, portanto, deve-se dizer que mais uma virtude é elevada, tanto mais se estende a muitas coisas, segundo o livro *Das Causas*. Por isso, por ser a sabedoria, como dom, mais excelente do que a sabedoria, como virtude intelectual, porque atinge a Deus de muito mais perto em razão da união que se estabelece entre a alma e ele, tem o poder de dirigir não somente a contemplação, mas também a ação[f].

QUANTO AO 2º, deve-se dizer que o divino em si mesmo é necessário e eterno. É também regra das coisas contingentes, que constituem o substrato dos atos humanos.

QUANTO AO 3º, deve-se dizer que é preciso considerar uma coisa em si mesma antes de compará-la com outra. Por isso, a contemplação do divino pertence primeiro à sabedoria, que é *a visão do princípio*; depois compete-lhe dirigir os atos humanos segundo as razões divinas. Mas a sabedoria não traz nem amargura nem trabalho aos atos humanos dirigidos por ela. Ao contrário, por causa dela a amargura se converte antes em doçura, e o trabalho em repouso.

ARTIGO 4
A sabedoria pode coexistir, sem a graça, com o pecado mortal?

QUANTO AO QUARTO, ASSIM SE PROCEDE: parece que a sabedoria, sem a graça, **pode** coexistir com o pecado mortal.
1. Com efeito, os santos se gloriam, antes de tudo, das coisas que não podem coexistir com o pecado mortal, segundo Paulo, que diz: "Nossa glória é o testemunho de nossa consciência". Ora,

---

3. C. 7, n. 12: ML 42, 1005.
4. Prop. 10, § *Quod est*; et prop. 17, § *Et quod ipsa*.

---

f. Em Deus, que é infinitamente simples, cessa a distinção entre especulativo e prático. Sua palavra, ou seu pensamento, é criador. A sabedoria participa dessa altitude: contempla a verdade e dirige a ação humana sem requerer um saber distinto. Ver, a esse respeito, I, q. 1, a. 4. Sto. Tomás não contrapõem em parte alguma uma "dogmática" a uma "moral", como o fazem os modernos. Tudo é "teologia". Até uma virtude como a penitência é estudada na "sacramental", que hoje faria parte da "dogmática".

sapientia non debet aliquis gloriari: secundum illud Ier 9,23: *Non glorietur sapiens in sapientia sua*. Ergo sapientia potest esse sine gratia, cum peccato mortali.

2. Praeterea, sapientia importat cognitionem divinorum, ut dictum est[1]. Sed aliqui cum peccato mortali possunt habere cognitionem veritatis divinae: secundum illud Rm 1,18: *Veritatem Dei in iniustitia detinent*. Ergo sapientia potest esse cum peccato mortali.

3. Praeterea, Augustinus dicit, in XV *de Trin.*[2], de caritate loquens: *Nullum est isto Dei dono excellentius: solum est quod dividit inter filios regni aeterni et filios perditionis aeternae*. Sed sapientia differt a caritate. Ergo non dividit inter filios regni et filios perditionis. Ergo potest esse cum peccato mortali.

Sed contra est quod dicitur Sap 1,4: *In malevolam animam non introibit sapientia, nec habitabit in corpore subdito peccatis*.

Respondeo dicendum quod sapientia quae est donum Spiritus Sancti, sicut dictum est[3], facit rectitudinem iudicii circa res divinas, vel per regulas divinas de aliis, ex quadam connaturalitate sive unione ad divina. Quae quidem est per caritatem, ut dictum est[4]. Et ideo sapientia de qua loquimur praesupponit caritatem. Caritas autem non potest esse cum peccato mortali, ut ex supradictis[5] patet. Unde relinquitur quod sapientia de qua loquimur non potest esse cum peccato mortali.

Ad primum ergo dicendum quod illud intelligendum est de sapientia in rebus mundanis; sive etiam in rebus divinis per rationes humanas. De qua sancti non gloriantur, sed eam se fatentur non habere: secundum illud Pr 30,2: *Sapientia hominum non est mecum*. Gloriantur autem de sapientia divina: secundum illud 1Cor 1,30: *Factus est nobis sapientia a Deo*.

Ad secundum dicendum quod ratio illa procedit de cognitione divinorum quae habetur per studium et inquisitionem rationis. Quae potest haberi cum peccato mortali: non autem illa sapientia de qua loquimur.

ninguém deve se gloriar de sua sabedoria, segundo Jeremias: "Que o sábio não se glorie com sua sabedoria". Logo, a sabedoria pode existir sem a graça, com o pecado mortal.

2. Além disso, a sabedoria comporta um conhecimento do divino, como foi dito. Ora, pode-se ter um conhecimento da verdade divina, mesmo com o pecado mortal, segundo o que diz Paulo: "Eles mantêm a verdade divina prisioneira da injustiça". Logo, a sabedoria pode coexistir com o pecado mortal.

3. Ademais, falando da caridade, Agostinho escreve: "Não há nada mais excelente do que este dom de Deus; é o único a separar os filhos do reino eterno e os filhos da perdição eterna". Ora, a sabedoria é distinta da caridade, pois não separa os filhos do reino e os filhos da perdição. Logo, pode coexistir com o pecado mortal.

Em sentido contrário, lemos no livro da Sabedoria: "A sabedoria não entrará numa alma de má vontade e não habitará num corpo submetido ao pecado".

Respondo. A sabedoria, dom do Espírito Santo, faz reto o julgamento das realidades divinas, como se disse, e das outras coisas a partir das regras divinas, em virtude de certa conaturalidade ou união com o divino. O que se realiza pela caridade, como foi dito. Por isso, a sabedoria da qual falamos, pressupõe a caridade. Ora, a caridade não pode existir ao mesmo tempo que o pecado mortal, como se mostrou acima. Por isso, resulta que a sabedoria da qual falamos não pode coexistir com o pecado mortal.

Quanto ao 1º, portanto, deve-se dizer que esta palavra deve se entender da sabedoria que concerne às coisas do mundo, ou às coisas divinas, mas julgadas a partir das razões humanas. Desta sabedoria o santos não se gloriam, mas confessam não possuí-la, segundo o livro dos Provérbios: "A sabedoria dos homens não está em mim". Gloriam-se, porém, da sabedoria divina, segundo Paulo: "Cristo se tornou para nós sabedoria de Deus".

Quanto ao 2º, deve-se dizer que se trata aqui do conhecimento do divino que se obtém por um estudo e uma inquirição da razão. Pode coexistir com o pecado mortal. Não é o caso da sabedoria da qual estamos falando.

---

1. Art. 1, 3.
2. C. 18, n. 32: ML 42, 1082.
3. Art. 2, 3.
4. Art. 2.
5. Q. 24, a. 12.

AD TERTIUM dicendum quod sapientia, etsi differat a caritate, tamen praesupponit eam; et ex hoc ipso dividit inter filios perditionis et regni.

ARTICULUS 5
Utrum sapientia sit in omnibus habentibus gratiam

AD QUINTUM SIC PROCEDITUR. Videtur quod sapientia non sit in omnibus habentibus gratiam.

1. Maius enim est sapientiam habere quam sapientiam audire. Sed solum perfectorum est sapientiam audire: secundum illud 1Cor 2,6: *Sapientiam loquimur inter perfectos*. Cum ergo non omnes habentes gratiam sint perfecti, videtur quod multo minus omnes habentes gratiam sapientiam habeant.

2. PRAETEREA, *sapientis est ordinare*; ut Philosophus dicit, in principio *Metaphys.*[1]. Et Iac 3,17 dicitur quod est *iudicans sine simulatione*. Sed non omnium habentium gratiam est de aliis iudicare aut alios ordinare, sed solum praelatorum. Ergo non omnium habentium gratiam est habere sapientiam.

3. PRAETEREA, sapientia datur contra stultitiam; ut Gregorius dicit, in II *Moral.*[2]. Sed multi habentes gratiam sunt naturaliter stulti: ut patet de amentibus baptizatis, vel qui postmodum sine peccato in amentiam incidunt. Ergo non in omnibus habentibus gratiam est sapientia.

SED CONTRA est quod quicumque qui est sine peccato mortali diligitur a Deo: quia caritatem habet, qua Deum diligit; Deus autem *diligentes se diligit*, ut dicitur Pr 8,17. Sed Sap 7,28 dicitur quod *neminem diligit Deus nisi eum qui cum sapientia inhabitat*. Ergo in omnibus habentibus gratiam, sine peccato mortali existentibus, est sapientia.

RESPONDEO dicendum quod sapientia de qua loquimur, sicut dictum est[3], importat quandam rectitudinem iudicii circa divina et conspicienda et consulenda. Et quantum ad utrumque, ex unione ad divina secundum diversos gradus aliqui sapientiam sortiuntur. Quidam enim tantum sortiuntur de

ARTIGO 5
A sabedoria está em todos os que têm a graça santificante?

QUANTO AO QUINTO, ASSIM SE PROCEDE: parece que a sabedoria **não** está em todos que têm a graça santificante.

1. Com efeito, é melhor possuir a sabedoria do que ouvi-la. Ora, é próprio somente dos perfeitos ouvir a sabedoria, segundo esta palavra de Paulo: "Falamos sabedoria entre os perfeitos". Logo, se nem todos os que estão em estado de graça são perfeitos, parece muito menos verdadeiro que todos os que estão em estado de graça possuam a sabedoria.

2. ALÉM DISSO, "Compete ao sábio ordenar", conforme o Filósofo. E a Carta de Tiago diz que "a sabedoria julga sem hipocrisia". Ora, não compete a todos os que têm a graça julgar os outros ou dar-lhes ordens, mas somente aos prelados. Logo, nem todos os que estão em estado de graça possuem a sabedoria.

3. ADEMAIS, "A sabedoria nos é dada contra a insensatez", diz Gregório. Ora, há muitos que têm a graça mas são insensatos por natureza. O caso é claro, por exemplo, nos batizados já em estado de demência, ou naqueles que depois, sem cometer pecado, tornaram-se dementes. Logo, a sabedoria não existe em todos os que têm a graça.

EM SENTIDO CONTRÁRIO, aquele que está sem pecado mortal é amado por Deus, pois tendo a caridade ama a Deus, e "Deus ama aqueles que o amam". Ora, segundo o livro da Sabedoria: "Deus só ama aquele que habita com a sabedoria". Portanto, a sabedoria existe em todos aqueles que estão em estado de graça e sem pecado mortal.

RESPONDO. A sabedoria, da qual estamos falando, comporta certa retidão de julgamento a respeito do divino que se deve contemplar e consultar, como foi dito. Quanto a uma e outra coisa, alguns obtêm a sabedoria em graus diversos, segundo sua união com Deus. Com efeito, alguns possuem juí-

---

5 PARALL.: I-II, q. 68, a. 5, ad 1.

1. L. I, c. 2: 982, a, 18-21.
2. C. 49, al. 27, in vet. 36, n. 77: ML 75, 592 D.
3. Art. 1, 3.

recto iudicio, tam in contemplatione divinorum quam etiam in ordinatione rerum humanarum secundum divinas regulas, quantum est necessarium ad salutem. Et hoc nulli deest sine peccato mortali existenti per gratiam gratum facientem: quia si natura non deficit in necessariis, multo minus gratia. Unde dicitur 1Io 2,27: *Unctio docet vos de omnibus*.

Quidam autem altiori gradu percipiunt sapientiae donum, et quantum ad contemplationem divinorum, inquantum scilicet altiora quaedam mysteria et cognoscunt et aliis manifestare possunt; et etiam quantum ad directionem humanorum secundum regulas divinas, inquantum possunt secundum eas non solum seipsos, sed etiam alios ordinare. Et iste gradus sapientiae non est communis omnibus habentibus gratiam gratum facientem, sed magis pertinet ad gratias gratis datas, quas Spiritus Sanctus *distribuit prout vult*, secundum illud 1Cor 12,8sqq.: *Alii datur per Spiritum sermo sapientiae*, etc.

AD PRIMUM ergo dicendum quod Apostolus loquitur ibi de sapientia secundum quod se extendit ad occulta mysteria divinorum: sicut et ibidem [7] dicitur: *Loquimur Dei sapientiam in mysterio absconditam*.

AD SECUNDUM dicendum quod quamvis ordinare alios homines et de eis iudicare pertineat ad solos praelatos, tamen ordinare proprios actus et de eis iudicare pertinet ad unumquemque; ut patet per Dionysium, in epistola *ad Demophilum*[4].

AD TERTIUM dicendum quod amentes baptizati, sicut et pueri, habent quidem habitum sapientiae, secundum quod est donum Spiritus Sancti: sed non habent actum, propter impedimentum corporale quo impeditur in eis usus rationis.

zo reto seja na contemplação do divino como no governo dos negócios humanos segundo as regras divinas, quanto é necessário para a salvação. Esta sabedoria não falta a ninguém que esteja sem pecado mortal, pela graça santificante, pois, se a natureza não falha no que é necessário, muito menos a graça. Por isso, diz a primeira Carta de João: "A unção vos ensinará todas as coisas".

Alguns, porém, recebem o dom de sabedoria em grau mais elevado, não só para a contemplação das coisas divinas, na medida em que penetram os mistérios mais profundos e podem manifestá-lo aos outros, mas também para a direção das coisas humanas segundo as regras divinas, na medida em que podem governar a si mesmos segundo essas regras, e ainda governar os outros. Este grau de sabedoria não é comum a todos os que estão em estado de graça, mas pertence mais às graças grátis dadas que o Espírito Santo "distribui como quer", segundo Paulo: "A um é dada a palavra de sabedoria pelo Espírito etc."[g].

QUANTO AO 1º, portanto, deve-se dizer que o Apóstolo fala aqui da sabedoria que se estende ao mistério escondido das coisas divinas, como explica no mesmo lugar: "Aquilo do que falamos é de uma sabedoria divina, misteriosa, que permanece oculta".

QUANTO AO 2º, deve-se dizer que embora seja próprio somente dos prelados dar ordens aos outros e julgá-los, compete, contudo, a todos ordenar seus próprios atos e julgá-los, como o mostra Dionísio.

QUANTO AO 3º, deve-se dizer que os que são batizados sem o uso da razão, como as crianças têm, contudo, o hábito de sabedoria, que é um dom do Espírito Santo. Mas ainda não possuem o ato por causa do obstáculo corporal que impede neles o uso da razão.

---

4. Epist. 8: MG 3, 1093, A B.

g. Todos os dons se conectam na caridade: aquele que possui caridade os possui todos. Mas não todos no mesmo grau.
Tratando-se especificamente da ação, podemos receber além disso, para a utilidade dos outros, o *carisma da sabedoria*. Assim como a *palavra de sabedoria* (1Co 12,8) não é dada a todos os que receberam o dom de sabedoria (q. 177).

Articulus 6
Utrum septima beatitudo respondeat dono sapientiae

AD SEXTUM SIC PROCEDITUR. Videtur quod septima beatitudo non respondeat dono sapientiae.

1. Septima enim beatitudo est: *Beati pacifici: quoniam filii Dei vocabuntur*. Utrumque autem horum pertinet immediate ad caritatem. Nam de pace dicitur in Ps 118,165: *Pax multa diligentibus legem tuam*. Et ut Apostolus dicit Rm 5,5, *caritas Dei diffusa est in cordibus nostris per Spiritum Sanctum, qui datus est nobis* qui quidem est *Spiritus adoptionis filiorum, in quo clamamus, Abba, Pater*, ut dicitur Rm 8,15. Ergo septima beatitudo magis debet attribui caritati quam sapientiae.

2. PRAETEREA, unumquodque magis manifestatur per proximum effectum quam per remotum. Sed proximus effectus sapientiae videtur esse caritas, secundum illud Sap 7,27: *Per nationes in animas sanctas se transfert: amicos Dei et prophetas constituit*: pax autem et adoptio filiorum videntur esse remoti effectus, cum procedant ex caritate, ut dictum est[1]. Ergo beatitudo sapientiae respondens deberet magis determinari secundum dilectionem caritatis quam secundum pacem.

3. PRAETEREA, Iac 3,17 dicitur: *Quae desursum est sapientia primo quidem pudica est, deinde autem pacifica, modesta, suadibilis, bonis consentiens, plena misericordia et fructibus bonis, iudicans sine simulatione*. Beatitudo ergo correspondens sapientiae non magis debuit accipi secundum pacem quam secundum alios effectus caelestis sapientiae.

SED CONTRA est quod Augustinus dicit, in libro de Serm. Dom. in Monte[2], quod *sapientia convenit pacificis, in quibus nullus motus est rebellis, sed obtemperans rationi*.

Artigo 6
A sétima bem-aventurança corresponde ao dom da sabedoria?[h]

QUANTO AO SEXTO, ASSIM SE PROCEDE: parece que a sétima bem-aventurança **não** corresponde ao dom de sabedoria.

1. Com efeito, esta bem-aventurança diz: "Felizes os construtores da paz porque serão chamados filhos de Deus". Ora, estes dois termos referem-se imediatamente à caridade, pois se diz no Salmo: "Há uma grande paz para aqueles que amam tua lei". Paulo, por sua parte, escreveu: "O amor de Deus foi derramado em nossos corações pelo Espírito santo que nos foi dado", ele que é "Espírito de adoção dos filhos, ele que nos faz clamar: 'Abba, Pai'". Logo, a sétima bem-aventurança deve ser atribuída à caridade, mais do que à sabedoria.

2. ALÉM DISSO, cada coisa se manifesta mais por seu efeito próximo que por seu efeito distante. Ora, o efeito próximo da sabedoria parece ser a caridade, segundo esta palavra sobre a sabedoria: "Ela se difunde, pelas nações, para as almas santas; ela faz amigos de Deus e dos profetas". Quanto à paz e à adoção dos filhos, que procedem da caridade, parecem ser efeitos distantes da sabedoria, como já foi dito. Logo, a bem-aventurança que corresponde à sabedoria deveria ser determinada segundo o amor de caridade, mais do que segundo a paz.

3. ADEMAIS, segundo a Carta de Tiago: "A sabedoria do alto é primeiramente pura, depois pacífica, discreta, compreensiva, conciliadora, cheia de misericórdia e fecunda em boas obras, imparcial, sem hipocrisia". Portanto, a bem-aventurança que corresponde à sabedoria não deve ser compreendida segundo a paz mais do que segundo os outros efeitos da sabedoria divina.

EM SENTIDO CONTRÁRIO, segundo Agostinho, "a sabedoria convém aos pacíficos nos quais não se encontra nenhum movimento rebelde, mas a obediência à razão".

---

6 PARALL.: I-II, q. 69, a. 4; III *Sent.*, dist. 34, q. 1, a. 4.

1. Q. 19, a. 2, ad 3; q. 29, a. 3.
2. L. I, c. 4, n. 11: ML 34, 1235.

h. Sto. Tomás (I-II, q. 69) herdou de Sto. Agostinho a ideia de ligar cada bem-aventurança a um dom do Espírito Santo. Essa sistematização tem algo de artificial, mas dá a Sto. Tomás, a cada vez, a ocasião de completar seu tratado da vida espiritual e da psicologia das virtudes. A "bem-aventurança" contém o enunciado de uma obra meritória (aqui: fazer a paz), e invoca a recompensa a ela ligada (aqui: ser chamados de filhos de Deus, Mt 5,9). Se fazer a paz é obra de caridade, a sabedoria que *conhece* a verdadeira ordem das coisas permite fazê-la mais perfeitamente.

RESPONDEO dicendum quod septima beatitudo congrue adaptatur dono sapientiae et quantum ad meritum et quantum ad praemium. Ad meritum quidem pertinet quod dicitur: *Beati pacifici*. Pacifici autem dicuntur quasi pacem facientes vel in seipsis vel etiam in aliis. Quorum utrumque contingit per hoc quod ea in quibus pax constituitur ad debitum ordinem rediguntur: nam pax est *tranquillitas ordinis*, ut Augustinus dicit, XIX *de Civ. Dei*[3]. Ordinare autem pertinet ad sapientiam; ut patet per Philosophum, in principio *Metaphys*.[4]. Et ideo esse pacificum convenienter attribuitur sapientiae.

Ad praemium autem pertinet quod dicitur: *Filii Dei vocabuntur*. Dicuntur autem aliqui filii Dei inquantum participant similitudinem Filii unigeniti et naturalis, secundum illud Rm 8,29: *Quos praescivit conformes fieri imaginis Filii sui*: qui quidem est sapientia genita. Et ideo percipiendo donum sapientiae, ad Dei filiationem homo pertingit.

AD PRIMUM ergo dicendum quod caritatis est habere pacem: sed facere pacem est sapientiae ordinantis. — Similiter etiam Spiritus Sanctus intantum dicitur *Spiritus adoptionis* inquantum per eum datur nobis similitudo Filii naturalis, qui est genita sapientia.

AD SECUNDUM dicendum quod illud est intelligendum de Sapientia increata, quae prima se nobis unit per donum caritatis, et ex hoc revelat nobis mysteria, quorum cognitio est sapientia infusa. Et ideo sapientia infusa, quae est donum, non est causa caritatis, sed magis effectus.

AD TERTIUM dicendum quod, sicut iam[5] dictum est, ad sapientiam, secundum quod est donum, pertinet non solum contemplari divina, sed etiam regulare humanos actus. In qua quidem directione primo occurrit remotio a malis quae contrariantur sapientiae: unde et timor dicitur esse *initium sapientiae*, inquantum facit recedere a malis. Ultimum autem est, sicut finis, quod omnia ad debitum ordinem redigantur: quod pertinet ad rationem pacis. Et ideo convenienter Iacobus dicit quod *sapientia quae desursum est*, quae est donum Spiritus Sancti, *primum est pudica*, quasi vitans corruptelas peccati; *deinde autem pacifica*, quod est finalis effectus sapientiae, propter quod ponitur beatitudo.

RESPONDO. A sétima bem-aventurança adapta-se muito bem ao dom de sabedoria quanto ao mérito e quanto à recompensa. Ao mérito se refere a palavra: "felizes os construtores da paz". Chamam-se assim os que fazem a paz, neles ou nos outros. Ora, fazer a paz é levar as coisas à ordem que convém; com efeito, a paz é "a tranquilidade da ordem" segundo Agostinho. E como é próprio da sabedoria ordenar, como diz o Filósofo, conclui-se que ser construtor de paz é atribuído à sabedoria.

À recompensa refere-se o que se diz: "Serão chamados filhos de Deus". Alguns são chamados de "filhos de Deus" enquanto participam de uma semelhança com o filho único segundo a natureza divina, como diz Paulo: "Predestinou-os a se configurar com a imagem de seu filho", que é a sabedoria gerada. Por isso, recebendo o dom de sabedoria, o homem alcança a filiação de Deus.

QUANTO AO 1º, portanto, deve-se dizer que é próprio da caridade possuir a paz; mas é próprio da sabedoria ordenadora fazer a paz. — Assim, também o Espírito Santo recebe a denominação de *Espírito de adoção* enquanto nos dá uma semelhança com o filho segundo a natureza, que é a Sabedoria gerada.

QUANTO AO 2º, deve-se dizer que isso deve se entender da Sabedoria increada, que se une a nós primeiro pelo dom do amor, e assim nos revela os mistérios, cujo conhecimento constitui a sabedoria infusa. Por isso, a sabedoria infusa, que é um dom, não é a causa da caridade, e sim seu efeito.

QUANTO AO 3º, deve-se dizer que, como foi dito, é próprio da sabedoria que é dom não somente contemplar o divino, mas também regular os atos humanos. Nesta regulação, vem, em primeiro lugar, o afastamento dos males que são contrários à sabedoria. Por isso se diz que o temor é "o início da sabedoria", porque nos faz fugir dos males. Por último, como fim, tudo é levado à ordem que convém, o que é próprio da razão da paz. Por isso a Carta de Tiago disse convenientemente que "a sabedoria do alto", que é dom do Espírito Santo, é "primeiramente pura", porque evita a corrupção do mal; e é, em seguida, "pacífica", o que corresponde ao seu último efeito. Por isso, atribui-se-lhe a bem-aventurança.

---

3. C. 13, n. 1: ML 41, 640.
4. L. I, c, 2: 982, a, 18-21.
5. Art. 3.

Iam vero omnia quae sequuntur manifestant ea per quae sapientia ad pacem perducit, et ordine congruo. Nam homini per pudicitiam a corruptelis recedenti primo occurrit quod quantum ex se potest, modum in omnibus teneat: et quantum ad hoc dicitur *modesta*. Secundo, ut in his in quibus ipse sibi non sufficit, aliorum monitis acquiescat: et quantum ad hoc subdit, *suadibilis*. Et haec duo pertinent ad hoc quod homo consequatur pacem in seipso. — Sed ulterius, ad hoc quod homo sit pacificus etiam aliis, primo requiritur ut bonis eorum non repugnet: et hoc est quod dicit, *bonis consentiens*. Secundo, quod defectibus proximi et compatiatur in affectu et subveniat in effectu: et hoc est quod dicitur, *plena misericordia et fructibus bonis*. Tertio requiritur ut caritative emendare peccata satagat: et hoc est quod dicit, *iudicans sine simulatione,* ne scilicet, correctionem praetendens, odium intendat explere.

O que se segue na citação da Carta de Tiago mostra aquelas coisas pelas quais a sabedoria conduz à paz e numa ordem conveniente. Àquele que se afasta da corrupção, por pudor, primeiro lhe ocorre guardar a medida em tudo, quanto puder por si mesmo; nesse sentido se diz que é *modesta*. Em segundo lugar, naquelas coisas nas quais não se basta, lhe ocorre aceitar os conselhos dos outros; nesse sentido se diz que é *persuasiva*. Estas duas coisas permitem ao homem alcançar a paz em si mesmo. — Além disso, para que o homem esteja em paz com os outros, é preciso, em primeiro lugar, que não se oponha ao bem dos outros; é isso que diz a expressão: *concorde com os bens*. Em segundo lugar, que se compadeça afetivamente das deficiências do próximo e as socorra; é isso que diz a expressão: *cheia de misericórdia e de boas obras*. Enfim, é necessário que se esforce por corrigir os pecados com caridade; é isso que diz a expressão: "Julga sem *hipocrisia*, para não acontecer que, buscando a correção, procure saciar seu ódio.

QUAESTIO XLVI
DE STULTITIA
in tres articulos divisa

Deinde considerandum est de stultitia, quae opponitur sapientiae.
Et circa hoc quaeruntur tria.
Primo: utrum stultitia opponatur sapientiae.
Secundo: utrum stultitia sit peccatum.
Tertio: ad quod vitium capitale reducatur.

QUESTÃO 46
A ESTULTICE[a]
em três artigos

Deve-se considerar agora a estultice, que é oposta à sabedoria.
A esse respeito, são três as perguntas:
1. A estultice opõe-se à sabedoria?
2. É um pecado?
3. A que vício capital se refere?

Articulus 1
Utrum stultitia opponatur sapientiae

Ad primum sic proceditur. Videtur quod stultitia non opponatur sapientiae.
1. Sapientiae enim directe videtur opponi insipientia. Sed stultitia non videtur esse idem quod

Artigo 1
A estultice se opõe à sabedoria?

Quanto ao primeiro artigo, assim se procede: parece que a estultice **não** se opõe à sabedoria.
1. Com efeito, a sabedoria parece se opor diretamente à ignorância[b]. Ora, a estultice não é a

---

1 Parall.: Supra, q. 8, a. 6, ad 1.

a. Trata-se do pecado de estultice, oposto ao dom de sabedoria. Nenhuma relação com a tolice humana ou a mesquinharia. É uma compreensão, ou um desvio de sentido, das coisas espirituais: uma má atitude da inteligência, que se fecha às luzes superiores. Aproximada dos vícios intelectuais de cegueira do espírito e de embrutecimento dos sentidos (q. 15), permite melhor perceber, por contraste, a apreensão penetrante das coisas de Deus trazida pelos dons.

b. Em latim, *insipientia* (não sabedoria) é o contrário de *sapientia* (sabedoria). Na Bíblia, o *insipiens* (Ps 13,1; Rm 1,2; 2Co 12,6 etc.) é aquele que perdeu o sentido.

insipientia: quia insipientia videtur esse solum circa divina, sicut et sapientia; stultitia autem se habet et circa divina et circa humana. Ergo sapientiae non opponitur stultitia.

2. PRAETEREA, unum oppositorum non est via perveniendi ad aliud. Sed stultitia est via perveniendi ad sapientiam: dicitur enim 1Cor 3,18: *Si quis videtur inter vos sapiens esse in hoc saeculo, stultus fiat, ut sit sapiens.* Ergo sapientiae non opponitur stultitia.

3. PRAETEREA, unum oppositorum non est causa alterius. Sapientia autem est causa stultitiae: dicitur enim Ier 10,14: *Stultus factus est omnis homo a scientia sua*; sapientia autem quaedam scientia est. Et Is 47,10 dicitur: *Sapientia tua et scientia tua, haec decepit te*: decipi autem ad stultitiam pertinet. Ergo sapientiae non opponitur stultitia.

4. PRAETEREA, Isidorus dicit, in libro *Etymol.*[1], quod *stultus est qui per ignominiam non commovetur ad dolorem, et qui non movetur iniuria*. Sed hoc pertinet ad sapientiam spiritualem; ut Gregorius dicit, in X *Moral.*[2]. Ergo sapientiae non opponitur stultitia.

SED CONTRA est quod Gregorius dicit, in II *Moral.*[3], quod donum sapientiae datur contra stultitiam.

RESPONDEO dicendum quod nomen stultitiae a *stupore* videtur esse sumptum: unde Isidorus dicit, in libro *Etymol.*[4]: *Stultus est qui propter stuporem non movetur*. Et differt stultitia a fatuitate, sicut ibidem[5] dicitur, quia stultitia importat hebetudinem cordis et obtusionem sensuum; fatuitas autem importat totaliter spiritualis sensus privationem. Et ideo convenienter stultitia sapientiae opponitur. Sapiens enim, ut ibidem[6] Isidorus dicit, *dictus est a sapore: quia sicut gustus est aptus ad discretionem saporis ciborum, sic sapiens ad dignoscentiam rerum atque causarum.* Unde patet quod stultitia opponitur sapientiae sicut contrarium; fatuitas autem sicut pura negatio. Nam fatuus caret sensu iudicandi; stultus autem

mesma coisa que a ignorância, pois a ignorância, como a sabedoria, trata somente das coisas divinas, enquanto a estultice trata das coisas divinas e das coisas humanas. Logo, a estultice não se opõe à sabedoria.

2. ALÉM DISSO, de dois opostos, um não pode ser o caminho para se chegar ao outro. Ora, a estultice é o caminho para se chegar à sabedoria, como diz Paulo: "Se alguém entre vós acredita ser sábio à maneira do mundo, que se faça estulto para se tornar sábio". Logo, a estultice não se opõe à sabedoria.

3. ADEMAIS, entre dois opostos, um não pode ser causa do outro. Ora, a sabedoria é causa da estultice; com efeito, segundo o livro de Jeremias: "Todo homem torna-se estulto por sua ciência". E a sabedoria é certa ciência. Assim também o livro de Isaías: "Tua sabedoria e tua ciência foram elas que te enganaram". Ora, ser enganado refere-se à estultice. Logo, a estultice não se opõe à sabedoria.

4. ALÉM DISSO, Isidoro, no livro *Etymol*, diz que o estulto é aquele que não se comove com a dor causada pela ignomínia e que não é movido pela injúria. Ora, isso se refere à sabedoria espiritual, como diz Gregório, no X *Moral*. Logo, a estultice não se opõe à sabedoria.

EM SENTIDO CONTRÁRIO, para Gregório "o dom da sabedoria nos é dado contra a estultice".

RESPONDO. A palavra *stultitia* (estultice) parece vir de *stupor* (estupor). Por isso Isidoro disse: "O estulto é aquele que, por estupor, não se mexe". A estultice difere da fatuidade[c], como se diz no mesmo lugar, por comportar um embotamento do coração e obscurecimento dos sentidos, enquanto a fatuidade implica uma total privação de sentido espiritual. Por isso, é exato opor a estultice à sabedoria. "Com efeito, diz Isidoro, 'sábio' *(sapiens)* vem de sabor *(sapor)* porque, assim como o gosto é capaz de distinguir o sabor dos alimentos; assim também o sábio é capaz de discernir as realidades e as causas". Por isso, é claro que a estultice se opõe à sabedoria como a seu contrário, enquanto a fatuidade se lhe opõe como sua pura negação.

---

1. L. X, ad litt. *S*, n. 246: ML 82, 393 C.
2. C. 29, al. 16, in vet. 27: ML 75, 947 B.
3. C. 49, al. 27, in vet. 36: ML 75, 592 D.
4. L. X, ad litt. *S*, n. 246: ML 82, 393 C.
5. Loc. cit.; cfr. ad litt. *F*, n. 103: ML 82, 377 C.
6. L. X, ad litt. *S*, n. 240: ML 82, 392 C-393 A.

c. Em latim, *fatuitas*: o caráter do que é fátuo e vazio.

habet, sed hebetatum; sapiens autem subtilem ac perspicacem.

AD PRIMUM ergo dicendum quod, sicut Isidorus ibidem dicit, *insipiens contrarius est sapienti, eo quod est sine sapore discretionis et sensus*. Unde idem videtur esse insipientia cum stultitia. Praecipue autem videtur aliquis esse stultus quando patitur defectum in sententia iudicii quae attenditur secundum causam altissimam: nam si deficiat in iudicio circa aliquid modicum, non ex hoc vocatur aliquis stultus.

AD SECUNDUM dicendum quod sicut est quaedam sapientia mala, ut supra[7] dictum est, quae dicitur *sapientia saeculi*, quia accipit pro causa altissima et fine ultimo aliquod terrenum bonum; ita etiam est aliqua stultitia bona, huic sapientiae malae opposita, per quam aliquis terrena contemnit. Et de hac stultitia loquitur Apostolus.

AD TERTIUM dicendum quod sapientia saeculi est quae decipit et facit esse *stultum apud Deum*: ut patet per Apostolum, 1Cor 3,19.

AD QUARTUM dicendum quod non moveri iniuriis quandoque quidem contingit ex hoc quod homini non sapiunt terrena, sed sola caelestia. Unde hoc non pertinet ad stultitiam mundi, sed ad sapientiam Dei, ut Gregorius ibidem dicit[8]. Quandoque autem contingit ex hoc quod homo est simpliciter circa omnia stupidus: ut patet in amentibus, qui non discernunt quid sit iniuria. Et hoc pertinet ad stultitiam simpliciter.

ARTICULUS 2
Utrum stultitia sit peccatum

AD SECUNDUM SIC PROCEDITUR. Videtur quod stultitia non sit peccatum.

1. Nullum enim peccatum provenit in nobis a natura. Sed quidam sunt stulti naturaliter. Ergo stultitia non est peccatum.
2. PRAETEREA, omne peccatum est voluntarium, ut Augustinus dicit[1]. Sed stultitia non est voluntaria. Ergo non est peccatum.

O fátuo é desprovido do sentido do julgamento; o estulto tem este sentido mas embotado, enquanto o sábio o tem sutil e penetrante[d].

QUANTO AO 1º, portanto, deve-se dizer que como diz Isidoro no mesmo lugar, "o ignorante é o contrário do sábio por não ter o sabor do discernimento e do sentido". Por isso, a ignorância parece ser idêntica à estultice. Alguém parece particularmente estulto quando manifesta falta de julgamento em relação à causa suprema; pois, se lhe falta julgamento sobre algo menor, não será chamado como estulto por causa disso.

QUANTO AO 2º, deve-se dizer que assim como há uma sabedoria má, como foi dito, aquela que é chamada *sabedoria do mundo*, porque tem um bem terrestre como causa suprema e por fim último, assim também existe uma boa estultice que se opõe à sabedoria má, aquela pela qual se desprezam as coisas da terra. É desta estultice que o Apóstolo fala.

QUANTO AO 3º, deve-se dizer que a sabedoria do mundo é aquela que engana e torna estulto *aos olhos de Deus*, como diz claramente o Apóstolo.

QUANTO AO 4º, deve-se dizer que não se abalar pelas injúrias às vezes acontece porque não se sente gosto nas coisas terrenas, mas somente nas coisas do céu. Isso não pertence à estultice do mundo, mas à sabedoria de Deus, diz Gregório. Ás vezes, porém, isso acontece porque somos absolutamente estúpidos diante de tudo. É o caso dos dementes, que não discernem o que é a injúria. Isto é próprio da estultice absoluta.

ARTIGO 2
A estultice é um pecado?

QUANTO AO SEGUNDO, ASSIM SE PROCEDE: parece que a estultice **não** é um pecado.

1. Com efeito, não há pecado que provenha em nós da natureza. Ora, há pessoas que são estultas por natureza. Logo, a estultice não é um pecado.
2. ALÉM DISSO, todo pecado é voluntário, diz Agostinho. Ora, a estultice não é voluntária. Logo, não é um pecado.

---

7. Q. 45, a. 1, ad 1.
8. Loc. cit. in arg.: ML 75, 947 D.

1. *De vera rel.*, c. 14, n. 27: ML 34, 133.

d. Essa conclusão, associada à q. 15, a. 1, permite estabelecer o quadro dos vícios opostos aos dons intelectuais: à penetração e à acuidade do dom de inteligência, e secundariamente do dom de ciência, opõem-se a cegueira espiritual e o embrutecimento do sentido espiritual; às possibilidades de julgar e de proferir a sentença última, conferidas pelo dom de sabedoria, opõem-se a *fatuitas* (incapacidade de julgar) e a *estultice* (deficiência do julgamento). Na q. 8, a. 6, r. 1, Sto. Tomás acrescentava o pecado de *ignorância*, oposto à ciência, e o pecado de *precipitação*, oposto ao dom de conselho assim como à prudência.

3. Praeterea, omne peccatum opponitur alicui praecepto divino. Sed stultitia nulli praecepto opponitur. Ergo stultitia non est peccatum.

Sed contra est quod dicitur Pr 1,32: *Prosperitas stultorum perdet eos*. Sed nullus perditur nisi pro peccato. Ergo stultitia est peccatum.

Respondeo dicendum quod stultitia, sicut dictum est[2], importat quendam stuporem sensus in iudicando, et praecipue circa altissimam causam, quae est finis ultimus et summum bonum. Circa quod aliquis potest pati stuporem in iudicando dupliciter. Uno modo, ex indispositione naturali: sicut patet in amentibus. Et talis stultitia non est peccatum. — Alio modo, inquantum immergit homo sensum suum rebus terrenis, ex quo redditur eius sensus ineptus ad percipiendum divina, secundum illud 1Cor 2,14: *Animalis homo non percipit ea quae sunt Spiritus Dei*: sicut etiam homini habenti gustum infectum malo humore non sapiunt dulcia. Et talis stultitia est peccatum.

Et per hoc patet responsio AD PRIMUM.

Ad secundum dicendum quod quamvis stultitiam nullus velit, vult tamen ea ad quae consequitur esse stultum: scilicet abstrahere sensum suum a spiritualibus et immergere terrenis. Et idem etiam contingit in aliis peccatis. Nam luxuriosus vult delectationem sine qua non est peccatum, quamvis non simpliciter velit peccatum: vellet enim frui delectatione sine peccato.

Ad tertium dicendum quod stultitia opponitur praeceptis quae dantur de contemplatione veritatis; de quibus supra[3] habitum est cum de scientia et intellectu ageretur.

Articulus 3
Utrum stultitia sit filia luxuriae

Ad tertium sic proceditur. Videtur quod stultitia non sit filia luxuriae.

1. Gregorius enim, XXXI *Moral.*[1], enumerat luxuriae filias; inter quas tamen non continetur stultitia. Ergo stultitia non procedit ex luxuria.

2. Praeterea, Apostolus dicit, 1Cor 3,19: *Sapientia huius mundi stultitia est apud Deum*. Sed

3. Ademais, todo pecado se opõe a um preceito divino. Ora, a estultice não se opõe a nenhum preceito. Logo, a estultice não é um pecado.

Em sentido contrário, lemos nos Provérbios: "A prosperidade dos estultos os perderá". Ora, ninguém se perde a não ser que peque. Portanto, a estultice é um pecado.

Respondo. Como foi dito, a estultice comporta certo embotamento no julgamento, sobretudo no que se refere à causa suprema, que é o fim último e o soberano bem. Pode-se, porém, sofrer de embotamento no julgamento de duas maneiras. 1º Em virtude de uma má disposição natural, como aparece nos dementes. Esta estultice não é um pecado. — 2º Por alguém estar de tal forma mergulhado pelos sentidos nas coisas terrestres que se torna inapto a perceber as coisas divinas, como diz Paulo: "O homem animal não percebe o que vêm do Espírito de Deus", assim como aquele que tem o gosto infectado pelo mau fluído, não saboreia as coisas doces. Tal estultice é pecado.

Quanto ao 1º, portanto, deve-se dizer que isto responde à primeira objeção.

Quanto ao 2º, deve-se dizer que embora ninguém queira a estultice, quer o que conduz a estultice: afastar o sentido dos bens espirituais e mergulhar nos terrestres. A mesma coisa acontece com os outros pecados. O luxurioso quer o prazer sem o qual não há pecado, embora não queira o pecado: gostaria, com efeito, de obter o gozo sem o pecado.

Quanto ao 3º, deve-se dizer que a estultice se opõe aos preceitos relativos à contemplação da verdade, preceitos dos quais se falou acima quando se tratou da ciência e do intelecto.

Artigo 3
A estultice é filha da luxúria?

Quanto ao terceiro, assim se procede: parece que a estultice **não** é filha da luxúria.

1. Com efeito, Gregório enumera as filhas da luxúria e entre elas não se encontra a estultice.

2. Além disso, o Apóstolo diz: "A sabedoria deste mundo é estultice diante de Deus". Ora, segundo Gregório, "a sabedoria do mundo es-

---

2. Art. praec.
3. Q. 16.

Parall.: *In Iob*, c. 5.

1. C. 45, al. 17, in vet. 31: ML 76, 621 B.

sicut Gregorius dicit, X *Moral.*², *sapientia mundi est cor machinationibus tegere,* quod pertinet ad duplicitatem. Ergo stultitia est magis filia duplicitatis quam luxuriae.

3. PRAETEREA, ex ira aliqui praecipue vertuntur in furorem et insaniam, quae pertinent ad stultitiam: Ergo stultitia magis oritur ex ira quam ex luxuria.

SED CONTRA est quod dicitur Pr 7,22: *Statim eam sequitur,* scilicet meretricem, *ignorans quod ad vincula stultus trahatur.*

RESPONDEO dicendum quod, sicut iam³ dictum est, stultitia, secundum quod est peccatum, provenit ex hoc quod sensus spiritualis hebetatus est, ut non sit aptus ad spiritualia diiudicanda. Maxime autem sensus hominis immergitur ad terrena per luxuriam, quae est circa maximas delectationes, quibus anima maxime absorbetur. Et ideo stultitia quae est peccatum maxime nascitur ex luxuria.

AD PRIMUM ergo dicendum quod ad stultitiam pertinet quod homo habeat fastidium de Deo et de donis ipsius. Unde Gregorius duo numerat inter filias luxuriae quae pertinent ad stultitiam, scilicet *odium Dei* et *desperationem futuri saeculi,* quasi dividens stultitiam in duas partes⁴.

AD SECUNDUM dicendum quod verbum illud Apostoli non est intelligendum causaliter, sed essentialiter: quia scilicet ipsa sapientia mundi est stultitia apud Deum. Unde non oportet quod quaecumque pertinent ad sapientiam mundi sint causa huius stultitiae.

AD TERTIUM dicendum quod ira, ut supra⁵ dictum est, sua acuitate maxime immutat corporis naturam. Unde maxime causat stultitiam quae provenit ex impedimento corporali. — Sed stultitia quae provenit ex impedimento spirituali, scilicet ex immersione mentis ad terrena, maxime provenit ex luxuria, ut dictum est⁶.

conde o coração com artifícios", o que pertence à duplicidade. Logo, a estultice é mais filha da duplicidade do que da luxúria.

3. ADEMAIS, é principalmente pela ira que alguns se entregam ao furor e a insânia, que são parte da estultice. Logo, a estultice nasce mais da ira do que da luxúria.

EM SENTIDO CONTRÁRIO, lemos no livro dos Provérbios: "Logo a seguiu", isto é, a meretriz, "como um estulto, ignorando que era arrastado para os seus laços".

RESPONDO. Como foi dito, a estultice, enquanto é um pecado, provém de que o sentido espiritual está embotado e não é mais apto a julgar coisas espirituais. Ora, o sentido do homem está mergulhado nos bens terrestres sobretudo pela luxúria, que procura os mais fortes prazeres, os que absorvem a alma ao máximo. Por isso, a estultice, que é um pecado, nasce sobretudo da luxúriaᵉ.

QUANTO AO 1º, portanto, deve-se dizer que é próprio da estultice que alguém sinta fastio de Deus e de seu dons. Por isso Gregório elenca entre as filhas da luxúria dois pecados que se referem à estultice; "o ódio a Deus e o desespero do século futuro", como que dividindo assim a estultice em duas partes.

QUANTO AO 2º, deve-se dizer que esta palavra do Apóstolo não deve ser entendida a título causal, mas a título essencial. É a própria sabedoria do mundo que é estultice diante de Deus. Portanto, não é necessário que tudo o que pertence à sabedoria do mundo seja causa desta estultice.

QUANTO AO 3º, deve-se dizer, como foi dito, que a ira, em razão de sua intensidade, é o que mais modifica a compleição do corpo. Por isso, é sobretudo causa da insensatez o que provém de um obstáculo corporal. — Mas a estultice, que provém de um obstáculo espiritual, isto é, da imersão da alma no terrestre, procede sobretudo da luxúria, como foi ditoᶠ.

---

2. C. 29, al. 16, in vet. 27: ML 75, 947 A.
3. Art. praec.
4. *Moral.*, l. XXXI, c. 45, al. 17, in vet. 31: ML 76, 621 B.
5. I-II, q. 48, a. 2.
6. In corp.

---

e. Assim como, inversamente, abstinência, jejum, castidade favorecem a inteligência espiritual. "Felizes os corações puros, pois eles *verão* Deus".

f. A estultice pode provir de uma alteração da natureza corpórea (enxaqueca, humores, amarguras...). Mas essa alteração, usualmente não voluntária, pode provir também de certos vícios que trazem modificações orgânicas. Por esse viés, a estultice pode ser igualmente filha da cólera, ou da tristeza... Mas ela o é principalmente da luxúria. Deduz-se que o luxurioso é mau juiz das realidades e condutas espirituais.

A PRUDÊNCIA

Introdução e notas por Albert Raulin

INTRODUÇÃO*

O estudo das virtudes cardeais, que dá continuidade ao estudo das virtudes teologais, se abre por um tratado da prudência, a única das virtudes morais a apresentar um caráter explicitamente racional, ou mesmo intelectual.

Se, no vocabulário de Sto. Tomás, a palavra prudência tivesse o significado que havia adquirido no uso corrente de nossa língua, essa escolha seria de fato surpreendente. Em nossos dias, adquirimos mais prestígio mostrando-nos fortes ou justos, e mesmo, no limite, temperantes, do que dando mostras de prudência.

Iremos nos familiarizar, portanto, com uma noção de prudência que não nos é habitual. Chegaremos mesmo a descobrir, à medida que avançarmos na leitura, que a virtude aqui estudada por Sto. Tomás está ainda mais longe de nossas categorias de pensamento, do que havímos pressentido.

O domínio praticamente inconteste de uma "moral da consciência" na teologia, desde o século XVII, fez com que se esquecesse a concepção racional e dinâmica que era a de Sto. Tomás. Precisamos retomá-la.

O leitor disposto a fazer o investimento necessário não ficará decepcionado. Descobrirá uma possibilidade de reestruturar toda a teologia moral, o que eliminará muitos falsos problemas, a começar pelo da passagem dos princípios abstratos para as decisões concretas.

Já na época de sua redação, este tratado era bastante original, uma das peças fundamentais da *Secunda Pars*. A evolução subsequente da teologia apenas salientou a inclinação natural do moralista a preferir uma visão estática ou mais pragmática das coisas. Em um estudo contínuo da Suma teológica, deve-se evitar passar rapidamente sobre questões às quais os comentadores tomistas mais experimentados muitas vezes prestaram pouca atenção, em detrimento do equilíbrio de suas sínteses. Será preciso efetuar o esforço necessário para apreender bem o que Sto. Tomás quer exprimir, e quais opções essenciais ele adotou. O tratado abunda igualmente em observações psicológicas, as quais, para não assumirem a importância de orientações gerais, não deixam por isso de ser sugestivas, e muitas vezes saborosas.

Para explorar esse capital não existe outra solução senão abordar diretamente o texto de Sto. Tomás.

---

* O leitor terá todo proveito em consultar, ao longo de todo o estudo, a segunda edição do *Tratado da Prudência* na tradução da Suma teológica denominada de *Revue des Jeunes*. Um especialista, Thomas Deman, apresentou ali um trabalho efetivamente notável. Tradução, notas explicativas e informações técnicas se recomendam por sua qualidade: S. Thomas d'Aquin, Somme théologique, La Prudence, 2ª edição, trad. francesa, notas e apêndices por Th. Deman O.P., éditions de la Revue des Jeunes, Desclée et Cie, 1949. *Frei C. Josphat O.P.*

QUAESTIO XLVII
DE PRUDENTIA SECUNDUM SE
in sexdecim articulos divisa

Consequenter, post virtutes theologicas, primo considerandum est, circa virtutes cardinales, de prudentia. Et primo, de prudentia secundum se; secundo, de partibus eius; tertio, de dono ei correspondente; quarto, de vitiis oppositis; quinto, de praeceptis ad hoc pertinentibus.

Circa primum quaeruntur sexdecim.

Primo: utrum prudentia sit in voluntate, vel in ratione.
Secundo: si est in ratione, utrum in practica tantum, vel etiam in speculativa.
Tertio: utrum sit cognoscitiva singularium.
Quarto: utrum sit virtus.
Quinto: utrum sit virtus specialis.
Sexto: utrum praestituat finem virtutibus moralibus.
Septimo: utrum constituat medium in eis.
Octauo: utrum praecipere sit proprius actus eius.
Nono: utrum sollicitudo vel vigilantia pertineat ad prudentiam.
Decimo: utrum prudentia se extendat ad regimen multitudinis.
Undecimo: utrum prudentia quae est respectu boni proprii sit eadem specie cum ea quae se extendit ad bonum commune.
Duodecimo: utrum prudentia sit in subditis, an solum in principibus.
Tertiodecimo: utrum inveniatur in malis.
Quartodecimo: utrum inveniatur in omnibus bonis.
Quintodecimo: utrum insit nobis a natura.
Sextodecimo: utrum perdatur per oblivionem.

ARTICULUS 1
Utrum prudentia sit in vi cognoscitiva, an in appetitiva

AD PRIMUM SIC PROCEDITUR. Videtur quod prudentia non sit in vi cognoscitiva, sed in appetitiva.

1. Dicit enim Augustinus, in libro *de Moribus Eccles*[1]. *Prudentia est amor ea quibus adiuvatur ab eis quibus impeditur sagaciter eligens*. Sed

QUESTÃO 47
DA PRUDÊNCIA EM SI MESMA
em dezesseis artigos

Após o estudo das virtudes teologais, devemse estudar as virtudes cardeais. Primeiramente a prudência, na seguinte ordem: 1. A prudência em si mesma; 2. suas partes; 3. o dom a ela correspondente; 4. os vícios opostos à prudência; 5. seus preceitos.

A respeito do primeiro, são dezesseis as perguntas:

1. A prudência reside na vontade ou na razão?
2. Supondo que resida na razão, está somente na razão prática ou também na especulativa?
3. Ela conhece os singulares?
4. É virtude?
5. É uma virtude especial?
6. Ela determina o fim para as virtudes morais?
7. Ela lhes estabelece o meio-termo?
8. Seu ato próprio é imperar?
9. A diligência ou vigilância pertence à prudência?
10. A prudência abarca o governo da multidão?
11. Ela que diz respeito ao bem próprio é da mesma espécie que aquela que se estende ao bem comum?
12. Ela está nos súditos, ou somente nos governantes?
13. Ela se encontra nos maus?
14. Ela se encontra em todos os bons?
15. Ela se encontra em nós por natureza?
16. Ela se perde por esquecimento?

ARTIGO 1
A prudência reside na razão ou na vontade?

QUANTO AO PRIMEIRO ARTIGO, ASSIM SE PROCEDE: parece que a prudência **não** reside na razão, mas na vontade.

1. Com efeito, Agostinho diz que "a prudência é amor que escolhe com sagacidade entre as coisas que lhe favorecem e as que se lhe opõem". Ora, o

---

1 PARALL.: I-II, q. 56, a. 2, ad 3; a. 3; III *Sent.*, dist. 33, q. 2, a. 4, q.la 4; VI *Ethic.*, lect. 4.
  1. C. 15: ML 32, 1322.

amor non est in cognoscitiva, sed in appetitiva. Ergo prudentia est in vi appetitiva.

2. PRAETEREA, sicut ex praedicta[2] definitione apparet, ad prudentiam pertinet *eligere sagaciter*. Sed electio est actus appetitivae virtutis, ut supra[3] habitum est. Ergo prudentia non est in vi cognoscitiva, sed in appetitiva.

3. PRAETEREA, Philosophus dicit, in VI *Ethic*.[4], quod *in arte quidem volens peccans eligibilior est: circa prudentiam autem, minus, quemadmodum et circa virtutes*. Sed virtutes morales, de quibus ibi loquitur, sunt in parte appetitiva, ars autem in ratione. Ergo prudentia magis est in parte appetitiva quam in ratione.

SED CONTRA est quod Augustinus dicit, in libro *Octoginta trium Quaest*.[5]: *Prudentia est cognitio rerum appetendarum et fugiendarum*.

RESPONDEO dicendum quod, sicut Isidorus dicit, in libro *Etymol*.[6], *prudens dicitur quasi porro videns: perspicax enim est, et incertorum videt casus*. Visio autem non est virtutis appetitivae, sed cognoscitivae. Unde manifestum est quod prudentia directe pertinet ad vim cognoscitivam. Non autem ad vim sensitivam: quia per eam cognoscuntur solum ea quae praesto sunt et sensibus offeruntur. Cognoscere autem futura ex praesentibus vel praeteritis, quod pertinet ad prudentiam, proprie rationis est: quia hoc per quandam collationem agitur. Unde relinquitur quod prudentia proprie sit in ratione.

AD PRIMUM ergo dicendum quod, sicut supra[7] dictum est, voluntas movet omnes potentias ad suos actus. Primus autem actus appetitivae virtutis est amor, ut supra[8] dictum est. Sic igitur prudentia dicitur esse amor non quidem essentialiter, sed inquantum amor movet ad actum prudentiae. Unde et postea subdit Augustinus quod *prudentia est amor bene discernens ea quibus adiuvetur ad tendendum in Deum ab his quibus impediri potest*. Dicitur autem amor discernere, inquantum movet rationem ad discernendum.

AD SECUNDUM dicendum quod prudens considerat ea quae sunt procul inquantum ordinantur ad adiuvandum vel impediendum ea quae sunt prae-

amor não reside na razão mas na vontade. Logo, a prudência reside na vontade.

2. ALÉM DISSO, como se depreende da definição anterior, é próprio da prudência "escolher com sagacidade". Ora, a escolha é um ato da vontade, como se viu precedentemente. Logo, a prudência não está na razão, mas na vontade.

3. ADEMAIS, segundo diz o Filósofo "quem, querendo, comete uma falta na arte é mais escusável do que quem a comete na prudência ou nas outras virtudes". Ora, as virtudes morais, das quais se fala no texto citado, residem na vontade, e a arte na razão. Logo, a prudência reside mais na vontade do que na razão.

EM SENTIDO CONTRÁRIO, Agostinho diz, que "a prudência é o conhecimento das coisas que devemos desejar ou das quais devemos fugir".

RESPONDO. Segundo Isidoro: "prudente significa o que vê ao longe, é perspicaz, vê o desenlace dos casos incertos". A visão não pertence à potência apetitiva mas à cognoscitiva. Por isso é evidente que a prudência pertence diretamente à potência cognoscitiva. Não, porém, à sensitiva, porque, por meio desta, se reconhecem as coisas que estão presentes e aparecem aos sentidos, enquanto que conhecer o futuro a partir da coisas presentes ou passadas, o que é próprio da prudência, pertence à razão, dado que se faz por dedução. Portanto, resulta que a prudência reside propriamente na razão.

QUANTO AO 1º, portanto, deve-se dizer que, como já foi dito acima, a vontade move todas as potências para seus atos. Também se disse que o ato da potência apetitiva é o amor. Assim, pois, se diz que a prudência é amor não essencialmente, mas enquanto o amor move para o ato de prudência. Por isso Agostinho diz que "a prudência é amor que distingue claramente aquilo que ajuda na sua tendência para Deus, daquilo que pode impedi-lo". Pois, do amor se diz que discerne enquanto move a razão a discernir.

QUANTO AO 2º, deve-se dizer que o prudente considera o que está distante enquanto é ordenado para auxiliar ou impedir as coisas que devem

---

2. Arg. 1.
3. I, q. 83, a. 3; I-II, q. 13, a. 1.
4. C. 5: 1140, b, 22-25.
5. Q. 61, n. 4: ML 40, 51.
6. L. X, ad litt. *P*, n. 202: ML 82, 388 C.
7. I, q. 82, a. 4; I-II, q. 9, a. 1.
8. I, q. 20, a. 1; I-II, q. 25, a. 1, 2, 3; q. 27, a. 4.

sentialiter agenda. Unde patet quod ea quae considerat prudentia ordinantur ad alia sicut ad finem. Eorum autem quae sunt ad finem est consilium in ratione et electio in appetitu. Quorum duorum consilium magis proprie pertinet ad prudentiam: dicit enim Philosophus, in VI *Ethic*.[9], quod prudens est *bene consiliativus*. Sed quia electio praesupponit consilium, est enim *appetitus praeconsiliati*, ut dicitur in III *Ethic*.[10]; ideo etiam eligere potest attribui prudentiae consequenter, inquantum scilicet electionem per consilium dirigit.

AD TERTIUM dicendum quod laus prudentiae non consistit in sola consideratione, sed in applicatione ad opus, quod est finis practicae rationis. Et ideo si in hoc defectus accidat, maxime est contrarium prudentiae: quia sicut finis est potissimus in unoquoque, ita et defectus qui est circa finem est pessimus. Unde ibidem[11] Philosophus subdit quod prudentia *non est solum cum ratione*, sicut ars: habet enim, ut dictum est, applicationem ad opus, quod fit per voluntatem.

ARTICULUS 2

Utrum prudentia pertineat solum ad rationem practicam, an etiam ad speculativam

AD SECUNDUM SIC PROCEDITUR. Videtur quod prudentia non solum pertineat ad rationem practicam, sed etiam ad speculativam.

1. Dicitur enim Pr 10,23: *Sapientia est viro prudentia*. Sed sapientia principalius consistit in contemplatione. Ergo et prudentia.

2. PRAETEREA, Ambrosius dicit, in I *de officiis*[1]: *Prudentia in veri investigatione versatur, et scientiae plenioris infundit cupiditatem*. Sed hoc pertinet ad rationem speculativam. Ergo prudentia consistit etiam in ratione speculativa.

3. PRAETEREA, in eadem parte animae ponitur a Philosopho ars et prudentia; ut patet in VI *Ethic*.[2]. Sed ars non solum invenitur practica, sed

ser feitas no presente. Está, pois, claro que as coisas consideradas pela prudência, se ordenam a outras como a um fim. Com relação aos meios que levam ao fim, existe o conselho na razão e a escolha na vontade. Destes dois, o conselho mais propriamente pertence à prudência, já que, como diz o Filósofo: "o prudente sabe aconselhar bem". Todavia, como a escolha supõe o conselho, é "o apetite do previamente aconselhado", como diz o Filósofo. Por isso, o escolher poder ser atribuído à prudência de modo consequente, enquanto dirige a escolha por meio do conselho.

QUANTO AO 3º, deve-se dizer que o mérito da prudência não consiste somente na consideração, mas na aplicação à obra, que é o fim da razão prática. Portanto, se houver alguma deficiência neste, será em grau máximo contrário à prudência, porque, assim como o fim é o principal na ordem das coisas, uma deficiência nele é péssimo. Donde o Filósofo acrescentar que a prudência "não está somente na razão, como a arte, já que, como foi dito, a prudência comporta a aplicação à obra, que se realiza pela vontade.

ARTIGO 2

Pertence a prudência somente à razão prática ou também à especulativa?

QUANTO AO SEGUNDO, ASSIM SE PROCEDE: parece que a prudência **não** pertence somente à razão prática, mas pertence também razão especulativa.

1. Com efeito, está escrito no livro dos Provérbios: "Para o homem, a prudência é sabedoria". Ora, a sabedoria consiste principalmente na contemplação. Portanto, também a prudência.

2. ADEMAIS, segundo Ambrósio: "A prudência versa sobre a investigação da verdade e infunde o desejo de uma ciência mais perfeita". Ora, isto é próprio da razão especulativa. Logo, a prudência consiste também na razão especulativa.

3. ADEMAIS, o Filósofo afirma na mesma parte da alma a arte e a prudência. A arte não é somente prática, mas também especulativa, como se vê nas

---

9. Cc. 5, 8, 10: 1140, a, 25-28; 1141, b, 8-14; 1142, b, 31-33.
10. C. 4; 1112, a, 14-17.
11. C. 5: 1140, b, 28-30.

PARALL.: I-II, q. 56, a. 3; III *Sent*., dist. 33, q. 2, a. 4, q.la 4.

1. C. 24, n. 115: ML 16, 57 A.
2. Cc. 2, 6: 1139, a, 8; 1140, b, 35 — 1141, a, 8.

etiam speculativa: ut patet in artibus liberalibus. Ergo etiam prudentia invenitur et practica et speculativa.

SED CONTRA est quod Philosophus dicit, in VI *Ethic.*[3], quod prudentia est recta ratio agibilium. Sed hoc non pertinet nisi ad rationem practicam. Ergo prudentia non est nisi in ratione practica.

RESPONDEO dicendum quod, sicut Philosophus dicit, in VI *Ethic.*[4], *prudentis est bene posse consiliari*. Consilium autem est de his quae sunt per nos agenda in ordine ad finem aliquem. Ratio autem eorum quae sunt agenda propter finem est ratio practica. Unde manifestum est quod prudentia non consistit nisi in ratione practica.

AD PRIMUM ergo dicendum quod, sicut supra[5] dictum est, sapientia considerat causam altissimam simpliciter. Unde consideratio causae altissimae in quolibet genere pertinet ad sapientiam in illo genere. In genere autem humanorum actuum causa altissima et finis communis toti vitae humanae. Et hunc finem intendit prudentia: dicit enim Philosophus, in VI *Ethic.*[6], quod sicut ille qui ratiocinatur bene ad aliquem finem particularem, puta ad victoriam, dicitur esse prudens non simpliciter, sed in hoc genere, scilicet in rebus bellicis; ita ille qui bene ratiocinatur ad totum bene vivere dicitur prudens simpliciter. Unde manifestum est quod prudentia est sapientia in rebus humanis: non autem sapientia simpliciter, quia non est circa causam altissimam simpliciter; est enim circa bonum humanum, homo autem non est optimum eorum quae sunt. Et ideo signanter dicitur quod prudentia est *sapientia viro*, non autem sapientia simpliciter.

AD SECUNDUM dicendum quod Ambrosius et etiam Tullius[7] nomen prudentiae largius sumunt pro qualibet cognitione humana tam speculativa quam practica.

Quamvis dici possit quod ipse actus speculativae rationis, secundum quod est voluntarius, cadit sub electione et consilio quantum ad suum exercitium, et per consequens cadit sub ordinatione prudentiae. Sed quantum ad suam speciem, prout comparatur ad obiectum, quod est verum necessarium, non cadit sub consilio nec sub prudentia.

artes liberais. Logo, também a prudência é prática e especulativa.

EM SENTIDO CONTRÁRIO, o Filósofo diz que a prudência é "a reta razão no agir", o que é próprio somente da razão prática. Portanto, a prudência reside somente na razão prática.

RESPONDO. Como diz o Filósofo, "é próprio do prudente o poder aconselhar bem". Por sua vez, o conselho versa sobre coisas que devemos fazer para alcançar um fim. Ora, a razão dessas coisas é a razão prática. É, pois, evidente que a prudência consiste exclusivamente na razão prática

QUANTO AO 1º, portanto, deve-se dizer que, como já foi dito acima, a sabedoria considera a causa mais elevada e absoluta. Por isso, a consideração da causa mais elevada, em um gênero qualquer, pertence à sabedoria dentro desse gênero. E no gênero dos atos humanos, a causa mais elevada é o fim comum de toda a vida humana. Este é o fim de que se ocupa a prudência, dado que, como diz o Filósofo, assim como o que raciocina corretamente em vista de um fim particular, por exemplo, a vitória, dizemos que é prudente, não absolutamente, mas neste gênero bélico, de igual modo, o que raciocina bem com relação a todo o bem moral, dizemos que é prudente de modo absoluto. A prudência é, portanto, sabedoria a respeito da coisas humanas; não sabedoria absoluta, por não versar sobre a causa mais elevada e absoluta, dado que se trata do bem humano, e o homem não é o melhor entre aquelas coisas que existem. Por isso se diz, na passagem citada, que a prudência é "sabedoria para o homem", e não sabedoria absolutamente.

QUANTO AO 2º, deve-se dizer que tanto Ambrósio como Túlio tomam a palavra prudência em sentido amplo, compreendendo todo o conhecimento humano, seja especulativo ou prático.

Também se poderia dizer que o próprio ato da razão especulativa, enquanto voluntário, é objeto de escolha e conselho quanto a seu exercício, e, portanto, da ordenação da prudência. Mas, quanto à sua espécie, enquanto relacionado com o seu objeto, que é a verdade necessária, não cai sob o conselho nem sob a prudência.

---

3. C. 5: 1140, b, 20-21.
4. C. 5: 1140, a, 25-28.
5. Q. 45, a. 1.
6. C. 5: 1140, a, 28-31.
7. *De invent. rhet.*, l. II, c. 53: ed. G. Friedrich, Lipsiae 1908, p. 230, ll. 6-7.

AD TERTIUM dicendum quod omnis applicatio rationis rectae ad aliquid factibile pertinet ad artem. Sed ad prudentiam non pertinet nisi applicatio rationis rectae ad ea de quibus est consilium. Et huiusmodi sunt in quibus non sunt viae determinatae perveniendi ad finem; ut dicitur in III *Ethic*.[8]. Quia igitur ratio speculativa quaedam facit, puta syllogismum, propositionem et alia huiusmodi, in quibus proceditur secundum certas et determinatas vias; inde est quod respectu horum potest salvari ratio artis, non autem ratio prudentiae. Et ideo invenitur aliqua ars speculativa, non autem aliqua prudentia.

QUANTO AO 3º, deve-se dizer que toda aplicação da razão reta a algo factível é própria da arte. À prudência, porém, somente compete aplicar a reta razão às coisas que implicam conselho, nas quais não se dá um meio determinado para se chegar ao fim, como diz o Filósofo. E, dado que a razão especulativa realiza algumas coisas, como o silogismo, a proposição e outras, nas quais se procede por normas certas e determinadas, com relação a elas pode haver alguma razão de arte, não de prudência. Há, portanto, uma arte especulativa, não, porém, uma prudência especulativa.

ARTICULUS 3
Utrum prudentia sit cognoscitiva singularium

ARTIGO 3
A prudência conhece os singulares?[a]

AD TERTIUM SIC PROCEDITUR. Videtur quod prudentia non sit cognoscitiva singularium.

1. Prudentia enim est in ratione, ut dictum est[1]. Sed *ratio est universalium*, ut dicitur in I *Physic*.[2]. Ergo prudentia non est cognoscitiva nisi universalium.

2. PRAETEREA, singularia sunt infinita. Sed infinita non possunt comprehendi a ratione. Ergo prudentia, quae est ratio recta, non est singularium.

3. PRAETEREA, particularia per sensum cognoscuntur. Sed prudentia non est in sensu: multi enim habentes sensus exteriores perspicaces non sunt prudentes. Ergo prudentia non est singularium.

SED CONTRA est quod Philosophus dicit, in VI *Ethic*.[3], quod *prudentia non est universalium solum, sed oportet et singularia cognoscere*.

QUANTO AO TERCEIRO, ASSIM SE PROCEDE: parece que a prudência **não** conhece os singulares.

1. Com efeito, a prudência reside na razão, como foi dito. Ora, a razão tem por objeto os universais, segundo o Filósofo. Logo, a prudência só conhece os universais.

2. ALÉM DISSO, as coisas singulares são infinitas. Ora, a razão não pode abarcar coisas infinitas. Logo, a prudência, que é a reta razão, não tem por objeto os singulares.

3. ADEMAIS, o que é singular é conhecido pelos sentidos. Ora, a prudência não está no sentido; de fato, muitos dos que são dotados de sentidos exteriores perspicazes não são prudentes. Logo, a prudência não tem por objeto os singulares.

EM SENTIDO CONTRÁRIO, o Filósofo diz que "a prudência não se refere somente aos universais, mas conhece também os singulares".

---

8. C. 5: 1112, a, 34; b, 11-15.

3 PARALL.: VI *Ethic*., lect. 6, 7.

1. Art. 1.
2. C. 5: 189, a, 7.
3. C. 8: 1141, b, 14-22.

a. É intencionalmente que vinculamos a primeira nota explicativa da questão a seu terceiro artigo. Os três primeiros artigos estão estreitamente vinculados, e só compreendemos o sentido e o alcance dos dois primeiros completando-os pelo terceiro. Nada se afirmou de definitivo enquanto não se tiver fornecido a precisão de que o próprio da prudência é abarcar simultaneamente os princípios racionais da ação e o concreto sobre o qual o homem opera. A prudência deve respeitar perfeitamente seus dois tipos de objeto, não dobrar os princípios às necessidades da primeira causa que aparece, mas não imaginar tampouco que o concreto possa ser apreendido por um mero afinamento de noções abstratas. Os princípios são princípios, o concreto permanece perfeitamente concreto. E a originalidade da prudência consiste em abarcar ambos os domínios, o que supõe que ela tenha sua sede na razão, uma razão já inteiramente impregnada pelo dinamismo da vontade. A prudência deve evitar toda nostalgia em relação ao estatuto mais científico das ciências especulativas (deve conservar o contato com o concreto), como de resto em relação aos mecanismos da fabricação. Não pode, em outros termos, economizar uma autêntica criatividade ao contato de um concreto, que ela ordena, sem jamais poder esgotar todos os seus aspectos.

A prudência é portanto de fato uma sabedoria, na ordem das coisas humanas que são concretas, mas não uma sabedoria suprema que transcendesse a dicotomia entre o abstrato e o concreto, a sabedoria dos seres espirituais (ver a. 2, r. 1).

RESPONDEO dicendum quod, sicut supra⁴ dictum est, ad prudentiam pertinet non solum consideratio rationis, sed etiam applicatio ad opus, quae est finis practicae rationis. Nullus autem potest convenienter aliquid alteri applicare nisi utrumque cognoscat, scilicet et id quod applicandum est et id cui applicandum est. Operationes autem sunt in singularibus. Et ideo necesse est quod prudens et cognoscat universalia principia rationis, et cognoscat singularia, circa quae sunt operationes.

AD PRIMUM ergo dicendum quod ratio primo quidem et principaliter est universalium: potest tamen universales rationes ad particularia applicare (unde syllogismorum conclusiones non solum sunt universales, sed etiam particulares); quia intellectus per quandam reflexionem se ad materiam extendit, ut dicitur in III *de Anima*⁵.

AD SECUNDUM dicendum quod quia infinitas singularium non potest ratione humana comprehendi, inde est quod sunt *incertae providentiae nostrae*, ut dicitur Sap 9,14. Tamen per experientiam singularia infinita reducuntur ad aliqua finita quae ut in pluribus accidunt, quorum cognitio sufficit ad prudentiam humanam.

AD TERTIUM dicendum quod, sicut Philosophus dicit, in VI *Ethic.*⁶, prudentia non consistit in sensu exteriori, quo cognoscimus sensibilia propria: sed in sensu interiori, qui perficitur per memoriam et experimentum ad prompte iudicandum de particularibus expertis. Non tamen ita quod prudentia sit in sensu interiori sicut in subiecto principali: sed principaliter quidem est in ratione, per quandam autem applicationem pertingit ad huiusmodi sensum.

RESPONDO. Como foi dito acima, é próprio da prudência não só a consideração da razão, mas também a aplicação à obra, que é fim da razão prática. Ora, ninguém pode aplicar convenientemente uma coisa a outra sem conhecer ambas: o que é necessário aplicar, e aquilo ao que se deve aplicar. As ações, porém, acontecem nos singulares. Por isso, é necessário que o prudente conheça tanto os princípios universais da razão como os singulares, que são o objeto das ações.

QUANTO AO 1º, portanto, deve-se dizer que a razão trata em primeiro lugar e principalmente dos universais; ela pode, no entanto, aplicar as razões universais aos particulares. Por isso, as conclusões dos silogismos não são somente universais, senão também particulares; porque o intelecto se estende à matéria por meio de certa reflexão, segundo o Filósofo.

QUANTO AO 2º, deve-se dizer que a infinidade de singulares não pode ser abarcada pela razão humana; consequentemente, diz o livro da Sabedoria: "nossas providências são incertas". No entanto, pela experiência, a infinidade dos singulares é reduzida a um número finito de casos mais frequentes, cujo conhecimento é suficiente para a prudência humana.

QUANTO AO 3º, deve-se dizer que como diz o Filósofo, a prudência não consiste no sentido exterior pelo qual conhecemos os objetos sensíveis próprios, mas, no sentido interior, que se aperfeiçoa pela memória e pela experiência, para julgar prontamente a respeito das coisas particulares percebidas. Não, todavia, que a prudência esteja nos sentidos internos como em seu sujeito principal, mas, principalmente na razão, e por certa aplicação se estende a esse sentido.

ARTICULUS 4
Utrum prudentia sit virtus

AD QUARTUM SIC PROCEDITUR. Videtur quod prudentia non sit virtus.
1. Dicit enim Augustinus, in I *de Lib. Arb.*¹, quod prudentia est *appetendarum et vitandarum*

ARTIGO 4
A prudência é uma virtude?[b]

QUANTO AO QUARTO, ASSIM SE PROCEDE: parece que a prudência **não** é uma virtude.
1. Com efeito, Agostinho diz que a prudência é "é ciência das coisas a serem desejadas e a

---

4. A. 1, ad 3.
5. C. 4: 429, b, 16-18.
6. C. 9: 1142, a, 26-30.

PARALL.: I-II, q. 57, a. 5, ad 3; q. 61, a. 1.
1. C. 13, n. 27: ML 32, 1235.

b. A prudência é conjuntamente uma virtude intelectual e uma virtude moral. Essa simples constatação permite apreender sua natureza em pouquíssimas palavras. Nenhuma outra virtude se situa exatamente nessa confluência. E compreendemos que

rerum scientia. Sed scientia contra virtutem dividitur; ut patet in *Praedicamentis*[2]. Ergo prudentia non est virtus.

2. Praeterea, virtutis non est virtus. Sed *artis est virtus*; ut Philosophus dicit, in VI *Ethic*.[3]. Ergo ars non est virtus. Sed in arte est prudentia: dicitur enim 2Par 2,14 de Hiram quod sciebat *caelare omnem sculpturam, et adinvenire prudenter quodcumque in opere necessarium est*. Ergo prudentia non est virtus.

3. Praeterea, nulla virtus potest esse immoderata. Sed prudentia est immoderata: alioquin frustra diceretur in Pr 23,4: *Prudentiae tuae pone modum*. Ergo prudentia non est virtus.

Sed contra est quod Gregorius, in II *Moral*.[4], prudentiam, temperantiam, fortitudinem et iustitiam dicit esse quatuor virtutes.

Respondeo dicendum quod, sicut supra[5] dictum est cum de virtutibus in communi ageretur, *virtus est quae bonum facit habentem et opus eius bonum reddit*. Bonum autem potest dici dupliciter: uno modo, materialiter, pro eo quod est bonum; alio modo, formaliter, secundum rationem boni. Bonum autem, inquantum huiusmodi, est obiectum appetitivae virtutis. Et ideo si qui habitus sunt qui faciant rectam considerationem rationis non habito respectu ad rectitudinem appetitus, minus habent de ratione virtutis, tanquam ordinantes ad bonum materialiter, idest ad id quod est bonum non sub ratione boni: plus autem habent de ratione virtutis habitus illi qui respiciunt rectitudinem appetitus, quia respiciunt bonum non solum materialiter, sed etiam formaliter, idest id quod est bonum sub ratione boni. Ad prudentiam autem pertinet, sicut dictum est[6], applicatio rectae rationis ad opus, quod non fit sine appetitu recto. Et ideo prudentia non solum habet rationem virtutis quam habent aliae virtutes intellectuales; sed etiam habet rationem virtu-

serem evitadas". Ora, a ciência se distingue da virtude, como diz o Filósofo. Logo, a prudência não é uma virtude.

2. Além disso, não há virtude da virtude. Ora, há uma virtude da arte, como diz o Filósofo. Portanto, a arte não é uma virtude. Mas, na arte está contida a prudência: diz-se, com efeito, de Hiram que "... sabia gravar toda sorte de figuras e inventar com prudência tudo o que era necessário para uma obra". Logo, a prudência não é uma virtude.

3. Ademais, nenhuma virtude pode ser imoderada. Ora, a prudência é imoderada; senão não haveria razão para dizer no livro dos Provérbios: "Põe uma medida na tua prudência". Logo, a prudência não é uma virtude[c].

Em sentido contrário, Gregório diz que "as quatro virtudes são: a prudência, a temperança, a fortaleza e a justiça".

Respondo. Como já foi dito, quando se tratou da virtude em geral, "a virtude torna bom aquele que a possui, e boa a obra que faz". Ora, o bem pode ser dito em dois sentidos: materialmente, para designar o que é bom; formalmente, quando é entendido sob a razão de bem. O bem enquanto tal é objeto da potência apetitiva. É por isso que, se há hábitos que tornam reta a consideração da razão, sem levar em conta a retidão do apetite, eles têm menos razão de virtude pois se orientam a um bem compreendido materialmente, isto é, a algo que de fato é bom, mas não considerado sob a razão de bem. Enquanto que os hábitos que se referem à retidão do apetite realizam em grau maior a razão de virtude, porque eles se referem ao bem não só materialmente mas ainda formalmente, a saber, considerado sob a razão de bem. Ora, compete à prudência, como já foi dito, aplicar a reta razão à obra, o que não se faz sem apetite reto. É por isso que a prudência não realiza somente o conceito de virtude como as outras virtudes intelectuais, mas possui também

---

2. C. 8: 8, b, 29.
3. C. 5: 1140, b, 22.
4. C. 49, al. 27, in vet. 36, n. 77; ML 75, 592 D.
5. I-II, q. 55, a. 3, *sed c*; q. 56, a. 1.
6. A. 1, ad 3; a. 3.

é decisivo para uma vida verdadeiramente humana que haja nessa conjunção uma "virtude," no sentido forte que Sto. Tomás confere a esse termo.

c. As citações da Escritura utilizadas nas objeções não estão sempre em correspondência. É o caso aqui. Basta reportar-se ao livro dos Provérbios (23,4) para constatar que, no texto bíblico, trata-se da aplicação que muitos homens põem em enriquecer-se. O escriba inspirado refreia seu ardor, dizendo: "Deixa de aplicar nisso teus dons intelectuais", tua sagacidade. Não merecem que nos fatiguemos tanto por elas.

tis quam habent virtutes morales, quibus etiam connumeratur.

AD PRIMUM ergo dicendum quod Augustinus ibi large accepit scientiam pro qualibet recta ratione.

AD SECUNDUM dicendum quod Philosophus dicit artis esse virtutem, quia non importat rectitudinem appetitus, et ideo ad hoc quod homo recte utatur arte, requiritur quod habeat virtutem, quae faciat rectitudinem appetitus. Prudentia autem non habet locum in his quae sunt artis: tum quia ars ordinatur ad aliquem particularem finem; tum quia ars habet determinata media per quae pervenitur ad finem. Dicitur tamen aliquis prudenter operari in his quae sunt artis per similitudinem quandam: in quibusdam enim artibus, propter incertitudinem eorum quibus pervenitur ad finem, necessarium est consilium, sicut in medicinali et in navigatoria, ut dicitur in III *Ethic.*[7].

AD TERTIUM dicendum quod illud dictum Sapientis non est sic intelligendum quasi ipsa prudentia sit moderanda: sed quia secundum prudentiam est aliis modus imponendus.

a noção de virtude própria das virtudes morais, entre a quais ela está enumerada.

QUANTO AO 1º, portanto, deve-se dizer que Agostinho, no texto citado, entende ciência no sentido amplo para designar tudo o que é reta razão.

QUANTO AO 2º, deve-se dizer que o Filósofo afirma que há uma virtude da arte porque esta não inclui a retidão do apetite sendo por isso que, para que se possa servir corretamente da arte, é preciso possuir a virtude que torna o apetite reto. Ora, a prudência não tem seu lugar naquilo que se refere à arte; porque a arte se ordena a um fim particular, e também porque ela emprega meios determinados para atingir seu fim. Se, no entanto, se diz de alguém que ele opera com prudência no domínio da arte, é por certa semelhança: em certas artes, com efeito, por causa da indeterminação dos meios pelos quais se chega ao fim, é necessário uma deliberação: assim na medicina e navegação, como diz ainda o Filósofo.

QUANTO AO 3º, deve-se dizer que a palavra citada do Sábio não deve ser entendida como se a própria prudência devesse ser medida; mas no sentido em que é preciso impor a todas as coisas a medida da prudência.

ARTICULUS 5
Utrum prudentia sit virtus specialis

AD QUINTUM SIC PROCEDITUR. Videtur quod prudentia non sit specialis virtus.

1. Nulla enim specialis virtus ponitur in communi definitione virtutis. Sed prudentia ponitur in communi definitione virtutis: quia in II *Ethic.*[1] definitur virtus *habitus electivus in medietate existens determinata ratione quoad nos, prout sapiens determinabit*; recta autem ratio intelligitur secundum prudentiam, ut dicitur in VI *Ethic.*[2]. Ergo prudentia non est specialis virtus.

2. PRAETEREA, Philosophus dicit, in VI *Ethic.*[3], quod *virtus moralis recte facit operari finem, prudentia autem ea quae sunt ad finem*. Sed in qualibet virtute sunt aliqua operanda propter finem. Ergo prudentia est in qualibet virtute. Non est ergo virtus specialis.

ARTIGO 5
A prudência é uma virtude especial?

QUANTO AO QUINTO, ASSIM SE PROCEDE: parece que a prudência **não** é uma virtude especial.

1. Com efeito, nenhuma virtude especial figura na definição geral de virtude. Ora, a prudência figura na definição geral de virtude: porque o Filósofo define a virtude como "um hábito eletivo que consiste em um meio-termo determinado pela razão a nosso respeito, como o sábio determinar". Ora, a razão reta é entendida segundo a prudência, como escreve também o Filósofo. Logo, a prudência não é uma virtude especial.

2. ALÉM DISSO, o Filósofo diz: "A virtude moral faz com se aja retamente com relação ao fim, a prudência com relação aos meios ordenados ao fim". Ora, em toda virtude há algo a ser feito em vista do fim. Logo, a prudência se encontra em toda virtude. Ela não é, pois, uma virtude especial.

---

7. C. 5: 1112, b, 3-6.

5 PARALL.: III *Sent.*, dist. 9, q. 1, a. 1, q.la 2; dist. 33, q. 1, a. 1, q.la 2; q. 2, a. 1, q.la 3, ad 2.
   1. C. 6: 1106, b, 36 — 1107, a, 2.
   2. C. 13: 1144, b, 24-25.
   3. C. 13: 1145, a, 5-6.

3. PRAETEREA, specialis virtus habet speciale obiectum. Sed prudentia non habet speciale obiectum: est enim recta ratio agibilium, ut dicitur in VI *Ethic.*[4]; agibilia autem sunt omnia opera virtutum. Ergo prudentia non est specialis virtus.

SED CONTRA est quod condividitur et connumeratur aliis virtutibus: dicitur enim Sap 8,7: *Sobrietatem et prudentiam docet, iustitiam et virtutem*.

RESPONDEO dicendum quod cum actus et habitus recipiant speciem ex obiectis, ut ex supradictis[5] patet, necesse est quod habitus cui respondet speciale obiectum ab aliis distinctum specialis sit habitus: et si est bonus, est specialis virtus. Speciale autem obiectum dicitur non secundum materialem considerationem ipsius, sed magis secundum rationem formalem, ut ex supradictis[6] patet: nam una et eadem res cadit sub actu diversorum habituum, et etiam diversarum potentiarum, secundum rationes diversas. Maior autem diversitas obiecti requiritur ad diversitatem potentiae quam ad diversitatem habitus: cum plures habitus inveniantur in una potentia, ut supra[7] dictum est. Diversitas ergo rationis obiecti quae diversificat potentiam, multo magis diversificat habitum.

Sic igitur dicendum est quod cum prudentia sit in ratione, ut dictum est[8], diversificatur quidem ab aliis virtutibus intellectualibus secundum materialem diversitatem obiectorum. Nam sapientia, scientia et intellectus sunt circa necessaria; ars autem et prudentia circa contingentia; sed ars circa factibilia, quae scilicet in exteriori materia constituuntur, sicut domus, cultellus et huiusmodi; prudentia autem est circa agibilia, quae scilicet in ipso operante consistunt, ut supra[9] habitum est. Sed a virtutibus moralibus distinguitur prudentia secundum formalem rationem potentiarum distinctivam: scilicet intellectivi, in quo est prudentia; et appetitivi, in quo est virtus moralis. Unde manifestum est prudentiam esse specialem virtutem ab omnibus aliis virtutibus distinctam.

3. ADEMAIS, uma virtude especial tem um objeto especial. Ora, a prudência não tem objeto especial, porque ela é "a reta razão do que se deve fazer", segundo o Filósofo. Com efeito, todas as obras das virtudes se referem ao que se deve fazer. Logo, a prudência não é uma virtude especial.

EM SENTIDO CONTRÁRIO, a prudência figura entre as outras na divisão e na enumeração das virtudes. Com efeito, se diz no livro da Sabedoria: "Ela ensina a moderação e a prudência, a justiça e a fortaleza".

RESPONDO. Uma vez que ato e o hábito se especificam pelos objetos, como se evidencia pelo que foi dito, o hábito ao qual corresponde um objeto especial distinto dos outros deve necessariamente ser um hábito especial. E, se for bom, é uma virtude especial. Ora, o objeto especial é entendido não segundo a consideração material, mas segunda a razão formal, como está claro pelo que foi dito anteriormente, porque uma só e mesma coisa cai sob o ato de diversos hábitos, e mesmo de diversas potências, segundo razões diversas. Ora, requer-se maior diversidade de objeto para estabelecer a diversidade de potência do que a diversidade de hábito, uma vez que se encontram muitos hábitos numa só potência, como foi dito. Portanto, a diversidade de razão do objeto, que diversifica a potência, distingue ainda mais os hábitos.

Consequentemente, se dirá que a prudência, estando na razão, como já foi dito, distingue-se das outras virtudes intelectuais segundo a diversidade material de objetos. Pois a sabedoria, a ciência e o intelecto têm como objetos coisas necessárias; a arte e a prudência, coisas contingentes. Mas, a arte tem por objeto as coisas a serem fabricadas, quer dizer, coisas que se constituem com matéria exterior, como uma casa, uma faca etc., enquanto que a prudência tem como objeto o que deve ser feito, o que tem sua existência no próprio agente, como acima se tratou. Mas, com relação às virtudes morais, a prudência se distingue segundo a razão formal distintiva das potências, a saber, da potência intelectual, sujeito da prudência; e da potência apetitiva, sujeito da virtude moral. Donde se evidencia que a prudência é uma virtude especial, distinta de todas as outras virtudes.

---

4. C. 5: 1140, b, 20-21.
5. I, q. 77, a. 3; I-II, q. 1, a. 3; q. 18, a. 2; q. 54, a. 2.
6. I-II, q. 54, a. 2, ad 1.
7. I-II, q. 54, a. 1.
8. Art. 1.
9. I-II, q. 57, a. 4.

AD PRIMUM ergo dicendum quod illa definitio non datur de virtute in communi, sed de virtute morali. In cuius definitione convenienter ponitur virtus intellectualis communicans in materia cum ipsa, scilicet prudentia: quia sicut virtutis moralis subiectum est aliquid participans ratione, ita virtus moralis habet rationem virtutis inquantum participat virtutem intellectualem.

AD SECUNDUM dicendum quod ex illa ratione habetur quod prudentia adiuvet omnes virtutes et in omnibus operetur. Sed hoc non sufficit ad ostendendum quod non sit virtus specialis: quia nihil prohibet in aliquo genere esse aliquam speciem quae aliqualiter operetur in omnibus speciebus eiusdem generis; sicut sol aliqualiter influit in omnia corpora.

AD TERTIUM dicendum quod agibilia sunt quidem materia prudentiae secundum quod sunt obiectum rationis, scilicet sub ratione veri. Sunt autem materia moralium virtutum secundum quod sunt obiectum virtutis appetitivae, scilicet sub ratione boni.

QUANTO AO 1º, portanto, deve-se dizer que esta definição não é aquela da virtude em geral, mas da virtude moral. Nessa definição se coloca convenientemente a virtude intelectual que tem uma matéria comum com ela, a saber, a prudência; da mesma forma, com efeito, que o sujeito da virtude moral participa da razão, assim, a virtude moral tem razão de virtude enquanto participa da virtude intelectual.

QUANTO AO 2º, deve-se dizer que se conclui, a partir deste raciocínio, que a prudência ajuda todas as virtudes e opera em todas. Mas, isso não basta para mostrar que ela não é uma virtude especial; porque nada impede que haja em um gênero uma espécie operando de alguma maneira em todas as espécies do mesmo gênero: como o sol esparge sua influência de algum modo sobre todos os corpos.

QUANTO AO 3º, deve-se dizer que o que pode ser feito é matéria da prudência enquanto objeto da razão, a saber, sob a razão de verdade. Mas, ela é também matéria das virtudes morais, enquanto objeto da vontade, a saber, sob a razão de bem.

ARTICULUS 6
Utrum prudentia praestituat finem virtutibus moralibus

AD SEXTUM SIC PROCEDITUR. Videtur quod prudentia praestituat finem virtutibus moralibus.

1. Cum enim prudentia sit in ratione, virtus autem moralis in vi appetitiva, videtur quod hoc modo se habeat prudentia ad virtutem moralem sicut ratio ad vim appetitivam. Sed ratio praestituit finem potentiae appetitivae. Ergo prudentia praestituit finem virtutibus moralibus.

2. PRAETEREA, homo excedit res irrationales secundum rationem, sed secundum alia cum eis

ARTIGO 6
A prudência determina o fim para as virtudes morais?[d]

QUANTO AO SEXTO, ASSIM SE PROCEDE: parece que a prudência **determina** o fim para as virtudes morais.

1. Com efeito, dado que a prudência está na razão e a virtude moral na vontade, parece que como a prudência está para a virtude moral, assim está a razão para a vontade. Ora, a razão determina o fim à vontade. Logo, também a prudência determina o fim às virtudes morais.

2. ALÉM DISSO, o homem é superior aos irracionais pela razão, mas, quanto ao resto, é semelhante

---

6 PARALL.: I-II, q. 66, a. 3, ad 3; III *Sent.*, dist. 33, q. 2, a. 3; *De Verit.*, q. 5, a. 1.

d. Esse artigo 6 correria um grande risco de passar despercebido, pois aparentemente resolve um problema simples de ordenamento. Na verdade, encontramo-nos em presença de uma escolha que é capital não só para o equilíbrio do tratado da prudência, como para toda nossa concepção da vida moral. É indispensável, por conseguinte, que nos detenhamos um pouco nele.

Todos admitem que a vida moral se origina em certo número de conhecimentos naturais, verdadeiros princípios da ação retificada, que nos permitem distinguir o bem do mal em um nível quase universal. A questão consiste em saber se a atividade racional da prudência vem se ligar diretamente a esses princípios na simples homogeneidade de um raciocínio, ou se uma etapa intermediária não vem se interpor: o enraizamento das virtudes morais. A diferença é de porte. Pois, se a prudência, para agir eficazmente, supõe pelo menos um embrião de virtudes morais, não se trata mais de um puro raciocínio intelectual, efetuado a partir de princípios igualmente intelectuais. A deliberação prudencial supõe com efeito que as forças apetitivas tenham se estabelecido na boa direção, a do fim indicado pelos princípios mais universais. É então o homem como um todo que se engaja na deliberação que conduzirá à ação, e não simplesmente um observador imparcial que, agindo como casuísta, resolve em sua mesa de trabalho um difícil caso de consciência. Nós nos encontramos aqui na linha divisória entre o que se convencionou chamar de uma "moral da consciência" e uma "moral da prudência". Se a prudência efetuasse primeiramente seu trabalho de

communicat. Sic igitur se habent aliae partes hominis ad rationem sicut se habet homo ad creaturas irrationales. Sed homo est finis creaturarum irrationalium ut dicitur in I *Politic*.[1]. Ergo omnes aliae partes hominis ordinantur ad rationem sicut ad finem. Sed prudentia est recta ratio agibilium, ut dictum est[2]. Ergo omnia agibilia ordinantur ad prudentiam sicut ad finem. Ipsa ergo praestituit finem omnibus virtutibus moralibus.

3. PRAETEREA, proprium est virtutis vel artis seu potentiae ad quam pertinet finis ut praecipiat aliis virtutibus seu artibus ad quas pertinent ea quae sunt ad finem. Sed prudentia disponit de aliis virtutibus moralibus et praecipit eis. Ergo praestituit eis finem.

SED CONTRA est quod Philosophus dicit, in VI *Ethic*.[3], quod *virtus moralis intentionem finis facit rectam, prudentia autem quae ad hanc*. Ergo ad prudentiam non pertinet praestituere finem virtutibus moralibus, sed solum disponere de his quae sunt ad finem.

RESPONDEO dicendum quod finis virtutum moralium est bonum humanum. Bonum autem humanae animae est secundum rationem esse; ut patet per Dionysium, 4 cap. *de Div. Nom*.[4]. Unde necesse est quod fines moralium virtutum praeexistant in ratione. Sicut autem in ratione speculativa sunt quaedam ut naturaliter nota, quorum est intellectus; et quaedam quae per illa innotescunt, scilicet conclusiones, quarum est scientia: ita in ratione practica praeexistunt quaedam ut principia naturaliter nota, et huiusmodi sunt fines virtutum moralium, quia finis se habet in operabilibus sicut principium in speculativis, ut supra[5] habitum est; et quaedam sunt in ratione practica ut conclusiones, et huiusmodi sunt ea quae sunt ad finem, in quae pervenimus ex ipsis finibus. Et horum est prudentia, applicans universalia principia ad

a eles. As outras partes do homem estão, pois, em relação à razão do mesmo modo que o homem em relação às criaturas irracionais. Ora, o homem é o fim das criaturas irracionais, como diz o Filósofo. Portanto, todas as outras partes do homem estão ordenadas à razão como a seu fim. Mas, a prudência é a reta razão do que deve ser feito, como foi explicado anteriormente. Portanto, tudo o que deve ser feito está ordenado à prudência como a seu fim. Logo, ela estabelece o fim para todas as virtudes morais.

3. ADEMAIS, é próprio da virtude, da arte ou da potência à qual pertence o fim, comandar as outras virtudes ou as outras artes às quais pertence o que se ordena ao fim. Ora, a prudência dirige e comanda as outras virtudes morais. Logo, a prudência estabelece o fim delas.

EM SENTIDO CONTRÁRIO, o Filósofo diz que "a virtude moral torna reta a intenção do fim, a prudência, os meios ordenados ao fim". Portanto, não compete à prudência determinar o fim às virtudes morais, mas, somente dispor dos meios.

RESPONDO. O fim das virtudes morais é o bem humano. Ora, o bem da alma humana é estar conformada à razão, como mostra Dionísio. Portanto, é necessário que os fins das virtudes morais preexistam na razão. Assim como na razão especulativa há certos conhecimentos naturais, que pertencem ao intelecto, e certos conhecimentos obtidos por meio daqueles, a saber, as conclusões que pertencem à ciência, assim também preexistem na razão prática algumas coisas como os princípios naturalmente conhecidos que são os fins das virtudes morais, porque o fim, no que se deve fazer, se tem como os princípios no conhecimento, como acima foi estabelecido. E certos conhecimentos estão na razão prática como conclusões; e são os conhecimentos relativos ao que é ordenado ao fim, aos quais chegamos a

---

1. C. 8: 1256, b, 15-17.
2. A. 2, *sed c*; a. 5, 1 a.
3. C. 13: 1144, a, 8-11.
4. MG 3, 733 A.
5. Q. 23, a. 7, ad 2; I-II, q. 57, a. 4.

determinação do ato a realizar, para em seguida transmitir a virtudes morais até então em repouso a decisão da consciência, estaríamos em plena "moral da consciência", e isso, mesmo que restassem a resolver alguns problemas de ordem prática. Se, pelo contrário, a prudência se mobiliza para realizar no concreto aquilo para que o agente já se volta com todo o peso de suas virtudes, a prudência se vê implicada em um dinamismo integralmente humano (e não somente racional).

Não é indiferente, portanto, que a prudência se contente em organizar o que tem em vista o fim, estando entendido que as virtudes morais já estão bem orientadas e em exercício. O papel da prudência corre o risco de parecer mais modesto nessa perspectiva; na verdade, é somente desse modo que ela incorpora toda a contribuição das virtudes morais, e não se reduz a uma dedução mais ou menos cerebral.

particulares conclusiones operabilium. Et ideo ad prudentiam non pertinet praestituere finem virtutibus moralibus, sed solum disponere de his quae sunt ad finem.

AD PRIMUM ergo dicendum quod virtutibus moralibus praestituit finem ratio naturalis quae dicitur synderesis, ut in Primo[6] habitum est: non autem prudentia, ratione iam[7] dicta.
Et per hoc etiam patet responsio AD SECUNDUM.

AD TERTIUM dicendum quod finis non pertinet ad virtutes morales tanquam ipsae praestituant finem: sed quia tendunt in finem a ratione naturali praestitutum. Ad quod iuvantur per prudentiam, quae eis viam parat, disponendo ea quae sunt ad finem. Unde relinquitur quod prudentia sit nobilior virtutibus moralibus, et moveat eas. Sed synderesis movet prudentiam, sicut intellectus principiorum scientiam.

partir dos próprios fins. A prudência se refere a estes conhecimentos, pois, ela aplica os princípios universais às conclusões particulares no que se deve fazer. Por isso, não pertence à prudência estabelecer o fim às virtudes morais, mas somente dispor os meios.

QUANTO AO 1º, portanto, deve-se dizer que as virtudes morais recebem o seu fim da razão natural chamada sindérese, como já foi explicado na I Parte, e não da prudência, pela razão exposta.
QUANTO AO 2º, deve-se dizer que isso responde à segunda objeção.
QUANTO AO 3º, deve-se dizer que o fim não pertence às virtudes morais, como se elas mesmas o estabelecessem, mas porque elas tendem ao fim estabelecido pela razão natural. Presta-lhes ajuda a prudência que lhes prepara o caminho dispondo os meios. Por conseguinte, resulta que a prudência é mais nobre que as outras virtudes morais e as põe em movimento. Mas a sindérese move a prudência como o intelecto dos princípios move a ciência.

ARTICULUS 7
Utrum ad prudentiam pertineat invenire medium in virtutibus moralibus

AD SEPTIMUM SIC PROCEDITUR. Videtur quod ad prudentiam non pertineat invenire medium in virtutibus moralibus.
1. Consequi enim medium est finis moralium virtutum. Sed prudentia non praestituit finem moralibus virtutibus, ut ostensum est[1]. Ergo non invenit in eis medium.
2. PRAETEREA, illud quod est per se non videtur causam habere, sed ipsum esse est sui ipsius causa: quia unumquodque dicitur esse per causam suam. Sed existere in medio convenit virtuti morali per se, quasi positum in eius definitione, ut ex dictis[2] patet. Non ergo prudentia causat medium in virtutibus moralibus.
3. PRAETEREA, prudentia operatur secundum modum rationis. Sed virtus moralis tendit ad me-

ARTIGO 7
A prudência estabelece o meio-termo nas virtudes morais?[e]

QUANTO AO SÉTIMO, ASSIM SE PROCEDE: parece que a prudência **não** estabelece o meio-termo nas virtudes morais.
1. Com efeito, alcançar o meio-termo é o fim das virtudes morais. Ora, a prudência não estabelece o fim para as virtudes morais, como se mostrou. Logo, ela não estabelece o meio-termo.
2. ALÉM DISSO, o que existe por si mesmo não parece proceder de nenhuma causa, mas ser ele a causa de si mesmo, porque se diz que cada um existe por sua causa. Ora, como já se viu, cabe por si à virtude moral ser o meio-termo, como consta em sua definição. Logo, a prudência não é causa do meio-termo nas virtudes morais.
3. ADEMAIS, a prudência opera segundo a razão. Ora, a virtude moral tende ao meio-termo de modo

---

6. Q. 79, a. 12.
7. In corp.

7 PARALL.: I-II, q. 66, a. 3, ad 3; III *Sent.*, dist. 33, q. 2, a. 3.

1. Art. praec.
2. A. 5, 1 a.

---

e. Completando e equilibrando a doutrina do artigo anterior, o artigo 7 estabelece que as virtudes morais só se realizam graças à intervenção da prudência. Um certo "justo termo" está ligado à sua natureza, mas encontrar o meio-termo na realidade é impossível sem a prudência.

dium per modum naturae: quia ut Tullius dicit, in II *Rhet.*³, *virtus est habitus per modum naturae rationi consentaneus*. Ergo prudentia non praestituit medium virtutibus moralibus.

SED CONTRA est quod in supraposita⁴ definitione virtutis moralis dicitur quod est *in medietate existens determinata ratione prout sapiens determinabit*.

RESPONDEO dicendum quod hoc ipsum quod est conformari rationi rectae est finis proprius cuiuslibet moralis virtutis: temperantia enim hoc intendit, ne propter concupiscentias homo divertat a ratione; et similiter fortitudo ne a recto iudicio rationis divertat propter timorem vel audaciam. Et hic finis praestitutus est homini secundum naturalem rationem: naturalis enim ratio dictat unicuique ut secundum rationem operetur. Sed qualiter et per quae homo in operando attingat medium rationis pertinet ad dispositionem prudentiae. Licet enim attingere medium sit finis virtutis moralis, tamen per rectam dispositionem eorum quae sunt ad finem medium invenitur.

Et per hoc patet responsio AD PRIMUM.

AD SECUNDUM dicendum quod sicut agens naturale facit ut forma sit in materia, non tamen facit ut formae conveniant ea quae per se ei insunt; ita etiam prudentia medium constituit in passionibus et operationibus, non tamen facit quod medium quaerere conveniat virtuti.

AD TERTIUM dicendum quod virtus moralis per modum naturae intendit pervenire ad medium. Sed quia medium non eodem modo invenitur in omnibus, ideo inclinatio naturae, quae semper eodem modo operatur, ad hoc non sufficit, sed requiritur ratio prudentiae.

natural; porque, como diz Túlio: "A virtude á um hábito conveniente à razão como uma natureza". Logo, a prudência não estabelece o meio-termo nas virtudes morais.

EM SENTIDO CONTRÁRIO, está dito na definição de virtude moral, referida acima, que ela "consiste no meio-termo determinado pela razão, como o sábio determinar".

RESPONDO. A conformidade com a reta razão é o fim próprio de toda virtude moral; pois a intenção da temperança é que o homem não se afaste da razão por causa da concupiscência; do mesmo modo, a intenção da fortaleza é que ele não se afaste do reto julgamento da razão por causa do medo ou da audácia. E esse fim é imposto ao homem pela razão natural: ela dita a cada um agir de acordo com a razão. Mas, como e por quais caminhos o homem que age pode atingir o meio-termo da razão compete à disposição da prudência. Com efeito, ainda que atingir o meio-termo seja o fim da virtude moral, no entanto este meio-termo não é encontrado senão pela reta disposição dos meios.

QUANTO AO 1º, portanto, deve-se dizer que isso responde à primeira objeção.

QUANTO AO 2º, deve-se dizer que o agente natural faz que a forma exista na matéria; mas não faz que convenha à forma o que nela existe por si, assim também a prudência estabelece o meio-termo nas paixões e ações, mas não faz que corresponda à virtude ᶠ a procura do meio-termo.

QUANTO AO 3º, deve-se dizer que a virtude moral tende naturalmente a atingir se meio-termo. Mas, dado que o meio-termo não se encontra do mesmo modo em todos os casos, a inclinação natural, que age sempre da mesma forma, não basta, e a razão da prudência é requerida.

---

3. *De invent. rhet.*, l. II, c. 53; ed. G. Friedrich, Lipsiae 1908, p. 230, ll. 2-3.
4. A. 5, 1 a.

f. Essa solução parecerá um pouco técnica, mas a objeção também o era. O que quer dizer Sto. Tomás? Quando o sol (agente natural) faz germinar a semente, a matéria recebe, graças a ele, sua forma (vegetal). Mas que a planta (o trigo, por exemplo) tenha tal ou tal propriedade específica, isso não se deve ao sol, mas à natureza do trigo. Quando a prudência intervém em uma ação, é graças a ela que a ação concreta recebe sua qualidade moral (o meio-termo foi encontrado); mas é da natureza da virtude moral, antes mesmo da intervenção da prudência, estar em busca de seu meio-termo. É concretamente, por conseguinte, que a prudência permite detectar onde se encontra o meio-termo para o qual a virtude moral se orienta por sua própria natureza.

Articulus 8
Utrum praecipere sit principalis actus prudentiae

Ad octavum sic proceditur. Videtur quod praecipere non sit principalis actus prudentiae.

1. Praecipere enim pertinet ad bona quae sunt fienda. Sed Augustinus, XIV *de Trin.*[1], ponit actum prudentiae *praecavere insidias*. Ergo praecipere non est principalis actus prudentiae.

2. Praeterea, Philosophus dicit, in VI *Ethic.*[2], quod *prudentis videtur esse bene consiliari*. Sed alius actus videtur esse consiliari et praecipere, ut ex supradictis[3] patet. Ergo prudentiae principalis actus non est praecipere.

3. Praeterea, praecipere, vel imperare, videtur pertinere ad voluntatem, cuius obiectum est finis et quae movet alias potentias animae. Sed prudentia non est in voluntate, sed in ratione. Ergo prudentiae actus non est praecipere.

Sed contra est quod Philosophus dicit, in VI *Ethic.*[4], quod *prudentia praeceptiva est*.

Respondeo dicendum quod prudentia est recta ratio agibilium, ut supra[5] dictum est. Unde oportet quod ille sit praecipuus actus prudentiae qui est praecipuus actus rationis agibilium. Cuius quidem sunt tres actus. Quorum primus est consiliari: quod pertinet ad inventionem, nam consiliari est quaerere, ut supra[6] habitum est. Secundus actus est iudicare de inventis: et hic sistit speculativa ratio. Sed practica ratio, quae ordinatur ad opus, procedit ulterius, et est tertius actus eius praecipere: qui quidem actus consistit in applicatione consiliatorum et iudicatorum ad operandum. Et quia iste actus est propinquior fini rationis practicae, inde est quod iste est principalis actus rationis practicae, et per consequens prudentiae.

Et huius signum est quod perfectio artis consistit in iudicando, non autem in praecipiendo. Ideo reputatur melior artifex qui volens peccat in arte, quasi habens rectum iudicium, quam qui

Artigo 8
Comandar é o ato principal da prudência?

Quanto ao oitavo, assim se procede: parece que comandar **não** é o ato principal da prudência.

1. Com efeito, comandar se refere ao bem a ser feito. Ora, Agostinho atribui como ato à prudência "precaver-se das insídias". Logo, comandar não é o ato principal da prudência.

2. Além disso, o Filósofo diz que "é próprio do prudente deliberar acertadamente". Ora, deliberar e comandar parece que são dois atos diferentes, como se conclui do que foi dito precedentemente. Logo, o ato principal da prudência não é comandar.

3. Ademais, comandar ou dar uma ordem parece que pertence à vontade cujo objeto é o fim e a qual põe em movimento as outras potências da alma. Ora, a prudência não reside na vontade, mas na razão. Logo, o ato da prudência não é comandar.

Em sentido contrário, o Filósofo diz que "a prudência é preceptiva".

Respondo. A prudência é a reta razão do que deve ser feito, já foi dito. Portanto, é necessário que o ato principal da prudência seja o ato principal da razão orientado ao que deve ser feito. Nela se distinguem três atos: o primeiro é deliberar, ao qual compete a descoberta, porque deliberar é procurar, como foi dito acima. O segundo ato é o julgamento relativo ao que foi descoberto, o que é função da razão especulativa. Mas, a razão prática, ordenada à ação efetiva, vai mais longe e é seu terceiro ato, comandar. Este ato consiste em aplicar à ação o resultado obtido na descoberta e no julgamento. E porque este ato está mais próximo do fim da razão prática, segue-se que este é o ato principal da razão prática e, consequentemente da prudência.

O sinal disto é que a perfeição da arte consiste no julgamento, não no comando. Por esta razão se tem como melhor artista aquele que comete um erro voluntariamente em sua arte, porque tem

---

8 Parall.: I-II, q. 57, a. 6; III *Sent.*, dist. 33, q. 2, a. 3; *De Virtut.*, q. 1, a. 12, ad 6; q. 5, a. 1; *ad Rom.*, c. 8, lect. 1; VI *Ethic.*, lect. 9.

1. C. 9: ML 42, 1046.
2. Cc. 5, 8, 10: 1140, a, 25-28; 1141, b, 8-14; 1142, b, 31-33.
3. I-II, q. 57, a. 6.
4. C. 11: 1143, a, 8-11.
5. A. 2, *sed c*.
6. I-II, q. 14, a. 1.

peccat nolens, quod videtur esse ex defectu iudicii. Sed in prudentia est e converso, ut dicitur in VI *Ethic.*[7]: imprudentior enim est qui volens peccat, quasi deficiens in principali actu prudentiae, qui est praecipere, quam qui peccat nolens.

AD PRIMUM ergo dicendum quod actus praecipiendi se extendit et ad bona prosequenda et ad mala cavenda. — Et tamen *praecavere insidias* non attribuit Augustinus prudentiae quasi principalem actum ipsius: sed quia iste actus prudentiae non manet in patria.

AD SECUNDUM dicendum quod bonitas consilii requiritur ut ea quae sunt bene inventa applicentur ad opus. Et ideo praecipere pertinet ad prudentiam, quae est bene consiliativa.

AD TERTIUM dicendum quod movere absolute pertinet ad voluntatem. Sed praecipere importat motionem cum quadam ordinatione. Et ideo est actus rationis, ut supra[8] dictum est.

ARTICULUS 9
Utrum sollicitudo
pertineat ad prudentiam

AD NONUM SIC PROCEDITUR. Videtur quod sollicitudo non pertineat ad prudentiam.
1. Sollicitudo enim inquietudinem quandam importat: dicit enim Isidorus, in libro *Etymol.*[1], quod *sollicitus dicitur qui est inquietus*. Sed motio maxime pertinet ad vim appetitivam. Ergo et sollicitudo. Sed prudentia non est in vi appetitiva, sed in ratione, ut supra[2] habitum est. Ergo sollicitudo non pertinet ad prudentiam.
2. PRAETEREA, sollicitudini videtur opponi certitudo veritatis: unde dicitur 1Reg 9,20 quod Samuel dixit ad Saul: *De asinis quas nudiustertius perdidisti ne sollicitus sis: quia inventae sunt*. Sed

julgamento melhor do que aquele que comete um erro involuntariamente, pois, isso parece provir de um julgamento defeituoso. Mas, na prudência se dá o contrário, como diz o Filósofo. Com efeito, é mais imprudente quem comete uma falta voluntariamente, falhando no ato principal da prudência, que é comandar, do quem falha sem querer[g].

QUANTO AO 1º, portanto, deve-se dizer que o ato de comandar se estende ao bem a ser feito e ao mal a ser evitado. — E, no entanto, "precaver-se das insídias" não é atribuído por Agostinho à prudência a título de ato principal, porque este ato da prudência não permanece na pátria.

QUANTO AO 2º, deve-se dizer que se requer a bondade da deliberação para que aquilo que foi bem encontrado seja aplicado à ação. É por este motivo que comandar pertence à prudência, que é boa conselheira.

QUANTO AO 3º, deve-se dizer que o mover, entendido absolutamente, pertence à vontade. Mas, comandar implica uma moção acompanhada de ordem. Por isso, este é um ato da razão, como foi dito precedentemente.

ARTIGO 9
A solicitude pertence
à prudência?

QUANTO AO NONO, ASSIM SE PROCEDE: parece que a solicitude **não** pertence à prudência.
1. Com efeito, a solicitude implica certa inquietude. Com efeito, Isidoro diz: "chama-se solícito o homem inquieto". Ora, o movimento pertence principalmente à vontade. Assim também a solicitude. Ora, a prudência não está na vontade, e sim na razão, como se viu acima. Logo, a solicitude não pertence à prudência.
2. ALÉM DISSO, parece que a solicitude se opõe à certeza da verdade. Donde, a palavra de Samuel a Saul: "Quanto às tuas jumentas, que há três dias se perderam, não penses mais nelas: já foram

---

7. C. 5: 1140, b, 22-25.
8. I-II, q. 17, a. 1.

9
1. L. X, ad litt. *S*, n. 244: ML 82, 393 B.
2. Art. 1.

g. Deve lembrar-se, ao ler estas linhas, que a distinção entre artista e artesão é relativamente moderna. Sto. Tomás fala deste último tanto quanto e mais do que daquele. A observação de Aristóteles é bem conhecida: um artesão que conhece tão bem o seu ofício que pode introduzir um truque (o mecânico que substitui uma peça de motor), mostra por meio disso sua competência de artesão. O homem que aproveita da sutileza de sua inteligência prática para se afastar da reta razão, por sua vez, não prova, antes pelo contrário, que sua prudência seja particularmente desenvolvida.

certitudo veritatis pertinet ad prudentiam: cum sit virtus intellectualis. Ergo sollicitudo opponitur prudentiae, magis quam ad eam pertineat.

3. PRAETEREA, Philosophus dicit, in IV *Ethic.*[3], quod ad magnanimum pertinet *pigrum esse et otiosum*. Pigritiae autem opponitur sollicitudo. Cum ergo prudentia non opponatur magnanimitati, quia bonum non est bono contrarium, ut dicitur in *Praedic.*[4]; videtur quod sollicitudo non pertineat ad prudentiam.

SED CONTRA est quod dicitur 1Pe 4,7: *Estote prudentes, et vigilate in orationibus*. Sed vigilantia est idem sollicitudini. Ergo sollicitudo pertinet ad prudentiam.

RESPONDEO dicendum quod, sicut dicit Isidorus, in libro *Etymol.*[5], *sollicitus dicitur quasi solers citus*: inquantum scilicet aliquis ex quadam solertia animi velox est ad prosequendum ea quae sunt agenda. Hoc autem pertinet ad prudentiam, cuius praecipuus actus est circa agenda praecipere de praeconsiliatis et iudicatis. Unde Philosophus dicit, in VI *Ethic.*[6], quod *oportet operari quidem velociter consiliata, consiliari autem tarde*. Et inde est quod sollicitudo proprie ad prudentiam pertinet. Et propter hoc Augustinus dicit, in libro *de Moribus Eccles.*[7], quod *prudentiae sunt excubiae atque diligentissima vigilantia ne, subrepente paulatim mala suasione, fallamur*.

AD PRIMUM ergo dicendum quod motus pertinet quidem ad vim appetitivam sicut ad principium movens: tamen secundum directionem et praeceptum rationis, in quo consistit ratio sollicitudinis.

AD SECUNDUM dicendum quod, secundum Philosophum, in I *Ethic.*[8], *certitudo non est similiter quaerenda in omnibus, sed in unaquaque materia secundum proprium modum*. Quia vero materiae prudentiae sunt singularia contingentia, circa quae sunt operationes humanae, non potest certitudo prudentiae tanta esse quod omnino sollicitudo tollatur.

AD TERTIUM dicendum quod magnanimus dicitur esse *piger et otiosus*, non quia de nullo sit sollicitus: sed quia non est superflue sollicitus de encontradas". Ora, a certeza da verdade concerne à prudência; pois, ela é uma virtude intelectual. Logo, a solicitude se opõe à prudência, ao invés de pertencer a ela.

3. ADEMAIS, o Filósofo diz que é próprio do magnânimo "ser preguiçoso e ocioso". Ora, a solicitude se opõe à preguiça. Logo, dado que a prudência não se opõe à magnanimidade, posto que "o bem não se opõe ao bem", como diz o Filósofo, parece que a solicitude não pertence à prudência.

EM SENTIDO CONTRÁRIO, Pedro diz: "Sede prudentes e vigiai na oração". Ora, a vigilância é idêntica à solicitude. Portanto, a solicitude pertence à prudência.

RESPONDO. Segundo diz Isidoro, solícito vem de *solers* (sagaz) e de *citus* (rápido), enquanto alguém, a partir de certa sagacidade do espírito, é rápido para cumprir o que se deve fazer. Ora, isso pertence à prudência, cujo ato principal e comandar em matéria de ação aquilo que antes foi deliberado e julgado. Por isso, diz o Filósofo que "é preciso pôr em ação prontamente aquilo que foi deliberado, mas deliberar calmamente". Donde se conclui que a solicitude tem propriamente relação com a prudência. E, por esta razão, Agostinho escreve: "Compete à prudência montar guarda e vigiar com o maior cuidado para que não sejamos enganados por uma má persuasão que se insinua pouco a pouco".

QUANTO AO 1º, portanto, deve-se dizer que o movimento pertence à vontade como ao princípio do movimento. Todavia, ela move de acordo com o preceito e a direção da razão, e é nisso que consiste a razão da solicitude.

QUANTO AO 2º, deve-se dizer que segundo o Filósofo, "a certeza não deve ser procurada do mesmo modo em todas as coisas. Mas, em cada matéria segundo o seu próprio modo". E, dado que a matéria da prudência consiste nos singulares contingentes, objeto das ações humanas, a certeza da prudência não pode ser tão grande a ponto de afastar dela toda solicitude.

QUANTO AO 3º, deve-se dizer que o magnânimo é chamado de homem *preguiçoso e ocioso*, não porque ele não seja solícito, senão porque não é so-

---

3. C. 8: 1124, b, 24-26.
4. C. 11: 13, b, 36.
5. L. X, ad litt. *S*, n. 244: ML 82, 393 B.
6. C. 10: 1142, b, 4-5.
7. C. 24, n. 45: ML 32, 1330.
8. Cc. 2, 7: 1094, b, 12-22; 24-27; 1098, a, 26-29.

multis, sed confidit in his de quibus confidendum est, et circa illa non superflue sollicitatur. Superfluitas enim timoris et diffidentiae facit superfluitatem sollicitudinis: quia timor facit consiliativos, ut supra[9] dictum est cum de passione timoris ageretur.

lícito demais com muitas coisas. Ele tem confiança naquelas coisas nas quais é preciso ter confiança, e a respeito delas, não é solicitado demais. É, com efeito, a superfluidade do temor e da desconfiança que causa a superfluidade da solicitude, porque o temor leva a tomar conselho, como foi explicado quando se estudou a paixão do temor.

Articulus 10
Utrum prudentia se extendat ad regimen multitudinis

AD DECIMUM SIC PROCEDITUR. Videtur quod prudentia non se extendat ad regimen multitudinis, sed solum ad regimen sui ipsius.

1. Dicit enim Philosophus, in V *Ethic*.[1], quod virtus relata ad bonum commune est iustitia. Sed prudentia differt a iustitia. Ergo prudentia non refertur ad bonum commune.

2. PRAETEREA, ille videtur esse prudens qui sibi ipsi bonum quaerit et operatur. Sed frequenter illi qui quaerunt bona communia negligunt sua. Ergo non sunt prudentes.

3. PRAETEREA, prudentia dividitur contra temperantiam et fortitudinem. Sed temperantia et fortitudo videntur dici solum per comparationem ad bonum proprium. Ergo etiam et prudentia.

SED CONTRA est quod Dominus dicit, Mt 24,45: *Quis, putas, est fidelis servus et prudens, quem constituit dominus super familiam suam?*

RESPONDEO dicendum quod, sicut Philosophus dicit, in VI *Ethic*.[2], quidam posuerunt quod prudentia non se extendit ad bonum commune, sed solum ad bonum proprium. Et hoc ideo quia existimabant quod non oportet hominem quaerere nisi bonum proprium. Sed haec aestimatio repugnat caritati, quae *non quaerit quae sua sunt*, ut dicitur 1Cor 13,5. Unde et Apostolus de seipso dicit, 1Cor 10,33: *Non quaerens quod mihi utile sit, sed quod multis, ut salvi fiant.* Repugnat etiam rationi rectae, quae hoc iudicat, quod bonum commune sit melius quam bonum unius. Quia igitur ad prudentiam pertinet recte consiliari, iudicare et praecipere de his per quae pervenitur ad debitum

Artigo 10
Estende-se a prudência ao governo da multidão?

QUANTO AO DÉCIMO, ASSIM SE PROCEDE: parece que a prudência **não** se estende ao governo da multidão, mas somente o governo de si mesmo.

1. Com efeito, o Filósofo diz que a virtude que se refere ao bem comum é a justiça. Ora, a prudência distingue-se da justiça. Logo, a prudência não se refere ao bem comum.

2. ALÉM DISSO, parece ser prudente aquele que para si mesmo busca e faz o bem. Ora, frequentemente aqueles que buscam o bem comum negligenciam seu próprio bem. Logo, não são prudentes.

3. ADEMAIS, a prudência é enumerada entre a temperança e a fortaleza. Ora, a temperança e fortaleza parece que são compreendidas somente em relação ao bem próprio. Logo, assim também a prudência.

EM SENTIDO CONTRÁRIO, o Senhor disse no Evangelho de Mateus: "Quem, julgas ser o servo fiel e prudente que o senhor constitui sobre a criadagem de sua casa?"

RESPONDO. Como diz o Filósofo, alguns afirmaram que a prudência não se estende ao bem comum, mas somente ao bem próprio. Isto porque consideraram que o homem não deve procurar senão o bem próprio. Esta opinião porém, se opõe à caridade, a qual "não procura sua vantagem", como diz a Carta aos Coríntios. Também o Apóstolo diz de si mesmo: "É assim que eu me esforço por agradar a todos em tudo, não procurando o meu interesse pessoal, mas o do maior número, a fim de que sejam salvos". É contrário também à reta razão que julga que o bem comum é melhor do que o bem particular. Portanto, porque compete à razão deliberar acertadamente, julgar e

---

9. I-II, q. 44, a. 2.

10 PARALL.: Part. I, q. 22, a. 1; VI *Ethic*., lect. 7.

1. C. 3: 1129, b, 17-19.
2. C. 9: 1142, a, 1-2.

finem, manifestum est quod prudentia non solum se habet ad bonum privatum unius hominis, sed etiam ad bonum commune multitudinis.

AD PRIMUM ergo dicendum quod Philosophus ibi loquitur de virtute morali. Sicut autem omnis virtus moralis relata ad bonum commune dicitur legalis iustitia, ita prudentia relata ad bonum commune vocatur *politica*: ut sic se habeat politica ad iustitiam legalem, sicut se habet prudentia simpliciter dicta ad virtutem moralem.

AD SECUNDUM dicendum quod ille qui quaerit bonum commune multitudinis ex consequenti etiam quaerit bonum suum, propter duo. Primo quidem, quia bonum proprium non potest esse sine bono communi vel familiae vel civitatis aut regni. Unde et Maximus Valerius dicit[3] de antiquis Romanis quod *malebant esse pauperes in divite imperio quam divites in paupere imperio*. — Secundo quia, cum homo sit pars domus et civitatis, oportet quod homo consideret quid sit sibi bonum ex hoc quod est prudens circa bonum multitudinis: bona enim dispositio partis accipitur secundum habitudinem ad totum; quia ut Augustinus dicit, in libro *Confess.*[4], *turpis est omnis pars suo toti non congruens*.

AD TERTIUM dicendum quod etiam temperantia et fortitudo possunt referri ad bonum commune: unde de actibus earum dantur praecepta legis, ut dicitur in V *Ethic*.[5]. Magis tamen prudentia et iustitia, quae pertinent ad partem rationalem, ad quam directe pertinent communia, sicut ad partem sensitivam pertinent singularia.

ARTICULUS 11
Utrum prudentia quae est respectu boni proprii sit eadem specie cum ea quae se extendit ad bonum commune

AD UNDECIMUM SIC PROCEDITUR. Videtur quod prudentia quae est respectu boni proprii sit eadem specie cum ea quae se extendit ad bonum commune.

preceituar naquilo por que se chega ao fim devido, está claro que a prudência visa não somente o bem particular de um só, mas também o bem comum da multidão[h].

QUANTO AO 1º, portanto, deve-se dizer que o Filósofo, na passagem citada, fala da virtude moral. E, assim como toda virtude moral que se refere ao bem comum se chama justiça legal, assim a prudência referida ao bem comum se chama "política", de modo que a política se relaciona com a justiça legal, da mesma forma que a prudência simplesmente dita à virtude moral.

QUANTO AO 2º, deve-se dizer que aquele que procura o bem comum da multidão, por via de consequência, procura também seu próprio bem, por duas razões. A primeira, porque o próprio bem não pode subsistir sem o bem comum da família, da cidade ou da pátria. Por isso Máximo Valério dissera dos antigos romanos que "prefeririam ser pobres em um império rico a serem ricos em um império pobre". — A segunda, porque, sendo o homem parte de uma casa e de uma cidade, deve procurar o que é bom para ele pelo prudente cuidado a respeito do bem da multidão, dado que a reta disposição das partes depende de sua relação com o todo, e, como nota Agostinho "é disforme a parte que não está em harmonia com o todo".

QUANTO AO 3º, deve-se dizer que também a temperança e a fortaleza podem ser referidas ao bem comum; daí que, sobre seus atos se dão preceitos legais, como diz o Filósofo. Mais ainda a prudência e a justiça, que pertencem à parte racional, que diz respeito diretamente ao bem comum, como à parte sensitiva diz respeito o singular.

ARTIGO 11
A prudência que visa o bem próprio é da mesma espécie daquela que se estende ao bem comum?

QUANTO AO DÉCIMO PRIMEIRO, ASSIM SE PROCEDE: parece que a prudência que visa o bem próprio é da mesma espécie da que se estende ao bem comum.

---

3. *Fact. et Diet. Memor.*, l. IV, c. 4: ed. C. Kempt, Lipsiae 1888, p. 191, ll. 18-19.
4. L. III, c. 8, n. 15: ML 32, 689.
5. C. 3: 1129, b, 19-25.

11 PARALL.: VI *Ethic.*, lect. 7.

---

h. A concepção da prudência que Sto. Tomás combate aqui é bastante difundida atualmente, pelo fato do termo "prudência" estar muito desvalorizado: muitos veem nela, essencialmente, a atitude daquele que, sem nada arriscar, proporciona o bem a si mesmo. A resposta do artigo fornece um belo exemplo de caso no qual as exigências da caridade, apresentadas pelo Apóstolo, associam-se bastante estreitamente à regra da reta razão enunciada pelo Filósofo.

1. Dicit enim Philosophus, in VI *Ethic.*[1], quod *politica et prudentia idem habitus est, esse autem non idem ipsis.*
2. PRAETEREA, Philosophus dicit, in III *Polit.*[2], quod *eadem est virtus boni viri et boni principis.* Sed politica maxime est in principe, in quo est sicut architectonica. Cum ergo prudentia sit virtus boni viri, videtur quod sit idem habitus prudentia et politica.

3. PRAETEREA, ea quorum unum ordinatur ad aliud non diversificant speciem aut substantiam habitus. Sed bonum proprium, quod pertinet ad prudentiam simpliciter dictam, ordinatur ad bonum commune, quod pertinet ad politicam. Ergo politica et prudentia neque differunt specie, neque secundum habitus substantiam.

SED CONTRA est quod diversae scientiae sunt politica, quae ordinatur ad bonum commune civitatis; et oeconomica, quae est de his quae pertinent ad bonum commune domus vel familiae; et monastica, quae est de his quae pertinent ad bonum unius personae. Ergo pari ratione et prudentiae sunt species diversae secundum hanc diversitatem materiae.

RESPONDEO dicendum quod, sicut supra[3] dictum est, species habituum diversificantur secundum diversitatem obiecti quae attenditur penes rationem formalem ipsius. Ratio autem formalis omnium quae sunt ad finem attenditur ex parte finis; sicut ex supradictis[4] patet. Et ideo necesse est quod ex relatione ad diversos fines diversificentur species habitus. Diversi autem fines sunt bonum proprium unius, et bonum familiae, et bonum civitatis et regni. Unde necesse est quod et prudentiae differant specie secundum differentiam horum finium: ut scilicet una sit prudentia simpliciter dicta, quae ordinatur ad bonum proprium; alia autem oeconomica, quae ordinatur ad bonum commune domus vel familiae; et tertia politica, quae ordinatur ad bonum commune civitatis vel regni.

AD PRIMUM ergo dicendum quod Philosophus non intendit dicere quod politica sit idem secundum substantiam habitus cuilibet prudentiae: sed prudentiae quae ordinatur ad bonum commune. Quae quidem prudentia dicitur secundum communem rationem prudentiae, prout scilicet est quae-

1. Com efeito, o Filósofo diz: "Política e prudência são um mesmo hábito; mas seu modo de ser não é o mesmo".
2. ALÉM DISSO, o Filósofo afirma que "a virtude do homem de bem é idêntica à virtude do bom príncipe". Ora, a política se encontra sobretudo no príncipe, no qual ela é como de um arquiteto. Logo, a prudência sendo a virtude do homem de bem, parece que prudência e política sejam um mesmo hábito.

3. ADEMAIS, os objetos dos quais um se ordena ao outro não diversificam a espécie ou substância do hábito. Ora, o bem próprio, objeto da prudência propriamente dita, é ordenado ao bem comum, objeto da política. Logo, política e prudência não diferem nem quanto à espécie, nem quanto à substância do hábito.

EM SENTIDO CONTRÁRIO, constituem ciências diferentes estas disciplinas: política, que se ocupa do bem comum da cidade; econômica, ordenada ao que interessa ao bem comum da casa ou da família; individual, que se ocupa do bem do indivíduo. Portanto, pela mesma razão, há diversas espécies de prudência, segundo a diversidade de matéria.

RESPONDO. Foi dito acima, que as diversas espécies de hábito são diversificadas segundo a diversidade dos objetos a qual se considera segundo a razão formal. Pois bem, a razão formal dos meios é considerada segundo o fim, como consta do que foi dito. Portanto, a relação com fins diversos diversifica necessariamente as espécies de hábitos. Ora, o bem próprio de um só, o bem da família, o bem da cidade e o bem da nação são fins diversos. Assim também, é necessário que as espécies de prudências difiram especificamente segundo a diferença desses fins, de modo que, há uma prudência propriamente dita, ordenada ao bem próprio; outra é a prudência doméstica, ordenada ao bem comum da casa ou da família; uma terceira, a prudência política, ordenada ao bem comum da cidade ou da nação.

QUANTO AO 1º, portanto, deve-se dizer que o Filósofo não pretende dizer que a política é idêntica segundo a substância do hábito a toda e qualquer prudência, mas com a prudência ordenada ao bem comum. Esta é chamada prudência segundo a razão comum de prudência, isto é, por ser a reta

---

1. C. 8: 1141, b, 23-24.
2. C. 4: 1277, a, 20-21.
3. A. 5; I-II, q. 54, a. 2, ad 1.
4. I-II, q. 1, Introd.; q. 102, a. 1.

dam recta ratio agibilium: dicitur autem politica secundum ordinem ad bonum commune.

AD SECUNDUM dicendum quod, sicut Philosophus ibidem[5] dicit, *ad bonum virum pertinet posse bene principari et bene subiici*. Et ideo in virtute boni viri includitur etiam virtus principis. Sed virtus principis et subditi differt specie, sicut etiam virtus viri et mulieris, ut ibidem[6] dicitur.

AD TERTIUM dicendum quod etiam diversi fines quorum unus ordinatur ad alium diversificant speciem habitus: sicut equestris et militaris et civilis differunt specie, licet finis unius ordinetur ad finem alterius. Et similiter, licet bonum unius ordinetur ad bonum multitudinis, tamen hoc non impedit quin talis diversitas faciat habitus differre specie. Sed ex hoc sequitur quod habitus qui ordinatur ad finem ultimum sit principalior, et imperet aliis habitibus.

razão do que se deve fazer. E se chama política por sua ordenação ao bem comum.

QUANTO AO 2º, deve-se dizer que como diz o Filósofo, na passagem citada: "O homem bom deve poder mandar bem e obedecer bem". Consequentemente, a virtude do bom príncipe está também incluída na virtude do homem de bem. Ora, a virtude do príncipe e aquela do súdito diferem especificamente, como também a virtude do homem e da mulher, como diz o Filósofo na mesma passagem[i].

QUANTO AO 3º, deve-se dizer que mesmo os fins diversos, dos quais um está ordenado ao outro, diversificam a espécie de hábito: como a arte equestre, a arte militar e a administração civil diferem especificamente, ainda que o fim de uma esteja ordenado ao fim de outra. De modo semelhante, ainda que o bem de um só esteja ordenado ao bem da comunidade, isso não impede que essa diversidade faça os hábitos diferirem pela espécie. Disso, se infere que o hábito ordenado ao fim supremo é o principal e comanda os outros hábitos.

ARTICULUS 12
Utrum prudentia sit in subditis, an solum in principibus

AD DUODECIMUM SIC PROCEDITUR. Videtur quod prudentia non sit in subditis, sed solum in principibus.

1. Dicit enim Philosophus, in III *Polit*[1], quod *prudentia sola est propria virtus principis: aliae autem virtutes sunt communes subditorum et principum. Subditi autem non est virtus prudentia, sed opinio vera*.

2. PRAETEREA, in I *Polit.*[2] dicitur quod *servus omnino non habet quid consiliativum*. Sed *prudentia facit bene consiliativos*; ut dicitur in VI Ethic.[3]. Ergo prudentia non competit servis, seu subditis.

ARTIGO 12
A prudência está nos súditos ou somente nos governantes?

QUANTO AO DÉCIMO SEGUNDO, ASSIM SE PROCEDE: parece que a prudência **não** está nos súditos, mas somente nos governantes.

1. Com efeito, o Filósofo diz: "somente a prudência é a virtude própria do governante. As outras virtudes são comuns aos súditos e aos governantes. Ao súdito compete, não a virtude da prudência, mas uma opinião verdadeira".

2. ALÉM DISSO, para o Filósofo, "o escravo não possui absolutamente nada que o torne apto a deliberar". Ora, a prudência faz bons deliberadores. Logo, a prudência não é própria dos escravos ou súditos.

---

5. C. 4: 1277, b, 13-15.
6. C. 4: 1277, b, 20-21.

12 PARALL.: Infra, q. 50, a. 2; VI *Ethic*., lect. 7.

1. C. 4: 1277, b, 25-29.
2. C. 13: 1260, a, 12.
3. Cc. 5, 8, 10: 1140, a, 25-28; 1141, b, 8-14; 1142, b, 31-33.

---

i. Notemos que Sto. Tomás não segue Aristóteles na distinção feita pelo filósofo entre virtude do homem e virtude da mulher. Ele não explica o motivo. Mas sabemos que o homem e a mulher são essencialmente, segundo ele, seres humanos. O sexo é uma diferença individual e não específica (homens e mulheres não constituem de modo algum duas espécies diferentes). Sem dúvida, essa posição não é suficiente para excluir a possibilidade de duas prudências distintas: uma razão acidental mas formal poderia justificar tal distinção. Mas reconhecer uma única prudência para ambos os sexos caminha no sentido da unidade da espécie humana. O cristianismo se reconhece nessa opção.

3. Praeterea, prudentia est praeceptiva, ut supra[4] dictum est. Sed praecipere non pertinet ad servos vel subditos, sed solum ad principes. Ergo prudentia non est in subditis, sed solum in principibus.

Sed contra est quod Philosophus dicit, in VI *Ethic*.[5], quod prudentiae politicae sunt duae species: una quae est *legum positiva*, quae pertinet ad principes; alia quae *retinet commune nomen politicae*, quae est *circa singularia*. Huiusmodi autem singularia peragere pertinet etiam ad subditos. Ergo prudentia non solum est principum, sed etiam subditorum.

Respondeo dicendum quod prudentia in ratione est. Regere autem et gubernare proprie rationis est. Et ideo unusquisque inquantum participat de regimine et gubernatione, intantum convenit sibi habere rationem et prudentiam. Manifestum est autem quod subditi inquantum est subditus, et servi inquantum est servus, non est regere et gubernare, sed magis regi et gubernari. Et ideo prudentia non est virtus servi inquantum est servus, nec subditi inquantum est subditus. Sed quia quilibet homo, inquantum est rationalis, participat aliquid de regimine secundum arbitrium rationis, intantum convenit ei prudentiam habere. Unde manifestum est quod prudentia quidem in principe est *ad modum artis architectonicae,* ut dicitur in VI *Ethic*.[6]: in subditis autem *ad modum artis manu operantis*.

Ad primum ergo dicendum quod verbum Philosophi est intelligendum per se loquendo: quia scilicet virtus prudentiae non est virtus subditi inquantum huiusmodi.

Ad secundum dicendum quod servus non habet consiliativum inquantum est servus: sic enim est instrumentum domini. Est tamen consiliativus inquantum est animal rationale.

Ad tertium dicendum quod per prudentiam homo non solum praecipit aliis, sed etiam sibi ipsi: prout scilicet ratio dicitur praecipere inferioribus viribus.

3. Ademais, a prudência é preceptiva, como foi dito antes. Ora, preceituar não compete aos escravos ou súditos, mas, somente aos governantes. Logo, a prudência não está nos súditos, mas, somente nos governantes.

Em sentido contrário, o Filósofo afirma que há duas espécies de prudência política: uma, a *legislativa*, que compete aos governantes; outra, que *conserva o nome comum de política*, se refere a coisas singulares. Tratar dessas coisas singulares diz respeito também aos súditos. Portanto, a prudência não é própria somente dos governantes, mas, também dos súditos.

Respondo. A prudência está na razão. Ora, dirigir e governar pertence próprimente à razão. É por isso que convém a cada um possuir a reta razão e a prudência enquanto participa da direção e do governo. Está claro, porém, que não pertence ao súdito enquanto súdito, ao escravo enquanto escravo, dirigir e governar, antes ser dirigido e governado. É por esta razão que a prudência não é uma virtude do escravo enquanto escravo, nem do súdito enquanto súdito. Mas, dado que todo homem, enquanto racional, participa em algo do governo segundo o julgamento da razão, nessa medida lhe convém possuir a prudência[j]. Também, é claro que a prudência está no governante "como a arte de um arquiteto", como diz o Filósofo, e nos súditos "como a arte manual de um operário".

Quanto ao 1º, portanto, deve-se dizer que a palavra do Filósofo deve ser entendida de modo próprio, porque a virtude da prudência não é a virtude do súdito enquanto tal.

Quanto ao 2º, deve-se dizer que o escravo não possui a faculdade de deliberar enquanto escravo; por ser instrumento de seu senhor. No entanto delibera enquanto é um animal racional.

Quanto ao 3º, deve-se dizer que pela prudência o homem preceitua não somente aos outros homens, mas, também a si mesmo, enquanto a razão comanda as potências inferiores.

---

4. Art. 8.
5. C. 8: 1141, b, 24-29.
6. C. 8: 1141, b, 25-29.

j. Sto. Tomás manifesta claramente em que consiste a dignidade da pessoa humana: todo ser humano, esteja ele no grau mais baixo da escala social, é dotado de prudência.

ARTICULUS 13
Utrum prudentia possit esse in peccatoribus

AD DECIMUMTERTIUM SIC PROCEDITUR. Videtur quod prudentia possit esse in peccatoribus.

1. Dicit enim Dominus, Lc 16,8: *Filii huius saeculi prudentiores filiis lucis in generatione suae sunt*. Sed filii huius saeculi sunt peccatores. Ergo in peccatoribus potest esse prudentia.

2. PRAETEREA, fides est nobilior virtus quam prudentia. Sed fides potest esse in peccatoribus. Ergo et prudentia.

3. PRAETEREA, *prudentis hoc opus maxime dicimus, bene consiliari*; ut dicitur in VI *Ethic.*[1]. Sed multi peccatores sunt boni consilii. Ergo multi peccatores habent prudentiam.

SED CONTRA est quod Philosophus dicit, in VI *Ethic.*[2]: *Impossibile prudentem esse non entem bonum*. Sed nullus peccator est bonus. Ergo nullus peccator est prudens.

RESPONDEO dicendum quod prudentia dicitur tripliciter. Est enim quaedam prudentia falsa, vel per similitudinem dicta. Cum enim prudens sit qui bene disponit ea quae sunt agenda propter aliquem bonum finem, ille qui propter malum finem aliqua disponit congruentia illi fini habet falsam prudentiam, inquantum illud quod accipit pro fine non est vere bonum, sed secundum similitudinem: sicut dicitur aliquis bonus latro. Hoc enim modo potest secundum similitudinem dici prudens latro qui convenientes vias adinvenit ad latrocinandum. Et huiusmodi est prudentia de qua Apostolus dicit, ad Rm 8,6: *Prudentia carnis mors est*, quae scilicet finem ultimum constituit in delectatione carnis.

Secunda autem prudentia est quidem vera, quia adinvenit vias accommodatas ad finem vere bonum; sed est imperfecta, duplici ratione. Uno modo, quia illud bonum quod accipit pro fine non est communis finis totius humanae vitae, sed alicuius specialis negotii: puta cum aliquis adinvenit vias accommodatas ad negotiandum vel ad navigandum, dicitur prudens negotiator vel nauta. — Alio modo, quia deficit in principali actu prudentiae: puta cum aliquis bene consiliatur et

ARTIGO 13
Pode haver prudência nos pecadores?

QUANTO AO DÉCIMO TERCEIRO, ASSIM SE PROCEDE: parece que **pode haver** prudência nos pecadores.

1. Com efeito, o Senhor diz: "Os filhos deste mundo são mais prudentes do que os filhos da luz em sua geração". Ora, os filhos do mundo são pecadores. Logo, pode haver prudência nos pecadores.

2. ALÉM DISSO, a fé é uma virtude mais nobre que a prudência. Ora, pode haver fé nos pecadores. Logo, também a prudência.

3. ADEMAIS, o Filósofo diz, "O ato que se atribui principalmente ao prudente é deliberar acertadamente". Ora, muitos pecadores têm bom conselho. Logo, muitos pecadores possuem a prudência.

EM SENTIDO CONTRÁRIO, o Filósofo declara: "É impossível ser prudente sem ser bom". Ora, nenhum pecador é bom. Logo, nenhum pecador é prudente.

RESPONDO. A prudência pode ter três sentidos. Há, com efeito, uma prudência falsa, ou por semelhança. Com efeito, dado que o homem prudente é aquele que dispõe acertadamente o que deve ser feito em vista de um fim bom, todo aquele que dispõe, em vista de um fim mau, algumas coisas conformes a este fim, possui uma falsa prudência na medida em que toma como fim não um bem verdadeiro, mas uma semelhança de bem; é assim que se fala de um bom ladrão. Desta forma, pode-se, por semelhança, chamar prudente o ladrão que descobre caminhos convenientes para roubar. E tal é a prudência de que fala o Apóstolo: "A prudência da carne é morte"; aquela que estabelece seu fim último no prazer da carne.

A segunda prudência é verdadeira porque encontra os caminhos adequados ao fim verdadeiramente bom, mas é imperfeita pois dois motivos. Primeiro, porque este bem que ela toma como fim não é fim comum de toda vida humana, mas de alguma coisa especial. Por exemplo, aquele que descobre os caminhos apropriados para fazer comércio ou navegar é chamado negociante ou marinheiro prudente. — O segundo motivo, é que falta aqui o ato principal da prudência. É o caso

---

13 PARALL.: *De Verit.*, q. 5, a. 1; *ad Rom.*, c. 8, lect. 1, 2; VI *Ethic.*, lect. 10.

1. C. 8: 1141, b, 8-14.
2. C. 13: 1144, a, 36 — b, 1.

recte iudicat etiam de his quae pertinent ad totam vitam, sed non efficaciter praecipit.

Tertia autem prudentia est et vera et perfecta, quae ad bonum finem totius vitae recte consiliatur, iudicat et praecipit. Et haec sola dicitur prudentia simpliciter. Quae in peccatoribus esse non potest. — Prima autem prudentia est in solis peccatoribus. — Prudentia autem imperfecta est communis bonis et malis: maxime illa quae est imperfecta propter finem particularem. Nam illa quae est imperfecta propter defectum principalis actus etiam non est nisi in malis.

AD PRIMUM ergo dicendum quod illud verbum Domini intelligitur de prima prudentia. Unde non dicitur simpliciter quod sint prudentes; sed quod sint prudentes *in generatione sua*.

AD SECUNDUM dicendum quod fides in sui ratione non importat aliquam conformitatem ad appetitum rectorum operum, sed ratio fidei consistit in sola cognitione. Sed prudentia importat ordinem ad appetitum rectum. Tum quia principia prudentiae sunt fines operabilium, de quibus aliquis habet rectam aestimationem per habitus virtutum moralium, quae faciunt appetitum rectum: unde prudentia non potest esse sine virtutibus moralibus, ut supra[3] ostensum est. Tum etiam quia prudentia est praeceptiva rectorum operum, quod non contingit nisi existente appetitu recto. Unde fides licet sit nobilior quam prudentia propter obiectum, tamen prudentia secundum sui rationem magis repugnat peccato, quod procedit ex perversitate appetitus.

AD TERTIUM dicendum quod peccatores possunt quidem esse bene consiliativi ad aliquem finem malum, vel ad aliquod particulare bonum: ad finem autem bonum totius vitae non sunt bene consiliativi perfecte, quia consilium ad effectum non perducunt. Unde non est in eis prudentia, quae se habet solum ad bonum: sed sicut Philosophus dicit, in VI *Ethic*.[4], est in talibus *deinotica,* idest naturalis industria, quae se habet ad bonum et ad malum; vel *astutia,* quae se habet solum ad malum, quam supra[5] diximus falsam prudentiam vel prudentiam carnis.

daquele que delibera com acerto e julga exatamente, mesmo a respeito daquilo que concerne à vida inteira, mas não comanda eficazmente.

A terceira prudência, verdadeira e perfeita ao mesmo tempo, é aquela que delibera, julga e comanda retamente em vista do fim bom da vida toda. Essa somente é chamado prudência de modo absoluto. Ela não pode se encontrar nos pecadores. — Enquanto que a primeira só se encontra neles. — Quanto à prudência imperfeita, ela é comum aos bons e aos maus, sobretudo aquela que é imperfeita em razão de seu fim particular. Pois, a que é imperfeita por deficiência do ato principal, também só se encontra nos maus.

QUANTO AO 1º, portanto, deve-se dizer que aquela palavra do Senhor é entendida em relação à primeira prudência. Assim, também não se diz que sejam prudentes absolutamente, mas, que o são "em sua geração".

QUANTO AO 2º, deve-se dizer que a fé não comporta uma conformidade das ações retas com a vontade, mas a razão da fé consiste somente no conhecimento. Ora, a prudência inclui a ordem à vontade reta. Seja porque os princípios da prudência são os fins práticos, cuja avaliação reta é dada pelos hábitos das virtudes morais, que tornam reta a vontade. Daí se deduz que não há prudência sem as virtudes morais, como foi demonstrado. Seja ainda, porque a prudência comanda as ações retas, o que não é possível sem a vontade reta. Portanto, mesmo que a fé seja mais nobre que a prudência, por causa do objeto, a prudência, por sua razão, se opõe mais ao pecado, que procede de uma vontade pervertida.

QUANTO AO 3º, deve-se dizer que os pecadores podem muito bem ser homens de bom conselho em vista de um fim mau ou de um bem particular. Mas, com relação ao fim bom de toda vida, eles não são homens de bom conselho, porque não levam seu bom conselho até o efeito. Assim, eles não têm a prudência, que só se interessa pelo bem; mas, como diz o Filósofo, encontra-se neles a *deinótica,* isto é, certa habilidade natural que se presta tanto ao bem como ao mal; ou a *astúcia,* que se presta somente ao mal. Nós a chamamos, há pouco, falsa prudência ou prudência da carne.

---

3. I-II, q. 58, a. 5.
4. C. 13: 1144, a, 23-28.
5. In corp.

Articulus 14
Utrum prudentia sit in omnibus habentibus gratiam

AD DECIMUMQUARTUM SIC PROCEDITUR. Videtur quod prudentia non sit in omnibus habentibus gratiam.

1. Ad prudentiam enim requiritur industria quaedam, per quam sciant bene providere quae agenda sunt. Sed multi habentes gratiam carent tali industria. Ergo non omnes habentes gratiam habent prudentiam.

2. PRAETEREA, prudens dicitur qui est bene consiliativus, ut dictum est[1]. Sed multi habent gratiam qui non sunt bene consiliativi, sed necesse habent regi consilio alieno. Ergo non omnes habentes gratiam habent prudentiam.

3. PRAETEREA, Philosophus dicit, in III *Topic*.[2], quod *iuvenes non constat esse prudentes*. Sed multi iuvenes habent gratiam. Ergo prudentia non invenitur in omnibus gratiam habentibus.

SED CONTRA est quod nullus habet gratiam nisi sit virtuosus. Sed nullus potest esse virtuosus nisi habeat prudentiam: dicit enim Gregorius, in II *Moral*.[3], quod *ceterae virtutes, nisi ea quae appetunt prudenter agant, virtutes esse nequaquam possunt*. Ergo omnes habentes gratiam habent prudentiam.

RESPONDEO dicendum quad necesse est virtutes esse connexas, ita ut qui unam habet omnes habeat, ut supra[4] ostensum est. Quicumque autem habet gratiam habet caritatem. Unde necesse est quod habeat omnes alias virtutes. Et ita, cum prudentia sit virtus, ut ostensum est[5], necesse est quod habeat prudentiam.

Artigo 14
Encontra-se a prudência em todos os que têm a graça?[k]

QUANTO AO DÉCIMO QUARTO, ASSIM SE PROCEDE: parece que a prudência **não** se encontra em todos os que têm a graça.

1. Com efeito, a prudência requer certa habilidade pela qual se saiba prover corretamente às ações a serem feitas. Ora, muitos que têm a graça são desprovidos de uma tal habilidade. Logo, nem todos os que têm a graça têm a prudência.

2. ALÉM DISSO, chama-se prudente o homem de bom conselho, como foi dito. Ora, muitos que têm a graça não são pessoas de bom conselho, mas, têm necessidade de serem dirigidos pela deliberação de outro. Logo, nem todos os que têm a graça têm a prudência.

3. ADEMAIS, o Filósofo diz: "Não consta que os jovens sejam prudentes". Ora, muitos jovens possuem a graça. Logo, a prudência não se encontra em todos os que têm a graça.

EM SENTIDO CONTRÁRIO, ninguém possui a graça se não é virtuoso. Ora, ninguém pode ser virtuoso se não possui a prudência. Gregório, com efeito, diz que "as outras virtudes, se não realizam o que desejam prudentemente, não podem ser virtudes". Logo, todos os que têm em graça possuem a prudência

RESPONDO. As virtudes são necessariamente conexas, de sorte que quem possui uma possui todas, como se mostrou anteriormente. Ora, quem quer que possua a graça possui a caridade. Assim, ele possui necessariamente todas as outras virtudes. Deste modo, a prudência sendo uma virtude, como já foi demonstrado, também deve ser possuída por ele.

---

14 PARALL.: Infra, q. 51, a. 1, ad 3; *De Virtut*., q. 5, a. 2, ad 3.

1. A. 8, 2 a; a. 13, 3 a.
2. C. 2: 117, a, 29-30. Cfr. *Ethic*., l. VI, c. 9: 1142, a, 11-16.
3. C. 46, al. 25, in vet. 33, n. 71: ML 75, 588 D-589 A.
4. I-II, q. 65.
5. Art. 4.

---

k. A noção de "prudência infundida" que abordamos aqui não é evidente por si, como sabem apontar os objetantes. A prudência não parece de modo algum derivar espontaneamente do estado de graça. Precisamente porque as objeções são pertinentes, é na solução que lhes dá Sto. Tomás que reside o interesse do artigo. A resposta propriamente dita é *a priori*: já foi explicado que as virtudes são conexas na caridade, e que todas as virtudes são portanto infundidas ao mesmo tempo que a graça.

Aos objetantes, Sto. Tomás contrapõe que: 1) que aqueles que estão animados pela caridade têm pelo menos a prudência que concerne à salvação; 2) que têm a prudência de discernir que eles necessitam de conselho e o que é mais, de sentir a impiedade de certos conselhos; 3) que sua prudência está de acordo com sua capacidade (hoje diríamos: sua idade) mental.

Apresentada desse modo, a existência de uma prudência infusa é corroborada por experiências que todos fizemos: quem não conheceu cristãos simples possuindo em grau eminente essas formas da prudência?

AD PRIMUM ergo dicendum quod duplex est industria. Una quidem quae est sufficiens ad ea quae sunt de necessitate salutis. Et talis industria datur omnibus habentibus gratiam, quos *unctio docet de omnibus,* ut dicitur 1Io 2,27. — Est autem alia industria plenior, per quam aliquis sibi et aliis potest providere, non solum de his quae sunt necessaria ad salutem, sed etiam de quibuscumque pertinentibus ad humanam vitam. Et talis industria non est in omnibus habentibus gratiam.

AD SECUNDUM dicendum quod illi qui indigent regi consilio alieno saltem in hoc sibi ipsis consulere sciunt, si gratiam habent, ut aliorum requirant consilia, et discernant consilia bona a malis.

AD TERTIUM dicendum quod prudentia acquisita causatur ex exercitio actuum: unde *indiget ad sui generationem experimento et tempore*, ut dicitur in II *Ethic.*[6]. Unde non potest esse in iuvenibus nec secundum habitum nec secundum actum. — Sed prudentia gratuita causatur ex infusione divina. Unde in pueris baptizatis nondum habentibus usum rationis est prudentia secundum habitum, sed non secundum actum: sicut et in amentibus. In his autem qui iam habent usum rationis est etiam secundum actum quantum ad ea quae sunt de necessitate salutis: sed per exercitium meretur augmentum quousque perficiatur, sicut et ceterae virtutes. Unde et Apostolus dicit, ad Hb 5,14, quod *perfectorum est solidus cibus, qui pro consuetudine exercitatos habent sensus ad discretionem boni et mali.*

ARTICULUS 15
Utrum prudentia insit nobis a natura

AD DECIMUMQUINTUM SIC PROCEDITUR. Videtur quod prudentia insit nobis a natura.
1. Dicit enim Philosophus, in VI *Ethic.*[1], quod ea quae pertinent ad prudentiam *naturalia videntur esse*, scilicet synesis, gnome et huiusmodi: non autem ea quae pertinent ad sapientiam speculativam. Sed eorum quae sunt unius generis eadem est originis ratio. Ergo etiam prudentia inest nobis a natura.

QUANTO AO 1º, portanto, deve-se dizer que há duas espécies de habilidades. Uma é suficiente para aquilo que é necessário para a salvação. E, esta habilidade é dada a todos aqueles que possuem a graça, a quem a sua unção ensina a respeito de tudo...". Porém, há outra habilidade mais completa, pela qual se é capaz de prover a si mesmo e aos outros, não somente quanto àquilo que é necessário para a salvação, mas, ainda quanto a tudo o que tem relação com a vida humana. E, uma tal habilidade não se encontra em todos os que possuem a graça.

QUANTO AO 2º, deve-se dizer que aqueles que têm necessidade de serem dirigidos pelo conselho de outros sabem pelo menos se conduzir, se têm a graça, enquanto recorrem aos conselhos de outros e discernem os bons conselhos dos maus.

QUANTO AO 3º, deve-se dizer que a prudência adquirida é causada pela repetição dos atos; portanto, "para sua aquisição, é necessária a experiência e o tempo", como se diz no livro II da *Ética*, e não pode encontrar-se nos jovens nem atual nem habitualmente. — Mas, a prudência dada com a graça é causada por infusão divina. Por isso, já se encontra nas crianças batizadas que não chegaram ao uso da razão, como hábito, não enquanto ato, como nos dementes. Nos que têm o uso da razão se encontra em ato com respeito às coisas necessárias para a salvação; e pelo exercício ela merece o aumento até chegar à perfeição, como as outras virtudes. Por isso o Apóstolo diz: "O alimento sólido é para os adultos que, em virtude do costume, têm os sentidos exercitados no discernimento do bem e do mal".

ARTIGO 15
Somos prudentes naturalmente?

QUANTO AO DÉCIMO QUINTO, ASSIM SE PROCEDE: parece que **somos** prudentes naturalmente.
1. Com efeito, o Filósofo diz que aquilo que tem relação com a prudência "parece ser natural", a saber, a *synesis*, a *gnome* etc.; mas não aquilo que tem relação com a sabedoria especulativa. Ora, tudo o que é de um mesmo gênero tem a mesma origem. Logo, somos prudentes naturalmente.

---

6. C. 1: 1103, a, 16-18.

15 PARALL.: *De Verit.*, q. 18, a. 7, ad 7.

1. C. 11: 1143, b, 6-9.

2. PRAETEREA, aetatum variatio est secundum naturam. Sed prudentia consequitur aetates: secundum illud Iob 12,12: *In antiquis est sapientia, et in multo tempore prudentia*. Ergo prudentia est naturalis.

3. PRAETEREA, prudentia magis convenit naturae humanae quam naturae brutorum animalium. Sed bruta animalia habent quasdam naturales prudentias; ut patet per Philosophum, in VIII *de Historiis Animal*.[2]. Ergo prudentia est naturalis.

SED CONTRA est quod Philosophus dicit, in II *Ethic*.[3], quod *virtus intellectualis plurimum ex doctrina habet et generationem et augmentum: ideo experimento indiget et tempore*. Sed prudentia est virtus intellectualis, ut supra[4] habitum est. Ergo prudentia non inest nobis a natura, sed ex doctrina et experimento.

RESPONDEO dicendum quod, sicut ex praemissis[5] patet, prudentia includit cognitionem et universalium et singularium operabilium, ad quae prudens universalia principia applicat. Quantum igitur ad universalem cognitionem, eadem ratio est de prudentia et de scientia speculativa. Quia utriusque prima principia universalia sunt naturaliter nota, ut ex supradictis[6] patet: nisi quod principia communia prudentiae sunt magis connaturalia homini; ut enim Philosophus dicit, in X *Ethic*.[7], *vita quae est secundum speculationem est melior quam quae est secundum hominem*. Sed alia principia universalia posteriora, sive sint rationis speculativae sive practicae, non habentur per naturam, sed per inventionem secundum viam experimenti, vel per disciplinam.

Quantum autem ad particularem cognitionem eorum circa quae operatio consistit est iterum distinguendum. Quia operatio consistit circa aliquid vel sicut circa finem; vel sicut circa ea quae sunt ad finem. Fines autem recti humanae vitae sunt determinati. Et ideo potest esse naturalis inclinatio respectu horum finium: sicut supra[8] dictum est quod quidam habent ex naturali dispositione quasdam virtutes quibus inclinantur ad rectos fines, et per consequens etiam habent naturaliter rectum iudicium de huiusmodi finibus. Sed ea quae sunt ad finem in rebus humanis non sunt determinata,

2. ALÉM DISSO, a passagem de uma idade para outra se dá por um processo natural. Ora, a prudência segue a idade, segundo o livro de Jó: "a sabedoria a têm os homens maduros e a prudência, os anciãos". Logo, a prudência é natural.

3. ADEMAIS, a prudência convém mais à natureza humana do que à natureza dos animais irracionais. Ora, os animais irracionais possuem certas prudências naturais, como o Filósofo mostra. Logo, a prudência é natural.

EM SENTIDO CONTRÁRIO, o Filósofo diz que "a virtude nasce e cresce principalmente pelo ensinamento; é por isso que ela requer experiência e tempo". Ora, a prudência é uma virtude intelectual, como se explicou anteriormente. Logo, não somos prudentes naturalmente, mas graças ao ensinamento e à experiência.

RESPONDO. Como está claro pelo que foi dito antes, a prudência inclui o conhecimento dos universais e também dos singulares que se devem fazer, aos quais o homem prudente aplica os princípios universais. Quanto, pois, ao conhecimento universal, é a mesma razão para a prudência e para a ciência especulativa. Porque uma e outra conhecem naturalmente os primeiros princípios universais, conforme se disse antes; com a diferença que os princípios comuns da prudência são mais conaturais ao homem; e como diz o Filósofo: "A vida especulativa é melhor que a humana". Mas, os princípios universais posteriores, seja da razão especulativa, seja da razão prática, não são naturais. São descobertos pela experiência, ou pela instrução.

Quanto ao conhecimento particular daquilo que é objeto da ação, é necessário distinguir de novo. Pois, a ação tem relação ou com fim ou com os meios. Ora, os fins retos da vida humana são determinados. Por isso, pode haver inclinação natural com respeito a esses fins; como foi dito precedentemente, que alguns, por disposição natural, possuem certas virtudes que os inclinam para os fins retos, e, portanto, possuem por natureza também um reto julgamento relativo a esses fins. Mas, os meios para realizar o fim nas coisas humanas, não são determinados; eles se diversi-

---

2. C. 1: 588, a, 29-30.
3. C. 1: 1103, a, 16-18.
4. I-II, q. 57, a. 5; q. 58, a. 3, ad 1.
5. Art. 3.
6. Art. 6.
7. C. 7: 1177, b, 26-31.
8. I-II, q. 51, a. 1; q. 63, a. 1.

sed multipliciter diversificantur secundum diversitatem personarum et negotiorum. Unde quia inclinatio naturae semper est ad aliquid determinatum, talis cognitio non potest homini inesse naturaliter: licet ex naturali dispositione unus sit aptior ad huiusmodi discernenda quam alius; sicut etiam accidit circa conclusiones speculativarum scientiarum. Quia igitur prudentia non est circa fines, sed circa ea quae sunt ad finem, ut supra⁹ habitum est; ideo prudentia non est naturalis.

AD PRIMUM ergo dicendum quod Philosophus ibi loquitur de pertinentibus ad prudentiam secundum quod ordinantur ad fines: unde supra¹⁰ praemiserat quod *principia sunt eius quod est cuius gratia*, idest finis. Et propter hoc non facit mentionem de eubulia, quae est consiliativa eorum quae sunt ad finem.

AD SECUNDUM dicendum quod prudentia magis est in senibus non solum propter naturalem dispositionem, quietatis motibus passionum sensibilium sed etiam propter experientiam longi temporis.

AD TERTIUM dicendum quod in brutis animalibus sunt determinatae viae perveniendi ad finem: unde videmus quod omnia animalia eiusdem speciei similiter operantur. Sed hoc non potest esse in homine, propter rationem eius, quae, cum sit cognoscitiva universalium, ad infinita singularia se extendit.

ARTICULUS 16
Utrum prudentia possit amitti per oblivionem

AD DECIMUMSEXTUM SIC PROCEDITUR. Videtur quod prudentia possit amitti per oblivionem.

ficam de muitos modos segundo a diversidade das pessoas e negócios. E, porque a inclinação da natureza é sempre para algo determinado, um tal conhecimento não pode ser inato por natureza nos homens. Todavia um homem pode ser naturalmente mais apto que outro para discernir esses meios, como acontece também para as conclusões das ciências especulativas. Portanto, dado que a prudência não tem por objeto os fins mais os meios em vista do fim, como se viu acima, ela também não é natural no homem[l].

QUANTO AO 1º, portanto, deve-se dizer que nesta passagem o Filósofo fala do que pertence à prudência enquanto ela se ordena ao fim. Por isso, dissera anteriormente que "os princípios dizem respeito àquilo por causa do que algo se faz", quer dizer, do fim. E, essa é a razão pela qual não se faz menção da *eubulia*, que delibera sobre os meios.

QUANTO AO 2º, deve-se dizer que a prudência se encontra sobretudo nos anciãos, não somente por uma disposição natural pelo fato de suas paixões sensíveis estarem apaziguadas, mas também por uma experiência prolongada.

QUANTO AO 3º, deve-se dizer que nos animais irracionais, os caminhos para atingir o fim estão determinados; é por isso que vemos todos os animais da mesma espécie agir do mesmo modo. Mas, isso não pode se dar no homem, por causa da razão, que sendo conhecedora dos universais, se estende a infinitos singulares[m].

ARTIGO 16
Pode-se perder a prudência por esquecimento?

QUANTO AO DÉCIMO SEXTO, ASSIM SE PROCEDE: parece que por esquecimento **pode-se** perder a prudência.

---

9. A. 6; I-II, q. 57, a. 5.
10. C. 9: 1143, b, 4-5.

16 PARALL.: I-II, q. 53, a. 1; *De Verit.*, q. 18, a. 7, ad 7; VI *Ethic.*, lect. 4.

l. O paradoxo da prudência é que ela é uma virtude estável, ao passo que lhe é preciso sem cessar inventar novas coisas, na medida em que as situações concretas são flutuantes. Mas o paradoxo não é maior do que aquele que descobrimos nessas pessoas que são *constantemente* capazes de dar *de pronto* a boa resposta.. Têm permanentemente essa vivacidade da réplica que faz com que improvisem sem cessar. Sem dúvida, possuem certo dom natural, mas podem sem dúvida também se exercitar nessa arte. O mesmo ocorre com a prudência, disposição estável que, além de boas disposições naturais, reforça-se pelo exercício, o que lhe permite enfrentar as situações mais desconcertantes e fornecer as respostas adequadas, que não são dadas pela natureza.

m. O concreto sobre o qual os animais atuam, é determinado. O que lhes permite seguir seu instinto. O mesmo não vale para o homem, pois ele é dotado de razão. O próprio fundamento da atividade prudencial é uma dialética do concreto e do abstrato que caracteriza o espírito humano, mas está ausente dos animais.

1. Scientia enim, cum sit necessariorum, est certior quam prudentia, quae est contingentium operabilium. Sed scientia amittitur per oblivionem. Ergo multo magis prudentia.

2. PRAETEREA, sicut Philosophus dicit, in II Ethic.[1], *virtus ex eisdem generatur et corrumpitur contrario modo factis*. Sed ad generationem prudentiae necessarium est experimentum, quod fit *ex multis memoriis*, ut dicitur in principio *Metaphys*.[2]. Ergo, cum oblivio memoriae opponatur, videtur quod prudentia per oblivionem possit amitti.

3. PRAETEREA, prudentia non est sine cognitione universalium. Sed universalium cognitio potest per oblivionem amitti. Ergo et prudentia.

SED CONTRA est quod Philosophus dicit, in VI *Ethic*.[3], quod oblivio *est artis, et non prudentiae*.

RESPONDEO dicendum quod oblivio respicit cognitionem tantum. Et ideo per oblivionem potest aliquis artem totaliter perdere, et similiter scientiam, quae in ratione consistunt. Sed prudentia non consistit in sola cognitione, sed etiam in appetitu: quia ut dictum est[4], principalis eius actus est praecipere, quod est applicare cognitionem habitam ad appetendum et operandum. Et ideo prudentia non directe tollitur per oblivionem, sed magis corrumpitur per passiones: dicit enim Philosophus, in VI *Ethic*.[5], quod *delectabile et triste pervertit existimationem prudentiae*. Unde Dn 13,56 dicitur: *Species decepit te, et concupiscentia subvertit cor tuum*; et Ex 23,8 dicitur: *Ne accipias munera, quae excaecant etiam prudentes*. — Oblivio tamen potest impedire prudentiam, inquantum procedit ad praecipiendum ex aliqua cognitione, quae per oblivionem tolli potest.

AD PRIMUM ergo dicendum quod scientia est in sola ratione. Unde de ea est alia ratio, ut supra[6] dictum est.

AD SECUNDUM dicendum quod experimentum prudentiae non acquiritur ex sola memoria, sed ex exercitio recte praecipiendi.

1. Com efeito, a ciência, cujo objeto é o necessário, é mais certa do que a prudência, cujo objeto são os atos contingentes. Ora, a ciência se perde pelo esquecimento. Logo, muito mais a prudência.

2. ALÉM DISSO, como diz o Filósofo: "A virtude é produzida e destruída pelas mesmas causas agindo em sentido contrário". Ora, para existir a prudência é necessária a experiência, que é feita "por muitas lembranças", diz ainda o Filósofo. Logo, dado que o esquecimento se opõe à memória, parece que se pode perder a prudência por esquecimento.

3. ADEMAIS, não há prudência sem o conhecimento dos universais. Ora, pode-se perder o conhecimento dos universais por esquecimento. Logo, também a prudência.

EM SENTIDO CONTRÁRIO, "Esquecimento, diz o Filósofo, é próprio da arte e não da prudência".

RESPONDO. O esquecimento se refere somente ao conhecimento. Pelo esquecimento pode-se perder totalmente uma arte, e de modo semelhante uma ciência, as quais residem na razão. Ora, a prudência não consiste unicamente no conhecimento, mas também na vontade: porque, como foi dito, seu ato principal é comandar, que consiste em aplicar o conhecimento ao desejo e à ação. É por isso que a prudência não desaparece diretamente pelo esquecimento. Ela, ao invés, corrompe-se pelas paixões, já que, segundo o Filósofo, "o deleitável e o triste pervertem o juízo da prudência". Lê-se também no livro de Daniel: "A beleza te seduziu e a concupiscência perverteu teu coração"; e no Êxodo: "Não aceitarás propinas, porque elas cegam também os prudentes". — Todavia, o esquecimento pode impedir a prudência, enquanto ela passa ao ato de comandar a partir de um conhecimento, que pode desaparecer pelo esquecimento.

QUANTO AO 1º, portanto, deve-se dizer que a ciência está unicamente na razão. Portanto, sobre ela vale um outro argumento, como foi dito acima.

QUANTO AO 2º, deve-se dizer que a experiência da prudência não é adquirida apenas pela memória, mas pelo exercício de bem comandar.

---

1. C. 2: 1105, a, 14-16.
2. L. I, c. 1: 980, b, 29-981, a, 2.
3. C. 5: 1140, b, 29-30.
4. Art. 8.
5. C. 5: 1140, b, 13-16.
6. In corp.

AD TERTIUM dicendum quod prudentia principaliter consistit non in cognitione universalium, sed in applicatione ad opera, ut dictum est[7]. Et ideo oblivio universalis cognitionis non corrumpit id quod est principale in prudentia, sed aliquid impedimentum ei affert, ut dictum est[8].

QUANTO AO 3º, deve-se dizer que a prudência consiste principalmente não no conhecimento dos universais, mas, na sua aplicação aos atos, como foi dito. É por isso que o esquecimento do conhecimento universal não destrói o que é principal na prudência, mas, lhe causa certo impedimento, como foi dito.

7. Ibid.
8. Ibid.

QUAESTIO XLVIII
DE PARTIBUS PRUDENTIAE
in articulus unicus

Deinde considerandum est de partibus prudentiae. Et circa hoc quaeruntur quatuor: primo, quae sint partes prudentiae, secundo, de partibus quasi integralibus eius; tertio, de partibus subiectivis eius; quarto, de partibus potentialibus.

ARTICULUS UNICUS
Utrum convenienter assignentur partes prudentiae

AD PRIMUM SIC PROCEDITUR. Videtur quod inconvenienter assignentur partes prudentiae.

1. Tullius enim, in II *Rhet.*[1], ponit tres partes prudentiae: scilicet *memoriam, intelligentiam* et *providentiam*. — Macrobius autem[2], secundum sententiam Plotini, attribuit prudentiae sex: scilicet *rationem, intellectum, circumspectionem, providentiam, docilitatem* et *cautionem*. — Aristoteles autem, in VI *Ethic*.[3], dicit ad prudentiam pertinere *eubuliam, synesim* et *gnomen*. Facit etiam mentionem circa prudentiam de *eustochia* et *solertia, sensu* et *intellectu*. — Quidam autem alius philosophus graecus[4] dicit quod ad prudentiam decem

QUESTÃO 48
AS PARTES DA PRUDÊNCIA
artigo único

A seguir, devem-se considerar as partes da prudência. Sobre isso, são quatro as perguntas: 1. quais são as partes da prudência? 2. suas partes quase integrantes? 3. suas partes subjetivas? 4. suas partes potenciais.

ARTIGO ÚNICO
Estão bem assinaladas as partes da prudência?[a]

QUANTO AO ÚNICO ARTIGO, ASSIM SE PROCEDE: parece que as partes da prudência **não** estão bem assinaladas.

1. Com efeito, Túlio atribui três partes à prudência: memória, inteligência e providência. — Mas, Macróbio, segundo Plotino, atribui à prudência seis partes: "a razão, o intelecto, a circunspecção, a previdência, a docilidade, a precaução". — E Aristóteles atribui à prudência a *eubulia*, a *synesis*, a *gnome*. Menciona também, ao falar da prudência a "*eustochia* (vigilância) e a sagacidade, o sentido e o intelecto". — Um outro filósofo grego diz que pertencem à prudência dez qualidades: a *eubulia*, a sagacidade, a previdên-

1 PARALL.: III *Sent*., dist. 33, q. 3, a. 1; VI *Ethic*., lect. 7; *De Mem. et Remin*., lect. 1.

1. *De invent. rhet*., l. III, c. 53: ed. G. Friedrich, Lipsiae 1908, p. 230, l. 8.
2. *In Somn. Scipion.*, l. I, c. 8: ed. Fr. Eyssenhardt, Lipsiae 1868, p. 507, ll. 14-16.
3. Cc. 10, 11: 1142, a, 32-34; b, 34-1143, a, 2; 19-24.
4. Andronicus Peripateticus: Vide *De Affectibus Liber*, de Prudentia: inter *Fragmenta Philosophorum Graec*., ed. G. A. Mullachius, Parisiis 1867-1879, t. III, p. 574.

a. Se o artigo não possui argumento *em sentido contrário*, o que é raro na Suma teológica, é que nenhuma das classificações aqui propostas é francamente melhor do que as outras. Todos os autores são tratados como objetantes, e Sto. Tomás propõe uma classificação que lhe é própria. Não só própria, como notável, e a distinção entre partes integrantes, subjetivas e potenciais de uma virtude se aplica especialmente bem à prudência. Existe algo arbitrário no detalhe, pois para Sto. Tomás é um ponto de honra recolher tudo o que legaram seus antecessores, mas as grandes linhas já são totalmente claras.

pertinent: scilicet *eubulia, solertia, providentia, regnativa, militaris, politica, oeconomica, dialectica, rhetorica, physica*. — Ergo videtur quod vel una assignatio sit superflua vel alia diminuta.

2. PRAETEREA, prudentia dividitur contra scientiam. Sed politica, oeconomica, dialectica, rhetorica, physica sunt quaedam scientiae. Non ergo sunt partes prudentiae.

3. PRAETEREA, partes non excedunt totum. Sed memoria intellectiva, vel intelligentia, ratio, sensus et docilitas non solum pertinent ad prudentiam, sed etiam ad omnes habitus cognoscitivos. Ergo non debent poni partes prudentiae.

4. PRAETEREA, sicut consiliari et iudicare et praecipere sunt actus rationis practicae, ita etiam et uti, sicut supra[5] habitum est. Sicut ergo eubulia adiungitur prudentiae, quae pertinet ad consilium, et synesis et gnome, quae pertinent ad iudicium; ita etiam debuit poni aliquid pertinens ad usum.

5. PRAETEREA, sollicitudo ad prudentiam pertinet, sicut supra[6] habitum est. Ergo etiam inter partes prudentiae sollicitudo poni debuit.

RESPONDEO dicendum quod triplex est pars: scilicet *integralis*, ut paries, tectum et fundamentum sunt partes domus; *subiectiva*, sicut bos et leo sunt partes animalis; et *potentialis*, sicut nutritivum et sensitivum sunt partes animae. Tribus ergo modis possunt assignari partes alicui virtuti. Uno modo, ad similitudinem partium integralium: ut scilicet illa dicantur esse partes virtutis alicuius quae necesse est concurrere ad perfectum actum virtutis illius. Et sic ex omnibus enumeratis possunt accipi octo partes prudentiae: scilicet sex quas enumerat Macrobius; quibus addenda est septima, scilicet *memoria*, quam ponit Tullius; et *eustochia* sive *solertia*, quam ponit Aristoteles (nam *sensus* prudentiae etiam *intellectus* dicitur: unde Philosophus dicit, in VI *Ethic.*[7]: *Horum igitur oportet habere sensum: hic autem est intellectus*). Quorum octo quinque pertinent ad prudentiam secundum id quod est cognoscitiva, scilicet *memoria, ratio, intellectus, docilitas* et *solertia*: tria vero alia pertinent ad eam secundum quod est praeceptiva, applicando cognitionem ad opus, scilicet *providentia, circumspectio* et *cautio*. — Quorum diversitatis ratio patet ex hoc quod circa cognitionem tria sunt consideranda. Primo quidem, ipsa

cia, a arte de governar, a arte militar, a política, a econômica, a dialética, a retórica, a física. — Portanto, parece que ou uma dessas atribuições tem a mais ou outra a menos.

2. ALÉM DISSO, a prudência se opõe à ciência. Ora, a política, a econômica, a dialética, a retórica, a física, são também ciências. Logo, não são partes da prudência.

3. ADEMAIS, as partes não excedem ao todo. Ora, a memória intelectual, ou a inteligência, a razão, o sentido e docilidade, não somente pertencem à prudência, mas, ainda a todos os hábitos de conhecimento. Logo, não podem ser consideradas como partes da prudência.

4. ADEMAIS, assim como deliberar, julgar e comandar são atos da razão prática, também o é o ato de usar, como já foi dito. Portanto, assim como se agregam à prudência a *eubulia*, que pertence ao conselho e a *synesis* e a *gnome*, que pertencem ao juízo, deve-se assinalar também algo correspondente ao uso.

5. ADEMAIS, se, como foi dito, a solicitude pertence à prudência, deve-se incluí-la entre suas partes.

RESPONDO, há três espécies de partes: integrantes, como as paredes, o teto e as fundações, são partes de uma casa; subjetivas, como o boi e o leão são partes do gênero animal; e partes potenciais, como as faculdades da nutrição e a potência sensitiva são partes da alma. Pode-se, pois, assinalar partes a uma virtude de três modos diferentes. Primeiro, à semelhança de partes integrantes: neste caso, chamam-se partes de uma virtude os elementos que concorrem necessariamente para o ato perfeito dessa virtude. E, assim, de todos os elementos enumerados, podem ser enumerados oito partes da prudência: as seis enumeradas por Macróbio, às quais se acrescenta como sétima a memória proposta por Túlio, mais a *eustochia* ou sagacidade, proposta por Aristóteles (pois o sentido da prudência também se chama intelecto; pois, o Filósofo diz: "a respeito dessas coisas é preciso ter sentido: o que aqui chamamos intelecto"). Destas oito partes, cinco pertencem à prudência enquanto é cognoscitiva: "a memória, a razão, o intelecto, a docilidade, a sagacidade; as outras três pertencem à prudência enquanto é preceptiva aplicando o conhecimento à ação: a

---

5. I-II, q. 16, a. 1.
6. Q. 47, a. 9.
7. C. 12: 1143, b, 5.

cognitio. Quae si sit praeteritorum, est *memoria:* si autem praesentium, sive contingentium sive necessariorum, vocatur *intellectus sive intelligentia*. — Secundo, ipsa cognitionis acquisitio. Quae fit vel per disciplinam, et ad hoc pertinet *docilitas*: vel per inventionem, et ad hoc pertinet *eustochia*, quae est *bona coniecturatio*. Huius autem pars, ut dicitur in VI *Ethic.*[8], est *solertia*, quae est *velox coniecturatio medii*, ut dicitur in I *Poster.*[9]. — Tertio considerandus est usus cognitionis: secundum scilicet quod ex cognitis aliquis procedit ad alia cognoscenda vel iudicanda. Et hoc pertinet ad *rationem*. Ratio autem, ad hoc quod recte praecipiat, tria debet habere. Primo quidem, ut ordinet aliquid accommodum ad finem: et hoc pertinet ad *providentiam*. Secundo, ut attendat circumstantias negotii: quod pertinet ad *circumspectionem*. Tertio, ut vitet impedimenta: quod pertinet ad *cautionem*.

Partes autem subiectivae virtutis dicuntur species eius diversae. Et hoc modo partes prudentiae, secundum quod proprie sumuntur, sunt prudentia per quam aliquis regit seipsum, et prudentia per quam aliquis regit multitudinem, quae differunt specie, ut dictum est[10]: et iterum prudentia quae est multitudinis regitiva dividitur in diversas species secundum diversas species multitudinis. Est autem quaedam multitudo adunata ad aliquod speciale negotium, sicut exercitus congregatur ad pugnandum: cuius regitiva est prudentia *militaris*. Quaedam vero multitudo est adunata ad totam vitam: sicut multitudo unius domus vel familiae, cuius regitiva est prudentia *oeconomica;* et multitudo unius civitatis vel regni, cuius quidem directiva est in principe *regnativa,* in subditis autem *politica* simpliciter dicta. Si vero prudentia sumatur large, secundum quod includit etiam scientiam speculativam, ut supra[11] dictum est; tunc etiam partes eius ponuntur dialectica, rhetorica et physica, secundum tres modos procedendi in scientiis. Quorum unus est per demonstrationem ad scientiam causandam: quod pertinet ad *physicam*; ut sub physica intelligantur omnes scientiae

previdência, a circunspecção e a precaução. — A razão dessa diversidade é patente pelo fato de que três considerações devem ser feitas a respeito do conhecimento. Primeiramente, é preciso considerar o próprio conhecimento. Caso se refira ao passado, é a memória; se ao presente, sejam coisas contingentes, sejam necessárias, chama-se intelecto ou inteligência. — Em segundo lugar, a aquisição do conhecimento. A aquisição se faz pelo ensinamento, ao qual se refere a *docilidade*; ou por descoberta, ao que se refere a *eustochia*, que é conjeturar bem. A *sagacidade*, que consiste na rápida avaliação do meio-termo, é parte da *eustochia*, como diz Aristóteles. — Em terceiro lugar, o uso do conhecimento: enquanto que de coisas conhecidas se passa ao conhecimento e julgamento de outras coisas. Isso é próprio da *razão*. Mas, a razão, para comandar retamente, deve realizar três ações: primeiro, ordenar algo conveniente ao fim; isto concerne à *previdência*. Segundo, ter em conta as circunstâncias da situação: o que é próprio da *circunspecção*. Terceiro, evitar os obstáculos: o que pertence às *precaução*.

Segundo, chamam-se partes subjetivas de uma virtude suas diversas espécies. Assim consideradas, são partes da prudência em sentido próprio, a prudência pela qual alguém se autogoverna e a prudência pelo qual se governa a multidão. Essas se diferem pela espécie, como se disse anteriormente. E, por sua vez, a prudência que governa a multidão se divide em diversas espécies, segundo as espécies de multidão. Há uma multidão reunida em vista de uma função especial, tal como um exército reunido para o combate: para o governo desta multidão põe-se a prudência *militar*. Há uma multidão reunida para toda a vida como a multidão de uma casa ou família, para cujo governo dá-se a prudência *econômica*; ou ainda a multidão formando uma cidade ou reino, cuja prudência de *governo* está no príncipe, e nos súditos está a prudência *política*, sem outra determinação. Se, agora, a prudência é tomada em sentido amplo, enquanto inclui também a ciência especulativa, como foi dito acima, então, a dialética, a retórica e a física, são postas como suas partes, segundo os três modos usados nas ciências: em uma se procede por demonstração para se obter a ciên-

---

8. C. 10: 1142, b, 5-6.
9. C. 34: 89, b, 10-11.
10. Q. 47, a. 11.
11. Q. 47, a. 2, ad 2.

demonstrativae. Alius modus est ex probabilibus ad opinionem faciendam: quod pertinet ad *dialecticam*. Tertius modus est ex quibusdam coniecturis ad suspicionem inducendam, vel ad aliqualiter persuadendum: quod pertinet ad *rhetoricam*. — Potest tamen dici quod haec tria pertinent ad prudentiam etiam proprie dictam, quae ratiocinatur interdum quidem ex necessariis, interdum ex probabilibus, interdum autem ex quibusdam coniecturis.

Partes autem potentiales alicuius virtutis dicuntur virtutes adiunctae quae ordinantur ad aliquos secundarios actus vel materias, quasi non habentes totam potentiam principalis virtutis. Et secundum hoc ponuntur partes prudentiae *eubulia*, quae est circa consilium; et *synesis*, quae est circa iudicium eorum quae communiter accidunt; et *gnome*, quae est circa iudicium eorum in quibus oportet quandoque a communi lege recedere. Prudentia vero est circa principalem actum, qui est praecipere.

AD PRIMUM ergo dicendum quod diversae assignationes differunt secundum quod diversa genera partium ponuntur; vel secundum quod sub una parte unius assignationis includuntur multae partes alterius assignationis. Sicut Tullius sub *providentia* includit cautionem et circumspectionem; sub *intelligentia* autem rationem, docilitatem et solertiam.

AD SECUNDUM dicendum quod oeconomica et politica non accipiuntur hic secundum quod sunt scientiae; sed secundum quod sunt prudentiae quaedam. De aliis autem tribus patet responsio ex dictis[12].

AD TERTIUM dicendum quod omnia illa ponuntur partes prudentiae non secundum suam communitatem; sed secundum quod se habent ad ea quae pertinent ad prudentiam.

AD QUARTUM dicendum quod recte praecipere et recte uti semper se comitantur: quia ad praeceptum rationis sequitur obedientia inferiorum virium, quae pertinent ad usum.

AD QUINTUM dicendum quod sollicitudo includitur in ratione providentiae.

cia: é a função da *física*, compreendendo sob esse nome todas as ciências demonstrativas. Em outra, se procede a partir de probabilidades para fundar uma opinião: é a *dialética*. Em uma terceira, se procede a partir de conjecturas que criam uma suspeita ou certa persuasão: é o papel da *retórica*. — Pode-se dizer, no entanto, que essas três últimas se referem à prudência propriamente dita; porque raciocina, às vezes, a partir do necessário; às vezes, a partir do provável, ou, ainda, a partir de conjecturas.

Terceiro, chamam-se partes potenciais de uma virtude as virtudes conexas ordenadas a atos ou matérias secundárias, significando com esse nome que elas não possuem toda a potência da virtude principal. Neste sentido são atribuídas à prudência como partes: a *eubulia*, que concerne ao conselho, a *synesis*, que se refere ao juízo relativo às circunstâncias ordinárias, a *gnome*, que se refere ao juízo sobre casos, em que como se diz, é preciso se afastar da lei comum. Quanto à prudência, ela se refere ao ato principal, que é comandar[b].

QUANTO AO 1º, portanto, deve-se dizer que as diversas enumerações diferem, porque consideram diferentes gêneros de partes ou porque uma enumeração inclui em uma parte várias de outra enumeração. Assim, Túlio Cícero inclui na "previsão" a precaução e circunspecção, e na "inteligência", a docilidade e a sagacidade.

QUANTO AO 2º, deve-se dizer que não tomamos, aqui, a economia e a política como ciências, mas como gêneros da prudência. Com relação às outras três, é patente a resposta a partir do que já se falou.

QUANTO AO 3º, deve-se dizer que todas essas partes não são atribuídas à prudência segundo um sentido amplo; mas, enquanto se referem às coisas que pertencem à prudência.

QUANTO AO 4º, deve-se dizer que comandar bem e fazer bom uso estão sempre juntos; porque o preceito da razão é seguido pela obediência das potências inferiores, o que se refere ao uso.

QUANTO AO 5º, deve-se dizer que a solicitude está incluída na razão de previdência.

---

12. In corp.

b. Voltaremos a encontrar ao longo de todo nosso estudo esse primado atribuído ao preceito: o ato principal da prudência é o que desemboca numa ação. Os preparativos estão longe de serem desprezíveis, mas só constituem uma forma de gestação. Quem não vê o interesse dessa posição em um autor considerado tão "intelectual" como Sto. Tomás? É preciso render-se à evidência: os "intelectuais", em moral, são os casuístas!

QUAESTIO XLIX
DE SINGULIS PRUDENTIAE PARTIBUS QUASI INTEGRALIBUS

in octo articulos divisa

Deinde considerandum est de singulis prudentiae partibus quasi integralibus. Et circa hoc quaeruntur octo.

Primo: de memoria.
Secundo: de intellectu vel intelligentia.
Tertio: de docilitate.
Quarto: de solertia.
Quinto: de ratione.
Sexto: de providentia.
Septimo: de circumspectione.
Octavo: de cautione.

Articulus 1
Utrum memoria sit pars prudentiae

Ad primum sic proceditur. Videtur quod memoria non sit pars prudentiae.

1. Memoria enim, ut probat Philosophus[1], est in parte animae sensitiva. Prudentia autem est in ratiocinativa; ut patet in VI *Ethic.*[2]. Ergo memoria non est pars prudentiae.

2. Praeterea, prudentia per exercitium acquiritur et proficit. Sed memoria inest nobis a natura. Ergo memoria non est pars prudentiae.

3. Praeterea, memoria est praeteritorum. Prudentia autem futurorum operabilium, de quibus est consilium, ut dicitur in VI *Ethic.*[3]. Ergo memoria non est pars prudentiae.

Sed contra est quod Tullius, in II *Rhet.*[4], ponit memoriam inter partes prudentiae.

Respondeo dicendum quod prudentia est circa contingentia operabilia, sicut dictum est[5]. In his autem non potest homo dirigi per ea quae sunt simpliciter et ex necessitate vera, sed ex his quae ut in pluribus accidunt: oportet enim principia conclusionibus esse proportionata, et ex talibus talia concludere, ut dicitur in VI *Ethic.*[6].

QUESTÃO 49
AS PARTES COMO QUE INTEGRANTES DA PRUDÊNCIA

em oito artigos

Deve-se considerar agora cada uma das partes como que integrantes da prudência.

Sobre isso, são oito as perguntas:
1. Sobre a memória;
2. Sobre o intelecto ou a inteligência;
3. Sobre a docilidade;
4. Sobre a sagacidade;
5. Sobre a razão;
6. Sobre a previdência;
7. Sobre a circunspeção;
8. Sobre a precaução.

Artigo 1
A memória é parte da prudência?

Quanto ao primeiro artigo, assim se procede: parece que a memória **não** é parte da prudência.

1. Com efeito, a memória, como afirma o Filósofo, está na parte sensível da alma. Ora, a prudência está na parte racional, como demonstra Aristóteles. Logo, a memória não é parte da prudência.

2. Além disso, a prudência é adquirida e cresce pelo exercício. Ora, a memória está em nós como dom natural. Logo, a memória não é parte da prudência.

3. Ademais, a memória tem como objeto o passado. Ora, a prudência se refere ao que está por fazer, a respeito do que se delibera, como diz o Filósofo. Logo, a memória não é parte da prudência.

Em sentido contrário, Túlio considera a memória como parte da prudência.

Respondo. A prudência, como foi explicado, trata das ações contingentes. Nessas ações o homem não pode ser dirigido por verdades absolutas e necessárias, mas, pelo que sucede comumente. É preciso, com efeito, que os princípios sejam proporcionados às conclusões e que, de tais princípios, se tirem tais conclusões, como diz o Filósofo.

---

1 Parall.: Q. praec.; III *Sent.*, dist. 33, q. 3, a. 1, q.la 1; *De Mem. et Remin.*, lect. 1.

1. *De Mem. et Remin.*, c. 1: 450, a, 12-14.
2. C. 5: 1140, b, 25-30.
3. Cc. 2, 8: 1139, b, 7-11; 1141, b, 8-14.
4. *De invent. rhet.*, l. II, c. 53: ed. G. Friedrich, Lipsiae 1908, p. 230, l. 8.
5. Q. 47, a. 5.
6. C. 3: 1139, b, 25-36.

Quid autem in pluribus sit verum oportet per experimentum considerare: unde et in II *Ethic*.[7] Philosophus dicit quod *virtus intellectualis habet generationem et augmentum ex experimento et tempore*. Experimentum autem est ex pluribus memoriis; ut patet in I *Metaphys*.[8]. Unde consequens est quod ad prudentiam requiritur plurium memoriam habere. Unde convenienter memoria ponitur pars prudentiae.

AD PRIMUM ergo dicendum quod quia, sicut dictum est[9], prudentia applicat universalem cognitionem ad particularia, quorum est sensus, inde multa quae pertinent ad partem sensitivam requiruntur ad prudentiam. Inter quae est memoria.

AD SECUNDUM dicendum quod sicut prudentia aptitudinem quidem habet ex natura, sed eius complementum est ex exercitio vel gratia; ita etiam, ut Tullius dicit in sua *Rhetorica*[10], memoria non solum a natura proficiscitur, sed etiam habet plurimum artis et industriae. Et sunt quatuor per quae homo proficit in bene memorando. Quorum primum est ut eorum quae vult memorari quasdam similitudines assumat convenientes, nec tamen omnino consuetas: quia ea quae sunt inconsueta magis miramur, et sic in eis animus magis et vehementius detinetur; ex quo fit quod eorum quae in pueritia vidimus magis memoremur. Ideo autem necessaria est huiusmodi similitudinum vel imaginum adinventio, quia intentiones simplices et spirituales facilius ex anima elabuntur nisi quibusdam similitudinibus corporalibus quasi alligentur: quia humana cognitio potentior est circa sensibilia. Unde et memorativa ponitur in parte sensitiva. — Secundo, oportet ut homo ea quae memoriter vult tenere sua consideratione ordinate disponat, ut ex uno memorato facile ad aliud procedatur. Unde Philosophus dicit, in libro *de Mem*.[11]: *A locis videntur reminisci aliquando: causa autem est quia velociter ab alio in aliud veniunt*. — Tertio, oportet ut homo sollicitudinem apponat et affectum adhibeat ad ea quae vult memorari: quia quo aliquid magis fuerit impressum animo, eo minus elabitur. Unde et Tullius dicit, in sua *Rhetorica*[12], quod *sollicitudo conservat integras simulacrorum figuras*. — Quarto, oportet quod ea frequenter meditemur quae volumus

Ora, o que é verdade na maioria dos casos, não pode ser sabido senão por experiência: também o Filósofo diz que "a virtude intelectual nasce e cresce graças à experiência e ao tempo". Por sua vez, "a experiência resulta de muitas recordações", diz ele ainda. Consequentemente, a prudência exige a memória de muitas coisas. Portanto, é conveniente que a memória seja considerada como parte da prudência.

QUANTO AO 1º, portanto, deve-se dizer que como já foi dito, a prudência aplica o conhecimento universal às ações particulares, das quais os sentidos se ocupam; por isso, prudência necessita de muitos elementos sensíveis, entre os quais a memória.

QUANTO AO 2º, deve-se dizer que, assim como a prudência tem uma aptidão natural, mas recebe seu acabamento pelo exercício ou pela graça; também, como diz Túlio, a memória não tem seu acabamento unicamente pela natureza, mas ela deve muito também à arte e à habilidade. Há quatro meios pelos quais o homem aperfeiçoa a boa memória. Primeiro, procurar algumas semelhanças condizentes com as coisas que se pretende recordar, mas não muito habituais, porque, o que não é muito comum nos surpreende mais, e, por isso, o espírito as retém melhor e mais vivamente. Por isso, também, acontece que nos lembremos mais do que vimos na infância. Por esta razão é necessário procurar essas semelhanças ou imagens, porque as ideias simples e espirituais desaparecem mais facilmente da alma se elas não estiverem ligadas, por assim dizer, a semelhanças materiais; pois, o conhecimento humano apreende mais fortemente os objetos sensíveis. É por isso que a potência da memória pertence à parte sensível da alma. — Segundo, é preciso organizar devidamente as coisas que se pretendem guardar na memória, para que se possa passar facilmente de um objeto a outro. Por isso diz o Filósofo: "Às vezes, os lugares parecem nos ajudar a recordar, porque se passa velozmente de um para outro". — Terceiro, deve-se pôr interesse e amor nas coisas que se quer recordar, dado que quanto mais estiverem impressas no espírito, tanto menos desaparecerão. Portanto, segundo Túlio, "o interesse conserva íntegras as figuras das representações". — Finalmente, deve-

---

7. C. 1: 1103, a, 15-18.
8. C. 1: 980, b, 29-981, a, 2.
9. Q. 47, a. 3, 6.
10. *Ad C. Herennium, de arte rhet.*, l. III, c. 16, 24: ed. G. Friedrich, Lipsiae 1908, p. 58, ll. 15-18; p. 64, ll. 12.
11. C. 2: 452, a, 13-16.
12. *Ad C. Herennium, de arte rhet.*, l. III, c. 19: ed. G. Friedrich, Lipsiae 1908, p. 60, ll. 4-5.

memorari. Unde Philosophus dicit, in libro *de Mem*.¹³, quod *meditationes memoriam salvant*: quia, ut in eodem libro¹⁴ dicitur, *consuetudo est quasi natura*; unde quae multoties intelligimus cito reminiscimur, quasi naturali quodam ordine ab uno ad aliud procedentes.

AD TERTIUM dicendum quod ex praeteritis oportet nos quasi argumentum sumere de futuris. Et ideo memoria praeteritorum necessaria est ad bene consiliandum de futuris.

te meditar frequentemente nos objetos dos quais se quer lembrar. Por isso, diz o Filósofo, que "a meditação conserva a memória", já que, como diz na mesma obra, "o hábito é uma quase natureza". Essa é a razão por que recordamos rapidamente as coisas nas quais pensamos muito, passando de uma para outra segundo uma ordem, por assim dizer, naturalᵃ.

QUANTO AO 3º, deve-se dizer que do que é passado, se deve tirar argumentos para o futuro. Assim, a memória do passado é necessária para deliberar acertadamente a respeito do futuro.

ARTICULUS 2
Utrum intellectus sit pars prudentiae

AD SECUNDUM SIC PROCEDITUR. Videtur quod intellectus non sit pars prudentiae.

1. Eorum enim quae ex opposito dividuntur unum non est pars alterius. Sed intellectus ponitur virtus intellectualis condivisa prudentiae; ut patet in VI *Ethic*.¹. Ergo intellectus non debet poni pars prudentiae.

2. PRAETEREA, intellectus ponitur inter dona Spiritus Sancti, et correspondet fidei, ut supra² habitum est. Sed prudentia est alia virtus a fide, ut per supradicta³ patet. Ergo intellectus non pertinet ad prudentiam.

3. PRAETEREA, prudentia est singularium operabilium, ut dicitur in VI *Ethic*.⁴. Sed intellectus est universalium cognoscitivus et immaterialium; ut patet in III *de Anima*⁵. Ergo intellectus non est pars prudentiae.

SED CONTRA est quod Tullius⁶ ponit *intelligentiam* partem prudentiae, et Macrobius⁷ *intellectum*, quod in idem redit.

RESPONDEO dicendum quod intellectus non sumitur hic pro potentia intellectiva, sed prout importat quandam rectam aestimationem alicuius

ARTIGO 2
O intelecto é parte da prudência?

QUANTO AO SEGUNDO, ASSIM SE PROCEDE: parece que o intelecto **não** faz parte da prudência.

1. Com efeito, de duas coisas que se opõem, uma não pode ser parte da outra. Ora, o intelecto, é considerado como potência intelectual, distinta da prudência, como mostra Aristóteles. Logo, o intelecto não deve ser considerado parte da prudência.

2. ALÉM DISSO, o intelecto é considerado um dos dons do Espírito Santo e corresponde à fé, como foi dito acima. Ora, a prudência é uma virtude distinta da fé, como resulta de tudo o que foi dito. Logo, o intelecto não é parte da prudência.

3. ADEMAIS, a prudência tem como objeto as ações particulares, como diz o Filósofo. Ora, o intelecto conhece o universal e o imaterial, como diz alhures. Logo, o intelecto não é parte da prudência.

EM SENTIDO CONTRÁRIO, Túlio, considera a inteligência como parte da prudência, e Macróbio o intelecto, o que dá no mesmo.

RESPONDO. Toma-se, aqui, o intelecto não como potência intelectual, mas enquanto implica a reta avaliação de algum princípio primeiro aceito

---

13. C. 1: 451, a, 12-14.
14. C. 2: 452, a, 28-30.

2   PARALL.: Q. praec., III *Sent*., dist. 33, q. 3, a. 1, q.la 1.

1. C. 3: 1139, b, 16-18.
2. Q. 8, a. 1, 8.
3. Q. 4, a. 8.
4. Cc. 8, 9: 1141, b, 14-22; 1142, a, 14-16.
5. C. 4: 429, b, 10-18.
6. *De invent. rhet*., l. II, c. 53: ed. G. Friedrich, Lipsiae 1908, p. 230, l. 8.
7. *In somn. Scipion*., l. I, c. 8: ed. Fr. Eyssenhardt, Lipsiae 1868, p. 507, ll. 14-16.

a. Note-se de passagem esse excelente conselho de mnemotécnica, que nos lembra que os antigos, que não conheciam o impresso, dependiam mais do que nós da memória.

extremi principii quod accipitur ut per se notum: sicut et prima demonstrationum principia intelligere dicimur. Omnis autem deductio rationis ab aliquibus procedit quae accipiuntur ut prima. Unde oportet quod omnis processus rationis ab aliquo intellectu procedat. Quia igitur prudentia est recta ratio agibilium, ideo necesse est quod totus processus prudentiae ab intellectu derivetur. Et propter hoc intellectus ponitur pars prudentiae.

AD PRIMUM ergo dicendum quod ratio prudentiae terminatur, sicut ad conclusionem quandam, ad particulare operabile, ad quod applicat universalem cognitionem, ut ex dictis[8] patet. Conclusio autem singularis syllogizatur ex universali et singulari propositione. Unde oportet quod ratio prudentiae ex duplici intellectu procedat. Quorum unus est qui est cognoscitivus universalium. Quod pertinet ad intellectum qui ponitur virtus intellectualis: quia naturaliter nobis cognita sunt non solum universalia principia speculativa, sed etiam practica, sicut *nulli esse malefaciendum*, ut ex dictis[9] patet. — Alius autem intellectus est qui, ut dicitur in VI *Ethic.*[10], est cognoscitivus *extremi*, idest alicuius primi singularis et contingentis operabilis, propositionis scilicet minoris, quam oportet esse singularem in syllogismo prudentiae, ut dictum est. Hoc autem primum singulare est aliquis singularis finis, ut ibidem[11] dicitur. Unde intellectus qui ponitur pars prudentiae est quaedam recta aestimatio de aliquo particulari fine.

AD SECUNDUM dicendum quod intellectus qui ponitur donum Spiritus Sancti est quaedam acuta perspectio divinorum, ut ex supradictis[12] patet. Aliter autem ponitur intellectus pars prudentiae, ut dictum est[13].

AD TERTIUM dicendum quod ipsa recta aestimatio de fine particulari et *intellectus* dicitur, inquantum est alicuius principii; et *sensus*, inquantum est particularis. Et hoc est quod Philosophus dicit, in VI *Ethic.*[14]: *Horum*, scilicet singularium, *oportet*

como evidente por si, no sentido em que se diz que temos inteligência dos primeiros princípios da demonstração. Ora, toda dedução da razão procede de proposições aceitas como primeiras. Portanto, é necessário que todo processo da razão proceda de algo conhecido. Porque a prudência é a reta razão do que se deve fazer, é necessário que seu desenvolvimento todo inteiro proceda do intelecto. É por isso que o intelecto é considerado como uma das partes da prudência.

QUANTO AO 1º, portanto, deve-se dizer que o raciocínio da prudência atinge seu termo em uma ação particular que é como uma conclusão, à qual é aplicado o conhecimento universal, como foi dito. Ora, uma conclusão particular se obtém pela via do silogismo a partir de uma proposição universal e de uma proposição particular. É preciso, portanto, que o razão da prudência proceda de um duplo intelecto. Um deles é conhecedor das universais e figura entre as potências intelectuais; porque nós conhecemos naturalmente, não somente os princípios universais especulativos, mas também os práticos, como, por exemplo: "não se deve fazer o mal a ninguém". — O outro intelecto, como diz Aristóteles, é aquele que conhece "o extremo", quer dizer, algo primeiro, singular e contingente operável, como a proposição menor, a qual deve ser particular em um silogismo de prudência, como foi dito. Ora, este primeiro singular é um fim singular, como está dito na mesma passagem. Portanto, o intelecto que figura como parte da prudência é a reta avaliação de um fim particular[b].

QUANTO AO 2º, deve-se dizer que a inteligência, entendida como um dom do Espírito Santo, é certa percepção aguda das realidades divinas, como se mostrou acima. É em outro sentido que se toma o intelecto como parte da prudência.

QUANTO AO 3º, deve-se dizer que a mesma avaliação reta do fim particular é chamada de *intelecto*, enquanto ele se refere a um princípio, e é chamada *sentido*, enquanto particular. Isso é o que diz o Filósofo: "deve existir um sentido para

---

8. Q. 47, a. 3, 6.
9. Q. 47, a. 6.
10. C. 12: 1143, b, 2-5.
11. Loc. prox. cit.
12. Q. 8, a. 1.
13. In corp.
14. C. 12: 1143, b, 5.

b. Há um silogismo aqui, mas diferente daquele que tentaria esboçar uma "moral da consciência". A menor particular não é a constatação de um fato (ou de um conjunto de fatos), mas um *fim* particular, o que nos estabelece no dinamismo mesmo da ação.

habere sensum: hic autem est intellectus. Non autem hoc est intelligendum de sensu particulari quo cognoscimus propria sensibilia: sed de sensu interiori quo de particulari iudicamus.

Articulus 3
Utrum docilitas debeat poni pars prudentiae

AD TERTIUM SIC PROCEDITUR. Videtur quod docilitas non debeat poni pars prudentiae.

1. Illud enim quod requiritur ad omnem virtutem intellectualem non debet appropriari alicui earum. Sed docilitas necessaria est ad quamlibet virtutem intellectualem. Ergo non debet poni pars prudentiae.
2. PRAETEREA, ea quae ad virtutes humanas pertinent sunt in nobis: quia secundum ea quae in nobis sunt laudamur vel vituperamur. Sed non est in potestate nostra quod dociles simus, sed hoc ex naturali dispositione quibusdam contingit. Ergo non est pars prudentiae.
3. PRAETEREA, docilitas ad discipulum pertinet. Sed prudentia, cum sit praeceptiva, magis videtur ad magistros pertinere, qui etiam *praeceptores* dicuntur. Ergo docilitas non est pars prudentiae.

SED CONTRA est quod Macrobius[1], secundum sententiam Plotini, ponit docilitatem inter partes prudentiae.

RESPONDEO dicendum quod, sicut supra[2] dictum est, prudentia consistit circa particularia operabilia. In quibus cum sint quasi infinitae diversitates, non possunt ab uno homine sufficienter omnia considerari, nec per modicum tempus sed per temporis diuturnitatem. Unde in his quae ad prudentiam pertinent maxime indiget homo ab alio erudiri: et praecipue ex senibus, qui sanum intellectum adepti sunt circa fines operabilium. Unde Philosophus dicit, in VI *Ethic.*[3]: *Oportet attendere expertorum et seniorum et prudentium indemonstrabilibus enuntiationibus et opinionibus non minus quam demonstrationibus: propter experientiam enim vident principia.* Unde et Pr 3,5 dicitur: *Ne innitaris prudentiae tuae*; et Eccli

estes, quer dizer, os singulares, e este sentido é o intelecto". Não se deve entender isso do sentido particular pelo qual conhecemos os sensíveis próprios, mas do sentido interior pelo qual julgamos o particular.

Artigo 3
A docilidade deve ser considerada parte da prudência?

QUANTO AO TERCEIRO, ASSIM SE PROCEDE: parece que a docilidade **não** deve ser considerada parte da prudência.

1. Com efeito, o que se requer para toda potência intelectual não deve ser atribuído como próprio a uma dentre elas. Ora, a docilidade é necessária para qualquer potência intelectual. Logo, não deve ser considerada parte da prudência.
2. ALÉM DISSO, o que pertence às virtudes humanas está em nós, pois, somos elogiados ou censurados por aquilo que está em nós. Ora, não está em nosso poder ser dóceis, mas é uma disposição natural que convém a alguns. Logo, a docilidade não é parte da prudência.
3. ADEMAIS, a docilidade se refere ao discípulo. Ora, a prudência, sendo preceptiva, parece que convém mais aos mestres, que também são chamados *preceptores*. Logo, a docilidade não é parte da prudência.

EM SENTIDO CONTRÁRIO, Macróbio, segundo diz Plotino, afirma a docilidade entre as partes da prudência.

RESPONDO. Como se disse anteriormente, a prudência concerne às ações particulares, nas quais a diversidade é quase infinita. Não é possível que um só homem seja plenamente informado de tudo o que a isso se refere, nem em um curto tempo, senão em um longo tempo. Por isso, no que se refere à prudência, em grande parte, o homem tem necessidade de ser instruído por outro; e, sobretudo pelos anciãos, que chegaram a formar um juízo são a respeito dos fins das operações. Por isso, o Filósofo diz: "É necessário estar atentos aos dizeres e às opiniões indemonstráveis dos experientes anciãos, e dos prudentes não menos que às demonstrações, pois, devido à experiência, penetram os princípios. Também se lê nos

---

3 PARALL.: Q. praec.; III *Sent.*, dist. 33, q. 3, a. 1, q.la 2.

1. *In somn. Scip.*, l. I, c. 8: ed. Fr. Eyssenhardt, Lipsiae 1868, p. 507, ll. 14-16.
2. A. praec., ad 1; q. 47, a. 3, 6.
3. C. 12: 1143, b, 11-17.

6,35 dicitur: *In multitudine presbyterorum*, idest seniorum, *prudentium sta, et sapientiae illorum ex corde coniungere*. Hoc autem pertinet ad docilitatem, ut aliquis sit bene disciplinae susceptivus. Et ideo convenienter ponitur docilitas pars prudentiae.

AD PRIMUM ergo dicendum quod etsi docilitas utilis sit ad quamlibet virtutem intellectualem praecipue tamen ad prudentiam, ratione iam[4] dicta.

AD SECUNDUM dicendum quod docilitas, sicut et alia quae ad prudentiam pertinent, secundum aptitudinem quidem est a natura: sed ad eius consummationem plurimum valet humanum studium, dum scilicet homo sollicite, frequenter et reverenter applicat animum suum documentis maiorum, non negligens ea propter ignaviam, nec contemnens propter superbiam.

AD TERTIUM dicendum quod per prudentiam aliquis praecipit non solum aliis, sed etiam sibi ipsi, ut dictum est[5]. Unde etiam in subditis locum habet, ut supra[6] dictum est: ad quorum prudentiam pertinet docilitas. Quamvis etiam ipsos maiores oporteat dociles quantum ad aliqua esse: quia nullus in his quae subsunt prudentiae sibi quantum ad omnia sufficit, ut dictum est[7].

Provérbios: "Não te fies em tua prudência"; e no Eclesiástico: "Permanece na reunião dos presbíteros prudentes, isto é, dos mais velhos, e une-te de coração à sabedoria deles". Ora, pertence à docilidade dispor-se alguém para receber bem a instrução. Portanto, a docilidade pode convenientemente ser considerada parte da prudência.

QUANTO AO 1º, portanto, deve-se dizer que, ainda que a docilidade seja útil a toda virtude intelectual, o é sobretudo para a prudência, pelo motivo já explicado.

QUANTO AO 2º, deve-se dizer que a docilidade, como as outras que se referem à prudência, é natural enquanto aptidão; mas para que ela seja plenamente desenvolvida, é necessário o esforço humano, isto é, que o homem atenda com solicitude, assiduidade e respeito ao ensinamento dos mais velhos, evitando negligenciá-los por preguiça, nem desprezá-los por soberba.

QUANTO AO 3º, deve-se dizer que pela prudência o homem comanda não somente os outros mas também a si mesmo, como já foi dito. Portanto, ela se encontra também nos súditos a cuja prudência pertence a docilidade. Não obstante, os superiores devem ser dóceis quanto a certas coisas; porque não há pessoa que se baste em tudo, nas matérias referentes à prudência, como se demonstrou acima.

ARTICULUS 4
Utrum solertia sit pars prudentiae

AD QUARTUM SIC PROCEDITUR. Videtur quod solertia non sit pars prudentiae.

1. Solertia enim se habet ad facile invenienda media in demonstrationibus; ut patet in I *Poster.*[1]. Sed ratio prudentiae non est demonstrativa: cum sit contingentium. Ergo ad prudentiam non pertinet solertia.

2. PRAETEREA, ad prudentiam pertinet bene consiliari, ut dicitur in VI *Ethic.*[2]. Sed in bene consiliando non habet locum solertia, quae est *eustochia quaedam*, idest *bona coniecturatio*, quae

ARTIGO 4
A sagacidade é parte da prudência?

QUANTO AO QUARTO, ASSIM SE PROCEDE: parece que a sagacidade **não** é parte da prudência.

1. Com efeito, a sagacidade tem como função descobrir facilmente o meio-termo nas demonstrações, como assinala o Filósofo. Ora, a razão da prudência não é demonstrativa, pois ele se refere ao contingente. Logo, a sagacidade não pertence à prudência.

2. ALÉM DISSO, pertence à prudência deliberar acertadamente, como afirma o Filósofo. Ora, a sagacidade não tem lugar na deliberação, que é, de fato, certa *eustochia*, quer dizer, uma *boa*

---

4. In corp.
5. Q. 47, a. 12, ad 3.
6. Ibid., per totum art.
7. In corp.

4 PARALL.: Q. praec.; III *Sent.*, dist. 33, q. 3, a. 1, q.la 4.

1. C. 34: 89, b, 10-11.
2. Cc. 5, 8, 10: 1140, a, 25-28; 1141, b, 8-14; 1142, b, 31-33.

est *sine ratione et velox; oportet autem consiliari tarde*; ut dicitur in VI *Ethic*.³. Ergo solertia non debet poni pars prudentiae.

3. PRAETEREA, solertia, ut dictum est⁴, est *quaedam bona coniecturatio*. Sed coniecturis uti est proprie rhetorum. Ergo solertia magis pertinet ad rhetoricam quam ad prudentiam.

SED CONTRA est quod Isidorus dicit, in libro *Etymol*.⁵: *Sollicitus dicitur quasi solers et citus*. Sed sollicitudo ad prudentiam pertinet, ut supra dictum est⁶. Ergo et solertia.

RESPONDEO dicendum quod prudentis est rectam aestimationem habere de operandis. Recta autem aestimatio sive opinio acquiritur in operativis, sicut in speculativis, dupliciter: uno quidem modo, per se inveniendo; alio modo, ab alio addiscendo. Sicut autem docilitas ad hoc pertinet ut homo bene se habeat in acquirendo rectam opinionem ab alio; ita solertia ad hoc pertinet ut homo bene se habeat in acquirendo rectam existimationem per seipsum. Ita tamen ut solertia accipiatur pro *eustochia*, cuius est pars. Nam eustochia est bene coniecturativa de quibuscumque: solertia autem est *facilis et prompta coniecturatio circa inuentionem medii*, ut dicitur in I *Poster*.⁷. Tamen ille philosophus⁸ qui ponit solertiam partem prudentiae, accipit eam communiter pro omni eustochia: unde dicit⁹ quod *solertia est habitus qui prouenit ex repentino, inveniens quod convenit*.

AD PRIMUM ergo dicendum quod solertia non solum se habet circa inventionem medii in demonstrativis, sed etiam in operativis: puta cum aliquis videns aliquos amicos factos coniecturat eos esse inimicos eiusdem, ut ibidem¹⁰ Philosophus dicit. Et hoc modo solertia pertinet ad prudentiam.

conjectura, desprovida de razão e rápida. Ora, como diz o Filósofo, "é necessário deliberar com vagar". Logo, a sagacidade não é parte da prudência.

3. ADEMAIS, a sagacidade, como já foi dito, é "uma certa boa conjectura". Ora, usar conjecturas é próprio dos retóricos. Logo, a sagacidade pertence mais à retórica do que à prudência.

EM SENTIDO CONTRÁRIO, por outro lado, Isidoro diz que "solícito significa sagaz e rápido". Ora, a solicitude pertence à prudência, como já foi dito. Logo, a sagacidade também.

RESPONDO. É próprio do prudente ter um juízo reto do que se deve fazer. Uma reta avaliação ou opinião na ordem prática, como no plano especulativo, se adquire de dois modos: primeiro, encontrando por si mesmo; segundo, aprendendo de outros. E, assim como a docilidade dispõe para bem receber a reta opinião de outro, também a sagacidade dispõe para adquirir a reta avaliação por si mesmo. Assim, a sagacidade é tomada no sentido de *eustochia*, da qual é parte. Com efeito, a *eustochia* bem conjectura sobre qualquer assunto; a sagacidade, porém, é "a conjectura fácil e rápida a respeito dos meios", como diz o Filósofo. No entanto, aquele filósofo (Andrônico) que enumera a sagacidade como parte da prudência, a toma comumente como *eustochia* em toda sua extensão: pois ele diz que "a sagacidade é um hábito pelo qual, de repente, se descobre o que convém"ᶜ.

QUANTO AO 1º, portanto, deve-se dizer que a sagacidade não somente se refere ao meio-termo nas demonstrações, mas também na ordem prática. Se, por exemplo, alguém vê que alguns se tornam amigos, conjectura que têm um inimigo comum, como diz o Filósofo no texto citado. Desse modo, a sagacidade pertence à prudência.

---

3. C. 10: 1142, b, 5.
4. Art. praec.
5. L. X, ad litt. *S*, n. 244: ML 82, 393 B.
6. Q. 47, a. 9.
7. C. 34: 89, b, 10-11.
8. Andronicus; cfr. q. 48, 1 a.
9. *De Affectibus Liber*, de Prudentia: apud *Fragm. Phil. Graec.*, ed. G. A. Mullachius, Parisiis 1867-1879, t. III, p. 574.
10. C. 34: 89, b, 14.

---

c. O exemplo dos dois inimigos se reconciliando diante de um mesmo adversário (exemplo tirado de Aristóteles, mas que poderia ser tirado do Evangelho, uma vez que Pilatos e Herodes se reconciliaram em sua hostilidade a Cristo) é extremamente esclarecedor. Percebemos o objetivo de alguém e nós o vemos agir de uma maneira concreta que parece desconcertante. Nós nos perguntamos então: onde está a junção, o meio termo? Para regular minha própria ação, é importante que eu a descubra. Isso requer sagacidade, hoje diríamos certo faro. Certos romances policiais se desvendam quando o investigador relaciona certas particularidades do crime com o que aprendemos dos personagens: sempre o meio termo! A sagacidade é eminentemente "a prudência do detetive".

AD SECUNDUM dicendum quod Philosophus veram rationem inducit in VI Ethic.[11] ad ostendendum quod eubulia, quae est bene consiliativa, non est eustochia, cuius laus est in veloci consideratione eius quod oportet: potest autem esse aliquis bene consiliativus etiam si diutius consilietur vel tardius. Nec tamen propter hoc excluditur quin bona coniecturatio ad bene consiliandum valeat. Et quandoque necessaria est: quando scilicet ex improviso occurrit aliquid agendum. Et ideo solertia convenienter ponitur pars prudentiae.

AD TERTIUM dicendum quod rhetorica etiam ratiocinatur circa operabilia. Unde nihil prohibet idem ad rhetoricam et prudentiam pertinere. Et tamen coniecturatio hic non sumitur solum secundum quod pertinet ad coniecturas quibus utuntur rhetores: sed secundum quod in quibuscumque dicitur homo coniicere veritatem.

QUANTO AO 2º, deve-se dizer que o Filósofo indica a verdadeira razão pela qual a *eubulia,* princípio da deliberação correta, não é a *eustochia,* cujo louvor está em considerar rapidamente o que é necessário. Alguém pode ter boa deliberação mesmo que o faça com mais tempo ou lentamente. Nem por isso se exclui que a boa conjetura valha para aconselhar bem. Ademais, às vezes é necessária; assim, quando, de improviso, ocorre algo que se deve fazer. Portanto, a sagacidade pode convenientemente ser considerada parte da prudência.

QUANTO AO 3º, deve-se dizer que a retórica também raciocina sobre a ação. Nada impede, por conseguinte, que o mesmo se refira à retórica e à prudência. E, no entanto, o ato de conjeturar não se entende aqui somente das conjecturas usadas pelos oradores, mas, no sentido em que se fala de conjeturar a verdade, em certos casos.

ARTICULUS 5
Utrum ratio debeat poni pars prudentiae

AD QUINTUM SIC PROCEDITUR. Videtur quod ratio non debeat poni pars prudentiae.

1. Subiectum enim accidentis non est pars eius. Sed prudentia est in ratione sicut in subiecto, ut dicitur in VI *Ethic.*[1]. Ergo ratio non debet poni pars prudentiae.

2. PRAETEREA, illud quod est multis commune non debet alicuius eorum poni pars: vel, si ponatur, debet poni pars eius cui potissime convenit. Ratio autem necessaria est in omnibus virtutibus intellectualibus: et praecipue in sapientia et scientia, quae utuntur ratione demonstrativa. Ergo ratio non debet poni pars prudentiae.

3. PRAETEREA, ratio non differt per essentiam potentiae ab intellectu, ut prius[2] habitum est. Si ergo intellectus ponitur pars prudentiae, superfluum fuit addere rationem.

SED CONTRA est quod Macrobius[3], secundum sententiam Plotini, rationem numerat inter partes prudentiae.

ARTIGO 5
A razão deve ser considerada como parte da prudência?

QUANTO AO QUINTO, ASSIM SE PROCEDE: parece que a razão **não** deve ser considerada como parte da prudência.

1. Com efeito, o sujeito de um acidente não é parte do mesmo. Ora, a prudência reside na razão como em seu sujeito, diz o Filósofo. Logo, a razão não deve ser considerada parte da prudência.

2. ALÉM DISSO, o que é comum a muitos não deve ser considerado como parte de um dentre eles, ou, se for considerado, deve-se considerar como parte da que principalmente lhe convém. Ora, a razão é necessária em todas as potências intelectuais, de modo especial na sabedoria e na ciência, que se servem da razão para demonstrar. Logo, a razão não deve ser considerada parte da prudência.

3. ADEMAIS, a razão não é uma potência essencialmente distinta do intelecto, como se demonstrou anteriormente. Logo, se o intelecto for considerado como parte da prudência, é supérfluo acrescentar a razão.

EM SENTIDO CONTRÁRIO, Macróbio, segundo refere Plotino, enumera a razão entre as partes da prudência.

---
11. C. 10: 1142, b, 2-5.

5   PARALL.: Q. praec.
1. C. 5: 1140, b, 25-30. Cfr. c. 2: 1139, a, 11-15.
2. I, q. 79, a. 8.
3. *In somn. Scip.*, l. I, c. 8: ed. Fr. Eyssenhardt, Lipsiae 1868, p. 507, ll. 14-16.

RESPONDEO dicendum quod *opus prudentis est esse bene consiliativum,* ut dicitur in VI *Ethic.*[4]. Consilium autem est inquisitio quaedam ex quibusdam ad alia procedens. Hoc autem est opus rationis. Unde ad prudentiam necessarium est quod homo sit bene ratiocinativus. Et quia ea quae exiguntur ad perfectionem prudentiae dicuntur exigitivae vel quasi integrales partes prudentiae, inde est quod ratio inter partes prudentiae connumerari debet.

AD PRIMUM ergo dicendum quod ratio non sumitur hic pro ipsa potentia rationis, sed pro eius bono usu.

AD SECUNDUM dicendum quod certitudo rationis est ex intellectu, sed necessitas rationis est ex defectu intellectus: illa enim in quibus vis intellectiva plenarie viget ratione non indigent, sed suo simplici intuitu veritatem comprehendunt, sicut Deus et angeli. Particularia autem operabilia, in quibus prudentia dirigit, recedunt praecipue ab intelligibilium conditione: et tanto magis quanto minus sunt certa seu determinata. Ea enim quae sunt artis, licet sint singularia, tamen sunt magis determinata et certa: unde in pluribus eorum non est consilium, propter certitudinem, ut dicitur in III *Ethic.*[5]. Et ideo quamvis in quibusdam aliis virtutibus intellectualibus sit certior ratio quam prudentia, tamen ad prudentiam maxime requiritur quod sit homo bene ratiocinativus, ut possit bene applicare universalia principia ad particularia, quae sunt varia et incerta.

AD TERTIUM dicendum quod etsi intellectus et ratio non sunt diversae potentiae, tamen denominantur ex diversis actibus: nomen enim intellectus sumitur ab intima penetratione veritatis; nomen autem rationis ab inquisitione et discursu. Et ideo utrumque ponitur pars prudentiae, ut ex dictis[6] patet.

RESPONDO. A obra do prudente é a de deliberar acertadamente, como diz o Filósofo. E a deliberação é uma pesquisa que, partindo de certos dados, passa para outros. Isto é obra da razão. Portanto, a prudência requer que o homem saiba raciocinar bem. E, dado que aquilo que é exigido para a perfeição da prudência se chama parte exigitiva ou como que integrante da mesma, pode-se enumerar a razão entre as partes da prudência.

QUANTO AO 1º, portanto, deve-se dizer que não se trata, aqui, da razão como potência, mas, do seu bom uso.

QUANTO AO 2º, deve-se dizer que a certeza da razão procede do intelecto, mas a necessidade da razão procede da imperfeição do intelecto[d]. Com efeito, os que possuem a potência intelectual em sua plena perfeição não necessitam da razão, mas, apreendem a verdade por simples intuição, como acontece com Deus e com os anjos. Ora, os atos particulares, dirigidos pela prudência, se afastam consideravelmente da condição dos inteligíveis, e tanto mais se afastam quando são menos determinados e menos certos. Por outra parte, os que se referem à arte, ainda que sejam singulares, são mais determinados e certos; e, em muitos casos não se exige a deliberação por causa da certeza, diz o Filósofo. Por isso, ainda que a razão seja mais certa em outras potências intelectuais do que a prudência, requer-se para a prudência sobretudo que o homem seja capaz de raciocinar corretamente, de modo que ele possa aplicar adequadamente os princípios universais aos casos particulares, que são variados e incertos.

QUANTO AO 3º, deve-se dizer que mesmo que o intelecto e a razão não sejam potências diferentes, no entanto, tomam seu nome de atos diferentes. Com efeito, a palavra inteligência se toma da íntima penetração da verdade; e o nome de razão é tomado da pesquisa discursiva. É por este motivo que uma e outra são enumeradas como partes da prudência, como se acaba de demonstrar.

---

4. C. 8: 1141, b, 8-14.
5. C. 5: 1112, a, 34-b, 3.
6. Hic et a. 2.

---

d. A nossos olhos, a razão é uma qualidade inteiramente positiva. Tal não é o parecer de Sto. Tomás. Para ele, a razão supõe, ao invés da inteligência, um movimento do conhecido ao desconhecido. A inteligência convém igualmente àquele a quem nada está escondido. Deus é inteligente, não é racional. Uma vez admitido que a racionalidade é uma medalha que tem seu reverso, é fácil compreender que, afinal de contas, a razão é ainda mais necessária para agir bem do que para pensar bem. O paradoxo é apenas aparente: os vínculos a estabelecer entre os princípios e as conclusões são, por si, bem mais complexos na ação do que na especulação; e cabe à razão estabelecer os vínculos. Menos do que qualquer outro, o homem prudente não pode se contentar em ser um intuitivo.

Articulus 6
Utrum providentia debeat poni pars prudentiae

AD SEXTUM SIC PROCEDITUR. Videtur quod providentia non debeat poni pars prudentiae.

1. Nihil enim est pars sui ipsius. Sed providentia videtur idem esse quod prudentia: quia ut Isidorus dicit, in libro *Etymol.*[1], *prudens dicitur quasi porro videns*, et ex hoc etiam nomen *providentiae* sumitur, ut Boetius dicit, in fine *de Consol.*[2]. Ergo providentia non est pars prudentiae.

2. PRAETEREA, prudentia est solum practica. Sed providentia potest etiam esse speculativa: quia visio, ex qua sumitur nomen providentiae, magis pertinet ad speculativam quam ad operativam. Ergo providentia non est pars prudentiae.

3. PRAETEREA, principalis actus prudentiae est praecipere, secundarii autem iudicare et consiliari. Sed nihil horum videtur importari proprie per nomen providentiae. Ergo providentia non est pars prudentiae.

SED CONTRA est auctoritas Tullii et Macrobii, qui ponunt providentiam partem prudentiae, ut ex dictis[3] patet.

RESPONDEO dicendum quod, sicut supra[4] dictum est, prudentia proprie est circa ea quae sunt ad finem; et hoc ad eius officium proprie pertinet, ut ad finem debite ordinentur. Et quamvis aliqua necessaria sint propter finem quae subiiciuntur divinae providentiae, humanae tamen prudentiae non subiiciuntur nisi contingentia operabilia quae per hominem possunt fieri propter finem. Praeterita autem in necessitatem quandam transeunt: quia impossibile est non esse quod factum est. Similiter etiam praesentia, inquantum huiusmodi, necessitatem quandam habent: necesse est enim Socratem sedere dum sedet. Unde consequens est quod contingentia futura, secundum quod sunt per hominem in finem humanae vitae ordinabilia, pertineant ad prudentiam. Utrumque autem horum importatur in nomine providentiae: importat enim providentia respectum quendam alicuius distantis,

Artigo 6
Deve a previdência ser considerada como parte da prudência?

QUANTO AO SEXTO, ASSIM SE PROCEDE: parece que a previdência **não** deve ser considerada como parte da prudência.

1. Com efeito, nada é parte de si mesmo. Ora, previdência e prudência parecem ser idênticas. Com efeito, Isidoro diz: "O prudente é assim chamado porque é como aquele que vê ao longe", (em latim, *porro videns*). Ora, é daí que também deriva o vocábulo previdência, como diz Boécio. Logo, a previdência não é uma parte de prudência.

2. ALÉM DISSO, a prudência é unicamente prática. Ora, a previdência poder ser também especulativa, pois, a visão, de onde provém o nome de previdência, se refere mais à especulação do que à ação. Logo, a previdência não é uma parte da prudência.

3. ADEMAIS, o ato principal da prudência é o comando; seu ato secundário é julgar, aconselhar. Ora, o nome de previdência não parece implicar propriamente nem um, nem outro. Logo, a previdência não é uma parte da prudência.

EM SENTIDO CONTRÁRIO, a autoridade de Túlio e de Macróbio, que consideram a previdência uma parte da prudência, como foi dito.

RESPONDO. Como foi explicado acima, a prudência se refere propriamente aos meios, e sua função própria consiste em ordená-los para o devido fim. Embora algumas coisas necessárias, ordenadas a um fim, sejam submetidas à providência divina, somente são submetidas à previdência humana ações contingentes que podem ser executadas pelo homem em vista de um fim. Ora, ações do passado, de algum modo, se tornam necessárias, porque é impossível que aquilo que já está feito não o seja. Assim também as coisas presentes, enquanto tais, têm certa necessidade, pois, é necessário que Sócrates esteja sentado enquanto está sentado. Consequentemente, os contingentes futuros, enquanto ordenáveis pelo homem ao fim da vida humana, pertencem à prudência. Ora, o termo previdência implica ambas as coisas: implica, com efeito, que o olhar se prenda a qualquer

---

6 PARALL.: Q. praec.; Part. I, q. 22, a. 1; III *Sent.*, dist. 33, q. 3, a. 1, q.la 1, 2, 4; *De Verit.*, q. 5, a. 1.

1. L. X, ad litt. *P*, n. 202: ML 82, 388 C.
2. L. V, pr. 6: ML 63, 860 B.
3. Q. praec., 1 a.
4. Q. 47, a. 1, ad 2; a. 6, 13.

ad quod ea quae in praesenti occurrunt ordinanda sunt. Unde providentia est pars prudentiae.

AD PRIMUM ergo dicendum quod quandocumque multa requiruntur ad unum, necesse est unum eorum esse principale, ad quod omnia alia ordinantur. Unde et in quolibet toto necesse est esse unam partem formalem et praedominantem, a qua totum unitatem habet. Et secundum hoc providentia est principalior inter omnes partes prudentiae: quia omnia alia quae requiruntur ad prudentiam ad hoc necessaria sunt ut aliquid recte ordinetur ad finem. Et ideo nomen ipsius prudentiae sumitur a providentia, sicut a principaliori sua parte.

AD SECUNDUM dicendum quod speculatio est circa universalia et circa necessaria, quae secundum se non sunt procul, cum sint ubique et semper: etsi sint procul quoad nos, inquantum ab eorum cognitione deficimus. Unde providentia non proprie dicitur in speculativis, sed solum in practicis.

AD TERTIUM dicendum quod in recta ordinatione ad finem, quae includitur in ratione providentiae, importatur rectitudo consilii et iudicii et praecepti, sine quibus recta ordinatio ad finem esse non potest.

ARTICULUS 7
Utrum circumspectio debeat poni pars prudentiae

AD SEPTIMUM SIC PROCEDITUR. Videtur quod circumspectio non possit esse pars prudentiae.

1. Circumspectio enim videtur esse consideratio quaedam eorum quae circumstant. Huiusmodi autem sunt infinita, quae non possunt comprehendi ratione, in qua est prudentia. Ergo circumspectio non debet poni pars prudentiae.

2. PRAETEREA, circumstantiae magis videntur pertinere ad virtutes morales quam ad prudentiam. Sed circumspectio nihil aliud esse videtur quam respectus circumstantiarum. Ergo circumspectio magis videtur pertinere ad morales virtutes quam ad prudentiam.

coisa distante como a um termo ao qual devem ser ordenadas as ações presentes[e]. A previdência é, pois, uma parte da prudência.

QUANTO AO 1º, portanto, deve-se dizer que todas as vezes que muitas coisas são requeridas para uma ação, uma delas é necessariamente a principal à qual todas as outras são ordenadas. Também há em cada todo uma parte formal e dominante, da qual o todo recebe sua unidade. Neste sentido, a previdência é principal entre todas as partes da prudência: porque, todas as outras coisas requeridas para a prudência são necessárias para que algo se ordene retamente ao fim. Por esta razão, o próprio termo prudência deriva de previdência, como de sua parte principal.

QUANTO AO 2º, deve-se dizer que a especulação tem como objeto o universal e o necessário, realidades que, de per si, não estão distantes, pois elas estão em toda parte e sempre. Elas não são distantes senão em relação a nós, enquanto não chegamos a conhecê-las bem. É por isso que não há propriamente previdência na especulação, mas somente na ação.

QUANTO AO 3º, deve-se dizer que na ordenação correta ao fim, incluída na razão de previdência, está compreendida a retidão da deliberação, do julgamento e do preceito, sem os quais não pode haver uma ordem reta em relação ao fim.

ARTIGO 7
A circunspecção deve ser considerada parte da prudência?

QUANTO AO SÉTIMO, ASSIM SE PROCEDE: parece que **não** se deve considerar a circunspecção como parte da prudência.

1. Com efeito, parece que a circunspecção é a consideração das circunstâncias. Ora, há uma infinidade de circunstâncias que não podem ser apreendidos pela razão, à qual pertence à prudência. Logo, a circunspecção não deve ser considerada como parte da prudência.

2. ALÉM DISSO, parece que as circunstâncias pertencem às virtudes morais antes que à prudência. Ora, parece que a circunspecção não é outra coisa senão a inspeção das circunstâncias. Logo, parece que ela pertence às virtudes morais antes que à prudência.

---

7 PARALL.: Q. praec.; III *Sent.*, dist. 33, q. 3, a. 1, q.la 2.

e. O verbo latino *providere* (de onde deriva o substantivo *providentia*) recobre os dois termos "prever" e "prover". Não se trata simplesmente de considerar o futuro, mas também de enfrentá-lo.

3. PRAETEREA, qui potest videre quae procul sunt multo magis potest videre quae circa sunt. Sed per providentiam homo est potens prospicere quae procul sunt. Ergo ipsa sufficit ad considerandum ea quae circumstant. Non ergo oportuit, praeter providentiam, ponere circumspectionem partem prudentiae.

SED CONTRA est auctoritas Macrobii, ut supra[1] dictum est.

RESPONDEO dicendum quod ad prudentiam, sicut dictum est[2], praecipue pertinet recte ordinare aliquid in finem. Quod quidem recte non fit nisi et finis sit bonus, et id quod ordinatur in finem sit etiam bonum et conveniens fini. Sed quia prudentia sicut dictum est[3], est circa singularia operabilia, in quibus multa concurrunt, contingit aliquid secundum se consideratum esse bonum et conveniens fini, quod tamen ex aliquibus concurrentibus redditur vel malum vel non opportunum ad finem. Sicut ostendere signa amoris alicui, secundum se consideratum, videtur esse conveniens ad alliciendum eius animum ad amorem: sed si contingat in animo illius superbia vel suspicio adulationis, non erit hoc conveniens ad finem. Et ideo necessaria est circumspectio ad prudentiam: ut scilicet homo id quod ordinatur in finem comparet etiam cum his quae circumstant.

AD PRIMUM ergo dicendum quod licet ea quae possunt circumstare sint infinita, tamen ea quae circumstant in actu non sunt infinita: sed pauca quaedam sunt quae immutant iudicium rationis in agendis.

AD SECUNDUM dicendum quod circumstantiae pertinent ad prudentiam quidem sicut ad determinandum eas: ad virtutes autem morales inquantum per circumstantiarum determinationem perficiuntur.

AD TERTIUM dicendum quod sicut ad providentiam pertinet prospicere id quod est per se conveniens fini, ita ad circumspectionem pertinet considerare an sit conveniens fini secundum ea quae circumstant. Utrumque autem horum habet specialem difficultatem. Et ideo utrumque eorum seorsum ponitur pars prudentiae.

3. ADEMAIS, todo aquele que pode ver o que está longe, pode, com mais razão, ver o que está a seu redor. Ora, a previdência permite ao homem ver aquilo que está longe. Portanto, ela é suficiente para a consideração das circunstâncias. Logo, não é necessário, além da previdência, considerar a circunspecção como parte da prudência.

EM SENTIDO CONTRÁRIO, está a autoridade de Macróbio, como já foi dito.

RESPONDO. Compete principalmente à prudência ordenar corretamente alguma coisa a seu fim, como já foi explicado. Isso só é possível se o fim for bom e se o que é ordenado ao fim é também bom e conveniente ao fim. Ora, porque a prudência, como se disse, tem como objeto as ações singulares, às quais concorrem muitas coisas, acontece que alguma coisa, considerada em si mesma, seja boa e conveniente ao fim, a qual, entretanto, pode tornar-se má ou inoportuna ao fim. Assim, demonstrar sinais de amor a alguém, parece ser, em si mesmo, conveniente para excitá-lo a amar. Mas, essa demonstração não será conveniente para o fim, se o espírito daquela pessoa for soberbo ou suspeito de adulação. É por isso que a circunspecção é necessária para a prudência afim de que se compare o que é ordenado ao fim com as circunstâncias.

QUANTO AO 1º, portanto, deve-se dizer que ainda que as circunstâncias possam ser infinitas, em uma dada situação elas não o são. Apenas poucas coisas modificam o julgamento da razão sobre o que deve ser feito.

QUANTO AO 2º, deve-se dizer que as circunstâncias referem-se à prudência enquanto ela deve determiná-las; referem-se às virtudes morais, enquanto estas são aperfeiçoadas pela determinação das circunstâncias.

QUANTO AO 3º, deve-se dizer que como pertence à previdência examinar o que por si convém ao fim, assim pertence à circunspecção considerar se convém ao fim, conforme as circunstâncias. Ora, uma e outra comportam um dificuldade especial. É por isso que tanto uma como outra são consideradas diversamente como partes da prudência.

---

1. Q. praec., 1 a.
2. Art. praec.
3. Art. 3.

Articulus 8
Utrum cautio debeat poni pars prudentiae

AD OCTAVUM SIC PROCEDITUR. Videtur quod cautio non debeat poni pars prudentiae.

1. In his enim in quibus non potest malum esse non est necessaria cautio. Sed *virtutibus nemo male utitur*, ut dicitur in libro *de Lib. Arb.*[1]. Ergo cautio non pertinet ad prudentiam, quae est directiva virtutum.

2. PRAETEREA, eiusdem est providere bona et cavere mala: sicut eiusdem artis est facere sanitatem et curare aegritudinem. Sed providere bona pertinet ad providentiam. Ergo etiam cavere mala. Non ergo cautio debet poni alia pars prudentiae a providentia.

3. PRAETEREA, nullus prudens conatur ad impossibile. Sed nullus potest praecavere omnia mala quae possunt contingere. Ergo cautio non pertinet ad prudentiam.

SED CONTRA est quod Apostolus dicit, ad Eph 5,15: *Videte quomodo caute ambuletis*.

RESPONDEO dicendum quod ea circa quae est prudentia sunt contingentia operabilia, in quibus, sicut verum potest admisceri falso, ita et malum bono, propter multiformitatem huiusmodi operabilium, in quibus bona plerumque impediuntur a malis, et mala habent speciem boni. Et ideo necessaria est cautio ad prudentiam, ut sic accipiantur bona quod vitentur mala.

AD PRIMUM ergo dicendum quod cautio non est necessaria in moralibus actibus ut aliquis sibi caveat ab actibus virtutum: sed ut sibi caveat ab eis per quae actus virtutum impediri possunt.

AD SECUNDUM dicendum quod opposita mala cavere eiusdem rationis est et prosequi bona. Sed vitare aliqua impedimenta extrinseca, hoc pertinet ad aliam rationem. Et ideo cautio distinguitur a providentia, quamvis utrumque pertineat ad unam virtutem prudentiae.

AD TERTIUM dicendum quod malorum quae homini vitanda occurrunt quaedam sunt quae ut in pluribus accidere solent. Et talia comprehendi ratione possunt. Et contra haec ordinatur cautio, ut totaliter vitentur, vel ut minus noceant. Quaedam vero sunt quae ut in paucioribus et casualiter

Artigo 8
A precaução deve ser considerada como parte da prudência?

QUANTO AO OITAVO, ASSIM SE PROCEDE: parece que a precaução **não** deve ser considerada como parte da prudência.

1. Com efeito, naquelas coisas nas quais não pode haver mal, precauções não são necessárias. "Ora, ninguém faz uso mau das virtudes", diz Agostinho. Logo, a precaução não pertence à prudência, que dirige as virtudes.

2. ALÉM DISSO, pertence ao mesmo, prover o bem e precaver-se do mal; é assim que a mesma arte causa a saúde e cura a enfermidade. Ora, prover o bem pertence à previdência. Portanto, também precaver-se do mal. Logo, a precaução não deve ser considerada como parte da prudência, distinta da previdência.

3. ADEMAIS, nenhum homem prudente se esforça pelo impossível. Ora, ninguém pode precaver-se de todos os males que podem advir. Logo, a precaução não pertence à prudência.

EM SENTIDO CONTRÁRIO, o Apóstolo diz: "Vede como andais com precaução".

RESPONDO. A matéria da prudência são as ações contingentes, nas quais assim como o verdadeiro se mistura com o falso, o mal se mistura com o bem, devido à grande variedade dessas ações nas quais o bem é frequentemente impedido pelo mal e nas quais o mal assume aparência de bem. É por isso que a precaução é necessária à prudência para escolher os bens e evitar os males.

QUANTO AO 1º, portanto, deve-se dizer que a precaução não é necessária nos atos morais para se precaver dos atos virtuosos; mas, para que se previna contra aquilo que pode impedir tais atos.

QUANTO AO 2º, deve-se dizer que precaver-se dos males opostos e buscar o bem têm a mesma razão. Mas, evitar os impedimentos extrínsecos, é algo diferente. Por isso a precaução e a previdência são distintas, ainda que ambas pertençam à virtude da prudência.

QUANTO AO 3º, deve-se dizer que entre os males que o homem deve evitar, alguns acontecem frequentemente. É possível abrangê-los pela razão. É contra tais males que se dirige a precaução, para que sejam evitados totalmente ou para que causem menos dano. Outros, porém, acontecem

---

8 PARALL.: Q. praec.; III *Sent.*, dist. 33, q. 3, a. 1, q.la 2.

1. AUGUSTINI. L. II, c. 19, n. 50: ML 32, 1268.

accidunt. Et haec, cum sint infinita, ratione comprehendi non possunt, nec sufficienter homo potest ea praecavere: quamvis per officium prudentiae homo contra omnes fortunae insultus disponere possit ut minus laedatur.

com menor frequência e por acaso. Sendo eles infinitos não podem ser abrangidos pela razão, nem o homem pode precaver-se deles totalmente. Embora, o homem possa, com a ajuda da razão, dispor-se contra os contratempos do acaso para que seja menos prejudicado.

QUAESTIO L
DE PARTIBUS SUBIECTIVIS PRUDENTIAE
in quatuor articulos divisa

Deinde considerandum est de partibus subiectivis prudentiae. Et quia de prudentia per quam aliquis regit seipsum iam dictum est, restat dicendum de speciebus prudentiae quibus multitudo gubernatur.

Circa quas quaeruntur quatuor.
Primo: utrum legispositiva debeat poni species prudentiae.
Secundo: utrum politica.
Tertio: utrum oeconomica.
Quarto: utrum militaris.

QUESTÃO 50
AS PARTES SUBJETIVAS DA PRUDÊNCIA
em quatro artigos

Devem-se, agora, considerar as partes subjetivas da prudência. E, como já se falou da prudência pela qual cada um governa-se a si mesmo, resta tratar das espécies de prudência, cuja função é o governo da multidão.

Sobre este assunto, são quatro as perguntas:
1. A legislativa é uma espécie de prudência?
2. A política?
3. A economia?
4. A militar?

ARTICULUS 1
Utrum regnativa debeat poni species prudentiae

AD PRIMUM SIC PROCEDITUR. Videtur quod regnativa non debeat poni species prudentiae.

1. Regnativa enim ordinatur ad iustitiam conservandam: dicitur enim in V *Ethic*.[1] quod *princeps est custos iusti*. Ergo regnativa magis pertinet ad iustitiam quam ad prudentiam.

2. PRAETEREA, secundum Philosophum, in III *Polit*.[2], regnum est una sex politiarum. Sed nulla species prudentiae sumitur secundum alias quinque politias, quae sunt aristocratia, politia

ARTIGO 1
A ciência do governo deve ser considerada parte da prudência?

QUANTO AO PRIMEIRO ARTIGO, ASSIM SE PROCEDE: parece que a ciência do governo **não** é parte da prudência.

1. Com efeito, a ciência de governo[a] se ordena a manter a justiça, conforme diz Aristóteles: "O governante é o guardião do justo". Logo, a ciência do governo pertence mais à justiça do que à prudência.

2. ALÉM DISSO, como diz o Filósofo, a realeza é uma das seis formas de regime político. Ora, não se encontra nenhuma espécie de prudência nos outros cinco regimes políticos, a saber: aristo-

---

1   PARALL.: Supra, q. 48; III *Sent*., dist. 33, q. 3, a. 1, q.la 4; VI *Ethic*., lect. 7.

1. C. 10: 1134, b, 1-2.
2. C. 5: 1279, a, 32-b, 10.

a. O prólogo da questão anuncia um primeiro artigo sobre a instituição das leis (a legislativa), e eis que logo de saída o objetante se refere à ciência real (do governo). Existe uma incoerência evidente na apresentação. Será preciso esperar a r. 3 de nosso artigo 1, para verificar que Sto. Tomás considera como equivalentes a instituição das leis e a ciência real (do governo).

O deslize se explica facilmente. No prólogo, Sto. Tomás se refere a um vocabulário aristotélico (instituição das leis), mas, no momento de alinhar as objeções, as que se apresentam a ele concernem mais à ciência real, que encontrava no Pseudo-Andrônico. Como ambos os termos se recobrem muito bem, trata-se apenas de uma impropriedade menos grave.

(quae alio nomine dicitur timocratia), tyrannis, oligarchia, democratia. Ergo nec secundum regnum debet sumi regnativa.

3. PRAETEREA, leges condere non solum pertinet ad reges, sed etiam ad quosdam alios principatus, et etiam ad populum; ut patet per Isidorum, in libro *Etymol.*[3]. Sed Philosophus, in VI *Ethic.*[4], ponit legispositivam partem prudentiae. Inconvenienter igitur loco eius ponitur regnativa.

SED CONTRA est quod Philosophus dicit, in III *Polit.*[5], quod *prudentia est propria virtus principis.* Ergo specialis prudentia debet esse regnativa.

RESPONDEO dicendum quod sicut ex supradictis[6] patet, ad prudentiam pertinet regere et praecipere. Et ideo ubi invenitur specialis ratio regiminis et praecepti in humanis actibus, ibi etiam invenitur specialis ratio prudentiae. Manifestum est autem quod in eo qui non solum seipsum habet regere, sed etiam communitatem perfectam civitatis vel regni, invenitur specialis et perfecta ratio regiminis: tanto enim regimen perfectius est quanto est universalius, ad plura se extendens et ulteriorem finem attingens. Et ideo regi, ad quem pertinet regere civitatem vel regnum, prudentia competit secundum specialem et perfectissimam sui rationem. Et propter hoc regnativa ponitur species prudentiae.

AD PRIMUM ergo dicendum quod omnia quae sunt virtutum moralium pertinent ad prudentiam sicut ad dirigentem: unde et ratio recta prudentiae ponitur in definitione virtutis moralis, ut supra[7] dictum est. Et ideo etiam executio iustitiae, prout ordinatur ad bonum commune, quae pertinet ad officium regis, indiget directione prudentiae. Unde istae duae virtutes sunt maxime propriae regi, scilicet prudentia et iustitia: secundum illud Ier 23,5: *Regnabit rex, et sapiens erit et faciet iudicium et iustitiam in terra.* Quia tamen dirigere magis pertinet ad regem, exequi vero ad subditos, ideo regnativa magis ponitur species prudentiae, quae est directiva, quam iustitiae, quae est executiva.

AD SECUNDUM dicendum quod regnum inter alias politias est optimum regimen, ut dicitur in VIII *Ethic.*[8]. Et ideo species prudentiae magis

cracia, a política, (também chamada timocracia), a tirania, a oligarquia e a democracia. Logo, nem na realeza se encontra a ciência do governo.

3. ADEMAIS, promulgar leis não é próprio somente dos governantes, mas também de outras autoridades, inclusive do povo, segundo Isidoro. Ora, Aristóteles, considera a ciência de elaborar leis parte da prudência. Logo, é inconveniente substituí-la pela ciência do governo.

EM SENTIDO CONTRÁRIO, diz o Filósofo, que "a prudência é a virtude própria do governante". Portanto, a ciência do governo deve ser uma prudência especial.

RESPONDO. Como foi dito anteriormente, compete à prudência dirigir e comandar. Portanto, onde há uma razão especial de direção e de comando nos atos humanos, haverá também uma razão especial de prudência. É evidente, portanto, que naquele que deve governar não somente a si mesmo, mas a comunidade perfeita de uma cidade ou reino, encontra-se uma razão especial e perfeita de governo. Um regime é tanto mais perfeito quanto mais universal, estendendo-se a um maior número de bens e atingindo um fim mais elevado. Por isso, a prudência é própria de quem governa uma cidade ou reino, segundo uma razão especial e perfeitíssima. Por isso se considera a ciência do governo uma espécie da prudência.

QUANTO AO 1º, portanto, deve-se dizer que tudo o que tem relação com as virtudes morais concernem à prudência, que as dirige. Assim, a reta razão da prudência faz parte da definição de virtude moral, como se disse acima. Por isso, a execução da justiça enquanto orientada ao bem comum, que pertence ao dever do governante, necessita da orientação da prudência. Consequentemente, a justiça e a prudência são as virtudes mais apropriadas ao governante, conforme o livro de Jeremias: "Reinará um rei que será sábio e que fará um julgamento justo na terra". Entretanto, como dirigir é mais próprio do governante, e obedecer dos súditos, por isso a ciência do governo, que é diretiva, se considera antes espécie de prudência do que de justiça, que é executiva.

QUANTO AO 2º, deve-se dizer que a realeza é o melhor entre os regimes políticos, como diz Aristóteles. Por isso, uma espécie de prudência

---

3. L. II, c. 10, n. 1; l. V, c. 10: ML 82, 130 C, 200.
4. C. 8: 1141, b, 25-29.
5. C. 2: 1277, b, 25-26.
6. Q. 47, a. 8, 12.
7. Q. 47, a. 5, 1 a; I-II, q. 58, a. 2, ad 4.
8. C. 12: 1160, a, 35-36.

debuit denominari a regno. Ita tamen quod sub regnativa comprehendantur omnia alia regimina recta: non autem perversa, quae virtuti opponuntur, unde non pertinent ad prudentiam.

AD TERTIUM dicendum quod Philosophus denominat regnativam a principali actu regis, qui est leges ponere. Quod etsi conveniat aliis, non convenit eis nisi secundum quod participant aliquid de regimine regis.

ARTICULUS 2
Utrum politica convenienter ponatur pars prudentiae

AD SECUNDUM SIC PROCEDITUR. Videtur quod politica inconvenienter ponatur pars prudentiae.

1. Regnativa enim est pars politicae prudentiae, ut dictum est[1]. Sed pars non debet dividi contra totum. Ergo politica non debet poni alia species prudentiae.

2. PRAETEREA, species habituum distinguuntur secundum diversa obiecta. Sed eadem sunt quae oportet regnantem praecipere et subditum exequi. Ergo politica, secundum quod pertinet ad subditos, non debet poni species prudentiae distincta a regnativa.

3. PRAETEREA, unusquisque subditorum est singularis persona. Sed quaelibet singularis persona seipsam sufficienter dirigere potest per prudentiam communiter dictam. Ergo non oportet poni aliam speciem prudentiae quae dicatur politica.

SED CONTRA est quod Philosophus dicit, in VI *Ethic.*[2]. *Eius autem quae circa civitatem haec quidem ut architectonica prudentia legispositiva; haec autem commune nomen habet politica, circa singularia existens.*

RESPONDEO dicendum quod servus per imperium movetur a domino et subditus a principante, aliter tamen quam irrationalia et inanimata moveantur a suis motoribus. Nam inanimata et irrationalia aguntur solum ab alio, non autem ipsa agunt seipsa: quia non habent dominium sui actus per liberum arbitrium. Et ideo rectitudo regiminis ipsorum non est in ipsis, sed solum in motoribus. Sed homines servi, vel quicumque subditi, ita aguntur ab aliis per praeceptum quod tamen agunt

devia receber seu nome da realeza, mas compreendendo nela os demais regimes bons e não os perversos que se opõem à virtude e não pertencem, por isso, à prudência.

QUANTO AO 3º, deve-se dizer que o Filósofo denomina a prudência de governo pelo ato principal do rei, que é promulgar leis. Mesmo que isso convenha a outros, só lhes convém enquanto participam de algum modo do governo do rei.

ARTIGO 2
A política deve ser considerada parte da prudência?

QUANTO AO SEGUNDO, ASSIM SE PROCEDE: parece que a política **não** deve ser considerada parte da prudência.

1. Com efeito, a ciência do governo é uma parte da prudência política, como se acabou de dizer. Ora, a parte não deve se opor ao todo. Logo, a política não deve ser considerada como uma outra espécie de prudência.

2. ALÉM DISSO, as espécies de hábitos se distinguem pelos diversos objetos. Ora, aquilo que o governante ordena e aquilo que o súdito executa é a mesma coisa. Logo, a política, enquanto ela se refere aos súditos, não deve ser considerada uma espécie de prudência distinta da ciência do governo.

3. ADEMAIS, cada súdito é uma pessoa singular. Ora, toda pessoa singular pode suficientemente dirigir-se a si mesma pela prudência tomada em sua acepção geral. Logo, é inútil considerar outra espécie de prudência chamada política.

EM SENTIDO CONTRÁRIO, segundo o Filósofo: "Com respeito à prudência que tem como objeto a cidade, uma é a arquitetônica que trata das leis, e a outra, tem como objeto o que é singular, e essa se chama comumente política".

RESPONDO. O escravo, é movido pela ordem de seu senhor e o súdito pela de seu chefe. Mas, de modo diferente daquele como são movidos os seres irracionais e inanimados. Pois estes somente agem por um outro, e não agem por si mesmos, porque não são senhores de seus atos pelo livre-arbítrio. É, por isso, que a retidão do comando que os dirige não está neles, mas naqueles que os movem. Mas, homens escravos ou súditos, de tal modo são movidos por outros por meio do

---

2 PARALL.: Supra, q. 48; III *Sent.*, dist. 33, q. 3, a. 1, q.la 4; VI *Ethic.*, lect. 7.

1. Q. 48.
2. C. 8: 1141, b, 24-29.

seipsos per liberum arbitrium. Et ideo requiritur in eis quaedam rectitudo regiminis per quam seipsos dirigant in obediendo principatibus. Et ad hoc pertinet species prudentiae quae politica vocatur.

AD PRIMUM ergo dicendum quod sicut dictum est[3], regnativa est perfectissima species prudentiae. Et ideo prudentia subditorum, quae deficit a prudentia regnativa, retinet sibi nomen commune, ut politica dicatur: sicut in logicis convertibile quod non significat essentiam retinet sibi commune nomen *proprii*.

AD SECUNDUM dicendum quod diversa ratio obiecti diversificat habitum secundum speciem, ut ex supradictis[4] patet. Eadem autem agenda considerantur quidem a rege secundum universaliorem rationem quam considerentur a subdito qui obedit: uni enim regi in diversis officiis multi obediunt. Et ideo regnativa comparatur ad hanc politicam de qua loquimur sicut ars architectonica ad eam quae manu operatur.

AD TERTIUM dicendum quod per prudentiam communiter dictam regit homo seipsum in ordine ad proprium bonum: per politicam autem de qua loquimur, in ordine ad bonum commune.

ARTICULUS 3
Utrum oeconomica debeat
poni species prudentiae

AD TERTIUM SIC PROCEDITUR. Videtur quod oeconomica non debeat poni species prudentiae.

1. Quia ut Philosophus dicit, in VI *Ethic.*[1], prudentia ordinatur *ad bene vivere totum*. Sed oeconomica ordinatur ad aliquem particularem

comando, que eles se movem a si mesmos pelo livre-arbítrio. Por isso, exige-se neles certa retidão de governo pela qual eles podem se dirigir a si próprios na obediência que prestam a seus chefes. É nisto que consiste a espécie da prudência que se chama política[b].

QUANTO AO 1º, portanto, deve-se dizer que como já foi dito, a ciência do governo é a mais perfeita espécie de prudência. É por isso que a prudência dos súditos, inferior à prudência de governo, retém para si o nome genérico e se chama prudência política. É assim que, em lógica, o predicável que não significa a essência, tem o nome genérico de "próprio".

QUANTO AO 2º, deve-se dizer que a diversa razão de objeto diversifica especificamente o hábito, como se demonstrou precedentemente. Ora, as mesmas ações a serem feitas são consideradas pelo governante segundo uma razão mais universal do que pelo sujeito que obedece segundo uma razão menos universal. Com efeito, muitos obedecem a um único e mesmo rei nas suas diversas funções. É por isso que a ciência do governo se compara à prudência política de que falamos agora, como a arte arquitetônica à do operário.

QUANTO AO 3º, deve-se dizer que pela prudência geral o homem se dirige a si mesmo, com vista ao próprio bem; mas, pela prudência política, de que se fala, com vista ao bem comum.

ARTIGO 3
A econômica deve ser considerada
espécie de prudência?

QUANTO AO TERCEIRO, ASSIM SE PROCEDE: parece que a econômica **não** deve ser considerada espécie de prudência.

1. Com efeito, diz o Filósofo, a prudência se ordena a "viver totalmente bem". Ora, a econômica se ordena a um fim particular, a saber, às riquezas,

---

3. Art. praec.
4. Q. 47, a. 5; I-II, q. 54, a. 2.

3   PARALL.: Supra, q. 47, a. 11; q. 48; III *Sent.*, dist. 33, q. 3, a. 1, q.la 4; VI *Ethic.*, lect. 7.

1. C. 5: 1140, a, 28.

---

b. Sto. Tomás, como vimos (q. 47, a. 12), ensina que a prudência se encontra nos súditos, e não unicamente nos príncipes. Na verdade, sem admiti-lo, ele se separa de Aristóteles; e nosso artigo 2 da questão 50 prova que não se trata de um lapso. À diferença de Aristóteles, Sto. Tomás entende que os súditos são capazes de verdadeira prudência política. Do contrário, seriam manipulados como seres irracionais, quando não inanimados, o que iria contra a dignidade da pessoa humana. Sob a cobertura de um vocabulário aristotélico, Sto. Tomás expõe uma doutrina bem mais humanista do que a do Filósofo. Para este, a prudência política tinha sua especificidade na atenção que ela destinava aos casos particulares. Para Sto. Tomás, ela envolve todo ser humano em sua relação com o bem comum.

finem, scilicet ad divitias, ut dicitur in I *Ethic*.[2]. Ergo oeconomica non est species prudentiae.

2. PRAETEREA, sicut supra[3] habitum est, prudentia non est nisi bonorum. Sed oeconomica potest esse etiam malorum: multi enim peccatores providi sunt in gubernatione familiae. Ergo oeconomica non debet poni species prudentiae.

3. PRAETEREA, sicut in regno invenitur principans et subiectum, ita etiam in domo. Si ergo oeconomica est species prudentiae sicut et politica, deberet etiam paterna prudentia poni, sicut et regnativa. Non autem ponitur. Ergo nec oeconomica debet poni species prudentiae.

SED CONTRA est quod Philosophus dicit, in VI *Ethic*.[4], quod *illarum*, scilicet prudentiarum quae se habent ad regimen multitudinis, *haec quidem oeconomica, haec autem legispositiva, haec autem politica*.

RESPONDEO dicendum quod ratio obiecti diversificata secundum universale et particulare, vel secundum totum et partem, diversificat artes et virtutes: secundum quam diversitatem una est principalis respectu alterius. Manifestum est autem quod domus medio modo se habet inter unam singularem personam et civitatem vel regnum: nam sicut una singularis persona est pars domus, ita una domus est pars civitatis vel regni. Et ideo sicut prudentia communiter dicta, quae est regitiva unius, distinguitur a politica prudentia, ita oportet quod oeconomica distinguatur ab utraque.

AD PRIMUM ergo dicendum quod divitiae comparantur ad oeconomicam non sicut finis ultimus, sed sicut instrumenta quaedam, ut dicitur in I *Polit*.[5]. Finis autem ultimus oeconomicae est totum bene vivere secundum domesticam conversationem. Philosophus autem I *Ethic*.[6] ponit exemplificando divitias finem oeconomicae secundum studium plurimorum.

AD SECUNDUM dicendum quod ad aliqua particularia quae sunt in domo disponenda possunt aliqui peccatores provide se habere: sed non ad ipsum totum bene vivere domesticae conversationis, ad quod praecipue requiritur vita virtuosa.

como diz o mesmo Filósofo. Logo, a econômica não é uma espécie de prudência.

2. ALÉM DISSO, como se estudou mais acima, a prudência é exclusiva dos bons. Ora, a econômica pode-se encontrar também nos maus. De fato, muitos pecadores são próvidos na administração da família. Logo, a econômica não deve ser considerada espécie de prudência.

3. ADEMAIS, como num reino há chefe e súditos, assim também na família. Se, pois, a econômica é uma espécie de prudência como a política, se deveria também admitir como uma espécie de prudência, a prudência paterna, como há uma ciência do governo. No entanto, isso não se considera. Logo, nem a econômica deve ser considerada espécie de prudência.

EM SENTIDO CONTRÁRIO, o Filósofo diz que "daquelas prudências que dizem respeito ao governo de muitos, uma é a prudência econômica, outra a legislativa, e uma terceira, a política".

RESPONDO. A razão do objeto, diversificada segundo o universal e o particular, ou segundo o todo e a parte, diversifica as artes e as virtudes; e, devido a essa diversidade, uma é principal em relação a outra. Ora, está claro que a família ocupa o meio entre uma pessoa individual e a cidade ou reino; pois, como uma pessoa individual é uma parte da família, assim, a família é uma parte da cidade ou do reino. Por conseguinte, assim como a prudência em geral, que governa uma só pessoa, se distingue da prudência política, de igual modo a econômica deve ser distinta de ambas.

QUANTO AO 1º, portanto, deve-se dizer que as riquezas se referem à econômica não como fim último, senão como instrumento, como se lê em Aristóteles. Ora, o fim último da econômica é o viver totalmente bem na comunidade doméstica. O Filósofo afirma, como exemplo, as riquezas como fim da econômica, já que é a preocupação de muitos.

QUANTO AO 2º, deve-se dizer que alguns pecadores podem prover convenientemente aos bens particulares que interessam à família, mas não ao viver totalmente bem, para o que se requer da comunidade doméstica sobretudo vida virtuosa.

---

2. C. 1: 1094, a, 9.
3. Q. 47, a. 13.
4. C. 8: 1141, b, 31-33.
5. C. 8: 1256, b, 36-39.
6. Loc. cit. in arg.

AD TERTIUM dicendum quod pater in domo habet quandam similitudinem regii principatus, ut dicitur in VIII *Ethic*.⁷: non tamen habet perfectam potestatem regiminis sicut rex. Et ideo non ponitur separatim paterna species prudentiae, sicut regnativa.

QUANTO AO 3º, deve-se dizer que o pai, na família, tem alguma semelhança com o poder do rei, como se lê em Aristóteles. Todavia, ele não possui o pleno poder de governo que o rei detém. É por isso que não se considera a ciência paterna uma espécie distinta de prudência, como há uma ciência do governo.

ARTICULUS 4
Utrum militaris debeat poni species prudentiae

AD QUARTUM SIC PROCEDITUR. Videtur quod militaris non debeat poni species prudentiae.

1. Prudentia enim contra artem dividitur, ut dicitur in VI *Ethic*.¹. Sed militaris videtur esse quaedam ars in rebus bellicis; sicut patet per Philosophum, in III *Ethic*.². Ergo militaris non debet poni species prudentiae.
2. PRAETEREA, sicut militare negotium continetur sub politico, ita etiam et plura alia negotia, sicut mercatorum, artificum et aliorum huiusmodi. Sed secundum alia negotia quae sunt in civitate non accipiuntur aliquae species prudentiae. Ergo etiam neque secundum militare negotium.

3. PRAETEREA, in rebus bellicis plurimum valet militum fortitudo. Ergo militaris magis pertinet ad fortitudinem quam ad prudentiam.

SED CONTRA est quod dicitur Pr 24,6: *Cum dispositione initur bellum, et erit salus ubi sunt multa consilia*. Sed consiliari pertinet ad prudentiam. Ergo in rebus bellicis maxime necessaria est aliqua species prudentiae quae militaris dicitur.

RESPONDEO dicendum quod ea quae secundum artem et rationem aguntur conformia esse oportet his quae sunt secundum naturam, quae a ratione divina sunt instituta. Natura autem ad duo intendit: primo quidem, ad regendum unamquamque rem in seipsa; secundo vero, ad resistendum extrinsecis impugnantibus et corruptivis. Et propter hoc non solum dedit animalibus vim concupiscibilem, per quam moveantur ad ea quae sunt saluti eorum accommoda; sed etiam vim irascibilem, per quam animal resistit impugnantibus. Unde et in his quae

ARTIGO 4
A arte militar deve ser considerada espécie de prudência?

QUANTO AO QUARTO, ASSIM SE PROCEDE: parece que a arte militar **não** deve ser considerada espécie de prudência.

1. Com efeito, a prudência é distinta da arte, segundo o Filósofo. Ora, arte militar parece significar certa arte nas coisas de guerra, como o Filósofo esclarece. Logo, a arte militar não deve ser considerada uma espécie de prudência.
2. ALÉM DISSO, assim como os assuntos militares estão contidos no político, de modo semelhante, muitos outros negócios, como os dos comerciantes, artífices e outros semelhantes. Ora, os demais negócios que existem na cidade não se entendem como espécies de prudência. Logo, tampouco os militares
3. ADEMAIS, nas coisas de guerra, a coragem dos soldados é o que mais conta. Portanto, a arte militar pertence mais à fortaleza que à prudência.

EM SENTIDO CONTRÁRIO, está dito nos Provérbios: "Com estratagemas se prepara a guerra, e a vitória virá se forem muitos os conselhos". Ora, aconselhar pertence à prudência. Portanto, nos assuntos de guerra há grande necessidade de uma espécie de prudência, que se chama arte militar.

RESPONDO. As obras da arte e da razão devem ser conformes às obras da natureza instituídas pela razão divina. Ora, a natureza visa dois fins: primeiro, governar cada coisa em si mesma; segundo, resistir aos ataques exteriores e às causas de destruição. É por isso que ela deu aos animais não somente a potência concupiscível pela qual são movidos para procurar as coisas convenientes a sua saúde, mas, ainda, a potência irascível pela qual o animal resiste àqueles que o atacam. Consequentemente, em tudo o que é dirigido pela razão,

---

7. C. 12: 1160, b, 24-27.

PARALL.: Supra, q. 48; III *Sent*., dist. 33, q. 3, a. 1, q.la 4.

1. Cc. 3, 5: 1139, b, 16-18; 1140, b, 2-4, 25.
2. C. 11: 1116, b, 6-15.

sunt secundum rationem non solum oportet esse prudentiam politicam, per quam convenienter disponantur ea quae pertinent ad bonum commune; sed etiam militarem, per quam hostium insultus repellantur.

AD PRIMUM ergo dicendum quod militaris potest esse ars secundum quod habet quasdam regulas recte utendi quibusdam exterioribus rebus, puta armis et equis: sed secundum quod ordinatur ad bonum commune, habet magis rationem prudentiae.

AD SECUNDUM dicendum quod alia negotia quae sunt in civitate ordinantur ad aliquas particulares utilitates: sed militare negotium ordinatur ad tuitionem totius boni communis.

AD TERTIUM dicendum quod executio militiae pertinet ad fortitudinem: sed directio ad prudentiam, et praecipue secundum quod est in duce exercitus.

não somente deve haver prudência política, pela qual se disponham convenientemente as coisas que pertencem ao bem comum, mas também a prudência militar, pela qual se repelem os ataques dos inimigos.

QUANTO AO 1º, portanto, deve-se dizer que "militar" pode ser uma arte enquanto tem certas regras sobre o bom uso de algumas coisas exteriores, como as armas e os cavalos; mas a arte militar enquanto ordenada ao bem comum, tem mais razão de prudência

QUANTO AO 2º, deve-se dizer que as outras atividades exercidas na cidade têm como fim utilidades particulares, enquanto que a arte militar tem por fim proteger a totalidade do bem comum^c.

QUANTO AO 3º, deve-se dizer que o exercício da arte militar é próprio da fortaleza; porém, a sua direção pertence à prudência, sobretudo enquanto diz respeito ao chefe do exército.

---

c. Essa resposta pode parecer um pouco simplista em nossa época, que tem a experiências de outros conflitos internacionais além da guerra. A defesa do bem comum supõe sem dúvida forças armadas, mas não só. À defesa das fronteiras se junta a da moeda, do emprego, da balança comercial, da língua, da cultura etc. Nem toda colonização é necessariamente militar. É difícil de aceitar, por conseguinte, a tese segundo a qual a atividade militar, e somente ela, tem por objetivo proteger a *totalidade* do bem comum. O lugar ocupado pelo armamento nas despesas orçamentárias enfatiza a importância do exército, e os desenvolvimentos da técnica militar abrem perspectivas propriamente demenciais. A prudência militar não pode mais, apesar de tudo, reivindicar a autonomia que lhe concedia Sto. Tomás; e quando assume tais pretensões, o exército corre o risco de ir além de suas atribuições legítimas.

QUAESTIO LI
DE PARTIBUS POTENTIALIBUS PRUDENTIAE

in quatuor articulos divisa

Deinde considerandum est de virtutibus adiunctis prudentiae, quae sunt quasi partes potentiales ipsius.

Et circa hoc quaeruntur quatuor.
Primo: utrum eubulia sit virtus.
Secundo: utrum sit specialis virtus a prudentia distincta.
Tertio: utrum synesis sit specialis virtus.
Quarto: utrum gnome sit specialis virtus.

ARTICULUS 1
Utrum eubulia sit virtus

AD PRIMUM SIC PROCEDITUR. Videtur quod eubulia non sit virtus.

QUESTÃO 51
AS PARTES POTENCIAIS DA PRUDÊNCIA

em quatro artigos

Deve-se, agora, considerar as virtudes anexas à prudência, que são como partes potenciais da mesma.

Sobre este assunto, são quatro as perguntas:
1. A *eubulia* é uma virtude?
2. Uma virtude especial, distinta da prudência?
3. A *synesis* é uma virtude especial?
4. A *gnome* é uma virtude especial?

ARTIGO 1
A *eubulia* é uma virtude?

QUANTO AO PRIMEIRO ARTIGO, ASSIM SE PROCEDE: parece que a *ebulia* **não** é uma virtude.

---

1 PARALL.: I-II, q. 57, a. 6; III *Sent.*, dist. 33, q. 3, a. 1, q.la 3; VI *Ethic.*, lect. 8.

1. Quia secundum Augustinum, in libro *de Lib. Arb.*¹, *virtutibus nullus male utitur*. Sed eubulia, quae est bene consiliativa, aliqui male utuntur: vel quia astuta consilia excogitant ad malos fines consequendos; aut quia etiam ad bonos fines consequendos aliqua peccata ordinant, puta qui furatur ut eleemosynam det. Ergo eubulia non est virtus.

2. Praeterea, *virtus perfectio quaedam est*, ut dicitur in VII *Phys.*². Sed eubulia circa consilium consistit, quod importat dubitationem et inquisitionem, quae imperfectionis sunt. Ergo eubulia non est virtus.

3. Praeterea, virtutes sunt connexae ad invicem, ut supra³ habitum est. Sed eubulia non est connexa aliis virtutibus: multi enim peccatores sunt bene consiliativi, et multi iusti sunt in consiliis tardi. Ergo eubulia non est virtus.

Sed contra est quod *eubulia est rectitudo consilii*, ut Philosophus dicit, in VI *Ethic.*⁴. Sed recta ratio perficit rationem virtutis. Ergo eubulia est virtus.

Respondeo dicendum quod, sicut supra⁵ dictum est, de ratione virtutis humanae est quod faciat actum hominis bonum. Inter ceteros autem actus hominis proprium est ei consiliari: quia hoc importat quandam rationis inquisitionem circa agenda, in quibus consistit vita humana; nam vita speculativa est supra hominem, ut dicitur in X *Ethic.*⁶. Eubulia autem importat bonitatem consilii: dicitur enim ab *eu*, quod est *bonum*, et *boule*, quod est *consilium*, quasi *bona consiliatio*, vel potius *bene consiliativa*. Unde manifestum est quod eubulia est virtus humana.

Ad primum ergo dicendum quod non est bonum consilium sive aliquis malum finem sibi in consiliando praestituat, sive etiam ad bonum finem malas vias adinveniat. Sicut etiam in speculativis non est bona ratiocinatio sive aliquis falsum concludat, sive etiam concludat verum ex falsis, quia non utitur convenienti medio. Et ideo utrumque praedictorum est contra rationem eubuliae, ut Philosophus dicit, in VI *Ethic.*⁷.

1. Com efeito, segundo Agostinho: "ninguém faz mau uso das virtudes". Ora, a *eubulia*, cuja função é aconselhar bem, é objeto de mau uso da parte de muitos, seja porque empregam conselhos astutos para conseguir fins maus, seja porque tramam pecados com a finalidade de conseguir fins bons, como aquele que rouba para dar esmolas. Logo, a *eubulia* não é uma virtude.

2. Além disso, a "virtude é certa perfeição", segundo o Filósofo. Ora, a *eubulia* tem como objeto a deliberação, que implica dúvida e investigação, coisas imperfeitas. Logo, não é virtude.

3. Ademais, as virtudes são conexas entre si, como se disse anteriormente. Ora, a *eubulia* não tem conexão com as outras virtudes, posto que há muitos pecadores que deliberam bem e justos que são tardos em deliberar. Logo, a *eubulia* não pode ser uma virtude

Em sentido contrário, a *eubulia*, como diz o Filósofo, "é a retidão na deliberação". Mas, a reta razão aperfeiçoa a razão da virtude. Logo, a *eubulia* é virtude.

Respondo. Como já foi dito, é da razão da virtude humana tornar bom o ato humano. Entre os demais atos, é próprio do homem deliberar, porque implica uma busca conduzida pela razão relativamente à ação no que consiste a vida humana, pois a via especulativa está acima do homem, segundo o Filósofo. Ora, a *eubulia* requer a bondade da deliberação. De fato, esta palavra é formada de *eu*, que significa *bem*, e de *boulé*, que significa *conselho* ou *deliberação*, como se dissesse o *ato de bem deliberar*, ou antes, *o que aconselha bem*. É, pois, evidente que a *eubulia* é uma virtude humana.

Quanto ao 1º, portanto, deve-se dizer que a deliberação não é boa, ou porque se busca um fim mau ao deliberar, ou porque se encontram vias más para atingir um fim bom. De modo semelhante, na especulação, o raciocínio não é bom, ou porque se tem uma conclusão falsa, ou porque se tem uma conclusão verdadeira a partir de premissas falsas, porque não se emprega o termo médio apropriado. É, por isso, que cada

---

1. L. II, c. 18, n. 50; c. 19, n. 50: ML 32, 1267-1268.
2. C. 3: 246, b, 27-28; — 246, a, 13; 247, a, 2.
3. I-II, q. 65.
4. C. 10: 1142, b, 16-17.
5. Q. 47, a. 4.
6. C. 7: 1177, b, 26-31.
7. C. 10: 1142, b, 16-22.

AD SECUNDUM dicendum quod etsi virtus sit essentialiter perfectio quaedam, non tamen oportet quod omne illud quod est materia virtutis perfectionem importet. Oportet enim circa omnia humana perfici per virtutes: et non solum circa actus rationis, inter quos est consilium, sed etiam circa passiones appetitus sensitivi, quae adhuc sunt multo imperfectiores.

Vel potest dici quod virtus humana est perfectio secundum modum hominis, qui non potest per certitudinem comprehendere veritatem rerum simplici intuitu; et praecipue in agibilibus, quae sunt contingentia.

AD TERTIUM dicendum quod in nullo peccatore, inquantum huiusmodi, invenitur eubulia. Omne enim peccatum est contra bonam consiliationem. Requiritur enim ad bene consiliandum non solum adinventio vel excogitatio eorum quae sunt opportuna ad finem, sed etiam aliae circumstantiae: scilicet tempus congruum, ut nec nimis tardus nec nimis velox sit in consiliis; et modus consiliandi, ut scilicet sit firmus in suo consilio; et aliae huiusmodi debitae circumstantiae, quae peccator peccando non observat. Quilibet autem virtuosus est bene consiliativus in his quae ordinantur ad finem virtutis: licet forte in aliquibus particularibus negotiis non sit bene consiliativus, puta in mercationibus vel in rebus bellicis vel in aliquo huiusmodi.

um dos dois casos é contrário à razão da *eubulia*, como diz o Filósofo.

QUANTO AO 2º, deve-se dizer que ainda que a virtude é essencialmente uma perfeição, isso não quer dizer que tudo o que é matéria de virtude importe em perfeição. Com efeito, as virtudes devem aperfeiçoar toda a vida humana, não somente os atos da razão, entre os quais está a deliberação, mas, as paixões do apetite sensitivo, que são ainda mais imperfeitas.

Pode-se, também, dizer que a virtude humana é uma perfeição segundo o modo de ser homem, que não pode conhecer, com certeza e por simples intuição, as verdades das coisas, menos ainda em se tratando das ações que são contingentes.

QUANTO AO 3º, deve-se dizer que em nenhum pecador, enquanto tal, encontra-se a *eubulia*. Todo pecado é oposto ao bom conselho. Com efeito, para aconselhar retamente é necessário averiguar e descobrir não somente os meios adequados para atingir o fim, mas também um conjunto de circunstâncias: o tempo mais oportuno a fim de não ser demasiado lento, nem demasiadamente rápido na formação da deliberação; o modo de deliberar, para que haja firmeza nessa deliberação; e outras circunstâncias semelhantes, que o pecador não observa ao cometer pecado. Ao contrário, todo homem virtuoso sabe deliberar bem naquelas coisas que se ordenam ao fim da virtude, ainda que seja inábil para deliberar em assuntos particulares, por exemplo, no comércio[a], ou em assuntos militares ou em outros.

ARTICULUS 2
Utrum eubulia sit virtus distincta a prudentia

AD SECUNDUM SIC PROCEDITUR. Videtur quod eubulia non sit virtus distincta a prudentia.

1. Quia ut Philosophus dicit, in VI *Ethic.*[1], *videtur prudentis esse bene consiliari*. Sed hoc pertinet ad eubuliam, ut dictum est[2]. Ergo eubulia non distinguitur a prudentia.

ARTIGO 2
A *eubulia* é uma virtude distinta da prudência?

QUANTO AO SEGUNDO, ASSIM SE PROCEDE: parece que a *ebulia* **não** é uma virtude distinta da prudência.

1. Com efeito, diz o Filósofo: "parece próprio do prudente o deliberar bem". Ora, isso é função própria da *eubulia*, como já foi dito. Logo, a *eubulia* não se distingue da prudência.

---

2 PARALL.: I-II, q. 57, a. 6; III *Sent.*, dist. 33, q. 3, a. 1, q.la 3.

1. Cc. 5, 8, 10; 1140, a, 25-28; 1141, b, 8-14; 1142, b, 31-33.
2. Art. praec.

a. Ao final desse artigo 1, sobretudo em razão da r. 3, somos levados a concluir que é preciso *sempre* desconfiar dos conselhos dos pecadores... e *com muita frequência*, dos conselhos das pessoas de bem, pois sua competência possui limites. Está-se longe de aceitar, bem se vê, que seja bom seguir todo conselho!

2. Praeterea, humani actus, ad quos ordinantur humanae virtutes, praecipue specificantur ex fine, ut supra³ habitum est. Sed ad eundem finem ordinantur eubulia et prudentia, ut dicitur VI *Ethic*.⁴: idest non ad quendam particularem finem, sed ad communem finem totius vitae. Ergo eubulia non est virtus distincta a prudentia.

3. Praeterea, in scientiis speculativis ad eandem scientiam pertinet inquirere et determinare. Ergo pari ratione in operativis hoc pertinet ad eandem virtutem. Sed inquirere pertinet ad eubuliam, determinare autem ad prudentiam. Ergo eubulia non est alia virtus a prudentia.

Sed contra, *prudentia est praeceptiva*, ut dicitur in VI *Ethic*.⁵. Hoc autem non convenit eubuliae. Ergo eubulia est alia virtus a prudentia.

Respondeo dicendum quod, sicut dictum est supra⁶, virtus proprie ordinatur ad actum, quem reddit bonum. Et ideo oportet secundum differentiam actuum esse diversas virtutes: et maxime quando non est eadem ratio bonitatis in actibus. Si enim esset eadem ratio bonitatis in eis, tunc ad eandem virtutem pertinerent diversi actus: sicut ex eodem dependet bonitas amoris, desiderii et gaudii, et ideo omnia ista pertinent ad eandem virtutem caritatis. Actus autem rationis ordinati ad opus sunt diversi, nec habent eandem rationem bonitatis: ex alia enim efficitur homo bene consiliativus, et bene iudicativus, et bene praeceptivus; quod patet ex hoc quod ista aliquando ab invicem separantur. Et ideo oportet aliam esse virtutem eubuliam, per quam homo est bene consiliativus; et aliam prudentiam, per quam homo est bene praeceptivus. Et sicut consiliari ordinatur ad praecipere tanquam ad principalius, ita etiam eubulia ordinatur ad prudentiam tanquam ad principaliorem virtutem; sine qua nec virtus esset, sicut nec morales virtutes sine prudentia, nec ceterae virtutes sine caritate.

Ad primum ergo dicendum quod ad prudentiam pertinet bene consiliari imperative: ad eubuliam autem elicitive.

Ad secundum dicendum quod ad unum finem ultimum, quod est *bene vivere totum*, ordinantur

2. Além disso, os atos humanos, aos quais se ordenam as virtudes humanas, se especificam antes de tudo pelo fim, como foi dito antes. Ora, como diz o Filósofo, a *eubulia* e a prudência tendem a um mesmo fim, que não é um fim particular, mas ao fim comum de toda a vida. Logo, a *eubulia* não é uma virtude distinta da prudência.

3. Ademais, nas ciências especulativas, compete a uma mesma ciência indagar e determinar. De modo semelhante, nas ações essas duas funções pertencem a uma mesma virtude. Ora, o indagar corresponde à *eubulia* e o determinar é próprio da prudência. Logo, a *eubulia* não é uma virtude distinta da prudência.

Em sentido contrário, diz o Filósofo: "a função da prudência é preceituar". Ora, isso não convém à *eubulia*. Portanto, a *eubulia* é uma virtude distinta da prudência.

Respondo. Como já foi dito, a virtude se ordena propriamente ao ato, tornando-o bom. Por isso, é necessário que, segundo a diferença dos atos, as virtudes sejam diferentes, e, sobretudo, quando, nesses atos, a razão de bondade não é a mesma. Se, pois, existisse nesses atos a mesma razão de bondade, então os diversos atos pertenceriam a uma mesma virtude, como a bondade do amor, do desejo, do gozo, dependem de uma só porque pertencem todos eles à mesma virtude da caridade. Por outro lado, os atos da razão ordenados à ação são diversos e não têm a mesma razão de bondade: um faz com que o homem delibere bem; outro, que julgue bem, e, um terceiro causa a retidão do comando. A prova é que, às vezes, essas perfeições se encontram separadas. Por isso, deve-se estabelecer como virtudes distintas a *eubulia*, que faz o homem deliberar bem, e a prudência, que o faz comandar retamente. E, assim como a deliberação se ordena ao comando, como ao ato mais importante, de modo semelhante, a *eubulia* se ordena à prudência como à virtude principal; sem a qual ela mesma não seria virtude, como tampouco as virtudes morais poderiam existir sem a prudência, nem as demais virtudes, sem a caridade.

Quanto ao 1º, portanto, deve-se dizer que compete à prudência bem deliberar, de modo imperativo, e à *eubulia*, de modo executivo.

Quanto ao 2º, deve-se dizer que todos os atos se ordenam ao mesmo fim último, que é o

---

3. I-II, q. 1, a. 3; q. 18, a. 6.
4. C. 10: 1142, b, 31-33.
5. C. 11: 1143, a, 8-11.
6. Q. 47, a. 4; I-II, q. 55, a. 2, 3.

diversi actus secundum quendam gradum: nam praecedit consilium, sequitur iudicium, et ultimum est praeceptum, quod immediate se habet ad finem ultimum, alii autem duo actus remote se habent. Qui tamen habent quosdam proximos fines: consilium quidem inventionem eorum quae sunt agenda; iudicium autem certitudinem. Unde ex hoc non sequitur quod eubulia et prudentia non sint diversae virtutes: sed quod eubulia ordinetur ad prudentiam sicut virtus secundaria ad principalem.

AD TERTIUM dicendum quod etiam in speculativis alia rationalis scientia est dialectica, quae ordinatur ad inquisitionem inventivam; et alia scientia demonstrativa, quae est veritatis determinativa.

"viver totalmente bem", ainda que segundo certa gradação: em primeiro lugar a deliberação, ao que segue o juízo, e, finalmente, o preceito, que se encontra mais próximo do fim último, enquanto que os outros se referem a ele remotamente. Estes, por sua vez, têm seus próprios fins próximos: a deliberação, a indagação a respeito do que se deve fazer, e o juízo, a certeza. Não se conclui, pois, que a *eubulia* e a prudência não sejam virtudes distintas; mas, que a *eubulia* se ordena à prudência, como uma virtude secundária se ordena à principal.

QUANTO AO 3º, deve-se dizer que mesmo na especulação, uma é a ciência racional chamada dialética, pela qual se busca descobrir a verdade, outra é a ciência demonstrativa, pela qual se determina a verdade.

ARTICULUS 3
Utrum synesis sit virtus

AD TERTIUM SIC PROCEDITUR. Videtur quod synesis non sit virtus.
1. Virtutes enim *non insunt nobis a natura*, ut dicitur in II *Ethic*.[1]. Sed synesis inest aliquibus a natura, ut dicit Philosophus, in VI *Ethic*.[2]. Ergo synesis non est virtus.
2. PRAETEREA, synesis, ut in eodem libro[3] dicitur, *est solum iudicativa*. Sed iudicium solum, sine praecepto, potest esse etiam in malis. Cum ergo virtus sit solum in bonis, videtur quod synesis non sit virtus.
3. PRAETEREA, nunquam est defectus in praecipiendo nisi sit aliquis defectus in iudicando, saltem in particulari operabili, in quo omnis malus errat. Si ergo synesis ponitur virtus ad bene iudicandum, videtur quod non sit necessaria alia virtus ad bene praecipiendum. Et ideo prudentia erit superflua: quod est inconveniens. Non ergo synesis est virtus.

SED CONTRA, iudicium est perfectius quam consilium. Sed eubulia quae est bene consiliativa, est virtus. Ergo multo magis synesis, quae est bene iudicativa, est virtus.

RESPONDEO dicendum quod synesis importat iudicium rectum non quidem circa speculabilia,

ARTIGO 3
A *synesis* é uma virtude?

QUANTO AO TERCEIRO, ASSIM SE PROCEDE: parece que a *synesis* **não** é uma virtude.
1. Com efeito, as virtudes não são inatas em nós, segundo se lê em Aristóteles. Ora, a *synesis* é inata em alguns, como ele mesmo diz. Logo, a *synesis* não é virtude.
2. ALÉM DISSO, no mesmo livro, se diz que a *synesis*, "se limita a julgar". Ora, só o juízo, sem o preceito, pode ser encontrado até mesmo nos maus. Logo, como a virtude só se encontra nos bons, parece que a *synesis* não seja uma virtude.
3. ADEMAIS, nunca se dá um preceito errôneo sem um juízo também errôneo, pelo menos em relação com a ação particular, na qual todo mau erra. Se, pois, se considera a *synesis* como virtude ordenada a bem julgar, não parece necessária outra virtude cujo fim seja o comando reto. Logo, a prudência seria supérflua, o que é inadmissível. Portanto, a *synesis* não é virtude.

EM SENTIDO CONTRÁRIO, o juízo é mais perfeito que a deliberação. Ora, a *eubulia*, cuja função é aconselhar bem, é uma virtude. Logo, com maior razão, a *synesis*, cuja função é julgar retamente, é uma virtude.

RESPONDO. A *synesis* implica um juízo reto não nas coisas de ordem especulativa, mas nas ações

---

3 PARALL.: I-II, q. 57, a. 6; III *Sent*., dist. 33, q. 3, a. 1, q.la 3; VI *Ethic*., lect. 9.

1. C. 1: 1103, a, 23-26.
2. C. 11: 1143, b, 6-9.
3. C. 11: 1143, a, 9-11.

sed circa particularia operabilia, circa quae etiam est prudentia. Unde secundum synesim dicuntur in graeco aliqui *syneti*, idest sensati, vel *eusyneti*, idest homines boni sensus: sicut e contrario qui carent hac virtute dicuntur *asyneti*, idest insensati. Oportet autem quod secundum differentiam actuum qui non reducuntur in eandem causam sit etiam diversitas virtutum. Manifestum est autem quod bonitas consilii et bonitas iudicii non reducuntur in eandem causam: multi enim sunt bene consiliativi qui tamen non sunt bene sensati, quasi recte iudicantes. Sicut etiam in speculativis aliqui sunt bene inquirentes, propter hoc quod ratio eorum prompta est ad discurrendum per diversa, quod videtur provenire ex dispositione imaginativae virtutis, quae de facili potest formare diversa phantasmata: et tamen huiusmodi quandoque non sunt boni iudicii, quod est propter defectum intellectus, qui maxime contingit ex mala dispositione communis sensus non bene iudicantis. Et ideo oportet praeter eubuliam esse aliam virtutem quae est bene iudicativa. Et haec dicitur synesis.

AD PRIMUM ergo dicendum quod rectum iudicium in hoc consistit quod vis cognoscitiva apprehendat rem aliquam secundum quod in se est. Quod quidem provenit ex recta dispositione virtutis apprehensivae: sicut in speculo, si fuerit bene dispositum, imprimuntur formae corporum secundum quod sunt; si vero fuerit speculum male dispositum, apparent ibi imagines distortae et prave se habentes. Quod autem virtus cognoscitiva sit bene disposita ad recipiendum res secundum quod sunt, contingit quidem radicaliter ex natura, consummative autem ex exercitio vel ex munere gratiae. Et hoc dupliciter. Uno modo, directe ex parte ipsius cognoscitivae virtutis, puta quia non est imbuta pravis conceptionibus, sed veris et rectis: et hoc pertinet ad synesim secundum quod est specialis virtus. Alio modo, indirecte, ex bona dispositione appetitivae virtutis, ex qua sequitur quod homo bene iudicet de appetibilibus. Et sic bonum virtutis iudicium consequitur habitus virtutum moralium, sed circa fines: synesis autem est magis circa ea quae sunt ad finem.

AD SECUNDUM dicendum quod in malis potest quidem iudicium rectum esse in universali: sed in particulari agibili semper eorum iudicium corrumpitur, ut supra[4] habitum est.

particulares, que são também objeto da prudência. Também, com relação a esta palavra, se diz em grego que alguns são *syneti*, isto é, sensatos, ou *eusyneti*, quer dizer, homens de bom senso. Ao contrário, são chamados *asyneti*, insensatos, aos que são privados desta virtude. Ora, a diversidade de virtudes deve corresponder à diferença de atos que não se reduzem à mesma causa. Com efeito, é evidente que a bondade da deliberação e a bondade do juízo não se reduzem à mesma causa; porque muitos são de boa deliberação, mas não são de bom senso, isto é, dotados de um julgamento reto. Na ordem especulativa, alguns investigam bem, pelo fato de terem uma razão capaz de discorrer sobre coisas diversas, o que parece proceder das disposições da imaginação, que pode formar facilmente diversas representações imaginárias, e, no entanto, às vezes não sabem julgar bem por deficiência do intelecto, o que procede, sobretudo, da má disposição do senso comum, que não julga bem. Por tudo isso, se necessita, além da *eubulia*, de outra virtude que julgue bem, a qual se chama *synesis*.

QUANTO AO 1º, portanto, deve-se dizer que o juízo reto consiste em que a potência cognoscitiva apreenda as coisas tais como são em si mesmas. Isto se dá, quando está bem disposta, como um espelho em boas condições reproduz as imagens dos corpos como são em si mesmos. Mas, se for um espelho mal disposto, as imagens aparecem distorcidas e disformes. A boa disposição da potência cognoscitiva para receber as coisas como são em si mesmas provém radicalmente da natureza, e, quanto à sua perfeição, depende do exercício ou do dom da graça. E isso pode se dar de dois modos: diretamente por parte da própria potência cognoscitiva, que não está imbuída de concepções depravadas, mas verdadeiras e retas; tal é a função própria da *synesis* como virtude especial. E, indiretamente pela boa disposição da potência apetitiva, em virtude da qual o homem emite um juízo reto sobre o que é desejável. E, assim, os hábitos das virtudes morais influem sobre um bom julgamento virtuoso a respeito dos fins, enquanto que a *synesis* se ocupa mais dos meios.

QUANTO AO 2º, deve-se dizer que nos maus pode se encontrar um juízo reto somente no plano do universal; porém, com respeito à ação singular, seu juízo é sempre defeituoso, como acima foi dito.

---

4. I, q. 63, a. 1, ad 4.

AD TERTIUM dicendum quod contingit quandoque id quod bene iudicatum est differri, vel negligenter agi aut inordinate. Et ideo post virtutem quae est bene iudicativa necessaria est finalis virtus principalis quae sit bene praeceptiva, scilicet prudentia.

QUANTO AO 3º, deve-se dizer que acontece, às vezes, que uma ação bem julgada é diferida, ou se faz sem diligência, ou desordenadamente. Por isso, além da virtude de julgar bem, é necessária uma virtude final principal que comande retamente, ou seja a prudência.

ARTICULUS 4
Utrum gnome sit specialis virtus

AD QUARTUM SIC PROCEDITUR. Videtur quod gnome non sit specialis virtus a synesi distincta.

1. Quia secundum synesim dicitur aliquis bene iudicativus. Sed nullus potest dici bene iudicativus nisi in omnibus bene iudicet. Ergo synesis se extendit ad omnia diiudicanda. Non est ergo aliqua alia virtus bene iudicativa quae gnome vocatur.

2. PRAETEREA, iudicium medium est inter consilium et praeceptum. Sed una tantum virtus est bene consiliativa, scilicet eubulia; et una tantum virtus est bene praeceptiva, scilicet prudentia. Ergo una tantum est virtus bene iudicativa, scilicet synesis.

3. PRAETEREA, ea quae raro accidunt, in quibus oportet a communibus legibus discedere, videntur praecipue casualia esse, quorum non est ratio, ut dicitur in II *Phys.*[1]. Omnes autem virtutes intellectuales pertinent ad rationem rectam. Ergo circa praedicta non est aliqua virtus intellectualis.

SED CONTRA est quod Philosophus determinat in VI *Ethic.*[2], gnomen esse specialem virtutem.

RESPONDEO dicendum quod habitus cognoscitivi distinguuntur secundum altiora vel inferiora principia: sicut sapientia in speculativis altiora principia considerat quam scientia, et ideo ab ea distinguitur. Et ita etiam oportet esse in activis. Manifestum est autem quod illa quae sunt praeter ordinem inferioris principii sive causae reducuntur quandoque in ordinem altioris principii: sicut monstruosi partus animalium sunt praeter ordinem virtutis activae in semine, tamen cadunt sub ordine altioris principii, scilicet caelestis corporis, vel ulterius providentiae divinae. Unde ille qui consideraret virtutem activam in semine non posset iudicium certum ferre de huiusmodi monstris: de quibus tamen potest iudicari secundum conside-

ARTIGO 4
A *gnome* é uma virtude especial?

QUANTO AO QUARTO, ASSIM SE PROCEDE: parece que a *gnome* **não** é uma virtude especial, distinta da *synesis*.

1. Com efeito, pela *synesis* se diz que alguém tem um juízo reto. Ora, ninguém julga bem se não o faz em todas as matérias. Logo, a *synesis* se estende a tudo o que se deve julgar. Portanto, não há outra virtude que julgue bem, chamada *gnome*.

2. ALÉM DISSO, o juízo é intermediário entre a deliberação e o preceito. Ora, é uma só a virtude da boa deliberação, que é a *eubulia*, e uma só a que comanda retamente, a prudência. Logo, há uma só virtude para o julgamento reto; é a *synesis*.

3. ADEMAIS, aquelas coisas, que acontecem raramente e que se afastam das leis comuns, parecem ser, sobretudo, casuais. Delas não se tem razão, diz Aristóteles. Ora, todas as virtudes intelectuais pertencem à reta razão. Logo, não há nenhuma virtude intelectual que se ocupe daquelas coisas.

EM SENTIDO CONTRÁRIO, o Filósofo estabelece que a *gnome* é uma virtude especial.

RESPONDO. Os hábitos congnoscitivos distinguem-se segundo princípios mais ou menos elevados; como a sabedoria considera os princípios mais elevados, no âmbito especulativo, do que a ciência. Por isso se distinguem entre si. O mesmo deve se dar nas ações. É evidente que as coisas que estão fora da ordem de um princípio ou de uma causa inferior cai, às vezes, sob a ordem de um princípio mais elevado. É assim que os partos de monstros, entre os animais, fogem à potência ativa do sêmen, porém caem sob a ordem de um princípio mais elevado, que é o dos corpos celestes, ou, em última análise, da providência divina. Portanto, quem considerasse a potência ativa do sêmen não poderia emitir um

---

4 PARALL.: I-II, q. 57, a. 6, ad 3; III *Sent.*, dist. 33, q. 3, a. 1, q.la 3.

1. C. 5: 197, a, 18-21.
2. C. 11: 1143, a, 19-24.

rationem divinae providentiae. Contingit autem quandoque aliquid esse faciendum praeter communes regulas agendorum: puta cum impugnatori patriae non est depositum reddendum, vel aliquid aliud huiusmodi. Et ideo oportet de huiusmodi iudicare secundum aliqua altiora principia quam sint regulae communes, secundum quas iudicat synesis. Et secundum illa altiora principia exigitur altior virtus iudicativa, quae vocatur gnome, quae importat quandam perspicacitatem iudicii.

AD PRIMUM ergo dicendum quod synesis est vere iudicativa de omnibus quae secundum communes regulas fiunt. Sed praeter communes regulas sunt quaedam alia diiudicanda, ut iam[3] dictum est.

AD SECUNDUM dicendum quod iudicium debet sumi ex propriis principiis rei: inquisitio autem fit etiam per communia. Unde etiam in speculativis dialectica, quae est inquisitiva, procedit ex communibus: demonstrativa autem, quae est iudicativa, procedit ex propriis. Et ideo eubulia ad quam pertinet inquisitio consilii, est una de omnibus: non autem synesis, quae est iudicativa. — Praeceptum autem respicit in omnibus unam rationem boni. Et ideo etiam prudentia non est nisi una.

AD TERTIUM dicendum quod omnia illa quae praeter communem cursum contingere possunt considerare pertinet ad solam providentiam divinam: sed inter homines ille qui est magis perspicax potest plura horum sua ratione diiudicare. Et ad hoc pertinet gnome, quae importat quandam perspicacitatem iudicii.

juízo certo sobre tais monstros; pode, porém, julgar a respeito daqueles pela consideração da providência divina. Acontece, às vezes, haver a necessidade de fazer algo à margem das regras comuns da ação. Por exemplo, não devolver um depósito ao inimigo da pátria, e outras coisas semelhantes. Por isso, se deve julgar a respeito desses casos segundo princípios mais elevados do que as regras comuns, segundo as quais a *synesis* julga. E, segundo estes princípios mais elevados, exige-se também uma potência justificativa mais elevada: esta chama-se *gnome*, e ela implica certa perspicácia no julgamento.

QUANTO AO 1º, portanto, deve-se dizer que a *synesis* julga bem todos os casos que caem sob as regras comuns. Mas, outras ações devem ser julgadas à margem das regras comuns, como se acabou de dizer.

QUANTO AO 2º, deve-se dizer que o juízo deve ser tomado a partir dos princípios próprios das coisas; e a investigação se faz conforme princípios comuns. Donde, também no plano especulativo, a dialética, que é investigadora, procede a partir dos princípios comuns. A ciência demonstrativa, porém, cuja função é julgar, parte de princípios próprios. Por isso, a *eubulia*, cuja função é a investigação da deliberação, é uma só; não assim a *synesis*, que tem por função julgar. — O preceito, porém, considera em tudo uma única razão de bem. Portanto, também a prudência não é senão uma só.

QUANTO AO 3º, deve-se dizer que considerar tudo o que pode suceder à margem do curso normal da natureza pertence somente à providência divina; mas, entre os homens, o que for mais perspicaz, pode conhecer por sua razão muitas delas. A isso se ordena a *gnome*, que implica certa perspicácia no julgamento.

QUAESTIO LII
DE DONO CONSILII
in quatuor articulos divisa

Deinde considerandum est de dono consilii, quod respondet prudentiae.
Et circa hoc quaeruntur quatuor.
Primo: utrum consilium debeat poni inter septem dona Spiritus Sancti.

QUESTÃO 52
O DOM DO CONSELHO
em quatro artigos

A seguir tratar-se-á do dom do conselho, que corresponde à prudência.
Sobre este tema, são quatro as perguntas:
1. O conselho deve ser considerado entre os sete dons do Espírito Santo?

---
3. In corp.

Secundo: utrum donum consilii respondeat virtuti prudentiae.
Tertio: utrum donum consilii maneat in patria.
Quarto: utrum quinta beatitudo, quae est, *Beati misericordes*, respondeat dono consilii.

Articulus 1
Utrum consilium debeat poni inter dona Spiritus Sancti

AD PRIMUM SIC PROCEDITUR. Videtur quod consilium non debeat poni inter dona Spiritus Sancti.

1. Dona enim Spiritus Sancti in adiutorium virtutum dantur; ut patet per Gregorium, in II *Moral.*[1]. Sed ad consiliandum homo sufficienter perficitur per virtutem prudentiae, vel etiam eubuliae, ut ex dictis[2] patet. Ergo consilium non debet poni inter dona Spiritus Sancti.

2. PRAETEREA, haec videtur esse differentia inter septem dona Spiritus Sancti et gratias gratis datas, quod gratiae gratis datae non dantur omnibus, sed distribuuntur diversis; dona autem Spiritus Sancti dantur omnibus habentibus Spiritum Sanctum. Sed consilium videtur esse de his quae specialiter aliquibus a Spiritu Sancto dantur: secundum illud 1Mac 2,65: *Ecce Simon, frater vester: ipse vir consilii est*. Ergo consilium magis debet poni inter gratias gratis datas quam inter septem dona Spiritus Sancti.

3. PRAETEREA, Rm 8,14 dicitur: Qui *Spiritu Dei aguntur, hi filii Dei sunt*. Sed his qui ab alio aguntur non competit consilium. Cum igitur dona Spiritus Sancti maxime competant filiis Dei, qui *acceperunt Spiritum adoptionis filiorum* ib 15, videtur quod consilium inter dona Spiritus Sancti poni non debeat.

SED CONTRA est quod Is 11,2 dicitur: *Requiescet super eum Spiritus consilii et fortitudinis.*

RESPONDEO dicendum quod dona Spiritus Sancti, ut supra[3] dictum est, sunt quaedam dispositiones quibus anima redditur bene mobilis a

2. O dom do conselho corresponde à virtude da prudência?
3. O dom do conselho permanece na pátria?
4. A quinta bem-aventurança", que diz "Bem-aventurados os misericordiosos", corresponde ao dom do conselho?

Artigo 1
O conselho deve ser considerado entre os dons do Espírito Santo?

QUANTO AO PRIMEIRO ARTIGO, ASSIM SE PROCEDE: parece que o conselho **não** deve ser considerado entre os dons do Espírito Santo.

1. Com efeito, os dons do Espírito Santo são dados como auxílio para as virtudes, segundo Gregório. Ora, para aconselhar basta ao homem a virtude da prudência ou da *eubulia*, como já se esclareceu. Logo, o conselho não deve ser considerado entre os dons do Espírito Santo.

2. ALÉM DISSO, a diferença entre os sete dons do Espírito Santo e as graças grátis dadas parece consistir em que estas não são dadas a todos, mas a pessoas diferentes, enquanto que os dons do Espírito Santo são dados a todos aqueles que possuem o Espírito Santo. Ora, o conselho parece que está entre estes favores que são concedidos pelo Espírito Santo a alguns especialmente, como está no livro dos Macabeus: "Eis Simão, vosso irmão; ele é um homem de conselho". Logo, o conselho deve ser considerado mais entre as graças grátis dadas do que entre os sete dons do Espírito Santo.

3. ADEMAIS, lê-se na Carta aos Romanos: "Os que agem pelo Espírito de Deus, são filhos de Deus". Ora, aos que agem por outro não cabe o conselho. Logo, como os dons do Espírito Santo são próprios sobretudo dos filhos de Deus, os quais "receberam o espírito de adoção de filhos", parece que o conselho não deve ser considerado entre os dons do Espírito Santo.

EM SENTIDO CONTRÁRIO, o livro de Isaías diz: "Repousará sobre ele o espírito de conselho e de fortaleza."

RESPONDO. Os dons do Espírito Santo, como já foi visto, são certas disposições que tornam a alma apta para ser facilmente movida pelo Espírito

---

1 PARALL.: III *Sent.*, dist. 35, q. 2, a. 4, q.la 1.

1. C. 49, al. 27, in vet. 36, n. 77: ML 75, 592 D.
2. Q. 47, a. 1, ad 2; q. 51, a. 1, 2.
3. I-II, q. 68, a. 1.

Spiritu Sancto. Deus autem movet unumquodque secundum modum eius quod movetur: sicut *creaturam corporalem movet per tempus et locum, creaturam autem spiritualem per tempus et non per locum*, ut Augustinus dicit, VIII *super Gen. ad litt*.[4]. Est autem proprium rationali creaturae quod per inquisitionem rationis moveatur ad aliquid agendum: quae quidem inquisitio consilium dicitur. Et ideo Spiritus Sanctus per modum consilii creaturam rationalem movet. Et propter hoc consilium ponitur inter dona Spiritus Sancti.

AD PRIMUM ergo dicendum quod prudentia vel eubulia, sive sit acquisita sive infusa, dirigit hominem in inquisitione consilii secundum ea quae ratio comprehendere potest: unde homo per prudentiam vel eubuliam fit bene consilians vel sibi vel alii. Sed quia humana ratio non potest comprehendere singularia et contingentia quae occurrere possunt, fit quod *cogitationes mortalium sunt timidae, et incertae providentiae nostrae*, ut dicitur Sap 9,14. Et ideo indiget homo in inquisitione consilii dirigi a Deo, qui omnia comprehendit. Quod fit per donum consilii, per quod homo dirigitur quasi consilio a Deo accepto. Sicut etiam in rebus humanis qui sibi ipsis non sufficiunt in inquisitione consilii a sapientioribus consilium requirunt.

AD SECUNDUM dicendum quod hoc potest pertinere ad gratiam gratis datam quod aliquis ita sit boni consilii quod aliis consilium praebeat. Sed quod aliquis a Deo consilium habeat quid fieri oporteat in his quae sunt necessaria ad salutem, hoc est commune omnium sanctorum.

AD TERTIUM dicendum quod filii Dei aguntur a Spiritu Sancto secundum modum eorum, salvato scilicet libero arbitrio, quae est *facultas voluntatis et rationis*. Et sic inquantum ratio a Spiritu Sancto instruitur de agendis, competit filiis Dei donum consilii.

Santo. Deus, por outra parte, move cada criatura segundo seu modo próprio de ser movida: assim, como diz Agostinho: "move a criatura corpórea por meio do tempo e do lugar; a espiritual, por meio do tempo, não do lugar". Ora, é próprio da criatura racional mover-se para a ação mediante uma investigação da razão ou deliberação, que chamamos conselho. Por conseguinte, o Espírito Santo move a criatura racional por meio do conselho. Por isso o conselho se considera entre os dons do Espírito Santo.

QUANTO AO 1º, portanto, deve-se dizer que a prudência ou a *eubulia*, seja adquirida ou infusa, dirige o homem na investigação do conselho segundo os dados que a razão pode compreender. Por isso, pela prudência ou *eubulia*, o homem se torna bom conselheiro de si ou de outros. Como, porém, a razão humana não pode abarcar todos os casos singulares e contingentes que podem ocorrer, resulta que "os pensamentos dos mortais são tímidos, e nossas previsões incertas", como está no livro da Sabedoria. Por isso o homem tem necessidade, na busca do conselho, de ser dirigido por Deus que compreende todas as coisas. Isso faz o dom de conselho, pelo qual o homem é dirigido, por assim dizer, pelo conselho que recebe de Deus. De modo semelhante, nas coisas humanas, aqueles que não encontram por si mesmos o conselho desejado requerem o conselho de homens mais sábios.

QUANTO AO 2º, deve-se dizer que pode pertencer às graças grátis dadas que alguém possua o conselho de tal modo que o dê aos outros. Mas, receber de Deus o conselho sobre o que deve ser feito naquelas coisas que são necessárias para a salvação, isso é comum aos santos[a].

QUANTO AO 3º, deve-se dizer que os filhos de Deus são movidos pelo Espírito Santo segundo seu modo de ser, quer dizer, salvaguardando o livre-arbítrio, que é a faculdade da vontade e da razão. Assim, enquanto a razão é instruída pelo Espírito Santo sobre o que deve ser feito, o dom do conselho convém aos filhos de Deus.

---

4. Cc. 20, 22: ML 34, 388, 389.

a. Travamos conhecimento com a *eubulia*, que é a virtude (adquirida ou infundida) do bom conselho. A questão 52 é consagrada ao conselho como um dos dons do Espírito Santo que fazem parte do equipamento sobrenatural de todo homem em estado de graça. Na r. 2, descobrimos um outro dom possível e notado: o carisma de bom conselheiro que é concedido a alguns, segundo as disposições da providência divina, para que eles possam se tornar úteis aos outros mais do que a mera razão lhes possibilitava. Os exemplos se apresentam por si mesmos: o Cura d'Ars, como confessor, ou tantos outros santos que prodigalizaram seus conselhos aos grandes deste mundo, papas ou reis (Catarina de Sena, Joana d'Arc que falava de suas vozes como de seu conselho etc.).

Articulus 2
Utrum donum consilii respondeat virtuti prudentiae

AD SECUNDUM SIC PROCEDITUR. Videtur quod donum consilii non respondeat convenienter virtuti prudentiae.

1. Inferius enim in suo supremo attingit id quod est superius, ut patet per Dionysium, 7 cap. *de Div. Nom.*[1]: sicut homo attingit angelum secundum intellectum. Sed virtus cardinalis est inferior dono, ut supra[2] habitum est. Cum ergo consilium sit primus et infimus actus prudentiae, supremus autem actus eius est praecipere, medius autem iudicare; videtur quod donum respondens prudentiae non sit consilium, sed magis iudicium vel praeceptum.

2. PRAETEREA, uni virtuti sufficienter auxilium praebetur per unum donum: quia quanto aliquid est superius tanto est magis unitum, ut probatur in libro *de Causis*[3]. Sed prudentiae auxilium praebetur per donum scientiae, quae non solum est speculativa, sed etiam practica, ut supra[4] habitum est. Ergo donum consilii non respondet virtuti prudentiae.

3. PRAETEREA, ad prudentiam proprie pertinet dirigere, ut supra[5] habitum est. Sed ad donum consilii pertinet quod homo dirigatur a Deo, sicut dictum est[6]. Ergo donum consilii non pertinet ad virtutem prudentiae.

SED CONTRA est quod donum consilii est circa ea quae sunt agenda propter finem. Sed circa haec etiam est prudentia. Ergo sibi invicem correspondent.

RESPONDEO dicendum quod principium motivum inferius praecipue adiuvatur et perficitur per hoc quod movetur a superiori motivo principio: sicut corpus in hoc quod movetur a spiritu. Manifestum est autem quod rectitudo rationis humanae comparatur ad rationem divinam sicut principium motivum inferius ad superius: ratio enim aeterna est suprema regula omnis humanae rectitudinis. Et ideo prudentia, quae importat rectitudinem rationis, maxime perficitur et iuvatur secundum

Artigo 2
O dom do conselho corresponde à virtude da prudência?

QUANTO AO SEGUNDO, ASSIM SE PROCEDE: parece que o dom do conselho **não** corresponde à virtude da prudência.

1. Com efeito, o que é inferior, no que tem de mais elevado, atinge o que é superior, como mostra Dionísio: "assim, o homem atinge o anjo pelo intelecto". Ora, a virtude cardeal é inferior ao dom, como foi explicado anteriormente. Logo, como o conselho é o primeiro e o menos elevado dos atos da prudência, enquanto que o ato mais elevado desta virtude é o imperar e seu ato intermediário é o juízo, parece que o dom correspondente à prudência não seja o conselho, mas, antes, o juízo ou o preceito.

2. ALÉM DISSO, uma só virtude é plenamente auxiliada por um só dom, porque quanto mais superior é uma coisa, tanto mais unida está, como se demonstra no livro *Das causas*. Ora, a prudência é auxiliada pelo dom de ciência, que não só é especulativa, mas também prática, como já foi dito. Logo, o dom do conselho não corresponde à virtude da prudência.

3. ADEMAIS, é próprio da prudência dirigir, como se explicou acima. Ora, é próprio do dom do conselho que o homem seja dirigido por Deus. Logo, o dom do conselho não pertence à virtude da prudência.

EM SENTIDO CONTRÁRIO, o dom do conselho concerne às ações a serem feitas em vista do fim. Ora, a prudência tem o mesmo objeto. Portanto, correspondem-se mutuamente.

RESPONDO. O princípio inferior de movimento é auxiliado e aperfeiçoado antes de tudo pela moção de um princípio motor mais elevado, como o corpo quando é movido pelo espírito. Ora, é claro que a retidão da razão humana se relaciona com a razão divina como um princípio inferior de movimento se refere a um princípio mais elevado; pois, a razão eterna é a regra suprema de toda retidão humana. Por isso, a prudência, que implica retidão de razão, é grandemente aperfei-

---

2 PARALL.: A. praec., ad 1; III *Sent.*, dist. 34, q. 1, a. 2; dist. 35, q. 2, a. 4, q.la 1, 2.
  1. MG 3, 872 B.
  2. I-II, q. 68, a. 8.
  3. Prop. 10, § *Quod est.*
  4. Q. 9, a. 3.
  5. Q. 50, a. 1, ad 1.
  6. Art. 6.

quod regulatur et movetur a Spiritu Sancto. Quod pertinet ad donum consilii, ut dictum est[7]. Unde donum consilii respondet prudentiae, sicut ipsam adiuvans et perficiens.

AD PRIMUM ergo dicendum quod iudicare et praecipere non est moti, sed moventis. Et quia in donis Spiritus Sancti mens humana non se habet ut movens, sed magis ut mota, ut supra[8] dictum est; inde est quod non fuit conveniens quod donum correspondens prudentiae praeceptum diceretur vel iudicium, sed consilium, per quod potest significari motio mentis consiliatae ab alio consiliante.

AD SECUNDUM dicendum quod scientiae donum non directe respondet prudentiae, cum sit in speculativa: sed secundum quandam extensionem eam adiuvat. Donum autem consilii directe respondet prudentiae, sicut circa eadem existens.

AD TERTIUM dicendum quod movens motum ex hoc quod movetur movet. Unde mens humana ex hoc ipso quod dirigitur a Spiritu Sancto, fit potens dirigere se et alios.

ARTICULUS 3
Utrum donum consilii maneat in patria

AD TERTIUM SIC PROCEDITUR. Videtur quod donum consilii non maneat in patria.

1. Consilium enim est eorum quae sunt agenda propter finem. Sed in patria nihil erit agendum propter finem: quia ibi homines ultimo fine potiuntur. Ergo in patria non est donum consilii.

2. PRAETEREA, consilium dubitationem importat: in his enim quae manifesta sunt ridiculum est consiliari, sicut patet per Philosophum, in III

çoada e auxiliada na medida em que é regulada e movida pelo Espírito Santo. E isso é próprio do dom do conselho, como foi explicado. Portanto, o dom do conselho corresponde à prudência, à qual auxilia e aperfeiçoa.

QUANTO AO 1º, portanto, deve-se dizer que julgar e imperar não é próprio do sujeito movido, senão do que move. Como nos dons do Espírito Santo a alma não tem a função de mover, mas, ao contrário, de ser movida. como já foi esclarecido, não convinha que o dom correspondente à prudência fosse chamado império ou juízo, mas, conselho, pois esta palavra significa a moção recebida no espírito aconselhado da parte daquele que aconselha.

QUANTO AO 2º, deve-se dizer que o dom da ciência não corresponde diretamente à prudência, pois se encontra na parte especulativa; mas, vem em seu socorro por certa extensão. Todavia, o dom do conselho corresponde diretamente à prudência, tendo o mesmo objeto.

QUANTO AO 3º, deve-se dizer que o movente pelo fato de ser movido move. Também a alma humana, pelo fato de ser dirigida pelo Espírito Santo, torna-se capaz de dirigir a si mesma e aos outros.

ARTIGO 3
O dom do conselho permanece na pátria?[b]

QUANTO AO TERCEIRO, ASSIM SE PROCEDE: parece que o dom do conselho **não** permanece na pátria.

1. Com efeito, o conselho trata das coisas que devem ser feitas em ordem ao fim. Ora, na pátria nada se fará em ordem ao fim, porque o homem estará em posse do último fim. Logo, na pátria não há o dom do conselho.

2. ALÉM DISSO, o conselho supõe uma dúvida, pois é ridículo deliberar em matéria evidente, como mostra o Filósofo. Ora, na pátria, toda dú-

---
7. A. praec., ad 1.
8. A. praec.; I-II, q. 68, a. 1.

PARALL.: III *Sent.*, dist. 35, q. 2, a. 4, q.la 3.

b. A doutrina geral da permanência dos dons na "pátria" está exposta na I-II, q. 68, a. 6. Sto. Tomás não volta a tocar nela ao falar da sabedoria, da ciência ou da inteligência, noções que são perfeitamente compatíveis com a perfeição do Reino. Breves observações bastam quando se trata da piedade (II-II, q. 121, a. 1, r. 3) ou da força (*ibid*. q. 139, a. 1, r. 2). Mas quando se trata do temor ou do conselho, a questão da permanência na pátria constitui o objeto de um artigo específico. Não é por acaso. A persistência do temor no céu é evidentemente problemática, e só pode ser concebida com certas precauções (II-II, q. 19, a. 11). A necessidade de recorrer a conselhos parece igualmente estar marcada pela imperfeição, e é difícil de conciliá-la com a bem-aventurança: é a razão de nosso artigo 3.

*Ethic.*¹. In patria autem tolletur omnis dubitatio. Ergo in patria non erit consilium.

3. PRAETEREA, in patria sancti maxime Deo conformantur: secundum illud 1Io 3,2: *Cum apparuerit similes ei erimus.* Sed Deo non convenit consilium: secundum illud Rm 11,34: *Quis consiliarius eius fuit?* Ergo etiam neque sanctis in patria competit donum consilii.

SED CONTRA est quod dicit Gregorius, XVII *Moral.*²: *Cumque uniuscuiusque gentis vel culpa vel iustitia ad supernae curiae consilium ducitur, eiusdem gentis praepositus vel obtinuisse in certamine vel non obtinuisse perhibetur.*

RESPONDEO dicendum quod, sicut dictum est³, dona Spiritus Sancti ad hoc pertinent quod creatura rationalis movetur a Deo. Circa motionem autem humanae mentis a Deo duo considerari oportet. Primo quidem, quod alia est dispositio eius quod movetur dum movetur; et alia dum est in termino motus. Et quidem quando movens est solum principium movendi, cessante motu cessat actio moventis super mobile, quod iam pervenit ad terminum: sicut domus, postquam aedificata est, non aedificatur ulterius ab aedificatore. Sed quando movens non solum est causa movendi, sed etiam est causa ipsius formae ad quam est motus, tunc non cessat actio moventis etiam post adeptionem formae: sicut sol illuminat aerem etiam postquam est illuminatus. Et hoc modo Deus causat in nobis et virtutem et cognitionem non solum quando primo acquirimus, sed etiam quandiu in eis perseveramus. Et sic cognitionem agendorum causat Deus in beatis, non quasi in ignorantibus, sed quasi continuando in eis cognitionem eorum quae agenda sunt.

Tamen quaedam sunt quae beati, vel angeli vel homines, non cognoscunt, quae non sunt de essentia beatitudinis, sed pertinent ad gubernationem rerum secundum divinam providentiam. Et quantum ad hoc est aliud considerandum, scilicet quod mens beatorum aliter movetur a Deo, et aliter mens viatorum. Nam mens viatorum movetur a Deo in agendis per hoc quod sedatur anxietas dubitationis in eis praecedens. In mente vero beatorum circa ea quae non cognoscunt est

vida será suprimida. Logo, não haverá conselho na pátria.

3. ADEMAIS, na pátria, os santos serão perfeitamente conformes a Deus, segundo diz a primeira Carta de João: "Quando ele aparecer seremos semelhantes a ele". Ora, Deus não necessita de conselho, segundo diz Paulo: "Quem foi seu conselheiro?". Logo, nem aos santos, na pátria, convém o dom do conselho.

EM SENTIDO CONTRÁRIO, Gregório declara: "Quando a culpa ou a justiça de cada nação for levada ao conselho da corte celeste, o chefe desta nação será proclamado vencedor ou não no combate".

RESPONDO. Como já foi esclarecido, os dons do Espírito Santo se ordenam a que a criatura racional seja movida por Deus. Ora, relativamente à moção da alma humana por Deus devem ser consideradas duas coisas: primeiro, a disposição daquele que é movido é diferente no ato e no término do movimento. Na verdade, quando o motor é somente princípio de movimento, cessando o movimento cessa a ação do motor sobre o que é movido que já chegou ao término: assim, depois que uma casa foi edificada, o construtor não continua a edificá-la. Porém, quando o motor não é somente causa do movimento, mas também causa da forma para a qual tende o que é movido, a ação do motor não termina mesmo quando o que é movido alcança sua forma. Por exemplo: o sol ilumina a atmosfera mesmo após esta estar iluminada. Deste modo Deus causa em nós a virtude e o conhecimento não somente quando os adquirimos pela primeira vez, mas também enquanto perseveramos neles. Deus causa, assim, nos bem-aventurados o conhecimento do que deve ser feito, não como se fossem ignorantes, mas como se continuasse neles o conhecimento do que deve ser feito.

Há, no entanto, coisas não conhecidas pelos bem-aventurados, sejam eles anjos ou homens, porque não são essenciais à bem-aventurança, mas porque pertencem ao governo das coisas pela providência divina. Com relação a estas coisas deve-se considerar outra coisa: Deus não move do mesmo modo as almas dos bem-aventurados e as almas dos que estão nesta vida. Com efeito, a alma dos que estão nesta vida, Deus a move quanto ao que deve ser feito apaziguando a ansiedade

---

1. C. 5: 1112, a, 34 — b, 3.
2. C. 12, al. 8, in vet. 7, n. 17: ML 76, 20 B.
3. A. 1; I-II, q. 68, a. 1.

simplex nescientia, a qua etiam angeli purgantur, secundum Dionysium, 6 cap. *Eccl. Hier.*[4]: non autem praecedit in eis inquisitio dubitationis, sed simplex conversio ad Deum. Et hoc est Deum consulere: sicut Augustinus dicit, V *super Gen. ad litt.*[5], quod angeli *de inferioribus Deum consulunt*. Unde et instructio qua super hoc a Deo instruuntur consilium dicitur.

Et secundum hoc donum consilii est in beatis, inquantum in eis a Deo continuatur cognitio eorum quae sciunt; et inquantum illuminantur de his quae nesciunt circa agenda.

AD PRIMUM ergo dicendum quod etiam in beatis sunt aliqui actus ordinati ad finem: vel quasi procedentes ex consecutione finis, sicut quod Deum laudant, vel quibus alios pertrahunt ad finem quem ipsi sunt consecuti, sicut sunt ministeria angelorum et orationes sanctorum. Et quantum ad hoc habet in eis locum donum consilii.

AD SECUNDUM dicendum quod dubitatio pertinet ad consilium secundum statum vitae praesentis: non autem pertinet secundum quod est consilium in patria. Sicut etiam virtutes cardinales non habent omnino eosdem actus in patria et in via.

AD TERTIUM dicendum quod consilium non est in Deo sicut in recipiente, sed sicut in dante. Hoc autem modo conformantur Deo sancti in patria, sicut recipiens influenti.

da dúvida que havia antes neles. Na alma dos bem-aventurados há simples ignorância a respeito das coisas que não conhecem, da qual também os anjos precisam ser purificados, segundo Dionísio. Neles, porém, não precede indagação que implique dúvidas, mas simples conversão para Deus. E isso é consultar Deus, pois, segundo Agostinho, os anjos "consultam Deus sobre as coisas inferiores". Portanto, a instrução que recebem de Deus sobre essas coisas chama-se conselho.

Nesse sentido, o dom do conselho existe nos bem-aventurados enquanto neles continua, pela ação de Deus, o conhecimento das coisas que sabem e enquanto são iluminados sobre o que se deve fazer e que ignoram.

QUANTO AO 1º, portanto, deve-se dizer que mesmo nos bem-aventurados, há atos que são ordenados ao fim, seja que eles procedam, por assim dizer, do fim já obtido, como o louvor que dirigem a Deus; seja que esses atos tenham por efeito atrair os outros para o fim que eles próprios possuem, como é o ministério dos anjos e as orações dos santos. Quanto a tais atos neles há lugar para o dom de conselho.

QUANTO AO 2º, deve-se dizer que a dúvida pertence ao conselho no estado da vida presente, e não ao conselho existente na pátria. De modo semelhante, as virtudes cardeais não têm exatamente os mesmos atos na pátria e nesta vida.

QUANTO AO 3º, deve-se dizer que o conselho não está em Deus como naquele que o recebe, mas como naquele que o dá. Os santos na pátria, porém, são conformados a Deus como aquele que recebe ao que dá.

ARTICULUS 4

Utrum quinta beatitudo,
quae est de misericordia,
respondeat dono consilii

AD QUARTUM SIC PROCEDITUR. Videtur quod quinta beatitudo, quae est de misericordia, non respondeat dono consilii.
1. Omnes enim beatitudines sunt quidam actus virtutum, ut supra[1] habitum est. Sed per consilium in omnibus virtutum actibus dirigimur. Ergo

ARTIGO 4

A quinta bem-aventurança,
que é a da misericórdia, corresponde
ao dom do conselho?

QUANTO AO QUARTO, ASSIM SE PROCEDE: parece que a quinta bem-aventurança, que é a da misericórdia **não** corresponde ao dom do conselho.
1. Com efeito, todas as bem-aventuranças são atos de virtude, como se provou. Ora, o conselho dirige os atos de todas as virtudes. Logo, a quinta

---

4. P. III, § 6: MG 3, 537 B.
5. C. 19, n. 37: ML 34, 334.

PARALL.: I-II, q. 69, a. 3, ad 3; III *Sent.*, dist. 34, q. 1, a. 4; *in Matth.*, c. 5.

1. I-II, q. 69, a. 1.

consilio non respondet magis quinta beatitudo quam alia.

2. PRAETEREA, praecepta dantur de his quae sunt de necessitate salutis: consilium autem datur de his quae non sunt de necessitate salutis. Misericordia autem est de necessitate salutis, secundum illud Iac 2,13: *Iudicium sine misericordia ei qui non fecit misericordiam*: paupertas autem non est de necessitate salutis, sed pertinet ad perfectionem vitae, ut patet Mt 19,21. Ergo dono consilii magis respondet beatitudo paupertatis quam beatitudo misericordiae.

3. PRAETEREA, fructus consequuntur ad beatitudines: important enim delectationem quandam spiritualem quae consequitur perfectos actus virtutum. Sed inter fructus non ponitur aliquid respondens dono consilii, ut patet Gl 5,22-23. Ergo etiam beatitudo misericordiae non respondet dono consilii.

SED CONTRA est quod Augustinus dicit, in libro *de Serm. Dom. in Monte*[2]: *Consilium convenit misericordibus: quia unicum remedium est de tantis malis erui, dimittere aliis et dare*.

RESPONDEO dicendum quod consilium proprie est de his quae sunt utilia ad finem. Unde ea quae maxime sunt utilia ad finem maxime debent correspondere dono consilii. Hoc autem est misericordia: secundum illud 1Ti 4,8: *Pietas ad omnia utilis est*. Et ideo specialiter dono consilii respondet beatitudo misericordiae, non sicut elicienti, sed sicut dirigenti.

AD PRIMUM ergo dicendum quod etsi consilium dirigat in omnibus actibus virtutum, specialiter tamen dirigit in operibus misericordiae, ratione iam[3] dicta.

AD SECUNDUM dicendum quod consilium, secundum quod est donum Spiritus Sancti, dirigit nos in omnibus quae ordinantur in finem vitae aeternae, sive sint de necessitate salutis sive non. Et tamen non omne opus misericordiae est de necessitate salutis.

AD TERTIUM dicendum quod fructus importat quoddam ultimum. In practicis autem non est ultimum in cognitione, sed in operatione, quae est finis. Et ideo inter fructus nihil ponitur quod

bem-aventurança não corresponde mais ao conselho do que as outras.

2. ALÉM DISSO, os preceitos são dados a respeito do que é necessário para a salvação; o conselho, porém, se dá sobre coisas que não são necessárias para a salvação. Por sua vez, a misericórdia é necessária para a salvação, conforme as palavras da Carta de Tiago: "Sem misericórdia será julgado quem não pratica misericórdia"; a pobreza, ao contrário, não é necessária para a salvação, mas para a perfeição da vida, como esclarece o Evangelho de Mateus. Logo, ao dom do conselho corresponde mais a bem-aventurança da pobreza do que a da misericórdia.

3. ADEMAIS, os frutos acompanham as bem-aventuranças, pois implicam certo deleite espiritual, que segue os atos perfeitos de virtude. Ora, entre os frutos não se considera nenhum que corresponda ao dom do conselho, como se lê na Carta aos Gálatas. Logo, tampouco a bem-aventurança da misericórdia corresponde ao dom do conselho.

EM SENTIDO CONTRÁRIO, Agostinho diz "O conselho é próprio dos misericordiosos, porque o único remédio para livrar-se de tantos males é perdoar e dar aos outros".

RESPONDO. O conselho se refere propriamente às coisas úteis em vista do fim. O que tem mais utilidade em vista do fim é, pois, também o que corresponde, de modo especial, ao dom do conselho. Ora, tal é a misericórdia, segunda Paulo: "A piedade é útil para tudo". Por essa razão a bem-aventurança da misericórdia corresponde especialmente ao dom de conselho, não como aquele que faz, mas como aquele que dirige.

QUANTO AO 1º, portanto, deve-se dizer que ainda que o conselho dirija todos os atos virtuosos, o faz de modo particular nas obras de misericórdia, pelo motivo já explicado.

QUANTO AO 2º, deve-se dizer que o conselho, enquanto dom do Espírito Santo, nos dirige em tudo o que se ordena ao fim da vida eterna, quer sejam necessários para a salvação, quer não. E, no entanto, nem toda obra de misericórdia é necessária para a salvação.

QUANTO AO 3º, deve-se dizer que o fruto implica algo último. Na ordem prática não se dá algo último no conhecimento, mas na ação, que é o fim. Por isso, entre os frutos do Espírito Santo não

---

2. C. 4, n. 11: ML 34, 1234-1235.
3. In corp.

pertineat ad cognitionem practicam, sed solum ea quae pertinent ad operationes, in quibus cognitio practica dirigit. Inter quae ponitur bonitas et benignitas, quae respondent misericordiae.

aparece nenhum que pertença ao conhecimento prático, mas somente às ações sobre as quais o conhecimento prático exerce sua direção. Entre essas estão a bondade e a benignidade, que correspondem à misericórdia.

QUAESTIO LIII
DE IMPRUDENTIA
in sex articulos divisa

Deinde considerandum est de vitiis oppositis prudentiae. Dicit autem Augustinus, in IV *contra Iulian.*, quod *omnibus virtutibus non solum sunt vitia manifesta discretione contraria, sicut prudentiae temeritas: verum etiam vicina quodammodo, nec veritate, sed quadam specie fallente similia, sicut ipsi prudentiae astutia*. Primo ergo considerandum est de vitiis quae manifeste contrarietatem habent ad prudentiam, quae scilicet vitia proveniunt ex defectu prudentiae vel eorum quae ad prudentiam requiruntur; secundo, de vitiis quae habent quandam similitudinem falsam cum prudentia quae scilicet contingunt per abusum eorum quae ad prudentiam requiruntur. Quia vero sollicitudo ad prudentiam pertinet, circa primum consideranda sunt duo: primo quidem, de imprudentia; secundo, de negligentia, quae sollicitudini opponitur.

Circa primum quaeruntur sex.
Primo: de imprudentia, utrum sit peccatum.
Secundo: utrum sit speciale peccatum.
Tertio: de praecipitatione, sive temeritate.
Quarto: de inconsideratione.
Quinto: de inconstantia.
Sexto: de origine horum vitiorum.

Articulus 1
Utrum imprudentia sit peccatum

Ad primum sic proceditur. Videtur quod imprudentia non sit peccatum.
1. Omne enim peccatum est voluntarium, ut Augustinus dicit[1]. Imprudentia autem non est aliquid voluntarium: nullus enim vult esse imprudens. Ergo imprudentia non est peccatum.

QUESTÃO 53
A IMPRUDÊNCIA
em seis artigos

A seguir serão estudados os vícios opostos à prudência. Agostinho diz que "todas as virtudes têm não somente vícios manifestamente opostos, como a temeridade com respeito à prudência, mas outros que de, de certo modo, lhe são próximos, semelhantes não pela verdade, mas pelas aparências, como é a astúcia com relação à prudência". Por isso, é necessário considerar primeiramente os vícios claramente opostos à prudência, que procedem da falta de prudência ou de outras coisas requeridas pela mesma. Em segundo lugar, serão considerados os vícios que apresentam uma falsa semelhança com a prudência e são efeitos do abuso de seus requisitos próprios. Porque a solicitude pertence à prudência, a respeito do primeiro serão consideradas duas coisas: primeiro, a imprudência; segundo, a negligência, oposta à solicitude.

A respeito do primeiro, são seis as perguntas:
1. A imprudência é pecado?
2. É pecado especial?
3. Sobre precipitação ou temeridade?
4. Sobre inconsideração?
5. Sobre inconstância?
6. Sobre origem destes vícios?

Artigo 1
A imprudência é pecado?

Quanto ao primeiro artigo, assim se procede: parece que a imprudência **não** é pecado.
1. Com efeito, todo pecado é voluntário, conforme diz Agostinho. Ora, a imprudência não é algo voluntário, pois ninguém quer ser imprudente. Logo, a imprudência não é pecado.

---

1. *De vera Relig.*, c. 14, n. 27: ML 34, 133.

2. PRAETEREA, nullum peccatum nascitur cum homine nisi originale. Sed imprudentia nascitur cum homine: unde et iuvenes imprudentes sunt. Nec est originale peccatum, quod opponitur originali iustitiae. Ergo imprudentia non est peccatum.

3. PRAETEREA, omne peccatum per poenitentiam tollitur. Sed imprudentia non tollitur per poenitentiam. Ergo imprudentia non est peccatum.

SED CONTRA, spiritualis thesaurus gratiae non tollitur nisi per peccatum. Tollitur autem per imprudentiam: secundum illud Pr 21,20: *Thesaurus desiderabilis et oleum in habitaculo iusti, et homo imprudens dissipabit illud.*

RESPONDEO dicendum quod imprudentia dupliciter accipi potest: uno modo, privative; alio modo, contrarie. — Negative autem non proprie dicitur, ita scilicet quod importet solam carentiam prudentiae: quae potest esse sine peccato. — Privative quidem imprudentia dicitur inquantum aliquis caret prudentia quam natus est et debet habere. Et secundum hoc imprudentia est peccatum ratione negligentiae, qua quis non adhibet studium ad prudentiam habendam.

Contrarie vero accipitur imprudentia secundum quod ratio contrario modo movetur vel agit prudentiae. Puta, si recta ratio prudentiae agit consiliando, imprudens consilium spernit: et sic de aliis quae in actu prudentis observanda sunt. Et hoc modo imprudentia est peccatum secundum rationem propriam prudentiae. Non enim potest hoc contingere quod homo contra prudentiam agat, nisi divertens a regulis quibus ratio prudentiae rectificatur. Unde si hoc contingat per aversionem a regulis divinis, est peccatum mortale: puta cum quis quasi contemnens et repudians divina documenta, praecipitanter agit. Si vero praeter eas agat absque contemptu, et absque detrimento eorum quae sunt de necessitate salutis, est peccatum veniale.

AD PRIMUM ergo dicendum quod deformitatem imprudentiae nullus vult: sed actum imprudentiae vult temerarius, qui vult praecipitanter agere. Unde et Philosophus dicit, VI *Ethic.*[2], quod *ille qui circa prudentiam peccat volens, minus acceptatur.*

AD SECUNDUM dicendum quod ratio illa procedit de imprudentia secundum quod sumitur negative. — Sciendum tamen quod carentia prudentiae et

2. ALÉM DISSO, somente o pecado original nasce com o homem. Ora, a imprudência nasce com o homem; por isso é que os jovens também são imprudentes. E ela não é pecado original, que se opõe à justiça original. Logo, a imprudência não é pecado.

3. ADEMAIS, todo pecado é cancelado pela penitência. Ora, a imprudência não é cancelada pela penitência. Logo, a imprudência não é pecado.

EM SENTIDO CONTRÁRIO, O tesouro espiritual da graça não é cancelado senão pelo pecado. Ora, ele é cancelado pela imprudência, segundo o livro dos Provérbios: "Há um tesouro precioso e óleo na habitação do justo, mas o homem imprudente os dissipará".

RESPONDO. A imprudência pode ser entendida em dois sentidos: como privação e como contrariedade. — No sentido negativo, a palavra não é empregada com propriedade, porque implica a simples carência de prudência, que pode ser sem pecado. — Em sentido privativo, há imprudência quando alguém carece de prudência que naturalmente devia ter. Nesse sentido, a imprudência é pecado por negligenciar os esforços necessários para adquirir a prudência.

Como contrariedade, entende-se a imprudência enquanto a razão se move e age de um modo contrário à prudência. Assim, se a reta razão da prudência age aconselhando, o imprudente despreza o conselho, e assim nas outras coisas que devem ser observadas no ato de quem é prudente. Neste sentido, a imprudência é pecado pela razão própria de prudência. Pois, o homem não pode agir contra a prudência a não ser afastando-se das normas pelas quais a razão da prudência é regulada. E, se isso acontece por desvio das regras divinas, é pecado mortal, como quando alguém age precipitadamente desprezando e rechaçando os preceitos divinos. Mas, agir à margem dessas regras sem desprezá-las e sem prejuízo em coisas necessárias para a salvação, é pecado venial.

QUANTO AO 1º, portanto, deve-se dizer que ninguém deseja a deformidade da imprudência; mas, o temerário quer o ato de imprudência ao querer agir precipitadamente. Por isso, segundo o Filósofo: "Aquele que voluntariamente peca em matéria de prudência é menos aprovado"

QUANTO AO 2º, deve-se dizer que a objeção procede, se tomada em sentido negativo. — Convém ter em conta, porém, que a carência de prudência,

---

2. C. 5: 1140, b, 23-25.

como de qualquer outra virtude, está incluída na carência de justiça original que aperfeiçoava toda a alma. Nesse sentido, toda falta de virtude pode reduzir-se ao pecado original.

QUANTO AO 3º, deve-se dizer que a prudência infusa é restituída por meio da penitência, e, assim, cessa a carência dessa virtude. Entretanto, a prudência adquirida não é restituída quanto ao hábito; mas desaparece o ato contrário, em que consiste propriamente o pecado de imprudência.

ARTIGO 2
A imprudência é um pecado especial?

QUANTO AO SEGUNDO, ASSIM SE PROCEDE: parece que a imprudência **não** é um pecado especial.

1. Com efeito, todo aquele que peca age contra a reta razão, que é a prudência. Ora, a imprudência consiste em agir contra a prudência, como já foi explicado. Logo, a imprudência não é um pecado especial.

2. ALÉM DISSO, a prudência apresenta mais afinidade com os atos morais que a ciência. Ora, a ignorância, que é oposta à ciência, está entre as causas gerais do pecado. Logo, muito mais a imprudência.

3. ALÉM DISSO, os pecados procedem da corrupção de alguma circunstância nas virtudes, donde a palavra de Dionísio, dizendo que "o mal provém de defeitos particulares". Ora, a prudência exige muitas coisas: razão, intelecto, docilidade, e outros, acima assinalados. Logo, são muitas as espécies de imprudência. Portanto, a imprudência não é um pecado especial.

EM SENTIDO CONTRÁRIO, a imprudência é oposta à prudência, como já se explicou. Ora, a prudência é uma virtude especial. Logo, a imprudência é um vício especial.

RESPONDO. Pode-se dizer que um vício ou pecado é geral de dois modos: absolutamente, é geral em relação a todos os pecados; de outro modo, é geral em relação somente a alguns vícios, que são suas espécies. No primeiro sentido, um vício pode ser dito geral de dois modos; primeiro, por essência, se se predica de todos os pecados, e então a imprudência não é pecado geral, como

---

2
1. Art. praec.
2. MG 3, 729 C.
3. Qq. 48 et 49.
4. Art. praec.

modo imprudentia non est generale peccatum, sicut nec prudentia generalis virtus: cum sint circa actus speciales, scilicet circa ipsos actus rationis. — Alio modo, per participationem. Et hoc modo imprudentia est generale peccatum. Sicut enim prudentia participatur quodammodo in omnibus virtutibus, inquantum est directiva earum, ita et imprudentia in omnibus vitiis et peccatis: nullum enim peccatum accidere potest nisi sit defectus in aliquo actu rationis dirigentis, quod pertinet ad imprudentiam.

Si vero dicatur peccatum generale non simpliciter, sed secundum aliquod genus, quia scilicet continet sub se multas species; sic imprudentia est generale peccatum. Continet enim sub se diversas species tripliciter. Uno quidem modo, per oppositum ad diversas partes subiectivas prudentiae. Sicut enim distinguitur prudentia in monasticam, quae est regitiva unius, et in alias species prudentiae quae sunt multitudinis regitivae, ut supra[5] habitum est; ita etiam imprudentia. — Alio modo, secundum partes quasi potentiales prudentiae, quae sunt virtutes adiunctae, et accipiuntur secundum diversos actus rationis. Et hoc modo, quantum ad defectum consilii, circa quod est eubulia, est *praecipitatio*, sive *temeritas* imprudentiae species. Quantum vero ad defectum iudicii, circa quod sunt synesis et gnome, est *inconsideratio*. Quantum vero ad ipsum praeceptum, quod est proprius actus prudentiae, est *inconstantia* et *negligentia*. — Tertio modo possunt sumi per oppositum ad ea quae requiruntur ad prudentiam, quae sunt quasi partes integrales prudentiae. Sed quia omnia illa ordinantur ad dirigendum praedictos tres rationis actus, inde est quod omnes defectus oppositi reducuntur ad quatuor praedictas partes. Sicut incautela et incircumspectio includitur sub inconsideratione. Quod autem aliquis deficiat a docilitate vel memoria vel ratione, pertinet ad praecipitationem. Improvidentia vero et defectus intelligentiae et solertiae pertinent ad negligentiam et inconstantiam.

AD PRIMUM ergo dicendum quod ratio illa procedit de generalitate quae est secundum participationem.

AD SECUNDUM dicendum quod quia scientia est magis remota a moralibus quam prudentia secundum propriam rationem utriusque, inde est quod ignorantia non habet de se rationem peccati moralis, sed solum ratione negligentiae praecedentis

tampouco a prudência é virtude geral, porque se ocupa somente de atos especiais, que são os atos da razão. — Segundo por participação, e, assim considerada, a imprudência é um pecado geral. Assim como a prudência é participada, de algum modo, em todas as virtudes, porque a todas dirige, do mesmo modo a imprudência é participada em todos os vícios e pecados. Não se dá nenhum pecado sem que haja defeito em algum ato diretivo da razão. Isto é próprio da imprudência.

Se o pecado geral for entendido não absolutamente, mas como um gênero determinado que contém sob si muitas espécies, a imprudência é pecado geral, pois contém sob si diversas espécies de três modos: primeiro, por oposição às diversas partes subjetivas da prudência: assim como se distinguem a prudência individual, que dirige a conduta de um indivíduo, e outras espécies de prudência, destinadas ao governo da multidão, como já foi explicado; assim também se dão essas mesmas espécies de imprudência. — Em segundo lugar, por oposição às suas partes quasepotenciais, que são as virtudes adjuntas, diferenciadas pelos diferentes atos de razão. Por exemplo, a falta de deliberação, do que a *eubulia* se ocupa, é *precipitação* ou *temeridade*, espécie de imprudência. A falta de julgamento, objeto da *synesis* e *gnome*, é *inconsideração*. A falta de preceito, que é ato próprio da prudência, é a *inconstância* ou *negligência*. — Em terceiro lugar, pode-se considerar a oposição aos requisitos da prudência que são como partes integrantes da prudência. Mas, como todos eles se ordenam a dirigir os três atos da razão mencionados acima, disso resulta que todos os defeitos opostos se reduzem às quatro partes já mencionadas: a falta de cautela e de circunspecção estão incluídas na inconsideração. Os defeitos de docilidade, memória ou atenção, estão compreendidas na precipitação. E a imprevisão, defeitos de inteligência e de sagacidade pertencem à negligência e à inconstância.

QUANTO AO 1º, portanto, deve-se dizer que a objeção considera somente o que é geral por participação.

QUANTO AO 2º, deve-se dizer que como a ciência se encontra mais distante das virtudes morais que a prudência, segundo a razão própria de uma e de outra, a ignorância não tem, por si, razão de culpa moral, a não ser que seja causada pela negligência,

---

5. Q. 48.

vel effectus sequentis. Et propter hoc ponitur inter generales causas peccati. Sed imprudentia secundum propriam rationem importat vitium morale. Et ideo magis potest poni speciale peccatum.

AD TERTIUM dicendum quod quando corruptio diversarum circumstantiarum habet idem motivum, non diversificatur peccati species: sicut eiusdem speciei est peccatum ut aliquis accipiat non sua ubi non debet, et quando non debet. Sed si sint diversa motiva, tunc essent diversae species: puta si unus acciperet unde non deberet ut faceret iniuriam loco sacro, quod faceret speciem sacrilegii; alius quando non debet propter solum superfluum appetitum habendi, quod esset simplex avaritia. Et ideo defectus eorum quae requiruntur ad prudentiam non diversificant species nisi quatenus ordinantur ad diversos actus rationis, ut dictum est[6].

ARTICULUS 3
Utrum praecipitatio sit peccatum sub imprudentia contentum

AD TERTIUM SIC PROCEDITUR. Videtur quod praecipitatio non sit peccatum sub imprudentia contentum.

1. Imprudentia enim opponitur virtuti prudentiae. Sed praecipitatio opponitur dono consilii: dicit enim Gregorius, in II *Moral*.[1], quod donum consilii datur contra praecipitationem. Ergo praecipitatio non est peccatum sub imprudentia contentum.

2. PRAETEREA, praecipitatio videtur ad temeritatem pertinere. Temeritas autem praesumptionem importat, quae pertinet ad superbiam. Ergo praecipitatio non est vitium sub imprudentia contentum.

3. PRAETEREA, praecipitatio videtur importare quandam inordinatam festinationem. Sed in consiliando non solum contingit esse peccatum per hoc quod aliquis est festinus, sed etiam si sit nimis tardus, ita quod praetereat opportunitas operis; et etiam secundum inordinationes aliarum circumstantiarum, ut dicitur in VI *Ethic*.[2]. Ergo non magis praecipitatio debet poni peccatum sub imprudentia

que a precede ou pelo efeito consequente. Por conseguinte, ela é considerada entre as causas gerais do pecado. Ora, a imprudência, por sua própria razão, implica vício moral. Portanto, há mais razão para considerá-la um pecado especial.

QUANTO AO 3º, deve-se dizer que quando a corrupção das diversas circunstâncias procede de um mesmo motivo, não há diferentes espécies de pecado. Por exemplo, é pecado da mesma espécie alguém tomar o alheio onde não se deve e quando não se deve. Mas, se são motivos diversos, então têm-se diversas espécies, por exemplo, se alguém toma uma coisa de onde não se deve para profanar o lugar sagrado, o que constitui a espécie de sacrilégio; ou se o toma quando não se deve somente por afã de possuir mais, o que seria simples avareza. Por isso, o defeito naquelas coisas que são requisitos da prudência não dão origem a espécies a não ser enquanto ordenadas aos diversos atos da razão, como já foi dito.

ARTIGO 3
A precipitação é um pecado contido na imprudência?

QUANTO AO TERCEIRO, ASSIM SE PROCEDE: parece que a precipitação **não** é um pecado contido na imprudência.

1. Com efeito, a imprudência se opõe à virtude da prudência. Ora, a precipitação se opõe ao dom do conselho, pois Gregório diz que o dom do conselho é dado para evitar a precipitação. Logo, a precipitação não é um pecado contido na imprudência.

2. ALÉM DISSO, parece que a precipitação pertence à temeridade. Ora, a temeridade implica a presunção, que pertence à soberba. Logo, a precipitação não é um vício contido sob a imprudência.

3. ADEMAIS, a precipitação implica certa pressa desordenada. Ora, em matéria de conselho, não somente ocorre que alguém possa pecar por ser apressado, mas também se é demasiadamente lento, de tal modo que deixe passar o momento oportuno de agir; e também por desordem nas demais circunstâncias, como diz o Filósofo. Logo, não há mais razão para pôr a precipitação

---

6. In corp.

3 PARALL.: *De Malo*, q. 15, a. 4.

1. C. 49, al. 27, in vet. 36, n. 77: ML 75, 592 D.
2. C. 10: 1142, b, 26-28.

contentum quam tarditas, aut aliqua alia huiusmodi ad inordinationem consilii pertinentia.

SED CONTRA est quod dicitur Pr 4,19: *Via impiorum tenebrosa: nesciunt ubi corruant.* Tenebrae autem viae impietatis pertinent ad imprudentiam. Ergo corruere, sive praecipitari, ad imprudentiam pertinet.

RESPONDEO dicendum quod praecipitatio in actibus animae metaphorice dicitur secundum similitudinem a corporali motu acceptam. Dicitur autem praecipitari secundum corporalem motum quod a superiori in ima pervenit secundum impetum quendam proprii motus vel alicuius impellentis, non ordinate incedendo per gradus. Summum autem animae est ipsa ratio. Imum autem est operatio per corpus exercita. Gradus autem medii, per quos oportet ordinate descendere, sunt memoria praeteritorum, intelligentia praesentium, solertia in considerandis futuris eventibus, ratiocinatio conferens unum alteri, docilitas, per quam aliquis acquiescit sententiis maiorum: per quos quidem gradus aliquis ordinate descendit recte consiliando. Si quis autem feratur ad agendum per impetum voluntatis vel passionis, pertransitis huiusmodi gradibus, erit praecipitatio. Cum ergo inordinatio consilii ad imprudentiam pertineat, manifestum est quod vitium praecipitationis sub imprudentia continetur.

AD PRIMUM ergo dicendum quod consilii rectitudo pertinet ad donum consilii et ad virtutem prudentiae, licet diversimode, ut supra[3] dictum est. Et ideo praecipitatio utrique contrariatur.

AD SECUNDUM dicendum quod illa dicuntur fieri temere quae ratione non reguntur. Quod quidem potest contingere dupliciter. Uno modo, ex impetu voluntatis vel passionis. Alio modo, ex contemptu regulae dirigentis: et hoc proprie importat temeritas. Unde videtur ex radice superbiae provenire, quae refugit subesse regulae alienae. Praecipitatio autem se habet ad utrumque. Unde temeritas sub praecipitatione continetur: quamvis praecipitatio magis respiciat primum.

AD TERTIUM dicendum quod in inquisitione consilii multa particularia sunt consideranda: et ideo Philosophus dicit, in VI *Ethic*.[4]: *Oportet consiliari*

como um pecado contido na imprudência do que a lentidão, ou as demais coisas pertencentes à desordem do conselho.

EM SENTIDO CONTRÁRIO, dizem os Provérbios: "O caminho dos ímpios é tenebroso, eles não sabem onde vão cair". Ora, as trevas do caminho da impiedade pertencem à imprudência. Logo, cair ou ser precipitado pertencem à imprudência.

RESPONDO. A precipitação se aplica metaforicamente aos atos da alma, por semelhança com o movimento corporal. Neste sentido, precipitar-se designa aquilo que passa do alto para baixo, por um impulso de seu próprio movimento ou por efeito de um impulso recebido, sem descer em ordem pelos degraus. Ora, o mais elevado da alma é a razão; o baixo é a ação exercida pelo corpo; os degraus intermediários, pelos quais se deve descer ordenadamente, são a memória do passado, a inteligência do presente, a sagacidade referente aos eventos futuros, o raciocínio que compara uma coisa com outra, a docilidade que aquiesce com o parecer dos mais velhos. Por esses degraus se desce ordenadamente deliberando retamente. Ao passo que, se alguém é levado a agir pelo ímpeto da vontade ou da paixão, saltando esses degraus, cai na precipitação. Portanto, como a desordem do conselho se liga à imprudência, está patente que o vício da precipitação está compreendido sob a imprudência.

QUANTO AO 1º, portanto, deve-se dizer que a retidão do conselho se refere ao dom do conselho e à virtude da prudência, ainda que de modo diferente, como já foi explicado. É por isso que a precipitação se opõe a ambos.

QUANTO AO 2º, deve-se dizer que são chamados atos temerários aqueles que não são governados pela razão. Isso pode se dar de dois modos: ou pelo ímpeto da vontade ou da paixão, ou ainda, por desprezo da regra diretriz, e é propriamente isso que implica a temeridade. Ao que parece, ela provém da raiz do orgulho, que recusa submeter-se a uma regra estranha. Ao passo que a precipitação tem relação com os dois modos. A temeridade está, pois, compreendida na precipitação, se bem que a precipitação diga respeito sobretudo ao primeiro modo.

QUANTO AO 3º, deve-se dizer que na indagação do conselho há muitas particularidades a serem consideradas. Por isso o Filósofo diz: "Convém

---

3. Q. 52, a. 2.
4. C. 10: 1142, b, 5.

tarde. Unde praecipitatio directius opponitur rectitudini consilii quam tarditas superflua, quae habet quandam similitudinem recti consilii.

Articulus 4
Utrum inconsideratio sit speciale peccatum sub imprudentia contentum

Ad quartum sic proceditur. Videtur quod inconsideratio non sit peccatum speciale sub imprudentia contentum.

1. Lex enim divina ad nullum peccatum nos inducit: secundum illud Ps 18,8: *Lex Domini immaculata*. Inducit autem ad non considerandum: secundum illud Mt 10,19: *Nolite cogitare quomodo aut quid loquamini*. Ergo inconsideratio non est peccatum.

2. Praeterea, quicumque consiliatur oportet quod multa consideret. Sed per defectum consilii est praecipitatio; et per consequens ex defectu considerationis. Ergo praecipitatio sub inconsideratione continetur. Non ergo inconsideratio est speciale peccatum.

3. Praeterea, prudentia consistit in actibus rationis practicae, qui sunt consiliari, iudicare de consiliatis, et praecipere. Sed considerare praecedit omnes istos actus: quia pertinet etiam ad intellectum speculativum. Ergo inconsideratio non est speciale peccatum sub imprudentia contentum.

Sed contra est quod dicitur Pr 4,25: *Oculi tui videant recta, et palpebrae tuae praecedant gressus tuos*, quod pertinet ad prudentiam. Sed contrarium huius agitur per inconsiderationem. Ergo inconsideratio est speciale peccatum sub imprudentia contentum.

Respondeo dicendum quod consideratio importat actum intellectus veritatem rei intuentis. Sicut autem inquisitio pertinet ad rationem, ita iudicium pertinet ad intellectum: unde et in speculativis demonstrativa scientia dicitur iudicativa, inquantum per resolutionem in prima principia intelligibilia de veritate inquisitorum diiudicatur. Et ideo consideratio maxime pertinet ad iudicium. Unde et defectus recti iudicii ad vitium inconsiderationis pertinet: prout scilicet aliquis in recte iudicando deficit ex hoc quod contemnit vel negligit attendere ea ex quibus rectum iudicium procedit. Unde manifestum est quod inconsideratio est peccatum.

Artigo 4
A inconsideração é um pecado especial contido na imprudência?

Quanto ao quarto, assim se procede: parece que a inconsideração **não** é um pecado especial contido na imprudência.

1. Com efeito, a lei divina não induz ninguém ao pecado, conforme o Salmo: "A lei do Senhor é perfeita". Ora, induz a não considerar, segundo o Evangelho de Mateus: "Não queirais pensar como falar ou o que dizer". Logo, a inconsideração não é pecado.

2. Além disso, todo o que aconselha, deve considerar muitas coisas. Ora, a precipitação acontece por falta do conselho e, portanto, por falta de consideração. Logo, a precipitação está contida na inconsideração. Esta, portanto, não é um pecado especial.

3. Ademais, a prudência consiste em atos da razão prática, que são o conselho, o juízo e o preceito. Ora, o considerar é anterior a todos eles, porque pertence também ao intelecto especulativo. Logo, a inconsideração não é pecado especial contido na imprudência.

Em sentido contrário, lê-se no livro dos Provérbios: "Que teus olhos contemplem o que é reto e tuas pálpebras precedam teus passos", o que é próprio da prudência. Ora, a inconsideração faz o contrário disso. Logo, a inconsideração é um pecado especial contido na imprudência.

Respondo. A inconsideração implica um ato do intelecto que considera a verdade da coisa. E, assim como a indagação é própria da razão, o juízo é próprio ao intelecto; por isso, na ordem especulativa, a ciência que demonstra chama-se judicativa, enquanto ela julga a verdade do que foi indagado, reduzindo as conclusões aos primeiros princípios inteligíveis. É por isso que a consideração se refere sobretudo ao juízo. Também a falta de julgamento reto se refere ao vício da inconsideração, conforme alguém falha no julgamento reto pelo fato de desprezar ou de negligenciar atender àquilo do qual procede o julgamento reto. Está claro, portanto, que a inconsideração é pecado.

---

4 Parall.: *De Malo*, q. 15, a. 4.

AD PRIMUM ergo dicendum quod Dominus non prohibet considerare ea quae sunt agenda vel dicenda, quando homo habet opportunitatem. Sed dat fiduciam discipulis in verbis inductis ut, deficiente sibi opportunitate vel propter imperitiam vel quia subito praeoccupantur, in solo divino confidant consilio: quia *cum ignoramus quid agere debeamus, hoc solum habemus residui, ut oculos nostros dirigamus ad Deum*, sicut dicitur 2Par 20,12. Alioquin, si homo praetermittat facere quod potest, solum divinum auxilium expectans, videtur tentare Deum.

AD SECUNDUM dicendum quod tota consideratio eorum quae in consilio attenduntur ordinatur ad recte iudicandum: et ideo consideratio in iudicio perficitur. Unde etiam inconsideratio maxime opponitur rectitudini iudicii.

AD TERTIUM dicendum quod inconsideratio hic accipitur secundum determinatam materiam, idest secundum agibilia humana: in quibus plura sunt attendenda ad recte iudicandum quam etiam in speculativis; quia operationes sunt in singularibus.

QUANTO AO 1º, portanto, deve-se dizer que o Senhor não proíbe considerar aquelas coisas que devem ser feitas ou ser ditas, quando se tem oportunidade. Mas, encoraja os discípulos, nas palavras citadas, a pôr sua confiança somente no conselho divino, quando falta a oportunidade, por incompetência ou porque sobrevém de repente a ocasião, conforme as palavras do segundo livro das Crônicas: "Quando ignoramos o que fazer, só nos resta dirigir nossos olhos a Deus." Pelo contrário, se o homem omite fazer aquilo que pode e somente espera o socorro divino, parece que ele tenta a Deus.

QUANTO AO 2º, deve-se dizer que toda consideração das coisas que se têm em conta no conselho se ordena a um julgamento reto; por isso, a consideração se aperfeiçoa no juízo. Portanto, a inconsideração se opõe sobremaneira à retidão do juízo.

QUANTO AO 3º, deve-se dizer que se toma aqui a inconsideração segundo uma matéria determinada, a saber, segundo as ações humanas, nas quais devem-se considerar muito mais coisas para julgar retamente, do que em matéria especulativa, uma vez que as ações têm como objeto o singular.

ARTICULUS 5
Utrum inconstantia sit vitium sub imprudentia contentum

AD QUINTUM SIC PROCEDITUR. Videtur quod inconstantia non sit vitium sub imprudentia contentum.
1. Inconstantia enim videtur in hoc consistere quod homo non persistat in aliquo difficili. Sed persistere in difficilibus pertinet ad fortitudinem. Ergo inconstantia magis opponitur fortitudini quam prudentiae.
2. PRAETEREA, Iac 3,16 dicitur: *Ubi zelus et contentio, ibi inconstantia et omne opus pravum*. Sed zelus ad invidiam pertinet. Ergo inconstantia non pertinet ad imprudentiam, sed magis ad invidiam.
3. PRAETEREA, ille videtur esse inconstans qui non perseverat in eo quod proposuerat. Quod quidem pertinet in delectationibus ad *incontinentem*, in tristitiis autem ad *mollem* sive *delicatum* ut dicitur VII *Ethic*.[1]. Ergo inconstantia non pertinet ad imprudentiam.

ARTIGO 5
A inconstância é um vício contido na imprudência?

QUANTO AO QUINTO, ASSIM SE PROCEDE: parece que a inconstância **não** é um vício contido na imprudência.
1. Com efeito, a inconstância parece consistir em que o homem não persevera em coisas difíceis. Ora, a persistência no que é difícil é objeto da fortaleza. Logo, a inconstância se opõe mais à fortaleza do que à prudência.
2. ALÉM DISSO, a Carta de Tiago diz: "Onde há ciúmes e rivalidade, aí há inconstância e toda sorte de maldade". Logo, o ciúme pertence à inveja. Portanto, a inconstância não pertence à imprudência, mas à inveja.
3. ADEMAIS, considera-se inconstante o que não persevera no que se propôs. Isto acontece nos prazeres ao incontinente, na tristeza ao terno e delicado, como se lê em Aristóteles. Logo, a inconstância não pertence à imprudência.

---

5   PARALL.: *De Malo*, q. 15, a. 4.
   1. C. 8: 1150, a, 13-16; b, 1-16.

SED CONTRA est quod ad prudentiam pertinet praeferre maius bonum minus bono. Ergo desistere a meliori pertinet ad imprudentiam. Sed hoc est inconstantia. Ergo inconstantia pertinet ad imprudentiam.

RESPONDEO dicendum quod inconstantia importat recessum quendam a bono proposito definito. Huiusmodi autem recessus principium quidem habet a vi appetitiva: non enim aliquis recedit a priori bono proposito nisi propter aliquid quod sibi inordinate placet. Sed iste recessus non consummatur nisi per defectum rationis, quae fallitur in hoc quod repudiat id quod recte acceptaverat: et quia, cum possit resistere impulsui passionis, si non resistat, hoc est ex debilitate ipsius, quae non tenet se firmiter in bono concepto. Et ideo inconstantia, quantum ad sui consummationem, pertinet ad defectum rationis. Sicut autem omnis rectitudo rationis practicae pertinet aliqualiter ad prudentiam, ita omnis defectus eiusdem pertinet ad imprudentiam. Et ideo inconstantia, secundum sui consummationem, ad imprudentiam pertinet. Et sicut praecipitatio est ex defectu circa actum consilii, et inconsidaratio circa actum iudicii, ita inconstantia circa actum praecepti: ex hoc enim dicitur aliquis esse inconstans quod ratio deficit in praecipiendo ea quae sunt consiliata et iudicata.

AD PRIMUM ergo dicendum quod bonum prudentiae participatur in omnibus virtutibus moralibus: et secundum hoc persistere in bono pertinet ad omnes virtutes morales. Praecipue tamen ad fortitudinem, quae patitur maiorem impulsum ad contrarium.

AD SECUNDUM dicendum quod invidia et ira, quae est contentionis principium, faciunt inconstantiam ex parte appetitivae virtutis, ex qua est principium inconstantiae, ut dictum est².

AD TERTIUM dicendum quod continentia et perseverantia non videntur esse in vi appetitiva, sed solum in ratione. Continens enim patitur quidem perversas concupiscentias, et perseverans graves tristitias, quod designat defectum appetitivae virtutis: sed ratio firmiter persistit, continentis quidem contra concupiscentias, perseverantis autem contra tristitias. Unde continentia et perseverantia

EM SENTIDO CONTRÁRIO, é próprio da prudência preferir um bem maior a um bem menor. Portanto, renunciar ao melhor é um ato de imprudência. Ora, isso é a inconstância. Logo, a inconstância é própria da imprudência.

RESPONDO. A inconstância implica o abandono de um bom propósito determinado. Tal abandono tem seu princípio na vontade; com efeito, ninguém se afasta do bem que se propôs a não ser porque alguma coisa lhe agrada de modo desordenado. Mas, este abandono não se consuma a não ser por uma deficiência da razão, que falha ao repudiar o que antes tinha aceito retamente; e porque, podendo não resistir aos impulsos das paixões, se não o faz, é por sua debilidade, que não o mantém firme no bem já proposto. Por isso, a inconstância, quanto à sua consumação, se refere a um defeito da razão[a]. E, assim como toda retidão da razão prática pertence, de algum modo, à prudência, também todo defeito da mesma pertence à imprudência. Portanto, a inconstância, segundo sua consumação, pertence à imprudência. Como a precipitação provém de um defeito no ato de conselho, e a inconsideração no ato de julgamento, a inconstância ocorre no ato de império. Por isso, se diz que é inconstante aquele cuja razão falha no ato de imperar as ações que já foram objeto de conselho e de julgamento.

QUANTO AO 1º, portanto, deve-se dizer que o bem da prudência é participado em todas as virtudes morais; nesse sentido, perseverar no bem é próprio de todas elas. De modo especial da fortaleza, que sofre maior impulso ao contrário.

QUANTO AO 2º, deve-se dizer que a inveja e a ira, princípios de dissenções, dão lugar à inconstância por parte da vontade, na qual, como se viu, está o princípio da inconstância

QUANTO AO 3º, deve-se dizer que parece que a continência e a perseverança não estão na vontade, mas somente na razão. O continente, com efeito, sofre desejos desregrados e o perseverante sofre penosas tristezas, o que denota uma deficiência da vontade. Mas, a razão do continente resiste firmemente contra concupiscência; a do perseverante, contra a tristeza. Portanto, a continência

---

2. In corp.

a. Em outros termos: "Um homem só é inconstante, propriamente falando, quando sua razão capitulou" (Deman). É devido a isso que a inconstância é aqui considerada como pecado contra a prudência, ao passo que, espontaneamente, a exemplo do primeiro objetante, nós a contraporíamos à virtude de força. É à força, de resto, que Sto. Tomás liga não só a perseverança, mas também a constância (II-II, q. 137, a. 3).

videntur esse species constantiae ad rationem pertinentis, ad quam etiam pertinet inconstantia.

ARTICULUS 6
Utrum praedicta vitia oriantur ex luxuria

AD SEXTUM SIC PROCEDITUR. Videtur quod praedicta vitia non oriantur ex luxuria.
1. Inconstantia enim oritur ex invidia, ut dictum est[1]. Sed invidia est vitium distinctum a luxuria. Ergo praedicta vitia non oriuntur ex luxuria.

2. PRAETEREA, Iac 1,8 dicitur: *Vir duplex animo inconstans est in omnibus viis suis*. Sed duplicitas non videtur ad luxuriam pertinere, sed magis ad dolositatem, quae est filia avaritiae, secundum Gregorium, XXXI *Moral*.[2]. Ergo praedicta vitia non oriuntur ex luxuria.

3. PRAETEREA, praedicta vitia pertinent ad defectum rationis. Sed vitia spiritualia propinquiora sunt rationi quam vitia carnalia. Ergo praedicta vitia magis oriuntur ex vitiis spiritualibus quam ex vitiis carnalibus.

SED CONTRA est quod Gregorius, XXXI *Moral*.[3], ponit praedicta vitia ex luxuria oriri.

RESPONDEO dicendum quod, sicut Philosophus dicit, in VI *Ethic*.[4], *delectatio maxime corrumpit existimationem prudentiae*: et praecipue delectatio quae est in venereis, quae totam animam absorbet et trahit ad sensibilem delectationem; perfectio autem prudentiae, et cuiuslibet intellectualis virtutis, consistit in abstractione a sensibilibus. Unde cum praedicta vitia pertineant ad defectum prudentiae et rationis practicae, sicut habitum est[5], sequitur quod ex luxuria maxime oriantur.

AD PRIMUM ergo dicendum quod invidia et ira causant inconstantiam pertrahendo rationem ad aliud: sed luxuria causat inconstantiam totaliter extinguendo iudicium rationis. Unde Philosophus

e a perseverança, ao que parece, são espécies da constância, que pertence à razão, como também a inconstância.

ARTIGO 6
Todos os vícios procedem da luxúria?

QUANTO AO SEXTO, ASSIM SE PROCEDE: parece que todos os vícios **não** procedem da luxúria.
1. Com efeito, a inconstância nasce da inveja, como já foi dito. Ora, a inveja é um vício distinto da luxúria. Logo, esses vícios não nascem da luxúria.

2. ALÉM DISSO, lê-se na Carta de Tiago: "O homem de espírito duplo é inconstante em todos os seus caminhos". Ora, a duplicidade não parece pertencer à luxúria, antes, ao dolo, que é filho da avareza, segundo Gregório. Logo, esses vícios não procedem da luxúria.

3. ADEMAIS, tais vícios têm sua origem em deficiências da razão. Ora, os vícios espirituais estão mais próximos da razão que os vícios carnais. Logo, tais vícios nascem mais propriamente dos vícios espirituais do que dos vícios carnais.

EM SENTIDO CONTRÁRIO, Gregório diz que tais vícios nascem da luxúria.

RESPONDO. Segundo o Filósofo, "o prazer é o que mais corrompe o juízo da prudência"; sobretudo o prazer venéreo, que absorve toda a alma e a arrasta ao prazer sensível. Em contrapartida, a perfeição da prudência e de toda virtude intelectual consiste em se desprender do sensível[b]. Portanto, como tais vícios procedem de uma deficiência da prudência e da razão prática, conforme já foi explicado, segue-se que procedem sobretudo a luxúria.

QUANTO AO 1º, portanto, deve-se dizer que a inveja e a ira causam a inconstância desviando a razão para outro objeto e a luxúria causa a inconstância extinguindo totalmente o juízo da

---

6 PARALL.: Infra, q. 153, a. 5; *De Malo*, q. 15, a. 4.

1. A. praec., ad 2.
2. C. 45, al. 17, in vet. 31, n. 88: ML 76, 621 B.
3. Ibid.
4. C. 5: 1140, b, 13-21.
5. Art. 2, 5.

---

b. Deve surpreender, sem dúvida, encontrar sob a pena de Sto. Tomás que "a perfeição da prudência, como de toda virtude intelectual, consiste em se desprender do sensível". Nosso autor nos disse o tempo todo que a prudência se centra no conhecimento das realidades concretas, ou seja, sensíveis. Uma prudência que se afastasse das realidades sensíveis deveria portanto estar trilhando uma falsa rota. Isto prova simplesmente que, na frase incriminada, não se deve por a ênfase em "sensível", mas em "se desprender". Toda virtude intelectual, incluindo a prudência, deve evitar deixar-se apanhar, amarrar, acorrentar pelo que bajula nossos sentidos. Não é da realidade concreta que a prudência se deve acautelar.

dicit, in VII *Ethic*.⁶, quod *incontinens irae audit quidem rationem, sed non perfecte: incontinens autem concupiscentiae totaliter eam non audit.*

AD SECUNDUM dicendum quod etiam duplicitas animi est quoddam consequens ad luxuriam, sicut et inconstantia, prout duplicitas animi importat vertibilitatem animi ad diversa. Unde et Terentius dicit, in Eunucho⁷, quod *in amore est bellum, et rursus pax et indutiae.*

AD TERTIUM dicendum quod vitia carnalia intantum magis extinguunt iudicium rationis inquantum longius abducunt a ratione.

---
6. C. 7: 1149, a, 25-b, 3.
7. Act. I, scen. 1, vv. 59-61: ed. A. Fleckeisen, Lipsiae 1910, p. 109, ll. 14-16.

razão. Por isso, o Filósofo diz, que "aquele que não pode conter a ira ouve a razão, ainda que não perfeitamente. Mas, aquele que não pode conter a luxúria não ouve a razão de modo nenhum.

QUANTO AO 2º, deve-se dizer que também a duplicidade de ânimo resulta, de certo modo, da luxúria, como a inconstância, uma vez que essa duplicidade implica um ânimo mutável para diversas coisas. Por isso, Terêncio diz que "no amor se dá a guerra, e também a paz e a trégua.

QUANTO AO 3º, deve-se dizer que os vícios carnais tanto extinguem o julgamento da razão, quanto o conduzem para mais longe da razão.

QUAESTIO LIV
DE NEGLIGENTIA

in tres articulos divisa
Deinde considerandum est de negligentia.
Et circa hoc quaeruntur tria.
Primo: utrum negligentia sit peccatum speciale.
Secundo: cui virtuti opponatur.
Tertio: utrum negligentia sit peccatum mortale.

ARTICULUS 1
Utrum negligentia sit peccatum speciale

AD PRIMUM SIC PROCEDITUR. Videtur quod negligentia non sit peccatum speciale.
1. Negligentia enim diligentiae opponitur. Sed diligentia requiritur in qualibet virtute, sicut et eligentia. Ergo negligentia non est peccatum speciale.
2. PRAETEREA, illud quod invenitur in quolibet peccato non est speciale peccatum. Sed negligentia invenitur in quolibet peccato: quia omnis qui peccat negligit ea per quae a peccato retraheretur; et qui in peccato perseverat negligit conteri de peccato. Ergo negligentia non est speciale peccatum.
3. PRAETEREA, omne peccatum speciale habet materiam determinatam. Sed negligentia non videtur habere determinatam materiam: neque enim est circa mala aut indifferentia, quia ea praetermittere nulli ad negligentiam deputatur; similiter etiam

QUESTÃO 54
A NEGLIGÊNCIA

em três artigos
Na sequência, se estudará a negligência.
Sobre este tema, são três as perguntas:
 1. A negligência é um pecado especial?
 2. A que virtude se opõe?
 3. A negligência é pecado mortal?

ARTIGO 1
A negligência é um pecado especial?

QUANTO AO PRIMEIRO ARTIGO, ASSIM SE PROCEDE: parece que a negligência **não** é um pecado especial.
1. Com efeito, a negligência se opõe à diligência. Ora, a diligência é necessária em toda virtude, como também a escolha. Logo, a negligência não é pecado especial.
2. ALÉM DISSO, o que se encontra em todo pecado não é pecado especial. Ora, a negligência encontra-se em todo pecado, porque quem peca negligencia os meios que o afastariam do pecado; e quem persevera no pecado é negligente em contristar-se dele. Logo, a negligência não é um pecado especial.
3. ADEMAIS, todo pecado especial tem uma matéria determinada. Ora, a negligência parece não ter uma matéria determinada. Com efeito, ela não concerne nem às ações más, nem às ações indiferentes, pois, ninguém é chamado de

non est circa bona, quia si negligenter aguntur, iam non sunt bona. Ergo videtur quod negligentia non sit vitium speciale.

SED CONTRA est quod peccata quae committuntur ex negligentia distinguuntur contra peccata quae committuntur ex contemptu.

RESPONDEO dicendum quod negligentia importat defectum debitae sollicitudinis. Omnis autem defectus debiti actus habet rationem peccati. Unde manifestum est quod negligentia habet rationem peccati: et eo modo quo sollicitudo est specialis virtutis actus, necesse est quod negligentia sit speciale peccatum. Sunt enim aliqua peccata specialia quia sunt circa aliquam materiam specialem, sicut luxuria est circa venerea: quaedam autem sunt vitia specialia propter specialitatem actus se extendentis ad omnem materiam. Et huiusmodi sunt omnia vitia quae sunt circa actum rationis: nam quilibet actus rationis se extendit ad quamlibet materiam moralem. Et ideo, cum sollicitudo sit quidam specialis actus rationis, ut supra[1] habitum est, consequens est quod negligentia, quae importat defectum sollicitudinis, sit speciale peccatum.

AD PRIMUM ergo dicendum quod diligentia videtur esse idem sollicitudini: quia in his quae diligimus maiorem sollicitudinem adhibemus. Unde diligentia, sicut et sollicitudo, requiritur ad quamlibet virtutem, inquantum in qualibet virtute requiruntur debiti actus rationis.

AD SECUNDUM dicendum quod in quolibet peccato necesse est esse defectum circa aliquem actum rationis: puta defectum consilii et aliorum huiusmodi. Unde sicut praecipitatio est speciale peccatum propter specialem actum rationis qui praetermittitur, scilicet consilium, quamvis possit inveniri in quolibet genere peccatorum; ita negligentia est speciale peccatum propter defectum specialis actus rationis qui est sollicitudo, quamvis inveniatur aliqualiter in omnibus peccatis.

AD TERTIUM dicendum quod materia negligentiae proprie sunt bona quae quis agere debet: non quod ipsa sunt bona cum negligenter aguntur; sed quia per negligentiam accidit defectus bonitatis in eis, sive praetermittatur totaliter actus debitus propter defectum sollicitudinis, sive etiam aliqua debita circumstantia actus.

negligente pelo fato de omiti-las. Ela tampouco concerne às ações boas, pois se forem executadas negligentemente, já não são boas. Logo, parece que a negligência não é um pecado especial.

EM SENTIDO CONTRÁRIO, os pecados cometidos por negligência são distintos dos pecados cometidos por desprezo.

RESPONDO. A negligência implica a falta da solicitude devida. Ora, toda falta de um ato devido tem razão de pecado. Logo, é claro que a negligência tem razão de pecado; e, assim como a solicitude é um ato especial de virtude, a negligência é necessariamente um pecado especial. Há, com efeito, pecados especiais cuja matéria é especial: assim, a luxúria, que tem como matéria os prazeres venéreos. Mas, outros vícios são especiais em razão da especialidade de seu ato que se estende a toda a matéria. E estes são todos os vícios relativos ao ato da razão, porque todo ato da razão se estende à toda matéria moral. Por isso, como a solicitude é um ato especial da razão, como ficou demonstrado acima, a negligência que implica falta de solicitude, é um pecado especial.

QUANTO AO 1º, portanto, deve-se dizer que a diligência parece ser idêntica à solicitude, pois usamos de maior solicitude naquilo que amamos. Também a diligência, como a solicitude, é requerida para toda virtude, como são requeridos em toda virtude os atos da razão que lhe são devidos.

QUANTO AO 2º, deve-se dizer que em todo pecado há de existir falha em algum ato da razão, seja na deliberação ou em qualquer dos outros atos. Portanto, assim como a precipitação é um pecado especial, por omissão do ato especial da razão que é a deliberação, ainda que possa se dar em qualquer matéria de pecados, assim a negligência é um pecado especial por defeito de outro ato da razão, que é a solicitude, ainda que se encontre em todo pecado.

QUANTO AO 3º, deve-se dizer que a matéria da negligência são propriamente as boas obras que se devem fazer, não porque sejam boas quando são feitas negligentemente, mas porque a negligência causa nelas a falta de bondade, seja porque se omite totalmente o ato devido por deficiência de solicitude, ou, seja porque falta alguma circunstância necessária ao ato[a].

---

1. Q. 47, a. 9.

a. O objetante ao qual responde aqui Sto. Tomás comporta-se como sofista. Resumamos sua argumentação: qual é a matéria da negligência? Sobre o quê incide ela? Sobre um ato mau? Sem dúvida não, pois ninguém dirá que um mentiroso "negli-

Articulus 2
Utrum negligentia opponatur prudentiae

AD SECUNDUM SIC PROCEDITUR. Videtur quod negligentia non opponatur prudentiae.

1. Negligentia enim videtur esse idem quod pigritia vel torpor, qui pertinet ad acediam, ut patet per Gregorium, XXXI *Moral*.[1]. Acedia autem non opponitur prudentiae, sed magis caritati, ut supra[2] dictum est. Ergo negligentia non opponitur prudentiae.

2. PRAETEREA, ad negligentiam videtur pertinere omne peccatum omissionis. Sed peccatum omissionis non opponitur prudentiae, sed magis virtutibus moralibus executivis. Ergo negligentia non opponitur prudentiae.

3. PRAETEREA, imprudentia est circa aliquem actum rationis. Sed negligentia non importat defectum neque circa consilium, in quo deficit praecipitatio; neque circa iudicium, in quo deficit inconsideratio; neque circa praeceptum, in quo deficit inconstantia. Ergo negligentia non pertinet ad imprudentiam.

4. PRAETEREA, dicitur Eccle 7,19: *Qui timet Deum nihil negligit*. Sed unumquodque peccatum praecipue excluditur per virtutem oppositam. Ergo negligentia magis opponitur timori quam prudentiae.

SED CONTRA est quod dicitur Eccli 20,77: *Lascivus et imprudens non observant tempus*. Sed hoc pertinet ad negligentiam. Ergo negligentia opponitur prudentiae.

RESPONDEO dicendum quod negligentia directe opponitur sollicitudini. Sollicitudo autem ad rationem pertinet, et rectitudo sollicitudinis ad prudentiam. Unde, per oppositum, negligentia ad imprudentiam pertinet. — Et hoc etiam ex ipso nomine apparet. Quia sicut Isidorus dicit, in libro *Etymol*.[3], *negligens dicitur quasi nec eligens*. Electio autem recta eorum quae sunt ad finem ad prudentiam pertinet. Unde negligentia pertinet ad imprudentiam.

Artigo 2
A negligência se opõe à prudência?

QUANTO AO SEGUNDO, ASSIM SE PROCEDE: parece que a negligência **não** se opõe à prudência.

1. Com efeito, ao que parece, a negligência é idêntica à preguiça ou à indolência, que pertencem à acídia, segundo Gregório. Ora, a acídia não se opõe à prudência, mas à caridade, conforme já foi dito. Logo, a negligência não se opõe à prudência.

2. ALÉM DISSO, parece que todo pecado de omissão pertence à negligência. Ora, estes não se opõem à prudência, mas às virtudes morais executivas. Logo, a negligência não se opõe à prudência.

3. ADEMAIS, a imprudência se refere a algum ato da razão. Ora, a negligência não implica falha no conselho, o que é próprio da precipitação; nem no juízo, como a inconsideração; nem, finalmente, no preceito, que é próprio da inconstância. Logo, a negligência não pertence à imprudência.

4. ADEMAIS, o livro do Eclesiastes diz: "O que teme a Deus não é negligente em nada". Ora, todo pecado é excluído sobretudo pela virtude contrária. Logo, a negligência se opõe mais precisamente ao temor que à prudência.

EM SENTIDO CONTRÁRIO, segundo o livro do Eclesiástico: "O lascivo e imprudente não guardam seu tempo". Ora, isso pertence à negligência. Logo, a negligência se opõe à prudência.

RESPONDO. A negligência se opõe diretamente à solicitude. Esta pertence à razão, e sua retidão deriva da prudência. Portanto, por oposição, a negligência é parte da imprudência. — Isso é deduzido também da própria palavra. De fato, Isidoro diz: "negligente significa o que não elege". Ora, a reta eleição dos meios pertence à prudência. Portanto, a negligência pertence à imprudência.

2
1. C. 45, al. 17, in vet. 31, n. 88: ML 76, 621 B.
2. Q. 35, a. 3.
3. L. X, ad litt. *N*, n. 193: ML 82, 387 C.

---

gencia" mentir, um ladrão de roubar etc. (seria então uma negligência louvável!). Sobre um ato indiferente, nem bom nem mau? Não, pois não poderia haver negligência em omitir aquilo a que não somos obrigados. Um ato bom? Igualmente impossível, pois um ato maculado de negligência não é bom. Não haveria matéria para a negligência, portanto.

O argumento é especioso, mas não concludente. A matéria da negligência é um ato bom que deveria "ser feito". Só negligenciamos atos bons que abortam, pelo menos em parte, devido à negligência. A despeito das aparências, o ato bom não é o objeto de um vício, como o concebia o sofisma do objetante. Bom em sua essência, ele deixa de sê-lo quando a negligência põe suas mãos sobre ele.

AD PRIMUM ergo dicendum quod negligentia consistit in defectu interioris actus, ad quem pertinet etiam electio. Pigritia autem et torpor magis pertinent ad executionem: ita tamen quod pigritia importat tarditatem ad exequendum; torpor remissionem quandam importat in ipsa executione. Et ideo convenienter torpor ex acedia nascitur: quia acedia est *tristitia aggravans*, idest impediens animum ab operando.

AD SECUNDUM dicendum quod omissio pertinet ad exteriorem actum: est enim omissio quando praetermittitur aliquis actus debitus. Et ideo opponitur iustitiae. Et est effectus negligentiae: sicut etiam executio iusti operis est effectus rationis rectae.

AD TERTIUM dicendum quod negligentia est circa actum praecipiendi, ad quem etiam pertinet sollicitudo. Aliter tamen circa hunc actum deficit negligens, et aliter inconstans. Inconstans enim deficit in praecipiendo quasi ab aliquo impeditus: negligens autem per defectum promptae voluntatis.

AD QUARTUM dicendum quod timor Dei operatur ad vitationem cuiuslibet peccati: quia ut dicitur Pr 15,27, *per timorem Domini declinat omnis a malo*. Et ideo timor facit negligentiam vitare. Non tamen ita quod directe negligentia timori opponatur: sed inquantum timor excitat hominem ad actus rationis. Unde etiam supra[4] habitum est, cum de passionibus ageretur, quod timor facit consiliativos.

QUANTO AO 1º, portanto, deve-se dizer que a negligência consiste na deficiência de um ato interior, ao qual se refere a eleição[b]. Ao contrário, a preguiça e a indolência pertencem mais propriamente à ordem da execução, visto que a preguiça implica tardança no agir, e a indolência uma execução remissa. Por isso, a indolência convenientemente nasce da acídia, porque esta é uma *tristeza acabrunhante*, quer dizer, que impede a alma no agir.

QUANTO AO 2º, deve-se dizer que a omissão se refere ao ato exterior. Há omissão, com efeito, quando se deixa de fazer um devido ato. Portanto, ela se opõe à justiça. Ela é um efeito da negligência, como a execução da ação justa é o efeito da reta razão.

QUANTO AO 3º, deve-se dizer que a negligência tem como objeto o ato de mandar, ao qual se liga também a solicitude. Mas, o negligente falha nesse ato de modo diferente do inconstante. O inconstante, com efeito, comanda mal em consequência de um impedimento, o negligente por falta de prontidão da vontade.

QUANTO AO 4º, deve-se dizer que o temor de Deus faz evitar todo pecado, como se diz no livro dos Provérbios: "Pelo temor do Senhor todos se afastam do mal". Portanto, o temor faz evitar a negligência. Mas, não porque esta se lhe oponha diretamente, senão enquanto o temor excita o homem para os atos de razão. Por isso, foi dito acima, ao falar das paixões, que o temor faz procurar conselho.

ARTICULUS 3
Utrum negligentia possit esse peccatum mortale

AD TERTIUM SIC PROCEDITUR. Videtur quod negligentia non possit esse peccatum mortale.
1. Quia super illud Iob 9,28, *Verebar opera mea* etc., dicit glossa Gregorii[1] quod *illam*, scilicet negligentiam, *minor amor Dei exaggerat*. Sed ubicumque est peccatum mortale, totaliter tollitur amor Dei. Ergo negligentia non est peccatum mortale.

ARTIGO 3
A negligência pode ser pecado mortal?

QUANTO AO TERCEIRO, ASSIM SE PROCEDE: parece que a negligência **não** pode ser pecado mortal.
1. Com efeito, sobre o texto de Jó: "Tenho medo de minhas ações", a Glosa de Gregório diz que "um menor amor de Deus favorece a negligência". Ora, onde há pecado mortal, o amor de Deus desaparece totalmente. Logo, a negligência não é um pecado mortal.

---

4. I-II, q. 44, a. 2.

1. Cfr. *Moral.*, l. IX, c. 34, al. 17, in vet. 26, n. 53: ML 75, 888 C.

b. O vocábulo de negligência seria percebido na linguagem comum como um ato interior? Dificilmente. Talvez fosse o caso em latim. Esse gênero de deslizamento é inevitável de uma língua a outra. Deve-se evitar adaptar servilmente todas as observações de Sto. Tomás a uma língua e uma cultura que não são as suas.

2. PRAETEREA, super illud Eccli 7,34, *De negligentia purga te cum paucis,* dicit Glossa[2]: *Quamvis oblatio parva sit, multorum delictorum purgat negligentias.* Sed hoc non esset si negligentia esset peccatum mortale. Ergo negligentia non est peccatum mortale.

3. PRAETEREA, in lege fuerunt statuta sacrificia pro peccatis mortalibus, sicut patet in Lv 4sqq. Sed nullum fuit statutum sacrificium pro negligentia. Ergo negligentia non est peccatum mortale.

SED CONTRA est quod habetur Pr 19,16: *Qui negligit vitam suam mortificabitur.*

RESPONDEO dicendum quod, sicut supra[3] dictum est, negligentia provenit ex quadam remissione voluntatis, per quam contingit quod ratio non sollicitatur ut praecipiat ea quae debet, vel eo modo quo debet. Potest ergo dupliciter contingere quod negligentia sit peccatum mortale. Uno modo, ex parte eius quod praetermittitur per negligentiam. Quod quidem si sit de necessitate salutis, sive sit actus sive circumstantia, erit peccatum mortale. — Alio modo, ex parte causae. Si enim voluntas intantum sit remissa circa ea quae sunt Dei ut totaliter a Dei caritate deficiat, talis negligentia est peccatum mortale. Et hoc praecipue contingit quando negligentia sequitur ex contemptu. — Alioquin, si negligentia consistat in praetermissione alicuius actus vel circumstantiae quae non sit de necessitate salutis; nec hoc fiat ex contemptu, sed ex aliquo defectu fervoris, qui impeditur interdum per aliquod veniale peccatum: tunc negligentia non est peccatum mortale, sed veniale.

AD PRIMUM ergo dicendum quod minor amor Dei potest intelligi dupliciter. Uno modo, per defectum fervoris caritatis: et sic causatur negligentia quae est peccatum veniale. Alio modo, per defectum ipsius caritatis: sicut dicitur minor amor Dei quando aliquis diligit Deum solum amore naturali. Et tunc causatur negligentia quae est peccatum mortale.

AD SECUNDUM dicendum quod *parva oblatio cum humili mente et pura dilectione facta,* ut ibi dicitur, non solum purgat peccata venialia, sed etiam mortalia.

2. ALÉM DISSO, sobre o texto do Eclesiástico: "Purifica-te de tua negligência com pouca penitência", se lê na Glosa: "Ainda que a oferenda seja pequena, expia a negligência de muitos pecados". Ora, isso não sucederia se a negligência fosse pecado mortal. Logo, a negligência não é um pecado mortal

3. ADEMAIS, na lei estavam prescritos sacrifícios para expiar os pecados mortais, como está no Levítico. Ora, não foi prescrito nenhum sacrifício para expiar a negligência. Logo, a negligência não é um pecado mortal.

EM SENTIDO CONTRÁRIO, o livro dos Provérbios diz: "Quem negligencia a vida encontrará a morte".

RESPONDO. Como já foi esclarecido, a negligência procede de certo relaxamento da vontade, o que impede que a razão seja solicitada a comandar o que deve ou na forma que deve. Por isso, a negligência pode ser pecado mortal por dois motivos: primeiro, por parte daquilo que é omitido por negligência. Se aquilo que se omite, seja ato, seja circunstância, é necessário para a salvação, a negligência será pecado mortal. — Segundo, por parte da causa da negligência. Com efeito, se a vontade a respeito das coisas de Deus está relaxada a ponto de abandonar totalmente o amor de Deus, tal negligência é pecado mortal. Isto se dá, sobretudo, quando a negligência procede do desprezo. — De outro modo, se a negligência consistir na omissão de um ato ou circunstância não necessários para a salvação, e isso não proceder do desprezo, mas da falta de fervor, que é impedido, às vezes, por um pecado venial, a negligência não é pecado mortal, mas venial.

QUANTO AO 1º, portanto, deve-se dizer que um menor amor de Deus pode ser tomado em dois sentidos: primeiro, por falta de fervor na caridade, e, assim tem-se a negligência que é um pecado venial. Segundo, por falta da própria caridade, como quando se diz que é menor o amor de Deus daquele que o ama somente com amor natural. E, então, tem-se a negligência que é pecado mortal.

QUANTO AO 2º, deve-se dizer que a "oblação pequena feita com ânimo humilde e puro", como está dito na passagem citada, não somente expia os pecados veniais, mas, também os pecados mortais.

---

2. Ordin.: ML 113, 1193 B. Vide RABANI M. *Comment. in Eccli.*, l. II, c. 10: ML 109, 810 C.
3. A. praec., ad 3.

AD TERTIUM dicendum quod quando negligentia consistit in praetermissione eorum quae sunt de necessitate salutis, tunc trahitur ad aliud genus peccati magis manifestum. Peccata enim quae consistunt in interioribus actibus sunt magis occulta. Et ideo pro eis certa sacrificia non iniungebantur in lege: quia sacrificiorum oblatio erat quaedam publica protestatio peccati, quae non est facienda de peccato occulto.

QUANTO AO 3º, deve-se dizer que quando a negligência consiste na omissão do que é necessário para a salvação, vem a ser, então, outro gênero de pecado mais manifesto. Pois, os pecados que consistem em atos interiores são mais ocultos. Essa é a razão pela qual a lei não prescrevia para eles determinados sacrifícios. A oferenda de sacrifícios era, com efeito, uma confissão pública de pecado, o que não se deve fazer por um pecado oculto.

QUAESTIO LV
DE VITIIS OPPOSITIS PRUDENTIAE QUAE HABENT SIMILITUDINEM CUM IPSA
in octo articulos divisa

Deinde considerandum est de vitiis oppositis prudentiae quae habent similitudinem cum ipsa.

Et circa hoc quaeruntur octo.
Primo: utrum prudentia carnis sit peccatum.
Secundo: utrum sit peccatum mortale.
Tertio: utrum astutia sit peccatum speciale.
Quarto: de dolo.
Quinto: de fraude.
Sexto: de sollicitudine temporalium rerum.
Septimo: de sollicitudine futurorum.
Octavo: de origine horum vitiorum.

QUESTÃO 55
VÍCIOS OPOSTOS À PRUDÊNCIA QUE TÊM SEMELHANÇA COM ELA
em oito artigos

Na sequência, devem-se considerar os vícios opostos à prudência que têm semelhança com ela.

Sobre este assunto, são oito as perguntas:
1. A prudência da carne é pecado?
2. É pecado mortal?
3. A astúcia é pecado especial?
4. O dolo?
5. A fraude?
6. A solicitude pelas coisas temporais?
7. A preocupação pelo futuro?
8. Sobre a origem desses vícios.

ARTICULUS 1
Utrum prudentia carnis sit peccatum

AD PRIMUM SIC PROCEDITUR. Videtur quod prudentia carnis non sit peccatum.

1. Prudentia enim est nobilior virtus quam aliae virtutes morales, utpote omnium regitiva. Sed nulla iustitia vel temperantia est peccatum. Ergo etiam neque aliqua prudentia est peccatum.

2. PRAETEREA, prudenter operari ad finem qui licite amatur non est peccatum. Sed caro licite amatur: *nemo enim unquam carnem suam odio habuit*, ut habetur ad Eph 5,29. Ergo prudentia carnis non est peccatum.

3. PRAETEREA, sicut homo tentatur a carne, ita etiam tentatur a mundo, et etiam a diabolo. Sed

ARTIGO 1
A prudência da carne é pecado?

QUANTO AO PRIMEIRO ARTIGO, ASSIM SE PROCEDE: parece que a prudência da carne **não** é pecado.

1. Com efeito, a prudência é uma virtude mais nobre que as outras virtudes morais, por ser a que as dirige. Ora, nenhuma justiça ou temperança é pecado. Logo, tampouco nenhuma prudência é pecado.

2. ALÉM DISSO, agir prudentemente em vista do fim que licitamente se ama não é pecado. Ora, é lícito amar a carne, como se lê na Carta aos Efésios: "Ninguém jamais odiou a sua própria carne". Logo, a prudência da carne não é pecado.

3. ADEMAIS, como o homem é tentado por sua carne, ele é também pelo mundo, bem como pelo

---
1 PARALL.: *Ad Rom.*, c. 8, lect. 1, 2.

non ponitur inter peccata aliqua prudentia mundi, vel etiam diaboli. Ergo neque debet poni inter peccata aliqua prudentia carnis.

SED CONTRA, nullus est inimicus Deo nisi propter iniquitatem: secundum illud Sap 14,9: *Simul odio sunt Deo impius et impietas eius.* Sed sicut dicitur ad Rm 8,7, *prudentia carnis inimica est Deo.* Ergo prudentia carnis est peccatum.

RESPONDEO dicendum quod, sicut supra[1] dictum est, prudentia est circa ea quae sunt ad finem totius vitae. Et ideo prudentia carnis proprie dicitur secundum quod aliquis bona carnis habet ut ultimum finem suae vitae. Manifestum est autem quod hoc est peccatum: per hoc enim homo deordinatur circa ultimum finem, qui non consistit in bonis corporis, sicut supra[2] habitum est. Et ideo prudentia carnis est peccatum.

AD PRIMUM ergo dicendum quod iustitia et temperantia in sui ratione important id unde virtus laudatur, scilicet aequalitatem et concupiscentiarum refrenationem: et ideo nunquam accipiuntur in malo. Sed nomen prudentiae sumitur a providendo, sicut supra[3] dictum est: quod potest etiam ad mala extendi. Et ideo, licet prudentia simpliciter dicta in bono accipiatur, aliquo tamen addito potest accipi in malo. Et secundum hoc dicitur prudentia carnis esse peccatum.

AD SECUNDUM dicendum quod caro est propter animam sicut materia propter formam et instrumentum propter principale agens. Et ideo sic licite diligitur caro ut ordinetur ad bonum animae sicut ad finem. Si autem in ipso bono carnis constituatur ultimus finis, erit inordinata et illicita dilectio. Et hoc modo ad amorem carnis ordinatur prudentia carnis.

AD TERTIUM dicendum quod diabolus nos tentat non per modum appetibilis, sed per modum suggerentis. Et ideo, cum prudentia importet ordinem ad aliquem finem appetibilem, non ita dicitur *prudentia diaboli* sicut prudentia respectu alicuius mali finis, sub cuius ratione tentat nos mundus et caro, inquantum scilicet proponuntur nobis ad appetendum bona mundi vel carnis. Et

diabo. Ora, nenhuma prudência do mundo, como também do diabo figura entre os pecados. Logo, nenhuma prudência da carne deve ser considerada entre os pecados.

EM SENTIDO CONTRÁRIO, ninguém é inimigo de Deus a não ser pela iniquidade, conforme o livro da Sabedoria: "Pois Deus detesta igualmente o ímpio e sua impiedade". Ora, a Carta aos Romanos, por sua vez, diz: "A prudência da carne é inimiga de Deus". Logo, a prudência da carne é pecado.

RESPONDO. Como foi explicado acima, o objeto da prudência é aquilo que se ordena ao fim de toda vida. Por isso, a prudência da carne significa propriamente que alguém tenha para si os bens carnais como último fim da própria vida. Isso é manifestamente pecado, porque mediante isso o homem se desordena a respeito do fim último, que não consiste nos bens do corpo, como já foi explicado. Portanto, a prudência da carne é pecado.

QUANTO AO 1º, portanto, deve-se dizer que a justiça e a temperança têm algo em si mesmas pelo que a virtude é louvada, isto é, a igualdade e o freio da concupiscência. Por isso, nunca têm um sentido mau. Mas, a palavra "prudência" deriva de previdência, como já se explicou, que pode referir-se às coisas más. E, assim, ainda que a prudência como tal é entendida com relação ao bem, com algum acréscimo pode ser tomada em sentido mau. Deste modo, se diz que a prudência da carne é pecado.

QUANTO AO 2º, deve-se dizer que a carne está para a alma, como a matéria para a forma, e o instrumento para o agente principal. Por isso, pode-se amar licitamente a carne enquanto ela está ordenada ao bem da alma como a seu fim. Mas, se o fim último for posto no próprio bem da carne, será um amor desordenado e ilícito. E, é deste modo que a prudência da carne se ordena ao amor da carne

QUANTO AO 3º, deve-se dizer que o diabo nos tenta não de maneira apetecível, mas por sugestão. Por isso, como a prudência implica a ordem a um fim apetecível, não é assim que se fala de "prudência do diabo", no sentido de prudência com relação a um fim mau, sob cuja razão nos tentam o mundo e a carne, quando nos propõem os bens de ambos como apetecíveis. Por isso, se fala da

---

1. Q. 47, a. 13.
2. I-II, q. 2, a. 5.
3. Q. 49, a. 6, ad 1.

ideo dicitur *prudentia carnis*, et etiam *prudentia mundi*, secundum illud Lc 16,8: *Filii huius saeculi prudentiores sunt in generatione sua* etc. Apostolus autem totum comprehendit sub prudentia carnis, quia etiam exteriores res mundi appetimus propter carnem.

Potest tamen dici quod quia prudentia quodammodo dicitur *sapientia*, ut supra[4] dictum *est*, ideo secundum tres tentationes potest intelligi triplex prudentia. Unde dicitur Iac 3,15 sapientia esse *terrena, animalis, diabolica*, ut supra[5] expositum est cum de sapientia ageretur.

"prudência da carne" ou "do mundo", segundo o Evangelho de Lucas: "Com efeito, os filhos deste mundo são mais prudentes na sua geração etc.". O Apóstolo inclui tudo sob o nome de "prudência da carne", porque também apetecemos as coisas exteriores do mundo por causa da carne.

Pode-se dizer, contudo que, como a prudência às vezes é chamada sabedoria, como já se disse, pode-se falar de uma tríplice prudência, de acordo com as três tentações. Por isso, a Carta de Tiago diz que há uma sabedoria "terrena, animal e diabólica", como foi exposto acima ao tratar da sabedoria.

Articulus 2
Utrum prudentia carnis sit peccatum mortale

AD SECUNDUM SIC PROCEDITUR. Videtur quod prudentia carnis sit peccatum mortale.

1. Rebellare enim divinae legi est peccatum mortale: quia per hoc Dominus contemnitur. Sed *prudentia carnis non est subiecta legi Dei*, ut habetur Rm 8,7. Ergo prudentia carnis est peccatum mortale.

2. PRAETEREA, omne peccatum in Spiritum Sanctum est peccatum mortale. Sed prudentia carnis videtur esse peccatum in Spiritum Sanctum: *non enim potest esse subiecta legi Dei*, ut dicitur Rm 8,ib.; et ita videtur esse peccatum irremissibile, quod est proprium peccati in Spiritum Sanctum. Ergo prudentia carnis est peccatum mortale.

3. PRAETEREA, maximo bono opponitur maximum malum; ut patet in VIII *Ethic.*[1]. Sed prudentia carnis opponitur prudentiae, quae est praecipua inter virtutes morales. Ergo prudentia carnis est praecipuum inter peccata moralia. Et ita est peccatum mortale.

SED CONTRA, illud quod diminuit peccatum non importat de se rationem peccati mortalis. Sed caute prosequi ea quae pertinent ad curam carnis, quod videtur ad prudentiam carnis pertinere, diminuit peccatum. Ergo prudentia carnis de sui ratione non importat peccatum mortale.

RESPONDEO dicendum quod, sicut supra[2] dictum est, prudens dicitur aliquis dupliciter: uno modo,

Artigo 2
A prudência da carne é pecado mortal?

QUANTO AO SEGUNDO, ASSIM SE PROCEDE: parece que a prudência da carne é pecado mortal.

1. Com efeito, rebelar-se contra a lei divina é pecado mortal, porque agindo assim se despreza a Deus. Ora, segundo a Carta aos Romanos: "A prudência da carne não se submete à lei de Deus". Logo, a prudência da carne é pecado mortal.

2. ALÉM DISSO, todo pecado contra o Espírito Santo é mortal. Ora, parece que a prudência da carne é pecado contra o Espírito Santo, pois, a Carta aos Romanos diz que "ela não se pode submeter à lei de Deus". Parece, pois, que ela é pecado imperdoável, o que é próprio do pecado contra o Espírito Santo. Logo, a prudência da carne é pecado mortal.

3. ADEMAIS, Ao máximo bem se opõe o máximo mal, como se lê no livro VIII da *Ética*. Ora, a prudência da carne se opõe à prudência, a principal entre as virtudes morais. Logo, a prudência da carne é o principal entre os pecados morais. E, assim, ela é pecado mortal.

EM SENTIDO CONTRÁRIO, o que diminui o pecado não tem, por si, razão de pecado mortal. Ora, cuidar da carne com precaução, o que parece pertencer à prudência da carne, diminui o pecado. Logo, a prudência da carne, por si, não implica pecado mortal.

RESPONDO. Como já foi explicado, alguém pode ser chamado prudente em dois sentidos: primeiro,

---

4. Q. 47, a. 2, ad 1.
5. Q. 45, a. 1, ad 1.

PARALL.: *Ad Rom.*, c. 8, lect. 1, 2.

1. C. 12: 1160, b, 9-12.
2. Q. 47, a. 2, ad 1; a. 13.

simpliciter, scilicet in ordine ad finem totius vitae; alio modo, secundum quid, scilicet in ordine ad finem aliquem particularem, puta sicut dicitur aliquis prudens in negotiatione vel in aliquo huiusmodi. Si ergo prudentia carnis accipiatur secundum absolutam prudentiae rationem, ita scilicet quod in cura carnis constituatur ultimus finis totius vitae, sic est peccatum mortale: quia per hoc homo avertitur a Deo, cum impossibile sit esse plures fines ultimos, ut supra[3] habitum est.

Si vero prudentia carnis accipiatur secundum rationem particularis prudentiae, sic prudentia carnis est peccatum veniale. Contingit enim quandoque quod aliquis inordinate afficitur ad aliquod delectabile carnis absque hoc quod avertatur a Deo per peccatum mortale: unde non constituit finem totius vitae in delectatione carnis. Et sic adhibere studium ad hanc delectationem consequendam est peccatum veniale, quod pertinet ad prudentiam carnis.

Si vero aliquis actu curam carnis referat in finem honestum, puta cum aliquis studet comestioni propter corporis sustentationem, non vocatur prudentia carnis: quia sic utitur homo cura carnis ut ad finem.

AD PRIMUM ergo dicendum quod Apostolus loquitur de prudentia carnis secundum quod finis totius vitae humanae constituitur in bonis carnis. Et sic est peccatum mortale.

AD SECUNDUM dicendum quod prudentia carnis non importat peccatum in Spiritum Sanctum. Quod enim dicitur quod *non potest esse subiecta legi Dei*, non sic est intelligendum quasi ille qui habet prudentiam carnis non possit converti et subiici legi Dei: sed quia ipsa prudentia carnis legi Dei non potest esse subiecta, sicut nec iniustitia potest esse iusta, nec calor potest esse frigidus, quamvis calidum posset esse frigidum.

AD TERTIUM dicendum quod omne peccatum opponitur prudentiae, sicut et prudentia participatur in omni virtute. Sed ideo non oportet quod quodlibet peccatum prudentiae oppositum sit gravissimum: sed solum quando opponitur prudentiae in aliquo maximo.

de modo absoluto, em ordem ao fim último de toda vida; segundo, de modo relativo, em ordem a algum fim particular, a saber, quando se diz que alguém é prudente nos negócios, ou em algo semelhante. Portanto, se a prudência da carne for entendida segundo a razão absoluta de prudência, de modo que o fim de toda vida consistisse no cuidado da carne, ela é pecado mortal. Com efeito, um tal fim desvia o homem de Deus, pois, é impossível ter vários fins últimos, como já se demonstrou.

Se a prudência da carne for entendida, porém, no sentido de uma prudência particular, neste caso a prudência da carne é um pecado venial. Às vezes, com efeito, sucede que alguém é atraído por um bem deleitável carnal, sem se afastar de Deus pelo pecado mortal, por isso o fim de toda vida não é posto no prazer da carne. Então, aplicar-se em alcançar este prazer é um pecado venial, que pertence à prudência da carne.

Mas, se o cuidado do corpo for ordenado para um fim honesto, como é comer para sustentar o corpo, não é propriamente prudência da carne, porque, nesse caso, o homem usa o cuidado do corpo como um meio.

QUANTO AO 1º, portanto, deve-se dizer que o Apóstolo se refere à prudência da carne enquanto ela se constitui o fim de toda vida humana. Sendo assim, é pecado mortal.

QUANTO AO 2º, deve-se dizer que a prudência da carne não implica pecado contra o Espírito Santo. Quando se diz que "não pode submeter-se à lei de Deus", não significa que aquele que a possui não possa voltar-se para Deus e submeter-se à lei, mas, que a própria prudência da carne não pode submeter-se à lei de Deus, como a injustiça não pode ser justa, nem o calor pode ser frio, se bem que o que está quente pode tornar-se frio.

QUANTO AO 3º, deve-se dizer que todo pecado se opõe à prudência, como toda virtude participa dela. Por isso, não é certo que todo pecado oposto à prudência seja gravíssimo, mas, somente quando se opõe à prudência em algo grande.

---

3. I-II, q. 1, a. 5.

ARTICULUS 3
Utrum astutia sit speciale peccatum

AD TERTIUM SIC PROCEDITUR. Videtur quod astutia non sit speciale peccatum.
1. Verba enim sacrae Scripturae non inducunt aliquem ad peccatum. Inducunt autem ad astutiam: secundum illud Pr 1,4: *Ut detur parvulis astutia*. Ergo astutia non est peccatum.

2. PRAETEREA, Pr 13,16 dicitur: *Astutus omnia agit cum consilio*. Aut ergo ad finem bonum; aut ad finem malum. Si ad finem bonum, non videtur esse peccatum. Si autem ad finem malum, videtur pertinere ad prudentiam carnis vel saeculi. Ergo astutia non est speciale peccatum a prudentia carnis distinctum.

3. PRAETEREA, Gregorius, X *Moral*.[1], exponens illud Iob 12,4, *Derideatur iusti simplicitas*, dicit: *Sapientia huius mundi est cor machinationibus tegere, sensum verbis velare, quae falsa sunt vera ostendere, quae vera sunt falsa demonstrare*. Et postea subdit: *Haec prudentia usu a iuvenibus scitur, a pueris pretio discitur*. Sed ea quae praedicta sunt videntur ad astutiam pertinere. Ergo astutia non distinguitur a prudentia carnis vel mundi; et ita non videtur esse speciale peccatum.

SED CONTRA est quod Apostolus dicit, 2Cor 4,2: *Abdicamus occulta dedecoris, non ambulantes in astutia, neque adulterantes verbum Dei*. Ergo astutia est quoddam peccatum.

RESPONDEO dicendum quod prudentia est recta ratio agibilium, sicut scientia est recta ratio scibilium. Contingit autem contra rectitudinem scientiae dupliciter peccari in speculativis: uno quidem modo, quando ratio inducitur ad aliquam conclusionem falsam quae apparet vera; alio modo, ex eo quod ratio procedit ex aliquibus falsis quae videntur esse vera, sive sint ad conclusionem veram sive ad conclusionem falsam. Ita etiam aliquod peccatum potest esse contra prudentiam

ARTIGO 3
A astúcia é um pecado especial?[a]

QUANTO AO TERCEIRO, ASSIM SE PROCEDE: parece que a astúcia **não** é um pecado especial.
1. Com efeito, as palavras da Sagrada Escritura não induzem ninguém ao pecado. Ora, induzem à astúcia, segundo o que está no livro dos Provérbios: "Para dar astúcia às crianças". Logo, a astúcia não é pecado.

2. ALÉM DISSO, lê-se, ainda: "O astuto faz tudo com deliberação". Ora, ou para um fim bom ou mau. Se para um fim bom, não parece ser pecado; se para um fim mau, parece ser algo próprio da prudência da carne ou do mundo. Logo, a astúcia não é um pecado especial, distinto da prudência da carne.

3. ALÉM DISSO, Gregório, comentando as palavras de Jó: "A simplicidade do justo será escarnecida", diz: "A sabedoria deste mundo consiste em encher de maquinações os corações, ocultar o sentido às palavras, mostrar como verdadeiro o que é falso e como falso o que é verdadeiro". E acrescenta: "Esta prudência os jovens a aprendem com o uso, é ensinada às crianças por dinheiro". Ora, ao que parece, todas estas coisas se dão na astúcia. Logo, a astúcia não se distingue da prudência da carne ou do mundo e assim não parece constituir um pecado especial.

EM SENTIDO CONTRÁRIO, o Apóstolo diz: "Nós dissemos não aos procedimentos secretos e vergonhosos, conduzimo-nos sem astúcia e não falsificamos a palavra de Deus". Logo, a astúcia é um pecado especial.

RESPONDO. A prudência é a reta razão no que deve ser feito, como a ciência é a reta razão no que deve ser conhecido. Na ordem especulativa pode dar-se o pecado contra a retidão da ciência de dois modos: primeiro, quando a razão é levada a uma conclusão falsa, que parece verdadeira. Segundo, quando parte de premissas falsas, que parecem ser verdadeiras, seja verdadeira ou falsa a conclusão a que chegou. De modo semelhante, pode haver pecados contra a prudência que

---

3
1. C. 29, al. 16, in vet. 27, n. 48: ML 75, 947 A.

a. Nos artigos 3, 4 e 5 desta questão, Sto. Tomás emprega os termos latinos *astutia* e *dolus* com sentidos precisos. Espontaneamente, o tradutor pensaria poder verter esses dois termos por "astúcia" e "dolo". Mas não é tão simples, pois a *astutia* de Sto. Tomás é viciosa, enquanto que em nossa língua "astúcia" e "astucioso" se tornaram antes benéficos, ou pelo menos inofensivos, sugerindo um espírito inventivo ou uma armação engenhosa. Sto. Tomás situa *astutia* mais no pensamento, *dolus* de preferência na ação (a. 4).

habens aliquam similitudinem eius dupliciter. Uno modo, quia studium rationis ordinatur ad finem qui non est vere bonus sed apparens: et hoc pertinet ad prudentiam carnis. Alio modo, inquantum aliquis ad finem aliquem consequendum, vel bonum vel malum, utitur non veris viis, sed simulatis et apparentibus: et hoc pertinet ad peccatum astutiae. Unde est quoddam peccatum prudentiae oppositum a prudentia carnis distinctum.

AD PRIMUM ergo dicendum quod, sicut Augustinus dicit, in IV *contra Iulian.*[2], sicut prudentia abusive quandoque in malo accipitur, ita etiam astutia quandoque in bono: et hoc propter similitudinem unius ad alterum. Proprie tamen astutia in malo accipitur; sicut et Philosophus dicit, in VI *Ethic.*[3].

AD SECUNDUM dicendum quod astutia potest consiliari et ad finem bonum et ad finem malum: nec oportet ad finem bonum falsis viis pervenire et simulatis, sed veris. Unde etiam astutia si ordinetur ad bonum finem, est peccatum.

AD TERTIUM dicendum quod Gregorius sub *prudentia mundi* accepit omnia quae possunt ad falsam prudentiam pertinere. Unde etiam sub hac comprehenditur astutia.

ARTICULUS 4
Utrum dolus sit peccatum ad astutiam pertinens

AD QUARTUM SIC PROCEDITUR. Videtur quod dolus non sit peccatum ad astutiam pertinens.

1. Peccatum enim in perfectis viris non invenitur, praecipue mortale. Invenitur autem in eis aliquis dolus: secundum illud 2Cor 12,16: *Cum essem astutus, dolo vos cepi.* Ergo dolus non est semper peccatum.

2. PRAETEREA, dolus maxime ad linguam pertinere videtur: secundum illud Ps 5,11: *Linguis suis dolose agebant.* Astutia autem, sicut et prudentia, est in ipso actu rationis. Ergo dolus non pertinet ad astutiam.

3. PRAETEREA, Pr 12,20 dicitur: *Dolus in corde cogitantium mala.* Sed non omnis malorum cogitatio pertinet ad astutiam. Ergo dolus non videtur ad astutiam pertinere.

apresentam semelhanças com ela, de dois modos: primeiro, porque a razão se aplica a ordenar a ação para um fim que não é bom, mas, somente na aparência, e isto é próprio da prudência da carne. Segundo, quando, para conseguir um fim bom ou mau, usam-se vias não verdadeiras mas fingidas e aparentes, o que é próprio da astúcia. Portanto, há um pecado especial oposto à prudência distinto da prudência da carne.

QUANTO AO 1º, portanto, deve-se dizer que, como diz Agostinho, assim como de forma abusiva, às vezes, falamos de prudência para o mal, assim, às vezes, falamos de astúcia para o bem por haver certa semelhança entre elas. No entanto, propriamente falando, a astúcia se entende em mau sentido, como diz o Filósofo.

QUANTO AO 2º, deve-se dizer que a astúcia pode deliberar a respeito de um fim bom ou mau. Ora, não se deve conseguir um fim bom fazendo uso de meios falsos e simulados, mas, verdadeiros. Portanto, mesmo a astúcia, se for ordenada para um fim bom, é pecado.

QUANTO AO 3º, deve-se dizer que Gregório chama "prudência do mundo" tudo o que está compreendido na ideia de falsa prudência. Portanto, também a astúcia.

ARTIGO 4
O dolo é um pecado que pertence à astúcia?

QUANTO AO QUARTO, ASSIM SE PROCEDE: parece que o dolo **não** é um pecado que pertence à astúcia.

1. Com efeito, não há pecado no homem perfeito, sobretudo o mortal. Ora, encontra-se nele algum dolo, como se lê na Carta aos Coríntios: "Como sou astucioso, peguei-vos pelo dolo". Logo, o dolo nem sempre é pecado.

2. ALÉM DISSO, o dolo parece ser próprio, sobretudo, da língua, segundo diz o salmista: "Agiam dolosamente com suas línguas". Ora, a astúcia, como a prudência, está no próprio ato da razão. Logo, o dolo não pertence à astúcia.

3. ADEMAIS, no livro dos Provérbios se diz: "No coração dos que semeiam o mal, há dolo". Ora, nem todo pensamento do mal pertence à astúcia. Logo, parece que o dolo não pertence à astúcia.

---
2. C. 3, n. 20: ML 44, 748.
3. C. 13: 1144, a, 27-28.

SED CONTRA est quod astutia ad circumveniendum ordinatur: secundum illud Apostoli, ad Eph 4,14: *In astutia ad circumventionem erroris*. Ad quod etiam dolus ordinatur. Ergo dolus pertinet ad astutiam.

RESPONDEO dicendum quod, sicut supra[1] dictum est, ad astutiam pertinet assumere vias non veras, sed simulatas et apparentes, ad aliquem finem prosequendum vel bonum vel malum. Assumptio autem harum viarum potest dupliciter considerari. Uno quidem modo, in ipsa excogitatione viarum huiusmodi: et hoc proprie pertinet ad astutiam, sicut etiam excogitatio rectarum viarum ad debitum finem pertinet ad prudentiam.

Alio modo potest considerari talium viarum assumptio secundum executionem operis: et secundum hoc pertinet ad dolum. Et ideo dolus importat quandam executionem astutiae. Et secundum hoc ad astutiam pertinet.

AD PRIMUM ergo dicendum quod sicut astutia proprie accipitur in malo, abusive autem in bono; ita etiam et dolus, qui est astutiae executio.

AD SECUNDUM dicendum quod executio astutiae ad decipiendum primo quidem et principaliter fit per verba, quae praecipuum locum tenent inter signa quibus homo significat aliquid alteri, ut patet per Augustinum, in libro *de Doct. Christ.*[2]. Et ideo dolus maxime attribuitur locutioni. Contingit tamen esse dolum et in factis: secundum illud Ps 104,25: *Et dolum facerent in servos eius*. Est etiam et dolus in corde: secundum illud Eccli 19,23. *Interiora eius plena sunt dolo*. Sed hoc est secundum quod aliquis dolos excogitat: secundum illud Ps 37,13: *Dolos tota die meditabantur*.

AD TERTIUM dicendum quod quicumque cogitant aliquod malum facere, necesse est quod excogitent aliquas vias ad hoc quod suum propositum impleant: et ut plurimum excogitant vias dolosas, quibus facilius propositum consequantur. Quamvis contingat quandoque quod absque astutia et dolo aliqui aperte et per violentiam malum operentur. Sed hoc, quia difficilius fit, in paucioribus accidit.

EM SENTIDO CONTRÁRIO, a astúcia tem como finalidade enganar, conforme diz o Apóstolo: "... na astúcia, o engano do erro". Ora, o dolo tem a mesma finalidade. Logo, o dolo pertence à astúcia.

RESPONDO. Como acaba de ser dito, pertence à astúcia adotar meios não verdadeiros, mas dissimulados e aparentes para conseguir um fim, quer seja bom ou mau. A escolha desses meios pode ser considerada de dois modos: primeiro, quanto à premeditação de tais meios; e isso pertence propriamente à astúcia, como pertence à prudência a premeditação dos meios corretos para se atingir o devido fim.

Segundo, pode-se considerar a escolha de tais meios quanto à realização da obra, e, então, pertence ao dolo. Portanto, o dolo implica certa execução da astúcia. Assim, o dolo pertence à astúcia.

QUANTO AO 1º, portanto, deve-se dizer que assim como a astúcia propriamente se entende em mau sentido, e só abusivamente no bom, também o dolo, que é a realização da astúcia.

QUANTO AO 2º, deve-se dizer que a execução da astúcia, enganando a outros, se faz principalmente pelas palavras, o sinal mais apto com o qual o homem manifesta algo ao outros, como demonstra Agostinho. Por isso, o dolo se aplica acima de tudo à fala. Às vezes, não obstante, se dá o dolo nos fatos, segundo o Salmo: "tratar seus servos com dolo". Há dolo até mesmo no coração, segundo esta passagem do Eclesiástico: "O coração está cheio de dolo". Mas, isso existe na medida em que alguém pensa algum dolo, como diz o Salmo: "Maquinaram dolos todos os dias".

QUANTO AO 3º, deve-se dizer que todos aqueles que pensam fazer algum mal devem premeditar algum meio para conseguir seu propósito, e assim, na maioria da vezes, pensam meios dolosos pelos quais mais facilmente consigam o propósito. Há, não obstante, aqueles que fazem o mal não com astúcia e dolo, mas claramente e pela força. Mas, como isso é mais difícil, é menos frequente.

---

1. A. praec.
2. L. II, c. 3: ML 34, 37.

Articulus 5
Utrum fraus ad astutiam pertineat

AD QUINTUM SIC PROCEDITUR. Videtur quod fraus ad astutiam non pertineat.

1. Non enim est laudabile quod aliquis decipi se patiatur, ad quod astutia tendit. Est autem laudabile quod aliquis patiatur fraudem: secundum illud 1Cor 6,7: *Quare non magis fraudem patimini?* Ergo fraus non pertinet ad astutiam.

2. PRAETEREA, fraus pertinere videtur ad illicitam acceptionem vel receptionem exteriorum rerum: dicitur enim Act 5,1-2 quod *vir quidam nomine Ananias, cum Saphira uxore sua, vendidit agrum et fraudavit de pretio agri.* Sed illicite usurpare vel retinere res exteriores pertinet ad iniustitiam vel illiberalitatem. Ergo fraus non pertinet ad astutiam, quae opponitur prudentiae.

3. PRAETEREA, nullus astutia utitur contra seipsum. Sed aliquorum fraudes sunt contra seipsos: dicitur enim Pr 1,18 de quibusdam quod *moliuntur fraudes contra animas suas.* Ergo fraus non pertinet ad astutiam.

SED CONTRA, fraus ad deceptionem ordinatur: secundum illud Iob 13,9: *Numquid decipietur ut homo vestris fraudulentiis?* Ad idem etiam ordinatur astutia. Ergo fraus ad astutiam pertinet.

RESPONDEO dicendum quod sicut dolus consistit in executione astutiae, ita etiam et fraus: sed in hoc differre videntur quod dolus pertinet universaliter ad executionem astutiae, sive fiat per verba sive per facta; fraus autem magis proprie pertinet ad executionem astutiae secundum quod fit per facta.

AD PRIMUM ergo dicendum quod Apostolus non inducit fideles ad hoc quod decipiantur in cognoscendo: sed ad hoc quod effectum deceptionis patienter tolerent in sustinendis iniuriis fraudulenter illatis.

AD SECUNDUM dicendum quod executio astutiae potest fieri per aliquod aliud vitium, sicut et executio prudentiae fit per virtutes. Et hoc modo nihil prohibet defraudationem pertinere ad avaritiam vel illiberalitatem.

AD TERTIUM dicendum quod illi qui fraudes faciunt ex eorum intentione non moliuntur aliquid contra seipsos vel contra animas suas: sed ex iusto Dei iudicio provenit ut id quod contra alios

Artigo 5
A fraude pertence à astúcia?

QUANTO AO QUINTO, ASSIM SE PROCEDE: parece que a fraude **não** pertence à astúcia.

1. Com efeito, não é louvável deixar-se enganar, ao que tende a astúcia. Ora, é louvável que alguém suporte a fraude, conforme a primeira Carta aos Coríntios: "Por que não preferis suportar a fraude?". Logo, a fraude não pertence à astúcia.

2. ALÉM DISSO, fraude parece ser a injusta recepção ou retenção de coisas externas, pois, está dito nos Atos dos Apóstolos: "Um homem chamado Ananias vendeu uma propriedade, de acordo com Safira, sua mulher; depois, em conivência com ela, fraudou o preço do campo". Ora, apropriar-se ou reter ilicitamente as coisas exteriores é próprio da injustiça ou da iliberalidade. Logo, a fraude não pertence à astúcia, que se opõe à prudência.

3. ADEMAIS, ninguém emprega a astúcia contra si mesmo. Ora, a fraude de alguns são contra si mesmos, como diz o livro dos Provérbios: "Contra a sua própria alma tramam fraudes". Logo, a fraude não pertence à astúcia.

EM SENTIDO CONTRÁRIO, a fraude se ordena ao engano, segundo se lê no livro de Jó: "Acaso será enganado, como homem, com vossas fraudulências?". Ora, a astúcia tem o mesmo fim. Logo, a fraude pertence à astúcia.

RESPONDO. Assim como o dolo consiste na execução da astúcia, também a fraude. Parecem se distinguir enquanto o dolo pertence à realização da astúcia, de um modo universal, seja por palavras, seja por fatos. E é próprio da fraude sua realização por fatos.

QUANTO AO 1º, portanto, deve-se dizer que o Apóstolo não induz os fiéis a serem enganados no conhecimento, mas que sofram pacientemente o efeito do engano suportando as injúrias fraudulentas.

QUANTO AO 2º, deve-se dizer que a astúcia pode se realizar por meio de um outro vício, como a prudência pelas virtudes. Assim entendida, não há inconveniente em que a fraude pertença à avareza ou à iliberalidade.

QUANTO AO 3º, deve-se dizer que os que praticam a fraude não intencionam maquinar o mal contra si mesmos ou contra sua almas; mas, por justo juízo de Deus, sucede que os que tramam

moliuntur contra eos retorqueatur; secundum illud Ps 7,16: *Incidit in foveam quam fecit*.

Articulus 6
Utrum licitum sit sollicitudinem habere de temporalibus rebus

AD SEXTUM SIC PROCEDITUR. Videtur quod licitum sit sollicitudinem habere de temporalibus rebus.

1. Ad praesidentem enim pertinet sollicitum esse de his quibus praeest: secundum illud Rm 12,8: *Qui praeest in sollicitudine*. Sed homo praeest ex divina ordinatione temporalibus rebus: secundum illud Ps 8,8: *Omnia subiecisti sub pedibus eius, oves et boves* etc. Ergo homo debet habere sollicitudinem de temporalibus rebus.

2. PRAETEREA, unusquisque sollicitus est de fine propter quem operatur. Sed licitum est hominem operari propter temporalia, quibus vitam sustentet: unde Apostolus dicit, 2Thess 3,10: *Si quis non vult operari, non manducet*. Ergo licitum est sollicitari de rebus temporalibus.

3. PRAETEREA, sollicitudo de operibus misericordiae laudabilis est: secundum illud 2Tm 1,17: *Cum Romam venisset, sollicite me quaesivit*. Sed sollicitudo temporalium rerum quandoque pertinet ad opera misericordiae: puta cum quis sollicitudinem adhibet ad procurandum negotia pupillorum et pauperum. Ergo sollicitudo temporalium rerum non est illicita.

SED CONTRA est quod Dominus dicit, Mt 6,31: *Nolite Solliciti esse, dicentes: Quid manducabimus aut quid bibemus, aut quo operiemur?* quae tamen sunt maxime necessaria.

RESPONDEO dicendum quod sollicitudo importat studium quoddam adhibitum ad aliquid consequendum. Manifestum est autem quod maius studium adhibetur ubi est timor deficiendi: et ideo ubi est securitas consequendi, minor intervenit sollicitudo. Sic ergo sollicitudo temporalium rerum tripliciter potest esse illicita. Uno quidem modo, ex parte eius de quo sollicitamur: si scilicet temporalia tanquam finem quaeramus. Unde et Augustinus dicit, in libro *de Operibus Mo-*

Artigo 6
É lícita a solicitude pelas coisas temporais?[b]

QUANTO AO SEXTO, ASSIM SE PROCEDE: parece que é lícita a solicitude pelas coisas temporais.

1. Com efeito, é próprio do chefe preocupar-se com aqueles que estão a seu cargo, segundo a frase do Apóstolo: "Aquele que preside, faça-o com solicitude". Ora, em virtude da ordenação divina, o homem preside aos bens temporais, segundo o Salmo: "Tudo submeteste a seus pés: o rebanho e o gado todo etc." Logo, o homem deve ter solicitude pelas coisas temporais.

2. ALÉM DISSO, cada um se preocupa com o fim em vista do qual age. Ora, é lícito ao homem agir em vista de fins temporais para sustentar sua vida, pois, segundo o Apóstolo: "De fato, quando estávamos convosco, nós vos dávamos esta ordem: se alguém não quiser trabalhar, também deixe de comer". Logo, é lícita a solicitude pelas coisas temporais.

3. ADEMAIS, solicitude pelas obras de misericórdia é louvável, segundo Paulo: "Desde que chegou a Roma, me procurou com solicitude". Ora, a solicitude pelas coisas temporais pertence, às vezes, às obras de misericórdia, quando alguém, por exemplo, é solícito por ocupar-se dos negócios das crianças e dos pobres. Logo, a solicitude pelas coisas temporais não é ilícita.

EM SENTIDO CONTRÁRIO, o Senhor diz no Evangelho de Mateus: "Não queirais ser solícitos, dizendo: Que comeremos? que beberemos? com que nos vestiremos?", coisas essas todas necessárias.

RESPONDO. A solicitude implica empenho para conseguir algo. É evidente que se emprega maior empenho quando se teme falhar; e, assim, quando há segurança em se conseguir, intervém solicitude menor. Assim, pois, a solicitude pelas coisas temporais pode ser ilícita de três modos: primeiro, por parte da própria coisa, quando procuramos os bens temporais como fim. Daí a palavra de Agostinho: "Quando o Senhor diz: Não sejais solícitos etc." ele diz para que não atendam a essas coisas e por

---

6 PARALL.: Infra, q. 188, a. 7; I-II, q. 108, a. 3, ad 5; *Cont. Gent.* III, 135; *Quodlib.* VII, q. 7, a. 1, ad 7; *in Matth*, c. 6; *ad Philipp.*, c. 4, lect. 1.

b. O caso não é o único, muito longe disso, nesse estudo das falsas prudências. Deve-se observar a que ponto este artigo é um puro comentário do Evangelho.

nach.[1]: *Cum Dominus dicit, Nolite solliciti esse etc., hoc dicit ut non ista intueantur, et propter ista faciant quidquid in Evangelii praedicatione facere iubentur.*

Alio modo potest esse temporalium sollicitudo illicita propter superfluum studium quod apponitur ad temporalia procuranda, propter quod homo a spiritualibus, quibus principalius inservire debet, retrahitur. Et ideo dicitur Mt 13,22 quod *sollicitudo saeculi suffocat verbum*.

Tertio modo, ex parte timoris superflui: quando scilicet aliquis timet ne, faciendo quod debet, necessaria sibi deficiant. Quod Dominus tripliciter excludit. Primo, propter maiora beneficia homini praestita divinitus praeter suam sollicitudinem, scilicet corpus et animam. Secundo, propter subventionem qua Deus animalibus et plantis subvenit absque opere humano, secundum proportionem suae naturae. Tertio, ex divina providentia, propter cuius ignorantiam gentiles circa temporalia bona quaerenda principalius sollicitantur. Et ideo concludit quod principaliter nostra sollicitudo esse debet de spiritualibus bonis, sperantes quod etiam temporalia nobis provenient ad necessitatem, si fecerimus quod debemus.

AD PRIMUM ergo dicendum quod temporalia bona subiecta sunt homini ut eis utatur ad necessitatem: non ut in eis finem constituat, et superflue circa ea sollicitetur.

AD SECUNDUM dicendum quod sollicitudo eius qui corporali labore panem acquirit non est superflua, sed moderata. Et ideo Hieronymus dicit[2] quod *labor exercendus est, sollicitudo tollenda*, superflua scilicet, animum inquietans.

AD TERTIUM dicendum quod sollicitudo temporalium in operibus misericordiae ordinatur ad finem caritatis. Et ideo non est illicita, nisi sit superflua.

elas façam o que se lhes manda na pregação do Evangelho".

Segundo, pode ser ilícita a solicitude pelas coisas temporais pelo empenho demasiado em procurar as coisas temporais, que faz o homem afastar-se das coisas espirituais, às quais deve sobretudo aplicar-se. Por isso, se diz no Evangelho de Mateus: "a solicitude pelo mundo sufoca a palavra".

Terceiro, pode ser ilícita por parte de um temor exagerado, por exemplo, quando se teme que falte o necessário, fazendo o que se deve. O Senhor exclui esse sentimento de três maneiras. Primeiro, por causa dos maiores benefícios concedidos por Deus ao homem sem que ele os solicite, benefícios que são o corpo e a alma. Segundo, por causa da ajuda concedida por Deus aos animais e às plantas independentemente de qualquer obra humana, na medida de sua natureza. Terceiro, pela providência divina, por cuja ignorância os gentios eram solícitos antes de tudo, por procurar bens temporais. Por isso, o Senhor conclui que nossa solicitude principal deve ser pelos benefícios espirituais, na esperança de que mesmo os bens temporais serão fornecidos de acordo com nossas necessidades, se fizermos o que devemos.

QUANTO AO 1º, portanto, deve-se dizer que os bens temporais estão sujeitos ao homem para que use deles segundo suas necessidades, não para que ponha neles seu fim e nem por eles sejam solícitos demasiadamente.

QUANTO AO 2º, deve-se dizer que a solicitude daquele que ganha o pão com o trabalho corporal não é excessiva, mas moderada. Por isso, diz Jerônimo que "deve-se trabalhar e realizar o trabalho e abandonar a solicitude", quer dizer, a excessiva, que inquieta a alma.

QUANTO AO 3º, deve-se dizer que a solicitude pelas coisas temporais nas obras de misericórdia se ordena ao fim da caridade. Por isso, não é ilícita, a não ser que seja excessiva.

---

1. C. 26, n. 34: ML 40, 573.
2. *In Matth.*, l. I, super 6, 25: ML 26, 45 A.

Articulus 7
Utrum aliquis debeat esse sollicitus in futurum

AD SEPTIMUM SIC PROCEDITUR. Videtur quod aliquis debeat esse sollicitus in futurum.
1. Dicitur enim Pr 6,6sqq.: *Vade ad formicam, o piger, et considera vias eius, et disce sapientiam: quae cum non habeat ducem nec praeceptorem, parat in aestate cibum sibi, et congregat in messe quod comedat.* Sed hoc est in futurum sollicitari. Ergo laudabilis est sollicitudo futurorum.

2. PRAETEREA, sollicitudo ad prudentiam pertinet. Sed prudentia praecipue est futurorum: praecipua enim pars eius est *providentia futurorum*, ut supra[1] dictum est. Ergo virtuosum est sollicitari de futuris.

3. PRAETEREA, quicumque reponit aliquid in posterum conservandum sollicitus est in futurum. Sed ipse Christus legitur, Io 12,6, loculos habuisse ad aliquid conservandum, quos Iudas deferebat. Apostoli etiam conservabant pretia praediorum, quae ante pedes eorum ponebantur, ut legitur Act 4,35. Ergo licitum est in futurum sollicitari.

SED CONTRA est quod Dominus dicit, Mt 6,34: *Nolite solliciti esse in crastinum*. *Cras* autem ibi ponitur pro *futuro*, sicut dicit Hieronymus[2].

RESPONDEO dicendum quod nullum opus potest esse virtuosum nisi debitis circumstantiis vestiatur; inter quas una est debitum tempus, secundum illud Eccle 8,6: *Omni negotio tempus est et opportunitas*. Quod non solum in exterioribus operibus, sed etiam in interiori sollicitudine locum habet. Unicuique enim tempori competit propria sollicitudo: sicut tempori aestatis competit sollicitudo metendi, tempori autumni sollicitudo vindemiae. Si quis ergo tempore aestatis de vindemia iam esset sollicitus, superflue praeoccuparet futuri temporis sollicitudinem. Unde huiusmodi sollicitudinem tanquam superfluam Dominus prohibet, dicens: *Nolite solliciti esse in crastinum*. Unde subdit: *Crastinus enim dies sollicitus erit sibi ipsi*, idest suam propriam sollicitudinem habebit, quae sufficiet ad animum affligendum. Et hoc est quod subdit: *Sufficit diei malitia sua*, idest afflictio sollicitudinis.

Artigo 7
Deve-se ter solicitude pelo futuro?

QUANTO AO SÉTIMO, ASSIM SE PROCEDE: parece que **se deve** ter solicitude pelo futuro.
1. Com efeito, lê-se no livro dos Provérbios: "Vai ter com a formiga, ó preguiçoso! Observa seus caminhos e torna-te sábio. Ela não tem chefe, nem preceptor. No verão, acumula provisões; na colheita, ajunta a sua comida". Ora, isso é ter solicitude pelo futuro. Logo, é louvável a solicitude pelo futuro.

2. ALÉM DISSO, a solicitude pertence à prudência. Ora, a prudência se refere ao futuro, já que, como vimos acima, sua parte principal é "previsão do futuro". Logo, é virtuoso ter solicitude pelo futuro.

3. ADEMAIS, o que reserva algo para mais tarde é solícito pelo futuro. Ora, o próprio Cristo, como se lê no Evangelho de João, tinha uma bolsa para guardar alguma coisa que estava confiada a Judas. Também os apóstolos conservavam o preço das propriedades que era depositado a seus pés. Logo, é lícito ter solicitude pelo futuro.

EM SENTIDO CONTRÁRIO, o Senhor diz: "Não queirais ser solícitos pelo dia de amanhã". Ora, o "amanhã" é tomado aqui pelo "futuro", explica Jerônimo.

RESPONDO. Nenhuma obra pode ser virtuosa se não estiver revestida das circunstâncias devidas. O tempo é uma delas, segundo o livro do Eclesiastes: "Com efeito, para tudo há um tempo e uma oportunidade". Isso vale não somente para as obras exteriores, mas também para a solicitude interior. A cada tempo, com efeito, convém sua solicitude própria, como, no verão, a solicitude pela colheita, no outono, pela vindima. Pois, se no verão alguém já fosse solícito pela vindima anteciparia inutilmente a solicitude pela próxima estação. É por isso que o Senhor proíbe como excessiva uma tal solicitude, dizendo: "Não queirais ser solícitos pelo dia de amanhã". Ele acrescenta, ainda: "O dia de amanhã será solícito por si mesmo", quer dizer, terá sua própria solicitude, que basta para afligir a alma. É o que diz em seguida: "A cada dia basta o seu mal", isto é, a aflição da solicitude.

---

7 PARALL.: Infra, q. 188, a. 7, ad 2; *Cont. Gent.* III, 135; *in Matth.*, c. 6; *in Ioan.*, c. 13, lect. 5.

1. Q. 49, a. 6, ad 1.
2. *In Matth.*, l. I, super 6, 31 sqq.: ML 26, 46 B.

AD PRIMUM ergo dicendum quod formica habet sollicitudinem congruam tempori: et hoc nobis imitandum proponitur.

AD SECUNDUM dicendum quod ad prudentiam pertinet providentia debita futurorum. Esset autem inordinata futurorum providentia vel sollicitudo si quis temporalia, in quibus dicitur praeteritum et futurum, tanquam fines quaereret; vel si superflua quaereret ultra praesentis vitae necessitatem; vel si tempus sollicitudinis praeoccuparet.

AD TERTIUM dicendum quod, sicut Augustinus dicit, in libro *de Serm. Dom. in Monte*[3], *cum viderimus aliquem servum Dei providere ne ista necessaria sibi desint, non iudicemus eum de crastino sollicitum esse. Nam et ipse Dominus propter exemplum loculos habere dignatus est; et in Actibus Apostolorum scriptum est ea quae ad victum sunt necessaria procurata esse in futurum propter imminentem famem. Non ergo Dominus improbat si quis humano more ista procuret: sed si quis propter ista militet Deo.*

QUANTO AO 1º, portanto, deve-se dizer que a formiga tem a solicitude em conformidade com o tempo, o que nos é proposto como exemplo.

QUANTO AO 2º, deve-se dizer que a previsão do futuro é própria da prudência. Seria desordenada previdência ou solicitude pelo futuro, se alguém procurasse como fim as coisas temporais, nas quais se distingue o passado e o futuro. Ou se procurasse mais coisas do que as necessárias para a vida; ou se se antecipasse o tempo da solicitude.

QUANTO AO 3º, deve-se dizer que como diz Agostinho: "Quando virmos que um servo de Deus providencia que não lhe falte o necessário, não pensemos que anda solícito pelo amanhã. Pois, o próprio Senhor teve uma bolsa para nos dar o exemplo; e, nos Atos dos Apóstolos, está escrito que se proviam do necessário para o futuro diante da iminência da fome. Portanto, o Senhor não reprova aquele que procura estas coisas segundo o costume humano, mas, aquele que serviria a Deus por causa dessas coisas"

ARTICULUS 8
Utrum huiusmodi vitia oriantur ex avaritia

AD OCTAVUM SIC PROCEDITUR. Videtur quod huiusmodi vitia non oriantur ex avaritia.

1. Quia sicut dictum est[1], per luxuriam maxime ratio patitur defectum in sua rectitudine. Sed huiusmodi vitia opponuntur rationi rectae, scilicet prudentiae. Ergo huiusmodi vitia maxime ex luxuria oriuntur: praesertim cum Philosophus dicat, in VII *Ethic.*[2], quod *Venus est dolosa, et eius corrigia est varia* et quod *ex insidiis agit incontinens concupiscentiae*.

2. PRAETEREA, praedicta vitia habent quandam similitudinem prudentiae, ut dictum est[3]. Sed ad prudentiam, cum sit in ratione, maiorem propinquitatem habere videntur vitia magis spiritualia, sicut superbia et inanis gloria. Ergo huiusmodi vitia magis videntur ex superbia oriri quam ex avaritia.

3. PRAETEREA, homo insidiis utitur non solum in diripiendis bonis alienis, sed etiam in machi-

ARTIGO 8
Esses vícios nascem da avareza?

QUANTO AO OITAVO, ASSIM SE PROCEDE: parece que esses vícios **não** nascem da avareza.

1. Com efeito, como foi explicado, é sobretudo pela luxúria que a razão falha na sua retidão. Ora, esses vícios, se opõem à reta razão, isto é, à prudência. Logo, esses vícios nascem principalmente da luxúria, sobretudo quando o Filósofo diz: "Vênus é enganadora e variados são os seus laços"; e também: "o incontinente age impelido pelas insídias da concupiscência.

2. ALÉM DISSO, esses vícios apresentam certa semelhança com a prudência, como já foi dito. Ora, como a prudência está na razão, parecem estar mais próximos dela os vícios mais espirituais, como são o soberba e a vanglória. Logo, esses vícios parecem nascer da soberba, mais do que da avareza.

3. ADEMAIS, o homem usa de insídias não somente para roubar bens alheios, mas também para

---

3. L. II, c. 17, n. 57: ML 34, 1294-1295.

8 PARALL.: Infra, q. 118, a. 8; *De Malo*, q. 13, a. 3.

1. Q. 53, a. 6.
2. C. 7: 1149, b, 13-20.
3. A. 3; q. 47, a. 13.

nando aliorum caedes: quorum primum pertinet ad avaritiam, secundum ad iram. Sed insidiis uti pertinet ad astutiam, dolum et fraudem. Ergo praedicta vitia non solum oriuntur ex avaritia, sed etiam ex ira.

SED CONTRA est quod Gregorius, XXXI *Moral.*[4], ponit fraudem filiam avaritiae.

RESPONDEO dicendum quod, sicut dictum est[5], prudentia carnis et astutia, cum dolo et fraude, quandam similitudinem habent cum prudentia in aliquali usu rationis. Praecipue autem inter alias virtutes morales usus rationis rectae apparet in iustitia, quae est in appetitu rationali. Et ideo usus rationis indebitus etiam maxime apparet in vitiis oppositis iustitiae. Opponitur autem sibi maxime avaritia. Et ideo praedicta vitia maxime ex avaritia oriuntur.

AD PRIMUM ergo dicendum quod luxuria, propter vehementiam delectationis et concupiscentiae, totaliter opprimit rationem, ne prodeat in actum. In praedictis autem vitiis aliquis usus rationis est, licet inordinatus. Unde praedicta vitia non oriuntur directe ex luxuria. — Quod autem Philosophus Venerem dolosam appellat, hoc dicitur secundum quandam similitudinem: inquantum scilicet subito hominem surripit, sicut et in dolis agitur; non tamen per astutias, sed magis per violentiam concupiscentiae et delectationis. Unde et subdit quod *Venus furatur intellectum multum sapientis*[6].

AD SECUNDUM dicendum quod ex insidiis agere ad quandam pusillanimitatem pertinere videtur: magnanimus enim in omnibus vult manifestus esse, ut Philosophus dicit, in IV *Ethic.*[7]. Et ideo quia superbia quandam similitudinem magnanimitatis habet vel fingit, inde est quod non directe ex superbia huiusmodi vitia oriuntur, quae utuntur fraude et dolis. Magis autem hoc pertinet ad avaritiam, quae utilitatem quaerit, parvipendens excelentiam.

AD TERTIUM dicendum quod ira habet subitum motum: unde praecipitanter agit et absque consilio; quo utuntur praedicta vitia, licet inordinate. Quod autem aliqui insidiis utantur ad caedes aliorum, non provenit ex ira, sed magis ex odio: quia iracundus appetit esse manifestus in nocendo, ut dicit Philosophus, in II *Rhet.*[8].

maquinar dano aos outros: o primeiro deles se refere à avareza e, o segundo, à ira. Ora, usar de insídias é próprio da astúcia, do dolo e da fraude. Logo, esses vícios nascem não só da avareza, mas também da ira.

EM SENTIDO CONTRÁRIO, Gregório ensina, que a fraude é filha da avareza.

RESPONDO. Como foi explicado, a prudência da carne e a astúcia, com o dolo e a fraude, têm certa semelhança com a prudência pelo uso da razão de certo modo. Entre as outras virtudes sobressai o uso da reta razão na justiça, que reside na vontade. Portanto, o mau uso da razão aparece, de um modo particular, nos vícios opostos à justiça. A avareza é um dos mais opostos. Logo, esses vícios mencionados nascem prioritariamente da avareza.

QUANTO AO 1º, portanto, deve-se dizer que a luxúria, devido à veemência dos prazeres e da concupiscência, reprime totalmente a razão impedindo-a de agir. Nestes vícios há algum uso da razão, ainda que desordenado. Por isso, tais vícios não nascem diretamente da luxúria. — O Filósofo chama a Vênus "dolosa" por certa semelhança, enquanto ela arrasta subitamente o homem, como acontece no dolo; entretanto não por meio de astúcias, mas, mais pela violência da concupiscência e do prazer. Assim, o Filósofo acrescenta que "Vênus faz perder o intelecto até mesmo ao mais sábio.

QUANTO AO 2º, deve-se dizer que agir por meio de insídias parece que pertence a certa pusilanimidade. Com efeito, o magnânimo quer estar a descoberto em tudo, como diz o Filósofo. Por isso, como a soberba tem, ou aparenta ter, certa semelhança com a magnanimidade, estes vícios não nascem diretamente da soberba, dado que empregam a fraude e o dolo. Isso mais se refere à avareza, que procura seu interesse e despreza a excelência.

QUANTO AO 3º, deve-se dizer que o movimento da ira é repentino, razão pela qual faz agir precipitadamente e sem deliberação. Os vícios mencionados usam da deliberação, embora de maneira desordenada. No entanto, que alguns usem de insídias para causar dano a outros, não procede da ira, mas antes do ódio; pois, o iracundo deseja claramente prejudicar, como diz o Filósofo.

---

4. C. 45, al. 17, in vet. 31, n. 88: ML 76, 621 B.
5. Loc. cit. in 2 a.
6. C. 7: 1149, b, 17-20.
7. C. 8: 1124, b, 29.
8. C. 2: 1378, a, 31-33.

QUAESTIO LVI
DE PRAECEPTIS AD PRUDENTIAM PERTINENTIBUS

in duos articulos divisa

Deinde considerandum est de praeceptis ad prudentiam pertinentibus.

Et circa hoc quaeruntur duo.

Primo: de praeceptis pertinentibus ad prudentiam.

Secundo: de praeceptis pertinentibus ad vitia opposita.

Articulus 1
Utrum de prudentia fuerit dandum aliquod praeceptum inter praecepta decalogi

AD PRIMUM SIC PROCEDITUR. Videtur quod de prudentia fuerit dandum aliquod praeceptum inter praecepta decalogi.

1. De principaliori enim virtute principaliora praecepta dari debent. Sed principaliora praecepta legis sunt praecepta decalogi. Cum ergo prudentia sit principalior inter virtutes morales, videtur quod de prudentia fuerit dandum aliquod praeceptum inter praecepta decalogi.

2. PRAETEREA, in doctrina evangelica continetur lex maxime quantum ad praecepta decalogi. Sed in doctrina evangelica datur praeceptum de prudentia: ut patet Mt 10,16: *Estote prudentes sicut serpentes*. Ergo inter praecepta decalogi debuit praecipi actus prudentiae.

3. PRAETEREA, alia documenta veteris Testamenti ad praecepta decalogi ordinantur: unde et Mal ult.,4 dicitur: *Mementote legis Moysi, servi mei, quam mandavi ei in Horeb*. Sed in aliis documentis veteris Testamenti dantur praecepta de prudentia: sicut Pr 3,5: *Ne innitaris prudentiae tuae*; et infra, 4 cap. 25: *Palpebrae tuae praecedant gressus tuos*. Ergo et in lege debuit aliquod praeceptum de prudentia dari, et praecipue inter praecepta decalogi.

SED CONTRARIUM patet enumeranti praecepta decalogi.

RESPONDEO dicendum quod, sicut supra[1] dictum est cum de praeceptis ageretur, praecepta decalo-

QUESTÃO 56
OS PRECEITOS RELATIVOS À PRUDÊNCIA

em dois artigos

Na sequência, serão considerados os preceitos relativos à prudência.

A respeito deste assunto, são duas as perguntas:

1. Sobre os preceitos concernentes à prudência.
2. Sobre os preceitos referentes aos vícios opostos.

Artigo 1
Entre os preceitos do decálogo deveria haver algum preceito sobre a prudência?

QUANTO AO PRIMEIRO ARTIGO, ASSIM SE PROCEDE: parece que entre os preceitos do decálogo **deveria** haver algum preceito sobre a prudência.

1. Com efeito, sobre a virtude principal devem-se dar preceitos principais. Ora, os principais preceitos da lei são os que estão no decálogo. Logo, como a prudência é a principal entre as virtudes morais, parece que entre os preceitos do decálogo deveria haver algum referente à prudência.

2. ALÉM DISSO, a lei está contida na doutrina evangélica, maxime quanto aos preceitos do decálogo. Ora, no evangelho há um preceito sobre a prudência, como está claro no Evangelho de Mateus: "Sede prudentes como as serpentes". Logo, entre os preceitos do decálogo deveria estar preceituado o ato de prudência.

3. ADEMAIS, outros documentos do Antigo Testamento se ordenam aos preceitos do decálogo. Por isso, se lê na Escritura: " Lembrai-vos da lei de meu servo Moisés que lhe dei no monte Horeb". Ora, em outros documentos do Antigo Testamento são dados preceitos sobre a prudência, como nos Provérbios: "Não te fies em tua prudência"; e mais adiante: "Tuas pálpebras precedam teus passos". Logo, na lei devia ser dado algum preceito sobre a prudência, e, principalmente entre os preceitos do decálogo

EM SENTIDO CONTRÁRIO, é claro a quem enumera os preceitos do decálogo.

RESPONDO. Como foi explicado ao tratar dos preceitos, os preceitos do decálogo, assim como

---

1. I-II, q. 100, a. 3; a. 5, ad 1.

gi, sicut data sunt omni populo, ita etiam cadunt in aestimatione omnium, quasi ad naturalem rationem pertinentia. Praecipue autem sunt de dictamine rationis naturalis fines humanae vitae, qui se habent in agendis sicut principia naturaliter cognita in speculativis, ut ex supradictis[2] patet. Prudentia autem non est circa finem, sed circa ea quae sunt ad finem, ut supra[3] dictum est. Et ideo non fuit conveniens ut inter praecepta decalogi aliquod praeceptum poneretur ad prudentiam directe pertinens. Ad quam tamen omnia praecepta decalogi pertinent secundum quod ipsa est directiva omnium virtuosorum actuum.

AD PRIMUM ergo dicendum quod licet prudentia sit simpliciter principalior virtus aliis virtutibus moralibus, iustitia tamen principalius respicit rationem debiti, quod requiritur ad praeceptum, ut supra[4] dictum est. Et ideo principalia praecepta legis, quae sunt praecepta decalogi, magis debuerunt ad iustitiam quam ad prudentiam pertinere.

AD SECUNDUM dicendum quod doctrina evangelica est doctrina perfectionis: et ideo oportuit quod in ipsa perfecte instrueretur homo de omnibus quae pertinent ad rectitudinem vitae, sive sint fines sive ea quae sunt ad finem. Et propter hoc oportuit in doctrina evangelica etiam de prudentia praecepta dari.

AD TERTIUM dicendum quod sicut alia doctrina veteris Testamenti ordinatur ad praecepta decalogi ut ad finem, ita etiam conveniens fuit ut in subsequentibus documentis veteris Testamenti homines instruerentur de actu prudentiae, qui est circa ea quae sunt ad finem.

foram dados para todo o povo, também podem ser compreendidos por todos, como pertencentes à razão natural. Entre os ditames da razão natural figuram sobretudo os fins da vida humana, que são, na ordem prática, como os princípios especulativos conhecidos naturalmente, como foi explicado anteriormente. A prudência não se refere ao fim, mas aos meios, como também foi dito acima. Portanto, não era conveniente que entre os preceitos do decálogo se desse algum diretamente referido à prudência. Todos os preceitos do decálogo, no entanto, se referem a ela enquanto dirige todos os atos virtuosos.

QUANTO AO 1º, portanto, deve-se dizer que ainda que a prudência seja absolutamente mais excelente que as outras virtudes morais, a justiça considera, de modo mais direto, a razão do devido, que é exigida para os preceitos, como foi dito acima. Por isso, os principais preceitos da lei, que são os do decálogo, deviam referir-se mais à justiça do que à prudência.

QUANTO AO 2º, deve-se dizer que a doutrina do Evangelho é de perfeição, por isso, era conveniente que, por meio dela, o homem fosse instruído em tudo o que se refere à retidão da vida, sejam fins ou meios. Por essa mesma razão era conveniente que se dessem nela preceitos sobre a prudência.

QUANTO AO 3º, deve-se dizer que da mesma forma que as prescrições do Antigo Testamento são ordenadas aos preceitos do decálogo como a seu fim, assim, convinha que, nos documentos posteriores do Antigo Testamento, os homens fossem instruídos sobre o ato de prudência, que se refere aos meios para se atingir o fim.

ARTICULUS 2

Utrum in veteri lege fuerint convenienter praecepta prohibitiva proposita de vitiis oppositis prudentiae

AD SECUNDUM SIC PROCEDITUR. Videtur quod in veteri lege fuerint inconvenienter praecepta prohibitiva proposita de vitiis oppositis prudentiae.

1. Opponuntur enim prudentiae non minus illa quae habent directam oppositionem ad ipsam, si-

ARTIGO 2

Era conveniente que na lei antiga se propusessem preceitos proibitivos dos vícios contrários à prudência?

QUANTO AO SEGUNDO, ASSIM SE PROCEDE: parece que não era conveniente que na lei antiga se propusessem preceitos proibitivos dos vícios contrários à prudência.

1. Com efeito, os vícios que se opõem diretamente à prudência, como a imprudência e suas

---

2. Q. 47, a. 6.
3. Ibid.
4. Q. 44, a. 1; I-II, q. 99, a. 1, 5; q. 100, a. 5, ad 1.

cut imprudentia et partes eius, quam illa quae cum ipsa similitudinem habent, sicut astutia et quae ad ipsam pertinent. Sed haec vitia prohibentur in lege: dicitur enim Lv 19,13: *Non facies calumniam proximo tuo*; et Dt 25,13: *Non habebis in sacculo tuo diversa pondera, maius et minus*. Ergo et de illis vitiis quae directe opponuntur prudentiae aliqua praecepta prohibitiva dari debuerunt.

2. PRAETEREA, in multis aliis rebus potest fraus fieri quam in emptione et venditione. Inconvenienter igitur fraudem in sola emptione et venditione lex prohibuit.

3. PRAETEREA, eadem ratio est praecipiendi actum virtutis et prohibendi actum vitii oppositi. Sed actus prudentiae non inveniuntur in lege praecepti. Ergo nec aliqua opposita vitia debuerunt in lege prohiberi.

SED CONTRARIUM patet per praecepta legis inducta.

RESPONDEO dicendum quod, sicut supra[1] dictum est, iustitia maxime respicit rationem debiti, quod requiritur ad praeceptum: quia iustitia est ad reddendum debitum alteri, ut infra[2] dicetur. Astutia autem quantum ad executionem maxime committitur in his circa quae est iustitia, ut dictum est[3]. Et ideo conveniens fuit ut praecepta prohibitiva darentur in lege de executione astutiae inquantum ad iniustitiam pertinet: sicut cum dolo vel fraude aliquis alicui calumniam ingerit, vel eius bona surripit.

AD PRIMUM ergo dicendum quod illa vitia quae directe opponuntur prudentiae manifesta contrarietate non ita pertinent ad iniustitiam sicut executio astutiae. Et ideo non ita prohibentur in lege sicut fraus et dolus, quae ad iniustitiam pertinent.

AD SECUNDUM dicendum quod omnis fraus vel dolus commissa in his quae ad iustitiam pertinent potest intelligi esse prohibita, Lv 19, in prohibitione calumniae. Praecipue autem solet fraus exerceri et dolus in emptione et venditione: secundum illud Eccli 26,28: *Non iustificabitur caupo a peccato labiorum*. Propter hoc specialiter praeceptum pro-

partes, não se opõem menos a esta virtude que os vícios que lhe são semelhantes, como a astúcia e o que a ela pertence. Ora, estes últimos são proibidos na lei. Com efeito, está dito no livro do Levítico: "Não calunies o teu próximo"; e no livro do Deuteronômio: "Não terás em tua bolsa dois pesos diferentes, um grande e um pequeno". Logo, era necessário que preceitos proibitivos dos vícios diretamente opostos à prudência fossem também dados.

2. ALÉM DISSO, pode haver fraudes em muitos negócios além da compra e venda. Portanto, a lei proibiu inconvenientemente a fraude somente na compra e venda.

3. ADEMAIS, existe a mesma razão para preceituar o ato de virtude e para proibir o vício oposto. Ora, não se encontram na lei preceitos sobre o ato de prudência. Logo, tampouco era necessário proibir certos vícios opostos.

EM SENTIDO CONTRÁRIO, os preceitos da lei são claros.

RESPONDO. Como já foi dito, a justiça considera sobretudo a razão do devido, necessário para o preceito, porque a justiça se ordena a dar ao outro o que lhe é devido, como será dito mais adiante. Ora, a astúcia, quanto à sua execução, se comete sobretudo em matéria de justiça, como também já foi explicado. Por isso, era conveniente que os preceitos proibitivos fossem dados na lei relativamente à execução da astúcia, enquanto pertence à injustiça: como quando alguém calunia outra pessoa, por astúcia ou fraude, ou, rouba seus bens.

QUANTO AO 1º, portanto, deve-se dizer que os vícios diretamente opostos à prudência, com manifesta contrariedade, não se referem à injustiça, do mesmo modo que a prática da astúcia. Por isso, não estão proibidos na lei, como a fraude e dolo que se referem à injustiça.

QUANTO AO 2º, deve-se dizer que toda fraude ou dolo cometido em matéria de injustiça pode ser entendido como incluído na proibição da calúnia[a]. Sucede com mais frequência a prática da fraude e do dolo na compra e venda, segundo o que diz o livro do Eclesiástico: "O taberneiro não será justificado do pecado de seus lábios". Por esta

---

1. Art. praec.
2. Q. 58, a. 2.
3. Q. 55, a. 8.

---

a. Nas bíblias recentes, traduzidas com base no hebraico, parece que o termo vertido em latim por *calumnia* se relaciona a uma exploração fraudulenta do homem pelo homem. Não se trataria de calúnia no sentido em que hoje entendemos o termo. Em latim, *calumnia* tem um sentido mais amplo que nossa "calúnia"; pode significar: encaminhamentos, artifícios, ardis.

hibitivum datur in lege de fraude circa emptiones et venditiones commissa.

Ad tertium dicendum quod omnia praecepta de actibus iustitiae in lege data pertinent ad executionem prudentiae: sicut et praecepta prohibitiva data de furto, calumnia et fraudulenta venditione pertinent ad executionem astutiae.

razão, há na lei um preceito especial que proíbe a fraude nas compras e vendas.

QUANTO AO 3º, deve-se dizer que todos os preceitos da lei referentes aos atos da justiça se referem à prática da prudência, como os preceitos proibitivos concernentes ao roubo, à calúnia, à venda fraudulenta, se referem à prática da astúcia.

ÍNDICE DO VOLUME 5 DA SUMA TEOLÓGICA
II Seção da II Parte – Questões 1 a 56

Siglas e Abreviaturas 9
Autores citados na Suma Teológica – II Seção da II Parte – Questões 1-56 11

A FÉ

INTRODUÇÃO E NOTAS POR ANTONIN-MARCEL HENRY 41
Introdução 43
Prólogo 45

Questão 1   **O objeto da fé** 47
  Artigo 1   O objeto da fé é a verdade primeira? 47
  Artigo 2   O objeto da fé é algo complexo, à maneira de um enunciado? 49
  Artigo 3   A fé é susceptível de falsidade? 50
  Artigo 4   O objeto da fé pode ser alguma coisa vista? 53
  Artigo 5   O objeto da fé pode ser o que se sabe? 54
  Artigo 6   As verdades da fé devem ser apresentadas em artigos precisos? 57
  Artigo 7   Os artigos de fé aumentaram ao correr do tempo? 59
  Artigo 8   A enumeração dos artigos de fé é exata? 63
  Artigo 9   A afirmação dos artigos da fé no símbolo seria conveniente? 66
  Artigo 10   Cabe ao Sumo Pontífice estabelecer o símbolo da fé? 69

Questão 2   **O ato interior da fé** 71
  Artigo 1   Crer é cogitar com assentimento? 71
  Artigo 2   É adequado distinguir o ato de fé pelas expressões
            crer por Deus, crer Deus e crer em Deus? 73
  Artigo 3   É necessário para a salvação crer em algo que supera a razão natural? 75
  Artigo 4   É necessário crer no que a razão natural pode provar? 77
  Artigo 5   É necessário crer explicitamente algumas verdades? 79
  Artigo 6   Todos são igualmente obrigados a ter fé explícita? 81
  Artigo 7   É sempre necessário para a salvação de todos crer explicitamente o mistério de Cristo? ... 83
  Artigo 8   Para a salvação é necessário crer explicitamente na Trindade? 86
  Artigo 9   O ato de fé é meritório? 88
  Artigo 10   A razão induzida a favor das verdades da fé diminui o mérito da fé? 89

Questão 3   **O ato exterior da fé** 92
  Artigo 1   A confissão é um ato de fé? 92
  Artigo 2   A confissão da fé é necessária para a salvação? 93

Questão 4   **A virtude da fé** 95
  Artigo 1   É adequada a seguinte definição da fé: "substância das coisas
            que se devem esperar e prova do que não se vê"? 96
  Artigo 2   A fé está no intelecto como em seu sujeito? 99
  Artigo 3   A caridade é a forma da fé? 101
  Artigo 4   Se a fé informe pode vir a ser fé formada e inversamente 102
  Artigo 5   A fé é uma virtude? 105
  Artigo 6   Se a fé é uma só 107
  Artigo 7   A fé é a primeira das virtudes? 108
  Artigo 8   Há mais certeza na fé do que na ciência e nas outras virtudes intelectuais? 111

Questão 5	Os que têm fé	113
Artigo 1	Na sua condição primeira, o anjo ou o homem tinham fé?	114
Artigo 2	Os demônios têm fé?	117
Artigo 3	O herege, que não crê em um artigo da fé, pode ter fé informe nos outros artigos?	118
Artigo 4	A fé pode ser maior em um do que em outro?	120
Questão 6	**A causa da fé**	**122**
Artigo 1	A fé é infundida no homem por Deus?	122
Artigo 2	A fé informe é dom de Deus?	124
Questão 7	**Os efeitos da fé**	**126**
Artigo 1	O temor é efeito da fé?	126
Artigo 2	A purificação do coração é efeito da fé?	128
Questão 8	**O dom da inteligência**	**129**
Artigo 1	A inteligência é um dom do Espírito Santo?	130
Artigo 2	O dom da inteligência pode existir simultaneamente com a fé?	132
Artigo 3	A inteligência que é dom é somente especulativa ou é também prática?	133
Artigo 4	Os que estão em estado de graça têm o dom da inteligência?	135
Artigo 5	O dom da inteligência existe também nos que não têm a graça santificante?	137
Artigo 6	Se o dom da inteligência se distingue dos outros dons	138
Artigo 7	O dom da inteligência corresponde à sexta bem-aventurança, a saber: Bem-aventurados os limpos de coração, porque verão a Deus?	141
Artigo 8	Dentre os frutos, a fé corresponde ao dom da inteligência?	142
Questão 9	**O dom da ciência**	**144**
Artigo 1	A ciência é um dom?	144
Artigo 2	O dom da ciência versa sobre as coisas divinas?	146
Artigo 3	O dom de ciência é ciência prática?	148
Artigo 4	Ao dom da ciência corresponde a terceira bem-aventurança: "Bem-aventurados os que choram, porque serão consolados"?	150
Questão 10	**Da infidelidade em geral**	**152**
Artigo 1	A infidelidade é pecado?	153
Artigo 2	A infidelidade está no intelecto como em seu sujeito?	154
Artigo 3	A infidelidade é o maior dos pecados?	156
Artigo 4	Qualquer ação do infiel é pecado?	157
Artigo 5	Há várias espécies de infidelidade?	159
Artigo 6	A infidelidade dos gentios ou dos pagãos é mais grave que as outras?	161
Artigo 7	Deve-se disputar publicamente com os infiéis?	163
Artigo 8	Os infiéis devem ser compelidos a aceitar a fé?	165
Artigo 9	Pode-se ter comunhão com os infiéis?	167
Artigo 10	Podem os infiéis ter autoridade ou domínio sobre os fiéis?	169
Artigo 11	Devem-se tolerar os ritos dos infiéis?	172
Artigo 12	Os filhos dos judeus e demais infiéis devem ser batizados contra a vontade dos pais	174
Questão 11	**A heresia**	**177**
Artigo 1	Seria a heresia uma espécie de infidelidade?	177
Artigo 2	A heresia versa propriamente sobre matéria de fé?	179
Artigo 3	Devem-se tolerar os hereges?	182
Artigo 4	Os convertidos da heresia devem ser recebidos pela Igreja?	184
Questão 12	**A apostasia**	**186**
Artigo 1	A apostasia se refere à infidelidade?	186
Artigo 2	Por causa da apostasia, um príncipe perde o domínio sobre seus súditos a ponto de não serem obrigados a obedecer-lhe?	189

Questão 13	**Da blasfêmia em geral**	190
Artigo 1	A blasfêmia se opõe à confissão da fé?	191
Artigo 2	A blasfêmia é sempre pecado mortal?	193
Artigo 3	O pecado da blasfêmia é o maior dos pecados?	194
Artigo 4	Os condenados blasfemam?	196
Questão 14	**A blasfêmia contra o Espírito Santo**	197
Artigo 1	O pecado contra o Espírito Santo é idêntico ao pecado de malícia caracterizada?	197
Artigo 2	É exato estabelecer que são seis as espécies de pecado contra o Espírito Santo?	200
Artigo 3	O pecado contra o Espírito Santo é irremissível?	203
Artigo 4	O homem pode pecar contra o Espírito Santo, sem ter cometido antes outros pecados?	205
Questão 15	**A cegueira da mente e o embotamento do sentido**	208
Artigo 1	A cegueira da mente é pecado?	208
Artigo 2	O embotamento do sentido difere da cegueira da mente?	210
Artigo 3	A cegueira da mente e o embotamento do sentido nascem dos pecados carnais?	211
Questão 16	**Os preceitos relativos à fé, à ciência e ao intelecto**	213
Artigo 1	A lei antiga devia estabelecer preceitos relativos à fé?	214
Artigo 2	A Antiga Lei estabeleceu convenientemente os preceitos relativos à ciência e ao intelecto?	216

A ESPERANÇA

INTRODUÇÃO E NOTAS POR ANTONIN-MARCEL HENRY		219
Introdução		221
Questão 17	**A esperança**	223
Artigo 1	A esperança é uma virtude?	223
Artigo 2	A bem-aventurança eterna é o objeto próprio da esperança?	225
Artigo 3	Pode-se esperar a bem-aventurança eterna para outrem, pela virtude da esperança?	227
Artigo 4	Pode-se licitamente esperar no homem?	228
Artigo 5	A esperança é uma virtude teologal?	229
Artigo 6	A esperança é virtude distinta das outras virtudes teologais?	231
Artigo 7	A esperança precede a fé?	232
Artigo 8	A caridade é anterior à esperança?	234
Questão 18	**O sujeito da esperança**	235
Artigo 1	A esperança está na vontade como em seu sujeito?	235
Artigo 2	Os bem-aventurados têm esperança?	237
Artigo 3	A esperança existe nos condenados?	239
Artigo 4	A esperança de quem ainda caminha nesta vida goza da certeza?	241
Questão 19	**O dom do temor**	242
Artigo 1	Deus pode ser temido?	243
Artigo 2	O temor se divide convenientemente em temor filial, inicial, servil e mundano?	244
Artigo 3	O temor mundano é sempre mau?	247
Artigo 4	O temor servil é bom?	248
Artigo 5	O temor servil é substancialmente o mesmo que o temor filial?	250
Artigo 6	O temor servil coexiste com a caridade?	252
Artigo 7	O temor é o início da sabedoria?	253
Artigo 8	O temor inicial é substancialmente diferente do temor filial?	255
Artigo 9	O temor é dom do Espírito Santo?	256
Artigo 10	O temor diminui com o aumento da caridade?	259
Artigo 11	O temor subsiste na pátria?	260
Artigo 12	A pobreza de espírito é a bem-aventurança correspondente ao dom do temor?	263

Questão 20	O desespero	265
Artigo 1	O desespero é pecado?	265
Artigo 2	O desespero pode existir sem a infidelidade?	268
Artigo 3	O desespero é o maior dos pecados?	269
Artigo 4	O desespero nasce da acídia?	271
Questão 21	A presunção	273
Artigo 1	A presunção se funda em Deus ou no próprio poder?	273
Artigo 2	Presunção é pecado?	275
Artigo 3	A presunção se opõe mais ao temor do que à esperança?	277
Artigo 4	A presunção é causada pela vanglória?	279
Questão 22	Os preceitos relativos à esperança e ao temor	280
Artigo 1	Deve-se estabelecer algum preceito relativo à esperança?	280
Artigo 2	Dever-se-ia dar algum preceito a respeito do temor?	282

A CARIDADE

INTRODUÇÃO E NOTAS POR ANTONIN-MARCEL HENRY		285
Introdução		287
Questão 23	A caridade em si mesma	293
Artigo 1	A caridade é uma amizade?	293
Artigo 2	A caridade é algo criado na alma?	296
Artigo 3	A caridade é uma virtude?	298
Artigo 4	A caridade é uma virtude especial?	300
Artigo 5	A caridade é uma única virtude?	302
Artigo 6	A caridade é a virtude mais excelente?	303
Artigo 7	Sem a caridade, pode haver alguma verdadeira virtude?	305
Artigo 8	A caridade é a forma das virtudes?	308
Questão 24	O sujeito da caridade	309
Artigo 1	A vontade é o sujeito da caridade?	310
Artigo 2	A caridade é causada em nós por infusão?	311
Artigo 3	A caridade é infundida em nós em proporção das capacidades naturais?	313
Artigo 4	A caridade pode aumentar?	315
Artigo 5	A caridade aumenta por adição?	317
Artigo 6	Cada ato de caridade aumenta a caridade?	320
Artigo 7	A caridade aumenta infinitamente?	321
Artigo 8	A caridade nesta vida pode ser perfeita?	323
Artigo 9	É conveniente distinguir três graus da caridade: incipiente, proficiente e perfeita?	325
Artigo 10	A caridade pode diminuir?	327
Artigo 11	Uma vez possuída, pode-se perder a caridade?	330
Artigo 12	Pode-se perder a caridade por um só ato de pecado mortal?	333
Questão 25	O objeto da caridade	336
Artigo 1	O amor de caridade se limita a Deus ou se estende também ao próximo?	337
Artigo 2	A caridade deve ser amada pela caridade?	339
Artigo 3	As criaturas irracionais devem ser amadas pela caridade?	340
Artigo 4	Deve-se amar a si mesmo pela caridade?	342
Artigo 5	Deve-se amar seu corpo pela caridade?	343
Artigo 6	Os pecadores devem ser amados pela caridade?	345
Artigo 7	Os pecadores amam-se a si mesmos?	347
Artigo 8	É exigência da caridade amar os inimigos?	350
Artigo 9	É exigência da caridade dar aos inimigos mostras e provas de amizade?	351

Artigo 10	Devemos amar os anjos pela caridade?...	353
Artigo 11	Devemos amar os demônios pela caridade?...	354
Artigo 12	É exata a enumeração de quatro objetos que se devem amar pela caridade, a saber: Deus, o próximo, nosso corpo e nós mesmos?...................	356

Questão 26 A ordem da caridade 358
Artigo 1	Há uma ordem na caridade?...	358
Artigo 2	Deve-se amar mais a Deus que ao próximo?..	360
Artigo 3	Deve-se amar a Deus mais que a si mesmo?...	361
Artigo 4	Pela caridade o homem deve amar mais a si mesmo que ao próximo?.........	363
Artigo 5	Deve-se amar o próximo mais que seu próprio corpo?..............................	365
Artigo 6	Deve-se amar um próximo mais que outro?...	367
Artigo 7	Devemos amar mais os melhores do que os que nos são mais unidos?........	369
Artigo 8	Deve-se amar mais aquele a quem somos unidos pelo sangue?..................	371
Artigo 9	Deve-se amar pela caridade o filho mais que o pai?..................................	374
Artigo 10	Deve-se amar sua mãe mais que seu pai?...	375
Artigo 11	O homem deve amar a esposa mais que o pai ou a mãe?........................	377
Artigo 12	Deve-se amar o benfeitor mais que o beneficiado?..................................	378
Artigo 13	A ordem da caridade permanece na pátria?..	380

Questão 27 O ato principal da caridade: o amor 383
Artigo 1	É mais próprio da caridade ser amado, ou amar?....................................	383
Artigo 2	O amor, enquanto ato da caridade, é idêntico à benevolência?..................	385
Artigo 3	Deus deve ser amado, pela caridade, por causa de si mesmo?..................	387
Artigo 4	Deus pode ser amado, nesta vida, sem intermediário?.............................	389
Artigo 5	Deus pode ser amado totalmente?...	390
Artigo 6	O amor de Deus deve ter uma medida?..	391
Artigo 7	É mais meritório amar um inimigo do que um amigo?..............................	394
Artigo 8	É mais meritório amar o próximo do que a Deus?....................................	396

Questão 28 A alegria 398
Artigo 1	A alegria é um efeito da caridade?..	398
Artigo 2	A alegria espiritual causada pela caridade é compatível com a tristeza?.....	400
Artigo 3	A alegria espiritual causada pela caridade pode ser plena?......................	402
Artigo 4	A alegria é uma virtude?...	404

Questão 29 A paz 405
Artigo 1	A paz é idêntica à concórdia?...	405
Artigo 2	Todas as coisas desejam a paz?...	407
Artigo 3	A paz é o efeito próprio da caridade?..	409
Artigo 4	A paz é uma virtude?..	411

Questão 30 A misericórdia 412
Artigo 1	O mal é a causa própria da misericórdia?..	413
Artigo 2	A deficiência de quem se compadece é a razão de ser misericordioso?......	415
Artigo 3	A misericórdia é uma virtude?..	417
Artigo 4	A misericórdia é a maior das virtudes?..	420

Questão 31 A beneficência 421
Artigo 1	A beneficência é um ato da caridade?..	422
Artigo 2	Deve-se praticar a beneficência para com todos?....................................	423
Artigo 3	Devemos praticar a beneficência sobretudo para com os que nos são mais próximos?.	425
Artigo 4	A beneficência é uma virtude especial?..	428

Questão 32 A esmola 429
Artigo 1	Dar esmolas é um ato da caridade?..	429
Artigo 2	É conveniente distinguir gêneros de esmolas?..	431

Artigo 3	As esmolas corporais são melhores que as espirituais?................................	435
Artigo 4	As esmolas corporais têm um efeito espiritual?..	437
Artigo 5	Existe um preceito de dar esmolas?..	438
Artigo 6	Deve-se dar a esmola do que é necessário?..	441
Artigo 7	Pode-se dar esmola com um bem adquirido injustamente?.......................	442
Artigo 8	Quem está sob o poder de outro pode dar esmola?....................................	445
Artigo 9	Deve-se dar esmola preferencialmente aos que nos são mais próximos?........	448
Artigo 10	Deve-se dar esmolas abundantemente?...	449

Questão 33 A correção fraterna 451
   Artigo 1   A correção fraterna é um ato da caridade?... 452
   Artigo 2   A correção fraterna é de preceito?... 454
   Artigo 3   A correção fraterna se refere só aos superiores?.. 457
   Artigo 4   Alguém é obrigado a corrigir seu superior?.. 459
   Artigo 5   Um pecador deve corrigir um faltoso?... 461
   Artigo 6   Deve alguém parar de corrigir pelo temor que o outro se torne pior?........ 463
   Artigo 7   Na correção fraterna a admoestação secreta deve preceder,
             por necessidade de preceito, a denúncia pública?..................................... 464
   Artigo 8   O recurso a testemunhas deve preceder a denúncia pública?................ 469

Questão 34 O ódio 471
   Artigo 1   É possível odiar a Deus?.. 471
   Artigo 2   O ódio a Deus é o maior dos pecados?.. 473
   Artigo 3   Todo ódio ao próximo é um pecado?... 475
   Artigo 4   O ódio ao próximo é o maior pecado entre os que se cometem contra ele?........ 476
   Artigo 5   O ódio é um vício capital?... 477
   Artigo 6   O ódio nasce da inveja?... 479

Questão 35 A acídia 481
   Artigo 1   A acídia é um pecado?.. 481
   Artigo 2   A acídia é um vício particular?... 484
   Artigo 3   A acídia é um pecado mortal?... 485
   Artigo 4   A acídia deve ser considerada um vício capital?....................................... 487

Questão 36 A inveja 490
   Artigo 1   A inveja é uma tristeza?.. 490
   Artigo 2   A inveja é um pecado?.. 493
   Artigo 3   A inveja é um pecado mortal?.. 495
   Artigo 4   A inveja é um vício capital?... 497

Questão 37 A discórdia 499
   Artigo 1   A discórdia é um pecado?.. 499
   Artigo 2   A discórdia é filha da vanglória?... 502

Questão 38 A disputa 503
   Artigo 1   A disputa é um pecado mortal?... 503
   Artigo 2   A disputa é filha da vanglória?.. 506

Questão 39 O cisma 507
   Artigo 1   O cisma é um pecado especial?... 508
   Artigo 2   O cisma é pecado mais grave do que a infidelidade?............................... 510
   Artigo 3   Os cismáticos têm algum poder?.. 513
   Artigo 4   É conveniente castigar os cismáticos com a pena da excomunhão?........ 514

Questão 40 A guerra 516
   Artigo 1   Guerrear é sempre um pecado?... 516
   Artigo 2   É permitido aos clérigos e aos bispos guerrear?.. 519

Artigo 3	É permitido usar estratagemas na guerra?.................................	522
Artigo 4	É permitido guerrear nos dias de festa?.....................................	524

Questão 41 A rixa 525
| Artigo 1 | A rixa é sempre um pecado?... | 525 |
| Artigo 2 | A rixa é filha da ira?... | 527 |

Questão 42 A sedição 529
| Artigo 1 | A sedição é um pecado especial distinto de outros?................... | 529 |
| Artigo 2 | A sedição é sempre um pecado mortal?...................................... | 531 |

Questão 43 Escândalo 533
Artigo 1	É uma definição exata de escândalo dizer que é uma palavra ou um ato menos reto que oferece uma ocasião de queda?.........	533
Artigo 2	O escândalo é um pecado?...	536
Artigo 3	O escândalo é um pecado especial?...	538
Artigo 4	O escândalo é um pecado mortal?...	540
Artigo 5	O escândalo passivo pode atingir os perfeitos?...........................	541
Artigo 6	O escândalo ativo pode se encontrar nos homens perfeitos?......	543
Artigo 7	Deve-se renunciar aos bens espirituais por causa do escândalo?...	544
Artigo 8	Deve-se renunciar aos bens temporais por causa do escândalo?...	548

Questão 44 Os preceitos da caridade 551
Artigo 1	Devem-se dar preceitos sobre a caridade?..................................	551
Artigo 2	Era preciso estabelecer dois preceitos sobre a caridade?............	553
Artigo 3	Dois preceitos da caridade são suficientes?.................................	555
Artigo 4	Convém prescrever que Deus seja amado de todo o coração?...	556
Artigo 5	Convém acrescentar: de toda a tua alma e com todas as tuas forças?...	558
Artigo 6	Pode-se cumprir o preceito do amor a Deus nesta vida?............	560
Artigo 7	Convém estabelecer um preceito do amor ao próximo?.............	561
Artigo 8	A ordem da caridade cai sob o preceito?.....................................	563

Questão 45 O dom de sabedoria 564
Artigo 1	A sabedoria deve ser enumerada entre os dons do Espírito Santo?...	565
Artigo 2	A sabedoria reside no intelecto como em seu sujeito?................	567
Artigo 3	A sabedoria é somente especulativa ou também prática?...........	569
Artigo 4	A sabedoria pode coexistir, sem a graça, com o pecado mortal?...	570
Artigo 5	A sabedoria está em todos os que têm a graça santificante?......	572
Artigo 6	A sétima bem-aventurança corresponde ao dom da sabedoria?..	574

Questão 46 A estultice 576
Artigo 1	A estultice se opõe à sabedoria?..	576
Artigo 2	A estultice é um pecado?...	578
Artigo 3	A estultice é filha da luxúria?...	579

A PRUDÊNCIA

INTRODUÇÃO E NOTAS POR ALBERT RAULIN 581
Introdução 583

Questão 47 Da prudência em si mesma 585
Artigo 1	A prudência reside na razão ou na vontade?...............................	585
Artigo 2	Pertence a prudência somente à razão prática ou também à especulativa?...	587
Artigo 3	A prudência conhece os singulares?..	589
Artigo 4	A prudência é uma virtude?...	590
Artigo 5	A prudência é uma virtude especial?...	592
Artigo 6	A prudência determina o fim para as virtudes morais?..............	594

Artigo 7	A prudência estabelece o meio-termo nas virtudes morais?	596
Artigo 8	Comandar é o ato principal da prudência?	598
Artigo 9	A solicitude pertence à prudência?	599
Artigo 10	Estende-se a prudência ao governo da multidão?	601
Artigo 11	A prudência que visa o bem próprio é da mesma espécie daquela que se estende ao bem comum?	602
Artigo 12	A prudência está nos súditos ou somente nos governantes?	604
Artigo 13	Pode haver prudência nos pecadores?	606
Artigo 14	Encontra-se a prudência em todos os que têm a graça?	608
Artigo 15	Somos prudentes naturalmente?	609
Artigo 16	Pode-se perder a prudência por esquecimento?	611
Questão 48	**As partes da prudência**	613
Artigo único	Estão bem assinaladas as partes da prudência?	613
Questão 49	**As partes como que integrantes da prudência**	617
Artigo 1	A memória é parte da prudência?	617
Artigo 2	O intelecto é parte da prudência?	619
Artigo 3	A docilidade deve ser considerada parte da prudência?	621
Artigo 4	A sagacidade é parte da prudência?	622
Artigo 5	A razão deve ser considerada como parte da prudência?	624
Artigo 6	Deve a previdência ser considerada como parte da prudência?	626
Artigo 7	A circunspecção deve ser considerada parte da prudência?	627
Artigo 8	A precaução deve ser considerada como parte da prudência?	629
Questão 50	**As partes subjetivas da prudência**	630
Artigo 1	A ciência do governo deve ser considerada parte da prudência?	630
Artigo 2	A política deve ser considerada parte da prudência?	632
Artigo 3	A econômica deve ser considerada espécie de prudência?	633
Artigo 4	A arte militar deve ser considerada espécie de prudência?	635
Questão 51	**As partes potenciais da prudência**	636
Artigo 1	A *eubulia* é uma virtude?	636
Artigo 2	A *eubulia* é uma virtude distinta da prudência?	638
Artigo 3	A *synesis* é uma virtude?	640
Artigo 4	A *gnome* é uma virtude especial?	642
Questão 52	**O dom do conselho**	643
Artigo 1	O conselho deve ser considerado entre os dons do Espírito Santo?	644
Artigo 2	O dom do conselho corresponde à virtude da prudência?	646
Artigo 3	O dom do conselho permanece na pátria?	647
Artigo 4	A quinta bem-aventurança, que é a da misericórdia, corresponde ao dom do conselho?	649
Questão 53	**A imprudência**	651
Artigo 1	A imprudência é pecado?	651
Artigo 2	A imprudência é um pecado especial?	653
Artigo 3	A precipitação é um pecado contido na imprudência?	655
Artigo 4	A inconsideração é um pecado especial contido na imprudência?	657
Artigo 5	A inconstância é um vício contido na imprudência?	658
Artigo 6	Todos os vícios procedem da luxúria?	660
Questão 54	**A negligência**	661
Artigo 1	A negligência é um pecado especial?	661
Artigo 2	A negligência se opõe à prudência?	663
Artigo 3	A negligência pode ser pecado mortal?	664

Questão 55	**Vícios opostos à prudência que têm semelhança com ela**	666
Artigo 1	A prudência da carne é pecado?	666
Artigo 2	A prudência da carne é pecado mortal?	668
Artigo 3	A astúcia é um pecado especial?	670
Artigo 4	O dolo é um pecado que pertence à astúcia?	671
Artigo 5	A fraude pertence à astúcia?	673
Artigo 6	É lícita a solicitude pelas coisas temporais?	674
Artigo 7	Deve-se ter solicitude pelo futuro?	676
Artigo 8	Esses vícios nascem da avareza?	677
Questão 56	**Os preceitos relativos à prudência**	679
Artigo 1	Entre os preceitos do decálogo deveria haver algum preceito sobre a prudência?	679
Artigo 2	Era conveniente que na lei antiga se propusessem preceitos proibitivos dos vícios contrários à prudência?	680

Edições Loyola é uma obra da Companhia de Jesus do Brasil e foi fundada em 1958. De inspiração cristã, tem como maior objetivo o desenvolvimento integral do ser humano. Atua como editora de livros e revistas e também como gráfica, que atende às demandas internas e externas. Por meio de suas publicações, promove fé, justiça e cultura.

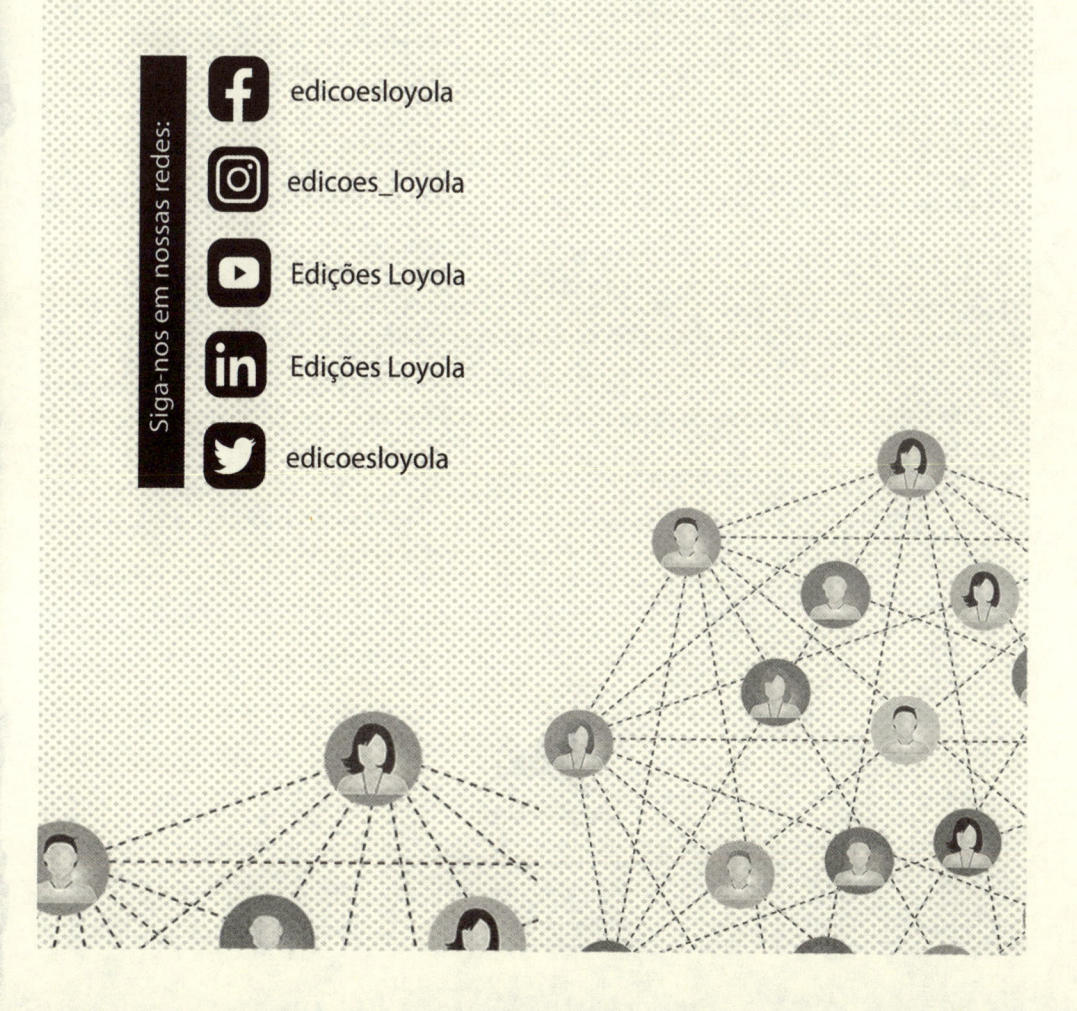

Siga-nos em nossas redes:

- edicoesloyola
- edicoes_loyola
- Edições Loyola
- Edições Loyola
- edicoesloyola

Edições Loyola

editoração impressão acabamento
rua 1822 n° 341
04216-000 são paulo sp
T 55 11 3385 8500/8501 · 2063 4275
www.loyola.com.br